TEXTE
UND TEXTGESCHICHTE

Würzburger Forschungen

26

Herausgegeben von der Forschergruppe
»Prosa des deutschen Mittelalters«

›Vocabularius Ex quo‹

Überlieferungsgeschichtliche Ausgabe

Gemeinsam mit Klaus Grubmüller
herausgegeben von Bernhard Schnell, Hans-Jürgen Stahl,
Erltraud Auer und Reinhard Pawis

Band V
Text Q - Z

Max Niemeyer Verlag
Tübingen 1989

CIP-Titelaufnahme der Deutschen Bibliothek

„Vocabularius Ex quo“ : überlieferungsgeschichtliche Ausgabe / gemeinsam mit Klaus Grubmüller hrsg. von Bernhard Schnell ... – Tübingen : Niemeyer
NE: Schnell, Bernhard [Hrsg.]
Bd. 5. Text Q – Z. – 1989
(Texte und Textgeschichte ; 26)
NE: GT

ISBN 3-484-36026-7 ISSN 0174-4429

Printed in Germany
Satz: pagina GmbH, Tübingen
Druck: Allgäuer Zeitungsverlag GmbH, Kempten
Einband: Heinr. Koch, Tübingen

Q 1 *adv* **Qua** ⌜*wo* / war *Ma3 B9 P*
-- dorch waz stede *I*
-- wor hen *Kh2 Br1*

S *Wa. S4*] *fehlt Ma1*
W *Sigle*] con -- won *Sg1*
P -- wu *Ma4*
P-E -- wa hin *E2 M25*

Q 1.1 n t **Quacere** apel schudden *P*
-- ȯpfel schellen *P-E*
Wa. fehlt Kh2

P *vgl. 77* apel *fehlt Br1*

Q 1.2 d q **Quaciri** idem *(nach 1.1)* *P*
Wa. fehlt Kh2

P *Wa. fehlt B10* Quaciri *Wo1*] Quassiri *Ma4*, Quacire *Wo4*

Q 1.3 *n q* **Quacio**, -cis, -ssi, -ssum commouere, perterrere, concutere, vexare *K*

K *vgl. 73* *Sigle K4*] *fehlt W13* perterrere *fehlt K4*

Q 1.4 f t **Quacio** schudinge *P*

vgl. 75
P-E -- schutteln *E2*
Kh2 -- schuldynghe

Q 1.5 part **Quaciens** scudende *P*
-- schuttung *P-E R1*

P-E *Wa. fehlt M25*
Kh2 -- schuldende

Q 2 adv **Quacumque** *idem (nach 1)*
-- wor *Kh2*

S *Wa. fehlt Ma3* *Int. B5*] wo *Ma1 S4*, *fehlt Ks2*
M *Wa.*] adv Quocumque wo hin *M19*
I *Sigle fehlt*
P Quocumque *R1* -- war *Ma4*
P-E -- wa *E2*

Q 3 f p **Quadragena** ein karene

S karr *N1*
M *Wa. fehlt M19*
Sb3 -- ein karch
K -- ein charret *alle Hss.*
P *Wa. fehlt B10*

Q 4 m s **Quadragenus** der vierczigste

S *Wa. fehlt Ma3*
M -- .i. quadragesimus *M19* -- der virczig *D1*
W -- der vierzig *Sg1*
P Quadragen *R1*
P-E -- der fierzehend *M25*

Q 5 m s **Quadragenarius** *eyn czal von ferczegen*
-- idem *(nach 4) K*
Wa. fehlt I

S *Wa. fehlt Ma3* *Int. S4*] vierczigzal *Ma1* von ferczegen] *fehlt Ks2*, vor firczygisten *B5* von] var *B9*
M eyn czal] eyner *D1*
K *Wa. fehlt K4 K9* *Int. fehlt H11*
P -- eyn tal van van virteynen *B10* -- firtichtayl *Br1*
P-E -- idem *(nach 6) E2* -- fierczig zal *So1*

Q 6 m s **Quadragesimus** der vierczigste
Wa. fehlt K-Y Kh2

S *Wa. fehlt S4*
M *Wa. fehlt D1* -- .i. 40^{mus} *M19*
W -- der 40 *Bs9*
I *Sigle fehlt*
P *Wa. fehlt B10*

Q 6.1 adv **Quadragesies** firtzig werbe *I*

Q 7 f p **Quadragesima** die vaste
Wa. fehlt K-Y

M -- der virczig *D1*

Q 8 con **Quadecausa** von ⌜welcher / welcherlay *K-Y* sache *wegen*

S welcher] welcherley *S4 Ks2* wegen *S4*] *fehlt Ma1 Ks2*
M welcher] welcherley *D1*
W wegen *fehlt Me1*
I f p
K welcher] welcherlay *H11*
P -- von waß sache *Wo4*
P-E welcher] wierlay *M25* wegen *fehlt E2*

Q 9 f p **Quadra** est 4ta pars panis *uel alterius rei*
-- est quarta pars cuiuslibet rei, eyn fierteil *I*
-- est 4ta pars panis *P (außer P-E)*

S panis uel *fehlt Ma3* uel alterius rei *S4*] *fehlt Ma1*
M -- est 4ta panis vel alicuius rei *M19*
K panis] anni *K4*
P pani *R1*
P-E panni *E2*, anni *So1 M25*

Q 10 o in **Quadraginta** vierczig
Wa. fehlt K-Y

S *Wa. fehlt N1* -- sechczig *S4*
M *Wa. fehlt D1*
I *Sigle fehlt*
P-E *Int. fehlt E2*

Q 10.1 **Quadratura** fier eckicht *I*

Q 11 a p **Quadrangulare** .i. 4^{or} angulos facere

S angulo *S4*
I n p

K n p
P + ver winkelen *Ma4 R1*

Q 12 m s **Quadrangulus** ⌜*vir winkelik* / vier winckelecht *S-X W I*
-- vier binckel *Sb3 K-Y*
-- ver hornych *Kh2*

S *Wa. fehlt Ma3* vir winkelik *zit. nach B9*
M -- virwinckelicht *D1 Dr1*
W -- vierwinckellich *Me1*
K *Int. fehlt (Zeilensprung, vgl. 13) Hl1*
P -- iiii wynkelheftich *R1* -- virwynkelt *B10*
P-E -- iiii binckel *M25*

Q 12.1 n t **Quadrantal** est quoddam vas vile *P*
-- est quoddam vas vini et fetidum *Kh2*

P-E quidam *E2*
Kh2 *Stichwort verderbt*

Q 13 m t **Quadrans** est 4[ta] pars denarij, *eyn fierling*
-- est 4[ta] pars denarij, fiertaill *Sb3*
-- ⌜est quarta pars denarij, fierling. Item Quadrans, secundum *X* / secundum *Y* quod Ieronimus super Matheo ayt *(vgl. PL 26, 39B)*, est genus nummi, quod habet duo minuta. Sed secundum Hugwicionem *(»Quatuor«)* 4[a] pars denarij. Secundum computistas uero *(Brito 624)* 4[a] pars diei naturalis, .i. diei et noctis. Communiter capiendo Quadrans est quarta pars cuiuscumque rei, et habet -antis in genitiuo *W*
-- 4[a] pars denarij, uel est genus nummi habens duo minuta, uel 4[a] pars libre, uel 4[a] pars diei naturalis / + communiter loquendo est 4[a] pars cuiuslibet rei diuise in 4[or] partes *X* *K*
-- est quarta pars denarij *P (außer P-E)*

S *Wa. fehlt Ma3* eyn fierling *S4*] *fehlt Ma1*, ein virdling *N1*
M eyn fierling] *fehlt D1*, ein ortt *M19*
W fierling] firdung, Ferto idem *Me1* Sed *fehlt Sg1* uero *fehlt Sg1* cuiuscumque] cuiuslibet *Sg1* et habet -antis in genitiuo *fehlt Sg1*
K *Stichwort fehlt (Zeilensprung, vgl.12) Hl1*
P -- est pars denarij, eyn hellingk *Wo4*
P-E n s Qudrans *E2* eyn fierling] *fehlt M25*, ein vierlung *E2*

Q 14 a p **Quadrare** vier orten
-- vierechken *K*
-- ver ordighen *Kh2*

S *Wa. fehlt Ma3* -- fier ortel *S4*
M -- ortern *D1*
P *Wa.*] d p Quadrari vor orden *B10* -- veer hurden *R1*
P-E -- vier ŏrtigen *So1*

Q 15 f p **Quadrata** *vir ortek*
Wa. fehlt K P-E

S Quadra *Ma3* *Int. Ks2*] vier ortecht *Ma1 S4*, vir ortig ortecht *B5*
I *Sigle fehlt*
P -- veer hurdich *R1*

Q 15.1 m t **Quadris** ein chotter auf ainem wurffel *Sb3*

Sb3 *vgl. 33*

Q 16 m s **Quadriduanus**
-- ⌜vier tage *Ma1 B5* / ver dagechtich *Ma3 N1* / virdagich *B9* *S*
-- *fyer tage alt* *M W*
-- viertag *Sb3*
-- -na, -num fier dage alt vel fier degig *I*
-- vier tågig *K*
-- ⌜verdachtich *Ma4* / veer dagechtich *R1 Wo1 Wo4* *P*
-- viertågig *E2* *P-E*
-- ver dach vart *Kh2*

S *Wa.*] m s Quadraduanus fier iarig *S4* -- vyer tageicht *Ks2*
M Quadrus dianus *M19* *Int.Ks1*] vier dagetich *Ma6*, vir tägik *M19*
K -- vir tätig *K4*
P Quadriwuanus *R1* -- virdagich *B10 Br1*
P-E -- viertetig *So1* -- fiertågleich *M25*
Kh2 Quadraduarius

Q 17 m s **Quadrigenarius** vierczig zal

P *Wa. fehlt Wo4 B10*
P-E *Wa. fehlt So1* -- viezig zal *E2* -- fierig zal *M25*
Kh2 Quadraginarius

Q 18 *m s* ***Quadridenarius*** *vircze czal*
Wa. fehlt P-E

S *Wa. fehlt Ma1* *Stichwort zit. nach S4* *Int. B5*] *fehlt (Zeilensprung, vgl. 19) Ks2*, fierczal *S4*, vierzehen *N1*
M *Wa.*] m s Quadrigenarius virczig zall *(vgl. 17) M19*
Sb3 *Wa.*] m s Quadridunarius vierzig zal
W -- fierzehend zal *Bs9*
Kh2 -- vertych tal *(auch Br1)*

Q 19 co t **Quadriennis** vier jerig
+ est tempus 4^or annorum *Kh2*

S *Stichwort fehlt (Zeilensprung, vgl. 18) Ks2* -- vieriar *B5*
M -- vir jar *M19*
P -- ver iarlich *Ma4*
Kh2 co t Quadrigens

Q 20 n s **Quadriennium** vierjarczyt
-- vier iar *Sb3*
-- idem *(nach 19)* *I*
-- est tempus 4^or annorum, ver iarych *Kh2*

S *Wa.*] n s Quadrienum fier jarig *S4*
I *Sigle fehlt*
P -- veriartidich *Ma4* -- firiar *Br1*
Kh2 n s Quadrigenum

Q 21 m s **Quadrifarius** vierleye
-- verleydyghe *Kh2*
Wa. fehlt P-E R1

S *Wa. fehlt Ma3*
M -- viererley *Ma6*
W Quadrinarius *X*
K -- vir formig *K4*

Q 22 co t **Quadriformis** vierformyg
+ aliquid habens quatuor formas *I*

Kh2 Quadrifonus

Q 23 m s **Quad*rif*idus** est in 4^or partes diuisus
+ Wersus *(Grec. Nov. 79^v)*: Quadrifidum dic quatuor a fidibus uel oportet, quod per bis duo fissus idem nomen sibi p*or*tet *W*
-- verzeydich *P*

S Quadrifidus *Ks2*] Quadiuidus *Ma1*, Quadrifedus *S4* in *fehlt Ma3*
W portet *Sg1*] patet *S1*
P *Wa. fehlt Wo1*
Kh2 *Wa.*] Quadrifidius uel fidus est *(!)*

Q 23.1 m t **Quadrifons** est deus anni *P*

Q 24 f p **Quadriga** ⌜est currus / eyn waghen *S-Y M* 4^or rotarum
+ eyn wagen *I*
-- ein bagen *Sb3*
-- ^O eyn ^O wagen ^O *(P-E)*, currus quatuor equorum *P*

S Quadranga *B9* + eyn wan *S4*
M -- est currus 4^or rotarum *D1*
W Quadrega *S1*
P *lat. Int. fehlt Wo4*
P-E equorum] rotarum *E2*

Q 25 m s **Quadrimodus** vier meßig
Wa. fehlt Kh2

S -- messig *N1*
M Quadrunodus *(!) M19*
W *Wa. fehlt Sg1*

Q 26 o in **Quadringenta** vier hundert
Wa. fehlt K-Y

M *Wa. fehlt D1*
Sb3 o in Quadringente
I o t
P *Int. fehlt (Zeilensprung, vgl. 27) Wo4*

Q 27 *m* s **Quadringentesimus** der vierhunderste
Wa. fehlt K-Y

S *Sigle S4*] n s *Ma1* -- virhunderdesche *B9* -- virhundertigst *N1*
M -- vierhunderdigste *Ma6*
W -- der fierhundertigist *S1*
P *Stichwort fehlt (Zeilensprung, vgl. 26) Wo4* -- de verhundertegeste *Ma4* -- veer hunderstich *R1*
Kh2 Quadragintesimus

Q 28 *m* s **Quadringentenus** *idem (nach 27)*
Wa. fehlt K-Y

S *Sigle S4*] n s *Ma1* *Int. B5*] der vierhunderste *Ma1 S4*, *fehlt Ks2*
P -- vierhundirttich *Br1*
P-E -- fier hůndert *M25*
Kh2 Quadringentesimus

Q 29 co t **Quadrimembris** ⌜vierglidig / verledich *Ma3 B9 P (außer P-E)*

P-E -- fier gengig *M25*

Q 30 p pr **Quadripartita** in vir geteilt
-- .i. in 4^{or} partes diuisa *Sb3*
-- .i. in quatuor diuisus *I Kh2*

W -- in fier dail getailt *Bs9*
I m s Quadripartitus, -ta, -tum
P -- veer gedeilet *R1*
P-E Quadripertita *(!) E2* in] ain *E2 M25*
Kh2 m s Quadripartitus *(auch Br1)*

Q 31 n s **Quadrinoxium** est spacium 4^{or} noxium
-- est quarta pars noctis *P*

S noxium *für* noctium
M Quadrinoceium *(!) M19*
K m s Quadrinoccius
P-E Quadrinexium *E2*

Q 32 m s **Quadrinus** ein vierling
-- verlich *P*
-- verleye *Kh2*

P -- verlinch *Wo1 B10*
P-E -- fielich *So1* + vel vierlung *E2*

Q 32.1 **Quadrinulus** diminutiuum *I*

Q 32.2 m s **Quadrullus** lappe *P*

P-E -- ein blett *So1* -- ain klett *M25*

Q 32.3 f t **Quadriremis** est nauis habens 4^{or} ordines remorum *Kh2*

Kh2 4^{or} *Ki3*] *fehlt*

Q 33 n s **Quadrum** ein ⌜vierortecht ding / *vir horn S-Y P*
-- eyn vierhorn uel vier ortich *M*
-- eyn ding, daz da fier ortig ist *I*
-- est aliquid habens 4^{or} acies *P-E*
Wa. fehlt (vgl. 15.1) Sb3
Wa. fehlt W

S vir horn *B9*] horne uel ver winckelich *Ma3*, + uel vier o̊rtig *N1*
M -- fyer ortig uel eyn *(!) Ks1* vierhorn] leyrhorn *D1*
P + uel virordich *B10*

Q 34 o t **Quadrupes** ein vierbeynig *thyr*
-- est animal habens quatuor pedes *I Kh2*

-- est aliquis habens 4^{or} pedes *P-E*

S o t Quadrupus *Ma3* -- est animal habens 4^{or} pedes *S4* vir votich *B9* thyr *Ks2*] ding *Ma1 B5*
M vir fußig *D1*
W -- est animal habens quatuor pedes *S1* vierfůssig *Sg1*
K thyr] dinst thyr *K4*
P -- eyn veerbeynicher *R1* -- eyn virben *B10* veruotich *Wo4*

Q 35 a p **Quadruplare** vier falden
-- .i. in quatuor plicare, fierfaldigen *I*

S -- wyerfaldig *S4* -- vier faltigen *N1*
M -- yn virfalden *D1*
Sb3 -- vier faldig
P -- fierfoldigen *Br1*
P-E -- iiii fåltigen *M25*

Q 36 a p **Quadrupedare** est admodum equi cum pede *retrorssum* percutere
-- est *adm*odum equi recursum habere uel retrorsum cum pede percutere *Kh2*

S a p Quadrupedale *B9* -- est admodum equi *(!) S4* retrorssum *Ks2*] *fehlt Ma1*
M pede] pe *M19*
K retrorssum] retro *Y*
P Quadrupendare *R1* cum pede *fehlt Wo4*
Kh2 admodum *Ki3*] modum

Q 37 o t **Quadruplex** vier faldig
Wa. fehlt (vgl. 35) Sb3
Wa. fehlt K-Y

P Quadrupex *R1*
P-E fier falten *So1*

Q 38 m t **Quadruplator** dicitur senex uel contractus, qui duobus pedibus et bacul*is* ⌜est sustentatus / sustentatus *incedit P Ma3 B9*
-- [...] baculis sustentatur *I*

S -- est senex uel contractus, qui duobus pedibus succentatus intendit *Ma3* baculis *S4*] baculo *Ma1* incedit] incidit *B9*
M pedibus *fehlt M19*
Sb3 et] + duobus
W contractor *Sg1*
K sustentus *K4*
P incedit *Wo4*] incidit *Ma4*, insedit *Wo1*
P-E sustetatis *E2*
Kh2 *Stichwort verderbt* sustentatis insidit *(auch Br1)*

Q 39 n s **Quadruuium** vier wegig
-- weicz *Sb3*
-- dicuntur 4^{or} sciencie ad vnam viam tendentes *Kh2 Br1*
Wa. fehlt P-E

S Quadrusium *S4*, Quadriuium *Ma3*
W Quadriuium *S1*, Quadriuuium *Sg1*
P Quadrulium *Wo4*

Q 39.1 m s **Quadrumpus** est grossus rusticus excedens alios quatuor ineptitate, ain filcz bur *P-E*

P-E quatuor] + .i. *E2* *dt. Int.*] ein rach filcz par *So1*, ain filcz rauch paůr *M25*

Q 40 m s **Quadrus** *vir eckik*
-- vier eckicht *M W P-E*
-- vier ortig ding *Sb3*
Wa. fehlt Kh2

S m s Quadros *S4* vir eckik *Ks2*] vierekecht *Ma1 S4*, verordich *Ma3*
M -- virörtig *M19*
W -- vier eckig *Me1*
I *Sigle fehlt*
P-E -- fierfachtig *M25*

Q 40.1 ep p **Quagaria** est auis, en wachtele *P*

P *Wa. fehlt B10* + uel quascula *R1*

Q 41 co t **Qualis** welcher. *Inde* ***Qualitas***
-- welicher *Sb3 K P-E*
-- welcher uel wiegedan. Inde **Qualitas** *I*

vgl. 43
S Inde Qualitas *S4*] *fehlt Ma1 B9*
M *Wa. fehlt D1*
K + wietan *W13*
P-E -- wietner *(?) So1*

Q 42 o in **Qualismodi** welcherleie
Wa. fehlt I

S *Wa. fehlt Ma3*
Sb3 Qualimodo *(?)*

Q 42.1 *m s* **Qualus** ⌜keskar *S1* / kåsbar *Y*. Inde **Quaxillum** paruum qualus *W*
-- eyn win korp *I*
-- est fas aptum ad vuas colligendas *P*
Wa. fehlt Kh2

W *Sigle Sg1*] *fehlt (Wa. nach 42) S1* *dt. Int.*] keß ger *Me1*, kerker *(?) M12* paruum qualus] diminutiuum *Sg1*
I *Sigle fehlt*
P fas *für* vas + eyn byrle vel sichkorb *R1*
P-E vuas] viras *E2*

Q 43 f t **Qualitas** wedanikeit, °*wylcher* °*ley* °*(P)*
-- welcher gleichnuß *Sb3*
-- ⌜byetankait *X* / wiegetankeyt *Y* *K*
-- *weler ley*, est quedam forma accidentalis vel essencialis *P-E*
Wa. fehlt W I

vgl. 41
S wedanikeit *fehlt S4 Ks2 B5 Ma3* wylcher ley *S4*] *fehlt Ma1*, wo na *B9*
M *Wa. fehlt D1* -- welchlaikait *M19* wedanikeit *fehlt Ks1*
K byetankait] idem *(nach 42) Hl1*
P *Wa. fehlt B10* + oder welcherley *R1*
P-E *dt. Int. So1*] *fehlt E2*

Q 44 adv **Qualiter** wie

Wa. fehlt K-Y Kh2

S -- pey *B5* -- idem *(nach 41) Ma3* + .i. quomodo *B9*
M *Wa. fehlt D1*
W *Wa. fehlt S1*

Q 45 adv **Qualitercumque** wie
-- wy wu *P-X*
Wa. fehlt K-Y P-E

S -- idem *(nach 44) B5* -- welkerleye *Ma3* + .i. quomodo *B9*
M *Wa. fehlt D1*
I *Sigle fehlt*
P -- wy vmmer *Wo4*

Q 45.1 **Qualibet** ein iglich *I*

Q 46 con **Quam** wen
+ in quantum est nomen, tunc sumitur quadrupliciter. Primo ponitur interrogatiue; exemplum: Quam scienciam habes? Respondetur: Loycam aut grammaticam. 2° ponitur relatiue; exemplum: Ego audio eandem leccionem, quam tu audis. 3° ponitur infinite; exemplum: Ego nescio, quam leccionem audis. 4° ponitur pro aliquam; exemplum: Si habes quam pecuniam, concede michi. Eciam ponitur pro quantum et hoc tripliciter. Primo ponitur infinite; exemplum: Tu nescis, quam bene iste legit. 2° ponitur relatiue; exemplum: Ista est melior quam ista. 3° ponitur interrogatiue; exemplum: Quam bene iste legit, *dic* mihi. 4° *(!)* ponitur distrib*ut*iue; exemplum: Socrates *q*uam Plato currunt. Eciam ponitur comparatiue; exemplum: Socrates est forcior quam Plato. Eciam ponitur amiratiue: O quam gloriosum est regnum celorum! Eciam ponitur electiue; exemplum Psalmi *(117,9)*: Bonum est sperare in domino quam sperare in principibus. Eciam ponitur augmentatiue; vnde Katho *(Cato Ep. 1)*: Cum animaduerterem quam plurimos homines grauiter errare in via *Sb3*
+ Item Quam *aliquando* ponitur pro et, ut: Iohannes est tam musicus quam grammaticus, .i. musicus et grammaticus. Quandoque tenetur comparatiue, ut: Socrates est forcior quam Plato. Quandoque amiratiue, ut in Libro sapiencie *(12,1)*: O quam bonus est, domine, spiritus tuus etc. Quandoque quantitatiue, ut: O quam bonum et quam iocundum *W*
-- dan, vel est pronomen feminini generis actiui casus *I*
Wa. fehlt K-Y P-E Kh2

Sb3 dic *V1*] dicit distributiue *V1*] distribuitiue Socrates quam *V1*] Socrates tamquam
W wen] wie *Sg1* aliquando *Sg1*] quandoque *S1* bonus *bis* etc.] suauis est etc. *Sg1* O *(2)*] Ecce *Y*
I adv

Q 47 adv **Quamcito** wie drate °uel °wie °balde °*(Ma3 B9 P)*
-- wie schier aut pald *Sb3*
-- wie schier *W*
-- wie balde *I P-E*
-- wieczehant *K*
Wa. fehlt Kh2

	S	uel wie balde *fehlt S4*
	M	wie drate] *fehlt D1*, wie schẙre *Ks1 Dr1*
	K	con -- bie czant *K4*
	P	-- we zů hant *R1* -- wy schire *Wo4*

Q 47.1 adv **Quamcito** wie zehand *M25 (P-E)*

Q 48 adv **Quamobrem** durch welchis dinges ⌜wegen / willen *I*
-- durich welcherlay sach wegen *Sb3*

	S	wegen] *fehlt S4*, willnn *B5*
	M	wegen] willen *M19*
	W	wegen] willen *Me1*
	K	*Wa. fehlt K4* con
	P	-- dorch welcher sachen wegen *R1* -- dorch was dinghes willen *Wo4*
	P-E	wegen] willen *E2 So1*

Q 49 adv **Quampluries** wie dicke
-- wyeofft *K-X*
-- wo vake *Kh2*
Wa. fehlt K-Y

	S	-- wye dickes *S4*
	M	*Wa. fehlt M19*
	I	*Sigle fehlt*
	K	con *X*

Q 50 adv **Quamdiu** wie lange
Wa. fehlt K-Y

	K	*vgl. 117.1* con *X*
	P	*Wa. fehlt Ma4*

Q 50.1 adv **Quamdisper** .i. quantum, wie groß *I*

	I	*vgl. 57*

Q 50.2 **Quamuides** lapis, qui inuenitur in capite vulturis *I*

Q 51 con **Quamquam** waz dan
Wa. fehlt K

	S	-- waz da *S4* -- wat deme *Ma3*
	M	*Wa. fehlt M19* -- waß uel dan *D1*
	P	-- wudenne *B10* -- aff wol ader watdenne *Br1*
	Kh2	con Quemquam uel Quamquam

Q 52 con **Quamuis** alleyne, wie wol
-- wie wol *W-X*
-- waß dan oder wie wol *I*
-- allayn *K-X Kh2*
-- wie doch *P-E*
Wa. fehlt K-Y

	S	alleyne] ein leine *N1* wie wol] *fehlt Ma3*, wye vil *B5*
	M	*Wa. fehlt M19*
	P	-- iodoch *B10* wie wol *fehlt Br1*

Q 53 con **Quando** wenne
-- primo ponitur infinite; exemplum: Ego nescio, quando magister venit. 2° ponitur interrogatiue; exemplum: Quando venisti? 3° ponitur relatiue; exemplum: Ego venio, quando feceris, quod dixisti *Sb3*
Wa. fehlt K-Y

M *Wa. fehlt M19 D1*
I *Sigle fehlt*
P *Wa. fehlt B10*

Q 54 con ***Quandoque*** vnderwilen
-- vnderstunden *K-X P-Y*
Wa. fehlt K-Y

S Quandoque *S4*] Quamcumque *Ma1* -- welker wise *Ma3*
M *Wa. fehlt D1*
Sb3 con Quandoque] Quando
P *Wa. fehlt Wo4* -- sunderstunden *Br1*
P-E *Wa. fehlt E2*

Q 55 con **Quandoquidem** ⌜*icht* also wan / ichtes wanne *Ma3 B9 P*
-- potest esse vna diccio, tunc idem est quod quia; *uel* possunt esse due dicciones, et tunc significat »quandoque certe«, et utrumque ab altero proferendum est distincte *W*
-- vnderwilen *I K*
-- etwan *P-E*

S icht *S4*] *fehlt Ma1*
M wan] we *M19*
Sb3 Quando
W Quandoquid *S1* uel *Sg1*] nichil *S1* distincte *fehlt Sg1*
I *Sigle fehlt*
P ichtes] echters *Ma4*, ichte *Wo4*

Q 56 con **Quandocumque** *wan ockert*
-- wenne *Sb3 K-X P-E R1*
-- wanne immermer *Kh2*
Wa. fehlt I K-Y

S *Int. Ks2*] zu welcher zyt *Ma1*, wan *S4 B5*, wan echters *B9*
M *Wa. fehlt D1* -- wen nur *M19*
W -- wie dick *S1* -- wie ockers oder wie er wil *Me1* -- wen zumall *M12* -- wenn *Sg1*
P adv ockert] ok erst *Wo1 Wo4*, *verderbt B10*, vmmer *Br1*
P-E adv -- wie dik vel wenn *E2*

Q 57 adv **Qua*n*tisper** wie viel
-- idem *(nach 58)* *I*

S Quantisper *Ks2*] Quamtisper *Ma1*, Quadisper *S4* -- wy vol *Ks2*
Sb3 Quantispar
I *vgl. 50.1*

Q 58 adv **Qua*nt*umper** idem *(nach 57)*
-- .i. quantum, wie vil *I*

S *Wa. fehlt B5* Quantumper *S4*] Quacumper *Ma1* -- wy wol *Ks2*
Sb3 Quantumpar
K *Wa. fehlt K9*
P *Wa. fehlt B10* Quantumcumque *Wo4*

Q 59 adv **Quantitatiue** .i. non multum
Wa. fehlt Kh2 Br1

S Quantitauie *S4*, Quantatiue *B9*
W -- .i. multum *S1*
P + nit vele *R1 Wo4*
P-E Quantitaue *E2*

Q 60 adv **Quantocicius** also schier
-- also schierst vel wie geringe *I*
-- also bald *So1* *P-E*

S Quantascicius *S4* -- idem *(nach 61) Ma3* + alz zuhant *N1*
Sb3 Quantoscis
I *Sigle fehlt*
K *Wa. fehlt Hl1*
P *Wa. fehlt Wo4* -- alzo drade *Wo1* -- wy schire *Br1*
P-E *Wa.*] *fehlt E2*, adv Quamcicius wie pald *M25*
Kh2 *Wa.*] adv Quantosicius *(!)*

Q 61 adv **Quantocius** idem *(nach 60)*

S Quantascis *S4*, Quantotocius *B9* -- alzocher *Ma3*
M Quantocis *(*Quamcius *M19)*
Sb3 Quantoscis
W *vgl. 63.1* Quantocis *(*Quantocius *Sg1)*
I Quantocis
P-E -- idem *(nach 59) E2*

Q 62 adv **Quantum** wie viel
Wa. fehlt K-Y

I *Sigle fehlt*

Q 63 adv **Quante** idem *(nach 62)*

I *Sigle fehlt*

Q 63.1 adv **Quantocius** .i. quanto cicius. Wersus: Dic uelocius ac cicius quantocicius esse *W*

W *vgl. 61*

Q 64 f t **Quantitas** *großekeyt*
-- groshait *Sb3*
-- tailsammkait an im selber. Item **Quantitas discreta** der ding menge oder zal. **Quantitas *continua*** des dings grŏssi uel *mitel*kait. **Quantitas mobilis** tailsamkait an liplicher grŏssi *W*

S großekeyt *S4*] grosheit *Ma1*, grotinghe *Ma3*
M großheit *Dr1*
W continua *Sg1*] *fehlt S1* mitelkait *Sg1*] miltikait *S1*
I *Sigle fehlt*
K *Wa. fehlt K9*
P grotheyt *Ma4*
P-E Quntitas *E2*

Q 65 m s **Quantus** wie groß ^{o}uel ^{o}wie ^{o}viel ^{o}*(K-X)*

-- est interrogatiuum querens de quantitate rei; exemplum: Quantus est iste? Respondetur: Longus aut breuis. Sed **Qualis** est interrogatiuum querens de qualitate; exemplum: Qualis est iste? Respondetur: Sapiens aut stultus. Sed **Cuius** querit de possessione; exemplum: Cuius est iste liber? Respondetur: Iohannis. Sed **Cuias** querit de gente aut patria; exemplum: Cuias est iste? Respondetur: Bohemus aut Australis. Sed **Quottus** querit de numero; exemplum: Quottus est iste? Respondetur: Primus aut secundus. Et nota: ista nomina Quantus, **Vter**, **Quis** tenentur *quadru*pliciter. Primo interrogatiue; exemplum: Quis est iste? Respondetur: Talis aut talis. 2° responsiue; exemplum: Quis est iste? Respondetur: Quid tu vis. 3° tenetur relatiue; exemplum: Socrates disputat; Quis legit? 4° infinite; exemplum: Ego nescio, quis legit. Quantus eciam ponitur interrogatiue; exemplum: Quantus est? Respondetur: Magnus aut paruus. 2° responsiue; exemplum: Quantus est iste? Respondetur: Ipse est tantus, quantus tu es. 3° relatiue; exemplum: Iste est tantus, quantus es tu? 4° infinite; exemplum: Ego nescio, quantus iste est. Et sic simili modo iam alia dicta, scilicet Qualis, Quis, eciam ponuntur quadrupliciter. Sed Cuius et Cuias eciam ponuntur dupliciter. Primo interrogatiue; exemplum: Cuius est liber? Respondetur: Pauli. 2° infinite; exemplum: Ego nescio, cuius liber est. Sed Cuias primo tenetur interrogatiue; exemplum: Cuias est iste? Respondetur: Bohemus aut Australis. 2° infinite; exemplum: Cuias est iste? Respondetur: Ego nescio, cui*a*s iste est *Sb3*

Wa. fehlt K-Y

vgl. C 1178
S uel wie viel *fehlt S4 Ma3*
M *Wa. fehlt D1* wie groß uel *fehlt M19*
Sb3 quadrupliciter *(1) V1*] dupliciter cuias iste *Gr2*] cuius iste
W uel wie viel *fehlt Sg1*
P uel wie viel *fehlt Wo4 B10*
P-E uel wie viel *fehlt M25 So1*

Q 66 *adv* **Quantumcumque** wie viel ⌜*vmmb* / vmmer *Ma3 B9 P*
-- wie vill *Sb3 W I P-E*
-- wo vele mer *Kh2*

S *Sigle S4*] con *Ma1* vmmb *S4*] *fehlt Ma1*, vmmer *Ks2*
M vmmb fehlt *Ks1 Dr1*
W *Wa. fehlt S1*
I *Sigle fehlt*
K -- vmb wie vil *K4*
P -- wu vele vmme *B10*

Q 67 *adv* **Quapropter** darumb
-- war vmb *I*

S *Sigle S4*] con *Ma1*
W -- warvmb *S1*
I *Sigle fehlt*
P *Wa. fehlt B10* Quaper *Wo4*
Kh2 Quampropter

Q 68 *adv* **Quare** warumb
-- darvmb *Sb3*

Wa. fehlt I K-Y P-E R1

S *Sigle S4*] con *Ma1* -- dar vmmb *S4*
M -- dorumb *D1*
K *Wa. fehlt Hl1*

Q 68.1 m s **Quartus** primo significat ordinem in numero; *in Thymeo (Timaeus 7)*: Vnus, secundus, tercius; quartus *vestrum* requiro Timeum. 2° significat ordinem in tempore; vnde Ouidius in Fastis *(i 41)*: Tertius a senibus iuuenum de nomine quartus. 3° significat ordinem in loco; exemplum: Iste sedet quartus in mensa. 4° significat ordinem in dignitate; exemplum: Iste habet quartam vocem in eleccione *Sb3*

Sb3 in Thymeo *V1*] inter uno vestrum *V1*] *fehlt*

Q 69 *n* t **Quartale** ein vierteil
Wa. fehlt K-Y

S *Sigle S4*] m t *Ma1* -- eyn fyrde teyl *S4*
W *Wa. fehlt Sg1*
P -- eyn firdendeil *Br1*

Q 70 f p **Quartana** vier tegelich friesen, ⌜sunt febr*es* / pestis *B9 P*
-- sunt febres, das viertagig friesen *Sb3*
-- sunt febres, ein fierdegelich sucht *I*
-- .i. febres quartane *K-Y*
-- viertåglich frőrer, quedam pestis *P-E*
-- est pestis quedam *Kh2*

S *Wa. fehlt Ma3* -- vieteglich wesen *N1* vier tegelich] fierlich *S4 B5* febres *S4*] febris *Ma1*
M -- febres sint virthelich frysen *D1*
W *dt. Int.*] viertaglicher frőrer *Sg1*
K *lat. Int. fehlt W13*
P -- est pestis de quartane *Wo1* -- eyn virdeylgelik pestis, dat frysent *B10* *lat. Int. fehlt Wo4*
P-E *Wa.*] f p Quartina vier tågleich *M25* *dt. Int.*] vierteglich uel frőrer *So1* + proveniens die *E2*
Kh2 Quartania

Q 71 *m s* ***Quartadecimus*** *der ferczende*
Wa. fehlt I K-Y Kh2

S *Wa. S4*] *fehlt Ma1* Quartusdecimus *B9*
M Quartadecius *Ma6*
Sb3 Quartodecimus
W Quartusdecimus -- der fierzehentst *Bs9*
K Quartodecimus *X*
P *Wa.*] m s Quartodecimus der verczendeste *Wo4* -- dy vierteyndiste *Br1*
P-E *Int. fehlt E2*

Q 72 adv **Quasi** glicherwise
-- primo ponitur improprie; exemplum *(Equiv. 206va)*: Filius est quasi ymago patris. 2° significat similitudinem; vnde Iob *(14,2)*: Qui quasi flos egreditur. 3° significat causam; exemplum *(Equiv. 206va)*: Lapis dicitur esse quasi ledens pedem. 4° significat dubitacionem aut ponitur pro circa; exemplum, ut legitur *(vgl. Lc 2,42)*: Puer Iesus quasi annorum duodecim. 5to ponitur affirmatiue; exemplum *(Io 1,14)*: Vidimus gloriam eius quasi vnigeniti a patre. 6to ponitur

expositiue; exemplum *(Priscian GrL ii6)*: Littera dicitur quasi legittera *Sb3*
-- est adverbium similitudinis. Quandoque importat similitudinem proprie dictam, ut: Tu es quasi stultus, .i. similis stulto. Quandoque svb modo assimilandi est assertiuum et expressiuum veritatis, ut *(Io 1,14)*: Vidimus gloriam eius quasi vnigeniti a patre, .i. vere vnigeniti *W*
-- zu gleicher weiz *K*
Wa. fehlt I

M *Wa. fehlt D1*
W -- est adverbium similitudinis, ze glicher wis *Sg1*
P -- liber wis *Ma4* -- lichter wise *R1*
P-E -- villicht *So1* -- piß *M25*

Q 73 a p **Quassare** schuden, *.i. frequenter mouere uel frangere* °*uel* °*vexare* °*(I)*
-- significat frequenter mouere, schutten *Sb3*
-- schůten *K*

S schuden] swingen *S4* *lat. Int. S4*] *fehlt Ma1* uel vexare *bei 74 S4 Ks2 B5 N1*
M *vgl. 88.1* -- swingen *Ks1* schuden] schudeln *Ma6 Dr1* uel vexare *nach 74 alle Hss.* vexare] nexare *M19*
Sb3 uel vexare] aut orexare
W schuden] schuteln *Me1 Bs9*
K *vgl. 1.3* n p
P-E schuden] *fehlt So1 M25*, + sicut aqua *E2*

Q 73.1 **Quastula** bachtel *Sb3*

Sb3 *vgl. 164*

Q 74 n s **Quassum** est finitum uel contritum
+ vel vexamen *P-E*
-- geschut vel gesuongen *I*
-- .i. contritum *K*
Wa. fehlt Kh2 Br1

S contritum] tritum *B9*, + uel uexatum *Ma1*
W finitum] fractum *S1*
I m s Quassus, -sa, -sum

Q 75 f t **Quassio** schudunge
-- schwingung *P-E*
Wa. fehlt W-Y P-Y

vgl. 1.4
S f t Quassus *Ma3* -- schuldung *N1*
M -- swingunge uel schodunge *Ks1*
P *Wa. fehlt Ma4 R1*
P-E -- summung *So1* + sicut arbores percuciuntur *E2*

Q 75.1 **Quassorium** ein swinge rude *I*

Q 76 adv **Quat*e*nus** .i. qua *racione* uel qualiter uel ad quam finem
-- due dicciones sunt, *.i.* quousque uel quantum ⌜uel qua racione uel qualiter uel ad quem finem *X* / Sed *Y* **Quatinus** per -i- scriptum, vna diccio, idem est quod ut *W*

-- .i. qua racione vel quapropter vel ad quam finem; vel Quatenus coniuncсio .i. prout uel pro eo *I*
-- .i. qua racione uel ad quam finem *K*
-- vppe dat *Kh2 Br1*

vgl. 83
S Quatenus *S4*] Quatinus *Ma1*, Quatius *Ma3* racione *S4*] *verderbt Ma1* quam finem *verderbt S4*
W .i. *Sg1*] idem *S1* idem est quod ut] et valet tantum sicut vt uel quod *Sg1*
K con
P Quatinus *Ma4* quam] quem *Ma4*
P-E Qutenus *E2*
Kh2 con Quatius

Q 77 a t **Quatere** schuden, °sicud °poma °*(K)*
-- schelen, vt poma *P-E R1*
Wa. fehlt Kh2

vgl. 1.1
M schuden] schodeln *Ks1*
W schuden] schutelen *Me1*
K n t
P *Wa. fehlt B10* *lat. Int.*] *fehlt Br1*, vt nuces *Wo4*
P-E Qutere *E2* -- helffen uel poma *So1*

Q 78 adv **Quater** vierwerbe
-- vir mal *M-Y W P-E*
-- fiervert *Sb3*
Wa. fehlt K

S virweyd *Ks2*, vier mal *N1*
M *Wa. fehlt D1*
W ze vier malen *Sg1*
P-E *Int.*] *fehlt E2*, ze viermalen *So1*

Q 78.1 **Quatuor** fier *I*

I *vgl. 82*

Q 79 a p **Quaternare** .i. quaternos facere
-- .i. quaternos coniungere vel facere *I*

S quaternas *Ma3*
K n p
P quaternos] quaternas *R1*, quatuor *Wo4*
P-E Quternare *E2*

Q 80 m s **Quaternarius** vier czal
+ numerus de quatuor *I*
-- ver tallych *Kh2*

Q 81 f p **Quaterna** virunge
+ Inde **Quaternitas** *I W-Y*
-- idem *(nach 82)* *Kh2*

M -- yrung *Dr1*
W *vgl. 82* virunge] irrung *Me1*, rorung *M12*, yrung *Y*
P -- verich, eyn quaterna *Wo4*

Q 82 f t **Quaternitas** virunge
-- ver leye uel vyrynghe *Kh2*
Wa. fehlt (vgl. 81) W-Y I

S *Wa. fehlt B9*
M -- yrung *Dr1*
W *Wa. fehlt M12* -- irrung *Me1*
P -- verigk *Wo4*
P-E *Int. fehlt So1*

Q 83 con **Quatenus** .i. pro eo
+ uel *quod* *W*
-- est pro eo *Sb3*
-- .i. prout uel pro eo uel quod *I*
Wa. fehlt K-Y Kh2 Br1

vgl. 76
S Quatenus *S4*] Quatinus *Ma1*
M *Wa. fehlt M19*
Sb3 con Quatenus] Quatus
W *Wa. fehlt Sg1* Quanteque *S1* eo] quo *S1* quod *Bs9*] quot *S1*
P Quatinus *Ma4 Wo4 B10* eo] deo *R1*
P-E Quatinus *E2*

Q 84 m t **Quaternio** ein herre uber vier ritter
-- qui 4^or militibus preest *W*
-- -onis est miles super quatuor *I*
-- eyn here auer dre ridder *Kh2 Br1*

M -- vier ritter *M19*
Kh2 m t Quaternia

Q 85 *m s* ***Quaternus*** *eyn quaterne, et sunt octo folia simul ligata*
+ *Versus (Grec. Vet. xii 139)*: Iunctura*m* dicas foliorum octo quaternum *W*
-- [...] folia conligata *Sb3*
-- sunt octo folia simul ligata *P-E*
-- eyn quaterner, sunt [...] *Kh2*
Wa. fehlt K

S *Wa. S4*] *fehlt Ma1* *lat. Int. fehlt Ma3*
W simul] sunt *S1* Versus: Iuncturam *Sg1*] uel iunctura *S1*
P quaterna *Ma4* simul ligata *fehlt Wo4*

Q 86 o in **Quatuor** vier
Wa. fehlt K Kh2

M *Wa. fehlt D1*
I *vgl. 78.1* *Sigle fehlt*
P-E *Wa. fehlt E2* -- patet *M25*

Q 87 *adv* ***Quatuordecies*** *fyrczen werbe*
-- virczihen mall *M-Y W P-E*
-- xjjjj fert *Sb3*
Wa. fehlt I K-Y

S *Wa. S4*] *fehlt Ma1 Ma3* -- virczen stůnt *Ks2* -- virteyn weruich *B9*
-- vierzehen mal *N1*

W *Wa. fehlt S1* -- ze vierzechen malen *Sg1*
K -- vier vert *X*
P-E -- patet *M25*

Q 88 m *s* **Quatuordenus** ⌜*ferczendig* / ver teynich *Ma3 B9 Kh2 K-X*
-- *vier zechen* *P-E*
Wa. fehlt Sb3 K-Y

S *Sigle S4*] m o *Ma1* *Int. S4*] *fehlt Ma1*, virczenig *B5*
M -- virczehend *M19 D1*
I -- der virtzigst
P -- verteynech *Wo1 R1 B10*
P-E *Wa. So1*] *fehlt E2*

Q 88.1 n p **Quassare** schuten *M19 (M)*

M *vgl. 73*

Q 89 o *in* **Quatuor tempora** *dy quater* temper
-- ⌜dye vier quatertempore *Ma6* / die quaterner *M19* / weich fasten aut gold fasten *Sb3* *M*
-- *vier zitt* *W*
-- die fier frone fasten *I*
-- die quottemer *K-X*
Wa. fehlt K-Y

S *Wa. fehlt Ma3* *Sigle S4*] o t *Ma1* dy quater temper *B5*] quatuor temper *Ma1*, dy quatern czyden *S4*, dy fier faste dy wich faste *Ks2*, dy quatertempore *N1*
M -- dẏ wich faste uel forn faste *Ks1* -- dy golt fast *D1* -- dy firczeit *Dr1*
W *Wa. Sg1*] *fehlt S1*
I o t
P -- de 4^or^ tempere *Wo1* -- de tempel vast *R1* -- vir vastene *B10* + vrovaste *Ma4*
P-E -- vier zit sunt angarie *E2* -- fron uast *So1* -- ain cotemper *M25*

Q 90 *o in* ***Quatuordecim*** *ferczen*
Wa. fehlt I K-Y Kh2

S *Wa. S4*] *fehlt Ma1*
M *Wa. fehlt D1* Quatuordecem *M19*
P-E *Wa. fehlt E2*

Q 91 n p **Quaxare** *est clamor ranarum*
-- .i. sonare uel clam*a*re ut rane *I*
-- .i. cla*m*are vt rane *Kh2 Br1*

S *Int. Ks2*] .i. clamare ut rani *Ma1*, est clamor ranorum *S4*, .i. clamare ut rane *Ma3*
W -- est clamare ut rane faciunt *S1* -- est clamare vt rane *Sg1*
I clamare *I2*] clamere
P clamer *Ma4*
Kh2 clamare *Lü1*] clarare

Q 91.1 **Quaxum** est sonus ranarum *I*

Q 92 *con* ***Que*** *capitur pro et vel pro sed vel pro id est*
-- capitur pro et, pro sed et pro idem *I*
-- breue, capitur pro et uel pro sed uel pro idem *P*
-- pro et, quando est breue *P-E R1*

-- aliquando capitur pro et uel pro sed uel pro ideo *Kh2 Br1*
Wa. fehlt K-Y

S *Wa. Ks2*] *fehlt Ma1 B9* *Stichwort*] + breue *Ma3* pro id idem *S4*
M con Qua *M19*
W vel pro id *fehlt Sg1* id est] id *alle Hss.*
P breue] bene *Wo4*

Q 92.1 pron **Que** primo queri*t* de propria nominacione, eodem modo ut »quis«; exemplum: Que vocatur ista mulier? Respondetur: Anna. 2° queri*t* de substancia ipsius rei; exemplum: Que est illa mulier? Respondetur: Regina uel alia. 3° sumitur relatiue, et hoc dupliciter, scilicet personaliter et simpliciter. Personaliter sumitur, quando relatiuum et antecedens conueniunt in numero aut in specie; exemplum: Mulier que mouetur. Simpliciter sumitur, quando relatiuum et antecedens conueniunt in numero et eciam in specie; exemplum *(Equiv. 205rb)*: Mulier saluauit, que dampnauit; saluauit, scilicet Maria, sed Eua dampnauit. Eciam ponitur pro qualis; vnde Ouidius *(her. iV 76)*: Que mea libido. Eciam ponitur infinite; exemplum: Ego nescio, que est ista *Sb3*
-- wellú, quando est longum *P-E R1*

Sb3 querit *(1,2) V1*] queritur
P-E wellú] + secundo *E2*

Q 93 adv **Quem*a*dmodum** glich also
-- glicherwise uel glich also *I*

S *Wa. fehlt Ma3* Quemadmodum *S4*] Quemodmodum *Ma1*
P -- likerwis also *B10*
Kh2 gerlyk

Q 94 adv **Quempiam** .i. insuper uel preterea
Wa. fehlt Kh2

S *Wa. fehlt Ma3* preteria *S4 B9*
Sb3 Quemquam insuper] super
W propterea *Sg1*
I preteria
K propterea *alle Hss.* + dor vmb *K4*
P-E preteria *E2 M25 (auch R1)*

Q 95 f s **Quercus** ein eiche
+ *uel ylex* uel quernu*s*. Item ***Cinus*** grece, quernum uel illicium, aichel *W*
-- eyn eychbaum. Et dicitur a »quero, -is« *I*

vgl. C 437.2, C 438, C 439.1
S -- eyn eychel *S4*
M -- ein aichel vel arbor *M19*
W uel ylex *Sg1*] *fehlt S1* quernus *Sg1*] quernum *S1* Item *bis* aichel *fehlt Sg1* Cinus grece *fehlt Bs9* Cinus *Me1*] Cinos*S1*
I f s uel q
K f q
P -- eyn eychel *R1*

Q 96 m s **Quercinus** eichen
-- idem *(nach 95)* *W*

Wa. fehlt I

S Quercius *S4* ekich *Ma3*, eykenich *B9*, eychern *N1*
M Quercius *(f s* Quecius *M19)*
W *Wa.*] m s Querceus aichin; Quernus, Ylceus idem *Sg1*
P *Wa. fehlt R1 Wo4* Quercius *Ma4* ekenich *Ma4 Wo1*
P-E aichel *M25*
Kh2 Quercius

Q 96.1 v de **Queo**, ques, queui .i. quietus sum *P*
Wa. fehlt Kh2 Br1

vgl. 121
P Queo] Ques *Wo4* .i. quietus sum] rowen wesen *B10*, + reuwich wesen *Ma4*, + gerusam sin *Wo4*
P-E queui] quieui *alle Hss. (auch R1)*

Q 97 n q **Queo** .i. possum, ich mag
-- .i. possum *Sb3 P-E R1 Kh2*

S ich *fehlt B5*
M pussum *M19*
I n q Queo, -is, -ire
K .i. possum *fehlt Y*
P ich mag *fehlt Wo4 B10*

Q 98 a t **Querere** biden uel suchen
-- primo valet tantum *ut* scrutor; vnde in Canticis *(Ct 3,1f.)*: Quesiui et non inveni illum. 2° significat interrogare; vnde Ouidius Methamorfoseorum *(xv 1)*: Queritur interea quis tante ponder*a* molis. 3° significat ymitari aut sequi; vnde in sacris *(Is 55,6)*: Querite dominum, dum inveniri potest *Sb3*
-- suchen, petere uel interrogare. Wersus *(Grec. Vet. xvii 37)*: Querit*ur* ignotum, querit*ur*, qui perdit amicum. Et inuestigo, petit ac interrogo, quero *I*
-- ⌜vorschen *E2 M25* / suchen *So1* *P-E*
Wa. fehlt K-Y

S peytnn *B5*
Sb3 ut *V1*] .i. pondera *emend.*] pondere
W baitten *S1*
I *vgl. 102* Queritur *I2*] Queritor queritur *emend.*] querit *(auch I2)*
P-E Quere *E2*

Q 99 f p **Querela** clage
-- eyn vraghe *Kh2*
Wa. fehlt Sb3

P-E *vgl. 102.1*
Kh2 f t Querele

Q 100 f p **Querimonia** clage
-- idem *(nach 99)* *Kh2*

S Queremonia *Ma3*
I *Sigle fehlt*
K Queremonia *K4*
P-E Queremonia *(auch R1)*

Q 101 f p **Querula** clage
-- idem *(nach 99)* *Kh2*
Wa. fehlt K

S *Wa. fehlt B5*
W *Wa. fehlt S1*
I *Sigle fehlt*
P *Wa. fehlt B10*
P-E *Wa.*] f p Querela ein frag *So1*

Q 101.1 f t **Queriles** sunt *c*elle, in quibus purpurati sedent *P*

P celle *für* selle purpurati *Wo4*
P-E celle *alle Hss.*
Kh2 Querilis

Q 101.2 **Quero** bettler *So1 (P-E)*

Q 102 d t **Queror**, -ris weynen uel clagen
-- ich klag. Wersus *(Grec. Vet. xvii 37)*: Queritur ignotum, queritur, qui perdit amicum *Sb3*
-- ich chlag *K Kh2 Br1*

S -- weinenn ader icht chlagenn *B5*
Sb3 *vgl. 98*
W -- ich klag *Sg1*
P -- ik wene *B10*
P-E -- ich klag *M25*

Q 102.1 **Querela** bettelsach *So1 (P-E)*

P-E *vgl. 99*

Q 103 d p **Querulari** clagen
+ .i. conqueri *I*
-- idem *(nach 102)* *W-Y*
-- vraghen *Kh2*

M -- chagen *M19*

Q 104 m s **Querulus** clagig uel cleff*ik*
-- klaftig aut klagig *Sb3*
-- chlaghåfftig *K*
-- klågig *P-E*
-- eyn claghe uel clebs *Kh2*

S -- cleffig uel claffig *S4* clagig uel] *fehlt B5*, clage *B9* cleffik *Ks2*] cleffecht *Ma1*
M -- keffig uel klagicht *Ma6* cleffiß *D1*
K + mensch *(Zeilensprung ?, vgl. 105) Hl1 K9*
P -- cleps *Br1* uel cleffik] *fehlt Wo1 B10*, cleppisch *Wo4*
P-E -- ain klågleich *M25*

Q 105 m s **Querulosus** ein *clegelich* mensche
-- ein klagiger aut klaftiger *Sb3*
-- idem *(nach 104)* *I*
-- ein chlaghefftig mensch *K*
-- eyn clagych mynsche *Kh2*

S *Wa. fehlt B9* Querulogus *S4* clegelich *Ks2*] cleffig *Ma1*, jcklich *S4*, chlegig *B5*, splepich *(!)* uel clagich *Ma3*, klegisch *N1*

M -- ein chlager mensch *M19*
W *Wa.*] m s Querulegus klaginder *Sg1*
I *Sigle fehlt*
K *Wa. fehlt (Zeilensprung ?, vgl. 104) Hl1 K9*
P Querulus *Wo4* -- clegelich *R1* clegelich] cleghech *Wo1 B10*, claghende *Wo4*
P-E -- ein clagender mensch *So1*

Q 106 v de **Queso** ich biden
+ .i. cum desiderio rogo; et format nil plus de se nisi »quesumus«, .i. petimus *W*
+ .i. cum desiderio querere *I*
+ hilge dynck ich begere, ich frage *P*

M -- .i. rogo *D1*
W Queso] Quesumus *S1* *Zusatz fehlt Sg1*
P *Zusatz fehlt Wo1* begere *verderbt Br1* ich frage *fehlt B10*
P-E -- ich pit heilig ding *So1 M25*

Q 106.1 f p **Questa** ⌜beschattinge / besiczung *P-E R1* uel colleccio *P*

P *Wa. fehlt B10*
P-E beseczinge *R1*

Q 107 f t **Questio** est inquisicio / + ein frage *S-X*
-- primo dicitur esse responsio, que extorquet*ur* a reis, .i. a peccatoribus. 2° dicitur esse querela; vnde scribitur in litteris: Vestre notiffico honestati, quatenus ad nos venerunt magne questiones super herum. 3° dicitur esse vna proposicio dubitabilis, secundum *diuiditur a Boecio (vgl. Equiv. 206rb)* in questione*m* querentem *et in questionem quesitam; queritur*, vtrum deus sit substancia racionalis. 4° restringitur ad *ea*, que interrogantur generaliter; exemplum: Quis te percussit? Respondetur: Iste aut iste *Sb3*
-- eyn frage vel eyn clage *I*
-- frag *K*

S + eyn bethe *B5*
M *Wa. fehlt D1* + ein frag *M19*
Sb3 extorquetur *V1*] extorquet diuiditur *Gr2*] dicitur a Boecio *emend.*] ab omne *(?)* questionem *(1) V1*] questione et *bis* queritur *V1*] *fehlt* ea *V1*] eam
W -- .i. quesicio *S1* -- vorschung *Sg1*
P -- eyne vraghe *Wo4*

Q 107.1 **Questigenarius** chlager, ⌜sacher, frager *X* / sach frager *Y* *K*

K *vgl. 108* -- idem uel qui facit questionem *(nach 107) Hl1*

Q 108 m s **Questionarius** ein cleger, ein frager, °ein °such*er* °*(Kh2 Br1)*
-- qui questionem facit, eyn frager vel clager *I*
-- qui facit questionem *K*
-- ain for*s*cher uel klager *P-E*

S -- eyn cleger *B5 Ma3* sucher *Ks2*] sucht *Ma1*, *fehlt S4 B9*
M -- eyn cleger *Ks1*
K *Wa. fehlt (vgl. 107.1) Hl1*
P-E forscher *So1*] forcher *E2*
Kh2 Questinarius *(Zeilensprung ?, vgl. 110)*

Q 108.1 m t **Quesitor** frager *K-X*

Q 109 m s **Questiosus** *clagechtig*
-- klaghaftig *Sb3 I*
-- chlagig *K*
-- klåglich *P-E R1*
-- klagendich *Kh2 Br1*

S clagechtig *S4*] clegig *Ma1*, cladendek *(!) Ks2*, idem *(nach 108) B5*
M -- clågik *M19* -- ein claghafftiger *D1*
Sb3 Questuosus
K *Wa. fehlt Hl1* Questigiosus
P-E -- klagig *So1* + vel pauper *E2*

Q 110 *m s* ***Questinarius*** *idem (nach 109)*
-- qui questu corporis sui viuit *Ma3 B9 P*
Wa. fehlt K
Wa. fehlt (Zeilensprung ?, vgl. 108) Kh2

S *Wa. Ks2*] *fehlt Ma1 S4 N1*
Sb3 Questularius
W Questionarius *S1*
I *Sigle fehlt*
P-E viuit] siuit *E2*

Q 111 m t **Questor** est ille, qui questu corporis sui viuit
+ uel *qui* recipit questum ab alijs uel proprium nomen cuiusdam Romani. Versus Grecismi Noui *(68ᵛ)*: Lucrum sit questus uel sit querimonia questus. Quero fons prim*i* dat*ur* esse querorque secundi / + Item Questor est *pre*positus et consiliarius, qui peccuniam publicam prerogat *X W*
-- est, qui loco iudicis querit de caus*is* *I*
-- qui *in* loco iudicis querit de causis; eciam dicebatur, qui querebat tributa rerum roman*o* populo uel questu suo corpore viuit *K*
-- .i. questionarius *P*
-- idem *(nach 109)* *Kh2*

S m t Questur *S4* questu corporis] questur corpori *S4*
M questu] questor *M19*
Sb3 questu corporis sui] prestularijs suis
W questu *fehlt S1* qui *(2) Sg1*] *fehlt S1* primi datur *Sg1*] primo dat *S1* prepositus *Me1*] propositus *S1*
I causis *I2*] causibus
K in *K4*] *fehlt W13* qui *(2)*] que *K4* romano *Ab1*] romani *W13 K4 K9 Hl1 W9 M37* questu] questa *K4*
P-E questinarius *E2*

Q 111.1 f p **Questura** talis dignitas *(nach 111)* *K*

Q 112 m q **Questus** clage uel frage
+ uel alitus *acquisitus* *K*
-- klag aut zins *Sb3*
-- est acquisicio alicuius, frage uel clagunge *I*
Wa. fehlt W

S uel frage *fehlt S4*
K acquisitus *K4*] *fehlt W13*
P -- clagen, vragen, horen *B10* + horen wyn *Ma4* + hörynge *R1* + huren ghewin *Wo4*

Q 112.1 f t **Questrix** .i. vxor *K*

Q 112.2 **Questuarię** dicuntur meretrices *K*

Q 112.3 d p **Questionari** .i. inquirere *K*

Q 113 m s **Qui** .i. quis, *wer*
-- .i. quis *P-E Kh2*
Wa. fehlt I K-Y

S *Wa. fehlt Ks2* wer *S4*] *fehlt Ma1*
M *Wa. fehlt D1*
W *Wa. fehlt Sg1*
K .i. quis *fehlt W13*

Q 114 con **Quia** darumb
Wa. fehlt Sb3 I K

S + wente *B9*
M *Wa.*] *fehlt D1*, con Qua duraumb *M19*
P *Wa. fehlt B10* -- varvmme *Ma4*

Q 114.1 m s **Quianus** ⌜eyn arste / .i. medicus *P-E R1 Kh2* uel color in vrina *P*
-- secundum phisicos, .i. medicos, est color vrine vergens ad rubedinem et significat infirmum febre continua laborare. Vnde Grecista Nouus *(95rv)*: Sit quianos viride ceu phisicus dat; quianosque est color vrine niger et viridis rubeusque / + Esse quianos scenum satis exprimit inquino verbum *X* *W*

W ms Quianus] Quianos *(Wa. nach 121)* phisicos, .i. *fehlt Sg1* phisicus] vesica *Sg1*, visica *Bs9 Me5* dat *fehlt Y* viridis] ydridus*Sg1*
P eyn arste *fehlt Br1*

Q 115 m s **Quicumque** .i. quiscumque, ein iczlicher
-- ⌜.i. quiscumque, ain ietlicher *S1* / ain ieglicher *Sg1* *W*
-- ein igleicher *K*
-- .i. quiscumque, ⌜eyn juweliker *Ma4* / eyn eklycher *R1* / eyn isliker *Wo4* *P*
-- .i. quiscumque *P-E Kh2*
Wa. fehlt I

S -- eyn yewelick *Ma3* jclicher *S4 Ks2*, iowelker *B9*
M *Wa. fehlt D1* quoscumque *(?) Ma6* iclicher *Ma6 Ks1*
W iglicher *Me1 M12*, etlicher *Bs9 Me5*
P .i. quiscumque *fehlt Wo4 B10* eyn iewelk *Wo1 B10*, eyn iczlicher *Br1*
P-E -- weler *So1*

Q 116 n in **Quid** was, et ponitur pro certe, aduerbium
-- ponitur infinite, ut dixit sanctus Petrus *(Mt 26,70)*: Ego nescio, quid dicis; et tunc est nomen. 2° significat partem aut signum partis, ut dicimus: Hoc est bonum secundum quid. 3° ponitur interrogatiue, et hoc dupliciter. Primo, quando ad ipsum respondetur pronomen, tunc est *nomen* accusatiui casus, ut: Quid facis? Respondetur: Ego facio tunicam. 2° tenetur interrogatiue, hoc est, quando ad ipsum respondetur *verbum*, tunc est adverbium. Wersus *(Walther 25023)*: Quid facis hic, primas? Lego stramen et obstruo rimas. Eciam sumitur pro qualiter, in quantum est adverbium; exemplum Boecij De consolacione prosa 3ª *(vgl. Boeth. cons. i pr 6,150)*: Quid fieri

potest, ut cognito rerum principio. Eciam ponitur pro quantum; exemplum Iuuenalis *(1,154)*: Quid refert, *dictis ignoscat*. Nota, quod Quid, in quantum significat illa duo, scilicet qualiter et quantum, tunc tenetur tripliciter; aliquando interrogatiue, aliquando infinite, aliquando relatiue, ut: Quid est ille? Respondetur: Iste est id, quod tu es. Eciam ponitur pro cur, et hoc dupliciter. Primo interrogatiue; exemplum in passione domini *(vgl. Io 18,23)*: Si male locutus sum, quid me cedis? 2° ponitur infinite; exemplum: Ego nescio, quid me percussit, .i. cur. Eciam ponitur pro aliquid; exemplum: Si quid habes de pane, da mihi partem! Eciam ponitur pro aliquantum; vnde Oracius *(Hor. ep. i 18,67)*: Protinus ut moneam, si quid monito*ris* eges, *tu* *Sb3*
Wa. fehlt I K-Y Kh2 Br1

S pro *fehlt B9* aduerbium] pronomen indeclinabile *Ma3*
M aduerbium *fehlt M19*
Sb3 nomen *(2) V1*] pronomen verbum *V1*] *fehlt* dictis *Gr2*] dominus *(?)* ignoscat *emend.*] agrescat monitoris eges, tu *emend.*] monito egesto
W *Wa. fehlt Sg1*
K con *X* aduerbium *fehlt X*
P certo *Ma4* aduerbium *fehlt R1 Wo4 B10*
P-E aduerbium *fehlt E2*

Q 117 adv **Quidni** .i. nisi quid
+ uel quare non *W*
Wa. fehlt I Kh2 Br1

S -- .i. aliquid *Ma3*
K n in

Q 117.1 adv **Quamdiu** wie lanng *K-X*

K *vgl. 50*

Q 117.2 adv **Quidiu** *(?)* .i. hec po*c*ius *P-X*

P pocius *Wo1*] possius *Ma4*

Q 117.3 adv **Quidui** *(?)* .i. quare uel videlicet uel profecto uel maxime *P*
Wa. fehlt Kh2 Br1

P profeccio *Wo4* maximo *R1*
P-E maxime *verderbt E2*

Q 118 n in **Quidquid** waz °*waz* °*(Ma3 B9 K-X)*
-- wat al *Kh2 Br1*
Wa. fehlt I K-Y

S *Wa.*] Quid was *B5* waz waz *S4*] waz *Ma1*
M n s
W n s -- was *S1*
P-E -- waz *E2*

Q 119 m s **Quidam** est aliquis, eczlicher
+ vel certe *I*
-- .i. aliqui*s*, etleicher. Qu*i*dam primo ponitur pro parte, ita quod significat partem; exemplum: Quidam homines currunt. Eciam ponitur pro uile aut ignorabile; exemplum de passione domini *(vgl.*

Mt 27,32 und Mc 15,21): Et angariauerunt quendam hominem cyrenum, Simonem, ut tolleret crucem eius. Et ponitur pro in proprio, .i. significat proprietatem; vnde Boecius *(Equiv. 206rb)*: Solis species que*dam* est forma; quasi diceret, non debet dici propria forma *Sb3*
-- °.i. °aliquis °*(Kh2), etleke* *P-Y*
-- .i. aliquis *P-E*
Wa. fehlt K-Y

S -- .i. quis, icliker *Ma3* ichtliker *B9*
M -- .i. alias *D1* etlicher *Ma6*
Sb3 aliquis *V1*] aliquid Quidam *(2) Gr2*] Quedam Solis] Ne solis quedam *emend.*] que
W *lat. Int. fehlt Sg1*
I *Sigle fehlt*
K *lat. Int. fehlt W13*
P etleke *B10*] ymant *Wo4*

Q 119.1 f *t* **Quittitas** etwashait *W*

W *Sigle Sg1*] f p *S1* -- etwas *Sg1*

Q 120 con **Quidem** aber
+ .i. certe *I*
Wa. fehlt Sb3

S + wente *Ma3*
P + .i. certe *Wo4*
P-E con Quidam *(auch R1)*

Q 121 n s **Quiere** est esse uel fieri quietum, et habet -eui in preterito uel quietus sum
-- est esse aut fieri quietum *Sb3 K-Y*
-- [...] preterito, et eius presencia non sunt in vsu *W*
-- [...] preterito et quietum in supino *I*
Wa. fehlt P

S n s Quire *B9* + in supino *Ma3*
M n s Quire *M19* + in supino *M19*
I n t
K et *bis* sum *fehlt W13*

Q 122 *f t* ***Quies*** *eyn ruwe*

S *Wa. S4*] *fehlt Ma1* *Sigle Ks2*] f q *S4*
M rug *Dr1*
P rughe *Br1*
P-E -- .i. requies *E2 M25*

Q 123 n t **Quiescere** ruwen
-- °ruen °oder °*(Y)* rasten *K*

M rugen *Dr1*
Sb3 rueren
P rugen *Br1*

Q 124 a p **Quietare** ruw*ig* machen
-- rue machen *Sb3 K*
-- geruwig machen. Inde **Inquietare** *I*

-- .i. quietum facere *P-E*
-- rowelik maken *Kh2*

vgl. I 470
S ruwig *S4*] ruwe *Ma1*, rübenn *B5*
M ruwig] rue *M19 D1*, rugig *Dr1*
K n p
P rugich *Br1*
Kh2 a p Quietare] a Quiescertare

Q 125 m s **Quietus** ruwelich
-- ruelicher *Sb3*
-- růwig *W P-E*
-- -a, -um geruwelich *I*
-- geruet *K*

M ruebt *M19*, ruglich *Dr1*
W růcklich *Bs9*
P rowech *Wo1*, gheruet *Wo4*, rugelich *Br1*
P-E ᵛbig *M25*

Q 126 m s **Quilibet** ein ieczlicher
+ vel certe vel insuper *P-E R1*
-- ein iglicher *K-Y*
-- eyn iwwelik *Kh2*
Wa. fehlt I

S jcklicher *S4 Ks2 Ma3*
M *Wa. fehlt D1* iclicher *Ma6 Ks1*
W ieglicher *Sg1 Me1*, ᵛtlicher *Bs9*
K ieglicher *Hl1*

Q 127 con **Quin** .i. ut *non* uel ergo
+ Wersus: Quin certe, cur non, pocius, magis, insuper, ut non *W*
+ vel est aduerbium, ut, certe, cur uel insuper *I*
-- .i. ut, ergo aut non *Sb3*
-- .i. non *K*
Wa. fehlt Kh2 Br1

S *Wa. fehlt B9* non *S4*] *fehlt Ma1*
W ergo *verderbt S1* *Vers fehlt Sg1*

Q 127.1 adv **Quin** .i. pocius uel cur non ᴼuel ᴼcerte ᴼuel ᴼinsuper ᴼ*(P-E R1)* *P*

P-E -- .i. pocius vel cur vel curron *E2* -- .i. pocius uel cur uel cur non *R1*

Q 128 m s **Quinarius** funffczalig
-- funffzal *Sb3 M-Y W K-X Kh2 Br1*
Wa. fehlt I K-Y

S *Wa. fehlt B9* -- de vifte tal *Ma3* -- funf zal *N1*
M funffzal] *verderbt M19*, der funffczend *D1*
K *Wa. fehlt Hl1*
Kh2 *vgl. 147.1*

Q 128.1 f p **Quilina** .i. coquina *P*
Wa. fehlt Kh2

P -- eyn koken *Wo1 B10*

Q 129 *o in* ***Quindecim*** *funffczehen*
Wa. fehlt I K

S *Wa. S4] fehlt Ma1* funffczehen *verderbt B5*
M *Wa. fehlt D1*
P vunfczich *R1*
P-E *Wa. fehlt E2*
Kh2 vesteyne

Q 130 *m s* ***Quindecimus***
-- ⌜der funffte czehende *S4* / de vifteynde *Ma3* / vefteynich *B9 N1* *S*
-- *der funf czehendeste* *M W*
-- idem *(nach 129)* *Sb3*
-- der funfczehend *K*
-- ⌜xvnich / veftendych *Kh2* *P*
Wa. fehlt I

S *Wa. fehlt Ma1* *Stichwort zit. nach S4* -- der funffczendeste *Ks2* -- der fumczennde *B5*
M *Wa. fehlt D1* *Int. Ks1*] funffzennich *Ma6*, der *(!)* .i. 15^{mus} *M19*
W *Wa. fehlt S1*
K *Wa. fehlt Hl1 K9*
P -- dy funfczendeste *Wo4* -- vefteynde *B10*
P-E *Wa.*] *fehlt M25*, o in Quindeno patet *E2* -- der fumfzehend *So1*

Q 131 m s **Quindenus** *idem (nach 130)*
-- .i. quindecimus *P-E*
Wa. fehlt I

S *Wa. fehlt B5* Quindentus *S4* *Int. Ks2*] .i. quindecimus *Ma1*, der funffte czehende *S4*
M *Wa. fehlt D1*
W *Wa. fehlt S1*
K *Wa. fehlt K4*

Q 132 f p **Quindena** funffczehen °nacht °*(W)*
-- vierczehennacht *K*

M -- fusczehen *(!)* vel ein madel *M19* nacht *fehlt Ks1 Dr1*
W *Wa. fehlt S1 Sg1*
K -- vierzehent nacht *Hl1*
P -- vefteynnech *B10*
P-E -- patet *E2*

Q 133 m s **Quindenarius** funff*czehen* zal
Wa. fehlt I K-Y

S funffczehen *S4*] funff *Ma1*
M -- funffczend czal *D1*
K -- fumffzehent zall *Hl1*

Q 134 con **Quineciam** .i. ymmo

I *Sigle fehlt*

Q 135 o in **Quingenta** funffhundert
Wa. fehlt I

M *Wa. fehlt D1*
P -- 10 v *Br1*

Q 136 adv **Quingentesies** funffhundert werbe
-- funfhundert mal *Sb3 W P-E*
Wa. fehlt I K

S *Wa.*] adv Quingentesis vif hunderste *Ma3* -- fumffhundit wet *B5* werbe] verte *Ks2*, mal *N1*
M -- funffczenhundert *D1* werbe] vert *M19*, mal *Dr1*
Sb3 Quintesies
P -- v hundertmol *Br1*
Kh2 werbe] wer

Q 137 m s **Quingentenus** der funffhunderste
Wa. fehlt I K Kh2

S *Wa. fehlt Ks2* Quintenus *S4*
M -- der fünffczenhunderst *D1*
W Quingenus *S1*, Quingentesimus *Sg1*
P Quientenus *(?) Ma4* -- vyf hunderteghest *Wo1 R1* -- v hundertthich *Br1*
P-E -- fúnfhundertig *E2* -- 500 *M25*

Q 137.1 m t **Quinio** sunt quinque puncti in *tassere* *P*

P puncta *Y* tassere *Wo1*] carcere *Ma4*, tassare *R1*
P-E puncti] occuli *E2* tassere *verderbt E2*
Kh2 puncta

Q 138 *con* **Quinymmo** .i. magis, ⌜*ja vmmb* / ya vmmers *Ma3 B9* uel eciam uel pocius
-- *ja* vnd auch, .i. magis uel eciam uel pocius *M*
-- .i. magis aut pocius *Sb3 I*
-- potest esse vna diccio, et tunc idem est quod pocius; uel possunt esse due dicciones, et tunc idem est quod certe, pocius secundum Hugwicionem *(»Imo«)* *W*
-- ouer eyn, ia vmmers, est magis uel eciam *uel* pocius *P*
-- v́ber ain, *ja úmer* *P-E*
-- ia yummer uel pocius uel magis *Kh2 Br1*
Wa. fehlt K

S *Sigle S4*] adv *Ma1* ja vmmb *S4*] ia *Ma1*, vmme *B5* uel eciam *fehlt B9*
M *Wa. fehlt D1* *dt. Int. Ma2*] vnd auch *Ma6*, *fehlt Ks1 Dr1* vnd] + et *M19*
P *Wa. fehlt B10* ouer eyn] ouer en ouer eyn *Ma4*, aber eyn *Wo4* vmmers] vmmer *R1* uel pocius *Wo1*] poscius *Ma4*
P-E ja úmer *So1*] *fehlt E2*, jamer *M25*
Kh2 magis *Br1*] malis

Q 139 m s **Quinquagesimus** der funffczigiste
Wa. fehlt I K

M *Wa.*] *fehlt D1*, m s Quinquegesinus fůnfczigigt *M19*
Sb3 -- der funfzetist
P-E -- patet *E2* -- der funfzehengest *M25*

Q 140 m s **Quinquagenarius** funffczig zal
-- funffzigeste zal *M (außer Sb3) W*
Wa. fehlt I K

S funffzig] funffczigist *S4 Ks2 B5 Ma3 N1*
M *Wa. fehlt M19 D1*
Sb3 Quinquegenarius
P -- vifftegeste tal *Ma4* -- eyn czal von vaftighen *Wo4*
P-E -- fúnfzig zehen zal *So1*

Q 141 *o in* ***Quinquaginta*** *funffczig*
Wa. fehlt I K

S *Wa. S4*] *fehlt Ma1*
M *Wa. fehlt D1*
P *Wa. fehlt Br1*
P-E *Wa. fehlt So1* -- patet *E2*

Q 141.1 ep p **Quinquaria** .i. quiscula, °*eyn* °*wachtele* °*(Kh2)* *P*

P *Wa. fehlt B10* Quinquiria *Wo4* eyn wachtele *Wo1*] *fehlt Ma4*

Q 142 *adv* ***Quinquagesies*** *funffczig werbe*
-- funfzig mal *Sb3 W P-E*
-- funffczig vert *K*
Wa. fehlt I Kh2 Br1

S *Wa. S4*] *fehlt Ma1* *Sigle Ks2*] f q *S4* werbe] verte *Ks2*, mal *B5 N1*
M *Wa. fehlt D1* -- fufczigit *M19* -- funffczig mal *Dr1*
K Quinquagesie *K4* funffcziuert *Hl1*
P -- xv werue *Ma4*

Q 143 *o in* ***Quinque*** *fünff*
Wa. fehlt I K Kh2

S *Wa. S4*] *fehlt Ma1 B5*
M *Wa. fehlt M19 D1*
P-E *Wa. fehlt E2*

Q 144 co t **Quinquennis** ⌜*vif iarich* / funff jar *S-X M*
-- et hoc **Quinquenne** funff ierig *I*

S *Int. Ma3*] v iar *N1*
M *Wa. fehlt D1*

Q 145 n s **Quinquennium** fünff *iarczit*
-- funf iarig *Sb3*
-- est spacium quinque annorum *I*
-- vif iar *Kh2*

S *Wa. fehlt B5 B9* -- vifyortich *Ma3* iarczit *S4*] jargeczid *Ma1 Ks2*
M -- funff jar gezijt *Ma6* -- funffjerigczeyt *D1*
W *Wa. fehlt Sg1*
P-E -- fúnfierig zit *So1*

Q 146 con **Qui*n*quidem** .i. quia oder aber
-- .i. quia *Sb3 W P-E*
-- aber *K*
Wa. fehlt K-Y Kh2 Br1

S *Wa. fehlt B5* Quinquidem *S4*] Quiquidem *Ma1*
M Quiquidem *X M19* oder aber] *fehlt Ks1 Dr1*, oder *Ma6*, warumb *M19*
W *Wa.*] con Quidemquidem .i. quia, Quidem idem *S1* Quidemquidem *Me1*, Quidquid *Sg1*, Quiquid *Bs9*

K *vgl. 190* con Quoniamquidem *Y*
P *Wa. fehlt B10*

Q 147 *adv* ***Quinquies*** *funff werbe*
-- funff mal *Sb3 I P-E*
-- funff stund *K-X*
-- fúnf malen. Item: »Quinquies quadragenas minus vna accepi etc.« verba sunt apostoli in secunda eppistula ad Chorintheos capitulo vndecimo *(ii Cor 11,24)*; et est sensus: Quinquies flagellatus fui a Iudeis qualibet *vice* accipiens *triginta* nouem plagas, sicut scriptum est. Quadragesimam enim plagam subtraxerunt Iudei, ne inmisericordes viderentur; enim non licebat alicui Iudeo plus quam quadragint*a* plagas dare, sicut scriptum est Deuteronomio *(Dt. 25,2-3)*: Pro mensura peccati erit plagarum modus, ut dumtaxat quadragesimum numerum non excedat. Ab hoc numero minimum, quod *poterant*, subtraxerunt. Referunt *Haymo* et Beda quendam librum a Roma delatum, in quo passiones apostoli erant depicte, ubi pingebatur apostolus iacens in terra prostratus et stabat tortor quadrifidum habens flagellum, vn*u*m de fidibus in manu sua detent*u*m, et sic ex quatuor no*u*ies et tribus semel fierent *triginta* nouem plage *(vgl. Brito 630f.)*. Item **Quadrifidus** deriuatur a »quatuor« et »fidus«, quod est corda *W*
Wa. fehlt K-Y

S *Wa. S4*] *fehlt Ma1* -- fumffmal *B5 N1*
M *Wa. fehlt D1* -- funf vert *M19* -- funfmal *Dr1*
W verba] + hec *Sg1* vice *Sg1*] *fehlt S1* triginta nouem *(1) Sg1*] viginti nouem *S1* plagas *(1)*] + dare *S1 Y* enim] quod enim *S1* quadraginta *Sg1*] quadragintas *S1* Deuteronomio] Deuteronomij *Y* poterant *Sg1*] portant *S1* Haymo *Sg1*] Hemo *(?) S1* vnum *Sg1*] vnam *S1* detentum *S1* nouies *BsY*] nonies *S1 Sg1* triginta nouem*(2) Sg1*] viginti nouem *S1*
I *Sigle fehlt*
P -- v werffwich *Br1*
P-E -- ze fúnfmalen *So1 M25*

Q 147.1 m s **Quinqueus** v talich *P*

P Quinquireus *R1*
Kh2 *Wa.*] m s Quinarius vif tal *(auch Br1, vgl. 128)*

Q 148 n t **Quintale** ein funffteil
-- est 5ta pars *Kh2*

S funffteil *verderbt Ma3*
W m s Quintus, Quintale *S1*
P-E -- daz fúnt tail *E2*

Q 148.1 *m t* ***Quintuns*** *.i. quinque vncie* *W*

W *Wa. Sg1*] *fehlt S1* Quintuns *Me1*] Quituns *Sg1*, Quitunx *Bs9*

Q 149 m s **Quintenus** *der fůnffczende*
-- .i. quindecimus, der funffzehenst *I*

S *Int. Ks2*] .i. quindecimus *Ma1*, der funfft *S4*, der funfzehender *N1*
I Quindenus
K Quintinus *K4* -- der xv *K9*

P -- de vifftene *Ma4* -- funfczenste *Wo4* der] dat *B10 Br1*
P-E die fúnf zenhend *E2* -- der funfzehendig *M25*

Q 150 f p **Quinterna** ein quintern
\+ uel lute *P-X*
-- est instrumentum musicum *Kh2 Br1*

S *Wa. fehlt Ma3*
M Quintua *(?) M19*
I *Sigle fehlt*
P *Zusatz fehlt Wo1*
P-E *Zusatz fehlt E2 M25*

Q 151 co p **Quinternista** ein quinterner
-- est aliquis sciens ludere cum tali instrumento musicali *I*
-- quinternist *K*
-- eyn quinternerer *Kh2 Br1*

S -- eyn quinterne *B5*
M *Wa. fehlt D1*
I m p
K *Wa. fehlt Hl1*
P -- aliquis sciens ludere in quinternis *B10*
P-E -- ain quinternet *M25*

Q 152 *n* p **Quinternisare** quinternirn
-- quinternen *Sb3 P*

S *Sigle Ks2*] a p *Ma1* *Int.*] quinternen *S4 B5*, quinternysern *Ks2 Ma3*, .i. cantare in quinterna *N1*
M quintern *M19 D1*
W harpfen *S1*, quinterniziren *Me1 Sg1*
K *Wa. fehlt Hl1* a p Quinternare quinteren machen *K9*
P -- up der quinterne spelen *Wo4* quinternisyren *B10*, quinterniren *Br1*
P-E -- die quinternen schlahen *E2* quintieren *M25*

Q 153 m s **Quinternus** sunt decem folia °simul °ligata °*(K-X)*
Wa. fehlt K-Y

S simul *fehlt S4*
Kh2 decem] duodecim

Q 154 m s **Quintinus** ⌜est numerus de quinque / viuich *Ma3 P*
Wa. fehlt I Kh2 Br1

S + veftich *B9*
W + uel proprium nomen sancti *S1*
K co t Quintinis *X*
P -- eyn veftich *B10*
P-E -- est numerus de quinque *E2* -- fúnfzig *So1*

Q 155 *m* s **Quintilianus** est, qui mod*os* iuris, .i. legales questiones absoluit
-- est ille, qui legales questiones *ab*soluit *K*
Wa. fehlt I

S *Sigle S4*] n s *Ma1* qui *fehlt B9* modos *S4*] modum *Ma1* legalis *S4* questiones] quos *(!) B9*
M .i.] + qui *Ma6*
Sb3 qui] quidam
W .i.] et *S1*

K absoluit *Hl1*] soluit *W13 K9*, *fehlt K4*
P .i.] et *Y* soluit *Wo4*
P-E modos] + suis *E2* legalis *E2*
Kh2 .i.] et

Q 156 *m s* ***Quintus*** *der fünffte*
Wa. fehlt (vgl. 157) I
Wa. fehlt K

S *Wa. S4*] *fehlt (vgl. 157) Ma1*, *fehlt Ks2*

Q 157 m s **Quinus** *der fünffte*
-- .i. quintus *(vgl. 156)* *I*

S *Int. S4*] .i. quintus *(vgl. 156) Ma1*
K + *(neuer Wa.:)* con Quinus der funfft *K9*

Q 158 m t **Quintilis** est mensis, scilicet Iulius

S m t Quintinus *Ma3* scilicet Iulius *fehlt S4*

Q 159 con **Quippe** aber
-- .i. certe vel aber *I*

S + .i. etenim *B9*
M -- oder *M19*
I *Sigle fehlt*

Q 160 con **Quique** .i. etenim, °wan °*(P-E)*
-- .i. enim, darvmb *Sb3*
-- .i. etenim, uerwair *I*
-- wente *Kh2*

S wan] *fehlt N1*, ouer *B9*
M wan] *fehlt M19*, worvmb *D1*
P Quique] Quipe que *R1*

Q 160.1 **Quinquin** .i. certe *I*

Q 161 m t **Quirites** senatores, a Quirino rege dicti
Wa. fehlt Kh2 Br1

S -- sunt senatores *S4 B5* dicto *B9*
Sb3 a Quirite rege sic dicte
W m t Quiritas *Sg1* senates *S1* regi dicto *S1 Sg1*
K dicta *W13 K4*
P regi dicta *R1*
P-E senatores *verderbt E2* a Quirono *E2*

Q 161.1 n s **Quipparum** ⌜schaft hȣw *X* / kofft hȣ *Bs9* *W*

W Quiparam *Sg1* -- wlgariter korast hȣw *Sg1* -- vor koft hew *Me5*

Q 162 m t **Quiris** ein ritter uel hasta
+ Wersus *(Brevil. »Quirites«)*: Hic quiris miles, hec quiris hasta vocatur *Sb3*
-- ain rȣmscher ritter uel hasta *W*
-- .i. nouus miles vel hasta, eyn spere *I*

S hastia *S4*
K + Wersus *(Brevil. »Quirites«)*: Hic quiris miles, hec quiris hasta vocatur *K4*
P-E -- est miles vel hasta *E2*
Kh2 *Wa.*] Quiris eyn ridder m s uel est hasta f t

Q 163 f p **Quirina** est hasta
+ *Versus (Grec. Nov. 95ᵛ)*: Dicitur hasta quiris, hinc Romulus ipse Quirinus; insuper *hinc* equites romanos dico quirites *W*
+ spere *I*
Wa. fehlt Kh2

S hastia *S4*
W Versus *Sg1*] wlgariter *S1* hinc *(2) Sg1*] *fehlt S1*
P *Wa. fehlt Wo4*

Q 163.1 **Quirinus** .i. Romulus *I*

I *vgl. 163*

Q 163.2 n q **Quire** mogen *P*

Q 164 ep p **Quiscula** ein wachtel
-- vel **Quisquilia** auis est, eyn wachtel *I*

vgl. C 986
Sb3 *vgl. 73.1*
K wachtela *Hl1*
P wachtela *Wo4*

Q 165 m s **Quis** wer
-- primo interrogat de propria nominacione; ut: Quis vocatur iste? Respondetur: Iohannes. 2° querit de substancia ipsius rei; exemplum: Quis est ille? Respondetur: Ille uel iste *Sb3*
Wa. fehlt I K-Y

S *Wa. fehlt Ks2* -- wy, wer *B9*
M *Wa. fehlt D1*
K *Wa. fehlt Hl1*

Q 166 m s **Quiscumque** welcher
Wa. fehlt I Kh2

S Quisque *(vgl. 172, 173) B9*
M *Wa. fehlt D1*
P -- wy vmmer *Br1*

Q 167 m s **Quislibet** ein iczlicher
-- eyn iwwelik *Kh2*
Wa. fehlt I

S *Wa. fehlt Ma3* jcklicher *S4 Ks2*, iowelker *B9*
M iclicher *Ma6 Ks1 Ma2 M19*
W iglicher *Me1 Sg1*
K *Wa.*] *fehlt Hl1 K9*, m s Quilibet igleicher *W13*
P juweliker *Ma4 Wo1*
P-E ieclicher *E2*

Q 168 m s **Quisnam** welcher
+ vel ymant *I*

S *Wa. fehlt Ma3*
W *Wa. fehlt S1*
I *Sigle fehlt*
K *Wa. fehlt K9*
P *Wa. fehlt Wo4*
P-E -- ein yetlicher *So1*

Q 169 m s **Quispiam** *ichtez wilcher*
-- *welcher* *W*
-- idem *(nach 168)* *I*
-- ygleicher *K*
-- etlicher *P-E*

S *Int. Ks2*] welchs ichts *Ma1*, *fehlt S4*
M -- ichtest uel welcher *Ks1* -- icht welcher *M19* -- ist tis *(!)* welcher *D1* -- welcher *Dr1*
Sb3 -- ich das welher
W *Wa. Sg1*] *fehlt S1*
I *Sigle fehlt*
K -- hieczlich *K4*
P *Wa. fehlt B10* -- iczlicher *Wo4*

Q 170 m s **Quisputas** welcher
+ vna diccio est secundum Hugwicionem *(»Quis«)*, idem quod quis, et svb vno accentu proferenda est; et addit: Si tamen in aliqua ecclesia tibi legendum fuerit cuius abusus »quisputas«, pro duabus accipiat partibus, *non* consulendo consulimus, quod abusum ecclesie sequaris, nisi tante auctoritatis fueris, quod prauum usum ecclesie *corrigere valeas*. Velle namque videri sapientem inter inscios et ydeotas quedam species *fur*oris est *W*
-- idem *(nach 169)* *I*
-- welcher, accentus cadit super antepenultimam / + »aliquis« et »putas« *sillabica adieccione X* *K*
Wa. fehlt P-E R1 Kh2 Br1

S Quisputus *B9*
M + wånst *M19*
W welcher *fehlt S1 Sg1* non *Sg1*] nos *X Bs9 Me5* corrigere vaḷeas *Sg1*] *fehlt S1* furoris *Sg1*] sutoris *S1*
I *Sigle*] m
K welcher *fehlt K4* *Zusatz fehlt Hl1* sillabica adieccione *W9*] *fehlt W13*
P *Wa. fehlt B10*

Q 171 m s **Quisquiam** ein iczlicher
Wa. fehlt K P-E R1

S *Wa.*] m s Quisquilini ichteleker *B9* jcklicher *S4 Ks2*
M iclicher *Ma6 Ks1 Ma2*
Sb3 *Stichwort*] Quispiam aut Quisquiam
W Quisquam iglicher *Me1 Sg1*
I *Sigle fehlt* Quisquam
P *Wa. fehlt B10* *Int. fehlt Wo4*
Kh2 Quisquam

Q 172 m s **Quisque** .i. quiscumque, °welcher °*(K-Y)*
-- aut **Quique** belher: **Quiscumque** idem *Sb3*
-- .i. quicumque *P-E Kh2*
Wa. fehlt I

S *Wa.*] Quicumque *(?) Ma3* quiscumque] quicumque *B9*
M .i. quicumque *M19* -- ein itlicher *D1* welcher] eyn ẙclicher *Ks1*
W *Wa. fehlt Me1* .i. quiscumque *fehlt Sg1*
P quicumque *Wo4*

Q 173 m s **Quisquis** *idem (nach 172)*
Wa. fehlt (vgl. 172) Sb3
Wa. fehlt W I

S *Int. Ks2*] .i. quiscumque, welcher *Ma1 S4*, welker *Ma3*
M *Wa.*] *fehlt M19 Dr1*, m s Quisque, Quique .i. quiscumque *D1*
K *Wa. fehlt Hl1*
P *Wa. fehlt Wo4 B10*
P-E *Wa. fehlt So1* -- nomen habens secundam pronominis *E2*

Q 174 f p **Quisquilie** sunt sti*pol*e inmixte su*r*culis et folijs ⌜acidis / aridis *P* et purgamenta terre uel pomorum
-- vocatur purgamentum *frumenti*, sicut palee sunt et festuce, et caret singulari numero secundum aliquos. Vnde Nouus Grecista *(80ʳ)*: Quidquid ab arboribus aut herbis aut alia re tamquam vile superfluit et cadit, ipse vocare quisquilias poteris a »quidquid« et cado *de re* aut quisquis curat dic illas nomen habere *W*
-- [...] purgamenta domus uel pomorum *I*
-- -arum dicuntur purgamenta frumentorum uel sunt stipule [...] terre *K*
Wa. fehlt Kh2 Br1

S Quisquile *Ma3*, Quisquiline *B9* stipole *S4*] stipite *Ma1*, *fehlt B9*, *verderbt Ma3* surculis *emend. (vgl. Brito 632)*] succulis *alle Hss. (siculis S4)* acidis] asidis *Ma3*, asilis *B9*
M surculis] succulis *alle Hss. (verderbt D1)*
Sb3 f t Quisquile surculis] frugulis acidis *fehlt*
W frumenti *Sg1*] prati *S1* de re *M12*] debere *S1 Me1 Y*
I surculis] succulis
K surculis] suculis *alle Hss.* acidis *fehlt K4*
P stipile *R1* surculis] stipulis *Ma4 R1 Wo4*, succulis *Wo1*, sicculis *B10*
P-E stipile *E2* surculis] stipulis *alle Hss.*

Q 175 *a p* ***Quitare*** *quitmachen*

S *Wa. Ks2*] *fehlt Ma1* -- machen *S4*
M -- quitten oder glich machen *M19*
W -- quitieren *S1*
I *Sigle fehlt*
K n p
P -- glike maken *Br1*
P-E -- gleich machen *M25* + vel wet machen *E2*

Q 176 *m* s **Quitus** quit
+ vel wet *I*
-- gequitt *K*
-- wet *P-E*

S *Sigle S4*] n s *Ma1* + wet *S4 Ks2*
M + oder glich *M19*
P + ader glik *Br1*
Kh2 m s Quitus uel Quirus

Q 177 *m s* **Quiuis** ein ⌜iczlicher / yuweliker *Ma3 B9*
\+ Grecista Nouus *(9ʳ)*: Qui *cum* sillab*icis* bene per totum variabis. *Quis cum sillabicis* non fit plurale, sed inde excip*it*ur quisque, quod declinatur vtrumque. Quis cum compositis bene declinatur vtrumque. Vnus quisque tamen in plurali cohibe*b*is. Hec vox quisquis habet ternos tantummodo casus. *Cum* primo quartum quis debes *i*ungere sextum *W*
-- ygleicher *K-X*
-- .i. quicumque, °welker °*(P-E)* *P (außer Kh2 Br1)*
Wa. fehlt I

S *Sigle Ks2*] adv *Ma1* jcklicher *S4*
M iclicher *Ma6 Ks1 Ma2 M19*
Sb3 + *(neuer Wa.:)* Quiuis idem
W iglicher *Me1 Sg1* Qui cum sillabicis *Sg1*] Quicumque sillabas *S1* Quis cum sillabicis *Sg1*] Quiscumque sillaba *S1* excipitur *Sg1*] excipiatur *S1* Quis cum compositis bene declinatur vtrumque *fehlt Sg1* cohibebis *Sg1*] cohiberis *S1* Cum *Sg1*] Quando *S1* iungere *Sg1*] coniungere *S1*
P -- eyn ysleker *B10* quiscumque *R1*
P-E quiscumque *E2*
Kh2 + *(neuer Wa.:)* Quiuus idem

Q 178 adv **Quo** wohin
-- wor uel worhen *Kh2 Br1*
Wa. fehlt I

S -- war wo hin *N1*
M -- war uel warhin *Ma6* -- war uel woher *D1*
K *Wa. fehlt Hl1*
P Quor *Wo4* -- wore, wor hen *Wo1 R1*

Q 179 con **Quo*circa*** .i. qua de causa °uel °ideo °*(K)*
-- .i. qua de causa uel racio *(!)* *W Kh2*

S Quocirca *Ks2*] Quocura *Ma1*, Quocerta *(?) S4* uel ideo *fehlt B9*
W uel racio *fehlt Sg1*
I Quocerto
P *Wa. fehlt Wo4*

Q 180 adv **Quociens** wie dicke
-- wy offt *M-Y K-X*
-- wo vele *Kh2*
Wa. fehlt I K-Y

M *Wa. fehlt D1*
W -- wie offt *Me1 Bs9*
P -- wy fake *Br1*

Q 181 adv **Quocienscumque** *alzo dicke*
-- also offt *Sb3 K*
-- wa vaken *Kh2*
Wa. fehlt I

S *Wa. fehlt N1* *Int. Ks2*] idem *(nach 180) Ma1*, *fehlt S4*
M *Wa. fehlt D1* -- als dik vel offt *M19*
P *Wa. fehlt B10* *Int.*] *fehlt Wo4*, wu vake vmmer *Br1*
P-E -- wie dick *So1*

Q 182 adv **Quocumque** wo hin
-- war *P-E*
-- war vmme *Kh2 Br1*
Wa. fehlt I K-Y

M *Wa. fehlt D1*
W Quacumque *S1*
P -- war eckers hen *Ma4 R1 Wo4*
Kh2 -- wurvmmer *Br1*

Q 183 adv **Quodammodo** eczlicher *wyse*
+ .i. aliquomodo *I*

S *Int. fehlt S4* wyse *Ks2*] mase *Ma1*
W -- iglicher weiße *Me1 Sg1 Bs9*
K adv Quodmodo
P -- gheliker wyße *Wo4*
P-E adv Quodmodo *E2* -- weler wis *So1*

Q 184 *n in* **Quod** waz / + ichtes watte *B9 P*
+ icht als waz *M W*
+ Quod, quando scribitur per titellum, tunc valet tantum ut das; exemplum: Rogamus vos, *quod* veniatis ad nos. Eciam quando scribitur per titellum, tunc significat causam. Eciam ponitur cum si, tunc ponitur pro sed; vnde Iuuenalis *(ii 43)*: Quod si vexantur leges et iur*a*, *citari*. Et sic pro illis significatis est coniunccio. Aliquando est *pronomen*, et tunc scribitur per -d- et sic ponitur infinite; exemplum *(Equiv. 205vb)*: Ille nescit, quod verbum profert. Inquantum ponitur pronominaliter, tunc aliquando sumitur relatiue, et hoc quadrupliciter. Primo ponitur valde improprie, et hoc quando refertur ad verbum; exemplum: Ego scribo, quod facit Socrates. 2° refertur proprie; exemplum: Ego video animal, quod currit. 3° ponitur relatiue, hoc est quando refertur ad adiectiuum; exemplum *(Equiv. 206ra)*: Ne sis auarus, quod est ydolorum seruitus! 4° ponitur relatiue, .i. significat relacionem intrinsecam; exemplum: Id, quod est album, est coleratum. Eciam ponitur interrogatiue; exemplum: Quod malum feci, dic mihi! Eciam ponitur pro aliquid; exemplum: Doce michi, vbi sunt peccora, si quod aut quid vidisti *Sb3*
Wa. fehlt K Kh2 Br1

S *Sigle Ks2*] adv *Ma1* -- wante ickeswanne *Ma3* + als was *B5* + ich alzowaz *N1*
M *Zusatz*] *fehlt M19*, uel eczwas uel icht *Ks1*
Sb3 vos, quod *V1*] vos, ut quatenus vexantur] + cur iura *V1*] iurat citari *emend.*] terreri pronomen *Gr2*] *verderbt*
W *Wa.*] *fehlt Sg1*, n in Quot was ich also vil was *S1*
I n s
P -- waß waz ichteswaß *R1* *Zusatz fehlt B10*
P-E *Zusatz fehlt E2 M25*

Q 185 con **Quod** welch oder daz
-- ⌜welich *X / wellich dan, daz Y* *W*
Wa. fehlt (vgl. 184) Sb3
Wa. fehlt (vgl. 194) I
Wa. fehlt K P-E Kh2 Br1

S *Wa.*] con Quo wol dat *Ma3* Quod] + per tytellum *B9* welches *S4 Ks2*, welchew *B5*
M -- welcher *M19* welch oder *fehlt D1*
W *Wa. Bs9*] *fehlt Sg1* Quot *Y*

I	*Sigle fehlt*
P	*Wa. fehlt Wo4*

Q 186 *adv* **Quominus** .i. aliter uel qualiter
-- .i. qualiter aut taliter *Sb3*
Wa. fehlt W-X K Kh2

S	*Sigle S4*] *fehlt Ma1* .i. aliter *fehlt Ma3*
M	*Int. fehlt M19*

Q 187 adv **Quo*modo***
-- ⌜in welcher wyse uel wie *X* / welker wys, *wo dane wis Y* *S*
-- ⌜welcher wise *Ma6 Ks1* / welcher weiz oder wye dan *M19 Ma2* *M*
-- in belher maß aut in welher weyß *Sb3*
-- *welcher wis uel wie* *W-Y*
-- welker wis *P*
Wa. fehlt W-X K
Wa. fehlt (vgl. 190.1) I

S	Quomodo *S4*] Quoniam *(?) Ma1*, Quo *Ma3* wo dane wis *B9*] *fehlt Ma3*, wa den weyß *N1*
M	*Wa. fehlt D1* -- welcher weiß, wy *Dr1*
W	*Wa. Bs9*] *fehlt Sg1*
P	Quo *Wo4* + wu danne wis *Ma4*
P-E	*Wa. fehlt So1* -- wie *E2*

Q 188 adv **Quondam** eczwann
Wa. fehlt W-X K-Y

S	*Wa.*] adv Quodam etsam *S4*
M	Quodam *M19* -- ichist eczwan *Ks1* -- etwo *Dr1*
P	Quodam *Wo4*
P-E	*Wa.*] adv Quandam wen *So1*

Q 189 con **Quoniam** wann uel darumb
+ vel *pro* quia *P-E*
-- warumb aut dar vmb *Sb3*
-- *darumb* *W K*
-- .i. quia, want, et sequentem sensum confirmat *I*

M	*Wa. fehlt M19 D1*
W	*Wa. Sg1*] *fehlt S1 Me1*
K	*Wa. fehlt Hl1*
P-E	uel darumb *fehlt So1 M25* pro *So1*] per *E2*

Q 190 *con* **Quoniamquidem** idem *(nach 189)*

S	*Sigle S4*] *fehlt Ma1* idem *fehlt Ma3*
M	-- dorvmb *D1*
W	-- wenn dar vmm *S1 Me1*
I	*Sigle fehlt*
K	*vgl. 146*

Q 190.1 **Quomodolibet** wie dan wise *I*

I	*vgl. 187*

Q 191 con **Quoque** °*vnde* °*(S-X Sb3 K)* aber
Wa. fehlt I

S vnde *zit. nach Ma3*
M *Wa. fehlt D1* -- awer auch *M19* vnde *fehlt Ma6*
P -- vnde ok *B10*

Q 191.1 g in **Quoquiro** grece, .i. luctus latine *P*

Kh2 g in Quoquiro] Quoquite

Q 192 adv **Quorsum** ⌜wo / wor *Ma3 B9 P* wiltu hin
-- wo hene *I*
-- wa wilt hin *So1* *P-E*
-- wor hen *Kh2*

S -- wobistuhyn *B5* wild *N1*
M wild *M19*
K wild *K4*
P -- warhen *B10* -- wo hen *Br1*
P-E -- .i. quo wis *E2* -- .i. versus quem locum *M25*

Q 193 *adv* **Quo*us*que** ⌜wie verre / wente war *Ma3 B9*
-- quam diu uel usque ad quem locum *W*
-- vncz her, wie verr *K*
-- wente war, wu ver / + war hen *Kh2* *P*
-- wie fer, wie lang *M25* *P-E*

S *Stichwort Ks2*] Quoque *Ma1*, adv Quosque *S4* -- wie for *N1*
M + wy lang *D1*
I *Sigle fehlt*
K vncz] hincz *K4*
P *vgl. 204.1* Quausque *Ma4* wente war *fehlt Wo1 Wo4 B10 Br1*
P-E -- als lang, vel .i. donec *E2* -- wie lang *So1*

Q 194 o in **Quot** wie viel
-- indeclinabile omnis generis, pluralis numerj tantum, wie vil *I*

I Quod
P Quod *R1*

Q 194.1 f s **Quotanus** quedenbom *P I*

I *Wa.*] Quotinus ein quidgambaum
P quedam bom *R1*
Kh2 f s Quotanius uel Quotanus

Q 194.2 *n* s **Quotanum** *eyn quede* *P I*

I *Wa.*] Quotinum quidgam
P *Sigle Wo1*] m s *Ma4* eyn quede *Wo1*] est fructus *Ma4*, eyn quedam *R1*
P-E -- fructus eius *(nach 194.1) E2 M25*

Q 195 *o in* **Quot*quot*** idem *(nach 194)*

S o in Quotquot *Ma3*] Quotque *Ma1 B5 B9*, o in Quotquod *S4*, o in Quodquod *Ks2*
M Quot *M19*
I Quotquod
K Quotquod *W13*
P *Wa. fehlt B10* Quodquid *R1*

P-E Quodquod *E2*
Kh2 Quotque *(auch Br1)*

Q 196 adv **Quotempore** welcher zijt
-- zu belicher zeit *Sb3*
-- welch zijt *I*
-- in welcher zeit *K*

S -- czu welicher czeit *B5* -- in welcher zeyt *N1*
M *Wa. fehlt D1*
W zů weler zit *Sg1*
I *Sigle fehlt*
K -- in welicherlay zeit *Hl1*
P -- welche czeyt *Wo4 Br1*
P-E -- ze welicher zit *So1* -- patet *M25*

Q 197 adv **Quotennis** wie vil ⌜jare / yarich *Ma3 B9 P*
-- wie alt, et est aduerbium querens de etate alicuius rei *I*

M jare] jarlich *D1*
Sb3 jare *fehlt*
W -- wie alt *Bs9*
K Quotempnis *K4*
P *Wa. fehlt B10* co t
P-E yarich] jårleich *M25*

Q 197.1 **Quotennus**, -na, -num idem *(nach 197)* *I*

Q 198 adv **Quottidie** alle tage
+ Sed secundum Ysidorum *(i 27,22 und v 30,18)* .i. »quo*t* diebus« *I*
Wa. fehlt Sb3 K-Y

S Quodidie *S4*
I quot *I2*] quod
K Quotidie uel Quottidie *W13*

Q 199 o in **Quotidem** wie viel
Wa. fehlt Sb3

S Quoditem *S4*
P *Wa. fehlt Wo4 B10*
P-E *Wa. fehlt E2*

Q 200 adv **Quotiuarie** wie mancherleie
-- manigerlay *K*

M -- wye uil manigerlay *M19*
W Quottinarie *S1*
I Quotinarie
K co t
P adv Quotificare *Wo4* + *(neuer Wa.:)* Quotificare idem *B10*
Kh2 adv Quotificare *(?)*

Q 201 co t **Quotiformis** wie manigformig
-- manigerlay formig *Sb3*
-- wie mancherley formig *I*
-- wie manig form *K-X*

S *Int.*] *fehlt S4*, wye manigformis *B5*
M -- wẙ uie *Ks1* -- wye manigformm *M19* -- wy mancherley formich *D1*
K Quotformis -- wie manigerformm *Hl1*

Q 202 o t **Quotuplex** wie manigfeldig
-- manigualdig *Sb3*

M -- wye man ueltig *M19*
Sb3 Quotduplex
K Quotduplex *K4* -- wie manig *K9*
P Quotiplex *R1* -- wy mannichvalt *Wo4*

Q 203 *m s* **Quo*tu*plus** idem *(nach 202)*
-- wie manig faldig *Sb3*

S *Stichwort S4*] Quoplus *Ma1*
W Quotupulus *Sg1*
I *Sigle fehlt*
K Quotduplus *K4* *Int. fehlt K9*
P-E m s Quotdupluo *E2*
Kh2 Quotupus

Q 204 m s **Quotus** wie ⌜vil / mennich *Ma3 B9 P (außer P-E)* ist der
-- wie vill ist *Sb3*
-- est nomen ordinale. Cum enim dicitur: Quotus venisti? sensus est, .i. an primus uel 2[us] eras in ordine veniencium; et venit a »quot«, quod est nomen indeclinabile omnis generis, pluralis numeri *W*
-- -ta, -tum wie mancher ist yr *I*
-- wo mennich *Kh2 Br1*

M Quttus *M19* der] dez *M19*
W -- est nomen ordinale *Sg1* + Sequitur littera R *S1*
P -- we manch stede *R1* -- welcher ist der in dem czale *Wo4*

Q 204.1 adv **Quousque** wente wyuerne *Wo4 (P)*

P *vgl. 193*

R 1 h in **Ra** ebraice est videre latine
+ Vnde Grecista Nouus *(95ᵛ)*: Ra signare videns comprobat hoc Ysrael. »Ys« vir, »ra« cernens, deus »hel« sit, et Israel inde *W*

Kh2 ebraice] grece

R 2 *m* in **Raab** latitudo, f*a*mes uel impetus interpretatur
+ meretrix, superbia *I*
-- latitudo, fames vel imper*i*tus interpretatur *W*
-- interpretatur latitudo, fames *K*
Wa. fehlt Kh2

S *Sigle Ma3*] h in *Ma1* fames *S4*] fomes *Ma1*, + nature *B9* + est proprium nomen mulieris *S4*
W imperitus *Sg1*] imperatus *S1*
I f in
K f in

R 3 *m* in **Raach** malicia interpretatur
-- milicia interpretatur *K*
Wa. fehlt I

S *Sigle Ks2*] h in *Ma1* Rach *S4* milicia *S4 Ks2 B5*
M *Wa. fehlt M19*

R 4 *m* in **Rabath** multitudo °generacionis °*(Kh2)* interpretatur

S *Sigle Ma3*] h in *Ma1*

R 4.1 *n* p **Rabellare** est aduersari *P*

P *Sigle Wo1*] m p *Ma4* aduersare *Wo4*
P-E aduersare *E2*
Kh2 d p Rabellari *(auch Br1)*

R 5 h in **Rabi** magister uel doctor interpretatur

S *Wa. fehlt S4*
W *Wa. fehlt (vgl. 5.1) S1 Sg1* magister] maister *Me1*
I m s

R 5.1 m in **Rabi** hebraice, dydasculus grece, magister latine uel preceptor, maister *W*

W didisculus *Sg1* uel preceptor, maister *fehlt Sg1*

R 6 m s **Rabidus** tobendig
-- tobunder aut wiettunder *Sb3*
-- .i. insanus, °*thobendig* °*(Y)* *W*
-- tobiczig, .i. furiosus, °insanus °*(Y)* *K*
-- wůtendig *E2* *P-E*

M tobund *M19 D1*
W thobendig *Me1*] tobig *S1*
P rasendich *R1*, dawende *Br1*
P-E -- vnsinnig uel wütig *So1* -- vnsinnig *M25*

R 6.1 **Rabidultus** idem *(nach 6)* *I*

R 7 f q **Rabies** tobunge
+ aut wietung *Sb3*
-- .i. insania *W*
-- wůtung *P-E*
-- .i. *furor* uel ira, dauendich *Kh2*

M wuetund *M19*
P rasunge *R1*
P-E -- wůtig uel vnsinnikeit *So1*
Kh2 furor *Ki3*] *verderbt*

R 7.1 **Rabiecula** diminutiuum *(nach 7)* *I*

R 7.2 ***Rabo***, *-onis est mensura. Versus: Est rabi doctor, rabo mensura vocatur. Vnde Nouus Grecismus (95^{r}): Dic, quod raboni uel rabi vult ita poni, sicut Hebreus habet, quod signet quemque magistrum* *W*
-- -onis quedam mensura *I K P*

W *Wa. Sg1*] *fehlt S1* rabo *Bs9*] rabus *Sg1* Vnde Nouus Grecismus *fehlt X*
I *Sigle fehlt*
K m t
P m t
P-E m t
Kh2 f t Raba

R 8 m s **Rabolus** .i. rabidus / + douendich *S-Y*
-- .i. loquax / + rabidus *P-E* *P*
Wa. fehlt I

S Rabilus *Ma3* *Zusatz fehlt B9*
K m s Rabolis *K4*
P m s Rabula *R1*, Rabilus *Wo4* + sprekich *Wo4 Br1*

R 8.1 m s **Rabulatus** est clamor vnius soni *P*

P Rubulatus *Wo4*
P-E Robolatus *E2*

R 9 h in **Raboni** .i. domine
m in ***Rabi*** *uel* **Raboni** magister interpretatur *W*

S Rabone *S4* domine] + ebraice *Ma1*
W *vgl. 5, 5.1* *Wa. fehlt Sg1* Rabi uel *Bs9*] *fehlt S1*

R 9.1 **Rabacaulis** ⌜*rüb krawt uel graß X* / ruben gras *Y* *W*

W Rabaculus *Sg1* *Int. Me1*] reb krut *S1*

R 10 m s **Racemus** ein ⌜*rebe* / rancke *Ma3 B9* et est illud, quod manet *depositis* vuis
-- est illud, quod remanet depositis vuis, ein kampp, da dy weinper an stend *Sb3*
-- est modicus ramusculus cum vuis, potrus vuis ablatis, ain rapp uel kamp *W*
-- eyn win rebe vel eyn druben rappe *I*
-- wein reb, est illud, quod remanet depositis vuis *K*
-- eyn ⌜riss / reb *P-E* et [...] *P*
-- dicitur botrum et [...] *Kh2*

S rebe *S4*] winrebe *Ma1*, reme *B5* rancke] + eyn rispe *B9* depositis *S4*] *verderbt Ma1*
M rebe] + uel weyn kamphe *D1*
W *Wa.*] m s Racenus rapp in ainem truben *Sg1* rapp] trap *Bs9*
P riss] ranke *Wo1*, risp *Wo4* + eyn rebe *R1* + eyn ranke *B10*
P-E + a a vel ain kam de patris *(!) E2* + ein rapp in dem truben *So1*

R 10.1 f p **Racea** eyn *ghespe* *P*
-- est illud, in quo mandibulum vertitur *Kh2*
Wa. fehlt P-E

P *Wa. fehlt B10* ghespe *Wo1*] gaupesche *Ma4*, guspe *R1*

R 11 int **Racha** est interieccio *a*ffectum indignantis ostendens
-- apud Hebreos quandoque profertur, et est signum commoti *animi*, sicut in vulgari »zaichi« signum exultacionis, et tales voces sunt interiecciones *W*
-- est interieccio indignantis; nam sicut, cum dolemus, dicimus »heu«, cum indignamur, dicimus »racha« teste Huguicione; et est ebreum. Wersus *(vgl. Brito 634)*: Indignando *I*
Wa. fehlt K

vgl. 12
S affectum *Ks2*] effectum *Ma1 S4* indignitatis *S4* ostendens *fehlt S4*
Sb3 ostendens *fehlt*
W animi *Sg1*] *fehlt S1* zahij *Sg1 Bs9*
I *Sigle fehlt* *(vgl. Brito 634: Indignando racha cui dixeris, hunc tibi paca blanditiis, placa quem bilis adangit opaca)*
P interieccio] interpretacio *Ma4* + hebraice interpretatur inanis uel vacuus *Wo4*
P-E indignitatis *alle Hss. (auch R1)*

R 11.1 int **Rach** idem uel tros *(nach 11)* *P*
-- idem *(nach 11)* *Kh2*

P *Sigle Wo1*] interpretacio *(!) Ma4* -- idem uel pro tros uel cos ros doch ia ha sta *B10* uel tros *fehlt Br1*
P-E tros] kracz *E2*

R 12 *f p* **Racha** inanis et vacuus, et est hebreum, uel pocius interieccio *indignantis*. Iheronimus *dicit (vgl. Brito 634): Racha dicitur* inanis et vacuus, quem nos possumus wlgata iniuria absque cerebro nominare
-- interpretatur indignus, fatuus uel inanis *I*
-- dicitur inanis, vacuus, quod iniuria potest dici. Papias dicit *(»Racha«)*, quod sit interieccio affectum indignantis ostendens, sicud, cum dolemus, dicimus »hew«, cum delectamur, dicimus »vach«, cum indignamur, dicimus »rach« *K*
-- vana uel ascensio interpretatur *P*
Wa. fehlt Kh2 Br1

vgl. 11
S *Sigle B9*] h in *Ma1* vacuus *(1)*] vacua *Ma3 B9* et est hebreum *bis* dicitur] quem nos possumus vulgata *S4* indignantis *B5*] *fehlt Ma1 Ks2*, indignitatis *Ma3* dicit: Racha dicitur *Ks2*] *fehlt Ma1* celebro *S4*
M hebraycum *Ma6* inanis *(2)*] anis *M19* vulgata] wliga *M19* cerebro nominare *fehlt M19*
Sb3 vacuus *(1)*] fatua vacuus *(2)*] fatuus
W vacuus *(2)*] fatuus *S1*
K Rach *Y* delectemur *K4*
P-E vana] vna *E2* assenssu *E2*

R 12.1 m s **Rachiburgius** lantrichter *W*

W Rachinburgius *Sg1*

R 12.2 m s **Rabulus** est loquax, ⌜qui multa loquitur *X* / ein kaller *Y* *W*

W est loquax *fehlt Sg1*

R 12.3 m s **Rachamantus** fuit vnus filiorum Iouis *P*

P-E Rachmantus

R 13 m t **Rachel** *ouis* interpretatur
+ Iacob enim pauit pro ea oues Laban patris eius *I*

S Rachael *Ma3* ouis *S4*] quis *Ma1*, auis *B9*
Sb3 f t Rachael
I f t
P ouis] quis *Ma4* + uel videns deum *Wo4*
P-E + uel quis *E2 So1*
Kh2 ouis] qui vis

R 14 m t **Rachuel** pastor dei °uel °pabulum °*(I Kh2)* interpretatur

S Rachael *Ma3* *Int. fehlt S4* populum *Ma3*
Sb3 pistor dei aut paticulum nominatur
W pastor] passio *S1*
I *Sigle fehlt*
P patibulum *Wo4*
P-E Rachale *E2*

R 15 f t **Racio** ein sprechende crafft uel redelichkeit
-- sprechende kraft uel ⌜red *X* / elichi red *Y* uel vernunft *W*
-- eyn sprechende craft uel rede *I*
-- ⌜sprechung oder chrafft oder redleichkait oder vernufft *X* / vernuft oder redleichait *Y* *K*
-- ain redlichkait vel vernunft *P-E*
-- primo dicitur loyca sciencia; vnde Boecius: Omnis racio, quam peryppotetici loyc*am* uocant. Aliquando dicitur vindicta; exemplum *(vgl. Mt 12,36)*: De omni verbo ocioso reddas racionem. Aliquando dicitur argumentum aut probacio et sic vtuntur loyci; exemplum: Ego volo hoc probare duabus racionibus. Aliquando dicitur sermo reiteratiuus; exemplum: Deus deus meus. Vnde Ieronimus *(Equiv. 206ᵛ)*: Et confundit eos deus racione biform*i*. Aliquando dicitur vis animi, qua vi discernitur animus; exemplum: Hoc est declaratum per animum istius, .i. racionem. Aliquando significat computacionem; exemplum *(Lc 16,2)*: Redde racionem villicacionis tue. Aliquando dicitur esse doctrina; vnde apostolus *(vgl. Rm 14,12)*: Quisque tenetur *reddere* racionem omnipotenti deo et fide *Sb3*

S -- eyn sprechende uel eyn sach *S4* -- eyn, de de rede kan uel redelicheyt *Ma3* uel redelichkeit *fehlt N1*
M crafft] rede *Ma6* redelichkeit] red *Dr1*
Sb3 peryppotetici *für* peripatetici loycam *Sp3*] loyci biformi *Sp3*] biformis reddere *V1*] *fehlt*
W uel vernunft *fehlt Me1*
K sprechung oder chrafft oder *fehlt Hl1*
P uel redelichkeit] *fehlt Wo1*, rechticheit *B10*
P-E ain redlichkait vel *fehlt So1* vel vernunft *fehlt M25*

R 16 f t **Racio primordialis** ein ewig orsache
+ zů der creatur *W*
-- **primordialis** dy erst vernufft *Sb3*

M orsache] sach *D1 Dr1*, vsach *M19*
P ewicher sache *R1*
P-E versach *E2*, sach *So1*
Kh2 -- eyn wich sake

R 17 f t **Racio naturalis** ein naturlich sache
+ aut vernufft *Sb3*
-- ⌜ain naturlich sach *vel krefftlich ding X /* naturlichi kraft, glich ding *Y* zů bringen gewonlich nach *der* natur *art uel sitten* *W*

S *Wa. fehlt B9* *Int. fehlt N1*
M *Wa. fehlt D1* Racio naturalis] Racionalis *M19* natuer sache *Ks1*
W Racio naturalis] Racionabilis *S1* vel krefftlich ding *Me1*] *fehlt S1* der *bis* sitten *Sg1*] natur *S1*
Kh2 Racio naturalis] Racionalis

R 17.1 **Racio seminalis** naturlich sam, gewonlich kraft, mangerlay⌜*v̈bung X /* zů bringen *Y* *W*

W sam] sein *Me1* v̈bung *M12*] verbrung *S1*, vberung *Me1*

R 17.2 **Racio superior** obrist kraft der sel *W*

R 18 f t **Raciocinacio** est accio racionis
-- est racionabilis subtilisque disputacio et a certis ad incertorum indagacionem nitens cogitacio *I*

W Racionacio *S1 Sg1*
I *Sigle fehlt*
P -- est racio accionis *Wo4*
P-E Racionacio *(auch R1)*
Kh2 *Stichwort*] Raciocilacio Raciocinacio

R 18.1 co t **Racionalis** et hoc -le, redelich uel vernunftig *I*
-- redelick *Ma3 (S)*
-- vernunfftlich sach *Hl1 (K)*

W *vgl. 19*

R 19 co t **Racionabilis** vernunfftig
+ Item **Racionabile** et **Racionale** differunt. Racional*e* dicitur *illud, quod* est racione vtens, ut homo uel angelus. Sed Racionabile dicitur verbum uel factum, quod secundum racionem fit. Item Racionale significat qu*en*dam pannum quadratum, quem pontifices veteris testamenti ferebant in pectore *W*
-- et hoc -le idem *(nach 18.1)* *I*
Wa. fehlt Ma3 B9 P-E R1

vgl. 19.1
M *Wa. fehlt D1*
W Racionalis *S1* *Zusatz nach 18 X* Racionale *(2) Sg1*] Racionalis *S1* illud, quod *Sg1*] ille, qui *S1* quendam *Me1*] quoddam *S1*, *fehlt Y* quem] quod *Y*

P vernüfft *Wo4*
Kh2 Raciocinabilis + Raciocilare

R 19.1 n t **Racionale** dicitur pannus quadratus, qui erat in pectore sacerdotis, in quo erant lapides preciosi *K*
-- est ornamentum rectoris siue episcopi uel sacerdotis uel dicitur pannus quadratus in pectore sacerdotis, in quo sunt lapides preciosi. Eciam ponitur pro veste *Kh2*

vgl. 19, 65.1
Kh2 Raciocinale

R 20 d p **Racionari** vernunfftigen
-- .i. racione uti *I*

I d t Raciocinari
K Raciocinari *W13 K4*
P Raciocinare *Ma4*, Raciocinari *Wo4*
Kh2 Raciocinali

R 20.1 **Raciocinamen** .i. reddicio *Kh2*

R 21 a t **Radere** scheren

R 22 n p **Radiare** schinen
-- .i. splendere *P-E*

I *Sigle fehlt*
K *Wa. fehlt Hl1*

R 23 *n p* ***Radicare*** *.i. radices emittere,* ⌜*vt laten /* uß sproßen *I uel wortelen*
-- significat radices colligere, wurczlen *Sb3*
-- est radices emittere, *uswrczen* *W*
-- wůrczeln *K*
-- .i. radices emittere *P-E Kh2 Br1*
Wa. fehlt S-X

S *Wa. zit. nach Ma3* wortelen *B9*] vortellen *Ma3*
M *dt. Int.*] *fehlt M19*, uß wurczeln *D1*
W uswrczen *Sg1*] *fehlt S1* außwurczeln *Me1 Bs9*
I a p
K *Wa. fehlt Hl1* a p
P vt laten *fehlt R1* uel wortelen] *fehlt B10*, vortellen *Ma4 Wo4*, vß wurtzelen *R1*

R 24 adv **Radicitus** .i. totaliter, von wurczeln uff
-- .i. totaliter, ganczlich *Sb3*
-- .i. totaliter, quasi a radice *W P-E*
-- .i. totaliter, von grunde off *I*
-- von wůrczel auff *K*
Wa. fehlt Kh2 Br1

S *Int. fehlt B5* von wurczeln uff] *fehlt S4*, gantz up uan der wortelen *B9* uff *fehlt N1*
M wurcz *M19*
W *Sigle*] Inde *(Wa. nach 23)* -- wurczlich *Sg1*
P -- op van der wortelen *B10* uff *fehlt Ma4 Wo4*

R 25 m s **Radius** eyn schin uel speiche uel spul uel ein licht
+ uel dicitur uirga, qua gheometer scribit figuras geometricas, eyn stremel *P*

-- primo est instrumentum textoris, mediante quo trahit aut diuidit *fila*; vnde Ouidius Methamorfoseon *(Ov. met. vi 132)*: *Utque Cytoriaco* radium de *monte* tenebat. Aliquando dicitur virga geometralis, mediante qua *geometer* scribit ad pulueres; vnde Boecius De consolacione philosophie *(vgl. i pr 4,4)*: Talis habitus, talis cultus cum metu mihi sydereas vias radio rescriberet. Aliquando dicitur esse splendor solis; vnde: Radij occupant visum. Aliquando dicitur esse forma aut species alicuius oliue, et pro illo significato raro invenitur. Aliquando dicitur esse lignum stans in medio rote ligans ipsam rotam; exemplum: Coniuncta polis, *ca*ntis, radijs rota gumphis *Sb3*

-- ⌜est *X* / plura significat; est enim *Y* instrumentum textoris, quod dicitur nauicula. Eciam est lignum in rota currus, wulgariter spaich. Et insuper est splendor solis et stellarum, schin uel ⌜glancz *X* / glast *Y*. Eciam est virga, qua geometri depingunt figuras in puluere. Inde **Radiamen** *(vgl. 26)* *W*

-- est instrumentum textoris, scilicet eyn spule, uel splendor solis aut stellarum, schin vel speich *I*

-- schein uel speich in rota *uel instrumentum textoris fila diuidens, °liecht °(Y) straimel* *K*

-- .i. splendor, uel *ein spül* vel pars rote, ain spaich, vel dicitur virga, strimel *P-E*

-- eyn schyn uel eyn spole uel eyn lycht, dicitur virga, qua geometer scribit figuras geometricas, eyn stremel *Kh2*

vgl. C 109

S uel spul uel ein licht *fehlt S4* uel spul *fehlt B9*

Sb3 fila *V1*] folia Utque *bis* monte *emend.*] Ut quod citerato radium de more geometer *V1*] ieometri cantis *emend.*] contis

K uel *bis* diuidens *K4*] *fehlt W13* liecht *Hl1*] *fehlt W13* straimel *K9*] *fehlt W13*, straiuel *K4*

P schin uel *fehlt Ma4* uel spul *fehlt Br1* uel ein licht *fehlt B10* geometricas] metricas *R1* eyn stremel *fehlt Wo1 B10*

P-E ein spül *So1*] nauicula textorum *E2* virga] + vel aqua *E2* strimel] stain mů̊l *M25*, stermel in celo *So1*

R 25.1 m s **Radius directus** des liechtes glicher schin *W-X*

R 25.2 **Radius strictus** *verstoßen* schin uel verbrochen glancz *W-X*

W verstoßen *Me1*] verstochen *S1*

R 25.3 **Radius reflexus** wider gebogen glancz uel schin *W-X*

W *Int.*] widergebrochen glancz *Me1*

R 25.4 m s **Radiolus** est diminutiuum *P*
+ a nomine »radius« *Kh2 Br1*

R 26 n t **Radiamen** ein schin
-- .i. splendor *P-E*
Wa. fehlt (enthalten in 25) W

R 27 f t **Radix** ein wurczel
-- wurcz *Sb3 K-X*
-- wurtz *uel råttich* *W*

Wa. fehlt K-Y

M *Wa. fehlt M19*
W wurtzeln *Bs9* uel råttich *Sg1*] *fehlt S1*
K würczel *Hl1*
P-E wurcz *So1 M25*

R 27.1 **Radicatus** .i. radice firmatus *Kh2*

R 28 m s **Raphanus maior** retich
m s **Raphanus** est lata radix, retich uel mirretich *I*
-- uel **-anor** der redik *Kh2*

S *Wa.*] *fehlt B9*, m s Rafifanus maior uel redich *S4* + est herba *Ma3*
W maior *fehlt (vgl. 29) S1*
K retich] kren *(vgl. 29) W13*, + oder cherñ *Hl1*
P redel *B10*
P-E herrätich *M25*

R 29 m s **Raphanus minor** mer retich
-- **minor** ⌜mirrich / kren, kern *Sb3* *M-X*
-- **minor** uel **Rafan*um*** *mer råttich* *W*
-- *kren* *K*
Wa. fehlt (vgl. 28) I
Wa. fehlt Kh2

S *Wa. fehlt S4* *Int.*] rethich *Ks2*, mirrach *N1*, + krinn *(?) B5*
W Rafanum mer råttich *Sg1*] Rafanus maior råtich *(vgl. 28) S1*
K kren *K4*] råttich *(vgl. 28) W13*
P *Wa. fehlt Wo4* *Int.*] idem *(nach 28) B10*
P-E *Wa. fehlt M25*

R 29.1 m t **Ra*h*el** ouis interpretatur *P*

P *vgl. 13* Rahel *Wo1*] Rael *Ma4*

R 30 f p **Ralla** ein ⌜schermeßer uel schertuch / schermest, ein scherlaken *Ma3 B9 P*
+ Vnde *(Walther 33916)*: Vitrea cartalla nec vidi lignea ralla *I*
-- ein schermesser *Sb3 K*
-- ain schersach *P-E*
-- .i. rasorium uel eyn scherlaken *Kh2*

S uel schertuch] *fehlt S4*, ader serchtuch *(!) B5*
W schertuch] důch *Bs9*
I n s Rallum
P -- eyn scher messer oder eyn scherdoch *R1* schermeczer *Wo4*
P-E + Versus *(vgl. Walther 33916)*: Vitrea quartalla raro vidio lingia ralla *E2*

R 30.1 m t **Rayso** .i. dyabolus *Kh2*

R 31 f p **Rama** est ciuitas duodecim miliaria *a* Bethleem; interpretatur quasi excelsa uel exalta*ta*
+ ut *(Mt 2,18)*: Vox in Rama audita est, .i. in excelsis *P*
-- est ciuitas distans duodecim miliaribus a Bethlehem et interpretatur altitudo uel excelsa *I*
-- .i. ciuitas et distat 12 miliaribus a Bethlehem et interpretatur excelsa uel exaltata *K*

S duodecim miliaria a] apud *Ma3* a *S4*] et *Ma1* exaltata *S4*] exalta *Ma1*, *fehlt B9*
Sb3 quasi *bis* exaltata *fehlt*
P miliaria] stadia *Wo4* exaltata] exaltator *Ma4* .i. in excelsis *fehlt Wo4*
P-E exaltata] exalta *alle Hss. (auch R1)* Vox] rex *E2* .i. in excelsis *fehlt E2*
Kh2 -- est ciuitas distans duodecim miliaria a Bethlehem interpretatur quasi *(!)*

R 32 n t **Ramalia** sunt rami
n t **Ramalis** et hoc Ramale ad ramum pertinens *I*

S *Wa.*] f t Ramalla sunt rami *Ma3*
K n s
Kh2 Ramaria

R 33 f *p* **Ramata** uel **Ramat*im*** interpretatur ⌜specula / speculum *I* uel speculacio
-- est ciuitas in sorte tribus Effraim, que alio nomine dicitur *Arimathya*, et est sita in monte; vnde eam videre potest tota ⌜circumiacens *X* / adiacens *Y* regio, et ideo eciam dicitur Ramatha Sophi*n*, id est speculacionis *W*
-- **Ramat**, et interpretatur speculacio *K*
-- est ciuitas quedam *P*
Wa. fehlt Sb3

S *Sigle S4*] f t *Ma1* Ramatim *S4*] Ramatum *Ma1 Ma3* speculacio] speculum *Ma3*
W sorte] serate *Sg1* Arimathya *Sg1*] Aromathia *S1* Sophin *Sg1*] Sophi *S1*
I f t
P *Int. fehlt (Zeilensprung, vgl. 34) Ma4*
Kh2 Ramata] Ramana

R 34 f in **Ramasse** est ciuitas in finibus *Egypti*

S Ramescere *Ma3*, Ramasche *B9* -- est ciuitas uel finibus Egipti, ramentum *(!) Ma3*
Egypti *S4*] Egipte *Ma1 B9*
W Ramassa *S1*
I Rameste
P *Stichwort fehlt (Zeilensprung, vgl. 33) Ma4* Egypti] in Egipto *R1*
P-E Ramessa *E2* Egipte *E2*

R 35 n s **Ramentum** est rasura °cuiuslibet °rei °*(Sb3)*
-- est tenuis uel aridus ramus vel cuiuslibet rei purgamentum *I*

M rasurare *M19*
W rasura] mensura *X*

R 36 m in **Rameth** excelsum lignum uel vide mortem
\+ uel visio mortis interpretatur *P*
-- excelsum lignum *I*
-- est excelsum lignum uel mor*s* interpretatur *K*

S montem *S4*
M vide] uidere *M19*
W montem *Sg1*
I Ramech
K mors *Hl1*] mortem *W13 K4 K9*
P fide *Ma4* mordem *R1*
Kh2 visio] vt visio

R 37 m t **Ramex** virga virilis uel ain ast
-- est pilositas in pudendis, scham har *W*

-- est virga virilis *Kh2*

S ein ast] eyn tzwig *Ks2*, in asche *B9*
M virilis] + ein zers *M19*
W f t
K uel ein ast *fehlt K9*
P uel ein ast *fehlt Wo1*
Kh2 Ramax

R 37.1 **Ramencula** idem *(nach 37)* *I*

R 37.2 m t **Ramex**, -gis .i. remigator *P*
Wa. fehlt Kh2

P ramigator *Wo4*

R 38 m s **Ramosus** ⌜estecht / telgich *Ma3 B9 P (außer P-E R1)*
-- estig *W*
-- estig, .i. ramis plenus *I*
-- telhaftich *Kh2*

S + czwgig ader czwigig *B5*
M estich *Ma6*
I *Sigle fehlt*
P Ramicosus *(Ramosus Wo1)* czelghech *Wo4*
P-E Ramicosus estig *E2*
Kh2 Ramicosus

R 38.1 g in **Ramod** grece est *sericum* latine *P*

P Ramos *Wo4* sericum *Wo1*] *verderbt Ma4*

R 39 f s **Rampnus** ein hain dorn
-- secundum Augustinum *(PL 36,689)* est herba quedam primo mollis, sed postea ſertitur in spinas. Secundum autem Ysiderum *(Isid. xvii 7,59)* est rubus, qui apud wlgus spina dicitur vrsina. Secundum Hugwicionem *(»Rado«)* est spina alba, °***Ramnus***, °hasel °*(Y)* *W*
-- uel **Rameus**, genus spinarum, hagendorn *I*
-- hag dorn pawm *K*

M han dorn *D1*
Sb3 m s Rangus
W f s *Rampnus*] Item Ramus *(nach 40) S1* primo *fehlt Sg1* fertitur *für* vertitur *S1* autem *fehlt Y* wlgos *Sg1* Ramnus *Me1*] Rancus *S1* hasel] hasan *Me1*
P huls bom *Wo1*

R 40 m s **Ramus** ein ast uel ein zwig
+ quasi de »radice means« *I*
-- ein ast *Sb3 K-X*
-- ain zwij. *Item Rami* sunt partes, que de trunco arboris manant. Inde **Ramusculi**, qui de ipso arboris robure pullulant *W*
-- eyn telge uel twigh *Kh2 Br1*
Wa. fehlt K-Y

S uel ein zwig] *fehlt B5*, eyn telghe *Ma3*
M *Wa. fehlt D1* zweil *M19*
W Item Rami *Sg1*] *fehlt S1* Ramasculi *Sg1* de ipsa arbore *Sg1*
K *Wa. fehlt W13 Hl1*

P *Wa. fehlt B10* ein ast uel *fehlt Ma4*
P-E -- ain zway *M25*

R 40.1 f p **Ramensa** est mensura cuiuslibet regi *Kh2*

Kh2 regi *für* rei

R 41 f p **Rana** ein frosch
-- eyn ⌜hopper *Ma4 /* vroske, eyn vcze *Wo4* *P (außer P-E R1)*
-- eyn padde uel eyn pogge *Kh2*

S -- eyn hopper *Ma3* + eyn padde *B9*
P -- eyn vcze, eyn pogge *Wo1* -- eyn hupper uel eyn vcze *B10* -- eyne huczke uel padde *Br1*

R 41.1 **Ran** grece .i. ira latine *I*

R 42 n s **Rancere** *.i. irasci*, zornen uel stincken
-- significat irasci aut stinckhen *Sb3 W P-E*
-- .i. esse uel fieri rancidum, *tornen* uel stincken *I*
-- czůrnen *K*
-- stynken *Kh2*

S .i. irasci *S4*] *fehlt Ma1*
I tornen *I2*] zorn
K a s
P uel stincken *fehlt Wo4 B10*

R 42.1 f p **Ranca** .i. ira aut inuidia / + ex vetustate mentis proueniens, et dicitur indignacio, dolor, amaritudo mentis, uel vetor ex vetustate carnis veniens *X* *K*

K vetor *für* fetor

R 43 m s **Rancidolus** stinkendig
-- stinckhund *Sb3*
-- ⌜*idem oder* schimlig *(nach 44) X /* smirkund *Y* *K*
-- galstrich *Kh2*
Wa. fehlt (vgl. 44) *W-Y*

S Ranciolus *S4* stinckinding *B5*
M stinckhund *M19*, stinckending *D1*
K idem oder *Hl1*] *fehlt W13*
P -- garstich ader fynnich *Br1*
P-E Rancidosus *E2*

R 44 m s **Rancidus** ⌜*vinnech /* vynnecht *S-X uel garstig*
+ Wersus *(Walther 18056)*: Non ⌜miser / pauper *P-E R1* est *hic* mas, in cuius sepe coquina m*u*scidus est panis, caro rancida, pendula vina *P*
-- pfinnig *Sb3*
-- .i. fetidus ex vetustate et defectu salis, *et transsumitur pro iracundo* / + Inde **Ran*cido*lus** *Y* *W*
-- -a, -um .i. iracundus siue amarus, finnig *I*
-- stinchkund. Wersus *(Walther 18056)*: Muscidus est panis, caro rancida, pendula vina *K*
-- idem *(nach 43)* *Kh2 Br1*

S Rancibus *Ma3* vinnech *zit. nach Ma3* vynnecht] eyn fynne *(vgl. 45) B5* uel garstig *Ks2*] *fehlt Ma1 S4*
M -- wenig, garstig uel fynnecht *Ks1* -- pfeindig *M19* -- finnecht *Dr1*
W *vgl. 43* et transsumitur pro iracundo *Bs9*] *fehlt S1* transsumitur] sumitur *Sg1* Rancidolus *Bs9*] Randiculus *Sg1*
K *dt. Int.*] smirken *K4*
P -- garst *B10* garstig] gasterich *Wo1* *Vers fehlt Wo1* hic *Wo4*] ys *Ma4* muscidus *Wo4*] mascidus *Ma4*
P-E uel garstig] *fehlt E2, verderbt M25*

R 45 m t **Rancor** ein vynne, garstikeit, °ira °*(I)* uel discordia
-- ein pfinden, ira uel *discordia* *M-Y Sb3 P-E*
-- -oris est idem quod fetor uel putredo carnium ex vetustate proveniens uel ira uel indignacio mentis / + Inde **Rancorosus** *Y* *W*
-- schymel uel ira *K*
-- eyn vynne uel galstericheyt siue ira aut discordia *Kh2*

S *Wa. fehlt (vgl. 44) B5* gaustekeit *Ks2* *lat. Int. fehlt S4*
M *Wa. fehlt D1* discordia *Dr1*] invidia *M19*
W *vgl. 46*
K ira] czornn *Hl1*
P gastericheyt *Wo1*
P-E + uel garstig *So1*

R 46 m s **Rancorosus** *fynnechtig* uel zornig
-- aut ***Rancerus*** zornig aut pfinnig *Sb3*
-- zornig *W-X*
-- -a, -um .i. rancore plenus *I*
-- ⌜schymelig *X* / stinckund *Y* oder zornnig *K*
-- pfinig *P-E*
-- vinnich uel tornich *Kh2*
-- *Wa. fehlt (vgl. 45) W-Y*

S -- fynechtig, begriffig *(vgl. 48) B5* fynnechtig *S4*] vymecht *Ma1* uel zornig *fehlt S4* + inde -itas *Ma3*
M *Wa. fehlt D1* pfindig *M19*
Sb3 Rancerus *V1*] Ramorosus
K *Wa. fehlt Hl1*
P -- vynnech uel gasterich *Wo1* vinnich *Wo4 B10*
P-E Rancosus
Kh2 Rancorus

R 46.1 m s **Ranunculus** est parua rana *P*
-- est diminutiuum a »rana« *Kh2*

R 47 f p **Rapa** ein rube

S *Wa. fehlt B5*
M *Wa. fehlt D1*
W råb *S1*
P-E + oder råb *So1*

R 48 o t **Rapax** reubehafftig, ⌜*grepech. Inde* ***-itas*** / begriffig *S-X*
-- frässig. Inde **Rapacitas** *Sb3*
-- griffig. Inde **Rapacitas** *W Kh2 Br1*
-- qui libenter rapit, griffig uel *n*emig. Inde **Rapacitas** *I*
-- rawbhafftig *K*
-- griflich *P-E*

S *Wa. fehlt (vgl. 46) B5* reubehafftig *fehlt Ma3* grepech. Inde -itas *zit. nach Ma3* Inde -itas *fehlt B9* begriffig *fehlt Ks2*
M -- gifftig uel rauhaffig *D1* reubehafftig] zuckendig *Dr1* grepech] griflich *Ks1*
I nemig *I2*] memig
P rouachtich *Ma4 Wo1*, roubisch *Wo4* grypex *Ma4*
P-E griffål *M25* + uel zůkig *So1*

R 49 a t **Rapere** .i. violenter *trahere*, nemen
+ griffen *I*
-- est violenter trahere *W-X K P-E*
-- nemen mid ghewalt *Kh2*

S violanter *S4* trahere *S4*] rapere *Ma1*, retrahere *B9* nemen *fehlt B5 N1* + uel czugen *S4*
M + uel czocken *D1*
W *lat. Int. fehlt Sg1*
I memen
P -- gripen *B10 Br1* trahere] rapere *Ma4*

R 50 m t **Raphael** medicina dei interpretatur
-- interpretatur nuncius uel medicina dei *I*

K dei] dicitur *(!) K4*

R 51 *m in* ***Raphaim*** *interpretatur gygas uel medicus*
Wa. fehlt Sb3 Kh2 Br1

S *Wa. S4*] *fehlt Ma1*
P Raphayn *Ma4* medicus] + sanitatis *Ma4*
P-E Raphim *E2*

R 52 *m in* **Raphid*im*** laus iudicij / + uel sanitatis *S-Y P* dicitur
-- laus *Sb3*

S *Wa. fehlt Ma3* m in Raphidim *S4*] Raphidon *Ma1*
M *Wa. fehlt Ma6*
W m in Raphidilis *S1*
I Raphadim
K Raphidin *K4*
P *Wa. fehlt Wo4*
P-E Raphadim *(auch R1)*
Kh2 Raphin

R 53 m s **Rapidus** nemende / + .i. rapax *Ma3 P*
-- nemmig *Sb3 I K*
-- nemender *W*
-- .i. rapax *P-E*

S + zuckinde *Ma1* + uel czogende *S4 B5*
M *Wa. fehlt D1*
P nemende] *fehlt Br1*, nemender *Wo1*, nemynge *B10*

R 54 f p **Rapina** ein raub
Wa. fehlt Sb3

M -- rawben *M19*
I *Sigle fehlt*
P-E růb *M25*

R 54.1 adv **Raptim** .i. celeriter *K*

R 55 m t **Raptor** ein reuber
Wa. fehlt W K

S Raptur *(!) S4*
P-E -- ain nemer uel spoliator *M25*

R 55.1 g in **Raphao** .i. sanans uel medicans *Kh2*

R 56 v an **Rar*e*fieri** los werden
\+ uel clein werden *I*
\+ waich werden *P-E R1*
-- selten werden *Sb3*
-- dunne werden *Kh2 Br1*

S Rarefieri *S4*] Rarofieri *Ma1*
M + uel diu *(?) M19*
W + túr werden *S1*
I v de
K los] naz *K9* + oder rogel *W13*
P -- dunne werden *B10*
P-E los werden] *fehlt M25*, diminuere *E2*

R 57 adv **Raro** selden
Wa. fehlt K

M *Wa. fehlt D1*
W *Wa. fehlt Me1*

R 58 m s **Rarus** los, das nit ⌜dicke ist / dicht en ys *Ma3 P*
\+ oder selten *K-X*
-- lugg, das nit dik ist °als °lana °*(Y)* *W*
-- -ra, -rum .i. non spissus *I*
-- daz nit dik ist vel selten *E2* *P-E*
-- dunne et transparens *Kh2*

S *Wa. fehlt B9* los] eyn ding *S4* das] + da *Ma1* dicke] dicht *B5*
M -- lazz uel diw *M19* das] + da *Ks1*
K los *fehlt W13* ist *fehlt K9*
P -- los ader dunne, sic quod perspicere *(!)* potest *Br1* en ys] *fehlt B10*, ist *Wo4*
P-E *Wa. fehlt So1 M25*

R 59 m s **Rarus** -a, -um selden, uel *selczen* / + Inde **-itas** *Ma3 P*
-- -a, -um selten *W P-E*
-- selczen. Inde **-itas** *Br1 Kh2*
Wa. fehlt I
Wa. fehlt (vgl. 58) K

S Rasus -ra, -rum *(!) S4* -- -ra, -rum seldin *Ks2* selczen *S4*] selden *Ma1 B5*, + sin *X*
M uel selczen] *fehlt M19*, uel seldn sin *D1 Dr1*
Sb3 -- -ra, -rum selten sein
P *Wa. fehlt R1 B10*
P-E *Wa. fehlt (vgl. 58) E2*
Kh2 selczen] selsus

R 59.1 t **Rarescere** důnn machen / + *.i. attenuare X* *K*

K *Zusatz Hl1*] *fehlt W13*

R 60 *m t* **Rasor** *eyn scherer*
-- -oris .i. barbitonsor, eyn bartscherer *I*
Wa. fehlt W-Y K

S *Wa. S4] fehlt Ma1*

R 61 n s **Rasorium** est nouaculum, ein ⌜schermeßer / schermest *Ma3 B9 P*
+ siue rallum *I*
-- ein schermesser *Sb3*
-- *est nouaculum*, scharsach *K*
-- .i. nouaculum *P-E*
Wa. fehlt Kh2

S neuaculum *S4*
W est nouaculum] *fehlt Sg1*, est nouacula *X* + scharsach *Me1*
K est nouaculum *H11*] *fehlt W13*
P -- .i. nouaculum, rallum, eyn schermetczer *Wo4* scharmesser *R1*
P-E + scharsach *So1*

R 62 n s **Rasiolum** est nouaculum, ein ⌜schermeßer / schermes *Ma3 B9*
-- est nouaculum *Sb3*
-- .i. paruum rasorium *I*
-- idem *(nach 61) K P*
-- .i. rasorium *Kh2*

S est nouaculum] *fehlt Ma3*, est neuaculum *S4*
Sb3 Rasolum
W est nouaculum] *fehlt Sg1*, est nouacula *X* + scharsach *Me1*

R 63 etro **Rastrum** ein eide
-- ein rechen aut egen *Sb3*
-- est instrumentum rustic*anum*, scilicet fossorium. **Rastellum** idem, scilicet rech *W*
-- eyn ege vel ein rechen, instrumentum rusticale *I*
-- rech *K P-E*

vgl. F 450
S + rechen *B5 N1*
M ein rechen äten *M19*
W -- rech *Sg1* rusticanum *Bs9*] rusticale *S1* fossorium] + eg *Me1*
K n s
P-E -- ain how vel ain egd vel rech *E2*

R 63.1 **Rasa** est species *vestis* uel pallium, et tunica similis *Kh2*

Kh2 vestis *Ki3*] *fehlt*

R 64 f t **Ratis** .i. nauis
+ Wersus: Lignis illa ratis non est operata ratis *M (außer Sb3)*
+ uel connexio nauium *I*
-- .i. nauis lata / + sed sepe ponitur pro prora; .i. prima pars pupis, posterior carina, media prora *X K*
Wa. fehlt Kh2

S *Wa. fehlt Ma3* + eyn schiff *B5* + uel latus nauis *B9*
M + .i. firmis *M19*
W *Wa. fehlt S1*

R 65 f p **Ratispo*na*** est ciuitas, Reynspurg
-- Regenspurg *Sb3*
Wa. fehlt K Kh2

S *Wa. fehlt Ma3* Ratispona *Ks2*] Ratisponia *Ma1*, Radispona *S4*
M -- quedam ciuitas *M19*
W Ratispana *X Sg1* est ciuitas *fehlt S1*
I Ratispana
P-E Reynspurg] *fehlt M25*, Regenspur *E2*

R 65.1 n t **Ratonale** est ornamentum pectoris sacerdotis *P*

K *vgl. 19.1*

R 66 m s **Ratus** .i. firmus seu solidus
-- .i. firmus *K*

S firmus] infirmus *S4*

R 66.1 m s **Ratus** .i. ⌜puto, existimo *X* / putatus, existimatus *Y* *K*

R 67 f t **Raucedo** heisikeit
\+ uocis amputacio *I*
-- haysrung *Sb3*
-- haiserkait. Inde ***Rauceditas*** ipsa infirmitas uel passio *W*
-- ⌜haiserhait *X* / hayserchayt *Y* *K*

S heyßheit *Ks2* + quando vnus non potest loqui *S4*
M heyßkeit *Ma6*, heyschekt *D1*, heiserheit *Dr1* + wullichayt *M19*
W haysry *Sg1* Rauceditas *Sg1*] Raucidus *S1*
K sicherhait *Hl1*
P -- heyscheyt, quando vnus nescit sonare *R1* heyssichen *Ma4*, hescheyt *Wo1*, heysheit *B10 Br1*
P-E haysery *M25*, heiserheit *So1*

R 68 n t **Raucescere** heiß werden
-- idem *(nach 69)* *W*

R 69 n s **Raucere** idem *(nach 68)*
-- haiser werden *W*

I *Sigle fehlt*

R 70 *m s* **Raucus** heißer
\+ dicitur voce deficiens *W-X*
-- -ca, -cum est vocis amputacio, heyse *I*

S *Wa. fehlt B5* *Sigle S4*] *fehlt Ma1*
M *Wa. fehlt D1*
W *Wa.*] Inde Raucus *(nach 69) Bs9*
P-E *Wa. fehlt So1*

R 70.1 **Ratificatus** war ghemaket *Ma3 (S)*

R 70.2 adv **Realiter** .i. personaliter *I*

R 70.3 **Realis** et hoc -le .i. personalis *I*

R 71 m q **Reatus** °.i. °culpa °*(Ma3 B9)*, schuld
-- .i. culpa, pena vel obligacio ad penam *I*

-- .i. culpa *P-E Kh2*

S schuldich *B9*
M *Wa. fehlt M19*
W .i. culpa *fehlt Sg1*
K .i. culpa *fehlt Y* schuld] *fehlt Hl1*, schuldig *K4*

R 71.1 n s **Rebarbarum** est species in apoteca *Ma6 Ma2 M19 (M)*

M Reobrabrum *M19*

R 71.2 ppo **Re** primo significat aduersitatem, ut patet in hac diccione **Resisto**; et dicitur a »re«, quod est uersus, et »sisto«, quod est sto. Aliquando significat destruere, ut patet in hac diccione **Retexo**; vnde Ouidius De remedio amoris *(Ov. rem. 12)*: Nec *preteritum* noua musa retex*uit* opus. Aliquando significat yterare, ut patet in hac diccione **Relego**; et dicitur a »re«, quod est iterum, et »lego«. Aliquando significat augere, ut patet in hac diccione **Repleo**; et dicitur a »re«, quod est augmentum, et »pleo«. Aliquando significat retro, ut patet in hac diccione ***Recurro***; et dicitur a »re«, quod est retro, et »curro« *Sb3*

Sb3 preteritum *emend.*] precij *(?)* retexuit *V1*] retexiuit Recurro *V1*] retro curro

R 71.3 **Rea** fuit vxor Saturni *Kh2*

R 72 n p **Rebellare** widerstriten
+ wider klaffen *Sb3*
+ .i. resistere, repugnare *I*

S wedder streuen *Ma3*
P wedder schrien *B10*

R 72.1 **Rebellire** .i. repugnare *W*

W -- idem *(nach 72) Sg1* + widerspenig sein *Me1* + Inde Rebellio, -lis et Rebellisare *(vgl. 73, 74, 75) Bs9 Me5*

R 73 f t **Rebellio** widerstritunge
Wa. fehlt (vgl. 72.1) W-Y
Wa. fehlt I

S *Wa. fehlt N1* -- widder *(!) Ks2* -- wederstreuicheyt *Ma3*
M -- weder streuekeit *Ma6* -- ein wider streyter *D1*
P wederstreuinghe *Ma4 Wo4 B10 Br1*

R 74 co t **Rebellis** widerstritig
+ mensch *Sb3*
+ .i. repugnans *W-X*
-- et hoc -le .i. belli iteracio, weder stritig *I*
Wa. fehlt (vgl. 72.1) W-Y

M + mensch *D1*
P wedder strebich *Wo4 B10 Br1*
P-E *Wa. fehlt So1* -- wider streytleich *M25*

R 75 n p **Rebellisare** ⌜widerkifeln / wedder kyuen *B9 P*
-- wider klaffen *Sb3*

-- .i. pugnare uel contradicere, wedersprechen *I*
-- widerstreiten *K-Y P-E Kh2*

S -- weder striden *Ma3*
M *Wa. fehlt D1* wider streiten *M19*
W *Wa. fehlt (vgl. 72.1) Bs9 Me5* -- widerklaffen oder kneiffen *Me1* -- idem *(nach 72.1) Sg1*
I a p
K wider klaffen *Hl1*
P *Wa. fehlt B10* weder sprechen *R1*

R 75.1 f t **Rebis** est lapis *P*

R 76 f p **Rebecca** paciens uel multum accipiens interpretatur
-- interpretatur paciencia uel que multum accepit *I*
-- multum paciens *K*

M accipiens] capiens *Ma6*
W paciens] pactens *(?) S1*

R 77 f p **Reb*l*ata** est ipsa ***Anthiochia***, interpretatur multa
Wa. fehlt Sb3 W-Y I

S Reblata *S4*] Rebata *Ma1*, Rebelata *B9* Anthiochia *Ks2*] Antiopia *Ma1*, Anchitochia *S4*
M Antypoia *M19*
W -- est ipsa Antropia *S1*

R 78 n p **Reb*o*are** luten uel resonare
-- significat resonare, wider chutern *Sb3*
-- .i. resonare / + hellen *Y* *W*
-- .i. resonare. Vnde hic **Reboatus**, -tus *I*
-- ⌜lawten uel resonare, *a »re« et »boo« .i. sono X* / .i. resonare *Y* *K*
-- .i. resonare *P-E Kh2*

S Reboare *Ma3*] Rebuare *X* uel resonare] *fehlt B9*, .i. sonare *Ma3*
M Rebuare *(Reboare Ks1)*
Sb3 Rebuare
W Rebaare *S1*
K a »re« *bis* sono *W9*] *fehlt W13*, a reboo .i. sono *Hl1*
P -- .i. sonare *Br1*

R 79 n p **Recalcitrare** widerstreben
+ .i. repercutere vel resistere *I*
+ uel retro cum pede ⌜iacere, ut equi faciunt *X* / percutere ut equi *Y* *K*
-- °wider °streben °*(Y)*, est resistere uel retrorsum cum pede percutere, et dicitur a »re«, quod est retro, et »calcitro, -as« .i. pede percucio. Item **Calcitro**, -onis dicitur rusticus, qui inepte calcat *W*

vgl. C 24
P Recalatrare *Ma4*
P-E wider strebellen *M25*

R 79.1 n t **Recaluascere** est econtra caluus fieri *W-Y*

R 80 m s **Recalu*a*ster** .i. retro c*a*luus
-- est °retro °*(Y)* caluus in posteriori parte capitis *W*

S Recaluaster *Ma3*] Recaluester *X (m t Recaluostor S4)* caluus *S4*] culuus *Ma1*, almus *B9*
M Recaluester *M19* clauus *M19*
Sb3 Retrocaluaster
K clauus *K4*
P Recaluester *(Recaluaster Wo1)*
P-E Recaluester *(Recaluaster M25)*
Kh2 Recaluester

R 80.1 **Recaluus**, -a, -um idem *(nach 80)* *I*

R 80.2 n s **Recaltrum** wederschyn *P*

P *Wa. fehlt B10*

R 81 n t **Recedere** enweg wichen, uel re*per*cutere, a t
-- ein weg gen *Sb3*
-- en weg gån, uel percutere, et sic est a t *W*
-- hinn weg weichen *K*
-- wichen vel repercuttere *P-E*
-- wech wyken uel repercutere *Kh2*

S enweg] weg *Ks2* wichen] flichnn *B5* repercutere *S4*] recutere *Ma1*
M enweg wichen] hin wek weich *M19*, weg gen *D1*, entweichen *Dr1*
I a t *fehlt*
P Recere *R1*
P-E n t] a t *(auch R1)*

R 82 n s **Recensere** .i. numerare uel iudicare uel ⌜renouare / remouere *I*
-- significat numerare, iudicare aut purgare. Wersus: Censeo iudico, censeo numero cens*e*oque purgo; vasa recensita, sed poma recensita dicas *Sb3*
-- .i. iudicare uel numerare *K Kh2*
n s uel t **Recensere** uel **Recensio**, -is, -ire idem significant, scilicet numerare, recitare uel renouare uel recolere, et illa descendunt a tribus verbis, que sunt eiusdem significacionis, scilicet »censeo«, »censo«, »censio«, que significant iudicare, suadere, deliberare, estimare et numerare. Item **Censor**, -oris .i. iudex et **Censura** iudicium uel sciencia uel potestas, uel **Cens*us*** pecunia numerata. Vnde Grecista Nouus de verbis secunde coniugacionis *(Grec. Nov. 36*[v]*)*: Censeo *uel censo* uel censio, dum numero res, estimo, *nomino* seu delibero, dumque minores iudico, corrigo uel statuo uel suadeo mores seu iubeo, quod praua fuges et te meliores *W*

vgl. C 329, C 331, C 332, C 332.1
S uel iudicare *fehlt Ma3* renouare] reuolare *S4*
M *Sigle*] n s uel n t
Sb3 censeoque *V1*] censoque
W Recensere *(1)*] Recensare *Sg1* Census *Sg1*] Censura *S1* uel censo *Sg1*] *fehlt S1* nomino *Sg1*] numero *S1* stateo *Sg1* fuges] iubeas *Sg1*
K n t
P rememorare *Wo4*

R 83 p pn **Recens** frisch uel grune
+ nouus *W I*
+ alze versch vleysch *P (außer Kh2 Br1)*
-- resch *Sb3*
-- vrisch *K P-E*

Wa. fehlt W-Y

S Recensens *S4*
W Receps *S1*
P *Zusatz*] *fehlt Wo1*, alz grune vlesch frisch *Wo4*, sicud caro *B10* versch] grone *R1*

R 84 f p **Recencia** frischheit
-- reschayt *Sb3*
-- frischkeit *I*
Wa. fehlt W-Y

S ryßheyt *S4 Ks2*, verschicheyt *Ma3*
M frischigkait *M19*
P verschecheyt *Wo1*, vescheit *B10* + uel veschlicheyt *Ma4*

R 84.1 **Recentare** frisch machen *I*

R 85 n q **Recensire** .i. purgare
+ vel nominare *I*
+ Wersus: Censeo dic numero, iudic*o*, dic censio purgo *P (außer Kh2 Br1)*
-- significat nouare *Sb3*
Wa. fehlt (vgl. 82) W-Y

S Recentire *Ma3*
K a q
P *Vers fehlt Wo1* iudico *Wo4*] iudicio *Ma4* censio] censeo *R1*

R 86 p pr **Recensitus**, -a, -um, media longa, vernuwet uel frisch ⌜gemacht / maket *P*
-- -ta, -tum est renouatus, verneut, et sic est media longa *Sb3*
-- -ta, -tum, media longa, frisch gemacht *I P-E*
-- media longa, verneẘt *K*
-- vornighet *Kh2*
Wa. fehlt W-Y

vgl. 87
M *Wa. fehlt (Blattverlust) D1* hernuwet *Ks1*
K Recensus *K4*
P *Wa. fehlt B10* vernuwet] vornerget *Br1* frisch maket] vrichge machen *(!) R1* gemaket *Br1*
P-E gemacht] machen *So1*, gehaben *M25*

R 87 p pr **Recensitus** media breuis, .i. numeratus / + ghetalt *Ma3 B9*
-- media breuis, eyn ghetalt *P*
-- media breuis, ghetellet uel gherichtet *Kh2 Br1*
Wa. fehlt W-Y

vgl. 86
S f p Recensita *S4* .i. numeratus *fehlt Ma3*
M *Wa. fehlt (Blattverlust) D1*
K p pr Recensitus] Sed *(Wa. nach 86) X* media *fehlt K4*
P *Wa. fehlt Wo4* eyn ghetalt] eyn telt *Wo1*, getelt *B10*
P-E -- media breuis, getelt .i. numeratus *E2*

R 88 n s **Receptaculum** ein beheltnisse
+ locus, ubi aliquid recipitur *I*
+ uel vas *K P*

-- ein behaltung *Sb3*
-- est vas *P-E*
-- est vas uel locus, in quo aliquid recipitur *Kh2*

S Recitaculum *S4* holtnisse *B9*
M *Wa. fehlt (Blattverlust) D1*
W + hus *Sg1*
K Recaptaculum *K4*
P *Int. fehlt (Zeilensprung, vgl. 89) Wo4* heltenisse *Br1*

R 89 n s **Reciaculum** ein ⌜garn / nette *Ma3 B9*
+ uel necz *W-Y K*
-- °eyn °garn °*(P-E)*, eyn nette *P*

M *Wa. fehlt (Blattverlust) D1*
K Recialum *K4*
P *Stichwort fehlt (Zeilensprung, vgl. 88) Wo4* garn *fehlt Wo1 B10*

R 89.1 f p **Rec*i*cula** est pellicula quedam *P*
+ eyn hut *Kh2*

P Recicula *Wo4*] Reciacula *Ma4*, Recicola *Wo1* -- eyne huth *Br1*
P-E Reciacula *E2* pennicula *E2*

R 90 f t **Recidulis** est morbus °rec*i*dens °*(I)*
-- est morbus recens *K*

S Recidilis *S4*, Recidolus *Ma3* recidens *S4*] recedens *Ma1*
M *Wa. fehlt (Blattverlust) D1*
Sb3 Recidilis
I f t Recidulis] Recidulus
P morbidus *Ma4*

R 91 m s **Reciduus** ⌜hinderfellig / achter vellich *Ma3 B9 P (außer P-E)*
-- -a, -um .i. retro vel iterum cadens *I*

S Recidiuius *Ma3*, Recidus *B9* -- hinder feldig *S4 N1*
M *Wa. fehlt (Blattverlust) D1* -- hinder willig *M19*
Sb3 Recidiuus
W *Wa. fehlt S1* Recidiuus
K Recidivus hinder veldig *Hl1*
P Recidiuus *Wo4 B10* -- hinder vellich *Wo4* -- achter veldich *R1*

R 92 n p **Recidiuare** wider in fallen uel erger werden
+ et est in morbum incidere *P*
-- wider ein fallen aut ergen *Sb3*
-- .i. renouare, post casum reparare *I*
-- wider in vallen *K*
-- .i. in morbum incidere, *wedder* in vallen *Kh2*

S Reciduare *S4*, Recudinare *Ma3* uel erger werden] *fehlt S4*, ergernn *B5 Ma3*, + uel vndernemen *Ma1*
M *Wa. fehlt (Blattverlust) D1*
P n p Recidinari *Ma4* wider in fallen] achter vallen *B10* uel erger werden *fehlt Br1*
P-E *Wa. fehlt M25* Recidingere *E2* *dt. Int.*] in fallen *So1* erger werden] ergern *E2*
Kh2 wedder *Lü1*] werden

R 92.1 n t **Recidiuia** est vestis rusticorum *P*
+ vel pastorum *Kh2*

R 92.2 n t **Recidicina** idem *(nach 92.1)* *P*

P Recidicina *Wo1*] Recidigma *Ma4*

R 92.3 n s **Recineum** eyn ruchelin *P*
-- est parua tunica *P-E*
Wa. fehlt Kh2 Br1

P *Wa. fehlt B10* -- eyn ruckiken, est parua tunica *R1*

R 93 a t **Recipere** widernemen
-- nemmen *Sb3*
-- .i. iterum uel retro capere, nemen *I*

M *Wa. fehlt (Blattverlust) D1*
W *Wa. fehlt S1*
P -- nemen oder weder lasen *R1* -- patet *Br1*
P-E *Wa. fehlt M25 So1*
Kh2 *Int. fehlt (Zeilensprung, vgl. 94)*

R 94 a p **Reciprocare** widerkern in sich selber *uel weder nemen*
+ et componitur a »re«, quod est iterum, et »procos«, quod est petere. Inde Reciproco quasi rep*e*to vel reflexo *P-E*
-- wider keren in sich selb *Sb3*
-- .i. reflectere vel weder keren in sich selber. Vnde **Reciprocus**, -a, -um .i. iterum conuersus. Vnde **Reciproca** dicitur construccio, in qua eadem persona iterum petitur *(vgl. 95)* *I*
-- wider chern in sich selber *K*

S wedder komen *B9* selbist *B5* uel weder nemen *Ks2*] *fehlt Ma1 S4 B5 B9*
M *Wa. fehlt (Blattverlust) D1* selb *M19* uel weder nemen *fehlt M19*
W *Wa. fehlt S1* selbs *Me1 M12*, selb *Sg1 Bs9*
P uel weder nemen *fehlt B10*
P-E in sich selber *fehlt M25 So1* selb *E2* repeto *So1*] reputo *E2*
Kh2 *Stichwort fehlt (Zeilensprung, vgl. 93)*

R 95 m s **Reciprocus** widergrifflich *uel* ⌜*widderkern* / wederkerich *P-Y* in sich selber
-- widerkerlich *Sb3*
-- *wider grifflich* *W K*
Wa. fehlt (enthalten in 94) I

S *Wa. fehlt B5* widergrifflich uel *fehlt Ks2* uel widderkern *S4*] *fehlt Ma1*, wedderkerlick *Ma3* in sich selber *fehlt S4*
M *Wa. fehlt (Blattverlust) D1* -- wider grifflich *Dr1* in sich selber *fehlt M19*
W *Wa. Bs9*] *fehlt S1 Sg1*
P uel widderkern] *fehlt Ma4*, uel wedder kert *Wo1*
P-E *Wa. fehlt So1* -- wider greiffleich *M25* wider kerlich *E2*

R 95.1 ***Recidiua** dicuntur, que alijs sectis repullulant. Alij Recidiua a »cedendo« dicunt, quia post casum nascuntur; alij a »recidendo« et pullulando dixerunt. Ergo **Recidiuum**, vbi mors et casus* *W*

W *Wa. Sg1*] *fehlt S1* casum *Me1*] causam *Sg1 Bs9*

R 96 a p **Recitare** uffsagen
+ oder *auf gan* *K*

+ uel boghen *Kh2*

M *Wa. fehlt (Blattverlust) D1*
W us sagen *S1*
K auf gan *K4*] geen *W13*, auff sän *H11*

R 97 *a* p **Reclinare** widerneygen
-- wider piegen *Sb3*
-- .i. iterum flectere *I*
Wa. fehlt Kh2

S *Sigle S4*] n p *Ma1* -- weder bowgen *Ks2* -- wyder pyegenn *B5*
M *Wa. fehlt (Blattverlust) D1*
I *Sigle fehlt*

R 98 n s **Reclinatorium** ein bette
+ est id, supra quod reclinamus *I*
-- ein widerpiegung *Sb3*
-- .i. lectus, °bett, °*(W-Y K-Y)* *W K*
-- .i. lectus *P-E*

M *Wa. fehlt (Blattverlust) D1*
P bede huß *Wo4*

R 99 a t **Recludere** widersließen
+ Inde **Reclusus**, -a, -um *I*
-- wider beschliessen *W-Y*
-- versliessen *K-Y*

M *Wa. fehlt (Blattverlust) D1*
Sb3 wider *(!)*
W -- verschlissen *Me1*
Kh2 *Wa.*] wedder sluten *(bei 98)*

R 100 n t **Recolere**
-- ⌜anderwet gedencken *Ma1 Ks2* / ander werbe gedencken *S4* / ander werf dencken *Ma3 B9* *S*
-- ⌜ander werbe dencken *Ma6 Ks1* / ander wet denkchen *M19* *M*
-- wider eren *Sb3*
-- ⌜anderschwa gedenken *S1 Me1* / angedenken uel eren *Sg1* *W*
-- weder dencken vel oppern *I*
-- anderwaid gedenchken *K*
-- anderwerpff denken *P*
-- ander wart gedenken *E2* *P-E*

S -- andir wert gedenkenn *B5* -- anderweyt dencken *N1*
M *Wa. fehlt (Blattverlust) D1* -- anderwert gedencken *Dr1*
W -- gedencken *M12* -- ander waid gedencken *Bs9* -- anderwerch gedenken *Me5*
K a t
P -- wedder dencken *Wo4* -- anderweyde denken *B10* -- andermol denken *Br1*
P-E -- wider gedencken *So1* -- ander werck gedencken *M25*

R 101 p pr **Recolectus** bestalt
+ oder gesampt *Sb3*
+ uel tho hope sammelt *Kh2*
-- gestalt *W*

S betalt *Ma3*
M *Wa. fehlt (Blattverlust) D1* *Int. fehlt Ks1* gebestalt *Dr1*
K gestellt *K9*
P-E gestalt *So1*

R 102 a p **Reconciliare** versunen °uel °reformare °*(K)*

S vorsinnen *Ks2*
M *Wa. fehlt (Blattverlust) D1*
W versunen] verfüren *S1* uel reformare *fehlt Sg1*
P vorsynnen *B10*
P-E fersumen *E2*, versumen *So1*, versaumen *M25*

R 103 a p **Recommendare** widerloben °*uel* °*befellen* °*(K)*
-- wider pflegen *Sb3*

S *Wa. fehlt Ks2* uel befellen *S4*] *fehlt Ma1*
M *Wa.*] *fehlt M19*, *fehlt (Blattverlust) D1*
P *Wa. fehlt Wo4* widerloben] weder laufen *R1*
P-E -- enpfelchen *M25* befellen] enphelen *E2*

R 104 f p **Recom*p*ensa** widergebunge
\+ uel wedergeldynge *P*
-- wider geltung *W*
-- .i. retribucio *Kh2*

S Recompensa *S4*] Recombensa *Ma1* wider gebünde *N1*
M *Wa. fehlt (Blattverlust) D1*
W Recompetissa *S1*
P *Wa.*] *fehlt Br1*, Recondensa wedder gehilget .i. wedder geuen *B10* *Zusatz fehlt Wo1*
P-E *Zusatz*] uel widergelten *So1*, oder geltung *M25*

R 105 f t **Recompensacio** geldunge
-- wider geltung *Sb3 K*
-- persolucio *Kh2*
Wa. fehlt W

M *Wa. fehlt (Blattverlust) D1* widergebung *M19*
I *Sigle fehlt*
K -- idem *(nach 104) Hl1*
P *Wa. fehlt B10 Br1*
P-E gelten *M25*

R 106 a p **Reconpensare** ⌜*gelden, wedder vordeynen* / widergelden, verdienen *S-X*
-- wider gelten *Sb3 K*
-- .i. persoluere uel remunerare *I*
Wa. fehlt Kh2 Br1

S *Int.*] *zit. nach Ma3*, widder vordynnen *Ks2*, gelder vordynen *B9* verdienen *fehlt S4*
M *Wa. fehlt (Blattverlust) D1*
W -- widergelten, verdienen *Sg1* vordeynen] dienen *S1 Me1*
P -- wedder geuen uel wedder denen *B10*
P-E wedder vordeynen] widergewinnen *So1*, wider digen *M25*

R 107 a t **Recondere** huden, bedecken
-- .i. abscondere, °bedeken °*(Y)* *W*
-- behalten, bedecken vel behuten *I*
-- bedechken *K*
-- .i. abscondere *P-E*

S wedenkenn *(vgl. 108) B5 Ma3 N1*
M *Wa. fehlt (Blattverlust) D1* behuten *Dr1* deckin *Ma6*
Sb3 pedenckhen *(vgl. 108)*
P a t Recondire *Wo4* behuden *Wo4 Br1*

R 107.1 m s **Reconditus** .i. absconditus *Kh2*

R 108 d p **Recordari** dencken
-- gedencken *Sb3 W K-X*
-- gedencken, scilicet ea, que retro sunt et preterita, iterum ad cor reducere *I*
Wa. fehlt K-Y

S d p Recordare *Ma3* gedencken *S4 B5*
M *Wa. fehlt (Blattverlust) D1* gedencken *Dr1*
W bedenken *S1*
P-E gedenken *E2 So1*
Kh2 d p Recordare

R 109 n s **Recordium** ⌜gedechtnisse / dechtnisse *Ma3 B9 P*
-- memoriale *Kh2*
Wa. fehlt I

S dechtenyß *Ks2*
M *Wa. fehlt (Blattverlust) D1* dechteniz *Ma6 Ks1*
K gedenknüz *Hl1*, wedächtnüzz *K9*
P ghedechtnisse *Wo4*
P-E gedenknüst *E2*, gedechtnüs *So1*

R 110 a p **Rectificar*e*** richten, *recht* machen
-- recht machen *Sb3 I K P*

S Rectificare *S4*] Rectificari *Ma1* -- rechtin *Ks2* richten *fehlt B5* recht *S4*] gerecht *Ma1*
M *Wa. fehlt (Blattverlust) D1* rechten *Ma6* -- rechten, rechter machen *M19* richten] rechten *Ks1*
W richten] *fehlt Sg1*, rechten *S1*
I *Sigle fehlt*
P + richten *Ma4*
P-E Rectifacere *(vgl. 110.1) E2*

R 110.1 a t **Rectifacere** rechtůn *So1 (P-E)*

R 111 f t **Rectitudo** rechtikeit

S rechtheyt *Ma3*
M *Wa. fehlt (Blattverlust) D1* gerechait *M19*
W *Wa.*] Inde Rectitudo *(nach 112) Bs9 Me5* gerechtikait *S1*
P-E gerechtikeit *So1*
Kh2 recheyt

R 112 *m s* ***Rectus** recht*
-- gerecht *P-E*
Wa. fehlt K

S *Wa. S4*] *fehlt Ma1*
M *Wa. fehlt (Blattverlust) D1*
W gerecht *S1*
I *Sigle fehlt*
P gherecht *Wo4*
Kh2 rach

R 113 n t **Recumbere** ligen, .i. iacere uel dormire
-- significat iacere aut dormire *Sb3 P-E*
-- uel **Recubare** idem significant, scilicet iacere in lecto uel appodiare se super mensam cubitis brach*ij* *W*
-- ⌜legen, .i. iacere *X* / ligen *Y* *K*
-- lighen uel rowen *Kh2*

S Recumbere *Ma3*] Recondere *Ma1*, Recombere *S4 Ks2 B5* legin *Ks2* .i. iacere *verderbt S4*
M *Wa. fehlt (Blattverlust) D1* ligen *fehlt M19*
W Recumbere] Reconbere *Sg1* brachij *Sg1*] brachijs *S1*
P -- slapen uel liggenn *B10*

R 113.1 n t **Recondere** vorborgen *P*
-- verbergen *P-E*
Wa. fehlt Kh2 Br1

P *Wa. fehlt B10*
P-E Recundere *E2* vergeben *So1*

R 114 a p **Recuperare** erholen
-- herholen *M*
-- wider komen *Sb3*
-- wider bringen *W K*
-- weder erfullen *I*
-- wider halten *E2* *P-E*
-- vorhalen *Kh2*

S heholnn *B5*, verhalen *Ma3*, wedder erhalen *B9*, herhalin, wider bringen *N1*
M *Wa. fehlt (Blattverlust) D1* erhölen *M19*
P vorhalen *Wo1*, erhalden *R1*, wedder erhalen *Wo4*
P-E -- wider bringen *So1* -- wider helen *M25*

R 114.1 a p **Reclamare** wedderropen, .i. redicere uel repugnare *Kh2*

R 114.2 n t **Recurrere** wedder lopen *Kh2 Br1*

R 115 a p **Recusare** *versmahen*, wegern
-- versmahen *Sb3 W K*
-- .i. refutare, paruipendere, versmehen uel verergern *I*
-- vorsmaen, °wegern °*(P-E R1)*, vernicht hebben *P*
-- vor weghern uel vor nycht hebben, dicitur reprehendere siue redarguere *Kh2*

S versmahen *S4*] *fehlt Ma1*, vorsunen *Ks2* wegern] *fehlt S4*, wernn *B5*, weyger *N1*
M *Wa. fehlt (Blattverlust) D1* versmahen] vorsůnen *Ks1*
P wegern *fehlt Br1* vernicht hebben] *fehlt Wo1 B10*, vornichten *Wo4*
P-E vernicht hebben] *fehlt E2*, vernichtigen *So1*

R 116 n s **Recussum** ein widerslag

S *Wa.*] *fehlt B5*, n s Recursum eyn wedder sclan *B9*
M *Wa. fehlt (Blattverlust) D1*
K Recursum *K4*
P wederslacht *Ma4*

R 117 f p **Reda** ein karr, ein slide uel ein sile
\+ da die ross an ziehent *P-E R1*

-- ein sliten oder karren *Sb3*
-- est genus uehiculi, eyn slede uel ein karn *I*
-- slith, .i. vehiculum *K*
-- eyn slede uel eyn kare *Kh2*

S uel ein sile *fehlt S4 B9*
M *Wa. fehlt (Blattverlust) D1* karch *Dr1* sile] + in curru *Ma6*
W uel ein sile *fehlt Sg1* sile] sib *S1*
K + schilt *W13*
P -- eyn slede, eyn seyl dar dy perde ynne czeyn *Wo4* uel ein sile *fehlt Wo1 B10 Br1*
P-E *Zusatz*] in dem wagen *So1* ross] perde *R1*

R 118 n s **Redagium** furlone

S vurloyr *(!) N1*
M *Wa. fehlt (Blattverlust) D1* *Int. fehlt Ks1*
P Redigium *Ma4*

R 118.1 **Redamo** .i. rursum amo *I*

R 119 a t **Redarguere** widerstraffen
-- .i. reprehendere, straffen uel schelden *I*
-- straffen *K-Y Kh2*

M *Wa. fehlt (Blattverlust) D1*

R 120 a t **Reddere** widergeben
+ a »re« et »do, das« *I*
Wa. fehlt K-Y

M *Wa. fehlt (Blattverlust) D1*

R 120.1 a q **Reddire** *syren*, geuen *P*
-- .i. ornare *P-E*
Wa. fehlt Kh2 Br1

P *Wa. fehlt B10* syren *Wo1*] schiren *Ma4*

R 121 m *q* **Redditus** gulde uel rente
+ a »reddo, -dis« *I*
+ tynse *Kh2 Br1*
-- gult aut zins *Sb3*
-- ⌜geltung *X* / czincz *Y* *K*
-- gúlt *oder ein prond* *P-E*

S *Sigle Ks2*] m s *Ma1* -- gulden, rymen *S4* guldene *B5*
M *Wa. fehlt (Blattverlust) D1* + alfancz *M19*
I m s Redditus, -ta, -tum
P -- rente in gelt *B10*
P-E oder ein prond *So1*] *fehlt E2*, oder pfreund *M25*

R 121.1 n s **Rediculum** spot *P*
Wa. fehlt Kh2 Br1

vgl. 341
P-E Redicilium *(auch R1)* *Int. fehlt (Zeilensprung, vgl. 122) M25*

R 122 a t **Redigere** widermachen
-- est reducere, reuocare, retro uel iterum agere *W*
-- .i. representare, reducere, reuocare vel iterum agere *I*
-- .i. recolligere, reddere, representare uel revocare vel wedder maken *Kh2*

S *Wa. fehlt Ma3* a t Redire *B9*
M *Wa. fehlt (Blattverlust) D1* a t Redire *M19*
W retro *fehlt Sg1*
P-E *Stichwort fehlt (Zeilensprung, vgl. 121.1) M25*
Kh2 Rediꝰe

R 123 a t **Redimere** erlosen
-- weder erlosen *I*
-- *lösenn* *K*
-- wedderlozen *Kh2 Br1*

S *Int.*] *fehlt (Zeilensprung, vgl. 124) Ks2*, verlosen *Ma3*
M *Wa. fehlt (Blattverlust) D1*
K lösenn *K4*] *verderbt W13*
P vorlosen *Wo1*

R 124 a q **Redimire** ziren
-- .i. ornare, °zieren °*(Y)* *W*
-- .i. coronare, ornare. Inde **Redimitus**, -a, -um *I*
-- .i. ornare *Kh2*

S *Wa. fehlt B9* *Stichwort fehlt (Zeilensprung, vgl. 123) Ks2*
M *Wa. fehlt (Blattverlust) D1*
P *Wa. fehlt Br1*
P-E -- .i. ornare *E2*
Kh2 Redimere

R 124.1 f p **Redicula** eyn clene slede *Br1 (P)*
-- .i. parua reda *Kh2*

R 125 n s **Redimiculum** zirheit, ein *harbant*, uel dicitur ornamentum, quod ponitur ad capud, ut crines maneant plani, ut est vitta
+ mitra uel peplum *P*
-- zirhait aut harpant *Sb3*
-- wulgariter harschnůr, uel quod succin*c*torium siue brachile nuncupamus, quod descendens per ceruicem et a lateribus colli diuisum, utrarumque alarum sinus ambit atque hinc inde succingit, quod ⌜stringens *X* / constringens *Y* latitudinem vestis ad corpus contrahat atque coniungendo componat. *Hunc wlgo* **Brachile** quasi »brachiale« dicunt, quamuis nunc non brachiorum, sed renum sit cingulum. Succinctorium autem vocatum, quod, ut dictum est, sub brachiis ductum alarum sinus ambit atque hinc inde succingit. Redimicula sunt, quibus mitra in capite feminarum alligatur. *Vnde (Grec. Nov. 137ʳ)*: Vittaque, quo crinis fit planus, sit redimiculum, aut dicas, quod per redimicula mitra ligatur *W*
-- .i. monile, corona vel uitta, qua mitra in capite feminarum alligatur, uel czerheit *I*
-- czirhait uel ornamentum, ⌜quo *X* / per quod *Y* crines manent plani *K*
-- est ornamentum siue *pepulum*, eyn huue uel eyn lese *(?)* uel eyn harbant *Kh2*

vgl. B 196
S harbant *S4*] harbendchin *Ma1* ut crines *bis* vitta] uel crines maneunt plane *S4* monebunt *Ma3* plane *B9*
M *Wa. fehlt (Blattverlust) D1* ut est vitta *fehlt M19*
W harschnůr] hůt schnůr *Bs9* succinctorium *Sg1*] succintorium *S1* brachile] bachile *Sg1* Hunc wlgo *Bs9*] cum fulgo *S1*, hoc wlgus *Sg1* sit *fehlt Sg1* Vnde *Me1*] *fehlt S1 Sg1 Bs9* Vittaque *bis* ligatur *fehlt Sg1*
K -- zirhait oder ornament *K9*
P -- est ornamentum, eyn harbant *Br1* ad] super *Wo4* manent *Ma4*
P-E maneat *E2*
Kh2 pepulum *Ki3*] pellum

R 125.1 **Rediccio** wedderseghinghe uel manifeste *Kh2*

Kh2 n t Rediccio

R 126 a p **Reintegrare** widermachen *uel* ⌜*constituere* / restituere *Sb3*
-- .i. integrum facere, weder gantz machen *I*
Wa. fehlt K

S Redinttegrare *Ma3* uel constituere *S4*] *fehlt Ma1 B9*
M *Wa. fehlt (Blattverlust) D1*
W uel constituere *fehlt Sg1*
I Redintegrare
P Redintegrare
P-E Redintegrare
Kh2 *vgl. 166.3* Retintegrare

R 127 n q **Redire** widergeen
+ uel komen *I*
-- wedder komen *Kh2 Br1*
Wa. fehlt K-Y

S widdergeben *S4*, wedderkomen *Ma3*
M *Wa. fehlt (Blattverlust) D1*
P wedder komen *B10*

R 128 a p **Rediuare** ⌜widererqwicken / erquicken *S-Y P K*
+ Inde **Redi*uiuus*** *W-Y*
-- vorquicken *Kh2*

M *Wa. fehlt (Blattverlust) D1*
W *vgl. 129* Rediuinare *S1*, Rediuiuare *Me1 Y* Rediuiuus *Bs9*] Rediuus *Sg1* widerkiken *S1 Sg1*
I Rediuiuare
K Rediuiuare
P vor quicken *Wo1*
Kh2 Rediuiuare

R 129 m s **Redi*vi*uus** *herquicket*
-- wider kickter *S1* *W*
-- -a, -um, weder lebendig uel erquicket *I*
-- vorquicket *Kh2*
Wa. fehlt (vgl. 128) W-Y

S Rediviuus *S4*] Rediuuus *Ma1*, Rediwus *B9* herquicket *Ks2*] widererqwicket *Ma1*, erquickeit *S4*
M *Wa. fehlt (Blattverlust) D1*
W widererkücket *Me1*
P *Wa. fehlt B10* erquickich *Ma4*, vorquicket *Wo1*

P-E Rediuinus *E2* + uel wider lebendig werden *E2*
Kh2 Rediuus

R 129.1 m q **Reditus** .i. redicio, wedder komynghe *Kh2*

R 130 n s **Redolere** wolrichen
+ est bonum odorem emittere *I*
-- wol smeckhen *Sb3 K P-E R1*
-- est *fraglare* siue bonum odorem emittere. **Olere** vero de malo odore dicitur *W*

vgl. O 172
S widir rechtnn *B5*
M *Wa. fehlt (Blattverlust) D1*
W -- significat bonum odorem emittere *Sg1*

R 131 n p **Redundare** gnugen, gedigen
+ *oder v̈berfliessen* *P-E*
-- widergan *Sb3*
-- .i. reuerti uel redire. Sed **Invndare** uel **Exundare** significat abundare *W*
-- .i. retro undare, reuerti vel redire *I*
-- wider ingedeigen *K*
-- ghenogen uel redire *Kh2*

vgl. I 644.1
S Redondare *S4* -- gurgen, godern *N1* gnugen *fehlt S4*
M *Wa. fehlt (Blattverlust) D1* -- enkegengen *M19* gedigen *fehlt Dr1*
K *Stichwort verderbt K4* ingedeigen] in sich gedeygen *Hl1*
P gedigen] *fehlt Wo1 Br1*, uel dygen *B10*
P-E gedigen] gitigen *alle Hss.* *Zusatz So1*] *fehlt E2*

R 131.1 m s **Reduncus** .i. curuus *K Kh2*

Kh2 Redultus

R 131.2 a q **Refercire** erwllen *P*
-- vor wllen *Kh2*

P *Wa. fehlt B10* vor vullen *Wo1*
P-E Refarcire *(auch R1)*
Kh2 Refarcire *(auch Br1)*

R 132 f t **Refeccio** labenisse
+ erkiknúst *W-X*
-- labung *Sb3*
-- louinghe *Kh2*
Wa. fehlt I

M *Wa. fehlt (Blattverlust) D1* + erquicknißß *Dr1*
P *Wa. fehlt B10* lauinghe *Ma4 Wo4*
P-E labung *So1* + uel widerbringung *E2*

R 133 n s **Refectorium** est locus commedendi, eyn ⌜rebenter / reuental *W P-E*
-- ein refent *Sb3*
-- locus, ubi comedunt fratres vel monachi, eyn rebender *I*
-- est locus comedendi *K*

S eyn rebenter] *fehlt B5 N1*, rebin thal *Ks2*
M *Wa. fehlt (Blattverlust) D1* rebental *Dr1*
W *lat. Int. fehlt Sg1* refenter *Me1*
P *Wa. fehlt B10* eyn rebenter] *fehlt R1*, remter *Br1*
P-E eyn reuental *fehlt M25*

R 134 m s **Refectionarius** est custos refectorij

S -- est costos refectorie *S4*
M *Wa. fehlt (Blattverlust) D1*
Sb3 Refutuarius
I *Sigle fehlt*

R 135 a t **Refellere** widerbetrigen
-- .i. repellere, falsificare, bedriegen *I*

S wetrigenn *B5*
M *Wa. fehlt (Blattverlust) D1*
W widergebringen *S1 Me1*, widertriegen *M12*, widerbringen *Y*
P *Wa. fehlt B10*
P-E widergeben *M25*

R 136 v an **Referre** .i. pati uel sustinere
+ aut narrare *Kh2*
-- .i. recitare, renunciare, dicere, reportare vel distare. Item **Refert** id est prodest *I*
-- primo significat distare; exemplum: Multum refert inter laycum et clerum. Eciam significat narrare; exemplum: Iste refert fabulam, .i. narrat. Aliquando est iterum ferre; exemplum: Iste refert mihi nummos, .i. portat. Aliquando significat reuersum dare; vnde Theodolus *(20)*: *I*lla refert: Nec dicta moue*n*t. Aliquando significat pertinere, et sic est verbum impersonale; exemplum *(Equiv. 207*^{va}*)*: Regine refert, ut viuat crimine pura. Aliquando significat retroferre; vnde Ouidius *(Pont. ii 6,21)*: Turpe referre pedem nec *passu* stare tenaci. Aliquando significat nominare; exemplum: Quid te Luciam, Claram, Margaretam et alias referam. Aliquando significat reddere gracia*rum* acciones; exemplum: Deus referat vobis graciarum acciones de bonis mihi impensis. Aliquando significat acquirere; exemplum Oracij *(epist. ii 1,234)*: Retulit accepto regali *n*omisma Philippus. Aliquando significat representare; *exemplum Oracij (epist. i 18,62)*: Duce *per* pueros hostili more refertur. Aliquando significat ordinacionem relatiui cum suo antecedente, cum dicitur: Iste terminus refertur ad antecedens; *exemplum*: Socrates currit, qui mouetur; wulgariter leiden *Sb3*

S Referri *Ma3 B9*
M *Wa. fehlt (Blattverlust) D1*
Sb3 Illa *emend.*] Nulla mouent *emend.*] mouet passu *emend.*] possum graciarum *V1*] graciam nomisma *emend.*] momisma exemplum Oracij *(2) V1*] *fehlt* per *V1*] pro exemplum *V1*] *fehlt*
W Referri *S1*
K uel sustinere *fehlt Y*
P Refer *R1*
P-E Referri *E2*

R 136.1 v ip **Refert** vnderschaiden *K*
-- eyntwedregen, angheboren *P*

-- .i. patet uel distat uel anghebaren *Kh2*

I *vgl. 136*
P *Wa. fehlt B10* -- entweydreget ader angebaren is *Br1* angheboren *fehlt Wo1*
P-E -- angebieten *So1* eyntwedregen] ain zwai tragen *E2 M25*

R 137 *a q* ***Refertire*** *widerfullen*
-- id est replere. Vnde **Refertus**, -a, -um, .i. repletus *I*
Wa. fehlt Kh2 Br1

S *Wa. Bm1] fehlt (Blattverlust) Ma1* weder fallin *Ks2*
M *Wa. fehlt (Blattverlust) D1*
Sb3 wider fallen
P *Wa. fehlt B10*

R 137.1 part **Refertus** ghewlled *P*
-- .i. repletus *K Kh2*

K m s
P Refectus wedder ghefullet *Wo4*
P-E *Wa. fehlt So1* Refectus *(auch R1)*

R 138 *a t* ***Reficere*** *laben, wider machen*
\+ .i. restituere uel recreare *I*
-- primo significat integrare; exemplum: Calcifex reficit calcimenta. Aliquando significat replere; exemplum: Iste reficitur cibo, aut *(Mt 11,28)*: Venite ad me omnes, qui laboratis et *onerati* estis, et ego reficiam vos. Aliquando significat iterum facere; exemplum: Ego volo calcios mittere reficere. Et dicitur a »re« et »facio« *Sb3*
-- widermachen *K*
-- *laben oder* wider bringen *P-E*
-- wedder maken uel vorquicken *Kh2 Br1*

S *Wa. Bm1] fehlt (Blattverlust) Ma1* loben *B5* wider machen *fehlt N1*
M *Wa. fehlt (Blattverlust) D1*
Sb3 onerati *Gr2*] honorati
W laben] wider laben *Sg1*, loben *Bs9*
P laben *fehlt B10*
P-E laben oder *M25*] *fehlt E2*, loben *So1*
Kh2 vorquicken] irquicken *Br1*

R 139 *a t* ***Reflectere*** ⌜*widerbeugen* / wedder boghen *Ma3 B9 P*
-- nidern *Sb3*
-- wider biegen *W K P-E*
Wa. fehlt I

S *Wa. Bm1] fehlt (Blattverlust) Ma1* weder beygin *Ks2*, wider pyegnn *B5 N1*
M *Wa. fehlt (Blattverlust) D1* wedir beygen *Ks1* wider pyegen *M19*
K -- widermachen *K4*

R 139.1 part **Reflexus** ⌜wedergheboget / wedderboghet *Kh2* *P*

P-E widergebogen *E2*, widergeboren *M25*

R 140 *a p* ***Refocillare*** *erquicken, irneren*
-- erkucken aut nutrire *Sb3*
-- .i. recreare, °erkiken °*(Y)* *W*
-- id est reficere, erquigken *I*

-- erkůchken *K*
-- vorquicken *Kh2*

S *Wa. Bm1] fehlt (Blattverlust) Ma1* weddererquicken *B9* irneren *B5*] her nemen *Bm1*, nemen *S4*, *fehlt Ks2* + oder laben *B5*
M *Wa. fehlt (Blattverlust) D1*
P -- vorquicken, neren *Wo1* erquicket *R1*
P-E erkacken *M25* irneren *fehlt M25 So1*

R 141 *a p* ***Reformare*** *wider machen*
+ **Reformacio** inde *(vgl. 142)* *I*

S *Wa. Bm1] fehlt (Blattverlust) Ma1, fehlt Ma3*
M *Wa. fehlt (Blattverlust) D1*
K *Wa. fehlt Hl1 K9*

R 142 *f t* ***Reformacio*** *widder machunge*
Wa. fehlt W
Wa. fehlt (vgl. 141) I

S *Wa. S4] fehlt (Blattverlust) Ma1, fehlt Bm1*
M *Wa. fehlt (Blattverlust) D1*
K *Wa. fehlt Hl1 K4 K9*
P -- patet *Br1*

R 143 *a s* ***Refouere*** *erquicken*
-- vorquicken *Kh2*

S *Wa. Bm1] fehlt (Blattverlust) Ma1* erquicken *S4*] ufferquicken *Bm1*
M *Wa. fehlt (Blattverlust) D1*
K *Wa. fehlt Hl1 K9* n s
P vorquicken *Wo1*
P-E erkülen *M25*

R 143.1 d p **Refragari** .i. adulari, ⌜*smeychelen* / wederstan *Kh2* *vleseken* *P*
-- .i. *adulari* *P-E*

P .i. adulari *fehlt Wo4 B10* smeychelen *R1*] *fehlt Wo1*, smeken *Ma4* vleseken *Wo1*] vlenzeken *Ma4*, *fehlt Wo4 B10 Br1* + uel wedderstan *B10 Br1*
P-E d p Refragare *E2* adulari *So1*] adolare *E2*
Kh2 vlseken

R 144 *d p* ***Refragari*** *widerstan*
+ .i. resistere *I*
-- *adulari* *P-E*
-- idem *(nach 143.1)* *Kh2*

S *Wa. Bm1] fehlt (Blattverlust) Ma1* a p Refragare *S4*, d p Refragare *Ma3* + widir stossnn *B5*
M *Wa. fehlt (Blattverlust) D1* Refrigari *M19*
P *Wa. fehlt (vgl. 143.1) B10 Br1* Refugari *Wo4*
P-E *Wa. So1] fehlt (vgl. 143.1) E2*
Kh2 a p Refragare

R 145 *a p* ***Refrenare*** *.i. domare, czemen*
+ uel zwingen *I*
-- .i. domare *W P-E*
-- zåmen *K Kh2*

S *Wa. Bm1] fehlt (Blattverlust) Ma1* czemen *S4] fehlt Bm1*
M *Wa. fehlt (Blattverlust) D1* .i. domare *fehlt M19*
Sb3 domare] dampnare
P .i. domare *fehlt Wo4*

R 146 *n p* ***Refricare** .i. ⌜requiescere /* quiescere *Ma3 B9 Sb3 W-X I uel renouare*
-- .i. fricare, quiescere uel renouare *Kh2*

S *Wa. Bm1] fehlt (Blattverlust) Ma1* reneuare *Ma3*
M *Wa. fehlt (Blattverlust) D1*
Sb3 *Stichwort fehlt (Zeilensprung, vgl. 147)*
K remouere *K4*
P -- wedder kulen *(vgl. 147) B10*

R 147 *n p* ***Refrigerare** erkulen*
\+ .i. consolare, refrigerium dare *I*
-- vorkulen *Kh2*

S *Wa. Bm1] fehlt (Blattverlust) Ma1, fehlt S4*
M *Wa. fehlt (Blattverlust) D1*
Sb3 *Int. fehlt (Zeilensprung, vgl. 146)*
K erkuelung *(vgl. 148) Hl1*
P *Wa. fehlt Wo4* -- idem *(nach 146) B10*

R 147.1 **Refringere** iterum frangere *Kh2*

R 148 *n s* ***Refrigerium** erkulunge*
-- .i. recreacio, erkulung uel erquickunge *I*
-- vorkulynghe *Kh2*
Wa. fehlt K-Y

S *Wa. Bm1] fehlt (Blattverlust) Ma1*
M *Wa. fehlt (Blattverlust) D1*
K chůelung *W13*, erkuelen *(vgl. 147) Hl1*
P *Wa.*] n s Refrigerium *(korr. aus* Refrigerare*)* erkůlen *R1* vor kolinghe *Wo1*, erquikkinge *B10*, kůlynge *Br1*

R 148.1 *n s* **Reflorere** wider plůen *K*
-- -vi et caret supino, .i. iterum florere *Kh2*

K *Sigle K4] fehlt W13*

R 148.2 a p **Refiduare** .i. renouare *Kh2*

R 149 *n s* ***Refugium** zu flucht*
\+ .i. tutela, securitas *I*

S *Wa. Bm1] fehlt (Blattverlust) Ma1* -- eyn zu fluchtig *S4*
M *Wa. fehlt (Blattverlust) D1*

R 149.1 **Refugus** eyn czu flücht *B5 (S)*

R 149.2 a t **Refundere** wider legen oder wider keren *Sb3*

R 150 *m s* ***Refugus** .i. apostota, quasi refugium querens*
-- est apostota *Sb3 K-Y P*

S *Wa. Bm1] fehlt (Blattverlust) Ma1* in querens *Ma3*
M *Wa. fehlt (Blattverlust) D1*
P + eyn vorlopen monick *Ma4 Br1*

R 151 *a p* ***Refutare** virstoßen, versmehen*
-- versmahen *Sb3 P-E*
-- verstǒssen *W-Y*
-- idem quod spernere, versmehen *I*
-- ⌜verstossen *X* / versmahen *Y* *K*
-- vorstoren uel vorsmoden *Kh2 Br1*

S *Wa. Bm1*] *fehlt (Blattverlust) Ma1* bestoten *Ma3* versmehen] vorschamen *S4*
M virstoßen] *fehlt Dr1* erstosen *D1*
P *Wa. fehlt B10* eyn stosen *R1*
P-E *Wa. fehlt So1*

R 151.1 *n* s **Refulgere** wedderschinen *Kh2 Br1*

Kh2 *Sigle Br1*] m s

R 151.2 f t **Refutacio** .i. recusacio *Kh2*

R 151.3 n t **Refugere** .i. secretum locum petere *Kh2*

R 152 *m in* ***Regan** egrotans uel parens interpretatur*
Wa. fehlt Kh2

S *Wa. Bm1*] *fehlt (Blattverlust) Ma1* *Sigle S4*] *fehlt Bm1* Regans *Ma3*
M egrotus *M19*
Sb3 parens] parus
W egrotus uel patens *S1*
P egrotans] eyn groddans *Ma4 R1* parans *Ma4*, paries *Wo4*
P-E egrotans] ain gros tentz vel egrotens *(agrotans M25) alle Hss.*

R 153 *a t* ***Regere** regirn uel berichten*
-- regiren *Sb3 K-X*
-- regieren. Inde **Regimen** *(vgl. 155)* *W-Y*
-- .i. gubernare, quasi »recte agere«, regeren *I*
-- ⌜richten *M25* / regiern *E2 So1* *P-E*
Wa. fehlt K-Y

S *Wa. Bm1*] *fehlt (Blattverlust) Ma1* -- gerichte regirn *Ks2* berichten] vorrichten *S4*
M uel berichten *fehlt M19*
P regirn] gerichten *R1* uel berichten] *fehlt Wo1*, richten *B10*, ader entrichten *Br1*

R 154 *co t* ***Regalis** koniglich*
\+ aut gerad *Sb3*
-- et hoc -le koniglich. Inde **Regalitas** *I*
-- konincklich uel kunclich *P-X*

S *Wa. Bm1*] *fehlt (Blattverlust) Ma1*
P uel kunclich *fehlt Wo1*
P-E konincklich uel *fehlt So1 M25*

R 155 *n t* ***Regimen** meisterschafft,* °*regirunge* °*(Ma3 B9 K)*
-- maisterschaft oder ornung *Sb3*
-- regerung uel illud, quod ab aliquo regitur *I*
-- regerynghe *Kh2 Br1*
Wa. fehlt (vgl. 153) W

S *Wa. Bm1*] *fehlt (Blattverlust) Ma1* regirunge *Ks2*] *fehlt Bm1 S4*
M regieren *M19*
P meisterschafft *fehlt Wo4* regirunge *fehlt Wo1 B10*

P-E regirunge *fehlt M25*
Kh2 *Stichwort durch Papierschaden nicht lesbar*

R 156 *f p* ***Regia*** *eyn edel hus, est curia regis*
-- est curia regis *Sb3 W P-E Kh2*
-- est aula vel curia regis *I*
-- *.i. curia regis,* ⌜*et sic est substantiuum, sed adiectiuum regalis X /* uel regalis *Y K*

S *Wa. Bm1*] *fehlt (Blattverlust) Ma1*
K *Wa. Hl1*] *fehlt W13*
P eyn edel hus] *fehlt Br1*, est domus *Wo4*
P-E *Wa. fehlt (vgl. 157) So1*
Kh2 Regina

R 156.1 **Regerare** .i. iterum dicere uel facere *Kh2*

R 157 *f p* ***Regina*** *eyn kunchin*
+ **Reginula** diminutiuum *I*
Wa. fehlt K

S *Wa. S4*] *fehlt (Blattverlust) Ma1, fehlt Bm1 Ks2 Ma3*
M *Wa. fehlt D1*
P-E -- patet *E2* -- .i. curia regis oder kúngin *(vgl. 156) So1*

R 158 *f t* ***Regio*** *eyn rich*
-- est patria regi subiecta, eyn konigrich *I*
Wa. fehlt K-Y

S *Wa. Bm1*] *fehlt (Blattverlust) Ma1* richte *N1*
M *Wa. fehlt D1*
P koningrike *Wo4*

R 158.1 n s **Regillum** est vestimentum regine *P*

P Regulum *R1*
P-E + wulgariter lin *E2*

R 158.2 m s **Regius** .i. regalis *Kh2*

Kh2 *vgl. 160, 162.1*

R 159 *n s* ***Registrum*** *eyn bereitniß uel eyn leide buch*
+ uel zona uirginis *P*
-- rechnuß oder rechen puech *Sb3*
-- ^{O}beraitnúß ^{O}uel ^{O}*(Y) bůchschnůr*. Vnde Nouus Grecista *(161^{v})*: Esse librum *librique ducem* dic esse registrum *W*
-- liber, qui rerum gestarum memoriam continet *I*
-- register *K-X*
-- ain beraitnúst uel sona uirginis *P-E*
-- eyn berekenisse uel eyn leyde buk uel zona virginis *Kh2 Br1*
Wa. fehlt K-Y

S *Wa. Bm1*] *fehlt (Blattverlust) Ma1*, n s Regristrum eyn bertetniße *S4* bereitniß] lernisse *Ma3*
M -- ein richtnüz, ein ray puch *M19* leide buch] lethe buch *D1*, betbuch *Dr1*
W bůchschnůr *Sg1*] bůch *S1*, + register *Me1* librique ducem *Sg1*] liberque *S1*
K register *Hl1*] reigister *W13*

P eyn bereitniß uel] *fehlt B10*, eyn berichtnisse *Wo4*
P-E sona *für* zona

R 160 *m s* ***Regius*** *koniglich*
Wa. fehlt P-E

S *Wa. Bm1] (Blattverlust) Ma1, fehlt S4* kinigisch *N1*
P *Wa. fehlt Br1* + uel kunlich *Ma4* + oder kunclich *R1*
Kh2 *vgl. 158.2, 162.1*

R 160.1 p **Registrare** berichten *K-X*

R 160.2 p **Regirare** .i. iterum *vertere* *K*

K vertere *K4*] reuertere *W13*

R 161 *n p* ***Regnare*** *herschen*
+ uel regneren *Kh2*
Wa. fehlt P-E

S *Wa. Bm1] fehlt (Blattverlust) Ma1*
W -- richsnen *Sg1*

R 162 *n s* ***Regnum*** *eyn konig rich*
+ est terra et districtus regis *I*
-- primo dicitur domus regalis; exemplum ewangelij *(Lc 1,33)*: Et regni eius non erit finis. Aliquando dicitur esse mensa; exemplum ewangelij *(Lc 22,30)*: Ut edatis et bibatis in regno meo. Aliquando dicitur esse lectus; exemplum: Iohannes iacuit cum Katharina in regno *Sb3*
Wa. fehlt K

S *Wa. S4] fehlt (Blattverlust) Ma1, fehlt Bm1* Regnum *Ks2*] Regium *S4*
M *Wa. fehlt D1* -- reich *M19*
W *Wa.*] Inde Regnum *(nach 161) Bs9* -- rich *Sg1*
P -- eyn rike regis *B10*

R 162.1 **Regius** est morbus, de gelesucht *Kh2*

Kh2 *vgl. 158.2, 160* f t Regius

R 163 *d p* ***Regraciari*** *dancken*
Wa. fehlt K-Y

S *Wa. Bm1] fehlt (Blattverlust) Ma1* d p Regraciare *Ma3*
W n p Regraciare *S1*
P-E wider dancken *So1*

R 164 *f p* ***Regula*** *eyn gemein recht*
+ est norma viuendi *I*
+ uel canon *K*
-- primo dicitur esse lignum scriptoris, mediante quo facit lineas. Aliquando significat preceptum, sicut: Homo tenet veritatem secundum hanc regulam loycalem. Aliquando significat mandatum; exemplum: Isti monachi gerunt regulam .i. mandatum sancti Francisci aut Augustini. Eciam dicitur esse liber; exemplum: Pueri discunt regulas *Sb3*

-- °ain °gemainlich °recht °*(Y)*, a »regendo« dicitur, quia normam recte viuendi prebet *W*
-- .i. preceptum, corona uel norma. Wersus *(vgl. Cath. »Regula«)*: Regula dat norma*m* *Kh2*

S *Wa. Bm1*] *fehlt (Blattverlust) Ma1*
M -- gemeyn reich *M19*
W -- ain regel *Sg1*
K + oder regel *K4*
P gemein] meyne *B10*
Kh2 normam *emend.*] norma

R 164.1 f p **Regula aurea** de qua dicitur Iosue septimo *(7,21 und 24)*, dicitur mitra virginalis capitis *K*

K de *bis* septimo *fehlt Y*

R 165 *co t* ***Regularis*** *ordelich*
-- et hoc -le *ordenlick*. **Regulariter** idem *I*

S *Wa. Bm1*] *fehlt (Blattverlust) Ma1*
M ordeklich *Ks1*
I ordenlick *I2*] ordenclich

R 166 *m s* ***Regulus*** *est paruus rex*
+ Item Regulus est generis masculini, aut est nomen cuiusdam auis, ein kunigel *Sb3*
+ Item Regulus serpens basilicus est. Vnde Grecista Nouus *(80r)*: Paruus rex dici consueuit regulus a te, regulus anguis, auis, rex paruus dicitur esse; et qu*od* regulus hec tria signat scire necesse *W*
+ etate uel regno, vel est auis. Wersus *(Cath. »Regulus«)*: Regulus est serpens, auis et rex paruulus omnis *I*
+ etate uel regno aut dignitate, uel dicitur auis *K*

S *Wa. Bm1*] *fehlt (Blattverlust) Ma1*
W *Zusatz*] eciam est serpens basiliscus, eciam est nomen auis *Sg1* quod *Bs9*] que *S1* necesse] + de *(!) S1*

R 166.1 m s **Regunculus** idem *(nach 166)* uel eyn sol *Kh2*

R 166.2 n s **Reiciaculum** .i. diminutiuum a »rete« *Kh2*

Kh2 *vgl. 89*

R 166.3 a p **Reintegrare** .i. confractum reficere uel integrum reddere *Kh2*

Kh2 *vgl. 126*

R 167 *d t* ***Relabi*** *widerfallen, gliden*
-- wider vallen *Sb3 W K P-E*
-- weder glitsen *I*

S *Wa. Bm1*] *fehlt (Blattverlust) Ma1* gliden *S4*] *fehlt Bm1*
M gliden] *fehlt Dr1*, glauen *M19*
I *Sigle fehlt*
K d p
P gliden *fehlt Br1*

R 168 *n s* ***Relatiuum*** *eyn widertragunge*
-- quod aliquid refertur, quasi iterum portatiuum *I*

S *Wa. Bm1] fehlt (Blattverlust) Ma1* wyder dreūnge *S4*, widdergunge *Ks2*
M wider rwgung *(?) Dr1*
P eyn dregynge *R1*

R 169 *a p* ***Relaxare*** *ufflosen*
Wa. fehlt K-Y

S *Wa. Bm1] fehlt (Blattverlust) Ma1* -- af losen *Ma3*
W -- wider uflôsen *Sg1*
P -- enbinden *So1*

R 169.1 f t **Relacio** est rei prius cognite iterata cognicio *I*

R 169.2 n s **Relagwere** .i. egrotari; et caret supino *Kh2*

R 170 *a p* ***Relegare*** *widersenden, in elende senden*
-- wider senten *Sb3*
-- .i. remittere vel in exilium mittere *I*
-- in das elend senten *K*

S *Wa. Bm1] fehlt (Blattverlust) Ma1* Religare *S4* wider senden] wider singen *N1* in elende senden *fehlt B9*
M *Wa. fehlt Dr1* in elende senden *fehlt D1*
W in elende senden *fehlt Sg1*
K -- in ellend stossen *Hl1*
P widersenden] + enbeyden *B10* in elende senden *fehlt Wo1*
P-E widersenden] + odem *(!) M25* in elende senden] exilium mittere *So1*

R 170.1 part **Relegatus** in ellende ghesant *P*

P -- wedder ghesant *Wo1*
P-E p pr -- .i. in exilium missus *So1* ghesant] sandt *M25*

R 170.2 m t **Relator** ein auffloser *D1 (M)*

R 171 *f t* ***Relex*** *est antiqua uel prior lex*
-- .i. prior lex *K*
-- .i. *anti*qua lex *Kh2*
Wa. fehlt I

S *Wa. Bm1] fehlt (Blattverlust) Ma1, fehlt Ma3*
Kh2 Relaxus antiqua *Ki3*] [...] qua *(Papierschaden)*

R 172 *a p* ***Religare*** *uffbinden*
-- auflosen *Sb3*
-- .i. ad nichilum ducere vel vorbinden *I*

S *Wa. Bm1] fehlt (Blattverlust) Ma1, fehlt Ma3* vffen benden *Ks2*
W Relingare *Sg1*
P *Wa. fehlt B10*

R 173 *f t* ***Religio*** *est verbintnisß uel eyn heilge sammenunge*
-- ein verpuntnuß *Sb3 Kh2 Br1*
-- est dei cultus uel dei veneracio, et sic accipit eam Tulius Macrobius. Et Papias *(»Religio«)* et Augustinus frequenter accipiunt pro fide, siue vera sit ut christianismus, siue sit falsa ut iudaismus et paganismus. Et nota, quod proprie Religio est cultus dei uel cultus cri-

stianus; supersticio uero est cultus illicitus, ut paganorum uel Iudeorum / + *Inde* **Religiositas** *Y W*
-- gotes verpindnůzz *K*

S *Wa. Bm1] fehlt (Blattverlust) Ma1* uel *bis* sammenunge *fehlt S4* heilge sammenunge] heilsamung *N1* samynghe *Ma3*, sammenisse *B9*
M samelung *D1*
Sb3 + *(neuer Wa.:)* f t Religio idem
W *vgl. 174* -- est debitus cultus dei uel cristianus. *(neuer Wa.:)* f t Religiositas *Sg1* Inde *zit. nach Bs9*
P zamelinge *Ma4 Wo1*
P-E -- auf pindung oder ain ver pindnůß oder hailig samlung *M25*

R 174 *f t* ***Religiositas*** *geistlichkeit*
Wa. fehlt (vgl.173) W-Y

S *Wa. Bm1] fehlt (Blattverlust) Ma1* ghestlick *Ma3*

R 175 *m s* ***Religiosus*** *got gegeben*
-- gotgeben oder geistlicher *Sb3*
-- -sa, -sum got ergeben *I K P-X*
-- gade geuen *Kh2*

S *Wa. Bm1] fehlt (Blattverlust) Ma1* geben *S4*
W geben *Me1*
P Religioso *R1* -- gode ere gheuen *Wo1* -- ghestlich *Wo4* geuen *B10*

R 176 *a t* ***Relinquere*** *virlaßen*
+ .i. deserere, a »re« et »linquo« *I*
Wa. fehlt K-Y

S *Wa. Bm1] fehlt (Blattverlust) Ma1*
M *Wa. fehlt D1*

R 177 *n s* ***Relipendium*** *eyn ⌜kogil czippe /* koghel kip *Ma3 B9 P*
-- ein gugel spicz *Sb3*
-- gugel zipfel *W*
-- ain capunzippfel *P-E R1*
-- eyn kaghel tympe *Kh2 Br1*

S *Wa. Bm1] fehlt (Blattverlust) Ma1* kogel czappel *Ks2*, gugel zyppfel *N1*
M Relipendium *verderbt M19* kogel czipfel *D1 Dr1*
P czoghel cyppel *Wo4*, clogel kip *B10*
P-E *Wa.]* n s Relinpendium ain verlassenhait *M25*

R 178 *m s* ***Reliquus*** *eyn ander*
+ Vnde *(Walther 30736)*: Sunt homines reliqui, memorans quos mente reliqui *I*
Wa. fehlt K-Y

S *Wa. Bm1] fehlt (Blattverlust) Ma1*

R 179 *f p* ***Reliquie*** *heiligtum uel alicuius rei partes assidue*
-- heltumb *Sb3*
-- dicuntur ossa uel vestimenta sanctorum, *que* relinquuntur nobis, ut eos in hijs veneremur. Wersus *(Grec. Nov. 80ʳ)*: Que superesse liquet de re *p*artesque relictas, nobis de sanctis puto reliquias fore dictas *W*

-- dicuntur partes residue vel heilthum *I*
-- heiltumb uel residue partes *K*
-- ⌜hillichdom / *heiltum P-E* *P*
-- hilghe dynk *Kh2*

S *Wa. Bm1*] *fehlt (Blattverlust) Ma1* heyltum *S4* rei *fehlt Ma3* partes *S4*] *fehlt Bm1* assidue] residue *Ma3*
M heltům *Ks1 D1*
W vestimenta] instrumenta *Sg1* que *Sg1*] quia *S1* in hijs *fehlt Sg1* veneremur] + wulgariter hailtam *Sg1* partesque *Sg1*] cartesque *S1*
P-E *Int. So1*] haltam *E2*

R 179.1 a p **Reliquare** .i. liquefacere *K*

R 179.2 n s **Relugere** .i. plorare *Kh2*

R 179.3 n s **Relucere** .i. rutilare *Kh2*

R 180 *a p* ***Remandare*** *.i. commendare, committere uel extollere*
\+ laudare *P*
-- est committere aut extollere *Sb3 I*
-- .i. commendare, °committere °*(Y)* *K*
-- .i. committere uel extollere aut mandare *Kh2*

S *Wa. Bm1*] *fehlt (Blattverlust) Ma1* Remendare *Y* excellere *S4*
M Remendare *Ma6 M19* excellere *M19*
Sb3 Remendare
W Remendare *S1*
P-E Remendare *(auch R1)*

R 181 *d p* ***Remediari*** *arcztien*
-- erczen *Sb3 K-X*
-- artznien *W*
-- *.i. medicinari* *P-E*
Wa. fehlt K-Y

S *Wa. Bm1*] *fehlt (Blattverlust) Ma1* *Int.*] *fehlt N1*, erczygenn *B5*
M ercen *D1*, erczneyen *Dr1*
W Remedari *S1*
K -- ertzney *Hl1*
P *Wa. fehlt Wo4*
P-E Remendari *(auch R1)* .i. medicinari *M25*] commedicinari *E2*, medicinare *So1*
Kh2 arscedige

R 182 *a p* ***Remediare*** *idem (nach 181)*
-- erczn *K*

S *Wa. Bm1*] *fehlt (Blattverlust) Ma1* *Int. fehlt N1*
I *Sigle fehlt*
P -- idem *(nach 180) Wo4*

R 183 *n s* ***Remedium*** *büß arcztie*
-- *bůs uel* ertznig *W P-E*
-- eyn artzdy *I Kh2 Br1*
-- erczney *K*
Wa. fehlt Sb3

S *Wa. Bm1*] *fehlt (Blattverlust) Ma1* büß *S4*] bose *Bm1 B5* erczney *N1*
M busche *Ma6* arcztie] *fehlt M19*, erczney *D1 Dr1*

W bůs uel *Sg1*] fůß *S1* erczai *Sg1*
K *Wa. fehlt Hl1*
P bose *R1*
P-E bůs uel *fehlt E2 M25*

R 184 *n p* ***Remeare*** *widergan*
-- weder vmb gen uel retro meare *I*
Wa. fehlt Sb3 K-Y

S *Wa. Bm1*] *fehlt (Blattverlust) Ma1*
P -- her weder gan *Br1*
P-E *Int. verderbt M25*

R 185 d p **Rememorari** ⌜gedencken / denken *B9 Ma3 P (außer P-E)*
-- widergedenken *W-X I*

S d p Rememorare wedder dencken *Ma3*

R 186 d q **Remetiri** widermessen
+ Inde **Remensus**, -a, -um *I*
-- wydersneyden *K*
Wa. fehlt P-E Kh2 Br1

S *Wa. fehlt Ks2*
P d p Remegari

R 187 m t **Remex** ein groß *růder*, ein ⌜stur / still *Sb3*, uel ille, qui laborat cum remo
-- *gross růder uel stúr uel ferg* *W*
-- ein groß ruder vel gubernator nauis *I*
-- ruder uel qui laborat / + in naui *X* cum remo *K*
-- est instrumentum nauis, cum quo regitur nauis, uel est ille [...] *P-E*
-- eyn ruder uel eyn stur uel est ille, qui remo laborat *Kh2 Br1*

S růder *Ks2*] rudel *Ma1*, rode *S4*, rüd *N1* ein stur] *fehlt S4 N1*, schür *(?) B5* cum remo *fehlt S4* reme *Ma3*
M rude *Ma6*
Sb3 cum remo *fehlt*
W *Int. Bs9*] stúr růder uel felg *S1*, gross růder uel stúr růder *Sg1* růder *S1*] růdel *Bs9*
K reme *K4*
P groß *fehlt B10*

R 187.1 a p **Remiare** begnaden *P*
Wa. fehlt P-E Kh2 Br1

R 188 *n* p **Remigar***e* *rudern*
+ Inde **Remigator** *W-Y*
+ *in naui* *K-X*
-- .i. cum remis laborare, ruegen *I*

S *Sigle Ma3*] d p *Ma1* Remigare *S4*] Remigari *Ma1* rudern *Ks2*] rudeln *Ma1*, rutern *S4*
M -- ruder rügen *Dr1*
W *vgl. 189*
K in naui *Hl1*] *fehlt W13*
P-E a p *Int. fehlt (Zeilensprung, vgl. 189) E2*

R 189 m t **Remigator** ein *ruderer*
-- eyn rueger, qui cum remis laborat *I*
Wa. fehlt (vgl. 188) W-Y

S *Wa. fehlt S4* ruderer *Ks2*] rudeler *Ma1*
W *Wa. fehlt Me1*
P roger *R1*
P-E *Stichwort fehlt (Zeilensprung, vgl. 188) E2*

R 190 n s **Remigium** est colleccio multorum remorum uel dicitur labor nautarum uel dicitur longa nauis
+ vel schiffunge *I*
-- [...] remorum *Sb3*
-- [...] remorum uel longa nauis *K*

S f t Remigio *Ma3* uel dicitur labor *bis* nauis *fehlt B9* natarum *S4*
K longa] magna *K4*
P-E remum *E2* nautaris *E2*
Kh2 labor] colleccio

R 191 *f p* ***Reminiscencia*** *gedechtniße*
Wa. fehlt W-Y

S *Wa. S4*] *fehlt Ma1* -- de dechtnisse *Ma3*
K gedencknüs *Hl1*
P-E Remisencia *E2 M25*, Remiscencia *So1 (auch R1)* gedencknüss *So1*

R 191.1 **Reminisciuus** gedechtig *I*

R 192 d t **Reminisci** gedencken
+ .i. recordari *I*
-- denken *Kh2*

P *Wa.*] a t Reminiscere bedenken *B10* d t Reminiscere *Ma4*

R 193 f t **Remissio** *vergeßunge* uel vergebunge
-- verlaißung vel vergebunge *I*
-- vergebung *K-X P-E Kh2 Br1*

S vergeßunge *S4*] gedenckunge *Ma1* uel vergebunge] *fehlt B9*, dicitur gebinde *N1*
M vergessen *Dr1*
W *Wa.*] Inde Remissio *(nach 195) Bs9 Me5* -- widerlåssung *Sg1* vergessen *S1*
K *Wa. fehlt K4 K9* -- verlassung, ablas *Ab1*
P a t Remiscio *R1* -- dechtnisse *B10* vergeßunge uel *fehlt Wo1*

R 194 m s **Remissus** piger, verlassen
+ sicut vnus super alium *M (außer Sb3) W*
-- verlassen, .i. negligens *K*
-- .i. piger *P*

S verlassen] *fehlt Ma3*, vorlatech *B9* + sicud vnus super alium *N1*
W *Zusatz fehlt S1 Sg1*

R 194.1 **Remissius** leichter *Sb3*

R 195 a t **Remittere** widersenden uel vergeben
-- primo significat retromittere; exemplum *(Equiv. 207vb)*: Iste remisit equum suum. Aliquando significat condonare aut indulgere; exemplum: Papa habet remittere peccata. Aliquando significat commit-

tere; exemplum: Iste *remisit* mihi opus suum, .i. *commisit*. Eciam significat liquefacere; exemplum: Iste remittit ceram ad sigillum, .i. liquefacit *Sb3*
-- wider senden uel wider geben *W*
-- .i. parcere vel relaxare, proprie vergeben *I*
-- widersenden *K P-E*
-- vorsenden uel vorgheuen *Kh2*

M vergeben] wydergewen *D1 Dr1*
Sb3 remisit mihi *V1*] commissit mihi .i. commisit *V1*] .i. remisit
W -- wider seczen uel geben *Sg1* vergeben] geben *Bs9*
P -- vorlaten, wedder geuen *B10*

R 196 adv **Remote** ⌜verre / verne *Ma3 B9 P (außer P-E)*

M *Wa. fehlt (vgl. 197) M19 D1*
P ver *Ma4*

R 197 *m s* ***Remotus*** *idem (nach 196). Inde* ***Remocio***
-- verrär *(neuer Wa.:)* f t **Remocio** verrung *Sb3*
-- idem *(nach 196) K-X P-E Kh2*
Wa. fehlt K-Y
Wa. fehlt (vgl. 198) W-Y

S *Wa. S4*] *fehlt Ma1* Inde Remocio *fehlt B9*
M -- verr. Inde Remote *M19* -- verre *D1*
I *vgl. 198* *Sigle fehlt*
P m q
P-E m q

R 198 a s **Remouere** abekern uel abescheiden
+ Inde **Remotus** *W-Y*
-- abwegen. Inde **Remotus**, -ta, -tum *I*
-- abschaiden *K-X*
Wa. fehlt K-Y

S abescheiden] afsenden *Ma3*
W *vgl. 197* uel abescheiden] *fehlt Sg1*, uel schaiden *Bs9* Remotus] + et Remocio *Bs9 Me5*
I *vgl. 197*
P abekern] af breken *B10* uel abescheiden *fehlt Wo1*
P-E uel abescheiden *fehlt E2*

R 198.1 a s **Remordere** .i. iterum mordere *Kh2*

R 199 a p **Remunerare** *widderbegaben*
+ vel lonen *I*
Wa. fehlt K-Y

S widderbegaben *S4*] widergeben *Ma1*
M geben *M19*
W widergeben *S1*
P Remunetare *R1*
P-E Remonitare *E2*, Remunetare *So1*, Remouidare *M25*

R 199.1 m s **Remilus** ein klein růder *So1 (P-E)*

R 200 m s **Remus** *ein růder, et est instrumentum, mediante quo nauta* / + mouet aquas et *P Ma3 ducit nauem*

-- est instrumentum nauis, eyn rieme *I*
-- rueder *K-Y Kh2 Br1*

S *Int. S4*] ein rudel *Ma1* quo] qua *Ma3* nauta ducit nauem *Ks2*] naues ducuntur *S4* aquas] aqua *Ma3*
M *lat. Int. fehlt M19* nauen *Ma6*
W *dt. Int. fehlt Bs9* *lat. Int. fehlt Sg1*
P ducet *R1*
P-E aquos *E2* ducet *E2*
Kh2 Remus] Remotus

R 201 m t **Ren** nyrn
-- *et* **Renunculus** quandoque pro eodem accipiuntur, scilicet pro globulo illo, qui est c*ola*mentum vrine, qui wlgariter dicitur nier. Frequenter *tamen* sic distingwitur, quod Renes dicuntur testiculi. Renunculus vero intestinum *W*

W *vgl. 205.1, 212* Ren] + nier, item Ren *Sg1* et *Bs9*] est *S1 Sg1* colamentum *Sg1*] calciamentum *S1* Frequenter tamen *Sg1*] Frequenterque *S1* Renunculus vero intestinum *fehlt Sg1*
K *Wa. fehlt K4 K9*

R 202 n s **Renaculum** est locus, vbi peragitur aliquod secretum

K pagitur *K4*

R 202.1 heb **Remon** interpretatur ecclesia uel sublimis *Kh2*

R 203 n t **Renale** est sona iux*t*a renes
Wa. fehlt Kh2 Br1

sona *für* zona
S iuxta *S4*] iuxa *Ma1*
Sb3 iuxta renes] circa
K sonus *K4*
P-E n t Renela *(auch R1*, f p Renela *E2)* remes *E2 (auch R1)*

R 204 f p **Renda** est capud balthei
+ vt legitur in vita sancti Allexij, senckel *I*
+ eyn vor blat *Kh2*

S balthei] boltee *S4*, balte *Ma3* + eyn rink *B9*
K Rencha *K4*
P + eyn rynk *B10*
P-E balthei] bathei *E2*

R 205 co t **Renensis** est aliquis uel aliqua de Reno
+ rynsche *I*
-- dicitur aliquis de Reno *K-Y P*

M aliqua] qua *Ma6*
P -- aliquis, qui est de Reno *R1*
P-E de Rene *E2*

R 205.1 **Renes** tantum pluralis numerj, lenden *I*

I *vgl. 201*

R 206 a p **Renisare** wegern

-- versmahen aut begeren *Sb3*
-- wider streben *W*
Wa. fehlt (Textlücke) Kh2

S begern *N1*
M -- versmehen uel wegern *D1*
I *Sigle fehlt*
K begern *W13 Ab1*, pegeren *Hl1 W9 M37 K4*, wegeren *K9*
P-E -- wider streben *E2* -- wideren *So1* + oder wider bårtig sein *M25*

R 207 d t **Reniti** widerstan uel arbeiden
-- widersten *K*
Wa. fehlt (Textlücke) Kh2

R 207.1 m t **Renos**, -onis est pellicul*a* vbera tegens et tendens vsque ad humbilicum / + et dicitur a »renos« grece, .i. nauis latine, quia naute vtuntur ea *X* *K*

K *vgl. 213.1* pellicula *K4*] pellicum *W13*

R 208 d s **Reniteri** widerschinen
+ .i. iterum splendere *I*
Wa. fehlt (Textlücke) Kh2

W n s Renitere
K *Wa. fehlt W13*

R 209 a p **Renouare** ⌜vernuwen / vornighen *Ma3 B9 P (außer P-E R1)*
Wa. fehlt (Textlücke) Kh2

W -- ernúwren *S1 Sg1* -- wider schinen *Bs9 Me5*
K *Wa. fehlt K9*
P -- vor nuwen *Wo4*
P-E -- hernúwern *E2* -- núwren *So1*

R 209.1 f t **Renouacio** verneung *Sb3*

R 210 *n* t **Rennuere** versmehen uel *w*egern
+ .i. spernere *I*
-- versmahen *Sb3 K P-E*
-- °versmåchen °*(Y)*, spernere uel refutare *W*
Wa. fehlt (Textlücke) Kh2

S *Sigle Ks2*] a t *Ma1* wegern *S4*] begern *Ma1*
M uel wegern] *fehlt Dr1*, begeren *M19*
K a t
P versmehen] .i. spernere *B10* uel wegern *fehlt Wo1*

R 211 a p **Renunciare** widersagen uel abesagen, ⌜*widerkundigen* / wider kúnden *W*
-- widersagen *Sb3*
-- weder bidden *I*
-- *wider chůnden* oder absagen / + et sic regit datiuum post se *X* *K*
-- °aff °zeghen °*(P-E)*, weder kundighen *P*
Wa. fehlt (Textlücke) Kh2

S widerkundigen *Ks2*] *fehlt Ma1 S4*, ader kündigenn *B5*

M wider küennen *M19 Dr1*
W widersagen] sagen *Sg1* uel abesagen *fehlt S1*
K n p wider chůnden *K4*] wider kůndigen *W13*
P *Wa. fehlt B10* aff zeghen *fehlt Wo1 Br1*
P-E weder kundighen] wider werder kúnden *E2*, wider kúnden *So1*

R 212 m s **Renunculus** est paruus ren / + eyn nerke *Ma3 B9 P (außer P-E R1)*
+ aut intestinum reni adherens *K-X*
+ diminutiuum a »ren« *I*
Wa. fehlt (enthalten in 201) W-Y
Wa. fehlt (Textlücke) Kh2

S parua ren *Ma3* ren] renus *S4* *dt. Int.*] eyn yterken *B9*
W *vgl. 201*
P paruu *(!)* ren *Wo4* *dt. Int.*] *fehlt B10 Br1*, eyn iterken *Ma4 Wo4*

R 213 m s **Renus** der Rine / + nomen fluuij *Ma3 B9 P (außer P-E R1)*
+ aqua fluens *I*
+ est aqua *K*
Wa. fehlt (Textlücke) Kh2

M *Wa. fehlt M19*
W + est nomen fluuij *Sg1*
I *Sigle fehlt*
P-E -- est quedam aqua *E2*

R 213.1 **Reno** est femorale, *brůch*, uel vestis, que ad renes protenditur. Item **Renones** sunt velamina humerorum et pectorum usque ad vmbilicum, atque intortis *v*illis adeo hyspida, ut ymbrem respuant. Quo*s* wlgo rept*os* uocant, eo quod longitudo villorum quasi reptat. De quibus Sal*u*stius *(vgl. Isid. xix 23,3)*: Germani *intectum* renonibus corpus tegunt. Dicti sunt autem renones a Reno Germanie flumine, vbi hys frequenter vtuntur *W*

W *vgl. 207.1* brůch *Sg1*] *fehlt S1* villis *Sg1*] illis *S1* Quos *Sg1*] Quod *S1* reptos *Sg1*] reptus *S1* villorum] villarum *Y* reptat] repta *Sg1* Salustius *Sg1*] Salstius *S1* intectum *Sg1*] incertum *S1* frequenter *fehlt Sg1*

R 214 n s **Repagulum** ⌜ein *schelder* uel rigel / eyn gryndel *Ma3 B9*
+ an eyner thore *I*
-- ridel *Sb3*
-- ain rigel *W K*
-- ⌜eyn grindel *Ma4 Wo1 R1 B10* / eyn reghel *Wo4 Br1 P-E* *P*
Wa. fehlt (Textlücke) Kh2

S -- eyn regel, .i. pessulum *Ks2* schelder *S4*] schilt *Ma1* -- ein schelder *N1*
M -- eyn grundel uel eyn regel *Ks1* -- ein rigel vel ein knůtel *M19* -- ein rigel *Dr1*

R 215 f p **Repalsa** laster, smacheit
+ opprobrium *P*
Wa. fehlt K
Wa. fehlt (Textlücke) Kh2

S *Wa.*] f p Repulsa laster *S4*
M laster] leister *Dr1*
Sb3 Repala
W smacheit] schamlichait *Sg1*

P Repalisa *Ma4*, Relsa *Wo4* opprobrium *fehlt Wo4*
P-E *dt. Int. fehlt So1* laster *fehlt E2*

R 216 a *t* **Repandere** offenbarn
-- ⌜.i. manifestare *S1 Y* / offenbaren *Me1 M12* *W*
-- .i. manifestare *P-E*
Wa. fehlt (Textlücke) Kh2

S *Sigle S4*] a s *Ma1*
M Repondere *M19*

R 217 m s **Repandus** .i. recuruus
-- offenbar *Sb3*
Wa. fehlt (Textlücke) Kh2

S -- .i. curuus *Ma3*
M Repondus *M19*
I *Sigle fehlt*

R 218 a p **Reparare** widermachen
Wa. fehlt K-Y
Wa. fehlt (Textlücke) Kh2

R 219 n p **Repatriare** ⌜zu lande farn *uel czyen* / to lande ten *B9 Ma3 P Sb3*
-- zů land faren *W K-X*
-- .i. ad patriam redire, weder zu lande cziehen *I*
Wa. fehlt K-Y
Wa. fehlt (Textlücke) Kh2

S -- tzu lande tziren *Ks2* -- hen ten to lande *Ma3* uel czyen *S4*] *fehlt Ma1*
M -- zw land faren *M19 Dr1* zu land czyhen uel farn *D1*
W zů] wider zů *S1*
P + zů huse czeen *R1* + heyme tyn *B10*
P-E -- ham ziehen *E2* -- wider heim cziechen *So1* -- wider zů land cziechen *M25*

R 220 n p **Repedare** widerkern
+ uel cum pede ⌜percutere. Wersus *(Walther 6675)*: Cum quadrupes repedat, caueas, ne te pede ledat *X* / retro percutere *Y* *K*
-- est reuerti uel retro cum pede percutere. Wersus *(Walther 6675)*: Dum quadrupes repedat, cau*eas*, ne te pede ledat *W*
-- .i. remeare, weder keren uel ziehen *I*
Wa. fehlt (Textlücke) Kh2

S a p Repediare *S4*
W caueas *Sg1*] caue *S1*
K a p
P *Wa. fehlt B10*

R 221 a s **Rependere** *vor*gelden
+ .i. reddere, remunerare *I*
+ oder widerlegen *K*
-- gelten uel wider geben *W*
Wa. fehlt (Textlücke) Kh2

S vorgelden *S4*] widergelden *Ma1*
M *Wa.*] a s Renpendere wider gelden *M19* -- gelten *Dr1*
W a t wider geben] wider wegen *Bs9*
I a t

P *Wa. fehlt Hl1* a t
P-E a t -- wider gelten *So1*

R 222 adv **Repente** *snellich*, zeulich
-- snellich *Sb3 I K*
-- *.i. subito* *W*
Wa. fehlt (Textlücke) Kh2

S *Wa. fehlt Ks2* snellich *S4*] *fehlt Ma1 N1*, snel *Ma3 B9* zeulich] drade *B9*
M -- zaulich *Ma6 Dr1* -- czauwelich uel snelle *Ks1* -- palt, snelklichen *M19* -- snell ader behend *D1*
W .i. subito *Sg1*] schnell *S1* + schnelleklich *Sg1*
K snellichleich *Hl1*
P -- snel *B10* snellich] *fehlt Wo1 R1*, sneldech *Ma4*, snel *Wo4* zeulich *fehlt Br1*
P-E -- zδwlich *E2* -- snelklich *So1* -- schnelleich *M25*

R 223 m s **Repentinus** *eyn balder, hastlicher*
-- ⌜hastlicher uel zaulicher *Ma6* / snellich *M19* / rescher *Sb3* *M*
-- .i. subitanius, schnåller *W*
-- -a, -um eyn sneller *I*
-- pald *K*
-- .i. velox, wlgariter schnell *P-E*
Wa. fehlt (Textlücke) Kh2

S *Int. S4*] rischlich uel belder *Ma1*, eyn balder *Ks2*, endleicher baldir *B5*, eyn sneller *Ma3*, hastliker *B9*
M -- snellicher uel eyn balder *Ks1* -- eyn sneller *Ma2* -- ein czeulich mensch *D1* -- ein balder sneller *Dr1*
W *dt. Int. fehlt Bs9*
I *Sigle fehlt*
P *Wa. fehlt Br1* -- hastich, balde *Wo4* eyn balder] *fehlt Wo1*, eyn sneller *B10*
P-E wlgariter schnell *fehlt M25*

R 224 n t **Repere** huppen uel slingen
-- hoppsein *Sb3*
-- °hoppen, °*schlingen* °*(Y)* super terram ventre deambulare, *sicut serpentes faciunt*. Repere aliquando ponitur pro latenter intrare. Item a Repo descendit **Repto**, -as eiusdem significacionis. Item **Reptile** est animal repens sicut serpentes. Wersus *(Grec. Nov. 43ᵛ)*: Repo sic uadens per terram, quod mihi venter *p*aulatim trahitur, aut quando svbintro latenter *W*
-- .i. latenter intrare vel slichen ut serpens *I*
Wa. fehlt P-E
Wa. fehlt (Textlücke) Kh2

S *Wa. fehlt B5* huppen] hyspen *(?) S4*, hulpen *B9*, schuppfen *N1* slingen *S4*] slinden *Ma1*
M slingen] sleichen als ein nater *M19*, + snellen *D1*
W schlingen *Me1*] schlichen *S1* super terram ventre deambulare] krúchen *Sg1* super] significat *Me1 Bs9 Me5* sicut serpentes faciunt *Sg1*] *fehlt S1* Repere aliquando] Item aliquando *Y* eiusdem significacionis] in eadem significacione *Sg1* paulatim *Bs9*] caulatim *S1*, palatim *Sg1*
K a t
P -- tu hope slingen *B10* -- huppeln vel slingern *Br1* hulpen *R1*

R 225 a q **Reperire** finden
+ est scire de re perdita, ubi sit *I*

-- est invenire *W*
Wa. fehlt (Textlücke) Kh2

M *Wa. fehlt D1*
W + finden *Me1*

R 226 a t **Repetere** anderwerbe lesen
-- ander*wert* lesen *M-Y*
-- wider lesen *Sb3*
-- ⌜anderwert *S1* / anderwait *Me1 Bs9* lesen *W*
-- anderwerbe sprechen uel bidden *I*
-- anderwaid lesen *K*
Wa. fehlt (Textlücke) Kh2

S anderwerbe] anderweit *Ks2 N1*, *verderbt B5*
M anderwert *D1*] ander wat *M19*
W -- est aliquod iterum facere *M12* -- wider wait lesen uel resumieren *Sg1* -- andruns legen *Me5*
K *Wa. fehlt Hl1*
P -- weder leßen *Wo4* lesen] lepen *Wo1*
P-E anderwerbe] anderst *E2*, ander waid *M25*

R 227 a p **Repignorare** .i. pignus recipere
-- significat pignus capere, bider pfenten *Sb3*
-- .i. pignus econuerso recipere *K-X*
Wa. fehlt K-Y
Wa. fehlt (Textlücke) Kh2

S Repignare *S4*, Repignirare *Ma3* recipere] recedere *B9*
M Repignerare *Ma6*
W recipere] accipere *S1*

R 228 a s **Replere** erfullen
Wa. fehlt K-Y
Wa. fehlt (Textlücke) Kh2

S wllen *Ma3*
M *Wa. fehlt D1* *Int. verderbt Ks1*
W + Inde Repletus et -cio *(vgl. 229, 230) Bs9 Me5*
P vorwllen *Ma4 Wo1 B10*

R 229 *p pr* ***Repletus*** *erfullet*
Wa. fehlt (vgl. 228) W-Y
Wa. fehlt K-Y
Wa. fehlt (Textlücke) Kh2

S *Wa. S4*] *fehlt Ma1*
M *Wa. fehlt D1*
P vorwllet *Ma4 Wo1*

R 230 *f t* ***Replecio*** *erfullunge*
Wa. fehlt (vgl. 228) W-Y
Wa. fehlt K-Y
Wa. fehlt (Textlücke) Kh2

S *Wa. S4*] *fehlt Ma1*
W erfüllerung *S1*
P *Wa. fehlt B10* -- vor vullinghe *Wo1* -- patet *Br1*
P-E Repleccio *E2*

R 231 a p **Replicare** est aliquid multociens referre
Wa. fehlt (Textlücke) Kh2

M d p Replicari *M19*
I n p
K n p
P aliquid] aliud *Ma4*

R 232 a t **Reponere** widerlegen uel seczen
\+ Inde **Repositus** *I*
-- widerseczn *K*
-- primo significat narrare; exemplum Iuuenalis *(1,1)*: Semper ego auditor *tantum*, numquam me reponam. Eciam significat destruere aliquam materiam; vnde Oracius *(ars 120)*: Scriptor, honoratu*m* si forte reponis Achillem, Aliquando significat deponere; vnde Ouidius *(met. i 259)*: Tela reponuntur manibus fabricata Ciclopum. Eciam significat statum aut habitum immobilem habere; vnde Iob *(19,27)*: Reposita est hec spes mea *Sb3*
Wa. fehlt (Textlücke) Kh2

S widerlegen] legnn *B5* syczen *S4*
M -- wyeder seczen uel legen *Ma6*
Sb3 auditor tantum *emend.*] audito tamen honoratum *emend.*] honoratur
P -- wedder setten uel setten *B10* -- weder setten ader legen *Br1*

R 233 a p **Reportare** widertragen
\+ **Referre** idem *W-X*
\+ .i. iterum portare *I*
-- wider pringen *K*
Wa. fehlt (Textlücke) Kh2

M *Wa. fehlt D1*

R 234 n s **Repositum** bergunge uel widerseczunge
-- widerseczung *Sb3 K P-E*
-- widerlegung uel setzung *W*
-- nomen substantiuum, eyn vorborgen ding *I*
Wa. fehlt (Textlücke) Kh2

S -- burgunge ader seczczunge *B5* -- bergighe wedderledynghe *Ma3* bergunge uel] *fehlt B9*, borgunge *Ks2*, werung *N1*
M -- weder secengunge *Ma6* -- ergunge uel widdir siczunge *Ks1* -- .i. berung vel widerseczen *Dr1*
W setzung] widersiczung *Me1*
P bergunge uel *fehlt Wo1 Wo4* uel widerseczunge] *fehlt Ma4*, wederlegynge *Br1*

R 235 a t **Reprehendere** schelden, straffen
\+ begriffen *I*
-- est aliquem de suis vicijs redarguere *W*
-- straffen *K*
Wa. fehlt (Textlücke) Kh2

S straffen *fehlt B5*
M -- scheldin uel *(!) Ks1*
W -- stråffen *Sg1*
P-E -- schelten oder schelten straffen *So1*

R 236 a t **Reprimere** verdrucken, *vorstorn*, *abe hauwen*
-- vertruckhen *Sb3 K*
-- verdruken vel verstören *P-E*
Wa. fehlt (Textlücke) Kh2

S *Wa. fehlt B9* vorstorn, abe hauwen *S4*] *fehlt Ma1 N1*
M *Wa. fehlt M19* -- vordringen *D1* vorstorn] storen *Ks1*
W vorstorn *fehlt S1* abe hauwen *fehlt Sg1*
P -- wederlegyn, drucken, vorstoren ader aff hauwen *Br1* vordrucket *Ma4* abe hauwen] *fehlt Wo4 B10*, abhalden *R1*

R 237 a p **Reprobare** widerstraffen
+ Inde **Reprobus** *W-Y*
-- wider pebart *Sb3*
-- .i. reprehendere uel contradicere, straffen *I*
Wa. fehlt (Textlücke) Kh2

S *Wa. fehlt B9* -- idem *(nach 236) Ma3*
M *Wa. fehlt M19* + uel lastern *Ks1*
W *vgl. 238, 239* Reprobus] + et Reprobacio *Bs5 Me9*

R 238 m s **Reprobus** vnfrome
+ .i. malus, peruersus, non probus *I*
-- nicht frum oder pos *Sb3*
-- nicht frum *K*
-- °*vn* °*vrome* °*(P-E)*, nicht vrom *P-X*
Wa. fehlt (vgl. 237) W-Y
Wa. fehlt (Textlücke) Kh2

S -- vntruwe, nicht vrome *B9*
P -- vnbedderue *B10* vn vrome *R1*] *fehlt Ma4 Wo1*

R 239 f t **Reprobacio** vnfrommekeit
-- verkerung *Sb3*
-- nicht frůmkait *K*
-- ain wider stritung *P-E*
Wa. fehlt (vgl. 237) W-Y
Wa. fehlt (Textlücke) Kh2

S -- vnvromheyt *Ma3*
K -- vnfrümckait *Hl1*
P vnfemichet *R1* -- vnberuicheyt *B10*

R 240 n p **Reptare** ⌜krichen / krupen *Ma3 B9 P (außer P-E)*
-- .i. frequenter repere, kriechen *I*
-- chrichen ⌜per terram *X* / auf der erd *Y* *K*
Wa. fehlt (Textlücke) Kh2

S -- .i. frequenter reptare *N1* trichen *S4*
P krighen *Wo4*
P-E krisen *So1*

R 241 n p **Reptitare** .i. frequenter reptare
-- idem *(nach 240)* *I*

-- ⌜ståtleich chriechen *X* / .i. frequenter kriehen *Y* *K*
Wa. fehlt (Textlücke) Kh2

W + Inde Reptile *(vgl. 242) Bs9 Me5*
I *Sigle fehlt*

R 242 n t **Reptile** ein ⌜krichende / krupende *Ma3 B9 P* tier uel slingende worm
-- ein *kriechund* tier aut lintburmm *Sb3*
-- eyn kriechenig dier, omne animal, cuius corpus non multum a terra eleuatur per instrumenta motus *I*
-- chriechend thier *K P-E*
Wa. fehlt (vgl. 241) W-Y
Wa. fehlt (Textlücke) Kh2

S -- eyn treende dyr *S4* -- eyn kyrmhunde thyr uel schlichinde worm *B5* krichende] krůffende *Ks2* slingende *Ks2*] slindende *Ma1*, schlindern *N1*
M slingende] schlindende *Ma6*, fleugung *M19*, fligend *D1*
Sb3 kriechund *Sp3*] *verderbt*
W *Wa. fehlt S1*
P krupende] kechenden *R1* uel eyn slingende worm *fehlt Br1* worm] dyer *B10*
P-E -- krisen tier *So1* -- krichen dreyer *M25*

R 243 a p **Rep*u*diare** verczihen, verkisen
-- .i. repellere, refutare secundum Hugwicionem *(vgl. Cath. »Repudium«) I*
-- verczihen / + .i. fastidire, spernere, repellere *X* *K*
Wa. fehlt (Textlücke) Kh2

S Repudiare *S4*] Rependiare *Ma1*
M verkisen] vor krigen *M19*
P-E -- verkriefen vel zůziehen *E2* verkisen *fehlt M25*

R 244 n s **Rep*u*dium** verczihenisse
-- ein vorzins *Sb3*
-- est repulsio uel separacio uel quod alio nomine dicitur diuorcium. Et nota, quod in lege Moysi *(Dt 24,1)* concessum fuit, quod, si alicui viro displiceret uxor *sua*, statuit eam coram *iudice* profitens ibidem, quare sibi displice*ret*, dabatque ei licenciam recedendi a se et contrahendi cum altero viro. Et talis licencia scribebatur in cartula, que sigillo iudicis sigillabatur, et hec cartula dicebatur libellus repudij, .i. separacionis *W*
-- dicitur diuorcium, repulsio mulieris a viro *I*
-- vorkezynge *P*
Wa. fehlt (Textlücke) Kh2

S Repudium *S4*] Rependium *Ma1* vortichtnisse *Ma3*
M verziechung *M19* + uel vorkysniß *D1*
W quod *(1)*] que *Sg1* sua *Sg1*] *fehlt S1* statuit eam *fehlt Sg1* iudice *Sg1*] *fehlt S1* profitens] profitebatur *Sg1* sibi] ei *Y* displiceret *(2) Sg1*] displicebat *S1* recidendi *Sg1* sigillebatur *Sg1*
P vor kesenisse *Wo1 R1* + vortyunghe *Wo4*

R 245 a p **Repugnare** .i. obstare
+ widersten *Sb3*
+ weder fechten *I*
Wa. fehlt K-Y

Wa. fehlt (Textlücke) Kh2

S ostare *B9*
W -- wider striten *Sg1*

R 246 f p **Repulsa** ein widerstoß
-- .i. repulsio, iniuria, qua repelluntur homines *I*
Wa. fehlt (Textlücke) Kh2

P-E wider schosß *M25*

R 246.1 m s **Repulsus**, -sa, -sum .i. retro pulsus, fugatus. eiectus *I*

R 247 a p **Reputare** wenen
+ .i. estimare *W-X I*
Wa. fehlt K-Y
Wa. fehlt (Textlücke) Kh2

W wenen] *fehlt S1*, + uel schåczen *Sg1*
P *Wa. fehlt Wo4*
P-E + schäczen *M25*

R 248 *f q* ***Requies*** *rüwe*
Wa. fehlt (Textlücke) Kh2

S *Wa. S4*] *fehlt Ma1*
M *Wa. fehlt D1*

R 249 n t **Requiescere** ruwen
-- rasten *K-X*
Wa. fehlt K-Y
Wa. fehlt (Textlücke) Kh2

S *Wa. fehlt Ks2*
M *Wa. fehlt D1*
Sb3 rueren
I *Sigle fehlt*
K *Int.*] ruen oder rasten *Hl1*
P *Wa. fehlt Br1* -- rauwe *Ma4*

R 250 a t **Requirere** fordern, heischen
-- aischen oder erfaren *Sb3*
-- vorderen *P*
Wa. fehlt I K
Wa. fehlt (Textlücke) Kh2

S heischen] *fehlt Ks2*, heyßen *S4*
M -- wyderheyßen *D1*
W -- erfúrdren, haissen *S1*
P *Wa. fehlt Br1* -- vor czeren *Wo4* + esschen *B10*
P-E + vel forschen *E2*

R 251 m s **Requietus**, *-ta, -tum* stille, ⌜sanfft / sachte *Ma3 B9 P*
-- -a, -um .i. tranquillus *W*
-- -ta, -tum stille oder geruwet *I*
-- sanfft *K*
-- still *P-E*
Wa. fehlt (Textlücke) Kh2

S -ta, -tum *S4*] *verderbt Ma1* sanfft *fehlt S4*
M stille *verderbt Ma6* senfftig *M19*
P sachte] sanft *R1 Wo4*

R 252 d s **Reri** .i. opinari, a »reor«
-- significat opinari aut estimare, deriuatiuum a »reor« *Sb3*
-- .i. opinor *W K*
-- .i. opinari, wenen, a »reor« .i. opinor *I*
Wa. fehlt (Textlücke) Kh2

S + venit *S4 B5*
W d t Reor

R 253 f t **Rerictis** .i. vestis leuis
Wa. fehlt (Textlücke) Kh2

S *Stichwort*] *verderbt B9*, Rericlis *Ma3* vestis] res *B9*
W Rerectis *S1* leuis] linis *alle Hss.* (lini *Sg1)*

R 254 *f q* ***Res*** *eyn ding*
-- primo dicitur esse ens incorporeum; vnde Donatus: Cum casu corpus aut rem. Eciam dicitur esse coitus aut luxuria; exemplum: Iste fecit rem cum Katharina. Aliquando significat *f*igmentum .i. id, quod non est in rei veritate, ut Kimera est res. Wersus *(Walther 20256)*: Omni*s* revera meretrix est dicta Kimera. Aliquando significat vtile; vnde Oracius *(epist. i 6,12)*: Gaudeat *an* dolea*t*, cupiat metuat*ne*, quid ad rem. Eciam dicitur esse persona; vnde Gregorius *(Equiv. 207ra)*: Res, que caret culpa, in dampnum ire non conuenit. Aliquando significat verum; exemplum *(Equiv. 207ra)*: Hoc est in re, .i. in vero. Eciam dicitur esse possessio; exemplum: Omnis res Platonis est illata. Aliquando significat factum; exemplum: Iste habet nomen sine re. Eciam dicitur esse diuisio; *exemplum*: Ista proposicio intelligitur de re. Vltimo est omne illud, quod est in mundo *Sb3*
Wa. fehlt I K
Wa. fehlt (Textlücke) Kh2

S *Wa. S4*] *fehlt Ma1 Ks2*
M *Wa. fehlt D1*
Sb3 figmentum *Gr2*] sigmentum Omnis *(1) emend.*] Omni an doleat *Gr2*] animo dolea metuatne *Sp3*] metuat ve exemplum *(5) Gr2*] Eciam
P *Wa. fehlt B10*
P-E -- ain gůt *M25*

R 255 a q **Resartire** widermachen
-- .i. restaurare vel weder nehen *I*
Wa. fehlt (Textlücke) Kh2

S Resartiri *S4*, Resertire *B9*
Sb3 Refertire
P Resertire *Wo4 B10*
P-E *Wa. fehlt So1*

R 256 n s **Reseruatorium** ein ⌜halde faß / hude vat *Ma3 B9 P*
-- ein behaltung *Sb3*
-- ⌜ain behaltfasß *S1* / almåri *Sg1* *W*

-- behaltniß *I*
-- ein halthaws *K-X*
-- eyn ⌜enthaldynge *R1 M25* / behaltung *E2 So1* *R1 P-E*
Wa. fehlt (Textlücke) Kh2

S *Wa. fehlt Ks2* Reseruaculum *Ma3*
M -- ein halt hauz *M19* -- ain halder vaß *Dr1*
W -- ein almerey uel behalter *Me1* -- ein behalt *M12* -- ain almi *Bs9* -- ain armig uel caltor uel armerg *Me5*

R 256.1 a p **Reseruare** pehalten *M19 (M)*
-- bewarn *I*

I *Sigle fehlt*

R 257 a p **Reserare** uffslissen
-- .i. manifestare, offenberen oder off sließen *I*
Wa. fehlt K-Y
Wa. fehlt (Textlücke) Kh2

S -- vfflosen *Ks2* -- wider schlyssen *N1* + vp don *Ma3*
M *Wa. fehlt D1*
Sb3 *Wa.*] a p Resstare aussliessen
P -- ofslesen *R1*
P-E *Stichwort verderbt E2*

R 257.1 f p **Resicula** est mitra virginalis capitis *W*

W *vgl. 258*

R 258 f p **Resicula** est mittra mulieris
-- ein hawb, mulierum *K*
Wa. fehlt (Textlücke) Kh2

S mitrum *Ma3*
W *vgl. 257.1* Resigula
P-E mittra *fehlt E2*

R 259 n s **Residere** widersiczen uel stille siczen
-- wider siczen *Sb3 K P-E*
-- hinder sitzen vel wonen *I*
Wa. fehlt (Textlücke) Kh2

S widder seczen *S4* uel stille siczen *fehlt Ks2*
M widerseczenn vel stilseczenn *Dr1*
W uel stille siczen *fehlt Sg1*
P -- weder siczen stille *R1* widersiczen uel] *fehlt B10*, siczen *Wo4* uel stille siczen *fehlt Wo1*
P-E -- versiczen *So1*

R 260 f t **Resides** sunt pigri
-- .i. piger, quasi retro morans *I*
Wa. fehlt (Textlücke) Kh2

S pigri] piri *S4 B5*
W co t
I f t Reses, residis
K m t
P pigri] piri *Ma4 R1*
P-E pigri] piri *alle Hss.*

R 261 m s **Residuus** *ober stillig*
-- ubriger *Sb3*
-- -a, -um vber lauffende vel oberstelich *I*
-- vͤberfellig *K-X*
-- v́ber flússig *P-E*
Wa. fehlt K-Y
Wa. fehlt (Textlücke) Kh2

S *Int. Ks2*] uberfloßig *Ma1*, vorstellig uel vber fryßig *S4*, obir stelliger ader obir flossig *B5*, stellich *N1*
M -- uber flußig *D1* -- v̇berschellig *Dr1*
W -- wider stellig *S1 Sg1*
P *Wa. fehlt Wo4* -- ouer tallich *B10 Br1*

R 262 a p **Resignare** vercziehen uel uffsagen
+ Wersus *(Grec. Nov. 28v)*: Ille resignat *ab officio quicumque* recedit, vel qui prelati manibus possessa redonat *W*
-- auf sagen *Sb3*
-- .i. reddere, of geben uel of sagen *I*
-- absagen *K*
-- °vertigen °*(P-E)*, vp gheuen *P*
Wa. fehlt (Textlücke) Kh2

S vercziehen] verrichten *N1* uel uffsagen *fehlt Ma3*
W vercziehen uel *fehlt Sg1* ab officio quicumque *Sg1*] quicumque ab officio *S1*
P vp gheuen] *fehlt Wo1*, ouergeuen *B10*, upseggen *Br1*

R 263 n q **Resilire** widerspringen
Wa. fehlt (Textlücke) Kh2

S -- vp springhen *B9*
K a q a p Resilere *K4*

R 264 f p **Res*in*a** harcz, .i. gummi uel sagana
-- hardcz aut gummi *Sb3*
-- est quod resudat *a* corticibus arborum, quod eciam gumi dicitur, wlgariter hartz *W*
-- harcz / + oder pech *X* *K*
Wa. fehlt (Textlücke) Kh2

S Resina *Ks2*] Resura *Ma1*, Risina *S4* -- harczigen reß uel sagana *N1*
M Resitia *M19*
W a *Sg1*] de *S1*
P uel sagana *fehlt Wo4*

R 265 n s **Resinaculum** est sona pilei
-- est sona pendens in pileo *Sb3*
-- idem *(nach 264)* *K*
Wa. fehlt I
Wa. fehlt (Textlücke) Kh2

sona *für* zona
S Risinaculum *S4*, Resignaculum *Ma3*
W Resignaculum
P pilei] pallei *Wo4*
P-E + ain schnuͦr *So1*

R 266 a t **Resipere** wider got begriffen uel bekern
+ ad fidem christianam *P*
-- wider got streben *Sb3*
-- wider *gott* zů griffen uel bekeren *W*
-- .i. redire ad sapere; proprie ille resipit, qui penitens forefacti redit ad satisfaccionem et ad sapere, quod dimiserat forifaciendo. Inde **Resipiscere** *I*
-- *wider got begreyffen oder an pösen wider cheren* *K*
Wa. fehlt (Textlücke) Kh2

S Reripere *S4* got] grot *Ma3*, gud *B9 N1* begriffen] griffen *Ks2 B5* uel bekern] *fehlt S4*, oder wedirkernn *B5*, uel bekennen *Ma3*
M begriffen] begeren uel begriffen *Ks1*, zugreyffen *Dr1*
W n t gott zů griffen *Sg1*] zů griffen zů got *S1* uel bekeren *fehlt Sg1*
I n t
K *Int. K4*] .i. a malo cessare *W13* an pösen *fehlt Hl1* an *K9*] *fehlt K4*
P got] gut *Wo4 B10 Br1* begriffen] begripeken *Ma4* bekern] beweren *Br1*
P-E got *fehlt So1* begriffen] begrossen *M25*

R 267 n t **Resipiscere** widersmecken uel vernemen
+ weder god begripen *P*
-- smeckhen aut vernemen *Sb3*
-- ⌜*wider smecken, declinare a malo ad bonum faciendum X* / .i. declinare a malo *Y* *K*
Wa. fehlt W
Wa. fehlt (vgl. 266) I
Wa. fehlt (Textlücke) Kh2

S vernemen] nemen *B9*
M *Wa. fehlt Dr1*
K a t *Int. (X) Hl1*] idem, inchoatiuum *(nach 266) W13*
P *Wa. fehlt B10* vernemen] benemen *Br1* god] gut *Wo1 R1 Wo4 Br1*
P-E *Zusatz fehlt E2* weder] vnder *M25*

R 268 n p **Resipistare** idem *(nach 267)*
-- idem *(nach 266)* *W*
Wa. fehlt I
Wa. fehlt (Textlücke) Kh2

M -- idem *(nach 266) Dr1*
K a p *Wa. fehlt Hl1*
P -- idem *(nach 266) B10*

R 269 d t **Resipisci** vercziehen
Wa. fehlt I
Wa. fehlt (Textlücke) Kh2

R 270 f t **Resis** zerunge uel eloquencia
-- est eloquencia uel locucio *W P-E*
-- zirung *der red* uel eloquencia *K*
Wa. fehlt I
Wa. fehlt (Textlücke) Kh2

S f t Reses *Ma3*
M czurung *M19*, czyryrung *Dr1*
K der red *K4*] *fehlt W13 Hl1*

R 271 n t **Resistere** widersten
-- .i. luctari, refragari vel weder stene *I*
Wa. fehlt K-Y
Wa. fehlt (Textlücke) Kh2

R 271.1 p **Residinare** .i. malum iterare *K*

R 272 n p **Resolidare** wider feste machen
-- wider frisch machen *Sb3*
Wa. fehlt (Textlücke) Kh2

P a p feste] gancz *B10*
P-E a p

R 273 a t **Resoluere** entlosen
-- entbinden vel weder off losen *I*
-- *auff lösen K-Y*
Wa. fehlt (Textlücke) Kh2

S *Wa. fehlt Ks2* + uel off losen *S4 B5*
M -- vß losen uel entlosen *Ks1* -- uff losen *D1* -- entlassen *Dr1*
K -- lösen *W13* auff lösen *K9*] aus losen *K4*
P -- ůt losen *Ma4* -- vplosen *B10* -- vpslosen *Br1*
P-E *Stichwort verderbt E2*

R 274 f p **Resonancia** widerlutunge
-- wider hellung *Sb3 P-E*
-- wederlut *I*
-- widerhal *K-Y*
Wa. fehlt (vgl. 275) W-Y
Wa. fehlt (Textlücke) Kh2

S wedderlidinghe *Ma3*
P-E -- widertůnung *So1*

R 275 n p **Resonare** widerluten uel gellen
+ Inde **Resonancia** *W-Y*
-- wider hellen *Sb3 P-E*
-- °lúten °uel °*(Y)* wider hålen *W*
-- wederluten *I*
-- ⌜wider lawten *X* / wider helen *Y* *K*
Wa. fehlt (Textlücke) Kh2

S uel gellen] *fehlt S4 Ma3*, vel gelden *Ks2 B5*
M gellen] gyl *D1*, hellen *Dr1*
W *vgl. 274*
I *Sigle fehlt*
K -- idem *(nach 274) Hl1*
P uel gellen] *fehlt Wo1*, gelden *B10*, ader schallen *Br1*
P-E -- widertůnen *So1*

R 276 f t **Resolucio** des libes entlosunge, et ponitur pro morte
-- entlůsung des leibs *K*
Wa. fehlt W-Y
Wa. fehlt (Textlücke) Kh2

S f p Resolucia *Ma3*
W entlösen *S1*
K entlobung *K9*
P -- deß libes losunghe *Wo4* *dt. Int.*] ůtlozynge *Ma4* vp losinge *B10*
P-E -- des leibs lösung *M25* ent lössen *So1* mortuo *E2*

R 277 m *q* **Respectus** ein angesichte
Wa. fehlt (Textlücke) Kh2

S *Sigle S4*] m s *Ma1* -- ane sycht *S4*
W -- ain gesicht *Sg1*

R 278 a t **Respergere** besprengen
-- wider sprengen *Sb3*
-- sprengen *K-Y*
Wa. fehlt I
Wa. fehlt (Textlücke) Kh2

S bespergen *Ma3*
W *Wa.*] a t Respargere gesprengen *S1*
P-E *Wa. fehlt So1* besprenczen *E2*

R 279 a t **Respicere** zu sehen
-- .i. iterum videre, an sehen *I*
Wa. fehlt K-Y
Wa. fehlt (Textlücke) Kh2

S -- an seen *Ma3*
P *Wa. fehlt Br1* -- an sien *Wo4*

R 280 n p **Respirare** .i. quiescere uel edemen
-- est iterum spirare, wider admen, aut quiescere *Sb3*
-- .i. quiescere, anhelare, °åtmen °*(Y)* *W*
-- weder edemen vel quiescere *I*
-- ⌜*.i. quiescere*, adem vahen oder admiczn *X* / *adem* vahen *Y* *K*
Wa. fehlt (Textlücke) Kh2

vgl. A 769
M Requirare *M19*
I a p
K *lat. Int. (X) Hl1*] *fehlt W13* *dt. Int. (Y)*] an dem vahen *Hl1* adem *K9*] oderen *K4*
P uel edemen *fehlt B10*

R 281 *a s* ***Respondere** entwerten*
Wa. fehlt I
Wa. fehlt (Textlücke) Kh2

S *Wa. S4*] *fehlt Ma1 Ks2*
M *Wa. fehlt D1*
W + Inde Responsalis *(vgl. 282) Bs9 Me5*
K *Wa. fehlt K4 K9* -- antwürt geben *Ab1*

R 282 co t **Responsalis** .i. respondens
Wa. fehlt (vgl. 281) W-Y
Wa. fehlt I P-E
Wa. fehlt (Textlücke) Kh2

M *Wa. fehlt M19*

R 283 *f t* ***Responsio*** *eyn* ⌜*antwort /* antwerdinge *B9 P (außer P-E R1)*
Wa. fehlt (vgl. 284) W-Y
Wa. fehlt I K
Wa. fehlt (Textlücke) Kh2

S *Wa. S4*] *fehlt (Blattverlust) Ma1, fehlt Bm1 Ma3* Responsio *Ks2*] Responseo *S4* antwertunge *Ks2 B5*
M antwertuge *Ks1*
P-E antwor *E2*

R 284 *n s* ***Responsorium*** ⌜*gesang /* sanck *Ma3 B9 P, da man ynne antwurt*
+ Inde **Responsio, Responsum** *W-Y*
-- uerbum vel versus, qui sepe iteratur *I*
Wa. fehlt (Textlücke) Kh2

S *Wa. Bm1*] *fehlt (Blattverlust) Ma1,* Responsamen eyn gesang *B5* -- eyn gesang, da eyn entwort *S4*
M sang *Ma6*, sach *M19*
W *vgl. 283, 285* ynne] mit *Sg1*
K gesang] + oder *H11*
P-E -- est cantus, in quo respondetur *E2*

R 285 *n s* ***Responsum*** *eyn entwort*
Wa. fehlt (vgl. 284) W-Y
Wa. fehlt I K
Wa. fehlt (Textlücke) Kh2

S *Wa. S4*] *fehlt (Blattverlust) Ma1, fehlt Bm1 Ma3*
M *Wa. fehlt D1*

R 286 *a t* ***Respuere*** *virsmehen*
+ .i. vilipendere vel recusare *I*
Wa. fehlt (Textlücke) Kh2

S *Wa. Bm1*] *fehlt (Blattverlust) Ma1* -- eyn schymen *S4*

R 287 *n p* ***Restare*** *bliben uel vorhanden sin*
-- beleiben oder vndertan sein *Sb3*
-- verpieten *K*
-- beliben vel vorhalten *P-E*
Wa. fehlt (Textlücke) Kh2

S *Wa. Bm1*] *fehlt (Blattverlust) Ma1*
M vorhanden] verhalden *M19*, vnderhanden *D1*
I a p
P bliuen *B10* vorhalden syn *R1*
P-E -- verloken oder vorhalten *So1*

R 288 *n p* ***Restangnare*** *widerfließen*
-- wider slichten *Sb3*
Wa. fehlt (Textlücke) Kh2

S *Wa. Bm1*] *fehlt (Blattverlust) Ma1, fehlt B5* -- widder *(!) Ks2*
M *Wa. fehlt Ma6*
P -- wedder gripen *B10*
P-E -- versliessen *So1*

R 289 *a p* ***Restaurare*** *widermachen uel wider wüssnn*
-- wider machen aut pringen *Sb3*
-- *.i. reparare* *W*
-- weder geben vel recup*e*rare *I*
Wa. fehlt (vgl. 318.1) K
Wa. fehlt (Textlücke) Kh2

S *Wa. Bm1*] *fehlt (Blattverlust) Ma1* uel wider wüssnn *B5*] uel bußen *Bm1 Ks2*, *fehlt S4 Ma3*
M uel wider wüssnn *fehlt Ma6 M19*
W *Int. Sg1*] wider machen *S1*
I recuperare *I2*] recuparare
P uel wider wüssnn] *fehlt Wo1 B10*, ader bůten *Br1*
P-E Resturare *E2* wider wüssnn] búessen *So1*

R 290 *f t* ***Restauracio*** *widermachunge*
+ .i. recup*e*racio *I*
-- °wider °machung °*(Y)*. Wersus *(Grec. Vet. xv, 18f.)*: Instauras, dum quid destructi condis ad instar. Restauras aliquid renouand*o* prioris ad instar *W*
Wa. fehlt (Textlücke) Kh2

S *Wa. Bm1*] *fehlt (Blattverlust) Ma1* *Int. fehlt (Zeilensprung, vgl. 291) B5*
W renouando *M12*] renouande *S1 Me1 Sg1 Me5*, renouandi *Bs9*
I recuperacio *I2*] recuparacio

R 291 *n s* ***Restaurum*** *est lignum, in quod perdita suspenduntur, vt a perdentibus inveniantur*
-- est lignum, in quo *perdita* pend*un*tur *I*
Wa. fehlt (Textlücke) Kh2

S *Wa. Bm1*] *fehlt (Blattverlust) Ma1* n s Restaurum] *fehlt (Zeilensprung, vgl. 290) B5*, n s Restauron *S4* lignum *S4*] *fehlt Bm1* perditi *Ma3* vt *bis* inveniantur *fehlt B9* inveniantur *Ks2*] inveniuntur *Bm1 S4*
M suspenduntur *fehlt M19*
Sb3 n s Restaurata a perdito inveniuntur
I perdita penduntur *I2*] pertica penditur
P ut perdentibus inueniuntur *Ma4*
P-E pertica *E2* inveniantur *verderbt E2*

R 291.1 a p **Restellare** .i. redarguere *P*
Wa. fehlt (Textlücke) Kh2

R 292 *f t* ***Restis*** *eyn wit* / + eyn bant *Ma3 B9 P*
-- uel **Funis** wid *W-Y*
-- .i. funis, eyn weet, a »rete« dicitur *I*
Wa. fehlt (Textlücke) Kh2

vgl. F 583
S *Wa. Bm1*] *fehlt (Blattverlust) Ma1*
P-E eyn bant] *fehlt E2*, ain lant *M25*

R 292.1 f p **Resticula** eyn clene wet *P*
Wa. fehlt (Textlücke) Kh2

P *Wa. fehlt R1* -- diminutiuum *Br1*
P-E -- ain klain *E2* -- est parua restis *So1*

R 292.2 m s **Resticulus** eyn risten vla*ss*es *P*
Wa. fehlt (Textlücke) Kh2

P vlasses *Wo1*] vlastes *Ma4*

R 293 *a t* ***Restituere*** *widder entworten*
-- wider geben *Sb3 K-X*
-- .i. retro uel iterum statuere, weder geben *I*
Wa. fehlt K-Y
Wa. fehlt (Textlücke) Kh2

S *Wa. Bm1*] *fehlt (Blattverlust) Ma1* *Int. S4*] widergeben *Bm1 B5*, wedder don *B9*
M a t Restitare *M19* -- wyder geben *D1*
W -- antwúrten *S1*
P -- weder gheben uel seczen *Wo4* -- reportare *Br1*

R 294 *n p* ***Resultare*** *.i. letari, frauwen, springen uel ober sehen*
-- significat letari oder springen aut ab schein *Sb3*
-- .i. letar*i* uel resonare, springen uel v́bersechen *W*
-- .i. letari, springen uel ober sehen. Wersus *(Grec. Vet. xv, 133)*: Exultans gaudet, exaltans atque superbit *I*
-- °.i. °letari °*(Y)*, frewͤn uel diuinare *K*
-- .i. letare *P-E*
Wa. fehlt (Textlücke) Kh2

S *Wa. Bm1*] *fehlt (Blattverlust) Ma1* d p Resultari *Ma3* letare *Ma3* ober sehen *Ks2*] ubersteen *Bm1*, *fehlt S4 N1*
M springen] singen *Ma6* uel ober sehen *fehlt M19 D1*
W letari *Sg1*] letare *S1* + uel frŏwen *S1*
P .i. letari] *fehlt Wo4 B10*, .i. latari *Ma4* frauwen] vromen *B10* ober sehen] ouer syn *B10*, aberich syn *Br1*

R 295 *a t* ***Resumere*** *widernemen*
Wa. fehlt (Textlücke) Kh2

S *Wa. Bm1*] *fehlt (Blattverlust) Ma1*
W *Wa. fehlt Sg1*

R 296 *a p* ***Resuscitare*** *erwecken*
-- erkuchen *Sb3 K*
-- von dem dode erwecken *I*
Wa. fehlt (Textlücke) Kh2

S *Wa. Bm1*] *fehlt (Blattverlust) Ma1* -- vp wecken *Ma3*
M -- erwercken *D1*
W + erkiken *Sg1*
K erkuchen] erwechken *W13 Hl1*
P -- vor wecken *Wo1* -- wederupwecken *Br1*
P-E -- erkiken oder erwecken *So1* -- wider erkůcken *M25*

R 296.1 n t **Resurgere** von dem dode weder off stene *I*

R 297 *m s* ***Resupinus*** *uffwert*
+ proprie habens ventrem sursum et deorsum uersus terram. Wersus *(vgl. Walther 14496)*: Femina ferre virum voluit supina supinum *I*
-- hochfertig *W*
-- .i. superbus *P-E*

Wa. fehlt (Textlücke) Kh2

S *Wa. Bm1] fehlt (Blattverlust) Ma1* -- hoffart *S4* -- auff werffnn hoffart *B5* -- idem *(nach 296) Ma3*
M + uffart *Dr1*
W *Wa. fehlt Sg1*
P *Wa. fehlt B10 Br1* m s Resupina *Ma4*

R 298 *n p* ***Retardare*** *sumen*
-- versumen *W I*
Wa. fehlt (Textlücke) Kh2

S *Wa. Bm1] fehlt (Blattverlust) Ma1*, n p Recordare synnen *B9* -- vor sawmen *B5*
M n p Retradere *M19* -- vorsaumen *M19 Dr1*
K a p Retractare *K4*
P *Wa.*] n p Recordare besynnen *R1*
P-E -- verspåtten *So1* -- gesaümen *M25*

R 299 *a t* ***Retegere*** ⌜*wider decken* / wedder bedecken *S-Y P*
-- .i. iterum tegere, weder decken *I*
Wa. fehlt (Textlücke) Kh2

S *Wa. Bm1] fehlt (Blattverlust) Ma1* widder dicken *S4*
M wider decken] wyeder bedecken *Ma6 Ks1 M19 D1*
K Retergere *K4*
P -- weder decken *Ma4 Wo4*

R 300 *n t* ***Retendere*** ⌜*vzspannen* / vp spannen *S-Y uel vzrecken*
-- zu spannen uel ausreckhen *Sb3*
-- usspannen uel *reken* *W*
-- ausrechken *K*
Wa. fehlt (Textlücke) Kh2

S *Wa. Bm1] fehlt (Blattverlust) Ma1* vzrecken] recken *S4 B5*
M -- auff spannen uel auff recken *D1* uel vzrecken] *fehlt Ks1*, reken *M19*
W reken *Sg1*] teken *S1 Me1*
K a t
P *Wa. fehlt Br1* a t -- vp spannen *B10*
P-E a t vzspannen uel *fehlt E2 So1*

R 301 *n t* ***Retexere*** *wider wirken*
-- weder weben uel weder wircken *I*
Wa. fehlt (Textlücke) Kh2

S *Wa. Bm1] fehlt (Blattverlust) Ma1*, n t Retex eyn weder werken *Ma3* *Sigle S4*] a t *Bm1* -- widder vorgen *S4*
K a t -- wid wukchen *K9* + sicut textor *W13*
P -- wedder bewerken *Wo4*
P-E n t Retexare *E2*

R 302 *n s* ***Retentaculum*** *eyn wonunge*
Wa. fehlt (Textlücke) Kh2

S *Wa. Bm1] fehlt (Blattverlust) Ma1*
M wenunge *Ma6*
K *Int. fehlt (Zeilensprung, vgl. 304) Hl1*
P m t Rentenculum *Ma4* -- eyn entholdinge *B10*

R 303 *n t* ***Rethe*** *eyn garn uel necz*
-- eyn garn *M*
-- necz *W-Y P-E*
-- eyn garne, a »retineo«, quia retineat pisces uel aues *I*
Wa. fehlt (Textlücke) Kh2

S *Wa. Bm1] fehlt (Blattverlust) Ma1* garn uel *S4] fehlt Bm1* uel necz *fehlt Ks2 N1*
M + vel necz *Dr1*
K uel necz *fehlt K4 K9* + paruum aut mitra mulieris aut tracticula admodum retis facta *(vgl. 304) W13*

R 304 *n s* ***Reticulum*** *eyn necz uel eyn* ⌜*harsnür* / har bant *Ma3 B9*
-- ain harflechten *Sb3*
-- paruum rethe uel membranula, que operit cor uel cerebrum uel pulmonem *W*
-- vel **Retiaculum** .i. paruum rete uel har bant *I*
-- *härein snür oder garnn necz, paruum rethe aut mitra mulieris aut craticula admodum rethis facta K*
-- ⌜eyn nette / est paruum rete *P-E*, eyn harbant, eyn huue *P*
Wa. fehlt (Textlücke) Kh2

S *Wa. Bm1] fehlt Ma1*
I *vgl. 304.2*
K *Wa. K4] fehlt (vgl. 303) W13* *Stichwort fehlt (Zeilensprung, vgl. 302) Hl1* rethe *emend.] fehlt alle Hss.* rethis *K9*] restis *K4*
P eyn nette *fehlt Br1* eyn harbant *fehlt B10*
P-E eyn huue] *fehlt E2 M25*, oder hu *(Blattrand) So1*

R 304.1 n s **Retiolum** uel **Retinaculum** harband, quod colligit comas, dictum ab eo, quod colligit crines capitis, ne effundantur *W*

W *Sigle Sg1]* Item *(Wa. nach 304) S1*

R 304.2 *n s* **Retiaculum** quandoque ponitur pro reticulo, quandoque pro *craticula* in modum crucis *W*

W *Sigle Sg1]* Item *(Wa. nach 304) S1* craticula *Bs9*] cartula *S1*, carticula *Sg1*

R 305 *n s* ***Reticere*** *.i. tacere*
Wa. fehlt (Textlücke) Kh2

S *Wa. Bm1] fehlt (Blattverlust) Ma1*

R 306 *n s* ***Retinaculum*** *eyn* ⌜*beheltnisß* / heltnisse *Ma3 B9 P*
-- ein behaltung *Sb3*
Wa. fehlt (vgl. 304.1) W
Wa. fehlt (Textlücke) Kh2

S *Wa. Bm1] fehlt (Blattverlust) Ma1*
M Retaculum *M19* halteniz *Ma6 M19 D1*
P beheltnisse *Wo4*
P-E -- ain behaltnús *E2* -- ain gehelnůß *M25*

R 306.1 p **Retentare** .i. frequenter retinere *K*

R 306.2 n s **Retica** sunt ligna, quibus ligna sublimantur *P*
Wa. fehlt (Textlücke) Kh2

R 307 *m t* ***Rethor*** *eyn wolsprecher uel eyn rede zirer*
-- ain wol *sprecher* *W*
-- eyn wol sprecher vel redender *I*
-- ein wol reder *K*
-- ain red zierer *P-E*
Wa. fehlt (Textlücke) Kh2

S *Wa. Bm1] fehlt (Blattverlust) Ma1* uel eyn rede zirer] *fehlt S4 B9*, ader eyn czyrer der rede *B5*
M uel eyn rede zirer] *fehlt Dr1*, *verderbt D1*
W wol sprecher *Bs9*] wol gesprecher *S1 Sg1*
K -- ein wol redner *Hl1*
P eyn wolsprecher uel *fehlt B10 Br1* uel eyn rede zirer] *fehlt Wo1*, *verderbt Wo4*
P-E -- ein sprecher *So1*

R 308 *f p* ***Rethorica*** *eyn kunst von czirheit der rede*
-- ein kunst von der zierung der red *Sb3 I Kh2*
-- .i. *talis* sciencia *(nach 307)* *P-E*

S *Wa. Bm1] fehlt (Blattverlust) Ma1* f p Rethoricus *Ma3* -- eyn kunst *S4* kunst] kunster *Ma3* der rede *fehlt N1*
M czirheit] czir *Dr1* der rede *fehlt M19*
W czirheit] zierd *Sg1*
K der rede] von der red *K4*
P czirheit] cyringe *B10* der rede *fehlt Wo4*
P-E talis *So1*] *fehlt E2*
Kh2 kunst] + vel

R 309 *m s* ***Rethoricus*** *eyn wolsprecher, der ein red zyret*
-- ein wolsprecher *Sb3 K P-Y*
-- est aliquis sciens in tali sciencia *(nach 308)* *W*
-- eyn wole redender *I*
-- .i. rethor *P-E*

S *Wa. Bm1] fehlt (Blattverlust) Ma1* -- .i. rethor *Bm1* eyn wolsprecher *S4*] ein meister *N1* der ein red zyret *N1*] *fehlt B9*, der rede *S4*, eyn rede tziret *Ks2*, ader eyn czyrer reder *B5*, eyn der eyne rede spreken kan *Ma3*
W in tali sciencia] rethoricam *Sg1*
I *Sigle fehlt*
P -- eyn dy dy kunst kan *B10*

R 310 *n s* ***Retorquere*** *widerdrucken*
+ oder pressen *I P*
+ uel wedder spreken uel weder persen *Kh2*
-- wider sprechen *Sb3*
-- .i. reflectere uel resoluere, °widertruken °*(Y)* *W*

S *Wa. Bm1] fehlt (Blattverlust) Ma1* + ten *B9*
M -- nyderdrucken *D1*
K a s
P a s widerdrucken] drucken *B10* oder pressen] *fehlt Wo1*, wederpersen *Ma4 R1*
P-E a s widerdrucken] wider pingen *So1* oder pressen *fehlt E2*

R 310.1 *p pr* **Retortus** .i. reflexus, reuolutus, *bissus*. **Retorta** dicitur, que iterum est torta, .i. filata, wlgariter *ge*zwirnet *W*
-- uel **Retorsus** dicitur iterum cruciatus uel iterum flexus ⌜uel iterum volutus sicut filum bis filatum, geczwirnet, uel iterum missus, ut iaculum *X* / retro, geczwirnet *Y* *K*
-- .i. cruciatus uel reflexus aut in*u*olutus *Kh2*

W *Sigle Sg1*] Inde *(Wa. nach 310) S1* bissus *Sg1*] *fehlt S1 Me1* gezwirnet *Sg1*] zwirnet *S1*
K *Wa. fehlt Hl1* m s
Kh2 inuolutus *emend.*] inpolutus

R 311 *a t* ***Retrahere*** *widerziehen*
+ Vnde Grecista Nouus *(44ʳ)*: Retrahit impediens *retroque* trahens reuocansque. Retractat verba crebro relegens repetensque *W*
Wa. fehlt I

S *Wa. Bm1*] *fehlt (Blattverlust) Ma1* *Sigle B9*] n t *X*
M -- nyder czyhen *D1*
W retroque *Sg1*] retorquet *S1* verbo cerebro *Sg1*

R 312 *a t* ***Retribuere*** *widder geben*
Wa. fehlt I K-Y

S *Wa. S4*] *fehlt (Blattverlust) Ma1, fehlt Bm1*
K -- wider ergeben *Hl1*

R 313 *n s* ***Retrimenta*** *sunt loca, que retinent capita funerum*
+ et stercora *P*
+ uel dicuntur cluace *Kh2 Br1*
-- sunt loca secreta stercorum uel funerum *I*

S *Wa. Bm1*] *fehlt (Blattverlust) Ma1* *Sigle S4*] *fehlt Bm1* funerum] wlnerum *B9*
Sb3 funerum *verderbt*
W funereum *Sg1*
K f p Retinencia funerum] mortuorum *Y*
P *Zusatz fehlt Wo4*

R 313.1 m t **Retortor** .i. repetitor *Kh2*

R 313.2 a p **Retractare** uel **Retractari** .i. iterum uel econuerso tractare *Kh2*

R 314 *adv* ***Retro*** *zurucke*
+ oder hinderbercz *Sb3*
-- hinder *W*
-- hinder sich *M25* / hinderwertig *E2 So1* *P-E*
Wa. fehlt I K-Y

S *Wa. Bm1*] *fehlt (Blattverlust) Ma1, fehlt Ks2*
M *Wa. fehlt D1*
W -- hinden *Bs9*
P -- hinder *Wo4*

R 315 *m s* ***Retrogradus*** ⌜*hinderwert* / achter wart *B9 Ma3 P*
-- hinder ruckh *Sb3 P-E*
-- -a, -um .i. retro iens uel gradiens, ut cancer *I*

S *Wa. Bm1*] *fehlt (Blattverlust) Ma1* Retrofagus *S4* -- hinder werg *B5* -- acher rugghe wart *Ma3*
M -- hinder wendig *M19*
P *Wa.*] *fehlt B10*, m q Retrogradus eyn hinder ghank *Wo4*
P-E m q *(auch R1)*

R 316 *n s* ***Retropendium*** *eyn kogil czippe*
-- ein gugel czipffel *M-Y*
-- ein gugel spicz *Sb3*

-- cappenzipfel *W P-E R1*

S *Wa. Bm1] fehlt (Blattverlust) Ma1* gugl czyphl *B5*, kogelkip *B9*
W Retropodium *Sg1*
P koghel kyp *Wo1 B10*, koghel czippel *Wo4*, kagel tympe *Br1*
P-E Retropedium *(auch R1)*
Kh2 kaghe tympe *(?)*

R 316.1 part **Retroactus** achterrughe *ge*dan *P*
-- hynder rucke gedan *R1 P-E*

P achterrughe] hinder rugghe *Wo4* gedan *Wo4*] dan *Ma4 Wo1 B10*
P-E hynder rucke] hinder wart *E2*, hinder den rů̊cken *M25*

R 317 *adv* ***Retrorsum*** *hinder sich*
-- hinder wercz *Sb3*
-- achter syk *Kh2 Br1*

S *Wa. Bm1] fehlt (Blattverlust) Ma1*
P -- achter zich *Ma4* -- to rugge *Wo1* -- achter wart *B10*
P-E Retrosum *E2*
Kh2 Retrossum *(auch Br1)*

R 317.1 a t **Retundo,** -is, -tusum in supino significat reprimere uel acumen ferri destruere. Sed **Cont*u*ndere**, contusum significat conterere; idem significat **Tondo**, -is, tusum uel tonsum *W*
-- .i. tundendo retro opprimere uel acumen ferri destruere *K*

vgl. C 961
W in supino *fehlt Y* Contundere *Sg1*] Contondere *S1* Tondo *bis* tonsum] Tendo, -is *Sg1*
K uel acumen ferri destruere *fehlt Y*

R 318 *n s* ***Retum*** *ein* ⌜*spul gezauw* / spol tuwe *Ma3 B9 P*
-- spů̊l zúg *W*
-- spuel geschirr *K*
-- ain spů̊l gezug *P-E*

S *Wa. Bm1] fehlt (Blattverlust) Ma1* gespül geczawe *B5*, spul gezeug *N1*
M spül geczeug *M19*, spulgeczeu *(?) Dr1*
Sb3 spuel geczawme
W spul gezeug *Me1*
I *Sigle fehlt*
P *Wa. fehlt B10* spole geczauwe *R1 Wo4*

R 318.1 p **Rethaurare** .i. reparare uel restituere *K*

K *vgl. 289*

R 318.2 a t **Retrudere** .i. retrotrudere uel claudere aut extra ducere *Kh2*

R 319 *a t* ***Reuehere*** *widerfuren*
-- wider varen *M-Y Sb3 W*

S *Wa. Bm1] fehlt (Blattverlust) Ma1* weddervaren *B9*
P Reuhere *R1*

R 320 *a p* ***Reuelare*** *uffinbarn*
\+ a »re-« et »uelo«, per vnum -l- *I*
-- .i. manifestare *P-E Kh2*

Wa. fehlt K-Y

S *Wa. Bm1*] *fehlt (Blattverlust) Ma1*
M -- .i. manifestare *M19*

R 320.1 adv **Reuela** werlich *D1 (M)*
-- .i. manifesta *M25 (P-E)*

vgl. 321

R 321 *adv* ***Reuera*** *werlich*
-- .i. certe, sicherlich vel werlich *I*

S *Wa. Bm1*] *fehlt (Blattverlust) Ma1* -- certe *Ma3*
M *vgl. 320.1*
K werchlich *Hl1*
P Reuela *R1*
P-E *vgl. 320.1* gwerlich *M25*

R 322 *f p* ***Reuerenda*** *eyn kostlich rogk*
-- ein kostleicher °rochk °*oder* °*(Y) seidel* *K*
-- *eyn* zyden rock *P (außer P-E)*

S *Wa. Bm1*] *fehlt (Blattverlust) Ma1* *Sigle S4*] f s *Bm1* *Int.*] *fehlt (Zeilensprung, vgl. 323, 324, 325) Ks2*, eyn grot rok *B9* kostlich *S4*] kostbar *Bm1*
K oder seidel *Hl1*] *fehlt W13*
P eyn *Wo1*] in *Ma4*
P-E + vel ain wiss klaid *E2*

R 323 *d s* ***Reuereri*** *eren.* °***Honorare*** °*idem* °*(Ma3 B9 P K)*
-- eren, **Honorari** idem *Sb3*
-- est honorare, eren *W*
-- .i. honorari, eren *I*

vgl. H 136
S *Wa. Bm1*] *fehlt (Blattverlust) Ma1*, *fehlt (Zeilensprung, vgl. 322, 324, 325) Ks2* -- .i. honorare *N1* Honorare idem] *fehlt S4*, .i. honorare *B5*
M Honorare idem] .i. honorare *Ks1*
W est honorare *fehlt Sg1* + Inde Reverendus, -a, -vm *(vgl. 324) Bs9 Me5*
Kh2 -- er

R 324 *m s* ***Reuerendus*** *erbir*
-- erberger *Sb3*
-- .i. honorandus, metuendus cum honore, erwerdig *I*
-- erberg *M25* / erwirdig *E2 So1* *P-E*
Wa. fehlt (vgl. 323) W-Y

S *Wa. Bm1*] *fehlt (Blattverlust) Ma1*, *fehlt (Zeilensprung, vgl. 322, 323, 325) Ks2* -- erwerg *N1*
M -- erberk *M19*
K erbir] erberg *W13 Hl1*

R 325 *f p* ***Reuerencia*** *erünge*
-- erwerkeit *I K*
-- erbarheyt *P-Y*
-- erwirdigkait *P-E*

S *Wa. Bm1*] *fehlt (Blattverlust) Ma1* *Stichwort fehlt (Zeilensprung, vgl. 322, 323, 324) Ks2* + ewerkeyt *B5*

M + uel erlich *Ks1*
W *Wa.*] Inde Reverencia *(nach 321) Bs9 Me5* -- er *Sg1*
P *Wa. fehlt B10* erbaricheit *Br1*
Kh2 f p Reue

R 326 *a t* ***Reuertere*** *wider keren*
-- idem *(nach 327)*. Vnde Grecista Nouus *(44ᵛ)*: Si componatur »uerto« diuersificatur. Nam nunc actiua, *nunc* deponencia reddit. A se composita ceu verto, reuerto, reuertor, nam si res aliquas *iterato* uerto, reuerto. Inde reuertor, .i. iterato nunc uice *v*ertor. Atque reuertor .i. redeo deponere dico *W*
Wa. fehlt Kh2

S *Wa. Bm1*] *fehlt (Blattverlust) Ma1*
M a t Reuertire *M19*
W Vnde *bis* reuerto *(2) nach 327 S1* nunc *(2) Sg1*] *fehlt S1* iterato *(1) Sg1*] *fehlt S1* iterato *(2)*] ut erato *Sg1* vertor *emend.*] reuertor *X*, verto *Sg1*, vertur *Bs9 Me5*

R 327 *d t* ***Reuerti*** *wider keren*

S *Wa. Bm1*] *fehlt (Blattverlust) Ma1*

R 327.1 t **Reuisere** .i. °*visitare* °*uel* °*(Y)* cum desiderio videre *K*

K visitare uel *Hl1*] *fehlt W13*

R 327.2 a t **Reuincere** .i. redarguere *K*

R 327.3 a t **Reuellere** .i. destruere *Kh2*

R 327.4 n s **Reubarbarum** est herba quedam, radix barbe *Kh2*

R 328 *n t* ***Reuiuiscere*** *wider erquicken uel vor munderen*
-- wider kuchen *Sb3*
-- wider erkiken uel ermúndren *W E2 (P-E)*
-- ⌜wider chůchken *X* / erkücken *Y* *K*
-- wedder vorquicken uel vormunderen *Kh2*

S *Wa. Bm1*] *fehlt (Blattverlust) Ma1* a t Reminiscere *Ma3* *Sigle S4*] a t *Bm1* vor munderen *B9*] vir wundern *Bm1*, *fehlt S4*, vorwunden *Ks2*, wol wundernn *B5*, ermundern *Ma3*
M Reminiscere *Ma6* wyder erquickung *D1* uel vor munderen] *fehlt M19*, hermundern *Ma6*, uel vorwndern *D1 Dr1*
I vor munderen] uerwondern
P wider erquicken] wedder vor quicken *Wo1*, erquicken *Wo4* uel vor munderen *fehlt B10*
P-E -- wider erkiken oder mundren *So1* -- wider erkůcken *M25*

R 329 *n t* ***Reuma*** *der floß dez heubtes*
-- das fliessen des hǒpts *W*
-- est fluor humorum a capite, der snoppe *I*
-- ⌜*ein flüss dez haups*, strauchken *X* / strauchken *Y* *K*
-- eyn kolk in deme water uel de vlote des houedes *Kh2*

S *Wa. Bm1*] *fehlt (Blattverlust) Ma1* *Sigle Ma3*] f p *X*
M f p der floß] daz flÿßen *Ks1 Dr1* der] daz *Ma6 D1*, dye *M19* des hemptes *D1*
I f p
K f p ein flüss dez haups *Hl1*] *fehlt W13* staucken *Hl1*

R 330 *m s* ***Reumaticus*** *est ille, qui patitur reuma*

+ flußig *I*

S *Wa. Bm1] fehlt (Blattverlust) Ma1* reuma *S4*] reumam *Bm1*
M reumam *X*
Sb3 reumam
I reumam
K reumam *alle Hss.* + dy staucken *Hl1*
P reuma] *fehlt Ma4*, reumam *R1*

R 330.1 f p **Reumatica** herba quedam, *kranchs schnabel* *W*
-- est erba quedam *Kh2*

W *dt. Int. Me1*] krankes nabel *S1 Bs9*, kraks nabel *Sg1*

R 330.2 n s **Reumatissa** eyn vlőt *Kh2*

R 331 *a p* ***Reuocare*** *widder eyschen*
+ .i. iterum uocare *I*
-- wider rueffen *Sb3 W K*
-- ⌜wider haissen *M25* / wider růfen *E2* *P-E*

S *Wa. Ks2] fehlt (Blattverlust) Ma1, fehlt Bm1* -- widder heyßen *S4* -- wider hayssnn ader widirruffnn *B5*
M -- wider haissen *M19 D1* -- widerruffen *Dr1*
P -- weder heysen *R1 Br1*
P-E -- wider růffen oder hoschen *(!) So1*

R 332 *f t* ***Reuolucio*** *eyn vmblauff*
+ vel vmweltzlunge *I*
-- vmbganchk *K*
Wa. fehlt Sb3 W

S *Wa. Bm1] fehlt (Blattverlust) Ma1*
M vmblauzz *M19*

R 333 *a t* ***Reuoluere*** *vmme wenden*
+ vel ab werfen *P-E*
-- vmbwenden uel winden *W*
-- vmweltzeln. Inde **Reuolutus**, -a, -um *I*
Wa. fehlt Sb3

S *Wa. Bm1] fehlt (Blattverlust) Ma1* *Int. Ks2*] vmb winden *Bm1 S4*, vmme lauffenn *B5*
M -- vmme winden *Ks1* -- vmbwinden uel wenden *Dr1*
W -- wm wellsen *Sg1* -- vm winden uel wenden *Bs9* winden] windeln *Me1*
K vmb winden *K4*

R 334 *m s* ***Reus*** *eyn schuldiger*
+ uel *beklagter* *W*
-- rea, reum .i. fideiussor vel eyn schuldiger *I*
Wa. fehlt K

S *Wa. Bm1] fehlt (Blattverlust) Ma1*
W eyn schuldiger] schuldig *S1* beklagter *Sg1*] beclager *S1 Me1* + uel bedacter *Bs9 Me5*
P -- schuldich *Wo4 B10*

R 334.1 heb **Reum** interpretatur passens animi uel pabulum *Kh2*

Kh2 passens *für* pascens

R 335 *m t* ***Rex*** *eyn konig*
-- primo dicitur esse princeps terre; vnde: Karulus dei gratia Romanorum imperator et Bohemie rex. Aliquando dicitur esse prelatus in spiritualibus; exemplum Psalmi *(2,10)*: Et nunc reges intelligite. Aliquando significat spirituale regnum, ut homo habet in se; vnde Claudianus *(Equiv. 207ʳ)*: Tu omnia iure tenebis, cum poteris esse rex tu*i*; aliud exemplum ewangelij *(Lc. 10,24)*: Multi reges et prophete voluerunt videre, que vos videtis, et non viderunt *Sb3*
Wa. fehlt I K

S *Wa. S4] fehlt (Blattverlust) Ma1, fehlt Bm1 Ma3*
M *Wa. fehlt D1*
Sb3 tui *emend.*] tuus

R 335.1 a p **Rexare** bynden *Kh2*

R 336 *m s* ***Ribaldus*** *eyn bufe*

S *Wa. Bm1] fehlt (Blattverlust) Ma1*

R 336.1 f p **Ribalda** püebin *B5 (S)*

R 337 *f p* ***Ribaldia*** *buferij*

S *Wa. Bm1] fehlt (Blattverlust) Ma1, fehlt B5*
Sb3 Ribaldria
W Ribaldrya *Sg1*
I f p Ribaldia] Inde Ribaldria *(Wa. nach 336)*
K Ribaldria *(Ribaldia Hl1)*
P-E -- bůbnij *So1* + ain půbin *M25*

R 337.1 m s **Rictus** eyn *cracke* *P*
Wa. fehlt P-E Kh2 Br1

P *Wa. fehlt B10* Rickus *Wo4* cracke *Wo4*] krakele *Ma4*, kroke *Wo1*, krage *R1*

R 338 *m q* ***Rictus*** *est clamor auium*
+ Wersus *(Grec. Nov. 68ᵛ)*: Gaudia dant risus, oris *dat* apercio rictus. Et idem de verbis 4ᵉ coniugacionis *(Grec. Nov. 47ʳ)*: Omne, quod os aperit, hoc dum fit apericio, ri*ng*it *W*
+ uel ferarum *Kh2*
-- est ferarum oris *aperitio* uel clamor auium *I*

S *Wa. Bm1] fehlt (Blattverlust) Ma1* auium *verderbt Ma3*
W dat *Sg1*] *fehlt X* Et *bis* ringit *fehlt Sg1* ringit *Bs9*] rignit *S1*
I aperitio *I2*] opericio

R 339 *n s* ***Ridere*** *lachen*
+ quasi »radiare« *I*
Wa. fehlt W K-Y

S *Wa. S4] fehlt (Blattverlust) Ma1, fehlt Bm1*
M *Wa. fehlt D1*
P *Wa. fehlt Wo4*
P-E + vel spotten *E2*

R 340 *m s* ***Rigmus*** *eyn ryme uel est vermis in aure* °*canum* °*(P)*
-- eyn rym uel vermis *Kh2*

Stichwort entstanden aus R(h)it(h)mus. *Die Formen* Rigmus (Ricmus) *und* Riginus (Ricinus) *können nicht immer eindeutig unterschieden werden*
S *Wa. Bm1*] *fehlt (Blattverlust) Ma1* Ricmus *Ma3 B9* fermis *S4*
M Ricinus *M19*
W aure] ore *S1 Sg1*
I Ricinus
P Ricmus vermis] + in ore uel *Ma4*
Kh2 Ricmus

R 341 *n s* ***Ridiculum*** *est iocus / + schimp S-X W-X*
-- .i. derisio, iocus. Inde **Ridiculosus**, -a, -um *I*
-- est iocus, *risus* *K*
m s **Ridiculus** .i. vrbanus *Kh2*

vgl. 121.1
S *Wa. Bm1*] *fehlt (Blattverlust) Ma1* *Sigle S4*] m s *Bm1* -- est locus *Ma3* schimp *fehlt Ks2*
M n s Ridiculus *M19* + schimpff *Dr1*
K risus *K4*] *fehlt W13*
P *Wa.*] m s Ridiuculus est iocus, n s Ridiuculum idem *Wo4*
P-E + schimpf *So1*

R 341.1 n t **Rixale** eyn hekele *P*

P *Wa. fehlt Wo1 B10*

R 341.2 n p **Rixare** heckelen *Wo1 (P)*

R 341.3 f p **Ricta** est mitra virginalis *Kh2*

R 341.4 f p **Ricula** est mitra uirginalis *P*
\+ uel duricia *Kh2*

P-E metra *E2*

R 341.5 f p **Ricmathia** est tabula gheometralis *P*

R 341.6 n t **Ryen** .i. porcellus *P*
Wa. fehlt (vgl. 346.2) Kh2 Br1

R 342 *f p* ***Riga*** *eyn zile uel est ciuitas* °*in* °*Lyuonia* °*(S-X Sb3)*
-- eyn czile vel est quedam ciuitas, ut patet *I*
-- ein czeil uel est ciuitas, Rig *K*
-- eyn rege uel est ciuitas in Liuonia / + que dicitur Rig *P-E R1* *P*

S *Wa. Bm1*] *fehlt (Blattverlust) Ma1* *Stichwort verderbt Ma3* eyn zile uel] *fehlt Ma3*, eyn rege *B9* in Lyuonia *zit. nach Ma3*
W Lyuonia] Blonia *S1*
P Liuonia] + Righe *Wo1*
P-E eyn rege] .i. linea *E2* Ligonia *alle Hss. (auch R1)*

R 343 *a p* ***Rigare*** *.i. humectare, fucht machen vel tungen*
-- significat humectare, feicht machen *Sb3*
-- significat aliquid humectare ad hoc, ut fertile et fructiferum fiat *W*
-- .i. madefacere, humectare, fuchtigen *I*
-- fewcht machen *K*
-- .i. humectare *P-E Kh2 Br1*

S *Wa. Bm1*] *fehlt (Blattverlust) Ma1*, *fehlt S4* vel tungen *Ks2*] *fehlt Bm1 B9*, vresen *Ma3*
M vel tungen *fehlt M19*
W ad hoc *fehlt Y*
P *Wa.*] a p Rigare .i. humectare, n p Ririgare, Arrigere idem oder dunken, fuchten *R1* -- .i. humectare, vucht maken, inde Irrigare, Arrigare idem uel dungen *Ma4* -- .i. humectare *Wo1* -- .i. arrigare uel migare uel ducken *Wo4*

R 344 *n s* ***Rigere*** *herten uel /* + algere *Ma3 B9 P (außer Kh2 Br1) frisen*
-- .i. durere, algere, torpere, esse uel fieri rigidum *I*
n s **Rigidum** .i. hert uel *friesen* *W*
-- starr aut hert *Sb3*
-- herrt oder gefrorn *K*

S *Wa. Bm1*] *fehlt (Blattverlust) Ma1* Rigere *Ma3*] Rigidum *X* herten uel] *fehlt B9*, heyden uel *N1* frisen *fehlt Ma3*
M n s Rigidum *(Rigium M19)* uel frisen *fehlt D1*
Sb3 Rigium
W uel friesen *Bs9*] *fehlt Sg1*, uel friest *S1*
K *vgl. 347.1*
P-E algare *alle Hss. (alegare R1)* friesen] gefrien *E2*

R 344.1 m s **Riguus**, -a, -um .i. madidus uel fertilis *I*

R 345 *n t* ***Rigescere*** *.i. durescere*
+ starr machen *Sb3*
Wa. fehlt I

S *Wa. Bm1*] *fehlt (Blattverlust) Ma1*
M + hert werden *D1*
W + Inde Rigidus, Rigor et Rigiditas *(vgl. 346, 347) Bs9 Me5*
P Regiscere *Ma4*

R 346 *m s* ***Rigidus*** *strenge*
+ .i. durus *P (außer P-E)*
-- starr *Sb3*
-- -da, dum .i. algidus uel durus *I*
-- .i. durus, strenghe, uel fortis. Inde **-itas** *Kh2*
Wa. fehlt (vgl. 345) W-Y

S *Wa. Bm1*] *fehlt (Blattverlust) Ma1* gestrenge *Ks2*
K *Wa. fehlt K4*
P strenge] ghestrenghe *Wo4*, gestrenke ader streffardich *Br1*

R 346.1 f t **Rigacio** .i. humectacio *Kh2*

R 346.2 m t **Rigen** .i. ren *Kh2*

Kh2 *vgl. 341.6*

R 347 *m t* ***Rigor***, ***Rigiditas*** *strengekeit*
-- strengung. **Rigiditas** strengkait *Sb3*
-- -oris .i. duricies, rigiditas, strengekeit *I*
-- strenhait. *(neuer Wa.:)* f t **Rigiditas** idem *K*
-- .i. rigidus *Kh2*
Wa. fehlt (vgl. 345) W-Y

S *Wa. Bm1*] *fehlt (Blattverlust) Ma1* Rigiditas *fehlt Ma3 B9* strengekeit *S4*] strengheit *Bm1*, gestrenkeyt *B5*
M gestrengekeyt *Ks1*

Sb3 Rigo
W strenghait *S1*
K *Wa. fehlt K4* strengkait *K9*
P Rigidita *Wo4* strengheyt *Ma4*, gestrengicheit *Br1*
P-E strengheit *So1*

R 347.1 **Rigere** .i. durescere *K*

K *vgl. 344* *Wa. fehlt K4*

R 347.2 f p **Rigula** .i. duricia *P*

R 348 *f p* ***Rima*** *eyn ricz* °*uel* °*spalt* °*(S-Y P), eyn clobe*
-- ein ris uel kluns *Sb3*
-- ain riß uel spalt *W-Y*
-- .i. fissura, eyn riß uel spalt *I*
-- °ryz °oder °*(Y)* chlunss *K*
-- ain ris vel ain klak *P-E*
-- eyn rete uel cloue uel eyn kerue *Kh2*

S *Wa. Bm1] fehlt (Blattverlust) Ma1* -- eyn clunssnn ader eyn spalde *B5* eyn clobe *Ks2] fehlt Bm1 S4*, eyn krone *Ma3*, kluft *N1*
M -- ein clümsen *M19* eyn clobe *fehlt Ma6*
W eyn ricz uel *fehlt S1* clobe] clůfft *Me1*
P eyn clobe] *fehlt R1 Wo4*, + ader eyne narue *Br1*
P-E + ein rim *So1*

R 348.1 d q **Rigiri** .i. inchoare uel incipere *Kh2*

R 349 *a p* ***Rimare*** *rißen*

S *Wa. S4] fehlt (Blattverlust) Ma1, fehlt Bm1* -- spaldnn *B5* -- tziren *Ma3* + spalden *S4*
P-E + vel kleken *E2*

R 349.1 **Rimosus**, -a, -um rimis plenus *I*

R 350 *d p* ***Rimari*** *.i. experiri, indagare, percunctari, erfarn*
-- significat experiri, indagari aut percunctari *Sb3*
-- est experiri uel percunctari, erfaren *W*
-- .i. scrutari, inuestigare, inquirere *I*
-- .i. experiri *uel indagari*, erfarn *K*
-- .i. exper*i*ri uel percunctari *P-E*
-- experiri, vorvaren *Kh2*

S *Wa. Bm1] fehlt (Blattverlust) Ma1* experire *S4*, excipere *Ma3* indagari *S4 B9* percunctari, erfarn] *fehlt B9*, percuntare *Ma3* erfarn *fehlt B5*
M percuntare *M19*
W uel percunctari *fehlt Sg1*
K uel indagari *Hl1] fehlt W13 Y* erfarn] erfarschen *K4*
P experire *R1* indagari *Wo4* *dt. Int.] fehlt Wo1*, + ervreschen *Ma4*, + vreyschen *R1*
P-E experiri *So1*] experri *E2*

R 350.1 m t **Rimor**, -oris .i. scrutinium *I*

R 351 *n s* ***Ringere*** *media longa, nerren, sicud canes uel sicud aues clamare*
-- winssen, ut canis, aut klamor auium *Sb3*
-- .i. murmurare, irasci, vel nerren, sicut canis *I*
-- nern, sicut auis uel canis clamare *K*

-- *grenczen, narren* [...] *P*
-- grinen vel bellen sicut canis vel significat clamare ut aues *P-E*
Wa. fehlt W

S *Wa. Bm1*] *fehlt (Blattverlust) Ma1* media longa *fehlt Y* *dt. Int.*] gnerren *Ks2*, gnorren narren *Ma3 B9* sicud canes *fehlt Ma3 B9* sicud aues clamare] significat clamorem auium *B9* sicud aues *Ks2*] *fehlt Bm1*, significat auis *S4*
M sicud *(2) fehlt M19*
I n t
K n t
P *dt. Int. Wo4*] granzen gwerren *Ma4*, gnarren *Wo1*, grynsen *R1*, werpen grynsen *B10*
P-E grinen] ringen *So1* vel bellen *fehlt M25*

R 351.1 **Rinatrix** est serpens aquam veneno infic*i*ens *I*
-- .i. rimatrix *P*
-- uel **Rimatrix** .i. serpens venenosus *Kh2*

I inficiens *I2*] inficens
P f t

R 352 *m s* ***Rinocerus*** *.i. vnicornus*
\+ Rinocerus uel **Monocerus** idem est quod vnicornus uel -num. Et est animal moderate quantitatis respectu sui *fortitudinis*, buxei coloris, in desertis habitans, longum *valde* cornu in fronte gestans, cum quo perforat elephantem; nec timet venatorem. Virgines puellas in tantum veneratur, *quod* ipsis visis mansuescit et aliquando iuxta eas soporatum capitur et ligatur. Capitur eciam, cum est adhuc pullus iuuenis et tunc *domatur*. Wlgariter ainhorn *W*
-- uel **-ceros** .i. vnicornus. **Egoceros** idem. Item Rinoceros quandoque capitur pro virili membro *I*

S *Wa. Bm1*] *fehlt (Blattverlust) Ma1*, m s Rincerus rinsch *Ma3* Rineterus *S4* + risch *B9*
Sb3 Rinocenus
W Rinocerus *(2) bis* -num *fehlt Sg1* fortitudinis *Sg1*] *fehlt S1* valde *Bs9*] recte *S1*, *fehlt Sg1* gestans] gerens *Sg1* quod *(2) Sg1*] ut *S1* soporatum] stiporatum *Sg1* domatur *Sg1*] uocatur *S1*
K Riconerus *K4*
P *Stichwort*] + ris *Ma4 Wo1 Wo4*

R 353 *n t* ***Rinoceron*** *est animal habens cornua in naribus*
\+ idem *(nach 352)* *Kh2*
-- dictus, quod in nare cornu habeat, idem **Vnicornus** dicitur, quod vnum cornu in fronte habeat acutissimum, 4^or^ pedum *W-X*
Wa. fehlt Sb3 I

S *Wa. Bm1*] *fehlt (Blattverlust) Ma1* m t Rinceron *Ma3* cornu *Ma3* in naribus] varibus *S4*
M cornu *Ma6*
W habens *fehlt Sg1*
P m t
P-E m t
Kh2 m t naribus] aribus

R 354 *f p* ***Ripa*** *eyn uber /* + .i. littus *Ma3 B9 P (außer Kh2)*
-- ein pach *Sb3 W P-E*
-- eyn bach uel vfer. Vnde hec **Ripula**, diminutiuum *I*

-- ein vber oder stetten *K-X*
Wa. fehlt K-Y

S *Wa. Bm1] fehlt (Blattverlust) Ma1*, f p Rapa eyn vber, Ripa eyn bach *S4* -- pach *N1*
M *Wa. fehlt M19*
K *Wa.*] f p Rippa ein pach uel secundum aliquos est Ripa ein vber uel steten *Hl1*
P -- eyn raue *Ma4* *dt. Int.*] eyn bach *R1*

R 354.1 m s **Riscus** .i. fissura uel fenestra patens in pariete *I*
-- scissura in pariete *K-X*

R 354.2 m s **Riposus** .i. bellicosus *P*

R 354.3 d p **Ripari** .i. insanire *Kh2*

R 354.4 n s **Risiculum** eyn rockelin *P*
-- ain korhempt *P-E*
-- .i. supercilium, eyn oghenbran uel roghelen *Kh2*

P *Wa.] fehlt Wo4*, n s Riseculum eyn kaurrock *R1* -- eyn rysch geselle *B10*
P-E Riseculum -- .i. superbellicium *So1*

R 354.5 n s **Risculum** idem *(nach 345.4)* *Kh2*

R 354.6 n in **Risi** eyn ris *P*
+ est quoddam ligumen *Kh2*

P *vgl. 362.5* *Wa. fehlt B10*

R 355 *f p* ***Rissura*** *rißunge*
-- *ein black* *P-E*
Wa. fehlt I

S *Wa. Bm1] fehlt (Blattverlust) Ma1* -- eyn to rytinghe *Ma3* -- eyn rete *B9*
P-E *Int. So1*] ain klak *E2*

R 356 *m q* ***Risus*** *lachen*
-- ein gelachter *Sb3 K-X*
-- lachung *P-E*
-- eyn lachent *Kh2 Br1*
Wa. fehlt W-Y I K-Y

S *Wa. S4] fehlt (Blattverlust) Ma1, fehlt Bm1* *Sigle Ks2*] m s *S4* -- gelechter *N1*
W -- daz lachter *S1*
P -- dat lachent *Wo1 B10* -- eyn lach *Wo4*

R 356.1 n s **Ristrum** ein *chlunss* *Sb3*

Sb3 chlunss *Gr2*] chuns

R 356.2 *m s* **Ristus** .i. sambucus, holder *W*
-- sedes apum, alhorn *P*
-- ain alrun *P-E*
-- est sedes apum uel nomen arboris, vleder *Kh2*

W *Sigle Sg1] fehlt X*
P *lat. Int. fehlt R1* *dt. Int.] fehlt Wo1 B10*, holdern *Wo4*, flider ader ahornen *Br1*

R 356.3 n s **Risum** est ceruisia, mesch *P*
-- est ceruisia *P-E R1*
-- est sereuisia uel braxsiuium, sige ber uel mesk *Kh2*

P *Wa. fehlt B10* *dt. Int. fehlt Wo1* -- est ceruisia uel brixsiuium, sůthe wert ader meys *Br1*

R 357 *adv* ***Rite** sitlich uel recte uel pulchre*
-- est pulchre, zymlich *Sb3*
-- ståtleich *K*
-- sedeliken uel recte *Kh2*

S *Wa. Bm1] fehlt (Blattverlust) Ma1* Rise *Ma3* sitlich] schedeliken *Ma3*
W -- sittlich, ordenlich *Sg1*
P sitlich] steliken *Wo4*, redelichen *Br1*
P-E *dt. Int.*] ordenlich vel sittlich *E2*, redlich *So1*, ordenleich *M25*

R 358 *m q* ***Ritus** .i. mos, side, uel quasi ratus*
-- est consuetudo aliquo solo homine *vsitata* *W*
-- dicitur conswetudo uel mos, et dicitur a moribus *I*
-- ⌜.i. mos, *siten*, uel debitus, redleich *X* / .i. mos *Y* *K*
-- .i. mos, °*sede* °*(P-E)*, quasi ratus, et est conswetudo, quam quilibet homo presum*ps*it secundum propriam voluntatem, *ut* jeiunare in *s*extis ferijs et in sabbatis / + diebus *P-E R1* non balniari *P*

S *Wa. Bm1] fehlt (Blattverlust) Ma1, fehlt S4* -- .i. mos *B9*
Sb3 uel] et dicitur Ritus
W aliquo] ab aliquo *Sg1* vsitata *Sg1*] usitato *S1*
K siten *Hl1*] *fehlt W13*
P sede *Wo1*] *fehlt Ma4* et est *bis* balniari *fehlt Wo1* presumpsit *Wo4*] presumit *Ma4* ut *Wo4*] *fehlt Ma4* sextis *Wo4*] textis *(?) Ma4*
P-E voluntam *E2* in *(2) fehlt E2*
Kh2 in *(1) fehlt Kh2*

R 358.1 m s **Ristinus** equus retrogradus *K*

R 358.2 f t **Ritualis** est liber, in quo ordines rerum continentur *Kh2*

R 359 *m s* ***Riuus** eyn bach*
+ Item Riuus dicitur a »rigo, -as«, .i. humefacio. Di*ffert* tamen Riuus a Ripa: Riuus est aqua modicum fluens; **Rip*a*** uero est extremitas fluuij, sicut litus est extremitas maris *W*
+ ⌜.i. ripa / uel eyn vlote *Kh2* *P*
-- fluzz aut vrsprung oder pach *Sb3*
-- eyn floß, a »ruo« *I*

S *Wa. Bm1] fehlt (Blattverlust) Ma1* -- eyn flos ader eyn wash *B5*
M -- ein fluzz *M19*
W *dt. Int. fehlt Bs9 Me5* Item Riuus *fehlt Y* differt *Sg1*] dicitur *S1* tamen a Riuus a Ripa *Sg1* Ripa *(1)*] + quia *Y* Ripa uero] sed Ripa *Sg1* Ripa *(2) Sg1*] Ripus *S1* + Inde Riwlus *(vgl. 360) Bs9 Me5*
P -- eyn fleyt *B10* .i. ripa *Wo4*] *fehlt Ma4 Wo1*
P-E -- eyn bach oder flus *So1* eyn bach *fehlt E2 M25*

R 360 *m s* ***Riuulus** eyn clein bach*
-- idem *(nach 359)* *Sb3 Kh2*
-- ⌜diminutiuum *(nach 359)* *X* / båchli *Sg1* *W*
-- diminutiuum *(nach 359)* *I*
-- ein klain påchel *K*

-- ⌜ain klain påchlein *M25* / .i. parua ripa *E2 So1* *P-E*

S *Wa. Bm1*] *fehlt (Blattverlust) Ma1*, *fehlt Ks2 Ma3* + diminutiuum *Bm1*
M -- ein chlain fluczzel *M19*
W *Wa. fehlt (vgl. 359) Bs9 Me5*
I *Sigle fehlt*
P Riuolus *Ma4* -- eyn cleyne flyt *B10* -- diminutiuum *(nach 359) Br1*

R 360.1 co t **Riualis** dicitur vir habens duas concubinas *I*
m t **Riuales** sunt quidam habentes vnam mulierem *P*
-- sunt vnam vxorem habentes *Kh2*

P m t Riuale *Wo4* -- sunt quedam mulieres vnam habentes *Wo4 B10*
P-E Reuales *E2*

R 361 *f p* ***Rixa*** *briga, kifelunge*
-- est briga, kriegung uel greynn *Sb3*
-- kieff, que inter multos committitur *I*
-- chrieg *K*
-- briga, schweczung *P-E*
-- .i. gwerre, kyuende *Kh2*

S *Wa. Bm1*] *fehlt (Blattverlust) Ma1* briga *S4*] *fehlt Bm1 B9*, riga *Ma3* kifelunge] kouelung *S4*, rislung *N1*
M -- krieg *M19* + uel claffunge *Ks1*
W *Wa. fehlt (vgl. 362) Bs9 Me5* -- keiffung *Me1* -- krieg *Sg1*
P *dt. Int.*] eyn keueler *B10*

R 361.1 d p **Rixare** keuelen *Ma4 (P)*

P *vgl. 362*

R 362 *d p* ***Rixari*** *kifeln, striten mit worten, schelden*
-- streyten aut mit wart schelten *Sb3*
-- kiflen uel striten *mit worten* *W*
-- .i. rixam facere, kriegen uel schelten *I*
-- chriegen *K*
-- [...] schelden, iurgari, obiurgari / + brigare, disceptare *X* *P*
-- kriegen vel schweczen, gurgari, obgurgari prigari, disceptari *P-E*
-- .i. contendere, kiuen *Kh2*

S *Wa. Bm1*] *fehlt (Blattverlust) Ma1* -- keueln uel stryten *S4* -- keuelen, striden uel myd worten kiuen *Ma3* mit worten *fehlt Ks2* schelden *fehlt B5*
M -- kriegen, streiten cum verbis *M19* -- kyueln, stryten uel mit worten schelden *D1* schelden *fehlt Ks1*
W kiflen] kiffen *Sg1 Bs9* striten] kriegen *Sg1* mit worten *Sg1*] *fehlt S1*, cum verbis *Bs9* + Inde Rixa *(vgl. 361) Bs9 Me5*
P -- keweln *Br1* kifeln *fehlt (vgl. 361.1) Ma4* striten] kregen *R1* brigare] brigari *R1*, + altercari *Ma4*
P-E *dt. Int.*] kråiren oder sweczen oder klaffen *So1*

R 362.1 f p **Rixula** .i. parua rixsa *Kh2*

R 362.2 m s **Rixosus** .i. contenciosus uel litigiosus *Kh2*

R 362.3 m s **Rixsabundus** .i. similis rixanti *Kh2*

R 362.4 m s **Rixsagulus**, **Rixsalogus** .i. sermo contenciosus *Kh2*

R 362.5 m s **Rizi** sunt quidam fructus *P*
Wa. fehlt Kh2 Br1

vgl. 354.6
P-E -- .i. ris *So1*

R 363 *m in* ***Roboam** latitudo populi interpretatur*
-- latitudo populi uel pulcher interpretatur *K-Y*
-- latitudo dei interpretatur *Kh2 Br1*

S *Wa. Bm1] fehlt (Blattverlust) Ma1*
P -- latitudo *R1*

R 364 *a p* ***Roborare** stercken.* °***Corroborare*** °*idem* °*(K P)*
-- est confortare uel confirmare *W*
-- .i. confortare, confirmare, stercken *I*

vgl. C 1054.1
S *Wa. Bm1] fehlt (Blattverlust) Ma1* strecken *S4*, striken *Ma3* Corroborare idem *S4*] *fehlt Bm1 B9*
M idem *fehlt M19*
Sb3 Corroborare] Porroborare
K Robare *W13*
P -- idem, sterken *(nach 363) R1* + Corruborare idem *Ma4*

R 365 *n t* ***Robur** sterke, et habet -oris in genitiuo*
-- ⌜sterki, et habet -oris in genitiuo. Item idem est quod *X* / est *Y* lignum durum et forte. Item Robur idem est quod fortitudo *W*
-- sterchk *K P*
n t **Robor** est fortitudo. Sed **Robur** est abscisio arboris. Wersus *(C/T »Robor«)*: Robura sunt trunci, dicuntur robora vires *Sb3*

S *Wa. Bm1] fehlt (Blattverlust) Ma1* Robor *S4* -- oft sterckung *N1*
M Robor *M19*
Sb3 *vgl. 366.1*
W Robor *S1* Item Robur] Eciam *Sg1*
I m t
K m t
P *vgl. 366* *Wa. fehlt Wo4* sterkede *Ma4*, sterkte *B10*

R 365.1 m s **Roburnus** ain búking *P-E*

P-E -- ein húr håring *So1*

R 366 *m s* ***Robustus** starg*
-- starckher *Sb3*
-- .i. fortis *W*
-- .i. fortis et firmus *I*

S *Wa. Bm1] fehlt (Blattverlust) Ma1*
W *Sigle*] Inde *(Wa. nach 365)*
I *Sigle fehlt*
P *Wa. fehlt B10* starg] stard *(!) Ma4*

R 366.1 *n s* **Robora** sunt trunci, dicuntur robora vires. / + Nemo potest longe sine robore robora ferre *(Walther 16411) X* *P*
Wa. fehlt Kh2 Br1

P *vgl. 365* *Wa. fehlt Wo1 B10* *Sigle R1*] Wersus *(nach 366) Ma4 Wo4* ferre *R1*] terre *Ma4*
P-E rubera *E2* Nemo *verderbt E2*

R 366.2 m s **Roculentus** *dowych P*
-- dauendych *Kh2 Br1*

P *Wa. Wo1*] m s Roboculentus douwen *Ma4* -- dowe *Wo4*
P-E -- tőrig *So1*

R 367 *a t* ***Rodere*** ⌜*nagen /* gnagen *Ma3 B9 P*, *et componitur cum er- et per-*
-- nagen, et componitur cum in- et per- *W*
-- **Irrodere**, **Perrodere** gnagen *I*
-- nagen *K P-E*
-- gnaghen *Kh2 Br1*

S *Wa. Bm1*] *fehlt (Blattverlust) Ma1* benagen, et componitur cum e- et re- *S4* *lat. Int.*] *fehlt B9*, Eradere Perrodere *Ma3*
M *Wa.*] a t Rodere, Erodere vber nagen *M19* gnagen *Ks1* *lat. Int.*] Erodere, per- *alle Hss.*
Sb3 *lat. Int.*] aut Erodere aut Prodere
W -- gnagen *Sg1*
P nagen, Erodo *R1* *lat. Int.*] Erodo, Perrodo *alle Hss.* + .i. destruo *Ma4*
P-E -- genaden *So1*

R 368 *f p* ***Roda*** *grece est rosa latine*
-- .i. rosa, et est greca diccio *P-E*

S *Wa. Bm1*] *fehlt (Blattverlust) Ma1* rosa] rodere *S4*
Sb3 rosa] rota

R 368.1 m s **Rodanus** nomen aque *P*

Kh2 Rodalus

R 369 *f p* ***Roga*** *est elemosina*
+ wlgariter spend *W*
+ quia semper rogatur *P-E*

S *Wa. Bm1*] *fehlt (Blattverlust) Ma1*
Kh2 elemosena

R 369.1 g in **Rodoleon** .i. colleccio rosarum, vini uel olei *P*

Kh2 Rodolan

R 369.2 m s **Rodus** nauis piratarum *P*
Wa. fehlt Kh2

P piratorum *Wo4*
P-E Rogus piratorum *alle Hss.*

R 370 *f t* ***Rogaciones*** *krücze wachen /* + byddinghe *Ma3 B9*
+ aut dy pett tag *Sb3 P-E*

S *Wa. S4*] *fehlt (Blattverlust) Ma1*, *fehlt Bm1* *Sigle Ks2*] *fehlt S4* crute weckene *Ma3*, kreucz wurcz *N1*
I *Sigle fehlt*

R 371 *a p* ***Rogare*** *biden*
-- bidden, et secundum diuersas composiciones diuersa significat /
+ Wersus *(Grec. Vet. xv 81)*: Si rogat addideris »con« *congregat*, *»e« dat, »in« infert X P (außer Kh2 Br1)*

Wa. fehlt I K-Y

S *Wa. Bm1] fehlt (Blattverlust) Ma1, fehlt Ks2 Ma3*
M *Wa. fehlt D1*
P *lat. Int. fehlt Wo1* diuersa composita *Wo4 B10* con *fehlt R1* congregat *bis* infert *R1*] etc. ut patet in compositis *Ma4* + querit presumptat ac destruit atque superbit *R1*
P-E diuersa] diuersus *E2* »con« *fehlt E2* »in« *fehlt E2*

R 372 *m s* **Rogus** *.i. ignis*
+ vel proprie composicio lignorum *I*
+ uel congeries lignorum in igne uel vocus *K*
+ °ris °*(Y)*, pira, uel est focus *P*
+ qui fit pro mortuo vel est vocus *et est idem, quod cumulus lignorum P-E*
+ uel focus *Kh2 Br1*
-- ⌜idem est quod ignis. Item Rogus, -gi significat *X* / et **Pira** idem significant scilicet *Y* cumulum lignorum ardencium *W*

vgl. P 615
S *Wa. Bm1] fehlt (Blattverlust) Ma1*
K vocus *für* focus
P + eyn auen *Ma4*
P-E vocus *für* focus et *bis* lignorum *So1] fehlt (Zeilensprung, vgl. 373) E2*

R 372.1 **Romulus** der erst man zu Rom *Sb3*

R 373 *f p* **Roma** *Rome, et dicitur a Romulo, qui primus fundator Rome fuerat*
-- est ciuitas dicta a Romulo, qui primus fundator fuit *Sb3*
-- est ciuitas, et dicitur a Rumulo, qui fuit primus fundator Rome *W*
-- Rome, et dicitur a Romu*lo* fundatore illius ciuitatis *I*
-- ficticie potest dici a »rodo, -is, -ere«, qui*a* rodit manus aduenarum per malicias et nequicias / + suarum incolarum *X*. Wersus *(Walther 4765)*: Curia Romana non querit ouem sine lana *P*
-- ficticie potest dici a »ro*do*, -is, -ere« quia rodit manus aduenarum suarum incolarum. Wersus *(Walther 4765)*: Curia [...] *R1 P-E*
-- dicitur a »rodo, -is, -ere«, quia rodit manus aduenarum. Vnde *(Walther 4765)*: Curia [...] *Kh2*
Wa. fehlt K-Y

S *Wa. Bm1] fehlt (Blattverlust) Ma1, fehlt B5* Rome *B9*] -me *Bm1 S4 Ma3*, est ciuitas *Ks2* Romulo] *verderbt Ma3*, romos *B9*, remus *N1* fuerat *S4*] fuit *Bm1*
M -- Ram, dicitur armus *(!)*, quod prius fundator Rome fuerat superneus *M19* Rome] est ciuitas *D1* Remulo *(?) Ma6* qui] quia *Ma6*
I Romulo *I2*] Romus
K fuerat] fuit *X*
P -- dicitur a rodio. Wersus *(Walther 4765)*: Curia Romana non querit ouem sine lana *Wo4*
P-E *Stichwort bis* rodit *fehlt (Zeilensprung, vgl. 372) E2* rodo *So1*] rogo *R1*

R 374 *f p* **Romania** *romisch lant*
-- talis provincia *(nach 373) W-Y*
-- romeske lant aut vinum Romanie *Kh2*

S *Wa. Bm1] fehlt (Blattverlust) Ma1* Romana *Ma3 B9*
M Romonia *M19*
Sb3 Romonia
P -- romisch wyn uel vinum romeleye *Br1*
P-E Romonia *E2* *Int. fehlt M25*

R 375 *m s* ***Romanus** eyn Romer*
Wa. fehlt K

S *Wa. Bm1*] *fehlt (Blattverlust) Ma1*
M *Wa. fehlt M19*
I *Sigle fehlt*

R 376 *f p* ***Romphea** eyn swert*
-- ⌜ain schwert, et quandoque scribitur per -v-; sed *X* / est gladius *Y* secundum Papiam *(»Rhomphaea«)* scribitur per -o- *W*
-- grece, latine gladius, eyn swert *I*
-- en camp swert *P*
Wa. fehlt Kh2

vgl. 435
S *Wa. S4*] *fehlt (Blattverlust) Ma1, fehlt Bm1* Romphea *Ks2*] Rumphea *S4* + .i. gladius, dicit Catholicon *(»Romphaea«) Ma3*
W Romphia
P f t Ronphea *Ma4*, f p Rompheia *R1* -- eyn swert *Wo1 B10* -- eyn kemswert *Wo4* -- eyn swert ader eyn kampswert *Br1*
P-E -- ein kampf oder swert in ein ser[...] als bigrin h[...] *(Rand abgeschnitten) So1*

R 377 *n p* ***Rorare** tauwen, .i. rorem ⌜dimittere* / emittere *K*
-- significat rorem mittere *Sb3*
-- .i. rorem *e*mittere, towen / + Inde **Roridus**, **Roscidus** et **Ros** *Y W*
-- .i. rorem emittere uel stillare, dauwen *I*
-- °dauwen °*(P-E)*, .i. rorem emittere *P*
-- dowen *Kh2 Br1*

S *Wa. Bm1*] *fehlt (Blattverlust) Ma1* rorem] rora *B9*
W *vgl. 378, 379, 382.1* *lat. Int. fehlt Sg1* emittere *Bs9*] mittere *S1*
K *lat. Int. fehlt Y*
P-E + ein tow fallen *So1*

R 378 *m s* ***Roridus** .i. plenus rore, fol dauwes*
-- wol taubig *Sb3*
-- **Rosidus** idem significant, scilicet plenus rore *W-X*
-- .i. plenus rore *K-Y P*
-- dowich *Kh2*
Wa. fehlt (vgl. 377) W-Y

S *Wa. Bm1*] *fehlt (Blattverlust) Ma1* *dt. Int. S4*] *fehlt Bm1 Ks2*, dowinghe *Ma3*, vol tawe *N1*
M *dt. Int.*] *fehlt D1* fol *fehlt M19*
K *dt. Int.*] *fehlt W13*, uel *(!)* taws *Hl1*, vol taw *W9 M37*
P -- dowich *B10*

R 379 *m t* ***Ros** tauw*
+ a »rarus« *I*
Wa. fehlt (vgl. 377) W-Y
Wa. fehlt K-Y

S *Wa. Bm1*] *fehlt (Blattverlust) Ma1*
W *Wa. fehlt Me1 M12*
P-E -- don *(!) E2*

R 380 *m s* ***Rosacius**, -a, -vm rosenfarbe, uel res confecta ex rosis*
-- -a, -vm rosen varb *Sb3*
-- *rosen salbe P*

S *Wa. Bm1] fehlt (Blattverlust) Ma1* Roseus, -a -um *Ma3* rosen val *Ma3*, rosen ol *B9*
W *dt. Int. fehlt Sg1*
K Roscideus *K4*
P *Wa.*] m s Rosaceus, -a, -um rosen water uel res confecta ex rosis *Wo1* n s Rosacium *Ma4 B10*, n s Rosacedon *Wo4* rosen salbe *Wo4*] ogen zalue *Ma4*
P-E *Wa. fehlt So1* n s Rosacetum *(auch R1)*
Kh2 Rosasetum *(auch Br1)*

R 381 *f p* ***Rosa** eyn rose*
Wa. fehlt W-X K

S *Wa. S4] fehlt (Blattverlust) Ma1, fehlt Bm1*
M *Wa. fehlt D1*
W *Wa. fehlt Bs9 Me5*
I *Sigle fehlt*
P *Int.] fehlt Br1*, eyn rosa *Ma4*
P-E *Wa. fehlt So1*

R 382 *m s* ***Roseus** rot*

S *Wa. Bm1] fehlt (Blattverlust) Ma1*
W -- -a, -um rosen farw *Sg1*
P-E Rosetus *(auch R1)*

R 382.1 m s **Roscidus**, -da, -dum dau val, et dicitur a »ros« et »cado« *M*
-- -a, -um dauig, et dicitur a »ros, roris« et »cado, -is« *I*
-- .i. rore *humidatus* / + madidatus *X K*
-- douwich *P*
Wa. fehlt Sb3

vgl. 377
M dau val] taüwe fallen *D1*
K humidatus *K4*] *fehlt W13*
P *Wa. fehlt B10*

R 383 n s **Rosetum** ein rosenstad
-- eyn rosgart *W-X I K*
-- locus, vbi crescunt rose *P-E*
-- eyn rosen busk *Kh2 Br1*

M + uel eyn rosen garthe *Ks1*
Sb3 Roseum
I *Sigle fehlt*
P -- rosenschede *Ma4* -- eyn rosen stel *B10*

R 383.1 n s **Rosmarinum** lauendula, herba quedam *W*
-- erba quedam *P*
Wa. fehlt Kh2 Br1

P Rosmarium *(*Rosimarium *Wo4)*
P-E Rosmarium

R 384 n s **Rostrum** ein snabel; sed **Rostra**, tantum pluralis numeri, secundum quosdam dicuntur sedilia, vbi rector nauis sedet
+ uel dicuntur sedilia apud Romam facta de nauibus Antonii *P*

-- [...] sedilia rectorum nauium; sub quo seditur *Sb3*
-- ain schnabel. Item *Rostrum est* sedes dictator*is*, .i. istius, qui habuit leges statuere. Et dicitur sic, quia, cum imperator Augustus *devicit* regem Egipti in bello nauali, tunc naues *v*ictas duxit et vexit in vrbem et ex eis construxit sedes iudiciales, que **Rostra** dicebantur, quia rostris nauium facte rostrorum figuram habebant *W*
Wa. fehlt K-Y

M sedit *M19*
W Rostrum est *Sg1*] *fehlt S1* dictatoris *Sg1*] dictatorium *S1* devicit *Sg1*] interfecit *S1* victas *Sg1*] fictas *S1* rostris] de rostris *Y* facte rostrorum] facti rostri *Sg1* habebat *Sg1*
K *lat. Int. fehlt W13*
P *dt. Int.*] eyn kauel *Ma4* secundum quosdam *fehlt Ma4* sedit *R1*
P-E tantum *fehlt E2* *dt. Int.*] ain rüssel *M25* vbi *bis* sedilia *(2) fehlt E2*
Kh2 sed Rostra] n s Rostra *(neuer Wa.)* nauibus] manibus

R 385 f p **Rosula** est parua rosa
+ ein rosell *Sb3*
+ vel color quidam *P-E*
-- rosule, diminutiuum, est parua rosa *I*
-- rosen varwe *Kh2 Br1*

P -- rasen, est incaustum, varwe *Ma4* -- rosul, est color quidam *R1* -- roßen verwe *Wo4*

R 386 f p **Rostrata** est nauis ad bellum ⌜preparata / parata *Sb3 K*
-- est nauis ad bellandum preparata *I*
Wa. fehlt W-Y

S f p Roseta *Ma3*
M parata *M19*
W f p Rostra *X*
P -- nauis ad bellum parata, eyn snyppe, habens aciem calibeum *Wo4*

R 387 f p **Rota** ein rot
-- a »ruo, -is« dicitur, quia ruat, eyn rate *I*
Wa. fehlt K

S *Wa. fehlt B5* + in curru *Ma3*

R 388 n s **Rotabulum** est furca, cum qua ignis ad fornacem truditur
-- est furca, cum qua ignis mouetur in fornace *I*
-- est furca, cum qua trahitur ignis de fornace *K*
Wa. fehlt Kh2 Br1

S cum *fehlt Y* truduntur *S4*, trahitur *Ma3*
W Rotagulum
P cum *fehlt alle Hss.*

R 388.1 n s **Rotabum** ain red stek *P-E*

P-E reb stek *So1*, reitt steck *M25*

R 389 f p **Rotula** ein rottel, uel est carta inuoluta
-- est carta inuoluta *K P-E R1 Kh2 Br1*

S rotte *S4 Ks2 B5 Ma3*

Sb3 uel est] et capitur ut est
W *lat. Int. fehlt Sg1*
P *dt. Int. fehlt B10*
P-E carta] traca *E2*

R 390 a p **Rotare** redern, et capitur pro iact*ura, ut* de sancto Stepphano in sequencia *(Rep. Hymn. 7662)*
-- [...] ut habetur in sequencia *(Rep. Hymn. 7662) Sb3*
-- ratbrechen uel iactare, ut habetur de sancto Stephano *(Rep. Hymn. 7662) I*
-- [...] ut in sequencia sancti Stephani *(Rep. Hymn. 7662) K*
-- ⌜trendelen, raden / rederen *P-E*, et capitur pro pena uel pro iactura, ut de sancto Stephano in sequencia *(Rep. Hymn. 7662) P*
-- trondelen uel raden *Kh2 Br1*

S Rotare redern] Rorare .i. roras facere *Ma3* *dt. Int.*] + raden *B9* iactura, ut *S4*] iactare *Ma1* ut in sequencia beati Stephani *B9*
M pro] per *M19* in sequencia] interrogatus saxorum *M19*
W *lat. Int. fehlt Sg1* in sequencia] quare debet corripi ibi *S1*
K n p ut in sequencia sancti Stephani *fehlt Y*
P trendelen] trenden *Wo1*, roderen *B10* raden *fehlt R1* pro *(2) fehlt Wo4*
P-E *dt. Int.*] reder machen *So1* iactura] natura *(!) E2*

R 391 m s **Rotundus** ⌜schibelecht / trynt *Ma3 B9. Inde* ***Rotunditas***
-- -da, -dum ront. Inde **Rotunditas** *I P*
-- geschewbt *K-X*
-- sinwel *P-E*
Wa. fehlt Sb3 K-Y

S *dt. Int.*] scheyblig *B5*, trint runt sennewolt *B9*, + sinwel *Ma1* Inde Rotunditas *S4*] *fehlt Ma1*
M *dt. Int.*] scheiblig *M19 D1*
W Inde Rotunditas *fehlt Sg1*
K geschewbt] scheybalat *Hl1*
P *dt. Int.*] senevolt *Wo4*, trynt *Br1*, + trynd *Wo1 B10*

R 391.1 g in **Rua** .i. pneuma grece, *spiritus* latine *P*
-- .i. spiritus *Kh2*

P spiritus *Wo1*] specie *Ma4*

R 392 f p **Rubecula** ein roteuge, piscis est
-- est nomen piscis *P-E*
-- eyn roddoghe *Kh2*

S Robecula *S4* *lat. Int. fehlt Ma3*
Sb3 Robecula
P Rubencula *Wo4* -- rodauwe *R1* *lat. Int.*] nomen pestis *Ma4*

R 393 f p **Rubela**
-- est parua *f*igella, ein ⌜rotte *X* / *rubebe Y* *S*
-- est parua figella, eyn ⌜rubegen *Ma6 Ma2* / rübeb *M19* / rübell *Sb3* *M*
-- est parua figella, rubellin *W*
-- est parua figella, eyn clein rudelin *I*
-- ⌜est paruua figella *X* / instrumentum musicale *Y*, ein rott *K*
-- °eyn °rubeba °*(P-E R1 Kh2 Br1)*, est paruua *f*igella *P*

S Rubeba *B9 N1* figella *S4*] vigella *Ma1* rubebe *B9*] rubeke *Ma3*
M *dt. Int.*] *fehlt D1*, eyn rubetchin *Ks1*, rubilin *Dr1*
Sb3 Robella
W figella] flagella *Sg1*
P Rubeba *Ma4 Wo1 R1 Wo4* *dt. Int. fehlt Wo4* figella *Wo1*] vigella *Ma4*
P-E Rubeba *E2*
Kh2 figella] flagella

R 394 f t **Rubedo** *roͤt eyns dinges*
-- roͤti *W-Y Kh2*
-- -dinis .i. aliquantulum rubeus, rodekeit *I*
-- rot *K-X*
Wa. fehlt K-Y

S *Int. S4*] rodeheit *Ma1*, rothe eyn ding *B5*
M Rubigo *M19*
Sb3 Ribedo
P *Wa.*] Robedo rode *Wo4*
P-E *Wa.*] f t Rubedrot ain ains dings *M25* -- roͤtin alicuius rei *E2* roͤti *So1*

R 395 m in **Ruben** videns filios uel filius visitacionis dicitur
-- videns filius aut filius visionis *Sb3*

S Rubel *Ma3* -- videns filium visitacionis dicitur *S4* videns filios] sextus filius *B9*

R 396 m s **Ruber**, -ra, -rum .i. rubeus
+ rot *W-Y I*

W rot *fehlt Bs9*
Kh2 m t Rubor

R 396.1 m s **Rubellus** est genus rubei vini *P*

P vini *fehlt R1*

R 397 *n s* ***Rubere*** *royt werden, et caret supinis*
-- rot werden, .i. esse uel fieri rubeum *I*
-- rot werden *K*

S *Wa. S4*] *fehlt Ma1* *lat. Int. fehlt B9*
M *dt. Int.*] roͤten *M19*
W *lat. Int. fehlt Sg1*

R 398 n t **Rubescere** *idem (nach 397)*
-- inchoatiuum, begynnen rot zu werden *I*
Wa. fehlt Kh2 Br1

S *Int. Ks2*] rot werden; et caret supinis *Ma1 S4*
K -- .i. incipere rubere *Hl1*

R 399 f p **Rubeta** .i. buffo, quasi manens in rubo
-- rana in rubis manens. Iuuenalis *(1,70)*: Porrectatur viro etc. *I*
-- dicitur rana in rubis morans valde nociua *K*
-- est bufo, °*crote* °*(P-E R1)*, uel quedam herba *P*
-- eyn poghe, eyn crade, .i. bufo uel erba *Kh2*

S bufa *S4* + in dem buß *S4*
M + in dem püsch *M19*
Sb3 buffo] + Et dicitur Rubeta

W rube *Sg1*
I *Iuv. 1,70: Porrectura viro miscet sitiente rubetam*
P rufo *R1* crote *Wo1*] *fehlt Ma4 Wo4*
P-E + vel ein bőstis *So1*

R 400 n s **Rubetum** ⌜ein gebusch / ghebuschete *Ma3 B9 P*
-- ain bosch *W*
-- dicitur locus, ubi rubi crescunt *I*
-- staudech / + Wersus *(Walther 18688)*: Non venit ad siluam, qui cuncta rubeta *v*eretur *X* *K*
Wa. fehlt P-E Kh2

S -- gebusschete stude *B9*
M *Wa. fehlt M19* -- gebuschtze *Ma6*
K veretur *Hl1*] feretur *W13*
P ghebuschete] eyn busch *Ma4*, gebuscheit *R1*, eyn ruden busch *B10*

R 401 *m s* ***Rubeus*** *rot.* °*Inde* °***Rubedo*** °*(W-Y K-X P-E)*
-- aut **Rubrus** aut **Rosus** idem *Sb3*
Wa. fehlt K-Y

S *Wa. S4*] *fehlt Ma1* Rubeus *Ks2*] Rubeos *S4* Inde Rubedo *fehlt B9*
M *Wa. fehlt M19* Inde Rubedo] *(neuer Wa.:)* f t Rubedo rotikeit *D1*
Sb3 *vgl. 402*
W *Wa. fehlt Sg1*
K *Wa. fehlt Hl1*
P *Wa. fehlt Wo4*

R 401.1 m s **Rubius** idem *(nach 401)* *Ma3 (S)*

R 402 m s **Rubrus**, **Ruffus** idem *(nach 401)*
-- .i. ruffus *K*
Rufus idem *(nach 401)* *I*
Wa. fehlt (vgl. 401) Sb3
Wa. fehlt P-Y P-E

S *Wa. nach 400 Ma1* Rubros, Rufros *S4* Ruffus *fehlt Ma3*
M *Wa. fehlt D1* idem] .i. rubeus. Inde Rubeditas *M19*
W *Wa. fehlt Sg1* Rubrus] Rubius *Bs9 Me5*
P Rubrus] Rubus *Ma4 R1*, Rubius *Wo1*

R 403 m s **Rubicundus** *roytlich*
-- rotlicher *Sb3*
-- -da, -dum .i. similis rubenti, rodelicht *I*
-- rot fårwig *P-E*

S roytlich *S4*] rodelecht *Ma1 B5*
M rotlacht *M19* + uel rot *D1*
K rötlicher *K4*
P rodich *Ma4 R1*, rodelecht *Wo4*
P-E rotferwer *So1*

R 404 n p **Rubigenare** ⌜rustern / *rusten S-Y P W*
-- rotlichen rotten *Sb3*
-- verrosten *I*
-- rostig werden *K*
Wa. fehlt Kh2

S *Wa. fehlt Ma3* rustern *verderbt Ks2* rusten *zit. nach B9*
M *Wa.*] n p Rubigenari rotig machen *M19* rosten *Dr1* + uel rustig werden *D1*
W rostigen *Sg1*
K a p
P rostern *Ma4 Br1*
P-E rosteig werden *E2*

R 405 f t **Rubigo** dicitur inmundicia nigra, rost
-- ⌜dicitur inmundicia *nigra*, rost. Item Rubigo est *X* / .i. *Y* corrupcio frugum, quando noxio humore tacte vertuntur in ruborem. Item Rubigo est vicium rodens ferrum, quod eciam dicitur **Erugo** *W*
-- est inmundicia nigra *Sb3*
-- est vicium ferri et segetum, rost, quasi »rodigo«, quia rodat *I*
-- ⌜*.i. inmundicia nigra*, rost, dicitur eciam ros noxius, qui *rodendo* segetes inanes et vacuas facit *et rubeas X* / rot *Y* *K*
-- dicitur nigra inmundicia, que est in cacabo, rost *P*
-- rost *Kh2 Br1*

vgl. E 254
S nigra *fehlt Ma3 B9*
M rost] *fehlt D1*, rôt *M19*
W -- rost *Sg1* nigra *Me1*] magna *S1* Rubigo *(3) fehlt Y*
K .i. inmundicia nigra *Hl1*] *fehlt W13* rodendo *W9*] *fehlt W13*, rodende *Hl1* et rubeas *Hl1*] *fehlt W13*
P rost *fehlt R1*
P-E rost *fehlt M25*

R 405.1 f t **Rubiligo** .i. rub*ecula* *P*
Wa. fehlt Kh2

P rubecula *Wo1*] rubiculus *Ma4*

R 406 n s **Rubilinium** rot schetter
+ dicitur pannus *K*

S Rubinium *S4* rot schecht *S4*, rotsecker *Ma3*
W Rubilinum *S1* rot schegger *S1*, rot scherter *Sg1*
K Rubilinum
P Rubilinum *Ma4 R1 Wo4 B10* rot citer *Ma4* rot schet *(?) Wo4* + vnd is rot lynen want *B10* + rothlinen duk *Br1*
P-E Rubilinum *E2* rotschårter *So1*

R 407 f p **Rub*iol*a** ein appel blume
-- eyn appel bluwet *I*
-- chlapperplům *K*
-- eyn ⌜clapper blome *Ma4* / blome *R1 Wo4* in dem korn *P*
-- ain rot blom in dem korn *P-E*
Wa. fehlt Kh2

S Rubiola *S4*] Rubigula *Ma1*, Rubiolus *Ma3*
W -- ain ôpfel bôm *S1*
K *Wa. fehlt Hl1* -- clamppfer plumb *K4*
P Rubigula *Ma4* -- eyn appelblome *Wo1* -- radelblume *B10 Br1*
P-E Rubigela -- ain plům in dem cornn die rôtt ist *M25* + wlgariter schnall *E2*

R 408 m t **Rubor** *röte*
-- rodheyt *Kh2 Br1*

S röte *S4*] ruch *Ma1*
P *Wa. fehlt B10*
P-E *Wa. fehlt E2*

R 409 f p **Rubrica** rotfarbe
-- est color rubeus *W*
-- est rubra terra uel tinctio *I*
Wa. fehlt K-Y Kh2

M *Int. verderbt Ma6*
W + rubrik *Sg1*
I *Sigle fehlt*
P -- robrike *Wo4*

R 410 a p **Rubricare** roden
+ *uel rott machen* *K-X*
-- rot ferben *Sb3*
-- est rubeum facere. Inde **Rubricatus** / + *et* ***Rubricator*** *Y* *W*
-- .i. cum rubrica dirigere et rectum facere *I*
Wa. fehlt K-Y

W *vgl. 411* -- rot machen *Sg1* et Rubricator *zit. nach Bs9*
K *Zusatz Hl1*] *fehlt W13*
P -- rot maken *Ma4*

R 411 m t **Rubricator** est ille, qui ⌜scribit / *facit K-X* cum rubrica
Wa. fehlt (vgl. 410) W-Y
Wa. fehlt K-Y

M -- der do schrebt mit röt *M19*
K *Int. M37*] röter *W13* cum rubrica] tantum rubricam *Hl1*, rubricam *W9*
P -- qui rubeum facit *Ma4* -- eyn roder *Wo4*
Kh2 -- quod scripsit cum rubrica

R 411.1 m s **Rubrus** .i. rubeus *P*

P rubeus *verderbt Wo4*

R 412 m s **Ruburnus** ein bocking
+ nomen piscis *I K*
Wa. fehlt P-E

S vuckinck *Ma3*
M *Wa. fehlt M19*
W Ruburnius *Sg1* + est piscis *S1*
K puchling *Hl1*

R 413 m s **Rubus** ein pusch
+ a »rubeo«, quia rubeum fructum habet *I*
+ lignum spinosum et densum *K*
-- °*pusch* °*(Y)* est lignum spinosum, quod habet fraga similia moro; vnde Rubus agrestis morus dicitur, bromber *W*
Wa. fehlt Kh2

vgl. M 575
W pusch *Me1*] *fehlt S1*
P-E *Wa. fehlt So1*

R 414 n p **Ructuare**, **Ructare**, **Eructare** rustern
+ .i. ructum facere *I*
-- **Eructuare** groppiczen *Sb3*
-- reispern *K*
-- *auß roffen* *P-E*
-- uel **-tare** vp ryspelen cum ore *Kh2*

vgl. E 245, E 246
S *Wa.*] n p Ructuare, Ructare idem *S4*, n p Ructuare, Ructare respen *B9* Ructare, Ructuare *Ma1*
M Eructuare *Ma6*
K *vgl. 414.1* -- awsß werffen oder speyben *Hl1*
P *Wa.*] n p Ructare *(?)* ut czigen uel rostern cum ore *Ma4* rustern] vß senden vß reufen *R1*, vßenden rosten *Wo4*, vp rosteren *B10 Br1*
P-E auß roffen *M25*] vf rͦfen *E2*, vf rupfen *So1*

R 414.1 n p **Ructare** idem *(nach 414)* *K*

K *Wa. fehlt Hl1*

R 414.2 f p **Ructicia** rusent lant *Ma3 (S)*

R 415 f p **Rudea** sunt purgamenta domus
Wa. fehlt I Kh2 Br1

P-E Pugamenta *E2*

R 416 m t **Ruder**
-- ⌜geiß dreg *Ma1 N1* / eyn czegen dreck uel geyß dreg *S4* / eyn seghen kottel *Ma3* / stercus capre *B9* *S*
-- ⌜eyn zegen dreg *Ma6 Ks1 D1* / ein gaizz drechk *M19 Dr1 Ma2 Sb3* *M*
-- ^{O}*dicitur* ^{O}*geißtreck* ^{O}*(Y)*, stercus caprarum *W*
-- uel **Rudus** eyn geißen dreg *I*
-- gaiz drechk, siue ouium / + siue asinorum; et dicitur illud, quod de folla eicitur, quando purgatur *X* *K*
-- *est stercus caprarum* uel dicitur, quod deicitur de fouea ^{O}uel ^{O}quod ^{O}secatur ^{O}de ^{O}lapidibus ^{O}*(P-E)* *P*
-- est sterkus caprarum uel canum *Kh2 Br1*

S -- czegen drek *Ks2 B5*
W n t dicitur geißtreck *Me1*] *fehlt S1*
P -- eyn czegen kotel *Wo1* est stercus caprarum *Wo4*] eyn geiß dreck *Ma4* deicitur] eicitur *Wo4*

R 417 n t **Rudere** est clamare ^{O}ut ^{O}asinus ^{O}*(Sb3)*
-- est sonare vel clamare ut asinus *I*

I m t
P + a ruditate *Ma4 R1*

R 418 o t **Rudens** ein *lin* ⌜in / an *Sb3* dem schiffe
-- ⌜ain lin in dem *schiff uel X* / et est talis *Y grossus funis* *W*
-- est funis, qu*o* velum sursum trahitur *I*
-- dicitur funis nauium / + *et dicitur a »rudio«, quod est vox asini* *X* *K*

S lin *S4*] lene *Ma1*, linde *N1* in dem schiffe] in naui *Ks2*, in dem pusche *B5*
M -- eyn leyn eyn schoph *M19*
W schiff uel grossus funis *Me1*] schiffer *S1* grossus funis] clamor *Sg1* + Inde Rudimentum *(vgl. 419) Bs9 Me5*
I quo *I2*] qua
K *Zusatz Hl1*] *fehlt W13*
P m s Rudius *(*n s Rudius *Ma4)* -- est funus *(!)* in naue eyn line *Ma4* in dem schiffe *fehlt R1*
P-E *Wa. fehlt So1 M25*
Kh2 lin *verderbt*

R 419 n s **Rudimentum** grobheit
-- grab *Sb3*
-- .i. nouum inicium, noua instruccio *I K*
-- .i. documentum *P (außer P-E)*
Wa. fehlt (vgl. 418) W-Y

S grosheyt *Ma3*
P -- grofheyt *Wo1* -- lere uel documentum *Wo4*
P-E groheit *So1*

R 420 n q **Rudire** est clamare ut asinus. °Inde °**Rudibilis** °*(Ma3 B9)*
-- est clamare ut asinus uel commun*is* clamor omnium animalium. Inde **Rudibilis** *I*
Wa. fehlt K Kh2

M -- idem *(nach 417) M19*
W est clamare ut asinus] .i. rudere *Y*
I communis *I2*] commune
P asinus] + kyha *Wo4* Rudibilis] + sunt cunabila *(?)* uel vicia *Ma4 Wo4*, + sunt cunabula uel vicia *R1*
P-E Rudibilis] + ain růchlender *M25*

R 421 n q **Rudio**, -dis, -iui, -itum in supino est clamor °*communis* °*(K)* omnium animalium
-- -iui habens in preterito et -itum in supino est clamare communiter ut omnia animalia *Sb3*
Wa. fehlt I Kh2 Br1

S Rudo *S4*, Rudis *B9* communis *Ks2*] *fehlt Ma1 S4*, commune *Ma3*
M communis *fehlt M19*
P animalium *fehlt Wo4*

R 422 co t **Rudis** *dul*, grobsynnig
-- primo est virga; vnde Oracius *(epist. i 1,1 f.)*: Prima dicte mihi, summa dicende Camen*a* specta*tum* satis et *donatum* iam rude queris. Aliquando est aliquis *carens* facesie; exemplum: Iste homo est rudis in suis factis. Aliquando est vestis male disposicionis; exemplum: Iste gerit rudem vestem. Et dicitur esse nouus; vnde Ouidius *(vgl. her. xi, 48)*: Et rudis et paruus miles eram *Sb3*
-- substantiuum est virga manumissoria, qu*a* pre*tor t*angere solebat libertati donand*os*. Rudis adiectiuum proprie est res noua et nondum humanis usibus applicata, ut *c*era rudis dicitur, que nondum est ad usus hominum reducta. Methaphorice homo dicitur rudis, cuius mores nondum sunt honest*is* aliorum moribus applicati siue conformes; et sic Rudis est inscius et sine laude *W*

-- et hoc -e .i. nouus uel indoctus uel nouiter instructus *I*
-- peẘrisch, nouus, indoctus, *crudelis, nihil sciens* *K*
-- ⌜dul, groffsinnig in disciplina / grobsing, indisciplinatus *P-E*, inexpertus, uel est virga manumissionis, .i. libertatis, qu*am* olim antiqui poete solebant tang*ere*, quando racione senectutis amplius scribere non potuerunt. Primo est adiectiuum, 2° est substantiuum, 3° est idem quod nouus *P*
-- dul uel grof synnych, uel est virga manumissionis et libertatis, quam olim antiqui poete solebant tangere, quando racione senectutis amplius scribere non potuerunt. Primo est adiectiuum communis generis 3ᵉ declinacionis, 2° substantiuum *Kh2 Br1*

S -- dorecht *S4* dul *Ma3*] tüm *Ma1*, *fehlt Ks2 N1*, torrecht *B5*
M -- på̊wrisch oder grob *M19* dul *fehlt Dr1*
Sb3 Camena spectatum *emend.*] Camene spectant donatum *emend.*] dubitatum aliquis carens *Gr2*] nomen alicuius aliquis facesie *für* facecie
W qua pretor tangere *Sg1*] quam preco pangere *S1* donandos *Bs9*] donandis *S1*, donendos *Sg1* cera *Sg1*] sera *S1* honestis *Sg1*] honesti *S1*
K crudelis, nihil sciens *K4*] *fehlt W13*
P -- dul, grofsynnech *Wo1* grobesßynnes *Wo4* .i. libertatis] in libertate *Wo4* quam *R1*] qua *Ma4*, quasi *Wo4* tangere *R1*] tangi *Ma4 Wo4* adiectiuum] aduerbium *Wo4*
P-E *dt. Int.*] grob *M25* adiectiuum] aduerbium *E2*

R 422.1 *n s* ***Rubilianum*** rot trub *W*

vgl. A 448.3
W *Sigle Sg1*] *fehlt S1* Rubilianum *Bs9*] Rudilanum *S1*, Rubilionum *Sg1* rot trewbel *Me1*, rotertrub *Sg1*

R 423 n t **Ruere** vallen, rui, ruitum uel rutum in supino, et componitur cum cor-, ir-, su*b*-, per-
-- .i. cadere, fallen *I*
-- vallen, habet rutum uel ruitum in supino *K*
-- vallen, et componitur cum con-, sub-, per- *Kh2 Br1*

S -- vallen, rui uel ruitum in supino *B9* et componitur cum *fehlt Y* cor-] cur- *S4 B5* sub- *S4*] sup- *Ma1*
M et *bis* per- *fehlt M19* et componitur cum *fehlt Ma6*
Sb3 componitur] potest componi per-] pro-
W -- fallen *Sg1*
K a t *lat. Int. fehlt Y*
P Ruere] Rubere ruere *Ma4* uel rutum *fehlt Wo4* sub-] suc- *R1*

R 424 m s **Ruffatus** .i. cum sanguine cruentatus
+ infectus *K*
Wa. fehlt (vgl. 424.2) P-E R1 Kh2 Br1

S Rufanus, -na, -num *B9*
Sb3 m s Rufectus
K m s Ruatus cruentatus *fehlt W13*
P *Wa. fehlt (vgl. 424.2) Ma4 Wo4*

R 424.1 m s **Rufus**, -fa, -fum .i. rubeus, rot *I*
-- ⌜.i. rubeus / rot *P-E R1* *P*
Wa. fehlt Kh2

R 424.2 f p **Rufata** coccinea uel femora, eyn rot rock *P*
-- eyn rad rok *Kh2 Br1*

P *Wa. fehlt (vgl. 424) Wo1 B10* Rufata] + crusator uel *Ma4*
P-E femora *verderbt E2* -- est rufa tunica *So1* tůt rǒck *M25*

R 425 f p **Ruga** ein runczel
\+ est plicacio cuiuslibet rei in vnum et semicula *I*
\+ ader eyne krake *Br1 Kh2*
-- ein runczen aut falten *Sb3*
Wa. fehlt K-Y

S runczel] krokele *Ma3*, krake *B9*
M *Wa. fehlt M19*
W *Wa. fehlt Sg1*
P Roga *Ma4* -- eyn krokele *Wo1* -- eyn croczele in den oren *Wo4* + est krochel *Ma4*
Kh2 runse krake *verderbt*

R 426 n p **Rugare** runczeln
-- runczen *Sb3*
-- *.i. rugas facere P*
Wa. fehlt I

S -- krokelen *Ma3* + kroken *B9*
P *Int. R1*] runczeln *Ma4*, krokelen *Wo1*, crouczelen *Wo4*, + crakelen *B10*
Kh2 rugus

R 427 n q **Rugire** brymmen
-- *brúmlen*, proprie est leonum *W*
-- proprie est leonum, promen als eyn lewe *I*
-- et **Rugitare** .i. clamare *K*
-- ⌜brummen / .i. clamare *Kh2 Br1 ut leo P*

S *Wa. fehlt N1* -- kremmen *Ma3* -- bremmen alse dy louwen *B9*
M brummen *Dr1*
Sb3 prinnen
W *dt. Int. Sg1*] brumen *S1*
P -- brymmen *R1* -- brymmen et est proprium leonum *Wo4* ut leo *B10*] *fehlt Ma4 Wo1* + vreschen *Wo1*
P-E *dt. Int.*] murmlen *So1*

R 427.1 **Rugitus** enim est clamor leonum; quandoque tamen ponitur pro clamore hominum *W*
-- ⌜brummyng / brymmich *Kh2 P*

P part Rugitus brummighe *Wo1*, brymunghe *(?) Wo4*, brimmynge *Br1*
P-E part Rugitus -- brůmmen *M25* -- murmlung *So1*
Kh2 part Rugitus

R 428 m s **Rugosus** ⌜runczelecht / krokelech *Ma3 B9 P (außer P-E)*
-- runczlot oder faldot *Sb3*
-- -sa, -sum .i. rugis plenus, rontzelicht *I*
-- runczelig *K*
-- krokych *Kh2*

S krokich *B9*
M růczlig *M19*, runczelich *D1*, ruczelecht *Dr1*
P crouczelecht *Wo4*, kralik *B10*, runczig *Br1*
P-E rúnczelost *E2*

R 429 f p **Ruina** ein fall, .i. casus. °**Casura**, °**Lapsus** °idem °*(Ma3 B9 P-Y)*
-- a »ruo, -is«, eyn fal. Inde **Ruinosus**, -a, -vm *I*
-- val *K*
Wa. fehlt Kh2

vgl. C 230.2, L 81.3
S fall] inval *Ks2*
M -- .i. casus, lapsus uel casura, eyn fal *Ks1*
Sb3 -- Casus, Casura, Lapsus idem sunt, ein fall
W -- ain val, Casus, Lapsus idem *S1* ein fall *fehlt Bs9* .i. casus *fehlt Sg1*
P -- .i. casus uel lapsus, eyn fal, Casura idem *Ma4* -- .i. casus, a »ruo, -is«, Casura, Lapsus idem *R1* -- eyn val *Wo4* -- .i. casus *Br1*
P-E -- ein fal, .i. casus *So1* -- est castus *M25*

R 429.1 f p **Ruma** eminens pars gutturis vel papilla *I*
-- idem *(nach 431)* *K-Y*

R 430 m s **Rumbus** ein stor, °**Sturio** °idem °*(B9 P-Y K)*, *piscis est*
\+ Wersus: *Est* in *aquis* piscis, caput eius demere si scis, adde *b* - fit volucris, que nocte volat sine pennis *Sb3*
Wa. fehlt I Kh2

vgl. S 1120
S piscis est *S4*] *fehlt Ma1 Ma3*
M *Stichwort verderbt M19* piscis est *fehlt Y*
Sb3 Est in aquis *Gr2*] In aliquis b- *Gr2*] s-
W Sturio idem *fehlt Sg1*
P -- eyn stor *Wo1* piscis est *fehlt Ma4 R1*
P-E Sturio idem *fehlt So1 M25*

R 431 n t **Rumen** est illa pars inferior gutturis et hoc *in* brutis / + *animalibus M-Y W*, ubi esca ante stomachum seruatur
-- est ista inferior pars gutturis et hoc in animalibus, vbi esce ante stomachum serua*n*tur *Sb3*
-- -inis est inferior pars gutturis, vbi esca ante stomachum discernitur, et hoc in brutis animalibus *I*
-- oder gum / + locus, vbi cibus et potus deuorantur et vbi sapor illorum discernitur. **Frumen** et **Ructa** idem sunt; sed differunt: Frumen et Ructa sunt in homine, *Rumen et* ***Ruma*** *in bestia X* *K*
-- est ista pars inferior in brutis, vbi esca ante stomachum seruatur *Kh2*

S *Wa.*] n t Rumor est inferior pars gutturis *B9* in *S4*] *fehlt Ma1* vbi escam ante stomacho seruator *S4* stomacho *Ma3*
M et hoc in brutis animalibus *D1*] *fehlt M19*
Sb3 seruantur *Sp3*] seruatur
W et hoc] ut *S1*
K *vgl. 429.1* Rumen et Ruma in bestia *W9*] Ruma in bestia et Rumen eciam in bestia *W13*, Rumen in bestia *Hl1*
P brutis] + animalibus *Wo4*
P-E prutis *E2* escam *E2* seruantur *E2*

R 432 a p **Ruminare**
-- ⌜anderwert kuwen *Ma1* / anderwerben kowen *S4* / ader kowen *Y*, sicud *v*acce *S*
-- ⌜ederichin *Ma6* / wider chewen *M19*, sicut vacce *M*
-- anderwayd cheun *Sb3*

-- significat cibum secundario masticare uel commedere et pertinet ad boues et capras, *in druken* *W*
-- edrichen, vt *v*acce *I*
-- indruchken, °*anderwayd* °*chewnn* °*(Y)*, vt vacce *K*
-- ⌜*ader kauwen* / kúwen *P-E R1*, *ut vacce solent post commescionem, et est partem esce in gutture seruare* *P*
-- ader kowen, ut *vacce* *Kh2 Br1*

S *dt. Int.*] anderweyt kuwen *Ks2*, anderwert czebenn *B5* vacce *Ma3*] facce *Ma1*, facce et boues *S4*, *fehlt Ks2*, boues *B5*
M *dt. Int.*] abir kuwen *Ks1*, anderwerp kuen *Ma2*, anderwert keuen *D1*, ander kuwen *Dr1*
W *dt. Int. Sg1*] *fehlt S1*
I vacce *I2*] facce
K yedrucken *Hl1*, in druck *K4* anderwayd chewnn *W9*] *fehlt W13*, kuen anderwaid *Hl1*
P *Wa. Wo4*] *fehlt Ma4* *dt. Int.*] kuwen *B10* *lat. Int. fehlt Wo1* vacce *B10*] vacci *Wo4 R1*
P-E *dt. Int.*] knúwen *So1*, + vel mówen *E2* solent] faciunt *E2* commescianem *E2* partim *alle Hss. (auch R1)*
Kh2 vacce *Wo5*] vaxse

R 433 m t **Rumor** nuwe mere
-- .i. murmur vel quod wlgo dicitur nouum *I*
-- mere / + runynghe *Kh2* *P*

S -- nuwe *B5* -- mere de myge syn *Ma3* mer nighe mere *B9*
P -- nige mere *B10* -- runynghe *Br1*

R 433.1 m t **Rumores** ⌜ny mer *Ma4 Wo1 Kh2 Br1* / nuwe mer *Wo4 P-E R1* *P*

P *Wa. fehlt B10*

R 434 a t **Ru*m*pere** zubrechen, .i. frangere, ⌜*losen* / *laßen S-X*, et componitur cum cor-, di-, e-, inter-, pro-, pre-
-- zu prechen, et componitur cum con-, dis-, e-, inter-, pro- et pre- *Sb3*
-- zerbrechen uel loͤsen, et [...] *W*
-- .i. frangere vel soluere, off losen *I*
-- zeprechen *K*
-- -pi, -ptum .i. frangere, °*to*breken °*(Kh2 Br1)* uel soluere, °losen °*(Kh2 Br1)*. Inde **Ruptus** et **-ptum** aduerbia et **Ruptare**; et componitur [...] *P*
-- .i. frangere vel soluere. Inde **Ru*mp*tus** et **Rumpti** *et* ***Rumptare*** *P-E*

S Rumpere] + ruptum in supino *S4 B5* .i. frangere *fehlt B9* losen *zit. nach Ma3* laßen *S4*] zu lassen *Ma1* et *bis* pre- *fehlt B9* et componitur cum *fehlt Ma3*
M zubrechen *fehlt M19* losen *fehlt Ks1*
W -- zerbrechen uel stoͤren *Sg1* e-] re- *alle Hss.*
P *dt. Int. fehlt R1 B10* tobreken *Wo1*] breken *Ma1* Inde *bis* Ruptare] *fehlt Wo4*, Inde Rumptus et Rumpti et Rumptare *R1*
P-E Rumptus *So1*] Rupertus *E2* et Rumptare *So1*] *fehlt E2*
Kh2 et componitur] quod compositum inter-] inter- rumpere

R 435 f p **Rumphea** .i. gladius
\+ secundum Britonem *(Brito 662)* scribitur per -u-, sed secundum Papiam *(Papias »Rhomphaea«)* per -o- *W*
\+ eyn swert, a »rumpo, -is« *I*

-- swert *K*
Wa. fehlt Sb3 Kh2

vgl. 376
S + dicit Catholicon *(»Romphea«) Ma3*
K *Wa. fehlt K4*
P Rumphea] + ris *(?) Ma4 Wo1*

R 435.1 m s **Rumunculus** .i. paruus rumor *K*

R 435.2 p **Runcare** dicitur herbas a terra euellere / + *et dicitur a runcone X* *K*

K *Zusatz Hl1] fehlt W13*

R 436 m t **Runco** est instrumentum curuum cum manubrio longo, cum quo euelluntur herbe et vepres secantur, °*hoc* °*Brito* °*et* °*Catholicon* °*(S-X)*
-- [...] cum quo auelluntur erbe, grab eis *Sb3*
-- ⌜-onis significat cultellum uel instrumentum curuum cum manubrio longo, quo euelluntur herbe et vepres secantur, hoc Brito *(662f.)* et Katholicon *(»Runco«)*. Item Runco, -onis / -onis *Y* significat cultellum admodum falcis formatum, quo vepres et spine succiduntur, qui eciam **Falcastrum** dicitur. Et nota, quod **Runcina** corripit penultimam secundum consuetudinem Cisterciensium ordinis; hoc tamen est contra gramaticos. *Versus (Brito 664)*: Runco runcina*m* parit et medeor medicina*m*. Ergo doctrinam dicas, lector, asininam, qua sic *er*ratur, ut runcina corripiatur. Vnde Nouus Grecismus *(80ᵛ)*: Rusticus est runco, runconis; est quoque runco falx uel falcastrum, cum quo frutices ego runco *W*
-- -onis est instrumentum curuum, cum quo euelluntur herbe et vepres secantur, vel qui herbas euellit *I*
-- [...] longo, quo *eleuantur* herbe *K*
-- eyn *gropen hake* *P*
-- heng an dem årin hafen *E2 P-E*
-- eyn grapen sel *Kh2*

vgl. F 35
S curuum *fehlt B9* manibrio longe *S4* cum *fehlt Y* euellentur *S4*, euallantur *Ma3* et *(1) bis* Catholicon *fehlt B9* hoc Brito et Catholicon *zit. nach Ma3* *vgl. Brito 662f., Cath. »Runco«*
M cum *fehlt Ma6 M19* hoc Brito et Catholicon *fehlt M19*
W succinduntur *Sg1* Versus *Sg1*] *fehlt S1* runcinam *emend.*] runcina *S1 Bs9*, rucinam *Sg1*, rucina *Me1 M12 Me5* medicinam *Sg1*] medicina *X* erratur *emend.*] oratur *X*, aratur *Y*
K eleuantur *K4*] euellentur *W13*
P *Int. B10*] eyn grepe, eyn hake *Ma4*, est instrumentum currum cum manubrio longo, quo euellantur herbe et vepres secantur *Wo1*, eyn gropen heng eder ore *Wo4*, eyn hafen hake *R1*
P-E -- ein henn in dem hafen *So1* -- ain hang an ainem erdein haffen *M25*
Kh2 m t Rūpo

R 437 f p **Runcina** est quoddam artificium lignarij gracile et *re*curuum, quo *cauantur* tabule domus, et vna alteri connectatur
-- est quoddam instrumentum artificium gracile et recuruum, cum quo cauantur tabule et vna alteri connectatur *Sb3*
-- [...] domus, ut vna alteri connectatur, de quo Ysaya xliiij *(44,13)*: Artifex *I*

-- nůel, est instrumentum ⌜curuum et gracile, cum quo cauantur celindria aut tabule *domus, eciam dicitur feyl X* / quo caudantur celindria *Y K*
-- est quidam vnccus *P*
Wa. fehlt (enthalten in 436) W
Wa. fehlt Kh2 Br1

S f p Runcino *S4* gracile *verderbt Ma3* recuruum *S4*] curuum *Ma1* cauantur *bis* vna *fehlt Ma3* cauantur *S4*] *fehlt Ma1* et vna] vni *(?) S4*, et vnum, vt vnum *B9* connenctatur *S4*
M domus *verderbt M19* connectitur *Ma6 M19* + ein nagel *D1*
Sb3 n t Runcale
K instrumentum] + in partibus anterioribus *W13* domus *bis* feyl *Hl1*] *fehlt W13*
P + eyn haken *Ma4*

R 438 f t **Rupis** est lapis *abs*cisus de monte saxoso
+ a »rumpo« *P (außer Kh2 Br1)*

S abscisus *S4*] accisus *Ma1* saxiso *S4*
M saxaso *Ma6*
I f t Rupes, -pis
K f t Rupes *Y*
P-E *Zusatz fehlt E2*

R 438.1 a p **Rupudiare** .i. fastid*i*re uel contempnere *P*
-- .i. fastidire *B9 (S)*
Wa. fehlt Kh2

S n p Rupudare *B9*
P Rupidiare *Y* fastidire *Wo1*] fastidere *Ma4*
P-E Rupidiare *E2* contempnare *E2*

R 438.2 d p **Ruriculari** ackern *B10 (P)*

R 439 co *p* **Ruricola** ein ackerman
+ .i. »colens rus« *I*

S *Sigle Ks2*] co t *Ma1*
P Rudicula *Ma4* *Int. fehlt R1*

R 440 m s **Ruricularius** idem *(nach 439)*
Wa. fehlt I

P-E Ruriculus *E2*
Kh2 Rudicularius

R 441 adv **Rursus**, **Rursum** .i. iterum
+ ander wayd *Sb3*
+ anderwerbe *I*
-- uel **Rursum** *ander wait W-Y*
-- ⌜ander baid *M25* / zů dem ander mal *E2 So1 P-E*
Wa. fehlt Kh2 Br1

S adv Rursum Rursus *Ma1* Rursum *fehlt S4* + vort mer *Ma3*
W ander wait *Bs9*] zů dem andren mál *Sg1*
K *Wa.*] adv Rursum idem *(nach 440) K4* Rursus *fehlt Y*
P .i. iterum] ander werbe *R1 Wo4*
P-E *vgl. 441.1*

R 441.1 adv **Rursum** idem *(nach 441)* *P-E*

R 442 n t **Rus** .i. villa uel campus
-- est campus, ein goe oder feld *Sb3*
-- .i. villa, terra, ager. Sed **Rura** inculti agri *I*
-- ⌜felt, .i. campus *Ma4 R1 Wo4 Kh2 Br1* / .i. villa uel campus *Wo1 B10 E2* *P*

S uel campus *fehlt S4*
P-E -- ruris .i. rusticus *So1* -- .i. campus *M25*

R 443 f p **Ruscia** ruscenlant
Wa. fehlt I

S *Wa.*] f p Rucia rutzentland *B9*
W *Wa. fehlt S1*
P Rusea *Ma4*

R 444 f p **Rusticia** ⌜geburschafft / burscop *S-Y P W K-Y*
Wa. fehlt I

S Rustucia *S4* geburgschafft *S4*, büerschafft *Ks2*
M Rustucia *X* burschafft *Ma6 Dr1*, påwrischait *M19*
Sb3 Rustinia
W *Wa. fehlt S1*
K Rustucia *W13*
P -- geburschaf *R1* -- gheburesch *Wo4*
P-E -- geburschaft *E2* -- geburheit *So1*

R 445 *m s* ***Rusticus*** *eyn* ⌜*gebur* / bur *S-Y P Sb3*
-- rus colens dictus, quod rus operetur, *.i.* terram. Rusticum et Rusticanum ita distingwimus: Rusticus operarius dicitur, **Rusticanus** °vero °*(Y)* pater familias *W*
-- quasi »ruris custos« vel »rus colens« *I*
Wa. fehlt K

S *Wa. S4*] *fehlt Ma1* pawr *B5*
M *Wa. fehlt M19 D1*
W dictus *bis* dicitur *fehlt Sg1* .i. *Bs9*] *fehlt S1*
P *Wa. fehlt Br1* gebur *R1 Wo4*
P-E gebur *So1*

R 445.1 f t **Rusticacio** est rustici accio, sicud agros colere et similia. Vnde Ecclesiastici 7mo *(7,16)*: Non oderis opera laboriosa et rusticacionem a deo creatam *W*
-- dicitur rustici accio *K*

R 445.2 **Russata** vestis est, quam Greci *feniceam* uocant, nos cocciniam, rot rok, repertam a Lacedemonijs a*d* celandum coloris similitudin*e* sanguinem, quociens quis in acie wlneraretur, *ne* contempla*n*ti adversar*io* animus augesceret. Hac sub consulibus Romani usi sunt milites; vnde eciam **Russati** vocabantur *W*

W feniceam *Sg1*] femina *S1* repertam *bis* augesceret *fehlt Sg1* ad *Bs9*] a *S1* similitudine *emend. (vgl. Isid. xix 22,10)*] similitudinem *alle Hss.* ne contemplanti adversario *Bs9*] nec contemplati aduersarij *S1* Hac] Hoc *Sg1*

R 445.3 m s **Rusticanus**, -a, -um .i. rusticus vel pater familias *I*

I *vgl. 445*

R 445.4 m t **Runca*nbon*** eyn agetsteyn *P*
Wa. fehlt P-E R1 Kh2 Br1

P Runcanbon *Wo1*] Runcambor, Runcabor *Ma4*

R 445.5 **Rustupa** eyn schulle, eyn droghe but *Kh2*

Kh2 *vgl. 446*

R 446 *f p* ***Rustupa*** *eyn bucking*
-- .i. roburnus, °*pucking* °*(Y)* *W*
-- .i. roburnus *P-E*
Wa. fehlt I K-Y

S *Wa. S4*] *fehlt Ma1* f p Rustulus *Ma3*
M -- ein bangkint *D1*
W pucking *Me1*] *fehlt S1*, bugling *M12*
P-E Rustula *(auch R1)*
Kh2 *vgl. 445.5* *Wa.*] n p Rustuba eyn burkynt

R 446.1 f p **Rustula** idem *(nach 446)* *B10 (P)*

R 446.2 m s **Rustus** huls *P*
Wa. fehlt Kh2

P -- rische huls *Ma4* -- hulfe *(!) R1*
P-E -- .i. iuuamen *E2 So1* .i. juuamen, hielf *M25*

R 447 f in **Rut** .i. videns / + uel festinans interpretatur *S-Y P*
-- interpretatur festinans, alienigena enim erat *I*
-- videns interpretatur et fuit mulier *K P-E*

S + uel est proprium nomen *B9*
W *Wa.*] f in Rutifidens ruta uel peganes rut *(vgl. 448, 448.1) S1*
K f in Ruthi *K4*
P *Zusatz fehlt R1* festinus *Wo4*

R 448 f p **Ruta** ein rudt
-- eyn rotta, instrumentum musicum *Kh2 Br1*
Wa. fehlt (vgl. 448.1) Sb3 I K

P + eyn seyden spel *Wo4 B10*

R 448.1 f p **Ruta** rude, herba *S-Y Sb3 K*
-- quedam herba, rude, et est calida et sicca in tercio gradu *I*
-- rude *P*

vgl. 448
S -- ein rut, et est herba, rude *N1*
P + winrude *Ma4*
P-E *Wa. fehlt M25*

R 449 m s **Ruteus** .i. baculus pastoralis / + uel eyn rucze *Ma3 B9*
+ pischoff stab *Sb3*
Wa. fehlt I

S *Wa. verderbt S4* + vel eyn ruse *Ks2*

M *Wa.*] m s Rutheos .i. pastoralis vel baculus, eyn rüder *M19* + uel eyn rude *Ma6* + uel eyn gelte *Ks1*
P Rutenus + eyn rutze *Wo1 B10*
Kh2 Rutanus

R 449.1 m s **Rutenus** quidam populus, a rubeo colore *I*

R 449.2 m s **Rutilus**, -la, -lum .i. splendidus vel crispus vel tremulus vel nomen gentile, a rutilo rege *I*

I *vgl. 451*

R 450 n p **Rutilare** schinen
-- .i. splendere *I*

R 450.1 **Rutili** quidam populi sunt *I*

R 450.2 p pr **Rutilans** schinnent *So1 (P-E)*

R 450.3 f t **Rutilacio** schinung *So1 (P-E)*

R 451 co t **Rutilis** .i. fulgidus. °Inde °**Rutilitas** °*(P-E)*
-- est fulgidus, scheyniger *Sb3*
Wa. fehlt (vgl. 449.2) I

K Inde Rutilitas *fehlt W13 Y*
P -- schinende *B10*

R 451.1 f t **Rutilitas** scheynikait *Sb3*

S 1 f in **Saba** arabien lant
+ est quedam regio *I*
+ *uel ciuitas in Ethiopia* *K*
-- arabigen landt *Sb3*
-- est ciuitas in finibus Ethiopie sita, sicut dicit glossa super Ysaya *(vgl. Brito 666)*; secundum vero Papiam *(»Saba«)* Saba est regio quedam, que alio nomine dicitur Arabia, que per fluuium Iordanem diuiditur a terra promissionis *W*
-- .i. Arabea, arabien lant, madian *P (außer P-E)*
-- est nomen regionis *Kh2 Br1*

S aribienn lannt *B5*
K f p *Zusatz K4*] *fehlt W13*
P -- .i. arabiaris madian *R1* arabien lant] *fehlt Wo4*, + rex *(?) Ma4*

S 2 n p **Sabatisare** viern °uel °rüwen °*(Sb3 K Kh2)*
-- .i. requiescere uel fiern *I*
-- fiern, .i. quiescere *P*

S rüwen *verderbt B9*
P -- vyren, rowen *Wo1* + ruwen *Ma4*
P-E fiern *fehlt M25*

S 3 n s **Sabanum** ein bat uel mappa
-- .i. mapa vel facitergium *I*
Wa. fehlt W-Y Kh2 Br1

S -- eyn uel mappa *B5* -- eyn bach uel mappe *Ma3* bat] mat *S4*, vat *B9*
W Sabonum *S1* bat] bett *S1*, peicht *Me1 (baid M12)*
P bat] ghebot *Wo4*
P-E bayt *E2*

S 4 g in **Sabath** mensis Februarius
+ apud Hebreos. Vnde Grecista Nouus in alphabeto Hebraico *(Grec. Nov. 98rv)*: Dispare sub sensu Sabaoth, Sabath, Saba ponis. Vrbs est uel fluuius Saba uel nomen regionis. Sabath febru*i*us est, ut Hebreus habet, Sabaotque est exercituum, sic eorum noscit*o* quodque *W*

M Sabaoth *Ma6*
Sb3 Februarij
W Sabath*(2)*] + que *S1* fluuius Saba] fluuius *Sg1* februius *Me1*] februus *S1 Y*
Sabaotque est] Sabothque et *Sg1* noscito *Sg1*] noscitur *S1*
I Sabach

S 5 n s **Sabatum** heilge *dag* apud Iudeos. Sed apud Christianos dicitur ⌜sampstag / sunnauent *Ma3 B9 P (außer P-E)*
-- est dies septimane uel ipsa septimana. Vnde Luc*e (6.1)*: Ieiuno bis in sabbato .i. in septimana; vel interpretatur requies, der samßtag *I*
-- veir tag. Sed apud Christianos sambstag *K*
-- heilig *tag*, aput Iudeos sabath, sed aput nos su*n*aben*t* oder *sampcztag*. Aliquando est requies; exemplum in Paralippomine *(vgl. ii Par 36,20f)*: Si quis amiserit gladium, diucius seruiet regi et filijs eius in Babilone, donec intret rex Per*sarum*; et impleatur sermo Ieremie et celebrabunt sabata sua. Aliquando est vita eterna aut dies per-

hennis, vnde Ysaias *(66,23)*: Erit sabbatum post sabbatum. Aliquando dicitur esse tota septim*a*na; vnde de sancto Nicolao *(Lc 18,12)*: Ego ieiuno bis in sabbato. Eciam dicitur esse dies septimus cuiuslibet septimane; exemplum ewangelij *(Io 19,31)*: Erat autem magnus dies sabbati; aut *(Mt 28,1)*: Vespere autem sabbati. Eciam dicitur esse quelibet dies festiua; exemplum *(Lv 23,32)*: De uespere ad uesperam celebrabitis sabbatum vestrum. Et dicitur a »sabba« grece, quod est requies latine *Sb3*

-- dicitur septimus dies in septimana, qui celebris erat in ueter*e* lege. Ab hac die omnes alij *dies* denominantur: quem nos dominicam vocamus, *ipsi* uocabant »primam sabati« .i. prim*a*m diem post sabatum; secundam feriam »secundam sabati« etc. Gentiles vero dies denominaba*nt* a septem stellis, que dicuntur planete; dominicam enim diem vocabant diem Solis, 2^{am} feriam diem Lune, 3^{am} diem Martis, 4^{am} diem Mercurij, 5^{am} diem Iouis, 6^{am} diem Veneris, sabatum diem Saturni. Et nota, quod Sabatum quandoque ponitur pro ebdomada, ut in ewangelio Luce *(18,12)*: Dixit phariseus: Ieiuno bis in sabato, .i. in ebdomada uel septimana *W*

S dag *S4*] tage *Ma1 Ks2* dicitur sampstag] uero *(!) S4*, sunntag *B5*, est septima dies *Ks2*
M dage *Ma6 Ks1* Sed *bis* sampstag *fehlt M19* sampstag] sůnbeth *D1*
Sb3 tag *V1*] *fehlt* sunabend *V1*] sumabent sampcztag *V1*] sambcztager Persarum *V1*] Perseriorum septimana *V1*] septimona
W uetere *Sg1*] ueteri; *S1* dies *(2) Sg1*] *fehlt S1* denominantur] + diem enim *Sg1* vocamus] dicimus *Y* ipsi *Sg1*] *fehlt S1* primam *Sg1*] primum *S1* »secundam sabati«] + tertiam feriam 3^{am} sabati *S1* denominabant *Sg1*] denominabantur *S1*
I Luce *I2*] Luca
K Sed apud] secundum *Y* suntag *K9*
P Sabaton *Ma4* sun abens *R1*
P-E sampstag] sunentag *So1*, dominica dies *M25*
Kh2 Iudaeas

S 6 m in **Sabaoth** dominus exercituum interpretatur
+ *et est nomen ebraicum, ⌜quo deus nominatur X /* dei *Y* *K*
Wa. fehlt Kh2 Br1

S Sabaoth] + .i. *Ma1*
Sb3 dominus *fehlt*
K et *bis* nominatur *Hl1*] *fehlt W13*
P Saboth *R1*

S 7 m s **Sabatismus** *rüvunge*
-- est obseruacio sabati *W*
-- .i. requies, ruwe *I*
-- rastung *K*
-- ruwing, ⌜rastinge / rost *P-E* *P*
Wa. fehlt Kh2

S rüvunge *S4*] ruwenunge *Ma1*, + oder feyerung *N1*
M -- est lapis preciosus *Ks1* -- rwem feyern *M19*
Sb3 Sabtismus
K *Wa. fehlt K9*
P -- rostinge *R1* -- towinge *B10* rastinge] *fehlt Wo1*, rustinge *Br1*
P-E ramung *E2*, ronung *So1*, rünung *M25*

S 7.1 g in **Sabbati iter** dicitur miliarium siue mille passus; et vltra illos non licebat Iudeos ire *K*

-- dicitur ⌜spacium mille passuum, ultra quod non licebat *X* / mille passus, vltra quos non licet Iudeos *Y* ire in die sabathi *W*

W *vgl. 9* *Sigle fehlt (Wa. nach 8)*

S 8 f p **Sabina** est genus ligni et ponitur pro iunipero, wacholder baum
-- [...] iunipero, krawitpaum *Sb3*
-- [...] iunipero, wachendel pawm *K-Y*
-- [...] iunipero, ⌜wecholdern baum *Ma4 R1* / wachandelbom *Wo1 Y P*
-- [...] iunipero, reckolter *So1* *P-E*

S pro *fehlt Ma3* iunipero] iunifero *S4*, *verderbt Ma3* wacholder baum] *fehlt Ma3*, wachandelen *B9*
M wacholder baum *fehlt M19*
W *dt. Int.*] wechholter *S1*, rekolhter bom *Sg1*
K *Wa. fehlt W13*
P pro iunipero *fehlt Wo4* iuniperio *R1* machangeln *(!)* bom *Br1*
P-E iupero *E2* *dt. Int. fehlt E2 M25*
Kh2 iunifere

S 9 n s **Sabucium** est spacium mille passuum, vltra quod *non* licebat ire *in* die *sabato*
-- [...] passuum *Sb3*
Wa. fehlt (vgl. 7.1) W

S Sabacium *Ma3 B9* vltra *bis* sabato *fehlt B9* non *Ma3*] *fehlt X* in die sabato *S4*] die sabati *Ma1*
K non *fehlt X K4* sabbati *W13 K4*
P Sabacium *(Sabatum Wo4)* passus *alle Hss.* sabati *Wo4*
P-E Sabacium passus *alle Hss.* passuum] + vt *E2*, + tussent schryt *So1*
Kh2 Sabacium

S 10 n s **Sabulum** sant
\+ .i. arena *I K-X*
-- grunt, sant *Kh2*

S sant] + Arena idem *Ma1 Ma3*
P + grunt *B10 Br1*

S 11 f p **Saburna** ein cristall
\+ est quedam lapis *P-E*
-- est cristallus *Sb3*
Wa. fehlt Kh2

P + lapis precio *(?) Ma4* + lapis preciosus *Wo4*

S 11.1 o in **Sabe** .i. septem uel septies *P*
Wa. fehlt Kh2

P Sabe *Wo4*] Sabe septem *X* uel septies *fehlt Wo4 B10*

S 11.2 f p **Sabucia** eyn botte uel stuck *P*
-- ain busch flahs *E2* *P-E R1*

P -- eyn boß *Wo4* -- eyn suke *B10* stuck] schute *Wo1*
P-E -- ein buschel flachs *So1* -- ain clob flachß *M25* -- eyn boyß vlaßer *R1*

S 12 f p **Saburca** est arena littoris
+ uel lapis vel multitudo lapidum *I*

S aranea *Ma3*
W littoris] intoris *S1*
I Saburra

S 12.1 m s **Sabellianj** quidam heretici; uocati sunt a Sabellio. Hij vnam personam patris et filij et spiritus sancti asserunt *I*
-- sunt heretici vnam personam patr*is* et fili*j* aspernantes *P*
-- sunt heretici vnam personam scilicet patris tenentes et personam filii spernentes *Kh2 Br1*

P patris *Wo1*] pater *Ma4* filij *Wo1*] filius *Ma4* aspernantes] approbantes *Wo4*
P-E *Wa. fehlt E2*

S 12.2 m s **Saber**, -bra, -brum .i. asper uel nodosus *I*

S 12.3 m s **Sabeus**, -bea, -beum aliquis de Saba existens *I*

S 13 *f p* ***Sabaterna*** *est* ⌜*piratica* / nauis piratica *Ma3 B9 P uel ciuitas quedam*
Wa. fehlt I

S *Wa. Bm1*] *fehlt (Blattverlust) Ma1* piratica] piratia *S4*, pirata *B9*, + seeraubunge *Bm1*
M pirutica *M19*
W Sabuterna *S1* piraticus *S1*
P -- est nauis pirata *Wo4* spiratica *Ma4*

S 14 *g in* ***Saban*** *venerari interpretatur*
Wa. fehlt I

S *Wa. Bm1*] *fehlt (Blattverlust) Ma1* *Sigle S4*] n in *Bm1*
Sb3 Sabon
W Saba *Sg1*
P Sabon *Ma4*
Kh2 generari

S 14.1 m s **Sabini** sunt populi a Sabina dicti *P*
Wa. fehlt P-E R1 Kh2 Br1

S 15 *g in* ***Sabin*** *vmus interpretatur*
-- purus interpretatur *I*

S *Wa. Bm1*] *fehlt (Blattverlust) Ma1*, *fehlt Ma3* *Sigle S4*] n in *Bm1* vmos *S4 B9*
W *Wa. fehlt Sg1* viuus *(?)* S1
I *Sigle fehlt*
P-E *Wa. fehlt E2*

S 16 *f p* ***Sabine*** *sunt quedam matrone*
Wa. fehlt Kh2 Br1

S *Wa. Bm1*] *fehlt (Blattverlust) Ma1*

S 17 *m s* ***Sabinus*** *est lapis fuscus*

S *Wa. Bm1*] *fehlt (Blattverlust) Ma1* + brun *S4 B5*
I fustus
K fuscis *K4*

S 18 *m s* **Saccus** *eyn sac*
+ Inde **Saculus** *(vgl. 20)* et **Sacellus** *(vgl. 19)* diminutiua *W*
+ a »sagum« dicitur *I*
Wa. fehlt K-Y

S *Wa. S4] fehlt (Blattverlust) Ma1, fehlt Bm1*
M *Wa. fehlt D1*
W *Zusatz]* Sacculus sackli *Sg1*

S 19 *m s* **Sacellus** *.i. paruus saccus*
-- eyn sekkelyn *Kh2*
Wa. fehlt (vgl. 18) W
Wa. fehlt P-E

S *Wa. Bm1] fehlt (Blattverlust) Ma1*
M *Wa. fehlt M19*
I *Sigle fehlt*
P *Wa. fehlt Wo4 B10* Saxellus *Ma4 R1*

S 20 *m s* **Saculus** *idem (nach 19)*
Wa. fehlt (vgl. 18) W
Wa. fehlt Kh2

S *Wa. S4] fehlt (Blattverlust) Ma1, fehlt Bm1*
M -- diminutiuum *M19*
I *Sigle fehlt*
K *Wa. fehlt K4*
P-E -- ein så̊cklin *So1*

S 20.1 n s **Saccipiscium** idem *(nach 20)* *P*
Wa. fehlt Kh2

P Saccipiscium *Wo1]* Saxipissium *Ma4*

S 20.2 *m t* **Saccellio** *.i. flamen* *P*
Wa. fehlt Kh2 Br1

P *Wa. Wo1] fehlt Ma4*
P-E + gỏttlichen hicz lieb *So1*

S 21 *m s* **Sacer** *heilig*
+ Wersus *(Grec. Vet. xiii 105)*: Vir sacer est digne, qui sacra solet celebrare. *Wersus (Grec. Vet. xiii 104)*: Ad corpus sanctum, ad mentem pertinet almu*m* *Sb3*
-- -cra, -crum quasi sanctum et sancitum; eciam ponitur sepe pro execrabili de uetere consuetudine *I*
Wa. fehlt K-Y Kh2 Br1

S *Wa. Bm1] fehlt (Blattverlust) Ma1*
M *Wa. fehlt D1*
Sb3 Wersus *(2) V1] fehlt* almum V1] almus

S 22 *co t* **Sacerdos** *quasi sacra dans* / + presbiter, flamen *B9 Ma3*
+ priester *Sb3 P*
+ uel docens, quia largus debet esse, ein priester *I*
-- eyn prester, et dicitur quasi sacra dans; et sic est generis m t declinacionis; aliomodo dicitur quasi sacra docens *Kh2*
Wa. fehlt K

S *Wa. Bm1] fehlt (Blattverlust) Ma1* dans] docens *S4* flamen *verderbt Ma3*
P priester *fehlt Ma4 Wo1*
P-E priester] uel sacra docens *E2*, *fehlt M25*

S 23 *f p* ***Sacerdotissa*** *est vxor sacerdotis*
-- uxor eius *I*

S *Wa. Bm1] fehlt (Blattverlust) Ma1* -- prysterlich *S4*
I *Sigle fehlt*
P *Wa. fehlt Wo4*

S 24 *co t* ***Sacerdotalis*** *prysterlich*
-- pfåflich *P-E*

S *Wa. S4] fehlt (Blattverlust) Ma1, fehlt Bm1* -- pristerschaft *N1* + oder pfefflich *B5*
P-E priesterlich *So1*

S 25 *n s* ***Sacerdocium*** *priesterschafft*

S *Wa. Bm1] fehlt (Blattverlust) Ma1*
I *Sigle fehlt*

S 26 *m s* ***Sacer ignis*** *hellig für*
+ sant Antonius fúr *W*
Wa. fehlt I Kh2
vgl. I 99

S *Wa. S4] fehlt (Blattverlust) Ma1, fehlt Bm1*
W -- sant Antonien fúr *Sg1* Anthoniens fur *Bs9*
P m t

S 26.1 a p **Sacrare** hilligen *B9 (S)*

S 26.2 m t **Sacio** dicitur quasi seminis accio / + Vnde Ecclesiasticus *(40,22)*: Virides et saciones *X* *K*
-- eyn helghe werk*in*ghe *P*

P f t werkinghe *Wo1*] werkughe *Ma4*
P-E f p *E2*, f t *So1 M25* wekug *(!) E2*

S 27 *a p* ***Saciare*** ⌜*setigen* / saden *S-Y uel sat machen*
-- °seden °*(Y)*, sayt machen *M*
-- fullen aut satten *Sb3*
-- sat machen / + Inde **Sacietas** *Y* *W*
-- sath machen *K-X*
-- *saden, sat werden* *P*
-- her fúllen *E2* *P-E*
Wa. fehlt K-Y

S *Wa. Bm1] fehlt (Blattverlust) Ma1* Saccare *B9* setigen uel *S4*] *fehlt Bm1* uel sat machen *fehlt Ks2*
W *vgl. 28*
K + sath *W13*
P *Wa. Wo1] fehlt Ma4* Sacrare *R1* saden] sedegen *Br1* sat werden *fehlt B10*
P-E -- såttigen vel replere *So1* -- fůllen *M25*

S 28 *f t* ***Sacietas*** *sadekeit*
-- sathait *W-X*

-- vol*h*ait *K*
Wa. fehlt (vgl. 27) W-Y
Wa. fehlt P-E

S *Wa. Bm1] fehlt (Blattverlust) Ma1, fehlt Ks2*
M satheit *Dr1*
W setigkeit *Me1*
I *Sigle fehlt*
K -- satikait oder volhait *Hl1* volhait *K4*] volkait *W13*
P sadich *R1*, satheyt *Wo4 B10*

S 29 *adv* ***Sacius*** *est comparatiuus aduerbialis a »satis«, °gnug °(W-Y P-E)*
-- est comparatiuus a »satis«, *hoc* adverbio *Sb3*
-- genueg, comparatiuus aduerbialis *K*
Wa. fehlt Kh2

S *Wa. Bm1] fehlt (Blattverlust) Ma1, fehlt B9*
M gnug *fehlt M19 D1*
Sb3 hoc *Gr2*] huic
W aduerbialis *fehlt Sg1* genuglich *Me1*
P *Wa. fehlt Wo4* gnug *fehlt B10 Br1*

S 30 *n s* ***Sacramentum*** *quasi sacre rei signum, eyn sacrament uel quasi sacrans mentem*
-- [...] sacrament *Sb3 P*
-- dicitur quasi sacre rei signum uel sacrum secretum. Sacramenta ueteris legis fuerunt sacrificia et decime, et huiusmodi Sacramenta noue legis sunt septem, scilicet baptismus, confirmacio, eukaristia, extrema unccio, ordo, matrimonium, penitencia. Ordinem uoco subdyaconatum, dyaconatum *W*
-- quasi sacrans mentem et est inuisibilis gracia, visibilis forma *I*
-- *quasi sacro signum uel* quasi sacrans mentem *K*
-- quasi signum sacre rei *P-E*
Wa. fehlt Kh2

vgl. 31
S *Wa. Bm1] fehlt (Blattverlust) Ma1* uel quasi sacrans mentem *S4*] uel sacramentum *Bm1*, *fehlt B9*
M mentum *Ma6*
W huiusmodi] modi *Sg1* ordo *bis* dyaconatum] penitencia matrimonium *Sg1*
K *Wa. fehlt K4 K9* quasi *bis* uel *Hl1*] *fehlt W13*
P rei] regis *Ma4* *dt. Int.*] *fehlt Ma4 Wo4*, sacramentis *R1*

S 30.1 n s **Sacrificium** opffer *Me1 (W)*

W *vgl. 36*

S 31 *n s* ***Sacramentum***, ***Sacrarium*** *heilgtum*
\+ et dicitur reseruaculum, in quo reliquee sanctorum reponuntur *P*
n s **Sacrarium** dy heltung sacramenti *Sb3*
-- est locus, ubi sacra °oblata °*(I)* ponuntur *W I*
-- heiltum *K*
Wa. fehlt Kh2 Br1

vgl. 30
S *Wa. Bm1] fehlt (Blattverlust) Ma1, fehlt S4 B9* Sacramentum *Ks2*] *fehlt Bm1* heyltum *N1*
M helthum *Ks1 D1*

I *Sigle fehlt*
P *Wa. fehlt B10* hellich getaü *Ma4*, heylich dom, heylich geczauwe *R1*
P-E *dt. Int.*] *fehlt So1*, hailtum, hailig gezúg *E2*, hailigen tům *M25* reperuntur *E2*

S 31.1 f p **Sacra scriptura** hillich scrifft *B9 P*
-- hailig geschrift *P-E*
Wa. fehlt Kh2

P -- patet *Br1*

S 32 *n p* ***Sacrificare*** *opphern*
+ vel wihen *I*
Wa. fehlt W-Y

vgl. D 134
S *Wa. Bm1*] *fehlt (Blattverlust) Ma1* opher *Ks2* + Offere idem *B5*

S 33 *n t* ***Sacramentale*** *eyn geistlich* ⌜*gesettzunge* / ghesette *Ma3 B9 P I*
-- ein geistlich seczung *Sb3 K*
Wa. fehlt W-Y

S *Wa. Bm1*] *fehlt (Blattverlust) Ma1* gesettzunge *Ks2*] siczunge *Bm1*, gesicz *S4*, seczczunge *B5*
M seczung *M19*, gesecze *D1*
W gesatzung *S1*
K -- heylig oder geistleich seczung *K9*
P -- en hillich gesitte *Ma4* sette *Wo1 B10*

S 34 *m s* ***Sacrificus*** *.i. sacerdos*
-- .i. sacrum faciens, ut sacerdos *I*
Wa. fehlt W-Y

S *Wa. Bm1*] *fehlt (Blattverlust) Ma1*

S 35 *n t* ***Sacrificere*** ⌜*heilig ding wirken* / hillich werken *S-Y P*
-- hailig machen *P-E*
-- hillich dynk werken *Kh2 Br1*

S *Wa. Bm1*] *fehlt (Blattverlust) Ma1* -- .i. sacra facere *Ks2* werben *S4* wurcken *N1*
M -- heil wercken *Ma6* -- heilg wircken *Ks1* -- heilig werden *M19*
W a p Sacrificare *Sg1*
K machen *Hl1*
P werden *R1*
P-E a p Sacrificare

S 36 *n s* ***Sacrificium*** *opper*, ***Offertorium***, °***Oblacio*** °*(I K) idem*
-- opfer, **Holocaustum**, **Oblacio**, **Offertorium** idem *Sb3*
-- .i. offertorium, oblacio *P-E*
-- offer *Kh2 Br1*

vgl. O 22, O 159
S *Wa. Bm1*] *fehlt (Blattverlust) Ma1* offerterium ablacio *S4*
W *vgl. 30.1* *lat. Int. fehlt Y*
K *lat. Int. fehlt Y*
P opper *fehlt Wo4*

S 37 *m s* ***Sacrilegus*** *est aliquis* ⌜*furans* / subtrahens *Sb3 sacra*
-- ⌜aliquis subtrahens sacra *X* / kirch prüchel *Y K*

-- est aliquis furens sacra, °*eyn* °*kyrchen* °*dip* °*(P-E R1)* et dicitur quasi legens .i. fur*a*ns sacra. Vnde mala fides dicitur **Sacrilega** / + et infideles dicuntur **Sacrilegi** *X* *P*
-- est aliquis subtrahens sacra et dicitur quasi legens .i. *furans* sacra *Kh2*

S *Wa. Bm1*] *fehlt (Blattverlust) Ma1* furens *Y*
M furens *M19*
W furens *Sg1*
I furens
P -- aliquis furans sacra *Wo1* *dt. Int. Wo4*] *fehlt Ma4* .i. furans *R1*] .i. furens *Ma4*, *fehlt Wo4* Sacrilega] etc. *Wo4*
P-E infideles] fideles *alle Hss. (auch R1)* dicitur] + a *alle Hss. (auch R1)* Sacrilegi] Sacrilege *E2*
Kh2 furans *emend.*] curens

S 38 *n s* ***Sacrilegium*** *est furtum sacre rei uel furtum in loco sacro commissum*
+ quandoque accipitur eciam pro coitu cum religiosis personis commisso, et dicitur Sacrilegium quasi »sacriledium«, hoc est sacrum ledens *W*
-- [...] sacro *Sb3*
-- est furtum in loco sacro commissum *I*
-- est furtum sacr*e* rei *K*
-- ⌜idem *(nach 37) Ma4* / duberige *Wo4 B10* / duue *R1* *P*
-- kirch *beraubung* *P-E*
-- kerke deueryge *Kh2 Br1*

S *Wa. Bm1*] *fehlt (Blattverlust) Ma1* Sacrilegum *S4* sacre] secrete *Ma3* commissom *S4*
M commisso *M19*
W uel *bis* commissum *fehlt Y*
K sacre *K4*] sacri *X*
P -- est furtum in loco sacro commissum *Wo1*
P-E -- kirchlich berovbung *So1* beraubung *M25*] robung *E2*

S 38.1 *m* p **Sacrista** eyn sacriste, eyn opperman *B9 N1 (S)*
-- eyn sacrist *P*
-- est locus, vbi ponuntur sacra, et dicitur alio nomine armarium *P-E*

S *Sigle N1*] n p *B9*
P -- eyn sacristyge *Wo4* + uel opperman *B10*
P-E *vgl. 40*

S 38.2 f p **Sacristia** idem *(nach 38.1)* *P*
Wa. fehlt Kh2 Br1

P *Wa. fehlt Wo4*

S 39 *m s* ***Sacristanus*** *eyn sacrist uel eyn opper man*
-- custos sacrorum *I*
-- oppher man *K*
-- idem *(nach 38.2)* *P*
Wa. fehlt Kh2 Br1

S *Wa. Bm1*] *fehlt (Blattverlust) Ma1* -- eyn oppher man, alterman, eyn sacrister *B5* eyn sacrist vel alterman *Ks2* -- est sacer locus *Ma3*
M sacrister *M19*

W Sacristinarius *S1* sacrister *S1*
I Sacristarius
P Sacristandem *(!) R1*
P-E *Wa.*] + sanctus et sacer *(vgl. 41) E2*

S 39.1 *m s* **Sacristianus** idem *(nach 39) Ma3 (S)*

S 39.2 **Sacristia** sacristy *I*

S 40 *f p* ***Sacrista*** *est locus, vbi ponuntur sacra; alio nomine* ***Armarium***
-- [...] sacra *K*
Wa. fehlt P

vgl. A 702, T 206
S *Wa. Bm1*] *fehlt (Blattverlust) Ma1*, f p Sacristia eyn gherhus *Ma3* Sacristina *B9* Ermarium *B9*
M sacro *M19* + eyn dreskamer *D1*
W Sacristia *(*Sacrista *Sg1)*
I alio nomine] idem
K est locus *fehlt Y*
P *Wa. vorhanden B10*

S 40.1 co p **Sacrista** est custos, *kuster W*

W *Wa. fehlt Sg1* kuster *Bs9*] sacristie *S1*

S 41 *m s* ***Sacrosanctus*** *.i. sacer, sanctus*
+ heilig *K*
Wa. fehlt I Kh2 Br1

S *Wa. Bm1*] *fehlt (Blattverlust) Ma1*
Sb3 Sacrisanctus
K *vgl. 41.1* *lat. Int. fehlt Y*
P -- hellich *Ma4*
P-E *Wa. fehlt (vgl. 39) E2*

S 41.1 m s **Sacrosanctus** dicitur in sanctitate confirmatus *K*

K *vgl. 41*

S 41.2 n s **Sactabulum** ludus tasseratorum *P*
-- est ludus quidam, schachtafelen *Kh2 Br1*

Sactabulum *für* Scatabulum tasserator *für* tesserator
P-E tassaratorum *E2*

S 42 *g in* ***Saday*** *grece, omnipotens latine*
-- interpretatur nomen dei mei uel omnipotens *I*

S *Wa. Bm1*] *fehlt (Blattverlust) Ma1* Sadon *Ma3*
W Sadan *(*Sadon *Sg1)*
Kh2 Soday

S 43 *m in* ***Sadoch*** *est iustus*
Wa. fehlt K-Y

S *Wa. Bm1*] *fehlt (Blattverlust) Ma1* Sadoch *Ks2*] Sadach *Bm1 S4*
M Sadach
W m s Sadacheus *S1* Sadach *Y*

S 44 *m s* ***Saducei*** ⌜*wlgi* / volk *S-Y P (außer P-E) iusti per contrarium, quia non sunt iusti*
-- sunt heretici negantes resurreccionem Cristi *I*
-- quidam heretici fuerunt inter Iudeos negantes resurreccionem mortuorum, propter quod in Genisi *(vgl. 3,19)* scibitur: De terra es et in terram ibis; animas mori cum corporibus putantes angelos non esse dicebant. Sol*os* quinque libros Moysi recipiebant reiectis prophetarum libris. Saducei interpretantur ⌜iusti effici *X* / iusti *Y*. Fere monasticam vitam in omnibus ducebant nupcias respuentes eo, quod nullam mulierem seruare fidem viro suo dicebant. Erant eis omnia communia. Ante solis ortum nihil profanum loquebantur. Sol*em* ut oriatur orabant, postea usque ad quintam horam operantes lauabant corpora aquis et tunc simul cum silencio *e*debant. Iuramentum habebant pro periurio. Animas omnes a principio mundi simul creatas processu temporis incorporare dicebant *X W*
Wa. fehlt Kh2 Br1

S *Wa. Bm1*] *fehlt (Blattverlust) Ma1* Saduce *Ma3*, Saduceni *B9* wlgi *S4*] sunt *Bm1*
M wlgi] fulk *Ks1*, *fehlt M19* quia *fehlt M19*
W Solos *Sg1*] Solum *S1* Saducei interpretantur iusti] Saduce .i. iuste interpretatur *Sg1* Solem *Me1*] Sole *S1* edebant *Me1*] cedebant *S1*
I Saduceij
K quia *bis* iusti *fehlt W13 Y*
P Saduce *R1*, Saduci *Wo4* volk *fehlt Wo4*
P-E Sadum *E2* wlgi] fulgi *E2 M25*, *verderbt So1*

S 45 *m s* ***Saphirus*** *est lapis preciosus*
+ celestis fere coloris. Wersus *(Grec. Nov. 81ʳ)*: Gemma*m* saphirum dico, *saphirum* fore vitrum *W*
+ eyn saphere *I*
+ eyn saphir °uel °eyn °*stryk* °glas °*(P-E)*: Pro vitro *safirum*, media breuis, pro gemm*a* pone safir*um*, media longa *P*
+ eyn saphir uel glas. Vnde *(Grec. Vet. xii 121)*: Est vitrum saphirus, saphirus splendida gemma *Kh2 Br1*

S *Wa. Bm1*] *fehlt (Blattverlust) Ma1* -- eyn saphir *Ma3*
W fere *fehlt Sg1* Gemmam *emend.*] Gemma *alle Hss.* saphirum *Sg1*] *fehlt S1*
P est lapis preciosus *fehlt R1* uel *bis* longa *fehlt B10* stryk glas *Wo1*] struch glas *Ma4* *Vers fehlt Wo1* safirum *(1, 2) Wo4*] saphiro *Ma4* gemma *Wo4*] gemme *Ma4* media longa *fehlt R1*
P-E est lapis preciosus *fehlt E2* eyn saphir] *fehlt M25*, + versum *E2* safirum *(1)*] safiro *E2* media longa *fehlt alle Hss.*

S 46 *f p* ***Saga***, *-ge est mulier incantatrix uel gemma purissimi coloris. Sed* ***Sagum*** *invenitur poni pro* ⌜*quadam veste* / quodam vestimento *W*
-- [...] gemma viridis *I*
-- grece, est incantatrix latine uel gemma purissim*i* coloris. *(neuer Wa.:)* n s **Sagum** est vestis quedam / + operimentum de pilis camelorum, quo operimento tabernaculum tegebatur, uel vestis tenuis et abrasa. Eciam dicitur indumentum militare *X* quadrate forme *K*

S *Wa. Bm1*] *fehlt (Blattverlust) Ma1* purissimi *bis* veste *fehlt B9* Sed *bis* veste] *(neuer Wa.:)* n s Sagum est quoddam vestimentum *Ma3*
M gemma] + quasi *M19*

W Sagum] Sagon *S1*
K *vgl. 66* purissimi *K4*] purissima *W13*
P -ge] eyn saga *Ma4*
Kh2 purissimi] furissimi Sed Sagum] *(neuer Wa.:)* Saghum

S 47 *g in* ***Sadenoth*** *regio mortis interpretatur*

S *Wa. Bm1*] *fehlt (Blattverlust) Ma1*, *fehlt B9* + mortis *S4*
Sb3 Sadeonoth
I Sadenoch
K mortis] morum *alle Hss*
P-E Sadanath *auch R1 (*Sanadath *M25)*

S 48 *heb* ***Sade*** *est decima octaua littera Hebreorum °et °dicitur °iusticia °(Kh2 Br1)*

S *Wa. Bm1*] *fehlt (Blattverlust) Ma1* Hebreorum *fehlt Ma3*
W Sado *S1*
P-E Hebreorum] ebraicorum *E2*

S 48.1 n s **Safa*ter*lium** swynge bloch *P*
-- eyn swing stok *P-E R1*

P Safaterlium *Wo1*] Safactilium *Ma4*, Safateruum *Wo4* -- eyn swynghelbret *Wo4 B10* -- eyn swingel blok *Br1*
P-E -- ein busch swing, dem man vnder ein fass let vff aim wagen *So1*
Kh2 Sagatrillum *(auch Br1)*

S 48.2 f p **Safatril*i*a**, °**Safatrisus** °*(Y)* eyn swinge *P*

P *Wa. fehlt Wo4* Safatrilia *R1*] Safatrila *Ma4*, Safaterlia *Wo1*, Sagatrilla *B10*
P-E *Wa. fehlt So1* ain swein *M25*
Kh2 Sagatrilla *(auch Br1)*

S 48.3 m s **Sagatersus** eyn swynge *B10 (P)*

S 49 *f p* ***Sagacia*** *wisheit*
-- aut **Sagacitas** est prudencia, weyßhait *Sb3*
-- wishait uel clůghait *W*
-- wischeit. Inde **Sagaciter** *(vgl. 51)* uel **Sagacitas** *(vgl. 50)* *I*

S *Wa. Bm1*] *fehlt (Blattverlust) Ma1*
M + vel clughait *Dr1*
W clůghait] wicz *Sg1* + Inde Sagacitas et -ter *(vgl. 50, 51) Bs9 Me5*

S 50 *f t* ***Sagacitas*** *wisheit*
-- idem *W-X*
Wa. fehlt (vgl. 49) Sb3 W-Y I
Wa. fehlt Kh2 Br1

S *Wa. Bm1*] *fehlt (Blattverlust) Ma1*
M Sagacies *M19* + vel clughait *Dr1*
K *Wa. fehlt K4 K9*
P-E -- idem *(nach 48.2) E2*

S 51 *adv* ***Sagaciter*** *cluglich*
+ wislich *P-E*
-- weyslich *Sb3*
-- chuenleich *K-Y*

Wa. fehlt (vgl. 49) W-Y I

S *Wa. Bm1*] *fehlt (Blattverlust) Ma1* Sagaciter *S4*] Sagatis *Bm1* weysleich *B5 B9*
M + wißlichen *Ks1 D1*
K *Wa. fehlt Hl1*
P *Wa. fehlt (vgl. 55) Wo4* glaublicher *Ma4*
P-E cluglich *fehlt E2* wisklich *So1*

S 52 *f p* ***Sagana** est resina,* °*harcz* °*(P-E). 2° est quedam vestis nobilis ingeniose facta, que subducitur alijs vestibus. 3° est mulier incantatrix*
+ que sue discrecion*e* mentis *predicit* futura *P*
-- ein hardcz aut vestis nobilis subtiliter facta, qu*e* subducitur alijs vestibus aut mulier incantatrix *Sb3*
-- primo modo est resina, ⌜gumi hartz *X* / harcz *Y*. 2° modo est [...] mulier famosa in arte incantatoria; vnde *Vetus* Grecism*us (x 292)*: Sagana gumi, Sagana vestis, Sagana vates *W*
-- est quedam vestis vel proprium nomen incantatricis uel gummj stillans ab arbore vel est propheta *I*
-- harcz uel vestis nobilis uel mulier incantatrix *K*
-- eyn ers uel est quedam vestis ingeniose facta, quia subducitur [...] incantatrix, que discresione sue mentis predicit futura *Kh2*

S *Wa. Bm1*] *fehlt (Blattverlust) Ma1* resina] + facta *S4* ingeniose *bis* vestibus *fehlt B9* cantatrix *Ma3*
M nobilis ingeniose *fehlt M19*
Sb3 que *V1*] qua
W ingeniosa *Sg1* facta *fehlt Sg1* valde famosa *Y* Vetus Grecismus *Sg1*] Nouus Grecista *S1*
P ingeniose] generose *Wo4* incaltatrix *R1* *Zusatz fehlt Wo1* discrecione *Wo4*] discrecioni *Ma4* predicit *Wo4*] dicitur *Ma4*
P-E subducit *E2* alijs] alienis *alle Hss. (auch R1)*

S 52.1 **Saga** eyn touerer *B10 (P)*

P m s Saga *B10*

S 53 *m s* ***Saganus** eyn zeüberer*
Wa. fehlt (enthalten in 54) Sb3 I
Wa. fehlt Kh2 Br1

S *Wa. Bm1*] *fehlt (Blattverlust) Ma1*
P touer *Wo1*

S 54 *m s* ***Sagus** eyn zeüberer*
-- aut **Saganus**, ein zaubrer *Sb3*
-- eyn neueger uel eyn touerer *Kh2 Br1*

S *Wa. Bm1*] *fehlt (Blattverlust) Ma1*, *fehlt B9*
W *Wa. fehlt S1*
P touer *Wo1*
Kh2 uel eyn touerer *fehlt Br1*

S 55 *o t* ***Sagax** wise uel klug, .i. ingeniosus.* °*Inde* °***Sagaciter*** °*(S-Y)*
-- weiser *Sb3*
-- .i. ingeniosus, ⌜wiß, clůg *X* / wiczig *Sg1*. Inde **Sagaciter** *W*
-- .i. ingeniosus, velox uel sapiens *I*
-- weiz *K*

-- wise, clug, ingeniosus, °vornemich, °wisradich °*(P-E)* *P*
-- wis uel klok *Kh2 Br1*

S *Wa. Bm1] fehlt (Blattverlust) Ma1* .i. ingeniosus *fehlt Ma3* Inde Sagaciter *S4] (neuer Wa.:)* adv Sagaciter inde *Bm1*
M Sagaciter] Sagacitas *M19*
W *dt. Int. fehlt Bs9 Me5* Inde] + Sagacitas et *Sg1*
P vornemich, wisradich *fehlt Wo1 B10* + Inde Sagaciter adv *Ma4 Wo4* + *(neuer Wa.:)* Sagat viro dem wyßen manne *Wo4*
P-E clug] flug *E2* ingeniosus *fehlt E2*

S 56 *f p* **Sagena** ⌜*.i. rethe, eyn necz* / eyn nette *Ma3 B9*
-- est rethe, in quo capiuntur pisces *Sb3*
-- idem est quod rethe magnum / + quod wulgariter dicitur segi *X*. *Versus*: Rethe sagena manet, tibi sit pig*wed*o sagina. Inde **Saginatus** *in*crassatus quoque pingwis *W*
-- .i. rethe magnum piscium, eyn garn *I*
-- .i. rethe magnum oder reẘschen *K*
-- eyn nette, eyn rüse *P*
Wa. fehlt Kh2

S *Wa. Bm1] fehlt (Blattverlust) Ma1* *Int. fehlt N1* eyn necz *fehlt Ks2*
M *Wa. fehlt Ks1* -- smalcz *(vgl. 57) M19* eyn necz *fehlt Dr1*
W Versus *Sg1] fehlt S1* pigwedo *Sg1*] pigmeo *S1* incrassatus *Sg1*] .i. crassatus *S1*
K oder] uel Sagena *K4*
P eyn nette *fehlt Wo4* eyn rüse] *fehlt Wo1*, ader rust *Br1*
P-E -- ain ris, que ponuntur ad ripam *E2* -- ain růß kőrb oder ain necz *M25* + garnn *So1*

S 56.1 f p **Sagenula** est parua sagena *Kh2 Br1*
-- idem *(nach 56)* *B10 (P)*

S 57 n t **Sagimen** smalcz
-- -inis est pinguedo porcorum, smaltz *I*

S Sagimen *S4*] Segimen *Ma1*
P + smer *Wo4*

S 58 f p **Sagina** idem *(nach 57)*, **Saginatus** inde
-- idem *(nach 57)* *Sb3 K*
-- idem *(nach 57)*. Inde **Saginatus** .i. pigwis *P*
Wa. fehlt (vgl. 56) W
Wa. fehlt (vgl. 58.1) I Kh2

vgl. 64
S Saginatus inde *fehlt B9*
M Saginatus] Saginitas *Ma6*
K *Wa. fehlt Hl1*
P *Wa. fehlt B10 Br1*

S 58.1 m s **Saginatus** smalcziger *Sb3*
-- .i. inpinguatus *I*
-- .i. ⌜pigwis, incrassatus, *obesus X* / incrassatus *Y* *K*
-- .i. pigwis uel crassatus *Kh2*

I *Sigle fehlt*
K obesus *W9*] *fehlt W13*, obessus *Hl1*

S 58.2 **Sagimentum** idem *(nach 57)* *I*

I f p Sagimentum

S 59 a p **Saginare** mes*t*en
\+ aut smalczen *Sb3*
\+ Inde **Saginatus** *W*
-- .i. inpinguare, feißt machen *I*

S mesten *S4*] messen *Ma1*, meschen *B9* + feyß *(veist B5)* werden *S4 B5*
M *Wa. fehlt D1* + faisten *M19*
W *vgl. 56, 58*
P a p Saginale *Ma4*

S 59.1 n s **Saginum** .i. stangnum, °eyn °see °*(P-E Kh2)* *P*

P-E Sagnum *E2*
Kh2 Saganum *(auch Br1)*

S 60 n p **Sagare** synlich tun
-- vernůfftikleich tůn *K*
-- sinliken dun, .i. ingeniose °aliquid °*(Y)* facere *P*
-- est ingeniose aliquam rem facere *P-E*
-- .i. ingeniose facere *Br1 Kh2*
Wa. fehlt (vgl. 60.1) W
Wa. fehlt (enthalten in 60.1) I

S Saginare *B9* -- wißlichen thun *Ks2* synlich *verderbt N1*
M *Wa. fehlt Dr1*
P *lat. Int. fehlt Wo4 B10*
Kh2 geniose

S 60.1 n q **Sagire** sinlich dun *M*
-- est ingeniose agere / + *sinlich* tůn *X* *W*
-- .i. ingeniose viuere uel agere. **Sagare** idem *I*

W sinlich *Me1*] súntlich *S1*

S 61 f p **Sagitta** ein ⸢*schoß* / geschoß *Sb3 K*

S schoß *S4*] geschoß *Ma1*, + ein phil *Ma1 S4*
M geschoß *M19 Dr1*
W *Wa.*] f p Sagittare geschoß *Me1*

S 62 m s **Sagittarius** ein schucze
-- ein schiesser *Sb3 I*
Wa. fehlt K

I *Sigle fehlt*
P scheser *Wo4*

S 63 a p **Sagittare** schißen
\+ .i. sagittas amittere *I*
Wa. fehlt K-Y

M *Wa. fehlt D1*

S 63.1 f p **Sagittula**, -le diminutiuum, i. parua sagitta *I*

S 64 f p **Sagma** ein saum et est pondus asini uel alterius bestie
+ Vnde Nouus Grecista *(80ᵛ)*: Sagina uel est sella uel pondus, quod uel asella *fert* uel equus; sic, quod lateat sub pondere sella. Hinc saginarius est equus aptus per loca terre, que calcabilis est sag*i*nas uel saginata ferre *W*
+ eciam proprie ain wat sak *P-E*
-- [...] asini *Sb3*
-- eyn saum uel eyn watsack et est [...] *I*
-- ⸢watsachk uel *veleyz uel est pondus asini uel eciam* pigwedo *X* / feles uel pondus asini *Y* *K*
-- eyn saume *P*
-- eyn som uel pigwedo *Kh2*

vgl. 58 *Die Formen* Sagma *und* Sagina *können nicht immer eindeutig unterschieden werden*
S saum] soymer *Ks2*, + uel wat sag *S4 B5 Ks2* bestij *S4*
M + eyn watsack *Ma6 M19*
W quod *fehlt Sg1* fert *Sg1*] prefert *S1* terre] ire *Y* saginas *Sg1*] sagenas *S1*
I Sagina
K n t veleyz *bis* eciam *W9*] *fehlt W13* follis *Hl1*
P *Wa. fehlt B10* Sagawa *Wo4*, Sagiva *R1*

S 65 m s **Sagmarius** ein seumer
-- .i. caballus, et hec **Saginaria** .i. equa uel mula *I*
-- est equus portans sagina*m*, .i. smer *K*
Wa. fehlt (enthalten in 64) W

Die Formen Sagmarius *und* Saginarius *können nicht immer eindeutig unterschieden werden*
S + qui portat pondus *S4 B5* + et ille, qui ducit eum *B9*
M seumerer *Ma6 Ks1*
I m s Sagmarius] Vnde Saginarius *(Wa. nach 64)*
K saginam *K4*] sagina *W13*
P Sagivarius *R1* somerer *Wo1*

S 66 n s **Sagum** ein decke duch uel genus panni uel vestis tenuis et abrasa. Eciam est *indumentum* militare quadrate forme
+ .i. vestis, gallicum velamen quasi quadrum *P*
-- est genus [...] forme / + Item Sagum, -gi vocatur pannus durus et asper sicut strata monachorum sunt *X* *W*
-- est genus [...] abrasa *I*
Wa. fehlt (vgl. 46) K
Wa. fehlt Kh2 Br1

S *dt. Int.*] eyn dicke duch *S4*, eyn decket dů̊k *B9*, deck *N1* tenuus *Ma3* abrasi *S4* indumentum *Ks2*] vestimentum *Ma1*, dumentum *S4* quadrate forme *fehlt B9*
M eyn dick tüch *D1*
Sb3 ein dickh tuech
W indumentum] instrumentum *X*
P *dt. Int.*] eyn deck lach *R1*, dy deken *B10* uel genus *bis* forme *fehlt Ma4 R1 Wo4 B10 (vorh. Wo1)*
P-E *dt. Int.*] deken *(?) So1* vestis] testis *E2* militare] ilitari *E2*, ilitare *M25*, litari *So1* gallica *E2* velamen] vel vimen, ein bocz *So1* quadrum] caderis *E2*

S 66.1 *q* **Sagire** .i. sap*e*re *K*

K *Sigle K4*] *fehlt W13* sapere *K4*] sapire *W13*

S 66.2 n s **Sagulum** eyn schurysern *P*
-- scőr ysen *P-E*
-- uel **Sagillum** est instrumentum fabri, eyn scheryseren *Kh2*

P *Wa. fehlt B10* scherysern *Wo4 Br1*

S 66.3 f p **Sagia** est alabrum *Kh2 Br1 B10*

S 66.4 f p **Salana** est dea maris *Kh2 Br1 B10*

S 67 n t **Sal** neutri generis, carens plurali numero, salcz
-- primo dicitur esse prelatus; exemplum *(Mt 5,13)*: Vos estis sal terre. Eciam dicitur esse equor; Iuvenalis exemplum *(vgl. Verg. Aen. i 35)*: Spumas salis euomebant ore. Aliquando dicitur esse sapiencia; exemplum ewangelij *(Equiv. 208ra)*: Sit ergo sapiencia salis in uobis. Aliquando dicitur esse ioculator; vnde Luc*a*nus *(Equiv. 208ra)*: Ne*que* quicquam dixere salis. Eciam dicitur condimentum pultis aut reliquorum ferculorum; exemplum: Cibi absque sale non valent, *.i.* sine sale. Aliquando dicitur esse cibus per se; vnde dixit quidam *(i Esr 4.14)*: Memores erant sale, quod comedebant in pallacio. Eciam dicitur esse reprehensio; exemplum *(Grec. Vet. xii 120)*: Verb*a* cum salibus asperiora dabant; aut exemplum Senece *(Equiv. 208ra)*: Dentes tui sine sale sint *Sb3*
-- est condimentum *ciborum*; quandoque ponitur pro sapiencia. Sed **Sales** in plurali significat reprehensiones. / + Sal neutri generis caret plurali numero. Sed masculini generis, wishait *X* *W*
-- saltz, et dicitur a »salio«, quia saliat in igne *I*
-- solt, et tunc caret plurali numero, uel sapiencia, et habet sales in plurali et dicuntur reprehenciones m t *Kh2 Br1*

S carens *bis* salcz *fehlt N1* salcz *fehlt Ma3*
Sb3 Lucanus *V1*] Lucius Neque *V1*] Ne .i. sine *V1*] sine Verba *emend.*] Verbera
W ciborum *Sg1*] oris *S1* Sed Sales *bis* reprehensiones] Et est genus masculinum; sed in plurali significat reprehensiones *Sg1* numero] + salcz *Me1*
K neutri generis *fehlt alle Hss.* salcz *fehlt K4 K9*
P salcz *fehlt Ma4 Wo4*
P-E salcz *fehlt So1*

S 68 m t **Sal** masculini generis, wisheit in singulari; sed in plurali significat reprehensiones
+ Vnde *(Grec. Vet. xii 120)*: Verbera cum salibus asperi*o*ra dabit, .i. verbis reprehensorijs *P*
-- .i. sapiencia, wischeit; vnde *(Cath. »Sal«)*: Accipe sal sapiencie *I*
-- masculini generis, .i. sapiencia in singulari [...] reprehensiones *P-E*
Wa. fehlt (enthalten in 67) Sb3 W Kh2 Br1

S *Wa. fehlt N1*
M masculini generis *fehlt M19*
K *Stichwort fehlt (Wa. nach 67) W13* masculini generis *fehlt alle Hss.*
P wisheit] sapiencia *R1 Wo4* Vnde] + Ouidius *Ma4* *Vers fehlt Wo1* asperiora *Wo4*] cusperiara *Ma4* .i. verbis reprehensorijs *fehlt R1* .i.] in *Wo4*

S 68.1 ep p **Saltaria** auis quedam *P*

S 68.2 n s **Salabaria** sunt indumenta *Sarracenorum* *P*

P *Wa. fehlt Wo4* Sarracenorum *Wo1*] Sarcenorum *Ma4*
P-E Salabrea *(auch R1)*
Kh2 Salabetra Sarracorum

S 68.3 f p **Salamita** sawdistel / + herba quedam *P-Y K P*
-- est herba spinosa, wlgariter dudistel *P-E R1*
-- erba quedam *Kh2*

K *Wa. fehlt Hl1*
P-E wlgariter dudistel] *fehlt So1*, distel *M25*

S 68.4 f p ***Salandra*** est nauis celerrima *P*

P Salandra *Wo1*] Salondra *Ma4* celerica *Wo4*
P-E Salaridra *E2*

S 69 n s **Salarium** solt, .i. precium
-- est precium, ein sold aut lon *Sb3*
-- .i. stipendium, redditus, precium, proprie solt *I*
-- solt *P-E R1*
-- est precium *Kh2*

S *Wa. fehlt Ma3* -- solt uel zolt *B9*
M schult *D1*
W -- sal *Sg1*
K *Wa. fehlt K4 K9*
P *Wa. fehlt Ma4*

S 69.1 n s **Salarium** salcz *R1 (P)*
-- ain salcz stat vel salcz *E2 (P-E)*

S 70 m *t* ***Salatiel*** interpretatur peticio mea / + deus *Ma3 B9 I*
-- interpretatur missus a deo / + uel petens deum *Kh2 P*

S m t Salatiel *Ks2*] m in Salatigel *Ma1*, f p Sala pies *S4* mei *S4*
Sb3 n s Salacium
W pretecio *S1*
P deo] + viam *Wo4*
Kh2 Salatigel

S 71 o t **Salax** vnkusch
-- .i. luxuriosus, quia luxuria salsa et amara est *I*
-- .i. luxuriosus, dictus a »sale« *Kh2*

S vnchayschen *B5*
P vnkunst *Ma4*

S 72 f p **Salebra** .i. aspera uel ⌜equalis / inequalis *Sb3 W* via
-- .i. fractura et asperitas viarum *I*

vgl. 86.1

S 73 f p **Salemandra** ein salmander, est vermis venenosus
-- est vermis vene*nosus* *Sb3*
-- uel **-dria** quoddam animal tantum in igne viuens. Item quatuor sunt animalia ducencia vitam ex vno elemento tantum, scilicet salamandra, allec, talpa et gamalion *I*
-- est vermis venenos*a* et est animal viuens de vno elemento, scilicet igne *P-E*

-- est vermis venenosa, cuius vita est in igne *Kh2 Br1*
Wa. fehlt W

vgl. 73.1
S venenosus] *fehlt Ma3*, venosus *S4*
M *Wa. fehlt Dr1*
Sb3 Salemondra venenosus *Gr2*] venerosa
I Salamandra
K Salemendra *K4* *dt. Int. fehlt W13* venenosa *alle Hss.* (venenosus *K4*)
P venenosa *alle Hss.* (venenosus *Wo4*)
P-E venenosa *So1*] venenose *E2*

S 73.1 f p **Salamandra** est animal, quod viuit tantum ex igne *K*
-- est genus lacerte, cuius natura est, ut viuat in igne *P*
Wa. fehlt Kh2 Br1

vgl. 73
K Salamandra] + sawdistel *(vgl. 68.3 und 79) Hl1*
P f p Salamandra] Salmandra *Ma4*, Salmander *Wo4*
P-E Salmandra *E2* lacerti *E2*

S 73.2 m s **Saliceus** *weidenholcz* *K*

K weidenholcz *K4*] weindein holcz *W13*

S 74 m s **Salebrosus** .i. asper
+ scharf *Sb3*
+ uel lutosus *I*
+ durus, *amarus* / + intensus *X* *K*

S + scharp *B9*
M *Int. fehlt Ma6* + scharff *D1*
K amarus *K9*] *fehlt W13*, auarus *K4*

S 74.1 f p **Salamina**, -ne et hoc **Salamin** quedam ciuitas *I*

S 74.2 n s **Salentinum** quidam mons uel oppidum Italie *I*

S 75 f p **Salina** est locus, vbi invenitur sal
+ uel spaich *(vgl. 76)* *Sb3*
+ vel spaichel *(vgl. 76) E2* *P-E*
-- est locus, vbi invenitur et foditur sal / + et talis locus, vbicumque sit, dicitur Hall *X. Versus (Grec. Nov. 81ʳ)*: Sicut vasa salem seruancia dico salina, sicut locus, vbi sal crescit coquiturve, salina *W*
-- **Salicium** idem *(vgl. 81)* *I*
-- est locus, vbi venditur sal oder holerpawm *(vgl. 76)* *K*

S venditur *Ma3*
M *Wa. fehlt Ma6*
W Versus *bis* salina *fehlt Sg1* Versus *Me1*] *fehlt S1*
I *Sigle fehlt*
K *vgl. 86.3*
P *Wa. fehlt R1*
P-E *Zusatz*] *fehlt M25*, + vel speichholder *(vgl. 76) So1*

S 76 f p **Saliua** *eyn speich* / + uel holunder baum *S-X*
-- ⌜est humiditas in ore, spaichel *X* / spaichel *Y* *W*
-- ⌜spy *Ma4* / speycholder *R1* / *spige, spekel Y* *P*
Wa. fehlt (vgl. 75) Sb3 K P-E

Wa. fehlt I

S *Wa. fehlt Ma3* eyn speich *S4*] speichel *Ma1 Ks2*, spighe speke *B9* *Zusatz fehlt S4* + holder *N1*
M *Wa. fehlt Ma6* spechhulder *D1*, speichel *Dr1*
P *Wa. fehlt Wo4* -- spekel *Wo1* spige, spekel *zit. nach B10*

S 76.1 heb **Sale** interpretatur egrediens uel egressus *Kh2*

S 76.2 heb **Salem** interpretatur pax uel iusticia siue perfeccio *Kh2*

S 77 n t **Salimen**
-- ein ⌜salczmest *X / soltmate Y* *S*
-- *eyn salcz vas* *M I K*
-- ⌜eyn salcz mest *R1 Wo4 Br1* / ain salcz mes *P-E* *P*
-- eyn salt vat *Kh2*
Wa. fehlt W

S -- eyn salcz faß *S4* soltmate *B9*] soltmeten *Ma3*, salcz messen *N1*
M *Wa. Ks1*] *fehlt Ma6* -- eyn salcz mest *D1*
Sb3 *Wa.*] n t Salimen aut Salinum *(vgl. 78)* saluan
P -- salt meyster *Ma4* -- solt mete *Wo1* -- solt *B10*

S 78 *n s* **Salinum** idem *(nach 77)*
-- eyn saltz faß vel ponitur pro tota *suppellectile* *I*
Wa. fehlt (vgl. 77) Sb3
Wa. fehlt W

vgl. C 248.1
S *Wa. fehlt B9* *Sigle Ma6 (M)*] *fehlt Ma1*
M -- idem *(nach 74) Ma6*
I suppellectile *emend.*] superlectile *(*suppellectuli *I2)*
P-E -- salcz was *E2*

S 78.1 f p **Saluincula** ein sterbet *So1 (P-E)*

S 79 f p **Sali*unca*** est herba spinosa, °sauwe °distel °*(P Sb3)*
-- est herba quedam spinosa, *que* nudis pedibus incedentes salire facit *W*
-- est herba spinosa, eyn distel *I*
-- saw distel *K*
-- est erba amara *Kh2 Br1*

vgl. 92.1
S Salmita *(?) S4* distele *Ma3* + quia facit saltare calcantem *B9*
M Salmita *(?) M19*
W Salimenta *S1* que *Sg1*] in *S1* + ut: Tribulus spinis salmita resurgit acutis *S1*
K *Wa. fehlt (vgl. 73.1) Hl1* Salamita *(vgl. 68.3)*
P *Wa. fehlt Wo4* Salonita *Ma4* spinosa] amara *Ma4*
P-E spinosa *fehlt E2 M25*
Kh2 Salmenta

S 79.1 m s **Salius** eyn loder uel sacerdos mortis *P*
-- eyn lodder *Kh2 Br1*

P *Wa. fehlt B10*
P-E *vgl. 110* Salus *(auch R1)* loder] botter *E2*, lǒtt *M25* + uel ain hail *alle Hss.*

S 80 n q **Salire** springen

+ Item Salio pro saltum facio. Triplex habet preteritum, scilicet salij, saliui, salui; et similiter facit »insilio«, *quod est* ab eo compositum. Vnde in multis locis in biblia »insiliit« invenitur pro »insiliuit«. Item Salire eciam significat coitum animalium irracionalium. Vnde Ouidius *(ars ii 485)*: Leta *s*alitur ouis, thauroque leta iuuenca. **Salo**, salis uel eciam **Salio**, -is, -*i*re significat cibum uel aliam rem aspergere sale, et faciunt in preterito salui; qui*dam* tamen in utroque duplicant -l- dicentes *(vgl. Brito 674; Grec. Vet. xviii 31)*: Sallio, sallo cibum, salio pede, cantica psallo. Salio prout pertinet ad cursum facit °salire °et °*(Y)* saltum et non salitum *W*

-- sprengen, °salten °*(Kh2)* *P*

Wa. fehlt (vgl. 95.1) K

vgl. 85
W simile *Sg1* quod est *Sg1*] *fehlt S1* »insiliuit«] siliuit *Sg1* Item Salire eciam] et *Y* coitum *fehlt Sg1* salitur *Sg1*] insalitur *S1* -ire *Sg1*] -ere*S1* quidam *Sg1*] qui *S1*
I *Sigle fehlt*
P salten *fehlt Wo1 B10 Br1*
P-E salten *fehlt M25*

S 81 n s **Salicium** ein salcz faß
-- ein salcze mesche *Sb3*
Wa. fehlt (vgl. 75) I

S 82 f p **Saliuncula** est herba medicinalis habens spicas mire odoris; *et crescit* in montibus
-- salwyden *P*
-- [...] habens odorem mirre et habet spicas et crescit in montibus *P-E*
Wa. fehlt Kh2 Br1

S Salmencula *S4* et crescit *S4*] crescens *Ma1*
M mire *fehlt M19*
I et crescit] crescens
K et solet crescere *Y*
P -- est herba medicinalis habens spicas mire odoris et crescit in montibus *Wo1*

S 83 f p **Salicta** est locus, ubi crescunt salices

M salicies *M19*
Sb3 Salica
W n s Salicetum
I f p Salicetum

S 84 f t **Salix** ein wide
+ aut *felber* *Sb3*
-- wid, ⌜arbor, que wulgariter dicitur felb *S1* / **Vimen** idem *Y* *W*

S + felber *N1*
M + ein felber *M19*
Sb3 felber *V1*] velär
W *vgl. V 306* -- ein weid, arbor quedam *Me1* -- ain wid oder felber *M12*

S 85 n q **Sallire** springen uel salczen
-- besprengen, salczen *M W*
-- saltzen *I*
-- springen *K*

-- *idem (nach 86)* *P*
-- springen uel hupfen *P-E R1*
Wa. fehlt (enthalten in 86) Sb3
Wa. fehlt Kh2 Br1

vgl. 80
S -- idem *(nach 86) Ma3* -- mit salte besprengen *B9* -- bespengen *(!) N1*
M besprengen] mit salcze besprengen *Ks1*, springen *D1*
W *Wa. fehlt Sg1* -- idem *(nach 86) S1*
I n t
P *Wa. Wo1*] *fehlt Ma4 B10*
P-E -- idem *(nach 86)* oder hüpffen *M25*

S 86 n t **Sallere** *idem (nach 85)*
-- aut **Salire** springen *Sb3*
-- salczen *K*
-- ⌜springen, huppen *Ma4* / springhen, salczen *Wo4* *P*
-- springen *P-E R1*
-- salten *Kh2 Br1*
Wa. fehlt I

S idem *Ks2*] springen uel salczen *Ma1 S4*, solten *Ma3*
W *Wa. fehlt Sg1* -- besprengen mit saltz *S1*
K springen *Hl1*
P -- sprenghen myt solte *Wo1* -- springen *B10*

S 86.1 f p **Salebra** fractura et asperitas viarum uel locus mollis et lutosus *K*

K *vgl. 72*

S 86.2 f p **Salmantica** est ciuitas *K P*

Kh2 Salmandra *(auch Br1)*

S 86.3 f p **Salina** est locus, vbi inuenitur sal *K-X*

K *vgl. 75*

S 86.4 m s **Salmaticus** ⌜salben smechkig *X* / *salben smekcher Y* *K*

K salben smekcher *K9*] salbus swechker *K4*

S 87 m t **Salmon** est nomen piscis magne pigwedinis / + eyn salme *S-Y*
-- salm*e, est* piscis magne pigwedinis. Vnde quidam *de auaris (vgl. Walther 13755[a])*: Hij plus salmone*m* studuerunt quam Salomonem *P*
-- vel **-mo** est nomen piscis, eyn salme *I*
-- uel **Salmo** eyn brassem *Kh2*

S Salmo *Ma3* magno *Ma3* + ein lachse *B5*
M Salmo *Ma6*, Salmo uel Salmen *M19* + eyn salme *Ma6 Ks1*
K magne pigwedinis *fehlt Y* + salm *Hl1*
P Salmo *Ma4* -- eyn brassen, et est nomen piscis mangne pigwedinis *Wo1* salme, est *R1*] salmen *Ma4* salme *fehlt Wo4 B10* de auaris *Wo4*] auarus *Ma4* salmonem *Wo4*] salmone *Ma4* studuerunt quam Salomonem *fehlt Wo4*
P-E salme *fehlt So1 M25* Vnde] vt *E2* auris *E2* quam Salomonem] quod salmonom *E2*

S 88 m t **Salomon** fuit rex sapientissimus hominum
-- est rex et fuit sapientissimus omnium hominum *Sb3*
-- interpretatur pacificus uel sapiens et fuit rex sapientissimus hominum *I*
-- fuit rex sapiencie *K-X*
-- fuit rex sapientissimus et interpretatur pacificus uel retributor *Kh2*
Wa. fehlt K-Y

S Salmon *S4*
P hominum *fehlt Ma4 Wo4 R1*

S 88.1 heb **Salome** idem *(nach 88)* *Kh2*

S 89 f p **Salpetra** salpeter
+ dicitur metallum *K*
-- est quedam herba *P-E*

M + .i. salutter *Ma6*

S 90 m in **Salphaath** vmbra fortitudinis interpretatur
-- interpretatur vmbr*a* *Sb3*

S *Wa. fehlt (Textlücke) B5* Salpaoth *S4*
M fortitudinis] fornis *(!) M19*
Sb3 vmbra *V1*] vmbram
W fortitudinis *verderbt Sg1*
I Salphat
P Salpha *Ma4*

S 91 f p **Salsa** ein salze
+ eyn sulce *Kh2 Br1*
-- ein salsen *Sb3*
Wa. fehlt K-Y

S *Wa.*] *fehlt (Textlücke) B5, fehlt Ma3*
P-E -- .i. ein sals selcz *So1* + vel sas, quod paratur ex cerusis *E2* + oder salsen *M25*
Kh2 salze] salser

S 91.1 f p **Salpa** salpe *Ma3 (S)*

S 91.2 *f t* **Salpix** dug in vase *W*

W *Sigle Sg1*] *fehlt S1* -- ein taub in eynem faß *Me1* -- dub *Me5* dug] taube *M12*, dub *Bs9*

S 92 n p **Salsare** salsen
-- sulten *Kh2 Br1*
Wa. fehlt W-X K-Y

S *Wa. fehlt (Textlücke) B5*
M + salsamentum *M19*
K *Wa. fehlt (vgl. 95.1) Hl1*

S 92.1 f p **Saliunca** est idem quod alga, riet graß *W*
-- dicitur herba spinosa, cuius flos similis est rose, mire odoris *K*

vgl. 79

S 92.2 *f* p **Salpinga** eyn blint slange *P*

-- blinden schlich *P-E R1*

P *Sigle Wo1*] m p *Ma4* Salpingua *Wo4*
P-E Salpuria *E2*, Salperga *So1 M25*, Salpurga *R1*

S 93 f t **Salsedo** ⌜salczheit / saltzikeyt *I Kh2*
+ a »salsus« *M (außer Sb3) P (außer P-E)*
Wa. fehlt W

S *Wa. fehlt (Textlücke) B5*
M salczecht *Ks1*, salczikt *D1*
K salczkait *K9*
P Salsendo *R1* salczichkeyt *Wo4*
P-E *Wa. fehlt So1* salczigkeit *E2*

S 94 n s **Salsorium** ein salcz faß

S *Wa. fehlt (Textlücke) B5*
P solt meste *Br1*
Kh2 -- eyn salseriken

S 95 f t **Salsugo** ⌜salcz wasser / sole *Ma3 B9*
-- est amarus et salsus humor terre. Inde **Salsugineus**, -a, -um et **Salsuginosus**. Wersus *(Grec. Nov. 81ʳ)*: Wlt humor terre salse salsugo vocari aut id, cum quo poterit quid salsificari *W*
-- dicitur amarus uel salsus humor, proprie saltz waßer *I*
-- ⌜dicitur amarus humor terre, qui ipsam terram sterilem facit, sutten oder gemůz *X* / sutten oder gemücz *Y* *K*
-- °*sole* °*(P-E)*, salt wasser uel est terra *P*
-- lake uel sale *Kh2*

S *Wa. fehlt (Textlücke) B5* Salpugo *Ma3*
P -- sale *Wo1* sole *Wo4*] sal *Ma4*
P-E *Wa.*] f t Salfago salcz messer vel est littera *So1*

S 95.1 p pr **Salsus**, -a, -um .i. sale asperus et conditus, gesaltzen *I*
-- ⌜salczig. Wersus *(vgl. Brito 674; Grec. Vet. XVIII 31 ff; Grec. Nov. 17ʳ)*: Sallio, sallo cibum, salio pede, cantica psallo, sall*io* sallitum dat, salsum sa*ll*o supinum. Dat salio saltum, scilicet psallo pro cano nullum, .i. nullum supinum *X* / gesalczen *Y* *K*
-- gesalten *P*

K *vgl. 80* *Wa.*] n p Salsare *(vgl. 92) Hl1* m s sallio *emend.*] salli *W13 W9 M37* sallo *(2) emend.*] salso *W13 W9 M37*

S 95.2 n s **Saltrum** est cult*ellus* sutoris *P*

P cultellus *Wo1*] culter *Ma4*
P-E + ein schôpfmesser *So1*

S 96 n s **Salsucium** ein worst
+ uel eyn sulte *Kh2 Br1*
-- ein pratwurst *Sb3*
-- proprie notat carnes salsas, ut a putredine seruentur, et ponitur pro carnibus et piscibus artificialiter compositis et salsis; ponitur eciam pro hilla / + uel schúbling *X* *W*
-- slacht brade uel worst *I*

n s **Salstucium** .i. **Salsucium** ain wurst *P-E*

S *Wa. fehlt (Textlücke) B5* Salstucium *S4 Y*
M *Wa.*] n s Salstucium eyn rode worst *Ma6*
W seruentur] saluentur *Sg1* + uel magenwurst *Me1*
P Saltucium *Ma4*, Salstucium *Wo4 R1*

S 97 n p **Saltare** springen

S *Wa. fehlt (Textlücke) B5*
M *Wa. fehlt D1*
K *Wa. fehlt K9*

S 98 f t **Saltatrix** ⌜springerynne / springhersche *Ma3 B9 Kh2*
-- est mulier saliens *I*
-- ⌜spryngerse *R1 Ma4 B10 Kh2* / springherinne *Wo1 Wo4 Br1 P-E* *P*

S *Wa.*] *fehlt (Textlücke) B5*, *fehlt Ks2 N1*
I *Sigle fehlt*
K Saltrix *(*Saltatrix *Hl1)*
P -- springersen *Ma4*
P-E *Wa. fehlt So1*

S 99 con **Saltem** noch den
-- noch dem *Sb3*
-- significat illud, quod wulgariter dicitur doch, ut si dicatur: si non uolueris mihi dare tunicam, saltem da mihi capucium. **Saltim** .i. per saltum, ut *(vgl. Brito 676)*: Ille *venit* saltim .i. saliendo, per saltum *W*
-- nach dem, coniunccio expletiua *I*
-- darnach / + **Saltim** *aliud significat et* est aduerbium *X* *K*

S *Wa. fehlt (Textlücke) B5* Saltis *Ma3* *Int. S4*] dannoch *Ma1*, noch demme *Ma3*
M noch dam *Ma6*, noch dem *D1*
W -- doch. adv Saltim .i. per saltum *Sg1* venit *Bs9*] *fehlt S1*
K aliud significat et *Hl1*] *fehlt W13*
P Salten *Ma4* + Wersus *(Cath. »Saltem«)*: Saltim saltando, sed saltem diminuendo, expletiua *Ma4*

S 100 m q **Saltus** ein sprung uel merica
-- ein sprung *Sb3 Kh2*
-- est silua, in qu*a* sunt alt*e* arbores / + hocher wald dobel, profunditas silue inter montes *X* *W*
-- ein sprung uel dicitur locus siluestris uel silua rara *I*
-- sprunchk, ⌜*stat*, wo ror vnd lang graz wechst; eciam vbi arbores exiliunt in altum, uel locus, vbi animalia inter arbores possunt s*a*lire *X* / oder stat, do vil rǒr oder lang gras stet oder vil pauwm stent *Y* *K*
-- eyn sprunck *(neuer Wa.:)* **Saltus** est merica, *heyde* m q *P (außer P-E)*

S *Wa. fehlt (Textlücke) B5* uel merica] *fehlt S4 Ma3*, + heide *B9*
W m s qua *Sg1*] quo *S1* alte *Sg1*] alti *S1*
K stat *Hl1*] eciam locus *W13* salire *M37*] silire *W13 Hl1 W9* *dt. Int.*] ein stat, da lang graß wechst *Hl1* stent *fehlt K9*
P heyde *R1*] *fehlt Ma4 Wo1*, hederik heyde *Wo4*

S 101 a p **Saluare** behalden uel heilmachen
-- heylig machen *Sb3*
-- behalden uel gesunt machen *I*
-- pehalten *K P-E*

S *Wa. fehlt (Textlücke) B5* behalden] besaluen *B9* heilmachen] maken *Ma3*, heylsam machenn *N1*
M heylich machen *D1*
W uel heilmachen] *fehlt Sg1*, oder heilig machen *Me1* + Inde Saluator *(vgl. 103) Bs9 Me5*
P -- salich eder helich maken *Wo4* -- salich maken *B10*

S 102 f p **Saluatella** ein hant ader
+ est vena ipsius manus *W*

S *Wa. fehlt (Textlücke) B5* ader *fehlt S4*
M ader *fehlt M19*
P -- eyn halsader *B10*

S 102.1 *f p* **Salunca** salwyden *P*
-- saluay *M25 P-E*
Wa. fehlt Kh2 Br1

P *Sigle Wo1*] *fehlt Ma4*
P-E *Wa. fehlt So1* salbacz *E2*

S 102.2 n s **Saluatorium** eyn *hude vat* *P*
-- ain behalt vas *E2 P-E*

P hude vat *Wo1*] saluen fat *Ma4*
P-E -- ein behaltnússe *So1* -- ain halt hůß *M25*

S 102.3 m s **Salutarius** groter, et ponitur *pro* digito, scilicet indice *P*
-- ain grůsser *P-E R1*

P *Wa. fehlt B10* Saluatorius *Wo4* *lat. Int. fehlt Wo1* pro *Wo4*] *fehlt Ma4* indie *Wo4*
P-E Saluatorius *E2*

S 103 m t **Saluator** ein heilant
+ uel gesunt mecher *I*
-- ein hayler *Sb3*
-- ⌜hailer *X* / behalter *Sg1 W*
-- eyn salich macher *Kh2 Br1*
Wa. fehlt K

S *Wa. fehlt (Textlücke) B5*
M *Wa. fehlt D1*
W *Wa. fehlt (vgl. 101) Bs9 Me5*
P-E *Wa. fehlt So1* -- behalter *E2*

S 104 co t **Salubris** .i. salutaris, heilsam
-- .i. salutaris *W*
-- hailsam *K Kh2*
-- .i. saluatoris, wulgariter hailsam *P-E R1*
co t **Saluber** vel **-bris** et hoc **-bre** .i. sanus, heilsam *I*

vgl. 112
S *Wa. fehlt (Textlücke) B5* i. sanus] *fehlt B9*, .i. salutabris *Ma3*

M *fehlt M19*
P i. sanus *fehlt Wo4*
P-E wulgariter hailsam *fehlt M25*
Kh2 heysam

S 104.1 *f t* **Salubritas** quasi *salutem* ferens *P*

P *Wa. fehlt Wo1 Wo4 B10* *Sigle Br1*] Inde *(Wa. nach 104) Ma4 R1* salutem *R1*] soluum *Ma4*
P-E *Sigle*] Inde *(Wa. nach 104)*

S 105 v de **Salue** ⸢*biß* gegrußet / wes gegrod *B9 P*
\+ Wersus *(Grec. Nov. 38ʳ)*: Est salue uel aue uox conueniens venienti. Nam veniens dicit et dicitur ad venientem; discedensque vale dicit et dicitur illi, qui discedit; et hec tria defectiua notaui *W*
\+ verbum defectiuum et nomen *temporale*; habet nisi salue in imperatiuo et sic de alijs *Kh2*
-- saluete, salueto; uerbum defectiuum, .i. esse uel fieri saluum, sist gegroßt *I*
-- gegrůest seistu *K*
-- *du sigest gegrúesset* *P-E R1*

S *Wa. fehlt (Textlücke) B5* -- wes ghesunt *Ma3* biß *Ks2*] sist *Ma1*, du syst *S4*
M -- sist gegrist *Ma6*
W bis grüczt *Sg1*
I *Sigle fehlt*
P -- bes ghegroßt *Wo4* bisgegruest *Br1*
P-E *Int. So1*] .i. aue *E2* du *fehlt R1*
Kh2 temporale *emend.*] tempore

S 105.1 *v de* **Salue**, **Vale**, **Aue** sunt *verba* defectiua, que non habent nisi aue in *imperatiuo singulari*, *sed* auete in plurali et aueto in futuro *P*
Wa. fehlt (vgl. 105) Kh2

vgl. A 855, V 23
P *Wa. fehlt Wo1* *Sigle R1*] *fehlt Ma4* verba *Wo4*] *fehlt Ma4* defectia *R1* imperatiuo singulari, sed *Wo4*] futuri *Ma4*
P-E que non] et *E2*

S 106 f p **Saluea** salbey
-- salbe *M (außer Sb3)*
-- ⸢salbin *S1* / sålui *Sg1*. **Saluion** uel ***Elsifagon*** *idem* *W*
-- selbe, est herba *I*
-- salb oder saluey *K*
Wa. fehlt Kh2

vgl. E 127.1
S *Wa. fehlt (Textlücke) B5* salue *S4*, salb *N1* + herba *Ma3*
M salvey *Ks1*, saluon *M19*
W *dt. Int.*] saluay *Me1 M12*, salff *Bs9 Me5* Elsifagon idem *Sg1*] Alsiphagon salbin *S1*
P salberge *Wo4*
P-E Salueia *E2* sålbin *So1*

S 106.1 f t **Saluia*res*** sunt rote in freno circa os equi *P*
Wa. fehlt Kh2

P Saluiares *Wo1*] Saluiales *Ma4*

S 107 a p **Saluificare** ⌜gesunt machen / sunt maken *B9 P (außer P-E R1)*
-- .i. saluum facere, gesunt machen *I*
-- hailsam machen *K*

S *Wa. fehlt (Textlücke) B5*
P ghesunt *Wo4 Br1*
P-E + oder behalten *So1*

S 107.1 m t **Salubatores** sunt qui aliqua membra mortuorum soluunt et cum illis futura propendunt *Kh2*

S 108 n s **Salum** .i. mare, et dicitur quasi salsum, quia est aqua salsa
+ et *hoc ideo* secundum Naturales, quia propter continuum motum *aque et* procellarum, quibus dulcedo destruitur et amaritudo inducitur, vel propter magnum feruorem solis, qui dulcedinem aquarum per calorem extrahit et amaritudinem cum grossitate relinquit *P*
-- [...] aqua in se salsa *Sb3*
-- ⌜.i. mare, *et dicitur quasi salsum, quia est amarum X* / .i. mare *Y K*
-- [...] salsum *Kh2 Br1*

S *Wa. fehlt (Textlücke) B5* salsa] salsum *S4* quia] + nec *Ma3*
K et dicitur *bis* amarum *Hl1*] quia ipsum et salsum *W13*
P hoc ideo *Wo1*] hac racione *Ma4* aque et *Wo1*] *fehlt Ma4* includit uel relinquit *Wo4*
P-E Saluum *E2* motum aque] matum aquam *E2* procellaris *E2* maritudo *E2* qui] que *E2* relinquitur *E2*

S 109 f p **Salu*m*bra** ⌜heil / syngrone uel berwincke *Ma3 B9*
-- singrone *P*
Wa. fehlt I Kh2 Br1

S *Wa. fehlt (Textlücke) B5* Salumbra *S4*] Salubra *Ma1* + Potentilla, Accedulum idem *Ma3*
M Salubra *M19*
Sb3 gruemsamkait *Sb3 (*gruessamchait *V1 Gr2)*
W Salubra *S1*
P + auey *Ma4*
P-E singů̂n *E2*

S 110 *f t* **Salu*s*** heil
-- -utis heil, .i. sanitas *I*
Wa. fehlt K-Y

S *Wa. fehlt (Textlücke) B5* *Stichwort Ks2*] a p Salua *Ma1*, m s Salus *S4*

S 111 *a p* **Salutare** heilen uel grußen
-- gruessen *Sb3 W K P*
Wa. fehlt I

S *Wa. fehlt (Textlücke) B5* *Sigle S4*] co t *Ma1* heilen uel] *fehlt B9*, heilsam *Ks2*, heyl *Ma3 N1*
M grußet *Ma6*
K gegrüssen *Hl1*
P n p -- heylen *Ma4* + heylen *Wo1*
P-E n p

S 112 *co t* **Salutaris** heilsam
-- **Salubris**, heylsam *P*
-- .i. salubris *Kh2*
Wa. fehlt P-E

vgl. 104, P 11
S *Wa. fehlt (Textlücke) B5* *Sigle S4*] m s *Ma1*
I *Sigle fehlt*
P *Wa. fehlt B10* Salubris *fehlt Wo4*

S 112.1 heb **Samech** est vndecima littera Ebreorum et interpretatur adiutorium *P*
-- [...] interpretatur ereccio, firmamentum uel adiutorium *Kh2*

S 112.2 heb **Sama** interpretatur celum uel audi *Kh2*

S 113 *m s* ***Saluus*** *.i. sanus*, °*gesunt* °*(K P)*
-- gesund, hail *W-Y*
Wa. fehlt P-E

S *Wa. Ks2*] *fehlt Ma1*, *fehlt (Textlücke) B5* sanus] salus *Ma3* gesunt *fehlt S4*
M co t Salus *M19* gesunt *fehlt Ma6 M19*
K *Wa. fehlt K9*
P *Wa. fehlt B10* sanus] saluatus *Ma4*, + sunt *Wo1*

S 113.1 f p **Samaria** est quedam regalis ciuitas *I*
-- est ciuitas, a qua omnis regio, que circa eam *fuit*, Samaria vocabatur *K*
-- interpretatur custos domini uel lana domini aut coniuncta domino *Kh2*

K fuit *K4*] fit *W13*

S 113.2 *m t* **Saluber** hailsam *K*

K *Wa. fehlt K9* *Sigle K4*] *fehlt W13*

S 113.3 f p **Saluxita** chrawt *K*

S 113.4 n t **Salutare**, -ris substantiuum, .i. salus *K*

S 114 m s **Samaritani** sunt gentiles
+ quos rex Assiriorum posuit, *ut* cole*bant* deos *P*
m s **Samaritanus**, -a, -um inde *(nach 113.1)*; et sunt Samaritanj gentiles *I*
-- .i. gentilis; et dicuntur Samaritani, quos rex de Azia posuit, ut colerent ydola, et interpretatur custos uel lana *Kh2*

S *Wa. fehlt (Textlücke) B5* Salmaritani *S4*
M + haiden *Dr1*
Sb3 *Wa.*] Samaritanus est gentilis
P Asinorum *R1* posuit] + in terra Iudeorum *Wo4* ut colebant *Wo1*] et colebat *Ma4*, ut colebat *R1*
P-E Asiorum *alle Hss.*

S 115 f p **Sambuca** .i. tympanum et est genus cithare, ein ⌜pucke / bunghe *Ma3 B9*
-- [...] cithare, ⌜bumbe *Ma6 Ks1* / eyn pück *D1* *M*
-- est tympanum, ein paucken *Sb3*
-- [...] cithare *W*
-- est genus simphonie musicum *I*

-- [...] *cithare*, buchkel *K*
-- [...] citare rusticale, eyn ⌜bunge / båk *P-E* *P*
-- est tympanum uel instrumentum musicale r*u*sticale, eyn bunghe *Kh2 Br1*

S *Wa. fehlt (Textlücke) B5* cithare, ein pucke *fehlt S4*
M *dt. Int. fehlt M19 Dr1 Ma2*
K *lat. Int. Hl1*] genus tympane *W13*, genus tybie *Y* buchk *K4*
P *Wa. fehlt B10* rusticali *Wo4* *dt. Int. fehlt Wo4*
P-E cithere *E2* resticale *E2 (auch R1)*, resistale *So1*, prescitale *M25* ain zin bů̊t *M25*
Kh2 rusticale *Br1*] rosticale eyne puke *Br1*

S 116 f s **Sambucus** ⌜holunderbaum / eyn alhorn *Ma3 B9*
-- uel **Sambuca** holder bǒm. Item Sambuca dicebatur quo*d*dam instrumentum musicum de ligno sambuci factum *W*
-- est parua arbor et mollis, eyn holder baum *I*
-- ⌜sagebaum / halder *P-E R1* *P*

vgl. B 167
S *Wa. fehlt (Textlücke) B5* -- ein holder *N1*
M *Wa. fehlt D1* -- hollunder *Ma6* -- holar. Sambicium idem *M19*
W uel Sambuca *fehlt Sg1* quoddam *Sg1*] quondam *S1*
P *Wa. fehlt B10* alhorne *Wo1* + hollunker *Ma4*
P-E hüldrin *M25*, holdern *R1*

S 116.1 m s **Samnius** est *argilla* *P*
+ uel humus *Kh2*

P argilla *Wo1*] archilla, leyme *Ma4*, angwilla *Wo4*

S 116.2 f p **Samnina** ciuitas uel regio *P*
Wa. fehlt Kh2

P-E + ein rich *So1*

S 116.3 co t **Samnis** est aliquis de tali ciuitate *P*
Wa. fehlt Kh2 Br1

S 117 m t **Sampson** est fortitudo solis uel r*o*bustus
-- interpretatur fortitudo aut robustus *Sb3*
Wa. fehlt K

S *Wa. fehlt (Textlücke) B5* robustus *Ks2*] rubustus *Ma1 S4*

S 117.1 f p **Samota** tunride *P*
-- est erba quedam *Kh2*
Wa. fehlt P-E

P *Wa. fehlt Wo4 B10* + herba quedam *R1*

S 118 m t **Samuel** ⌜exaudicio / iudicium *P-E* dei uel prepucium uel nomen dei interpretatur
-- proprium nomen et interpretatur exaudicio dei *I*

S *Wa. fehlt (Textlücke) B5* dei *(2)*] de *S4*, domini *Ma3*
M uel nomen dei *fehlt M19*
P audicio *R1*
P-E dei *(1) fehlt E2*
Kh2 prepucium] precium *(auch Br1)*

S 119 n *s* **Sampnia** ein sliffstein, in plurali vasa fictilia dicuntur
-- dicuntur vasa fictilia vel terra glutinosa et candida medicamentis et uasculis necessaria *I*
Wa. fehlt Kh2 Br1

S *Wa. fehlt (Textlücke) B5* *Sigle S4*] n t *Ma1* schipsten *Ma3*
M victilaia *M19*
Sb3 victualia
W Samtiua *(*Sanatina *M12) X*, Sanitina *Y* -- schleiffstein vel vasa fictilia dicuntur in plurali, sliffstein *Me1* plurali] + schlif stain *S1*
I n t Samia
K f p
P-E schifstain *E2*, schlaff stain *M25*

S 119.1 f p **Sana** est locus desertus *P*

S 120 a p **Sanare** wunden heilen
-- heilen *I*
-- ⌜**Sanxiare** wonden heylen, hylgen *X* / wunden heylen *Wo4* *P*
-- **San*cc*iare** ⌜hailigen *M25* / heilen *E2* *P-E*
-- sunt maken uel helen *Kh2 Br1*
Wa. fehlt K-Y

S *Wa. fehlt (Textlücke) B5*
K -- hailen *Hl1*
P -- heylen *B10*
P-E Sancciare *So1*] Santiare *E2* *dt. Int.*] gesunt machen *So1*

S 121 a p **Sanxare** idem *(nach 120)*
-- hailen wunden *K-Y*
Wa. fehlt I P-Y
Wa. fehlt (enthalten in 120) P-X

S *Wa.*] *fehlt (Textlücke) B5*, *fehlt B9* Sanxinare *Ma3*
W Sanaxare *S1*
K -- idem, hailen *Hl1*

S 121.1 h in **Sanaballat** interpretatur habundans in templo *Kh2*

S 122 a p **Sanctificare** heiligmachen
\+ Item: Sanctificata est *ab* inmundicia sua .i. purgata; hoc legitur in 2° libro Regum *(11,4)* de Bethsabee uxore Vrie. Quidam *(vgl. Brito 678)* hoc *sic* exponunt: sanctificata *est*, .i. lauit se post coitum; alij sic: sanctificata est, .i. concepit et cessauit in ea fluxus sanguinis menstrui, quem matrix seruat in alimonia pueri *W*
-- hailigen *P-E R1*
Wa. fehlt K-Y

S *Wa. fehlt (Textlücke) B5*
W ab *Sg1*] *fehlt S1* sic *Sg1*] super *S1* est *Sg1*] *fehlt S1*
I *Sigle fehlt*
P-E helig machen *So1*

S 122.1 part **Sanctificatus** ⌜hyllich gemaket / ghehilget *Kh2 Br1* *P*
Wa. fehlt P-E

P -- heylich maket *Wo4* -- geheyliget *R1 B10*

S 123 f p **Sanctimonia** .i. cerimonia, ein geistlich gesecze
-- .i. sanctitas; **Cerimonia** idem *I*
-- geistleich gesecz *K*
-- °.i. °cerimonia °*(P-E)*, geystlich ges*e*tte / + uel vye offern *P-X*
-- sunt serimonia *Kh2 Br1*

S *Wa. fehlt (Textlücke) B5* gesecze *fehlt S4*
W *lat. Int. fehlt Sg1* gesatzt *S1*
P gesette *Wo1*] gesytte *Ma4* uel vye offern *fehlt Wo1*
P-E geseczt *So1* vel vye offern] *fehlt M25*, fih oppferung *E2*
Kh2 serimonia *für* cerimonia

S 124 f t **Sanctimonialis**
-- .i. monialis, ein ⌜closter frawe *Ma1* / nonne *S4* / kloster iunck vrowe *Ma3 N1* *S*
-- .i. monialis, eyn ⌜closteriunfrauwe *X Dr1* / closter fraw *D1* *M*
-- est monialis *Sb3*
-- .i. monialis, ⌜closter iungkfraw *X* / ain nůn *Bs9 Me5* *W*
-- chlosterfraw *K*
-- .i. monialis eyn ⌜closter frau *Ma4* / closter iuncvrowe *Wo1 Br1* / nunne *Wo4* *P*
-- .i. monialis *R1 P-E*
-- eyn klosterfrowe *Kh2*

S *Wa. fehlt (Textlücke) B5* Sanctimanialis *S4* -- eyn iuncfrowen closter *B9* *dt. Int. fehlt Ks2*
M *dt. Int. fehlt M19*
W *Wa. fehlt Sg1* co t
P *Wa. fehlt B10*

S 125 n q **Sanxire** heilig machen / + setten *S-Y P*
-- .i. confirmare uel consecrare *I*
-- hailigen *P-E*
-- significat statuere uel sacra firmare. Inde **Sanctus** .i. firmus uel sacer / + Inde **Sanctitas** *Y* *W*

vgl. 146
S *Wa. fehlt (Textlücke) B5* a q Sanctire *Y* secze *N1*
W sacer] + hailig *S1*
P a q Sanctire -- seczen, heyligen *R1* setten *fehlt B10*
P-E a q Sanctire
Kh2 a q Sanctire

S 126 f t **Sanctitas** heilikeit
Wa. fehlt (vgl. 125) W-Y
Wa. fehlt P-E

S *Wa. fehlt (Textlücke) B5*
M *Wa. fehlt D1*

S 127 n s **Sanctuarium**
-- ein ⌜geheiliget stad *Ma1 Ks2 B9* / helge stat *S4 Ma3 N1* *S*
-- geheilget stede *M*
-- ein heilig stat *Sb3 K*
-- est domus sanctorum uel res sancta uel loc*us*, ubi sacra reponuntur. Item **Sancta sanctorum** vocatur secrecior uel posterior pars templi veteris legis, et fuit ab anterior*e* parte templi diuisum per murum,

sicut sunt chori in ecclesijs nostris. Interior *vero* pars *templi* dicebatur **Sancta** tantum *W*
-- heiligthum *I*
-- ⌜*hilge* stede / gehailigot stat *P-E R1* *P*

vgl. 127.4
S *Wa. fehlt (Textlücke) B5*
M -- ein heylich *D1*
W n s Sanctuarium] et Sanctuarium *(Wa. nach 125) Y* locus *Sg1*] loca *S1* anteriore *Bs9*] anteriori *S1 Sg1* in ecclesijs nostris] nostri *Sg1* vero pars templi *Sg1*] pars *S1*
I *Sigle fehlt*
P hilghe *Wo1*] geystlich *Ma4*
P-E hailig *M25*

S 127.1 *n s* ***Sanctificium*** *idem (nach 127)* *P-Y*

P *Wa. B10*] *fehlt Wo4*
Kh2 Sanctificiam *Kh2*

S 127.2 f t **Sanctitudo** idem *(nach 127)* *B10 (P)*

S 127.3 f t **Sanctificacio** idem *(nach 127.1)* *B10 (P)*

S 127.4 *n s* **Sancta sanctorum** dicitur locus templi secrecior, ad quem nullus accessit nisi sacerdos *K*

K *vgl. 127* *Sigle M37*] *fehlt W13* locus] + antiquitus *W13*

S 127.5 **Sanccio** .i. confirmacio uel constitucio *Kh2*

S 128 m s **Sanctus** dicitur quasi sangwine tinctus / + hillich *Ma3 B9 I*
+ uel a »sa*ncc*iando« .i. firmando, quia fuerunt firmi *P*
Wa. fehlt W K Kh2 Br1

S *Wa. fehlt (Textlücke) B5* *lat. Int. fehlt B9*
M + heilig *Ks1*
P -- hillech *Wo1 B10* »sancciando« *Wo4*] saxiando *Ma4* + heylich *R1*
P-E sangwinem *E2*

S 129 n s **Sandal*i*um**
-- ein ⌜duch *Ma1* / cleyt *Ma3 B9*, do man die perde *der edelen lude* mit *cleydet* *S*
-- est vestimentum, da man der edelen lude perde mit *cleydit* *M*
-- est pannus, cum quo ornantur equi nobilium *Sb3*
-- dicitur pannus, quo equi nobilium solent cooperiri. Item est pannus quidam, *quo* cooperiebantur corpora mortuorum *W*
-- quidam pannus, quo equi solent operiri *I*
-- °in °plurali °Sandalia °*(Y)* dicuntur sotulares, in quibus papa et episcopus cantant missam; ⌜sed in singulari quidam *X* / eciam *Y* pannus, quo equi nobilium solent cooperiri et pannus, quo operiebantur °wlnera °et °*(Y)* corpora mortuorum *K*
-- eyn cleyt, dar man die ⌜perde / ros *E2* der edelen lude *mede* cleydet *P*
-- eyn kelt, dar me der armen lude perde mede dekket *Kh2 Br1*

S *Wa. fehlt (Textlücke) B5* Sandalium *B9*] Sandalum *X Ma3* -- da man dy pherde der allen lute mit cleydet *S4* -- dar man de perde dr *(?) Ks2* -- do man dy pferd der edlen lewt mit cleydet *N1* der edelen lude *Ma3*] nobilium *Ma1* cleydet *S4*] bedecket *Ma1*

M -- do man dy edel lute cleyd *D1* perde] ross *M19* der edelen lude] den alten lüden *Dr1* mit cleydit *Ks1*] mit decket *Ma6*, inne klaid *M19*
W quo *(2)*] + api *(?) S1* corpora] capita *Sg1*
P Sandalum *(*Sandalium *Wo1)* mede *Wo1*] *fehlt Ma4* bedecket *B10*
P-E Sandulum *E2*, Sandalum *So1*, Sanctalum *M25* -- est tegimentum, quo equi nobilium teguntur *So1* -- so man die ros oder edel lůtt mit klaidet *M25* mede cleydet] beklaidet *E2*
Kh2 Sandalum *Br1*, Sanctalum *Kh2* bedecket *Br1*

S 130 n t **Sandalia** bischoffs schuwe
-- dicuntur calcei, quibus papa et episcopi solent vti in missis, et sunt similes soleis minorum fratrum; idem eciam dicitur **Pero**, -onis. Item **Sandapila** idem quod feretrum *W*
-- dicuntur subtalares, bischoff schuch *I*
-- sunt calcei episcopi *P-E*
Wa. fehlt (enthalten in 129) K

vgl. 238.1, L 253, P 423
S *Wa. fehlt (Textlücke) B5* -- eyn bischoff schuch, talij *(!)* sunt *S4* eyn bisschof schů *Ks2*
Sb3 -- pischolff
W *Sigle*] Item *(Wa. nach 129)* episcopus *Sg1* fratrum] + Item *S1*
Kh2 Sanctalia

S 130.1 m s **Sa*n*dicus** est mensis Aprilis *P*

P Sandicus *Wo1*] Sadicus *Ma4*
Kh2 Sancdicus

S 131 f t **Sandix** est herba ⌜*colonum* / follonum *S-X*, weid
-- genus rubre herbe, proprie weyt *I*
-- est herba quedam rubea, de qua fit tinctura, °.i. °herba °*(Y)* fullonum *K*
-- est erba quedam, wete *Kh2 Br1*

S *Wa. fehlt (Textlücke) B5* colonum *zit. nach Ma3* follonum, weid] vollonum venit *S4*
M weid *fehlt Dr1*
Sb3 colonie
W colanum *S1*
P colorum *Ma4*
P-E *dt. Int.*] wich weid *So1*
Kh2 Sanctix

S 132 m s **Sangwilentus** blutig
-- pluetiger *Sb3*
Wa. fehlt Kh2

S *Wa. fehlt (Textlücke) B5* Sangwiolentus *Ma2*
W blůt rich *Sg1*
P-E Sangwelendus *E2*

S 132.1 **Sandicea** uel **Persica**, weyden rör *Me1 (W)*

W Sandicea] Item Sandicea *(nach 132) Me1*

S 133 m s **Sangwinarij** sunt siccarij uel homicid*e*
-- sunt homicide *P-E R1 Kh2 Br1*

S *Wa. fehlt (Textlücke) B5* sixiarij *Ma3* uel homicide *Ks2*] uel homicidi *Ma1*, *fehlt S4*

W *Sigle*] Inde *(Wa. nach 136)* siccarij uel *fehlt Y*
P *Wa. fehlt Ma4*

S 134 n p **Sangwinare** bluden uel wunden
-- pluetigen *Sb3*
-- bluten *I K P-E*

S *Wa. fehlt (Textlücke) B5*
M uel wunden *fehlt Ma6 M19*
W -- blůten. Inde Sangwineus *(vgl. 136) Sgl*
I *Sigle fehlt*
P uel wunden *fehlt Wo4*
P-E -- blůtigen vel plůtten *Sol*

S 135 m s **Sangwineus** blutig uel est complexio hominis
+ warm suchte *Wo4 Ma4 R1 P*
-- pluetig aut Sangwineus est homo talis *Sb3*
-- complexio hominis *K-Y*
-- blodich uel homo istius compleccionis *Kh2*
Wa. fehlt (vgl. 136) W

S *Wa. fehlt (Textlücke) B5*
K blutig uel *fehlt Hl1*
P -- est homo illius complexionis *B10* warm fucht *Ma4*, warm vochtich *R1*

S 135.1 **Sa*nd*icium** est aliquid de colore *Kh2*

Kh2 Sandicium *emend.*] Sancdicium

S 136 f p **Sagwinea** est herba mouens sagwinem in nare
+ uel faciens sagwinem fluere *Kh2*

S *Wa. fehlt (Textlücke) B5* Sangwinaria *Ma3 B9* sagwinem in nare] sagwen in mare *S4* nare] + agere *B9*
M in nare *fehlt M19* + tausant blat *D1*
W *Stichwort*] m s Sangwineus uel Sangwinea *(*f p Sangwinea *Sgl)*
I ep
P Sangwinaria nari *Wo4*
P-E Sangwinaria
Kh2 Sagwinaria

S 137 *m t* ***Sangwis*** *blot uel* ⌜*delictum /* peccatum *Kh2 Br1*
-- primo dicitur affectus carnalis; exemplum *(Mt 16,17)*: Beatus es, Simon Petre, quia caro et sangwis non reuelauit tibi, sed pater meus, qui est in celis. Aliquando dicitur esse corrupcio; exemplum *(Io 1,13)*: Qui non ex sanguinibus neque ex voluntate carnis, sed ex deo nati sunt. Eciam est peccatum; exemplum Psalmi *(50,16)*: Libera me de sanguinibus, deus, deus. Aliquando dicitur esse peccatum homicidij; vnde dominus ad Dauid *(vgl. i Par 28,3)*: Non edificabis *mihi* templum, quia vir sangwinum es, .i. homicidij. Eciam dicitur esse progenies; exemplum*(Equiv. 210rb)*: Iste est de sanguine meo, .i. de progenie mea. Eciam dicitur esse cruor in corpore existens; exemplum: Iste est percussus usque ad effusionem sanguinis. Eciam dicitur esse vis generatiua; vnde Lucanus *(vgl. ii,338)*: *Dum* sangwis *inerat*, dum vis materna, peregit *Sb3*
-- plura significat. Wersus *(Grec. Vet. ix 196f)*: Sangwis progenies, sangwis quoque dicitur humor; sit tibi peccatum sangwis, sangwis quoque vita *W*

Wa. fehlt S-X I

S *Wa. zit. nach Ma3*
M *Wa. fehlt Ma6 M19 D1*
Sb3 mihi *V1*] iam Dum *V1*] *verderbt* inerat *emend.*] inhereat
W peccatum sangwis, sangwis] peccatam sagwis *Sg1*
K delictu *W13*
P delictum] peccatum *Wo4*

S 137.1 f s **Sagwinarius** hageboten baum *P*
-- ⌜ain haigbom *M25* / hagen but *E2* / ein hagenbůch *So1* *P-E*
Wa. fehlt Kh2 Br1

P -- eyn haghebutte *Wo1* -- eyn hage bottel bom *R1* -- eyn hage dorne *B10*
P-E m s

S 137.2 n s **Sagwinarium** fructus eius *(nach 137.1)* *P*
-- est fructus eius *(nach 136) Kh2 Br1*

S 138 f p **Sagwisuga** ein ⌜egel / yle *Ma3 B9 Kh2*
+ est vermis sugens sagwinem *P*
-- ain egel / + et est vermis aquaticus, qui *X* alio nomine dicitur hirundo *W*
-- est uermis aquatilis, eyn snegel *I*
-- ain egel *P-E R1*
-- eyn yle *Kh2*

S *Wa. fehlt (Textlücke) B5* + eyn echele *Ma3*
W nomine] modo *Sg1*
K *Wa. fehlt Hl1* + penultima producta *W13*
P -- eyn yle *Wo1* *dt. Int.*] *fehlt Ma4 Br1*, + eyn yle *B10*
P-E ein igil *So1*
Kh2 Sagwisuca

S 138.1 **Sagwynolentus** est aliquis sagwine aspersus uel sagwine plenus *Kh2*

S 139 n q **Sanire** toben / + uel wuten *S-X K M-Y*

S *Wa. fehlt (Textlücke) B5*
W + wüten *Me1*
K -- lucerna interpretatur *(vgl. 143) Hl1* wuten] plüten *K4*

S 140 f p **Sania** tobunge
+ wůtung *W-X K*
Wa. fehlt I

S *Wa. fehlt (Textlücke) B5*
M + wuttung *Dr1*
W tobunge *fehlt S1*
P Sonia *Ma4*
P-E *Wa. fehlt So1*

S 141 f q **Sanies**, **Pus** idem uel dicitur inmundicia proveniens *de* vermi*bus* venenosis
-- est sangwis putrefactus, aiter *W*
-- est inmundicies uel putredo, que prouenit de vulnere *I*
-- est inmundicia proueniens de uermi*bus* venenosis, aẙther *K*
-- etter ut in vlceribus *Kh2 Br1*

vgl. 143.1, P 1425
S *Wa. fehlt (Textlücke) B5* Pus] *fehlt Ma3*, puns *(?) S4* de vermibus *S4*] ex vermis *Ma1*, de virginibus *B9* venosis *S4*
M de] ex *Y* proveniens *bis* venenosis *nach 140 M19*
W *vgl. 143.1* *lat. Int. fehlt Sg1*
K *Wa. fehlt Hl1* *lat. Int. fehlt Y* vermibus *emend.*] vermis *W13 W9 M37*
P Pus] us *Ma4* -- etter uel in vlceribus *B10*

S 142 n p **Saniare** sweren *also* ein ⌜swer / geswer *Sb3*
-- swern *K*
-- schwern sicut vlcus *P-E*

S *Wa. fehlt (Textlücke) B5* Sania *B9* -- wern *S4* -- swern *Ks2* -- sweren also eyn wune sweret *Ma3* also *Ma3*] uel *Ma1* swer] geswer *N1*
M also ein swer] sicut vlcus *D1* swer] geswer *M19*
W also ein swer] *fehlt Sg1*, sicut vlcus *S1* swer] geschwer *Me1*, aiss *Bs9*
I a p
P also ein swer] sicud vlcus *Ma4* swer] geswere *R1*

S 143 m in **Sani*r*** lucerna interpretatur
Wa. fehlt I

S *Wa. fehlt (Textlücke) B5* Sanir *S4*] Sanix *Ma1*

S 143.1 **Sanies** dicitur inmundicies de vermibus venenosis proueniens *W-X*
W *vgl. 141*

S 144 *f t* ***Sanitas*** ⌜*gesontheit* / suntheyt *Ma3 B9 P*
Wa. fehlt W K P-E

S *Wa. S4*] *fehlt Ma1*, *fehlt (Textlücke) B5* f p Sanies *Ma3* gesuntheil *Ks2*, gesuntikeyt *N1*
P gesuntheyt *R1 Wo4 Br1*

S 144.1 *f s* ***Sangwinarius*** *hartrugel*, quedam arbor *W-X*
W f s Sangwinarius hartrugel *Me1*] m s Sangnarius hartrager *S1*

S 145 f p **Sanna** est derisio uel ein ⌜nasen trophe uel runczelunge des antliczes / nezen dropel uel eyn krokinghe des anlates *Ma3 P*
-- [...] nasen tropf aut runczel *Sb3 P-E R1*
-- [...] nasen tropf uel idem est quod ruga. Wersus Greciste *(Grec. Nov. 81r)*: Sanna sit in wltu torto rugacio naris. Qualem *sepe* facis, cum quos ridere notabis. Hinc **Sanno**, - as, quod abusu non tolleratur. Compositum a sanno sub sanno notatur *W*
-- .i. derisio vel eyn rontzel *I*
-- ⌜*est derisio uel tropph oder rüntzel des antlitz; eciam* dicuntur vasa fictilia a Samo insula, vbi ars figulorum primo est inuenta *X* / dicuntur vasa fictilia *Y* *K*
-- .i. derisio uel r*u*gacio, eyn drupynghe des antlates uel de neze *Kh2*

S *Wa. fehlt (Textlücke) B5* derisio] decyseo *S4* *dt. Int.*] eyn nese dropel *B9* runczelunge] roczunge *S4*
M runczelunge] ruczig *M19*, runczelich *D1* antzlicze *Ks1*
W nastrapß *(!) Sg1* nasen tropf] + runczell an dem antliz *Me1* ruga] + in facie *S1* sepe *Sg1*] *fehlt S1* quos] quis *Sg1* notatur] vocatur *Sg1*
K Sania *K9* est *bis* eciam *Hl1*] *fehlt W13*

P *Wa. fehlt B10* *dt. Int.*] eyn nasa drup uel krangheit des antlicz *Ma4*, tripinge des antlides *Brl* nase drope *Wo4*
P-E runczelt *R1*
Kh2 rugacio *emend.*] regacio

S 145.1 m t **Sannones** qui rectum non habent wltum *K*

K non *fehlt K4*

S 146 *a* q **Sanxire** .i. confortare
-- significat consolare aut sanctificare *Sb3*
Wa. fehlt I Kh2 Brl

vgl. 125
S *Wa. fehlt (Textlücke) B5* a q Sanare *B9* *Sigle S4*] n q *Ma1*
P .i. confirmare *Ma4*

S 147 m s **Sanus** .i. saluus, *sospes*, °gesund °*(W-Y)*
-- *.i. saluus*, gesunt *K-X*
-- gesunt *P-E*
-- sunt uel hel *Kh2*
Wa. fehlt K-Y

S *Wa. fehlt (Textlücke) B5* sospes *S4*] *fehlt Ma1*
M salus *M19*
Sb3 salus
W gesund *fehlt S1*
K .i. saluus *W9*] *fehlt W13*, .i. salus *Hl1*
P Sanus .i. saluus] Saluus sanus *Ma4*

S 147.1 f p **Sapa** dulce acetum uel dulce acidum vinum *K*

K dulce *(2)*] dulcedo *K4*

S 147.2 f p **Sapa** eyn rame, *wyppe*, est instrumentum textoris *P*
Wa. fehlt Kh2 Brl

P eyn rame *fehlt Wo4 B10* wyppe *Wo1*] *fehlt Ma4*
P-E texoris *E2*

S 147.3 adv **Sane** .i. certe *K*

S 148 n t **Sapere** smecken, et quando habet -pui in preterito, tunc habet -pitum correptam; sed quando habet -pi in preterito, tunc habet -pitum productam
-- est sapienciam habere. Item est saporem *habere*, ut: Ille cibus sapit bene, .i. sapidus est. Wersus *(Grec. Vet. xvii 87f.)*: Vir sapiens sapere dicatur; qu*i*que sapore congruus est, sapere dicitur ille cibus *W*
-- smecken *I*
-- smekken uel scienciam habere *Kh2*

S *Wa. fehlt (Textlücke) B5* -- smecken, quandoque habet sapui, tunc habet sapitum productam *Ma3* correptam] supino *B9* productam] productum in supino *S4*, longum in supino *B9*
M -- smeken *M19*
Sb3 quando *(1) fehlt*
W habere *Sg1*] *fehlt S1* quique *Sg1*] quisque *S1*
K *lat. Int. fehlt Y* correptam] in supino *W13*

P -pitum, *(1)*] saptum *Ma4* correptum *Wo4* productam] produc *Ma4*, productum *Wo4* + Wersus *(!) Wo4*

S 149 n q **Sapire** est sapienciam habere
-- .i. sapienciam habere *I*
Wa. fehlt W-Y

S *Wa. fehlt (Textlücke) B5*
K *Wa. fehlt W13*

S 149.1 m s **Saphirus** est vitrum uel gemma *P*
Wa. fehlt (vgl. 149.2) Kh2

S 149.2 **Saphirum** eyn slicht glas *Kh2*

S 149.3 **Saphirium** eyn schir glas *Kh2*

S 150 m s **Sapidus** smaghafftig, kunstig, °wise °*(P-E R1)*
-- kunschaftig aut weiß *Sb3*
-- schmakhaftig *W-X Kh2 Br1*
-- smeckende *I*
-- *künstig oder weis oder wol smeckig* *K*
Wa. fehlt W-Y

S *Wa. fehlt (Textlücke) B5* -- smackachtich *Ma3* smachtich *B9*, smeckendig *N1* kunstig *fehlt Ks2* wise *fehlt S4*
M gesachthaftig *M19* kunstig, wise *fehlt Dr1*
K *Int. K4*] ků̊nstig oder smekund *W13* künstig] lustig *Hl1*
P -- smecksam, wyß *Wo4* gunstig *Ma4* wise *fehlt Wo1 B10*
P-E schmkig *(!) E2*

S 151 *p pn* ***Sapiens*** *wyse*
-- est sapidus, weyß *Sb3*
Wa. fehlt K

S *Wa. S4*] *fehlt Ma1 Ks2*, *fehlt (Textlücke) B5*
M *Wa. fehlt D1*
W o t + Inde Sapiencia *(vgl. 152) Bs9 Me5*
I *Sigle fehlt*
P-E + .i. prudens *E2*

S 152 *f p* ***Sapiencia*** *wysheit*
-- primo est cognicio cuiuscumque rei aut causam assignare; exemplum: Ille est bonus philosophus. Aliquando est prudencia in rebus terrenis; vnde apostolus *(i Cor 3,19)*: Sapiencia huius mundi est stulticia aput deum. Aliquando est simplex cognicio legum; vnde apostolus *(i Cor 2,6)*: Sapienciam non loquimini nisi inter sapientes. Eciam significat vlteriorem s*a*porem mentis abitu*m* de deo et sic accipitur proprie; vnde *(Is 11,2)*: Super eum requiescit spiritus sapiencie. Aliquando dicitur esse filius; vnde in Libro sapiencie *(Sir 24,5)*: Ego sapiencia ex ore altissimi. Aliquando significat certam noticiam formare, et sic sapiencia est communis, ut sciencia in quinque clauibus. Wersus *(vgl. Walther 23156)*: Sic tibi dat claues, sapienciam discis opimam. Vltimo est actus sciendi; exemplum: Iste homo habet sapienciam .i. scienciam *Sb3*
Wa. fehlt I K

S *Wa. S4*] *fehlt Ma1*, *fehlt (Textlücke) B5*
M *Wa. fehlt D1*
Sb3 saporem *V1*] soporem abitum *(für* habitum*) emend.*] habitus
W *Wa. fehlt (vgl. 151) Bs9 Me5*

S 153 m p **Saphonias** speculum uel archanum interpretatur
+ uel absconditum *Kh2*
Wa. fehlt I

S *Wa. fehlt (Textlücke) B5* Saphonas *Ma3*, Saphones *B9*
M Saphanias *M19*
Kh2 archanicum
P-E Saphanias *E2*

S 153.1 m s **Sapinus** quedam species abietis, quia sapiat pinum *I*

S 153.2 m t **Sapo**, -onis quedam confeccio muliebris *I*

S 153.3 f s uel t **Saphus** uel **Sapho** est quedam puella *Kh2*

S 153.4 *m* in **Saph*a*n** labium uel lepus, barba *superior /* + pars *Kh2 Br1* labij dicitur *P*

Saphan *für* Saphau
P m in Saphan *Wo1*] n in Saphon *Ma4* labum *R1* superior *Wo1*] superioris *Ma4*
labij *fehlt Wo4*

S 154 f p **Sapona** *seuffe*
-- .i. sapo, sepe *Kh2*
Wa. fehlt I

S *Wa.*] *fehlt (Textlücke) B5*, f p Saphana .i. cepe *Ma3* seuffe *S4*] senff *(!) Ma1*
Sb3 supphe
W Sapora *S1* + Sapo idem *Bs9*
K Saphona
Kh2 Saphona

S 154.1 **Saphitrum** est metrum, cuius inventor fuit Sapho et est simile huic *(Rep. Hymn. 21039)*: Vt queant laxis *Kh2*

S 155 m t **Sapor** smag
-- gesmach *Sb3 K*
-- -oris gesmag. Vnde **Saporus**, -ra, -rum *I*

S *Wa. fehlt (Textlücke) B5*
M gesmack *M19*

S 156 *a* p **Saporare** smecken
+ Inde **Saporosus** *(vgl. 157)* *W-Y*
-- .i. saporem habere, smagken *I*

S *Wa. fehlt (Textlücke) B5* *Sigle S4*] n p *Ma1*
W *vgl. 157.1*
K n p Saparare *K4*

S 157 m s **Saporosus** wol ⌜smeckig / smacken *M*
-- wol smeckung *Sb3*
-- -sa, -sum i. sapore plenus *I*
-- wol smekund *K-X*

Wa. fehlt (vgl. 156) W-Y
Wa. fehlt K-Y

S *Wa.*] *fehlt (Textlücke) B5*, *fehlt N1*, m s Saporsus wol smekaftich *Ma3* wol smackunt *(?) S4*, wol smeckende *Ks2*
M -- smackhafftig uel wol smeckenden *D1*
W wol schmecken *Me1*
P -- smeckhaftich *Wo4* -- smeckich *B10*
P-E *Wa. fehlt E2* wol smecken *M25*

S 157.1 m s **Saphicus** °media °correpta °*(Y)*, quoddam genus metri *K*

S 157.2 m t **Sapifur** .i. sapiens fur *K*

K *Stichwort verderbt K4*

S 158 f p **Sara** princeps interpretatur
\+ uxor Abraham *I*

S *Wa. fehlt (Textlücke) B5*

S 158.1 f p **Sarca** eyn saghe *Ma3 (S)*

S 158.2 m s **Sarabarus** eyn bruch *P*
-- ain brech *P-E*
Wa. fehlt Kh2

P *Wa. fehlt B10* -- .i. braca *R1* -- eyn neder cleyt *Wo4* + eyn nedercleit *Ma4*

S 158.3 m s **Sarabagus** eyn krud *Kh2*

S 159 n s **Sarabal*l*um**, -orum *sunt* tibie brace uel vestimenta. Vnde Daniel 3° *(3,94)*: Sarabal*l*a eorum non sunt *immutata*
-- est vestis femurum, sunt brace uel femuralia *W-Y*
-- sunt crura hominum et tibie et brace, quibus hec teguntur. Vnde iij c. Danielis *(3,94)*: Saraballa eorum *I*
-- sunt tibie uel crura hominum *K*
-- sunt tybie °uel °brace °*(Kh2)* uel vestimenta *P*

S *Wa. fehlt (Textlücke) B5* Saraballum *S4*] Sarabaldum *Ma1*, Sarobellum *Ma3* orum] uel -orum *Y* sunt *S4*] *verderbt Ma1* brace] dicitur bratze *B9* 3°] 4° *Ma3* Saraballa *S4*] Sarabalda *Ma1*, Baraballa *Ma3* immutata *Ks2*] *fehlt Ma1*, emmutata *S4*, mutata *Ma3*, immutati *B9*
M Saraballum] Saraballa *Ma6 M19* brace] bracē *M19* Danielis *Ma6* eorum] orum *Ma6 M19*
Sb3 Saraballum] Sarabum brace *verderbt* 3°] secundo Saraballa eorum] Sarabellorum immutata *fehlt*
W Saraballum] Sarabulum *S1* Saraballa] Sarabula *S1*
K hominum *fehlt K4*
P m s Sarabani *(*n s Saraballum *Wo1)*
P-E m s Sarabani
Kh2 n s Sarabani

S 159.1 *n s* **Saraballa** sunt brace tibiales uel *crurales* *K*
-- eyn bracze, eyn broke ryme *P*
-- eyn huft knake uel scheuen *Kh2*
Wa. fehlt P-E

K *Sigle K4*] *fehlt (Wa. nach 159) W13* brace] ebraice *K4* crurales *K9*] *fehlt W13*, curuales *K4*

P *Wa. fehlt B10 Br1* -- eyn broch reme *R1* -- bruch reme vel, vt Hugo *(»Saray«)* dicit, dicuntur crura hominum et tybie. Vnde brace, quibus hec tanguntur, Saraballa quasi crurales et tybiales in Daniele *(3,94)* vocantur. Saraballa in historia sunt insigna principum *Wo4*
Kh2 n s Saraballa] n s Saraballum uel Saraballa horum

S 159.2 f p **Saramancia** watsachk *uel mantica K*
-- eyn wat sac *P Ma3 (S)*

S Sarcimatica *Ma3*
K uel mantica *K4*] *fehlt W13*
P *Wa. fehlt B10* Saramantica *Ma4*, Saromancia *Wo4* wadik sak *Br1*
P-E Saramantica *E2* *Int. fehlt M25*
Kh2 Sarantica

S 159.3 f p **Sarta*tecta*** reparacio fabrice, tecti dicitur *P*
-- est reparacio tecti *Kh2*

vgl. 178.1, 196.1
P Sartatecta *Wo1*] Sartatheca *Ma4* + deckinge *B10*
P-E fabrici *E2*
Kh2 Sararecta

S 159.4 n s **Sartana** sunt pallia admodum cortine ex humeris usque ad terram *P*

P *Wa. fehlt Wo4*
P-E cortini *E2*

S 159.5 f p **Sarra** est piscis *P*
Wa. fehlt Kh2 Br1

S 160 f p **Sarcina** ein burde / + est onus *B9 Ma3*
-- est onus, burdi *W*
-- .i. onus uel pondus, eyn burde *I*
-- °eyn °borde °*(P-E R1)*, .i. pondus, -eris et capitur pro difficultate, et est proprie graue pondus carnium, a *»sarcos«* grece, .i. caro latine. Wersus: Ecce graui massa grauat arcus sarcia *crassa P*
-- .i. pondus, eyn borde, et capitur pro difficultate *Kh2*

S *Wa. fehlt (Textlücke) B5* est onus] zona *(!) Ma3*
K *Wa. fehlt K9*
P *dt. Int. fehlt Br1* *lat. Int. fehlt Wo1* graue] + diem *Wo4* »sarcos« *Wo4*] sortos *Ma4* crassa *Wo4*] *fehlt Ma4*
P-E Wersus] verbum *E2* sarcia] sacia *E2*

S 160.1 *a p* **Sarcinare** pesweren *Sb3*

Sb3 *Sigle V1*] Inde *(Wa. nach 160)*

S 161 f p **Sarciuncula** ein watsag
+ .i. onus *P-E R1*
-- °watsachk °oder °*(Y)* våles *K*
-- est parua sarcina *Kh2*
Wa. fehlt (vgl. 162) I

S *Wa. fehlt (Textlücke) B5* *Stichwort verderbt S4* + .i. onus *B9*
P -- idem *(nach 163) Br1*
Kh2 Sarcaricula

S 162 f p **Sarcinula** idem *(nach 161)*
-- et hec **Sarciuncula** ambo diminutiua *I*

S *Wa. fehlt (Textlücke) B5* *Stichwort verderbt Ma3*
M *Wa. fehlt Ma6*
K *Wa. fehlt W13*
P *Wa. fehlt Wo4*

S 163 m s **Sarculus** ein spat uel ein hepe
\+ Item Sarculus est instrumentum ad purgandum segetes aptum, wlgariter gett ysen; a »sar*r*io, -is«, quod significat purgare. °Sarculum °*(Y)* eciam significat instrumentum, quo *put*antur vites et preciduntur. Wersus *(vgl. Ov. met. xi 36)*: Sarcula uel sarpe sunt falce*s* siue ligones *W*
-- uel **-lum** .i. sarpa, ein hepe uel spat *I*
-- ferramentum cum manubrio, quo purgantur segetes et circumfoduntur et euell*u*ntur herbe nociue *K*
-- ain schúfel vel ain haup *P-E*
-- eyn spade uel cultellus *Kh2 Br1*

S *Wa. fehlt (Textlücke) B5* n s Sarculum *Ma3 B9* uel ein hepe *fehlt Ma3* + uel snycz ysen *S4*
M ein hepe] drat vel grabscheit *M19*
W uel ein hepe *fehlt Sg1* het *S1* Sarculus *(2)*] *fehlt Sg1*, Sarculum *Bs9 Me5* wlgariter *bis* purgare *fehlt Sg1* »sarrio, -is« *Me1*] »sarcio, -is« *S1*, »sorrio, -is« *Bs9* putantur *Sg1*] purgantur *S1* preciduntur] + rebmesser *S1* falces *Sg1*] falce *S1*
K et circumfoduntur *bis* nociue *fehlt K9* euelluntur *Hl1*] euellentur *W13 K4*
P + cultellus *Ma4* + eyn krumme *R1*
P-E how *So1*

S 163.1 m s **Sarcophagus** est archa lapidea uel lignea, in qua sepeliuntur corpora mortuorum *W*

W *vgl. 184* -- sarch *Sg1*

S 163.2 *n q* **Sarcio**, -si, -sum .i. suere *K*

K *Sigle Hl1*] t *W13*

S 163.3 a q **Sario**, -iui, -itum .i. purgare, circumfodere, herbas nociuas euellere *K*

K *vgl. 173*

S 164 m s **Sarcosmus** est hostilis derisio
-- .i. irrisorius, hostilis uel amarus *I*
Wa. fehlt Kh2 Br1

S *Wa. fehlt (Textlücke) B5* postilis *S4*
Sb3 derisio *fehlt*
I m s Sarcosmicus, -ca, -cum
P Sarcosus *Wo4*
P-E hostilis] osculus *alle Hss. (auch R1)*

S 165 m t **Sardis** est lapis preciosus
-- quedam insula uel ciuitas *I*
-- est nomen lapidis *P (außer Kh2 Br1)*
-- est nomen lapidis, tunc habet -inis in genitiuo. Aliquando autem est vrb*s, que* alio nomine dicitur Gardian, et tunc habet Sardis in ge-

nitiuo. Eciam aliquando capitur pro insula quadam iacens circa istam ciuitatem, que dicitur Sar, vel est piscis quidam, qui alio nomine dicitur Sarta *P-E*

S *Wa. fehlt (Textlücke) B5* -- est nomen lapis preciose *S4*
P Sardis] + Sardin *Ma4 R1*
P-E vrbs *So1*] vrbsa *(!) E2* que *emend.*] *fehlt E2 So1, verderbt M25*

S 165.1 f p **Sarda** dicitur esse *quod*dam genus paruorum piscium, qui habundant circa talem ciuitatem, que dicitur Sardis *P-E*

P-E quoddam *So1*] quedam *E2*

S 165.2 f p **Sardina** idem *(nach 165.1)* *P-E*

S 166 m s **Sardius** est gemma rubeum habens colorem
-- est nomen lapidis nobilis et rubei coloris. **Sardo** idem. Item **Sardonix** uel **Sardonicus** est compositus ex natura duorum lapidum, scilicet sardij et onicis; superius est rubeus *admodum sardij*, in medio albus admodum onicis, in fine vero niger; ita dicit Ysiderus *(xvi 8,4)* *W*
-- quidam lapis preciosus rubeo colore *I*
-- iemma rubii coloris *Kh2*

vgl. 167, 167.1, 167.2, 167.3, 184.1
S *Wa. fehlt (Textlücke) B5*
W m t Sardo *X* admodum sardij *Bs9*] uel sardius *S1*, admodum sardi *Sg1*
P Sarduus *Wo4 B10*

S 167 m t **Sardo** idem *(nach 166)*
Wa. fehlt I Kh2 Br1
Wa. fehlt (enthalten in 166) W

S *Wa. fehlt (Textlücke) B5* Sardus *S4*
P *Wa. fehlt Wo4*

S 167.1 m t **Sardonix** est lapis preciosus *K*

K *vgl. 166, 167.2, 184.1*

S 167.2 f t **Sardonis**, **Sardonix** sunt nomina lapidis *Ma4 (P)*
-- est nomen lapidis *R1 (P)*

P *vgl. 166, 167.1, 184.1*

S 167.3 m s **Sardonicus** est lapis *P*
Wa. fehlt Kh2 Br1

P *vgl. 166*

S 167.4 *m in* **Sargon** princeps ortorum interpretatur *P*
-- est princeps uel pulcretudo *Kh2*

vgl. 175.3
P *Sigle Wo1*] f t *Ma4* ertorum *R1*
Kh2 m t Sardon *(auch Br1)*

S 167.5 **Sarcina** .i. graue pondus *Wo4 (P)*

P *vgl. 160*

S 168 f p **Sarepta** est modica vrbs uel silua iuxta urbem / + Ierusalem *Ma3 B9*
-- est modica ciuitas iuxta Tirum et Sydonem *W*
-- [...] silua inter Tirum et Sidonem *I*
-- est paruua vrbs [...] *K*
-- [...] silua circa vrbem et interpretatur incendium uel *a*ngustia panis *Kh2*

S *Wa. fehlt (Textlücke) B5* medica *S4*
M iuxta urbem *fehlt M19*
W Sarapta *S1*
P orbem *Ma4*
Kh2 angustia *emend.*] ingustia

S 168.1 *ind* **Sar*e*** malicia uel sibulans interpretatur *P*
-- est malicia uel addulans *Kh2*

P ind Sare *Wo1*] f p Sara *Ma4*

S 169 m s **Sareptanus** est aliquis de tali ⌜vrbe / ciuitate *Sb3*
-- -a, -um aliquis de tali ciuitate. Vnde Grecista Nouus *(81'f.)*: Vrbs et silua prope Sidonem dicta Sarepta. Claruit ex uidua *rem* spemque salutis adepta *W*
-- -a, -um aliquis de Sarepta *I Kh2*

S *Wa. fehlt (Textlücke) B5* tale *S4*
M Saraptanus *M19*
W rem *Bs9*] quem *S1*, *fehlt Sg1*
Kh2 Saraptanus

S 169.1 *n s* **Sarmentum** abcisio inutilium lignorum *W*
n s **Sarmenta** dicuntur ramusculi inutiles de ficubus sew alijs arboribus abscisi *K*

W *Sigle Sg1*] *fehlt S1* abscisio *Sg1 Me1*

S 170 f p **Sarept*a*na** est mulier de tali vrbe
Wa. fehlt Sb3 W I K P-E Kh2 Br1

S *Wa.*] *fehlt S4 Ma3*, *fehlt (Textlücke) B5* Sareptana *Ks2*] Sareptina *Ma1* vrbe] regione *B9*
M de tali vrbe *fehlt M19* tale *Ma6*
P idem *(nach 169) Wo4* vrbem *Ma4*

S 170.1 m s **Sarracenus** sarracen, *vnus* de tali regione *K*

K sarracen] sarren *K4*, *fehlt Hl1* vnus *K4*] *fehlt W13*

S 171 m t **Saron** uel **Saraon** est princeps ⌜nemorum / meroris *Ma3 P*
-- uel ***Saraon*** interpretatur princeps uel cantans tristiciam *Kh2*

S *Wa. fehlt (Textlücke) B5* Saron] Saren *B9* nemorum] iudeorum *B9*
M meroris *M19*
Sb3 Saram aut Saran
P Saren vel Sarilon *Wo4*
Kh2 Saraon *Ki3*] *verderbt*

S 172 m s **Saratectus** uel **-tor** ein ⌜dachdecker / deker *P-E R1*
-- uel **Saratector** antiquorum edificiorum reparator *I*

S *Wa. fehlt (Textlücke) B5* Saratextus uel -tur *S4* dach deck *N1*
M Saretectus *M19*
P Sarectus uel Saratectus *Br1* eyn decker *Ma4*
Kh2 *Wa.*] m s Sarectus uel Satectus eyn dach dekken

S 172.1 **Saraminea** wilde keruilla *S1 Me1 (W)*

S 172.2 f p **Sarmantica** ghemenget mel, salue, arczdey *P*
-- gemúschet mel vel erczny *P-E*
-- ghemenghet salue uel arstedie *Kh2*

P *Wa. fehlt B10* Saramantica *Wo4*, Saramaticia *R1* -- ghemenghet uel salue *Wo1*
P-E Sarmatica -- graúst mel *So1*
Kh2 Sarmatica

S 173 a q **Sario**, -iui .i. purgare
+ reyn mach *M W-X*
-- .i. purgare, reyn machen uel segen *I*
-- rayn machen *K*
-- .i. purgare, °reyne °maken °*(P-E)* uel circumfodere, herbas *nociuas* euellere *P*
-- .i. purgare uel fodere uel circumfodere herbas nociuas *Kh2*

vgl. 163.3
S *Wa.*] *fehlt (Textlücke) B5, fehlt B9* -iui] + in preterito *Ma1 S4* + reyn machen *S4* + reynigen *N1*
M .i. purgare *fehlt M19*
K *Wa. fehlt Hl1*
P reyne maken] reynigen *R1* uel *bis* euellere *fehlt Wo1* nociuas *Wo4*] noniua *Ma4*, nociua *R1*
P-E nociua *E2*

S 173.1 f p **Sarona** dicitur pondus °siue °saruma °*(Y)* *K*

S 174 f t **Sario** est accio seminis
+ Wersus *Nouus* Grecista *(44ʳ)*: *Sarpo* uel Sarrio, *d*um runco, recido, reuello exortis, quod obest, et inane nocensque repell*o* *W*
-- .i. accio sartorum *P*
Wa. fehlt I

S *Wa.*] *fehlt (Textlücke) B5, fehlt Ma3* *Stichwort verderbt S4*
M seminis] + Saraculum *(!) M19*
W Sarcio *S1* Nouus *Sg1*] *fehlt S1* Sarpo *Bs9*] Sarco *S1*, Sarpio *Sg1* dum *Sg1*] cum *S1* eportis *Sg1* repello *Sg1*] repelle *S1*
P-E accio] actus *E2*

S 174.1 m p **Sarias** interpretatur princeps domini *Kh2*

S 174.2 n s **Sarmentum** eyn grade uel ramus vitis *Kh2*

S 174.3 **Sarmaticus** nomen gentile *Kh2*

S 175 f p **Sar*p*a** est erpica, °ein °eide °*(W-Y K)*
-- est rastrum aut *erpica*, ein ayd *Sb3*
-- idem quod sarculum vel erpica, eyn ege *I*
-- ain egd *P-E Kh2 Br1*

S *Wa.*] *fehlt (Textlücke) B5*, *fehlt B9* Sarpa *S4*] Sarca *Ma1* erpica] serpta *S4*
M eyn heyde *Ks1*, ein edem *M19*
Sb3 erpica *V1*] eripta *(!)*
K *Wa. fehlt K9* -- .i. egipta, egeny *K4* + arn oder eg *W13*
P erica *R1*
P-E + vel ein haper *(?) So1*

S 175.1 f t **Sarpedo** rubor cutis cum pustula *P*

P rubius rubor *Wo4*, robur *R1*
P-E rubor] cabur *alle Hss.* cum pustula] conpustula *E2*
Kh2 cutis] vitis

S 175.2 m t **Sarpedines** fuit vnus filiorum Iouis *Kh2*

S 175.3 m t **Sargon** interpretatur princeps orti *Kh2*

Kh2 *vgl. 167.4*

S 175.4 m s **Sarraceni** sunt gentiles *Wo4 (P)*

P *vgl. I 742*

S 175.5 **Sarraneus** .i. purpureus *Wo4 (P)*

S 175.6 **Sarranea** .i. purpurea vestis a saria pisce, quia in sangwine illius piscis purpura intingitur *Wo4 (P)*

S 176 f p **Sartecta** deckunge uel pecunia *tecti*
-- ein deckhung *Sb3 Kh2 Br1*

S *Wa. fehlt (Textlücke) B5* tecti *S4*] *fehlt Ma1*
W dekin *Sg1 Bs9*, dekij *Me5* *lat. Int. fehlt Sg1*
K recti *K4*
P *Wa. fehlt B10* tecti *fehlt Ma4* + uel behudunghe *Wo4*
Kh2 Saratecta *(auch Br1)*

S 177 f t **Sartago** ein groß panne
+ uel nomen ciuitatis *K*
-- ein prue pfan *Sb3*
-- patella magna, brüpfann *W*
-- .i. patella, olla enea, ein groß phan *I*
-- ain rŏsch pfan *P-E*
-- eyn panne *Kh2*

S *Wa.*] *fehlt (Textlücke) B5*, Sartaga eyn grot brw panne *Ma3* -- eyn pan *S4*

S 178 f p **Sarta** ein dach uel *re*paracio tecti
-- est reparacio tecti *K P-E*

S *Wa. fehlt (Textlücke) B5* reparacio *S4*] preparacio *Ma1*, recuperacio *Ma3*
P-E f t Sarto *(*f p Sarto *R1)*

S 178.1 n s **Sartatectum** idem *(nach 178)* *Kh2*

Kh2 *vgl. 159.3, 196.1*

S 179 n q **Sartir*e*** schroten
+ *sneid werchen* *Sb3*

-- significat suere *W*
-- nehen *I P-E*

S *Wa. fehlt (Textlücke) B5* Sartire *S4*] Sartiri *Ma1* + sicud sartores pannj *S4*
M + nan *M19* + uel cloder machen *D1*
Sb3 *Zusatz V1*] aut schneiberichen
P-E -- schnider werck triben uel negen *E2* -- negen *So1*

S 180 n s **Sartorium** ein ⌜snyder stad / screder stete *Ma3 B9 P (außer P-E R1)*
-- et est locus sartoris. Inde **Sartimen** *(vgl. 181)* *W-Y*
-- est locus sartoris *I*

S *Wa. fehlt (Textlücke) B5*
M schroder stad *Ma6*
Sb3 stete] santt
W Sartimen] + Sartrix et Sartor *(vgl. 182, 183) Bs9 Me5*
I *Sigle fehlt*
K Sarterium sneyd stat *K4*
P-E *Wa. fehlt E2* eyns sniders stede *R1*

S 181 n t **Sartimen** ein ⌜*czodel* / schrode *B9 P*
-- ain zott uel lapp *W-X*
-- *schnidung* *P-E*
Wa. fehlt (vgl. 180) W-Y
Wa. fehlt I

S *Wa.*] *fehlt (Textlücke) B5*, n t Sartumen eyn scratele *Ma3* czodel *S4*] lodel *Ma1*, boden *(?) Ks2*, + uel sniczel *S4*
M czoten *M19*, czote *D1* + uel lappe *Dr1*
P *Wa. fehlt B10*
P-E schnidung *So1*] schniderung *E2*

S 181.1 n s **Sarcinum** eyn snitzel. Vnde **Sartorius** eyn snider *I*

S 181.2 f p **Sarta** idem *(nach 181)* *P*
Wa. fehlt Kh2 Br1

P *Wa. fehlt B10*

S 182 *f t* ***Sartrix*** *eyn* ⌜*snyderinne* / scrodersche *Ma3 B9 P (außer P-E R1)*
-- .i. sutrix uel mulier, que sartit, sniderschin *I*
Wa. fehlt K-Y

S *Wa. S4*] *fehlt Ma1*, *fehlt (Textlücke) B5*
M *Wa. fehlt M19*
W *Wa. fehlt (vgl. 180) Bs9 Me5*
P scroderynne *Wo4 Br1*
P-E eyn sniders *R1*

S 183 *m t* ***Sartor*** *eyn* ⌜*snyder* / scroder *Ma3 B9 P (außer P-E R1)*
Wa. fehlt I K

S *Wa. S4*] *fehlt Ma1*, *fehlt (Textlücke) B5*
M *Wa. fehlt M19 D1*
W *Wa. fehlt (vgl. 180) Bs9 Me5*
P-E -- patet *M25*

S 184 m s **Sartofagus** ein sarg
-- eyn toden sarg *I P*

-- ain toten bom vel sarch *E2* *P-E*
Wa. fehlt (vgl. 163.1) W-Y

vgl. 163.1
S *Wa. fehlt (Textlücke) B5*
M Sarthophgus *(!) M19*
W *Wa. fehlt S1*
P Sartefagus *R1* -- eyn doden stogk *Ma4 B10* -- eyn sark *Wo1* -- eyn doden lade *R1*
P-E -- ain toten bår *So1* -- ain par *M25*

S 184.1 m t **Sartonix** triculor; est niger ⌜in *X* / ab *Y inicio*, candidus in medio, rubeus in summo *K*

K *vgl. 166, 167.1, 167.2* tricular *K4* inicio *K4*] mucio *X*

S 184.2 *n s* **Sartum** eyn cleyne spade *P*
-- .i. sartarium uel eyn cleyne spade uel eyn cleyne crans *Kh2*
Wa. fehlt P-E

P *Sigle Wo1*] *fehlt Ma4* -- clene *B10*

S 184.3 m s **Sathabeus** .i. strabo *P*
+ uel luscus *Kh2 Br1*

P stabo *Wo4*
Kh2 Sartabeus *(auch Br1)* strabo] trabus

S 185 f *p* **Sata** sat, °**Semen** °idem °*(P)*
-- est semen seminatum, ein satt *Sb3*
Wa. fehlt Kh2 Br1

vgl. 427, 431
S *Wa. fehlt (Textlücke) B5* *Sigle S4*] f t *Ma1* ein sata *N1* Semen idem *fehlt Ks2*
M -- ein samen, soth *D1*
W Semen idem *fehlt Sg1*
K -- såt, samen *K4*
P *Wa. fehlt B10* + also man zat *Ma4*, + saden *R1*
P-E *Wa.*] f p Scata scat *M25* + sicut unus seminat *E2* + oder ain segung *So1*

S 185.1 f t **Sa*cio***, -onis est seminis accio sicut est virere et crescere *W*
-- dicitur quasi seminis vel satorum actio *I*

W Sacio *Sg1*] Saccio *S1* + Saccio eciam ponitur pro satis virentibus *S1 Me1 Me5*
I f p

S 186 n p **Satagare** arbeiden, ⌜*gnung* / noch *Ma3 B9 thun*
+ uel ingeniose agere *Kh2*
-- erpieten uel kundt tuen *Sb3*
-- est studiose agere uel festinare *W*
-- .i. satis agere, procurare, festinare, omnia peragere *I*
-- dicitur satis agere uel festinare, conari, arbaiden oder genůg tůn *K*

S *Wa. fehlt (Textlücke) B5* gnung thun *S4*] *fehlt Ma1*
W *Wa. fehlt Sg1* n t Satagere
I n s Satagere
K cenari *K4*
P nuch *B10*
Kh2 n p Satagare] Sartigere

S 187 a q **Satagire** .i. festinare
+ erleiden oder genůg tůn *K*
Wa. fehlt I Kh2 Br1

S *Wa.*] *fehlt S4, fehlt (Textlücke) B5*
K *lat. Int. fehlt W13* erleiden oder *fehlt Hl1*
P *Wa. fehlt B10*
P-E *Wa. fehlt So1* *Stichwort verderbt E2*

S 187.1 *f p* **Satagita** est doctrix, °lererin °*(Y)* *W*

W *Sigle Sg1*] *fehlt S1*

S 187.2 m t **Sathael** .i. lucife*r*, quasi aduersarius deo *P*

P lucifer *Wo1*] lucifel *Ma4* quia *R1*
Kh2 n t Satagel quasi] quia

S 187.3 m p **Satanas** idem *(nach 187.2)* *P*
-- interpretatur aduersarius *W-X*
-- .i. dyabolus *K4 (K)*
Wa. fehlt Kh2 Br1

P-E -- .i. dyabulus *E2*

S 188 m t **Sathan** aduersarius uel transgressor interpretatur
+ aut preuaricator *Kh2*

S *Wa. fehlt (Textlücke) B5*
I m *(!)* Sathanas
K uel transgressor *fehlt Y*
P-E n t *(auch R1)*

S 188.1 ep s **Satirus** est vermis volans / + ignitus *Kh2 Br1* eyn hus berner *P*
-- est vermis volans *P-E*

P volans *fehlt Wo4* hus bern *Wo4*
P-E m s Sathinus *(*ep s Sathinus *R1)*

S 189 m t **Satelles** minister crudelitatis
+ et scelerum *I*
+ uel socius latronum *K*
+ eyn len man *P*
-- ⌜minister crudelitatis et sceleris, scilicet seruus tiranni, et dicitur a »satis« et »ledo«. Satelles uel *X* / uel *Y* **Spiculator** swert trager. Item Satelles sicarius uel gladiator, a »satisfaciendo« dictus *W*
-- eyn lene man uel minister crudelitatis uel maleficiorum socius *Kh2*

S *Wa. fehlt (Textlücke) B5*
W m s Satellus *S1* swert degen *Me1 Bs9* Item *bis* dictus] uel knecht *Sg1*
K m t Satellus *K4*
P minister crudelitatis *fehlt Ma4* *Zusatz fehlt Wo1*
Kh2 m s Satellus *(auch R1)*

S 189.1 n s **Satellicium** officium uel exercicium satellitis *I*

-- dicitur societas ⌜illorum *(nach 189.2)* / catellorum *Kh2 Br1* *P*

vgl. 196.2
P illorum] eorum *Wo4*
Kh2 n s Satalicia catellorum *für satellorum*

S 189.2 *co p* **Satrapa** est idem *(nach 189)* uel minister ⌜crudelitatis / crudelis *Kh2 Br1* *P*

P *vgl. 196* *Wa. fehlt Wo4* *Sigle Br1*] m t *Ma4*

S 189.3 m s **Satericus** poeta uel derisor, °eyn °sche*l*der °*(P-E)* *P*
-- est poeta uel derisor aut reprehensor *Kh2 Br1*

P *dt. Int. fehlt B10* schelder *Wo1*] scheider *Ma4*

S 190 f p **Satira** est scutella uel ⌜d*e*risio / diuinacio *I* uel reprehensio
-- est °scutella °uel °derisio °uel °*(Y)* carmen reprehensorium *W*
Wa. fehlt Kh2 Br1

S *Wa. fehlt (Textlücke) B5* derisio *S4*] dirisio *Ma1*
M uel derisio uel *fehlt M19*
I f t
K scultella *W13*
P est scutella] eyn schotel *Ma4*

S 190.1 m s **Satiri** sunt homines habentes cornua et pedes caprarum *P*

S 191 m s **Satiricus** .i. d*e*risor uel reprehensor
-- -ca, -cum .i. satirarum scriptor uel reprehensor *I*
Wa. fehlt (vgl. 191.1) W
Wa. fehlt Kh2 Br1

S *Wa. fehlt (Textlücke) B5* derisor *S4*] dirisor *Ma1*
Sb3 Satirus
P *Wa. fehlt R1*

S 191.1 m s **Satirus** est animal pilosum, quod supra exponitur; de hoc animali invenitur in legenda Pauli, primi heremite. Item **Sat*ir*ici** poete dicti siue quod pleni s*i*nt omni facundia siue a saturitate et copia: de pluribus enim rebus simul locuntur, uel ab ill*a* lance, que diuersis fr*u*gum uel pomorum generibus ad templa gentilium solebant deferri, *aut a* satiris nomen contractum, qui in*v*lta habent ea, que per violenciam dicuntur *W*

W *vgl. 191* Satirus] + idem *(Wa. nach 190) S1* quod supra exponitur *fehlt Sg1* Satirici *Sg1*] Satroici *S1* poeti *Sg1* siue *(1) fehlt Sg1* sint *Sg1*] sunt *S1* illa *Sg1*] illo *S1* frugum *Sg1*] fragum *S1* aut a *bis* dicuntur *fehlt Sg1* aut a *Bs9*] alia *S1* invlta *Bs9*] in alta *S1*

S 192 *adv* ***Satis*** *gnunk* / + sat *Ma3 B9 M*, *et dicitur* ***Sath*** *pro eodem, ut in ewangelio (Lc 22,38): Satis est*
-- genueg, et pro eodem sumitur in ewangelio, vbi dicitur *(Lc 22,38)*: *Satis est* *Sb3*
-- gnůg, pro eodem significato capitur in ewangelio, ubi dicitur *(Lc 22,38)*: Sat est *W*
-- genug *I P*

Wa. fehlt K P-E

S *Wa. Ks2*] *fehlt Ma1*, *fehlt (Textlücke) B5* *lat. Int. fehlt B9* pro eodem, ut in] pro es, ut *S4* Satis] Sat *Ma3*
M -- genueg *M19* Satis] Sat *Ma6*
Sb3 Satis est *V1*] *fehlt*
W *lat. Int. fehlt Sg1*
P + sad *R1 Wo4*

S 192.1 **Sacius** .i. melius, aduerbium comparandi *I*

S 193 *n s* ***Satiricium*** *est carmen reprehensorium*
-- est satira *W-Y*
Wa. fehlt I K

S *Wa. S4*] *fehlt Ma1*, *fehlt (Textlücke) B5* Satiricum *Ma3 B9*
Sb3 Satericium
W Satilicium *S1*
P Satiricum carnem *(!) R1*
P-E Satiricum
Kh2 Satericum

S 193.1 n in **Satiran** est nomen reprehensorium *Kh2*

S 193.2 **Satirauex** est, qui de pluribus rebus loquatur, ut Oracius *Kh2*

Kh2 n t Satirauex Satirauex *für* Satirafex

S 194 f t **Satisdacio** gnug gebunge
+ Inde **Satisdare** *I*
-- genů tůn *K*
Wa. fehlt Kh2

S *Wa. fehlt (Textlücke) B5* Satifaccio *S4*, Satisfaccio *B9* -- genunck geben *N1*
M -- genuegunge *M19*
P *Wa.*] f t Satisfaccio eyne gnug dayt *Br1* -- genoghunge *Ma4 B10*
P-E -- gnüg sbeigen *M25*

S 195 *n t* ***Satisfacere*** *gnüg thün. Inde* ***Satisfaccio***
+ gnuegtuegung *Sb3*
+ est pars penitencie. Nam tres sunt partes penitencie: contricio, confessio et satisfaccio *I*
-- gnůg tůn *W P-E*
-- idem *(nach 194)* *K-X*
-- noch don. *(neuer Wa.:)* f t **Satisfaccio** ghenoch dat *Kh2 Br1*
Wa. fehlt K-Y

S *Wa. S4*] *fehlt Ma1*, *fehlt (Textlücke) B5* Inde Satisfaccio *fehlt B9*
P Inde Satisfaccio *fehlt Wo4*

S 196 co *p* **Satrapa** ein land herre
+ ein herfuerar *Sb3*
-- est *pre*fectus, rex, dux, iudex, .i. princeps *W*
-- -pe dicuntur sapientes, iudices uel reges siue duces et prefecti Persarum *I*
-- ain landes her *P-E*

co p **Satrape** dicuntur sapientes, iudices uel duces prouinciarum, lannd herr *K*

Wa. fehlt Kh2 Br1

vgl. 189.2
S *Wa. fehlt (Textlücke) B5* *Sigle Ks2*] co t *Ma1* Satrapha *B9*
M + vel pater sufficiens *M19*
W -- .i. seruus *Sg1* prefectus *Me5*] perfectus *X Bs9*
I f p
K lannd herren *Hl1 K4*
P *Wa. fehlt B10*
P-E -- ain lanß man *M25*

S 196.1 n s **Satratectum** dicitur reparacio tectorum uel templorum uel tributum collectum ad ips*u*m reparand*u*m *K*

K *vgl. 159.3, 178.1* ipsum reparandum *K4*] ipsam reparandam *W13*

S 196.2 n s **Satilicium** dicitur stipendium satilicis *K*

K *vgl. 189.1*

S 197 m t **Sator** ein seher
-- est ille, qui seminat / + sẘger *X* *W*
-- .i. seminator, eyn seger *Kh2 Br1*
Wa. fehlt I

S *Wa. fehlt (Textlücke) B5* m t Satur *S4* seher] + in agro *Ma1*
K *Wa. fehlt K9*
P-E -- ain sager, als ain korñ sett *M25*

S 197.1 f t **Satrix** segersch *P*
-- ain sẘgerin *P-E*
-- .i. seminatrix, eyn segersche *Kh2*

P -- idem *(nach 197) Wo4* -- eyne segerynne *Br1*

S 198 *n* s **Satum** est genus mensure ⌜continens / continentis *S-Y P M-X* modium et semissem
+ eciam est semen *P*
-- est genus liguminis *Sb3*
-- [...] modium vnum cum dimidio iuxta morem Palestine. Wersus *(vgl. Grec. Nov. 149ᵛ)*: Est mensura satum, wlt seges esse satum *W*
-- est genus mensure; secundum morem Palestine prouincie *K*
-- est genus mensure continens dimidium modium et ponitur cepissime pro semine *Kh2 Br1*

S *Wa. fehlt (Textlücke) B5* *Sigle S4*] m s *Ma1* continentis *bis* semissem *fehlt B9* medium *S4*
M continentis *M19* modium et semissem *fehlt M19*
I et semissem *fehlt*
P-E modum *E2*
Kh2 continens] + altrum *(?)* cepissime *für* sepissime

S 199 o t **Satur** sat *uel fol.* °*Inde* °***Saturitas*** °*(Sb3)*
-- °satt °*(Y)*, *vol.* Inde **Saturitas** *W*
-- sat. **Saturitas** inde, satikeyt *I*
-- vol *K-X*

-- sat. Inde **Saturitas** *P*
-- ⌜vol *M25* / sait *So1* *P-E*
-- sat *Kh2 Br1*
Wa. fehlt K-Y

S *Wa. fehlt (Textlücke) B5* *Sigle S4*] o s *Ma1* uel *bis* Saturitas *S4*] *fehlt Ma1* Inde Saturitas *fehlt B9*
W m s vol *Sg1*] *fehlt S1*
I m t
K voller *Hl1*
P sat] + vul *Wo1 Wo4*
P-E *Wa. fehlt E2* m s

S 200 a p **Saturare** setigen
-- satten uel fullen *Sb3*
-- fúllen / + sat machen *X* *W*
-- .i. cibo saciare, sat machen, a »satis« *I*
-- fůllen *K-X*
-- sat maken *Kh2*
Wa. fehlt K-Y

S *Wa. fehlt (Textlücke) B5*
M -- sat machen *M19* + sat machen *Dr1*
W erfúllen *Sg1*
P-E *Wa. fehlt E2* -- erfullen *So1* + wol machen *M25*

S 200.1 part **Saturatus** ghesediget *P*
-- ⌜bol gemachet *M25* / erfult *So1* *P-E*

P-E *Wa. fehlt E2*

S 201 f p **Satur*cia*** garten kirs
-- quedam herba calida et proprie ignita *I*
-- garten hirs *(!)* *K*
-- *est herba quedam* *P-E*
-- est erba quedam, kerse *Kh2 Br1*

vgl. 203.1
S *Wa. fehlt (Textlücke) B5* Saturcia *S4*] Saturna *Ma1* -- garten herße *Ks2* -- gart kerse *Ma3*
M garten kerser *M19*
W garten kirsi *S1*
P *Wa. fehlt B10* Saturia (Saturcia *Wo1)* -- gart kerse *Ma4 R1*
P-E *Wa. So1*] *fehlt E2* Saturia
Kh2 Saturia

S 202 *f t* ***Saturitas** setekeyt*
-- satigkait *Sb3*
-- satheit *W*
-- volhait *K*
Wa. fehlt (enthalten in 199) I
Wa. fehlt P-Y P-E

S *Wa. S4*] *fehlt Ma1 Ma3, fehlt (Textlücke) B5*
M *Wa. fehlt M19* satheit *Dr1*
W *Wa. fehlt Sg1* sattkeit *Bs9*
P sedinghe *Ma4*

S 203 m s **Saturnus** est summ*us* planetarum nobis remotissimus °et °nociuus, °*et* °*(I)* ipso regnante fetus nascuntur mortificati et debiles, et complet cursum suum in triginta annis
-- est supremus planetarum °nobis °remotissimus °*(Y)* *K*

S *Wa. fehlt (Textlücke) B5* summus *S4*] summe *Ma1* nobis] uel *B9* et *S4*] quia *Ma1* setus noscuntur *S4* vetus *B9* debiles] sunt debiles *Ma1* triginta annis] 3° anni *Ma3*
M et nociuus *bis* nascuntur *fehlt Ma6 M19* mortificans debilis *M19*
Sb3 in triginta] 3°
P planetarum] lanetarum *R1* et nociuus, et ipso *fehlt Ma4* mortiferi *Wo4*
P-E *Wa. fehlt E2* in ipso *So1 M25 (auch R1)*
Kh2 a nobis fetus *fehlt* mortificati] ab artifi *(!)* et complet *bis* annis *fehlt*

S 203.1 **Saturcia quinella** herba calida et pro*pe* ignita venerem mouens, *et* in utero habentibus dar*i* prohibetur; huiusmodi folia trita cum aceto et front*i* inlinita letargos suscita*n*t *W-X*

W *vgl. 201* quinella *für* cunilla prope *Me1*] proprie *S1* et *M12*] non *S1 Me1* dari *Me1*] dare *S1* fronti *Me1*] fronte *S1* suscitant *emend.*] suscitat *X*

S 204 m s **Saturus** sat, °voll °*(P-Y)*. *Inde* ***Sacietas***
-- ⌜sat uel voll. Inde **Sacietas** *Me1* / vol. Inde **Saturitas** *Y* *W*
-- *vol* *K*
-- satt *P-E*
Wa. fehlt I Kh2

S *Wa.*] *fehlt (Textlücke) B5*, n s Satur sad *B9* voll *fehlt Ks2* Inde Sacietas *S4*] *fehlt Ma1*, Inde -turitas *Ma3*
M -- sat. Inde Saturitas *M19*
W *Wa. fehlt S1 M12*
K *Wa. K4*] *fehlt W13 Hl1*
P Sacietas] Saturitas *Ma4* voll *fehlt R1*
P-E -- vol *M25*

S 204.1 part **Satus** creatus, genitus idem *P*
-- .i. genitus *P-E*

S 205 a p **Sauciare** wunden uel wlnerare °uel °percutere °*(P)*
-- significat percutere aut wlnerare *Sb3 W K*
-- .i. wlnerare *P-E Kh2*

S *Wa. fehlt (Textlücke) B5* -- .i. volniare uel percutere *Ma3* wlneare uel perturere *S4*
M -- wunden *M19* wunden uel *fehlt D1*
W + wunden *Me1*
P uel wlnerare *fehlt Ma4* + uel percutere *Wo4*

S 205.1 m s **Sapidus** smachafftek, kunstek uel wise *Ks2 (S)*

S *vgl. 150*

S 205.2 f p **Saudica** aut persica, ⌜en queden rock / est quedam tunica *P-E* *P*
Wa. fehlt Kh2 Br1

P *Wa. fehlt B10* perfica *R1* *dt. Int.*] eyn rok *Wo4*
P-E persica] peruica *E2* est quedam tunica] ain rok *So1*

S 206 m s **Saucius** wundig
-- aut **Sau*x*ius**, wuntt *Sb3*

-- *uel* ***Sauxius***, *wundet* *W*
-- -cia, -cium wont *I*
-- verbunt *K-Y*
-- .i. wlneratus *E2* *P-E*

S *Wa.*] *fehlt Ks2*, *fehlt (Textlücke) B5* -- zu nudig *(?) N1*
M *Wa.*] Inde m s Saucius, Sanxius wunt *(nach 205) M19* -- wndecht *Dr1*
Sb3 Sauxius *emend.*] sannius
W uel Sauxius *Sg1*] *fehlt S1 Me1* wundet *Me1*] idem *(nach 205) S1*, verwondt *M12*, gewundet *Sg1*, wundecht *Bs9*, wondautt *Me5*
P-E -- wundocht *So1* -- wündig, .i. vlneratus *M25*

S 207 m s **Sauxius** idem *(nach 206)*
Wa. fehlt (enthalten in 206) Sb3 W-Y
Wa. fehlt I P-E

S *Wa.*] *fehlt Ks2*, *fehlt (Textlücke) B5*
M *Wa. fehlt (enthalten in 206) M19*

S 207.1 **Sauciatus**, -ta, -tum .i. vulneratus, gewont *I*

S 208 f s **Sauinus** ein sagen boum
-- *eyn saden baüm* / + est nomen arboris *Sb3* *M*
-- seui bo̊m *W*
-- quedam arbor *I P-E*
-- segelpawm *K*
-- souen bom *Kh2*

S *Wa.*] *fehlt (Textlücke) B5*, f s Sauccinus uel Sanina *(?)* sagebom *B9* Sagmus *Ma3* *Int.*] ein sage uel ein sagen boum *Ma1*, saden baum *S4 Ks2*, sagen born *(!) Ma3*, segelbaum *N1*
M *Wa. fehlt Ma6* *Int. Ks2*] sudm pawm *M19*, arbor sabebaum *Ma2*
Sb3 f p Sanius *(?)*
W seffen baum *Me1 Bs9 M12*, seffig bom *Me5*
I m s Saumus
P *Wa. fehlt B10*
P-E + sevi bom *So1*

S 208.1 *f p* **Sauina** idem *(nach 208)* *W*

W *Sigle Sg1*] *fehlt S1*

S 208.2 a p **Sauiare** ⌜osculari / osculare *P-E* *P*

S 209 m in **Sa*u*l** leticia uel petitus uel abutens dicitur
-- interpretatur peticio uel abutens; eciam potest declinari *I*

S *Wa. fehlt (Textlücke) B5* Saul *S4*] Sauel *Ma1* peritus uel obveniens *S4* abutens] putens *B9*
M peticio *M19*
Sb3 Saw abvtus
K uel abutens] *fehlt W13*, uel abusio *K4*
P petitus] + peritus *Wo4*
P-E dicitur] + proprium viri *E2*
Kh2 Wa.] Sauel interpretatur leticia uel *(Blattende)*

S 210 m s **Saulus** peticio uel temptacio interpretatur
-- interpretatur peticio aut interpretacio *Sb3*
-- hebrayce, temptacio uel angustia dicitur *I*

S *Wa. fehlt (Textlücke) B5*

P-E -- interpretatur temptacio, proprium viri *E2*
Kh2 temptatus

S 210.1 f p **Sauma**, -me dicitur onus secundum quosdam *I*

S 211 f p **Sau*c*ea** .i. infirma
-- kranchew *Sb3*
Wa. fehlt I Kh2 Br1

S *Wa. fehlt (Textlücke) B5* Saucea *S4*] Sauxia *Ma3*
P -- .i. firma *Wo4*

S 211.1 part **Sauciatus** .i. percussus, °wlneratus °*(P-E R1)* *P*

Kh2 wlnaretus

S 211.2 f p **Saurica** .i. sorex *P*
Wa. fehlt Kh2 Br1

P -- .i. sorica *Wo4*

S 212 f t **Saxat*i*lis** est nomen piscis, ein ⌜steinbiß / sten butte *Ma3 B9*
\+ *uel breß* *W*
-- stainpeis *Sb3*

S *Wa. fehlt (Textlücke) B5* Saxatilis *S4*] Saxatalis *Ma1*, Sauxcitolis *B9* steyn butte *B9*
Sb3 Saxantilis
W *Zusatz Sg1*] *fehlt S1*, uel prechs *Me1*, oder prassn *M12*
I Saxtilis
P *lat. Int. fehlt R1* steynbicke *B10*
P-E *lat. Int. fehlt E2*

S 213 n s **Sax*e*num** steynen
-- est aliquid factum de lapidibus, steynen *I*
-- staynig *K Kh2 Br1*
Wa. fehlt W

S *Wa.*] *fehlt (Textlücke) B5*, *fehlt B9* Saxenum *S4*] Saxonum *Ma1* stenich *Ma3*
M *Int. fehlt Dr1*
K stainiger *K4*
P-E *Wa. fehlt So1*
Kh2 Saccinum

S 213.1 m s **Saxius** est piscis *P*
-- .i. sacsatilis *Kh2*

P + eyne steynbiter *Br1*

S 213.2 *n s* ***Saxum** uel **Saxa*** .i. petra *Kh2*

Kh2 n s Saxum uel Saxa *Ki3*] f p Sacsa uel -sum

S 214 f p **Saxifraga** ein stein bick*e*
\+ uel herbá quedam *Kh2*
-- steyn bickl *M I P-E R1*
-- ein stainpruckh *Sb3*
-- hoc est cinaria et nascitur in montibus et saxis, huiusmodi semen t*u*nsum cum pipere et vino potatum calculos et petras in vesica frangit et minuit, vrinamque soluit, menstrua prouocat et renum dolores tollit *W*

-- stainprecher *K*

S *Wa. fehlt (Textlücke) B5* *Stichwort verderbt Ma3* -- stein bocke *S4* bicke *Ks2*] bickel *Ma1*
M stein bick *D1*
Sb3 Saxifragra
W huiusmodi] cuius *Sg1* tunsum *Bs9*] tonsum *S1 Sg1* bipere *Sg1*
P steyn bickel *Ma4*, steynbicze *Br1*
P-E *Wa. fehlt So1*
Kh2 Saccigrapha

S 215 m t **Saxo** ein sasse
-- -onis est aliquis de Saxonia, ein sachse *I*

S *Wa. fehlt (Textlücke) B5*

S 216 m s **Sax*igenus*** .i. lapid*e*us, quasi genitus de ⌜saxis / lapidibus saxis *K*
m s **Saxineus** aut **Saxigenus** von stainen gemacht *Sb3*
Wa. fehlt Kh2 Br1

S *Wa. fehlt (Textlücke) B5* Saxigenus *S4*] Saxenus *Ma3* lapideus *S4*] lapidius *Ma1*, lapidens *S4* de saxum *S4*
I lapidius
K saxis] saxonis *Y*
P lapidus *R1*, lapidius *Wo4*

S 217 f p **Saxonia** sassen land
-- est quedam regio, proprie sachsen lant *I*

S *Wa. fehlt (Textlücke) B5* Saxania *S4*
P -- patet *Br1*

S 218 m s **Saxosus** steynig
-- vol stain *Sb3*
-- -sa, -sum .i. saxis plenus, steynecht *I*

S *Wa. fehlt (Textlücke) B5*
M steynnicht *D1 Dr1*
P *Wa. fehlt Ma4*

S 219 n s **Saxum** ein stein
+ et sunt saxa durissima *I*
Wa. fehlt Kh2

S *Wa. fehlt (Textlücke) B5* n s Saxus *S4*

S 220 f p **Scabra** ein schabe
-- ein schueb *Sb3*
-- pawm schab *K*
-- eyn schoue, instrumentum ⌜carpentarij / purgandi *Kh2* *P*
-- ain stos blok *P-E R1*
Wa. fehlt I

S Scaba *Y*
M *Wa.*] f p Scarba eyn schal uel ein schufel *D1* Scarba *Ma6*, Scarda *M19*
Sb3 Scarba
K Scaba
P Scaba *dt. Int. fehlt Br1*
P-E Scaba -- ein schoff blok *So1* -- ain schoß block *M25*
Kh2 Schaba

S 221 n s **Scabellum** ein schemel
+ et dicitur quasi »scampnellum«, .i. paruum scampnum, *quod* supponitur pedibus *W*
-- quod paruulis lectis apponitur, schemel *I*

M -- ein fucz schämel *M19*
W quod supponitur pedibus *fehlt Sg1* quod *Bs9*] et *S1*
K -- fuess schamel *H11*

S 222 m s **Scaber** est ferrum, cum quo purgatur *pes* equi / + eyn hof schaue *Ma3 B9 P (außer P-E R1)*
+ Sed **Scaber**, -bra, -brum .i. scabiosus, grinticht *I*
-- raym eysen equorum *Sb3*
Wa. fehlt Kh2 Br1

vgl. 224.1, 227.3
S n t Scabe *B9* Scabel *Ma3* ferre *B9* pes *S4*] *fehlt Ma1*
M cum *fehlt M19*
Sb3 m s Scaber] Scaba
I m t
P m t Scabor *Wo4* cum *fehlt Wo4*
P-E m t Scabor *(auch R1)* + strigel *So1*

S 222.1 a p **Schabare** clowen *Kh2 Br1*

Kh2 crawen *Br1*

S 223 a t **Scabere** ⌜krauwen / clowen *Ma3 B9 P (außer P-E)*
-- .i. gratare, crauwen vel iucken *I*
-- chraczn *K*

S -- grabenn *B5* + uel kraczen *N1*
M -- grintig *(vgl. 224) M19*
Sb3 -- trauen
W + uel kraczen *Sg1*
P *Wa.*] a q Scabire crouwen *Wo4* -- idem *(nach 222.1) Br1*
P-E -- kratzen *So1* -- gråen, jucken *M25*

S 224 m s **Scabidus** ⌜grindecht / scoruich *Ma3 B9*
-- grintig *Sb3 W K-X*
-- -da, -dum .i. asper, tin*e*osus, grinticht *I*
-- .i. scabiosus *P*
Wa. fehlt K-Y

S gryndig *S4 N1*, gryndechke *Ks2*
M grindich *Ma6 M19*
W Sabidus *S1* + oder rewdig *Me1*
I tineosus *emend.*] tiniosus *(fehlt I2)*
P -- schoruech *Wo1 B10* + gryndich *R1*
P-E m t Scabiodus *E2*

S 224.1 *m s* **Scaber** idem *(nach 224)* *P*

P *vgl. 222* *Wa. fehlt Wo1 B10* *Sigle Wo4*] *fehlt Ma4*

S 225 f q **Scabies** grind, ⌜.i. pruritus / schorf *Ma3 B9*

\+ et dicitur a »scabo«, quod idem est quod scalpo. Wersus Greciste *(Grec. Nov. 44ʳ)*: Frictu*m* porcorum scabo signat, scalpo virorum. Wersus Greciste *(Grec. Vet. xii 278)*: Dic hominem scabrum *fore*, quem cernis scabiosum. Inque superficie *non* planus sit scaber vngwis. Estque scaber ferrum, quo pes purgatur equinus *W*
-- est asperitas cutis, grint, quasi »squamies« *I*
-- grint *K-X P-E*
-- schyn uel schorf *Kh2*
Wa. fehlt K-Y

vgl. M 558
S puritus *S4*
W Wersus Greciste *(1) bis* virorum *nach 223 X* Wersus Greciste *(2) fehlt Y* Frictum *Sg1*] Frictus *S1* fore *Sg1*] *fehlt S1* non *Sg1*] verbo *S1*
P grind] schorf *Wo1* .i. pruritus *fehlt Ma4*

S 225.1 m s **Scabilarius** .i. scutifer, °eyn °schilt °knecht °*(P-E)* *P*

P *vgl. 349* *Wa. fehlt B10*

S 226 m s **Scabinus** ein scheffe/ + eyn radman *Ma3 B9*
\+ habens potestatem super alios °ciues °*(Y)* *K*
-- schäfnar *Sb3*
-- zunftmaister *W*
-- scheppen, ⌜radlute *Ma4 Wo4* / ratman *Wo1 B10* *P*
-- ⌜ain schaffer *M25* / ain schulthais uel zunftmaister *E2* *P-E*
-- eyn schulte *Kh2*

M + uel eyn råd man *Ks1*
K schaff *K9*
P -- ein scheffen *R1 Br1*
P-E -- zunftmaister *So1*

S 226.1 m s **Scabreus**, -bre*a*, -breum .i. asper uel vetustus *I*

I -brea *emend.*] -bre *(*-bree *I2)*

S 226.2 f p **Scabina** wachandelbaum *P*
-- wekolter bom *P-E R1*

P *Wa. fehlt B10* -- eyn machgangeln bom *Br1*

S 227 *m* t **Scabro** est domus ⌜vespis / vespe *Ma3 P*
-- wespen nest *Sb3*
-- est domus vespis, ⌜hornusloch uel keferloch *S1 Me1* / hornuss uel bachkefer uel *lobkeffer Y* *W*
-- -onis vespe, longiora crura habentes *I*
-- est domus vespis, ⌜wesp *X* / ein vespen haws *Y* *K*
-- est animal habens diuersa genera, et dicitur a »cabo«, .i. equus, quia nascitur ex putredine equi *Kh2*

S *Sigle S4*] n t *Ma1* + eyner vespen *S4* + eyn wespin *B5* + wespe *B9*
M m t Scabor *M19*
W -- est domus vespis, hurnuss oder kefer, animal *M12* est domus vespis] est *(freier Platz)* vesp *Sg1* hornüssellŏch *Me1* lobkeffer *Bs9*] bolkefer *Sg1*
P Schabo *(*Scabro *Wo1)* vespe] vespere *Ma4*, vesp *Wo4*
P-E Scabo
Kh2 Schabo

S 227.1 m t **Schabro** idem *(nach 227)* *Kh2*

S 227.2 m t **Scabrones** schrôter, vermis, qui nascitur de carnibus equorum °putredinis °*(Y)*, hurnawz *K*
-- scroder vel vermis *P*
-- .i. vermis, ain win zieher *P-E*
Wa. fehlt Kh2 Br1

K *Wa. fehlt Hl1* hurnawz] hurenhaws *K4*
P -- est vermis *B10*
P-E Scabones *(auch R1)* *dt. Int.*] ain ziecher *M25*

S 227.3 *n s* **Scabrum** eyn loysern uel ferrum, *cum* quo purgatur pes equi *P*
-- est ferrum [...] *P-E Kh2 Br1*

vgl. 222
P *Sigle Wo1*] *fehlt Ma4* *dt. Int.*] eyn lode ysen *R1* cum *Wo4*] *fehlt Ma4 Wo1*

S 228 f p **Scaca** eyn stelcze
\+ .i. gipsa *I*

S stelle *Ma3*, schelte *B9*
Sb3 *Wa.*] Scata ein schelen
P *Wa. fehlt B10* schelte *Ma4*, ghestelcze *Wo4*
P-E -- ain stoll *M25*

S 228.1 f p **Scalaria** nauis piratica, quia ibi sunt transtra disposita ad *modum scalarium in scala* *I*

I modum *bis* scala *I2*] etc.

S 229 n s **Scacabulum** est ludus tesseratorum
\+ schaffzabel *W*
-- schachzagel, est ludus *K*
-- est ludus quidam, schachtafelen *Kh2*
Wa. fehlt I

S *Int.*] *verderbt Ma3*, ludus tasseratorum schaff czagel *S4*
M tasseratorum *X* + schofzagel *Dr1*
Sb3 tasserorum
W -- schåffzabel, ille ludus *Sg1* schoffzagel *Me1 Bs9*
K schachzagel *K4*] schachzabel *W13*
P -- sachagraueln spel *Br1* tasserorum *Wo4*
P-E tessaratorum *E2*

S 230 m s **Scacus**
-- ein ⌜entwerff tafel *Ma1 S4* / schactauel *Ma3 B9* *S*
-- eyn ⌜worffel taffel *Ma6* / entwerfftabel *D1* *M*
-- eintwerfftafel *Sb3 K*
-- idem *(nach 229)* *W*
-- eyn schachtufel. Inde **Ludus scacorum** *P*
-- ain ⌜schachzagel *M25* / schaff zagel *E2 So1*. Inde **Ludus scacorum** *P-E*
-- eyn schachtafel *Kh2*
Wa. fehlt I

S -- eyn werfftavel *B5 Ks2* -- ein wurfftafel, est ludus, ein schof zagel *N1*
M *Int.*] eyn worf *Ks1*, ein worff dofeln *Ma2*, *verderbt M19*, est wurff tafel *Dr1*
P *Wa. fehlt B10 Br1*

S 230.1 n s **Scateo**, -es, -ere upsiden sicud fons *B9 (S)*

S 230.2 n t **Scacten** est sudor arborum postquam *inciduntur*, eciam capitur pro mirra *P*
-- est sudor arboris et capitur *pro mirra* *P-E*
Wa. fehlt Kh2 Br1

P Scactel *Wo4* postquam *fehlt R1* inciduntur *emend.*] maduntur *Ma4*, inscidantur *Wo1*, incidatur *R1*, incidantur *Wo4*
P-E pro mirra *So1*] per miria *E2*

S 230.3 f p **Scaffa** kan, nauis quedam *P*
-- est nafis quedam *P-E*
-- eyn kan *Kh2*

vgl. 231, 231.1
P *Wa. fehlt B10* -- eyn scabe *Wo4*
P-E nafis *für* navis *E2*

S 231 f p **Scapha** est leuis nauicula de vna *tantum* arbore *concauata*
+ uel modica nauis crudo coreo tecta *K*
-- pavm aushebung *Sb3*
-- est barca, °schypp °*(P-E)* *P*
-- est nauis quedam *Kh2 Br1*
Wa. fehlt I

vgl. 230.3, 231.1
S nauicula] lauiculo *S4* tantum arbore concauata *S4*] arbore *Ma1*
M nauiculum *M19*
W tantum *fehlt alle Hss.*
K tantum *fehlt alle Hss.* concauata] concruita *K4* careo *K4*
P-E baca *E2*
Kh2 Schana *(!)*

S 231.1 f p **Schapa** est parua nauicula et leuis facta de vna arbore uel nauis crudo coreo tecta *Kh2*

Kh2 *vgl. 230.3, 231*

S 232 f p **Scala** ein leiter
+ Vnde hic et hec **Scalaris** et hoc -re; et est lignum ex transuerso in scala positum *I*
Wa. fehlt K

vgl. 232.1, 236.2, 236.3
S *Wa. fehlt Ks2*

S 232.1 co t **Scalaris** ⌜est lignum transfersum in scala, et dicitur acies militum *X* / sprüssel in der laiter uel acies militum *Y* *K*

K *vgl. 232, 236.2, 236.3* transfersum *für* transversum

S 233 f p **Scalmeya** ein schalmeye
+ est genus fistule *I*

+ .i. fistula *K-Y*
+ que dist*at* inter fistulas alias *P (außer P-E Kh2 Br1)*

S Scalameya *B9*
W Scalmia *Sg1*
P -- eyn schalmeyde *Wo1* distat *Wo4*] distantat *Ma4*
P-E Scalmega *E2* -- ain segel may *(!) M25*

S 233.1 m s **Scalmus** uel **Ganponum** harke *P*
-- ain rech *P-E*
Wa. fehlt Kh2 Br1

P *Wa. fehlt B10* uel Ganponum *fehlt Wo4* harke] rechen *R1*

S 234 n s **Sca*l*pellum** ⌜*scaf yseren* / ein jsern schabe *S-X I* uel est cultellus scriptoris
-- ein schab eysen oder schreibmesser *Sb3*
-- ain ⌜schabysen *S1* / stab *Y* uel est cultellus scriptoris, et est diminutiuum a »scalpro« *W*
-- ein chlain eysen, et est diminutiuum a »scalpro«, *uel cultellus scriptoris* *K*
-- est cultellus scriptoris *Kh2 Br1*

S Scalpellum *Ks2*] Scatellum *Ma1*, Scapellum *S4 Ma3* scaf yseren *zit. nach Ma3* eyn iserinne schabe *B5*, scabo, ysen *N1*
M Scabellum *M19* eysen stab *Dr1*
Sb3 Scapellum
W *dt. Int.*] eisen stapp *Me1*, eysen schare *M12* »scalpro«] sculpro schab *Sg1*
K uel cultellus scriptoris *K4*] *fehlt W13*
P -- eyn schaß yseren, est instrumentum uel cultellus scriptorum *Wo4* *dt. Int.*] schaf yser *B10*, + est instrumentum cordonum *Ma4*
Kh2 Schapellum

S 235 a t **Scalpere** .i. fricare / + clowen *Ma3 B9 P (außer P-E Kh2 Br1)*
-- iuckhen *Sb3*
-- .i. fricare cum vno digito uel duobus *I*
-- kraczen *K-Y*

S *Wa. fehlt Ks2* fricare] + krauwen *Ma1*
M + krauwen *Ks1*
W + kraczen *Sg1*
P-E a p *(auch R1)* + kratzen *So1*

S 236 n s **Scalprum** est ferrum, cum quo pelles purgantur
+ et corium raditur, schabysen uel schrotysen *W*
-- est instrumentum, cum quo pelles mundantur *Sb3*
-- uel **Scalprus** ferrum, cum quo corium aptatur *I*
n s **Schalbrum** uel **Schalprum** est quod ferrum, quo pelles purgantur, eyn schrape *Kh2*

S Scalptrum *Ma3* polles *S4*
M cum *fehlt Ma6 M19* pregantur *M19*
W *lat. Int. fehlt Sg1* et corium raditur *fehlt Y* schrott uel schab isen *Bs9*
K est ferrum] eyn eysen *Hl1* pelles purgantur] purgatur pes equi *W13*
P cum *fehlt X* purgatur *R1*
P-E cum *fehlt alle Hss.*

S 236.1 f p **Schalacula** est schala uel currus *Kh2*

S 236.2 n t **Schalare** est pars schale *Kh2*

Kh2 *vgl. 232, 232.1*

S 236.3 f t **Schalaris** idem *(nach 236.2)* *Kh2*

Kh2 *vgl. 232, 232.1*

S 236.4 m t **Schalon** .i. offendiculum *Kh2*

S 236.5 n t **Schale** sunt calices de ligno facti *Kh2*

S 237 n t **Sca*m*pnale** ein ⌜bangtuch / banck laken *Ma3 B9 P*
-- *stůllach* *W P-E*

S Scampnale *S4*] Scapnale *Ma1* bancklach *S4 Ks2*, banchlann *B5*
M panck kůss *M19*, bancklachen *Dr1*
W *Int. Sg1*] benckli *S1*, pancklach *Me1*
P bancktuch *Wo4*

S 237.1 *n t* **Scandilia** sunt gradus *P*

P *Sigle Wo1*] *fehlt Ma4* Scandilia] Scandilium *R1*, + stant *Ma4*
P-E n s Scandilium

S 238 *n s* ***Scampnum*** *eyn banck*
Wa. fehlt I K Kh2 Br1

S *Wa. S4*] *fehlt Ma1 Ks2*
M *Wa. fehlt M19 D1*
P-E *Wa. fehlt E2* -- patet *M25*

S 238.1 *n t* **Scandalia** sunt calcei desuper sine coreo *P*
-- sunt calcii in suprema parte non habentes coreum et sunt episcoporum *Kh2*

P *vgl. 130* *Sigle Wo4*] f p *Ma4* + scho *Ma4* + eyn scho *R1*

S 238.2 f p **Scandea** est nauis stricta in anteriori parte et *ampla* in posteriori *P*
-- est nauis stricta *Kh2 Br1*

P et *bis* posteriori *fehlt Wo1* ampla *Wo4*] *fehlt Ma4*

S 239 n s **Scandalum** schande uel bose bilde
-- laster *Sb3*
-- est dictum uel factum minus rectum prebens alteri occasionem ruine uel peccati. Scandalum grece inpaccio est latine; **Inpaccio** wulgariter ⌜ståss *X* / *schoss Y* *W*
-- schande .i. occasio ruine *I*
-- ⌜bose uel schande uel pudor, ignominia *Ma4* / schande, pudor, ignominia *R1* / scande, pudor *Wo4* *P*
-- schand *P-E*
-- .i. peccatum *Kh2 Br1*
Wa. fehlt K

S bose bilde] peyssung *B5*, bös wild *N1*
W -- schand *Sg1* schoss *zit. nach Bs9* + uel schand *S1*
P -- bose schande *Wo1* -- bose bilde, schande *B10*
P-E + laster *So1*
Kh2 + bose bilde *Br1*

S 240 a p **Scandalisare** vnern
+ .i. occasionem ruine dare *I*
-- lestren *Sb3*
-- °oneren °*(P-E)*, schenden *P*
-- vneren uel malum exemplum dare uel deridere uel defamare, offendere uel occasionem trahere *Kh2*

S *Wa. fehlt B9* vyerenn *B5*
M + uel ergirn *Ks1*
W + uel ergren *Sg1*
P -- schelden *Br1* oneren *fehlt B10* schenden *fehlt Wo1*
P-E + lestren *So1*

S 240.1 n s **Scandapulum** est feretrum pauperum, eyn duch, da man dye doten mit ⌜decket *M-X* / bedecket *M-Y W* *M W*
-- est feretrum, ein tuech uel ein par *Sb3*
n s **Scandaphilum** dicitur feretrum commune pauperum, et dicitur a »schandalo«, quod est paupertas. Vnde Bernhardus: Scand*a*filo positum corpus sensu caret omni *P*
-- dicitur feretrum commune, in quo pauperes portantur *Kh2*

Scandaphilum *für* Sandapilum *vgl. L 253*
M *dt. Int.*] eyn tůch *M19* doten] czoten *D1* bedecket *zit. nach D1*
Sb3 Scandaplium
W Scandapilum *S1* *dt. Int.*] ain toten tůch *S1 Sg1*
P -- dicitur feretrum commune pauperum *Wo1* Scandafilo *Wo4*] Scandalifilo *Ma4* sensu] suum *Wo4*

S 241 n t **Scandere** stigen
-- .i. ascendere. Wersus *(Cath. »Scando«)*: Ascendens scandit, distinguens carmina scandit *I*

M *Wa. fehlt D1*
I a t
P vpstigen *B10*
P-E a t *(auch R1)*

S 241.1 f p **Scapa** dicitur paru*a* arbor, de qua fiunt scope *K*

K parua *K4*] paruus *W13*

S 241.2 f p **Scandiphilia** est feretrum, doden bare *P*
-- .i. feretrum *P-E*
-- eyn doden bore *Kh2 Br1*

P Scandiphilia *für* Sandapila

S 242 n s **Scapularium** ein ⌜schulderbein / schulder knock *Ma3 B9 P (außer P-E R1)*
Wa. fehlt I

Sb3 Scaplarium
K schulter pawm *Hl1*
P n s Scaphalarius *Ma4* schulder blat *Wo4*

S 242.1 n s **Scaptum** stegereffe *P*

P *Wa. fehlt B10* eyn stereyf *Wo4*
P-E stegeraft *E2*

S 242.2 n s **Schaptilium** idem *(nach 242.1)* *Kh2*

S 242.3 n t **Scamen** est multitudo filorum in longum extensa, vt ei alia fila mediante pano *transversaliter intexantur*, wulgariter ain wepp *P-E*

P-E Scamen *für* Stamen vt *bis* wepp *fehlt M25* transversaliter intexantur *So1*] *verderbt E2*

S 243 f p **Scapula** eyn schulde*r*
-- idem est quod spatula, schulter, et dicitur a »scapus«, quod est humerus. Vnde Grecista Nouus *(81r)*: Est humer*us* summumve °re*i* °*(Y)* scapus, vnde creari ac deriuari scapula*m* dic cum scapulari *W*
Wa. fehlt K-Y

S eyn schulder *S4*] schuldern *Ma1*
W idem est quod spatula *fehlt Sg1* humerus *Sg1*] humerum *S1* rei *emend.*] rex *X* scapulam *Sg1*] scapula *X* cum scapulari] conscapulari *Sg1*
P *Wa. fehlt Br1*

S 243.1 **Schanee** schefen *W*

S 244 n t **Scapulare** ein scheppeler
-- scapellen *K-X*
co t **Scapularis** et hoc -re eyn scheppeler, quedam uestis *I*
Wa. fehlt K-Y P-E Kh2 Br1

S Scapulamen *Ma3* -- scheppelern *S4* -- eyn stekeler *B9*
W + monachi *S1* + et sicut monachi portant *Me1*
K n p -- scüpellir *Hl1*

S 244.1 m s **Scapus** .i. summitas uel cacumen uel humerus *I*
-- .i. summitas humeri *K*

S 244.2 n s **Scaphium** .i. locus, vbi arma ponuntur *K*

S 245 n s **Scarletum** scharlache
-- est nobilis pannus *Kh2*

S Scernetum *B9*
W schúrlitz *S1*, scharlatt *Sg1*
P + edelgewand *R1 B10 Br1*
P-E scharlett *So1* + est nobilis pannus *E2*

S 245.1 a *t* **Scarpere** .i. eligere *P*

P Scarpere *für* Carpere *Sigle Wo1*] a p *Ma4*

S 246 f p **Scarpa** .i. sotular

S Scerpa *B9*
W Scarla *Sg1*
I *Sigle fehlt*

S 247 n p **Scandiso**, -aui est pedes versuum distincte proferre
Wa. fehlt Kh2 Br1

M distincte] sancte *M19*
Sb3 pedes] p proferre] pro fo
K versuum] metri *W13*, *verderbt K4*
P-E distinccio *E2*

S 248 n q **Scandire** est proprium ⌜versificatorum / versuum *P-E*
\+ Wersus *(Grec. Nov. 40r)*: Cambitur numm*us*, sed scanditur tibi versus *W*
Wa. fehlt Kh2 Br1

M proprie *Ma6*
Sb3 proprie
W nummus *Sg1*] nummos *S1*
K proprium] + nomen *K4*
P versificatorum *verderbt R1*

S 248.1 n t **Scansile** *tret* schemel uel ⌜fůß trúkli *X* / *fůs brickli Y* uel stegraif; ***Strepa*** idem *W*

W tret schemel *Sg1*] ret schemel *S1* uel fůs brickli *Bs9*] *fehlt Sg1* Strepa *Sg1*] Stepra *S1*

S 249 m in **Scarioth** est vicus
\+ quidam, vnde Iudas fuit oriundus, qui tradidit dominum. Item **Vicus** sepissime significat villam; **Viculus** dicitur illud, quod wulgariter dicitur *weyler* *W*
-- quidam vicus est. Vnde hic et hec **Scariothis** et hoc -the aliquis de tal*i* vico, vt Iudas Scariothis *I*
-- uel **Scariothis** communis generis, dicitur vicus quidam, de quo Iudas fuit ortus, uel dicitur merces uel precium / + uel dicitur a patre uel a villa *X* *K*
-- est aliquis de tali ciuitate uel vico; dicitur ciuitas uel vicus, eyn strate *Kh2 Br1*

M *Wa.*] m in Scaroth est vitrum *M19*
Sb3 Scarius
W Viculus *bis* weyler *fehlt Sg1* weyler *Me1*] widler *S1*, wier *Bs9*, wiher *M12*, viger *Me5*
I tali *I2*] talis
K communis] omnis *K4*
P-E *Wa.*] n in Scario est vnus *E2*
Kh2 *dt. Int. fehlt Br1*

S 250 m t **Scario*th***, ***-tis*** est aliquis de *tali* vico
\+ ut Iudas Scariotis *P*
Wa. fehlt (enthalten in 249) I K
Wa. fehlt Kh2 Br1

S *Wa. fehlt S4* Scarioth, -tis *Ks2*] Scariod uel Scariet *Ma1*, Scaritis *Ma3* tali *Ks2*] *fehlt Ma1*
M *Wa.*] Scarioth uel Scoriatis *(!) M19*
P -tis *fehlt Ma4 R1 Wo4*
P-E -tis *fehlt E2*

S 250.1 n t **Scaffile** *(?)* ein chåss karb *M19 (M)*

S 250.2 m s **Scarrosus** .i. irsutus *P*

P + ruch *Wo1 R1*
Kh2 Schariosus

S 250.3 m t **Scarbones** idem *(nach 250.2)* *P*
Wa. fehlt Kh2 Br1

S 250.4 m s **Scarus** est grauis sensor *P*
Wa. fehlt Kh2 Br1

P sensor *für* censor

S 251 m s **Scarrabeus** est vermis in fabis, ein ⌜wibel / rozzwibel *K*
-- est vermis in fabis *Sb3*
-- ain wibel, quedam vermis *P-E*
-- est vermis quedam, eyn scharneweuel *Kh2 Br1*

S Sacrabius *Ma3*
M *Int. fehlt (vgl. 252) M19*
K -- est vermis, ein rozzwibel uel vermis in fabis *W13* *lat. Int. fehlt K4* ein rozzwibel *fehlt Hl1*
P *Wa. fehlt B10* fabis] vallis *R1*
P-E ain bidel *M25* + ein kätkefer *So1*
Kh2 + ader kewer *Br1*

S 252 f p **Scatebra** est locus plenus ⌜*ebulicione* / eructione *P* aque
-- est aque erupcio uel ebullicio, bruchicht *I*
-- est foncium ebulicio uel locus plenus erructuacione aque, eyn val sprynk uel eyn bornesprank, et ab alijs dicitur **Schaturigo**, quasi »stans vrigo« *Kh2*

S *Wa. fehlt B9* ebulicione *S4*] de bullicione *Ma1*, ebullose *(?) Ma3* aque *fehlt S4* + eyn clinge *(?) S4*
M aque] est vermis in fab *(!) (vgl. 251) M19*
Sb3 ebulacione aqua
P-E eque *E2*
Kh2 f p f t Schatebra uel Schaturio

S 253 n t **Scatere** ußspringen uel ußqwelen
-- aut **Scaturare** aut **Scaturire** auschelen *Sb3*
-- -tui in preterito significat ebulire uel emanare uel erumpere, sicut facit aqua fontis; idem eciam significat **Scaturio** et **Scaturiso**, et ab hijs verbis veniunt hec nomina **Scatebra**, **Scaturicio**, que significant idem quod ebulicio. Item Scatere uel ⌜ebulire *X* / Scaturire *Y* quandoque ponuntur pro eo, quod wulgariter dicitur wúrmen. Vnde in 2*°* libro Machabeorum capitulo nono *(9,9)* legitur de Anthiocho, quod scaturiebat vermibus *W*
-- .i. ebullire, emanare, feruere, off quellen *I*
-- ausquellen *K*
-- utquellen, uel est quando vermes moue*ntur* ad generacionem *P*
-- .i. mouere ut vermes mouentur ad generacionem *Kh2 Br1*

vgl. 254, 255, 255.1
S *Wa. fehlt B9* -- vz quellin *B5*
M -- auz entspringen *M19*
W n s *Y* 2° *Sg1*] *fehlt S1* quod] qui *Sg1*
P n t Scatera *R1* mouentur *Wo1*] mouere *Ma4*
P-E utquellen] aůß swallen *M25*

S 254 n p **Scaturare** idem *(nach 253)*
+ uel ponere *Kh2*

-- quellen uel usspringen *W-X*
Wa. fehlt (enthalten in 253) Sb3
Wa. fehlt W-Y I K P-E

S *Wa. fehlt B9* -- .i. nequiciosus facere *S4*

S 255 n q **Scaturire** idem *(nach 254)*
-- idem *(nach 255.1) I K*
-- quellen, °ut °springen °*(P-E R1) P*
Wa. fehlt (enthalten in 253) Sb3 W-Y
Wa. fehlt Kh2 Br1

S *Wa. fehlt B5 B9* a q Scatire *Ma3*
I *Sigle fehlt*
K Scutire *K4*
P entsprynghen *Wo4*
P-E Saturire *E2*

S 255.1 n p **Scaturisare** .i. scatere *I*
-- ⌜dicitur per aquam bulientem plumas auibus auffere *X* / hüner heren *Y* *K*

vgl. 253

S 255.2 f t **Scaturigo** dicitur ebuliens aqua *K*

S 255.3 f p **Scea** schem, .i. vmbra *P*
-- .i. vmbra *P-E*

vgl. 260
P Sce *Wo4* schem] schede *R1 Br1*, *fehlt B10*
Kh2 Schaa

S 255.4 f p **Scatula** ain klain ledlin *P-E*

P-E + da man gewúrtz in tůtt *So1*

S 256 f p **Sceda** est, quod adhuc emendatur necdum in libris redactum
-- .i. exemplare scriptum nondum finitum *I*
-- dicitur carta scripta uel scriptum, quod adhuc non est emendatum nondum in librum redactum *K*
Wa. fehlt Kh2 Br1

vgl. 383.3, C 282
S *Wa. fehlt B9* adhoc *Ma3* necdum *fehlt S4* redoctum *Ma3*
M redactum *fehlt M19*
Sb3 a p Scedo
W emundatur *S1 Sg1*
K scriptum *fehlt K4*
P necdam *Wo4* in *fehlt Ma4*

S 257 m s **Sceleratus** .i. nequiciosus
+ *scelerosus; ambo comparantur K-X*
-- .i. scelestus / + peccaminosus *Kh2* *P*

W *Wa. fehlt Sg1*
K *Zusatz Hl1*] *fehlt W13*
P -- .i. viciosus *Wo4*
P-E scelestis *E2*, celestus *So1*, celestis *M25*
Kh2 scelestus] celestis

S 258 m s **Scelestus** .i. nequiciosus
-- -a, -um idem *(nach 257)*. ⌜Item Scele*s*tus per s- scriptum significat idem quod sceleratus et *X* / per s- scriptum, quod *Y* descendit ab hoc nomine »scelus«. Wersus *(Walther 26471)*: Regi celesti numquam placuere scelesti *W*
-- .i. facinerosus / + Wersus *(Walther 26471)*: Regi celesti numquam placuere scelesti *X* *K*
-- *idem (nach 257)* *P-X*
Wa. fehlt Sb3 P-Y

S m p Scelostus *Ma3*
W m s Scelerus uel Scelestus *Sg1* Scelestus *Me1*] Sceletus *S1*
I *Sigle fehlt*
K facinorosus *K4*
P *Wa. Wo1*] *fehlt Ma4*

S 259 n t **Scelus** .i. facinus et est transgressio *contra statuta* dei °et °hominum °*(K)*
-- .i. facinus / + siue peccatum *Kh2 Br1* et est transgressio contra statutum hominum scilicet ius ciuile *P*

S contra statuta *S4*] constituta *Ma1*
M statuta] preceptum *M19*
Sb3 et hominum *verderbt*
I m s
K statuta] precepta *W13*
P contra] ultra uel contra *Ma4*
P-E Scenus *(auch R1)* statuta] statura *E2*
Kh2 statuto

S 259.1 f p **Scenia** czirheyt *Wo4 (P)*

S 260 f p **Scenia** .i. vmbra vel locus vmbrosus, vbi mercatores stant, *et dicitur a »scenos« grece*
+ .i. vmbra latine, vel scen*os* .i. domus uel all*o*cucio diuersorum personarum *P*
-- est vmbra, vbi mercatores stant, et dicitur a »scenos« grece, quod est obscurum latine *Sb3*
-- est vmbra vel locus vmbratus *I*
-- est locus vmbrosus, vbi mercatores stant, uel ymago, figura, eciam modus loquendi, *eciam ornatus, dignitas, honor*, eciam ornamentum regale *K*
-- .i. vmbra uel locus vmbrosus *Kh2*
Wa. fehlt W

S f p Sceme *B9* vmbrosus *fehlt S4* stant] stunt *S4* et *bis* grece *Ks2*] *fehlt Ma1* »scenos«] sceo *S4*, cenno *Ma3*
M a »scenos« grece *fehlt M19*
I Scena
K n t eciam ornatus *bis* honor *Hl1*] *fehlt W13 Y*
P stant *fehlt Ma4* »scenos«] scenon *Wo4* *Zusatz fehlt Wo1* scenos *Wo4*] scemos *Ma4* allocucio *Wo4*] allucucio *Ma4* personarum *fehlt Wo4*
P-E a *fehlt E2* diusarum *E2*

S 260.1 f p **Scena** erat locus infra theatrum in modum domus constructus cum pulpito, qui pulpitus orcistra vocabatur; vbi cantabant comedi et tragedi atque saltabant hystriones *et mimi. Dicta autem Scena greca appellacione eo, quod in modum domus erat constructa. Vnde et aput Hebreos tabernaculorum dedicacio ad similitudinem domiciliorum* ***Scenophagia*** *apellabatur. Officia autem scenica: tragedi, comedi, themelici, hystriones, mimi et saltatores. Et est plane in artibus scenicis Liberi et Veneris patrocinium, que priuata et propria sunt scene, de gestu et corporis fluxu; nam molliciam Libero et Veneri ymolabant, illi per sexum, illi per fluxum dissoluti. Que vero ibi vocibus et modis et organis et liris transfiguntur, Appollinem et Musas et Mineruam et Mercurium patronos habebant. Quod spectaculum, Christiane, odire debes, cuius odisti autores. Scenice artis Liber fuit inventor. Siquidem eam postmodum Athenienses auxisse et perfecisse creduntur, hanc in dies festas agebant in choris cantancium atque psallencium iuuenum. Constat autem scenica ars ex comedia et tragedia; sed comedia priuatorum hominum continet acta, tragedia autem res publicas amplissimas et regum hystorias habet. Quedam spectaculorum genera a christiano viro vitanda sunt, ne quid per ea viciorum pectoribus insideat et voluptatibus conswetudo detrahens adeo autem a bonis operibus fidelium mentes auertat; nam quid turpius scenis, vbi comice fabule stupra virginum et amores meretricum, vbi coturnus tragicus antiqua facinora sceleratorum regum carmine turpi decantantur?* *W*

-- .i. figura uel ornatus *I*

-- **Scenonia** *schede hus /* + vbi mercatores stant *Kh2* *P*

vgl. 263, 266

W vbi *fehlt Sg1* et mimi *bis* decantantur *Sg1*] *fehlt S1* Scenophagia *Me1*] Cenopheija *Sg1*, Cenophenia *Bs9* fluxu *Me1*] flexu *Sg1*, fluxis *Bs9* molliciam *Me1*] mollicina *Y* ymolabant *Bs9*] ymolabans *Sg1* sexum *emend. (vgl. Isidor xviii 51,10)*] xesum *Y*, exesum *Me1*, esum *M12* que *Me1*] qui *Y* ibi *Bs9*] in *Sg1* autem res] autem ars res *Sg1* detrahens *M12*] *verderbt Sg1 Bs9 Me1* scenis *Bs9*] *fehlt Sg1* comice *Bs9*] cornice *Sg1*

I f t Scema, -atis

P *Wa. fehlt B10* Scenonia *fehlt Wo4* *dt. Int. Wo1*] scede *Ma4*, + eyn loue *Wo1*, + von loube *Wo4*

S 261 m t **Scenofactor** ein leubenmecher °mit °laube °*(S-Y P K)*

-- haist ainer, der hutten macht von laub *Sb3*

-- eyn kamer mecher mit laupp *I*

S Scenefactor *S4*, Scenafactor *B9* loubermechr *B5* mit laube *fehlt Ks2*

M ein hütten machen mit laub *M19*

W lobnarcher *S1*

P *Wa. fehlt B10*

P-E *Wa. fehlt (vgl. 261.1) M25* -- ain laim macher *E2 So1*

S 261.1 n s **Scenofactum** ain klaibung *M25 (P-E)*

P-E *vgl. 261*

S 262 m s **Scenofactorius** idem *(nach 261)*

+ Vnde Grecista Nouus *(81ᵛ)*: *Es* scenofactor funes faciendo vel vmbras siue tabernacula uel dum vim lucis obvmbras *W*

S Scefactorius *S4*

W Es *Sg1*] ob *S1* vim *fehlt Sg1*

P *Wa. fehlt B10*

P-E -- ain klaiber *M25*

S 262.1 *f p* **Scenofactura** est ars, de qua fit mencio in Actibus Apostolorum capitulo 18uo *(18,3)*. Dicitur ars faciendi tabernacula uel funes *W*

W *Sigle Sg1*] Item *(Wa. nach 262) S1* de qua *bis* ars *fehlt Sg1*

S 262.2 *f p* **Scenofactoria** dicitur ars faciendi tabernacula uel vmbracula uel funes facere *K-X*

K *Sigle W9*] *fehlt W13*

S 262.3 **Scycisis** ein diech gicht *Sb3*

S 263 m s **Scenicus** a »*s*cena«, et est vmbraculus uel theatralis
-- .i. vmbraculus uel theatralis, vmbrosus, et dicitur a »scenos« in greco, quod significat vmbram in latino / + Inde **Scenopheia**, et est festum tabernaculorum, quod Iudei solent celebrare, quando solent commedere sub vmbra. Vnde Brito *(691)*: Scenopheia festum tabernaculorum dicitur esse, et dicitur a »scen*os*«, quod est vmbra, et »fagin«, commedere, quasi festum commescionis sub vmbra *Ma6 Ma2 M*
-- est vmbraculosus *Sb3*
-- .i. obumbratus uel aliquis odiens lucem *I*
-- .i. vmbraculus uel the*a*tralis *K*
-- [...] theatralis, uel qui faciebant ludos in theatro vel qui recitabant scripturam / + vel dicitur esse nequam habitans in vmbris *P-E P*
Wa. fehlt W Kh2 Br1

vgl. 260.1, 266
S »scena« *Ks2*] cena *Ma1 S4* uel theatralis *fehlt S4*
M -- .i. vmbraculus uel teatralis *M19* significat] + obscurum *Ma6, Ma2* »scenos« *Ma2*] scenes *Ma6*
Sb3 Scenecus
K Sentus *K4* theatralis *alle Hss.*
P Scelicus *Ma4*
P-E theatralis] steatralis *E2* recitabant] vercitabant *E2*

S 264 m s **Scenolentus** .i. inmundus
+ Vnde Grecista Nouus: Vmbra uel obscurum sit scenos, et inde creari scenopheya *wult* vmbrosaque scena theatri *W*

W wult *Sg1*] sunt *S1*
I *Sigle fehlt*

S 265 n s **Scenum** .i. inmundicies
+ uel lutum, quait *I*
+ vnflat *K*
-- vnsauberkait *Sb3*
-- *dreck*, **Thabes** idem, **Labes**, ***S*purcicies** *P (außer Kh2)*
-- ⌜katt, treck, vist, stanck *M25* / kat vel hor *E2* / mist *So1* *P-E*

M + et proprie dů̊n chåut *M19*
K *lat. Int. fehlt W13 Y*
P -- kacke, dreck, Tabes idem *Wo1* -- dreck, Tabes, Laber, Ferticies idem *Wo4* -- .i. inmundicies *B10* -- .i. sporcicies uel inmundicies *Br1* dreck *Wo1*] .i. merda *Ma4*, + kaet *R1* Spurcicies *R1*] Purcicies *Ma4*

S 266 f p **Scenopheya** est festum tabernaculorum, ⌜laubrost / lofrotinghe *Ma3 B9 P*
-- est festum tabernaculorum *Sb3 W P-E Kh2 Br1*
-- est festum tabernaculorum, scilicet Iudeorum *I*

vgl. 260.1, 263, 463.6
S Sceneueya *S4* sunt festes *S4* festum] gestum *B9* lamprat *N1*
M -- est festum tabernaculorum, et dicitur a »scenos« grece, quod est vmbra latine, et »frangi« *(!)*, commedere, quasi festum commescionis sub vmbra *(vgl. 263) M19*
W + laupproß *Me1*
P lofrotinghe] *fehlt Wo4*, lantfratynge *(?) R1*
P-E Scenophaga *E2* + lobrisi *So1*
Kh2 tabernatorum

S 266.1 *m t* ***Scenofates*** *qui in fundibus gradiuntur* K
K *Wa. K4*] *fehlt W13*

S 266.2 n s **Senotaphium** .i. vacuum sepulchrum, ymaginaria sepultura, cum corpus deest *K*
K *vgl. C 321.3*

S 267 n s **Sceptrum** ein konigstap
+ oder cepter *K*
-- est baculus regis *Sb3*
-- ain scepter, et dicitur virga, que datur regi ad manus, quando consecratur siue invngitur, in signum dominij siue potestatis *W*
-- est signum regale, eyn cepter *I*

vgl. 505.1 und C 350
S *Wa. fehlt Ks2*
Sb3 Sceptus
W scepter] kungzeppter *Me1*, zungs *(!)* scepter *Bs9* virga] + regis *S1*
K -- scepter oder chünigs *K9*

S 267.1 f p **Scia** eyn swyn luß *P*
-- ain feher stig *P-E*

P -- eyn swyns huß *R1 Wo4 B10*
P-E -- ein sustig *So1* -- ain ferecher stig *M25*

S 267.2 f p ***Sciba*** proprium nomen *P*
Wa. fehlt Kh2 Br1

P Sciba *Wo1*] *verderbt Ma4*

S 267.3 m s **Sciculus** eyn gewicht uel circulus *P*
-- .i. circulus *Kh2 Br1*

vgl. 613
P -- .i. circulus *B10*
P-E -- ein gewich oder ein ring *So1*

S 267.4 part **Sciens** wis *Kh2*

S 268 m in **Scicher** ebrietas interpretatur

Scicher *für* Sicher
S Sciger *S4 B9*

M Sciter *M19*
Sb3 Sicher
W Schicher *S1*
I Scither
P ebreitas *Ma4*
P-E m s *(auch R1)*
Kh2 Scich

S 269 m in **Scichen** confirmatus labor uel perfect*us* interpretatur
-- confirmacio, labor aut perfeccio *Sb3*
-- confirmatus labor uel perfeccio interpretatur *W*
Wa. fehlt K Kh2 Br1

Scichen *für* Sichem
S Scigen *S4*, Sciten *Ma3* confirmata *Y* lauor *B9* perfectus *S4*] perfecta *Ma1 Y*
M -- confirmata labor uel perfecta interpretatur *Ma6*
Sb3 Sichen
W Schichen *S1*
I m in Scichen] Sciten .i.
P Sciten *Ma4* confirmata, labor uel perfecta *alle Hss.*
P-E Sciten *E2* confirmata, labor vel perfecta *alle Hss.*

S 270 m in **Scichelech** defeccio uocis interpretatur
Wa. fehlt I K Kh2 Br1

Scichelech *für* Siceleg
S *Wa. fehlt B9* Scigelech *S4* uocis] noctis *Ma3*
M *Wa. fehlt Ma6*
Sb3 Sicholech
W Scielech *S1*
P Scitelech *Wo4*

S 270.1 **Scichor** wisheit *B9 (S)*

S 270.2 f t **Scietas** wisheyt *B10 (P)*

S 271 *f p* ***Sciencia*** *wyßheit*
\+ uel konst *M W*
Wa. fehlt I Kh2 Br1

S *Wa. S4*] *fehlt Ma1* + ků̊nst *Ks2 B5* + sapiencia, prudencia uel intelligencia *Ma3*
M *Wa. fehlt D1*
W -- kunst *S1 Sg1*
K *Wa. fehlt Hl1*
P-E -- kunst *So1*

S 271.1 **Sciasis** quedam passio *I*

S 272 m s **Scientificus** ⌜kunstig / *wissam S-Y P M (außer Sb3)*
-- ⌜wissam *X* / .i. sciens *Y* *W*
-- est aliquis sciens uel wissend *E2* *P-E*
-- eyn wis man *Kh2 Br1*
Wa. fehlt I

S *Wa. fehlt Ma3* wissam *zit. nach B9* + wissende *Ks2 B5*
M -- wischende *Ks1* -- weyß uel kunstig *D1*
W + oder kundsam *Me1*
K *Wa. fehlt Hl1*
P *Wa.*] m s Scienfificus wisende *Wo4* -- wis *B10*
P-E -- kunstrich *So1* -- weissag *M25*

S 273 con **Scilicet** mitnamen

\+ Vnde Grecista Nouus *(Grec. Nov. 55^{r})*: Scilicet obscurum *seu confusum* manifestat et distingwit, ut: hic stat *egens* homo, scilicet irus *W*

\+ quasi »scire licet« *I*

-- als mit nam *K*

Wa. fehlt Kh2 Br1

S *Wa. fehlt Ma3*
W seu confusum *Sg1*] senus fusum *S1* distingwit *Sg1* egens *emend.*] egus *S1 Bs9 Me1 Me5*, ego *Sg1*, ens *M12*
K *Wa. fehlt Hl1*
P-E -- daz mein ist *So1*

S 274 f p **Scilla** see storm uel est monstrum maris ^{O}ut ^{O}Siren ^{O}*(K)*

-- ein storm, monstrum maris sicut Syren *Sb3*

-- est maris periculum propter saxa vel monstrum *I*

-- ^{O}see ^{O}storm ^{O}*(P-E Kh2 Br1)*, est monstrum maris uel Syren uel Caribdis. Wersus *(Grec. Vet. x252)*: Syren attrahit, vnda*t* Scilla *u*oratque Caripdis *P*

vgl. 640.2
S see storm] sey tor *Ma3* maris] marinum *S4 Ma3* ut] uel *S4* Syrenin *B5*
M -- est monstrum marinum, ut est Siren *M19*
K *Wa. fehlt Hl1* maris *fehlt K4*
P *Vers fehlt Wo4* uel Caribdis *bis* Caripdis *fehlt Wo1* vndat *R1*] vndas *Ma4* uoratque *R1*] foratque *Ma4*
P-E Syren *(2)*] Sciren *E2* Scilla] Cilla *E2*
Kh2 marinum *(auch Br1)* Syren] Sciren vndat Scilla, uoratque] sillaborat vndat que

S 274.1 f t **Scinephes** genus culicum uel minimarum muscarum *I*

S 275 *a t* ***Scindere** snyden*

-- ⌜schniden *X* / spalten *Y* scidi, scissum. Inde **Scissura**. Vnde Grecista Nouus, *De verbis 3^{e} coniugacionis (44^{v})*: Quod scindo *differt a* cedo, noscere cur*a*, nam debemus scindere mollia, cedere dura *W*

vgl. 691.1
S *Wa. S4*] *fehlt Ma1*
M *Wa. fehlt D1*
W De verbis 3^{e} coniugacionis *Sg1*] *fehlt S1* scindo] scindit *Sg1* differt a *Sg1*] debet aut *S1* cura *Sg1*] curam *S1*
P-E + oder howen *So1*

S 276 f p **Scintilla** ein funcke

-- ein fanckhen *Sb3*

-- eyn funck fuerß. Wersus: Queritat in cinere scintillam, qui caret igne *I*

vgl. C 427.4, S 711.1
S fannck *B5*
M -- ein fünkel von dem fewr *M19*
W *Wa. fehlt (vgl. 277) Bs9 Me5* + gnaist *S1 Sg1*
K fanck *K4*
P funcke *verderbt Ma4*
P-E -- gnaist *(?) So1* + ain gnást *E2*

S 277 n p **Scintillare** *vunken* °uel °glinstern °*(W P-E)*
-- fanckhen, glenstren *Sb3*
-- funckeln *I*
-- funchken fliegen *K*

vgl. C 427.3
S *Wa. fehlt S4* vunken *B9*] funckeln *Ma1 Ks2*, fankenn *B5*
M uel glinstern] *fehlt Dr1*, glůen *M19*
W -- gnaisten *S1* -- funcken. Inde Scintilla *(vgl. 276) Bs9 Me5* + gnaisten *Sg1*
K fancken fliegen *K4 K9*
P -- glinczen *B10* -- glinczeren *Br1* funkeln *Ma4* glynsern *Wo4*
P-E -- geresten *So1* + genásten *E2*

S 277.1 **Scintillula** diminutiuum *I*

S 278 f t **Scirax** est gutta arboris
-- est gutta cadens de arbore *Kh2 Br1*
Wa. fehlt K

Scirax *für* Styrax *vgl. 307, 1054.1*

S 279 m s **Sciolus** est parum sciens
-- .i. aliquantulum uel parum sciens *I*

Sb3 -- est paruum nesciens
P Scious *Wo4*

S 279.1 m s **Sciosus** media correpta, .i. doctus uel sciens, et est diminutiuum a »scius«, quod est sapiens *K*

S 280 *n q* ***Scire*** *wißen*
-- *weten I* + Inde venit illud verbum frequentatiuum *irregulariter* **Sciscitor** *X P*
-- kúnden. Inde venit [...] *P-E*
Wa. fehlt I

S *Wa. S4*] *fehlt Ma1*
M *Wa. fehlt D1*
P weten *Wo1*] *fehlt Ma4 R1*, + kunnen *Wo4* *Zusatz fehlt Wo1 Wo4* irregulariter *R1*] *fehlt Ma4*

S 280.1 f p **Sciria** est glacies pendens de tecto, quod alio nomine dicitur ***Tiria***, eyn jokel *Kh2*

Kh2 *vgl. 1042.2, T342* tiria *emend.*] tilia

S 281 f p **Scirpa** est lacula °in °*juncko* °*(P-E)* contexta *in modum nauis*
Wa. fehlt I Kh2

S *Int.*] est lacula *S4*, est macula in juncko contexta ut nauis *Ks2*, *fehlt B5* in juncko *Ks2*] in iuncte *Ma1*, uel iunco *Ma3* in modum nauis *Ma3*] *fehlt Ma1*
M in modum nauis *fehlt M19*
Sb3 -- est radix in iunccio
W laculo *S1*
P Scirpea in juncko contexta] uel est iunccio *Wo4* in juncko] ex iunco *Ma4*
P-E Scirpia lacula] bacula *alle Hss. (auch R1)*

S 282 d p **Sciscitar*i*** erfarn, .i. ammouere
-- erfaren *Sb3 K*

-- est perquirere ea, que *quis* non audiuit *W*
-- .i. cunctari uel inuestigare, erfaren *I*
-- vorvaren *Kh2*

S Sciscitari *Ma3*] Sciscitare *Ma1 S4 B5*, Scissitari *Ks2*
W quis *Bs9*] prius *S1*, aliquis *Sg1*
P vorvaren *Wo1* + erforschen *Wo4*

S 283 *n t* **Scisma** *werringe .i.* diuisio, abescheidunge
-- abschneydung *Sb3*
-- -atis .i. discordia uel diuisio, deylunge *I*
-- discordia, diuisio *K Kh2*
-- .i. diuisio *P-E*

vgl. 737.2, C 485.1
S *Sigle Ks2*] f p *Ma1* Scissura *B9* werringe *B9*] verrunge *Ma1*, ferrunge *S4*, *fehlt Ks2*, wirrunge *B5*, werighe *Ma3* .i. *S4*] uel *Ma1*
M -- gwerung, absneidung, abtaylung *M19* werringe *fehlt Ks1 D1*
W -- abschnidung *Sg1* abschaiden *Bs9*
P -- .i. diuisio *Br1* waring *Ma4 B10* abescheidunge *fehlt R1*

S 283.1 f t **Scissitacio** .i. interrogacio *Kh2*

S 284 m s **Scirpus** est species junci, ⌜*binse* / semeden *S-X*
-- est truncus olerum *Sb3*
-- est species iunci; a quibusdam scribitur per s-, a quibusdam vero sine s-, et est iuncus marinus, *merbincz*, de quo tractum est prouerbium, quod inimicus est, qui nod*o*s querit in scirppo *(Isid. xvii 9,97)* *W*
-- magnus iunccus, de quo fuit facta Moisi fistula *sci*rpea *I*
Wa. fehlt P

S binse *B9*] eyn boyse *Ma3* semeden] eyn bose sende *S4*, *fehlt Ks2*
M *dt. Int.*] byse *Ks1*, semde *D1*, *fehlt Dr1*
W merbincz *Sg1*] *fehlt S1* nodos *Sg1*] nodis *S1*
I *Sigle fehlt* scirpea *I2*] sarpea
K *Wa.fehlt Hl1* *lat. Int. fehlt Y*
P *Wa. vorh. (*-- est species iunci*) Wo1*

S 285 n s **Scitum** est iudicium, decretum, statutum

S *Wa. fehlt Ma3 B9* + Inde Plebiscita *S4 B5*
W iudicium] iudicale *S1*
K statutum *fehlt Y*
P-E decertum *E2*

S 286 part **Scitus** .i. vocatus, nominatus, doctus °uel °prudens °*(P-E R1 Kh2 Br1)*
-- .i. uocatus uel nominatus *K*

S Scitatus *B9* prodens *B9*
M doctus uel prudens *fehlt M19*
K dominatus *K4*
P uel prudens *fehlt Ma4*

S 287 m s **Scismaticus** ein ⌜*af deler* / abescheider uel ein geteilter *S-X*, et dicitur a »scisma«
-- getailter *Sb3*
-- .i. diuisus vel qui repugnat mandato pape *I*

-- aliquis diuisus a fide *P-E*
-- eyn afdeler, et capitur aliquando pro heretico *Kh2 Br1*
m s **Scismatici** homines ab alijs diuisi. Solo enim congregacionis gaudent discidio, quia eodem cultu et ritu credunt ut ceteri et vere opinantur *K*

S af deler *B9*] eyn af scheyder *Ma3* abescheider uel ein geteilter] eyn abescheidender *Ks2* ein geteilter] eyn abeteylt *S4*, eyn abgetaylter *B5*
M af deler] eyn abscheyd uel eyn abgeteylter *D1*
W -- .i. a fide diuisus *Sg1* abtail *S1*
P *Wa. fehlt B10*
Kh2 Scismatibus

S 288 f p **Scissura** ein snid
-- snydunge uel snit *I*
-- ain ricz *P-E R1*
-- eyn klen snede *Kh2*
Wa. fehlt K

S + ader sneydigenn *B5*
P + eyn rete *Wo4* + eyn risse *B10*
P-E -- ain kraiss in quedam pariate *(!) M25*

S 289 a p **Scitare** .i. vocare, et est irregulare, frequentatiuum a »scio«
+ quod est voco *P*
-- significat vocare et est frequentatiuum *Sb3*
-- .i. vocare et est frequentatiuum a »scio« irregulariter *I*
-- .i. vocare *Kh2 Br1*

S irregulare *verderbt Ma3*
M -- .i. vocare *M19*
K -- .i. vocare *Y* irregulare *fehlt W13*
P d p Scitari *X*
P-E d p Scitare *E2* frequentatiuum *bis* voco] a »scio«, quod est verbum frequentativum *E2*

S 289.1 o t **Sciens** ein wissar *Sb3*

Sb3 *vgl. 290*

S 290 m s **Scius** .i. sciens, *weyser*
-- est sciens *Sb3*
-- .i. sciens °uel °sapiens °*(Y)*. Inde **Inscius** *W*
-- -a, -vm .i. sciens, wißende *I*
-- .i. sciens, ⌜wittende *Ma4* / eyn wetener *Wo1 R1* / eyn wisßer *Wo4*, a verbo »scio, -is, -ire« *P*
-- .i. sciens *P-E*
Wa. fehlt Kh2

vgl. 289.1, I 487
S weyser *B5*] *fehlt Ma1*, eyn waßer *S4*, eyn wißsener *Ks2 B9*
M wissener *Ma6*, wisender *Ks1 Dr1*
W Inscius] + .i. non sciens *Sg1*
P *dt. Int.*] *fehlt B10 Br1*, + eyn kunner *Wo4*
P-E *Wa. fehlt M25*

S 291 f p **Scoba** ein besem uel **Scopa** *indifferenter dicitur*
-- aut **Scopa**, pesem *Sb3 I Kh2 Br1*

vgl. 302
S -- eyn besme *B9* indifferenter dicitur *Ks2*] *fehlt Ma1 S4*, differenter *Ma3*
W *Wa.*] f p Scopa ain peßem vel indifferenter dicitur *(!) Me1* -- besen. Scopa idem *Sg1*
P -- eyn bessem *B10*
P-E *Wa.*] f Scobs ain pesem *M25* Scopa] Scopra *E2*

S 292 *a p* ***Scobare*** *kern,* ***Scopare*** *idem*
-- .i. purgare, keren. **Scopare** idem vel uerberare *I*
-- chern *K P-E*
-- domum purgare *Kh2 Br1*

vgl. 303
S *Wa. Ks2*] *fehlt Ma1*, a p Scobare kern *S4* *Sigle S4*] *fehlt Ks2* Scobare] Scoma *Ma3* kern] veghen *Ma3*, + vegen *B9*, + besmen *N1*
W kern] + uel fúrben *Sg1*
K *Wa. fehlt K9*
P -- keren *Wo4* -- vegen, keren *B10* kern] veghen *Wo1*, + bessemen *Ma4*
P-E -- wústen cum scoba *So1*

S 293 f t **Scobs** est inmundicies, que tollitur cum scoba, uel est ferrum, cum quo lignum planatur
-- est inmundicia, que tollitur, uel est ferrum [...] *Sb3*
-- [...] scoba. *Versus (Grec. Nov. 82ʳ)*: Fex domuum scops est; sed fossa cauernaque scrops est; uel scops non est fex, sed ferrum, cum quo faber arte congrua ligna facit *omni* planissima parte *W*
-- est inmundicies, que eicitur de domo purgata *I*
-- ⌜est inmundicia, que tollitur cum scoba, *uel ferrum, cum quo lignum purgatur X* / chörich, quod purgatur de domo *Y* *K*
-- est inmundicies, que ⌜colligitur / pellitur *Kh2* cum [...] *P*

S scoba] scobe *B9* que] quod *Ma3* cum quo] quo *B9* quo] qua *S4*
M cum scoba] est scorpa *M19*
W inmundicia *Sg1* Versus *Sg1*] *fehlt S1* cauernaque] casa veraque *Sg1*, casa vernaque *Bs9*, causa ferna *Me5* cum quo] quo *Sg1* omni *Sg1*] omnia *S1*
K Scobis *K4* uel *bis* purgatur *Hl1*] eciam dicitur ein schabpawm *W13*
P scoba *fehlt Wo4* cum quo] quo *X*
P-E cum quo] quo *alle Hss.* planat *E2*
Kh2 cum quo] quo

S 294 f *t* **Scops** idem *(nach 293)* uel est sagitta
-- idem *(nach 302)* uel sagitta *K*
f t **Scobs** est idem quod scops uel sagitta *W*
Wa. fehlt I Kh2 Br1

S *Sigle S4*] f p *Ma1*
K idem *(nach 301) Y* + scilicet pesm *K4*
P Scobs *Ma4* -- .i. scobs uel sagitta *Wo4*
P-E uel est sagitta *fehlt E2*

S 295 f p **Scocia** schottenlant
+ est quedam prouincia *I*

P scot lant *B10*
P-E -- chottenlant *E2* -- schochten landt *M25*

S 296 *f p* ***Scola*** *eyn schule*
+ Vnde Grecista Nouus *(130ᵛ)*: Disciplina scola poteritque v*a*cacio dici uel scola dicatur, *quia* mens ibi solici*t*atur; vt plerisque placet,

locus est scola; dicque scolares significare scolas uel sic istas varia-res: turpi*b*us exercet scola ribaldos laycosque, ingen*uis*que scole dant artibus affore quosque *W*
-- grece. v*a*cacio latine, eyn schule *I*
Wa. fehlt K

S *Wa. S4*] *fehlt Ma1 Ks2* -- eyn scola *Ma3*
W vacacio *Sg1*] vocacio *S1* quia *Sg1*] *fehlt S1* solicitatur *Sg1*] solicieatur *S1* turpibus *Sg1*] turpidus *S1* laycosque] laycos laycosque *S1* ingenuisque *Sg1*] ingenijsque *S1* quousque *Sg1*
I vacacio *emend.*] vocacio *(auch I2)*

S 297 *m t* **Scobal** vana vetustas interpretatur
Wa. fehlt I

Scobal *für* Sobal
S *Sigle Ma3*] *fehlt Ma1*
Sb3 vane
W Scobalis *Sg1*
K vestutas *K4*

S 297.1 f p **Scoba** *mandatum* in ea interpretatur *B9 Ma3 P-X (außer P-E)*

Scoba *für* Soba
S Scoba mandatum *emend.*] Scobamundatum *Ma3*, Scoba mundanum *B9*
P Scoba] Scola *Ma4* mandatum] mundanum *alle Hss.*

S 298 *co t* ***Scolaris** eyn schuler*
Wa. fehlt I

S *Wa. S4*] *fehlt (enthalten in 299) Ma1* *Sigle Ma3*] n s *S4*
M *Wa. fehlt D1*
K *Wa. fehlt K4 K9*
P-E *Wa.*] co t Scolar patet *M25*

S 299 *n s* ***Scolarium** idem (nach 298)*
Wa. fehlt I Kh2 Br1

S *Wa. S4*] n s Scholarium, Scolaris idem *Ma1*, *fehlt Ks2 Ma3*
M *Wa. fehlt D1*
K -- schüler *K4 K9*
P *Wa. fehlt Wo4* sculersch *B10*
P-E -- idem *(nach 296) E2*

S 299.1 m s **Scolpus** *.i. maxilla*, eyn wange *P*
-- .i. maxilla *P-E R1 Kh2*

P *Wa. fehlt B10* .i. maxilla *Wo1*] *fehlt Ma4*

S 299.2 f s **Scholancus** est arbor quedam, eyn sle dorne *Kh2*

S 300 m s **Scolasticus** ein schulmeister
+ Item Scolasticus dicitur, cuius dignitat*i* conpetit preficere doctorem scolaribus litteraliter informandis, et sic est substantiuum; quando-que est adiectiuum, et sic ualet .i. ad scolam pertinens *W-X*
+ quasi custos scole *I*
Wa. fehlt K

W dignitati *emend.*] dignitate *alle Hss.*
P eyn scholer meyster *R1*
P-E ein schůlherr *So1*

S 300.1 f p **Scolastica** ein schůlmeisterin *Sol (P-E)*

S 300.2 n s **Scopilia** sunt rude*r*a *P*
Wa. fehlt Kh2 Br1

P Scopilia *Wo1*] Scobilia *Ma4* rudera *emend.*] rudeta *alle Hss.*

S 301 m s **Scopulus** ein groß stein °in °aqua °*(Ma3 B9 P)* uel purgamentum auri uel cuiuslibet metalli
-- ⌜ain groß stain [...] metalli. Item Scopulus est *X* / est *Y* eminens saxum et mons saxius, wulgariter fels, et dicitur a »scopi«, quod est speculari; remota loca ⌜de ipso *X* / deinde *Y* speculamur *W*
-- .i. ardua et prerupta rupes in aqua *I*
-- .i. magnus lapis uel purgamentum [...] *Kh2 Br1*

vgl. A 214
S auri uel] auricolis *Ma3*
M purgatum *M19*
W et mons saxius *fehlt Sg1* scopi *für* scopin
K ein groß stein] magnus lapis *W13* purgamen *K4*
P auri *verderbt Ma4* metallum *R1*

S 302 f p **Scopa** ein besem
Wa. fehlt Sb3 I K-Y P-E Kh2 Br1
Wa. fehlt (vgl. 303) W

vgl. 291
S *Stichwort verderbt S4* + .i. virga *B9*
M *Wa. fehlt M19*
P *Wa. fehlt B10*

S 303 *a* p **Scopare** keren / + veghen *Ma3 B9*
+ Vnde Grecista Nouus *(82ʳ; Grec. Vet. x 181)*: Scopa domum mundat, scops *est, quod* mittitur extra *W*
-- .i. schobare *Kh2 Br1*
Wa. fehlt Sb3 I

vgl. 292
S *Sigle S4*] f p *Ma1* keren] + scabare *Ma1*
M *Wa. fehlt M19* -- idem *(nach 301) Dr1*
W keren] wúschen *S1*, fúrben *Sg1* est, quod *Sg1*] que *S1*
K *Wa. fehlt Hl1 K4*
P *Wa.*] a t Scopere .i. mundo uel purgo *B10* -- veghen *Wo1*
P-E *Wa.*] *fehlt So1*, n p Scorpare keben *M25*
Kh2 Schocare

S 303.1 f p **Scollatura** est ornamentum de pellibus factum *P*

S 304 f p **Scoria** ⌜sinder, est grossicies ferri / eyn slagge *S-Y P*
-- *sintter* uel inmundicies *Sb3*
-- ⌜dicitur sordes metallorum et grossicies ferri, wulgariter sindel. Item Scoria dicitur sordes metallorum uel est *X* / est sordes metallorum, *sindell*. Item est *Y* suffocacio vesice, que fit, ut vrina detineatur, ne emingi possit *W*
-- est purgamentum et sordes metallorum *I*

-- sinder uel suffocacio vesice, ut vrina denegetur *K*
-- *est nidel vel schlang* *P-E*
-- .i. inmundicia ferri *Kh2 Br1*

S -- eyn slange uel est inmundicies ferri *B9* grussicies *S4*
M *dt. Int.*] hammer slage *Ma6*, eyn synder steyn uel eyn slage *Ks1*
Sb3 sintter *V1*] schinte
W wulgariter sindel *fehlt Me1* sindell *Bs9*] scindel *Sg1*
K ut] cum *Y*
P -- eyn slange *R1* -- est vas olei uel inmundicies ferri *(vgl. 304.1) B10*
P-E *Int. So1*] sindel vel ain schang *E2*

S 304.1 m t **Scorio**, -onis .i. stultus, stolidus, fatuus a »scoria« *I*
-- -onis idem est quod fatuus uel stultus *W*
-- .i. stultus *K*
-- est vas olei *P*

Scorio *für* Scurro *vgl. 345*
W m t Scorio] Sed Scorio *(nach 304)*
P *Wa. fehlt (vgl. 304) B10*
P-E f t *(auch R1)*

S 304.2 f p **Scophina** ⌜scobs / schops *Kh2 Br1* *P*

P scops *R1*
P-E Scophia *(auch R1)*
Kh2 Schofia *(auch Br1)*

S 304.3 f p **Schopha** est fallacia *P*
Wa. fehlt Kh2 Br1

P Schopha *für* Stopa

S 304.4 m s **Scophosus** fallax uel hirsutus *P*

Scophosus *für* Stoposus
Kh2 Schoposus

S 304.5 *a p* ***Scoriare*** *roffen* *P*
Wa. fehlt P-E Kh2 Br1

Scoriare *für* Scortare *(vgl. 305)* *vgl. 315*
P *Wa. Wo1*] Scoriari *Ma4*, Scoriare *R1*, *fehlt B10*

S 305 d t **Scortor** vnkuscheit tun
-- -aris vnkeuschen *Sb3*
-- est meretricari *W-Y*
-- *idem (nach 304 [!])* *K-X*
-- ⌜bosheit don *Ma4 R1* / .i. luxuriari *Y* *P*
-- ⌜vnkeuscheit treiben *M25* / vnkúnsch triben *E2 So1* *P-E*
Wa. fehlt W-X I K-Y

vgl. 315
S *Wa.*] m t Scortor eyn boue *Ma3* -- vnküß thün *S4* -- vnscheuzlich *(?)* tun *N1* + eyn vnkuscher *B9*
M -- vngehåwschleich tüen *M19*
W d p Scortari *Y*
K *Wa. Hl1*] *fehlt W13*
P *Wa.*] m t Scortor eyn vnkusscher *B10* -- -aris, vnkuscheit don *Wo1* -- vnbosheyt don *R1*
Kh2 d p Schortari

S 306 n s **Scortum** est meretrix uel precium eius
-- .i. meretrix, que aput Grecos scita uocatur *I*

S n s Scortum] Scortrix *Ma3*
M meritum *M19*
W -- est precium meretricis *Sg1*
K precium eius] pecuniosus *K4*, peccatum eius *K9*, precium eius *Ab1*

S 307 f t **Scorax** est arbor in Arabia
Wa. fehlt Sb3

Scorax *für* Styrax *vgl. 278, 1054.1*
P Sconax *R1* Arabie *R1*
P-E Arabie *E2*

S 308 m t **Scorpiones** sunt flagella uel magn*i* ⌜fuste*s* / pisces *Sb3* uel virge
+ consulum ornate *P*
Wa. fehlt (vgl. 309) W I K Kh2 Br1

S Scordiones *S4* magni fustes *S4*] magna fuste *Ma1*, magnum fustos *Ma3* virga *B9*
M + malum signum in celo *(vgl. 309) M19*
Sb3 fagella vge
P-E flagelle *E2*

S 309 m t **Scorpio** ein ⌜eydes / adere *B9 P uel eyn scorpe*, °*vermis* °*(Sb3)* uel malum signum in celo
-- uel **Scorpius** plura significat; est enim flagellum de virgis factum, in quibus fiunt nodi, ut durius percuciant, uel eciam flagellum de corio factum plumbeos habens nodos. Item Scorpio est vermis quidam in calidis terris habitans, *tarant*, et est in parte similis *cancro* fluuiali. Est autem quoddam animal, quod in nostro wlgari dicitur scorp, quod latin*e* non dicitur scorpio, sed tortuca. Sed Scorpi*o* est quedam constellacio pulchras et lucidas habens stellas. Item Scorpio est quedam sagitta venenata. Wersus *(Brito Metricus 1829)*: Scorpio est signum vermisque, sagitta, flagellum *W*
-- est genus duplicis flagelli uel magnj fustes vel quoddam animal venenosum vel sagitta venenata vel signum in celo. Wersus *(Brito Metricus 1829)*: Scorpius est signum uermisque, sagitta, flagellum *I*
-- ⌜ådechs uel vermis uel signum celeste; eciam proprium nomen loci, eciam rubeus aculeatus uel flagellum virgarum nodosum habens in sumitate glandines plumbeas; eciam sagitta venenosa arcu uel tormentis *X* / scorp uel signum celeste *Y* *K*
-- est malum signum in cel*o*, ain ader *P-E*
-- uel ***Scorpius*** primo significat flagellum nodosum; 2° est vermis, eyn schilde padde; 3° idem est quod signum in celo; 4to proprie lubbe schot. Vnde *(Brito Metricus 1829)*: Schorpius est signum vermisque, sagitta, flagellum *Kh2*

S -- eyn scorpe *Ma3* eydes] andeche *B5*, ydderin *N1* uel *bis* vermis *S4*] *fehlt Ma1* vermis *B5*] fermis *S4*, *fehlt Ks2*
M -- ein slang, vermis *(vgl. 308) M19* *dt. Int.*] eyn edersche *Ks1*, ein oders, ein scorpio *D1*, ein eydes *Dr1*
Sb3 scorpe] scopp malum] magnum

W Item Scorpio *(1)*] Item *Sg1* tarant *Sg1*] *fehlt S1*, tarath *Me1* cancro *Sg1*] a cauere *S1* latine *Sg1*] latino *S1* scorpio] scorp *Sg1* Scorpio *Sg1*] Scorpia *S1* Item Scorpio *(2)*] Eciam *Sg1*
K -- ein scorp, est vermis uel signum *Hl1*
P uel eyn scorpe, vermis] eyn slange, vermis venenosa *Wo4*, est vermis venenosa *Br1*, + venenosa *Ma4*
P-E celo *So1*] cele *E2* ain ader *M25*] *fehlt E2 So1*
Kh2 *Sigle*] m t uel m s Scorpius *Ki3*] -pidus sagitta] + que

S 310 m t **Scortator** est fornicator
Wa. fehlt I Kh2 Br1

P Scoriator (Scortator *Wo1)*
P-E Scoriator

S 311 m s **Scortosus** .i. inmundus
+ uel sapidus *Kh2*

P Scoriosus (Scortosus *Wo1)*
P-E Scoriosus -- .i. mundus *E2*
Kh2 Schoriosus

S 312 m s **Scorpius** est sagitta venenata arcu
-- .i. inmundus uel sagitta venenata *K*
-- est machina uel archus *Kh2*
Wa. fehlt Sb3 W-Y I

S *Stichwort verderbt B9* arcum *B9*
M *Wa. fehlt M19*
P-E venate *E2*

S 312.1 f p **Schorpena** est genus piscium ma*r*inorum *Kh2*

Kh2 marinorum *Ki3*] maginorum

S 312.2 f t **Schorps** .i. fouea *Kh2*

Kh2 *vgl. 331.3*

S 313 co t **Scorrilis** *bufiß*
-- puebleich *Sb3*
-- .i. nequiciosus *Kh2*

vgl. 343
S *Int. Ks2*] bufig, leckerecht *Ma1*, bubis, bufes *S4*, horuscheyt *Ma3*
M boschlich *D1*
P bouich *Wo4*

S 313.1 **Scortulum** .i. paruum scortum *I*

S 313.2 m s **Schortificus** eyn, dede rod ledder maket *Kh2*

S 314 f t **Scortacio** hörunge
-- .i. meretricacio, horeri *I Kh2*
-- hů̊rhait *K*
Wa. fehlt W-Y

S horerye *S4*, bufferige *B5*
I f p
P beuerighe *Wo4*
P-E hů̊rij *E2*, hů̊rn *M25*

S 314.1 f t **Scortes**, -tis est pellis arietis *I K*

K *Sigle*] t *(*m t *W13)*

S 315 d p **Scortari** .i. luxuriari
\+ Wersus: Scortator meretricum amator, scorta meretrix *W-X*
-- .i. meretricari. Vnde hic **Scortator** .i. fornicator et **Scortatorius**, -ria, -rium *I*
Wa. fehlt W-Y Kh2 Br1

vgl. 304.5, 305
S *Wa. fehlt Ma3*

S 316 n s **Scort*at*orium** est domus luxurie
-- .i. lupanar, domus scortancium *I*
-- uel ***Scortorium*** est domus luxurie *Kh2*
Wa. fehlt W-Y

S Scortatorium *S4*] Scortorium *Ma1*
P-E m s Scortatorius *(*n s Scortatorius *R1)*
Kh2 Scortorium *Ki3*] Schotorium

S 316.1 n s **Scrinium** schrin *W-Y*

S 316.2 n s **Scorticum** dicitur crudum coreum *K*

K Scorticulum *K4*

S 317 m s **Scotus** est aliquis de Scocia *ader eyn schotte*
-- est aliquis de Scocia *Sb3 W*
-- est aliquis de Scocia *regione* *K*
-- est proprium nomen magistri uel aliquis de tali ⌜ciuitate / regione scilicet Schocia *Kh2 Br1* *P*

S *dt. Int. S4*] *fehlt Ma1 Ks2*, eyn schotter *B9*
M *dt. Int. fehlt D1 Dr1*
W \+ schott *Sg1*
K regione *K4*] *fehlt W13* \+ ein schott *Hl1*
P nomen] + cuiusdam *Ma4* aliquis *fehlt Wo4*

S 317.1 f t **Scrapedo** uel **Scrabedo** secundum *aliquos* dicitur asperitas, sicut quando caro contrahitur et rugosa efficitur *K*

K aliquos *K4*] alios *W13* et] + cutis *W13*

S 317.2 f p **Scraba** virtutum, .i. exercituum, dicitur in Baruch *K*

K Scraba *für* Scriba *(vgl. Brito 697)* Baruch] Brauch *K4*

S 318 f p **Sclauonia** ⌜wenden lant / wentlant *B9 P*
-- quedam prouincia, wendeß lant *I*

M Sclauenia *Ma6*
W windesch land *S1*
P wenden land *Wo1*, wende lant *Br1*
P-E *Wa.*] f p Scramania winden lant *E2 So1*, f p Scramonia wende land *R1* f p Scrabionia *M25*

S 319 m s **Sclauus** ein wende
-- -ua, -uum aliquis de tali regione *I*

S *Wa. fehlt Ma3*
P-E Scrafus *(*Scrawus *R1)* aliquis de tali provincia *E2 So1*

S 320 a p **Screare** *dy nassen* ⌜snuczen / snuuen *Ma3 B9 P (außer P-E R1)*
-- schneiczen *Sb3*
-- .i. scream proicere, snutzen uel uß spihen *I*

S dy nassen *S4*] *fehlt Ma1*
W + oder strauchen *Me1*

S 321 part **Screatus** ein snudel *an der nasen*, .i. polipus
-- uel **Polippus**, cipfel *Sb3*
-- schnuder an der nasen; **Pollipus** idem *W*
-- est stercus, que per os proicitur, rotz uel snodel *I*
-- ⌜rocz an der nasen *X* / rocz *Y oder polipus* *K*
-- ⌜eyn snoppel kyl de naribus uel polipus *Ma4* / eyn snodel uel *polipus R1* / gesnubet *Wo4* *P*
-- ain schnúczer vel *polipus E2* *P-E*
-- ghesnauen *Kh2 Br1*

S an der nasen *S4*] *fehlt Ma1 Ks2*, dy nasnn *B5* an *fehlt Ma3*
M -- gesnewczter *M19* snudern *D1*
W an] in *Sg1* Pollipus idem *fehlt Sg1*
I f p Screa
K m s rocz] snegel *H11* oder polipus *K4*] *fehlt W13*, + rocz *K9*
P *Wa. fehlt B10* -- eyn snadel an der nese *Wo1* polipus *emend.*] populus *(*ppl̄s*)* *R1*
P-E -- .i. flegma uel pollipus *(*pl̄l̄s*)* *So1* -- die schnider *M25* polipus *emend.*] populus *(*ppl̄s*)* *E2*

S 321.1 *f p* **Screna** dat nige iar *P*
Wa. fehlt Kh2 Br1

Screna *für* Strena
P *Wa. fehlt B10* *Sigle Wo1*] *fehlt Ma4*
P-E -- .i. nouus annus *E2*

S 322 co p **Scriba** est legislator
+ nomen dignitatis *K*
-- est legis doctor. Sed **Scriptor**, qui assidue scribit uel scit scribere *W*
-- est nomen officij, eyn schrifft wiser *I*

S -- .i. legis dator *S4*
M leigis lator *M19*
W *vgl. 326*
I m p
P-E + vel ain schriber *E2*

S 323 m *q* **Scribatus** schriberie
+ .i. scribe officium *I*
-- est officium scribe *Kh2 Br1*

S *Sigle Ks2*] m s *Ma1*
Sb3 schreiberig
P-E schibrij *So1*

S 324 a t **Scribere** °schriben °*(K)*, disponere, representare, memorie commendare, litteras protrahere, *inferre*
-- [...] commendare *Sb3*
-- quandoque idem est quod preordinare; vnde in Exodo *(32,32)* ait Moyses: Dele me de libro vite, in quo me scripsisti, .i. preordinasti ad vitam eternam. Item significat inferre; vnde in Iob *(13,26)*: Scribis enim contra me amaritudines, .i. infers. Item significat memorie commendare; vnde in Appocalipsi *(14,13)*: Scribe beati mortui, qui in domino moriuntur, .i. memorie commenda. Item usualiter scribere est formare litteras *W*
-- schriben vel disponere, preordinare, representare [...] *I*
-- .i. disponere in scriptis, representare [...] protrahere *Kh2 Br1*

S representare] recommentare *Ma3* inferre *S4*] *fehlt Ma1*
M litteras protrahere, inferre *fehlt M19*
W vite *fehlt Sg1* ad vitam eternam *fehlt Sg1* Item significat *(1)*] Sed quoniam idem quod *Sg1* qui in domino moriuntur *fehlt Y*
K -- plura significat. Wersus *(Equiv. »Scribo«)*: Scribere disponit, meminit, trahit ac representat *W13*
P schriben *fehlt Ma4 Wo4 B10*
P-E schriben *fehlt E2 So1* memorie] memorare *E2* inferre] ferre *E2*

S 325 n s **Scrinium** ein schrin
+ uel schang *I*
Wa. fehlt W K-Y

K *Wa. fehlt Hl1*

S 325.1 f p **Scripta** .i. panis ordeacius grossus *P*

P grossus] eyn gersten brot *B10*, + panis *Ma4*
P-E adeacius *E2*

S 326 *m t* ***Scriptor*** *eyn schryber*
Wa. fehlt I K Kh2 Br1

S *Wa. S4*] *fehlt Ma1 Ks2*
M *Wa. fehlt M19 D1*
W *vgl. 322* *Wa.*] *fehlt Sg1*, *fehlt (vgl. 327) Bs9 Me5*
P *Wa. fehlt Ma4*

S 327 n s **Scriptorium** ein ⌜schribbret / scriuelbret *Ma3 B9 P (außer P-E R1)*

M *Wa. fehlt M19*
W + Inde Scriptor, Scriptura uel Scripturale *(vgl. 326, 328, 329) Bs9* + Inde Scriptor et Scripturale *Me5*
P scriuer bret *Ma4*, scriuebred *Wo1*
P-E schriberbret *So1*

S 328 *f p* ***Scriptura*** *schryfft*
-- geschrift *Sb3 W*
Wa. fehlt I K

S *Wa. S4*] *fehlt Ma1 Ks2* geschrift *N1*
M *Wa. fehlt M19 D1*
W *Wa. fehlt (vgl. 327) Bs9* schrifft *Me1*
P *Wa. fehlt B10*
P-E -- patet *E2 M25* -- geschrift *So1*

S 329 *n t* ***Scripturale*** *eyn ⌜schrybmesser* / scrifmest *Ma3 B9 P (außer P-E)*
-- schriuel mest *Kh2 Br1*
Wa. fehlt K-Y

S *Wa. S4*] *fehlt Ma1* schreibermesser *B5*
W *Wa. fehlt (vgl. 327) Bs9 Me5*
I *Sigle fehlt*
K schreiber messer *Hl1*
P -- eyn scriptrale *R1* scriber messer *Wo4*
P-E *Wa.*] n t Scriptuale patet *E2* -- schribzúg *So1*

S 329.1 p **Scriptitare** .i. frequenter scribere *K*

S 329.2 m s ***Scripulus*** .i. scriptus *Ma4 Wo1 R1 B10 (P)*

P *Wa. fehlt Wo4* m s Scripulus *Wo1*] Sripulus *Ma4* *Int. fehlt R1* + quinque *(?) Ma4 Wo1*

S 329.3 m s **Scrophosus** .i. dolosus *P*

P Scrophosus *für* Strophosus

S 329.4 f p **Scropha** .i. conuersio *P*

P Scropha *für* Stropha

S 330 g in **Scrophos** grece, est conuersio latine
Wa. fehlt W

Scrophos *für* Strophos

S 331 f p **Scropha** ein suw, .i. sus
+ eyn muke *M*
-- ein saw *Sb3 K-X*
-- .i. sus *W-X P*
-- .i. porca, eyn suwe *I*
-- eyn soghe *Kh2*
Wa. fehlt K-Y

S *Wa. fehlt Ks2* suw] swein *N1* + eyn mocke *S4*
M ein suw *fehlt D1* eyn muke *fehlt M19 Dr1*
W ein saw *fehlt Sg1*
P *Wa. fehlt Ma4 Wo1* -- eyn sů *B10*
P-E -- suw *So1* -- ain swein oder saw *M25*

S 331.1 *f p* ***Scropphula*** uel **Glandula** est nodus iacens sub cute hominis, wulgariter widergend *W*

W *vgl. G 167.1* *Sigle Sg1*] Item *(Wa. nach 331) S1* Scropphula *Bs9*] Schorphula *S1*, Scropula *Sg1* grandula *Sg1* widergen *Bs9 Me5*

S 331.2 m s **Scrophanus**, °**Scropharius** °*(Kh2 Br1)* custos porcorum *P*

Kh2 m s Scrofanos

S 331.3 f t **Scrops** est fouea serpentum uel eyn diff hus *P*
+ et dicitur *fovea*, per quam transit inmundici*es* platearum *P-E*
-- .i. domus f*u*ris uel fouea *Kh2 Br1*

P *Wa. fehlt B10* eynes debes huß *R1*
P-E fouea *(1)*] vouia *E2* *dt. Int.*] domus foris *So1* fovea *So1*] vouia *E2* inmundicies *So1*] inmundicia *E2*
Kh2 furis *Ki3*] foris

S 331.4 *n* s ***Scrutinium*** kaldune, .i. purlupa *P*
-- ain krős, .i. purlupa *P-E R1*
Wa. fehlt Kh2 Br1

Scrutinium *für* Scrutinum *(in der Bedeutung »Erfahrung« kontaminiert mit Scrutinium, vgl. 336)*
P n s Scrutinium *Wo1*] m s Scrutinis *Ma4* -- erfarynge *B10* .i. purlupa *fehlt Wo4*
P-E Scrutinum *M25* koreß *M25*, gekrose *R1* + vel herfarung *E2 So1*

S 332 m s **Scr*u*pulosus** .i. dubius
+ difficilis, obscurus *I*
-- .i. scrupulis plenus, eciam dicitur molestia, °angustia °*(Y)*, dub*ie*tas, difficultas, subtilis inquisicio, °sollicitudo °*(Y)* *K*
-- .i. dubiosus *Kh2 Br1*

S Scrupulosus *B5*] Scropulosus *Ma1 S4 Ks2 Ma3* -- .i. dubio *S4* .i.] + dubiosus seu *Ma1*
M dubiosus *M19*
Sb3 Scropulosus
K dicitur] + cum *Y* dubietas *K9*] dubeitas *W13 K4*
P dubiosus *Ma4*

S 332.1 g in **Scrophin** est conuersio latine *W-X*

W Scrophin *für* Strophin

S 333 m s **Scr*u*pulus** .i. dubitacio uel pondus uel minutissimus lapis
+ eyn sant steneken *P (außer P-E)*
-- [...] pondus *Sb3*
-- est lapillus minutus et asper, qui in calciament*a* incidit, nocet et ledit. Vnde eciam molestia animi; quandoque Scrupulus est pondus, quod ponderat viginti grana tritici. Sed secundum Papiam grauitas sedecim granorum lentis facit pondus, quod dicitur Scrupulus. Eciam Scrupulus uel **Scrupus** quandoque dicitur questio difficilis *W*
-- .i. dubietas animj, remorsus consciencie vel quoddam pondus uel minimus lapis *I*
-- ⌜est lapillus minimus, *qui, si inciderit, calceum nocet*, sandtstain, qui eciam vocatur **Scrupus** et est quarta pars vncie *X* / sannt stain *Y* *K*
-- est paruus lapis et asper in calciamentis. Eciam est molestacio anime uel dubitacio siue anxietas, uel est pondus continens duas vncias uel secundum aliquos vicesima 4ª pars vncie *Kh2*

S Scrupulus *Ks2*] Scropulus *Ma1 S4 Ma3* uel minutissimus lapis *fehlt S4 B9*
M lapis *fehlt M19*
W calciamenta *Sg1*] calciamento *S1* animi; quandoque Scrupulus] aliquando *Sg1* Scrupulus uel Scrupus quandoque *fehlt Sg1*
K qui, si *bis* nocet *Hl1*] *fehlt W13*
P minutissimus lapis *fehlt R1* *Zusatz*] *fehlt Wo1 Br1*, eyn sant steyn *B10*
P-E minutissimus *verderbt E2*

S 334 m s **Scr*u*pus** est lapis paruus
+ in calcijs ledens pedes *I*
+ santstain *K*
Wa. fehlt (enthalten in 333) W

S Scrupus *S4*] Scropus *Ma1*, Scrophus *Ma3* lapus *S4*
M *Wa. fehlt M19*
K *lat. Int. fehlt W13 Y*

S 335 d p **Scrutari** irfarn
+ et est aliquid per expergenciam perquirere *W*
-- .i. inquirere, inuestigare, erforschen *I*
-- vorvaren *Kh2*

W -- erfúndlen *Sg1* irfarn et *fehlt Bs9 Me5* + Inde Scrutinium *(vgl. 336) Bs9 Me5*
K *Wa. fehlt K4*
P vor varen *Wo1*
P-E *Wa. fehlt So1* erfo̊rschen *M25*

S 335.1 f p **Scruta** est schutella, in qua sacerdotes sacrificia tractabant *Kh2*

Kh2 Scruta *für* Scutra

S 335.2 m t **Scrutator** .i. inquisitor *Kh2*

S 336 n s **Scrutinium** erfarunge
+ .i. scrutacio *I*
-- est examinacio ordinandorum *Kh2*
Wa. fehlt K-Y
Wa. fehlt (vgl. 331.4) P-E

S f p Scrutina *(vgl. 337) S4*
Sb3 n s Scrutinium] Scrutamen
W *Wa. fehlt (vgl. 335) Bs9 Me5* erfundlung *Sg1*
P *Wa. fehlt (vgl. 331.4) B10 Br1* vor varinge *Wo1*
Kh2 n s Scrutiniam

S 337 f p **Scrutina** est ligwa libre
+ einer wagen zunge *I*
Wa. fehlt Kh2 Br1

S n s Scrutinium *(vgl. 334) S4* in libra *B9*
K Scrutinia *K4*
P Scrutinia *Wo4* libre *verderbt Ma4*
P-E libri

S 337.1 n s **Scrutum** dicitur vestis pauperum lacerata et detrita *I*
-- est vestis pauperum uel genus liguminis *P*
-- vestis pauperum *Kh2 Br1*

P + *(neuer Wa.:)* n s Scrutum pestis *(!)* pauperum *Ma4*

S 337.2 n s ***Scu*tulatum** est sericum orbiculatum quasi in rotundum picctum *P-X*

P Scutulatum *Wo1*] Scrutulatum *Ma4*
P-E Scrutulatum obiculatum *alle Hss. (auch R1)*

S 337.3 n s **Scudicium** eyn ⌜hacke / how *P-E R1* .i. ligo *P*

P *vgl. F 450* Scudicum *Wo4*

S 337.4 f p **Sculla** piscis ⌜optimus / bonus *Kh2* *P*

S 338 a t **Sculpere** graben
-- .i. celare. Vnde **Sculptim** aduerbium, gegraben *I*

M a t Sculpare *M19*

S 339 co t **Sculptilis** ⌜gegraben / begrauen *S-Y Sb3* uel est jmago in *lapide* secta
-- ⌜gegrablich *X* / grablich *Sg1* uel [...] *W*
-- et hoc -le est ymago in lapide sculptum *I*
-- ⌜*gegraben X* / pegraben *K4* *K*
-- ⌜gegrauen *Ma4* / begraben *R1* / czu graben *Wo4* est ymago [...] *P*
-- est ymago [...] *P-E*
-- est lapis uel quelibet res, que potest sculpi, uel ymago in lapide schulpta *Kh2 Br1*

S *lat. Int. fehlt B5* lapide *S4*] latitudine *Ma1* secata *Ma3*
M Scultilis *M19* begraben *D1* sicata *Ma6*, secata *Y*
Sb3 secata
W *dt. Int.*] begrablich *Bs9*, graben *Me5* *lat. Int. fehlt Sg1* secata *alle Hss.*
K *Wa. fehlt K9* -- grableich *Ab1* gegraben *Hl1*] gegrableich *W13*
P -- grauelik *B10* *dt. Int.*] begrauekk *Wo1* secata *Ma4 R1*, sculpta *Wo4*
P-E secata *alle Hss.*

S 339.1 n s **Sculpicium** .i. fossorium, hŏwen *W-X*

S 339.2 n s **Schulptilia** stenen af gode *Kh2*

S 340 m t **Sculptor** est lapicida
+ scilicet pictor ymaginum *I*

Sb3 lapidura
W Sculpator *S1*
P lapcida *Wo4*
P-E Sculpor *E2*

S 340.1 m t **Sculpitor**, **Sculptilio** idem *(nach 340)* *I*

S 341 f p **Sculptura** grabunge
-- ⌜ergrabung *X* / grabung *Y* uel celatura *W*
-- talis actus, grabung *I*

S *Wa. fehlt B5* begrabung *N1*
M *Wa.*] f p Scultura gragung *M19*
W *lat. Int. fehlt Sg1*
I *Sigle fehlt*
P-E Sulptura *E2* -- formirung *So1* + sicut ad ymagines *E2*

S 342 m s **Scultetus** schultheiß
-- °schultes °oder °*(Y)* richter *K*

Sb3 schulthef *(!)*
W Sculptetus *S1*
P Sculteus *Ma4 R1*
P-E Sultetus *E2*

S 342.1 f p **Scultecia** °gericht °oder °*(Y)* gepiet *K*

S 343 co t **Scurrilis**
-- ⌜luderech, bufig, bubig *Ma1* / luderich *S4* / bouich *Ma3* / loderlik, bouesch *B9 N1* *S*
-- ⌜lederlich *Ma6* / låtrig *M19*, bobisch *M*
-- bůbisch *W K*
-- et hoc -le, leckeri uel leckerhafftig *I*
-- ⌜loderlig, bouesch / bogych *Kh2* *P*
-- ain bůb *P-E*
Wa. fehlt Sb3

vgl. 313
S -- luderecht, bufik *Ks2* -- luderecht uel lekrecht *B5*
M loterlich *Ks1*, loberlich *Ma2*, luderlich *D1 Dr1* boschlich *D1*
P loderlig *fehlt Wo1 Wo4 Br1* bobich *R1*, bouelik *B10*
P-E Scurtilis *(auch R1,* Surtilis *E2)* + loder *So1*

S 344 f t **Scurrilitas** ⌜leckerie / boueryе *Ma3 P (außer P-E R1)*
-- est iocularitas in sermone uel factis. *Eciam est turpis ludus* *W*
-- puebischkait *K*
Wa. fehlt (vgl. 343) I

S *Wa. fehlt N1* keckerie *B9*
M lotrey *M19*
W iocunditas *Sg1* Eciam *bis* ludus *Sg1*] *fehlt S1*
K puebischait *Hl1 K4*
P *Wa.*] *fehlt Ma4*, Inde -itas *(bei 343) B10* Scurtilitas *R1*
P-E Surrilitas *E2* bübnij *So1*, kocheren *M25*

S 345 m t **Scurro** ein bufe uel ein lecker
-- leckher *Sb3*
-- pueb *K Kh2 Br1*
-- ain ⌜püb *M25* / leker *E2 So1* *P-E*
Wa. fehlt I

S uel ein lecker] histrio idem *Ma3*
M uel ein lecker *fehlt M19 D1*
P *Wa. fehlt B10* uel ein lecker] *fehlt Ma4*, loder *R1*

S 346 f p **Scurra** ein luderynne
-- ⌜loderynne *X* / pübin *M19 Sb3* *M*
-- *parasitus* uel assecla, qui sectari quempiam solet, hoflecker *W*
-- .i. leccator, proprie qui sequitur curiam gracia cibi *I*
-- lőterinn *K*
-- ⌜bovinne / bůberij *P-E* *P*
-- .i. meretrix *Kh2 Br1*

S -- ein lötrin, ein pübin *N1* + eyn bouerine *Ma3*
M -- bufynne uel leckerin *D1* -- luderin *Dr1*
W parasitus *Sg1*] pharisitus *S1* *dt. Int.*] *(neuer Wa.:)* f p Scurra wlgariter dicitur hofflecker vel spotter *Me1*
P bobynge *R1*, bouerynne *B10*
P-E bübny *So1*

S 346.1 m t **Scurto** .i. derisor, vaniloquus, lecator, qui sequitur curias dominorum *K*

K *vgl. 345*

S 347 *f p* ***Scutella*** *eyn schüßel*
\+ et dicitur a »scus« vel »scuta« *I*
Wa. fehlt K

S *Wa. S4*] *fehlt Ma1*
M *Wa. fehlt M19 D1*

S 348 m s **Scutifer** ein schiltknecht
-- est armiger, wlgariter schilt knecht uel **Scutularius** *W*
-- eyn schilt vorer *Kh2*
m s **Scutiger**, -gera, -gerum .i. »gerens scutum«, eyn schilt knecht *I*

S -- eyn schilt vorer *Ma3*
M -- ein schilt püeb uel seruus *M19*
Sb3 m t Scutifex
W est armiger *fehlt Sg1* Scutularius] + scilderij *Me1*
P-E m t *(auch R1)*

S 348.1 n s **Scutum** eyn buckeler; ^{O}**Pelta** ^{O}idem ^{O}*(Kh2 Br1)* *P*
-- eyn schilt *I*

I *Sigle fehlt*
P *Wa. fehlt B10* Pelta idem *fehlt Wo1* Pelta] Perita *R1 Wo4*, + Parma *(?) Ma4*
P-E buckeler] + vel schilt *E2* Pelta idem *fehlt So1* Pelta] Parca *E2 M25*

S 349 m s **Scabularius** idem *(nach 348)*
Wa. fehlt W I K P-E Kh2 Br1

vgl. 225.1
S *Wa. fehlt N1* Scubularius *S4*
P *Wa. fehlt Wo1 B10*

S 350 m s **Scutarius** idem *(nach 348)*

I *Sigle fehlt*
K Scutorius *W13*

S 351 f p **Scuta** est forma rotunda ^{O}uel ^{O}vas ^{O}*(K)*
-- est forma rotunda, eyn bockeler *I*

S formata *Ma3*
W uel] ut *S1*
P uel vas *fehlt Ma4*

S 351.1 n in **Scus** .i. rotundum uel rotunditas *I*

S 352 f p **Scutula** est monile de auro uel argento
-- ⌜est [...] argento. Item **Scutulata** est *X* / est *Y* vestis preciosa, cui intexti sunt circuli, sicut patet in pannis quibusdam sericis et purpureis. Item nota, quod equus quandoque dicitur **Scutulatus** propter colorem, qui wlgariter dicitur apfelgraw. **Scutularius** equus vocatur propter orbes, quos habet candidos inter purpureos *W*
-- est monile rotundum de [...] *I*
-- est monile de auro, diminutiuum a »scuta« *K*

S Scutila *Ma3* *Int. fehlt S4*
M monile *verderbt M19*
W *vgl. 353.1, 353.2* f p Scutula] f p Scutulata uel Scutula *X*, f p Scutulata uel Scutulatum *Y* nota, quod *fehlt Sg1* Scutularius *bis* purpureos *fehlt Sg1*

P auro] cupro *Wo4*
P-E Scutala *(auch R1)* uel] + de *E2 (auch R1)*

S 353 *n s* **Scu*t*ra** sunt vasa enea equalia in fundo et desuper
+ ut ca*cab*us, wlgariter kachel *W*
-- [...] fundo *Sb3*
-- [...] in fundo at caleficiendum *K*
-- [...] fundo et superiori parte *Kh2 Br1*

S *Sigle Ks2*] f p *Ma1* Scutra *S4*] Scurra *Ma1* fundo] pondo *S4*
M erea *M19* et desuper *fehlt M19*
W Scotra *Sg1* cacabus *Sg1*] caculus *S1*
K in funda *K4*
P Scutula *Ma4* anea *R1*
P-E area *E2 So1*, aurea *(!) M25*
Kh2 n t Scrutra

S 353.1 m s **Scutulatus** .i. ornatus sc*u*tula *K*
+ uel possidens scutulam *Kh2*

vgl. 352
K scutula *K4*] scatula *W13*

S 353.2 f p **Scutulata** aut **Scutulatum** dicitur vestis preciosa habens in se quosdam circulos uel orbes *K*
n s **Scutulatum** est vestis preciosa de cerico contexta *Kh2*

vgl. 352
K Scutulata] Scutula *K4*
Kh2 cerico *für* serico

S 353.3 *m s* **Sebaldus** *proprium nomen* *P*
Wa. fehlt Kh2 Br1

P *Wa. fehlt Wo1* *Sigle R1*] *fehlt Ma4* *Int. Wo4*] *fehlt Ma4*

S 353.4 *m s* **Sebastianus** proprium nomen / + viri *Kh2* *P*

P *Sigle Wo1*] *fehlt Ma4*
P-E Sebalstianus *E2*
Kh2 nomen *fehlt*

S 353.5 f t **Sebastes** est ciuitas *Kh2*

S 353.6 heb **Sebaste** interpretatur vallax uel gyrans *Kh2*

Kh2 vallax *für* fallax

S 353.7 *m in* **Sebe*o*n** stans iniquitate interpretatur *P*
-- uel **Sebon** interpreta*tur* stacio maris uel conuersus aut rectus *Kh2*

P m in Sebeon *Wo1*] n s Sebean *Ma4*
Kh2 Sebon *für* Seboim interpretatur *Lü1*] interpretacio

S 353.8 ind **Sebolet** interpretatur spica uel ierminacio *Kh2*

Kh2 Sebolet *für* Scibboleth ierminacio *für* germinacio

S 354 g in **Se** .i. sine
+ von *I*

S -- .i. nisi *Ma3*
W *Wa. fehlt S1*
K Sey *W13*

S 354.1 **Sebalo** eyn holtzdube *I*

S 355 n t **Secamina** ingesnite
-- *ingeschmid P-E R1*
n t **Secamen** eyn gesnethe *I*
Wa. fehlt Kh2 Br1

S -- gesnyete *Ks2* -- in ghesneden *Ma3* -- eyn gesnede *B9* -- ein gesnid *N1* + media breuis *S4 B5*
M -- eyn gesnede *Ma6* -- eyn gesniten *M19* -- eyn gesnyt *D1*
W in gesnit *S1*, ein geschneit *Me1*, abgeschnait *Sg1*
P Secumina *Ma4* -- inesnede *B10*
P-E ingeschmid *So1*] ain geschmid *E2*

S 356 a p **Secare** hauwen
-- hachken *K-X*
Wa. fehlt K-Y

M -- hacken *M19*
I *Sigle fehlt*
P-E *Wa.*] a p Segare segen *So1*

S 357 *m* p **Secana** est nomen fluuij in Francia, *dy* ⌜*Seck* / Seyne *I*
-- [...] Francia *Sb3 W K Kh2 Br1*
-- Seck, nomen fluuij in Frankrig *P*
-- est nomen fluuij *P-E*

S *Sigle Ks2*] f p *Ma1* in Francia] in Vrankrich *B9* dy Seck *S4*] *fehlt Ma1 Ks2 B5*, sokke *Ma3*
M dy Seck *fehlt D1 Dr1*
I Secania
P *Wa.*] Seclana uel Secana eyn sekel uel nomen fluuij in fankenrik *(!) B10* Seck *fehlt Wo4* in Frankrig *fehlt R1*

S 358 n t **Secedere** enweg gen
-- vnderwelgen uel affther gehen *I*
-- hinweg geen *K*

S -- eyn weg gen *S4 B5* -- ut gan *B9*
M -- hin weck gen *M19* -- weychen *D1*
W -- hin weg gen *Me1*
I a t
K -- inweggeen *Hl1*
P -- wech gan *Ma4 Wo1 Wo4*
P-E -- ain weg gan *E2* -- vergån *So1*

S 359 p pr **Secessus** ⌜*bose uel vt gank / eyn uß gang S-X Sb3 W I K P-E*
-- eyn wech gank *Kh2 Br1*

S bose uel vt gank *B9*] bose uel eyn wech ganck *Ma3* eyn uß gang *S4*] enweg gang *Ma1*
M bose uel *fehlt Dr1*
Sb3 -- aufgang
I m s

K Secussus *W13*
P -- bose uel vt gegan *B10*

S 360 co t **Secors** ein tor. Inde **Secordia** .i. stulticia
-- est stultus. Inde **Secordia** *Sb3*
-- .i. furiosus sine corde, eyn tore. Inde **Secordia** .i. stulticia *I*
-- .i. stultus / + uel amens *X* *K*
-- .i. *secordia* vel stulticia *P-E*
-- eyn dore. *(neuer Wa.:)* f p **Secordia** .i. stulticia uel blodicheyt *Kh2*

S Inde Secordia *fehlt B9* .i. stulticia] torheyt *N1*
W *Wa. fehlt S1*
P Secors] Secor *Wo4* .i. secordia, stulticia *R1* stulticia] + -ris demens *Ma4 R1*
P-E secordia *So1*] secor *E2*

S 360.1 f p **Seclusa** werr *W*

W werd *Me1*, wern *Bs9*, werg *Me5*

S 360.2 m t **Secor** .i. paruus *Kh2*

Kh2 *vgl. 408*

S 361 a t **Secernere** .i. diuidere
+ entzweyscheiden *I*

S a p Secerare *S4*
Sb3 a t Securare

S 362 *m s* ***Secretarius** eyn heymlich rat wyßer*
-- ein haymlich rat geber *Sb3*
-- cuj secreta committuntur *I*
-- haimlich rat *K-Y*

vgl. A 907
S *Wa. S4*] *fehlt Ma1* rat *fehlt B5*
W Secretalus *Sg1*
K -- heimleichait oder weiss *Hl1*
P Secrearius *R1* -- temelig rad wetere *(?) Ma4*
P-E Secrearius *E2* -- est consilium secretarium sapiencium *So1* wyßer] der wissen *E2*, *fehlt M25*
Kh2 weten

S 362.1 m s **Secretorius** idem *(nach 362)* *Ma4 (P)*

S 362.2 **Secretarium** heymelichkeit *I*

S 363 m s **Secretus** .i. occultus, °*heymlich* °*(Kh2)*
-- ⌜haimlich *X* / .i. occultus *Y* *W*
-- -a, -um heymelich *I P-E R1*
-- *Wa. fehlt K*

S *Wa. fehlt Ks2* *lat. Int. fehlt S4* heymlich *S4*] *fehlt Ma1 Ma3*
P *lat. Int. fehlt Ma4* *dt. Int. fehlt Wo4 B10*

S 364 n s **Secretum** ein jnge*segel*
-- jnsigel *Sb3 W K*

-- eyn heymelich ingesegel *I*

S jngesegel *S4*] jngeß *Ma1*, inghesel *Ma3*, insigel *N1*
M insigel *M19 Dr1*
I m s
P-E insigel *E2 M25*

S 364.1 n s **Secretarium** .i. clinodium *K*

S 365 f p **Secta** ein zweytracht in dem glauben
-- ein zwayung des glauben *Sb3*
-- dicitur crudelitas aliquorum in malo, ut secta hereticorum; quandoque accipitur in bono, ut secta philosophorum *W*
-- est vana religio uel propositum malum circa aliquam doctrinam. Wersus *(Walther 7471)*: Est heres*is* secta, sensus uel opinio dicta *I*
-- zwaytråchtig in dem gelauben *K*
-- .i. ordo, ⌜zweydracht in de louen / zwaigung in aim globen *P-E*. Vnde *(Walther 7471)*: Est heresis secta, sensus uel opinio dicta *P*
-- tria significat. Vnde *(Walther 7471)*: Est heresis secta, sensus uel opinio dicta *Kh2 Br1*

W crudelitas] sedulitas *Sg1*
I heresis *I2*] heres
P *lat. Int. fehlt Wo1* .i. ordo *bis* louen] est error, czweydrat in dem *(!) Wo4*
P-E in aim globen] scilicet in fide *So1* opinio *verderbt E2*

S 366 f t **Sectasis** *eyn czweydrachtekeit* in dem ⌜glauben / louen *B9 P (außer P-E R1)*
-- idem *(nach 365) I K*
-- *zwieung* in dem globen *P-E*
-- twedrachticheyt in dem louen, scilicet aliquis sequens sectam *Kh2*

S -- idem *(nach 365) Ks2 Ma3* eyn czweydrachtekeit *S4*] enczweitrachtikeit *Ma1* in dem glauben *fehlt S4 B5*
M entzweydrachtekeit *Ma6*
Sb3 *Wa.*] m s Sectasus zwaiumkait
W Secrasis *S1*, Sectalis *Sg1*
I *Sigle fehlt*
P in dem louen *fehlt Wo4 B10*
P-E zwieung *So1*] zwaizung *E2* in dem globen] in fide, sicut et secta *So1*

S 367 d p **Sectari** nachfolgen, *et est frequentatiuum a »sequor« irregulariter formatum*
\+ Inde **Sectarius** *(vgl. 368) W*
-- nach volgen *K Kh2 Br1*

S *lat. Int. S4*] *fehlt Ma1 B9*
M *lat. Int.*] et est frequenter *M19*
I et est frequentatiuum *fehlt*
P nachfolgen] + in bono, vt secta apostolorum *Wo4* a *fehlt R1*

S 367.1 f p **Secula** est vermis volatilis *P*

P-E vermia *E2*

S 367.2 m s **Seculus** est domus quedam secundum quosdam *P*
Wa. fehlt Kh2 Br1

P-E *Wa.*] m s Sculus est demus quedam secundum quisdam *E2*

S 367.3 **Secularius** eyn vngeneme fogel *Br1 Kh2*

Kh2 vngeneme *verderbt*

S 368 m s **Sectarius** ein ⌜vngleubiger / vnghelouer *Ma3 B9*
-- ein nachvolger *Sb3*
-- ein ketzer *I*
-- ⌜vnghemene louer / ain vngelober *P-E* *P*
Wa. fehlt (vgl. 367) W
Wa. fehlt Kh2 Br1

S vngleüscher *N1*
M *Int.*] *fehlt Dr1*, nachfolger *D1*, + vngelenck *M19*
I *Sigle fehlt*
K -- vngelauben *K9*
P -- eyn vngelouer *B10* -- geleuber *R1 Wo4*
P-E -- .i. infidelis *So1* + alz der Hůß *M25*

S 369 n p **Secubare** beligen
+ *Vnde Nouus Grecismus (29v): Secubo tunc uel secumbo, dum dormio solus* *W*
+ vel affter legen *I*
-- belegen *W P-E R1*
-- ligen *K-Y*
Wa. fehlt Kh2 Br1

S belegen *S4 Ks2*
M a p belegen *Ma6*, pey ligen *M19 Dr1*
W biligen *Sg1* *Zusatz Sg1*] *fehlt S1*
I a p
P *Wa. fehlt B10*

S 370 n s **Seculum** die werlt, alder, *vel est mundus vel eternitas*
+ uel spacium centum annorum, et dicitur a »sequor«, quia vnum seculum sequitur aliud *W*
-- welt uel alter uel eternitas *Sb3*
-- die werlt uel eternitas uel spacium centum annorum uel ein altar *(!)* *I*
-- dicitur spacium 100 annorum / + et dicitur vita et pro quolibet spacio temporis aliquan*tulum* longo. Vnde dicitur Seculum etas, tempus, euum, spacium, interuallum, vite cursus et perpetui*tas*. Seculum dicitur per sincopam, et dicitur a »sequor«, quia vnum tempus sequitur aliud *X* *K*
-- .i. mundus vel eternitas *P-E*
-- de werlt uel est etas uel spacium sentum annorum *Kh2 Br1*

S *lat. Int. Ks2*] *fehlt Ma1* eternitas *verderbt S4*
M *dt. Int. fehlt M19*
K -- dy welt oder alder uel est mundus uel eternitas *H11* aliquantulum *emend. (vgl. Brito 701)*] aliquando *W13 W9 M37* perpetuitas *emend.*] perpetuitatem *W13 W9 M37*
P alder vel est mundus *fehlt Wo4*
Kh2 sentum *für* centum

S 371 adv **Secum** mit sich
-- mit im *M-Y W I P-E R1*
-- mit ym uel mit sich *Sb3*
Wa. fehlt K-Y

S *Wa. fehlt Ks2* -- mit ym *S4 B5 N1* sich] + uel mit jm *Ma1*
M *Wa. fehlt D1*
P *Wa. fehlt B10*
P-E + alio est ambitus muri *(vgl. 372) E2*

S 372 *f p* **Secunda** est ambitus
+ et est substantivum *M*
+ muri *P*
+ muri uel fortuna *Kh2*
-- substantivum, .i. prospera fortuna, et dicitur a »sequor« *I*
Wa. fehlt Sb3 K

S m s Secundus *S4* *Sigle Ks2*] *fehlt Ma1*
M substantive *M19*
P ambitus] + mundi *Ma4*
P-E *Wa. fehlt (vgl. 371) E2* m t Secundo *(*f p Secundo *R1)*

S 372.1 a p **Secundare** .i. °prosperare °uel °*(Y)* prosperum facere *uel in bonum conuertere* / + *uel secundo loco sequi X* *K*

K *vgl. 378* facere] + inde Secundus .i. prosper *W13* uel in bonum conuertere *K4*] *fehlt W13* uel *bis* sequi *Hl1*] *fehlt W13*

S 373 adv **Secundario** zu dem andern male
Wa. fehlt K

S -- mit den andern mal *N1*
M -- den andren *M19*
W adv Secundarie *Sg1*
P *Wa. fehlt B10* adv Secundaria *Wo4*

S 374 *m s* ***Secundarius*** *der ander*
Wa. fehlt I K Kh2 Br1

S *Wa. S4*] *fehlt Ma1* -- ander mal, besundern *Ma3*
P *Wa. fehlt Ma4* + anderwerue *B10*
P-E -- .i. secundus *E2*

S 375 *f p* ***Secundine*** *sunt pellicule, quibus infans in vtero matris continetur*
-- [...] quibus infantes in vtero matris involuuntur *Kh2 Br1*
-- dicitur pellicula, in qua puer voluitur in vtero matris; et dicitur a »sequor«, quia sequitur usque in mundum *I*
Secundina uel **Secunda** est membrana, in qu*a* puer in utero matris continetur, et cum infante nascente egreditur *W*

S *Wa. S4*] *fehlt Ma1* *Sigle Ks2*] f t *S4* sunt pellicule *Ks2*] uel pelliculi cuius *S4*, dicuntur folliculi *B9*
M quibus] qui *M19*
W Secundina] Item Secundina *(Wa. nach 372) X* qua *Bs9*] quo *S1 Sg1* continetur] involuitur seu continetur *Sg1*
P *Wa. fehlt Ma4* infantuli in vtero continentur *Wo4*
P-E felliculi *E2*, folliculi *M25 (auch R1)*, fecitule *So1*

S 376 *adv* ***Secundo** zu dem ander mal*
Wa. fehlt I K-Y Kh2 Br1

S *Wa. S4*] *fehlt Ma1 Ks2*
P *Wa. fehlt Ma4*
P-E -- zů dem andren *So1*

S 377 ppo **Secundum** nach
\+ est post *Sb3*
\+ et deseruit accusatiuo casuj *I*
Wa. fehlt W-Y

S -- dar nach *Ks2*

S 378 *m s* **Secundus** der andere
\+ et quandoque dicitur prosper et bonus, et **Secundare** .i. pro*sper*ari uel prosperum facere; sed **Obsecundare** .i. obedire *W*
Wa. fehlt I K

vgl. 372.1, O 60
S *Wa. fehlt Ks2* *Sigle S4*] ppo *Ma1*
M *Wa. fehlt D1*
W m s Secundus der andere *fehlt (*et quandoque *bis* obedire *nach 374) Sg1* prosperari *Sg1*] prosecrari *S1* sed *fehlt Sg1*

S 379 a p **Securare** sicher machen
\+ .i. securum facere *I*

S 380 f t **Securis** ein axe
\+ Wersus *(Walther 18542)*: Non sunt securi, qui dant sua colla securi *M (außer Sb3)*
\+ dicta eo, quod *de* ea arbor succiditur, quasi *»succurris«*. Item Securis quasi »semicuris«: ex vna enim parte acuta est, ex altera fossoria. Hec apud vetter*es* **Penna** uocabatur, vtramque autem habens aciem **Bipennis** dicitur. °Inde °**Securitas** °*(X)* *W*
\+ uel biel, instrumentum secandi *I*
-- hachken *K-X*
Wa. fehlt K-Y

vgl. B 142, P 330
M axe] hacken *M19*
W *vgl. 381* de *Sg1*] cum *S1* »succurris« *Sg1*] *verderbt S1* acutus *Sg1* fossaria *Sg1* vetteres *Sg1*] veteros *S1* Penna *Sg1*] Ponna *S1*
P -- eyn ekke, ax *Br1*
P-E + ain påill *M25*

S 381 f t **Securitas** sicherheit
Wa. fehlt (vgl. 380) W-Y
Wa. fehlt K-Y

S sicherkeit *Ks2*
M *Wa. fehlt D1* sicherkeit *Ma6 Ks1 M19*
P sekericheyt *Wo1 Br1*, sekercheit *B10*

S 382 *m s* ***Securus** sycher*
Wa. fehlt K

S *Wa. S4*] *fehlt Ma1* Securus *Ks2*] Securi *S4*
I *Sigle fehlt*

S 383 ppo **Secus** bij uel al*i*ter, °anders °*(P)* adv
-- pey *Sb3 Kh2 Br1*
-- quandoque idem est quod iuxta, quandoque ponitur pro aliter precipue, quandoque hec diccio »haut« preponitur ei, que significat idem quod non; vnde dicitur **Haut secus**, .i. non aliter *W*
-- .i. iuxta, prope vel aliter, anders *I*
-- pey, °aduerbium °qualitatis °*(Y)*, .i. alter *(!)* *K*

S -- by *B9* aliter *S4*] alter *Ma1*
M -- pey vel anders *M19* anders *fehlt Ks1*
W quandoque *(3)*] tamen *Sg1* non aliter] vnde aliter *Sg1*
P aliter] + anders *Wo1 R1*
P-E aliter] + vnd auch *M25*

S 383.1 m s **Secus** blynt *Kh2*

Kh2 Secus *für* Cecus *(vgl. C 285)*

S 383.2 n s **Sedacium** .i. crineum cribrum, *eyn haren seue* *P*
-- eyn haren seue *Kh2*

P *Wa. fehlt B10* -- eyn heren sep *Wo4* *dt. Int. Wo1*] *fehlt Ma4 Br1*, + oder bütel *R1*
P-E *dt. Int. fehlt So1 M25*

S 383.3 f p **Seda** zedel als in dem bok *P*
-- ain zedel sicut in libris *E2* *P-E*
-- est illud, quod nondum in librum est redactum *Kh2*

vgl. 256, C 282
P *Wa. fehlt Br1* f t Sedo *Wo4* -- eyn seddele in den boke *Wo1* -- eyn sedel sicud in libro *B10*
P-E -- ein sedel *So1 M25*

S 384 m s **Sedarius** ein stulmecher
-- aut **Sedatorius** ein stuelmaister oder stuelmacher *Sb3*

M eyn stelle machen *D1*
P *Wa. fehlt Wo4* stoelmeyster *Ma4*

S 385 m s **Sed*a*tarius** ein stulmecher
Wa. fehlt (vgl. 384) Sb3

S Sedatarius *S4*] Seditarius *Ma1*, Sedearius *Ma3*
M eyn stelle machen *D1*
W Seditarius *Sg1*
I *Sigle fehlt*
P *Wa. fehlt Wo1 Wo4 B10 Br1* stoelmeyster *Ma4*

S 386 a p **Sedare** ⌜glichin / vorliken *Ma3 B9* uel *gesettzen*
-- siczen aut stillen *Sb3*
-- .i. lenire, compescere, et quasi sedentes et pacificos facere *I*
-- geleich seczn *K*
-- ⌜voliken vorsitten *Ma4* / vorlichen *R1* / stillen *Wo4* *P*
-- *glichen vel setzen* *P-E*
-- pacificare uel decipere *Kh2*

S -- gleich seczen *N1* gesettzen *Ks2*] seczen *Ma1*, gesiczen *S4 B5*, besetten *Ma3*
M gesettzen] stillen *Ks1*, siczen, stillen *D1*, + uel stillen *Dr1*
W -- stillen uel seczen *Sg1*
K -- geleich siczen *Hl1*
P *Wa. fehlt Br1* -- vorlyken ghesetten *Wo1 B10*
P-E *Int. So1*] gelich vel stillen *E2*

S 387 adv **Sedecies** sechczenwerbe
-- sechzehen stund *Sb3*
-- *sechczen mȣl* *M-Y W P-E*
-- sechczehen vert *K-X*
Wa. fehlt I K-Y

S *Wa.*] f q Sedicies sehen werbe *S4* -- sesczenweyd *Ks2* -- xvi mal *N1*
M sechczen mȣl *D1*] xvi *M19*
W -- ze sechszehen malen *Sg1*
P-E -- patet *E2*

S 388 m p **Sedechias** interpretatur iustus
-- interpretatur iusticia domini *Kh2*

S Sedichias *S4*
K Sedachias *W13 Y*

S 389 *o in* ***Sedecim*** *sechczehen*
Wa. fehlt I K-Y

S *Wa. S4*] *fehlt Ma1*
M *Wa. fehlt M19 D1* -- sechczenwerbe *Ks1*
W sechzehest *Bs9*
P-E *Wa. fehlt E2* -- patet *M25*

S 390 *m s* ***Sedecimus*** *der* ⌜*sechczehende* / sechzendeste *M W-X*
-- patet *P-E*
Wa. fehlt I K-Y

S *Wa. S4*] *fehlt Ma1* Sedecimus *Ks2*] Sedicimus *S4*, Sedecius *Ma3* der sechczynng *B5*, der seßczendeste *Ks2 N1*, de sesteyne *Ma3*
M *Wa. fehlt D1* -- sechczehen stund *M19*
W *Wa. fehlt Bs9* -- der sechs zechend *Sg1* -- der 16 *Me5*
K *Wa. fehlt Hl1* -- der sechczehendist *W13*
P -- sestenich *B10*
P-E *Wa. fehlt So1*

S 391 m s **Sedenarius** sechzehenzal
-- *dye* sechzende zal *M W Kh2 Br1*
-- sechzehen mal *Sb3*
Wa. fehlt I

M dye *Ma2*] der *Ma6*, *fehlt Ks1* sechczehen zal *M19 D1*
W die sechszechen zal *Sg1* der *S1*
P *Wa. fehlt B10* *Stichwort verderbt Wo4*

S 392 con **Sedenim** aber
Wa. fehlt I Kh2 Br1

Sb3 con Sed
K con Sedenium

S 393 m s **Sedenus** ⌜sechczendig / sesteynech *Ma3 B9 P*
Wa. fehlt W-X I K-Y P-E

W *Wa. fehlt Sg1* sechzehenig *Bs9*
P *Wa. fehlt B10*

S 394 n s **Sedere** siczen. Inde quedam nomina: **Obses**, **Preses**, **Sessibilis** et **Sedile**
-- [...] **Preses**, **Sedibilis** *Sb3*
-- siczn *K-X P-E Kh2 Br1*
Wa. fehlt I K-Y

vgl. P 1030
M Sessibilis] Sedibilis *M19*
W *lat. Int. fehlt Sg1*
P Sedile] Sedule *Ma4*

S 395 *f t* ***Sedes** eyn stul*
Wa. fehlt I K-Y Kh2 Br1

S *Wa. S4] fehlt Ma1 Ks2*
M *Wa. fehlt D1*

S 396 f t **Sedicio** ⌜enczweytracht / twydracht *Ma3 B9 P*
-- ein zwayung *Sb3*
-- est dissensio ciuium; aliqui dicunt, quod sit discordia *animorum* ⌜wulgariter uflôff *X* / Inde **Sediciosus** *(vgl. 397) Y* *W*
-- est discordia et dissensio animorum *I*
-- ⌜*czwaiträchtig X* / czwaiträchtikait *Y*, discordia *K*
Wa. fehlt Kh2 Br1

S eyn czweytratiger *S4*, eyn czwetracht *B5*
M Seducio *M19* eyn czweytracht *Ks1 M19 D1*
W dissensio *bis* sit *fehlt Sg1* animorum *Sg1*] ciuium *S1*
K czwaiträchtig *Hl1*] zwaitrachtigung *W13*
P-E -- .i. concordia *E2* -- zwijung *So1*

S 397 m s **Sediciosus** ⌜*eyn czwaytrachtiger* / twigdrachtich *Ma3 B9 P K-X*
\+ qui discordiam gignit *I*
-- ein zwaier *Sb3*
-- .i. plenus sedicione *P-E*
Wa. fehlt (vgl. 396) W-Y
Wa. fehlt K-Y Kh2 Br1

S *Wa. fehlt Ks2 N1* *Int. B5*] enczweytrechtiger *Ma1*, eyn czweytragiger *S4*
M enczweydrechtig *Ks1*, zway trachtig *M19*
K *Wa. fehlt Hl1*
P czweydrachticheyt *R1*

S 398 n t **Sedile** ein ⌜sidel / sedele *Ma3 B9 P (außer P-E)*
-- locus, ubi aliquis sedere possit, ein sedel *I*
Wa. fehlt K-Y Kh2 Br1

S *Wa. fehlt Ks2* sedel *S4 B5* + eyn sethe *B9*
M *Wa. fehlt M19* sedel *Ks1 D1*
I m t
P siddel *Ma4*, stul *B10*
P-E -- ain geses *E2* + oder lang panck *M25*

S 398.1 n s **Sedia** geyl sunde *P*
-- sunt lassiuiosa crimina *Kh2*
Wa. fehlt P-E

P *Wa. fehlt Br1* sunde] snode *B10*

S 398.2 n t **Sedimen** est immu*n*dicia sub oleo uel *est immundicia, que generatur* sub vrina, et dicitur quasi »sedens in ymo«, .i. profundo *P*
-- .i. fex oley *Kh2*

P immundicia *Wo1*] inmudicia *Ma4* est immundicia, que generatur *Wo1*] *fehlt Ma4* est immundicia, que *fehlt Wo4*

S 399 m s **Sedulus** stete. **Sedulitas** inde
-- stat. *(neuer Wa.:)* **Sedulitas** statigkait *Sb3*
-- .i. assiduus. Inde **Sedule** .i. assidue °et °**Sedulitas** °*(Y)* *W*
-- -la, -lum .i. assiduus, firmus, bonus, stet *I*
-- ståt *K P-E*

M + stetekeyt *Ks1*
K -- stet stat *K4*
P-E + vel empsig *E2*

S 400 a t **Seducere** verfuren uel ⌜decipere / bedreghen *Ma3 B9*
-- significat decipere, separare; quandoque de malo ad bonum ducere, et sic ponitur in Ieremia *(20,7)*: Seduxisti me domine, et seductus sum *W*
-- .i. decipere, prodere et separare; eciam ponitur in bona sign*i*ficacione, .i. a malo ad bonum ducere *I*
-- verfůren *K P*
-- *en weg* fůren *P-E*

S *Int. fehlt Ks2*
M -- verlaiten *M19*
W n t -- verfůren *Sg1* + Inde Seductor et Seductus *(vgl. 401, 402) Bs9 Me5*
I significacione *I2*] signficacione
P -- ewech leden *R1*
P-E en weg *So1*] an weg *E2*

S 401 m t **Seductor** ein verfurer °uel °betrieger °*(P)*
-- quasi »seorsum ductor«, eyn verforer *I*
-- ⌜ein verfůrer uel deceptor *X* / .i. deceptor *Y* *K*

S ein verfurer uel *fehlt Ma3*
M vorfůer *(!) M19*
W *Wa. fehlt (vgl. 400) Bs9 Me5* uel betrieger *fehlt Sg1*
P -- ein vorer *R1*
P-E -- ein weg fůrer *So1*

S 402 p pr **Seductus** verfuret
-- -ta, -tum quasi »seorsum ductus«, verforte *I*
-- .i. deceptus *K-Y*
Wa. fehlt (vgl. 400) W-Y

M verfurter *Ma6 M19*, befurt *D1*

S 403 m s **Sefirus** west uel nordwest
+ est nomen venti *M-Y*
+ .i. ventus *Kh2 Br1*
-- est nomen venti, *west uel nortwind* *W*
-- dicitur nomen venti, west *K*
-- nort wint *P-E*
Wa. fehlt I

vgl. 482, Z 19
S + est pars mundi *B9*
M *dt. Int. fehlt M19*
Sb3 nordwest] vorwest
W *dt. Int. Bs9*] vestern uel ortwind *S1*, westwind uel nortwind *Sg1*
P *Wa. fehlt B10* -- est ventus, nordt west *Wo4* nordwest] nort *Ma4*
P-E + est quidam ventus *E2*

S 403.1 heb **Sefar** .i. liber uel littera uel litteratus *Kh2*

S 404 f t **Seges** sayd
+ scilicet *wachssend* såm *W*
+ et dicitur tunc a »sero, -is, -ere«; aliquando capitur pro fruge, et tunc dicitur *a* »seco, -as, -are« *P-E*
-- -etis dicitur matura messis, scilicet semen, kornsait *I*

vgl. 431
W *Zusatz fehlt Sg1* wachssend *Bs9*] wachsem *S1*
P saem *R1*
P-E a *So1*] *fehlt E2*

S 405 ep t **Segex**
-- ein ⌜scißke *Ma1* / tysgin *S4* / sisex *Ma3* / ziseke *B9* *S*
-- ⌜zischgin *X* / czeisel *M19* *M*
-- ein cipfickh *Sb3*
-- ain zislin *W P-E*
-- est nomen auis, eyn zisiken *I*
-- czeisel, est auis *K*
-- *eyn syseck* *P*

Stichwort entstanden aus Ceyx
S tzysich *Ks2 B5*, zeyslein *N1*
M czysck *D1*, zisiken *Dr1*
Sb3 f t Segax
W Seges *S1*
P *Int. Wo1*] tyschyn *Ma4*
P-E -- ain zeissel, zinsli *So1* quedam auis *M25*
Kh2 *vgl. C 295.2*

S 406 n s **Segmata** sunt fascie mulierum
-- est uestis muliebris et longa, cuius necesse est partem secare, et ea solent uti nubentes. Eciam dicitur monile a collo in pectus dependens *I*
-- sunt fassie siue cyngule mulierum *Kh2 Br1*

S Segmata *S4*] Sagmata *Ma1*, Segimata *B9* facie *Ma3*
Sb3 Segenata
I *vgl. 413* Segmentum
K Seginata *(!) W13*, Segenata *K4*
P + ad vittandum caput *Ma4* fasse *Wo4*
P-E Seginata *E2* fastige *E2*

S 406.1 m s **Segmentatus**, -ta, -tum tali ueste ornatus uel indutus *(nach 406)* *I*

I *vgl. 414*

S 406.2 m t **Segrex** uel **-garius** .i. nobilis *Kh2*

S 406.3 f p **Segita** est serpens quidam *Kh2*

S 406.4 heb **Segul** interpretatur loquela invtilis *Kh2*

S 407 a p **Segregare** .i. diuidere, et dicitur a »se« et »grego«
-- .i. separare, diuidere, deylen *I*
-- .i. diuidere *K*
-- .i. diuidere uel separare *Kh2*

S »grego«] gregreo, -as, -are *S4*
W -- .i. diuidere *Sg1*
P -- .i. diuidere *Wo4*
P-E diuidere] + vel separare *E2*

S 407.1 *co p* **Segeta** uel **Segetarius** såger *W*

W *Sigle Sg1*] *fehlt S1* Segeto *Sg1* Segitinus *Sg1*

S 408 m in **Segor** parua uel relicta interpretatur
-- quidam locus est et interpretatur loquela inutilis *I*
-- paruulus uel cadens *Kh2*

S m s Segur *S4* Segar *B9*
W Seger *S1*
I *vgl. 406.4*
P Sega *Ma4* parula *R1*
Kh2 *vgl. 360.2*

S 409 co t **Segnis** trege °uel °fuel °*(S-Y P)*
-- .i. piger, ingenio carens, quasi »sine igne« *I*
-- ⌜tråg *X* / .i. piger *Y* *K*
-- .i. pier, lassus uel tepidus *Kh2*

S tracheit *B9* uel fuel *fehlt Ks2*
M trege] greg *Dr1* uel fuel *fehlt Ma6 M19*
W uel fuel *fehlt S1* + Inde Segnicies *(vgl. 410) Bs9 Me5*
P -- .i. piger *Br1*
P-E co t Segnens *E2*
Kh2 pier *für* piger

S 410 f q **Segnicies** tragheit
\+ et **Segnicia**, -cie idem *I*
-- tragkait *Sb3*

M dragekeit *Ma6*, dragkeyt *Ks1*
W *Wa. fehlt (vgl. 409) Bs9 Me5*
K tragkait *K9*
P *Wa. fehlt Wo4* Segnitas *Ma4*
P-E tragkait *E2*

S 411 m in **Seyr** pilosus, hirsutus; et idem dictus est Esau
-- pilosus, hirsutus interpretatur. Inde deriuatur uel dicitur Esaw *Sb3*

-- dictus est Esau, quia fuit pilosus, quando natus est *I*
-- .i. pylosus uel irsutus *K P*
-- interpretatur pilosus, .i. hispidus *Kh2*

S *Wa. fehlt Ma3* pilolus *S4* hirsutus *fehlt B9*
Sb3 Seyn
W et *bis* Esau *fehlt Sg1*
P-E Segir

S 411.1 **Selenos** vel **Silenos** dicitur lux noctis, scilicet luna *I*

I *Stichwörter für* Selene

S 412 pron **Se ipsum** sich selber
-- .i. semet ipsum *P (außer Kh2 Br1)*
Wa. fehlt I K P-E

S *Wa. fehlt Ks2 B5*
M *Wa. fehlt D1*
W *Wa. fehlt Sg1* Se ipsum] Semet ipsum *X*
P -- syk suluen *Wo1*

S 413 n s **Segmentum** ein vurspan uel ein lang frauwencleit
-- ein vorspang, voll lang weibklaid *Sb3*
-- vorspang oder einer lanndfrawen klaid *K*
Wa. fehlt (vgl. 406) I

S lang *fehlt B9* frawnngwant *B5*
M frauwencleit *fehlt (!) M19*
Sb3 Seckmentum
W -- für spang *S1* lang *fehlt Bs9*
K lanndt frawgewandt *Hl1*
P uel *bis* frauwencleit] czyringe *B10* lantvrowen klet *Ma4*

S 414 m q **Segmentatus** zirunge des cleides
-- zierung der klaider *Sb3*
-- zirhait des chlaides *K*
Wa. fehlt (vgl. 406.1) I

S m s Sementatus *S4* *Int.*] *fehlt Ks2*, furmgides *(?)* zijrung dez kleyd *N1* des clayders *B5*
Sb3 Sagmentatus
K m s
P -- .i. ornamentum vestium *B10* cleides lyues *Ma4*
P-E -- .i. ornamentum vestium *E2*

S 414.1 *f p* **Segmenta** eyn cleyt °mit °se*uen* °*(P-E)* *P*
-- est vestis cum sonis *Kh2*

P *Wa. fehlt Br1* *Sigle Wo1*] *fehlt Ma4* Segmentum *Wo4* -- est vestimentum quedam *B10* seuen *Wo1*] se *Ma4*
Kh2 sonis *für* zonis

S 415 f p **Sella** ein satel
+ quasi »seda« *I*
Wa. fehlt K

S *Wa. fehlt Ks2*
P -- eyn sedel, eyn sadel *B10*

S 416 a p **Sellare** sateln
Wa. fehlt K-Y

S *Wa. fehlt Ks2*
W sadel *Bs9*
I *Sigle fehlt*
P-E *Int. fehlt So1*

S 416.1 a t **Seiungere** .i. separare *Kh2*

S 417 m in **Sel** vmbra eius interpretatur
Wa. fehlt I

Sel *für* Sela
S Sel vmbra eius *verderbt B9*
W *Wa. fehlt S1* eius *fehlt Y*
P-E eius] ain schat *M25*

S 417.1 f p **Sel*a*** interpretatur se*m*per uel in finem aut peticio *Kh2*

Kh2 Sela *emend.*] Selo semper *emend.*] seper

S 418 m *s* **Sel*ect*us** est ab alijs electus
-- .i. circulariter electus *P*

S *Sigle S4*] m in *Ma1* Selectus *emend.*] Selerectus *Ma1 Ks2 B5 B9 N1*, Seleuectus *S4*, *verderbt Ma3*
M Selerectus
Sb3 Sellerectus
K Selerectus
Kh2 Sellectus uel Selectus

S 419 n s **Sellipendium** ein satelfaz
-- ein sateltaschen *Sb3 K-Y*
-- eyn sadel blat *Kh2*
Wa. fehlt I

S -- eyn sadel basse *B9*
W Sellapendium *Sg1* salderfaß *Bs9*
P *Wa.*] *fehlt B10*, n s Sellipendarium eyn zader vat *Ma4* sadel tassche *Br1*
P-E sattel geraid *E2*

S 420 m s **Sellarius** est ille, qui facit sellam
-- satler. Sellarius ain satelroßß *W*
-- eyn sathel mecher *I*
-- est equus ad sellam aptus uel eyn sadel maker *Kh2*

Sb3 ille] aliquis
I n s
P -- eyn sedeler *Wo4*
P-E -- ein satler *So1* sella *E2*

S 420.1 **Sellularius** ein sadler *Bs9 Me5 (W)*

S 421 m t **Sellator** est idem *(nach 420)*
-- sattler *W*

S -- ein satler *N1*
M *Wa. fehlt M19*
I *Sigle fehlt*

S 421.1 m t **Sellio** -ionis .i. caballus, eyn hengst, et dicitur a »sella« *I*

S 421.2 m t **Sellio** est animal modicum, quod volando pennas non habet *sed quasi* manibus *volare* videtur et est quasi genus ⌜lacerte et in pectore pictum / lacertum *P-E R1* lucentibus gemmis in modum stellarum *P*
-- est paruum et volatile non habens penas *Kh2*

Sellio *für* Stellio
P Sellia *R1* sed quasi *Wo1*] qui cum *Ma4* volare *Wo1*] *fehlt Ma4*
P-E m t Sellia *E2* pannas *E2* sed *fehlt E2* ad modum *alle Hss.* (et modum *R1)*

S 421.3 m s **Sellus** uel **-leus** .i. purus uel clarus *Kh2*

S 422 m s **Sel*e*stus** sundig
Wa. fehlt I Kh2 Br1

vgl. 258
S Selestus *S4*] Selistus *Ma1* + lasterich *Ma3*
W *Wa. fehlt Sg1*
P *Wa. fehlt Ma4*
P-E *Int. verderbt M25*

S 422.1 *m s* ***Seleratus** idem (nach 422)* *P*
Wa. fehlt P-E Kh2 Br1

P *vgl. 257* *Wa. Wo1*] *fehlt Ma4*

S 423 n s **Sellum** diuisio eius interpretatur
-- quidam vir, qui fuit custos uestium sacerdotum *I*
-- interpretatur pacificus aut peticio *Kh2*
Wa. fehlt W

S m s Sellus *Ma3*

S 424 m in **Sem** nomen uel ⌜nominacio / nominatus *Ma3 B9 P* interpretatur
-- filius Noe dictus est. Et ex eius quoque stirpe est Cristus *I*
-- nominacio interpretatur *K*

M nominacio] nominacie *M19*
I m s
K *Stichwort*] Semen, Sem *K4*
P-E nominatum *alle Hss. (auch R1)*

S 424.1 g in **Semma** grece est sedes latine *P*

P *Wa. fehlt Wo4 B10*

S 424.2 *n t* **Semaar** est locus in Babilonia *P*

P *Sigle Wo1*] *fehlt Ma4* Semiar *Wo4*
P-E Babilonie *alle Hss. (auch R1)*

S 424.3 a p **Semare** est imperfectum facere *P I*
+ aliquantulum euacuare *I*

P facere *fehlt Wo4* + Inde Semo *Ma4 R1*

S 424.4 f *t* **Semis** .i. dimidium alicuius rei et sic ponitur pro pond*e*re et est pars a*ss*is *Kh2*

Kh2 *Sigle Wo5*] f p pondere *Wo5*] pondore assis *emend.*] arcis

S 424.5 co t **Semis** uel **-mus** .i. imperfectus et tunc est adiectiuum *Kh2*

S 425 *adv* ***Semel*** *eyns*
-- ainsten *Sb3 P-E R1*
Wa. fehlt I K

S *Wa. S4] fehlt Ma1 Ks2* -- ein mal *N1*
M *Wa. fehlt D1* -- ein stund *M19*
W *Wa. fehlt S1* ainest *Sg1*
P-E ainest *E2*

S 426 f p **Semella** ein semel
-- eyn semmelbrot *I*
Wa. fehlt Sb3 K-Y

S 427 n t **Semen** ⌜sat / sam *P-E R1*. Semen et **Seminium** est animalium; ⌜**Sementum** / **Sementis** *P-X* et **Sementinum** est frugum et arborum
-- ⌜**Semin*iu*m**, **Sementis**, **Sementinum** wlgariter såm *X* / såm *Y*. Item Semen et **Seminium** est animalium; sed **Sementum** et **Sementinum** est frugum et arborum *W*
-- sait, quod in agro spargitur ad gignendum fructum. Eciam dicitur Semen animalium ad gignendum fetum *I*
Wa. fehlt (enthalten in 428) Sb3

vgl. 185, 430, 431, 434
S Semen *(2)*] *(neuer Wa.:)* n t Semen *S4*, sed Semen *Ma3* Seminium] Semium *S4* animalium] aliud *B9* Sementum] *(neuer Wa.:)* n s Sementum *Ma1*, Semen *S4*,sed *Ma3* et Sementinum *fehlt B9* frugum et *fehlt S4*
M *Stichwort*] n t Seme *M19* sat] samen *Dr1*, + sciendum quod *Ma6*, + et quod *M19* est animalium] sunt animalia *M19*
W *Stichwort*] + saut uel såm. Semen est *S1* Seminium *(1) emend.*] Seminum *S1 Me1*, *fehlt M12*
K n t Semen sat. Semen et *fehlt (Wa. bei 426) W13* Semen *(2) bis* arborum] *(neuer Wa.:)* n s Seminium dicitur semen animalium *Y* et arborum *fehlt W13*
P -- sat *Wo4* -- samen ader sayt *Br1* Seminium] Seminum *R1*
Kh2 *vgl. 428.4*

S 428 *n s* ***Seminarium*** *cuiuslibet rei inycium*
+ .i. semen *I*
-- aut **Semen** sam *Sb3*
Wa. fehlt Kh2 Br1

vgl. 427, 434
S *Wa. S4] fehlt (vgl. 430) Ma1* *Sigle*] Sed *(Wa. nach 427) B9* cuiuslibet rei *Ks2*] *verderbt S4*
W n s Seminarium] Sed Seminarium *(Wa. nach 427)*
P *Wa. fehlt Wo4*

S 428.1 heb **Sem*eyes*** interpretatur audiens dominum uel nominatus domino *Kh2*

Kh2 Semeyes *(für* Semeia*) Wo5*] Semegias

S 428.2 f t **Semestris** dicitur luna, cum est in medio mensis *Kh2*

S 428.3 f t **Semeles** fuit quedam mulier, quam corumppit Iupiter *Kh2*

S 428.4 n s **Sementinum** .i. semen *Kh2*

Kh2 *vgl. 427*

S 428.5 *m s* **Sementus** dicitur illud, quod est in calamo *Kh2*

Kh2 *Sigle Lül*] *fehlt*

S 429 *co t* ***Sementis*** ⌜*satig* / sadet *B9 P*
+ semen frigidum aut tempus seminandi *K*
-- huius -tis .i. semen frugum uel tempus seminandi uel ipse actus seminandi uel dea sementis *I*
-- satt *P-E*
Wa. fehlt Sb3 Kh2 Br1

S *Wa. S4*] *fehlt Ma1*
P-E -- idem *(nach 428) So1*

S 430 n s **Sementum** sat

vgl. 427, 431
S sat] + seminarium cuiuslibet *(vgl. 428) Ma1*
M *Wa. fehlt D1*
Sb3 *Wa.*] m s Sementulus est sementum, sadt
W *Wa. fehlt Sg1*
K *Wa. fehlt W13* *Int. verderbt K4*
P *Wa. fehlt B10*

S 431 n s **Sementum**, ⌜**Sata** / **Satum** *W* **Seges**, **Germen** idem sunt
-- et **Sementinum** est frugum et arborum, cuiuslibet rei inicium. *(neuer Wa.:)* f t **Seges**, **Sata**, **Sementinum**, **Germen** idem sunt *Sb3*
-- **Sata**, **Seges** idem *I*
Wa. fehlt K P-E Kh2 Br1

vgl. 185, 404, 427, 430, G 111
S *Stichwort fehlt (Wa. nach 430) B9* sata *verderbt Ma3* Germen] Grumen *B9*
M Sementinum
Sb3 arborum] + denuarum *(?)*
W *Wa. fehlt Sg1* *Sigle fehlt (Wa. nach 430)* Sementinum Germen idem sunt *fehlt S1*
I n s Sementum] Sementinus
P *Wa. fehlt B10*

S 432 m s **Sementarius** ein see faß
-- eyn sewe man *I*
-- ain sågtůch *P-E*
Wa. fehlt Kh2 Br1

S -- eyn sehe vas uel sat tüch *B5* -- setvaß *N1*
M ein saw waß *D1*
Sb3 -- ein stieff vas
W *Stichwort verderbt S1* såt faß *S1*
I *Sigle fehlt*
K saen vas *H11*

S 432.1 m s **Semesus** -sa, -sum .i. in media parte corrosus et comestus *I*

S 433 n p **Seminare** sewen
+ .i. sementum facere *I*

M sawen *D1*

S 433.1 n p **Sementare** idem *(nach 433)* *I*

S 434 n s **Seminarium**, **Seminium** .i. semen / + sayt *Ma3 B9*
-- sadet *(neuer Wa.:)* n s **Seminium** .i. semen *P (außer Kh2 Br1)*
n s **Semineum** .i. semen *P-E*
Wa. fehlt (vgl. 428) Sb3 I

vgl. 427, 428
S Seminarium *fehlt B9* .i. semen *fehlt Ma3*
M *Wa. fehlt M19*
W Seminarium *fehlt S1*
P-E -- samen *So1*

S 434.1 n s **Seminatorium** semen, cuiuslibet rei exordium uel lucrum de semine *K*

S 434.2 co s **Semianimus** et **Se*m*nanimus** °et °**Semiuiuus** °*(Y)* .i. quasi mortuus *K*
-- vel **-mis** .i. mortuus *P-E*

vgl. 439.1
K Semnanimus *K4*] Sennanimus *W13*
P-E m s Semanimus *E2*

S 434.3 *n in* **Semicinctus** dicuntur vestes ex vno latere dependentes siue vestes ⌜nocturne *et dicitur quasi dimidius cinctus X* / nocturnales *Y* *K*

K *vgl. 441* *Sigle K4*] m s *W13* et *bis* cinctus *Hl1*] *fehlt W13*

S 435 pron **Semetipsum** sich selber
Wa. fehlt I K-Y Kh2 Br1

S Seipsum *B9*
M *Wa. fehlt M19 D1*

S 436 co t **Semis** halb / + .i. numerus *B9 P-X*
+ .i. dimidius -dia, -dium *I*
+ *quando est simplex, .i. inperfectus, tunc est indeclinabile; sed quando est compositum, .i. pondus medij assys, .i. vi vncias continens, tunc est declinabile Semis, -sis* *K-X*
-- ⌜halb. Item Semis, semissis .i. *X* / .i. *Y dimidium* uel pondus sex vnciarum. Sed Semis indeclinabile idem est quod inperfectus *W*
-- .i. numerus *P-E*
Wa. fehlt Kh2

W dimidium *Sg1*] condimentum *S1*
K halb *fehlt Hl1* *Zusatz Hl1*] *fehlt W13* inperfectus *W9*] perfectus *Hl1*
P f t -- .i. dimidium indeclinabile *Br1*
P-E f t

S 437 m t **Semones** sunt homines uel ⌜interfectus homo / inperfectus homo *Ma3 B9 P*
-- interfectus homo interpretatur *K*
-- sunt homines imperfecti *Kh2 Br1*
m t **Semo**, -onis .i. semj uel ex parte homo *I*

S inperfectus homo] inperfecti *B9*
Sb3 homo] hominum
W interfectus homo] interfecti *Sg1*
K Seminines
P inperfectus homo] imperfecti *Wo4*
P-E Senianes *E2*

S 438 p pr **Semotus** .i. motus
\+ separatus *I*
Wa. fehlt W Kh2 Br1

M -- abe gewarffen *Ks1* remotus *M19*
P -- af werpen *B10*

S 438.1 m t **Seminex**, -ecis in genitivo, .i. semi mortuus *P*

P Semex *Wo4* mortuus *verderbt R1*
P-E -ecis in genitivo *fehlt E2*
Kh2 -ecis in genitivo *fehlt (auch Br1)*

S 439 *a s* ***Semouere*** *.i. seorsum mouere*
\+ abwerffen *I*

S *Wa. S4*] *fehlt Ma1* + afwerpen *B9*
K seorsum] sursum *alle Hss.*
P + achterwert werppen *Ma4* + hinderwort werfin *Wo4*

S 439.1 m s **Semiuiuus** -a, -um .i. ex parte viuus, halp lebendig *I*
I *vgl. 434.2*

S 439.2 m t **Semipedalis** est longitudo medie pedis *Kh2*
Kh2 *vgl. P 281*

S 440 co t **Semiuocalis** halblutig
-- halblautleich *Sb3*
-- et hoc -le halp lutig *I*

S *Wa.*] co t Semiuocabilis halpludelich *N1* half lud *Ma3*
M halpludelich *Ma6*, halb lůderich *Ks1*
W -- halphellig uel lautig *Me1* halphellick *Bs9*
K *Int. fehlt (Zeilensprung, vgl. 441) Hl1*
P half ludelich *R1*
P-E + vel dimidius sonus *E2*

S 441 n s **Semicinct*i*um** est sona ⌜*minus* / minime *S-X K M-X* lata
\+ et dicitur a »semis« *I*
-- est sona media circumdat*a* *Sb3*
-- est cingulum minus latum, et dicitur a »semis«, quod est dimidium, et »cinctus«, quasi dimidius cinctus. Alij dicunt, quod est sudarium, quo Hebraic*e* utuntur in capit*e*. Wersus *(Grec. Nov. 137r)*: *C*incia, cum semi- si iungo, uoce sub vna signo minus lata*s* zona*s*, per cincia latas. ***Cinctium*** brait gürtel *W*
n s **Semisincta** dicuntur vestes ex vno latere pendentes uel est sudor uel ornamentum capitis *Kh2*

S Semicinctium *Ks2*] Semicinctum *Ma1*, Semicintium *S4* minus *zit. nach Ma3*
M minime *M19*

Sb3 Semicinclinum circumdata *V1*] circumdatum
W cingulus *Sg1* quasi *bis* capite *fehlt Sg1* Hebraice *Bs9*] Hebraici *S1* capite *Bs9*] capiti viri *S1* Cincia *Sg1*] Scincia *S1* si] se *Sg1* latas zonas *Sg1*] latum zona *S1* latas] lata *Sg1* Cinctium brait gürtel *Sg1*] Scincium sit gúrtel *S1*
I Semicinctum
K *vgl. 434.3* Semicincium *Stichwort fehlt (Zeilensprung, vgl. 440) Hl1*
P *Stichwort verderbt R1*
P-E Semincintium *E2*
Kh2 *Sigle Lü1*] *fehlt*

S 442 f p **Semita**
-- ⌜ein weg uel ein stig *Ma1* / eyn steg oder eyn fůß stap *S4 Ks2* / eyn vot stich *Ma3* *S*
-- ⌜fuß drap *Ma6* / ein fuzz steig *M19 Ks1 Sb3* *M*
-- ain stig *W*
-- .i. dimidium iter, eyn fuß phat uel steg *I*
-- fuez phad *K-X*
-- fut stapp *P*
Wa. fehlt K-Y

S -- eyn steyg ader eyn fuchs staphe *B5* -- bode *(!)* schap *B9* -- fuß trapp *N1*
M -- eyn fuß stap *Ma2* -- eyn steick *D1* -- ein steck fuß phat *Dr1*
W -- .i. callis *Bs9*
P -- voyß schap vosstap *R1* -- eyn fustigh *Wo4* -- vutstich *B10*
P-E -- ain fůs stat *E2*

S 442.1 f p **Semispat*a*** eyn halff swert *P*

P f p Semispata *Wo1*] f p Semispatum *Ma4* eyn hals swert *Wo4*

S 443 f p **Semivncia** .i. media vncia
-- halb gwicht eines quintes *(?)* *Sb3*
-- .i. dimidia vncia, ein halp vntz *I*
-- uel **Semuncia** .i. media pars uncie *Kh2*
Wa. fehlt W-X

K Semuncio *K4*

S 444 f p **Senecta** alder; **Senium** idem / + uel dea senectutis *P* et caret plurali numero
-- idem *(nach 454)* uel est dea senectut*is* *Br1 Kh2*
Wa. fehlt K

S *Wa. fehlt Ma3 N1* Senium *S4*] Senum *Ma1*
M et caret preterito perfecto *M19*
W *Wa. fehlt S1 Me1* Senium idem *fehlt Sg1*
P-E Senium] Senica *E2 So1 (auch R1)*, Sena *M25*
Kh2 senectutis] senectutus

S 445 *adv* ***Semper** allczeit*
-- albeg *Sb3 W*
-- to allen tyden *Kh2*
Wa. fehlt I K

S *Wa. B5*] *fehlt Ma1 Ks2* -- alle wege *S4* -- perpetuus, Eternum idem *(vgl. 446) Ma3* -- alle end *B9*
M *Wa. fehlt M19 D1*
W all zitt *S1 Me1*

P *Wa. fehlt B10*
P-E alweg *Sol*

S 446 m s **Sempiternus** ⌜.i. perpetuus, *ewig* / ewicklike *Ma3 B9*
-- .i. perpetuus *W P-E*
-- -a, -vm .i. perpetuus, eternus, ewig *I*
-- ebig *K Kh2 Br1*

S perpetuus] eternus *S4* ewig *S4*] *fehlt Ma1*
M ewig *fehlt M19 D1*
W + ewig *Me1*
P Semperiternus *Wo4* ewig] *fehlt Wo4*, ewyclik *Wo1 R1* + perhennis *Ma4 Wo4* + euus *Wo1 R1 Wo4*

S 447 *f p* **Semperuiua** est herba, ⌜blatloß / ploterlos *Sb3*
-- est herba quedam, huswurtz *W*
-- est herba quedam *Kh2 Br1*
Wa. fehlt I P-E

S *Sigle S4*] *fehlt Ma1* f p Sempervuus *(!) B9* -- huslock *Ma3* *dt. Int. fehlt B5*
M *dt. Int.*] huß lauch uel blaloß *Dr1*
Sb3 Sempermia
W *dt. Int.*] husloch *Sg1*, haußlaůch uel platlőß *Bs9*
P *Wa. fehlt Wo1 B10* *lat. Int. fehlt Ma4 Wo4*

S 447.1 m s **Semustus** -ta, -tum .i. ex parte ustus, halp uerbrant *I*
-- halff vorbrant *P*
Wa. fehlt Kh2

P *Wa. fehlt B10* half brand *R1*
P-E Semiustus

S 448 m s **Semus** -a, -vm .i. inperfectus
+ dimidius *W-X*
+ non plenus *I*
-- -ma, -mum .i. s*e*mo imperfectus *P (außer P-E Kh2 Br1)*
Wa. fehlt K

M intervectus *M19*
Sb3 Seuerius
W Semius *S1*
P semo *Wo4*] sermo *Ma4*, *fehlt Wo1*

S 449 heb **Sen** .i. *vicesimaprima* littera Hebreorum et interpretatur deus
+ uel est coniunccio *Sb3*

deus *entstanden aus* dens
S vicesimaprima littera] *verderbt Ma3* vicesimaprima *S4*] duodecima *Ma1*
M Sem *M19*
Sb3 Sew *Der Zusatz bezieht sich auf das falsch geschriebene Stichwort* Sew.
K vicesimaprima] 20ª *alle Hss.*
P-E vicesimaprima] vicesima *alle Hss. (auch R1)*
Kh2 Sem *(auch Br1)*

S 450 n s **Senaculum** est domus, vbi senatus congregatur
-- est domus, vbi senatores congregantur *K*
-- est vmbraculum, vbi turp*es* ludi fiebant *P*

Sb3 senatus] senectus

W -- est homo sui scenatus gregatur *(!) S1*
P Senaculum *für* Scenaculum turpes *emend.*] turpi *alle Hss.*
P-E turpi *alle Hss.*
Kh2 turpi fiebant] fiunt

S 451 *m s* ***Senarius*** *ses tal*
+ hasart uel est numerus *P*
-- .i. sex, ses tal *Kh2*
Wa. fehlt S-X I K

S *Wa. zit. nach B9* sel tal *(!) Ma3* -- dy sechst zal *N1* ses *B9*] sel *Ma3* + numerus *B9*
W sechs tag *S1*
P ses tal] sestalich *Ma4 Wo4* *Zusatz fehlt Wo1*
P-E ses tal] zal *E2*

S 452 m t **Senator** ein seynat zu Rome, superior est in Roma preter papa*m*
-- dicitur superior in curia Romana, ein senat *Sb3*
-- dicitur ille, qui fundauit et auxit Romam / + uel est superior in Roma preter papam *Y* *W*
-- dicitur ille, qui habet dignitatem senatus *I*
-- est superior *Rome* preter papam, *senat* *K*
-- eyn senat to Rome, et est ⌜supremus / summus *Kh2* consiliarius *P*

S zu Rome *fehlt Ma3* *lat. Int. fehlt Ma3 B9* papam *Ks2*] papa *Ma1 S4*
M -- eyn senat in Romam *(?)* superior preter papam *M19*
W *vgl. 453.1* Sator *Sg1*
K Rome *K4*] in Roma *W13* senat *K4*] *fehlt W13*
Kh2 et est] ad *(!)*

S 453 m q **Senatus** est congregacio sapientum *et dicitur a »senos«*
+ .i. sensus et est proprie dignitas consulum et sumitur pro sapiencia. Wersus *(Grec. Vet. viii 300)*: Estque senos sensus, hinc dicitur esse senatus *P*
-- [...] sapientum *Sb3 K*
-- est congregacio ⌜sapientum / seniorum *I* siue locus, in quo conueniunt senatores *W I*
-- est congregacio seniorum sapientum, et dicitur a »senos«, quod est sensus. Wersus *(Grec. Vet. viii 300)*: Estque senos sensus, hinc dicitur esse senatus *Br1 Kh2*

vgl. C 345.1
S et *bis* »senos« *S4*] *fehlt Ma1* sapientum] senientum *(?) Ma3* »senos«] scenas *Ma3*, senis *B9*
W *vgl. 453.1* sapientum *fehlt Y*
Kh2 »senos« *(1)*] senios senos *(2)*] sena

S 453.1 m t **Senator** rector intraneus populi Romani et dicitur a »senos«, quod est sensus, .i. prudencia, quasi sens*a*tus et prudens. Vnde multitudo dirigencium populum Romanorum dicitur **Senatus**. Sed quilibet de illa multitudine dicitur Senator; Senatores dicti, quod essent seniores *W-X*

W *vgl. 452, 453, C 345.1* sensatus *Me1*] sensuatus *S1*

S 453.2 f p **Senecia** illud rubrum, quod est sub aure piscis vel labium *I*

S 454 f t **Senectus** dicitur congregacio ⌜seniorum / senectorum *K-X* et caret plurali numero
-- -tis idem et est sexta etas, que nullo annorum numero finitur *I*
-- .i. senium, older et [...] *Br1 Kh2*
Wa. fehlt K-Y

vgl. I359.1
M et *bis* numero *fehlt M19*
W seniorum] senatorum *S1*
P senium *Ma4*

S 454.1 f t **Seneccio** est congregacio sapientum *K-X*

S 454.2 m t **Sendones** sunt *a*mictoria linea *P*
Wa. fehlt Kh2 Br1

Sendones *für* Sindones
P Senodones *Wo4* amictoria *Wo1*] omictoria *Ma4* linee *Wo4*

S 455 m s **Sen*e*scallus** ein marschalk, et dicitur a ⌜*»senon«* / »senus« *S-X*, quod est sensus, et »callidus«, quasi callidus in sensu
+ quia debet esse homo sensatus *P*
-- idem *(nach 456)* *Sb3 K-X*
-- dicitur quasi »sens*u* calidus« et dicitur alio nomine ⌜marscalkus, *a* wlgari marschalk *X* / marscalcus in wlgari *Y* *W*
Wa. fehlt I K-Y Kh2 Br1

S Senescallus *S4*] Senascallus *Ma1*, Senescalcus *Ma3* »senon« *B9*] scenon *Ma3* sensu *verderbt Ma3*
M Senscallus *M19*
W Senascallus sensu *Sg1*] sensum *S1* a *Me1*] *fehlt S1*
K marschalig *K4* *lat. Int. fehlt Y*
P m p Senectanius *Ma4* Senascalcus *Wo4* quasi callidus in sensu *fehlt Wo4*
P-E sensatus] senatus *alle Hss. (auch R1)*

S 456 m s **Sen*e*scalcus** idem *(nach 455)*
-- ein marschalckh, et dicitur a »senus«, quod est sensus, et callidus, quod est astutus, quasi callidus siue astutus in sensu *Sb3*
-- marschalk, eciam dicitur callidus in sensu *K*
Wa. fehlt I Kh2 Br1

S Senescalcus *S4*] Senascalcus *Ma1*, Senoscalcus *Ma3*
M Senescalicus *M19*
P *Wa. fehlt B10*
P-E Senescalicus *E2*

S 457 n t **Senescere** alden
-- alt werden *K*
Wa. fehlt (enthalten in 458) W

S alden] + uel alt werden *Ma1*
M + alt werden *Dr1*
K -- idem *(nach 456) Hl1*
P -- idem *(nach 455) B10*

S 458 n s **Seneo**, -es, -vi, supino caret, *idem (nach 457)*
-- -ui in preterito et caret supinis, **Senescere** alt werden uel alten *W*
-- idem *(nach 457) I*
Wa. fehlt Kh2 Br1

S *Wa. fehlt B9* Seneo, -es *Ma3*] Seniones *(!) Ma1*, Senio *S4 B5 Ks2* idem *Ks2*] .i. senescere *Ma1*, *fehlt S4*
M *Wa. fehlt D1* Seno, -es *M19*
W *vgl. 457* alten] alt sin *Sg1* + Inde Senex, -ium *(vgl. 459, 460) Bs9 Me5*
P idem *fehlt Ma4*
P-E senio *E2*

S 459 m t **Senex** .i. senus, alt
-- alt; °**Senus** °idem °*(Y) W*
-- senis, alt; et dicitur a *»senus« I*
-- alt *K-X P-Y P-E*
Wa. fehlt K-Y

vgl. C 345.1
W *Wa. fehlt (vgl. 458) Bs9 Me5*
I »senus« *I2*] sensus
P o t -- older uel olt *B10*
P-E o t
Kh2 o t

S 460 n s **Senium** alder
+ et est vltima pars senectutis *I*

M *Wa. fehlt D1*
W *Wa. fehlt (vgl. 458) Bs9 Me5*
P *Wa. fehlt Ma4* -- idem *(nach 459) B10*
P-E *Wa. fehlt E2*

S 461 m t **Senio**, -onis est senex uel sunt duo pu*n*cta in tas*s*ere
+ *wulgariter seß W*
-- -onis sex puncti in *tassere*; et dicitur a »senex« *I*
-- idem *(nach 460)* uel duo puncta in tassere *K*

S duo *fehlt Ma3* puncta *S4*] pucta *Ma1* in tassere *fehlt B9* tassere *Ks2*] tascere *Ma1 S4*
M pucta *M19* tessere *M19*
Sb3 puncti tessere
W *Wa.*] m t Senis ses vf dem würfel *Sg1* *Zusatz Bs9*] *fehlt S1*
I tassere *I2*] texera
K Senio, -onis] Senis *K4* tassero *K4*
P-E in tassere] *fehlt M25*, in tessere *E2 So1*

S 462 f p **Senesci*a*** est malediccio senium
+ siue impetracio uel detraccio *Kh2*
Wa. fehlt I

S Senescia *S4*] Senescio *Ma1*, Senicie *B9*
M maladicio *M19*
Sb3 Seniscia
W senium] seniorum *S1*
P f p Senecia *Ma4*, f t Senicio *Wo4*
P-E Senencia *E2*

S 462.1 **Senexiosus** .i. plenus detraccionibus *Kh2 (vgl. 466.1)*

S 462.2 f p **Senefacta** est virgo pudica *Kh2*

S 463 co t **Senilis** ⌜*oldelich* / eldecht *S-X*
-- aldelecht *M-X*
-- et hoc -le .i. res senis uel ad senem pertinens *I*
-- altig oder åltleich *K-X*
-- .i. antiquus *Kh2*
Wa. fehlt W-X

S oldelich *zit. nach Ma3*, eldelecht *S4*
Sb3 edellocht
K altig oder *fehlt Hl1*
P *Wa. fehlt Br1* alderecht *Wo4*

S 463.1 n s **Senecium** brunnenkresß. **Nasturcium** idem. Vnde Nouus Grecista *(81ᵛ)*: Ecce senecia folliculum signat labiorum, aut herbe speciem, ueluti docet ars mulierum *W*

W *vgl. F 28* Sensicium *Sg1* Nasturium *Sg1* senecia] senicia *Sg1*

S 463.2 **Senecio*n*** herling uel wintrester, *Latini vocant herbam, que nascitur per macerias, que a Grecis* ***Erigonon*** *appellatur uel vua acris* *W*

W Senecion *Bs9*] Senecium *S1*, Senicion *Sg1* herling uel] *fehlt Sg1*, heurlich uel *Bs9* wintertrester *Sg1* *lat. Int. Sg1*] *fehlt S1*

S 463.3 f p **Senna** quedam belua *P*
Wa. fehlt Kh2 Br1

P velua *R1* + eyn ape *Ma4*

S 463.4 f p **Senra** est instrumentum °ferreum °*(P-E R1)* *P*

Kh2 Sema *(?)*

S 463.5 co p **Senpenta** senior uel sapiens *P*
Wa. fehlt Kh2

P Senipenta *Wo4* a sapiens *Wo4*

S 463.6 f p **Senopheya** lofrotinge *P*
Wa. fehlt P-E Kh2

P *vgl. 266* -- laufratinge *R1* -- loub hochczide *Wo4* -- dicitur esse dies festus Iudeorum, lofftache *Br1*

S 463.7 n s **Senimium** est invidia animalium *Kh2*

S 463.8 *heb* **Se*nn*aar** interpretatur f*e*rtilis uel feta virorum *Kh2*

Kh2 heb Sennaar *Lü1*] Seninaar *(?)* fertilis *Lü1*] fartilis

S 464 a p **Sentenciare** urteiln
-- *vervrtailen* *W I*

S *Wa. fehlt Ks2 B9*
M vervrteilen *Dr1*
W vervrtailen *Sg1*] vrtailen *S1*
P-E a p Sentenciari *E2*
Kh2 Sentencionare

S 464.1 a p **Senare** oldern *B9 (S)*

S 465 f p **Sentencia** ein urteil uel liber ^{O}sentenciarum ^{O}*(Sb3)*
\+ eyn boch von den hohen sinnen *P (außer Kh2 Br1)*
-- eyn orteil; et est determinata accepcio alterius partis contradiccionis *I*
-- .i. liber sentenciarum *K-X*
Wa. fehlt K-Y

S *lat. Int. fehlt B9*
I *Sigle fehlt*
P sentenciarum *fehlt Wo4* *Zusatz fehlt Wo1*
P-E *Zusatz fehlt So1*

S 465.1 m s **Sentericus** est qui *propter apostema* ruptum ⌜intus perit / *moritur Kh2 P*

P propter apostema *Wo1*] *verderbt Ma4* intus] interius *Wo4*
P-E aposteuma *E2* intus] interius *E2*
Kh2 moritur *Lü1*] *fehlt*

S 466 f p **Sentina** fulwaßer in dem schiffe uel est locus istius aque
-- ein full wasßer in einem schef *Sb3 P*
-- locus in nauj, ubi aqua congregatur *I*
-- ^{O}volwasser ^{O}*(Y)*, quilibet locus fetidus, vbi confluunt aque fetide *K*
-- est quedam pars in naui *P-E*
-- water in deme schepe *Kh2*

S in dem schiffe] in naui *Ks2* istius aque] talis aque *(!)* repletus *Ma3*
M *Wa. fehlt Ma6*
W *Wa. fehlt S1 Me1*
P -- wulle ghewasse up dem scape *Wo4*

S 466.1 **Sentiosus** .i. plenus detraccionibus *Kh2*

Kh2 *vgl. 462.1*

S 466.2 m s **Sentus** .i. solidus uel sordidus *Kh2*

S 467 n q **Sentire** .i. sensu percipere, scilicet *visu*, tactu, ^{O}*auditu* ^{O}*(M W)*, et componitur cum ab- et con-
-- [...] scilicet auditu, visu etc. *I P-E*
-- enphinden *K-X*
-- .i. sensu percipere *Kh2 Br1*
-- [...] scilicet visu, auditu etc., *et componitur cum ab- et con-* *P*
Wa. fehlt K-Y

S visu *S4*] sensu *Ma1*, viso *B9* tactu] gusto *S4* auditu *B5*] *fehlt Ma1 Ma3 Ks2*, audi *S4* et componitur *bis* con-] *fehlt B9*, eciam ap-, con- *Ma3* ad-] ab- *S4*
M sensu] sensum *Ma6* et componitur cum *fehlt Ma6* et componitur *bis* con- *fehlt M19* ad-] ab- *X*
Sb3 ad-] ab-
W -- entpfinden *Sg1* ab-]ad *S1*
P auditu *fehlt Wo4* et componitur *bis* con- *fehlt Ma4 Wo4 B10* ad-] ab- *Wo1 R1*
P-E sensum *E2* auditu *fehlt E2*
Kh2 sensum

S 468 m s **Sensatus** ein synnig mensche. Inde **Sensacio**
-- -ta, -tum gesint uel synnig *I*
-- sinniger °*mensch* °*(Y)* *K*
-- *synnech* mensch wol by synen. Inde **Sensacio** *vorsunnen* *P*
-- ain sinig mensch vel wolbesint *P-E*
-- eyn synnich mynsche *Kh2 Br1*

S synnig] vnsynnich *Ma3* Inde Sensacio *fehlt B9*
M Senatus *M19* Inde Sensacio *fehlt M19*
K mensch *Hl1*] *fehlt W13*
P -- synnich wol sinnet. Inde Sensacio wol vorsunnen *Wo4* synnech *Wo1*] sundich *Ma4* wol by synen] *fehlt Wo1 B10*, wol besynnich *R1* vorsunnen *Wo1*] vorsynnich *Ma4*, vorsynnige *B10*
P-E vel wolbesint *fehlt M25*
Kh2 m s Sensates

S 469 m q **Sensus** °der °synn °*(P-E)* .i. potencia sensitiua uel dicitur organum sentiendi uel accio. Sed **Sensum** neutri generis dicitur significatum verborum et sic idem est quod sententia *siue* verborum expositoria declaracio, et sic debet dici: »Sensum est tale«, licet communis vsus dicat in masculino genere Sensus
-- [...] est tal*e* uel illud«, licet communis usus dicat Sensus ille *in masculino genere*. Wersus *(Grec. Vet. xii 149f.)*: Sensus sunt hominum, verborum sensa suorum. Sentire est sensus, tibi sit sentencia sensum *W*
-- die synne, scilicet quedam vis anime, que percipit formas in presenti materia uel qua homo audit, videt, tangit etc., vel dicitur intellectus secundum aliam significacionem suj uerbi *I*
-- sin, ⌜.i. potencia sensitiua uel organum sentiendi. Sed **Sensum** neutri generis *X / (neuer Wa.:)* n s **Sensum** *Y* dicitur accio verborum *et sic idem est quod sentencia* [...] *K*
-- eyn syn et dicitur potencia siue organum sentiendi. *(neuer Wa.:)* **Sensum** neutri generis dicitur significatum verborum *Kh2*

S .i. potencia sensitiua *fehlt B9* sentiendi] sciendi *Ma3* Sed *fehlt B9* significatum] sensus *S4* et sic *bis* verborum *fehlt Ma3* siue *S4*] *fehlt Ma1* expositoria] *verderbt Ma3*, expositorum *B9* in masculino genere *fehlt B9* masculine *S4* Sensus *(2)*] Sensum *S4*
M siue *fehlt M19* expositorie *Ma6* declaracio] declinacio *M19* in masculino genere *fehlt M19*
Sb3 Sensum neutri generis] secundum n genus verborum *(1)*] vocabulorum siue] scilicet Sensum *(2)*] secundum dicit
W uel accio. Sed *fehlt Sg1* significatum] sensacio *S1*, significacio *Y* verborum *(1)*] nomen *S1* tale *Sg1*] taliter *S1* licet *bis* genere *fehlt Sg1* in masculino genere *Bs9*] *fehlt X*
K et *bis* sentencia *K4*] *fehlt W13* in masculino genere] masculini generis *alle Hss.*
P siue *fehlt R1 Wo4* Sensum *(2) fehlt Wo4* communis vsus dicat] communiter dicatur *Wo4* in masculino genere] est talis *Ma4*, est tale *R1*
P-E sensitiua] sensitura *E2* est tale, licet] et licet *E2* in masculino genere *fehlt alle Hss.*

S 469.1 adv **Sensim** est aduerbium remissiuum et est idem quod paulatim *W-X*
-- .i. paulatim *K*

S 470 f p **Senta** est tharmus, ein slee
+ piscis *K P*
-- ein schlinge *Sb3*
-- est nomen piscis, proprie eyn slihe *I*

-- .i. tarma *P-E*
-- est piscis quidam *Kh2*

S *Wa. fehlt B9* -- .i. toraus *(?) Ma3*
M -- ein sleich *M19* + uel eyn made *Ma6*
W *dt. Int.*] ain flech *S1*
P -- .i. tarma, eyn slige *R1* *dt. Int. fehlt B10*

S 471 f t **Sentes** dorn uel arbor spinosa
+ ***Spine*** *uel* ***Dumi*** *uel Sentes doren* *W*
-- -tis .i. spina vel arbor spinosa *I*
-- ⌜polich vnreyn *Ma4* / gespul vnreyn *R1* / dorn spulig *Wo4*, .i. popisma, caries *P*
-- .i. popisma. Sed **Sentis** ain dorn hek *P-E*
-- .i. inmundicia uel spyen *Kh2 Br1*

S dorn] + .i. spina *S4*
W *Zusatz Bs9*] *fehlt S1 Sg1*
P -- dorne et est arbor spinosa *Wo1* -- dorne uel arbor spinosa uel vnrenich *B10*
P-E -- gespött .i. popisma *M25* *Stichwort*] + gesp *(?) E2*, + gespul von den schusslen *So1*
Kh2 uel spyen *fehlt Br1*

S 471.1 **Sentix** idem *(nach 471)* *I*

S 472 adv **Seorsum** zurucke
+ vel segregatim *I*
-- ⌜hinder sich uel zů rugg *X* / hindersich *Y* *W*
-- ⌜achter wert *Ma4* / hindert wert *R1 Wo4* *P*
-- hinder sich *P-E*
Wa. fehlt K Kh2 Br1

S -- widerruck *N1*
P -- to rugge *Wo1* -- achterwart tu rugge *B10*
P-E -- patet *M25*

S 473 m in **Seon** germen inutile interpretatur

S germen *fehlt B9*
M *Wa. fehlt M19*
K *Wa. fehlt K4*
P Seor *(vgl. 474) Wo4*

S 474 m in **Seor** paruus interpretatur
-- interpretatur paruus uel meridian*us* *Kh2*

S *Wa. fehlt Ma3*
W Seoij *S1*
I *Sigle fehlt*
P Seon *(vgl. 473) Wo4*
Kh2 meridianus *emend.*] meridianes

S 475 adv ***Separatim*** abescheidenlich
-- schaidlich *Sb3*

S Separatim *B9*] Secatim *Ma1*, Sepatim *S4*, Sepatiuum *Ks2*, Sepe ratim *B5*, Separtum *Ma3*
P vnderscheiden *Wo4*
P-E abschaiden *M25*

S 476 f p **Sepa** ein zwippel
-- .i. cepa, zwibel *W*
Wa. fehlt K-Y P-E

vgl. C 348
S Sepe *B9* czwel *B5*
W *dt. Int. fehlt Bs9*
P *Wa. fehlt Br1*

S 477 adv **Septies**
-- ⌜siebenmal *Ma1 Ks2 N1* / sebenwerbe *S4 Ma3 B9* *S*
-- ⌜sebenwerbe *X* / sibenmall *Sb3 Dr1* *M*
-- ⌜zů siben malen *S1 M12 Sg1* / siben mol *Me1 Bs9 Me5* *W*
-- seuenwarb *P*
-- *ze súben malen* *P-E*
Wa. fehlt I K

S sibnnwart *B5*
M *Wa. fehlt M19 D1*
P *Wa. fehlt B10*
P-E *Int. So1*] *fehlt E2*

S 478 m t **Septons** est septima pars vncie
-- huius -tis id est septem vncie *I*
Wa. fehlt K-Y P-Y

Septons *für* Septunx
S Septens *S4*, Septius *Ma3*, Septuns *B9*
M *Wa. fehlt M19*
W Septon *S1*, Septuns *Sg1*
I Septuns
K Septuns *W13*
P Septuns *Ma4*
P-E septima *verderbt E2*

S 479 adv **Sepe** dicke
-- offt *Sb3*
-- dik *uel oft* *W*
Wa. fehlt K P-E

S -- vakene *Ma3* + ader offte *B5*
M *Wa.*] *fehlt (vgl. 486) M19*, *fehlt D1* + offt *Dr1*
W uel oft *Sg1*] *fehlt S1*
P + vaken *Wo1*

S 479.1 **Sepe** .i. multociens *I*

S 480 a q **Sepelire** begraben
+ **Sepultura** inde *I*
Wa. fehlt K-Y

M Sepilire *Ma6*
I *Sigle fehlt*
P Sepilire *Ma4*
P-E vergraben *M25*

S 481 a p **Separare** abescheiden
-- tayllen *Sb3*
Wa. fehlt K-Y

S Sepciare *S4* *Int. fehlt B9* scheydnn *B5*
W *Wa. fehlt Me1*
P *Wa. fehlt B10*

S 482 m s **Sephirus** *west nortwest*
-- est nomen venti *M-Y I*
-- est nomen venti, *west uel nortwind* *W*
-- dicitur ventus, nortwest *K-X*
-- nor wint *P-E*
-- nortwest *Kh2*
Wa. fehlt K-Y

vgl. 403, Z 19
S *Int. Ks2*] nortwest, nomen venti *Ma1*, west *S4*
M -- west nordin *Ks1* -- est prius dictum *Dr1*
Sb3 -- west uel vorwest
W *Wa. fehlt Sg1* *dt. Int. Bs9*] wester uel ortwind *S1*
I *Sigle fehlt*
P *Wa. fehlt Wo4* -- west nort *Ma4*
P-E -- ortwind *So1* -- nort weist *M25*

S 482.1 f p **Sepia** est piscis *P*

Kh2 Sephia

S 483 m in **Sephet** pulchritudo interpretatur
Wa. fehlt I K

Sephet *für* Sepher
S Seper *B9*
Kh2 Sephor

S 483.1 f *p* ***Sephora*** narracio uel raptor *P*
-- dicitur narracio uel liber *Kh2*

Sephora *für* Sefar
P f p Sephora *Wo1*] f t Sephoracio *(vgl. 483.2) Ma4*

S 483.2 f t **Sephoracio** idem *(nach 483.1)* *Kh2*

S 483.3 **Sephorum** est castrum, vnde oriunda fuit beata mater virginis *Kh2*

S 484 n q **Sepire** zunen
+ .i. circumdare, sepe circumclaudere *I*

M czwinen *M19*
P *Wa. fehlt B10*
P-E zúrnen *So1*

S 485 m t **Sepis** ein zun
+ est municio de spinis etc. *I*
-- est municio lignea, wulgariter zun. Sed **Seps**, -is quidam serpens et descendit a »sepio, -is« .i. circumdo uel concludo. Vnde Nouus Grecista *(Grec. Nov. 81v)*: Sepes dan*s* sepis segetes defendit et ort*o*s. Sic facta sepe sata sunt tutissima sepe. Est examen apum sepes dan*s* sepidis ex se; seps serpens, incaustum sepia, sepio verbum *W*

vgl. 489
S Seps, sepis *S4 B5 Ks2* zun] + uel serpens *Ma1*

Sb3 Seps, -pis
W Sepis] Sepes, -is »sepio, -is«] sepo, -is *Y Me1 M12* ortos *Sg1*] ortus *S1* dans *(2) Sg1*] dant *S1* sepia *fehlt Sg1*
I Sepes, -pis

S 486 *adv* ***Sepissime*** *aller dickest*
-- offt *Sb3*
-- aller *öfftist* *K*
Wa. fehlt I P-E

S *Wa. S4*] *fehlt Ma1* Sepissimi *B9* -- alder dickest *Ma3*
M *Wa.*] adv Sepe, -ius, -issime ofter aller maist *(vgl. 479, 487) M19, fehlt D1*
W *Wa. fehlt Sg1* -- alleroffst *Me1*
K öfftist *K4*] ŏffts *W13*

S 487 *adv* ***Sepius*** *dick*
Wa. fehlt Sb3 I K P-E

S *Wa. S4*] *fehlt Ma1* -- idem *(nach 486) Ks2* -- offt *B5* -- dicker *N1*
M *Wa.*] *fehlt (vgl. 486) M19, fehlt D1*
W *Wa. fehlt Sg1*
P dicker *Wo1 R1*

S 488 *a t* ***Seponere*** *enweck legen, quasi »seorsum ponere«*
\+ .i. separare *P*
-- hinder legen *Sb3*
-- dicitur quasi »seorsum ponere« *W K-Y*
-- .i. seorsum ponere, separare uel deponere *I*
-- eynwech leghen uel diuidere *Kh2*

S *Wa. S4*] *fehlt Ma1 B9* *dt. Int.*] enwegseczen *N1*
M *dt. Int.*] beklegen *M19 D1*
K Sepondere *K4*
P -- enwech gelacht *R1 Wo4* *dt. Int.*] wechlegen *Ma4 B10 Br1*
P-E *dt. Int.*] entlegen *So1*, hinwege legen *M25*

S 488.1 part **Sepositus** wechgeleget *P*
-- enwech gelacht *R1 P-E Kh2*

P *Wa. fehlt Wo4*
P-E -- an weg gelet *E2* -- ein weg geleit *So1* -- hin beg gelått *M25*

S 489 *m t* ***Seps*** *czun uel serpens*
\+ Wersus *(Brevil. »Sepes«)*: Pulli sub sepe faciunt *sua* balnea sepe *P*
-- nater *Sb3*
-- -pis est quidam serpens. Vnde Lucanus in ix *(723)*: Ossa*que dissoluens cum corpore tabificus seps* *I*
-- eyn tun uel serpens, que consumit corpora et eciam ossa *Kh2*
Wa. fehlt (enthalten in 485) W

vgl. 485
S *Wa. S4*] *fehlt Ma1*
I Ossaque *bis* seps *I2*] Ossa
K *lat. Int. fehlt Y*
P *Wa. fehlt B10* sua *Wo4*] *fehlt Ma4 Wo1 R1 B10 Br1*
P-E sua *fehlt E2*

S 489.1 m t **Seps** dicitur serpens suo veneno carnes
-- et ossa consumens, et aliqui habent ceps *P-E*

S 490 *o in* ***Septem*** *sebben*
Wa. fehlt I K Kh2

S *Wa. S4*] *fehlt Ma1 Ks2*
M *Wa. fehlt M19 D1*
P-E *Wa. fehlt E2*

S 491 m t **September** der herbestmand
+ quidam mensis *I*
Wa. fehlt K

M *Wa. fehlt D1*

S 491.1 n s **Septa** dicuntur loca munita *Kh2*

S 492 f p **Septena** sibenpsalme
-- ein septen *Sb3*
Wa. fehlt K P-E
Wa. fehlt (enthalten in 497) I

P *Wa. fehlt B10*

S 493 m s **Septenarius**, **Septenis** °sibenczal °uel °*(Sb3)* von siben jaren
-- -a, -um signat summam vniuersitatis, quia omne tempus septem diebus consummatur. *(neuer Wa.:)* co t **Septennis** et hoc -ne .i. septem annorum. Vnde hoc **Septennium** spacium septem annorum *I*
-- souen tal *Kh2 Br1*
Wa. fehlt K

S -- Septennis van seuen iaren uel seuen talen *Ma3* -- van souen, eyn souen tal *B9*
sibenczal uel *fehlt S4 B5 Ks2*
M sibenczal uel] siben iar zall *M19*, *fehlt D1*
W -- die siben zal *(neuer Wa.:)* co t Septennis siben iårig *Sg1* sibenczal uel *fehlt S1*
P *Wa.*] m s Septuarius souentich tal *(neuer Wa.:)* co t Septennis van souen iaren *B10*•
P-E sibenczal] zal *M25*

S 494 o t **Septemplex** sibenfeldig
Wa. fehlt I

P Setemplex *Ma4* sebenvalt *Wo4*
P-E sibenfalt *So1*
Kh2 Septuplex *(auch Br1)*

S 495 co t **Septemtrionalis** norden
-- nortwind *W*
-- norden wint *K*
-- de souen sterne uel norden *Kh2 Br1*
Wa. fehlt I

M -- verden *M19*
Sb3 -- vorden
W + ventus quidam *S1*
K Septentronalis *K4* -- narn *(!)* wind *K9*
P-E ort wind *E2 So1*
Kh2 m t Septemtrionalem uel norden *fehlt Br1*

S 496 m t **Septemtrio** siebengestirne uel norden
+ est signum celeste *I*
-- sebin stern uel norden *M*
-- sibengestirnn *Sb3 K*
-- est constellacio in celo, que alio nomine dicitur ursa, que alio nomine dicitur currus. Inde **Septentor**. Item Septentrio dicitur illa pars mundi, que est sub constellacione predicta *W*
-- seuen stern *P*
-- est quoddam astrum a septem stellis uel est pars opposita australi meridionali *Kh2*

S *Wa. fehlt B9 N1* seuensternte *Ma3* uel] von *S4 B5*
M uel norden *fehlt M19*
W que alio nomine] wlgariter vero Inde Septentor *fehlt Sg1*
K -- siben stirn uel ventus *Hl1*
P *Wa. fehlt Br1*
P-E siben gestirn *So1*

S 497 m s **Septenus** siebenig
-- -na, -num sebenig. Genesis vij *(7,2)*: Ex omnibus animantibus etc. **Septena** eciam septem psalmos significat *(vgl. 492)* *I*
-- .i. septem *P (außer Kh2 Br1)*
Wa. fehlt K

S *Int.*] *fehlt B5*, seuen voldich *B9*
M *Wa. fehlt M19* -- der sibend *D1*
W -- siben *S1 Me1* -- der sibend *M12*
P -- seuenech *Wo1 Wo4*

S 498 f p **Septimana** ein woche
+ .i. ebdomada *I*
Wa. fehlt K Kh2 Br1

M *Wa. fehlt M19*
P *Wa. fehlt Ma4*
P-E Septimona

S 499 adv **Septima*na*tim** *wochelich*

S Septimanatim *S4*] Septimatim *Ma1* wochelich *S4*] *verderbt Ma1*, weckelinck *Ma3*
K Septimonatim *W13*
P Septimatim *Ma4*

S 500 *m s* ***Septimus*** *der sebende*
-- der sibentist *Sb3*
Wa. fehlt I K P-E

S *Wa. S4*] *fehlt Ma1* -- der wesinde *B5*
M *Wa. fehlt M19 D1*

S 500.1 *f p* **Septi*n*erdia** uel **Centinodia** weg braiti *W-X*

vgl. C 334, C 1046
W *Sigle M12*] Item *(Wa. nach 500) S1* Septinerdia *Me1*] Septimerdia *S1*

S 501 m s **Septimanarius** der die wochen heldet
-- .i. ebdomadarius, eyn wochener *I*

-- wochner *P-E*

S Septimarius *Ma3* -- der dy sibenden bochen helt *N1*
M Septimarius *Ma6 M19*
W Septimonarius *Sg1* -- wuchner *S1 Sg1*
K Septimonarius *K4* heldet] gelt *K9*
P *Stichwort verderbt Wo4* der] der da *R1*
P-E Septinarius *E2*

S 502 o in **Septingenta** siebenhundert
Wa. fehlt I

S Septuaginta *Ma3*
M *Wa. fehlt D1* Septinagenta *M19* *Int. verderbt M19*
Sb3 Septuagenta
W n s
K Septuaginta *K4*
Kh2 Septyngento

S 502.1 m s **Septifer** *eyn koninges staf* *P*
-- ceptrum ferens *P-E Kh2*

P *Int. Wo1*] est baculus regis *Ma4*
P-E -- .i. ceptrum, ein zepter *So1*

S 502.2 n s **Septium** eyn koniges gortel *P*
Wa. fehlt Kh2

P *Wa. fehlt B10*
P-E -- est cingum *(!)* regis *E2*

S 503 n s **Septistellium** sibenstern
-- sibengestirnn *Sb3 W K*
-- daz sebin gestern, signum celeste *I*
-- dat souensternete *Kh2*

S sebingestern *Ks2*
P *Wa. fehlt B10*
P-E Septisenium *E2* -- das sibend gestirn *So1*

S 504 m s **Septingentesimus** der siebenhunderste
Wa. fehlt I K

S *Wa. fehlt Ma3* -- der sebende hunderste *S4* -- sibenhundertigst *N1*
M -- sebin hundigeste *Ma6* -- sobin hundirstige *Ks1*
P -- souenhundertigeste *Wo1*
P-E -- der súben hundertgost *So1*

S 505 m s **Septuagenarius** siebenczigczal
-- -a, -vm der sebenczigst *I*
Wa. fehlt Sb3 K

S *Wa. fehlt Ma3* -- sebenczig *S4* -- seuental *B9*
M *Wa. fehlt Ks1 D1* -- sibenczigistzall *M19*
P *Wa. fehlt B10* -- seuentig tage *Ma4*

S 505.1 n s **Septrum** est signum regale uel virga regalis *Kh2*

Kh2 *vgl. 267, C 350*

S 506 m s **Septuagenus** *der sebinczigste*
-- aut **Septuagesies** sibenzig mal *Sb3*
-- -na, -num .i. septuagesimus *I*
Wa. fehlt K

S *Wa.*] *fehlt Ma3*, m s Septuarius de seuentichet *B9* *Int. Ks2*] .i. septuagesimus *(vgl. 507) Ma1*, der czeende *S4*
M -- der sibent *M19* -- idem *(nach 507) D1*
Sb3 *vgl. 508*
I *vgl. 507*
P *Wa. fehlt B10* -- seuentiges *Ma4* -- sǒuentichgich *Br1*
P-E -- sibenczig *M25*

S 507 *m s* ***Septuagesimus** idem (nach 506)*
Wa. fehlt Sb3 K Kh2 Br1
Wa. fehlt (vgl. 506) I

S *Wa. Ks2*] *fehlt (vgl. 506) Ma1*, m s Septuasimus de seuentichet *B9* -- der czeende *S4*
M -- der sybenczig *D1*
P *Wa. fehlt B10* -- seuentegest *Ma4*
P-E *Wa. fehlt So1* -- der sibenczigist *M25*

S 507.1 f p **Septuagesima** verbunden tyt *P*

P *Wa. fehlt B10*
P-E *Wa. fehlt So1*

S 508 adv **Septuagesies** ⌜*sebenczigmal* / seuentich warue *Ma3 B9 Kh2*
-- ⌜sebenzich werbe *X* / sybenczig mǒl *D1* *M*
-- seuen hundert worfe *P*
-- zů siben hundertmal *P-E*
Wa. fehlt W I K
Wa. fehlt (enthalten in 509) Sb3

S *Int. S4*] .i. septuaginta adv *(vgl. 510) Ma1* Septingentesies *Ma3* -- subeinczig werte *B5*
M -- septuagies *(vgl. 509) M19* -- sibenczigest *Dr1*
W *Wa. vorh. (*adv Septuagesies sibenczigest*) Me1*
P *Wa. fehlt B10* -- sebenhundert *Wo4* -- souenhundert mol *Br1*
P-E *Wa. fehlt So1*

S 509 *adv* ***Septuagies** idem (nach 508)*
-- aut **Septuagesies** sibenfaltig *Sb3*
-- .i. septuaginta uicibus, sebenzig *I*
-- seuentigworb *P*
-- ⌜sibenczig zal *M25* / sibenzig malen *So1* *P-E*
Septuagies septies .i. quadringentis et nonaginta vicibus, et ponitur *ille* numerus determinatus pro indeterminato sicud et alibi pluribus locis / + **Septuagies** sibenczigest *X* *W*
Wa. fehlt K

S *Wa. Ks2*] *fehlt Ma1 Ma3* *Sigle S4*] *fehlt Ks2* -- sebenczigmal *S4*
M *Wa. fehlt (vgl. 508) M19*
W *Sigle*] Item *(nach 507) X*, *fehlt Y* ille *Sg1*] ibi *S1*
P-E *Wa. fehlt E2*

S 510 *o in* ***Septuaginta** sebenszyg*
Wa. fehlt I K

S *Wa. S4*] *fehlt (vgl. 508) Ma1*
M *Wa. fehlt M19 D1*
W -- sibenczigst *Bs9*
P -- etc. *(nach 509) Ma4*
P-E *Int. fehlt E2*

S 511 o t **Septuplex** siebenfeldig
Wa. fehlt Kh2 Br1

S -- seuenvolt *B9*
M *Wa. fehlt M19*
W *Wa. fehlt S1*
K *Wa. fehlt K4*
P -- seben valt *Wo4*

S 511.1 **Septuplus** -a, -um idem *(nach 511)* *I*

S 512 n s **Septum** .i. municio uel *valacio*
\+ Item Septum dicitur locus circumquaque clausus uel ambitus *W*
-- est locus circumclausus, ut stabulum pecudum uel ambitus. Vnde **Septus**, -ta, -tum .i. circumclausus *(vgl. 513)* *I*
-- .i. fallacio, locus circumclusus ut ambitus *K*
-- .i. municio uel circumuallacio, eyn plankynghe *Kh2*

S monicio *Ma3* valacio *S4*] fallacio *Ma1*, volacio *Ma3*
M fallacio *Ma6*
W .i. municio *bis* Septum *fehlt Y* clausus] clasus *Sg1*
K fallacio *für* vallacio
P-E fallacio *alle Hss.*

S 513 p pr **Septus** .i. circumdatus, a »sepire«
-- vmb geben; et dicitur a »sepio, -is, -ire« *Sb3*
-- .i. circumdatus *Kh2*
Wa. fehlt (enthalten in 512) I

S sepire] + sic dicitur *Ma1*
W a »sepire« *fehlt Sg1*
K a »sepire«] *fehlt W13*, a »sapire« *K4*

S 514 n s **Sepulchrum** quasi »seorsum a pulchritudine«, quia nulla ibi apparet, °ein °grap °*(W-Y P-E)*
-- a »sep*e*lio, -lis«, eyn grap *I*
-- eyn graf; et dicitur quasi »seorsum a pulcritudine« *Kh2*
Wa. fehlt K

S nulla *bis* grap] ibi nulla est puchritudo, eyn grafft *B9* *dt. Int.*] *fehlt Ks2 N1*, pulchritudo *Ma3*
M *lat. Int. fehlt M19* *dt. Int. fehlt D1 Dr1*
Sb3 nulla ibi] ibi in nulla pulchritudo
W quia *bis* apparet *fehlt Sg1* *dt. Int. fehlt S1*
I sepelio *I2*] sepilio
P *dt. Int. verderbt B10*
P-E apparat *E2*

S 515 *f p* ***Sepultura*** *begrabunge*
-- grabung *Sb3*
-- eyn begrebede *I*
Wa. fehlt K

S *Wa. S4] fehlt Ma1*
P grauinge *B10*

S 515.1 part **Sepultus** begrauen *P*

S 516 n s **Sepum** vnslicht
-- talch *P (außer P-E R1)*
Wa. fehlt K

S *Wa. fehlt B9* -- vnghel, talch *Ma3*
M -- vnslig *M19*
I *Sigle fehlt*
P -- vngel, talch *Ma4* + vnflat *Wo4*
P-E -- vnsliech *M25* + Seplum idem *E2*

S 517 o t **Sequax** ein folger
-- qui libenter sequitur, eyn nach folger *I*
-- nachvolger *K Kh2*

S nach folger *S4 B5*
W volgiger *S1 Me1*
P *Int. fehlt (Zeilensprung, vgl. 518) Wo4*

S 518 *m* s uel t **Sequester** ein ⌜*volgher* / nachfolger *S-X K P-E* uel susceptor pignorum uel ille, qui diuidit litem
-- idem *(nach 517)* uel est susceptor pignorum, ein krieg schaider uel ein pfantnemmer *Sb3*
-- [...] litem. Item Sequester dicitur reconciliator, qui certantibus ad reconciliandum se *inter*ponit / + Item Sequester, **Pedisequus** uel **Discretor** dicitur ille, qui pignora portat *X W*
-- est reconciliator, qui discordes pacificat et quj certantibus medius interuenit, eyn scheydes man *I*
-- idem *(nach 517)* uel ille, qui diuidit litem *Kh2 Br1*

vgl. P 291
S m s *B9*] n s *Ma1* volgher *zit. nach Ma3* pignorum *fehlt Ma3*
M *dt. Int.*] *fehlt M19*
W -- ain folger uel kriegschaider *Sg1* interponit *Bs9*] ponit *S1* *Zusatz nach 521 S1* + pfant trager *Me1*
K -- qui diuidit litem *W13* *dt. Int. fehlt K9* pignorum] pugnorum *(!) K4*
P *Stichwort fehlt (Zeilensprung, vgl. 517) Wo4* navolger *B10* + eyn deler oder sache *Wo4*

S 519 o t **Sequies** ein folgende knecht
-- eyn volgender *I*
-- ein nach volgunder knecht *K P*
-- eyn nachvolger *P-E Kh2 Br1*

S *Wa. fehlt Ma3* Sequipes *Y* -- eyn folger knecht *S4* -- eyn noch folgender knecht *B5*
M -- ein volgung chneht *M19*
W Sequens *S1*, Sequis *Sg1* volgiger knecht *S1*
I Seques
K Seques
P Sequipes -- eyn na volger knecht *Ma4* -- eyn volghe knecht *Wo1* -- eyn navolcher, eyn knecht *R1 Wo4*
P-E Sequipes
Kh2 Sequipes

S 520 a p **Sequestrare** ⌜kriegteiln / kif delen *Ma3 P*
-- *deylin uel* krick deyln *M*
-- krieg schaiden uel taylen *Sb3*
-- .i. separare certantes *W*
-- .i. separare et certantes pacificare *I*
-- chrieg tailen *K*
-- .i. diuidere litem *E2* *P-E*
Wa. fehlt W

S *Int.*] teiln uel kriegteiln *Ma1*, litem diuidere *S4*, teylnn .i. litem diuidere sepe *B5*
M Sequestare *M19* deylin uel *Ks1*] *fehlt Ma6 M19* krick deyln] den krick scheyden *D1*
W -- .i. litem diuido *Sg1*
K + uel schaiden *Hl1*
P -- deylen den strid *R1* -- krych delen *Wo1* -- krich berichten *B10*
P-E -- scheiden einen krieg *So1* -- tailen den krieg *M25*

S 521 f p **Sequela** ein folgunge
+ .i. exemplum, ritus *I P*
-- ein nach volgung *Sb3 Kh2*

S *Wa. fehlt B5*
M -- eyn vogung *D1*
K volung *W13*, nachuoligung *K9*
P-E *dt. Int.*] *fehlt So1*, volgen *E2*

S 522 f p **Sequencia** ein sequen*cie*
-- eyn sequenczen *Sb3 W P-E*
Wa. fehlt M-Y K

S sequencie *S4*] sequencz *Ma1 N1*
M sequentz *Ma6*
I *Sigle fehlt*
P -- eyn sequencia, eyn sequencie *Wo4*
P-E *Int.*] *fehlt E2*, patet *M25*

S 523 d t **Sequi**, °Inde °**Consequi** °*(Kh2)*, nachfolgen et componitur cum sub- et pro-, *per-*, as-
-- nach volgen et componitur cum ad- mutando -d- in *-s-* *Sb3*
-- nach folgen *I K*

S -- inde consequi *B9* nachfolgen *bis* cum] volghen *Ma3* cum] + est *Ma1*, + cis *S4* per- *B5*] *fehlt Ma1 Ks2*, pre- *S4* as- *fehlt S4*
M et componitur *bis* as-] *fehlt M19* et componitur cum *fehlt Ma6*
Sb3 -s- *V1*] e
W -- nåch folgen *Sg1* as-] ab- *S1*
P -- volghen. Inde Consequi *Wo4*
P-E *Wa. fehlt So1* Sequr *(!) E2* nachfolgen *bis* as- *fehlt E2* et componitur *bis* as- *fehlt M25*

S 524 f p **Sera** ein sloß
+ est firmatura hostij *I*
+ .i. clausura *Kh2*
Wa. fehlt K

S 524.1 *n t* **Serage** eyn *stut*. **Equaria** idem *P*
-- .i. *e*quaria *P-E*
Wa. fehlt Kh2 Br1

P *Wa. fehlt B10* *Sigle Wo1*] *fehlt Ma4* -- .i. equirria *Wo4* stut *Wo1*] stock *Ma4*
P-E n t Seragere *(auch R1)* equaria *So1*] aquaria *E2*

S 524.2 m in **Seraphis** est deus Egiptiorum *P*

vgl. 538.2
P-E -- est deo Egiptiarum *E2*

S 524.3 f p **Seracula** spange *P*
\+ sicud in ianuis *Kh2*

P *Wa. fehlt B10* + est monile *Ma4*

S 525 **Seraph**, **Cherub** in singulari sunt masculini generis et 3e declinacionis et significant vnum *angelum* de *tali* choro, et declinatur sic: nominatiuo hic cherub et seraph; genitiuo -bis, -phis; datiuo -bi, -phi; accusatiuo -bi*n*, -phi*n*; vocatiuus similis nominatiuo; ablatiuo -be, -phe. In plurali sunt neutri generis indeclinabilia sub terminacione hac scilicet -n et significant choros angelorum
\+ Wersus *(C/T »Seraphin«)*: »N« chorus angelicus, »m« denotat angelu*m* vnu*m* *Sb3*
-- uel **Seraphim** per -m scriptum significat vnumquemque angelum de ordine isto. Sed **Seraphin** per -n scriptum significat multitudinem angelorum istius ordinis; et eodem modo distingwuntur **Cherub** et **Cherubin**. Item cherub et seraph in singulari [...] angelorum *W*
-- -phis dicitur quilibet de ordine illorum angelorum, qui dicuntur seraphin. Et scias, quod **Seraphin** dicuntur illa sanctorum spirituum agmina, que ex singulari proquinquitate conditoris suj incomparabili ardent amore et uocantur ardentes uel in*c*endentes *I*

vgl. C 392, C 394, C 395
S Cherub *(1)*] et seros *S4* angelum *S4*] *fehlt Ma1* tali *S4*] illo *Ma1* cherub] chero *S4* datiuo -bi, -phi] *fehlt B9*, -si, -phi *Ma3* -bin, -phin *S4*] -bim, -phim *Ma1*
M de tali] in tali *M19* declinacionis] coniugacionis *Ma6* choro *fehlt Ma6* -bis, -phis] huius -bis *M19* datiuo -bi, -phi] *fehlt M19*, etc. *Ma6*
Sb3 -bin, -phin] -bim, -phim angelum vnum *emend.*] angelus vnus
W per -m scriptum *fehlt Sg1* vnumquemque *fehlt Sg1* ordine isto] choro seraphin *Sg1* multitudinem *bis* Cherubin] illum chorum *Sg1* Item *bis* angelorum *fehlt Y* In plurali] + vero numero *X*
I incendentes *emend.*] intendentes *(auch I2)*
K *Wa. fehlt K9 Ab1* -- dicitur chorus angelorum *K4* choro] throno *W13* cherub et *fehlt W13* genitiuo *bis* angelorum] *fehlt W13*
P Cherub *(1)*] + sunt chori angelorum *Wo4* -bin, -phin] -phim, -bim *alle Hss.* (-phin, -bim *Wo1*, -bin, -phin *B10)* In plurali] Et pluraliter *alle Hss.* -n *fehlt Wo4*
P-E tali *fehlt alle Hss. (auch R1)* -bin, -phin] -phim, -bim *alle Hss. (*-phim *fehlt E2)* In plurali] Et pluraliter *alle Hss.* -n] neutri generis *alle Hss.*
Kh2 tali choro] + uel de talibus coris cherubin et seraphin vocatiuus similis nominatiuo *fehlt* -be, -phe] -fo, -bo In plurali *bis* hac -n] et in plurali terminatur in -n et sunt indeclinabilia in plurali

S 526 n p **Serenare** ⌜*clarn* / + clarmachen *S-X W*
-- klar machen *Sb3*
-- .i. letificare uel lucidare, luter machen *I*
-- chlar werden *K*

S Seranare *Ma3* clarn *S4*] *fehlt Ma1 Ks2*
M -- clarn uel clarmachen *Dr1*
W -- schön machen *Sg1* clarmachen *fehlt S1*

I a p
P-E -- lautren *M25* + uel luter werden *E2*

S 527 a p **Serare** slißen
\+ oder sperren *K*
-- beschliessen *W*
-- .i. seram hostio apponere, hostium claudere *I*

S beschlyessen *N1*

S 527.1 f t **Serapellinas** eyn alt hut uel vestis *P*
-- .i. pall*a* uel vestis antiqua *Kh2*

P *Wa. fehlt B10* -- dicuntur vestes antique *Br1*
P-E f p Serapellina *E2* ain alt hus *(!) E2 So1*
Kh2 palla *emend.*] pallas

S 527.2 m s **Sereus** eyn *segher* *P*
Wa. fehlt P-E

P *Wa. fehlt B10* segher *Wo1*] segel *Ma4*

S 528 m s **Serenus** clar
\+ uel haytter *Sb3*
\+ *luter* *W*
\+ Inde **-itas** *Kh2*
-- -a, -vm .i. letus, sincerus, clarus, luter uel clair. Wersus *(Cath. »Sereno«)*: Dic mare tranquillum, celum dic esse serenum *I*

S *Wa. fehlt B9*
M + lauter *Dr1*
W luter *Sg1*] *fehlt S1* + Inde Serenitas *(vgl. 529) Bs9 Me5*
P-E -- lauter *M25* + luter *E2*
Kh2 *vgl. 529*

S 529 f t **Serenitas** clarheit uel stilheit
\+ uel tranquilitas *P-E R1*
-- stilhait des *weters* *K*
-- *clarheyt* uel tranquilitas *P*
Wa. fehlt (vgl. 528) W-Y Kh2
Wa. fehlt I

S -- schirheit *B9* uel stilheit *fehlt S4*
M uel stilheit] *fehlt Ma6*, stilligkait *M19*, stilkeyt *D1*
K weters *K4*] werters *W13*
P Serem *Wo4* *dt. Int. Wo1*] *fehlt Ma4*
P-E -- lauterkait *M25*

S 530 n t **Serere** .i. seminare, seui, satum, °sewen °*(Kh2 Br1)*; sed quando habet serui, tunc significat plantare arbores. Wersus: Arbor*is* est serui, sed pertinet ad sata seui
-- significat seminare, et sic habet seui in preterito et satum in supino; sed quando habet serui, tunc significat arbores plantare, et sic habet sertum in supino. Wersus: [...] *Sb3*
-- .i. seminare et habet seui in preterito et satum in supino; sed quando habet serui, tunc habet se*rt*um in supino et est arbores plantare; et composita ab eo habent vtrumque, ut insero, inseui, ins*i*tum *uel*

inserui, insertum; similiter et de hoc verbo consero. Wersus: [...] *W*
-- .i. seminare et sic habet seui in preterito; sed quando habet seruj, tunc significat arbores plantare *I*

S seminare] signare *S4* sewen] seiget *B9* *Vers fehlt Ma3 B9* Arboris *S4*] Arbores *Ma1*
M sewen *fehlt D1* serui *(1)*] + sertum *Ma6 M19*
Sb3 Arboris] Arbores
W sertum *Sg1*] seritum *S1* insitum *Sg1*] insetum *S1* uel inserui, insertum *Sg1*] *fehlt S1*
K .i. seminare *fehlt W13* *Vers fehlt alle Hss.*
P-E *dt. Int. fehlt So1*
Kh2 habet serui] + et sertum arbores *fehlt* Arboris] Arbor ad sata seui] etc.

S 530.1 m t **Seres**, Sereris est quidam populus, a quo dicitur sericum *I*

S 531 f p **Seria** ein gemein faz / + uel tennen kanne *B9 Ma3 P*
-- .i. olla, quasi siria, eyn gemeyn vaß *I*
-- est vas communis uel eyn tynnen kanne *Kh2*

S Sera *B9* gemein *fehlt Ma3* panne *Ma3*
Sb3 *Wa.*] f p Serua ein gmain
W *vgl. 536* Serra *S1*
P gemein faz uel *fehlt B10*
P-E uel tennen kanne] kant *So1*, oder ain zinein kantel *M25*

S 532 adv **Ser*i*atim** ordelich
Wa. fehlt I

S Seriatim *B5*] Seratim *Ma1 Ks2*, Seruatim *S4*
M erstenlich *M19*
Sb3 Seruatim
W *Wa. fehlt (vgl. 532) Bs9 Me5*
K Seratim
P oldelik *B10*
Kh2 older

S 533 f q **Series** ordunge / + uel schickinghe *Ma3 B9 P (außer P-E R1)*
-- .i. ordo *W*
-- .i. ordo, tenor, ordenunge uel schickung *I*
-- eyn ordeninghe uel eyn schikkenisse *Kh2*

S ordunge] + uel ernst *Ma1*
M -- ersten *M19*
W + ordnung *Me1* + Inde Seriatim *(vgl. 532) Bs9 Me5*
P uel schickinghe *fehlt Ma4 Br1*
P-E -- .i. ordo *E2 So1*

S 533.1 m s **Sericus** -ca, -cum siden *I K*

S 534 m s **Seric*i*us** siden

S Sericius *S4*] Sericus *Ma1*
I *Sigle fehlt*
P *Wa. fehlt B10*

S 535 n s **Sericum** idem *(nach 534)*
-- sid. Inde vestis **Serica**; vermis autem, qui facit serica, dicitur **Bombex** *W*
-- .i. seta, side. Inde **Sericare** .i. serico ornare *I*

vgl. B 183
S seydlein *N1*
W sid] seydel *Me1* vermis *bis* Bombex] etc. *Sg1*

S 536 m s **Seriosus** ernsthafftig
\+ .i. serio plenus *I*
-- ernstlich *Sb3*
-- ernsthaft. Item sicud dolium est vas conseruatorium vini magnum et ligneum, ita **Seria** est vas conseruatorium vini testium *W-X*

M *Int.*] ernst *M19*
W *vgl. 531* -- ernsthaftiger *Sg1* testium *für* testeum
K ernstlich *Hl1*, ernsthafft *K9*
P-E *Wa. fehlt So1* ernstlich *E2*

S 537 n s **Serium** ernst

P *Wa. fehlt Ma4*
P-E *Wa. fehlt So1*

S 537.1 **Seriose** aduerbium ernstlich *I*

I *Stichwort*] Inde Seriose *(Wa. nach 537)*

S 538 m s **Serius** nücze
-- -a, -um °nutz °*(Y)*, .i. necessarius uel utilis uel illud, quod wulgariter dicitur ernsthaft *W*
-- -ria, -rium .i. vtilis et necessarius, nutz *I*
Wa. fehlt Kh2 Br1

S + .i. vtilis *B9*

S 538.1 p **Seriare** .i. ordinare *K*

S 538.2 m t **Serapis** nomen ydoli, media producta *K*

K *vgl. 524.2*

S 538.3 *n* in **Sero** .i. tarde et ponitur pro hora in occasu solis / + et pocius aduerbium et sic ponitur nominaliter aut adverbialiter ut mane *X* *K*

K *vgl. 542, I 484* *Sigle K4*] m in *W13* -- .i. tarde *K4*

S 538.4 f p **Serotina admissura** .i. autumpnalis concepcio *K*

K *vgl. 544*

S 539 m t **Sermo** ein rede
\+ est collocucio vnius persone ad aliam *I*
Wa. fehlt K

M *Wa. fehlt D1*

S 540 d p **Sermocinari** predigen
-- .i. sermonem facere, reden uel predigen *I*

Sb3 d p Sermocinari] Sermocinare
W Sermocionari
P d p Sermocinari] Sermocinare *Ma4*, d p Sermocionari *Wo4*

S 541 a p **Sermon*is*are** predigen
-- idem *(nach 540)* *I*

S *Wa. fehlt B9* Sermonisare *S4*] Sermonicare *Ma1*, Sermocinare *Ma3*
W d p Sermonisari *Sg1*
I n p

S 541.1 f p **Serophagi*a*** droge spise ut faba °et °pisa °*(Kh2 Br1)* *P*
-- truken spis vel pisa *P-E*

vgl. C 359.5
P Serophagia *Wo1*] Serophagion *Ma4* et pisa] *fehlt R1*, et pisum *Wo4*
P-E Seraphagia *E2*

S 542 adv **Sero** abent
+ spade *I*
Wa. fehlt K-Y

vgl. I 484
K *vgl. 538.3* abgen *Hl1*
P + spade *Wo4*

S 543 adv **Serotine** .i. tarde, °spade °*(K)*
-- spat *Sb3*
-- abentschein *I*
-- ⌜*spade* / abenlich *P-E* *P*

S Seretine *S4* *lat. Int. fehlt Ma3* *dt. Int. fehlt B5*
M tarda *M19*
W *dt. Int. fehlt Sg1*
I *Sigle fehlt*
P *Wa. fehlt R1 Wo4* spade *Wo1*] afentsam *Ma4*, + auentlank *B10*
P-E *Wa. fehlt So1* Serotene *E2*

S 544 m s **Serotinus** idem *(nach 543)*
-- .i. tarde veniens uel uespertinus. Ymber temporanius, secundum quod dicit Magister in Hystoria *(Hist. PL 198, 1250C)*, est, qui cadit in autumpno uel in hyeme et prodest seminibus iactis nutriendis. Serotinus autem est, qui cadit in vere et estate et cooperatur ad crementum segetum *W*
-- -na, -num .i. tardus uel vespertinus *I*
-- spadig *P-X*

S -- tarde *Ks2*
W Ymber *bis* segetum *fehlt Sg1*
P + auent *B10*
P-E *Wa. fehlt E2 So1* idem *(nach 543) M25*

S 544.1 *n s* **Serpillum** herba, pol*eg*ium campestre *W*
-- est nomen herbe, proprie kirbel *I*

W *Sigle M12*] Item *(Wa. nach 544) S1* polegium *Sg1*] policium *S1*, poleynen *Me1 Bs9*

S 544.2 heb **Seron** interpretatur princeps merorum uel cantans tristiciam *Kh2*

Kh2 Seron *für* Saron

S 545 f t **Serpedo** ein ⌜grind / scorf *Ma3 B9 P* uff den huden
+ et est scabies siue pruritus canum *M*
-- est scabies siue pruritus canum *Sb3*
-- est rubor cutis cum membrorum extancia, grint *I*
-- grinnt auff der hewt *K*
-- ain ruf vf der hut *P-E R1*
-- eyn scherf vppe der hud *Kh2 Br1*

S vff dem houbete *Ks2 B5*
M huden] hunden *Ma6 M19 D1* *Zusatz fehlt M19*
W vf dem hopt *Sg1*, auf dem hut *Bs9*
K hewt] henndt *Hl1*
P *Int.*] *fehlt Wo4*, schorf *B10* uff] n p *(!) Ma4*
P-E Sepedo *E2* an der hawt *M25*

S 546 f *t* ***Serpens*** *aspis, angwis, eyn slange*
+ et dicitur a »serpo«, quod idem est quod repo, *schlichen*. Vnde omnis vermis carens pedibus, qui supra ventrem motu capitis et caude uel costarum incedit, Serpens dici potest *W*
-- a »serpo -is, -ere« .i. aspis, eyn slange *I*
-- ain schlang *P-E Kh2 Br1*
Wa. fehlt K

S *Wa. S4*] *fehlt Ma1* *Sigle Ks2*] f p *S4* *lat. Int. fehlt B9* angwis *verderbt Ma3* sanghe *(!) Ma3*
M m t
Sb3 m t
W m t quod idem est quod repo *fehlt Sg1* schlichen *Sg1*] *fehlt S1* Vnde] + nota quod *Y* qui] quasi *Sg1* dici potest] dicitur *Sg1*
P m t -- .i. aspis *B10* angwis *fehlt Wo4* + eyn snake *Ma4*
P-E m t Sepens *E2*
Kh2 m t

S 547 f p **Serpentaria** est herba, *gundel reb*
-- est nomen erbe *Sb3 Kh2 Br1*
-- est nomen herbe, *gundreb* *W-X*
-- est nomen herbe, nater wortz *I*
-- .i. herba, gandram *K*
-- ⌜gundelrose, herba *Ma4* / gundel raf *R1* / gundel recke *Wo4* *P*
-- ⌜est herba quedam *M25* / est quedam herba, wlgariter gruntreb *E2* *P-E*
Wa. fehlt W-Y

S f p Serpentario *Ma3* *lat. Int. fehlt Ma3* *dt. Int. Ks2*] gunderam *Ma1*, grudel rebe *S4*, grundel reb *B5*
M Serpentoria *Ma6* gunder reb *M19*, kondereb *Dr1*, gůnderam *D1*
W Serpentina *(vgl. 548.1)* *dt. Int. Me1*] hunt reb *S1*
K *vgl. 549.2* gendram *K4*, godram *K9*
P *Wa. fehlt Wo1 B10*
P-E -- est auis quedam *So1*

S 548 m s **Serpentinus** est genus serpentis
Wa. fehlt P

S 548.1 f p **Serpentina** ade*r* wort *P*
+ est herba *Kh2 Br1*

P ader wort *Wo1*] ade wort *Ma4*
P-E -- ader wvrtz oder nater wurtz *So1*

S 549 n t **Serpere** slingen
\+ uel kriechen *P-E*
-- .i. latenter ire, slichen uel kriechen *I*
-- slinden *K*

S + als dy schlangen dů̂n *S4* + also dy *(!) B5*
M sleichen *M19*
W schlichen *S1 Sg1*
P -- slingern ut serpentes *Br1*
P-E slingen] schlichen *So1*

S 549.2 f p **Serpentilla** grundelreb *K*

K *vgl. 547* -- est herba, gundreb *H11* -- gundrebel, herba *K9*

S 550 f p **Serra** ein sege
-- est nomen a sono fictum, proprie eyn sege *I*

S 550.1 n s **Serpentum** ⌜vorspan / vorspang *P-E* *P*

P *vgl. M 529*

S 551 a p **Serrare** segen
-- .i. serra secare, segen. Vnde **Seratus**, -ta, -tum *I*
Wa. fehlt K

I n p

S 552 m t **Serrator** ein seger
\+ Vnde **Serrans**, -tis generis omnis *I*
Wa. fehlt W-Y

S *Wa. fehlt B9*

S 553 n s **Sertum** ein krancz
\+ est corona de floribus insertis *I*
\+ Wersus *(Walther 33617a)*: Virginis est sertum clerique corona, poete laurea, presulis est fulcrum, sed regis est diadema *P (außer P-E R1)*
\+ uel eyn guldene borde *Kh2*

vgl. C 1056
W + uel schappel *Sg1*
P poete] poeta *Wo4* fulcrum *verderbt Wo4*
P-E -- ein schappel *So1* + ain schapel *E2*

S 554 a p **Seruare** bewarn / + uel behalden *S-X K-X*
-- behalten *W P-E*
-- .i. custodire, retinere, behalden *I*

S uel behalden *fehlt Ks2*
M -- behalden *Dr1* + halden *D1*
K *Wa. fehlt K9 Ab1*
P -- behalden *Wo4*

S 555 *n q* ***Seruire*** *dynen*
\+ et dicitur a »seruus« *I*

S *Wa. S4*] *fehlt Ma1*
M *Wa. fehlt D1*
W + Inde Seruiciosus, Seruicium, Seruimen, Seruitus et Seruitor *(vgl. 556, 558, 557, 560, 559) Bs9 Me5*
K *Wa. fehlt K9*

S 556 m s **Seruiciosus** dinsthafftig
+ .i. seruicio plenus *I*
-- diensthaft *Sb3*
Wa. fehlt (vgl. 555) W-Y

M dinst hast *(!) M19*
K dinsthafft *K9*
P-E dienstbar *E2*, dienbar *So1*
Kh2 dnstaftich

S 556.1 f p **Seruia** eyn drechter *P*

P *Wa. fehlt Br1*

S 557 n t **Seruimen** *dinst*

S dinst *S4*] .i. seruicium *(vgl. 558) Ma1*
M *Wa. fehlt M19*
W *Wa. fehlt (vgl. 555) Bs9 Me5*
P *Wa. fehlt Ma4*

S 558 *n s* ***Seruicium*** *dinst*
Wa. fehlt K-Y

S *Wa. S4*] *fehlt (vgl. 557) Ma1*
M *Wa. fehlt D1*
W *Wa. fehlt (vgl. 555) Bs9 Me5*
I *Sigle fehlt*

S 558.1 *m t* ***Servator*** *ein bahalter* *P-E*

P-E *Wa. So1*] *fehlt E2*

S 559 *m t* ***Seruitor*** *eyn dyner*
Wa. fehlt (vgl. 555) W-Y
Wa. fehlt K

S *Wa. S4*] *fehlt Ma1*
M *Wa. fehlt M19*

S 560 *f t* ***Seruitus*** *dinst*

S *Wa. S4*] *fehlt Ma1* + dicitur media correpta *S4*
W *Wa. fehlt (vgl. 555) Bs9 Me5* m s Seruicius *S1*
I m q
P *Wa. fehlt B10*

S 561 f p **Serula** ein clein sloz
+ diminutiuum .i. parua sera *I*
-- est parua sera *W-Y*

S Seruka *B9*
M ein slossel, diminutiuum *M19*
W -- schlo̊sslin *S1*
P-E clein *fehlt M25*

S 561.1 f t **Serpigo** .i. impetigo, scabies sicca, flek *W-Y*

W flecht *Bs9*, flett *Me5*

S 562 n s **Serum** ⌜molken / wadeke *Ma3 B9 P*
+ ziger wasser *W-X*
-- chas wasser *Sb3 K P-E*
-- liquor, qui fluit de recenti caseo, proprie molken *I*

S -- wolken *N1* + mulken *B9*
M -- chess wasser *M19*
W zigen wasser *Me1*
P -- molken *Wo4* + molken *R1*

S 562.1 *n s* **Sera*cium*** ziger *W*

W n s Seracium *Sg1*] Seratum *S1*

S 563 m s **Serus** spete
-- trager *Sb3*
-- -ra, -rum .i. tardus extremus, spade uel abent *I*

S m s Seras *S4*
P-E adv Sero *(*adv Serus *R1)*

S 564 m s **Seruus**, **Seruitor**, **Famulus**, **Minister** idem sunt
+ Sed tamen differunt, quia Famulus est, qui seruit pro precio, Seruus *vero*, qui emptus uel seruili condicione natus est, **Manicipium** vero *est* aliquis in bello captus et in seruitutem redactus. Sed **Verna** uel **Vernaculus** est seruus in domo nutritus *W*
-- seruit*or*, famulus, minister, °vernaculus °*(Y)*, mercenarius, verna, assecla, pedissequus *P*
Wa. fehlt K

vgl. M 425, F 59, V 171, V 172
S *Wa.*] m s Seruus eyn dyner. *(neuer Wa.:)* Seruitor idem m t *Ks2* m s Seruus] m s Seruitus *Ma3* Minister *fehlt Ma3*
M *Wa. fehlt M19 D1*
W Seruitor *bis* idem sunt] est famulus, mancipium idem *Y* quia *fehlt Y* vero *Sg1*] *fehlt S1* est aliquis in bello captus *Sg1*] aliquis qui in bello captus est *S1*
P -- eyn deyner *Wo4* seruitor *Wo1*] seruitus *Ma4* assequa *R1* + knecht *B10*
P-E famula *E2* mercenarius *verderbt E2* verna] vrna *E2*

S 565 f t **Sessio** siczunge
Wa. fehlt W-Y

I m t
P Sercio *Wo4*

S 566 m in **Sesach** bissus interpretatur

S Sesax *Ma3* vissus *S4*
M Sesax *M19*
I *Sigle fehlt*
K *Wa. fehlt K4*
P-E Sesax *(auch R1)*

S 566.1 f p **Sestercia** est pondus quodlibet continens, se, insuper terciam partem sui ipsius *P*
Wa. fehlt Kh2 Br1

P-E insuper] et super *E2*

S 566.2 m s **Sesternus** eyn seppel pennig *P*

P-E -- ain schôp kel *E2* -- ein scapf *So1 M25*
Kh2 Sexternus

S 566.3 n s **Sesticium** eyn sicht budel *P*
-- ain mel pů̊ttel *M25* *P-E*

P *Wa. fehlt B10* -- eyn sicht seckel *R1* -- schute budel *Wo4*
P-E -- ain bútel pitoris *E2* -- ein búttel *So1*

S 567 *m in* **Seth** resurreccio uel gemma interpretatur
-- filius fuit Ade et interpretatur resurreccio *I*
-- interpretatur ponens uel positus aut semen siue resurreccio *Kh2*

S *Sigle S4*] *fehlt Ma1*
K *Wa. fehlt K4*

S 567.1 **Seta** est acus *Sb3*

Sb3 *vgl. 568*

S 568 f p **Seta** ein burste
\+ est pilus porci, quo utuntur sutores *W*
\+ a sus, quia a sue procedit *I*
\+ uel genus arboris *Kh2*

W *dt. Int. fehlt S1*
P -- eyn borste vorste *B10*

S 569 a p **Setare** bursten
\+ aut strallen *Sb3*

M burster *Dr1*

S 569.1 f p **Seticula** pů̊rstel *K*

K -- chlain pürst *Hl1* chlain purstel *K9*

S 569.2 n s **Seticulum** .i. seta *P*

P Sericulum *Wo4*

S 569.3 n s **Setistrum** eyn burst *P*
-- eyn broste bret *Kh2 Br1*

P *Wa. fehlt Wo4 B10* -- idem *(nach 569.2) Wo1*
Kh2 Setristrum

S 569.4 *m in* **Sethin** est nomen montis et regionis et arboris, *que* est similis albe spine; est eciam lignum incremabile et imputribile, et *quando sufficienter* politur, resultant in eo ymagines corporum oppositorum sicud in speculo. Wersus *(vgl. Grec. Nov. 98ᵛ)*: Arbor, mons, regio dicitur esse Sethin *W*

Sethim genus spinarum et fit lignum imputrescibile *I*

W *Sigle M12*] Item *(Wa. nach 569) S1* Sethin] + ein perg *Me1* que *Sg1*] uel *S1* quando sufficienter *Sg1*] quandoque *S1* *Vers fehlt Sg1*

S 570 con **Seu**
-- ⌜ader *X* / efte, eder *Y* *S*
-- *adir .i. uel* *M*
-- pro *uel* / + offt, oder *X* *W*
-- aber *I*
-- ⌜affte / aber *P-E* *P*
Wa. fehlt K

S *Wa. fehlt Ks2* *Stichwort*] Sed *B9* -- off *S4*
M *Int. Ks1*] affter *Ma6*, aber *M19*
Sb3 idem uel oder
W uel *Sg1*] ut *S1*
P *Int.*] ader *R1*, abe *Wo4*, offte *Br1*, + oder *Ma4 Wo1*

S 571 adv **Seuere** grymlich
-- grimmeklich *I Kh2*
-- greyleich *M25* *P-E*

S *Wa.*] f t Seuere frebelichkeyt. Seueritas, Seueriter idem sunt adv *(vgl. 572, 573) Ks2* grymmelchliken *Ma3* + media correpta *S4* + grymmen *B9*
M greulich *D1*
W -- Seueriter, grimlich *(vgl. 573) Sg1* + Inde -ter et -tas, Seuicies et Seuicia *(vgl. 572, 573, 575, 576) Bs9 Me5*
P Seue *(!) Ma4* grymmechlik *Wo4* grymmen *B10*
P-E -- grúwen vel doben vel scharpf sin *E2* -- grulen *So1*

S 572 f t **Seueritas** freuelkeit
+ grimmikeit *I*
-- frefilichkeit *M*
-- ⌜grimlichait *S1* / grimkeit *Sg1* *W*
-- grymkait *K*
-- ⌜grymmelicheit *Ma4 Wo1* / frebeligkeit *Wo4 B10* *P*
-- *grulicheitt* *P-E*
-- grummicheyt *Kh2*

S *Wa. fehlt (vgl. 571) Ks2* freuelichkeit *S4 B5*, freuelheit *N1*
Sb3 + uel proprium nomen viri *(vgl. 574)*
W *Wa.*] *fehlt (vgl. 571) Bs9 Me5*, f t Seueritas, Seuicia, Seuicies idem, grimkeit *(vgl. 575, 576) Sg1* *Int.*] fraißlichkeit *Me1*, freslichait *M12*
I *Sigle fehlt*
K grymmichait *Hl1*, grimhait *K9*
P vrevelichet *R1*, greselicheit *Br1*
P-E Serueritas *E2* *Int. So1*] scharpfhait vel ffråffellichhait *E2*

S 573 adv **Seueriter** greißlich
-- *grewlichen* *W-X*
-- gruslichen uel grulichen *I*
-- fråvelich *P-E*
Wa. fehlt Sb3
Wa. fehlt (enthalten in 571) W-Y

S *Wa.*] *fehlt (vgl. 571) Ks2*, Seueritor gruzzleich *B5*
M Seriter *M19* freyuelich *Ks1*, grulich *D1 Dr1* + quasi »serens verum« *M19*

W grewlichen *Me1*] grimlichen *S1*
P *Wa. fehlt Wo4*
P-E *Wa. fehlt So1* + vel scharpflich *E2*

S 574 *m s* ***Seuerus*** *grußlich* uel proprium nomen ⌜sancti / viri *Sb3*
-- .i. rigidus uel austerus. Et dicitur seuerus, qui iudicio iusticie *tantum* innititur pietatem relinquens. Vnde Nouus Grecista *(81ᵛ)*: Austerus, rigidus, castus datur esse seuerus. Nam sequitur verum *vacuus* pietate seuerus *W*
-- -ra, -rum .i. austerus, gruslich. Eciam est proprium nomen sancti *I*
-- grawsam *K*
-- fråfellich uel proprium nomen *P-E*
-- greselik uel grymmich uel proprium nomen *Kh2 Br1*

S m s Seuerus grußlich *S4*] *fehlt (Zeilensprung; lat. Int. bei 573) Ma1* -- greslich vel grymmek *Ks2* *lat. Int. fehlt S4* sancti *fehlt B9*
M grulich *D1* sancti] *fehlt Ma6*, tunc deriuatur *(?) M19*
W .i. rigidus *bis* dicitur seuerus] grim *Sg1* tantum *Sg1*] cum *S1* Vnde *bis* pietate seuerus *fehlt Sg1* vacuus *Me1*] fatuus *S1 Bs9*
P sancti *fehlt Y*
P-E *Wa. fehlt So1* fråfellich] + scharpf *E2*

S 575 f p **Seuicia** .i. nequicia, *gruwelichkeit*
-- .i. nequicia, crudelitas *I Kh2*
-- .i. nequicia *K*
Wa. fehlt (vgl. 571, 572) W-Y

S *lat. Int. fehlt B9* *dt. Int. S4*] greißlichkeit *Ma1*
M grausumkait *M19*
P -- grimmicheyt *B10* *lat. Int. fehlt R1 Wo4* *dt. Int. fehlt Br1*
P-E *Wa. fehlt So1*

S 576 f q **Seuicies** idem *(nach 575)*
Wa. fehlt (vgl. 571, 572) W-Y

S *Wa. fehlt Ks2*
I *Sigle fehlt*
P-E -- idem *(nach 572) So1*

S 577 n q **Seuire** grymmen
-- .i. insanire, furere, grymmen uel toben *I*

S *Wa. fehlt Ks2* grymmich *Ma3* + uel doben *S4 B5*
M grymmich sin *D1*
W grugten *(!) Me1*
P grymmich sin *Wo4*
P-E grẘen *M25*

S 578 a p **Seuocare** besijt ruffen
-- wider rueffen *Sb3*
-- besijt heischen oder ruffen *I*
-- an ain siten růfen *E2* *P-E*

S *Wa. fehlt Ks2*
P-E -- ein ort růffen *So1* -- sich růffen *M25*

S 579 m s **Seuus** *vngehorlich*
+ ader grymmig *K*
-- -ua, -uum .i. crudelis, gruslich *I*
-- vnghehurlik uel boze *Kh2*

S vngehorlich *S4*] vngehure *Ma1 Ks2*, vnhurlick *Ma3*, vngeheurlichen *N1*
K grimleich *K4*
P vnghehure *Wo4*, vngehurych *B10*
P-E vngehúrer *E2*

S 580 *o in* ***Sex*** *seß*
Wa. fehlt K

S *Wa. S4*] *fehlt Ma1 Ks2*
M *Wa. fehlt M19 D1*
Sb3 -- pacz *(!)*
W sechsin *Sg1*
P-E -- patet *E2*

S 580.1 m s **Segenarius** .i. sexaginta *W-X*

S 581 m s **Sexagenarius** ⌜.i. sexaginta / sestich tal *Ma3 P*
Wa. fehlt I

S *Wa. fehlt N1* Sexegenarius *Ma3* -- idem *(nach 580) B5* -- sestegeste *B9*
M *Wa.*] m s Segenarius Sexagenarius *M19* + der sechczigiste *Ks1*
W -- sechzig zal *Sg1*
P sesach tayl *B10*
P-E -- sechszehen zal *So1* -- sechßualig *M25*

S 581.1 *adv* **Sexagesies** .i. lx uicibus; et dicitur a sexaginta .i. lx *I*

I *Sigle I2*] *verderbt*

S 582 m s **Sexagenus** *der seßegeste*
Wa. fehlt I

S Sextigenus *B9* *Int. S4*] .i. sexagesimus *(vgl. 583) Ma1*, idem *(nach 581) Ks2*, *fehlt Ma3*
M der sechczig *M19*
W Sexigenus *S1*
K *Wa. fehlt K9*
P *Wa. fehlt Wo4* -- sestich *B10*
P-E -- der heczigost *E2* -- 6° *So1* -- .i. sextus *M25*

S 583 *m s* ***Sexagesimus*** *der seßegeste*
-- idem *(nach 582) P-E*
Wa. fehlt I Kh2 Br1

S *Wa. S4*] *fehlt (vgl. 582) Ma1*, *fehlt B9* -- de sestighe *Ma3*
M *Wa. fehlt D1* der sechczig *M19*
K *Wa. fehlt K9*
P *Wa. fehlt Wo4*
P-E -- idem *(nach 581) M25*

S 584 *o in* ***Sexaginta*** *seßig*
Wa. fehlt (vgl. 581.1) I
Wa. fehlt K

S *Wa. S4*] *fehlt Ma1 Ks2*
M *Wa. fehlt D1* -- 600 *M19*
Sb3 Sexuaginta
W sechczigst *Bs9*

P *Wa. fehlt B10*
P-E *Int. fehlt E2*

S 585 adv **Sexies** seßwerbe
-- sechs malen *W-X P-E*
-- sechs vertt *K-X*
Wa. fehlt Sb3 W-Y I K-Y

S *Wa. fehlt S4 Ks2 B5* -- sechs mal *N1*
M *Wa. fehlt D1* sexstund *M19*, sechsmal *Dr1*
P *Wa. fehlt B10* sebenwerbe *(!) Wo4*

S 586 o in **Sexingenta** seßhundert
Wa. fehlt Sb3 W-Y I

S *Wa. fehlt S4 Ks2 B5*
M *Wa. fehlt D1*
P *Wa. fehlt B10* -- seben hundert *R1* sechß hunderste *(vgl. 587) Wo4*

S 587 m s **Sexingentesimus** der seßhunderste
Wa. fehlt I

S *Wa. fehlt B5 N1* Sexogingentesimus *S4* ses hundergeste *Ma3*
K *Wa. fehlt K9*
P *Wa.*] *fehlt (vgl. 586) Wo4*, *fehlt B10* -- seben hundertstigste *R1*
P-E *Wa. fehlt So1*

S 588 m s **Sextarius** ⌜est mensura, *eyn sester / soster* uel in Roma dicitur modius *Ma3 B9 P*
-- mensura duas libras ponderans; duo autem sextarij faciunt bilibrem *W*
-- est genus mensure, ein sechs teyl; et dicitur a sexta parte *I*
-- ein scheffel, est mensura *K*
-- *ein metz*, vel in Roma dicitur modius, ain schöfel *P-E*
-- dicitur modius in Roma *Kh2 Br1*

vgl. A 728.2
S *Wa. fehlt B5* *dt. Int. S4*] *fehlt Ma1*, eyn sichter *Ks2* soster *B9*] sestich *Ma3*, + mensura *B9*
K *dt. Int. fehlt K9*
P -- eyn sest uel Rome dicitur modius siue metreta *Wo4* *lat. Int.*] uel dicitur eyn mate *B10* + siue metreta *Ma4* + eyn schepel *R1*
P-E ein metz *So1*] est quedam mensura *E2*

S 589 f p **Sextarsia** idem *(nach 588)*
-- eciam dicitur mensura *Sb3*

S *Wa. fehlt B5* Sextarsia *Ks2*] Sextaria *Ma1*, Sextarsea *S4*
Sb3 Sextarista
I *Sigle fehlt*
K *Wa. fehlt K4*
P m s Sextarus *Ma4*
P-E Sextarcia *(auch R1)*

S 589.1 *m s* **Sextariolus** idem *(nach 589)* *P*

P *Sigle Wo1*] *fehlt Ma4*

S 590 *m* s **Sexternus** seßlich, et est iunctura *siue revolucio* sex foliorum / + et dicitur a sex, quasi continens sex folia *Ma3 B9*

-- est iunctura xij foliorum, ein sextern *I*
-- ⌜seslich et est iunctura siue reuolucio *duodecim* foliorum in aliquo libro / est *iunctura* 12 foliorum *P-E*; et dicitur a nomine *sex, quia ibi sunt* sex replicaciones, ex quibus fiunt 12 folia *P*
-- soslik uel iunctura duodecim foliorum *Kh2 Br1*

f p **Sextura** est iunctura sew reuolucio sex foliorum. *(neuer Wa.:)* m s **Sexternus** idem, sexteren *Sb3*
Wa. fehlt K

S *Wa. fehlt B5* *Sigle S4*] n s *Ma1* sechsling *N1* iunctura] victura *Ma3* siue revolucio *S4*] *fehlt Ma1* sex *fehlt S4* continens] tenens *B9*
M -- ein sextern *D1* siue revolucio *fehlt M19*
W -- est iunctura XII *Sg1* siue revolucio *fehlt X*
P -- eyn sexterne, iunctura duodecim foliorum *B10* duodecim *B10*] duo *Ma4*, sex *Wo1*, duorum *R1 Wo4* sex, quia ibi sunt *Wo4*] *fehlt Ma4 Wo1*
P-E iunctura *So1*] iunta *E2*
Kh2 + eyn sexterne *Br1*

S 591 *m s* **Sextinus** sechczig
Wa. fehlt Sb3

S *Wa. fehlt B5* *Sigle S4*] *fehlt Ma1*
W *Wa. fehlt S1*
I *Sigle fehlt*
K *Wa. fehlt K9*
P *Wa. fehlt Br1* seslich *Ma4*
Kh2 -- sosse uel sosvoldich

S 592 o t **Sextuplex** *sechs faldig*
Wa. fehlt I K

S *Wa. fehlt B5* *Int. S4*] sechczig feldig *Ma1*
P sechsvalt *Wo4*

S 593 *m s* ***Sextus*** *sehste*
Wa. fehlt I K

S *Wa. S4*] *fehlt Ma1 B5*
M *Wa. fehlt M19 D1*

S 594 m s **Sexus** *eyn kun* ⌜*ader* ein geslechte / slechte *Ma3 B9 P*
-- ein gelåcht *M-Y Sb3 W*
-- est discrecio viri et mulieris, eyn konne *I*
-- .i. progenies *K*
-- geschlåht *P-E*
-- eyn kunne *uel* slechte et dicitur a nomine sextus, quia per sextum membrum sexus cognoscitur numerando *a* pedica usque ad partem superiorem *Kh2 Br1*

S *Wa. fehlt B5* eyn kun ader *S4*] *fehlt Ma1 Ks2*, kron *N1*
M *Wa. fehlt D1*
I m q
K m q
P slechte] *fehlt B10*, geslechte *R1 Wo4*
Kh2 *Sigle*] m q uel *Lü1*] van slechte] geslechte *Br1* a *Lü1*] ad

S 595 con **Si** ⌜abe / efte *Ma3 B9 P*
-- aber *Sb3 W P-E R1*

Wa. fehlt I K

S aber *B5*
M *Wa. fehlt D1* aber *Dr1*
P -- abe, effte *Wo4*
P-E ob *So1*

S 595.1 h in **Siban** est mensis *Iunius* Hebreorum *P*
-- est mensis Iunius *W P-E R1 Kh2*

W *Sigle fehlt* Sibon *Sg1*
P Iunius *Wo1*] vnius *Ma4*

S 595.2 co t **Sibilis** *vornemelik* *P*
-- .i. intelligibilis uel involubilis *Kh2*

Sibilis *für* Scibilis
P *Wa. fehlt B10 Br1* *Int. Wo1*] vermetlike *Ma4*

S 595.3 m s **Siatus** est crater uel syphus *Kh2*

Kh2 syphus *für* ciphus

S 596 n p **Sib*i*lare** flistern et est proprium serpentum
-- wispeln et est proprium serpentum *M-Y*
-- wisplen et est *proprie* serpentum *W P-E*
-- haist gmaidlich pfeiffen *Sb3*
-- hissen, proprie serpentum *I*
-- °sib*len* °*(Y)*, proprie serpentum *K*
-- ⌜dissen *Ma4* / wyspelen, hysgen *R1* / wispelen *Wo4*, est proprium serpentum *P*
-- uel **-pulare** est proprium serpentum *Kh2*

S Sibilare *S4*] Sibulare *Ma1* *dt. Int.*] hyspen *S4*, wispenn *B5*, flisteren myd der tunghen *Ma3*, vispern, vispeln *N1* proprium] + nomen *S4*
M *Int. fehlt Ks1* *dt. Int.*] czissen *Ma2*
W Sibulare *S1* proprie *Sg1*] *fehlt S1*
K siblen *Hl1*] sibelirn *W13*
P *dt. Int.*] *fehlt Br1*, vlistern *Wo1*, tussen *B10* + Wersus *(vgl. 598)*: Sibulus est hominum, serpentum sibile dicas *Wo4*

S 597 f p **Sibilla** est nomen proprium prophetisse
+ Item **Sibille** dicuntur generaliter omnes femine uates ligu*a* grec*a*. Nam »sios« *e*olico sermone de*os*, »*bulen*« *grece* mentem nuncupant. Proinde igitur, quia diuinam uoluntatem hominibus interpretari solebant, Sibill*e* nominate sunt. Sicut enim omnis vir prophetans uel vat*es* dicitur propheta, ita omnis femina prophetans dicitur Sibilla, quod nomen ex officio, non ex proprietate voca*bu*li est *W*
-- est nomen prophetisse *I K*

S prophetisse *fehlt S4*
W femine] mulieres *Y* uates ligwa *bis* vocabuli est] uel prophetantes *Sg1* ligua greca *Bs9*] ligwam grecam *S1* Nam *bis* vocabuli est *fehlt M12* eolico *Bs9*] celico *S1* deos *Bs9*] deus *S1* »bulen« *emend.*] belem *S1 Me1 Bs9 Me5* grece *Bs9*] *fehlt S1* Sibille *(2) Bs9*] Sibilla *S1* vates *Bs9*] vatens *S1* femina] mulier *Y* prophetans *(2)*] + uel vatens *S1* vocabuli *Bs9*] vocali *S1*
K *Wa. fehlt K4*
P -- est proprium nomen *Wo4* nomen *fehlt Ma4*

S 597.1 m s **Sibiciosus** lapis quidam *P*

S 597.2 m s **Sibinosus** idem *(nach 597.1)* *Kh2*

S 597.3 heb **Siba** interpretatur recte uel venit egressio siue conuersio *Kh2*

S 598 *etro* **Sibulus**
-- ⌜fliusterunge *Ma1 Ks2* / hyssunge *S4* / flisteren *Ma3* / vlister tussen *B9* *S*
-- ⌜flisterunge, hy*ss*unge *X* / wisplung *Y* *M*
-- *Wersus (C/T »Sibulum«)*: *Sibulus* dic hominum, serpentum sibula dic*a*s *Sb3*
-- °wisplung °*(Y)*, est spiritus tenuis. Sibulus tamen proprie est vox serpentum, quamuis eciam homines sibulare uel sibulum facere dicantur *W*
-- -a, -um hissung. Wersus: Sibilus est hominum, serpentum sibila dicas *I*
-- wispel, *tus* *P*
-- *wispelung* *P-E*
-- est sonus hominum *Kh2*
Wa. fehlt K

S *Sigle Ks2*] m s *Ma1* -- czvssunge *B5* -- visprung *N1*
M -- kyshung *D1* flisterunge] plisterunge *Ks1* hyssunge *Ks1*] hispunge *Ma6*
Sb3 *Stichwort*] Sibus Wersus: Sibulus *V1*] *fehlt* dicas *V1*] dices
W Sibulus *(2) fehlt Sg1* quamuis] + vim *Sg1* sibulare uel *fehlt Sg1*
I m s Sibilus
P *Wa. fehlt Br1* Sibilus *X* -- eyn vlister tusch *Wo1* -- tussen *B10* tus *Wo4*] *fehlt Ma4*
P-E Sibilis *(*Sibubus *So1)* *Int. So1*] wisphler *E2*, wispleich *M25*

S 598.1 n s **Sibulum** est colleccio pecunie *P*

vgl. 651, 651.1
P -- est colleccio errorum uel pecunie *Wo4*
P-E Sibilum *E2*

S 598.2 **Sisibula** est sonus serpentum *Kh2*

S 598.3 **Sibium** est vngentum uel color, quo meretrices uel mulieres vngunt se in facie, *popplen zalue* *Kh2*

Kh2 *vgl. 638.1, 1016* *dt. Int. Lü1*] popule

S 598.4 m s **Sibius** .i. ad cibum pertinens *Kh2*

Kh2 Sibius *für* Cibius

S 599 f p **Sicania** est regio quedam
-- quedam regio dicta a Sicano rege *I*
Wa. fehlt K

M Siconia *M19*
Sb3 Sicconia
W f p Siccione *(*f p Succiane *S1)*
P-E Siconia -- provincia quedam *E2*

S 600 adv **Sic** also
Wa. fehlt I K

S *Wa. fehlt Ks2*
M *Wa. fehlt M19 D1*
P-E alsod *M25*

S 600.1 f p **Sicca*rr*ia** est s*a*ccus *P*
Wa. fehlt Kh2 Br1

P *Wa.*] Sicarius est saccus uel gladius bacularis *(vgl. 601) B10* Siccarria *Wo1*] Siccachia *Ma4* saccus *Wo1*] succus *Ma4*

S 601 f p **Sicca** ein stabswert / + .i. gladius bacularis *Ma3 B9 P*
+ Wersus *(Brevil. »Sica«)*: Sicca latens gladius; siccarius inde *vocatur* *M*
+ *Versus*: Est gladius sicca; siccarius vtitur illa *W*
-- stabswert abscondit*us* in bacul*o* *K*
-- est gladius uel telum in baculo absconditum *I*
-- .i. gladius bacularis *P-E*
-- eyn stafswert, et est gladius absconditus in baculo, quod solent habere falsi peregrini *Kh2 Br1*

S halbswert *B5*
M *dt. Int.*] ein verborgens *(!) D1* *Vers fehlt M19* vocatur *Ks1*] dicitur *Ma6*
Sb3 inde vocatur] dicitur inde
W Versus *Sg1*] *fehlt S1*
K absconditus in baculo *K4*] abscondita in baculis *W13*
P *Wa. fehlt (vgl. 600.1) B10* -- eyn staff quert *(!) Ma4* *dt. Int.*] eyn staf, eyn swerd *R1*
Kh2 *Stichwort*] f p Sica uel Sicca *dt. Int.*] eyn staff ader eyn swert *Br1* in baculo] + uel flodio *(* + siue in podio *Br1)*

S 602 a p **Siccare** trocken
Wa. fehlt W I

S + ader dorren *S4 B5*
P-E drucken machen *M25*

S 603 m s **Siccarius** ein morder, et est ille, qui occulte occidit / + homines *S-X*
+ aliquem *P-Y*
-- dicitur ille, qui aliquem occidit oculte *Sb3*
-- mucheler, qui oculte occidit homines uel qui fert gladium absconditum in baculo peregrino et tali gladio interficit °incautos °*(Y)*. Ipse vero gladius ***Sicca*** dicitur, et est gladius longus vix latitudinem vnius digiti habens *W*
-- qui sicam defert uel homicida, morder *I*
-- °*ein* °*morderer* °*(Y)*, qui occulte occidit hominem uel qui defert siccam *K*
-- dicitur esse ille qui occul*te* occidit *P-E*

S *lat. Int.*] qui aliquem interficit occulte *B9*
M *dt. Int. fehlt D1*
W mucheler *nach* baculo *S1* vero] et talis *Y* Sicca *Sg1*] *fehlt S1* gladius longus] longus *Sg1* vnius *fehlt Sg1*
K -- .i. qui defert siccam *K4* *dt. Int. Hl1*] *fehlt W13*
P morder *verderbt R1* occultate *R1* occidit] accidit homines *Ma4*
P-E occulte *So1*] occultate *E2*
Kh2 accidit

S 604 adv **Siccine** also, .i. numquid sic
-- .i. numquid sic, ist iz als so *M*
-- est diccio interrogatiua .i. sicne uel numquid sic *W*
-- .i. sicne uel numquid, also *I*
-- alsus, .i. numquid sic *P*
-- *alsus* *P-E*

S also] *fehlt Ma3*, als *B5*, alsus *B9* numquam *S4 Ma3 B9*
M numquam *M19* *dt. Int.*] *fehlt D1*, also *Ks1 Dr1*, ist das also *M19*
Sb3 -- .i. numquid et sic, ez ist also aut interieccio
P -- alsus, numquam, also, ader *R1*
P-E *Int. So1*] idem *(nach 600) E2*, absunt *(!) M25*
Kh2 sic *fehlt*

S 605 n s **Siccinum** ein darre
+ vel eyn deise *I K-X*
+ .i. aridarium *P*
-- ain asel *W*
Wa. fehlt P-E

S Siccineum *S4* -- eyn droghe darne *Ma3* düre *N1*
M durre *Ma6 M19* + uel aße *D1* + ein assel *Dr1*
W Siccinium -- ain darr uel ain asel *S1* -- ein achs uel das assel *Me1*
I Siccinium
K *Zusatz fehlt W13*
P *lat. Int. fehlt R1*
Kh2 ordarium

S 606 m s **Siccus** trocken
-- truckhner *Sb3*
-- -ca, -cum drocken, a »sucus« per antifrasim *I*
Wa. fehlt K

S 607 f p **Sicera** appeldrang uel gemein starg drang
+ ⌜da man mag druncken werden preter vinum / preter *vinum Kh2 Br1* *P*
-- apfeltranckh oder ein gemain tranckh *Sb3*
-- ⌜ain ŏpfel trank uel gemain stark trank. Item Sicera est *X* / est *Y* omnis potus, qui *inebriare* potest. Quidam tamen accipiunt pro pomacio, *apfeltrank*. Wersus *(C/T »Sicera«)*: Pro quocumque velis potu siceram bene ponis, excepto vin*o*, dum corpus inebriat ille *W*
-- appeldrang vel omnis pocio, que inebriare potest preter vinum *I*
-- trůnchken machig tranchk *K*

S starg *fehlt S4* drang *fehlt B5*
M Sicena *Ma6* appeldrang] tranck von apffel *M19* gemein starg drang] ein gemenget tranck *D1*
Sb3 Sicca
W apffel getranck uel gemein stark getranck *Me1* inebriare *M12*] meliorari *S1*, inebriari *Sg1 Bs9 Me1* apfeltrank *Sg1*] *fehlt S1*, appfel getrank *Me1* vino *Sg1*] vini *S1* ille] illud *Y*
K -- truncken machig *K4* machtig *Hl1*
P starg *fehlt B10* *Zusatz*] *fehlt Wo1 B10*, daz man von drunken werden magk preter *(!) Wo4* man] eyner *R1*
P-E -- apfel tranck *M25* gemein *fehlt So1* *Zusatz*] de quo vnus inebriatur sine vino *E2*
Kh2 vinum *Ki3*] venenum

S 607.1 **Siceram** vocant Hebraici omne poculum, quod potest inebriare, siue sit de pomis siue frugibus sew de qualibet alia materia confectum *K-X*

S 608 f p **Sicilia** est regio quedam
\+ et dicitur a Siculo rege *I*
\+ et intelligitur laboriosa *Kh2*
-- est proprium nomen regionis *Sb3*

W Scilicia *Sg1*
I *vgl. 614*
K f p Sicilio *K4*
P f p Sicilio *R1*
P-E regia *E2*
Kh2 *vgl. 608.1*

S 608.1 *f p* ***Siccinia*** humerosa et laboriosa dicitur et est, que *Sichim* dicitur; sed in latinum fertitur et dicitur *siccina et* invenitur in Psalmis *W*

W *vgl. 608.2* *Sigle M12*] Item *(Wa. nach 608) S1* Siccinia *Sg1*] Sicilia *S1* Sichim *Sg1*] Sechin *X* fertitur *für* vertitur siccina et *Sg1*] sicima eciam *S1*

S 608.2 f p **Siccina** .i. ciuitas *P*
Wa. fehlt Kh2 Br1

P *vgl. 608.1*

S 608.3 f p **Sicina** .i. vrna *P*
Wa. fehlt Kh2 Br1

P vrina *Wo4*

S 608.4 *n s* **Sictrum** eyn huwelbloch *P*
-- ain howan *E2* *P-E*

P *Sigle Wo1*] *fehlt Ma4* Sictum *Wo4*
P-E -- ein how *So1* -- ain an how *M25*

S 608.5 m s **Sicofagi** sunt homines, qui commedunt lupos *P*

Kh2 qui commedunt] commedentes

S 608.6 m s **Siconius** philosophus, qui tractabat de diuersis generibus vestimentorum *P*
-- fuit quidam philosophus *Kh2*

S 609 f p **Sicomachia** dicitur pugna anime
\+ uel liber factus de pugna anime *Kh2*
-- dicitur pugna *Sb3*
-- dicitur pugna inter animam et corpus *K*

Sicomachia *für* Psychomachia
P Sicomancia *Ma4 Wo4*
P-E -- dicitur pungnari *E2*
Kh2 Sicomancia

S 610 *f* s **Sicom*o*rus** est arbor similis moro
\+ in folijs; in alijs uero similis ficui, et est sterilis *W*

\+ et dicitur ficus fatua *I*
\+ fructum ad maturitatem non producit *K*
-- ma*ul*perpawm *Sb3*
-- .i. morus *P*

S *Sigle Ks2*] m s *Ma1* Sicomorus *S4*] Sicomerus *Ma1*, Sicomarus *Ma3* *Int. verderbt Ma3* more *B9*
M + ein maulperpawm *M19*
Sb3 *Int. V1*] mawrperpawm
W + wulgariter maulberpaum *Me1*
P + mulberibaum *Ma4*

S 610.1 co p **Sicopolita** sunt qui commedunt foc*o*s *(!)* *P*
-- uel **-lios** uel **-phagenus** uel **-fantta** qui commedit ficos uel eyn merkalp *Kh2*

P -- merkervere *(!) B10* -- eyn mer calff *Br1* focos *Wo1*] focas *Ma4* + merkeluer *Ma4*
P-E Sicopolta *(auch R1)* sunt] + homines *alle Hss.*

S 610.2 m s **Sicophagi*nus*** idem *(nach 610.1)* *P*
Wa. fehlt (vgl. 610.1) Kh2

P *Stichwort Wo1*] Sicophagios *Ma4*

S 610.3 co p **Sicophanta** idem *(nach 610.2)* *P*
Wa. fehlt (vgl. 610.1) Kh2

P *Wa. fehlt B10*

S 610.4 m s **Sicopolius** idem *(nach 610.3)* *P*
Wa. fehlt (vgl. 610.1) Kh2

P-E *Wa. fehlt E2*

S 610.5 ep p **Siconia** est regio quedam uel auis, eyn adebor *Kh2*

Kh2 *vgl. C 411*

S 611 g i b **Sichos** grec*e*, *f*icus latine
-- grece, *triticum* latine *P*

S grece *S4*] grecus *Ma1* ficus *Ma3*] vicus *X*
M *Wa. fehlt M19*
Sb3 Sichus vicus
W Sicus *S1* ficus] siccus *S1*
K *Wa. fehlt K4*
P Sicus *Ma4* triticum *R1*] aratum *Ma4*, .i. ficus *Wo1*, trificum *Wo4*

S 612 *adv* **Sicubi** ⌜*so wor* / so wanne *S-X*
-- so wair, .i. sicud et alibi, also anders wo *M*
-- .i. sicud, alibi als anders wo *Sb3*
-- wie *W*
-- alsus *I*
-- media correpta, sowenn, .i. alicubi *K*
-- sowie *P-E R1*
-- eftte wor *Kh2 Br1*

S *Wa.*] Siccubin fürbar *N1* *Sigle S4*] *fehlt Ma1 Y* -- so von *B5* so wor *B9*] so vor *Ma3*
M -- so war *Ks1* -- so waier *(?) Dr1* so wair *fehlt M19 D1* also anders wo] als ander wo *M19*
Sb3 also] als
K .i. alicubi *fehlt K4* + *(neuer Wa.:)* adv Sicobi so wenn *Hl1*
P *Wa.*] adv Sicobi so we *R1* Sicui *Ma4*
P-E Sicobi *E2* -- wie *So1* -- zu wie *M25*
Kh2 Sicube -- efft wo *Br1*

S 613 m s **Si*cl*us** est genus ponderis uel est quarta pars vncie
Wa. fehlt P

vgl. 267.3, C 409
S Siclus *B9*] Siculus *X Ma3* est genus *fehlt Ma3* vncii *S4*

S 614 m s **Sic*u*lus** est aliquis de Sicilia, °*eyn* °*ceciliger* °*(W)*
-- fuit rex Sicilie vel dicitur aliquis de tali regione *I*
-- eyn sicilier *P*
Wa. fehlt K Kh2 Br1

S Siculus *Ks2*] Sicolus *Ma1 S4* Sicilia] + regione *S4* *dt. Int. S4*] *fehlt Ma1 Ks2 B5 Ma3*
M eyn cilier *D1*
W de Silicia *Sg1* *dt. Int. vorh. (*ein cecilger*) Me1*
P -- eyn scziseker *Wo4* -- eyn cirkeler *(?) B10*
P-E *Wa. fehlt So1*

S 615 adv **Sicud**, **Sicuti** also
-- **Sicuti** idem *I*
Wa. fehlt K

S als *B5*
M *Wa. fehlt M19*
I *Sigle fehlt*
P-E Sicuti *fehlt M25* ze gleicher wis *So1*

S 616 n *t* **Sidere** .i. inclinare uel sedere uel ⌜spondere / splendere *S-Y*
+ Wersus *(Grec. Nov. 44ᵛ)*: Sido nota *sedeo* debetque carere supino necnon preterito; sed abhinc assido, resido, insido, consido, subsidoque tibi do *W*
-- significat inclinare, sedere, respondere uel micare *Sb3*
-- [...] sedere *K*
-- .i. inclinare uel sedere uel splendere. Inde **Sidus** .i. stella splende*n*s; caret preteritis *P*

S *Sigle S4*] n s *Ma1* Side *Ma3* + loben *S4* + wawm *(?) B5*
M inclinare] inchoare *Ma6*, inclanire *M19*
W sedeo *Sg1*] *verderbt S1*
K uel sedere *fehlt K4*
P Inde *bis* preteritis *fehlt Wo1* splendens *Wo4*] splendes *Ma4*
P-E inclinare *verderbt E2*
Kh2 caret preteritis *fehlt*

S 617 f p **Sidonia** est regio quedam

P regia *Ma4*

S 618 f t **Sidon** est ciuitas et interpretatur venacio
+ tristici*e* uel commocio iniquitatis *Kh2*
-- est quedam ciuitas uel patria et interpretatur venundacio *I*

I *Sigle fehlt*
K -- dicitur nomen ciuitatis *K4*
Kh2 tristicie *Lü1*] tristicio

S 618.1 part **Siderata** gestyrnt *P*

P ghesterneghet *Wo1*
Kh2 part Sideratus

S 618.2 n t **Sidile** eyn *sel* *P*
-- eyn perde sele *Kh2*
Wa. fehlt P-E

P *Wa. fehlt B10 Br1* sel *Wo1*] sale *Ma4*

S 618.3 f p **Sydraula** sonus organorum *P*

vgl. I 71.4
P Sidruola *Wo4*
P-E Sidreula *E2*

S 619 n t **Sidus** ⌜gestirne / ghesternte *Ma3 B9*
+ est constellacio in celo *W-X*
-- -deris .i. stella uel colleccio stellarum *I*
-- ⌜gesternt *X* / eyn stern *Wo4 B10* *P (außer P-E)*
Wa. fehlt Kh2 Br1

S gester *S4*
M stirn *Dr1*
I n s
P gestirncze *R1*

S 619.1 heb **Sidrach** interpretatur decor uel decorus *Kh2*

S 619.2 f p **Sifa** swynge *P*

P *Wa. fehlt B10*
P-E ein schling *So1*

S 620 adv **Sigillatim** *besonderlich*
+ *.i. singulariter uel per singulas voces facere separatim.* Sed **Singulatim** est adverbium discretiuum, per singulos; quidam dicunt Sigillatim, sed male, quia Sigillatim dicitur expresse, a »sigillo« .i. designare, facere, firmare, claudere. Sed Singulatim dicitur a »*s*ingulo, -as«, quod *est* vnus vel vnicus; sed in plurali accipitur distributiue ut: singuli comedunt, .i. vnus per se *K-X*
-- sunderlichen *W*
-- .i. expresse, a »sigillum« dicitur *I*
-- besunder *P-E R1*

vgl. 701.1
S *Int. S4*] sunderlich *Ma1*
M sunderlichen *Dr1*
W besunderlichen *Bs9*
K .i. *bis* separatim *Hl1*] *fehlt W13* dicunt Sigillatim] + loquuntur *W13* singulo *Hl1*] cingulo *W13* est *Hl1*] .i. quod *W13*
P *Wa. fehlt B10* sunderlich *Wo4*

S 621 a p **Sigillare** *besiggeln*
-- sigelen *Sb3 K P-E R1 Kh2*
-- .i. sigillo signare uel confirmare, besegeln *I*

S *Int. S4*] sigeln *Ma1*, versigeln *N1*
M gesigeln *M19*, sigillen *D1*
P besiggel *Ma4*
P-E in siglen *E2*

S 622 *n s* ***Sigillum*** *eyn jngesiggel*
-- insigel *M-Y Sb3 W*
-- instrumentum sigillandi, ein insegel *I*
Wa. fehlt K

S *Wa. S4*] *fehlt Ma1* insigel *N1*
M Sigullum *M19*
P-E ain insigel *E2*, ain sigill *M25*

S 623 adv **Signanter** mergklich
+ .i. euidenter, aperte *I*

M merchich *M19*
W *Int. fehlt Bs9 Me5*
K werckleich *Hl1*

S 624 n s **Signaculum** ein zeichen
-- idem quod signum, eyn czeichen *I*

S -- idem *(nach 622) N1*
M ein chaichen *(!) M19*
I *vgl. 629*
P *Wa. fehlt B10*

S 625 m s **Signifer** quasi »ferens signum«, ein baner furer
-- -a, -um .i. »ferens signum«, ein fan dreger *I*
-- quasi »ferens signum« *Kh2 Br1*

S ferens] frequens *S4* *dt. Int. fehlt Ma3*
M *dt. Int. fehlt M19*
Sb3 Signifex
W ferens] gerens *Sg1*
K *lat. Int. fehlt W13 Y*
P *Wa. fehlt B10* + Signaculum idem *(vgl. 624) R1*
P-E *dt. Int.*] *fehlt So1*, ain pann fůrer *M25*

S 626 m s **Signarius** idem *(nach 625)*
-- idem, eyn baner uorer, eyn somer *Kh2*
Wa. fehlt K-Y P-E R1

W Signatus *S1*
P *Wa. fehlt B10*

S 627 a p **Significare** beczeichen
+ .i. signare *I*

S czeygen *S4 B5*, merken *Ks2*
W peczeygen *Bs9* + .i. signum facere *Sg1*
P-E zeichnen *So1*

S 628 a p **Signare** merken
+ et est signum facere uel signo ostendere uel sigillare *W*
+ .i. signo designare, exprimere *I*
-- beteken *Kh2 Br1*

S *Wa. fehlt Ks2 B5*
W *Zusatz fehlt Sg1*
I *Sigle fehlt*
P *Wa. fehlt B10*
P-E + zaichen *E2*
Kh2 tekenen *Br1*

S 629 n s **Signum** ein zeichen
+ Item **Signa** dicuntur miracula uel prodigia uel vexilla. Item **Sidera** dicuntur signa. Item Signum invenitur pro custodia *W*
Wa. fehlt (vgl. 624) I
Wa. fehlt K

S *Wa. fehlt B5*
M *Wa. fehlt D1*

S 629.1 *m* t ***Sigon*** nomen fluuij *P*

P *Wa. fehlt Wo4* m t Sigon *Wo1*] f t Syon *Ma4*

S 629.2 *f t* **Silago** °bleyer °*(P-E)*, nomen piscis *P*

P *Sigle Wo1*] *fehlt Ma4* bleyvisch *Wo4 Br1*

S 629.3 m p **Silca** fons ad radicem montis Syon *P*
-- est fons sita in radice montis Sion *Br1 Kh2*

P Silica *Wo4*
Kh2 Sillica montis] monte

S 630 n s **Silencium** stilnisse
-- swigunge, ubi uox nulla est *I*

Sb3 stillmeß
W stille *Me1*
P stilheyt *Wo4*
P-E stillen *M25* + oder schwigung *So1*

S 630.1 n s **Silendrium** eyn schider holtes *Kh2*

Kh2 Silendrium *für* Cylindrium

S 630.2 **Simbolum** grece interpretatur collacio latine; est autem collacio sermonum, ut in consiliis solet, *et* pecuniarum uel aliarum rerum. Si*m*bolum vero dare est, vt vnus quisque solet pro parte sua cibos ad vescendum, ita in confabulacione detraccionis verba conferre *Kh2*

Kh2 *vgl. 651, 651.1* et *emend.*] est Simbolum *(2) emend.*] Sibolum

S 631 *m s* **Siler** est *vimen*, quo ligantur vites; et *tunc* est masculini generis; *uel significat herbam odoriferam, tunc est* ⌜*feminini generis /* n t *S-Y P*

-- ein weinstock; et sic est generis masculini. 2° dicitur erba odoriffera, et sic est generis feminini *Sb3*
-- est vimen, quo ligantur vites, uel significat herbam odoriferam, *et sic est n t et vtrumque dat sileris. Vnde Nouus Grecismus (83ᵛ) in vltimo alphabeto capitulo de »t« sic dicit: Arboreum tibi nomen erit sexus muliebris; absque rubus, dumus, oleaster et absque piaster atque siler pro vimine, nam neutrum. Siler herba fertur odorifera, sed utrumque siler, sileris dat; atque Siler fluuius preterfluit arua Salerni W*
-- est sustentaculum vitis vel significat herbam odoriferam, feminini generis, vel est genus leguminis uel uirgulti *I*
-- dicitur lignum sustentans vites; eciam significat herbam odoriferam f t *K*
-- est ligamentum, quod ligat vitem uel significat erbam odoriferam f t *Kh2*

S *Sigle N1*] *fehlt Ma1* Sile *Ma3* vimen *bis* masculini generis] sustentaculum vite *B5* vimen *Ma3*] funis *(?) Ma1*, funen *S4*, fimen *(?) Ks2*, + cum *X* tunc *S4*] sic *Ma1* uel *bis* feminini generis *S4*] *fehlt Ma1* uel] cum *B9* odoriferam] *fehlt B9*, + teutonice syler *Ma3* n t] f s *B9*
M est vimen *bis* vites; et] ein weinsteken *M19* vimen] fimis *(?) Ma6*
W et sic *bis* Salerni *Sg1*] *fehlt S1* piaster atque *Bs9*] absque *Sg1* Siler herba *Bs9*] herba *Sg1*
K f t *fehlt Y*
P *Wa. fehlt (Zeilensprung, vgl. 632) Ma4* vimen] lignum *Wo4* n t] n s *Wo4*
P-E est vimen *bis* vites] duo significat; vnomodo significat baculum uel lingnum sustentans vitem et vocatur stikel *So1* n t] masculini generis *E2*

S 632 m t **Silex** ein ⌜*keseling*, est lapis / keserlinck, eyn vur sten *Ma3 P*
-- ein kisling *Sb3*
-- est lapis durus, kisling *W*
-- est lapis durus, qui focarius dicitur, eyn kisseling *I*
-- ain kisling vel fúr stain *P-E*
-- est lapis durus, eyn keserlynk vel vlynt sten *Kh2*
Wa. fehlt K

S -- eyn keserlink *B9* keseling *Ks2*] kisel *Ma1 S4*
M *lat. Int. fehlt M19*
P du t -- vimen quo ligantur vites, eyn vursten *(vgl. 631) Ma4* -- eyn vlynt steyn *Wo1* keselink *Br1* eyn vur sten *fehlt B10*
P-E du t
Kh2 m s

S 632.1 m s **Siliceus**, -cea, -ceum de silice existens, a »silex« dicitur *I*

S 633 n s **Silere**, -vi supino caret, .i. tacere
-- .i. tacere et refertur ad uocem inarticulatam *I*

S swighen *B9*
K supino caret *fehlt Y*
P *Wa. fehlt Ma4*
Kh2 supino caret *fehlt (auch Br1)*

S 634 m s **Silicernus** quasi »silicem cernens« / + .i. videns *B9 P* et sic est aliquis, qui iam inclinat se ad sepul*crum*
-- .i. moribundus, scilicet similis mortuo *I*
-- dicitur senex uel p*i*ger *Kh2*

Wa. fehlt Sb3

S clinat *S4* sepulcrum *S4*] *verderbt Ma1*
W cernens] eternus *S1*
K Silcernus *K4* iam *fehlt W13 Y*
P .i. videns *fehlt Ma4*
P-E declinat *E2*
Kh2 *Stichwort*] Siliceruus uel -cernus piger *Ki3*] peger

S 635 m s **Siligen*e*us** rucken
-- -a, -um rocken, .i. de siligine factus *I*
-- *roghech P (außer P-E)*
Wa. fehlt Kh2 Br1

S *Wa.*] m s Silieneus rucken brot *S4* Siligeneus *Ks2*] Siligenus *Ma1 Ma3*
M -- růcken broyt *Ks1*
Sb3 Siligenus
W -- růgerin uel růgen *S1* -- rocklein brott *Me1*
K Siligenus (Saligenus *K4)* roklein *K9* + a siligine *W13*
P *Wa. Wo1*] *fehlt Ma4 Wo4* + kornich *R1*
P-E -- rúkin sicut siligeneus panis *E2* + kornleich *M25*

S 636 n s **Silicium** est vestis de pilis camelorum
Wa. fehlt I

vgl. C 419
S bilis *S4*
P Silencium *R1*
Kh2 vestis] + facta camelorum *verderbt*

S 637 f t **Siligo** ⌜korn / roghe *Ma3 B9 P Sb3 W*
-- -inis quoddam genus tritici, korn *I*

S + rock *S4 Ks2 B5*
M m t -- roken *M19* + uel rocken *D1*
W -- korn *Me1*
K m t Saligo *K4* + rokein *K9*
P rowe *Ma4*

S 637.1 *n t* **Sigale** idem *(nach 637)* *W*

W *Sigle M12*] *fehlt S1* Siligale *Sg1* -- rock *Me1*

S 638 f p **Siliqua** ⌜treber / draf, seyg *Ma3 B9*
+ vel quedam arbor vel genus leguminis *I*
-- est follicul*us* cuiuscumque liguminis uel p*u*rgamentum eius, [O]wulgariter [O]treber [O]*(Y)* *W*
-- treber, folliculus cuiuslibet leguminis / + *est purgamentum X* *K*
-- ⌜draue, zey *Ma4* / sey, trebere *R1* / sey *Wo4 Wo1 Br1* *P*
-- ⌜treber *M25* / kligen vel treber *E2* / kligen *So1* *P-E*
-- est pars vncie, scilicet sexta pars scrupuli vel est genus liguminis vel superfluum brasii, sey *Kh2*

S Silique *B9*
M Silique *M19*
W folliculus *Me1*] folliculum *S1* purgamentum *Sg1*] pergamentum *S1*
K *lat. Int. fehlt K4* est purgamentum *Hl1*] oder trester *W13*
P *Wa. fehlt B10* Silique (Siliqua *Wo1 Wo4)*
P-E Silique
Kh2 Silique, siliquarum

S 638.1 n s **Silium** salue uel vrowen warwe, quo vng*u*nt facie*m* *P*
-- est vngentum, quo mulieres vngunt faciem *Kh2 Br1*

Silium *für* Stibium *(vgl. 598.3)*
P vrowen *fehlt B10* cum quo vnguntur faciem *R1* vngunt faciem *Wo1*] vngant facies *Ma4*
P-E cum quo *alle Hss.*

S 639 f p **Sillabica** ein buchstab
Wa. fehlt K Kh2 Br1

M ein buchstam *D1*
I m s Sillabicus, -a, -um
P -- fusta bustap *Ma4*

S 640 *f p* ***Sillaba*** *eyn silbe*
+ est comprehensio litterarum *I*
Wa. fehlt K

S *Wa. S4*] *fehlt Ma1 Ma3* + et est pars diccionis *B9*
M *Wa. fehlt D1*
P-E *Wa. fehlt E2*

S 640.1 **Sillabare** .i. sillabicare *I*

S 640.2 f p **Silla** *periculum* maris *P*
+ Wersus *(Walther 12190)*: Et cadit in Cillam c*u*piens vitare Caribd*i*m *Kh2*

vgl. 274
P periculum *Wo1*] particulum *Ma4*
P-E periculum *verderbt E2*
Kh2 cupiens *Wo5*] capiens Caribdim *Wo5*] Caribdum

S 640.3 m *s* **Silleus** .i. periculosus *P*
-- est periculum maris *Kh2*

Zum Stichwort vgl. 640.2
P m s Sillens *R1* *Sigle Wo1*] m t *Ma4*
P-E *Wa.*] Sillens .i. particulosus *E2*

S 641 a p **Sillabicare** buchstaben
+ .i. sillabas coniungere *I*
Wa. fehlt K-Y

M *Wa. fehlt M19 D1*
I n p
P -- bus *(!) Ma4*

S 641.1 n s **Sillinum** eyn wiroch vat, eyn *solt vat* *P*
-- ain wiroch vas *P-E R1*

vgl. 78
P -- eyn solt vat uel eyn wirk fad *B10* eyn solt vat *fehlt Br1* solt vat *Wo1*] *verderbt Ma4*

S 641.2 *m s* **Siluanus** deus silue *P*
+ uel monstrum et interpretatur missus patris *Kh2*

P *Sigle Wo1*] *fehlt Ma4*

S 642 g in **Silon** grece, est lignum latine

vgl. X 6
S Silen *Ma3 B9*
M Silen ligne *M19*
Sb3 Silen
P Silen
P-E Silen lignum] signum *E2*

S 643 *m* p **Siloa** ein waßer
-- est nomen aque *Sb3*
-- uel **Siloe** quedam aqua *(vgl. 643.1) I*
-- est nomen fluuij *Kh2 Br1*
Wa. fehlt P-E

S *Sigle S4*] f p *Ma1* Silua *S4*
K Siloe *Y*
P *Wa. fehlt B10* Siola *R1* -- est nomen *Wo4*

S 643.1 heb **Siloe** interpretatur missio uel missus *Kh2*
-- fons fluens a radice montis Syon; *non iugibus, sed incertis horis manans W*
-- est fons ad radicem montis Syon *I*

vgl. 648.1
W *Sigle fehlt* non *bis* manans *Sg1*] *fehlt S1*
I *vgl. 643* heb Siloe] Siloa uel Siloe
Kh2 missus] + egi *(?)*

S 644 f p **Silua** ein walt
-- *est lucus / + nemus X W*
Wa. fehlt Sb3 K

vgl. L 441
M *Wa. fehlt D1*
W *Wa. fehlt S1* est lucus *Bs9*] ain wald *Sg1* *Zusatz zit. nach Me1*
I *Sigle fehlt*
P -- wal *(!) Ma4*

S 645 m s **Siluester** ein waltman uel proprium nomen
+ sancti *W*
-- ein wald man *Sb3 K*
-- hec -tris, hoc -tre res ad siluam pertinens *I*

S nomen] + sancti *Ma3*
K m t
P *Wa.*] Siluescere eyn walt maken uel est proprium nomen *Wo4*
Kh2 *vgl. 648.2*

S 646 *f t* ***Silo** uicus erat prophetarum, vbi primo habitabant*
+ eyn gasse *Kh2*
-- erat locus prophetarum, vbi primo habitabant *I K*

S *Wa. S4*] *fehlt Ma1* vbi primo habitabant] prima habitabat *Ma3*
Sb3 *Wa.*] m s Silophicus erat prophetarum vir et est nomen compositum ex recto et obliquo
W uicus erat] est ficus *Sg1* habitant *S1*
I f t Silo uicus] f s Silouicus
K *Wa. fehlt K4* Silo uicus] Silonicus *alle Hss.* prius *alle Hss.*

S 647 m s **Silogismus** grece, est argumentacio latine
+ uel conclusio *P*
-- grece, argumentum latine *I*
-- eyn verborgen rede *Kh2*

S *Wa. fehlt Ma3*
M g s
W g s
I g in
K g s augmentacio *K4*

S 648 m s **Silogisticus** .i. concludens

S Silogistus *Ma3*
W Silogistius *Sg1*

S 648.1 g in **Silos** dicitur fons ad radicem montis Syon *K*

K *vgl. 643.1*

S 648.2 co t **Siluestris** wylde *Kh2*

Kh2 *vgl. 645*

S 649 m s **Silurus** est paruus piscis
Wa. fehlt I Kh2 Br1

K Silirus *K4*

S 650 f p **Sima** interpretatur curuum. Vnde apud Grecos Syma dicitur quasi curua
-- interpretatur curuum *Sb3 Kh2 Br1*
-- interpretatur curuum. Et hinc **Simus**, -a, -um .i. curuus, proprie qui nasum habet recuruum sursum *I*

vgl. 657.1
S *Wa. fehlt S4 B5* Vnde *bis* curua *fehlt B9* curua *verderbt Ma3*
W *Wa.*] Sina interpretatur curuum *(vgl. 650.1) Sg1*
I n t
K *Wa. fehlt K4* g in Vnde *bis* curua *fehlt Y*
P Vnde *bis* curua *fehlt Ma4* Syma] Sina *Wo4* quasi curua *fehlt Wo4*

S 650.1 m s **Simus** est aliquis habens curuum nasum *(vgl. 650)* *Sg1 (W)*

S 651 n s **S*i*mb*o*lum** ein glaube
+ uel colleccio pecuniarum uel ciborum *K*
-- dicitur colleccio verborum a diuersis in concilio prolatorum uel colleccio peccuniarum *W*
-- est colleccio sermonum, ut in consilio *I*
-- eyn lof uel eyn lauesank *Kh2 Br1*

vgl. 630.2, 651.1
S Simbolum *S4*] Symbalum *Ma1 Ma3* glaube] + .i. conueniencia *Ma1*
W consilio *Sg1*
P -- eyn loue *B10* + lof *R1*

S 651.1 m s **Simbulus** dicitur colleccio uel conferencia peccunie uel aliarum rerum uel colleccio sermonum siue fidei *Kh2*

Kh2 *vgl. 630.2, 651*

S 652 f p **Symea** ein affe
+ vel merkatz *I*
-- ein affin *Sb3 W*

vgl. 653
S ein effin *N1*
K *Wa. fehlt K9*
P *Wa. fehlt Ma4*
P-E ein åffin *So1 M25*

S 653 m s **Symeus** ⌜*krump nessig X* / slacht nezech *Ma3 B9 P*
-- ⌜schelisch nesich *Ma6* / aff nasig *M19* *M*
-- ein aff *Sb3 W*
-- -a, -vm, ad symiam pertinens, vel aliquis habens nasum curuum *I*
-- auffrichtigew naz *K*
-- ⌜ain aff *M25 So1* / stumpf nåsig *E2* *P-E*
Wa. fehlt Kh2

vgl. 652
S *Int. S4*] schelnesig *Ma1*, ain aff uel schechenesich *N1*
M -- est aliquis conpressum nasum *Ks1* -- schlimpnasis *(!) D1* -- est aliquis habens depressum nasum *Dr1*
K -- ein auffgerichte naß *Hl1 K9*
P -- slachesich *R1* -- slach vesich *B10* -- est qui habet nasum erectum ut symea *Br1*

S 654 m t **Symeon** interpretatur audiens iusticiam uel iustus
+ uel exaudibilis *Kh2*

vgl. 658
M *Wa. fehlt M19*
W -- interpretatur iustus *Sg1*
K *Wa. fehlt K4*
P audiens] quasi ponens *Ma4*

S 654.1 m s **Simachus** idem *(nach 654)* *Kh2*

S 655 a p **Similare** glichin
+ Inde **Similis, Similitudo** *(vgl. 656, 657)* *W-Y*
-- .i. similem facere, glichen. Inde **Similis** *(vgl. 656)* *I*

M *Wa. fehlt M19* Simulare *Ma6*
W Simulare *X*
Kh2 -- ghelik

S 655.1 f t **Similigo** est genus farris, semeln *P*
-- est farina *semellarum* *Kh2 Br1*
Wa. fehlt P-E

P *dt. Int. fehlt R1 B10*
Kh2 semellarum *Ki3*] similarum + semel mel *Br1*

S 656 co t **Similis** glich
Wa. fehlt (vgl. 655) W-Y I
Wa. fehlt K

S *Wa. fehlt Ks2*
M *Wa. fehlt M19 D1*

S 657 *f t* ***Similitudo** glichheyt*
-- gleichnuß *Sb3*
-- eyn glichunge *I*
Wa. fehlt (vgl. 655) W-Y
Wa. fehlt K

S *Wa. S4] fehlt Ma1*
M *Wa. fehlt M19 D1*
P f t Similitudo] Similitud *Ma4* ghelikecheit *Wo1*, geliknisse *B10*

S 657.1 f p **Simma** per duo -m- .i. camera; et dicitur a »sima« .i. curuum *I*
-- .i. camera *Wo4 (P)*

vgl. 650

S 658 m t **Symon** interpretatur ponens *tristiciam* uel obediens
-- interpretatur quasi ponens tristiciam *Sb3*
-- interpretatur audiens vel obediens *I*
Wa. fehlt K

vgl. 654
S tristiciam *S4*] iusticiam *Ma1*
M Simeon *M19* obediens] obedienciam *M19*
W potens *S1*
P + uel quasi sine malo *Wo4*
Kh2 obediens] + uel -encie *(?)*

S 659 f p **Symonia** keczerie
-- est cupiditas emendi uel vendendi aliquid spirituale *I*
-- est empcio uel vendicio rerum spiritualium *Kh2 Br1*

S -- wucherunge uel keczerie *Ma1*
W -- simony *Sg1*
K -- symoney *K9*
P-E -- gaischlich wůcher *E2* -- ketry *So1*

S 660 n p ***Simoniacare*** heilige ding verkeuffen
Wa. fehlt Kh2 Br1

S Simoniacare *S4*] Symonicare *Ma1* -- helig ding *B5*
Sb3 Simonicare
W Simonicare *Sg1*
I n p Simoniacare] Symonicare
K Simoniare *(vgl. 662.2)*
P Symonisare *Wo4*
P-E Simoniare *(auch R1)*

S 660.1 *co p* ***Simista*** **consecretalis** .i. conscius *secretorum* uel est propheta, *wissag W*
-- est secretalis uel conscius alicuius secreti *P*
Wa. fehlt Kh2 Br1

W *Sigle M12*] Item *(Wa. nach 660) S1* Simista *Bs9*] Symmistra *S1*, Sinista *Sg1* secretorum *Sg1*] prophetarum *S1* *dt. Int. Bs9*] *fehlt S1 Sg1*
P Simonista *Ma4*, Siminista *R1 Wo4* est secretalis] .i. camerarius uel secretarius *Wo4*
P-E Siminista conscius *verderbt E2*

S 661 m s **Symoniacus** est aliquis emens vel vendens spiritualia
-- -ca, -cum venditor uel emptor spiritualium *I*
-- est aliquis emens spiritualia *P-E*
Wa. fehlt W-X

S vel vendens spiritualia *fehlt Ma3*
K -- heilig ding verkauffer *K4*
P -- qui facit talem actum *Ma4* vel vendens *fehlt Wo1 R1 Wo4*

S 661.1 m t **Simonides** est nomen cuiusdam poete *M*

M nomen *fehlt M19*

S 662 f p **Symphonia** est dulcis cantus / + scilicet melodia *Ma3 P-X*
-- est instrumentum musicum, quod alio nomine dicitur fyella, wulgariter ain gig. Item eciam est concordia vocum. Sed **Dyaphonia** est discantus *W*
-- instrumentum consonancie sonorum uel uocum *I*

vgl. D 301
K *Wa. fehlt K4*

S 662.1 **Simphonisare** est laudes deo decantare *S1 (W)*

S 662.2 p **Simonisare** heilig ding verkawffen *K*

K *vgl. 660* *Wa. fehlt K4*

S 663 m s **Symphoniacus** cantor musice
-- .i. dulcis cantor *W-X*
-- -ca, -cum canens cum simphonia *I*
-- est aliquis dulciter cantans *Kh2 Br1*
Wa. fehlt (vgl. 663.1) W-Y

P Simphonicus *Wo4*
P-E Simphonacus *(auch R1)*

S 663.1 **Simphoniaci** sunt cantores musici *W*

W *vgl. 663*

S 664 *o t* ***Simplex** eynfeltig*
Wa. fehlt I K

S *Wa. S4] fehlt Ma1*
M *Wa. fehlt D1*
P-E -- gleich oder sichlecht *M25*

S 665 *m s* ***Simplus** idem (nach 664)*
-- -pla, -plum quasi non duplus, einfeldig *I*
-- ainfeltig *K*
Wa. fehlt P-E R1

S *Wa. Ks2] fehlt Ma1*, m t Simplus *S4*
M *Wa. fehlt D1*
P *Wa. fehlt B10* -- .i. simplex *Ma4 Wo4*

S 666 m t **Sympsalma** est consonancia psalmi uel vocis copulacio in cantando
-- est consonancia *P*

-- est consonancia psalmorum et est, cum in duobus psalmis non variatur materia *nec* persona loquens *Kh2*

S Simplasmus *S4*, Simplasma *Y* plasmi *Ma3* uel *bis* cantando *fehlt B9* copulacio] compellacio *S4*
M Simplasma
Sb3 Simplasma
P Simphosma *Ma4*, Simplasma *R1 Y*
P-E Simplasma
Kh2 Simplasma uel Simpsalmus nec *Ki3*] non

S 667 adv **Simul** mit einander
-- mit eyn *M-X (außer Sb3)*
-- .i. pariter *W-Y*
-- .i. vna pariter in eodem loco *I*
-- tho samende *Kh2*
Wa. fehlt K

S *Wa.* felt *Ks2* -- mit eyn *B9*
M *Wa. fehlt D1*
P -- mit eyn *Ma4 Br1* -- to samende *Wo1*

S 668 f t **Simulago** .i. simula uel genus ⌜frugi / frumenti *Sb3*
-- est farina albissima et purgatissima; eciam est simula uel genus frugi *W*
Wa. fehlt I Kh2 Br1

S *Wa. nach 673 Ma1* simula] simila *Ma3*
M simula] simulo *M19*
W Similago *S1* simula] + .i. semel *(vgl. 669) Sg1* uel genus frugi *fehlt Y*
K frugi] fruge *alle Hss.*
P simula] simila *Wo4* frugi] frugis *Ma4 Wo1 R1*, frugum *Wo4*
P-E Similago *E2*

S 669 f p **Simula** est semella
+ symel *W-X Kh2*
-- ein semell *Sb3*
Wa. fehlt I

S -- eyn semella *B5* -- eyn semelle *B9*
M *Wa. fehlt Ma6* -- eyn semmel *Ks1*
W *Wa. fehlt (vgl. 668) Sg1* semella] simella *S1*
K -- semel *W13 K9*
P semella] semilla *Ma4*
P-E semella] simella *E2*

S 669.1 adv **Simpliciter** ein faltklikh *So1 (P-E)*

S 670 a p **Simulare** .i. representare et est se fingere scire et non sci*re*, et esse et non *esse*
+ *Versus (Grec. Nov. 34v): Que simulas non sunt sed dissimulas ea, que sunt* *W*
-- [...] fingere scire, quod non scit *I*
-- [...] non scire *K*
Wa. fehlt Kh2 Br1

vgl. A 784
S se fingere] defingere *Ma3* et non scire *fehlt Ma3* scire *(2) S4*] scit *Ma1* esse *(2) S4*] est *Ma1*

M et esse et non esse *fehlt M19*
Sb3 Similare fingere scire] fingere facere
W et non scire *fehlt Sg1* Versus *bis* que sunt *Sg1*] *fehlt S1* non sunt *Bs9*] non *Sg1*
K n p .i. representare et est] dicitur *K4*
P esse et non esse] est et non est *Ma4*

S 671 m t **Simulator**, ***-trix***, ***Simulacio*** *eyn smeycheler*
-- **-trix**, **-cio** ein gleichsener aut gleichsnerin *Sb3*
-- ⌜schmaicher. Inde **Simulatrix** *et* ***Simulacio*** / *X* schmaichler. Inde **Simulacio** *Y W*
-- uel **-trix** .i. adulator *I*
-- smaichler. *(neuer Wa.:)* f t **Simulacio** ⌜idem *X* / *smaickcherey Y K*
-- **-trix**, **-cio** smekelrede furen *P (außer P-E)*
-- dicitur aliquis blandis sermonibus loquens *Kh2 Br1*

S *Int. Ks2*] ein smeicheler *(neuer Wa.:)* f t Simulatrix ein smeichlern *(*smeychlerynne *S4 B5)* *(neuer Wa.:)* f t Simulacio smeichlunge *Ma1 S4 B5*, smecherer *Ma3*, eyn vleseker *B9*
M *Wa. fehlt M19* *dt. Int.*] ein smechlung *D1*
W schmaicher] + uel spotter *S1* et Simulacio *Me1*] *fehlt S1*
K smaiker *Hl1 K4* smaickcherey *K9*] smayckung *K4*
P -- -trix smecherer *Wo1* -cio *Wo4*] -ascio *Ma4* *dt. Int.*] smeyche rede vorer *R1*, liche *(!)* rede furen *Wo4*, eyn gerede vorer *B10*
P-E smecher *So1 M25*

S 672 n s **Simulacrum** est seruicium, quod inpenditur alicui pro bono, uel ein aptgot. [O]**Assimulare** [O]*(W)*, **Effigies** idem
-- [...] bono, est nomen ydoli, dictum a similitudine. **Effigies** idem est *Sb3*
-- .i. ymago, effigies, eyn apgot *I*
-- ⌜est seruicium quod impenditur alicui causa probacionis, ein abgot *X* / abgot *Y K*
-- [...] afgod *Kh2*

vgl. E 62
S ein aptgot] est idem quod ydolum *B5* Assimulare, Effigies idem *fehlt B9* effigiens *Ma3*
M ein aptgot] nomen ydoli *D1* Assimulare, Effigies idem *fehlt M19*
W pro bono] pro fano *S1* Effigies idem *fehlt Sg1*
P *Wa. fehlt B10 Br1*
P-E Efigios *E2*

S 672.1 **Sion** interpretatur specula; est autem specula locus altus et eleuatus, a quo de facili homo potest a se prospicere, eyn berch *Kh2*

Kh2 *vgl. 723*

S 673 n p **Simultare** .i. inimicos facere
+ Inde **Simultas** *W-Y*
+ vel frangere *I*

S -- .i. inimicas *Ma3* inimicus *S4*, inimicicias *B9*
W *vgl. 674*

S 674 f t **Simultas** est latens uel inveteratum odium
-- .i. discordia et proprie latens odium *I*
Wa. fehlt (vgl. 673) W-Y

vgl. 675.1
S Simultans *Ma3* inveteratum *verderbt S4* odium] oleum *B9*
M odium *fehlt M19*
I f p
K Simultans *K4*
P *Wa. fehlt Wo4* f p Simulta
P-E f p Simulta
Kh2 f p Simulta

S 675 m s **Simus** est ille, qui habet nasum erectum / + slacht nesich *Ma3 B9*
+ ut symea *Kh2*
Wa. fehlt I

S inerectum *Ma3*
W *Wa. fehlt Sg1*
P + slacht nesich *Ma4* + eyn slachnese *B10*

S 675.1 f t **Simultas** .i. discordia *P*

P *vgl. 674*

S 675.2 co p **Simmista** consecrarius, qui conscius est misterij et dicitur *ca*merarius *K*
-- est familiaris amicus, cui quis secreta sua communicat *W-Y*

W *Sigle fehlt Y*
K *Wa. fehlt K4* camerarius *Ab1*] cemerarius *W13 Hl1 W9 M37 K9*

S 676 con **Sin** ist aber daz
-- grece, latine con- uel simul significat, ist aber daz *I*
-- auer dat, et interpretatur temptacio regrediens vel odium *Kh2*

S *Wa. fehlt S4* -- ist aber daz niht *N1*
M -- ab daz *M19*
Sb3 ist] est
W ist] .i. *S1*
P Sim *R1* -- is ouer *B10*
P-E -- aber *So1*
Kh2 *Sigle*] con uel heb *Die Bedeutung* temptacio regrediens vel odium *bezieht sich auf das hebräische Stichwort* Sin

S 677 m in **Syna** est mons °prope °Ierusalem °*(B9 P)*
-- quidam locus in deserto vel mons prope Ierusalem *I*
Wa. fehlt W-Y

S *Wa.*] f t Simax *S4*
M mons] nomen *M19*
W Sima *S1* Ierusalem] Ysrael *S1*
K f p

S 678 m in **Synay** *idem (nach 677)*
-- vel **Sin** idem *I*

S *Int. Ks2*] est mons prope Ierusalem *Ma1 S4*
W Simay *S1*
K g p *W13*, g in *Y*
P *Wa. fehlt Wo4*

S 679 f p **Synagoga** ein juden schul / + conuocacio *Ma3 P*
+ vel est congregacio vel conuocacio *Kh2*
-- interpretatur congregacio, juden schule *I*
-- duo significat, sicut *eciam* hoc nomen **Ecclesia**; sicut enim Ecclesia significat vno modo vniuersitatem tocius populi christiani, quandoque uero locum *deo* consecratum in quo christiani conueniunt ad orandum vel verbum dei audiendum, sic et Sinagoga est tota plebs Iudaica. Quandoque uero domus in qua Iudei conueniunt ad officium diuinum, et tales domos Iudei nostris temporibus appellant **Scolas** *W*

vgl. A 658.1, E 16, S 296
S *Wa. fehlt Ks2*
M -- est scola Iudeorum *M19*
W eciam *Sg1*] *fehlt S1* hoc nomen] lij *Sg1* deo *Sg1*] *fehlt S1* vel verbum dei audiendum *fehlt Sg1*
P *dt. Int. fehlt B10*

S 680 n t **Synape** ⌜senff, eciam *dicitur* **Sinap*is*** pro eodem / sennep *B9 P (außer P-E)*
-- et hoc **Sinapi**, senff *I*
-- senff / + quando est herba, tunc media producta est feminini generis, aliquando neutri generis et indeclinabile *X K*

S dicitur Sinapis *S4*] Sinap *Ma1*
Sb3 Sinapis] Sinapum
W Synape] Sinapa *S1*
I f t Sinapis
K f t Sinapis

S 681 n s **Sinapium** idem *(nach 680)*
+ *Wersus: Confeccio fit -ium; -pis, herba; grana -pe fiunt* *K*

I *Sigle fehlt*
K Sinapum *(*Sinapium *K4)* *Vers K4*] *fehlt W13* Confeccio *emend.*] Confice *alle Hss.* -ium *Hl1*] *verderbt K4*, vini *K9* -pis *Hl1*] *verderbt K4, fehlt K9* -pe *K9*] p *K4*

S 681.1 co p **Sincellica** mit sel *P*
-- ain mitt gesell *P-E R1*
Wa. fehlt Kh2

S 681.2 f p **Sinalimpha** quedam figura in grammatica *P*

P in grammatica] grammaticalis *Wo4*

S 681.3 adv **Sinaxis** assidue, stedelich *P*
Wa. fehlt (vgl. 681.6) Kh2 Br1

P Simaxis *(vgl. 681.4) Wo4* *dt. Int. fehlt Wo4 B10*
P-E Sinexis *E2* *dt. Int.*] emsklich *So1*

S 681.4 g in **Simaxis** dicitur eciam solempnitas grece et conuentus latine *Wo4 (P)*

P *vgl. 681.3*

S 681.5 o t **Sinax** dicitur quedam passio, que fit, quando homo non potest anhelare *Wo4 (P)*

S 681.6 f t **Sinaxis** est psalmodia vel vespertina laus vel pars diei siue psalmi *Kh2*

Kh2 *vgl. 681.3*

S 681.7 f p **Sinancia** est *a*postema in gutture *Kh2*

Kh2 apostema *Lü1*] opostema

S 682 n t **Sinkathegreuma** .i. consignificatiuum
Wa. fehlt P

S Sincategrema *S4* consignificatum *Ma3*
M Sinkathegeeum *M19* consignificatiuum *verderbt M19*
Sb3 consignificatiuus
I Sincathegorema, -atis

S 683 m s **Sincerus** luter, .i. purus
-- lautter *Sb3 K P-E*
-- -a, -um .i. purus *W*
-- -ra, -rum et hic et hec **Sinceris** et hoc -re .i. purus, firmus sine vicijs. Inde **Sinceritas** reinikeit *(vgl. 684, 685) I*

S luter] + clar *Ma3* *lat. Int. fehlt S4 B9* purus] + Inde *(es folgt 685) Ma1*
M luter] clar *Dr1*
W + clar *S1* + lawter *Me1*
K *Wa. fehlt K9* -- lawter .i. purus uel rain *H11*
P *lat. Int. fehlt Wo4* luter] + clar *B10*

S 684 co t **Sinceris** idem *(nach 683)*
-- *idem (nach 685) P (außer P-E Kh2 Br1)*
Wa. fehlt (enthalten in 683) I
Wa. fehlt K-Y

S -- idem *(nach 685) Ma1*
W -- idem uel klȏr *(nach 683) Me1* + Inde Sinceritas *(vgl. 685) Bs9 Me5*
P *Wa. Wo1*] *fehlt Ma4* Sincerus *R1*

S 685 f t **Sinceritas** luterkeyt
-- .i. ⌜claritas *S1* / puritas *Sg1* *W*
Wa. fehlt (enthalten in 683) I
Wa. fehlt P-E

S lutterheyt *Ma3*
M lauterheyt *Dr1*
W *Wa.*] *fehlt M12*, *fehlt (vgl. 684) Bs9 Me5* -- lawterkeit *Me1*
K *Wa. fehlt K9* lautterhait *K4*
P luterheit *Ma4*, clarheyt *B10*

S 686 n s **Sincinnium** est singularis cantelena uel melodia
-- est *cant*elena uel modulacio, et est singularis numeri *Sb3*
-- est specialis cantilena uel melodia *Kh2 Br1*
Wa. fehlt I

S cantalena *S4*
Sb3 cantelena *emend.*] condelena
W uel melodia *fehlt S1*
P-E molodia *E2*

S 687 n t **Sinciput** ein vorheubt
-- est anterior pars capitis *I K*

-- ⌜stirne *R1* / wirbel *E2*, .i. frons *P-E R1*

S *Wa. fehlt B5*
M -- ein ver haup *M19* -- est por nack *D1*
W -- wirbel capitis *Sg1*
P -- dat vorne houet *B10*
P-E *Int. fehlt So1* *dt. Int.*] girbel *M25*

S 688 n p **Sincopare**
-- ⌜*besnydin X* / betwiuelen *Y S*
-- ⌜bezwifeln *Ma6* / bechurczen *M19*, est diccionem in medio abscindere *M*
-- significat diccionem in medio diuidere *Sb3*
-- beschniden / + bekúrtzen *X W*
-- .i. sincopam facere, vorkurtzen *I*
-- besneiden *K*
-- *betwyuelen P*
-- .i. de medio exsindere *Kh2 Br1*
Wa. fehlt P-E

S *Int. Ks2*] verczwifeln uel uersnyden *Ma1*, besynden *S4*, beczeuilin ader wesneydenn *B5*
M -- besniden *Ks1* -- absneiden, abkurczen *Dr1* *dt. Int. fehlt Ma2 D1* abscindere] abscisio *M19*, + besniden *Ma6*
W *Wa. fehlt Sg1*
K a p absneyden *Hl1*
P *Int. Wo1*] besniden *Ma4*, vortwiuelen *B10*
Kh2 exsindere *für* excindere + ader betwyfelen *Br1*

S 689 f t **Sincopis** ⌜besnydung / betwiuelinge *S-Y P*
+ uel est infirmitas capitis *M*
-- .i. ab*s*cisio *I*
-- betwelenisse *Kh2*

S *Wa.*] f p Sincupis twiuelinge *Ma3* -- zwifelunge uel besnydung *Ma1* betwiuelinge *zit. nach B9*
M -- bezwifflung est inferni *M19* besnydung] bezwifelunge *Ma6*
W f s Sincopus *S1* + uel schwindel *Sg1*
I abscisio *I2*] abcisio
K absneydung *Hl1*
P -- besnidelinge *Ma4* -- betwyuelen *Wo4* -- wiuelinge *B10*
P-E -- zwiflung *E2 So1*

S 690 f p **Sincopa** est abscisio alicuius littere in medio diccionis
-- est abscisio cuiuslibet diccionis, littere uel silbe *Sb3*
-- est ab*s*cisio littere uel sillabe in medio diccionis *I K*
-- est absisio alicuius littere uel est morbus quidam, quem habuerunt Romani, quem curauit sanctus Gregorius *Kh2*

S -- est abscisio in medio diccionis alicuius littere *Ma1*
M in medio diccionis] silabe *M19*
W alicuius littere] littere uel silabe *Sg1*
I abscisio *I2*] abcisio
P littere] + uel silben *Br1* diccionis *fehlt Ma4*
P-E abcisio *E2* littere] + ͵vel silibe *E2*, + vel sillabe *So1*
Kh2 Sincapa

S 690.1 m s **Sinus** wlgariter svgel in puppi *R1 (P)*

S 691 f t **Sinderisis** eyn funcke der sele, et est vis anime
+ que semper nata est in superioribus naturaliter *P*
-- est superior pars anime, ein funckh der sel uel est maior racio ad faciendum bonum et dimittendum malum *Sb3*
-- est vis anime, ein *funk* der sel / + oder vnuerdorbenlich adel *X W*
-- dicitur superior pars racionis, scilicet vis anime *I*
-- .i. vis anime *K-Y*
-- est v*i*s anime, que semper nata est in superioribus naturaliter *P-E*
-- est superior pars racionis, scilicet vis anime mortue *Kh2*

S Sinderesis *B9*
M funcke] fanck *M19*
Sb3 Sinderesis
W Sinchoresis *S1* funk *Sg1*] súnd *S1* vnuerderblich *Me5*
K Sinderesis *Y*
P *Wa. fehlt B10 Br1* *dt. Int. fehlt Ma4 Wo4* vis anime] quedam vis *Ma4* vis] visis *R1* naturaliter] + et remurmurans *(?)* malo *Ma4*
P-E Sindorisis *E2* vis *So1*] vas *E2*

S 691.1 a t **Sindere**, sidi sniden, to riten *P*
-- sidi .i. s*c*indere *P-E R1*
Wa. fehlt Kh2 Br1

vgl. 275
P *Wa. fehlt B10* sniden *fehlt Wo4* + .i. scindere *Wo1*
P-E -- sidi schniden *So1* scindere *M25*] sindere *E2*

S 692 *m s* ***Sindicus***
-- ⌜eyn herren fryden macher *S4 B5* / eyn heren uorde gedinger *Ma3* / eyn heren vardeghe *B9* *S*
-- ⌜eyn hern verdedinger *X* / eyn herren vertygung *M19* *M*
-- ein herren tådiger *Sb3 P-E*
-- ain herren vor tåtiger *W*
-- herren frey dinger *K*
-- eyn heren *vordeghedinger* *P*
Wa. fehlt I

S *Wa. fehlt Ma1* m s Sindicus *zit. nach S4* -- eyn heren freden ding *Ks2* -- ein herren tedinger *N1*
M -- ein hern vor diner uel tetiger *D1* -- ein herren fordeitiger *Dr1*
W -- eins herren vorteydinger *Me1* + uel verwåser *S1*
P vordeghedinger *Wo1*] vordegedinge *Ma4*, vortetigher *Wo4*
P-E -- ains heren *(!) M25*

S 693 *m t* **Sindo** sindel, edel gewant
-- zendall uel dicitur *pannus*, in quo Cristus sepultus est. Vnde in passione *(Mt 27,59)*: Inuoluit eum in sindone munda *Sb3*
-- ain edel gewand *W-Y P-E*
-- edel gewant / + dicitur eciam lineum amictum et camisea feminarum, quo humeri operiuntur *X K*
-- est pannus preciosus, syndal *Kh2 Br1*

S *Sigle S4*] *fehlt Ma1* sindel] + uel cindel *Ma1* edel gewant] egel gebant *N1*
M sindel] sidel *M19* edel gewant] edel cleyd *D1*
Sb3 pannus *V1*] pondus

W f t
K *Wa. fehlt K4* Sindon *W13*
P -- sindare *Ma4* eddel wand *Wo1 Wo4 B10*
P-E -- semet *So1*

S 693.1 m s **Sindeus** idem *(nach 693) D1 (M)*

S 693.2 *m t* **Sindor** camisea *P*
-- eyn hals dok *Kh2*

P *Wa. fehlt Br1* *Sigle Wo1] fehlt Ma4* + eyn hemmet *Wo1 Wo4*

S 694 *m t* **Sindon** ein tuch, et est pannus, in quo corpora mortuorum voluuntur
-- idem *(nach 693) Sb3*
-- est uestis linea feminarum, qua *humeri* operiuntur; quandoque eciam ponitur pro lineo panno. Wersus: Sindo*n* mantellus, sindon quoque linea uestis. Vnde Petrus Helie: Est *-on femineum* si sit muliebre uel vrbis, ut Gorgon, Calidon, socias hijs sindon anoson *W*
-- est lineum amictorium mulierum, quo humeri operiuntur et quandoque simpliciter dicitur pro lineo panno *I*
-- toten gewant, in quo corpora mortuorum voluuntur *K*
-- est pannus [...] *P-E Kh2 Br1*

S *Sigle S4] fehlt Ma1* *dt. Int. fehlt Ma3* et est pannus *fehlt B9* involuuntur *S4*
M -- est pandus in quo mortui involuuntur *M19*
W f t humeri *Sg1*] pueri *S1* operiantur quoniam *Sg1* Sindon *Sg1*] Sindo *S1* uestis] + linin tůch *S1* -on femineum *Sg1*] olfactum *S1* Gurgon *Sg1*
I f t
K toten gewant] + oder edel gewant *K4*
P Sindum *Ma4* *dt. Int. fehlt Wo4* et est pannus *fehlt Ma4* involuuntur *Wo4*
P-E Sindus *(auch R1)* foliuntur *E2*

S 695 ppo **Sine** .i. absque, an
-- ane *P*
-- .i. absque *Sb3 W-Y*
Wa. fehlt I K

S *Wa. fehlt Ks2* an] *fehlt S4*, ab idem *Ma3*
W *Wa. fehlt D1*
P -- ane behaluen *Wo1*

S 695.1 f t **Sinerisis** quedam figura in grammatica *P*

P -- est quedam figura grammaticalis *Wo4*

S 695.2 f p **Sin*e*dra** sedes quedam *P*
-- est sedes, in qua sedent auditores in consistorio vniuersitatis *Kh2*

P Sinedra *Wo1*] Sinidra *Ma4*
P-E Sineda *E2*
Kh2 *Stichwort*] Sinedra vel Sindra

S 696 a t **Sinere** staten uel laßen *.i. per*mittere. **Sinibilis** inde
-- -iui, -itum .i. permittere. Inde **Sinibilis**. Vnde Grecismus Nouus *(44ᵛ)*: Cum sino, dimitto, permitto, *termino*, cesso, nec non desisto, fesso, motuque represso *W*

-- .i. dimittere, terminare, cessare. Vnde hic **Situs** *I*
-- gestaten oder lassen, *.i. permittere* *K*
-- staden, °laten °*(P-E)*, .i. permittere. Inde **Sinibilis** .i. dimisibilis *P*
-- .i. permittere *Kh2*

S staten *verderbt S4*, schaden *(?) Ma3* laßen] + uel vorhenghen *Ma3* .i. *S4*] eciam *Ma1* permittere *Ma3*] promittere *X* Sinibilis inde *fehlt B9*
M staten uel] *fehlt M19*, gestaten *D1*
Sb3 a t Sinere] adv Sincere staten] satten Sinibilis inde] inde deriuatur Simbolum
W Sinibilis] Sinbolis *Sg1* termino *Sg1*] *verderbt S1*
K gestaten oder] staten oder *Hl1*, *fehlt K4* .i. permittere *K4*] *fehlt W13*

S 696.1 f p **Sindula** .i. asser, °bret °*(P-E)* *P*
-- eyn bred *Kh2*

P *dt. Int. fehlt B10*

S 696.2 *f p* **Sinichya** victoria uel ⌜triumphus / reprehensus *Kh2* interpretatur *P*

P *Sigle Br1*] m t *Ma4*
P-E triumphus *verderbt E2*

S 696.3 *f p* **Siníkia** idem *(nach 696.2)* *P*
Wa. fehlt Kh2 Br1

P f p Sinikia *Wo1*] Sinekia *Ma4*

S 697 f p **Singrapha** est caucio uel scriptura
-- .i. scriptor. *(neuer Wa.:)* f p **Singraphia** est scriptura *Kh2*

S Sinfraga *S4*
M caucio *verderbt M19*
Sb3 caucio *verderbt*
W m s Singraphus
P caucio] cantacio *Ma4*, *verderbt R1*

S 698 co t **Singularis** sunderlich. **Singularitas** inde
+ et hoc -re sunderliche *Sb3*
-- sunderlich, a »singulus«. Inde **Singularitas** *I*
-- sůnderleich *K P-E Kh2 Br1*

S -- sunderlicher *B9*

S 699 n p **Singultare** gischin
-- heschigen *Sb3*
-- ⌜gichsgen, schnupfen *S1* / *giessen Y* *W*
-- sewffczn / + *.i. anhelitus cum difficultate X* *K*
-- giesen *P-E*
-- .i. anhelitum facere vel trahere, gyssen *Kh2*
Wa. fehlt I

S *Wa.*] m s Singulare yschen *N1* -- gießen *S4* -- glissen *Ma3* + suchten *B9*
M -- gisten, schůmen *Ks1* -- suphen *M19* -- gißen *D1*
W *Wa. fehlt Sg1* -- geyen *Me1* -- keychen *M12* giessen *zit. nach Bs9*
K *Zusatz Hl1*] *fehlt W13*
P gissen *Ma4 Wo1* + suften *B10*

S 700 m s **Singultus** gischunge
-- ⌜schnupfung *S1* / giessung *Y* *W*
-- .i. suspirium, viscerum pulsus, ploracio, gemitus secundum Papiam *I*
-- ⌜sewfficz .i. suspirium *X* / sewfficzung *K4* *K*
-- gissing *P*
Wa. fehlt Sb3

S *Wa. fehlt N1* gyßunge *S4*, glissinghe *Ma3*
M gissunge *Ma6 D1* seyfzung *(?) M19*
W *vgl. 701* -- geyung *Me1*
K *Wa. fehlt K9* -- est tractus cum difficultate *Ab1*
P -- gyssen, gißunge *R1* -- gischkk *Wo4* -- suftinge, gistinge*B10*

S 700.1 adv **Singultim**
-- ⌜schnupflich *S1* / .i. fleuiter et interrupto modo loqui. Et dicitur a uerbo »singulcio, -is, -ire«, quod sonat wlgo schnopfzen. Vnde Grecismus Nouus *(55ᵛ)*: Est singilatim per singula fonsque sit illi singulus; estque singillatim cum lege sigille expresse facio, dicoque patenter habes; quando singulcio singultim de se facit eque, de singulcio, singultus tibi regula prebet. Singultum tantum vsus habet et reddere debet de *se* singulto, sed singultanter abinde et singultatim tamquam de stipite finde *Sg1* *W*

W *Wa. fehlt M12 Bs9 Me5* -- gleich *Me1* se *emend.*] *fehlt Sg1*

S 700.2 **Singulare** sundern *I*

S 701 m s **Singulus** .i. omnis
\+ vel quilibet *Kh2*
-- sunderlichen *Sb3*
-- -la, -lum .i. vnus vel vnicus *I*
-- ⌜.i. omnis. Wersus: Singulus est vnus *X* / .i. vnus *Y* **Singillatim** venit inde. Item **Singultus** est suspirium uel planctus secundum Papiam. Vsualiter pro duobus accipitur scilicet pro schnopfz*en* et pro eo, quod dicitur niessen, quod ex frigiditate stomachi prouenit et ex multo cibo et potu. Inde **Singulcio**, -tis quod significat predicta *tria* *W*

W *vgl. 700* Singillatim venit inde *fehlt Sg1* schnopfzen *Sg1*] schnopfzigen *S1*, schimpfen *Me1* niessen] geschen *Bs9* tria *Sg1*] omnia *S1*

S 701.1 adv **Singulatim** .i. singulariter vel per singulos *I*
-- .i. singulariter; et deriuatur a nomine »singulus, -a, -um«. Sed **Sigillatim** .i. expresse et euidenter, et venit a nomine »sigillum, -gilli« *Sg1 (W)*

W *vgl. 620*

S 701.2 *n t* ***Sinigma** est mirra* *P*
Wa. fehlt P-E Kh2 Br1

P *Wa. Wo1*] *fehlt Ma4*, Sinigma *(neuer Wa.:)* Sinigmare *Wo4* *Int.*] uel stacken est mirio *(?) R1*

S 702 m s **Sinister**
-- ⌜lincke *Ma1* / linckeit *S4* / lucht *Ma3 B9* *S*
-- ⌜lincket *Ma6 Ma2* / lenk *M19 Dr1 Ks1* *M*
-- tenckar *Sb3*
-- ling *W*
-- dicitur malus, nociuus, peruersus vel linckiß *I*
-- ⌜lucht *Ma4 Wo1 B10* / lingk *Wo4 Br1* *P*
-- link *P-E R1*
-- lucht *Kh2*
Wa. fehlt K

S linckit *Ks2*, linckecht *B5*, lincker *N1*
M lincker *D1*
W glinck *Bs9* + oder lurcz *Me1*
I m t

S 702.1 **Singulare certamen** dicitur monomachia, quando vnus pungnat contra alium *W-X*

S 703 f p **Sinistra** ⌜linckehant / luchterhand *Ma3 B9 P (außer P-E R1)*
-- ein tencke *Sb3*
-- die linck hant, quasi »sine dextra« *I*
Wa. fehlt K

S linckethant *Ks2*
M *Wa. fehlt D1* -- ein tenk hant *M19*
W glincken hand *Bs9*
P linke hant *Wo4 Br1*
P-E Sinistria *E2* -- gelinkhant *E2* -- glinck *M25*

S 703.1 n s **Sinnancia** sunt folia gule *P*
Wa. fehlt Kh2 Br1

P-E Sinarcia *E2*

S 704 f p **Sin*o*graphia** est scriptura
-- ein schrift *Sb3*
Wa. fehlt I

S Sinographia *Ks2*] Singraphia *Ma1*, Sinigraphia *S4*

S 705 m t **Sinnon** .i. nota. Inde **Sinnographus**
-- .i. nota *K*
-- [...] **Sinnographus** .i. notarius *P*
Wa. fehlt I

vgl. 707.1
S Sinan *Ma3* Inde Sinnographus *fehlt B9* Sinigraphus *S4*
W Sirion *S1*
P m t uel s Sinno *Ma4* nota] not *(!) Ma4*

S 705.1 m s **Singustus** .i. occultatus *Sb3*

S 706 m s **Sinsugus** .i. copulatus
+ *et dicitur a »sin«, quod est con, et »gugum«* *K-X*
Wa. fehlt Sb3

M + quod dicitur a »syn« *M19*
W Sinfugus *S1*

I Sinzugus
K Singugus *(*Sinfugus *K4)* *Zusatz Hl1*] *fehlt W13*
P Sinsugius *(*Sinsugus *Ma4)*
P-E Sinsugius
Kh2 Sinsugius

S 706.1 **Sinzugare** .i. coniungere *I*

S 706.2 n t ***Sin*plasma** .i. *consonancia* *P*
Wa. fehlt Kh2

P *Wa. Wo1*] n t Sinniplasma *(?)* .i. consolacio *Ma4*

S 707 f p **Sinsugia** .i. copulacio,a nomine »sinsugus«, et dicitur a »sin«, quod est con, et »iugum«, uel dicitur a »sin« *et* »gogos«, duxio .i. coniunccio
-- est copulacio, dictum a »sinsugus«; et sinsugus dicitur a »sin«, quod est con, et »iugum, -gi«, vel dicitur a »sin«, quod est con, et »gogos«, iunccio, quasi coniunccio *Sb3*
-- .i. copulacio uel greca declinacio *I*
-- [...] duccio .i. copulacio siue coniunccio *P*
-- .i. copulacio *Kh2 Br1*

vgl. 708
S *Stichwort*] Singugia *S4* *Int. fehlt (Zeilensprung, vgl. 708) B9* »sinsugus«] singogus *S4* »iugum« *bis* et *fehlt Ma3* iugon *S4* et *S4*] quod est *Ma1* »gogos«] gogo *S4* coniunccio] condiccio *Ma3*
M -- est copulacio a nomine sine sugus et iugum uel dicitur a syn quod est con et cogos, duccio quasi *(!) M19* duxio *fehlt Ma6*
Sb3 Sinsugie
W Sinphugia *S1* uel dicitur *bis* coniunccio *fehlt X* .i. coniunccio *fehlt Y*
I Sinzugia
K *vgl. 709.1* Singuga *(*Sinfuga *K4)* a nomine *bis* duxio *fehlt W13 Y*
P .i. copulacio *bis* »iugum«, uel] .i. copulacio, sinsugus *Ma4* quod est con *bis* »sin« *fehlt Wo4*

S 707.1 *m s* **Singraphus** est scriptum continens contractum vendicionis et empcionis et dicitur a »sin«, quod est con, et »graphos«, scriptura, quasi conscripcio vendicionis et empcionis, wlgariter koufbrief *W-X*
-- .i. scriptor *Kh2*

vgl. 705
W *Sigle M12*] Item *(Wa. nach 707) S1*

S 707.2 f t **Sin*o*pis** est terra rubra *P*

P *Wa. fehlt Wo1* Sinopis *Wo4*] Sincopis *Ma4*
P-E rubra *verderbt E2*

S 707.3 **Sinsimius** eyn thopaes; et dicitur in vltimo capitulo in dictis *(?)* *Ma3 (S)*

S 708 f p **Sin*i*ugia** .i. concordia
\+ coniunccio *W*
Wa. fehlt I

vgl. 707
S *Wa. fehlt Ks2* *Stichwort fehlt (Zeilensprung, vgl. 707) B9* Siniugia *Ma3*] Singugia *X* conpordia *S4*
M *Int. fehlt M19*

W coniunccio *fehlt Sg1*
P Singugia *Ma4*

S 709 m s **Sin*i*ugus** .i. vnanim*is*
Wa. fehlt I

S Siniugus *Ks2*] Singugus *Ma1 S4*, Siniuguus *Ma3*, Sinogus *B9* vnanimis *S4*] vnanimus *Ma1*
M vnanimus *Ma6*
Sb3 *Wa.*] Singugus est vnanimus
K Siniugius *W13*
P *Wa. fehlt Ma4*

S 709.1 f p **Sinsugia** .i. copulacio *K*

S 710 n s ***Sinonimum*** quod sub p*l*uribus vocibus vnam rem significat
\+ ut mucro, ensis, spata, gladius *I*
n s **Sinonima** sunt illa, que sub vna voce plures res significant vel econuerso *Kh2*

S Sinonimum *Ks2*] Sinomonium *Ma1*, Sinomanium *S4* pluribus *S4*] puribus *Ma1* uocis vnum *S4*
W Sinonomum *S1* vnam rem *fehlt S1*
K sub *fehlt K4*
P vocibus vnam rem] vocis vnum *Ma4*

S 711 adv **Sinistrorsum** ⌜linckesitig / luchtsidich *B9 Ma3 P (außer P-E R1)*
-- quasi abilis ad sinistrum, tenckig *Sb3*
-- .i. uersus sinistram partem, lingsitig *I*
-- tenchkseitig *K*
Wa. fehlt Kh2 Br1

S *Wa. fehlt S4* luchsydich *Ma3*
M -- zu der lincken siten *D1*
P luchtsin *Ma4*, lingk sidich *Wo4*
P-E lingfeltig *M25*

S 711.1 f p **Sintilla** eyn v*u*nke *S-Y*
-- funck uel paruus piscis; eciam capitur pro anima *P*

vgl. C 427.4, S 276
S *Int. fehlt N1* vunke *B9*] vncke *Ma3*
P-E -- ain funk vel ain gnaist vel paruus piscis *E2*

S 711.2 f p **Sinistica** est pars sinistra *P*

S 712 *f* s **Sinodus** *sent*, sacrum consilium idem
-- zam fuegig. **Sacrum consilium** idem, est proprie congregacio clericorum *Sb3*
-- est congregacio, sacrum consilium *W*
-- .i. conuentus, congregacio et proprie senum uel presbiterorum, sent. **Sacrum consilium** idem est *I*
-- est congregacio episcoporum et clericorum *K*

S *Sigle B9*] m s *X* sent *S4*] segen *Ma1*, *fehlt Ks2 N1*, der seneche saczo *B5*
M -- est congregacio clericorum, Consilium idem *M19* *dt. Int.*] gesent *D1*
W congregacio] + clericorum *Sg1*
P Sindus *Wo4 B10* *dt. Int.*] seynunge *Br1*
P-E sent *fehlt So1 M25*

S 712.1 ***Sine preiudicio*** *on verwerfung ains bessren wones, ån vorschung vnverschlagen* *W*

W *Wa. Sg1*] *fehlt S1 M12* -- ein verwerffung eins besserns von eyner anforschung vnuerschlagen *Me1* -- vnverwerfung ains bessers wones vn vorschung *(?) Bs9*

S 713 a p **Sinuare** .i. plicare, falden uel curuare
-- significat plicare, falden *Sb3*
-- .i. ampliare vel curuare; et dicitur a »sinus« *I*
-- .i. ampliare uel plicare *K*
-- .i. plicare vel curuare *P-E*
-- .i. plicare, volden uel demonstrare siue ampliare *Kh2*

S uel curuare] *verderbt Ma3, fehlt B9*
M Sinoare *(*Sineare *Ma6)* falden *fehlt D1*
Sb3 Sinoare
W Sinciare
K Sinare
P falden *fehlt Ma4*

S 713.1 f p **Sinoch*a*** est quedam febris *P*

P Sinocha *Wo1*] Sinochia *Ma4*, Sinacha *Wo4*
P-E febris *E2*

S 713.2 f p **Sinotera** idem *(nach 713.1)* *Kh2*

S 713.3 **Sinochie** grece, dicitur continuum latine *Kh2*

S 714 f t **Sinopis** rotblutig farbe
+ quidam rubeus color *I*
-- pluet rot farib *Sb3*
-- idem est quod min*i*um uel color rubeus; et dicitur a Sinope ciuitate Ponti insule, vbi invenitur *W*
-- media correpta dicitur quidam color rubeus *K*
Wa. fehlt P-E Kh2 Br1

S -- rot blut varbe *N1*
M *Wa.*] f t Sinodis plut rowt varb *M19*
W minium *Sg1*] mininum *S1*
K media correpta *fehlt K4*
P *Wa. fehlt B10*

S 714.1 m t **Sinon** eyn forreder *P*
Wa. fehlt Kh2 Br1

P -- ain vor red *E2 M25*

S 715 m in **Sinodoche** est posicio partis pro toto
+ uel econuerso *I*
Wa. fehlt (vgl. 715.1) Kh2 Br1

P *Wa. fehlt (vgl. 715.1) Wo4* n in *(Sigle fehlt Ma4)*
P-E n in Sinodochen toto *verderbt E2*

S 715.1 n t **Sino*che*** est faucium dolor *P*
-- est dolor faucis vel figura in grammatica *Kh2 Br1*

P *Wa. fehlt R1* Sinoche *Wo1*] Sinoge *Ma4*, Sinodoche *(vgl. 715) Wo4*

P-E Sinodoche *E2 M25*, Sinoch *So1* facium *E2*
Kh2 *Sigle*] primo ente *(!)*, 2° n in Sinodoche *(vgl. 715) (auch Br1)*

S 715.2 m t **Sypho** est sonus ⌜cum / quando *P-E R1* aliquis mingit *P*
Wa. fehlt Kh2

P Sinpho *Wo4*

S 716 n t **Sintagma** est *co*ordinacio uel construccio
-- .i. docma, structura, ordinacio *I*
Wa. fehlt Kh2 Br1

S f p Sintagina *S4* coordinacio *S4*] ordinacio *Ma1*
Sb3 Sintagia
W Sintagina *S1*
I n s
K Sintagina *W13 K4*
P Sintacina *Wo4*

S 717 *f t* ***Sintaxis*** *idem (nach 716)*
-- est construccio, ubi uoces simul stant et congruuntur cum intellec-cionibus et econuerso secundum Hugucionem *I*
Wa. fehlt K Kh2 Br1

S *Wa. Ma3*] *fehlt Ma1 S4*, Sintagsis idem *Ks2* -- est coordinacio uel construccio *B5*
W Sintatis *S1*
I Sintasis
P Sintacas *Ma4*
P-E *Wa. fehlt E2*

S 717.1 n t **Sintermale** est instrumentum gladiatorum, eyn fege knobel *P*
-- est intrumentum gladiatorum *P-E R1*

P *Wa. fehlt B10*
Kh2 knevel

S 718 f p **Sinastica** est construccio uel ⌜composicio / posicio *Sb3*
-- est construccio uel posicio *uel ordinacio* *K*
-- est coniunccio vel posicio *Kh2 Br1*
Wa. fehlt I

S composicio] posicio *Ma3*
K uel ordinacio *K9*] *fehlt W13 K4*
P Sintica *Wo4*
P-E *Wa. fehlt E2*
Kh2 Sintestica

S 719 f t **Sinthesis** .i. composicio uel quedam figura
-- quedam figura de composicione *Sb3*
-- quedam figura *P-E*
-- .i. composicio *Kh2 Br1*

W figur *Sg1*
P -- .i. posicio *Wo4* .i. composicio uel *fehlt Ma4*

S 720 g in **Sintheron** *idem (nach 719)*
-- quedam figura *I*

S *Wa. fehlt Ks2* idem *B5*] .i. composicio uel quedam figura *Ma1 S4*
W Sinchoron *S1*

S 720.1 m s **Sinthonus** quasi totus sonus uel duplex tonus *I*

S 720.2 n s **Sinum** est vas in quo mulgetur. Wersus *(vgl. Brito 728)*: Implet mamma sinum lactis quoque coagula sinum *K*

S 720.3 **Sintellica** eyn mede selle *Kh2*

S 721 m *q* **Sinus** ein schoß. **Gremium** idem
-- ein schoß *Sb3*
-- eyn schoß, colleccio vestis. **Gremium** idem *I*
-- dicitur colleccio vestis; *eciam dicitur palpebra, littus marinum; eciam dicitur locus altaris, in quo ignis consumebatur, qui ponebatur super altare* *K*
-- eyn grot schot *Kh2 Br1*
-- ⌜ain schos. **Gremium** idem. Item Sinus plura significat *X* / plura significat *Y* scilicet colleccionem vestis, qualis est circa pectus uel crura. Vnde accipitur pro eo, quod in wlgari dicitur bů̊sen uel schoß. Item Sinus est naturalis portus. Item Sinus dicitur brachium maris uel loci alicuius. Item est amplitudo alterius in parte superiori. Inde **Sinosus** dicitur illud, quod habet amplitudinem *cum plicatura*. Inde **Sinuo**, -as .i. ampliare uel plicare; et componitur **Insinuo** et tunc significat ⌜enunciare *X* / denunciare *Y*. Sed **Sinum**, sini dicitur kåsnåpfli. Item **Sinus Abrahe**, si referatur ad tempus, quod fuit ante passionem et resurreccionem Cristi, significat superiorem partem inferni, in qua er*a*t aliquantulum lucis secundum Magistrum in Hystoria *(Hist. PL 198, 1589C)* et nulla pena; et in illo loco *erant* anime sanctorum usque ad Cristi resurreccionem. Et dicitur **Sinus Abrahe** quia ipse erat prima via credendi; fuit enim primus, qui predicabat publice vnum deum. Pro tempore autem noue legis **Sinu*s* Abrahe** dicitur celum empirium, in quo sunt sancti *W*

vgl. G 256, I 499
S *Sigle Ma3*] m s *X* Gremium idem *fehlt S4 B9*
M *Wa. fehlt M19*
W *vgl. 720.2* Vnde accipitur *bis* schoß] wlgariter schǒss *Sg1* loci] laci *Y* cum plictura *Sg1*] complicatam *S1* ampliare] complicare *Sg1* et componitur Insinuo et tunc] Insinuo *Sg1* ain kåsnapf *Sg1* erat *Sg1*] erit *S1* erant *Sg1*] fuerunt *S1* Sinus *Sg1*] Sinu *S1* in quo] ubi *Y*
K *Wa. fehlt K4* eciam *bis* altare *K9*] scilicet schoz *W13* marinum *Ab1*] marinus *K9*, maris *X*
P-E schoff *E2* Gremum *E2*

S 721.1 m s **Sinnosus** dicitur sinibus plenus, amplus, *curuatus* *K*
-- plenus angul*is inequalibus* *P*
Wa. fehlt Kh2 Br1

K amplus *fehlt K4* curuatus *K9*] *fehlt W13 K4*
P angulis *Wo4*] angulus *Ma4 Wo1* inequalibus *Wo1*] *fehlt Ma4*
P-E angolis inequalubus *E2*

S 722 m s **Squ*i*** .i. quicumque
\+ eyn iglicher *I*
Wa. fehlt K Kh2 Br1

S *Stichwort verderbt Ma3* Siqui *B9*] Sique *X*
W Sique *Y*
I adv Sique
P-E con

S 722.1 n p **Sinsi*n*are** est propr*ie* sonus pardorum *P*
-- .i. clamare ut equi *Kh2 Br1*

P Sinsinare *Wo1*] Sinsiniare *Ma4* proprie *Wo1*] proprius *(?) Ma4*, proprium *R1*
P-E *Wa.*] n p Sincinare est proprium sonus pordorum *(!) E2*
Kh2 Sircinare

S 723 m in **Syon** ein berg prope Ierusalem et ponitur sepe pro Ierusalem
-- est mons prope [...] *I*
-- perchk prope Ierusalem et sepe ponitur pro ipsa ciuitate / + uel ecclesia *X* *K*
-- mons et ponitur pro Ierusalem *P*
-- .i. fluuius *Egipti* vel nomen montis *Kh2 Br1*

M -- est mons prope Ierusalem *M19*
W *dt. Int.*] est quidam mons *Sg1*
K -- perck *K4*
P -- est mons in Ierusalem *Wo4* -- eyn berch prope Ierusalem et ponitur sepe pro Ierusalem *B10*
P-E + autem Syon .i. fidelis anima; exemplum *(Rep. Hymn. 10217ff)*: Lauda Syon *E2*
Kh2 *vgl. 723.1* Egipti *Br1*] Egyti

S 723.1 m in **Sior** est fluuius Egipti *P*
Wa. fehlt (vgl. 723) Kh2 Br1

S 723.2 f p **Si*n*tonia** est dolor capitis uel fluxus narium aut vomitus *Kh2*

Kh2 Sintonia *Ki3*] Sitonia

S 724 f t **Sirtes** sunt ⌜riui capaces uel scopoli uel volheit des meres / riui rapaces uel scopuli uel volicheyt des mers *Ma3 B9 P*
-- sunt riui capaces, volhayt des mers *Sb3 K*
-- est locus periculosus in mari iuxta Egiptum habens in aliqua parte aquam profundissimam et in alia parte cumulos arene. Vnde locus ille nec nauigari potest propter arenam nec iri propter profunditatem *W*
-- sunt rapaces *rifi capaces* vel scrupule vel wůtikait des meres *P-E*
-- sunt ryui rapaces siue locus periculos*us* in mari, eyn colk ane grunt vel immundicia maris *Kh2*
Wa. fehlt (vgl. 735.3) I

S Sirpes *S4*, Syrses *B9* -- sunt reues uel folheyt *S4* *lat. Int.*] sunt riui siue merapaces *(?)* uel scopulty *Ma3* scopoli] scrupuli uel scopoli *Ma1*, scrupuli *Ks2*, scrupalus *B9*, scapuli *B9*, scarpulum *N1*
M *vgl. 735.3* *dt. Int. fehlt M19*
K *dt. Int. fehlt K4*
P riui] rui *R1* *dt. Int. fehlt Wo4 B10 Br1* fulheit *Ma4*
P-E rifi capaces *So1*] rui sapaces *E2* wůtikait] swatikait *M25*
Kh2 periculosus *Ki3*] periculosi

S 725 a p **Sipare** .i. pullis panem frangere, ⌜riben uel brocken / kromen *B9 P*
-- .i. pullis panem frangere, ribeln uel grummeln *Ma6* *M*
-- significat panem mollem frangere, reiben *Sb3*

-- [...] frangere *W P-E*
-- .i. pullis panem frangere, brocken *I K*
Wa. fehlt Kh2 Br1

S Sirpare *S4* -- .i. panem frangere *Ma3* -- .i. pulli ribbebi *(!)* uel crumen *N1* *dt. Int. fehlt B5* brocken] becken *S4*
M *dt. Int.*] *fehlt M19 Dr1*, brocken *Ks1*, rueln uel crumen *D1*, bregken *Ma2*
K -- prot procken *K4* *dt. Int. fehlt K9 Ab1*
P *dt. Int.*] *fehlt Wo1*, gromelen, brocken, plucken *R1*, + brocken *Wo4*

S 725.1 f p **Sipa** eyn brock uel snede *I*

S 725.2 **Siparum** genus ueli *I*

S 725.3 *pron* **Siquis** .i. aliquis, vna diccio / + *composita et habet grauem accentum sicut nequis X* *K*

K *Sigle K4*] m s *W13* vna diccio *fehlt K4* *Zusatz Hl1*] *fehlt W13*

S 726 con **Siquidem** aber
-- .i. certe uel aber et corripit -qui- *I*

S *Wa. fehlt Ks2 B9*
K *Wa. fehlt K4* + media correpta *X*

S 726.1 f p **Siracusa** ciuitas Sicilie; vnde **Siracusanus**, -a, -um *I*

S 727 g in **Siraſerim** grece, cantica canticorum latine
-- liber, quj dicitur cantica canticorum latine *I*
Wa. fehlt K Kh2 Br1

Siraserim, Sirasirim *für hebr.* Sir Hasirim
S Siraserim *S4*] Sirasterim *Ma1*, Siraresim *B9*
Sb3 -- dicitur cantica uel canticorum latine
W Sirapherim
I Sirasirim
P-E Sirasirim *E2 (auch R1)* cantica] canticum *alle Hss.*

S 728 f p **Siria** est prouincia, interpretatur ⌜humilitas / humiditas *Ma3 P*
-- est provincia et interpretatur militans *W*
-- est prouincia quedam et interpretatur auiditas *Kh2*
Wa. fehlt K

W Sirra *S1* -- est provincia quedam *(?) Sg1*
P Serea *Wo4*

S 729 *adv* ***Siquominus*** *.i.* ⌜*non ante* / si non ante *Ma3 B9 P*
Wa. fehlt I

S *Wa. Ks2*] *fehlt Ma1 S4* Siquominus *emend.*] Sicominus *B9*, *verderbt Ks2 B5 Ma3 N1*
M *Stichwort verderbt*
Sb3 *Stichwort verderbt*
W Sicuminus *Y*
K *Wa. fehlt K4* *Stichwort verderbt*
P ante] an *(!) Wo4*

S 729.1 *m s* ***Sirolus*** *eyn carpe* *P*
Wa. fehlt P-E

P *Wa. Wo1*] *fehlt Ma4 B10*

S 730 f p **Sirophenissa** gentilis mulier dicitur
-- dicta est mulier *Chananea* gentilis. Et nota, quod Iudei tempore Iosue, cum intrassent terram promissionis, eiecerunt gentiles ibidem residentes, non tamen eos ita totaliter exterminauerunt. Quando aliqui in ipsa terra remanerent, qui dicti sunt Siroph*o*nices, maxime illi, qui apud Thirum et Sidonem habitauerunt *W*
-- dicitur mulier Cananea gentilis *I*
-- a Siris et Phenissibus *orta*, et est gentilis mulier *P (außer Kh2 Br1)*

S Sirophenisse *S4* gentilis] temperilis *S4*
M Sirophanissa *M19*
Sb3 Sirophinissa
W Sirophonissa *Y* Chananea *Sg1*] *verderbt S1* intrassent] intranssent in *Sg1* remanerunt *Sg1* Sirophonices *Sg1*] Sirophenices *S1* Sidonem] Sindonem *Sg1*
P *Wa.*] f p Sirophenissa .i. gentilis mulier *Wo1*, Sirofenissa eyn heydens mulier *B10* Sirophissa Siris] Suris *Wo4* orta *Wo4*] *fehlt Ma4*
P-E m p Sirophissa a Siris et Phenissibus] a sinis et pelicibus *E2*, assimis et felitibus *So1*, a sinis .i. phelicibus *M25*, a suus *(?)* et phelicibus *R1*
Kh2 *vgl. 730.1* Sirophissa

S 730.1 f p **Sirophonissa** idem *(nach 730) Kh2*

S 730.2 heb **Sira** interpretatur ara vel sublimis *Kh2*

S 731 f t **Siren** est canis, ⌜ein merhunt / dorsch *P* uel monstrum marinum uel periculum maris
-- merhunt uel monstrum maris uel periculum *Sb3*
-- monstrum maris secundum fabulas poetarum, quod dulcedine sui cantus nautas attrahit ad loca periculosa et submergi *facit*, superius habens formam virginis, inferius *formam* piscis *W*
-- est monstrum marinum, quid dulcedine suj cantus nautas ad se trahit et submergi facit. Vnde **Sirenicus** -a, -um .i. dulcis et delectabilis vel periculosus *I*
-- est animal, quod dulcedine cantus attrahit naves *K*
-- est monstrum marinum *P-E*

vgl. C 472
S merhent *S4* uel periculum maris *fehlt S4*
M est non canis *M19* uel periculum maris *fehlt M19*
W maris] marinum *Sg1* submergi facit *Bs9*] submergit *S1 Sg1* inferius] + vero *Sg1* formam *(2) Sg1*] *fehlt S1*
I m t
P dorsch] merhund *Wo1 B10* uel monstrum marinum *fehlt Wo4*

S 732 f p **Sirena** idem *(nach 731)*

S 732.1 **Sirene** dicuntur serpentes cum alis *I*

S 732.2 m s **Sirius** lapis dicitur, qui in Siria reperitur *I*

S 732.3 m s **Siracus**, -a, -um a »Sirius«, penultima correpta; vnde et **Siriaca** dicitur vitis uel vua, quia de Siria allata est *I*

I vua] + uel

S 733 *m s* ***Sirpus*** *.i. iunccus*
+ pimissen *K*

\+ beze uel rusk *Kh2*
-- pinissen wurcz *Sb3*
Wa. fehlt I

S *Wa. S4*] *fehlt Ma1* Sirpus *Ma3*] Sirus *X* -- .i. vinctus *Ma3* + semde *B5*
W *Wa.*] m s Sirus .i. nuncius *alle Hss. (+* .i. iunccus *Me1)*
K Sirus *Zusatz fehlt Hl1 K4*
P + risch *R1 B10* + eyne bystem *Br1*

S 734 m s **Sirpicus** est locus ⌜vbi crescunt iunci / eius, vbi crescit *S-Y*
-- est locus eius, vbi crescit sirpus *P*
Wa. fehlt I

Die Formen Sirpicus *und* Sirpitus *können nicht immer eindeutig unterschieden werden*
S Sirpecus *Ma3*, Sirpotus *B9*
M *Int. fehlt (Zeilensprung, vgl. 735) M19* iunci] sirpi *Ma6*
Sb3 iunci *verderbt*
W Siripitus *Sg1*
K iunci] vina *K4*
P eius *fehlt Wo4* sirpus *fehlt R1*
P-E Sirpecus *E2* sirpus *fehlt E2*
Kh2 n s Sirpetum eius *fehlt* sirpus] ciripus

S 735 m s **Siropus** *est confectum*, ein ⌜*sirop* / siropel *S-X Sb3 I*
-- est quoddam confectum *P-E*
-- eyn cyrob .i. dulcis potus *Kh2 Br1*

S *Wa.*] *fehlt Ma3 B9*, m s Sirophus est confectus, eyn sy trop *(!) S4* *lat. Int. Ks2*] *fehlt Ma1* sirop *zit. nach N1*
M *Stichwort fehlt (Zeilensprung, vgl. 734) M19* syropel *D1*
W n s Siropum *S1* *lat. Int. fehlt Sg1*
I cofectum
K Sirupus *(*Sirapus *K9)* *lat. Int. fehlt K4*
P *Wa.*] Sirop .i. confector *Ma4*

S 735.1 f p **Syrma** sunt ein lange pfhayt *M19 (M)*

S 735.2 n t **Sirina**, -atis est cauda uestis feminarum *I*

I *vgl. 736*

S 735.3 f t **Sirtis** a »siren« quod est tractus; et sunt Sirtes loca periculosa in mari scilicet aquarum rapaces, scopuli maris *I*
-- dicitur locus periculosus in mari; a »syren« eo, quod ad se omnia trahit *K*

I *vgl. 724*
K *vgl. 724*

S 735.4 **Sisara** proprium nomen cuiusdam viri in libro Iudicum *I*

S 736 n t **Sirmata** sunt longe vestes
-- est longa vestis sicut sunt mulieris *Sb3*
Wa. fehlt (vgl. 735.2) I

S *Wa.*] f p Sirmata est longe *S4*
M Sirmat *M19*
Sb3 f p Sirma
W Siromata
P n s

P-E n s
Kh2 n s

S 736.1 *n s* **Sirophe*ium*** est pallium virginale *P*

P n s Siropheium *Wo1*] Siropheri *Ma4*

S 736.2 co t **Sirophanes** dicitur primus ydolator Egypciorum uel qui primo colebat ydola *Kh2*

S 737 m s **Sirus** excelsus interpretatur
Wa. fehlt W I

S Siros *S4*
Sb3 Sirius

S 737.1 f p **Sistencia** .i. stacio *K*

S 737.2 n t **Sisma** tweydracht *P*
-- ⌜zway tragung *M25* / zwyung *So1* *P-E*

vgl. 283, C 485.1
P-E -- zawiung *(!)* .i. concordia *E2*

S 738 m t **Sistex** see anst
-- angst *Sb3*
Wa. fehlt I K-Y P-E Kh2 Br1

S Sistres *B9*
M -- ser angist *Ks1* -- angst auf dem mer *M19*
P *Wa.*] m t Sitex angest *Ma4*

S 739 n t **Sistere** steen, preterito et supino caret, .i. sto uel maneo. Sed quando est transitiuum .i. *actiuum*, tunc significat *presentare* et accipitur pro statuo; tunc habet steti in preterito et -tum in supino
-- stan, preterito et supino caret. Wersus: Sisto representat, stabilit, firmat, ret*inet* stat. Item quando Sisto est verbum transitiuum, tunc significat *putare* et significat statuere; eciam accipitur pro representare ⌜seu statuere et habet steti *X* / *et sic habet steti et -tum* *Y* *W*
-- .i. representare. Sisto quando est transitiuum, tunc idem est quod statuo; sed quando absolutum idem quod sto uel maneo *I*
-- *neutrale* .i. stare; sed actiuum .i. statuere uel stabilire *K*
-- stan vel manere; alio modo idem est quod presentare vel idem est quod statuo a t *Kh2*

S actiuum *S4*] transitiuum *Ma1* presentare *Ma3*] puttare *Ma1 B5*, punctare *S4 Ks2* accipitur] excipitur *S4* in preterito *bis* supino *fehlt B9*
M -- sten *M19*
Sb3 .i. sto uel *fehlt* maneo] moneo .i. actiuum] et quod regit actiuum presentare *verderbt* et -tum in supino] et caret supino
W in preterito *Sg1* representat] presentat *Sg1* retinet *Sg1*] *verderbt S1* tunc significat putare] et hic habet statui in preterito et statutum in supino *Sg1* putare *Bs9*] guttare *S1* et sic *bis* -tum *Bs9*] *fehlt Sg1*
K -- .i. stare uel statuere *K4* neutrale *K9*] *fehlt W13*
P maneo. Sed quando] moueo, si *Ma4* presentare] punctare *R1*, pundare, seczen *Wo4*
P-E steen] + vel seczen *E2* preterito et supino caret *fehlt E2* transitiuum .i. *fehlt alle Hss. (auch R1)* presentare] puttare *E2* accipitur] excipitur *E2*

S 740 f p **Sistarcia** ein tragesag
-- est vas repositorium sicud saccus uel pera; alique uero littere habe*n*t **Cistarcia**. *Vnde* Grecismus Nouus *(142ᵛ)*: Saccus villan*is* seruitque sistarcia nautis; a plerisque tamen solet *hec* cistarcia dici *W*
-- vas est repositorium sicut saccus uel pera *I*
-- quodam vas, repositorium, ut est saccus uel pera *K*
-- eyn dreghe korf *Kh2*

vgl. C 474
S *Wa. fehlt B9* Sistercia *Ma3*
M Sistancia *M19*
Sb3 Sistordia
W uero *fehlt Y* habent *Sg1*] habet *S1* Vnde *Sg1*] Wersus *S1* villanis *Sg1*] villanus *S1* nautis] natis *Sg1* hec] hinc *Sg1*
P Sittacio *Ma4*
P-E Sistorcia *E2*

S 741 n s **Sistrum** est tuba uel plectrum, quod a muliere percutitur
-- est tuba secundum Hugucionem et *plectrum, quod* a muliere percutitur. Sed secundum Ysidorum *(Isid. iii 22,12)* est °aliud °instrumentum °*(Y)* quod *percussum* reddit sonum *ut cimbalum*. Wersus *(C/T »Sistrum«)*: Sistrum cimbala sunt, sistrum tuba, tibia sistrum *W*
-- est instrumentum musicum ioculatorum, quod percussum reddit sonum, vel dicitur cultrum volatile, quod ioculatores proiciunt in aerem *Kh2*

S *Wa. fehlt B9* plectrum *verderbt S4* mulieri *S4*
W plectrum *bis* percutitur] blectrum quod percussum reddit sonum a muliere *Sg1* plectrum, quod *Bs9*] plerumque *S1* percussum *Sg1*] permissum *S1* sonum ut cimbalum *Sg1*] sonum cimbalum simillimam *S1* cimbala] cimbula *Sg1*

S 742 n q **Sitire** dursten
+ .i. potum desiderare *I*
+ begern *P (außer P-E)*

S n s Sitiri *B9*
P Sintire *Ma4* *Zusatz*] *fehlt Wo1 B10*, uel cupere *Wo4*

S 742.1 n s **Si*t*imbrium** snedelok *P*
-- roczig *P-E*
Wa. fehlt Kh2 Br1

P *Wa. fehlt B10* Sitimbrium *Wo4*] Sisimbrium *Ma4 Wo1*
P-E -- raiczig *M25* + vel schnudrig *E2*

S 743 m s **Sitibundus** durstig
-- durstiger *Sb3*
-- -da, -dum .i. sitienti similis, dorstig *I*

S Sitibindus *S4*
M dorstlich *Ma6*
P-E *Int. fehlt So1*
Kh2 dortich

S 744 f t **Sitropes** ⌜mit drin fußen / eyn vat myd dren voten *Ma3 B9 P*
-- ainer mit drin fůssen *W*
-- -pedis vas uel olla cum tribus pedibus *I*
-- est vas cum tribus pedibus *Kh2*
Wa. fehlt K

S *Wa. fehlt Ks2*
M *Wa. fehlt M19* -- eyn vas mit dren fůßen *Ks1* -- einer mit dreyen fussen *Dr1*
P f t Sitropus *Ma4*
P-E -- ain was mit iiij fůsen *E2*

S 745 f t **Sitis** durst
+ desiderium bibendi *I*

S *Wa. fehlt Ks2*

S 745.1 **Sitologus** *P*
Wa. fehlt P-E Kh2 Br1

P *Int. fehlt alle Hss.*

S 745.2 f p **Siterbia** est cibi sufficiencia *Kh2*

S 746 a p **Situare** seczen
+ .i. ordinare *I*

P etten *Ma4*
P-E siczen *E2*

S 746.1 f p **Situlabra** eyn dorch *vor dem ouen* mit water *P*
-- eyn leske troch vel eyn troch mid water var dem auen *Kh2*

P *Int. verderbt Wo4* vor dem ouen *Wo1*] *verderbt Ma4* mit water *fehlt Wo1*
P-E -- ein trog von den offnent mitt wasser *So1* -- ain trag *M25*
Kh2 Situbra uel Citurabra

S 747 f p **Situla** est vrna uel restis, cum qua aqua trahitur uel *quidam* serpens
+ qui sitiendo uel ridendo hominem occidit *P*
-- est vr*n*a uel vas aquarum uel restis, cum qua aqua trahitur uel species serpentis. Wersus *(C/T »Situla«)*: Equiuoce situla serpens datur et vr*n*a *W*
-- est restis, cum qua trahitur ipsum vas uel pocius ipsum vas *aquarum*, quia aptum est sitientibus; eciam dicitur serpens, qu*em* mordet, sitiendo moritur *K*
-- est vrna, cum quo aqua de puteo trahitur; eciam dicitur restis vel genus serpentis, que mordendo hominem occidit *Kh2*

S cum *fehlt Y* quidam *S4*] *fehlt Ma1*
M restis *verderbt M19* cum *fehlt Ma6 M19*
Sb3 Situa aqua] aliquid
W vrna uel *fehlt Y* vrna *(1,2) Me1*] vrina *S1* aquarium *Y*
I cum *fehlt* serpens] est genus serpentis
K -- dicitur vas aquarum aptum sitientibus uel serpens, qui mordet, sitiendo moritur *K4*
aquarum *K4*] *fehlt W13* quem *M37*] que *W13*, qui *Hl1 W9 K4 K9*
P cum *fehlt alle Hss.* qua] quasi *(?) Wo4*
P-E restis, cum qua] vestis, quo *alle Hss. (auch R1)* qui] quo *E2*

S 747.1 f p **Sirula** sunt septem stelle, que dicuntur hya*s* *P*
Wa. fehlt Kh2 Br1

P Situla *Wo4* hyas *Wo1*] hya *Ma4*
P-E Siuba *E2*, Siruba *So1 M25*

S 748 m q **Sit*us*** .i. po*s*icio
\+ uel ordinacio; eciam est negligencia ex uetustate proueniens. Item **Situs**, -a, -um .i. positus. Vnde Grecista Nouus *(68ᵛ)*: Forma statusque loci situs est s*q*ualor quoque rerum, qui uel ab incultu surgit spacio ve dierum. Sed Situs est positus, si participare velimus *W*
\+ sed **Situs** .i. stultus m s *P*
-- .i. repausacio uel reposicio, ordinacio, humor uel natura *I*
-- .i. ordinacio uel posicio *K*
-- .i. ordinacio *parcium* uel representacio siue posicio *Kh2*

vgl. 748.1
S Situs .i. posicio *S4*] Sitis .i. poticio *Ma1*
W squalor *Sg1*] sualor *S1*
K uel posicio *fehlt K4*
P-E positus *E2*
Kh2 parcium *Wo5*] *verderbt*

S 748.1 m s **Situs** .i. positus *K*

K *vgl. 748*

S 749 con **Siue** ader
-- *ab* *W*
Wa. fehlt I K

S *Wa. fehlt Ks2* aber *S4*
M aber *Ma6 M19*, ab *Dr1*
W *Wa. fehlt Sg1* ab *Bs9*] ob *S1*
P effte *Ma4*
P-E aber *E2*

S 750 m s **Smaragdus** est nomen lapidis °*preciosi* °*(M)*
-- est proprium nomen lapidis *Sb3*
-- est lapis preciosus tante viriditatis, ut herbas et frondes virentes in viriditate superat, et est multum delectabilis ad videndum. Inde **Smaragdinus** .i. habens *colorem* smaragdi *W*
-- nomen lapidis, omnium gemmarum virencium tenet principatum *P (außer Kh2 Br1)*

S proprium nomen *Ma3* preciosi *Ks2*] *fehlt Ma1 B9*, preciosum *S4*
M Smaragadus *Ma6*
Sb3 Smagagdus
W viriditatis] virtutis *Sg1* Inde *bis* smaragdi *fehlt Sg1* colorem *Bs9*] *fehlt S1*
P etro lapidis] + smark *Ma4* principatam *Wo4*
P-E etro
Kh2 Simaragdus

S 751 n t **Smigma** est vngentum boni odoris
-- ⌜est quoddam vngentum uel confeccio boni odoris *X* / seyffen *Y* *K*
-- ⌜eyn stüffe ad lauandum vestimenta *Ma4* / eyn schuffel bluel *R1* / eyn sefe stufe ad lauandum vestimenta *Wo4* *P*
-- est vngentum boni odoris vel schusel vel ain pluwel *E2* *P-E*
Wa. fehlt Kh2

S bone *S4*
M + seyfen *Ks1 M19*
P *Int.*] *fehlt (Zeilensprung, vgl. 751.1) Br1*, est vngentum boni odoris *Wo1*, eyn stuffe ad lauandum vestimenta uel vngentum boni odoris *B10*
P-E *Int.*] est vngentum boni vel ein lang kleid *(Zeilensprung, vgl. 751.1) So1*, salb est vngentum poni *M25*

S 751.1 f p **Smirra** dicitur resina chalami uel mirre *K*
-- mirrenbaum uel eyn *lank kled* n t *P*
Wa. fehlt Kh2

K + pech oder harcz *W13*
P *Wa. fehlt B10* *Stichwort*] *verderbt Wo4*, *fehlt (Zeilensprung, vgl. 751) Br1* lank kled *Wo1*] lant knecht *Ma4*
P-E *Wa. fehlt (Zeilensprung, vgl. 751) So1* Smirina *E2* -- mirenbam vel longa vestis *E2*

S 752 f t **Soboles** ein stam uel ein ⌜geslechte / slechte *Ma3 B9 P (außer P-E R1)* et est congregacio tocius progeniei
+ scilicet filiorum et filiarum et nepotum et omnium, qui sunt de eadem parentela, tam ex parte patris quam *ex parte* matris; ymmo totum genus humanum *potest dici Soboles*, quia habet vnum patrem, scilicet Adam, et vnam matrem Euam. Et dicitur a »suboleo« .i. cresco, quia Soboles crescit per augmentacionem parentele *P (außer Kh2)*
+ scilicet [... *(wie P)*] *Euam* *P-E*
-- est progenies siue proles *W*
-- .i. progenies, eyn geslecht, scilicet filius uel filia *I*
-- stam oder geslåcht *K*

S stam] stein *N1* geslechte] schlecht *S4* *lat. Int. fehlt B9* progeniei] parentele *Ma3*
M stam] stain *M19*
Sb3 stam] stain
P f p Sobalas *Wo4* *dt. Int.*] eyn geslechte *Wo4* slechte] geschlachte *Br1* progenei *Ma4 R1* *Zusatz fehlt Wo1* ex parte *Wo4*] *fehlt Ma4* potest dici Soboles *Wo4*] *fehlt Ma4* a] quasi *Wo4* Et dicitur *bis* parentele] et dicitur suboleo *R1*
P-E *dt. Int. fehlt So1* ein stam uel *fehlt E2* progenii *E2*, progenie *So1 M25* omnium, qui] omnia, que *E2* tam *bis* matris *fehlt E2* quia habet *bis* Euam *So1*] *fehlt E2*
Kh2 progeniei *verderbt*

S 753 f t **Sobrietas** ⌜nuchterkeit / nochternicheyt *S-Y*
+ .i. abstinencia *I*
-- nuechtikait *Sb3*
-- nochternheit *P (außer P-E)*
-- nuchterheyt *Kh2*

S Sobtietas *S4*
K nuchtigkait *K9*
P nuchtercheyt *Wo1*, nuchternkait *Wo4*, nuchtencheit *Br1*
P-E måssikeitt *So1*

S 754 m s **Sobrinus** eyn swester kind
-- est filius sororis *I*
-- eins vetter chind *K*

vgl. C 892
S *Int.*] *fehlt (Zeilensprung, vgl. 755) Ma3*, swester uel suster kynt *B9*
P *Wa. fehlt B10* Sobriius *Wo4*

S 754.1 **Sobrina** filia sororis *I*

S 755 m s **Sobrius** nuchtern
-- abstinens a cibo *W*
-- -bria, -brium .i. abstinens, nuchtern *I*

S *Stichwort fehlt (Zeilensprung, vgl. 754) Ma3* nuchterkeyt *S4*
M *Wa. fehlt Ma6*
W -- nůchter uel måsig *Sg1* + nuchtern *Me1*
P *Wa. fehlt Ma4*
P-E + oder messig *So1*

S 756 m s **Socer** ein sweher, et est pater uxoris mee
+ et movetur hic socer, hec -cra secundum artem uel hic -crus secundum vsum *M*
+ et movetur hic socer, hec socra secundum artem; sed secundum usum hic socer, hec socrus *(!)* uel habet in feminino genere hec eciam socra. Wersus *(Doctr. 670)*: Hec acus atque pinus etc. *Sb3*
-- [...] uxoris uel mariti *W I*
-- ⌜swager *X* / swager, est pater uxoris *Y* *P*

S *lat. Int. fehlt B9* mee] mei *S4*, *fehlt Ma3*
M *Zusatz fehlt M19*
Sb3 *Doctr. 670: Hec acus et pinus, nurus et domus et socrus addis*
K *lat. Int. fehlt W13 Y*
P *lat. Int.*] est pater eue uxoris *Wo4*

S 756.1 n s **Socergium** eyn tweel *P*
Wa. fehlt Kh2 Br1

P *Wa. fehlt B10*
P-E *Wa.*] n s Socerium ain schwåhel *E2*, n s Socerium ain czwehel *M25* -- zwechel *So1*

S 757 n p **Sociare** gesellen
+ con-, as-, dis- *P-X (außer P-E)*
-- .i. socios facere, gesellen. Inde **Societas** *(vgl. 758)* *I*

W + Inde -tas *(vgl. 758) Bs9 Me5*
I a p
K *Wa. fehlt K4*
P -- sollen et componitur a -as -is *B10*

S 758 *f t* ***Societas** geselleschafft*
-- selschop *Kh2*
Wa. fehlt (vgl. 757) W-Y I

S *Wa. S4*] *fehlt Ma1*
M *Wa. fehlt D1*
K *Wa. fehlt K4*
P *Wa.*] Societas inde *(nach 757) Ma4* selschap *B10*

S 759 m s **Soccus** ein socke ⌜et est pedile, *eyn fuß duch* / **Pedile** idem *Ma3 B9 K*
-- ein sockh uel fuestuch *Sb3 Kh2 Br1*
-- quoddam calciamentum, eyn sock uel fuß duch *I*
-- ain sok *P-E*

vgl. P 290
S ein socke] eyn *(!) B5* eyn fuß duch *S4*] *fehlt Ma1*
M *lat. Int. fehlt M19*

W *lat. Int. fehlt Sg1*
K -- stock *(!) K4*
P *lat. Int. fehlt Wo4* eyn fuß duch] *fehlt Wo1 R1 B10*, eyn fuschuc *Wo4*

S 760 f p **Socordia** .i. pigricia *uel stulticia*
\+ doreheyt *I*
-- .i. pigricia *K P*
Wa. fehlt Kh2

S Soccosia *Ma3* uel stulticia *S4*] *fehlt Ma1*
Sb3 Soccurdia
P Socerdia *Wo4*

S 761 o t **Socors** .i. piger
\+ Inde **-ia** vel **-dia** *Kh2*

M m t Socor *M19*
W + tråg *Sg1*
Kh2 Socors] Socors cecros

S 762 m in **Soca*t*** tabernaculum uel vmbra interpretatur
Wa. fehlt K

S Socat *S4*] Socad *Ma1*
I Socot
Kh2 Sachat

S 762.1 heb **Soccot** interpretatur humi*l*itas vel rami vel tentoria *Kh2*

Kh2 humilitas *Lü1*] humiditas

S 762.2 **Sodes**, si sit verbum, deberet reputari comicum verbum .i. tale, quale invenimus in comedijs Teren*cij* et tantum valet: Sodes .i. *si* audes. Si vero est nomen, idem est quod sodalis; vnde Zo*simas (PL 171, 1223 D): I*sti portento, sodes, obstare memento. Si est adverbium, tunc est adverbium blandientis et hortantis; vnde Oracius *(Hor. epist. i1, 62)*: Rostia, dic sodes, melior lex *an* puerorum. Vnde Nouus Grecismus *(55ᵛ)*: Interdum sodes ad comica verba repones; cum socium sodes notat, inter nomina pones; aut dic hortantis adverbiolum fore sodes, nam qui blanditur, consweuit dicere sodes *Sg1 (W)*

W Terencij *emend.*] terenai .i. si *emend.*] i. non Zosimas *emend.*] *verderbt* an *emend.*] ante

S 763 *m s* ***Socius*** *.i. sodalis,* °*eyn* °*geselle* °*(Ma3 P)*
-- ein gesel *Sb3 I Kh2 Br1*
Wa. fehlt W-Y K

S *Wa. S4*] *fehlt Ma1 Ks2*
W *dt. Int. fehlt S1*
P sodalis *verderbt Wo4*
P-E -- gesell *E2*

S 763.1 **Socia** gesellin *Sb3*

S 764 f p **Socra** ein swegeryn
-- ein swiger *Sb3 W K P-E*

-- eyn swaghersche *Kh2 Brl*

S ein swiger *N1*
M swiger *Drl*
Sb3 f p Socra] Socrus uel Socra
W *Wa. fehlt Sg1*
K *Wa.*] m s Socra *(vgl. 765) W13*
P Socia *R1* eyn sweghersche *B10*

S 765 m s **Socrus** ein swager °myns °wibes °*(Ma3 B9)*
+ Versus *(Grec. Vet. xii 401)*: Est socer vxoris genitor, socrus genitrix est *M*
+ uel inproprie captum dicitur mater uxoris mee. Wersus *(Grec. Vet. xii 401)*: Est socer uxoris genitor, socrus genitrix *Sb3*
-- idem *(nach 764) W*
-- ⌜*dicitur mater vxoris uel mariti, ein swiger X / idem (nach 764) Y K*
-- mines ⌜wifes / mans *P-E R1* moder *P*

S myns wibes] *fehlt S4 Ks2*, meins weybs uater *N1*
M -- ein swiger *M19* myns wibes] mynis wibis brudir *Ks1*
W *Wa. fehlt Sg1*
K *Wa.*] *fehlt K4*, f q Socrus idem *(nach 764, vgl. dort) W13* *Int. (X) zit. nach Hl1* idem *zit. nach K9*
P -- eyn swigher *Wo1* -- eyn swager, mynes wiues bruder *B10*
P-E -- ein schwecher *So1 M25*

S 765.1 f p **Socrigina** dicitur mappa uel mensale; alio nomine dicitur **Socrigium** n s *Kh2*

S 766 co t **Sodalis**, *socius*, consors, collega, ein geselle
-- socius, consors, collega *M-Y*
-- eyn mit geselle *I*
-- ⌜.i. socius uel consors *X* / geselklich *K4* *K*
-- socius, consors, collega, comes, ⌜gesel / idem sunt *P-E* *P*
-- .i. socius *Kh2 Brl*
Wa. fehlt W

S -- .i. consocius, consors, collega *Ma3* socius, consors *S4*] concors *Ma1*
M consors] concors *Ma6*
Sb3 + sunt autem *(?)* diuersimode
I *Sigle fehlt*
K *Wa. fehlt K9* -- dicitur socius in mense *(!) Ab1*
P -- .i. socius *B10* collega, comes *fehlt Wo4*

S 767 n s **Sodalicium** geselleschafft
+ .i. societas uel amicicia *I*
-- selschop *Kh2*
Wa. fehlt W

S *Wa. fehlt Ks2* *Int.*] *fehlt S4*, *fehlt (Zeilensprung, vgl. 768) B5*, selschap *B9*
Sb3 Sodalium
P selschap *B10*

S 768 f p **Sodoma** erat ciuitas, que periit igne propter nephas
-- [...] igne et *sulphure* propter nephas *W*
-- fuit vna illorum quinque ciuitatum, que perierunt igne et sulfure propter nephas ibi factum *I*

-- est civitas quedam, que periit per ignem et interpretatur passio *silens* vel declinacio aut sterilis *Kh2*

S *Stichwort fehlt (Zeilensprung, vgl. 767) B5* -- fuerat ciuitas que perire igno *(!)* per nephas *S4* propter nephas *fehlt Ma3*
M propter nephas *fehlt M19*
Sb3 m s Sodomo
W sulphure *Me1*] suphure *S1*, sulphur *Y*
K in igne *K4*
P in igne *Wo4*
P-E perit *E2*
Kh2 silens *emend.*] *verderbt*

S 769 m s **Sodomiticus** est aliquis de tali ciuitate
-- -ca, -cum est aliquis peccans contra naturam *I*

M Sodomacus *M19*
Sb3 n p Sodomitus
W ciuitas *S1*
P est aliquis *fehlt Ma4*

S 770 m t **Sol** dicitur ⌜*corpus* uel splendor solaris, *dẏ̊ son / corpus* solar*e* uel splendor solis *Ma3 B9*
-- [...] solaris *Sb3*
-- [...] splendor solis *W*
-- dicitur corpus solare vel splendor sol*is*; sed in plural*i* significat radios *solis* / + Wersus *(Ov. fast. ii 366)*: Soli*b*us in campo corpora nuda da*bunt*; sed sic dicitur radius uel color solis *Ma4 Wo4 P*
Wa. fehlt K

S corpus *S4*] chorus *Ma1* *dt. Int. S4*] *fehlt Ma1 Ks2* corpus solare *B9*] corus solaris *Ma3*
M *dt. Int. fehlt D1 Dr1*
W -- est lucidissimus planetarum *Sg1* + et interpretatur super omnia lucens *S1*
P solis *(1) Wo1*] solaris *Ma4* sed *bis* solis *(2)* de sunne *Wo1* plurali *Wo1*] plurale *Ma4* solis *(2) fehlt Ma4* Solibus *Wo4*] Solidus *Ma4* nuda] vnda *Wo4* dabunt *Wo4*] da *Ma4* radius uel *fehlt Wo4*
P-E solis *(1)*] sol *E2* radios] radices *alle Hss. (auch R1)*

S 771 d p **Solaciari**, **Solari** ergeczen uel ⌜*vorlustigen /* erlústigen *W*
-- uel **Solari** ergeczen *Sb3 P*
-- ergetzen vel erlusten *(neuer Wa.:)* **Solari** idem *I*
-- lustigen oder ergeczen *(neuer Wa.:)* d p **Solari** idem *K*
-- tid vor driuen uel vorgheten *Kh2 Br1*

S *Wa.*] d p Solaciare, Solare vergheten, vorlustigen *Ma3* ergeczen uel *fehlt B9* vorlustigen *Ma3*] erlustigen *Ma1 Ks2*, lustigen *S4*, vorlustenn *B5*
M ergeczen] engeczung *M19* uel vorlustigen] herlustigen *Ma6*, uel trosten uel lustigen *D1*
Sb3 Solacreari
W ergeczen] ercznen *S1* erlústigen] verlustigen *Bs9*
K lustigen oder *fehlt K4*
P *Wa. fehlt B10* -- ergessen, erlustigen *Ma4* -- Solari idem vorlustigen *Wo1*
Kh2 *vgl. 771.1* Solaciari] + Solari *Br1*

S 771.1 d p **Sol*a*ri** .i. solaciari *Kh2*

Kh2 *vgl. 771* Solari *Ki3*] Soliri

S 772 n s **Solacium** *vor*lustunge
-- ein lust *Sb3*
-- ⌜lust *M12* / lustung *Sg1* *W*
-- eyn erlustunge uel drostunge *I*
-- lustung *K P-E*

vgl. C 893, C 894
S *Int. S4*] erlustunge *Ma1 Ks2*, vorlustigung *B5*, vorlustigen *B9*, gelustung *N1*
M herlůstunge *Ks1 Dr1*, lustung *D1*
W erlústig *S1*, erlustickt *Me1*, erlustung *Bs9*, erlistung *Me5*
K lustig *Hl1*
P erlustunghe *Wo4*
P-E lustig *So1*

S 773 n t **Solamen** ein trost. °*Inde* °***Consolacio*** °*(Ma3 B9 K)*
-- .i. solacium, drost. Inde **Solacio** *I*
-- drost °.i. °cons*ola*cio °*(Kh2 Br1)* *P*

S Inde Consolacio *S4*] *fehlt Ma1*, + drostunge *S4 B5*
M Consolacio] Solacio *Ma6 M19*
W Inde Consolacio] *fehlt Sg1*, Inde Solacio *S1*
P consolacio *Wo1*] consiliccio *Ma4*
P-E trostung *So1*

S 774 co t **Solaris** scheynende
-- et hoc -re .i. res solis uel ad solem pertinens, schin *I*

S schynen *S4*, scheymede *N1*
M schin *D1*
Sb3 scheinen
K scheynung *Hl1 K4*
P-E schinendig *E2*, ein schinender *So1*

S 774.1 f s **Solancus** eyn slendorn *P*
+ est arbor quedam *Kh2 Br1*

P *Wa. fehlt B10*

S 775 n s **Solatrum** nachtschade, *est erba quedam*
-- nachschatt *P-E R1 Kh2*
Wa. fehlt K

Die Formen Solatrum *und* Solacrum *können nicht immer eindeutig unterschieden werden*
S *lat. Int. S4*] *fehlt Ma1*
M *lat. Int. fehlt M19*

S 776 n s **Solarium** ein hochhuß, °eyn °büne °*(K P)*
-- ein hoch haus uel lon *Sb3*
-- cenaculum uel domus soli et aeri exposita ita, quod utrique eorum pateat, sumerhus *W*
-- eyn hoch huß uel pin, quasi »solaurium« *I*
-- eyn hoch hus uel pallacium *Kh2*

S *Wa. fehlt N1* -- eyn horn hus *Ma3* eyn büne] *fehlt S4*, ader eyn tüm, eyn sal *B5*, + uel ein bodem *Ma1*
M -- ein soler, eyn můzzhaus *M19* eyn büne] *fehlt Ks1*, ein bom *D1*, ein lon *Dr1*
W exposita] composita *Sg1* ita *bis* pateat *fehlt Sg1*
K hochs haws *W13*
P Solarium *verderbt Ma4*
P-E -- est alta domus *M25* + vel precium laboris *So1*

S 777 m s **Soldatus** ein *soldener*

S Soldarus *Ma3* soldener *Ks2*] suldener *Ma1*, scheldener *S4*, schuldner *N1*
M suldener *Ma6*, solner *D1*
I Soldacus

S 777.1 **Stipendiarius** idem *(nach 777) Sg1 (W)*

S 778 f p **Solea** ein sole
-- sole in calceo *P (außer P-E)*

S -- ein solt *N1*
M -- eyn soleus *Ma6*
Sb3 Sola
I *Sigle fehlt*

S 778.1 **Soluidus** *R1 Wo4 (P)*

P *Sigle und Int. fehlen*

S 779 co t **Solempnis** erlich
-- .i. celebris uel festiuus. Item nota quod secundum Hugwicionem *(Hug. »Soleo«)* debet scribi per vnum -l- et duo -n-, sine -p-; et quasi a nullo seruatur. Vnde Grecismus Nouus *(82v)*: A soleo solido *v*enit »solennis« et »annus«. *Nam solido solitoque modo venit omnibus annis et festum solenne sublegittimus sibi bannis*. Inde **Solennitas** *W*
-- et hoc -ne .i. celebris, festiuus. Vnde Solenniter aduerbium et hec **Solennitas** herlichkeit *I*
-- erlick et dicitur a »solem«, quod est continue, et »annus«, quia continue *omni* anno solempnitas sanctorum celebratur *P*

vgl. 780
W Solennis *S1*, Solemnis *Y* nota quod *fehlt Y* et quasi *bis* seruatur *fehlt Sg1* venit *Sg1*] deuenit *S1* Nam *bis* bannis *Sg1*] *fehlt S1*
P omni *Wo1*] cum *Ma4*
P-E *dt. Int.*] hoch zitlich vel erlich *E2* »solem«] solemp *E2*

S 780 f t **Solempnitas** erlichkeit
Wa. fehlt (vgl. 779) W
Wa. fehlt (enthalten in 779) I
Wa. fehlt P-E

S *Wa. fehlt S4*
M *Wa.*] Inde Solempnitas *(nach 779) M19 D1*
P erliket *Ma4*, herlichet *R1*

S 780.1 f t **Sollentes** est lapis cuius candor cum luna crescit et decrescit *P*

S 781 a p **Solempnisare** erlich fiern
-- et scias, quod predicta vocabula dicunt scribi per vnum -l- et duo -n- *I*
-- fiern *P*

S -- erleich sein *B5*
M -- fiern uel erlichen syn *D1*
W -- erlich faren *S1* -- erlich faren oder tun *Me1* -- erlich feyrn *M12*
I Solennisare

S 782 f p **Solercia** clugheit
+ uel bescheyden *Kh2*
Wa. fehlt (enthalten in 783) W

S + superbia *S4*
I *Sigle fehlt*
P *Wa. fehlt Wo4* -- .i. sollers, clugheit *Ma4 R1*

S 783 o t **Solers** klug / + bescheyden *S-Y P*
-- klueg uel diligens *Sb3*
-- .i. sapiens, cautus uel sollicitus. Inde **Soler*cia*** .i. sollicitudo uel industria *W*
-- .i. sapiens, cautus *I*
-- idem *(nach 782) vel geschid P-E*
-- klok uel vorstendych *Kh2*

W *vgl. 782* Inde *bis* industria *fehlt Sg1* Solercia *Bs9*] Sollertas *S1*
K f t
P -- idem *(nach 782) B10* klug *fehlt Ma4*
P-E vel geschid *So1*] *fehlt E2*

S 784 n s **Solere** pflegen
+ uel gwondlich sein *Sb3*
+ vel spulgen *I*

W + uel gewonlich sin *Sg1*

S 785 n p **Solicitare** sorgen
-- .i. persuadere, ex suo loco mouere, sorgen *I*

S Solitare *Ma3*
W + Inde Solicitus et -tudo *(vgl. 786, 787) Bs9 Me5*
P *Wa.*] n p Solitaciare sorgfoligen *Ma4*

S 786 m s **Solicitus** sorgfeldig, .i. tristis
+ uel traurig *Sb3*
+ curiosus *Kh2*
-- -ta, -tum .i. curiosus, anxius, sorgfeldig *I*
-- ⌜sorgveltig *M25* / sorgsam *E2 So1* *P-E*

S *dt. Int. fehlt B5*
M Sollicidus *M19*
W *Wa. fehlt (vgl. 785) Bs9 Me5* *Int.*] sorgsam *S1*, sorgueltig *M12*, besorgsam. Inde Solicitudo *(vgl. 787) Sg1*
K *lat. Int. fehlt Y*
P *dt. Int. fehlt B10* *lat. Int. fehlt Wo4*

S 787 f t **Solicitudo** sorgfeldigkeit
+ *Item **Solicito*** .i. anxietatem *incucio* uel persuadeo uel aliquid a loco suo remoueo. Item Solicitare significat mulierem turpibus peticionibus inquietare *W*
-- .i. curiositas, anxietas *I*
-- sorgnuß *Sb3*
-- sorgsamkait *P-E*
-- .i. cura uel anxietas anime *Kh2*

M *Wa. fehlt D1*
W f t Solicitudo sorgfeldigkeit] *fehlt (vgl. 786) Sg1*, *fehlt (vgl. 785) Bs9 Me5* sorgsamkait *S1* Item *bis* inquietare] *nach 786 Sg1*, *nach 785 Bs9 Me5* Item Solicito *Sg1*] *fehlt S1* incucio *Sg1*] intueor *S1*
P *Wa. fehlt Br1* Sollictudo *Ma4*

S 787.1 f p **Soligemma** est lapis candidus, qui vbique *infundit* nitorem *P*

P infundit *Wo1*] fudit *(!) Ma4*
P-E fundit *alle Hss. (auch R1)*
Kh2 Solyemma vbique *fehlt*

S 787.2 f p **Soluia** .i. luna *P*
Wa. fehlt Kh2 Br1

S 788 *n* p **Soluisare** soluisiern uel noten singen
-- noten singen *K*
-- ⌜solfern / *soluiseren P-E R1 Kh2 Br1* *P*

S *Wa. fehlt Ks2* *Sigle Ma3*] a p *Ma1* soluisiern uel] *fehlt Ma3*, solfiren uel *B9*
M *Wa. fehlt D1* a p
W -- soluisieren die noten *Sg1*
P a p *X* -- noten singen *B10* + noten singhen *Wo1*
P-E a p *Int. So1*] *fehlt E2*, patet *M25*

S 789 a p **Solidare** .i. firmare, festen
-- .i. firmare *W P-E*
-- .i. firmare, integrare *I*
-- sterchken oder vesten *K*
-- vesten, firmare, °sterken °*(Kh2)* *P*

S firmare] *verderbt Ma3*, confirmare *B9* festen] + sterken *Ma1*
M festen] *fehlt Dr1*, festigen *D1*
P vesten *fehlt Wo4* sterken *fehlt Wo1 R1 B10*

S 790 m s **Solidus** veste oder starg .i. firmus. °Inde °**Soliditas** °*(P-E)*; *sed in numero schylling*
-- [...] **Soliditas** *W*
-- -da, -dum .i. integer, firmus, starg vel solidus, sch*il*ing *I*
-- vest, starchk / + *in numero* schilling *X* *K*
-- .i. firmus, stark uel dicht uel eyn schildynk uel mensura siue pondus *Kh2*

S oder starg *fehlt Ma3* Inde Soliditas *fehlt B9* sed *bis* schylling *S4*] *fehlt Ma1*
M veste oder starg *fehlt D1* firmatus. Inde Solicitas sed in numero singulari *M19* schylling] sichling *D1*
Sb3 in numero] in plurali
W Soliditas] + vestikait *Sg1*
I schiling *I2*] schlling
K in numero *W9*] *fehlt Hl1*, oder *W13*
P -- stark. Inde Soliditas, et in plurali eyn schill *(!)*, -ris, -ratus *Ma4* Inde *bis* schylling *fehlt Wo1*
P-E -- stark *M25* veste oder *fehlt E2*

S 791 n s **Soliloquium** heimlich rede
+ .i. solitarium eloquium *I*
+ *cum nos ipsi nobis respondemus* *K*
-- ⌜heymlich kosing *Ma4* / hemelike ghekosen *Wo4* *P*

-- haimlich sprechung *P R1*
-- eyn hemelike rede *Kh2 Br1*

S -- hemelick to seginghe *Ma3* -- hemelick kosinghe *B9* -- heimlich sprach *N1*
K -- red *K4* *Zusatz K9*] *fehlt W13*
P hemelike sprake *Wo1 B10*

S 792 f p **Solifuga** est animal paruum perniciosum, °quasi °fugiens °solem °*(Ma3 B9 P)*
-- dicitur animal paruum fugiens solem *Sb3*
-- quoddam animal, quia fugiat diem *I*
Wa. fehlt Kh2 Br1

S -- est perniciosum *Ma3* perniciosum *verderbt S4* fugiens] fagens *S4*
M pernicosum *M19* fugens *Ma6*
W pernicium *Sg1*
K *Wa. fehlt W13* -- nacht funkel *K4* fugens *alle Hss. (*fugiens *Ab1)*
P Solifaga *(*Solifuga *Wo1)*
P-E Soliphaga *E2*, Solipha *So1*, Soliphiga *M25* perficiosum *alle Hss.*

S 793 *m s* **Solitarius** einlich °uel °ein °einsidel °*(Ma3 B9 P)*
-- aynig uel ainsidel *Sb3*
-- ain ainiger vel ainsidel *W-X*
-- -ria, -rium .i. consuetus uel eynig *I*
-- ainsidel *K*
-- ainig *E2* *P-E*
Wa. fehlt Kh2 Br1

S *Sigle S4*] *fehlt Ma1* einlich] aleynn *B5* + qui solus est *B9*
M *Wa. fehlt M19* einlich] alleyn *D1*
W -- ainsidel *M12*
K *vgl. 797.1*
P entlich *(!) Ma4*, eynich *B10* + alleyne *Wo4*
P-E -- ein litzig *So1* -- alain *M25*

S 794 *f t* **Solitudo** eynkeit
+ .i. desertum, solitaria mansio *I*
-- ein ainigkait *Sb3*
-- *eynlicheit uel uestynge* *Kh2*

S *Sigle S4*] *fehlt Ma1* eynlicheyt *Ma3 N1*
M ainigkait *M19*
W einigkeit *Me1*
P *Int.*] *verderbt Ma4*, eynsamkeyt *Wo4*
P-E ainigkait *E2*
Kh2 *Int. Lül*] ewychlik uel eyn vostenye *(?)*

S 795 *m s* **Solitus** pflichtig / + uel gewonheit *S-X*
-- pflichtigar gwondlich *Sb3*
-- -a, -um .i. frequens usitatus, gewont *I*
Wa. fehlt Ma3 B9 P

S *Wa. fehlt Ma3* *Sigle S4*] *fehlt Ma1* -- eyn philichtig gewonheyt *B5* -- plutig *(!) N1*
W + uel gewon *Sg1*

S 795.1 *m s* **Solitudinarius** .i. solitarius *W*

S *Sigle Sg1*] Item *(Wa. nach 795) S1*

S 796 *m s* **Solifagus** est ille, qui solu*s* vagatur
-- dicitur quasi »solus fagat« *Sb3*

Solifagus *für* Solivagus
S *Sigle S4*] *fehlt Ma1* Soliuachus *Ma3* solus *S4*] solum *Ma1* vagatur] + per campos *Ma1*
Sb3 fagat *für* vagat
W -- quasi solus vagans *Sg1*

S 797 *n s* **Solium** ein *pallast* uel ein kunigstul
\+ et transsumitur pro celesti ierarchia *P*
-- eyn pallast, eyns koniges stul *M*
-- dicitur pallacium uel sedes regis *Sb3*
-- .i. regia sedes, quasi solidum, konig stule *I*
-- chůnigs stuel *K*
-- eyn konynkghes stol; et transsumitur aliquando pro celeste gerarchia *Kh2*

S *Sigle S4*] *fehlt Ma1* -- eyn pallas *Ma3* pallast *S4*] palus *Ma1* konniges sal *Ks2*
M -- ein palast eins chüligs *(!) M19* -- pallast, kunigstul *Dr1*
W -- kúngs stůl *Sg1*
K *Wa. fehlt Hl1*
P cherarchia *R1*
Kh2 gerarchia *für* hierarchia

S 797.1 m s **Solitarius** allain *K4 (K)*

K *vgl. 793*

S 798 *m s* **Soleocismus** est incongrua copulacio uel figura gramaticalis
-- est incongrua locucio *I*
-- est incongrua copulacio *K*
-- est figura grammaticalis inexcusabilis *Kh2*
Wa. fehlt P-E

S *Sigle S4*] *fehlt Ma1* incongrua copulacio uel *fehlt B9* incongrua] congrua *Ma3*
M *Stichwort verderbt M19* gramaticalis *fehlt M19*
Sb3 copulacio] complanacio
I Soloecismus
K .i. solus *K4*
P Solecismus *Wo4* copulacio *verderbt Ma4* uel figura gramaticalis *fehlt R1*

S 799 *m s* **Solicanus** .i. solus canens
-- .i. solus carens *K*
-- est aliquis solus canens *Kh2*
Wa. fehlt I

S *Sigle S4*] *fehlt Ma1* Solopanus *Ma3*, Solocanus *B9 N1*
P Solocanus
P-E Solocanus
Kh2 Solocanus

S 799.1 m s **Solotenus** media correpta .i. iuxta terram *K*

K media correpta *fehlt K4*

S 800 *g in* **Sol*on*** .i. firmum uel totum
-- .i. terra uel illud quod sust*entat* aliquid supra se / + uel firmum uel totum *X* *W*
-- interpretatur totum vel multum *I*
Wa. fehlt K

S g in Solon *S4*] Solum *Ma1*
W Solum, -li -- .i. terra *Sg1* sustentat *Bs9*] sustineat *S1*
P Solum *Ma4*

S 800.1 n s **Solum** .i. terra, quia soli pateat, vel inferior pars pedis *I*

I *vgl. 805*

S 800.2 **Solum** allain *Sb3*

Sb3 *vgl. 805*

S 800.3 **Solus** .i. vnicus. Versus *(Walther 29879)*: Sit tibi terra solum; duo possunt vincere solum *Sg1 (W)*

W *vgl. 805*

S 800.4 *f p* **Solopendi*a*** hirczen zung / + herba quedam *X* *W*

W f p Solopendia *Sg1*] n s Solopendium *S1* -- hirses zung *Me1*

S 800.5 f p **Solocasia** est herba quedam *W-Y*

S 801 *n s* **Solsequium** est herba .i. elitropium, *sonen werbel*
-- est erba, que alio nomine dicitur *e*litropium *Sb3*
-- °est °herba °*(Y)* **Elitropium** idem, sunnenvirbel. ⌜Item talis *X* / est *Y* herba in ortu solis aperitur, in occasu vero *clauditur* *W*
-- quedam herba. **Eliotropium** idem *I*
-- est herba, sonen *wiruel* *P (außer P-E R1)*
Wa. fehlt Kh2

vgl. E 121
S *Sigle S4*] *fehlt Ma1* .i. elitropium *fehlt B9* *dt. Int. Ks2*] sonnen werbe *Ma1 S4*, sunnen werue *B9*
M *dt. Int.*] ein wegward *M19*
Sb3 elitropium *Gr2*] alitropium
W herba in] flos, qui in *Sg1* clauditur *Sg1*] concluditur *S1*
I Solisequium
K .i. elitropium *fehlt W13 Y* *dt. Int.*] wegbart *Hl1*, + oder sunnen wåndel *K9*
P -- sunnen verbe *Wo4* wiruel *Wo1*] werbe *Ma4*
P-E elitrepium *E2* sunnen wurber *So1*, sonnen werbe *R1*

S 802 *n s* **Solsticium** ⌜quasi »solis stacium«, sonnen standunge / sunnen staninghe *Ma3 B9 P*
-- .i. stacio solis *I*
-- *sunnen steung*, sů̈nnen wendel *K*
-- quasi »solis st*a*cium« *P-E*
-- eyn sunnenschinende uel dicitur »solestacium«, et est duplex, scilicet *hye*male et estiuale *Kh2*

S *Sigle S4*] *fehlt Ma1* -- quasi stolstacium *(!)* sonen stedunge *S4* *dt. Int.*] *fehlt Ks2*, sunnen erstendunge *B5*
M *dt. Int.*] *fehlt M19*, der sonnen steunge *Ks1 D1*

W *dt. Int.*] *fehlt Sg1*, sunnensteygung *Me1*
K sunnen steung *K9*] *fehlt W13 K4* sůnnen wendel *fehlt K9*
P -- sonnen stade *Ma4*
P-E stacium *So1*] sticium *E2*
Kh2 hyemale *Wo5*] igimale

S 803 *f t* **Solucio** ein ufflosunge
-- eyn entbindunge uel off losunge *I*
Wa. fehlt (vgl. 804) W-Y

S *Sigle S4*] *fehlt Ma1* Solicio *Ma3* *Int. verderbt Ma3*

S 804 *a t* **Soluere** est primo persoluere; 2° est *de seruo* °facere °liberum °*(P-E)*; 3° est amouere ligamentum
+ uel questionem *Sb3*
+ °Inde °**Solucio** °*(X)*. Vnde Grecismus Nouus de verbis 3ᵉ coniugacionis, scilicet de s- *(44ᵛ)*: Debita reddendo uel captiuum redimendo, vincula tollendo nec non penas remouendo, culpas laxando seu crimina soluere dicor *W*
-- .i. enodare, liberare, persoluere, entbinden *I*

S *Sigle S4*] *fehlt Ma1* persoluere] gelden *Ks2 B5* de seruo *S4*] *fehlt Ma1* librum *S4*
M facere liberum] librum *M19*
Sb3 librum
W *vgl. 803* de seruo] de suo *S1* 3ᵉ] 4ᵉ *Sg1*
K *Wa.* fehlt *K4*
P de seruio *Wo4* librum *R1 Wo4*
P-E de seruio *alle Hss. (auch R1)*
Kh2 librum

S 804.1 n p **Soluo**, -as, -are ich bin verdacht *P*
Wa. fehlt P-E Kh2 Br1

P -- ik byn bedacht *B10*

S 805 *n s* **Solum** .i. terra, sed **Solum** aduerbium allein
+ Wersus *(Walther 29879)*: Sit tibi terra solum; duo possunt vincere solum *P*
-- idem *(nach 806)* *W-Y*
-- .i. terra; °adiectiuum °*(Y)* allein; eciam dicitur planta pedis *K*
Wa. fehlt (vgl. 800.1) I

S *Sigle S4*] *fehlt Ma1*
M Solum aduerbium] pro adverbio *M19*
Sb3 *vgl. 800.2* sed] aliquando
W -- allain *S1*
K allein *fehlt K9* eciam *bis* pedis *fehlt K4*
P *vgl. 800.3* aduerbium *fehlt Ma4* Sit] est et *Wo4*
P-E allein] ain lain *(!) E2* + Versus: Si *(?)* solum forte est patria *E2*

S 806 *adv* **Solummodo** allein
-- aduerbium quantitatis .i. tantummodo *I*
Wa. fehlt K

S *Sigle S4*] *fehlt Ma1*
M *Wa. fehlt M19 D1*

S 807 *m s* **Sol*us*** *adiectiuum* idem *(nach 806)*
-- quando est adiectivum tunc idem significat *Sb3*
-- -la, -lum .i. sine; alio **Singularis**, alleyn *I*
Wa. fehlt K Kh2

S m s Solus *S4*] Solis *Ma1* adiectiuum *S4*] aduerbium *Ma1*
M *Wa. fehlt M19*
W adiectiuum] *fehlt Sg1*, adverbium *S1*
P *Wa.*] Solus adiectiuum uel aduerbium *B10*
P-E *Wa. fehlt M25* adiectiuum *fehlt E2*

S 807.1 part **Solutus** oppgelost. °Inde °**Solucio** °*(P-E Kh2 Br1)* *P*

P *vgl. 803* Solucio] + oblosung *Ma4*

S 807.2 n s **Somentum** *est* lo*n*ga vestis *P*

P est longa *Wo1*] loga *Ma4*

S 807.3 **Soma** .i. corpus *Kh2*

Kh2 f p Soma

S 808 *n p* **Sompniare** treumen
-- .i. per somnium aliquid videre, dreumen *I*

S *Sigle Ks2*] *fehlt Ma1* a p Sompnisare *S4*
M Sompnare *M19*
K a p

S 809 *f p* **Sompn*i*lencia** slaferkeit
-- ⌜slafferechtekeit *Ma6 Ma2* / slaffrigkeit *Y Sb3* *M*
-- *schlafrikait* *W P-E*
-- .i. pigritudo somno plenus *I*
-- slofhait *K*
-- ⌜slapenheit *Ma4* / sleferichet *R1* / sleferischeyt *Wo4* *P*
-- sleperheyt *Kh2*

S f p Sompnilencia *S4*] Sompnolencia *Ma1* schloffchkeyt *B5* schafferheyt *(!) N1*
M slofferlichkeyt *Ks1*
Sb3 Sompnolencia
W Sompnolencia *S1 Sg1* *Int. Bs9*] schlåffung *S1*, schlåffikait *Sg1*
I Somnolencia
K slaffchait *Hl1*
P Sompnolencia *Ma4* slapercheyt *Wo1* sleperycheit *B10 Br1*

S 810 *n s* **Sompnium** ein traume
-- quid videtur in somno, eyn draume *I*

S *Sigle S4*] *fehlt Ma1* Sompnum *S4 Ma3*
M *Wa. fehlt D1*
K *Wa. fehlt Hl1*
P Sompnum *R1*
P-E Sompnum *E2*

S 811 *m s* **Sompnolentus**
-- ⌜slafferecht *Ma1 Ks2* / slaperichtich *B9 Ma3* *S*
-- ⌜slafferechtig *X* / slaffig *M19* *M*
-- ⌜*schleffrig* *X* / schlåffiger *Sg1* *W*
-- .i. s*o*mno plenus, slefferig *I*

-- slåfferig *K*
-- ⌜slaberechtig *Ma4 Wo1* / sleperich *Kh2 Br1* *P*
-- idem *(nach 809)* *P-E*

S *Sigle S4*] *fehlt Ma1* slefferkeit *S4* sleffiger *B5* slaperchtich *Ma3* schlefferig *N1*
M slofftterichtkeyt *Ma2* slefferkeyt *D1* schloffrig *D1*
Sb3 f p Sompnilencia *(vgl. 809)*
W *Wa.*] Inde Somnulentus *(nach 812) Bs9 Me5* *Int. Me1*] schlåffig *S1*
I somno *I2*] sumno
K slaffig *Hl1*
P *Wa.*] *fehlt Wo4*, m s Sompnilentus slaferich *R1* slapersch *B10*
Kh2 Sompnilentus *(auch Br1)*

S 812 *m s* **Sompnus** slaff
-- est ipsa quies in dormiendo, slaff *I*
Wa. fehlt K

S *Sigle S4*] *fehlt Ma1*
M *Wa. fehlt D1*

S 813 *n p* ***Sonare*** luden
-- ⌜lúten uel tőnen *S1* / tőnen *Sg1* *W*

S *Wa. fehlt Ks2* *Sigle B9*] *fehlt Ma1* Sonare *S4*] Sonorare *Ma1* + hellen *N1*
W lawten *Me1*, donen *M12*, hellen *Bs9 Me5*
P-E tőnnen *So1* haillen *M25* + vel hellen *E2*

S 813.1 m s **Sonipedius**, ***Sonipedus*** eyn perde *herde* *P*
-- **Sonipedus** ain ros *hirt* *P-E*

P *Wa. fehlt B10* Sonipedus *Wo4*] *fehlt Ma4 Wo1* *dt. Int. Wo1*] perde garte *Ma4*, eyn perde *(!) R1*, eyn perdehercze *Wo4*
P-E hirt *So1*] *verderbt E2*

S 814 *n s* **Sonarium** est locus per quem ⌜*transit* sonus / fit sonus *S-X K*
-- eyn galm hol *Ma3 B9 (S)*
-- *eyn ghalm gat* / + uel dicitur fenestra in turribus *Kh2* *P*
Wa. fehlt P-E R1

S *Sigle S4*] *fehlt Ma1* transit *zit. nach N1*
P *Wa. Wo1*] *fehlt Ma4 B10* *Int.*] ghalm *Wo4*

S 815 *o t* **Sonipes** est dextrarius quasi pede sonans terram percuciendo
+ Wersus: Equus uel sonipes uel cor*ni*pes; ros uel iugalis *W*
-- .i. dextrarius, quia pede sonat terram percuciendo *I P*
-- dicitur dextrarius ⌜quasi pede percuciens terram *X* / .i. equus *Y* *K*
-- .i. dextrarius uel equus, qui *pede* solum sonat percuciend*o* *Kh2*

S *Sigle S4*] *fehlt Ma1* Sonpes *Ma3*
M dextrarius *verderbt M19* terra *M19*
W m t *Zusatz*] zelter ross *Sg1* cornipes *Bs9*] corimpes *(?) S1*, compes *Me1 M12* ros] res *Me1 M12*
K dicitur dextrarius *fehlt K4*
P-E Sonipe *E2*
Kh2 pede *Lül*] *verderbt* percuciendo *Lül*] percuciendum

S 815.1 **Sonus** eyn snůr *B5 (S)*

S 816 *m s* **Sonitus** sonus, lud
-- .i. sonus / + Inde **Sonorus** et **Sonorosus** *(vgl. 818, 817) Y W*
-- est ipsa accio sonandi uel strepitus, lut *I*
-- lawt *K*
-- .i. sonus *P-E Kh2 Br1*

S *Sigle S4*] *fehlt Ma1* lud] lucht *S4*
M lud *fehlt M19*
W sonus] + ton *S1*, + lawt *Me1*
I m q
K *Wa. fehlt K4*
P *m s* Sonitus] *m s* Sonari, Sonitus *Ma4*

S 817 *m s* **Sonorosus** lutig
Wa. fehlt (vgl. 818) W-X
Wa. fehlt (vgl. 816) W-Y
Wa. fehlt I

S *Sigle S4*] *fehlt Ma1* -- lauttecht *(?) B5* + lud *Ks2*
M *Wa.*] Sonorosus, Sonorus laut *(vgl. 818) M19*, *fehlt D1* lutlich *Ma6*
K -- idem *(nach 818) K9*
P-E -- kutig vel dȏnig *E2*

S 818 *m s* ***Sonorus** luth*
+ Inde **Sonorosus** *(vgl. 817) W-X*
-- -ra, -rum est omne illud, quod sonat, lut *I*
-- idem *(nach 817) K Kh2 Br1*
Wa. fehlt (vgl. 816) W-Y
Wa. fehlt P-E R1

S *Wa. S4*] *fehlt Ma1* -- idem quod sonus *B9*
M *Wa.*] *fehlt (vgl. 817) M19*, *fehlt D1*
W luth] + uel ton *S1*
K lauttig *K9*
P *Wa. fehlt Ma4*

S 819 *o t* **Sons** schuldig
+ .i. reus *Sb3*
+ *viciosus, nocens K*
+ uel schedelik uel peccator *Kh2*
-- id est nocens, culpabilis uel viciosus *I*
Wa. fehlt P-E R1

S *Sigle S4*] *fehlt Ma1* Sonus *S4* + .i. reus *Ma1*
K *Zusatz K9*] *fehlt W13 K4*
P *Wa. fehlt B10*

S 819.1 m s **Sonus** est quidquid aure auditur uel percipitur, lut *I*
-- *.i. sonitus P (außer P-E Kh2 Br1)*

P *Wa. Wo1*] *fehlt Ma4* + lud *Wo1*

S 820 *m s* **Sophi** sunt sapientes
-- .i. sapiens *I*

S *Sigle S4*] *fehlt Ma1*
I Sophus, -phi

S 821 *f p* **Sophia** .i. sapiencia

S *Sigle S4] fehlt Ma1*
I *Sigle fehlt*

S 822 *n t* **Sophisma** trogeniß .i. figmentum uel sapiencia
-- bedrigniß vel figmentum *I*
-- triegnůzz / + **Figmentum** idem *X K*
-- est conclusio uel proposicio pro vtraque parte probabilis uel est sapiencia *Kh2*

S *Sigle S4] fehlt Ma1* betrignisse *Ks2*, wetůbnusse *(!) B5*, betragniß *N1*
M -- getrůgnůzz *M19* ein betrogniß *D1*
W uel sapiencia *fehlt Sg1*
K trewegnuzz *K9*
P n t Sophisma] Sophisum *Ma4* betreygnisse *Wo4* driginge *B10*
P-E betriegnust *E2 So1*

S 823 *co p* **Sophista** est sapiens uel callidus in verbis
+ ⌜trieger *S1* / trugner *Y W*
+ aut argumentator *Kh2*
-- est deceptor in loquendo uerborum, intricator *I*

S *Sigle Ks2] fehlt Ma1*
M *Wa. fehlt M19*
W *lat. Int. fehlt Sg1* betriger *Me1*
K -- .i. calidus in verbis *K4*
Kh2 callidus] candidus

S 824 *a p* **Sophisticare** leichin °uel °betrigen °*(Ma3 B9 P)*
-- betriegnuß *Sb3*
-- *laichen*, triegen *W*
-- .i. uerborum inuolucione decipere, liegen *I*
-- betriegen *K*
-- spotten *P-E R1*

S *Sigle S4] fehlt Ma1* -- leychtigen, triegen *N1*
M leichin uel *fehlt M19* dregen *Ma6 Dr1* + uel tuschen *Ks1*
W laichen *Sg1] fehlt S1*
I n p
P-E bespotten *R1*
Kh2 leydyghen

S 825 *f p* **Sophistria** leichunge °uel °betrigunge °*(Ma3 B9 P)*
-- triegnuß *Sb3*
-- *laichung*, triegung *W*
-- *petriegung K*
-- leycherye *Kh2 Br1*

S *Sigle S4] fehlt Ma1* -- leycherie *Ma3* leichunge uel *fehlt Ks2* trygung *N1*
M -- laychung *M19* betrigunge] dregunge *Ma6 Ma2*, tuschunge *Ks1*
W laichung *Sg1] fehlt S1* betrigung *Me1*
K Sophistriare *(!) K4* *Int. K4]* betriegnůzz *W13* + oder laichung *Hl1*
P *Wa. fehlt B10* legin *Ma4* legherige *Wo4*
P-E -- lachung .i. decepcio *E2*
Kh2 leychereyghe *Br1*

S 825.1 m s **Sophisticus** .i. callidus uel deceptorius *Kh2*

S 825.2 f p **Sophena** est vena, que, si grossa *fuerit* in dextro pede, bonum *significat* ingenium *Kh2*

Kh2 fuerit *Lü1*] *fehlt* significat *Lü1*] facit

S 826 *m s* **Sophronicus** .i. prudens
+ uel temperans *I*
-- .i. sapiens *P-E*
Wa. fehlt Kh2 Br1

S *Sigle S4*] *fehlt Ma1* Sophionicus *S4*, Sophironicus *Ma3*
M Sophornicus *M19*
W *Wa. fehlt Sg1*
P *Wa. fehlt B10* *Int. fehlt Ma4 R1 Wo4*

S 827 n q **Sopire** slaffen
+ vel sedare vel exstingwere *(vgl. 828)* *P-E*
-- est ad dormiendum prouocare *W*
-- .i. facere dormire, sedare, extinguere, terminare, conpescere *(vgl. 828)* *I*

S Sophire *S4*
W -- .i. dormire *Sg1*
P *Wa. fehlt B10*
P-E a q slaffen] .i. dormire *E2*
Kh2 n q Sophirire

S 828 *a p* ***Sedare*** *stillen, extingwere uel conpescere*
-- ⌜stillen, extingwere, lessen vel conpescere uel terminare *Ma4* / styllen, extingwere, leschen *R1* / extingwere uel terminare *Wo4* *P*
Wa. fehlt Sb3 K Kh2 Br1
Wa. fehlt (vgl. 827) I P-E

S *Wa. Ma3*] *fehlt Ma1 B9* *Sigle S4*] *fehlt (Wa. nach 827) Ma3* Sodare *S4 Ks2*, Sopare *B5*
M *Wa. fehlt Ma6* Sodare *M19 D1*, Sopare *Ma2*
W *Wa. fehlt S1 Sg1*
P *Wa. fehlt B10* m p Setare *Ma4* -- stillen extingwere uel conpescere *Wo1*

S 829 m t **Sopor** .i. dormicio, slaferkeit
-- est dormicio *Sb3 K P-E R1 Kh2 Br1*
-- .i. dormicio / + uel pigricies sompni *X* *W*
-- est ipsa quies et suauitas et quietudo somnj *I*

S *Wa. fehlt Ks2* *dt. Int.*] *fehlt Ma3*, slaffrikeyt *N1*
M *dt. Int.*] slaffrikait *M19*, *fehlt D1 Dr1*
P *Wa. fehlt B10* slafunghe *Wo4*
Kh2 m s Sophor

S 829.1 m s **Soporus** -ra, -rum .i. quietus, dulcis vel dormiens *I*
-- slaperich *Ma3 (S)*

S 829.2 f t **Soporacio** slaffung *K*

K slaffund *K4*

S 829.3 *m q* **Sopitus** idem *(nach 829.2)* *K*
-- .i. soporosus *Ma3 (S)*

S *Sigle*] m s
K *Sigle K4*] m *W13* slaffung *K4*

S 830 a p **Soporare** wachen uel slafferig machen
-- wachen *Sb3*
-- .i. sopire, facere dormire, proprie cum sopore *I*
-- .i. dormire cum s*o*pore, °wachen °oder °*(Y)* slaffen machen *K*
-- schlaferig machen *P-E Kh2 Br1*

S wachen uel *fehlt Ma3* slafferig machen] slaffen *S4*
M *Wa.*] a p Sopare wachen *M19* -- slaffenden machen *Ma6* slaffert machen *Dr1*
Sb3 Sopare
W -- schlåffen uel schlåffend machen *S1* wachen uel *fehlt Sg1* schlåfet machen *Bs9*
K sopore *K4*] sapore *W13* *dt. Int. fehlt K4* slaffert machen *Hl1*
P wachen uel] slomen *Wo4* slapen maken *B10*
Kh2 Sophorare

S 830.1 m t **Soporifer** quasi ferens sompnum *K*

S 831 m t **Sor** angustia interpretatur
Wa. fehlt Kh2

S angustus *Ma3*
I *Sigle fehlt*
K *Wa. fehlt K4*

S 832 f p **Soracte** est ciuitas quedam

S -- est ciuitas, neutrum indeclinabile *S4*
Sb3 Soracta
P f t
P-E f t
Kh2 f t

S 833 n s **Sorbere** suffen. Inde **Sorbilis**
-- sauffen *Sb3*
-- .i. glutire. Inde **Sorbicio** .i. glu*ti*cio. Inde **Sorbilis** *W*
-- .i. aliquid molle deglutire, sufen. Inde **Sorbilis** *I*
-- *verslikchen* *K*
-- supen. Inde nomen adiectiuum **Sorbilis** *P*
-- supen *Kh2 Br1*

S Inde Sorbilis *fehlt B9*
W gluticio *Sg1*] glucio *S1* Sorbilis] Sorbibilis *Sg1*
K *Int. K9*] slichken *W13*, schriken *K4*
P susczen *(!) R1*

S 834 n p **Sorbillare** .i. parum sorbere
-- .i. paulatim vel parum sorbere *I*

S 834.1 n s **Sorba** sunt poma siluestria *P*
+ holcz apfel *P-E R1*
-- eyn holappel *Kh2*

P-E *dt. Int. fehlt So1*

S 835 f s **Sorbus** est arbor
-- uel **Sorbarius** *(vgl. 835.1)* est arbor quedam, wulgariter sperbierbom *W-Y*

P arbus *Wo4*

S 835.1 m s **Sorbarius** schwelchbom *W-X*
-- eyn spirbaum *P*
-- *ein sperwer bo̊m P-E R1*
-- .i. traps, eyn sper bom, et continet venantibus *Kh2*

W *vgl. 835*
P *Wa. fehlt B10 Br1*
P-E *Int. So1*] ain sperbunbam *E2*
Kh2 Sorborarius

S 836 n s **Sorbum** est fructus eius *(nach 835)*
+ uel potus, qui fit de sorbis *Kh2*

Sb3 Sorbium
W Sorbium *S1*
I *Sigle fehlt*
P n s Sorbus *Ma4*

S 836.1 n s **Sorbium** dicitur ceruisia uel potus ex tali fructu vel eciam offa *I*

S 836.2 **Sorbilla** *Wo4 (P)*

P *Sigle und Int. fehlen*

S 836.3 n s **Sorbarium** est locus vbi sorba seruantur *Kh2*

S 836.4 m s **Sorbicillus** *eyn klene nap P*
+ uel beker *Kh2*

P *Int. Wo1*] cley nappt *Ma4*

S 837 n s **Sorbillum** ein suffe
-- aut **Sorbicium** ein sauffen *Sb3*

S -- idem *(nach 836) Ma3* -- sauffung *N1*
M *Wa.*] n s Sorbillum, Sorbicium sawffen *M19*
P n s Sorbillus *Ma4*

S 838 n s **Sorbicium** ⌜idem *(nach 837) / potest dici omnis cibus mollis et liquidus S-Y*
-- *gherunnen melch P*
Wa. fehlt (enthalten in 837) Sb3

S *Wa. fehlt Ma3* *Int. zit. nach B9*
M *Wa. fehlt (enthalten in 837) M19*
I *Sigle fehlt*
P *Wa. Wo4*] *fehlt Ma4 Wo1* Sorbricium *Wo4* -- idem *(nach 837) B10*

S 839 *f p* ***Sorbiuncula*** *potest dici omnis cibus mollis °et °liquidus °(K)*
-- [...] cibus, qui de facili ⌜sorbitur *X* / glutitur *Y W*
-- omnis cibus liquidus et mollis *I*
Wa. fehlt Kh2

S *Wa. S4*] *fehlt Ma1* Sorbiuncula *Ma3*] Sorbuncula *S4*, Sorbincula *Ks2 B5*
Sb3 Sorbincula
I Sorbiciunla
K Sorbincula *K4*
P Sorbiucula *Ma4* Sorbiciuncula *Wo4*

S 839.1 *f q* **Sorbicies**, -ei idem est quod sorbicio *W*

W *Sigle Sgl*] Inde *(Wa. nach 839) S1*

S 840 *n s* ***Sordere*** ⌜*vnreynnigen, stincken uel fülen* / vnreyne stincken *Ma3 B9 et caret supino*
-- vnrainigen, smeckhen, faullen, supino caret *Sb3*
-- ⌜vnrainig schmeken *X* / vnrainen, stinken *Y*, fulen, supinis caret *W*
-- .i. putrere, fetere, stincken uel fulen *I*
-- *vnrainigen oder* stinchken, *et caret supinis* *K*
-- vnreyn*en*, stincken, supino caret, uel putrere, fulen uel displicere *P*
-- stinken, supino caret *P-E*
-- vnreynen, stynken uel wlen *Kh2 Br1*

S *Wa. S4*] *fehlt Ma1* vnreynen *N1*
M *Wa.*] n s Sorbere, -ui vnraynen stinken *M19* vnreynen *Ma6 Ks1* stincken] smecken *Dr1*
W vnrainen] vnrainigen *Bs9* fulen, supinis caret *fehlt Sgl*
K vnrainigen oder *K4*] *fehlt W13* oder stinchken *fehlt K9* et caret supinis *Hl1*] *fehlt W13 Y*
P Sorde *Ma4* -- stinken uel myshagen, supinis caret *B10* *dt. Int.*] stinken *Wo4* vnreynen *R1*] vnreyn *Ma4*, *fehlt Wo1* uel displicere *fehlt R1*

S 841 *f t* ***Sordes*** *est immundicia*
+ cupri, *vnrenicheyt*, ***Volutabrum***, ***Proluuies*** *idem* *P*
-- .i. putredo omnium rerum *I*
-- proprie est immundicia cupri *P-E*
-- .i. immundicia, vnreynycheyt uel stank *Kh2 Br1*

S *Wa. S4*] *fehlt Ma1 Ma3* Sordes *Ks2*] Sordens *S4*
M *Wa.*] f t Sordes, Sordecula stinkunt f p *(vgl. 842) M19*
W immundicies *S1*
K -- vnflat *W13*
P immundicies *Ma4* cupri] + horpul *Wo4* vnrenicheyt *bis* idem *Wo4*] volut tabrum liuio idem *Ma4*, *fehlt Wo1 B10* vnrenicheyt] + stangk *Wo4*
P-E + et eciam macula *E2*

S 842 *f p* ***Sordecula*** *idem (nach 841)*
-- diminutiuum *I*

S *Wa. S4*] *fehlt Ma1 Ma3*
M *Wa. fehlt (enthalten in 841) M19*
Sb3 Sordencula
W *Wa. fehlt Sgl*
I *Sigle fehlt*
P-E *Wa. fehlt E2*
Kh2 Sodecula

S 843 n t **Sordescere** stincken
-- .i. incipere sordere *Kh2 Br1*

S *Wa. fehlt Ma3*
W *Wa. fehlt Sgl*
P *Wa. fehlt Wo4*
P-E *Wa. fehlt So1*

S 844 a p **Sordidare** ⌜vnreyngen / vnreynen *S-Y P (außer P-E)*
+ .i. sordidum facere *I*
-- vnrain machen *Sb3*

M vnreynen *Ma6 Ks1*
W Sordetare *S1*
P vnreynigen *B10*, vnrey *(!) Ma4*
P-E ainrainigen *E2*, vnreinen *So1*

S 845 m in **Sorech** est vitis electa uel ⌜locus / genus *K* vitis optimi
-- est vitis electa *Kh2*

S Soroch *S4* optimi *fehlt B9*
M est vitis, vitis electa *Ma6* electam *M19*
Sb3 optime
W optime *S1 Sg1*
I Soreth
K *Wa. fehlt K4* optime *X*
P-E electus *E2*
Kh2 Soret

S 846 m s **Sordidus** .i. immundus seu fetidus
-- .i. immundus *P-E*

S seu fetidus *fehlt B9*
M *Wa. fehlt M19* seu fetidus *fehlt Ma6*
W seu fetidus *fehlt Sg1*
K -- stinchkund *W13* -- .i. fetidus *K4*

S 847 ep t **Sorex** ein felt muß
-- ein spitz muß uel felt muß *W*
-- .i. mus, eyn felt muß uel waßer muß. Wersus *(Walther 2499)*: Cattus in absconso piscem pro sorice capit *I*
-- ⌜eyn mus *Wo1* / eyn spicz *R1* / eyn specht velt mus *Wo4*, uel est herba *P*
-- est herba quedam uel ⌜ain felt mus *E2* / spitz muss *So1* *P-E*
-- est animal quoddam uel paruus mons *(!)* *Kh2*

vgl. M 652
W muß *(1) fehlt Sg1 Me1*
I m t
K Sordex *W13*
P *Wa. fehlt Br1* -- est sperinus uel est herba *Ma4* *dt. Int.*] eyn velt muͦs *B10* *lat. Int. fehlt Wo4*
P-E f t -- est herb *(!)* quedam *M25*

S 847.1 n s **Sorectum** locus, vbi crescunt iunci *K*

S 848 *f t* ***Soror** eyn swester*
-- a »semen« dicitur, quasi ab eodem semine *I*
Wa. fehlt K

S *Wa. S4*] *fehlt Ma1*
M *Wa. fehlt D1* Soror] Sor *(!) M19*
W + est homo in eadem linea consanguinitatis cum fratre *Sg1*
P-E -- patet *E2*

S 849 m s **Sororius** ein swager .i. socer
-- -a, -um est filius uel maritus sororis *I*

-- swager *K*
-- eyn swagher uel maritus sororis *Kh2 Br1*

S *dt. Int. fehlt Ma3* *lat. Int. fehlt B9*
M *Wa. fehlt D1* *lat. Int. fehlt M19*
W -- schwôster man *Sg1*
K *Wa. fehlt K9*
P *dt. Int. fehlt Wo4*
P-E -- .i. sacer *(!) E2* ein swager] *fehlt M25*, + ein schwesterman *So1*

S 850 f t **Sors** .i. officium uel talus .i. fortuna uel diuinacio uel possessio uel successio temporis
+ Wersus *(Brito 738)*: Sors fatum, sors augurium, sors capitale, sorsque ministeri*um*, successio temporis est sors *P*
-- [...] possessio uel talis fortuna *Sb3*
-- quandoque idem est quod diuinacio; quandoque est possessio, ut *(Brito 737)*: Ierusalem fuit in sorte Beniamin; item est successio temporis, ut in ymno *(Brito 737)*: Noctemque sors reduxerit; quandoque eciam est peccunia capitalis. Vnde iuriste dicunt *(Brito 737)*: Quidquid ultra sortem accipitur usura est. Item Sors est fortuna uel euentus. Unde Grecismus Nouus *(82ᵛ)*: Sors est fortuna series *e*leccio casus. Sors coniectura possessio seu capitalis; summa dee fortune lex uel sanccio *f*ors est; et *f*ors pro forte poni quandoque notaui et nisi grammatice vacuus per varia vana moror te, dyptota uox est fors, in sexto dat tibi *f*orte *W*
-- tibi pars uel euentus vel fortuna vel responsum vel oraculum uel ars uel instrumentum d*i*uinandi *I*
-- dicitur coniectura; quandoque possessio, ut *(Brito 737)*: Ierusalem in sorte; quandoque temporis successio; quandoque sumitur pro capitali lucro uel fortuna / + uel euentus *X* *K*
-- .i. fortuna [...] temporis *Kh2 Br1*

S talus *verderbt Ma3* uel possessio *bis* temporis] uel successio *Ma3*
M uel diuinacio *fehlt M19*
Sb3 talus .i.] palus vnde
W Item Sors] Item *Sg1* eleccio *Sg1*] colleccio *S1* coniectura] quiectura *Sg1* dee] dea *Sg1* fors *(1,2) Sg1*] sors *S1* et *(1)*] est *Sg1* pro forte] pro sorte *Sg1* poni *fehlt Y* et nisi] est michi *Sg1* per varia vana] pro vario *Sg1* forte *Sg1*] sorte *S1*
I diuinandi *I2*] duinandi
K -- glůck oder loz *K4*
P diuinacio *verderbt Ma4* *Zusatz fehlt Wo1* ministerium *Wo4*] ministerii *Ma4* est sors] est qualitatis *R1*, etc. *Wo4*

S 851 d q **Sortiri** est °aliquid °*(S-Y P)* acquirere a sorte uel loßen
-- significat acquirere aliquid per sortem *Sb3*
-- significat diuidere, adipisci per sortes, diuinare *W*
-- .i. per sortes diuinare uel tribuere, loßen *I*
-- dicitur aliquid *s*orte acquirere *K-Y*
-- .i. acquirere *P-E Kh2 Br1*

S d q Sortiri] Sortire *Ma3* uel loßen] *fehlt B9 N1*, der losung *B5*, uel laten *Ma3*
M *Wa. fehlt M19* aliquid *fehlt Ma6*
I d p
K uel loßen *fehlt Hl1* sorte *K9*] forte *K4*
P *Wa. fehlt Ma4* d q Sortire *R1* uel loßen] *fehlt R1*, lucken *B10*
P-E aquire *E2*
Kh2 n q Sortire

S 852 m s **Sortilegus** ein zeuberer °uel °loßer °*(B9 P Sb3)*
-- -gi sunt qui sub nomine victe religionis per quasdam, quas sanctorum sor*tes* uocant, diuinacionis scienciam profitentur, *aut* quarumcumque scripturarum inspeccione *permutant* *W*
-- ein loser *K*
-- est qui sorte futura querit, eyn touerer *Kh2*

S Sortilegus *Ma3*] Sortilogus *X* loßer] loder *Ma3*, loter *N1*
M uel loßer *fehlt Ma6*
W Sortilegus, -gi] Sortilegi *Y* victe *für* ficte per *bis* aut *fehlt Sg1* sortes *Bs9*] sors *S1* aut *Bs9*] ut *X* inspecciones *Sg1* permutant *Sg1*] promittunt *S1*
K Sortilogus *W13 K4* + gelunchk losung *K4*
P -- eyn loßer *Wo4*

S 853 *n s* ***Sortilegium*** *touernisse*
+ uel wykkerye *Kh2*
-- talis diuinacio, zeubernisch *I*
-- °*geluck* °*(Y)* losung *K*
Wa. fehlt S-X

S *Wa. zit. nach Ma3*
M *Wa. fehlt M19* czeuberey *D1*
K *Wa. fehlt K4* geluck *Hl1*] *fehlt W13*
P touerye *Wo1 Wo4*
P-E zobenust *E2*

S 853.1 f p **Sotira** est saluacio *P*

Kh2 Sortira *(auch Br1)*

S 853.2 m s **Soter** .i. saluator *P*
Wa. fehlt Kh2 Br1

P-E Sacer *E2*

S 854 co t **Sospes** gesunt, .i. sanus
-- .i. sanus uel superstes *W*
-- .i. sanus. Wersus *(Cath. »Sospes«)*: Incolumis sospes, sanus, saluusque superstes *I K*
-- plura significat; primo est firmus. Vnde *(Cath. »Sospes«)*: Incolomis sospes, salus, saluusque superstes *Kh2*
Wa. fehlt Sb3

S *dt. Int. fehlt Ma3* *lat. Int. fehlt B9*
M *Wa. fehlt D1* *dt. Int. fehlt M19*
W uel superstes *fehlt Sg1*
K *Vers fehlt Y*
P *dt. Int. fehlt Wo4* *lat. Int. fehlt Ma4*
P-E *dt. Int. fehlt So1*

S 854.1 f *t* **Sospitas** .i. sanitas *K Kh2*

K *Sigle K4*] f p *W13*

S 855 a p **Sot*i*lare** schuhen
Wa. fehlt I

S Sotilare *Ks2*] Sotulare *Ma1 S4*

W *Wa.*] a p Sotulare .i. sotulare *(!) M12* Sotulare -- brisen die schůch *S1* -- schuhen in preiß schůh *Me1*
P scho antien *Ma4*

S 855.1 f p **Sotonica**, **Betonica** idem *P*
-- uel **Sotonia** est erba quedam, bethania *Kh2*

P Betonica *Wo1*] Bedonica *Ma4*, Botonica *R1*
P-E *Wa.*] f p Sotonia Batonia idem *E2* -- Rotunica idem sunt *So1* -- Batonica idem *M25*

S 856 m t **Sotular**
-- ⌜ein botschuch *Ma1 S4* / eyn bose *Ma3* / eyn vůt scho uel vilt scho *B9* *S*
-- eyn buntschoe *M K*
-- puntschuch aut preisschuch *Sb3 W*
-- ein botschuch *I*
-- ⌜bot scho *Ma4* / eyn buntschoch *R1* / eyn bosch eyn grosschuh *Wo4* *P*
-- *ein prischůch* *P-E*
-- *eyn botze* *Kh2*

S Sotular *verderbt Ma3* -- eyn schůch *Ks2* -- eyn wuntsch *B5* -- breyß schuch *N1*
M -- .i. magnus calceus, eyn butz schuch *Ks1* -- eyn butschug *Ma2* -- nider schuch *M19* -- ein butschuch *Dr1* + uel neyderschuch *D1*
W puntschuch aut *fehlt S1* ain brisen schůch *Bs9*
K *Wa. fehlt K4* -- putschůch *K9* -- preyschůch *Ab1*
P -- eyn bocze *Wo1 B10 Br1*
P-E *Int. So1*] gebrisen schůch vel bunt schůch *E2*
Kh2 *Int. Ki3*] bouse uel eyn schottel wasker

S 856.1 a p **Sospitare** .i. sanare, exhilarare uel bona spe afficere *I*

S 857 d *p* **Spaciari** wandern uel ⌜lustigen / vorlustigen *S-Y P*
-- wandern, ⌜vorlustigen *X* / erlusten *M19* *M*
-- wan*dern*, erlustren *W*
-- .i. spaciatum ire uel deambulare huc et illuc *I*
-- wanndern *K*

S *Sigle S4*] d t *Ma1* uel lustigen] *fehlt S4*, uel erlustigen *Ks2*
M herlostegen *Ks1 Dr1*, lust tryben *D1*
W wandern *Bs9*] wandlen *S1 Sg1* erlustren] erlustigen *Me1*, *fehlt M12 Sg1*, perlusten *Bs9*, erlitten *Me5*
P vorlustigen] *fehlt B10*, lustigen *R1*, erlusten *Wo4*
P-E -- spaciren *M25* wandlen *So1*

S 858 n s **Spaciosum** ein wytflecke uel begerunge
-- eben zu gen *Sb3*
-- idem *(nach 859)* vel begerung *I*
-- weit veldig *K*
-- wit bligk, begering *P*
Wa. fehlt (vgl. 859) W
Wa. fehlt Kh2 Br1

S -- eyn vleck uel vrist *(vgl. 859) Ma3* uel begerunge] *fehlt S4 B9*
M -- wanderung uel begerung uel eyn weyt flecht *D1* uel begerunge *fehlt Ks1 M19*
I m s Spaciosus -sa, -sum
K *Wa.*] n s Spaciosus *(!)* weyd veld *K9*

P -- wilt blek *B10*
P-E Spacuosum *(auch R1)* wit bligk] wyß blek *R1*, wisflek *alle Hss.*

S 859 n s **Spacium** ein flecke
-- ein lustung des wegs uel margo libri *Sb3*
-- wit flek. Inde **Spaciosum** *(vgl. 858)* *W*
-- eyn wijt fleck uel felt *I*
-- weit *K*
-- *bleck* uel *vrist* *P (außer P-E)*
-- eyn blik *Kh2 Br1*

S *Wa.] fehlt (vgl. 858) Ma3, fehlt B9*
M *Wa. fehlt M19* -- witfleck *Dr1* + uel eyn gebrist *Ma6 D1*
P bleck *Wo1*] fligk *Ma4* uel vrist *Wo1*] *verderbt Ma4, fehlt Wo4*

S 859.1 f p **Spacula** eyn *klene swert* uel eyn schyne de ligno *P*
-- *ain klain sbertt oder schaid* *P-E*
-- eyn schene van holte *Kh2 Br1*

P *Wa. fehlt B10* klene swert *Wo1*] swerdekint *Ma4*, swertiken *Wo4* schyne] scheyde *R1*
P-E *Int. M25*] est paruus gladius vel fagina de lingno *E2* schaid] scheidlimger *So1*

S 860 m s **Spacus** ein drat
W -- ein schusters trőt *Me1*
K *Int. fehlt (Zeilensprung, vgl. 861) Hl1*
P *Wa. fehlt Ma4*

S 860.1 *m s* **Spagus** idem *W*
W *Sigle Me1] fehlt S1*

S 860.2 m s **Spacus ferreus** eyn *isern* drat *P*
-- ain ysen drat *P-E*

P isern *Wo1*] yser *Ma4*
P-E -- ein jn trått *So1*

S 861 f p **Spada** .i. gladius
S f p Spadium *B9*
I *Sigle fehlt*
K *Stichwort fehlt (Zeilensprung, vgl. 860) Hl1*

S 862 f t **Spadix** est color equi, appelgra
-- est gladius ipsius equi *(nach 863)* uel color mixtus in equo *Sb3*

S equo *S4* *dt. Int.] fehlt Ks2*, apfelgraus *N1*
W equi] + laudabilis *Sg1*
K m t Spadax
P-E *dt. Int. fehlt So1*

S 863 m t **Spado** est equus castratus
+ et dicitur a »spata« *I*
+ uel ⌜eyn logener / homo mendax *Kh2 Br1* *P*
-- -onis .i. eunuchus uel castratus, cui scilicet excisi sunt testiculi. Item Spadones sunt palmites infructifer*e*. Wersus *(Brito 738)*: Spadones sunt *s*urculi fruge carentes *W*

W infructifere *Sg1*] infructiferi *S1* Wersus] Item *Sg1* surculi *Sg1*] furculi *S1*
P *Zusatz fehlt Wo1*
Kh2 Spadon uel -do

S 864 a p **Spadonare** .i. castrare
\+ proprie lippen *I*

M *Wa. fehlt M19* + dy geln ußsnyden *D1*

S 864.1 m s **Spagus** eyn drad *Ma3 (S)*

S *vgl. 860*

S 865 a t **Spargere** vmb sprengen uel strauwen
-- sprengen *Sb3*
-- .i. dissipare uel perfundere, sprengen *I*
-- vmb sprengen *K*
-- strǒwen vel vmb spreczen *P-E*

S *Wa.*] a t Sargere vmme springhen, strowen *Ma3* Spargere *S4*] Spergere *Ma1* auß sprengen *N1* uel strauwen *fehlt B9*
M Spergere *Ma6* -- vmb strå̊m *M19* strauwen] sprehen *D1*, vmb streuwen *Dr1*
W Spergere (Spargere *M12)* sprengen *S1*, besprengen *Sg1*
P vmb sprengen uel *fehlt Wo4* uel strauwen *fehlt Ma4 Wo1 B10*
P-E bestrowen *So1*

S 865.1 m s **Sparcus** eyn snel hunt *P*

P -- eyn slupbetich hunt *B10*

S 865.2 m s **Sparculus** eyn snel hundelin *P*
-- .i. paruus sparcus *P-E*
-- diminutiuum eius *(nach 865.1)* *Kh2*

P -- est paruus canis *R1* -- est paruus sparcus *Wo4* -- schuwel hunde *B10* eyn snel hundeken *Br1*

S 865.3 m s **Sparcatus** .i. sparcus *P*

S 865.4 ep s **Sparilus** eyn hasel hon *P*
Wa. fehlt Kh2 Br1

P *Wa. fehlt B10* Sparilus *Wo1*] Spargilus *Ma4*, Spariolus *Wo4*
P-E -- ain hasen hündt *M25*

S 866 m s **Spasmus** der kramph
\+ est subita contraccio neruorum *I*
\+ uel de ramme *Kh2*

S -- der kamph *B5* + detraxio membrorum *B9*
M -- der kampff *D1*
P -- de crampo pestis *Ma4* + eyn zuken *Wo1* + eyn sucht *R1* + eyn suche *Wo4*

S 867 m s **Spasmosus** est ille qui patitur spasmum
-- chram suchtiger *Sb3*
Wa. fehlt P-E

Sb3 Spasmosmus
P Spasmotus *Wo4* -- qui patitur *(!)* *Ma4* spsasmum *Wo4*

S 868 f p **Spata** .i. spada, *eyn swert*
-- est spadonis mater *Sb3*
-- .i. gladius, eyn swert *I*
-- .i. spada *P-E*
Wa. fehlt K Kh2 Br1

S .i. spada] eyn spade *B9* *dt. Int. S4*] *fehlt Ma1*
M *lat. Int. fehlt M19*
W Spapa *S1*
P *dt. Int. fehlt Ma4*
P-E f p Spato *E2*

S 869 m s **Spatarius** est ille qui °facit °uel °*(K)* vendit spadas
-- est occisor uel latro *P*
Wa. fehlt I Kh2 Br1

S *Wa.*] m s Spatargus est ille qui emit uel emit spatas *Ma3* spadas uel vendit *Ma1*
M *Wa. fehlt M19*
W spadas] + uel gerit *X*

S 869.1 m s **Spatatus** -ta, -tum spatam habens vel spata ornatus *I*

S 869.2 m s **Spad*o*nochi** dicuntur surculi fruge carentes, zway *K*

K *Wa. fehlt K4* Spadonochi *K9*] Spadanochi *W13* zway] + oder sůzling *W13*

S 869.3 n s **Spatabulum** *eyn schachtafel, spyl* *P*
-- est ludus quidam *Kh2*

P *Int. Wo1*] de schotufel *(!)* eff eyn sper *Ma4*, eyn scafrafel *B10*, est ludus quidam, spantaueln *(?) Br1* spyl] ludus *R1*
P-E -- ain schaf zagel *E2* ein schåff abel *So1* -- ain schůlter *M25*

S 870 f p **Spatula** ein schulderbein uel fructus uel frondes palmarum, antequam aperi*a*ntur
-- arm*us* peccoris. Item Spat*u*le vocantur folia *p*almarum que similia sunt spade .i. gladio in figura *W*
-- .i. parua spata vel armus in pecoribus et Spatule dicuntur ramj uel fructus palmarum, antequam aperiantur *I*
-- [...] palmarum / + *Spatule accipiuntur pro folijs et ramis palmarum et pro fructu, antequam aperiatur, Leuiticus (Lv 23,40) X* *K*
-- uel **Spantula** eyn schulderben uel fructus non maturus *Kh2*

vgl. 967
S schulderbein] schuldiger beyn *S4*, schulter pawm *B5* palmorum *S4* antequam *fehlt Ma3* aperiantur *Ma3*] aperientur *Ma1 Ks2*, apparenter *S4*, *fehlt B5*
Sb3 fructus] fractus aperiantur] asperiuntur
W armus *Sg1*] arma *S1* Spatule *Sg1*] Spatale *S1* palmarum *Sg1*] balmarum *S1*
K *lat. Int. fehlt K4* *Zusatz W9*] *fehlt W13* Spatule *bis* palmarum *fehlt H11*
P uel fructus *fehlt Ma4* antequam] ante *Wo4*
P-E frondens *E2*
Kh2 f p Spatula uel Spantula

S 870.1 m s **Spartus** frutex virgosus sine foli*js* ab asperitate uocatus; volumina enim *funium, que* ex eo *fiunt* aspera *sunt* *W*

W folijs *Sg1*] folia *S1* volumina *bis* sunt *fehlt Sg1* funium, que ex eo fiunt *emend.*] semen, quod ex eo fit *alle Hss.* sunt *Bs9*] *fehlt S1*

S 870.2 **Sparatus** vel **Velter**, wind. *Sparata winzoch* *W*

W *vgl. V 100* *Wa. fehlt M12* Sparatus *bis* wind *fehlt Sg1* Sparatus *Bs9*] Spartus *S1 Me1* Velter] + canis *S1* Sparata winzoch *Sg1*] *fehlt S1* windzihe *Me1*

S 871 co t **Specialis** eyneclich uel sunderlich. °*Inde* °***-itas*** °*(S-X)*
-- sunderlich *Sb3 K P-E Kh2 Br1*
-- sunderlich. Inde **Specialitas** *W I*

S *Wa. fehlt S4* -- wesunderleich ader entleich *B5* -- sunderlik *B9* Inde -itas *zit. nach Ma3*
M -- sunderlich getrẘt *M19* eyneclich uel] eynlicher *Ma6*, *fehlt Dr1*
W besunderlich *Sg1*
K besunder *W13*
P eyneclich uel] *fehlt Wo1 R1 B10*, eynclichet *Wo4*
P-E sunderlicher *E2*

S 872 f q **Species**
-- schon gesteltnisse oder ⌜gekrud *X* / krude, spisserye *Y* *S*
-- schone gesteltenis, *ge*krude, spiczerie *M*
-- schone gestalt aut commixcio erbarum *Sb3*
-- die schô̊ni uel gestaltnúsß *W*
-- .i. pulchritudo uel forma, gestalt *I*
-- schone gesthaltnisse, *crude*, wort, *spisserie* *P*
-- gestalt vel wurcz *P-E*
-- eyn staltnisse uel krude *Kh2*
Wa. fehlt K

S staltnisse *Ma3* gekrud] gecrü *S4*, crvte *B5* spisserye] wortze *B9*
M -- schon gestalt nuczz vel specerey *M19* -- die schone uel gesteltnis uel gecrude *Dr1* gekrude *Ks1*] krude *Ma6* spiczerie *fehlt Ks1*
W -- gestalt uel specry *Sg1* + wirtz *Bs9 Me5*
P -- schone *B10* gesthaltnisse] ghestalt *Wo4* crude *Wo1*] gecrute *Ma4 R1* spisserie *Wo1*] spiser *Ma4*, *fehlt R1 Br1*
P-E vel wurcz] *fehlt M25*, oder gewurcz *So1*

S 873 a p **Specificare** entscheiden
-- .i. separare, designare uel speciem facere *I*
-- vs scheiden *P-E R1*
-- vor scheden *Kh2*

S scheiden *B9*
M d p Specificari *M19*
W -- ain schaiden *(!) S1*

S 873.1 **Speciem** gestalt *M25 (P-E)*

P-E *vgl. 872*

S 874 n t **Specimen** ⌜gesteltnisse / steltnisse *Ma3 B9*
+ .i. pulchritudo, ymago *I*
-- est signum honestatis uel exemplum boni operis *W*
-- ⌜vorstenisse / vs schaidnúst *P-E* *P*
Wa. fehlt Kh2 Br1

S gestillnißs *S4*
P -- vorstaltnisse, vorschentnisse *B10* staltnisse *Wo1*, vorschentnysse *R1*
P-E vss scheidung *So1*

S 875 m s **Speciosus** schone °oder °zart °*(Ma3 B9 Sb3 K)*
-- -sa, -sum formosus, pulcer, schone *I*
-- ⌜zart *M25* / zart vel kospar *E2* / kostlich oder schön *So1* *P-E*
-- schone vel stark *Kh2*

P oder zart *fehlt B10*

S 875.1 f p **Speciuncula** parua species *I*

S 876 n s **Spectaculum** ein beschauwenisse
-- beschauwing *P (außer Kh2 Br1)*

S weschaydennisse *B5*
M *Wa. fehlt M19*
I *Sigle fehlt*
P beschawnisse *Wo1 Wo4*
P-E ain geschaw *M25*

S 877 *a p* **Spectare** beyden uel angehoren
-- paitten *Sb3 K*
-- baiten. Item Spectare est experiri uel temptare uel perquirere, ut ibi: Quod sequitur, specta. Item est frequenter spicere uel uidere, ut: Hec delectatur in spectando quasi pulchra *W*
-- schowen vel anhorn *P-E R1*
-- beyden, anghebaren *Kh2 Br1*

S *Sigle S4*] *fehlt Ma1* angehoren] an behern *Ma3*
M *Wa. fehlt M19*
W Item Spectare est *fehlt Y* pulchra] etc. *Sg1*
I n p
K *Wa. fehlt K4*
P -- schowen angeheren *B10*
P-E -- peitten oder ain hŏren *M25* vel anhorn *fehlt So1*

S 878 *co t* **Spectabilis** edel uel beitlich
-- paitlich *Sb3*
-- edel uel weydelich *I*

S *Sigle S4*] *fehlt Ma1* edel uel *fehlt Ma3* wedleich *B5*
M weydelich *Ks1*, wedelich *D1*
P edel uel *fehlt Wo1*
P-E + schowlich *So1*

S 879 f p **Specula** ein wachte, ein hutte uel ein warte
-- ein hůet oder wart *M-Y Sb3*
-- *est locus altus aptus ad circumspiciendum, sicut habent custodes vinearum* *W*
-- est altus locus ad circumspiciendum, eyn warte *I*
-- ein wart ad circumspiciendum *K*
-- ⌜ain wacht *M25* / ain hůtt *E2 So1* *P-E*
-- eyn wachte *Kh2*

S ein wachte *fehlt Ks2*
M -- ein wart *Dr1* ein hutte *fehlt Ks1*
W *Wa. Sg1*] *fehlt S1 Me1* -- wulgariter wart, et est locus altus aptus ad respiciendum, sicut habent custodes vinearum *M12* circumspiciendum *Bs9*] conspiciendum *Sg1*
K ad circumspiciendum *fehlt K4*
P ein wachte] eyn wack *(?) Ma4*, *fehlt Wo4 B10* ein hutte *fehlt Br1*

S 879.1 **Specular** et **Speculare** idem *(nach 879) Bs9 Me5 (W)*

W *vgl. 880, 881*

S 880 n t **Specular** idem *(nach 879)*
-- spiegel sunt, in quibus femine wltus suos intuentur; dictum autem Speculum uel quod splendorem reddat*ur* uel quod ibi femine intuentes considerent speciem wltus, ut, quidquid ornamenti deesse viderint, adi*cia*nt. Item Speculum est lapis candidus vitri more translucens; invenitur autem sub terra; *effossus* exciditur atque funditur in quaslibet tenues crustas *W*

S Speculamen *(vgl. 881) B5*
Sb3 Speculor
W *vgl. 879.1* *Stichwort*] n s Speculum *S1* -- spiegel *Sg1* reddatur *Bs9*] reddat *S1* adiciant *Bs9*] adiuuent *S1* effossus *Bs9*] euorsus *S1*
K m t Speculo

S 881 n t **Speculare** *idem (nach 880)*
Wa. fehlt I K P-E

S *Wa. fehlt B5* idem *Ks2*] beschauwen .i. contemplari *(vgl. 882) Ma1*, beschowen *B9*
W *vgl. 879.1*

S 881.1 n p **Speculare** warten *K*

S 882 d p **Speculari** beschauwen .i. contemplari
-- .i. contemplari *W*
-- .i. videre, inspicere, contemplare, inuestigare, explorari, de alto inspicere *I*
-- weschawen *K P-E R1 Kh2*

S schawen *N1* .i. contemplari] intemplari *S4*, *fehlt B9*
M beschauwen] schauwen *Ma6*, *fehlt Dr1*
I *Sigle fehlt*
P *lat. Int. fehlt Ma4*
P-E schowen *E2*

S 883 m t **Speculator** ein beschauwer
\+ oder nach huetter *Sb3*
-- uel **-trix** ein beschauwer *I*

S *Wa. fehlt Ma3 B9*
W *Wa.*] *fehlt Sg1*, Inde Speculator *(nach 882) Bs9 Me5*

S 884 m s **Speculatiuus** ein beschauwlicher .i. contemplatiuus
-- peschaulicher *Sb3 K*
-- .i. contemplatiuus *W-Y I*
-- °beschaulich °*(P-E) .i. contemplatiuus P*
-- beschowelik *Kh2 Br1*

S *Wa. fehlt B9* -- eyn beschauwenlichen *S4* eyn weschawbler *B5*, eyn beschower *Ma3*, inbeschauuellig *N1*
M -- eyn beschawlich *M19* inbeschauwelich *Ma6*
P *dt. Int.*] *fehlt Wo1 Wo4*, in beschauwelich *R1* .i. contemplatiuus *Wo1*] *fehlt Ma4*
Kh2 Speculatus

S 885 n s **Speculum** ein spigel
+ et dicitur a »splendeo, -dis« *I*
Wa. fehlt K-Y

S *Wa. fehlt Ks2*
M *Wa. fehlt M19 D1*

S 886 *du q* **Specus** est foramen uel fouea
-- est fossa sub terra, *qua* prospici potest. **Specus**, -oris et hoc **Specum** omnia in eadem sensu *I*
-- .i. vouea *K*

S *Sigle S4*] m s *Ma1*
M *Wa. fehlt Ma6* uel fouea *fehlt M19*
W -- est fouea, huk *Sg1*
I m q qua *I2*] que
K -- grub *K9 Ab1*

S 887 f p **Spelia** ein grube / + eyn kule *Ma3 B9*
-- est spelunca, °*eyn* °*groue* °*(P-E)* *P*
-- .i. spelunca, eyn groue uel eyn kule *Kh2 Br1*
Wa. fehlt I

S Spolea *B9*
W *Wa. fehlt Sg1*
K *Wa. fehlt K4*
P *dt. Int. Wo1*] *fehlt Ma4*, + eyn kule *B10*
P-E Spelela *E2*

S 888 n s **Spelium** *idem (nach 887)*
-- **Spelunca** idem vel ein morder grube *(vgl. 889)* *I*
Wa. fehlt K-Y

S Spelerum *Ma3*, Spoleum *B9* idem *Ks2*] ein grube *Ma1 S4*
Sb3 *Stichwort verderbt*
W *Wa. fehlt Sg1*

S 889 f p **Spelunca** *idem (nach 888)*
-- .i. spelea *P (außer Kh2)*
Wa. fehlt (enthalten in 888) I

S *Wa.*] f p Selunca *(!) Ma3* idem *Ks2*] ein grube *Ma1 S4*
W -- idem *(nach 886) Sg1*
K *Wa. fehlt W13*
P -- eyn grube uel kule *Wo4*
P-E *Int. fehlt (Zeilensprung, vgl. 891) E2* -- húli *So1*

S 890 f p **Spelta** korn, daz die perde essen, *est genus frumenti grossius ordeo*
+ tynkel *M-Y*
-- chorn, das dy ros essent, est genus frumenti *Sb3*
-- est genus frumenti gross*i*us ord*e*o, dinkel *W*
-- est genus frumenti, speltz uel dinckel *I*
-- [...] °grossius °frumento °*(Kh2)* *P*
-- *ein fes*, dinkel, et est genus grossius frumento *P-E*

S est genus frumenti *S4*] *fehlt Ma1*, est frumenti *Ma3* grossius ordeo *Ks2*] *fehlt Ma1 S4*, grossus ordea *Ma3*, grossius quasi ordeum *B9* + spelczen *S4 B9*
M -- tynkel *M19* korn *bis* essen *fehlt Dr1* genus *fehlt Ma6* ordee *Ma6* tynkel] + distel *D1*
W -- fes uel dinkel *Sg1* grossius ordeo *Bs9*] grossus ordo *S1*

K *dt. Int. fehlt W13* + et datur equis *W13*
P *dt. Int.*] heidenisse *Br1* frumento] + spelcz *R1*
P-E ein fes *So1*] *fehlt E2* dinkel *fehlt So1*

S 891 f p **Spera** ein ring
+ oder chrais *Sb3*
+ vel rotunditas mundi *I*
-- .i. globus uel res circumquaque rotunda, ut celum *W*
-- *ein ding als der himel* *K*

M Sper *(!) M19*
K *Wa. K4*] *fehlt W13* -- ein als himel *H11*
P + vnde hol *B10*
P-E *Stichwort fehlt (Zeilensprung, vgl. 889) E2*

S 891.1 *f p* **Sperula** .i. globulus et sic accipitur in Exodo *(25,31ff.)* de candelabro *W*

W *Sigle Sg1*] Inde *(Wa. nach 891) S1*

S 892 a p **Sperare** hoffen uel wenen
+ .i. spem habere vel existimare *I*
-- hoffen *Sb3 K P-E Kh2 Br1*

S *Wa. fehlt Ks2* wenen] frewen *N1*
M uel wenen *fehlt M19*
W uel wenen *fehlt Sg1*
K *Wa. fehlt K9* Spera *(!) W13*
P uel wenen *fehlt Wo4*

S 893 f p **Sperancia** .i. spes, hoffenunge
-- ein hoffnung *Sb3 I*
-- .i. spes *K P-E R1 Kh2*

S *Wa. fehlt Ks2* hofferunge *B5*
M *Wa. fehlt M19*
W -- hoffung *Sg1*
P hofunghe *Wo4 B10*

S 893.1 f q **Spes** idem *(nach 893)* *Sg1 (W)*

W *vgl. 902*

S 894 m s **Spericus** schibelecht
-- ⌜schibelichtig *Ma6 Ks1* / scheiblig *M19* *M*
-- aut **Seridus** scheiblig aut scheiblot *Sb3*
-- -ca, -cum .i. rotundus, ront *I*
-- geschewbt *K*
-- *schiuechtech* uel ront *P*
-- sinwel *P-E*

S -- schibelechtig *B5* schiuechtich, crinc, runt *Ma3* -- schiulik uel crinc *B9* + runt *Ma1*
M schibelecht *Ma2 Dr1*, scheyblichkeit *D1* + uel ront *Ks1*
Sb3 *vgl. 895*
W schiblechtig *S1*
K gestaubt *K4*
P -- schiuhaftich *B10* -- schiwelich ader crync *Br1* schiuechtech *Wo1*] sliffechtig *Ma4*, schyuelichtich *R1* ront] crinc *Wo1*
P-E sinwelocht *So1* + oder rind *(!) M25*

S 895 m s **Speridus** *idem (nach 894)*
Wa. fehlt (enthalten in 894) Sb3

S *Wa. fehlt B9* idem *Ks2*] schibelecht, runt *Ma1*, schibelecht *S4*
I *Sigle fehlt*
K *Wa. fehlt K9*

S 896 m s **Speri*u*ologus** .i. doctiloquus
Wa. fehlt Kh2 Br1

Die Formen Speriuologus *und* Spermalogus *können nicht immer eindeutig unterschieden werden (vgl. auch 898.1)*
S *Wa. fehlt Ma3* Speriuologus *S4*] Sperifologus *Ma1*, Spermologus *B9* doctiloquis *S4*
W Sperimilogus *S1*, Sperimologus *Me1 Bs9 Me5*, Spermogolus *M12*, Spermologus *Sg1*
P *Wa.*] m s Sperimologus doctigus *Wo4* Sperimologus *Ma4 Wo1*

S 897 f p **Sperinea** .i. dogma, lare
-- .i. dogma *Sb3 W I K P-E*
Wa. fehlt Kh2 Br1

S *Wa. fehlt Ma3* Sperma *B9* *dt. Int*] *fehlt Ks2 N1*, larnunge *B5*
M Spirilia *M19* *dt. Int. fehlt D1 Dr1*
Sb3 Sperina
W Sperimia *S1 Me1 (*Spermea *M12)*, Sperma *Sg1*
I *Sigle fehlt* Sperima
P *dt. Int. fehlt B10*
P-E *Wa. fehlt So1*

S 898 n t **Sperma** est quedam inmundicies
-- est semen viri *W Kh2 Br1*
-- -matis .i. semen et proprie animalium. Vnde **Spermatizo** -zas, -zare .i. sperma emittere *I*

I f p
K -- dicitur semen virile *K4*
P *Wa. fehlt R1*
P-E *Wa. fehlt So1* Sperina *E2 M25*

S 898.1 m s **Spermologus**, -gi .i. semiuerbius; penultima correpta *I*

I *vgl. 896*

S 899 a t **Spernere** versmehen
+ .i. contempnere, vilipendere *I*
Wa. fehlt K-Y

M *Wa. fehlt M19*
Sb3 *Stichwort verderbt*

S 899.1 f p **Sper*nin*a** huslauch, crescens in tectis *P*
+ hus wurcz *P-E*
-- huslok *Kh2*

P Spernina *Wo1*] Spernna *(?) Ma4* + dunner krúd *R1*
P-E huslauch *fehlt So1 M25* crescens] et crescit *E2*

S 900 f p **Sperula** est pomum candelabri in modum *spere* rotundum °uel °ein °clein °ring °*(Ma3 B9 Kh2 Br1)*

+ Sperul*a* schibling *W-X*
-- est pomum rotundum in modum spere *Sb3*
-- [...] spere *K*
Wa. fehlt W-Y

S pomum *verderbt S4* spere *Ks2*] *fehlt Ma1*, proprie *S4* + et dicitur parua pera *Ma3*
W *Zusatz fehlt M12* Sperula *Me1*] Sperule *S1* scheiblein *Me1*
I speri
P ein clein ring] ringk *Ma4*, ringheken *Wo1*, rynghelchin *Wo4*, parua spera *B10*

S 901 n s **Spersorium** ein sprengel
-- ein spreng wadel *Sb3 I K*
-- wichwadel *W*
-- ⌜ain spreng badel *M25* / ein wich wasser wadel *So1* *P-E*
Wa. fehlt Kh2

S ein spreng *N1*
M Spersarium *M19* + uel ein wedel *D1*
P eyn quispel *Br1*
P-E -- ain sprenczel *E2*

S 902 f *q* **Spes** hoffenunge
-- inuenitur in plurali spebus, vt in 2° Machabeorum capitulo 11° *(ii Mcc 7,34)*: Noli extolli vanis spebus .i. fiducijs *W*
-- hopende *Kh2*
Wa. fehlt K

S *Sigle S4*] f t *Ma1* hopinghe *Ma3*
M *Wa. fehlt D1*
W *vgl. 893.1*
I *Sigle fehlt*
P hopene *Wo1*, hopinge *B10*
P-E hoffung *E2 So1*

S 903 f p **Spica** ein halm vel ein eer
-- ein eher *Sb3 W P-E Kh2 Br1*
-- eyn aher uel halm de frumento *I*
-- *eher auf dem hallm* *K*

S + .i. arista *B9*
K *Int. K9*] eher oder halm *W13*, eher *K4*
P + .i. arista *Ma4 Wo1*
P-E + vel halm *So1*

S 904 n p **Spicare** .i. spicas emittere
-- eheren *Sb3*
Wa. fehlt Kh2 Br1

M spicas] spicare *M19*
W -- echren, est spicas colligere *S1*

S 905 m s **Spicarius** ein halm leser
+ uel åchrer *W*
-- ein eher sammer aut lesär *Sb3*
-- halm r*e*cher *K-Y*
Wa. fehlt Kh2 Br1

M -- eyn halm vff leser *Ks1* -- ein halm lasser *M19*

I *Sigle fehlt*
K recher *K9*] reicher *K4*
P -- eyn helmer leser *Ma4*
P-E -- ain eherer *E2* -- ein eher leser *So1*

S 905.1 m s **Spicatus**, -ta, -tum habens spicas uel spicis ornatus *I*

I *vgl. 919.3*

S 905.2 f p **Spica celtica** est quedam herba *P*
Wa. fehlt Kh2

P *Int. fehlt Br1*

S 906 a t **Spicere** .i. videre *et* non est in vsu in simplici; sed / + magis *W* in composito, ut »aspicere«
+ »conspicere« *Kh2*
-- sehen et non est bene in simplici, sed magis in compositis, ut admutando -d- in -s-, ut con-, de-, re-, in- *Sb3*
-- .i. videre, sed in simplici non est in usu *I*
-- [...] *sed magis in composito* *K*
-- [...] composito *P-E*

S videre] + sen *S4* et *S4*] sed *Ma1* in simplici] simplici *S4* ut »aspicere« *fehlt S4*
M -- .i. videre *M19*
W magis] bene *Sg1* compositis *S1* ut »aspicere«] *fehlt S1*, ut »inspicio« *Sg1*
K -- .i. videre *W13 Y* sed *bis* composito *zit. nach Hl1*
P in simplici *fehlt Wo4* compositis *Ma4*
Kh2 in vsu] vsu

S 906.1 m t **Spicor** .i. spiculator, eyn queler, ein piniger *P*
-- .i. spiculator, ain piniger *P-E R1*
-- eyn quueler uel pynigher *Kh2 Br1*

P *Wa. fehlt Wo1* eyn queler *fehlt B10*
P-E *dt. Int. fehlt M25*

S 907 m t **Spiculator** ein pinger
+ qui solet homines occidere *I*
-- idem *(nach 906.1)* *P*
Wa. fehlt P-E

P *Wa. fehlt B10* -- eyn pynegher *Wo1*

S 908 n s **Spiculum** .i. *ia*culum, ein schoß / + uel ein phil *S-X*
-- ein pfeil *Sb3*
-- .i. iaculum, pfil *W*
-- est breuis sagitta uel lancia, ein pile *I*
-- °*.i.* °*iaculum* °*(Y)*, geschoz. In ympno *feriali* ponitur pro radio *K*

S iaculum *S4*] calculum *Ma1* ein schoß *fehlt Ks2* uel ein phil *fehlt S4 B5*
M *dt. Int. fehlt M19 Dr1*
W + uel schoss *Sg1*
K -- geschozz *K4* .i. iaculum *Hl1*] *fehlt W13* feriali *K9*] *fehlt W13*

S 908.1 m s **Spicus** dicitur illud ferrum, quod naute d*i*cunt eyn sintel *P*
-- uel **Spicud** dicitur ferrum naute, eyn syntel *Kh2*

P *Wa. fehlt B10* dicunt *Wo1*] ducunt *Ma4*
P-E *dt. Int.*] ain zingel *alle Hss. (auch R1)*

S 909 f s **Spillingus** ein spillingbaum

M spendling pawm *M19*
Sb3 spedling paum
W bilingbom *S1*
K spendling pawm *K9*
P -- eyn spellink *B10*
P-E *Wa. fehlt So1* ain spendling pôm *M25*
Kh2 f s Spilimus uel Spillinuus

S 910 n s **Spillingum** ⌜ein spilling / fructus eius *(nach 909) Ma3 B9 P-E*
-- ein spendling *Sb3*
Wa. fehlt Kh2 Br1

M *Stichwort verderbt M19* -- est fructus *Ma6 D1* -- ein spedling *M19*
I *Sigle fehlt*
K spendling *K9*
P-E *Wa. fehlt So1*

S 911 f p **Spina** ein dorn

S *Wa. fehlt Ks2*
M *Wa. fehlt M19 D1*
K *Wa. fehlt K9*

S 911.1 f p **Spina rosarum** rosen dorn *P*

P-E *Wa. fehlt E2*

S 912 n s **Spinacium** est herba spinosa
-- est herba spinasie *M P*
-- est erba spine *Sb3*
-- est herba quedam *W I P-E*
-- .i. arbor spinosa *K*

S spinosa] *fehlt Ma3*, spinose *S4*, spinasie *Ks2 N1*
M spinasie] spinoso *M19*, *fehlt Dr1*
I *Sigle fehlt*
P spinasie] spinosa *B10*

S 912.1 **Spinax** tabula philos*o*phorum, in qua faciunt figuras puluere subposito *I*

I philosophorum *I2*] philosiphorum

S 913 n s **Spinetum** ein dornpusch
+ locus vbi spinj crescunt *I*
-- dornen stauden *Sb3*
-- dorn hechk *K*
Wa. fehlt Kh2 Br1

M dorn struch *D1*
P dorn bustich *(!) R1*

S 914 m s **Spineus** ⌜dornen / dornich *B9 P*
+ oder scharff *I*
-- ein dornein *Sb3*

S *Wa. fehlt Ma3*
M dornig *M19*
W dúrni *Sg1*

S 915 f p **Spinga** ein merkacze
+ nomen piscis, sert *P (außer Kh2)*
-- est nomen piscis *P-E*
Wa. fehlt Sb3

S Singa *Ma3*
P ein merkacze *fehlt Ma4 R1 Wo4* *Zusatz fehlt Wo1 B10*

S 916 n t **Spinter** ein ⌜vurspan / sticke natel, ut mulieres in pepulis portant *B9 Ma3 P*
-- eyn vorspan, est ornamentum pectoris *I*
-- ein gespeng an einem rockh oder mantel *Sb3*
-- ain gluf, ut mulieres in peplis portant vel dicitur esse ornamentum ex auro vel argento, quod sole*n*t portare circa pectus *P-E*
-- .i. monile *Kh2 Br1*

S *dt. Int.*] eyn sticke eyn natele *Ma3*
P ut *fehlt Wo4* in pepulis *fehlt Ma4*
P-E m t -- est idem quod monile; sed, vt verius dicam, tunc est spina in medio monilis et dicitur Spinter a »spina«, quia admodum spine factum est *So1* solent *M25*] solet *E2*

S 917 n s **Spintrum** est *re*seruaculum, ein schang
+ uel sudraig *I*
-- spindel sumper *Sb3*
-- est reseruaculum *W-Y K-Y P-E*
-- est reseruaculum, ⌜spint schapp *Ma4* / eyn spynt uel eyn schranck *R1* / eyn rat *Wo4 Wo1* *P*
-- est reseruaculum, eyn schap *Kh2*

S reseruaculum *S4*] seruaculum *Ma1* *dt. Int. fehlt Ma3*
M *dt. Int.*] *fehlt Dr1*, almar *M19*
P *dt. Int.*] eyn spynt *B10*, eyn spint ader eyn rath ader cabbuse *Br1*

S 917.1 *f* s **Spinus** arbor spinarum *I*

I *Sigle I2*] m s

S 918 f p **Spinula** est parua spina
+ dornell *Sb3*

I *Sigle fehlt*

S 919 f t **Spinx** volucris penn*a*, pede serpens, fronte *puella, eyn* ⌜*merwonder* / merkatz *W*
-- est monstrum maris habens volucrum pennas, pedes ut serpens, frontem puelle *Sb3*
-- -gis est monstrum marinum. Wersus *(Walther Initia 18506)*: Spinx volucris penna, pede serpens, fronte puella *I*

-- [...] puella *P-E*
Wa. fehlt Kh2

S penna *S4*] penne *Ma1* pedes *S4* puella *S4*] etc. *Ma1* *dt. Int. S4*] *fehlt Ma1 Ks2 Ma3*
M pedes *M19* *dt. Int.*] *fehlt Dr1*, est monstrum quoddam *D1*
W *lat. Int. fehlt S1*
K *lat. Int. fehlt K4* volucris] Wersus: Est uolucrum *W13*
P pedis *R1* *dt. Int. fehlt Ma4 B10*
P-E volucrum *E2* pedis *E2*

S 919.1 n t **Spiracula** dicuntur loca, quibus terra spiritum edit *K*
-- *eciam quandoque dicuntur loca pestiferi spiritus* *W*

vgl. 921
W *Wa. Sg1*] *fehlt S1* *Sigle fehlt (Item Sg1) (Wa. nach 922)*

S 919.2 **Spiro** in composicione multa significat. Wersus: Mens spirat, suspirat amens, conspirat *iniquus*, respirat fessus, obit ex-, as-que fauet *K-X*

K *Wa. fehlt Hl1* iniquus *emend.*] in quibus *alle Hss.* ex- *für* exspirans, as-que *für* aspiransque

S 919.3 m s **Spicatus** .i. spicis ornatus uel compositus ex spicis *K*

K *vgl. 905.1* -- dürnein *K4*

S 920 f p **Spira** est circulus non rediens ad eundem punctum, et *ipsi* funes nautarum dicuntur Spire, quia in spiris .i. *in* circulis colliguntur
-- est recuruacio uel refleccio serpentis vel funes [...] *I*
-- est [...] *colliguntur; eciam dicitur tortuosa conuolucio in serpentibus* / + Wersus *(vgl. Walther 9374)*: Fer*t* pira nostra pirus, spira serpens pila taberna *X* *K*
-- est qui*dam* nauticus uel factor nauis *P*
Wa. fehlt Kh2 Br1

S punctum *verderbt S4* ipsi *S4*] *fehlt Ma1* funes] fures *S4* Spire] spiri *S4* quia] que *Ma3* in *S4*] *fehlt Ma1*
M et] ut *M19* .i. in circulis *fehlt M19*
W ipse *S1*
I .i. in *fehlt*
K ad eundum *bis* serpentibus *K9*] in eundem locum, a quo exiuit, ut scilicet conuolucio in serpentibus uel in aliis rebus *W13* et ipsi *bis* serpentibus] et dicitur tortuosa convolucio in circulis *K4* Fert *emend.*] Fer *alle Hss.*
P co p *(f p Wo1)* -- est [... *(wie S)*] colliguntur *Wo1* quidam *Wo4*] qui *Ma4* nauticus *verderbt R1*
P-E co p

S 921 n s **Spiraculum** adem
+ uel ain *spuntloch* uel libloch *W*
+ .i. anhelitus *Kh2*
-- .i. anhelitus uel foramen, per quod aliquid spiratur, proprie der adem *I*
-- *idem (nach 923)* *K*

vgl. 919.1
S -- .i. anhelitus, adem *Ma1* -- idem *(nach 920) Ks2*
W spuntloch *Bs9*] pontloch *S1 Sg1*

K *Wa. fehlt W13 K9* idem *zit. nach K4*
P -- adenunghe *Ma4* -- atem, adem *R1* -- atemunge uel spiritus *Wo4*
-- ademynghe *Br1*

S 922 n p **Spirare** edemen, jnblasen .i. viuere / + spiritum ducere *I* uel *suspirare*, flare, olere, redolere
-- [...] suspirare *Sb3*
-- significat viuere, spiritum ducere uel flare. Inde **Spiraculum** et **Spiramentum** .i. flamen uel aliquid aliud, quod spiratur *W*
-- admiczen oder inplasen *K*
-- [...] viuere, spiritum emittere, suspirare, flare, °olere °*(Kh2 Br1)*, redolere idem est *P*

S edemen] endenn *B5* viuere] + leben *S4* suspirare *S4*] superare *Ma1* alere *Ma3*
M -- admiczen *M19*
W -- auttmen *Sg1*
K *vgl. 925.5* atniczen *K4*
P edemen *fehlt Ma4* jnblasen] *fehlt Wo4*, blasen *B10*
P-E viuere] rumere *E2* suspirare] supirrare *E2*
Kh2 suspirare] *(neuer Wa.:)* n p Suspirare flare] clare

S 923 n t **Spiramen** .i. spiraculum
-- idem *(nach 921)* *I*
-- admiczen, °spiraculum °idem °*(Y)* *K*
Wa. fehlt W

S + adim *Ks2*
M *Wa. fehlt M19*
Sb3 n t Spiramen] Spimen
I *Sigle fehlt*
K *vgl. 921* *Wa. fehlt K9*

S 923.1 f p **Spire** sunt nodi, *quibus* se ligant serpentes uel giri *P*
Wa. fehlt Kh2 Br1

P f p Spire] Spiri *Wo4* quibus *Wo1*] *verderbt Ma4*, in quibus *Wo4*

S 923.2 f t **Spirax** gutta arboris *P*

P -- est gutta arbor *Wo4*

S 924 *co t* ***Spiritualis*** *geystlich. Inde* ***Spiritualitas***
-- geistlich *Sb3 K-X P-E*
-- et hoc -le geistlich. Inde **Spiritualitas** *I*
co t **Spiritalis** et **Spiritualis** sic differunt, quia Spiritalis accipi debet pro eo, quod ad salutem pertinet. Spiritualis uero dicitur ad spiritum pertinens siue bonum siue malum / + Inde **Spiritualitas** *X* *W*
Wa. fehlt K-Y

S *Wa. S4*] *fehlt Ma1* Inde Spiritualitas *fehlt Ma3*
W accipi debet] accipitur *Sg1*
P Inde Spiritualitas *fehlt Wo4 B10*

S 924.1 co t **Spiritalis** et hoc -le idem *(nach 924)* *I*

S 925 *m q* ***Spiritus*** *eyn geyst*
-- multa significat. Quandoque est angelus uel demon. Quandoque uero anima, ut in Matheo *(27,50)*: Iesus autem clamans uoce mag-

na emisit spiritum. Item Spiritus est racio. Vnde apostulus ad Galatas *(Gal 5,17)*: Caro concupiscit aduersus spiritum. Item Spiritus est spiritalis intelligencia. Vnde ad Corinthios *(ii Cor 3,6)*: Littera occidit, spiritus autem viuificat. Item Spiritus est accio spirandi, et sic accipitur a medicis. Item Spiritus est ventus, ut ibi *(Act 2,2)*: Factus est repente de celo sonus aduenientis spiritus; et ibi *(Io 3,8)*: Spiritus ubi wlt spirat. Item Spiritus est ira uel indignacio. Vnde in Genisi *(6,3)*: Non permanebit spiritus meus in homine. Vltra quandoque Spiritus idem est quod vita. Vnde Job *(17,1)*: Spiritus meus attenuabitur. Quandoque Spiritus est superbia, quandoque Spiritus sanctus, ut ibi *(Mt 4,1)*: Ductus est Iesus a spiritu. *Item Spiritus* eciam dicuntur corpuscula minima in venis animalium discurrencia, que sunt instrumenta anime per que viuificatur *totum* corpus, et sic philosophy accipiunt spiritum *W*

Wa. fehlt K-Y

S *Wa. S4*] *fehlt Ma1*
M *Wa. fehlt M19 D1*
W multa] plura *Sg1* emisit spiritum] + .i. animam *Sg1* Vnde ad Corinthios] ut *Sg1* aduenientis spiritus; et] advenientis spiritus similiter *Sg1* Vnde in Genisi] ut in Genisi *Sg1* Item Spiritus *Sg1*] quandoque *S1* viuificat *Y* totum *Sg1*] *fehlt S1* corpus *fehlt Y*

S 925.1 f p **Spira** est ciuitas quedam, Spire *W Dr1 (M)*

S 925.2 co t **Spirensis** est aliquis uel aliqua de Spira *W Dr1 (M)*

W de Spira] de tali ciuitate *Sg1*

S 925.3 o t **Spirans** .i. mirans *K*

K amirans *K4*

S 925.4 m t **Spirator** .i. mirator *K*

K *Wa. fehlt K4*

S 925.5 a p **Spirare** *dicitur viuere*, spiritum ducere uel spirare, *olere, flare siue redolere* *K-X*

K *vgl. 922* *Int. M37*] .i. spiritum ducere uel spirare *W13* viuere] venere *W9* ducere] dicere *W9* uel spirare, olere, flare *fehlt Hl1*

S 925.6 m s **Spir*io*lus** .i. *a*speriolus, °eichhorn °*(P-E)* *P*
-- *uel* ***Squirius****, aichorn* *W*
Wa. fehlt Kh2 Br1

W *Wa. Sg1*] *fehlt S1* *Sigle fehlt (Wa. nach 925)*
P Spiriolus *Wo1*] Spirigulus *Ma4* .i. asperiolus *Wo4*] .i. esperiolus *Ma4*, *fehlt Wo1* *dt. Int.*] eyn eckeren *Wo1 B10*

S 926 a p **Spissare** dicken uel dickmachen
\+ Inde **Spissus** et **Spissitudo**. Vnde Nouus Grecista *(20ʳ)*: Ex toto solidum corpus dicas fore spissum, densum de *luto frondoso* dic et opaco aut liquidis spissum duris ascribito densum *W*
-- dickh machen *Sb3 K P*
-- .i. spissum facere, dig machen *I*

-- dykken *Kh2 Br1*

S dicken uel *fehlt Ks2 B5 Ma3* uel dickmachen *fehlt S4*
M uel dickmachen *fehlt D1*
W *vgl. 927, 928* dicken uel] *fehlt S1 Sg1*, dick *(!)* uel *Bs9* Inde Spissus et Spissitudo *fehlt Bs9* Inde Spissus] *(neuer Wa.:)* m s Spissus dick *Sg1* luto frondoso *Sg1*] licto frondes que *S1*
P Sissare *Ma4* -- dicken *R1*
P-E -- druken *(?)* vel diken *So1*

S 927 *f t* ***Spissitudo*** *dickheit*
Wa. fehlt (vgl. 926) W

S *Wa. S4*] *fehlt Ma1* -- spidicheyt *Ma3*
P-E *Wa. fehlt So1*

S 928 m s **Spissus** dicke
+ Vnde Grecista *(Grec. Vet. xiii 238)*: Spissum de toto solido dicetur, at illud *I*
Wa. fehlt (vgl. 926) W

S 928.1 m s **Spleneticus** qui patitur in splene *K*

K *vgl. 929* patitur] + infirmitatem *K4*

S 929 m t **Splen** milcz
+ Inde **Spleneticus**, -a, -um qui patitur in splene *I*

I *vgl. 928.1*
K *Wa. fehlt K9*

S 930 n s **Splendere** schinen
+ .i. lucere *I*
Wa. fehlt K-Y

S *Wa. fehlt Ks2*
M *Wa. fehlt D1*

S 931 m s **Splendidus** ⌜*schinech* / schinbar *S-X. Inde* ***Splendiditas***
-- scheynig *(neuer Wa.:)* f t **Splendiditas** scheinigkait *Sb3*
-- schinender ⌜*(neuer Wa.:)* f t **Splendiditas** schinikait *X* / Inde **-itas** *Sg1* *W*
-- -da, -dum schinlich. Inde **Splendiditas** *I*
-- scheinig *K*
-- .i. fulgidus, schinich. Inde **-itas** *P*
-- .i. fulgidus *P-E*
-- schinilik *Kh2*

S -- schinbar uel schinig *Ma1* -- .i. fulgidus *Ma3* schinech *zit. nach B9* *dt. Int.*] schenig *B5* Inde Splendiditas *S4*] *fehlt B9*
M *Wa. fehlt D1* *dt. Int.*] schinbar *Dr1* Inde Splendiditas *fehlt M19*
W *Wa.*] Inde Splendidus et -itas *(nach 930) Bs9 Me5*
P -- schinbar. Inde -tas *Wo4* *dt. Int.*] schinende *Wo1*, *fehlt B10*

S 932 f p **Splendona** .i. gladius, °quia °splendet °*(Ma3 P W K-Y)*
+ swert *I*
-- est gladius splendens *Sb3*

S quia] qui *B9* splendit *S4*
M Splendana *M19* cladius *M19*
W Splendena
I splendeat
P Splendola *Ma4*
P-E Splendana *E2*

S 933 m t **Splendor** ein schin
Wa. fehlt W K

M *Wa. fehlt M19 Dr1*

S 933.1 n s **Spoicium** est cinis os*s*ium elephant*orum* *P*
Wa. fehlt Kh2 Br1

P ossium elephantorum *Wo4*] ostium elephantium *Ma4* ossium] hostium *Wo1*

S 934 a p **Spoliare** rauben
-- berouben *W*
-- .i. spolia auferre, denudare, berauben *I*

K *Wa. fehlt K9* *Int. fehlt (Zeilensprung, vgl. 935) Hl1*
P a t Spoliari *Ma4* berauben *R1 Wo4*

S 935 n s **Spolium** raub uel tectura, que ponitur super *feretrum mortuorum*. Quandoque sumitur pro uestimento. Vnde Ieremias *(vgl. Io 19,24)*: Et de spolijs eius mittamus sortem
-- [...] uestimento, que habetur Ieremie 5to vbi dicitur de spolijs *Sb3*
-- rob .i. rapina vel tectura [...] *P-E*
-- [...] Ieremias: et spolijs etc. *Kh2*

S que] quia *S4* ponitur] comparatur *Ma3* super] supra *S4 Ma3* feretrum mortuorum *S4*] *fehlt Ma1* Quandoque] quando *Ma3* pro uestimento *fehlt S4* spolijs] spolus *S4*, foliis *B9* mittamus sortem] sor mittandus *S4*
M que] et *Ma6* super] supra *Ma6 M19* Ieronimus *M19*
Sb3 tectura *verderbt*
W eius *fehlt S1*
K *Stichwort fehlt (Zeilensprung, vgl. 934) Hl1* -- raub *K4* Quandoque *bis* sortem *fehlt W13* Vnde *bis* sortem *fehlt Y*
P super] supra *X* Quandoque *bis* uestimento *fehlt Wo4*
P-E rob *fehlt M25 So1* super] supra *E2* de spolijs eius] dispolijs eis *E2*

S 936 *f p* ***Sponda** eyn span bette*
+ uel borbet *uel pes lecti* uel stoll *W*
-- est pars lectuli uel scrinij, eyn spanbeth *I*

S *Wa. S4*] *fehlt Ma1*
M *Wa. fehlt M19*
W *Zusatz*] uel bett stoll *Sg1* uel pes lecti *Bs9*] *fehlt S1*
P + eyn borbet *R1*
P-E ein span brett *So1*

S 936.1 m s **Spondeus** est quidam pes in metro constans ex duabus longis sillabis *Sg1 (W)*

S 937 a s **Spondere** ⌜globen / louen *B9 P*, .i. promittere
+ uel fidem iubere *W*
-- geloben *Sb3*

-- .i. fideiubere uel promittere uel uelle *I*
-- verhaissen oder gelůben *K*
-- .i. promittere *P-E Kh2*

S *dt. Int. fehlt Ma3*
W *Zusatz fehlt Sg1*
K n s verhaissen oder *fehlt K9 Ab1* oder gelůben *fehlt K4*
P louen] globen *Wo4, fehlt B10*

S 938 f t **Sponsio** .i. promissio

K m t
P *Wa. fehlt Ma4*

S 939 f p **Spongia** ein swam
-- padswam *Sb3 K*
-- id est fungus *I*
-- eyn ⌜kel / lŏffel *P-E R1* uel swam *P*

S *Wa. fehlt B9*
M *Wa. fehlt D1* -- ein pat swaim *M19*
W schum*S1*
I *Sigle fehlt*
K *Wa. fehlt Hl1*
P kel uel *fehlt Wo1 B10 Br1*
Kh2 *Wa.*] f t uel f p Spongio uel -gio *(!)* uel swamp

S 940 n t **Sponsalia** brutgabe, tantum pluralis numeri
Wa. fehlt W-X

M *Wa. fehlt D1*
I n s
K n s *dt. Int.*] prawt gwant oder gab *Hl1* tantum pluralis numeri *fehlt Y*
P numeri *fehlt Ma4*
Kh2 tantum pluralis numeri *fehlt*

S 941 n t **Sponsal*e*** est promissio futurarum nupciarum
Wa. fehlt W-X

S Sponsale *S4*] Sponsalia *Ma1*
M nupciarum] *fehlt M19*, nupiciarum *Ma6*

S 942 *f p* **Sponsa** ein brut
Wa. fehlt W-X K-Y

S *Sigle S4*] *fehlt Ma1*
M *Wa. fehlt D1*
W *Wa.*] Inde Sponsa *(nach 945) Bs9 Me5*
K *Wa. fehlt W13*
P-E -- patet *M25*

S 943 a p **Sponsare** ⌜globen / louen *Ma3 B9 P* oder beg*a*ben
\+ .i. fideiubere, promittere *I*
-- globen *K*
-- begaben *P-E*

S begaben *S4*] begeben *Ma1*
M *Wa. fehlt M19*
W beloben *Me1*
I n p

K n p
P oder begaben *fehlt B10*
P-E gaben *So1*

S 944 m s **Sponsarius** .i. promissor
-- idem *(nach 945)* *I*
-- .i. sponsor *P*
Wa. fehlt (enthalten in 945) Sb3

P-E -- idem *(nach 945) E2 So1*

S 945 m t **Sponsor** .i. promissor
-- aut **Sponsarius** verhaisß *Sb3*
-- .i. fideiussor vel promissor *I*

S Sponsor] + Sponsator *Ma1*
Sb3 *vgl. 944*

S 946 co t **Sponsalis** lobelich
-- gelobleich *Sb3*
-- ad sponsum uel -sam pertinens *I*

W gelőblich *S1*, glolklich *Sg1*
P ghelobelich *Wo4*

S 947 m s **Sponsus** ein brutgam
-- ein brudegamer *I*
Wa. fehlt K

S -- eyn brut gabe *S4*
M *Wa. fehlt M19* -- ein brutiger *D1*
W brúgger *S1*, brutgolt *Sg1*
I *Sigle fehlt*
P -- eyn bruetmacher *R1*
P-E *Wa. fehlt E2 M25*

S 948 m s **Spontaneus** ein flißig mensch uel willig
+ .i. voluntarius *P*
-- fleissig aut willig *Sb3 W*
-- -nea, -neum .i. voluntarius, willig *I*
-- willig °oder °vleissig °*(Y)* *K*
-- *willig* *P-E*
-- .i. voluntarius uel vlitich *Kh2 Br1*

S ein flißig mensch] eyn flyßiger *Ks2* uel willig] .i. voluntarius *Ma3*, *fehlt B9*
M ein flißig mensch] fleißig *Dr1* uel willig *fehlt M19 D1*
P uel willig *fehlt Wo1 B10* *Zusatz*] *fehlt R1*, + uel vltroneus *Ma4 Wo4*
P-E willig *So1*] williglich *E2*
Kh2 + ader willich *Br1*

S 949 adv **Spontanee** willeclich
+ **Voluntarie** idem *W-X*
-- idem *(nach 950)* *I*
-- vlitich *Kh2*

vgl. V 490.1
S willichen *S4 Ks2 N1*, vlitelich *B9*
M *Stichwort verderbt M19*

I *Sigle fehlt*
P willich *Ma4 R1*, willigen *B10*
P-E *Wa. fehlt E2* -- billig *M25*

S 950 adv **Sponte** *idem (nach 949)*
+ aliquando ponitur nominaliter, ut »sponte mea feci« et est ablatiuus et nihil habet plus *K-X*
-- .i. ultro, voluntarie, willeclich *I*
-- voluntarie *P (außer P-E R1)*
Wa. fehlt Kh2

S idem *Ks2*] willeclich *Ma1*, willichen *S4*
W *Wa. fehlt Sg1*
P -- idem *(nach 949) B10*
P-E -- aiges willen *E2*

S 951 f p **Sporta** ein korp. **Sportula** diminutiuum eius
-- ein chorb. **Sportula** ein chorbel, diminutiuum *Sb3*
-- ain korb. Item **Sportula** parua sporta, *quod autem dicitur in Primo Regum (i Sm 9,7): Sportulam non habemus; exponendum est .i. argentum in sportula* *W*
-- eyn korpp. Inde **Sportula** uel **Sportella** *I*
-- chorp *(neuer Wa.:)* f p **Sporticula** et **Spurtula** et **Sportella** diminutiua a »sporta« *K*
-- korff *(neuer Wa.:)* f p **Sportula** ⌜korffchin *Ma4* / .i. parua sporta *Wo4* *P (außer Kh2)*
-- ain korb *(neuer Wa.:)* f p **Sportula** parua sporta *P-E*

vgl. C 115
S diminutiuum eius] eyn cleyne korf *Ma3*, est parua sporta *B9*
M eius *fehlt alle Hss.*
W quod *bis* sportula *Sg1*] *fehlt S1* Sportulam] Sporticulam *Me1 M12*
K Sporticula *bis* »sporta«] Sporticula, Sportella, kőrbell *K4*
P -- eyn kretten *(neuer Wa.:)* f p Sportula eyn kleyn kretten *R1* korffchin] eyn klene korf *Wo1*, eyn korueken *B10 Br1*
P-E ain korb] + ein kratt *So1*

S 951.1 f p **Sprata** eyn ⌜huntynne *Wo4* / wyndynne, canis *R1* *P*
-- ⌜ain bindin, quedam canis *M25* / ain brekin *E2* *P-E*
Wa. fehlt Kh2 Br1

Sprata *für* Sparta
P *Wa. fehlt B10* Sporata *R1* -- eyn vintene *(?) Ma4*
P-E *Wa. fehlt So1* Sporata *E2*

S 951.2 m s **Spratus** eyn wintt, *.i. canis* *P*
Wa. fehlt Kh2 Br1

Spratus *für* Spartus
P *Wa. fehlt B10* Sporatus *R1* .i. canis *Wo1*] *fehlt Ma4*
P-E -- ein wind hund *So1*

S 951.3 part **Spretus** .i. contemptus *P*
Wa. fehlt Kh2 Br1

P-E + uerschmaht *E2*

S 952 n t **Spuere** spien
-- .i. sputum emittere uel sputo spergere *I*

M spuen *Ma6*, spreczelen *M19*
K *Wa. fehlt K4*

S 953 *n p* **Spumare** schumen
+ spúwen *W*
+ .i. spumam habere uel emittere *I*
Wa. fehlt Sb3

S *Sigle B9*] *fehlt Ma1*, a p *X* -- idem *(nach 952) Ks2*
M *Wa. fehlt D1* + spuen *Dr1*
W *Zusatz fehlt Sg1*
K *Wa. fehlt K4* a p
P *Wa. fehlt Ma4*
P-E Spumiare *E2 M25 (auch R1)*

S 954 f p **Spuma** schum et est superfluitas, que generatur *in* metallis liquefactis
-- schüm, que generatur ex aqua putrefacta uel superfluitas, que cadit de metallis liquefactis *Sb3*
-- schum, superfluitas, que generatur in liquefactis *I*
-- est superfluitas, que generatur ex auro uel ⌜alio metallo *X* / argento *Y* *K*
-- *schum* *P-E R1*

S *lat. Int. fehlt B9* in *S4*] de *Ma1*, ex *Ma3*
M *lat. Int. fehlt M19*
W *lat. Int. fehlt Sg1*
P que generatur *fehlt Ma4*
P-E *Wa. So1*] *fehlt E2*

S 954.1 f p **Spuma auri** golt schume *P*
Wa. fehlt P-E R1

P *Wa. fehlt B10*

S 955 m s **Spumosus** schumig
-- schumechtich *Kh2 Br1*

S -- .i. immundicia *B9* + .i. immundus *Ma1*
M *Wa. fehlt M19*
W *Wa.*] Inde Spumosus *(nach 954) Bs9 Me5*
P schumechtig *Ma4*

S 955.1 f t **Spurcicio** vnreynicheit *B10 (P)*

P *vgl. 957*

S 956 f p **Spurcicia** *est immundicia*
+ fetiditas. Et dicitur a »spurcus« *I*
-- .i. immundicies *Sb3*
-- gespůel uel squalor *K*

S *Int. S4*] *fehlt Ma1*, idem *(nach 957) Ma3*
Sb3 Spurcina
K -- spul *K9*
P -- idem *(nach 957) Wo4*
Kh2 Sporcicia

S 956.1 f p **Spurcicula** .i. immundicia *K*

S 957 *f q* ***Spurcicies** est immundicia*
-- .i. immundicies *I Sb3*
-- idem *(nach 956.1) K*

S *Wa. S4*] *fehlt Ma1 B9* -- .i. immundicies *Ma3*
P Spurcices *Wo4* -- idem *(nach 955.1) B10* + vnreynicheyt *Wo4*
Kh2 Sporcicies

S 958 *m s* **Spurcus** .i. immundus
-- -ca, -cum .i. turpis, fetidus, immundus, quasi sputum prouocans *I*

S *Sigle S4*] *fehlt Ma1* Spurcos *S4* immundus *verderbt S4* + vnreyne *B9*
M Sporcus *M19*
P + vnreyne *Wo1*
Kh2 Sporcus

S 958.1 m s **Spuridicus**, -ca, -cum .i. inmunda dicens *I*

S 959 m s **Spurius** .i. ignobilis uel illegittimus
+ eyn bastart *I*
+ uel dirus *P*
-- ⌜.i. ignobilis uel illegitimus uel Spurius dicitur *X* / dicitur *Y* qui matre nobili et patre ignobili nascitur hoc adiecto, quod sit de fornicacione natus; *idem* dicitur **Fauonius** .i. vnelich, ledig kind uel hůren kind *W*
-- *.i. illegittimus*, pannchkhart *K*
-- *ein bankart P-E*
-- .i. ignobilis *Kh2*

vgl. F 113, N 184
S *Wa. fehlt Ma3* uel illegittimus] *fehlt B9*, elegittima *S4*
Sb3 illegittimus] illegiptimus
W idem *Sg1*] et *S1* *dt. Int.*] hůren kind *Sg1* vnelich, ledig kind] vnelicher lit kind *Bs9*, vnelicher list kin *(!) Me5* + uel bankart *S1*
K *lat. Int. K9*] *fehlt W13 K4* *dt. Int. fehlt K9*
P -- eyn banckard uel dirus *R1* uel illegittimus] eyn bankert *Br1* + grimich *Ma4* + scilicet de nobili matre et ignobili patre *Wo4*
P-E *Int. So1*] ain hůren kint *E2*

S 959.1 n s **Sp*u*rium** baptisma *incertum P*

P *Wa. fehlt Wo4 B10* Spurium *Wo1*] Sporium *Ma4* incertum *Wo1*] *verderbt Ma4*
Kh2 incertum *fehlt (auch Br1)*

S 960 n t **Sputamen** *speyche oder seyuer*
-- speichel uel geyuer *M*
-- speyung *Sb3 P-E*
-- ⌜spúwung uel geinung *X* / spaich uel gaifer *Y W*
-- spihe *I*
-- ⌜*speib oder* saifer *X* / gaiuer *Y K*

S *Int. S4*] spucz, geifer *Ma1* speyche] speychel *N1* seyuer] gyffir *Ks2*, + geyfer *B5*
M *Wa. fehlt Ks1* -- sponch *M19* speichel] spey *D1*
W *Wa. fehlt M12* geinung] geyung *Me1* spaich] spaichel *Bs9*
K -- speybech oder gayftech *W9* -- sayfer *Ab1* speib oder *Hl1*] *fehlt W13* saifer] gayffer *M37*
P *Wa. fehlt Wo4* -- spyen *R1* oder seyuer *fehlt B10*

S 961 *n s* **Sputum** ⌜*idem (nach 961)* / speke, spig, seuer *Ma3 B9*
-- ⌜spie, geyuer *X* / saiffer, sponch *M19* *M*
-- spaichlen *Sb3*
-- spaichel *K-X P-E*
-- seuer uel spekel *Kh2 Br1*
Wa. fehlt K-Y

S *Wa. Ks2*] *fehlt Ma1*, adv Sputim speyche oder seyuer *S4*
M -- idem *(nach 960)* uel speich *D1* -- speicheit uel geuuerheit *Dr1*
W *Wa. fehlt M12* -- spaichel uel gailhait *S1* speicheit *Me1*
I n s Sputum] Sputus -ta, -tum
P -- spye *R1* -- speykel *Wo4*

S 961.1 n p **Sputare** spigen, °seyuern °*(P-E R1)* *P Ma3 (S)*
-- spyen, seyfern *Ks1 (M)*

P *Wa. fehlt Wo4* spigen *fehlt Wo1* seyuern *fehlt B10*

S 962 f p **Squala** ein schelle
+ .i. nola *K*
-- ⌜ain schůppel uel schůlf *S1 Me1* / schelf *Sg1 Bs9* *W*
-- ain schelf in pomo *P-E*
Wa. fehlt I

W *Wa. fehlt M12* -- ain schůpul *Me5* schůppel] schup *Me1*
P *Wa. fehlt B10* *Stichwort verderbt Ma4* scelte *Ma4*
P-E *Wa.*] f p Squama ein schäpel *So1*

S 963 n s **Squalere** bleichen, et est esse uel fieri sorde*m*
-- plaichen uel sordidum fieri *Sb3*
-- significat immundici*am* ex negliencia cultus et ornatus uel ex nimio fletu uel ex ariditate gutturis *sitientis* contra*here* *W*
-- .i. esse uel fieri squalidum uel sordere *I*
-- .i. esse uel fieri °*squalidus* °*.i.* °*(Y)* sordidus *K*
-- bleyken vel *schymmelen* *P*
-- bleken *Kh2*

S *Wa.*] n s Squalare bekken *B9* sordem *S4*] sordere *Ma1*, sordenn *B5*, sorden *Ma3*
M n s Squalare *M19* sordere *M19*
W *vgl. 964* n t Squale *Sg1* immundiciam *Sg1*] immundicies *S1* sitientis *Sg1*] *fehlt S1* contrahere *Sg1*] contraccio *S1 Me1 Bs9 Me5*
K squalidus .i. *Hl1*] *fehlt W13*
P vel schymmelen *fehlt Wo1 B10* schymmelen *R1*] schymelich *Ma4*, schimel *Wo4*
P-E bleyken] blaich *E2*, phaichren *M25*

S 964 m s **Squalidus** bleich uel sordidus
-- plaich *Sb3 P*
-- ⌜blaich uel sordidus *X* / blaich. Inde **Squalus** .i. immundus et **Squalor** *Y*. Wersus *(Grec. Nov. 38ʳ)*: Sordidus incultus hirsutus non bene planus deplor*a*ns et homo sitienti gutture squalet *W*
-- -da, -dum .i. asper, sordidus uel bleich *I*

S sordus *Ma3*
W *vgl. 963, 965, 966* *Vers fehlt Sg1* deplorans *Bs9*] deplorens *S1*
K *Wa. fehlt Hl1* *Int. fehlt (Zeilensprung, vgl. 966) K4* *dt. Int. fehlt W13*
P *Wa. fehlt B10*
P-E *Wa. fehlt So1*

S 965 m t **Squalor** bleicheit
+ uel gespůel *K*
+ uel gespolung et est immundicia *P*
-- blachhait *oder spülung* *P-E R1*
-- blekheyt uel spolynghe et est immundicia fluens de coquina *Kh2 Br1*
Wa. fehlt (vgl. 964) W-Y

S -- bleck uel spolige *Ma3* -- bleich, gespolunge *N1*
M + uel gespolunge *Ma6* + spuel *M19*
K bleicheit uel *fehlt K4*
P -- blekerheyt *Wo1* uel gespolung] uel ghespule *Wo4*, *fehlt B10*
P-E oder spülung *So1*] vel spůlach *E2*, *fehlt M25*, oder gespolynge *R1*

S 966 m s **Squalus** .i. immundus
Wa. fehlt (enthalten in 964) W-Y

Sb3 mundus
I *Sigle fehlt*
K *Wa. fehlt K4*
P *Wa. fehlt Wo4 B10*

S 967 f p **Squama** ein ⌜fisch schuppe / visch vlome *Ma3 B9 P*
-- schuepp *Sb3*
-- *visch* schůppel. ⌜Item Squama est serpentum uel piscium, wlgariter schůppel. Item Squama est circulus lorice; parui enim circuli, ex quibus lorica contexitur, dicuntur Squama uel **Spatule** *X* / Item est circulus lorice *Y* *W*
-- ein schupe, scilicet piscium serpentum et lorice *I*
-- ⌜eyns visches schopel *R1* / ain fisch schůpel *E2 M25* *P-E R1*

S Squala *Ma3* -- eyn fisch schume *B5* -- eyn visches vlome *B9*
M -- ein schẘep von den vischs *M19*
W *vgl. 870* visch *Sg1*] *fehlt S1* schůppel *(1)*] schuppen *Me1*, schůp *Bs9* schůppel *(2)*] schuppen *Me1*
P -- eyn vysches vlome *Wo1 Wo4* vlome] clome *Ma4*
P-E f p Squala *R1* -- ein schůpel *So1*

S 967.1 **Squama** est lorica ferrea ex laminis ferreis et *ereis* contexta; in modum squame piscis splendent *Wo4 (P)*

P *vgl. 967* ereis *emend. (vgl. Isid. xviii 13,2)*] euis

S 968 f p **Squamenia** est herba quedam

S Squamea *B9*
Sb3 Squamencia
W Squamonia *S1*
I Squaminea
Kh2 Squalia

S 969 m s **Squam*i*dus**
-- ⌜schopphecht *Ma1* / .i. gybbosus uel rugosus uel inequalis *S4 Ks2* / scheuech *Ma3* / vlomech *B9* *S*
-- *schoppecht* *M*
-- schueppiger *Sb3*
-- schůppellecht *W*

-- .i. squamis abundans *I*
-- °vlomig °oder °*(Y)* schuepig *K*
-- *vlomech* *P*
-- .i. gipposus uel rugosus *P-E*

S Squamidus *B9*] Squamedus *X*, Squamdus *Ma3* -- schumig *B5* -- flemig *N1*
M *Int. Ks1*] schopechtig *Ma6*, schuppig *M19*
W Squamosus *S1 Me1* schuppellech *Me1* schůpecht *Bs9*
I Squamatus, -ta, -tum
P *Int. Wo1*] clomich *Ma4*

S 970 m s **Squarosus** .i. gibbosus uel rug*o*sus uel inequalis
-- -sa, -sum .i. asper vel inequalis *I*
-- idem *(nach 970.1)* *K*
-- idem *(nach 969)* *P-E*

S *Wa.*] m s Squamorosus *(?)* .i. gibbosus *B9* rugosus *S4*] rugiosus *Ma1*
M rigosus *Ma6* uel inequalis *fehlt M19*
Sb3 Squamosus
W *Wa. fehlt M12* Squalosus rubosus *S1 Me1 Bs9*, rugosus *Sg1 Me5*
P uel inequalis *fehlt R1*
P-E Squariosus *E2*

S 970.1 m s **Squamosus** .i. gibbosus *uel rugosus* uel inequalis *K*

K -- .i. gipposus *K4* uel rugosus *K9*] *fehlt W13*

S 970.2 n p **Squamare** schuppen .i. squamas auferre uel dare *I*
-- fisch schuppen *D1 (M)*

S 970.3 m s **Squarus**, -ri quidam piscis, et dicitur a »squama« *I*

S 970.4 n s **Squacillum** vas in quo ponuntur casei ad siccandum *P*

S 970.5 m s **Squiricius** eyn eychorn *P*
Wa. fehlt Kh2 Br1

P + .i. asperiolus *Ma4*

S 970.6 **Squascula** wahthel *So1 (P-E)*

P-E *vgl. Q 164*

S 971 a q **Stabilire** bestetigen
+ eciam capitur pro confirmare *Sb3*
-- .i. firmare, statuere, bestetigen *I*
-- beståten *K*

S beschedigen *Ma3*, stedeghen *B9*
Sb3 *vgl. 973* a p
K a p bestattigen *Hl1 K4*
P besteden *Br1*

S 972 co t **Stabilis** stetig. Inde **Stabilitas**
-- et hoc -le .i. firmus, stede. **Stabilitas** inde *I*
-- ståtig *K-X*
Wa. fehlt Sb3 K-Y
Wa. fehlt (vgl. 972.1) P-E

S stede *Ma3 N1* Inde Stabilitas *fehlt B9*
M stät *M19*
W *Wa.*] Inde Stabilis et -tas *(nach 971) Bs9 Me5* ståt *Sg1* Stabilitas] + ståtikait *Sg1*
P Stabilis] Stabilitas *(!) R1* stede *Wo4 B10*

S 972.1 f t **Stabilitas** ståtikait *K P-E*

K *Wa. fehlt Hl1 K9*
P-E bestetikeit *So1*

S 973 a p **Stabilitare** bestetigen, et capitur pro confirmare
-- beståtigen *K Kh2*
Wa. fehlt (vgl. 971) Sb3

S *lat. Int. fehlt B9*
W -- .i. confirmare *Sg1*
K *Wa. fehlt (vgl. 971) Hl1 K9*
P-E pro *fehlt E2*

S 974 m s **Stabularius** ein marschalk, et est ille, qui preest stabulo
-- marstaller *K*

S *dt. Int. fehlt N1* *lat. Int.*] *fehlt B9*, uel quia *(!)* stabulo preest *Ma3* preest] proest *S4*
M -- qui preest stabulo *M19*
Sb3 preest] prebet
W *lat. Int. fehlt Sg1*
K Stabilarius
P-E ein markschalk *So1*

S 975 n s **Stabulum** ein stall
+ quasi »stacio boum« *I*

S *Wa. fehlt Ma3*
M -- ein tal *(!) M19*
K *Wa. fehlt K4*

S 976 n t **Stacten** est genus resine preciose
+ vel est mirra *I*
-- est gutta uel resina mirre arboris *W*
-- est genus resine .i. gumi *uel lacrime* *K*
-- est genus preciosum *Kh2*
Wa. fehlt Sb3

S Staclen *B9* preciosi *Ma3*
M m s Stateus *M19*
W n t Stacten] n in Stacte uel Stache *X*, n in Stacte *Y*
K uel lacrime *K4*] *fehlt W13*
P-E preciose] speciose *E2*
Kh2 g in Stactin

S 976.1 n s **Stacianum** locus ymaginum *P*

P-E Staceonum *E2*
Kh2 ymaginum *verderbt*

S 977 f t **Stacio** est congregacio nauium uel vita humana
-- est congregacio nauium uel est locus, ubi naues ad tempus stant, uel locus, ubi stat exercitus uel eciam vita presens *W*

W est congregacio nauium uel *fehlt Y* locus, ubi *(2) bis* presens] processio spiritualium *Sg1*
P nauium] manum *(?) R1*
P-E Stacio] Statis *E2* nauium] manum *E2* humana] huna *E2*
Kh2 nauium *verderbt*

S 978 m s **Stacionarius** *quasi* ⌜continue stans / cottidie stans *Ma3 B9*
-- dicitur quasi frequenter stans *W*
Wa. fehlt I

S quasi *S4*] *fehlt Ma1*, qui *Ma3*
M -- qui continue stat *M19*
W -- qui frequenter stat *Sg1*
P -- qui continue stat *Wo4* continuo *R1*
P-E stans] statis *E2*

S 979 n s **Stadium** ein gewende *et* est centum 25 passuum
-- dicitur via currendi habens centum et xxiiii^or^ passus *Sb3*
-- ⌜ain gewende et est spacium centum viginti quinque passuum *X* / est centum et viginti quinque passus *Y* eciam est 8^ua^ pars militaris Romani *W*
-- est octaua pars militarij vel spacium duodecim passuum, eyn gewende *I*
-- ein gewannten / + est centum viginti passuum *X* *K*
-- est centum et *25* passus *P-E*
-- est spacium sentum viginti quinque passuum *Kh2*

S et *S4*] uel *Ma1* 25] viginte *S4* passus *Y*
M passum *M19*
P ein gewende] *fehlt Br1*, wende *Wo4* 25] XXVI *Wo4* passus *X*
P-E -- est viginti quinque et centum passus *So1* 25 *M25*] *fehlt E2* + wulgariter ain roslok *E2*
Kh2 sentum *für* centum

S 980 n t **Stagimen** est quedam herba
Wa. fehlt I

S n s Stanum *Ma3*
M *Wa. fehlt M19*
Sb3 Stagmen
W Stagmen *S1*
P-E Stagmen -- ein wefel garn *So1*

S 980.1 m s **Stagnus** zin *So1 (P-E)*

P-E *vgl. 983*

S 981 n s **Stallum** ein gestulcz als in *der* kirchen
-- ein gestuell *Sb3 K-Y*
-- ain gestůl sicut in ecclesia *W*
-- est locus vnius in choro, eyn gestule *I*
-- eyn vorstender, vt in ecclesia *Kh2*

S -- gestulde sicud in ecclesia *Ks2* -- ghestelte *Ma3* als *fehlt B9* der *S4*] eyner *Ma1*
M ein stul in der kirchen *M19* -- gestulcz sicut in ecclesia *Dr1* als *fehlt D1*
W stůl *Sg1*
P *Wa. fehlt R1* als in der kirchen] *fehlt Wo4*, ut in ecclesia *B10 Br1*
P-E *Wa. fehlt So1* -- ain gestúll in ecclesia *E2*

S 982 n t **Stamen** warff oder garn
+ est filum tele *I*
-- ⌜*warff*, ain garn. Item Stamen, -inis dicitur *X* / dicitur *Y* filum in tela, quod in longum extenditur; **Licium** uero uel **Trama** est filum, quod per latitudinem traducitur *W*
-- warff *K*
Wa. fehlt Kh2

vgl. L 268, T 474
S -- eyn warf adgran *(!)* sicud textoris habet *S4* -- eyn war *(!)* ader garnn sicud textores habent *B5*
M warff oder *fehlt M19*
W warff *bis* Stamen, -inis *fehlt Y* warff *Me1*] wepf *S1* uel Trama *fehlt Sg1*
P-E *Wa. fehlt So1*

S 983 n s **Stannum** zine
+ est quoddam genus metalli *I*
-- est metallum, wlgariter zin *W*

S Stanneum *Ma3*
M -- scene *Ks1*
P-E *vgl. 980.1* *Wa. fehlt M25* Stamium *E2*

S 984 m s **Stanneus** zinen
-- -nea, -neum .i. de stanno existens, czynnen *I*

M scenen *Ks1*
Sb3 Stamiens
W zinij *Bs9*
P-E *Wa.*] *fehlt M25 So1*, m t Staneus zinn *E2*

S 984.1 part **Stannatus** *betynnet P*
-- gezinot *P-E*

P betynnet *Wo1*] getinnet *Ma4*, geczeret *R1*, vortenet *B10*
P-E Stamatus zinnett *M25*

S 985 n s **Stagnum** ein see et est mare stans, ut piscina et fons
+ ⌜Item est lacus uel profunditas aque stantis, wulgariter wåg *X* / ain wag *Y W*
-- est aqua stans pisces habens, eyn see *I*
-- *est aqua stans*, see *K*
-- [...] stans *P-E Kh2*

S see] seg *Ma3* *lat. Int. fehlt B9*
M ut *bis* fons *fehlt M19*
W ein see] sero *(!) Sg1*
K *lat. Int. Hl1*] *fehlt W13 Y*
P et fons *fehlt R1*

S 986 n p **Stagnare** est aquas congregare
-- wasser sammen *Sb3*
-- .i. admodum stagnj inundare, aquas congregare *I*

S aquas] aliquas *S4 Ma3*

S 987 *n p* ***Stare** sten*
Wa. fehlt I K-Y

S *Wa. S4*] *fehlt Ma1 Ks2*
M *Wa. fehlt D1*

S 988 m t **Stater** ein gewichte, et est medietas vncie
\+ uel est pondus .i. tres aurei *W-X*
-- ein gewicht, et est lingua libre *Sb3*
-- est medietas vncie *P-E*

S *lat. Int. fehlt B9*
I meditas
K m s *lat. Int. fehlt K4*
P *dt. Int.*] eyn gewerkte, eyn wichte *B10*

S 989 f p **Statera** *.i. libra*, ein wage
\+ pondus habens dragmas quatuor, que sunt scrupuli xij, vel dicitur trutina *I*
-- ein wag *Sb3 K*
-- ⌜est libra, ain wag. Item Statera est *X* / est Y pondus quatuor tragmarum. Item Statera est idem quod trutina .i. virga ex transuerso in libra posita; verum tamen et trutina et statera ponuntur pro tota libra / + wag *Y* *W*

S *lat. Int. S4*] *fehlt Ma1 B9*
M *lat. Int. fehlt M19* *dt. Int. fehlt Ma6*
W tragmarum *für* dragmarum Item *(2) bis* libra *fehlt Sg1*
P *lat. Int. fehlt Ma4*

S 990 adv **Statim** zuhant
Wa. fehlt I K

vgl. C 812
S *Wa. fehlt Ks2*
M *Wa. fehlt M19 D1*
P altuhant *B10*
P-E bald *So1*

S 990.1 m t **Stator** .i. sellator uel aliquis faciens lectum *P*
Wa. fehlt Kh2 Br1

S 991 f p **Statua** ein sull, bilde
-- est ymago lapidea uel lignea *W*
-- eyn suel uel ymago, simulacrum *I*
-- dicitur ymago, simulacrum *K*

M bilde] ymago *Dr1*
W -- ain sul uel est ymago lapidea *Sg1*
P-E bilde *fehlt E2*

S 991.1 m s **Statunculus** paruua ymago uel simulacrum *K-X*

S 991.2 f p **Statuncula** cleyn sule *P*
-- .i. parua statua *P-E Kh2 Br1*

P *Wa. fehlt B10*

S 992 m s **Statuarius** qui facit statuas
\+ uel fusor ymaginis *K*
-- seylmacher *Sb3*

-- est factor ymaginis *W*

K Staturius *K4*
P *Stichwort verderbt Ma4*
P-E Statuarius] Statua *E2*

S 992.1 **Statuificus** idem *(nach 992)* *I*

S 993 n s **Statuarium** est candela, cum qua statua circumdatur, uel crux uel altare; Zach*arie* *xi (Za 11,13)*: Proice illos ad statuarium
+ ain pfiler *W*
-- dicitur candela, cum qua *circumdatur* sta*tua*, ecclesia, crux uel altare *K*
-- omne *illud*, quod stat *P*

S Zacharie *S4*] Zachie *Ma1* xi *Ma3*] secundo *X N1*, *xii B9* Proice] *fehlt S4*, proicite *B9*
M statua] statura *M19* xi] secundo *alle Hss.*
Sb3 candela *bis* statua] locus candelarum statum xi] secundo
W xi] secundo *alle Hss.*
K Statuerium *W13* qua] quo *K4* circumdatur statua *K4*] sanctificatur statula *W13*
P *Wa. fehlt Wo4* -- .i. candela [...*(wie S)*] *Wo1* illud *R1*] *fehlt Ma4*

S 994 a t **Statuere** seczen uel staten .i. promittere
-- seczen *Sb3 P-E*
-- seczen uel promittere *W-Y*
-- .i. ordinare, edificare, fabricare, ponere *I*
-- construere, edificare, °fabricare °*(Y)*, *ordinare* *K*
-- .i. promittere *Kh2*

S -- zetten *B9* staten] antwerde bestuden *Ma3*
M -- seczen *M19* staten] stat *Dr1* permittere *Ma6*
I n t
K *Sigle*] t .i. edificare *K4* ordinare *K9*] *fehlt W13*
P uel staten *fehlt Wo4 B10* .i. promittere] *fehlt R1*, .i. permittere *Ma4 Wo1*

S 995 f p **Statura**
-- ⌜ein groß der personen *Ma1 Ks2* / eyn grotheyt ens personen *Ma3* / eyn grote eyns personen *B9* *S*
-- eyn grosse eyner personen *M*
-- est longitudo hominis *W*
-- .i. status hominis, scilicet eius magnitudo *I*
-- ein grossew person *K*
-- eyn grot eynes personen *P*
-- ain grǒsin des menschen *P-E R1*
Wa. fehlt Kh2 Br1

S *Wa. fehlt S4* -- eyn grosser eyner person *B5* -- ein groß ener personen *N1*
M -- eyn grosser eyn person *M19*
K -- person *K9*
P -- dy große eyner persanen *Wo4*
P-E -- eyn groß eyns menschen *R1*

S 996 n s **Statutum** ein gesecz
Wa. fehlt K

M *Wa. fehlt M19*

S 996.1 **Statutus**, -ta, -tum gesatzt *I*

S 997 m q **Status**
-- ein ⌜wesen *Ma1 Ks2* / wysenunge *S4* / wisinghe *Y* .i. vita, disposicio uel substancia *S*
-- eyn wesenunge .i. vita, disposicio uel substancia *M*
-- ein besung .i. vita, disposicio *Sb3*
-- ain wesen .i. [...] *W*
-- eyn wesen vel vita *I*
-- disposicio uel substancia *K*
-- eyn wesung .i. [...] *P*
-- .i. vita uel disposicio uel substancia *Kh2*

S *dt. Int.*] eyn wesunge *B5* *lat. Int. fehlt B9* uel substancia *fehlt S4*
M *dt. Int.*] eyn wonunge *Ks1*, ein weisen *Dr1* *lat. Int. fehlt M19*
W -- ain wesen stat *Sg1*
P *dt. Int. fehlt B10* vite *Ma4*
P-E *dt. Int.*] ein wesen *So1* disposicio *verderbt E2*

S 997.1 *f t* **Staturicio** utflittung der burne *P*
-- eyn vletynghe der borne *Kh2*

P *Sigle Wo4*] *fehlt Ma4*
P-E -- Staturio .i. origo fontium *(vgl. 997.2) So1*

S 997.2 *f t* ***Staturigo*** *idem (nach 997.1)* *P*

P *Wa. Wo1*] *fehlt Ma4*
P-E *Wa. fehlt (enthalten in 997.1) So1*

S 997.3 n s **Staurarchium** dicitur genus pallij depicti *ex storace, que est gutta* / + ita ponitur in legenda exaltacion*is* sancte crucis *X* *K*

K *Wa. fehlt K4* Staurarchium] Staurachium *Hl1 M37*, Stararchium *K9*, Statuarchium *Ab1* ex storace *bis* gutta *K9*] *fehlt W13* storace *Ab1*] corare *Hl1*, corace *W9 K9*, coracte *M37* exaltacionis *Hl1*] exaltacione *W13*

S 997.4 n s **Staurum** est lignum, in quo perdita suspenduntur, *ut* inueniantur *K*

K ut *K4*] et a perdentibus *W13*, + ibi *K4*

S 998 m s **Stephanus** grece, corona dicitur *latine*
+ hebraice norma *I*
-- grece, dicitur culmen latine *Sb3*
-- est sanctus Stephanus, est *vedelmanus* *P*
-- nomen proprium. Sed Stefphanus media longa dicitur esse quedam pars *f*igille *Kh2 Br1*
Wa. fehlt K

S latine *S4*] *fehlt Ma1 Ma3*
M *Wa. fehlt M19*
P vedelmanus *Wo1*] fe *(!) Ma4*, *fehlt B10*
P-E -- est sanctus *M25* vedelmanus] fides manuus *E2*, est idem quod fidelis mors *So1*
Kh2 figille *Br1*] cigille

S 999 *f p* ***Stella*** *eyn stern*
Wa. fehlt K

S *Wa. S4*] *fehlt Ma1 Ma3*
M *Wa. fehlt M19 D1*

S 999.1 part **Stellatus** gestirnet *P*
-- -ta, -tum .i. stellis ornatus *I*
Wa. fehlt Kh2

I *Sigle fehlt* Sellatus
P *Wa. fehlt B10* ghesterneghet *Wo1*

S 999.2 m q **Stelliotus** .i. malefactor uel uersucia *K*

S 999.3 m s **Stellionatus** .i. versipellis uel malefactor *K*

S 1000 f t **Stellio** est vermis venenosa uel genus lacerte uel talpa
+ Item Stellio, -onis est animal paruum reptile per omnia simile lacerte, nisi quod habet caudam latiorem et tergum pictum guttis lucentibus in modum stellarum; et hoc animal visum a scorpione pauorem ei incutit, et dicitur **Stellio minor**. Est autem aliud animal, quod vocatur **Stellio maior** latine, grece uero salmandra, wlgariter lintwurm; quod eciam lacerte in figura aliquantulum est simile, nisi quod caput eius compositum quasi ex figura capitis simmie et porci, et habet alas, que non sunt ei create ad uolandum, sed e*a*rum motu *et* uentilacione facilius incedit. Est enim tardissimi motus. Est eciam adeo timidum, quod, si vid*e*t hominem contra se venientem, totum in palorem pre timore conuertitur, ita eciam, ut oculi eius palescant; habet eciam caudam *valde* longam, quam multis spinis circumuoluit; adeo frigidum est, ut in igne proiectum longo tempore in ipso illesum permane*a*t *W*
-- est vermis, regenwurm uel genus [...] *Sb3*
-- est reptile simile lacerte, ein mol *I*
-- est vermis venenosa in modum stellarum *K*
-- est vermis venenosus uel est talpa *Kh2*

S f t Stellia *Ma3* venenosa] ventuosa *S4*, venenosus *Ma3 B9* uel genus *fehlt S4*
M venenosalis *M19* uel genus lacerte *fehlt M19*
Sb3 lacerte] lacte
W est vermis *bis* Stellio, -onis *fehlt Y* venenosus *S1* paruum *fehlt Sg1* pictum *fehlt Sg1* quod caput *fehlt Sg1* porce *Sg1* earum *Sg1*] eorum *S1* et *Sg1*] ex *S1* videt *Sg1*] vidit *S1* valde *Sg1*] vane *S1* ignem proictum *Sg1* permaneat *Sg1*] permanet *S1*
P lacerte] notrite *Ma4*
P-E venenose *E2* lacerte] lactus *E2*
Kh2 m t Stellia

S 1001 m s **Stelleus** .i. purus uel clarus
-- -a, -vm .i. clarus uel ad stellam pertinens *I*

S Stellinus *Ma3*
M uel clarus *fehlt M19*
Sb3 Stelliris *(?)*
P *Wa. fehlt Ma4* Stellus *(*Stelleus *Wo1)*
P-E Stellus
Kh2 Stellus

S 1002 n t **Stemma**, -atis mageschafft, et est nobilitas °generis °*(I), que inest alicui* parentele

-- [...] generis uel honor, qui est dicui parentele *W-X*
-- mageschafft *uel ordo ymaginum uel corona* *K*
-- est nobilitas [...] *P-E*

S maschop *Ma3*, mageschaftig *N1* *lat. Int. fehlt B9* que inest alicui *Ks2*] uel *Ma1*, que est in alicui *S4*
M mageschafft, et *fehlt M19* parentele *verderbt M19*
W *vgl. 1011.1*
I f p
K *lat. Int. K9*] *fehlt K4*, .i. nobilitas *W13*, est nobilitas generis, que inest alicui parentele *Hl1*
P *Stichwort verderbt Ma4*

S 1002.1 g in **Stematismenos** broke der rede *P*
Wa. fehlt Kh2

S 1002.2 g in **Stemalexios** sciringe *der rede* *P*
Wa. fehlt Kh2

P *Wa. fehlt Wo4* der rede *Wo1*] des synes *(vgl. 1002.3) Ma4 Br1*
P-E -- pegerung der red *M25* -- est ornonatos *(!)* verborum *So1*

S 1002.3 *g in* ***Stemidianeos*** *sirunghe des synnes* *P*
Wa. fehlt Kh2 Br1

P *Wa. Wo1*] *fehlt Ma4* *Sigle Wo4*] *fehlt Wo1* Stemideanos *Wo4*
P-E *Wa.*] g in Stemadianos *(!)* des sindes *E2*

S 1003 f p **Stera** est pellicola, in qua moratur puer in matrice
-- est pellicula, in qua puer inuoluitur et moratur *I*
-- .i. matrix *Kh2 Br1*
Wa. fehlt Sb3

M moratur] inuoluitur *M19*
W matre *S1*
P puer *fehlt Wo4*

S 1004 n s **Stercoricum** est cloaca uel prieta
-- **Cloaca, Prieta** idem significant, scilicet scheishaus *Sb3*
-- .i. cloaca *K*
-- eyn schitt huß *P*

vgl. C 560
S Stercorium *(?) Ma3* cloaca *verderbt S4 Ma3* prieta] + uel secessum *Ma1*
M uel prieta *fehlt M19*
Sb3 Stercorum
P Stercorium *Ma4* -- est prieta *Wo4*

S 1005 n p **Stercorare** .i. ⌜stercus emittere / idem *(nach 1006) Ma3 P*

S Stecorare *S4*
M *Wa. fehlt M19* stercos *Ma6*
I *Sigle fehlt*
P *Stichwort verderbt R1*
P-E *Wa.*] a p Sterorare misten *E2*

S 1006 n p **Stercorisare** ⌜.i. stercus emittere / schiten *Ma3 P*

M *Wa. fehlt M19* stercos *Ma6*
P merdare *R1*
P-E merdare *E2*

S 1007 n t **Stercus** ein dreg
\+ uel mist *W I*

S *Wa. fehlt B5* -- tyer dreck *N1*
M dier dreg *Ma6*
I Stercus] + -oris
P -- ripp drek *Ma4*
P-E -- mist *E2 So1*

S 1008 m s **Stericus** est puer, qui in matrice infirmatur
-- est puer, qui moritur in matrice matris *Sb3*
-- -ca, -cum .i. in stera paciens et infirmatus *I*

S -- .i. puer *B9* qui *fehlt S4*
W Sterius *Sg1* matre *S1*
K *Wa. fehlt K4*
Kh2 firmatur

S 1009 co t **Sterilis** vnfruchtbar. °**Sterilitas** °inde °*(Ma3 B9 K P-E Kh2 Br1)*
-- vnfruchtper. Inde **Sterilitas** vnfruchtparkait *Sb3*
-- et hoc -le .i. infructuosus, vnfruchtber *(neuer Wa.:)* f t **Sterilitas** inde *I*

M fruchtpår *M19*
P-E -- vnfruchpårkait *M25* + vel vnberhaft *E2*

S 1010 m s **Sterlingus** ein engelsche
-- eyn *enghelsch* pening *P*
Wa. fehlt K-Y Kh2

S Sterbugus *S4* -- eyn englech, quidam nummus *B9* + ienarius quedam *Ma3*
M *Wa. fehlt M19* -- ein entlichse *D1* + et est denarius quidam *Ks1*
I *Sigle fehlt*
P enghelsch *Wo1*] engel *Ma4* pening] .i. denarius *Wo1*, + denarius quidam *Wo4*
P-E pening] dñ *So1*

S 1011 a t **Sternere** betten, sateln uel ⌜*strecken* / strauwen *S-X*
-- petten uel satlen uel über mer faren uel feindt nider legen. Wersus *(Grec. Vet. xii 61)*: Sternitur equiuoce mare, lectus, asellus et hostis *Sb3*
-- betten uel sattlen uel ⌜streken *X* / striten *Y*. Wersus: Sterno h*o*stem .i. deicio, sed Sterno asinum .i. sellam ei supra pono. Sterno lectum .i. preparo, sternitur mare .i. pacificatur *W*
-- .i. pacificare, preparare, insellare, obruere *I*
-- strewͤen. *Wersus (Grec. Vet. xii 61)*: *Sternitur eqivoce mare, lectus, asellus et hostis* *K*
-- *betten* vel streken *P-E*

S -- bitten, satteln, snorcken *S4* strecken *Ma3*] *fehlt B9* strauwen] nidderslan *Ks2*
M strecken] doden *Ma6*, doden uel stergken *Ma2*, reken *M19*, streũen *D1*
W n t Wersus] Item *Sg1* hostem *Sg1*] hastem *S1*
I n t
K strewͤen] + oder snarchen *W13* *Vers K4*] *fehlt W13*
P -- strauwen *Br1* betten] bet machen *R1*
P-E betten *So1*] bet machen *E2* vel streken *fehlt M25*
Kh2 -- maken *(!)*

S 1011.1 **Stema** -atis .i. ornatus, sed **Tema** uero sine s- est forma uel ordo *Me1 M12 (W)*

W *vgl. 1002* sed Tema *bis* ordo] sed Stema est ordo *M12*

S 1012 f t ***Sternu*tacio** snarkunge
+ *strewung K-X*
-- schnarchlung *P-E*

Das Stichwort erscheint außerdem in den Formen Sternitacio, Sternicacio, Sternucacio. *Eine Verteilungsregel ist nicht erkennbar.*
S Sternutacio *Ma3*] Sternicacio *X*
W schnarchlung *S1* + struch *Bs9*
K *Zusatz Hl1*] *fehlt W13*
P + prustunge *Ma4*
P-E schnarchleng *So1* schonuch *(?) M25*

S 1012.1 **Sternutus** -ti idem *(nach 1012) I*

S 1013 n *p* ***Sternutare*** *snorken* / + prusten *B9 P*
+ uel niessen *W-X*
-- *schnarchen* vel niesen *P-E R1*
Wa. fehlt I

Das Stichwort erscheint außerdem in den Formen Sternitare, Sternicare, Sternucare. *Eine Verteilungsregel ist nicht erkennbar.*
S *Wa. Ma3*] n t Sternicare, stertere snarcken n p *(vgl. 1015) Ma1*
M *Wa. fehlt M19 D1*
W snarchlen *S1*
K *vgl. 1015.1*
P *Wa. fehlt Ma4* prusten *fehlt B10*
P-E schnarchen *M25*] schnarchlen *E2 So1* vel niesen *fehlt So1*

S 1014 n s **Sterquilinium** .i. stercus
+ uel locus stercore uel luto plenus *W*
+ uel locus plenus stercore *K*
Wa. fehlt I Kh2 Br1

Sb3 n s Sterquilium aut Sterquilinium
W -- mist grůb *Sg1*
K *Zusatz fehlt K4*

S 1015 *n t* ***Stertere*** *snarken*
+ est naribus dormiendo resonare *I*
+ *Wersus (Walther 6726)*: *Dum stertit cattus non currit sibi in os mus K-X*
-- russen / + est naribus dormiendo resonare *X W*
Wa. fehlt Kh2 Br1

S *Wa. S4*] *fehlt (vgl. 1013) Ma1* snarken *Ks2*] snacken *S4*
M rußen *Dr1*
W *dt. Int.*] rewssen uel rawhsen *Me1*
K *Vers M37*] *fehlt W13* currit *bis* mus] est in omne sibi mus *Hl1*, currit in os sibi mus *W9*
P-E *Wa. fehlt So1* -- rusen uel schnarchlen *E2*

S 1015.1 p **Sternutare** nyesen *K*
K *vgl. 1013* *Wa. fehlt Hl1*

S 1015.2 **Steron** grece est stacio latine *S4 B5 (S)*

S 1016 n s **Stibium** est vngentum, quo mulieres colorant sua supercilia causa ornatus

-- est vngentum uel color, qui alio nomine cerusa vocatur, quo meretrices et solute mulieres uti solent ad *de*albandum cutem *W*
-- est vngentum, quo meretrices et solute mulieres se colorant, vt in iiii Regum capitulo ix legitur *(iv Rg 9,30)* *I*
-- dicitur vngentum, quo mulieres et meretrices ⌜solent vti ad vngendum *X* / vngunt *Y* sua super cilia *K*
-- [...] causa ornandi faciem *P (außer Kh2 Br1)*

S vngentum] + cum *Ma1* sua supercilia] faciem *B9* ornandi *S4 B5*
M colorant *bis* ornatus *fehlt M19* ornandi *Ma6*
Sb3 sua *fehlt* ornatus *fehlt*
W n s Stibulum uel Stibium *X* qui *bis* vocatur *fehlt Sg1* dealbandum *Sg1*] albandum *S1*
P sua *fehlt Ma4 Wo4* sua *bis* faciem] faciem et supercilia causa ornatus *Wo4*
P-E superlicia *E2* ornandi] ornatus et *E2*
Kh2 *vgl. 598.3* Stribium superlectilia

S 1017 f p **Stiga** dicitur stimulus, aculeus, compunccio, in*c*itacio, ⌜molestia / molestacio *I*
-- [...] mollestia uel cauda aratri *P*
-- dicitur stimulus aculeus uel molestia *Kh2 Br1*

S incitacio *Ks2*] inscitacio *Ma1*, *verderbt S4*, *fehlt B9* molestia *fehlt B9*
Sb3 Stima aculeus *fehlt* incitacio] intuicio
K compunccio *fehlt K4* incitacio, molestia *fehlt W13 K4*
P-E compunccio] punccio *E2* malestia *E2*

S 1017.1 **Stigare** .i. stimulare *I*

S 1017.2 *f p* ***Stetra*** *ledrein puckler* *W-X*

W *Sigle M12*] *fehlt (Wa. nach 1017) S1* *Int. Me1*] biderbugler *S1*

S 1018 *g in* **Stige** grece est versus latine
Wa. fehlt Sb3 I

S *Sigle S4*] *fehlt Ma1* versus] vsus *S4*
K *Wa. fehlt K4*

S 1019 n t **Stigma** ein narbe et est signum, quod ⌜malefic*is* / furibus *P* in faciem ferro calido imprimitur
-- ein masen uel signum, quod maleficis cum igneo ferro in caput imprimitur *Sb3*
-- ⌜ein nerbe *Me1* / *ain mas Y* est signum, quod furibus in faciem ferro calido imprimitur, °uel °eciam °malefactoribus °*(Y)*; uel dicitur esse *tale* ferrum, met *W*
-- [...] signum, cicatrix, caracter, coctura, inustio, que fit calido ferro *I*
-- dicitur vstio, que fit cum *calido* ferro uel caracter uel cicatrix *K*
-- ain lipzaichen, et est signum, quod furibus in faciem ferro calido imprimitur, vel dicitur esse tale ferrum, cum quo imprimitur tale signum *P-E*
-- eyn nare, quod furibus in faciem [...] *Kh2*

S Stigula *Ma3* narbe] vare *(!) Ma3* maleficis *bis* imprimitur] maleficis, quod cum ferro igneo imprimitur *Ma3*, furibus imponitur *B9* maleficis *S4*] malifico *Ma1*
M narbe] masen *M19*
W *dt. Int. fehlt S1 M12* ain mas *Bs9*] *fehlt Sg1* furibus *bis* calido] faciei furis calido ferro *Sg1* tale *Sg1*] *fehlt S1* met] + eciam accipitur in bono *S1*, + prenn eysen *Me1*

K calido *K4*] *fehlt W13* uel caracter *fehlt K4*
P *dt. Int.*] *verderbt Ma4*, eyn liuczeychen *R1* in facie *Wo4 B10*
P-E *dt. Int.*] ein mos *So1* inprimitur] in primuntur primitur *E2*

S 1020 n s **Stilarium** ein griffel futer

M futer *verderbt Ks1*
W -- griffel *Sg1*
P -- eyn griffel rodel *Ma4* -- eyn foder czu griffelen *Wo4* -- eyn griffer vuder *B10*
P-E -- ain stiler fůter *E2 (auch R1)* -- ein tavel fůtter vaß *So1*
Kh2 Stilargium

S 1021 *m s* **Stilus** est officium scribentis, ut: ille habet stilum ciuitatis, uel est modus scribendi uel instrumentum scribendi uel ingenium uel clausula
-- [...] instrumentum scribendi; uel clausula *Sb3*
-- [...] modus scribendi uel ingenium uel clausula *I K P-E R1*

S *Sigle S4*] *fehlt Ma1* uel est modus *bis* clausula *fehlt B9* uel est] .i. *Ma3* uel ingenium] ut inthenium *S4*
M ut: ille habet stilum] alicuius *M19* modus scribendi] modus *M19*
W *Wa.*] Stilum est officium sui clausula *(Wa. nach 1020) S1*
K ut: ille *bis* ciuitatis] *fehlt W13 Y* uel ingenium *fehlt Y*
P scribendi *(2)*] sunt *Ma4*
P-E scribentis] scribendi *E2* habent *E2*

S 1021.1 m t **Stilb*on*** est Mercurius *P*

vgl. 1026
P Stilbon *Wo1*] Stilbum *Ma4*
P-E Marcurius *E2*

S 1022 *n p* ***Stillare*** ⌜*driffen* / drupen *Ma3 B9 Kh2*
-- .i. guttare uel stillam fundere, drieffen *I*

S *Wa. Ks2*] *fehlt Ma1* droppen *S4*
P *Wa. fehlt Wo1* drupen *B10*
P-E *Wa. fehlt So1*

S 1023 f p **Stilla** ein trophe
\+ gutta cadens *W*
-- .i. gutta, eyn drauff *I*
-- *.i.* gutta / + Differunt; tunc dicitur gutta, cum pendet in tignis, cum autem cadit, dicitur stilla *X* *K*

S ein trauff *N1*
W *dt. Int. fehlt Bs9* cadens *fehlt Sg1*
K .i. *K4*] et *W13*
P *Wa. fehlt Wo1*

S 1024 n s **Stillicidium** ein ⌜*drauff* / drape *B9 P*
-- ein trieffung *Sb3*
-- ⌜tach tropf *X* / ain tropf *Y* *W*
-- eyn drauff, locus, ubi stille cadunt uel a quo uel per quem cadunt *I*
-- ain tropf et est proprie ipsius vrne *P-E*

S *Int. fehlt Ma3* drauff *S4*] trophe *Ma1*
P *Wa. fehlt Wo1*
P-E -- idem *(nach 1023) M25* *dt. Int.*] eimer *So1*

S 1025 n s **Stillidium** *idem (nach 1024)*
Wa. fehlt P-X

S *Int. Ks2*] ein tropphe uel ein trauffe *Ma1*, eyn drauff *S4*
M Stillium *M19*
W *Wa. fehlt Sg1*
I n s Stillidium] tiricidium
K *Wa. fehlt K4*

S 1026 m t **Stillon** .i. Mercurius et interpretatur velox
-- interpretatur longum *I*
-- idem *(nach 1021.1)* *P*
Wa. fehlt Kh2 Br1

vgl. 1021.1
S Stilbon *B9*
W Stellon *Sg1*
K *Wa. fehlt K4*

S 1026.1 f p **Sti*m*a** eyn *botterstaf* *P*

P *Wa. fehlt B10* Stima *Wo1*] Stila *Ma4* botterstaf *Wo1*] bustafe *Ma4*
P-E -- ain bůgstab *E2* -- ein bůchstab *So1 M25*

S 1027 a p **Stimulare** stechen uel prickeln
-- stecken aut stumlen *Sb3*
-- stechen *W*
-- .i. pungere, titilare, incitare, cogere, urgere, inflammare *I*
-- stupfen vel stechen *P-E*

S -- stoken *B9* uel prickeln] *fehlt Ks2* prinkelin *B5*, *verderbt Ma3*
M uel prickeln *fehlt M19 Dr1*
K uel prickeln] *fehlt K4*, oder stock *H11*
P stechen uel *fehlt B10* uel prickeln] *fehlt R1*, bricken *Ma4*
P-E vel stechen *fehlt So1 M25*
Kh2 stechen] stelen

S 1028 f p **Stimula** ein hechel

S hechel *verderbt Ma3*
M stechel *Dr1*
W + .i. lacena *S1*
K *Wa. fehlt K4* hacken *H11*
P *Wa. fehlt Ma4 B10*
Kh2 -- est heleke

S 1029 m s **Stimulus** ein brickel
-- *ein sichel, brikel* *M-Y*
-- ein gratt *Sb3*
-- .i. aculeus uel molestacio, °ain °stikel °uel °*(Y)* pfrim *W*
-- .i. aculeus, compunccio et molestacio *I*
-- dicitur aculeus, °compunccio, °m*o*lestacio °*(Y)* prechkel *K*
-- ain pfren vel prikel *E2* *P-E*

S bickel *Ks2*, sprinkel *B5*
M *Wa. D1*] *fehlt M19* -- puckeler uel ein stickel *Dr1*
W uel molestacio *fehlt Sg1*

K -- prechk oder prangen *K4* -- dicitur aculeus, angel *Ab1* molestacio *Hl1*] malestacio *W13* *dt. Int.*] pranger *Hl1*
P-E -- ein gart *So1* -- ain pfrem *M25*

S 1030 a p **Stipare** .i. condensare, *con*vallare, circumdare, congregare, replere, protegere, componere, *fu*lcire
-- significat condensare uel conu*a*llare uel circumdare uel repellere *Sb3*
-- vnder setten uel sthigken *P*

S convallare *S4*] vallare *Ma1* circumdare *bis* fulcire *fehlt B9* replere] repetere *Ma3* fulcire *S4*] wlcire *Ma1*
M congregare *bis* fulcire *fehlt M19* wlcire *Ma6*
Sb3 conuallare *V1*] conollare
W convallare] *fehlt Sg1*, conualere *S1* replere] repellere *X*
K convallare *bis* fulcire] *fehlt W13 Y* + hertwerden *W13*
P -- .i. condensare, conuallare, circumdare, congregare, replere, protegere, componere, fulcire *(*fulcire *fehlt B10) Wo1 B10*
P-E sticklen *M25*

S 1031 m s **Stipendarius** ein soldener uel ⌜prundener / prouendener *Ma3 B9 P (außer P-E)*
+ Inde **Stipendium** *Kh2*
-- soldener *W*
-- -a, -um .i. stipendium dans uel recipiens *I*

S ein soldener uel *fehlt B9* uel prundener] *fehlt S4*, eyn phrunder *B5*
M -- ein pfrůnt inemer *M19* uel prundener] eyn prouener *Ma6*, *fehlt Dr1*
W Stipendiarius *Sg1*
K uel prundener] *fehlt W13 K4*, oder phrannår *K9*, pfruetner *Ab1*
P soldener uel *fehlt R1* prouendener] probender *Wo4*
P-E uel prundener] *fehlt M25*, vel ein prebendner *So1*
Kh2 *vgl. 1032*

S 1032 n s **Stipendium** ein ⌜prunde / prouene *Ma3 B9 P* solt
-- sold, proprie laboris et proprie illud, quod datur militibus *W*
-- est precium laboris, solt uel phrune *I*
-- solt vel prebend *P-E*
Wa. fehlt (vgl. 1031) Kh2

S solt *fehlt B9*
M ein prunde] *fehlt Ma6 Dr1*, eyn prebende *Ks1* schult *D1*
W *lat. Int. fehlt Sg1*
K ein prunde *fehlt K4*
P prouene] probende *Wo4*
P-E vel prebend *fehlt M25*

S 1033 f p **Stipa** stoppel uel arbor quedam
+ eyn spende *M Kh2 Br1*
-- ein spentt *Sb3*
-- est quedam parua arbor vel eyn spende *I*
Wa. fehlt K-Y

S styppel *Ks2* arbor] herba *Ma3*
M stoppel uel *fehlt Ks1 D1* eyn spende *fehlt M19*
W -- ain staffel uel spend *Sg1* stoffel *S1* + uel ain sspend *S1*
P-E stoppel] stůpch *So1*

S 1034 m t **Stipes** stam uel *v*ictus, qui datur pauperibus, *uel* baculus uel columpna
+ ⌜uel ain schit. *Stipes uel* ***Stirps*** *X / Stipes Y stam, stift* *W*
-- [...] pauperibus *K*
-- .i. victus, .i. stam uel dicitur esse baculus uel columpna *Kh2*

S victus *S4*] fictus *Ma1* uel baculus uel columpna *fehlt B9* uel *S4*] cum *Ma1*
M uel baculus uel columpna *fehlt M19*
W pauperibus *bis* columpna] paperibus *Sg1* Stipes uel Stirps *Me1*] *fehlt S1* Stipes *Bs9*] *fehlt Sg1* stam *(2) Bs9*] *fehlt S1 Sg1* stift *Sg1*] *fehlt S1*, stifit *Me1*, gestifft *Bs9 Me5*
P-E *Wa. fehlt E2* + Stips ein brand *So1*

S 1035 *n s* ***Stiparium*** *est precium, quod datur pugili pro* ⌜*pugna* / pugnacione *Sb3*

S *Wa. S4*] *fehlt Ma1* Stipharium *B9* quod] que *Ma3* pugillo *B9*
M *Wa. fehlt M19*
P Stipharium
P-E Stipharium
Kh2 Stipharium

S 1035.1 m s **Stipicius** witling / + piscis *Y* uel stog fisch *P*

P *Wa. fehlt B10* witling uel *fehlt Wo1*

S 1035.2 *n s* **Stipium** illud, in quo sta*t* venti*logium* *P*
Wa. fehlt Kh2 Br1

P *Wa. fehlt Wo4* *Sigle Wo1*] *fehlt Ma4* stat ventilogium *Wo1*] stant venti *Ma4*
P-E ventilogum *E2*

S 1036 m s **Stipus** est mendicus, qui petit stipendium
-- .i. mendicus *I*
-- est mendicus eo, quod ipsis dantur stip*es* *uel* obul*i* *P-E*
Wa. fehlt P-Y

S commendicus *Ma3*
I *Sigle fehlt*
K *Wa. fehlt W13* -- .i. mendicus *K4*
P *Wa. fehlt Ma4 R1 (vorh. Wo1)*
P-E stipes uel obuli *So1*] stipis .i. obules *E2*

S 1037 f t **Stips** ein *scherff* uel ein stog
+ Wersus *(Grec. Nov. 82ʳ)*: Stips, stipis est obulus pondusve stipend*i*a forma*ns* *W*
-- scherff aut ein stäg *Sb3*
-- .i. obulus, quandoque elimosina uel mendicitas *I*
-- .i. obulus vel baculus; secundum Hugucionem *(Hug. Stips)* dicitur esse quoddam pondus, quo olim milites seru*i*entes in armis recipiebant premium datum pro stip*e* *P-E*

S scherff *S4*] swert *Ma1*
M stog] steck *Ma6*
W *dt. Int.*] schiff *S1* stipendia formans *Sg1*] stipendia formabis *S1*
K Stirps *K4* stog] stechk *W13*
P *Wa. fehlt Wo4* -- eyn scherf uel baculus *R1*
P-E seruientes *So1*] seruentes *E2* stipe *emend.*] stipem *E2*, stipitem *So1*, *verderbt M25*

S 1038 m s **Stipiticus** worge*lich*, rymphen in dem munde
-- worgelich, rumpeln in dem munde *M K*

-- worglich *Sb3 P-E*
-- worgelicht, [...] *I W*
-- worgelich, rumpich in dem munde *P*
-- worgelik uel rumpellich *Kh2*

S *Wa. fehlt B9* Stipicus *Ma3* worgelich *S4*] worgelecht *Ma1 Ks2* rymphen in dem munde] *fehlt Ks2*, rumpich in demme halse *Ma3* rymphen] rumpeln *N1*
M -- worge uel das rimppen *(?)* in dem munde *Ks1* -- pürglich *M19* -- worgelecht uel daz rimpfen in dem munde *Dr1* worgelich] worgeling *D1*
W worgelicht] vorgelecht *S1*, wúrgloch *Sg1* rymphen] rúpfen *S1*, rúmsen *Sg1*
K *Wa. fehlt Hl1* -- würlig oder rumpellung in dem mund *K4*
P Stipticus *Ma4* -- worghelik *Wo1* rumpelik *B10*
P-E Stipticus *E2*

S 1039 f p **Stipula** stoppel uel ein clein ⸢boum / choren *Sb3*
-- ⸢stuffel *X* / halm *Sg1*. Item Stipule sunt folia se*u* vagine, *quibus* cul*m*us seu calamus frumenti ambitur et fulcitur, *ne* pondere frugis curuetur *W*
-- -le, stoppheln, scilicet calamj segetis *I*
-- est folium siue fagina, qua calamus ambitur siue fulcitur, ne pondere frugis grauetur *K*

S *Wa. fehlt B9*
M ein clein boum] parua arbor *Ma6*
Sb3 stoppel] schoppel
W *dt. Int. fehlt Bs9 Me5* Item *bis* curuetur *fehlt Sg1* seu *Bs9*] se *(!) S1* quibus culmus *Bs9*] cuius culnus *S1* ne *Bs9*] de *S1*
K -- dicitur fagina calami *K4* fagina *für* vagina
P-E stoppel] ain schupfel *E2 So1*, ain stüpfel *M25*
Kh2 steppel

S 1040 f t **Stipulacio** est confirmacio, ⸢compromissio / promissio *I* uel verborum concepcio
+ Item Stipulacio est interrogacio *petitiua* adiuncta responsione promissiua, ut si interrogans dic*a*t »Da mihi equum« et interrogatus dicat »Dabo«. Inde **Stipulor**, -aris significat interrogare uel promittere uel confirmare *W*
-- [...] promissio *K*
-- [...] verborum decepcio *Kh2 Br1*

S -- .i. confirmacio *B9* compromissio] cum promissio *S4*, *fehlt Ma3* concepcio] contempcio *Ma3*
M -- est confirmacio, promissio *M19*
Sb3 compremissio
W *vgl. 1042* *Wa. fehlt Sg1* est confirmacio *bis* Stipulacio *fehlt Bs9 Me5* petitiua *Bs9*] pictiua *S1* dicat *Bs9*] dicit *S1* confirmare] + Inde Stipulator *(vgl. 1041) Bs9 Me5*
P compromissio] cum promissio *Ma4*, promissio *Wo4*
P-E compromisso *E2* uel verborum concepcio] verhaissung *So1* cepcio *E2*
Kh2 compremissio

S 1041 m t **Stipulator** .i. promissor

W *Wa. fehlt (vgl. 1040) Y*

S 1042 d p **Stipulari** wurczeln
-- .i. querere petitiue cum responsione facta promissiue *I*
-- .i. interrogare et querere petitiue cum responsione facta, ut si dicat »Dabis mihi equum?«, alter dicat »Dabo«. Hoc est st*i*pulari oder wůrczln *K*

M d p Stipulare *M19*
W Stirpulari *S1* -- wurczen uel interrogare, promittere, confirmare *Sg1*
K *vgl. 1040* petitiue] peticio *K4* si] + quis *W13* dicat *(2)*] dicit *K4* »Dabo« *K4*] Dobo *W13*, + tibi *(?) K4* stipulari *K4*] stupulari *W13*
P-E wurczen *So1*

S 1042.1 m s **Stipulus** .i. firmus *K*

K *Wa. fehlt K4*

S 1042.2 f p **Stiria** ⌜eyn ystapp kachel *Ma4* / eyn iß hake, iß kachele, eyn nikel *Wo4* *P*
-- dicitur frustrum glaciei pendens in tecto *Kh2 Br1*
Wa. fehlt P-E R1

vgl. 280.1, T342
P *Wa. fehlt B10* -- eyn ẙs tappe, yokele *Wo1*

S 1043 m s **Stirpius** ⌜wurczelecht / wortelich *S-Y P K-Y*
-- -a, -um .i. radicitus, wortzlicht *I*
Wa. fehlt P-E R1 Kh2 Br1

S *Wa. fehlt B5* worczelech *Ks2*
M *Wa. fehlt M19* worczelich *D1*
K wurtzelech *Hl1*

S 1044 m t **Stirps** ein stam uel progenies uel origo alicuius parentele ex vna parte tamen, f t
-- [...] parentele et sic est generis masculini *Sb3*
-- est progenies [...] tamen uel est truncus vitis uel arboris et sic est m t *W*
-- .i. radix, truncus vel progenies, prosapies uel origo alicuius parentele ex vna parte tamen, masculini generis *I*
-- [...] *parentele* *K*
-- [...] tamen, scilicet matris et patris, f t *P*
-- *ein stam*, .i. progenies *P-E R1*

S alicuius] uel *B9* ex *bis* tamen *fehlt B9* tamen, f t *fehlt S4*
M orige *Ma6* alicuius *bis* f t] ex vna parte tamen vnius progenie *M19*
Sb3 *Sigle*] f t
W *Sigle*] f t
I *Sigle*] f t
K *Wa.*] *fehlt Hl1*, m t Stips stam uel progenies *K4* *Int. K9*] stam oder geslåcht *W13*
P m t Stirps ein stam *fehlt (!) Ma4* ex vna parte] vna *Ma4*
P-E ein stam *So1*] *fehlt E2*
Kh2 *Sigle*] f t matris et patris, f t] patris uel matris

S 1045 f t **Stix** die helle vel pena eius; et habet -gem uel -ga in accusatiuo
-- stigis .i. palus infernalis uel infernus *I*
-- .i. infernus vel pena [...] *P-E*
-- [...] eius *Kh2 Br1*

S eius *fehlt S4* et habet *bis* accusatiuo *fehlt B9* -ga] stigo *Ma3*
M helle] sel *M19* -gem] stige *(?) Ma6*
K -- hell uel pena *Y* et habet *bis* accusatiuo *fehlt W13*
P-E Stis *E2*
Kh2 pena] potestas

S 1045.1 **Stina** *stercz*, ea pars uelud manubrium est aratri, quod arator tenet in manu *W*

W *Stichwort*] Item Stina *(Wa. nach 1045) S1*, Stima *Sg1* stercz *Sg1*] sterei *S1*, plug stercz *Me1* in *fehlt Y*

S 1046 f p **Stoa** est porta Athenensium
-- grece, latine dicitur porticus *I*

S Atensium *S4*

S 1046.1 m s **Stofus** eyn dreff steyn *P*
Wa. fehlt P-E Kh2 Br1

P *Wa. fehlt B10* -- eyn dryfus steyn *Wo4*

S 1047 m s **Stoyci** fuerunt homines, qui felicitatem hominis *ponebant* in sola animi virtute
\+ uel philosophy, qui sub *stoa* tali port*a* stud*uerunt* *W*
-- sunt qui in ciuitate morantur *I*
-- [...] in su*o* anim*o* cum virtute *P-E*

S Stoyce *B9* felicem *B9* ponebant *S4*] posuerunt *Ma1 Ma3* in sola animi virtute] insula *B9* sola animi] solo cum *S4* animi *fehlt Ma3*
M ponens *M19*
Sb3 ponebant in sola] in solam
W stoa tali porta studuerunt *Sg1*] seda tali parte studebant *S1*
I m s Stoicus, Stoici
K animi *fehlt W13*
P felicitatem hominis ponebant *fehlt Wo4* in sola animi] in folia cum *R1*
P-E in suo animo cum virtute *So1*] sua anime cum virtute *E2*, sua virtute *M25*

S 1048 f p **Stola** est vestis alb*a* sacerdotalis et capitur pro virginitate
-- ⸢est [...] virginitate. *Item Stola est X /* est *Y matronale operimentum, quod cooperto capite et scapula a dextro latere in leuum humerum mittitur. Stola autem grece vocata, quod supermittatur; idem et* ***Recinium****, rocklin, latino sermone appellatum, eo quod dimidia eius pars retro reicitur; quod wlgo mauortem dicunt; vocatum autem mauortem quasi Martem, signum enim maritalis dignitatis et potestatis in eo est; caput enim mulierum vir est. Inde et super caput mulieris est / + Stola ein weiplich cleyt X* *W*
-- est vestis sacerdotalis et capitur aliquando pro virginitate *Kh2 Br1*
Wa. fehlt K

vgl. P 674
S alba *S4*] albi *Ma1* sacerdotalis *fehlt Ma3* et *bis* virginitate *fehlt B9* + eyn stole *Ma3*
Sb3 sacerdotalis] sacramentis
W Item Stola est *Me1*] *fehlt S1* matronale *bis* vir est *Sg1*] *fehlt S1* Recinium, rocklin *Bs9*] Rettinium, rŏgli *Sg1* reicitur *M12*] eicitur *Sg1, B9*, proicitur *Me1* Martem *Me1*] in artem *Sg1 Bs9* Inde *bis* est *Bs9*] *fehlt S1 Sg1* Stola *bis* cleyt *Me1*] *fehlt S1*
P-E alba] alb *E2*, ain alb *M25* + ain stol *So1*

S 1049 m s **Stolidus** .i. *fat*uus. Inde **Stoliditas**
-- [...] **Stoliditas** torhait *Sb3*
-- -a, -um .i. stultus, fatuus *(neuer Wa.:)* f t **Stoliditas** inde *I*

-- .i. fatuus *K Kh2*
-- .i. fatuus, °*eyn* °*done* °*(P-E)*. *(neuer Wa.:)* f t **Stoliditas** .i. fatuitas *P*

vgl. B 217.1, D 139
S fatuus *Ks2*] vacuus *Ma1 S4* Inde Stoliditas *fehlt B9*
W vacuus *S1* Inde Stoliditas] *(neuer Wa.:)* f t Stoliditas .i. fatuitas *Sg1*
P eyn done *Wo1*] *fehlt Ma4*, eyn nare *R1* fatuitas] + dulheyt *Wo1*, dorheyt *Wo4*

S 1050 f p **Stolopendia** est herba quedam, °*roßczunge* °*(I)*
-- est herba, ruschung *K*

S Stolipendia *S4*, f p Stolipendium *B9* *dt. Int. Ks2*] rußunge *Ma1*, *fehlt S4*, rozentughe *(!) Ma3*, retung *N1*
M rostunge *Ma6 Dr1*, rostug *M19*
Sb3 ricz czung
W rossung *Sg1*
I *Sigle fehlt*
K Stolipendia *W13*
P *Wa. fehlt B10* Stolipendia *Wo4*
P-E *dt. Int. fehlt M25*

S 1051 d p **Stomachari** zornen / + .i. irasci *Ma3 P (außer Kh2 Br1) W-X K*
-- .i. furere, irasci, indignari *I*
-- .i. irasci *P-E*

S Stomarari *B9*
K *dt. Int. fehlt K9* *lat. Int. fehlt K4*
P *Wa. fehlt B10*
Kh2 Stomechari

S 1052 m s **Stomachus** ein mage uel dicitur indignacio
-- est os uentris, eyn mage *I*
-- magen *K P-E*

S *Wa. fehlt Ma3* *lat. Int. fehlt B9*
W *lat. Int. fehlt Sg1*
K *Wa. fehlt K4*

S 1052.1 f t **Stomachiscio** vnsynnicheit *P*
Wa. fehlt P-E Kh2 Br1

P Stomachiscio *für* Stomachicio *Int. fehlt R1*

S 1053 n t **Stoma** est locus duelli
+ *Wersus (Grec. Nov. 82^{v}): Vt corpus soma sic est instrvccio stoma W*

S duelle *Ma3*
M *Wa. fehlt M19*
W Vers *Bs9*] *fehlt S1 Sg1 (nach 1054 Bs9)*
K locus] domus *K4*

S 1053.1 m s **Stomachatus** ⌜*et* ***Stomachans*** .i. irascens, indignans *X* / *.i. iratus*, indignatus *Y K*

K Stomachatus *K4*] Stomochatus *W13* et Stomachans *Hl1*] *fehlt W13* .i. iratus *K9*] *fehlt K4*

S 1054 f p **Stopa** .i. fallacia uel cupiditas uel mensura vini
-- est cupiditas [...] *I*

S fallacio *Ma3* uel cupiditas *fehlt Ma3 B9*
M mensuri *M19*
W fallacio *S1*
K .i. fallacia *K4* uel mensura vini *fehlt W13* vini] boni *alle Hss.*
P fallacio *Wo4*
Kh2 vini *fehlt*

S 1054.1 f t **Storax** est arbor Arabie, *mala Cidonij*, quod wulgariter dicitur kúttenbôm, et hec arbor emittit ex se lacrimam quandam siue resinam optimi odoris, que Storax dicitur *W*
-- est arbor ⌜Arabie / in Arabia *Kh2 Br1* *P*

vgl. 278, 307
W -- est arbor Arabie, kúttenbom *Sg1* mala Cidonij *Bs9*] malo cinodij *S1*
P Sorax *Ma4*

S 1054.2 m s **Stophus** est ciphus vitreus amplum habens foramen et grossum ventrem *P*

P ciphus *für* sciphus
P-E habens *fehlt E2*
Kh2 Stopus vitrum *(auch Br1)* amplum *fehlt*

S 1055 m t **Strabo** ubersichtig, .i. luscus
-- dicitur cuius oculi per obliquum *siue per* transuersum intuentur obiectum; et dicitur a »sterno«, quia habet oculos stratos ad obliquum. Wersus *(Grec. Vet. ix 286)*: Obliquum visum gestans homo strabo vocatur *W*
-- schilher *K*
-- ain ⌜schilchender *M25* / schiller *E2 So1* *P-E*
-- overoget *Kh2*

S übersuchtig *N1* *lat. Int. fehlt S4 B9*
M -- Strabus, schilcher, luscus m s *M19* ubil sichtig *D1* *lat. Int. fehlt Ma6*
Sb3 luscum
W siue *Sg1*] sibi *S1* per *Sg1*] *fehlt X*
P ubersichtig] schyl *B10* *lat. Int. fehlt Ma4*

S 1056 m s **Strabus** *idem (nach 1055)*

S *Int. Ks2*] ubersichtig, .i. luscus *Ma1*, vber sichtig *S4*
M *Wa. fehlt (enthalten in 1055) M19*
W -- schilherer *Me1*
I *Sigle fehlt*
P-E -- idem significat quod schiler *So1*

S 1057 f t **Strages** dotslag / + slachtunge *S-X*, capitur pro occisione, que fit *cum* gladio
-- doit slag, ⌜slagtigen *Ma6* / slachen *M19* *M*
-- todschlag *Sb3 P-E R1*
-- est occisio multorum hominum violenta et dicitur a »sterno« / + wlgariter todschlag *X* *W*

vgl. C 507
S dotslag] + schlagung *N1* *lat. Int.*] et est occisio cum gladio *Ma3*, *fehlt B9* que] ante *S4* cum *S4*] *fehlt Ma1*

M -- est occisio cum gladio, eyn dotslag *Ks1* -- ein tot slack *D1* -- der tot slack uel slechtung *Dr1*
W volenta *Sg1* et dicitur a »sterno« *fehlt Sg1*
K *lat. Int. fehlt Y*
P *Wa. fehlt (vgl. 1057.1) B10* dotslag] + slachtinge *Ma4*
Kh2 dorslach *(!)* que fit] facta

S 1057.1 co t **Stragilis** dotslachtich *B10 (P)*

S 1058 f p **Stragula** est vestis quedam
-- uestis discolor, que texta dicitur *I*
-- est vestis diuersi coloris et dicitur stratorium, quod sedili uel lecto super*sterni*tur *K*

vgl. C 410
W + discolor *Sg1*
K et *bis* supersternitur *fehlt K4* supersternitur *K9*] superponitur, ita dicitur in Historiis 3° Regum *(iv Rg 8,15) W13*

S 1059 g in **Stragulon** grece est varium latine
Wa. fehlt I

W n s Stragulum *S1*
K *Wa. fehlt K4* g in Stragulum *W13*

S 1060 n s **Stragulum** ein ⌜drieltig cleit / dreuolt cleyt *Ma3 B9 P (außer P-E R1 Kh2 Br1)*
-- drieltigkait *Sb3 I*
-- est vestis discolor *W*
Wa. fehlt K

S -- eyn wildichleit *(!) B5* ein drieltigkeyt *N1*
M -- dryfeldigkeyt *D1*
P -- eyn drifoldich cleyt *B10*
P-E -- est triplex vestis *E2*
Kh2 cleit] lit

S 1060.1 *n s* ***Stragulum** est varium*, ⌜vechlachen *Me1* / vehe *M12* *W-X*

W *Wa. Me1*] *fehlt S1* varium *M12*] vanum *Me1*

S 1060.2 *m s* **Stragulatus**, -ta, -tum .i. stragulo vestitus secundum Magistrum in Hystoria *(vgl. Hist. PL 198, 1394C)*. **Stragulum** est pannus varij coloris, quo lecti et sedilia ornantur. Wersus *(Grec. Nov. 80v)*: Stragula nobilis est diuersi colorque vestis siue thoral lectis uel sedibus vtile *festis* *W*
-- .i. stragulo ornatus *K*

W *Sigle Sg1*] Inde *(Wa. nach 1060) S1* stragulo] stragula *Sg1* Wersus *bis* festis *fehlt Sg1* festis *Bs9*] uescis *S1*

S 1060.3 g in **Stragon** *grece, occisio cum gladio latine* *P*

P *Int. Wo1*] grece, occisio latine et sic cum gladio *Ma4*
P-E occasio *E2* cum] con *E2* gladio] gaudio *E2 M25 (auch R1)*
Kh2 Strogon

S 1060.4 g in **Stragos** grece .i. talus latine *P*

S 1061 *n t* ***Stramen*** *stro*
Wa. fehlt K

S *Wa. S4*] *fehlt Ma1 Ks2*
M *Wa. fehlt D1*
P *Int. fehlt Ma4*

S 1061.1 n s **Stramentum** est sella uel illud, quod equo loco selle supraponitur, ut mollius in equo sedeatur *W*

W *vgl. 1062* Stragmentum *Sg1* superponitur *Sg1* mollius] melius *Sg1*

S 1062 n s **Stramentum** ein satil kussen
\+ sattel dekin *W-X*
Wa. fehlt (vgl. 1061.1) W-Y

S -- eyn stro sak *Ma3*
W *vgl. 1061.1* satel deck *Me1*
I *Sigle fehlt*
K *Wa. fehlt K4* + aut illud, in quo lectus sternitur et preparatur *W13*

S 1063 a p **Strangulare** worgen
\+ .i. stringere gulam *P-E*
-- .i. variare vel worgen *I*

S Stragulare *B9*
I Stragulare
P-E gulam *fehlt M25*
Kh2 Stragulare

S 1064 n s **Strangulum** .i. patibulum
\+ Inde **Strangulacio** *W-Y*
\+ ein galgen *I*
-- galgen *Sb3 P (außer P-E R1)*
-- worginge *Kh2 Br1*

S Stragulum *B9*
W *vgl. 1065*
P *Wa. fehlt B10*
Kh2 *vgl. 1065* Stragulum

S 1065 f t **Strangulacio** worgunge
\+ .i. suffocacio *I*
Wa. fehlt (vgl. 1064) W-Y Kh2 Br1

S *Wa. fehlt Ks2*
M wurglung *M19*

S 1066 f p **Strangwinea** ⌜kald seich / kolde pisse *B9 P (außer P-E R1)*
-- aut **Strangwirrea** dy chaltsucht *Sb3*
-- est parua et sepissima minctura; et dicitur quasi strangulans vrinam / + wulgariter harn *winth X* *W*

S *Wa. fehlt Ma3*
M -- dy kald sucht *D1* kalt sichtag *Dr1*
Sb3 *vgl. 1067*
W winth *Me1*] wunden *S1*
P kolde spise *Ma4*
P-E *Wa.*] f p Stranbinea der kalt saicht *M25*

S 1067 f p **Strangw*i*rea** idem *(nach 1066)*
Wa. fehlt (enthalten in 1066) Sb3

S Strangwirea *Ks2*] Strangwurea *Ma1*, Stranwyrea *S4* -- de kolde pisse *Ma3*
M Strangwuria *Ma6*
K *Wa. fehlt K4*
P *Wa. fehlt Ma4 R1*

S 1067.1 f p **Strapa** ligatura, que ligat du*o*s par*ie*tes °in °angulo °*(P-E R1)* *P*

P ligittura *R1* legat *R1* duos parietes *Wo1*] duas partes *Ma4* paries *R1*
P-E ligutura *E2* paries *E2*

S 1068 f p **Strata** .i. platea, °ein °straße °*(Ma3 P K)*
-- ein straß *Sb3*

S -- eyn strate *B9*
M *dt. Int. fehlt Ma6*
W *lat. Int. fehlt Sg1* *dt. Int.*] gasß *S1*
K *Wa. fehlt K4* -- strass *Hl1*
P + eyn strate *Wo1*
Kh2 f t Stratix

S 1069 m t **Stratilates** ein straßen reuber uel struder
-- ein strasrauber *Sb3 I W K P-X*

S uel struder] *fehlt Ks2 B9*, eyn schrucher *B5*, uel morder *Ma3*
M uel struder *fehlt M19 Dr1*
W *Wa. fehlt (vgl. 1069.1) S1*
P uel struder *fehlt B10*
P-E Stratilator
Kh2 *Stichwort verderbt*

S 1069.1 f t **Stratilites** sunt principes militum; in legenda sancti Nicolai invenitur *W*

W + wulgariter strauß rǒber *(vgl. 1069) S1*

S 1070 m t **Stratilatex** dicitur dux militum

S Stralatex *B9*
W Straslatex *S1*
P milicium *R1*
Kh2 *Stichwort verderbt*

S 1070.1 m s **Strat*inus*** preco *P*

P Stratinus *Wo1*] Straturus *Ma4* + eyn buttel *R1*
P-E + ain bútes *E2*
Kh2 Stratigus

S 1071 n s **Stratorium** .i. cubiculum uel lectisternium
-- dicitur illud, quod lecto *sup*ponitur, wlgariter golter; et est idem quod stramentum, *quod dictum est prius* *W*
-- dicitur lectisternium, quod in lecto sternitur. Eciam dicitur insellatura, quo equus uel mulus *uel camelus* sternitur. ⌜Vnde 3° libro *Annalium (vgl. Brito 756)*: *Rachel* posuit ydolum in stratorio cameli, .i. sub sella *X / satel chuzz Y* *K*

M uel lectisternium *fehlt M19*

W *vgl. 1061.1, 1062* supponitur *Sg1*] superponitur *S1* quod *bis* prius *Sg1*] *fehlt S1*
K -- dicitur quod in lecto sternitur oder schatel schuz *(!) K4* Eciam *bis* sella *fehlt H11* uel camelus *K9*] *fehlt W13* Vnde *bis* Annalium *fehlt W9 M37* Annalium *emend.*] animalium *W13* Vnde] + Iosaphus *W13* Rachel *W9*] gathel *W13* satel chuzz *zit. nach K9*
P lectisternium] lectisunt *Ma4*

S 1072 g in **Stratos** grece, exercitus latine

S *Wa. fehlt S4*
Sb3 g in Stratus
I g in Stratus
K *Wa. fehlt K4*

S 1073 m t **Stratores** sunt qui lectos sternunt uel laguncularum compositores. Ieremie 48 *(48,12)*: Mittam eis ordinatores et stratores laguncularum
\+ et est pluralis numeri tantum *Sb3*
-- qui lectos sternunt uel regias cellas componunt *P*

S *Wa. fehlt S4 B9* -- sunt qui *(!) B5* laguncularum *(1,2) Ma3*] lanuncularum *Ma1 Ks2* stratos *Ma3*
M laguncularum *(1,2)*] lanuncularum *alle Hss. (*lanuncularum *Ma6)* Ieremie *bis* laguncularum *fehlt M19*
Sb3 laguncularum *(1,2)*] lanuncularum
W lectos] lectum *Sg1* laguncularum *(1,2)*] lanuncularum *alle Hss.* Mittam] mittas *S1*
I laguncularum *(1,2)*] lanuncularum ordinatores] oratores
K -- .i. laguncularum compositores *W13* lanuncularum *K4* Ieremie *bis* laguncularum *fehlt W13 Y*
P sternunt] seruant *Wo4*
P-E regias cellas componunt] regunt *So1* regias] regies *E2 M25*

S 1074 m q **Stratus** ⌜ein bette, .i. lectus / .i. lectus *B9 Ma3 P-X*
-- *-tus*, **Stratus**, -ti *ponuntur pro lecto* *K*
Wa. fehlt Sb3

S m s Stratus *S4* *dt. Int. fehlt Ks2* lectus] lectos *S4*, electus *Ma3*
M *Wa. fehlt M19* *Int. fehlt D1*
W *lat. Int. fehlt S1 Sg1*
K *Int. K4*] .i. lectus et Stratus, -ti idem *W13*
P *dt. Int. fehlt B10*

S 1075 n s **Stratum** *idem (nach 1074)*
-- -ti est lectus, ein pett *Sb3*
Wa. fehlt K

S *Wa. fehlt Ks2* idem *B5*] ein bette .i. lectus *(*lectos *S4) Ma1 S4*
M *Wa. fehlt M19* *Int. fehlt D1*
I *Sigle fehlt*

S 1076 m s **Strenuus** *zochtig*, strenge
\+ .i. largus, fortis *I*
-- streng uel zughaft *Sb3*
-- strenge *Kh2*

S *Wa. fehlt Ks2* zochtig *S4*] *fehlt Ma1 B9* gestrenge *S4 B5*, streghe *Ma3*
M strenge] *fehlt Ma6*, gestreng *M19*
W zochtig *fehlt Sg1*
K zochtig *fehlt W13 K4*
P *Wa. fehlt B10* czuchtunghe *Wo4* gestrenghe *Br1*
P-E zochtig *fehlt So1*

S 1076.1 f p **Strena** hanntgifft *K Sb3 W I*
+ Inde **Strenare** *W*
+ quod primo datur alicuj in Kalendis vel in primo die annj. Inde **Strenare** *I*

Sb3 *Int. verderbt*
K *Wa. fehlt Hl1*

S 1077 f p **Strepa** ein stege*reiffe*
-- est cauda serpentis vel eyn stegereiff *I*
Wa. fehlt K

S stegereiffe *Ks2*] stegerauff *Ma1*, sterraff *S4*
M sterreyf *Ks1*
I Strepia
P strege reyf *R1*
P-E stegeraft *E2*

S 1078 n t **Strepere** toben, rußen, pultern
-- toben, scharren uel wuetten *Sb3*
-- doben uel ruschen sicut cum pedibus, *gumpen* *W*
-- .i. sonum facere cum pedibus, boldern *I*
-- toben *K*
-- ruschen *P-E*

S -- donnen, buldern *Ma3* rußen] ruffnn *B5* pultern] bolter *S4*, *fehlt B9*
M rußen] rasen *Ma6*, růchen *Ks1* pultern] *fehlt M19*, bolderln *(!) D1*
W n p Strepare *S1* gumpen *Sg1*] *fehlt S1 Bs9*, auflecken uel gampern *Me1*
P -- rughen, doben, ploderen *Wo4* -- douen *B10* rußen *fehlt Wo1*
P-E rúsplen *So1*
Kh2 -- dauen, tůtschen uel daueren

S 1079 m s **Strepitus** lut *bo*lterunge, tobunge
-- laut uel scharrung *Sb3*
-- tobung uel ruschung *W*
-- .i. talis sonus, bolderunge *I*
-- tobung *K P-E*
-- ⌜ruschinge *Ma4* / lude bolderynge, dobynge *R1* / lut boderunghe *Wo4* *P*
-- en lut *Kh2 Br1*

S *Wa. fehlt Ma3* Strepitus] Strepidus, Strepitus *Ma1* -- bulderinge *B9* bolterunge *S4*] ulterunge *(!) Ma1* tobunge *fehlt Ks2*
M -- lautt *M19* bolterunge] stolperung *Dr1*
W *Wa.*] Inde Strepidus *(nach 1078) Bs9 Me5* uel ruschung *fehlt Sg1*
P m q -- bulderinge, douinge *Wo1* -- bulderinge *B10*
P-E m q Strepidus *E2* -- trekdung *(?) So1* + vel strebung *E2*
Kh2 m q

S 1080 m t **Strepor** idem *(nach 1079)*

S *Wa. fehlt B5* -- lud bulderinghe *Ma3*
W -- dobung, ruschung *Bs9* -- dobun uel rusch *Me5*
I *Sigle fehlt*
P-E *Wa. fehlt (vgl. 1079) E2*

S 1080.1 n p **Strepitare** .i. frequenter strepere. **Strepitudo** inde *I*

S 1081 f t **Strictitudo** smalheit
+ et dicitur a »strictus« *W-X*
+ uel teneclappern *P (außer Kh2 Br1)*
-- smachait uel hertikait *Sb3*
-- zen klaffung *P-E*
Wa. fehlt I

S -- strickheyt *Ma3* -- strencheit *B9*
M *Wa. fehlt M19* smalkeyt *D1*
W Stictudo *S1*
P -- smaheyt *B10* *Zusatz*] *fehlt Wo1*, czenen clapperunghe *Wo4*

S 1081.1 m q **Strictus** tene clappern *P*
Wa. fehlt P-E Kh2 Br1

P -- knirsinghe *Wo1* -- czeneclapperent, knyserunghe *Wo4* + gnistern *B10*

S 1082 m t **Stridor**
-- ⌜knerssunge der zene *Ma1 B5* / gryssunge der czen *S4* / gnisteringhe de tennen *Ma3* / ghnirscheren mit den tenen *B9* *S*
-- ⌜gnisterunge der zene *Ma6* / knyrschung der czen *D1 Ks1* *M*
-- scharrung der zend *Sb3*
-- zen klaffung *W*
-- est sonus dencium, clapperung der zene *I*
-- grisgramnen der zend *K*
-- ⌜gnistern der tene *Ma4* / czen clapperynge *R1* / gnystern mit den czenen *Wo4* *P*
-- idem *(nach 1081)* *P-E*
-- gnisteringe der tenen *Kh2 Br1*

S -- est sonus dencium *Ks2* -- zan claffung der zen, ginstrung *N1*
M -- est sonus dencium *Ma2* -- chkirgen *(?)* der zend *M19* -- zanklafferung *Dr1*
W -- zan claffen *Me1*
P m t Stridere *Wo4* -- gnisteringe der tenen *Wo1* -- idem *(nach 1081.1) B10*
P-E -- idem *(nach 1081) So1 M25* -- idem *(nach 1083) E2*
Kh2 gnisteringe *verderbt Br1*

S 1083 n s *uel t* **Stridere**
-- ⌜zen clappern, knerssen *Ma1* / cryssen *S4* / sletern *Ma3* / gnisscheren *B9* *S*
-- gnistern *Ma6 D1* *M*
-- grisgramen mit den zenden *Sb3*
-- est cum dentibus sonare *W*
-- .i. fortiter sonare, dentes concutere, frendere *I*
-- grisgrammen mit den zenden *K*
-- gnistern *P*
-- klaffen *P-E*
Wa. fehlt Kh2 Br1

S *Sigle Ma3*] n s *Ma1* Strigere *Ma3* -- est sonum facere cum dentibus *Ks2* -- knirsnn *B5* -- gnistern, zan claffen *N1*
M *Wa. fehlt M19* -- czene klappern uel knirssen *Ks1* -- est sonum cum dentibus facere *Ma2* -- zanklaffen *Dr1*
W *Wa. fehlt Bs9* + grißgrammen *Me1*
I *Sigle*] n s
K *Sigle*] n t -- grisgramen der czend *K4*

P *Wa. fehlt B10* -- clappern *R1* + myt den czenen *Wo4*
P-E *Sigle*] n s -- idem *(nach 1082) M25* + vel gritzen cum dentibus *So1*

S 1084 a p **Strigilare** ⌜scherren / scrapen *Ma3 B9 P*
-- scheren oder strigelen *Sb3*
-- striglen *W-Y P-E*
-- die pherde streigeln uel schern *I*
-- schrapphen oder strigeln *K*
Wa. fehlt Kh2 Br1

S + uel schrappen *Ks2*
M -- ross wischen *M19* + sicud equus *D1*
K schrapphen] schraphiczen *K4*, scharffen *K9*

S 1085 f t **Strigilis**
-- ⌜ein ribejsen des perdes, ein strigel *Ma1* / eyn rebysen oder eyn schere oder srappe uel crenium, eyn grybe *S4* / eyn rip ysern, eyn reyne *Ma3* / eyn scrape *B9* *S*
-- eyn ribe ysen, eyn perdes stregel *M*
-- eyn ribeysen oder strigel oder rost uel ein stillar uel instrumentum textoris *Sb3*
-- ribysen / + uel ro̊st pfann *Y* uel strigel. Eciam est instrumentum ferreum, quo assantur carnes. Eciam est faretra siue coopertorium faretre et arcuum et balistarum. Est eciam instrumentum textoris ex setis porcinis connexum ad purgandum feces ab tela, ain búrst. Est eciam caruncula frixa et assata, grieb *W*
-- instrumentum, cum quo mundantur equi vel eyn rebysen *I*
-- strigel oder schrappf *K*
-- repysen, eyn pert *scrape* *P*
-- ain strigel *P-E*
-- en schrape uel en riue *Kh2*

S -- eyn ribysern uel eyn schrappe *Ks2* -- eyn ribeysnn uel phffert schrappe uel crenium, eyn griff *B5* -- ein ribeysen, ein pferds scher uel strigel *N1*
M -- eyn strigel *M19* eyn perdes stregel] eyn pherds scharre *Ks1*, eyn schern *Ma2*, uel eyn scherre uel eyn rese *D1*
W coopertorium] cooperium *Sg1* et assata *fehlt Sg1*
K oder schrappf] scharff *Hl1 W9 M37*, *fehlt K4*
P -- eyn ryb yseren, eyns perdes scherre *R1* -- eyn schrape ader eyn riffyser *Br1* eyn rybbe yseren *Wo1* scrape *Wo1*] schar *Ma4*, + eyn ryue *Wo1 B10*

S 1086 f p **Strima** eyn stryme, .i. vibex
-- .i. vibex, eyn strimel *M-X K-X*
-- ein strimell *Sb3*
-- .i. fibex *P-E*
-- eyn streme *Kh2 Br1*
Wa. fehlt K-Y

S *lat. Int. fehlt B9* + uel pirck *N1*
M schrin *D1* *lat. Int. fehlt M19*
Sb3 Strema
W *dt. Int.*] schnatt *S1*
P eyn strame *R1*

S 1086.1 **String*n*um** °ramistra °*(Y)* herba quedam *W*

W *Sigle*] Item *(Wa. nach 1087) X* Stringnum *Sg1*] Stringium *S1*

S 1086.2 f t **Strignos** quedam herba, scilicet vua lupina *I*

S 1086.3 m s **Stringnus** nacht schade, °herba °*(Kh2)* *P*

P Stringus *Wo4*
Kh2 Stringwus uel -nus

S 1086.4 n s **Stringul*icidium*** idem *(nach 1086.3)* *P*
Wa. fehlt Kh2 Br1

P *Wa. fehlt Wo1 B10* Stringulicidium *Wo4*] Stringulcilidum *(?) Ma4*
P-E Stringucilidum *(auch R1)*

S 1086.5 f p **Stringiria** vel **Stringuria** .i. constriccio vrine *I*

S 1087 a t **Stringere** ⌜dringen uel twingen / dwinghen *Ma3 B9 P*
-- zwingen *Sb3*
-- tringen *W K*

S uel twingen] *fehlt B5*, uel quingen *S4*, bezwingen *N1*
M *Wa. fehlt M19* uel twingen *fehlt Dr1*
K -- twingen oder dringen *W13*

S 1088 n s **Striparium** ein ⌜*streyffe* / stege rep *Ma3 P*
\+ Inde **Stripe**, pluralis numeri, fleckh aus ainer chue oder aus ainem *ochsen* *Sb3*
\+ *straym* *K-Y*
Wa. fehlt I

S *Wa. fehlt B9* streyffe *Ks2*] strepe *Ma1*, sterue *S4*, stegrayff *B5*, scherf *N1*
M stereyff *Ma6*, stegereyf *Ks1*, strein *M19* + uel schryme *D1*
Sb3 ochsen *emend.*] aschen *(korr. zu* axen)
K + oder stramel *W13* straym *K9*] *fehlt K4*

S 1089 m s **Stripaticus** ⌜*stremelechtig* / strepechtich *Ma3 B9 P*
-- *strimlocht* *W*
-- straimelig *K*
Wa. fehlt I P-E

S *Int. S4*] strymelecht *Ma1*, strymelech *Ks1*, stripafftich *B9*
M streimig *M19*, streymelichkeit *D1*
Sb3 streytfechtig *(!)*
W *Int. Sg1*] strimlechtig *S1*
K straymleych *K9*
P *Int.*] sterkeheftich *(?) R1*, strifastig *Wo4*
Kh2 stripaftich

S 1090 ep t **Strix** est auis habitans in palude
-- -gis nocturna auis de sono vocis dicta *I*

Sb3 in] super
W habitans *fehlt Sg1*
I f t
Kh2 habitans *fehlt*

S 1091 f p **Stroma** est opus uarie contextum
\+ uel instruccio *W-X*

+ a »stropha« *I*
-- est varia coctura °uel °*t*ectura °*(Kh2 Br1)* *P*

S varii *Ma3*
M Stropa *M19*
P tectura *Wo1*] rectura *Ma4*
P-E varia] farina *alle Hss.*

S 1092 m s **Stropheus** ein gurtel
+ cum gemmis *K*
-- .i. cingulum et proprie aureum cum gemmis *I*

W n s Stropheum
I n s Strophium
K n s Stropheum *(*m s Stropheum *K4)*
P-E -- .i. cingulus *E2*

S 1092.1 f p **Stropha** .i. fraus, decepcio, nequicia, calliditas *I*

S 1092.2 m s **Strophus** .i. deceptor, impostor, fraudator *I*

S 1093 n s **Stropodium** ein strosag
Wa. fehlt I

S *Wa.*] Stropidium eyn strag sag *B5* n s Stropedium *Ma3*

S 1094 ep t **Strucio** struß, est auis
-- ein strauß *Sb3 P-E R1*
-- animal in similitudine auis, eyn struß *I*
-- est auis quedam *Kh2*

S ep t Strucium *B9*
M *lat. Int. fehlt M19*
K *lat. Int. fehlt W13 K4*

S 1095 m t **Structor** .i. edificator
+ qui struit *Kh2*
Wa. fehlt Sb3

S Structo *Ma3*
M + ein macher *M19*
W *Wa. fehlt (vgl. 1097) Bs9 Me5* -- buwer *Sg1*
P -- eyn buwer *B10*

S 1096 f p **Structura** gestiefft oder ⌜gebuw / paw *Sb3*
-- .i. edificacio *I*
-- paw *K*
-- ⌜edificatura *Ma4* / ghestifte, ghebude *Wo4* *P*
-- gestift *P-E R1*
Wa. fehlt Kh2 Br1

S *Wa. fehlt B5* ghesichte *Ma3* -- gebuwete *B9*
M -- eyn gestifftdung uel gebuide *D1* oder gebuw *fehlt M19*
W *Wa. fehlt (vgl. 1097) Bs9 Me5* -- búw *Sg1*
I *Sigle fehlt*
K -- ein gepew *Hl1*
P -- ghebuwete *Wo1* -- gebuwe *B10*
P-E -- buwung *So1*

S 1096.1 **Structator** bawer *Sol (P-E)*

S 1097 n t **Struere** buwen, stiefften uel componere
-- .i. edificare, preparare, componere, buhen *I*
-- pawen *K Kh2 Br1*
-- buwen, dihten vel componere *P-E R1*

S -- buwen *S4 B9* buwen] webenn *B5* stiefften *fehlt Ma3*
M -- pawen *M19*
W + Inde Structor (Strutor *Bs9)* et -tura *(vgl. 1095, 1096) Me5 Bs9*
P -- buwen *B10* stiefften *fehlt Wo1*
P-E -- bawen *Sol* -- dichter dez baůcz uel componere *M25*

S 1098 f t **Strues**⌜ein hauff holczes oder ein fuder holczs / eyn hop holtes *Ma3 B9 Kh2*
-- ein flozz oder ein fueder holcz *Sb3*
-- est aceruus lignorum, holtz huf *W*
-- est colleccio lignorum, eyn fuder uel hauff holtz *I*
-- ein hawff holcz *K*
-- eyn hupp holczes, eyn borde *P*
-- .i. congeries lignorum *P-E*

S holczes] holczung *B5* oder ein fuder holczs] *fehlt S4*, uel burd holtz *N1* holczs *fehlt Ks2*
M ein flôs, holcz hauffen *M19* + uel baw holcz *D1*
W *lat. Int. fehlt Sg1* + uel fůder *S1*
P -- eyn bord holtes uel kop *B10* eyn borde *fehlt Wo1 R1*
P-E -- ein big *Sol* congeries *M25*] conieries *E2*

S 1099 f p **Struma** ein kroph
+ Wersus: Vt fex est spuma sic infla*t* guttura struma *W*
+ .i. gibbus in pectore *I*

S + sicud pulli habent *Ma3*
W inflat *Sg1*] inflatur *S1*
P-E + vel hofer *E2*

S 1100 *m s* ***Strumulus** eyn stock visch*
Wa. fehlt S-X M (außer Sb3) W I

S *Wa. B9*] *fehlt Ma3*
P-E *Wa. fehlt Sol*

S 1100.1 m s **Strutillus** est venter su*i*s *P*
Wa. fehlt Kh2

P suis *Wo1*] suus *Ma4*
P-E m t Strutillis *E2* suis] suus *alle Hss. (auch R1)*

S 1101 *f p* ***Stuba** eyn stube*
Wa. fehlt K

vgl. 1110, 1116
S *Wa. S4*] *fehlt Ma1*
M *Wa. fehlt M19 D1*
P *Wa. fehlt Wo4*
P-E Stupa

S 1102 p pr **Studens** ein ⌜flißiger / studente *Ma3 B9 P*
-- vleissig *K*
Wa. fehlt (vgl. 1103) W-Y

S -- eyn flißeg syher *Ks2*
M *Wa. fehlt M19*
I *Sigle*] o t

S 1103 n s **Studere** flißigen lernen, studirn
-- fleissigklich lernen uel studieren *Sb3*
-- .i. discipline inuigilare, flißig leren *I*
-- lernen *K-X*
-- *vlitliken* leren, °studern °*(Y)* *P*
-- *studieren* *P-E*
Wa. fehlt K-Y

S *Wa. fehlt Ma3* -- flißlichen lern *Ks2* flißigen lernen] leren *B9* studirn *fehlt B5*
M *Wa.*] *fehlt D1*, n t Stridere lern vleyczigen studere *M19* leren *Ks1 Ma2*
W -- flissen lernen. Inde *(es folgt 1105) Sg1* studirn *fehlt S1* + Inde Studens *(vgl. 1102)* et Studiosus *(vgl. 1104) Bs9 Me5*
I *Sigle fehlt*
P vlitliken *Wo1*] vliten *Ma4*, flisich *Wo4 R1* studern *fehlt Wo1*
P-E *Int. So1*] patet *E2*

S 1104 *m s* ***Studiosus*** *flyßig jn der lere*
-- fleissiger mit ler *Sb3*
-- -a, -um flißig *I*
-- ⌜fleissig oder lerrnig *W13 W9* / idem *(nach 1102) K4* *K*
-- flisig *P-E*
-- vlitlik *Kh2*

S *Wa. S4*] *fehlt Ma1 Ma3* -- eyn fleyssiger in der ler *B5* -- vlitich in de loco *B9* by der lere *Ks2*
M *Wa. fehlt M19*
W *Wa. fehlt (vgl. 1103) Bs9 Me5* -- flisiger quasi studio plenus *Sg1*
K *Wa. fehlt K9 Ab1* -- vleissig in der lernung *Hl1 M37*
P -- lerhaftich ader flitlich *Br1* flitlich *B10*

S 1105 n s **Studium** lar oder flisse
-- ein ler *Sb3 I*
-- est uehemens applicacio animi cum magna voluntate ad aliquid faciendum; et quandoque ponitur pro scola *ut: ille iuit ad studium Parisiense* *W*
-- lernung *P-E*
-- vlit der ler *Kh2*
Wa. fehlt K

S *Wa. fehlt Ma3* oder flisse *fehlt B9*
M *Wa. fehlt M19 D1*
W ut *bis* Parisiense *Bs9*] *fehlt S1*, ut: Iohannes transtulit se ad studium Parisiense *Sg1*
I *Sigle fehlt*
P lar oder *fehlt Wo4 B10*
P-E -- ler *So1*

S 1106 n s **Studorium** ein studir kammer
-- est locus studendi *W*
-- eyn studer huß vel studer kamer *I*

S *Wa. fehlt Ma3 B9* -- eyn studirer kammer *B5* -- ler kamer *N1*
M -- eyn kamer studir *Ma6*
P -- eyn lere kamer *Wo4 B10*
P-E *Wa. fehlt So1*
Kh2 Studolium

S 1107 *f p* ***Stulticia*** *dörheyt*
\+ .i. fatuitas *I*
Wa. fehlt K

S *Wa. S4] fehlt Ma1 Ma3 B9*
M *Wa. fehlt M19 D1*
P -- narheyt *R1*
P-E *Wa. fehlt So1*

S 1108 n s **Stultiloquium** ein ⌜*torlich red* / dorecht rede *S-X*
-- eyn dorlich wort *M (außer Sb3) P*
-- .i. stulta locucio *I*
-- torhaff red *K*
-- dorlike sprake *Kh2*

S *Wa. fehlt Ma3 B9* torlich red *zit. nach N1* -- torheyt red *B5* rede] wort *Ks2*
M -- ein wort *M19*
W -- torlich wort uel red *Me1*
P -- doren rede *Wo4*
P-E -- dolich red *So1*

S 1108.1 **Stultiloquus** -a, -um qui stulta loquitur *I*

S 1109 *m s* ***Stultus*** *eyn dore*
\+ quasi »statim ultus« *I*
Wa. fehlt K

vgl. D 139
S *Wa. S4] fehlt Ma1 Ma3*
M *Wa. fehlt M19 D1*
P -- eyn narre *R1*
P-E -- ain narr *E2*

S 1110 f p **Stupa** ein stobe
-- werg von flachs; et est canabi uel linj *I*
Wa. fehlt Sb3 K P-E

vgl. 1101, 1116
S -- eyn stöbe, da man eynen an bint *S4* + uel ein prengeler *Ma1* + uel pranckiler *B5*
M -- ein staup *Dr1*
W *Wa. fehlt S1* + uel agen *Me1*
P -- eyn stupa *Wo4*

S 1110.1 m s **Stridulus**, -la, -lum .i. sonorus, a »strideo, -des« *I*

S 1111 n s **Stupere** verwunderen uel biben
-- verbundern *Sb3 K Kh2 Br1*
-- wundren uel erschreken *W*
-- .i. mirari, terrere, timere, erschrecken *I*
-- verwundern uel herschreken *P-E*

S wndern *Ma3* uel biben] *fehlt Ks2 B9*, uel lebnn *B5*, *verderbt N1*

P verwunderen] vorueren *B10*
P-E -- verbůndren *M25*

S 1112 v an **Stupefieri** von wunder bewegen *uel beuen*
-- verbundrung *Sb3*
-- von wunder bewegt werden *W*
-- erpiden *K*
-- von wonder *weghen* ⌜uel beuen / herschreken *P-E* *P*
-- von wunders wegen beuen *Kh2*

S von wunder bewegen] von wunder wegenn *B5 Ma3*, vorwundern *B9* uel beuen *Ma3*] *fehlt Ma1 S4*, vel lebe *Ks2*, ader lebnn *B5 N1*
M *Wa. fehlt D1* -- vorwondirunge uel bewegen uel beben *Ks1* -- verbundern begegen *M19*
I *Sigle*] v de
K *Wa. fehlt K4 K9* + oder furchten erplun sein *Ab1*
P Stupifieri *Ma4* -- idem *(nach 1111) Wo4* -- vorwunderen *B10* weghen *Wo1*] wenen *Ma4* uel beuen *fehlt Wo1*
P-E *Wa. fehlt So1* weghen] werden *E2*

S 1113 n t **Stupescere** biben *von* forchte
-- erchömmen vor foricht *Sb3*
-- ⌜fůrchten *X* / idem *(nach 1112) Y* *W*
-- idem *(nach 1112)* uel erschrecken *I*
-- erpidem vor vorchten *K*
-- herschreken *E2* *P-E*

S -- lebin vor voricht *B5* von *S4*] uel *Ma1* von forchte *fehlt N1*
M -- ersreken *M19* -- beben uel forchten *D1*
W *Wa. fehlt M12* + pidmen *Me1*
K vor vorchten *fehlt K4*
P -- beben van worten *R1* -- beuen vruchten *B10*
P-E -- zitren oder fúrchten *So1* -- .i. terrere *M25*

S 1114 m s **Stupidus** vorferet
-- erschreckt *Sb3 M-Y W P-E*
-- -da, -dum .i. sepius stupens, forchtunge *I*
-- vor vorchten erpident *K*

S *Wa.*] p pr Stupidas vorferet erschrecken *S4* -- vorverin uel irschreknn *B5*
M -- forchtig uel ersrecken *D1* + uel herschrecket *Ks1*
K *Wa. fehlt K9 Ab1* -- einer der vor forichten pidmet *Hl1* -- erbidempten vor vorchten *K4*
P vorwert *R1* erueret *Wo4*
P-E schrekig *So1*

S 1115 m t **Stupor** ⌜erschregnisß / vorvernisse *S-Y P*
-- ein schrecknuß *Sb3*
-- erschrekung uel wundrung *W*
-- forchte uel schreckunge *I*
-- herschrekung *P-E*
-- vorvernisse uel admiracio *Kh2*

S eyn schrecknisse *B5*
M ververniße *Ma6*, ersrekung *M19* + forchniß *D1*
W + uel awerg *Bs9 (vgl. 1116) Me5*
I *Sigle*] m s
P eruernisse *Wo4*
P-E schrek *So1*

S 1115.1 n s **Stuppium** collobium, *åwerchin* rok *W*

W åwerchin rok *Sg1*] åwerk rok *S1*, ein wirken rock *Me1*

S 1116 f p **Stupa**
-- ⌜werg *X* / hederick *Ma3* / hede *B9* *S*
-- heyde werg *M*
-- ein werich des flachß uel hayd *Sb3*
-- werk uel *haid* *W*
-- werg, et est canabi uel linj *I*
-- werchk, ain rochken *K*
-- werk heide *P*
-- eyn scheue *Kh2 Br1*

vgl. 1101, 1110
S -- heid werc *N1* + oder heyde werg *S4* + heyden *Ks2*
W haid *Sg1*] waid *S1*
P heide *fehlt Wo4*
P-E -- bick oder haey *(!) M25* heide *fehlt So1*

S 1116.1 n *p* **Stuppare** congregare, °condensare °*(P-E R1)* *P*

P *Sigle Wo1*] n s *Ma4*

S 1117 m s **Stupposus** .i. plenus stuppis / + hedich *B9 Ma3 P*
+ unde **Stupeus**, -a, -um de »stupa« *I*
-- vol von schreckung *Sb3*
-- werklich, .i. plenus stuppis *P-E R1*
-- scheuisch *Kh2 Br1*

S *lat. Int. fehlt B9* hederich *Ma3*
M *Wa. fehlt M19*
P *dt. Int. fehlt Ma4 Wo4*
P-E -- idem *(nach 1114) So1* *lat. Int. fehlt R1*

S 1118 a p **Stuprare** vnern, .i. deflorare *vel tzů der stupe slan*
-- .i. deflorare, vneren uel staub auf losen *Sb3*
-- .i. deflorare, struprum committere, vneren *I*
-- vneren, .i. deflorare *K P-E*
-- vneren uel to der stupe slan *Kh2 Br1*

S Stuperare *B9* vnern *fehlt Ks2* .i. deflorare *fehlt B9* vel *bis* slan *Ks2*] *fehlt Ma1 S4*
M vel *bis* slan *fehlt M19*
W Stuppurare *S1* -- vneren .i. deflorare *Sg1* deforare *S1* vneren *fehlt S1*
I Stuperare
P vel *bis* slan *fehlt Wo1 B10*
P-E -- .i. deflorare virginem *So1* vneren] weneren *E2*

S 1119 n s **Stuprum** vnkuscheit, proprie virginum
-- vnkeusch, proprie virginum *Sb3*
-- est illicitus coitus cum virgine *dedignante et invita. Inde **Stupro*** *W*
-- est illicitus concubitus, et proprie uirginum *I*
-- *vnchewschait* cum virgine *K*
-- vnkusheit, et est defraudacio virginum *Kh2*

M *Wa.*] n s Stupetrum vngehǎwschait *M19*
W dedignante *bis* Stupro *Sg1*] *fehlt S1* invita *Bs9*] invite *Sg1*
K vnchewschait *K4*] vnkewsch *W13*
P-E *Wa. fehlt So1*

S 1120 *m t* ***Sturio*** *eyn stor*
-- est auis, eyn stayr *M W*
-- aut **Sturnus**, ein stor *Sb3*
-- idem *(nach 1121) I*
-- .i. rumbus, eyn stor / + et est piscis *P-E P*
Wa. fehlt S-X K

vgl. G 215, R 430
S *Wa. zit. nach Ma3* -- ein star *N1* + .i. trumbus *(!) Ma3*
M *Wa. fehlt M19* *Sigle*] ep s *Int. fehlt Ma6*
Sb3 *vgl. 1121*
W *Sigle* ep t *dt. Int.*] ain tor *S1*, *fehlt Sg1*
I *Sigle fehlt*
P -- eyn stot *B10*

S 1121 ep s **Sturnus** est auis, ein star
Wa. fehlt (vgl. 1120) Sb3

S ep i Sturus *Ma3*
M *lat. Int. fehlt M19*
W -- idem *(nach 1120) S1 Sg1*
K star] schar *Hl1*
P *Stichwort verderbt Wo4* star] schar *R1*
Kh2 star] struk

S 1122 n s **Swadere** raden
+ .i. consulere, monere *I*

P + .i. consulere *Wo4*

S 1122.1 **Swadela** ein ratt *So1 (P-E)*

S 1123 m t **Swasor** ⌜.i. cons*ili*ator, ein *rader* / eyn rader *Ma3 B9 P K*
+ uel ratgeber *I*
-- est consiliator, ein ratgeber *Sb3*

S consiliator *S4*] consolator *Ma1* rader *Ks2*] ratgeber *Ma1 S4 B5*
M *lat. Int. fehlt M19* ratgeber *D1*
W *lat. Int. fehlt Y* *dt. Int. fehlt S1*
P-E råttman *So1*

S 1124 co t **Swates** ein ⌜*smerleyge* / smerle *S-X*
+ *gruntl K*
-- eyn smerlin, est piscis *I*
Wa. fehlt Kh2 Br1

S smerleyge *zit. nach Ma3* smele *S4*, smeyle *B5*, twierleie *B9*
M *Int.*] eyn grundel *Ks1*, swer layb *M19*, swericus *D1*, semerley *Dr1*
Sb3 -- saynerlay
W schmerleipp *Me1*
K *Wa. fehlt K4* smerleyge] seinerlay *alle Hss.* gruntl *K9*] *fehlt W13*
P *Wa. fehlt Wo1 B10* *Stichwort verderbt Ma4*
P-E -- dinlay *(!) M25*

S 1125 n s **Swauium** dicitur osculum °*porrectum* °*(I) concubine* racione libidinis
-- dicitur osculum porrectum, scilicet libidinis *Sb3*

S porrectum *Ks2*] *verderbt Ma1*, purectum *S4* concubine *Ma3*] colubine *Ma1*, columbne *S4*, columbine *Ks2*, columbe *B5*
M concubine] columbine *Ma6 M19*
K concubine] columbe *W13 Y*, columbine *Hl1 W9 M37*

S 1126 co t **Swauis** senffte oder suße
-- et hoc suaue suß, a »sueo, -es« dicitur *I*
-- sůzz *K-X P-E Kh2 Br1*
Wa. fehlt K-Y

S senffte oder *fehlt B9* oder suße *fehlt Ks2*
M *Wa. fehlt D1*
P senffte oder *fehlt Ma4 B10*

S 1126.1 adv **Suauiter** sußlichen *I*

S 1126.2 **Suauitas** sußikeit *I*

S 1126.3 f p **Swauia** est quedam provincia, swaben *Ks1 (M)*

S 1127 ppo **Sub** vnder
Wa. fehlt I K

S *Wa. fehlt Ks2*
M *Wa. fehlt M19 D1*
P-E *Wa. fehlt E2 M25*

S 1128 a p **Subarrare** vertruwen
\+ .i. latenter arram dare *I*
-- vergluben, sicut sponsam uel sponsum *Sb3*
Wa. fehlt Kh2 Br1

S *vgl. 1169.2* betruwen *B9* + disponsare *S4 B5*
M vertreiben *M19*
W vertrūgen *S1*
P-E *Wa.*] a p Svbrarare ut ruwen *E2* -- vertiͤen *M25* + oder vermechlen ieman *So1*

S 1128.1 m s **Subater**, -tra, -trum .i. aliquantulum ater .i. niger *I*

S 1128.2 *a p* ***Subatillare** huden uel helen* *P*
-- .i. celare *P-E*
Wa. fehlt Kh2 Br1

P *Wa. Wo1*] *fehlt Ma4 B10*

S 1129 a q **Subaudire** vnderhoren
-- v́ber hoͤren. Item est defectum scripti per audibilem vocem supplere *W*
Wa. fehlt I

M vberhoren *M19* + uel vorhorn *D1*
W *dt. Int.*] vnderhoͤren *Sg1*
K *Wa. fehlt K9*

S 1129.1 m s **Subactus** .i. coactus / + *et venit a verbo »subigere« X* *K*

K et *bis* »subigere« *Hl1*] *fehlt W13*

S 1129.2 n s **Subellum** vot schemel *P*

P *Wa. fehlt B10*
P-E *Wa. fehlt So1*

S 1130 n s **Subcellium** ein satel kussen
n s **Subellium** eyn sadel kussen. *(neuer Wa.:) n s* **Subcellium** idem *P*
Wa. fehlt I Kh2

S Subcellum *Ma3*, Subcellinum *B9*
M *Wa. fehlt M19*
W *Wa.*] n s Subscellium sattel küssi *Sg1*
P *Wa.*] n s Subcellum eyn sadel kussen *B10* *Sigle (1,2) Wo1*] *fehlt Ma4*
P-E *Wa.*] n s Subcellium idem vel ain sattel küssin *E2*, Subcellum ein sattel bast *So1*
Subellium] Subsellium *M25*

S 1131 f p **Subcella** est concauitas pedis
Wa. fehlt I

S concauitas] suauitas *Ma3*
Sb3 f p Subcellas
W Subscella *Sg1*

S 1132 m s **Subcinericius**
-- ⌜ein aschenbrot *Ma1* / eyn assering brot *S4* / asscherch brot *B9 Ma3* *S*
-- ⌜aschericht brot *Ma6 Ma2* / åschrig prot *Y* *M*
-- äschrigs prott *Sb3*
-- panis dicitur svb cinere coctus uel piscatus, ⌜åschen brot *S1* / åscherbrot *Sg1 M12* *W*
-- -a, -vm id est sub cinere coctus *I*
-- åscherig prot *K*
-- ascherich brod *P*
-- eschunbrot *P-E*
Wa. fehlt Kh2 Br1

S eyn aschorecht brod *Ks2*, ascheyns prot *B5*, asterch brot *Ma3*, eschrein brot *N1*
M ascherig broyt *Ks1*
W *lat. Int.*] panis *Sg1* *dt. Int.*] eschrein prott *Me1*, escherigbrot *Bs9 Me5*
K aschrein prot *K4*
P *Int.*] ascherlik brot *Wo4*, ascherich *B10*
P-E -- .i. sub cinere coctus, äschig *So1*

S 1133 n t **Subcumbere** .i. subiacere / + vnderlighen *Ma3 B9*
+ *uel cubare* *P (außer Kh2 Br1)*
-- vnderligen *Sb3*

vgl. C 1165
M Succumbere *M19*
P *Zusatz Wo1*] *fehlt Ma4*
P-E uel cubare] vnderligen *So1*
Kh2 Succumbere

S 1134 a t **Subdere** ⌜vndertun uel vnderlegen / vnder don *Ma3 B9 P-E*
-- vnderlegen *Sb3*
-- id est supponere, subiugare, vnderdenig machen *I*
-- vnder tan *K*

S vndertun *verderbt B5* vnderlegen] legen *Ks2*, unterligen *N1*
M vnder ligen *Ma6*, vnderlig *M19*
K -- vnder tün *K4* -- vntertan machen *Ab1*
P Subder *Ma4* uel vnderlegen *fehlt Wo1 B10*
P-E *Wa. fehlt So1* -- vnder tem *M25*

S 1135 n t **Succinere** cleinlich singen
-- vnder singen *Sb3*
-- haimlich singen *W*
-- chlain singen *K P-E*

S Subcinere *Ma3 B9* cleyn syngenn *B5* cleinlich *verderbt Ma3*
M *Wa.*] Subcinere heymelichen singen *Ks1 Dr1* kläglich singen *M19*
W a t Subcinere
I a t Subcinere
P Subcinere
P-E Subcinere

S 1136 *a* p **Subcibare** heimlich spisen

S *Sigle S4*] n p *Ma1*
M *Wa. fehlt M19*
W n p *Y*
Kh2 Succibare

S 1137 m s **Subdiaconus** ein episteler
Wa. fehlt K-Y

I *Sigle fehlt*
P eyn pisteler *B10*

S 1137.1 m t **Subdia*con*** idem *(nach 1137)* *P*

P *Stichwort Wo1*] Subdiator *Ma4*
P-E *Wa. fehlt So1*

S 1138 m s **Subdolus** ⌜eyner der da falsch rede hat / *valsch geverde S-Y P*
-- ainer der falsch ist mit red *Sb3*
-- ainer der falsch red hǎt *W*
-- -la, -lum .i. astutus, varius *I*
-- ainr der falsch red fůrd *P-E*

S da *fehlt S4 Ks2* valsch geverde *N1*] valsh verde *Ma3*, valsch *B9*
M -- eyner der falsch geferte hat *Ma6* -- ein falsch geuert *M19* -- eyner der do fals ist in der red *D1*
K -- einer der falsch red tün hat *Hl1* da *fehlt W13 K9*
P -- vleysch geverde *R1* -- valsch verlich *Wo4*
P-E -- falsch geuerig *So1*
Kh2 Subdobus

S 1139 a t **Subducere** *vnder füren*
+ *uel vnder futern* *W*
-- vnder farn uel vnder fudern *M*
-- vnder fuetren *Sb3*
Wa. fehlt Kh2

S *Int. S4*] vnderfarn *Ma1* + uel fodern vndern *N1*
M -- vnder furen uel futern *D1* vnder farn] vnder foren *Ks1 Ma2* uel vnder fudern *fehlt M19*
W -- vnder fůren uel vnder faren *S1* -- vnterfutrem vel vnterfaren *Me1* *Zusatz Bs9*] *fehlt Sg1 M12*

P -- vorfůren ader vnfudern *Br1*
P-E + oder vnder fütren *So1*

S 1140 m t **Subductor** ein vnderfurer
Wa. fehlt S-Y M W

I *Sigle fehlt*
P-E *Wa. fehlt E2 So1*

S 1141 f p **Subductura** ein vnderfurunge
-- vnder foderunge *M-X*

M *Wa. fehlt M19* -- vnder forunge *Ks1*
W -- vnterzug *M12* + uel vnder zug *S1*
K *Wa. fehlt K4*
P -- vnderfuderynge *Br1*
P-E *Wa. fehlt E2* -- ein fůtri vnder ainem rok *So1*

S 1142 m t **Subemptor** ein vnderkeuffer
-- ein vnderchäuffel *Sb3*

S *Wa. fehlt Ma3*
W vnterkewffel *Me1*

S 1143 *n* t **Suber** ⌜bast oder lint / bast *Ma3 B9 P Sb3 W*
+ dicitur arbuscula uel eius cortex *I*
-- past / + Wersus *(Grec. Vet. ix 174)*: Pars prior est cortex libri altera tercia suber *X* *K*

S *Sigle emend.*] f t *X*, m s *Ma3*, m t *B9*, *fehlt N1* bast oder *fehlt N1* oder lint *fehlt Ks 2*
M oder lint *fehlt M19 Dr1*
K *Sigle*] f t
P *Sigle*] m t
P-E *Wa.*] Subex bast est interior cortex arboris, die inder rind *So1* *Sigle*] m t + de arboribus *E2*
Kh2 *Sigle fehlt*

S 1143.1 f q **Suberies** arbor; ex qua cortex natatorius extrahitur *I*
-- est arbor ex qua validissimus cortex *n*atatorius *ex*trahitur, et ideo appellata Suberies, quod fructus eius sues edunt; porcorum enim sunt alimenta, non hominum; et sunt dicte Suberies quasi »sube*o* dies« *W*

W *Sigle*] *fehlt (Wa. nach 1143)* Subories *Sg1* natatorius extrahitur *Sg1*] ratatorius trahitur *S1* porcorum *bis* dies *fehlt Sg1* subeo *Bs9*] subea *S1*

S 1144 n s **Suberium** ⌜*besten* / eyn vlote *Ma3 B9 P*
-- *et **Suberinus** aliquid de subere existens (vgl. 1145) W-Y*
-- bastung *P-E*
Wa. fehlt I Kh2

S *Int. Ks2*] fleschin *Ma1*, flechsen, bisten linden *S4*, schlisschin, westnn, lindnn *B5*, ein schloß *N1*
M + fleßen *Ks1 Ma2* + fleschen *Dr1*
W -- beschint flasch *Me1* -- ein pasteine flasch *M12* et *bis* existens *Bs9*] fructus eius et Suberinus .i. desiderio existens *(?) Sg1*
P-E -- ein flöt, est parua fistula *So1*

S 1145 m s **Suberinus** ⌜besten et est aliquid existens de subere / aliqui*d* de subere existens *Ma3 B9 P Sb3 W-X*

-- linden, est aliquid de subere factum *I*
-- est res de subere existens *K*
Wa. fehlt (vgl. 1144) W-Y

S aliquid *B9*] aliquis *Ma3* de subere existens] de suberino factum *B9*
M *Wa.* fehlt *M19* besten] bestin ding *D1*
P Suberius *Ma4*

S 1146 v *an* **Subesse** vnderwesen
-- vndersin *W P-E R1*

S *Sigle Ks2*] v *Ma1*
M *Wa. fehlt M19 D1* vndersein *Dr1*
K *Wa. fehlt K4*
P-E *Wa. fehlt E2 M25*

S 1146.1 n s **Subfibulum** eyn stelle von der spangen *P*
Wa. fehlt Kh2 Br1

vgl. F 217
P *Wa. fehlt B10*
P-E *Wa. fehlt So1* stil *E2*

S 1147 a p **Subfumigare** berauchen
-- vnder rŏchen *W*
-- vnder rauchen uel berauchen *I*

S berechten *S4*, reyken *Ma3*
M vnder reuchen *Dr1*
W vnterraichen oder rewchen *Me1*
P bekoren *R1*

S 1148 n s **Subfulgere** .i. parum fulgere
+ vnder schinen *I*

P-E *Stichwort*] Subi Subfulgere *E2*

S 1149 n s **Subfuterum** ein futer
-- *vnder fůter* *M (außer Sb3) K*
-- ⌜ain vnder boden uel fůter *S1 Me1* / vnderfůter *Y* *W*
-- *.i.* subdictur*a* *P*
-- ain fůterung vnder ain rok *E2* *P-E*
Wa. fehlt I Kh2

S Subfuturum *(?) Ma3*, Subfutrum *B9* -- est futer vnder ainem roke *B5* + uel eyn rucke *S4*
M Subfutrum *M19* *Int. Ks1*] foder *Ma6*, ein vnder zug *M19*
W Subfutrum -- vnterfueter *M12*
K Subfutrum *W13*
P Subfuturum *Int. Wo1*] subdicturum *Ma4*
P-E Subfutrum *E2*, Subfultrum *So1*, Subfatorum *M25* -- ein cleid ein fůter *So1* -- ain fůter an ainem rogk *M25*

S 1150 a t **Subicere** vnderwerffen
-- id est subtus iacere uel post uel subiungere, respondere, reddere. Vnde **Subiectus** -a, -vm *I*

S *Wa. fehlt B5* vorwerpen *B9*
M *Wa. fehlt M19*
P-E *Wa. fehlt So1*

S 1151 n s **Subiacere** ⌜*vnderlighen* / vnderlegen *S-X M-X*
Wa. fehlt M-Y I

S vnderlighen *zit. nach Ma3* vnderlegen] idem *(nach 1150) S4*
M *Wa. fehlt Ma6*
Sb3 Subicere
K *Wa. fehlt K4*
P vnder legen *Ma4 Wo4*
P-E vnder legen *E2* -- idem *(nach 1150) M25*

S 1152 n t **Subiu*rgi*nale** ein wasser rad
Wa. fehlt I

S Subiurginale *B5*] Subiugenale *Ma1*, Svbriginale *(?) S4*, Subvirginale *(?) Ks2*
W Subvirginale *(?) S1*
P-E *Wa. fehlt So1*
Kh2 Suburginale

S 1153 n s **Subiectum** ein ⌜vnderlegunge / vnderligginghe *S-Y P*
+ uel gegenwurf *W*
-- .i. suppositus, vnderlacht *I*
-- ⌜vnder legung *M25* / vnder geworfen vel vnder tan *E2* *P-E*

M -- underligunge *Ma6 M19* -- vndergeworfen, gegenwrff *Dr1*
W -- wnderurf *Sg1*
I m s Subiectus -ta, -tum
P vnder legich *Ma4*, vnder leghunghe *Wo4 Br1*, vnder gedan *B10*
P-E -- est equitum utque mediatis *(?) So1*
Kh2 vnderliggingen

S 1153.1 *a t* **Subigo** plura significat, scilicet cogere, impellere uel acuere, *subiugari* *W*
-- .i. cogere / + im*pellere*, acuere, *subiugare*. *Subigor, subactus, quasi »subtus actus«* *X* *K*

W *Sigle Me1*] Item *(Wa. nach 1153) S1* n q Subire *Y* acueri *Sg1* subiugari *Bs9*] svbiurgare *S1*, subiurgari *Sg1*
K *Sigle*] t cogere] + *(neuer Wa.:)* m t Subigor i. stultus actus *K4* impellere *Hl1*] implere *W13* subiugare *bis* »subtus actus« *Hl1*] *fehlt W13* Subigor, subactus *W9*] Subigor i. subactus *Hl1*

S 1153.2 **Subigitare** .i. subtus agere uel subducere *I*

S 1153.3 **Subircus** vnder tůch *So1 (P-E)*

S 1154 n t **Subtile** kunstig werg / + behende *S-X*
-- chunstig oder hubsch *Sb3*
-- kunst werchk *K*
Wa. fehlt I

S -- behende uel kunstig werg *Ma1* werg *fehlt B5* behende *fehlt Ks2*
M -- chünstig *M19* + uel ding *D1*
W *Wa.*] co t Subtilis subtil *Sg1*
K Subile
P Subile *(*Subtile *Wo1 B10)* kuslich werk *Ma4*, kunstigen werken *B10*
P-E *Wa. fehlt So1* Subile
Kh2 Subile

S 1155 n q **Subire** vndergen
-- .i. subtus ire, vndergen vel sursum ire *I*
Wa. fehlt (vgl. 1153.1) W-Y

S n q Subicere *Ma3*
M *Wa. fehlt M19*
K *Wa. fehlt K4*
P-E *Wa. fehlt So1*

S 1156 co t **Subiunx** ein rint in dem joche
+ quasi sub iugo positus. Vnde Nouus Grecismus *(67ᵛ)*: Thaurus arans subius tamen absque iugo d*a*tur inius *W*
-- id est bos sub iugo positus *I*
-- ein rinchk in dem joch *K*
Wa. fehlt Kh2 Br1

S Subiux *S4* -- eyn rint, daz in dem goche tuget *S4* -- eyn rint, das in dem joch czaicht *B5* rint] rink *Ks2 N1* in] vnder *B9*
M Subiux *Ma6 M19* -- ein rynd vnder der ioch *M19*
W Subiunx] + uel Subius rint] ring *Bs9* subius, inius *für* subiunx, iniunx datur *Sg1*] dicitur *S1*
I Subiux
P *Wa. fehlt B10* m s Subius *(*co t Subiunx *Wo1)* rinck *Ma4*
P-E *Wa. fehlt E2* Subiugus *M25* in dem] vnder eim *So1*

S 1157 co t **Subiugalis** vndertenig
+ dicitur domitus, iugo aswetus *K-X*
-- °vndertenig °*(Y)* .i. svb iugo positus uel domitus *W*
-- .i. sub iugo positus, quasi domitus, iugo assuetus *I*

S vnder denelichen *S4 Ks2 B5*, vnderiokech *B9*
M vnder denelich *Ma6*
W -- est domitus *Sg1*
K vntertånigkait *Hl1*, vnderteniklich *K4*
P vndenlich *Ma4*, vnderdenelich *R1*, vndertenichlik *Wo4*

S 1157.1 **Subiunctivus** idem *(nach 1157) Sb3*

S 1158 *a* p **Subiugare** vndertenig machen / + geweldigen *S-X*
+ beweldigen *Kh2 Br1*
-- °vndertenig °machen °*(Y)* .i. pessundare, subicere *W*

S *Sigle S4*] n p *Ma1* -- geweldigen oder vndertenig machen *Ma1* -- befeldigen *N1*
M *Wa. fehlt M19* + geweldigen *Ma6* + bewaldegen *Ks1* + gewelligen *Ma2*
W Suburgare *Sg1*
K *Sigle*] p *(*a p *Hl1)* -- vndertånigen *Hl1*
P + berocken *Ma4* + beweldigen *R1*

S 1159 m s **Subitaneus** snellich
+ ielich *P (außer Kh2 Br1)*
-- schnell *Sb3*
-- ⌜schnell *E2* / jach vel snell *So1* *P-E*

P -- dy gande dod *B10* snel *Ma4* ielich *fehlt Wo1*
P-E -- snellig *M25*

S 1159.1 **Subitus** -a, -um idem *(nach 1159) I*

S 1160 adv **Subito** ⌜snelle oder drat / drade *Ma3 B9 P*

-- snelleich *Sb3*
-- schnell *uel bald* *W*
-- .i. cito, velociter, repente, insperate, snel *I*
-- snell *K*
-- bald *P-E R1*

S snelleich *B5* + ryß *S4*
M *Wa. fehlt M19* snelle oder *fehlt Ma6* drat] schir *Ks1*, bald *Dr1*
W uel bald *Sg1*] *fehlt S1*
K *Wa. fehlt K4*
P-E + snell *So1*

S 1160.1 m s **Subiectus** .i. sursum leuatus uel loco alterius substitutus *K*
-- vnder dan *P*

K -- vnder tan *K9 Ab1* sursum leuatus uel *fehlt K4*
P *Sigle*] part *Y* vnder ghedan *Wo1 R1*, vnder werffen *Wo4*, vnderlegginge *B10*
P-E *Sigle*] part *Wa. fehlt E2 So1*
Kh2 *Sigle*] part

S 1160.2 d t **Sublabi** vnder *glyden* *P*
-- ⌜vnder lygen *M25* / vnder schúpfe *E2* *P-E*

P glyden *Wo1*] vallen *Ma4*
P-E *Wa. fehlt So1*
Kh2 vnder ghigen *(?)*

S 1161 a p **Subleuare** ⌜erheben / vorheuen *Ma3 B9 Kh2*

S hebnn *B5*
M *Wa. fehlt M19*
K *Wa. fehlt K4*
P *Wa. fehlt Wo1*
P-E heben *E2*, vffheben *So1*

S 1161.1 n s **Subligaculum** .i. subfibulum *P*
Wa. fehlt Kh2 Br1

S 1162 a p **Sublimare** erhohen
-- vnder solen uel ⌜erhogen / vorhogen *Kh2* *P*
-- herhȏhen vel vnder stúczen *P-E R1*

S *Wa. fehlt Ks2* vorhogen *B9*
M *Wa. fehlt M19*
W -- idem *(nach 1161) S1*
I *Sigle fehlt*
P -- vorhoghen *Wo1* -- vnderswellen ader irhogen *Br1*
P-E vel vnder stúczen] *fehlt So1*, vnder seczen *M25*

S 1163 co t **Sublimis** .i. altus
-- aut **Sublimus** .i. altus, hoch *Sb3*
-- et hoc -me, penultima producta, .i. altus *I*
-- .i. altus, °*hoch* °*(P-E)* *P*
-- hoch *Kh2 Br1*

S *Wa. fehlt Ma3* Sublimis] + erhoet *Ma1* -- hoch *B9*
Sb3 *vgl. 1164*
P hoch *Wo1*] *fehlt Ma4 B10*
P-E *Wa. fehlt So1*

S 1164 m s **Sublimus** *idem (nach 1163)*
Wa. fehlt (enthalten in 1163) Sb3
Wa. fehlt I

S idem *S4*] erhoet, .i. altus *Ma1*, .i. altus, ho *Ma3*
P-E -- .i. altus, hoch, idem Sublime *(vgl. 1165) So1*

S 1165 adv **Sublime** hoelich
-- .i. alte *W*

P *Wa. fehlt (Textlücke) B10* hoch *Ma4*
P-E *Wa. fehlt (vgl. 1164) So1*

S 1165.1 **Sublimiter** idem *(nach 1165)*. Inde **Sublimitas** *(vgl. 1166) I*

S 1166 f t **Sublimitas** hocheit
-- .i. altitudo *W*
Wa. fehlt (vgl. 1165.1) I

W *Wa.*] Sublimitas *(nach 1165) Bs9 Me5*
P *Wa. fehlt (Textlücke) B10*
P-E *Wa. fehlt So1* hôhinkait *E2*

S 1166.1 n t **Subligar** gurdel *P*

P *Wa. fehlt (Textlücke) B10*
P-E *Wa. fehlt So1* -- ain gurkel *M25*

S 1167 m s **Sublestus** .i. tristis
+ infirmus, molestus *I*

S Submestus *B9*
P *Wa. fehlt (Textlücke) B10* Sublectus *R1*
P-E Subleitus *E2*

S 1168 f p **Sublestia** .i. tristicia
+ molestia, anxietas uel infirmitas *I*

S Submesticia *B9*
M *Wa. fehlt M19*
P *Wa. fehlt (Textlücke) B10*

S 1168.1 n s **Subligwium** raiczl, est folium quod ponitur sub ligwa, ⌜*ut cantat sicut auis X* / ad capiendum aues *K4* *K*
-- *illud* quod est sub ligwa *P*

K ut *bis* auis *Hl1*] et sibilat ut auis *W13* *lat. Int.*] dicitur instrumentum mediante quo aues alliciuntur *K9 Ab1*
P *Wa. fehlt (Textlücke) B10* illud quod *Wo1*] idem quod *Ma4*

S 1168.2 m t **Sublector** vnder leser *K-X P*

P *Wa. fehlt (Textlücke) B10*
P-E *Wa. fehlt So1*

S 1168.3 t **Submergere** vnder senchken *K*

K *Wa. fehlt K4*

S 1169 n p **Subministrare** dienen
-- vnderdienen *Sb3 I*

S vnder deynen *Ma3*
K *Wa. fehlt Hl1 K4*
P *Wa. fehlt (Textlücke) B10*
P-E *Stichwort fehlt (Zeilensprung, vgl. 1170) M25* vnderdienen *So1*

S 1169.1 n s **Submentum** vnder *den kynne* *P*

P *Wa. fehlt (Textlücke) B10* -- vnder kynnem *Wo4* den kynne *Wo1*] denkenge *(!) Ma4*
P-E *Wa. fehlt So1* -- vnder dem kind *E2*

S 1169.2 **Subarrare** vormahelen oder enphesten *B5 (S)*

S *vgl. 1128*

S 1170 a p **Subneruare** .i. neru*os* equorum ⌜pre*s*cindere / succidere *I*
-- est neruos *poplitum* succidere. **Poples**, -itis idem est quod genu *W*

vgl. P 738
S Suberuare *S4*, Subvernare *B9* neruos *Ks2*] neruus *Ma1 S4*, vernas *B9* prescindere *S4*] precindere *Ma1*, proscindere *Ma3*
W Subnumerare *Sg1* poplitum *Bs9*] pollitum *S1*, publice *Sg1* Poples, -itis *Sg1*] Polles, -itis *S1*
I n p
K equorum *fehlt W13*
P *Wa. fehlt (Textlücke) B10* Subvernare *Ma4*, Subuernare .i. vuas *Wo4* neruos] vernas *Ma4*
P-E *Int. fehlt (Zeilensprung, vgl. 1169) M25*

S 1170.1 m s **Subnixus** ⌜dicitur suffultus, sustenatus *siue adiutus uel firmatus X* / .i. suffultus *K4* *K*

K -- .i. sustenatus, adiutus *K9 Ab1* siue *bis* firmatus *Hl1*] *fehlt W13*

S 1170.2 d t **Subnitor** .i. subtus niti / + **Apodiare** idem *X* *K*

K *vgl. A 587*

S 1171 n s **Subolere** wachsen uel stincken
+ id est crescere *I*
-- wassen *Kh2 Br1*

S *Wa.*] Subalere vnder stincken *Ma3*
M -- waxen *M19*
Sb3 Subdolere
P *Wa. fehlt (Textlücke) B10*

S 1172 n s **Subpedanium** est scabellum
+ eyn schemel *I*
Wa. fehlt Kh2 Br1

S Suppedanum *B9*
M *Stichwort verderbt M19*
I Subpedinium
K *Wa.*] n s Supedanum .i. scabelbum *K4*
P *Wa.*] *fehlt Ma4*, *fehlt (Textlücke) B10*

S 1173 f t **Subpeticio** hulffe
-- .i. auxilium *W*

M Stuppedicio *M19*
W -- uel -cia .i. titicia *(vgl. 1174) Bs9 Me5* + hilff *Me1*
P *Wa. fehlt (Textlücke) B10*

S 1174 f p **Subpe*dic*ia** idem *(nach 1173)*
Wa. fehlt (vgl. 1173) W-Y
Wa. fehlt Kh2 Br1

S Subpedicia *S4*] Subpecia *Ma1*
M *Wa. fehlt D1* Subpecia *Ma6 M19*
Sb3 Subpetra
I *Sigle fehlt*
K *Wa. fehlt K9* Subpecia *W13 K4*
P *Wa.*] *fehlt Wo1*, *fehlt (Textlücke) B10* Subpacia *Ma4*, Subpecia *R1*, Subpotencia *Wo4*

S 1174.1 m s **Subregulus** est paruus regulus *W*
-- vndir konnich *P*
Wa. fehlt Kh2

P *Wa. fehlt (Textlücke) B10*
P-E -- .i. paruus regulus *So1*

S 1174.2 *n p* **Subnauigare** est post uel latenter nauigare *W*
-- est latenter vel post nauigare, nach faren *So1 (P-E)*

W *Sigle Sg1*] *fehlt S1*

S 1174.3 p **Subplantare** dicitur sub plantis ponere *K*

S 1174.4 m s **Subrestus** sadel kussen *P*

P *Wa. fehlt (Textlücke) B10*
P-E *Wa. fehlt So1* -- ain satel kůssi *M25*

S 1174.5 *n t* **Subocular** eyn ogh kolck *P*

P *Wa. fehlt (Textlücke) B10* *Sigle Wo1*] *fehlt Ma4* ogen kok *R1*
P-E *Wa.*] *fehlt So1*, n t Subocula ain åg *(!) M25* ogen kuk *E2*
Kh2 Suboculor uel -lar

1175 a p **Subrigare** vnderneczen

K *Sigle*] n p
P *Wa. fehlt (Textlücke) B10*
P-E -- neczen *So1*

S 1176 a s **Subridere** ein clein ⌜belachen / *lachen W*
-- ain klains lachen *Sb3*
-- .i. parum ridere, wenig lachen *I*
-- ein wenig lachen *K*
-- .i. parum ridere *P-E Kh2*

S -- .i. parum ridere *S4 Ks2* -- .i. parum ridere, eyn cleyn lachnn *B5* -- belacchen *B9*
M -- .i. parum ridere *M19* lachen *Dr1*
W *Int. Bs9*] .i. parum ridere *S1 M12*, .i. modicum ridere *Sg1*
K *Sigle*] n s
P *Wa. fehlt (Textlücke) B10* -- eyn wenich belachen *Wo4* laken *Ma4 R1*, belachent *Br1*
P-E + verspotten vel bleichen *So1*

S 1176.1 *a p* **Subrig*o*** .i. vergo uel humil*o* *W-X*

W *Sigle M12*] Item *(Wa. nach 1176) S1* Subrigo *Me1*] Subriga *S1* humilo *Me1*] humilis *S1*

S 1177 a t **Subripere** vndernemen
-- vernemen *W-Y*

M Surripere *M19*
P *Wa. fehlt (Textlücke) B10*

S 1178 a p **Subrogare** vnderseczen
+ et est aliquid loco sui svbsistere *W-X*

Sb3 a p Subrogare] Subrogamen
I *Sigle fehlt*
P *Wa. fehlt (Textlücke) B10*
P-E + vel biten *E2*
Kh2 Surrogare

S 1179 m s **Subruffus** tunckelrot

S Subrupus *Ma3* doncke broyt *(!) S4*, duncker rod *Ma3*, dubbelt rot *B9*
Sb3 -- tunckel
W Subrusus *S1*
P *Wa. fehlt (Textlücke) B10*
Kh2 Surruffus

S 1180 m s **Subrubeus** *idem (nach 1179)*

S Subruffeus *S4* *Int. Ks2*] tunckelrot *Ma1*, doncke broyt *S4*
M *Wa. fehlt D1*
I *Sigle fehlt*
P *Wa. fehlt (Textlücke) B10* Subrubitus *Ma4*
P-E Subrudius *E2*
Kh2 Surrubeus

S 1180.1 t **Subruere** *.i. prosternere* *K*

K *Int. K9*] nideruallen *W13*, .i. cadere *K4*

S 1181 a p **Subsanare** bespotten
-- verspotten *Sb3 K*
-- °verspotten. °Subsannare °*(Y)* est rugare et contracto naso deridere + Inde **Subsanator** *Y* *W*
-- .i. deridere; vnde propheta *(Ps 2,4; vgl. Iob 22,19)*: Et dominus subsamnabit eos *I*

S a p Subsanere *S4*
M verspotten *M19 Dr1*
W *vgl. 1182* Subsanare] + spotten *Sg1* Subsanator] + et -cio *(vgl. 1183) Bs9 Me5*
I Subsamnare
K *Wa. fehlt K4*
P *Wa. fehlt (Textlücke) B10*
P-E verspotten *E2*, verspotten, vermupffen *So1*
Kh2 Subsonare

S 1182 m t **Subsanator** ein bespotter
-- ein spotter *Sb3 K P-E*
-- verspotter *W-X*
-- .i. derisor, eyn spotter *I*
Wa. fehlt (vgl. 1181) W-Y

S -- .i. derisor *Ks2*
M verspotter *M19 Dr1*
K *Wa. fehlt K4* verspotter *Hl1 W9 M37*
P *Wa. fehlt (Textlücke) B10*
P-E *Wa. fehlt So1*
Kh2 Subsonator

S 1183 *f t* ***Subsanacio*** *bespottunge*
-- verspottung *Sb3 W-X K*
-- spottunge *I P-E*
Wa. fehlt (vgl. 1181) W-Y

S *Wa. S4] fehlt Ma1* *Int. Ks2] fehlt S4*
M verspottung *M19 Dr1*
K *Wa. fehlt K4* spottung *W13*
P *Wa. fehlt (Textlücke) B10* -- bestunghe *(?) Wo4*
P-E -- idem *(nach 1181) So1*
Kh2 Subsonacio

S 1184 d p **Subsidiari** zu hulffe komen

S Subdiari *S4*
M Subsidari *M19*
P *Wa. fehlt (Textlücke) B10* Subsiduari *Ma4*, Subsiderari *R1*
P-E Subsaidiari *E2*

S 1185 *n* s **Subsidere** besiczen
-- est subtus sedere et famulari *W*
-- siczn *K*

S *Sigle S4]* a s *Ma1* siczczen *B5*
I *Sigle fehlt*
K *Wa. fehlt Hl1*
P *Wa. fehlt (Textlücke) B10*

S 1186 n t **Subsidere** clein ⌜*schyn* / schinen *W P*
-- eyn cleyn stern *I*
-- ain ⌜klain schainůg *M25* / wenig schinen *E2* *P-E*

S *Wa. fehlt Ma3* Subsidere] + media breuis *S4 B5* schyn *S4]* schinen *Ma1*
M *Wa. fehlt M19* -- clein schynen *D1*
P *Wa.] fehlt Ma4, fehlt (Textlücke) B10* -- eyn wenigh schinen *Wo4*
P-E *Wa. fehlt So1*

S 1187 n s **Subsidium** furdernisse
-- hilff oder fuedrung *Sb3*
-- .i. iuuamen, quod minor inpendit maiori *W*
-- hulff oder forderniß *I*

S verderbniße *S4*
M -- ein vordrißniß hulff *D1* vordenis *Dr1*
W -- hilf .i. iuuamen *Sg1*
P *Wa. fehlt (Textlücke) B10* *Int. verderbt R1*
P-E -- hilf vel fúrdernust *E2* -- hilf *So1*

S 1187.1 **Subsellium** schemel *So1 (P-E)*

S 1188 n t **Subsistere** stille stan
+ vel enthalden *I*
-- still sein *Sb3*

S -- stille sten oder stan *Ma1*
K -- sten *K4*
P *Wa. fehlt (Textlücke) B10*
P-E *Wa. fehlt So1*

S 1189 m s **Subsolanus** osten wind
-- est ventus, oster wintt *Sb3 W*
-- quidam ventus, qui sub sole nascitur, sudosten *I*
-- osteir wint *P-E*

S -- eysen wint *N1*
M *Wa.*] m s Subsalanus nomen venti *M19*
W osten wind *Bs9*
P *Wa.*] *fehlt (Textlücke) B10*, m s Subsalanus oster wint *Ma4*
P-E Subsolarius *E2* -- est nomen vementi *(!)* veniens ab origente *So1*

S 1190 n t **Substamen** webel garn
-- befel *Sb3*
-- wepp garn *W I*
-- ⌜*garn, das man an dem rod spint oder wint* wefel *X* / befel *K4* *K*
-- weber garn *P-E*

S -- webe garn *Ks2* -- weuel garwe *Ma3* -- warp *B9*
M -- wayf garn *M19* -- wefel uel garn *D1* -- webgarn *Dr1*
K garn *bis* wint *Hl1*] *fehlt W13* -- befelgaden *K9* -- wefel garn *Ab1*
P *Wa. fehlt (Textlücke) B10*
P-E Subsamen *E2* -- wefel vel werff oder wepp *So1*

S 1190.1 **Subsequium** .i. seruicium *I*

S 1191 f p **Substancia** *selp* wesen
+ *uel selb standigkeit W*
-- selbe wesung *Sb3*
-- a »substo«, quia substat accidenti, eyn selp wesen *I*
-- selbs wesen *K*

S selp wesen *S4*] selbis wesen *Ma1*, selber wesnn *B5*, suluech wesent *B9*
M *Wa. fehlt D1*
W *Zusatz Me1*] *fehlt S1 M12 Sg1*, uel selba standkait *Bs9*
P *Wa. fehlt (Textlücke) B10* -- selues weseng *Ma4* -- selbes wesend *R1*
P-E -- est per se existens, nulli alteri existens *So1* -- ain selber wesen *M25*

S 1192 adv **Substancionaliter** *selp* weselich
-- selbs wesleich *K*

S *Wa. fehlt B9* Substancioliter *S4*, Substancionalis *Ma3* selp weselich *S4*] selbis weselich *Ma1*, selber weselich *B5*, wesenlich *N1*
M *Wa. fehlt M19* -- selbis weßlich *D1*
I Substancialiter
K Substancialiter -- wesleich *Hl1*
P *Wa. fehlt (Textlücke) B10* Substancialiter *Ma4* *Int.*] selff wesic *Ma4*, selbes weselich *R1*, selbwelich *Wo4*
P-E Sustancionaliter *E2* -- wesenclich *So1*

S 1192.1 n p **Substare** vo*r*duren *P*
-- vnder sten *I P-E*
Wa. fehlt Kh2 Br1

I *Sigle fehlt*
P *Wa. fehlt (Textlücke) B10* vorduren *Wo1*] voduren *Ma4*, vol herten *Wo4*

S 1193 a t **Substernere** vnderlegen
-- vnder strouwen *P-Y*
-- vnder ligen *P-E R1*

S vnterligen *N1*
I *Sigle fehlt*
K vnder ligen *W13*
P *Wa. fehlt (Textlücke) B10* vnderlegen *verderbt Ma4*
P-E -- vnder legen *So1*

S 1193.1 a t **Subscribere** .i. per scripturam consentire *K*

S 1194 f t **Subtalaris** est vestis protensa ad talos
-- wadelgwant *Sb3*
-- est vestis longa *Kh2 Br1*

S co t Substalaris *S4* protensa] toconsa *S4*, pertensa *Ma3* usque ad *Ma3*
W tales *S1*
K protensa] extensa *W13*, + usque *K4*
P *Wa. fehlt (Textlücke) B10* petensa *R1* ad talos *fehlt Ma4 Wo4*
P-E Substalaris *E2 (auch R1)*

S 1195 n t **Subtel** .i. solea, ein sole / + ut in calcijs *Ma3 B9*
-- ⌜fůßhúlin *S1* / fůsß helm *Sg1*, scilicet concauitas pedis sub talis et dicitur quasi »sub t*a*l« quia est sub tal*is* *W*
-- est yma pars pedis, medietas *I*
-- .i. solea *P-E*
-- eyn sale vnder dem scho *Kh2 Br1*

S *dt. Int. fehlt Ma3*
M -- ein solden *M19*
Sb3 sole] saull
W Subtel] Subte *Sg1* fuß hull *Me1*, fůs hellen *Bs9* scilicet concauitas pedis sub talis *fehlt Sg1* »sub tal« *Sg1*] subtel *S1* sub talis *Sg1*] sub tale *S1*
K *dt. Int. fehlt K4*
P *Wa. fehlt (Textlücke) B10* -- est solea, ut in calceo *Wo4*
P-E Substel *E2*

S 1196 ppo **Subter** vnder

S *Wa.*] *fehlt Ks2*, Subter est preposicio *Ma3*
M *Wa. fehlt M19*
K *Wa. fehlt K4* *Int. fehlt Hl1*
P *Wa. fehlt (Textlücke) B10*
P-E *Wa. fehlt E2 M25*

S 1197 f t **Subuexio** vnderfurunge
Wa. fehlt (vgl. 1207) W
Wa. fehlt K

S Subtexio *S4* -- idem *(nach 1198) Ks2* vnder futunge *B5* vnder uotinghe *Ma3*
M Subfeccio vnder farung *M19* -- furung *D1*
P *Wa. fehlt (Textlücke) B10*
P-E *Wa. fehlt M25* -- vnder farung *So1*

S 1198 n q **Subuenire** zu hulffe komen
+ helffen *M (außer Sb3) W*
+ .i. auxiliari *I*
-- helppen *P*
Wa. fehlt K-Y

S -- helpen *B9 N1* + oder helfnn *B5*
M zu hulffe komen *fehlt M19*
Sb3 Subuxire
W helffen *fehlt Sg1*
P *Wa. fehlt (Textlücke) B10*
P-E -- zů hilf kumen *E2 M25*

S 1199 n t **Subterfugere** .i. latenter fugere
+ vnder flichen *Sb3*

I *Sigle fehlt*
P *Wa.*] *fehlt Wo1, fehlt (Textlücke) B10*

S 1200 *n t* ***Subtegmen*** *webelgarn*
-- aut **Subtegimen** vnder zug *Sb3*
-- uel **Svbtegimen** °webgarn °uel °*(Y)* wefel *W*
-- webe garn, et dicitur a »subtego, -gis« *I*
-- *idem (nach 1201) K-X*
Wa. fehlt K-Y

S *Wa. S4*] *fehlt Ma1 B5*
M *Wa. fehlt M19* webe garn *Ks1 Dr1*
Sb3 *vgl. 1201*
W *vgl. 1201* Subtegmen] Subtegnum *S1*
K *Wa. W9*] *fehlt W13* *Int. fehlt Hl1*
P *Wa. fehlt (Textlücke) B10*
P-E -- .i. substamen *E2* -- est filum, quod in nauicula textoris per telam discurrit *So1*
-- idem *(nach 1201.1) M25*

S 1201 n t **Subtegimen** *idem (nach 1200)*
-- ⌜webelgarn oder spuelgarn *X* / spuel garen *oder garn Y* in der schůczn *K*
Wa. fehlt (enthalten in 1200) Sb3 W
Wa. fehlt I Kh2 Br1

S *Int. Ks2*] webelgarn *Ma1 S4 B5*
M *Wa. fehlt M19*
K -- spuel garen *K4* oder garn *Ab1*] oder garr *K9*
P *Wa.*] *fehlt R1, fehlt (Textlücke) B10*
P-E *Wa. fehlt E2 M25* -- .i. subtegmen *So1*

S 1201.1 f p **Subtela** spůl broß uel ⌜sel *X* / est corrigia, que mittitur equis sub cada *Y W*
-- est corrig*i*a, que mittitur equis sub cauda *P*

W cada *für* cauda
P *Wa. fehlt (Textlücke) B10* corrigia *R1*] corriga *Ma4 Wo1 Wo4*

S 1202 co t **Subtilis** behende
-- hubsch uel klueg *Sb3*

-- .i. exilis, astutus, behende. Inde **Subtilitas** *I*

W + uel clůg *S1*
K *Wa. fehlt K9*
P *Wa. fehlt (Textlücke) B10*
P-E -- clůg *So1*

S 1203 *f t* ***Subtilitas*** *behendekeit*
-- hubscheit *Sb3*
Wa. fehlt (vgl. 1202) I

S *Wa. S4*] Inde Subtilitas *(nach 1202) Ma1*
M *Wa.*] Inde Subtilitas *(nach 1202) D1*
W *Wa.*] Inde Subtilitas *(nach 1202) Bs9 Me5*
K *Wa. fehlt K9*
P *Wa.*] *fehlt (Textlücke) B10*, Inde -itas *(nach 1202) R1*
P-E *Wa. fehlt E2 M25* -- clůgheit *So1*

S 1204 a t **Subtrahere** vnderczihen
+ .i. aufferre *I*

M *Wa. fehlt M19*
K *Wa. fehlt K4* -- vnderczieher *(!) K9* -- vnder cziehen stelen *Ab1*
P *Wa. fehlt (Textlücke) B10* -- vnder tern *Wo4* -- vnderting *Br1*
P-E + stelen *So1*

S 1205 co t **Subtristis** betrubet
-- betraurung *Sb3*
-- .i. parum tristis, *betrúb* *W*
-- bedrubig *I P*
-- ⌜.i. tristis *E2 M25* / betrůbet *So1* *P-E*

S m s Subtristus *S4* bedrübig *S4 Ks2 B9*, betrubung *N1*
M betruplich *Ma6*, betrubig *D1 Dr1*
W *dt. Int. Bs9*] *fehlt S1 M12 Sg1*
P *Wa.*] *fehlt R1*, *fehlt (Textlücke) B10* -- betrubt *Wo4*

S 1206 *ppo* ***Subtus*** *vnder*
+ .i. subter *I*

S *Wa. S4*] *fehlt Ma1 Ma3*
M + vel subter *M19*
W -- idem *(nach 1196) S1*
K *Wa. fehlt K4*
P *Wa.*] *fehlt Ma4, fehlt (Textlücke) B10*
P-E *Wa. fehlt So1* vnder tan *M25*

S 1206.1 m s **Subtritus** .i. subtus tritus *K*

S 1206.2 p **Subtrectare** .i. in diuersa trahere *K*

S 1207 a t **Subuehere** *vmb fürn*
-- vnder fůren. Inde **Subuexio** *(vgl. 1197)* *W*
-- .i. seorsum vehere, vnder foren *I*
-- vnder voren *Kh2 Br1*

S *Int. S4*] vmb vnd vnderfuren *Ma1*, vnder fůrn *Ks2*
M *Wa. fehlt (vgl. 1209) M19* vm faren *D1*, vnderfuren *Dr1*
W Subuexio *Bs9*] Subuehicio *S1*, Subuecio *Sg1*
P *Wa. fehlt (Textlücke) B10*
P-E vnder fůrn *E2 M25*

S 1207.1 *part* **Sub*u*ectus** vmme fort, hopsteyn uel *populissima* platea Rome *P*
-- vnder gefůrt vel cumulus lapidis vel populissima platea Rome *P-E*
-- vndervort *Kh2 Br1*

P *Wa. fehlt (Textlücke) B10* part Subuectus *Wo1*] m s Subiectus *Ma4* vmme gevort *R1 Wo4* populissima *Wo1*] popilisma *Ma4*
P-E *Wa. fehlt So1*

S 1208 f t **Subuersio** vmb kerunge uel destruccio
-- vmb kerunge *I P-E R1 Kh2 Br1*
-- pekerung *K*
Wa. fehlt (vgl. 1209) W-Y

S n s Subversum *S4*, Subuexio *Ma3* uel destruccio *fehlt B9*
P *Wa. fehlt (Textlücke) B10*
P-E Subuercio *E2* -- .i. destruccio *So1*

S 1209 a t **Subuertere** vmbkern
+ Inde **Subuersio** *W-Y*

S *Wa. fehlt N1*
M Subuehere vmb cheren, vmb fueren *(vgl. 1207) M19*
W *vgl. 1208*
I *Sigle fehlt*
K *Wa. fehlt K4*
P *Wa. fehlt (Textlücke) B10*

S 1210 f t **Subuencio** ein hulffe
+ .i. auxilium *I*
+ oder vnderfůrung *K*

S -- zu hůlffe *S4*
I *Sigle*] e t
K *Zusatz fehlt K4*
P *Wa. fehlt (Textlücke) B10*

S 1211 f p **Subula** ein suwel °uel °ein °ale °*(S-Y P M)* uel ein phrime
-- ein all oder pfriem *Sb3*
-- .i. brocca ferrea, eyn suel uel ael *I*
-- ol *K*
-- ain súl *vel al* *P-E*
-- eyn suwel *Kh2*

S -- eyn sulv *S4* swele *Ma3* phrimel *Ks2*
M -- ein all, pfriem *M19* sule *Ma6*
W -- al *S1*
P *Wa. fehlt (Textlücke) B10*
P-E -- ain all *M25* vel al *So1*] *fehlt E2*

S 1212 m s **Subulcus** *eyn swin hirte*
-- saw huetter *Sb3*
-- súhirt *W*
-- est custos suum, eyn suwe hyrt *I*
-- sweinhalter *K*

S *Wa. fehlt Ma3* *Int. Ks2*] ein suwehirte *Ma1 S4*
K sweinherter *Hl1 W9 M37*
P *Wa. fehlt (Textlücke) B10* Subulus *Ma4*
P-E súwhirt *E2 M25*

S 1213 m s **Subvncus** .i. valde curuus
Wa. fehlt Kh2

Sb3 *Wa.*] m s Subvnus est vnus infra curuus
P-E m s Subune *E2*

S 1214 f p **Subuncula** ein lappe uel ein vndercleit uel ein ⌜schurcztuch / scortel dock *Ma3 B9 P (außer P-E)*
-- ein vnder klayd uel ein fuer tuch *Sb3*
-- ⌜lapp uel ain flek. Item Svbuncula est *X* / est *Y* pecia siue particula panni vestibus percussis ref*i*ciendis assuta uel vestis linea, que uestibus duris subest ad cutem *W*
-- eyn lap an eym cleyde uel an eym schuge *I*
-- clain ⌜*lappen X* / fleck *K4* oder schůrcztuech *K*

S -- eyn lappe *S4* scho lappe *B9*
M -- fleck .i. schurcz tuch *M19* -- lap vnder ein cleit, fleck uel schurczduch *Dr1* vndercleit] ander cleyt *D1*
W reficiendis *Sg1*] refaciendis *S1*
K -- chlain furtuch *K9* -- clainfůrchig *(!) Ab1* lappen *Hl1*] zoten *W13*
P *Wa. fehlt (Textlücke) B10*
P-E lappe] ain pletz an aim schůch *E2*, ain fleck an aim schuch *M25* vndercleit] cleid *So1* uel ein schurcztuch] vel ain schúrchtůch *E2*, *fehlt M25*

S 1214.1 n p **Subunculare** schuwe lappen *I*

S 1214.2 f t **Subvrcio** hulpp *P-X*

P-E *Wa. fehlt So1*

S 1215 n s **Suburbium** ein *vorborg* uel vorstad
+ **Suburbia** sunt circumiecta ciuitatis edific*ata* *W*
-- vorstat *Sb3 K*
-- locus sub urbe positus, eyn vorborg *I*

S vorborg *S4*] vorberg *Ma1* uel vorstad] oder eyn stat *S4*, *fehlt Ma3*
M -- eyn vor stad *Ma6* -- ein vor burung *(!) M19*
W vorborg] burg *S1* edificata *Sg1*] edificia *S1*
P *Wa.*] *fehlt Wo1, fehlt (Textlücke) B10* -- eyn vorboge *R1*
P-E ein vorborg uel] ain vor gebúrg vel *E2*, *fehlt So1*

S 1215.1 n s **Subursum** eyn wedeben *P*
Wa. fehlt Kh2

P *Wa. fehlt (Textlücke) B10*
P-E *Wa. fehlt So1* -- pain *M25*

S 1216 *m s* **Sucan*us*** est electrum uel lacrima arborum
+ messing *Sb3*
Wa. fehlt Kh2 Br1

S m s Sucanus *S4*] Sucana *Ma1* electrum] lectrum *Ma3*
M *Wa. fehlt M19*
K *Sigle*] f s
P *Wa. fehlt (Textlücke) B10*

S 1217 n s **Sucarium** zucker

M Succanum *Ma6*
W zuber *Sg1*
P *Wa. fehlt (Textlücke) B10* Succarum
P-E Succarum
Kh2 Succarum

S 1218 m s **Suburbanus** est ille, qui moratur ⌜subvrb*io* / in suburbio *W*
-- eyn borch man *P*
-- est aliquis habitans sub vrbe *Kh2 Br1*

S subvrbio *S4*] sub vrbe *Ma1 Ma3*, in subvrbio *B9*
M subvrbio] in vrbio *M19*
Sb3 sub urbe
P *Wa. fehlt (Textlücke) B10*
P-E -- .i. qui moratur in suburbio *So1*

S 1218.1 m s **Subustus** .i. sub igne crematus *K*

S 1218.2 m s **Subuculus** dicitur populosa platea / + jta habetur in legenda sancti Gregorij *X* *K*

K Subuculus *entstanden aus* Subura

S 1219 a t **Succedere** nach komen uel nach ein ander gan
+ id est subtus cedere *I*
-- wolgen uel nach gen *Sb3*
-- est locum precedentis occupare, °nachkomen °*(Y)*. Inde **Successor**. Item °Succedere °*(Y)* est prospere euenire. Inde **Succesus** -us, -ui .i. prosperitas *W*
-- nach kômen *K P-E*

S -- na komen *Ma3* -- na volgen *B9* noch kumen ein ander gan *N1*
M n t *(a t Dr1)* nach komen] noch folgen *Ks1*
W *vgl. 1223, 1223.1*
I a t Succidere
K *Wa. fehlt Hl1*
P *Wa. fehlt (Textlücke) B10* n t -- na komen *Wo1* -- nakomen ergan *R1* gan] herghan *Wo4*, ger *(!) Br1*, + ergan *Ma4*
P-E *Wa. fehlt E2* n t
Kh2 n t

S 1220 a t **Succendere**
-- ⌜enbornen *X* / bernen *Y* uel irasci *S*
-- ⌜burnen / prinnen *Sb3* uel irasci *M*
-- zúrnen uel irasci uel br*e*nnen *W*
-- .i. latenter accendere, burnen *I*
-- ⌜entkuntten *W13* / anchüntten *K4 K9* *K*
-- ⌜*bernen uel tornen* / enbrinnen vel irasci *P-E* *P*

S -- eyn bornen uel irasci czorn *S4* -- enpürmenn uel irasci, czurnenn *B5* enbornen] erbürnen *Ks2*
M *Wa. fehlt D1* n t *(a t Dr1)* burnen] peinen *M19*
W brennen *Sg1*] brinnen *S1*
K an zünden *Hl1 Ab1*, enczuntten *W9*, erczuntten *M37*
P *Wa. Wo1*] *fehlt Ma4*, *fehlt (Textlücke) B10* n t -- berren oder erczurren *R1* entbornen *Wo4*

P-E *Wa. fehlt Sol* n t
Kh2 n t

S 1221 m s **Successiuus** langsam / + na en ander *Ma3 B9 P*
+ Inde **Successiue** aduerbium *(vgl. 1222) I*
-- lancksamer *Sb3*
-- ⌜ain lang samer *E2 M25* / nach ein ander *Sol P-E*
-- .i. tardus *Kh2*

S -- eyn langsamer *Ks2* -- lancksamer *N1* + *(neuer Wa.:)* Successiuus langsam *Ma1*
M *Wa. fehlt M19*
P *Wa. fehlt (Textlücke) B10* *Zusatz fehlt Wo1 Br1*
Kh2 tardus] + late *(?)*

S 1222 adv **Successiue** idem *(nach 1221)*
-- lancksamkeit uel lancksamlich *Sb3*
-- lancsem *P*
Wa. fehlt (vgl. 1221) I
Wa. fehlt Kh2

S *Wa. fehlt Ma3* -- lanksam *B9 N1*
M *Wa. fehlt M19*
K -- nach ein ander *K4*
P *Wa. fehlt (Textlücke) B10* -- gittune allererst *(?) Br1*
P-E + vel nach ein ander komen *Sol*

S 1223 m t **Successor** ein nachfarer °uel °nachkommer °*(Ma3 P)*
-- nach geer *Sb3*
-- *nach volger uel* nach komer *W-Y*
-- qui locum precedencium occupat. Vnde **Successus** -us, -ui .i. prosper et bonus euentus *I*
-- nach farer *K*
-- ⌜ain nach fůrer *E2 M25* / ein nach komer *Sol P-E*

S nachfarer] nach furer *S4*, nach uolger *N1*
M ein nachfarer uel] *fehlt Ma6*, ein farer uel *D1* uel nachkommer *fehlt M19*
W *vgl. 1219* nachkommer] kumer *S1 Bs9* nach volger uel *Bs9*] *fehlt Sg1*
I *vgl. 1223.1*
P *Wa. fehlt (Textlücke) B10* -- eyn nach komer *Wo4* + uel na komer *Ma4*

S 1223.1 m q **Successus** .i. fortuna *S-Y P*
-- dicitur prosper euentus / + *et componitur a »sub« et »cedo« X K*

K m s et *bis* »cedo« *Hl1*] *fehlt W13*

S 1224 m t **Succentor** ein vnders*i*nger
-- qui in ecclesia post precentorem respondet *I*
-- ain vor singer vel vnder singer *P-E R1*

S vndersinger *S4*] vndersenger *Ma1 Ma3*
M vnder senger *Ks1*
K *Wa. fehlt K9*
P vnder sengher *Wo4 Br1*
P-E -- eyn vnder senger, eyn vorsenger *R1*

S 1224.1 **Succentorium** schúrtz tůch *Sol (P-E)*

S 1225 a t **Succ*i*dere** vndersnyden
Wa. fehlt Kh2

S Succidere *S4*] Succindere *Ma1 B9* -- vndersingen *S4* -- vndersigighe *Ma3*
M -- ein vnder sneiden *M19*
I Succindere
K *Wa. fehlt Hl1*
P *Wa.*] n t Succindere vnder singen *Ma4* Succindere *Wo4*
P-E vnder singen *M25*

S 1225.1 n s **Succinctorium** uel **Brachiale** halfter *W-X*

W *vgl. B 196*

S 1226 a t **Succingere** gurten uel schurczen
\+ Vnde **Succinctorium** cum qu*o* succingimur *I*
-- vnder schurczen uel gurten *Sb3*
-- schúrczen vel vnder gúrten *P-E*
-- schorten uel gordelen *Kh2*

vgl. C 429
M *Wa.*] a t Succindere churczen vel garten *M19* -- schurtzen *Ma6* gurten uel] *fehlt D1*, gurteln *Dr1*
W schurczen] schúrpfen *Sg1*
I *vgl. 1225.1* *Sigle fehlt* quo *I2*] qui
K *Wa.*] a t Succindere kürczen oder gürten *K4*
P ghordelen *Wo1*
P-E -- schúrczen *So1*
Kh2 Succindere

S 1226.1 *n* s **Succid*um*** °eyn °busch °*(P-E)*, .i. pixis *P*

P n s Succidum *Wo1*] m s Succidus *Ma4* eyn busch *fehlt B10*
P-E Succadum *E2*

S 1226.2 n s **Succinum** idem *(nach 1226.1)* *P*

S 1226.3 *f p* ***Succulà*** *ein* ⌜*borchele* / barg *P-E R1* *P*
-- en cleyne verkelken *Kh2 Br1*

P *Wa. Wo1*] *fehlt Ma4 B10* borghelin *Wo4*
P-E *Wa. fehlt So1*

S 1226.4 *f p* ***Succumba*** *eyn byslaperynne* *P*
-- en bislepersche *Kh2 Br1*
Wa. fehlt P-E

P *Wa. Wo1*] *fehlt Ma4* byslaferynge *R1*

S 1227 m s **Succubi** sunt demones
\+ qui svb specie mulieris viros decipiunt, quod cum ipsis cubant. *Vnde Nouus Grecismus (29ᵛ) de verbis primo coniugacionis: Victus succumbo, sed succubat in coeundo. Femina namque viro debet subiecta iacere* *W*
-- et **Incubi** quidam demones dicuntur *I*

vgl. I 294
S \+ quidam, pluralis numeri *S4 B5*
W Vnde *bis* iacere *Sg1*] *fehlt S1*
P Succula *Ma4*
P-E Succoni *(auch R1)*

S 1227.1 co p **Succuba** qui uel que succumbit uel succubit *I*

S 1228 n t **Succumbere** vnderfallen uel ⌜*vnder lighen* / vnder legen *S-X*
+ ouer winnen *S-Y P*
+ vel entwichen *I*
-- vnder fallen *Sb3 K*
-- vnder uallen uel ouer wynnen *Kh2 Br1*
Wa. fehlt W-Y

S a t *Y* vnderfallen uel *fehlt Ma3* vnder lighen *zit. nach Ma3*
M a t *(*n t *Dr1)* vnderfallen uel *fehlt Ma6* vnder lighen] vnder legen *Ks1*, ligen *M19*, legen *D1*
P a t -- vnderliggen *B10* uel vnder lighen] *fehlt Wo1*, vnder leygen *Ma4*
P-E a t ouer winnen] vel vincere *E2*, *fehlt So1*
Kh2 a t

S 1229 a p **Succultare** vnder dreten

Die Formen Succultare *und* Succulcare *können nicht immer eindeutig unterschieden werden*
I Succulcare

S 1230 n in **Succulcandi** zucker von candien
-- zucker von *candia* *W*
-- *sucher van* ⌜*candie* / candix *P-E R1* *P*
Wa. fehlt I Kh2

S *Wa. fehlt B9* -- czogher *S4 Ks2* -- zucker uel kondean *N1* van kandianum *Ma3*
M *Wa.*] n in Succucandi czuk von candel *M19* von kandi *Ks1*, von kanden *D1 Dr1*
Sb3 -- kuckhär von kandet
W candia *Sg1*] cander *S1*
K zucker *verderbt Hl1* von cadi *K4*
P *Wa. Wo1*] n in Succurtandi suckern von da kandie *Ma4*, *fehlt B10* von kandigen *Br1*
P-E *Wa. fehlt So1* Succurandi *E2* candix] canden *M25*

S 1231 *n* t **Succinere** vndersingen
-- .i. parum uel sub uel post canere *I*

S *Sigle S4*] m t *Ma1*
M vnder singer *Ma6*
W a t
I a t
K a t *(*n t *Hl1)* vnden singen *K4*

S 1232 m s **Succinus** .i. suca*nus* uel gemma quedam
-- est gemma quedam *Kh2 Br1*

S Succinus] Sucanus *S4* sucanus *S4*] succam *Ma1*
K *Wa. fehlt K4*
P-E -- .i. sucana vel gemma *E2*

S 1233 m s **Succosus** ⌜*safftig* / sapich *Ma3 B9 P (außer P-E)*
+ .i. succo plenus *I*

S *Int. Ks2*] seffecht *Ma1*, saffechtig *S4 B5*
M saffechtig *Ma6 Ks1 D1*
P slafich *(!) R1*
P-E -- hessig *So1*

S 1234 m s **Succulentus** *idem (nach 1233)*

S *Int. Ks2*] seffecht *Ma1*, saffechtig *S4*
I *Sigle fehlt*
K *Wa. fehlt W13 K9*
P *Wa. fehlt B10*

S 1235 *n* t **Succurrere** zu hulffe komen
\+ .i. subuenire *I*
Wa. fehlt K-Y Kh2 Br1

S *Sigle S4*] a t *Ma1*
M *Wa. fehlt M19 D1*

S 1236 m s **Succus** saff
\+ a »saccus« dicitur, quia sacco exprimitur *I*
Wa. fehlt Kh2 Br1

S 1237 m s **Succulus** saff
Wa. fehlt I K-Y Kh2 Br1

P *Wa. fehlt B10*

S 1237.1 n s **Succidium** grumat uel surga *K*

K uel surga *fehlt K4*

S 1237.2 p **Succussare** drafen / + .i. trotare *X* *K*

K *Wa. fehlt Hl1 K9* *dt. Int.*] drȯsen *W9 M37*, drewen *Ab1* trotare] + idem *W13*

S 1237.3 f p **Succussatura** dicitur trotatura *K*

K *Wa. fehlt Hl1 K4 K9* croatura *W9*, decortatura *M37* + drosung *Ab1*

S 1237.4 f p **Succula** est genus vestis sic dicta, *quia* habet orbes ad similitudinem scuti *P*
-- est vestis quedam et habet oras ad [...] *Kh2 Br1*

P quia *Wo1*] que *Ma4*
P-E ad] in *alle Hss. (auch R1)* similitudine *E2*
Kh2 scuti] sputi

S 1238 n p **Sudare** swiczen
-- .i. sudorem emittere, sweißen uel switzen *I*
-- swaissen vel schwiczen *E2* *P-E*

S *Wa. fehlt B9*
M + vel suderare *(vgl. 1241) M19*
P -- sweysen *R1* -- .i. vapores emittere *B10*
P-E -- schwitzen *So1* -- sbaissen *M25*

S 1239 n s **Sudarium** sweißtuch
\+ .i. facitergium *I*
-- est pannus, quo teguntur mortuorum corpora. Eciam dicitur **Tersorium**, quo sudorem a facie tergimus *W*

S + eyn swet hol *Ma3*
W quo *(1)*] cum quo *Sg1* corpora] + Sudarium *S1* a facie] faciei *Sg1*, + purgamus uel *S1* + schwaiss tůch *Sg1*
P-E *Wa. fehlt So1*

S 1240 n t **Sudale** *idem (nach 1239)*
+ *Vnde* **Sudaria** pannus, quo terga equorum terguntur, wúsch tůch *W-X*

S *Int. Ks2*] sweißtuch *Ma1 S4*
W Vnde *Me1*] *fehlt S1*
I *Sigle fehlt*
P-E *Wa. fehlt So1*

S 1241 n p **Suderare** swiczen
+ .i. sudare *I*
-- ⌜swetten *Ma4 R1* / .i. sudare *Wo4 Br1* *P*
-- .i. sudare *P-E*
-- idem *(nach 1238)* *Kh2*
Wa. fehlt W

M *Wa. fehlt (vgl. 1238) M19*
K *Wa. fehlt Hl1 W9 M37 K9 Ab1* Suderare] Sudare *(vgl. 1238) W13 K4*
P *Wa.*] n p Sudare sweten *B10* Sudeare *Wo4* -- sweten .i. sudare *Wo1*
P-E *Wa. fehlt So1*

S 1242 f t **Sudes** ein zunstecke uel ein phall
+ *est palus* *W*
+ est palus uel pertica, que terre infigitur *I*
-- zaun steckh uel pfeill *Sb3*

S uel ein phall] oder phyl *S4*, *fehlt Ks2 B5*
M *Wa. fehlt M19* zunstecke] czauen schick *D1*
W *Zusatz Bs9*] *fehlt S1 Sg1*
K uel ein phall *fehlt K4*
P uel ein phall *fehlt B10*

S 1242.1 n s **Sudibulum** eyn ⌜draghe korff *Ma4* / sykorph *Y* *P*
-- ain *treber* korb *P-E R1*

P *Wa. fehlt Wo1*
P-E *Wa. fehlt So1* treber korb *M25*] trescher korb *E2*

S 1243 m t **Sudor** sweiß

S *Wa. fehlt Ma3*
K *Wa. fehlt K4*

S 1244 m s **Sudus**, -a, -vm .i. serenus, clarus, mundus
+ swaissig *W*
+ purus *I*
-- chlar *K*
-- -da, -dum swetich *P*

M serenus *verderbt M19* mundus] purus *M19*
Sb3 serenus] seruus
P -- -a, -um .i. serenus, clarus, mundus *Wo1* -- -da, -dum .i. mundus, reyne *B10*
P-E -- .i. serenus *So1*

S 1245 f p **Suecia** ⌜sueuen lant / sweden lant *Ma3 B9 P*
-- *schwabenland* *W*

-- swiczer lant *I*
Wa. fehlt Sb3 K

S suczenn lant *B5*
M swiczen lant *Ks1 M19*, swiczer lant *Ma2*, swaben lant *Dr1*
W *Wa. Sg1*] *fehlt S1*

S 1246 *m s* **Swecus** *eyn* ⌜*swebe* / sweder *B9 Ma3 P*
-- *schwab W*
-- ein switzer *I*
-- en swede *Kh2*
Wa. fehlt Sb3 K

S *Wa. Ks2*] *fehlt Ma1 S4* -- eyn swede *Ma3*
M -- swiczer *Ks1* -- est aliquis de tali regione *Ma2* -- ein sweicz *M19*
W *Wa. Sg1*] *fehlt S1*
I *Sigle fehlt*
P -- est aliquis de tali regione *B10*
P-E -- aliquis de tali provincia *E2* -- swender *So1*

S 1247 *a t* **Suere** *newen*

S *Wa. S4*] *fehlt Ma1*
M *Wa. fehlt M19* n t *X*, n s *Y*
Sb3 nahen
W n t
I n s
P-E nagen *So1*

S 1248 f p **Sueuia** swabenlant
Wa. fehlt K

M *Wa.*] *fehlt M19*, f p Swesia sweuenlant *D1*
W -- idem *(nach 1245) Sg1*
P *Wa. fehlt Ma4*
P-E -- schwab *So1*

S 1249 m s **Sueuus** ein swob
Wa. fehlt K

S -- eyn swede *Ma3*
M *Wa. fehlt M19* -- eyn spap *Ma6* -- ein sawb *Dr1*
W -- idem *(nach 1246) Sg1*
I *Sigle fehlt*
P *Int. verderbt Ma4*
P-E -- ain sbas *M25*

S 1250 v *an* **Sufferre** liden
\+ .i. pati vel sursum ferre et eleuare *I*

S *Sigle Ma3*] v *Ma1* luden *Ma3*
Sb3 Sufferre] Suffer
W a t
I a t
K n s

S 1251 a p **Sufferare** beslahen
-- pherde beslahen *I*
-- eyn pert beslan *Kh2 Br1*

M n p
W n p + sicut equum *S1*
K n p

S 1251.1 m t **Sufferrator** hůb schmid *W*

S 1251.2 m s **Suffectus** dicitur aliquis, qui loco alterius in aliquo officio substituitur *W*

W loco alterius *fehlt Sg1*

S 1252 n t **Sufficere** gnug sin
+ Vnde in epistola *(ii Cor 12,9)*: Sufficit tibi gracia mea *I*

S *Wa. fehlt Ma3*
M *Wa. fehlt D1* -- genugen *M19*
P -- geneich syn *R1* -- ghenuch thun *Wo4* -- noch syn *B10*

S 1252.1 a p **Suffingare** .i. confortare et pertinet proprie ad naturam *M*

M *Wa. fehlt M19*
Sb3 Suffugare

S 1252.2 f t **Suffingacio** .i. nature confortacio *M-X*

M *Sigle*] + Inde *(!) Ma6*
Sb3 Suffagacio

S 1253 *n* p **Sufflare** blasen / + pusten *B9 P (außer P-E R1 Kh2)*
-- .i. subtus flare, blasen vel appodiare *I*

S *Wa. fehlt Ma3* *Sigle B9*] a p *X* + uel pustern *Ma1* oder pulstern *S4*
M + pusten *Ma6*
K *Wa. fehlt K4* a p
P *Zusatz fehlt Wo4 B10*

S 1254 n s **Sufflatorium** ein blaspalg
-- eßß, **Conflatorium** idem *W*

vgl. C 823
S *Wa. fehlt Ma3* -- ein plaßpack *N1*
W eßß *fehlt Sg1*
P + puster *Ma4*

S 1255 n s **Sufflabulum** *idem (nach 1254)*

S *Wa. fehlt Ma3* *Int. Ks2*] ein blaspalg *Ma1 S4*
W -- blauß balg *S1*
I *Sigle fehlt*
K *Wa. fehlt Hl1*
Kh2 Sufflabilum

S 1255.1 f *s* **Suffarius** spillingsbaum *P*
Wa. fehlt Kh2 Br1

P *Sigle Wo1*] f p *Ma4*
P-E *Wa.*] *fehlt So1*, f s Sufflarius ain spindel pôm *M25*

S 1255.2 n s **Suffarium** fructus *eius* *P*
Wa. fehlt Kh2 Br1

P eius *Wo1*] *fehlt Ma4*
P-E *Wa. fehlt So1* Sufferium *E2*, Sufflarium *M25*

S 1256 a *p* **Suffocare** worgen, toden, °verdemphen °*(Sb3 P)*, *ersticken*
-- wúrgen uel tŏten uel ersteken. Item Suffoco est extinguo uel strangulo, et secundum Britonem *(Brito 761f.)* semper producit mediam *W*
-- .i. sub fauce capere, strangulare, worgen, verthumen vel doten. Vnde **Suffocatus**, -ta, -tum *I*
-- wůrgen *oder totten* / + *Wersus (Brito 762)*: *Suffocat extingwit, suffocat guttura stringit X* *K*
-- *worghen, doden*, ⌜verderuen, verdemffen *Ma4* / vorscempen, vorsticken *Wo1* / vorderpen, ersticken *R1* *P*
-- wurgen, hersteken *E2* *P-E*
-- worghen uel vordempen *Kh2 Br1*

S *Sigle S4*] a t *Ma1* verdemphen, ersticken] deüpen *S4*, demphen, erstincken *Ks2*, *fehlt B9* verdemphen] dempen *Ma3* ersticken *Ma3*] *fehlt Ma1*, versteknn *B5*, vorstincken *N1*
M verdemphen] *fehlt Ks1*, verdennen *Ma6*, vortupffen *D1* ersticken *fehlt Ma6 M19*
Sb3 worgen] porgen
W Item *bis* mediam] *(nach 1257) X*, Item est extingwere. Versus *(Brito 762)*: Suffocat extingwit, suffocat guttura stringit. Inde Suffocacio et secundum Britonem semper producit mediam *Sg1*, Inde Suffocacio et secundum Britonem semper producit mediam *Bs9 Me5*
K oder totten *K4*] *fehlt W13* Vers *Hl1*] *fehlt W13*
P -- worghen, erschicken *Wo4* -- worgen, doden *B10* worghen, doden *Wo1*] *fehlt Ma4*
P-E d p Suffocari *E2 M25* -- erstiken, extungwere *(!)* vel strangulare *So1* -- wŏrgen oder erstrecken *M25*
Kh2 vordampen *Br1*

S 1257 f t **Suffocacio** worgunge
-- verporgnew töttung oder erstickung *Sb3*
-- erworgung *I*
Wa. fehlt (vgl. 1256) W-Y

S + dodinge *B9*
M *Wa. fehlt M19* erwurgung *Dr1*
W erwúrgung *S1*
K *Wa. fehlt Hl1*
P *Wa. fehlt Ma4* irworgynge *Br1*
P-E -- erstikken *So1* -- wigung *(!) M25* + herstekung *E2*
Kh2 worghen

S 1258 a t **Suffodere** vndergraben

S vmme grauen *Ma3*
I *Sigle fehlt*
P-E ergraben *So1*

S 1258.1 n s **Sufforium** est quoddam vas *P*

S 1259 f t **Suffosio** vndergrabunge
Wa. fehlt I K

S *Stichwort verderbt S4*
W *Wa.*] *fehlt Me1*, Inde Suffosio *(nach 1258) Bs9 Me5*
P-E *Wa. fehlt So1* n s Suffosium *E2*

S 1260 d p **Suffragari** helffen
+ Item **Suffrago** -inis et **Suffragines** sunt nerui flexibiles femur et tibiam de subtus colligantes *W-X*
-- .i. a*u*xiliari proprie in uerbis, scilicet preces *I*

M helffeln *Ma6*
W *vgl. 1266.1*
I auxiliari *I2*] auiliari
P-E d p Suffragere *E2*

S 1261 m s **Suffraganeus** ein helffer oder *wibischoff*
-- weich pischolff *Sb3 K P-E*
-- .i. auxiliarius uel wibischoff *I*
-- eyn helper *Kh2*

S oder wibischoff *Ks2*] oder wihebisch *(!) Ma1*, *fehlt S4*
M wibischoff] peychtpischolff *M19*, bischoff *D1*
W mit helffer *Me1*
P ein helffer oder *fehlt Ma4 Wo1*
P-E *Wa. fehlt E2*

S 1261.1 **Suffraginare** .i. flectere genua. Vnde **Suffraginatus**, -a, -um *I*

I Suffraginare] d p Suffraginare *(auch I2)*

S 1262 n s **Suffragium** hulffe
+ scilicet oracio sanctorum *I*
-- ain vorbittendi hilf uel ⌜vorordnung *X* / ordnung *uel vordrung* *Y* *W*

S *Int. fehlt Ks2*
W uel vordrung *Bs9*] *fehlt Sg1*
P-E *Wa. fehlt E2*

S 1263 f t **Suffragacio** idem *(nach 1262)*
Wa. fehlt I

S *Wa.*] d p Suffurgari idem *(nach 1262) Ma3* *Int. fehlt Ks2*
W *Wa. fehlt Sg1*
K hilffung *W13*
P hulpinge *B10*
P-E -- idem *(nach 1260) E2*

S 1263.1 *part* **Suffultus** °schinende °*(P-E)* erluchtet *P*
-- vorluchtet *Kh2*

vgl. 1266.2
P *Sigle Wo1*] *fehlt Ma4* -- irluchtet *Br1* vorluchtet *Wo1*
P-E *Wa. fehlt So1* -- ain leichtet *M25*

S 1264 n q **Suffulcire** erluchten
+ uel vnderstúczen *W-X*
-- zeren, erluchten. **Suffultus**, -a, -um inde *I*
-- schinen vel vorluchten *Kh2 Br1*

Sb3 Suffulare
W erlucht *Bs9*
P vorluchten *Wo1*
Kh2 Suffulare

S 1265 a t **Suffundere** .i. parum uel subtus fundere
-- significat parum fundere *Sb3 W K*
-- drunken maken *P*

M uel subtus *fehlt Ma6*
I n t
P *Wa. fehlt B10* -- .i. parum uel subtus fundere *Wo1*
P-E -- .i. subtus vel parum fundere *So1* -- trunken gemachs *M25*

S 1266 n s **Suffusorium** est vas oley
-- vas, in quo est oleum, quod ponitur in lucernis *I*
Wa. fehlt Kh2

M Suffosorium *M19*
Sb3 Sufforium
W Suffossorium *Y*
P n s Suffusorij *R1*
P-E Sufforium *E2 M25*

S 1266.1 f t **Suffrago**, *-inis et suffragines in plurali dicuntur* crura uel doxa *K*

K *vgl. 1260* -inis *bis* dicuntur *K4*] suffragines dicunt *W13*

S 1266.2 m s **Suffultus** .i. firmatus *K*

K *vgl. 1263.1*

S 1266.3 f t **Suffusio** wltus dicitur lugubris ostensio faciei *K*

S 1266.4 part **Suffusus** drunken maket *P*
-- tru*n*ken gemacht *P-E R1*

P ghemaket *Wo4* + eyn drunken mesche *Ma4* + eyn drunkenbolt *Wo1 Wo4*
P-E -- est aliquis aliquo liquido conspensus *(?)*, sicut homo ebrius est suffusus vino etc. *So1* trunken *M25*] truken *E2*

S 1267 n t **Sugere** lallen uel vnuerstentlich kosen uel sugen
-- sugen uel ⌜vnuernúnftigen *X* / vnuernúnfteklich *Y* kosen uel lellen *W*
-- vnuerstentlich reden, lallen vel sugen *I*
-- vnuerstentichleich reden *K*
-- sugen vel vnuernúftigklich reden *E2* *P-E*
-- sughen *Kh2 Br1*

S lallen] laben *Ks2*, labben *Ma3* kosen] spreken *B9* uel sugen *fehlt S4*
M -- saugen *M19* vnvernuftiglichen *Dr1* kosen] reden *D1*
K a t *Stichwort verderbt K4*
P -- lallen, vnuerstentliken uel sugen *Ma4* sugen] reden oder suen *R1*
P-E *Wa. fehlt So1* -- saugen *M25*

S 1268 a t **Sugerere** ⌜*to rumen* / zu blasen, rumen *S-X* uel raten
-- zu raunen uel raten *Sb3*
-- sugessi, -sum significat svbsternere siue submittere occulte et mala intencione aliquid consulere uel subministrare *W*
-- .i. iudicare aut suadere causa decipiendi *I*
-- zu rawmen *K*
-- tho runen uel tho raden *Kh2 Br1*

S Suggere *S4 Ma3 B9* -- tzu růnchin vel raden *Ks2* -- czu blasin, czu ratenn uel czu růmen *B5* to rumen *zit. nach Ma3* zu rynnen *N1*
M -- roten vel vnuerstendlick reden *(vgl. 1267) M19*
W *vgl. 1271*
K Suggere *X*
P Suggere *Ma4* -- tornen uel raden *B10* to rade *Ma4*
P-E -- zů rumen *M25*
Kh2 Sugere

S 1269 f t **Sugestio** bose ratunge
-- mala uel dyabolica persuasio, ratung *I*
Wa. fehlt W

S bose rad *Ma3*
M buße radunge *Ma6*
P *Stichwort verderbt Ma4*
P-E bös rat *Sol*

S 1269.1 a t **Sugere** .i. suggerere *Wo4 Wo1 (P)*

P *vgl. 1267, 1268*

S 1270 m q **Sugestus** est ⌜sedes / genus *P-E R1* accusatoris
-- .i. suggestio vel tribunal iudicis *I*
-- dicitur sedes uel tribunal principum uel sedes accusatoris *K*

S Sugustus *S4*
Sb3 accusatoris] accatorum
K -- dicitur tribunal principum *K4*
P m s
P-E m s accusatorum *E2*
Kh2 m s Sugigestus

S 1271 a p **Sugillare** °*vberwildigen* °*(P-E)*, suffocare, strangulare uel gulam stringere
-- ubergeweltigen uel suffocare uel strangulare *Sb3*
-- significat latenter et male consulere sicut et **Suggerere** ⌜ẏbelwellen *X* / item significat *Y* uel suffocare uel condempnare uel strangulare *W*
-- .i. verberare, suger*re* aut suffocare *I*
-- ⌜.i. condempnare uel suffocare, *gulam stringere, strangulare* et dicitur quasi sub gul*am* capere *X* / .i. *condempnare uel* strangulare *Y K*
-- .i. suffocare uel strangulare uel ouer vloten *Kh2 Br1*

S Suginare *Ma3* vberwildigen *S4*] uber geweldigen *Ma1 B5 N1* uel gulam stringere *fehlt B9*
M -- ober geweldigen *Ma6* *dt. Int.*] vnder walchen *M19*
W *vgl. 1268* uel strangulare *fehlt Y*
I sugerere *emend.*] sugere *(auch I2)*
K gulam stringere, strangulare *W9*] *fehlt W13*, uel gulam strangulare *H11* et dicitur *bis* capere *fehlt H11* gulam *W9*] gula *W13* condempnare uel *K9*] *fehlt K4*
P ouewolden *B10*
P-E -- ẏber winden vel suffocare vel strangulare vel mala latenter consulere vel gulam stringere *Sol*
Kh2 ouerflotygen *Br1*

S 1271.1 *m s* **Suillus**, -a, -um .i. porcinus uel paruus porcus *W*
-- .i. paruu*s* sus *K*
-- *eyn* virken *P*
-- ain fårlin *P-E*
Wa. fehlt Kh2 Br1

W *Sigle Sg1*] Item *(Wa. nach 1274) S1*
K paruus *K4*] paruum *W13*
P -- est paruus sus *R1* eyn *Wo1*] an *Ma4* + uel ianua *(mißverstanden aus* portus *für* porcus *?) Ma4 Wo1 B10*
P-E -- est porcinus uel paruus porcus *So1* + vel est ianua *E2 M25*

S 1271.2 **Sugosus** sug hand *So1 (P-E)*

S 1272 a p **Sulcare** .i. sulcum facere, ⌜forch machen / voren *B9 P*
-- .i. sulcum facere *M-X P-E Kh2 Br1*
-- furich machen *Sb3*

S *dt. Int.*] *fehlt S4 Ks2*, voren maken *Ma3* forcht *B5*
M forch machen] forcht *D1*
W *lat. Int. fehlt Sg1* *dt. Int. fehlt S1*
K n p *lat. Int. fehlt W13 Y*
P *dt. Int.*] *fehlt Ma4 Wo4*, varen verken *B10*
P-E + fúrchten *So1*

S 1273 m s **Sulcus** ein forch als mit dem pluge
-- ein furich *Sb3*
-- eyn forch vel vestigium nauis in aqua *I*
-- furich / + *dy man mit ainem pflug macht X* *K*
-- eyn fore *P*
-- ain furch, et componitur cum bis-, tris-, vt bis*u*lcus est aliquis campus habens duos sulcos *P-E*

S -- eyn forich *Ks2* -- eyn vore alz myd dem ploge doyt *Ma3* -- eyn vore in deme acker *B9* forcht also *B5*
M -- eyn forche *Ma6* -- eyn forch alzo mit dem phlůge macht *Ks1* -- ein furch sicut in agro *M19* -- ein forch als man mit eim fplug macht *D1*
W -- furr *S1* -- furch *Sg1* als] *fehlt Me1*, alzo *Bs9 Me5*
K *Zusatz Hl1*] *fehlt W13 W9*
P *Wa. fehlt Wo4* Sulc *Ma4* + als man mit dem plugg maket *Ma4* + alze myt der ploch *Wo1* + in dem lande *B10*
P-E et *bis* sulcos] cum aratro factum *So1* bisulcus *M25*] bisilcus *E2* campus *M25*] campos *E2*

S 1273.1 n s **Sulcatorium** eyn hake *P*
-- .i. huncus *P-E*

P harke *Wo4*
P-E *Wa. fehlt So1* huncus *für* uncus

S 1274 *n* t **Sulfur** swebel

S *Wa. fehlt Ma3* *Sigle B5*] m t *Ma1*
K m t

S 1275 m s **Sulfurius** ⌜*sweuelich* / swebelecht *S-X M I*

S sweuelich *zit. nach Ma3* -- swebelich *S4*
M sbelig *M19*
W swebellist *S1*
I *Sigle fehlt*

K sweblein *K4*
P sweuelecht *Ma4*
P-E Suphurius *E2* schwebelin *So1*, swebelhaftig *M25*

S 1276 n t **Sumere** nemen uel zern
\+ eßen *I*
-- nemen *Kh2 Br1*

I a t
K *Wa. fehlt K4*
P-E zern] messen *So1*

S 1276.1 n s **Sumacium vinum** *golt var* wyn *P*
-- .i. vinum quoddam, golt var win *P-E*

P *Wa. fehlt B10* golt var *Wo1*] gal var *Ma4*
P-E *Wa. fehlt So1*

S 1277 n t **Sumen** est ista pars suis, vbi ubera adherent
\+ et sumitur pro cibo grosso, qui non est preciosus. *Item* est pigwedo. Vnde Cornutus *(ii 21,1)*: Stipus ed*a*t sumen. Item **Sumates** sunt viri potentes *W*
-- [...] vbera stant *Sb3*
-- pinguedo, que est in ventre porci *I*

S adherat *S4*
Sb3 Sumen] Suille
W Item *Sg1*] sed *S1* edat *Sg1*] edet *S1*
P adherunt *Ma4*
P-E -- suini schmalcz *So1*

S 1278 f p **Summa** ein somme, ut summa peccunie
-- ein summ *Sb3 K P-E R1 Kh2 Br1*
-- est finis rei et compendium sub breuitate collectum *I*

S *lat. Int. fehlt B9* ut] uel *S4*
M *lat. Int. fehlt M19*
W *lat. Int. fehlt S1 Sg1*
K *Wa. fehlt K4*
P *lat. Int.*] ut peccuniarum *Ma4*

S 1279 a p **Summare** .i. summam facere, volbrengen
-- significat sumam computare *Sb3*
-- est summam facere. Inde **Sumatim** adv *W-Y*
-- .i. summam facere, summen *I*
-- .i. summam colligere *K*
-- .i. summam facere *Kh2 Br1*

S *dt. Int. fehlt Ks2 B9*
M *Wa. fehlt M19*
W *vgl. 1280*
K *Wa. fehlt K4*
P-E *dt. Int. fehlt So1 M25*

S 1280 adv **Summatim** entlich
\+ .i. leuiter, stricte, festinanter *I*
-- genczlich *P-E*
Wa. fehlt (vgl. 1279) W-Y

W summlich *S1*
P eynczelichen *(!) R1*
P-E -- endlich *So1*

S 1281 *m s* **Summus** der oberste
-- -ma, -mum der aller hoest *I*
Wa. fehlt Sb3

S *Sigle S4*] *fehlt Ma1*
M -- aller höchst *M19*

S 1282 m q **Sumptus** zerunge uel verzert
+ et sic est per-, pre- *Sb3*
+ .i. cibus *I*
-- zerung *K*
-- ghenamen uel terynghe *Kh2 Br1*

S uel verzert *fehlt Ma3*
M *Wa. fehlt M19* uel verzert] *fehlt Ma6*, uel vorczerer *D1*
W -- zerung uel bruch *Sg1*
P -- vortert *Wo1*

S 1283 adv **Sumopere** .i. diligenter

P-E *Wa. fehlt E2*

S 1283.1 m s **Sumphus** *eyn swam* *P*

P *Wa. fehlt B10* *Int. Wo1*] .i. suauis *Ma4*
P-E *Wa. fehlt So1* -- ain swan *M25*

S 1284 m s **Sumptuarius** qui rogat sumptus

S *Wa. fehlt Ma3*
P *Wa.*] m s Sumpuarius est qui cogat sumpuus *R1* -- qui regit sumptos *Ma4*

S 1285 m s **Sumptuosus** zerhafftig
+ uel luxuriosus *P*
-- zerhafft *Sb3*

M czerhafft *M19*
W *Wa. fehlt S1*
I *Sigle fehlt*
P zerhafftig] worhafftig *Ma4*
P-E zerhaft *E2*

S 1285.1 m s **Summanus** .i. Plut*o* uel deus infernorum *Kh2*

Kh2 Pluto *Lü1*] Pluta

S 1286 f t **Sunamitis** gefangen, jrre uel wuste
-- gefangen oder wuste *Sb3*
-- proprie significat mulierem habitantem in Suna, que est ciuitas quedam parua in terra promissionis. Sed quia Suna interpretatur despeccio uel decepcio, propter hoc transsumitur nomen Sunamitis, ut significet deceptam et despectam. Vnde illud, *quod* dicitur in Cantica *Cantic*orum *(Ct 6,12)*: Reuertere, reuertere, Sunamitis. *Si* intelligitur de beata virgine, glosandum est: .i. despecta, quia, dum esset in terra, non habebatur a Iudeis in tanta reuerencia sicut de-

buit. Si uero intelligatur hoc verbum de synagoga, glosandum est: Sunamitis .i. decepta, quia putat messiam in lege promissum nondum natum esse, qui iam dudum natus est *W*
-- nomen cuiusdam puelle vel gefangen *I*
-- gefangen oder wüest oder o͛d *K*
-- *vangen, erre woste* / + kindecheit, iungeling, herten lipp, synnen diff, besunder liff *Ma4* / + iungeling herczelyf *R1* / + kyldikkeyt, iunghelik herte, synnen dyf, sunderlik lib *Wo4* *P*
-- uel ***Sunamis***. Wersus *(vgl. C/T »Svnamitis«)*: Quid *Sunamitis* signa*t*, si scire velitis: dissona captiua deserta mens aliena. Est peccans anima Christum per termina multa *P-E*
-- eyn vanghen uel dicitur anima exspectans salutem, et interpretatur filia captiva. Eciam idem est quod dissona uel aliena uel eyn sunderlik senent. Wersus *(vgl. C/T »Svnamitis«)*: Quid Sunamitis signat, si sire velitis: dissona captiva desertaque mens aliena *Kh2*

S *Int. fehlt B9* wuste] wustunge *B5*, + .i. desertim *Ma1*, + sundich zele uel eyn derne *Ma3*
M Sunamatis *Ma6* -- gesange *(!)* error uel wust *D1* uel wuste] wustunge *Ma6*, *fehlt M19*
W quod *Sg1*] *fehlt S1* Canticorum *Sg1*] -orum *S1* Si *Sg1*] similiter *S1* beata] + Maria *S1* iam] cum *Sg1*
P *Wa. fehlt B10* -- eyne fangen ader erre sele ader eyn sundlich liff *Br1* vangen erre, woste *Wo1*] wangen *(?)* rot eren vast *Ma4*
P-E *Stichwort verderbt E2* -- est quelibet anima involuta peccatis vel mulier Chananea vnde *(?)* muliere colleccio *So1* Sunamis *M25*] Sonanus *E2* Sunamitis signat *M25*] sua mitis signatis *E2*
Kh2 sire *für* scire

S 1287 etro **Suparus** ein stuche uel ein prise
+ .i. longa camisia et ponitur pro uelo *K*
-- ein stauch *Sb3*
-- brischuͦ *W-Y*
-- eyn brise uel eyn lang ermel vel sepe capitur pro summitate velorum *I*
-- eyn stuke. Wersus *(Walther 30861)*: Supara longe gere, si vis bene, virgo, placere *Kh2*

S stuche] suche *B5*, + hulle *Ma1* prise] mowe *B9*
M ein stuche uel *fehlt Dr1* + lang ermel *M19*
Sb3 Superus
W *vgl. 1287.1* -- ain sturcz *S1*
K uel ein prise *fehlt K9* *Zusatz fehlt K4*
P -- eyn stuck, eyn mauwe in dem reichelene *Ma4* ein stuche uel] *fehlt R1*, eyn armel *Wo4* uel ein prise *fehlt Wo1*
P-E -- ain schlair *M25* uel ein prise *fehlt So1*

S 1287.1 a p **Suparare** significat pannos rugare et in formam supari disponere et aptare; est autem **Suparus** uestis linea et rugosa, qua mulieres cooperiunt caput. °Suparus °*(Y)* eciam dicitur manica crispata, que ad latus *de*pendet causa ornatus, qualem mulieres deferunt in teristris. **Teristrum** wlgariter kitel *W*
-- -aui .i. supar*o*s long*o*s facio uel idem quod vinco. Wersus *(Grec. Vet. xv 191)*: Suparo cum pannum rugo, sup*e*ro quoque vict*um*. Qui superat vinsit et quod superest superabit *Kh2*

vgl. T 184
W supari] superari *Sg1* dependet *Sg1*] pendet *S1* deferunt] defecerunt *Sg1* kitel] + uel schluk *S1*
Kh2 suparos longos *emend.*] suparas longas supero *emend.*] suparo victum *emend.*] victo vinsit *für* vincit

S 1287.2 ***Suppera*** *weit uel lesa uel affter hemde* *W-X*

W *Wa. Me1*] *fehlt S1* Suppera] Supara *M12*

S 1287.3 f *p* **Supara** arm golt *P*
-- langhe mowen *Kh2*

P *Sigle Wo1*] f *Ma4* -- golt *B10*
P-E *Wa. fehlt So1*

S 1288 n s **Suppendium** est eleuacio intencionis ad deum

S 1288.1 m s **Superus** dicitur regnator celi *Kh2*

S 1288.2 adv **Superuacue** vnnúczlich, vt capitur in v° psalmo *(z.B. 24,4)* *E2 P-E*

P-E *vgl. 1307.1*

S 1289 ppo **Super** von uel uff
-- auff *Sb3 W*
Wa. fehlt I K-Y P-E

S *Wa. fehlt Ks2*
M *Wa. fehlt M19* Suter *Ma6* -- off *Dr1*

S 1289.1 m s **Superadultus** dicitur, qui transcendit etatem pubertatis *W*

W *vgl. 1307.2*

S 1289.2 f p **Suppecia** .i. auxilium *P*

vgl. 1310.1
Kh2 Supercia

S 1290 *f p* ***Superbia*** *hoffert*
Wa. fehlt K

S *Wa. S4*] *fehlt Ma1 Ma3*
M *Wa. fehlt M19* hochfertikeit *D1*
W *Wa. fehlt (vgl. 1291) Bs9 Me5*
P-E *Wa.*] + *(neuer Wa.:)* m s Superbosius idem *E2*

S 1291 n q **Superbire** hoffert triben

M horffart triben *Ma6*, hochfertig tryben *D1*
W + Inde Superbus *(vgl. 1292)* et Superbia *(vgl. 1290) Bs9 Me5*
I *Sigle fehlt*
K *Wa. fehlt K4*

S 1292 *m s* ***Superbus*** *hofferdig*
Wa. fehlt K-Y Kh2

S *Wa. S4*] *fehlt Ma1*
M *Wa. fehlt M19 D1*
W *Wa. fehlt (vgl. 1291) Bs9 Me5*

I Sperbus, -ba, -bum
P-E hochfart *M25*

S 1292.1 m s **Superciliosus** idem *(nach 1292)* *P*
-- idem *(nach 1291)* *Kh2*

P *Wa. fehlt B10* Superbiciosus *Wo4*
P-E *Wa.*] *fehlt So1*, m s Superbiosus idem *(nach 1292) M25* -- idem *(nach 1290) E2*
Kh2 *vgl. 1307.4*

S 1293 n s **Supercilium**
-- ⌜wintbra *Ma1* / eyn wonper aůge auper *S4* / de har bouen den oghen *Ma3* / dy har bouen den ougen lede *B9* *S*
-- ⌜win bran *Ma6 Ks1* / aug pra *M19* *M*
-- obebra *Sb3*
-- ober braw *W K P-E*
-- eyn oberst augbra an dem auge *I*
-- ⌜de har bouen den oghen *Wo1 Br1* / dicitur hare oben den augen leden *R1 Wo4* *P*
-- de oghe bran *Kh2*

S -- eyn wintbran *Ks2 N1* -- eyn winp auge *B5*
M -- aupern in oculo *Ma2* -- wympbron *D1* -- vberbro *Dr1*
Sb3 Superlicium
W -- augen bron die obern *Me1*
K Supercilum *K4*
P *Wa.*] m s Superciliosus der wybrren hor *Ma4* -- ogenbrawen *B10*

S 1293.1 n s **Supercilicium** est membrum oculi; quandoque ponitur pro superbia *Kh2*

S 1294 a p **Superare** uberwinden
+ uel dy mowen crusen *P (außer P-E Kh2 Br1)*

S *Wa. fehlt B5*
K *Wa. fehlt K4*
P *Zusatz*] *fehlt Wo1*, oder de ermel cruß machen *R1* crusen] knoffen *Wo4*

S 1295 co t **Superficialis** uberhebelich

M *Wa. fehlt M19*
Sb3 über helflich
P *Wa. fehlt Ma4* ouerwynlik *B10*, irheuelich *Br1*

S 1296 f q **Superficies** ⌜uberhebig / ouer heuinghe *Ma3 B9 P*
+ oder der außer teil *K*
-- usßwendikait *W*

S verhebig *S4*
M eyn ober hebunge *Ks1*, vber windlich *M19*
W + estrich *Sg1*
I *Sigle fehlt*
P ouerhinckunge *Ma4*, ober *(!) Wo4*, ouerheuich *Br1*
P-E -- estrich vel ramfft *So1* -- idem *(nach 1297) M25*

S 1297 m s **Superfluus** uberflußig
+ Inde **-itas** *P (außer P-E)*
Wa. fehlt (vgl. 1298) W-Y

Wa. fehlt K

P *Zusatz fehlt (vgl. 1298.1) Wo1*
Kh2 *Int.*] a *(!)*

S 1298 n t **Superfluere** uberflißen
+ Inde **Superfluus** *W-Y*
+ uel habundare. **Superfluxus** -a, -um inde *I*
-- auerwlten *Kh2*

W *vgl. 1297*

S 1298.1 f t **Superfluitas** ouervloticheyt *Wo1 So1 (P)*

S 1299 etro **Suppellex** ⌜hußrad / husgherad *Ma3 B9 P*
-- hausgeschirre *Sb3 P-E*
-- dicitur substancia uel facultas uel ornamentum domus quodcumque *W*
-- eyn declach uel hußrait *I*

M hausgerat *M19* + ingedone *Ma6*
W -- husgschier uel stobhúli *Sg1*
K Supplex *W13*, Suppeller *K4*
P hůß raet *R1 Wo4* + in ghedone *Ma4*
P-E -- hus rad uel stobhúli *So1*

S 1300 adv **Superius** da oben
-- da bouen *P (außer P-E R1)*
-- bouen *Kh2*
Wa. fehlt K-Y

S *Wa. fehlt Ma3* -- dar en bouen *B9* + oben off *S4*
M *Wa. fehlt D1*
W *Wa. fehlt Sg1* -- dar vber *Bs9*
P -- dar en bouen *Wo1* da ober *Wo4*

S 1300.1 **Supereminere** .i. preualere, excellere *I*

S 1301 m s **Supernus** der oberste
-- -na, -num der hogest *I*
Wa. fehlt (vgl. 1328.1) K

S 1302 n t **Superliminare** der oberste phost *in* der dore
-- uel **Liminare** limen est illud quod superponitur hostio, wlgariter ẃbertúr *W*
-- est superior pars hostij domus *I*
-- der ŏberist tram / + oder v̈ber tür *Y* dicitur superius limen, quod ex transuerso super hostium ponitur *K*

vgl. L 300
S *Int.*] *fehlt B5*, der oberste swelle an der thore *Ks2* in dem huse *Ma3* in *Ma3*] uber *Ma1*, an *S4*
M *Int.*] *fehlt D1*, dye obrist tür *M19* in dem tor *Dr1*
Sb3 Superliminale in dem thor
W Supliminare *Sg1* + uel thur geschwel *Me1* + uel dúr schibell *Bs9 Me5*
K der oberist tram *fehlt K9* *lat. Int. fehlt K4*
P Superlimina *Wo4* -- dy ouer post der dore *Ma4* in] an *R1 Wo4*
P-E *Wa.*] n t Superbinale der ŏbrest *M25* -- ẃber túr oder trischúbel *So1* in] an *E2*
Kh2 Superlimare

S 1302.1 n t **Superhumerale** humler *W*
-- idem *(nach 1299)*, ephot *Sol (P-E)*

W vmbrall *Mel*, humeral *Bs9*
P-E Superhumerali *Sol*

S 1303 n s **Sup*er*pellicium** ein korrockel
-- eyn ⌜koir ruckeln *Ma6* / chair rok *M19 Drl* *M*
-- ein chorrockh *Sb3 I K*
-- *cor rock uel* v́ber rŏk *W*
-- ain korhempt *P-E*

S Superpellicium *Ks2*] Suppellicium *Mal S4*, Superplicium *B9* kor rockelin *S4*, korhemede *Ks2*, rochelen *Ma3*, korrock *N1*
M korruckelin *Ks1 D1*
Sb3 Superplicium *(?)*
W cor rock uel *Bs9*] *fehlt S1 Sg1*
K Supperplicium *W13*
P korerokelin *Ma4*, kaur rock *R1*
P-E kor rok *Sol*
Kh2 Superplicium eyn hochchilen

S 1304 n s **Supersedere** *vber siczen* uel vnderwegen lassen
-- obersitzen vel uerlaißen *I*
-- vnder weg lassen *K*

S vber siczen *S4*] ver siczen *Mal*, vndersiczczen *B5* vnderwegen] überwegen *N1*
M -- vber sicz ṽber gen *M19* versiczen *D1*
W Supersidere *S1*
K Supersidere *Y*
P Supercedere *Ma4* -- ouer zetten vndwegen laten *Ma4* -- oversitten *Br1*
P-E -- v̊ber siczen *M25*

S 1305 co t **Superstes** ⌜*eyn oberblybender* / ouerbliuende *B9 P*
-- -itis .i. senex uel remanens viuus, oberblibung *I*
-- ⌜der v̊berpeleiber *W13* / v̊ber peleiwunder *K4* *K*
-- eyn auerlop uel est idem quod supersticiosus *Kh2*

S *Int. Ks2*] uberblibende *Mal*, vber blibendig *S4*, obirblinder *B5*, eyn ouerbliuer *Ma3*
M obir blybende *Ks1*, ein vber bleybung *M19*, eyn vberwinder *D1*
W *Wa.*] *fehlt Sg1*, Inde Superstes, Supersticiosus *(vgl. 1307)* et Supersticio *(vgl. 1306) Bs9 Me5*
K der vber peleibt *Hl1 K9 Ab1*, der vberpleybender *W9*, der ṽber pleybent *M37*
P -- ouerflodunghe *Ma4* -- ouerbliuen *B10*
P-E -- v́ber blibender *E2* -- est res, que remanet anima destructa, vt filius dicitur superstes patre mortuo *Sol*

S 1306 f t **Supersticio**, -onis ein vnglaube, et est vana religio uel superflua institucio
-- ⌜vngeloub [...] institucio. Item Supersticio est *X* / est *Y* erronea uel falsa religio *sicut ydolatria* *W*
-- .i. dampnum vel vana et superflua religio et obseruacio uel cultura ydolorum *I*
-- vngelawb ⌜et dicitur vana religio et superflua ut superinstituta obseruacio *X* / uel vana et superflua religio *Y* *K*

S *lat. Int. fehlt B9*
M vana] vna *M19*
W sicut ydolatria *Sg1*] *fehlt S1*
P-E superlua *E2*
Kh2 vnglaube] + et vanor *(getilgt ?)*

S 1307 m s **Supersticiosus** ⌜ein vngleubiger uel superbus / vnghelouich *Ma3 B9*
-- -a, -um, qui supersticionem operatur uel sectatur / + vngelo̊biger uel aberhersch .i. superbus *X* *W*
-- -a, -um .i. vanus uel falsus religiosus *I*
-- v̊berhubsch oder vngelaubiger, falsus religiosus, eciam dicitur superbus uel ydolorum cultor *K*
-- onglouich, ouerhersh, .i. superbus *P*
-- vngelo̊big *P-E*
-- vnghelouet uel est falsus religiosus uel ydolatorum cultor, vt dicit Papias *(»Superstitiosus«)* *Kh2*

S *dt. Int.*] vnglewbig, ůberhersch *N1*
M *Wa. fehlt M19* -- vngeleubisch, ober hirste *Ma6* -- vngleůbig uel obir herschit *Ks1* + uel aberherst *Dr1*
K *lat. Int. fehlt K4*
P -- vngelouich *Br1*
P-E -- qui supersticio sectatur vel operatur *So1*

S 1307.1 adv **Superfacue** dicitur frustra et vane et inutiliter *K*

K *vgl. 1288.2* Superfacue *für* Supervacue -- .i. invtiliter *K4*

S 1307.2 m s **Superadultus** qui creuit vltra annos pubertatis *K*

K *vgl. 1289.1*

S 1307.3 s **Supereminere** .i. preualere / + preesse, patrare *X* *K*

S 1307.4 m s **Superciliosus** .i. superbus, tristus uel ceuerus *Kh2*

Kh2 *vgl. 1292.1* ceuerus *für* seuerus

S 1308 a p **Supinare** .i. eleuare uel uersare
+ uel supinum facere *I*
+ ministrare *K*
-- eleuare *P*

M uel uersare *fehlt M19*
W Supinare] Superleuare *S1*
K -- .i. eleuare *K4* uel uersare *fehlt Y*
P-E -- releuare *E2*

S 1309 m s **Supinus** uffgericht uel versatus
-- -a, -vm .i. reuersatus, off gericht *I*
-- *auf gericht* oder hoch *K*
-- oppgerichtet *P*

vgl. P 1212
S -- vp gerich *B9*
M -- aufgericht *M19* vff gerichtig *Ks1*
W usgericht *Sg1*
K auf gericht *K4*] aufgerachk *W13*, auff reckt *Hl1*
P tu gericht *B10*
P-E -- vngericht vel versatus; est ille, qui se inclinat super dorsum *So1*

S 1309.1 m s **Supernus** idem est quod celestis *Kh2*

Kh2 *vgl. 1301, 1328.1*

S 1310 a p **Suppeditare** vnder die fuße treten uel ministrare
-- .i. auxiliari, subministrare, subseruire *I*
-- vnder die fůcz treten *K Kh2 Br1*

M *Wa. fehlt M19*
W uel ministrare *fehlt Sg1*
Kh2 Superitare

S 1310.1 f p **Suppecia**, -cie .i. suffragium, auxilium, hulff *I*

I *vgl. 1289.2*

S 1311 *a* t **Suppetere** zu hulffe komen uel gnug sin
-- ze hilff komen *Sb3 K*
-- ⌜ze hilf komen uel genůg sin, eciam est *X* / est *Y* petitum ab aliquo ministrare et sic ponitur pro eo, quod est iuuare. Item est prodesse. Item est sufficere, habundare. Vnde Salomon *(vgl. 24,12)*: Si suppetunt diuicie et erogare non obmitt*as* *W*
-- zu hulff komen vel superabundare *I*

S *Sigle S4*] n t *Ma1* uel gnug sin *fehlt S4 B9*
M *Wa. fehlt Dr1* -- zw auf chomen *M19* sin *fehlt D1*
W iuuare] viuare *Sg1* obmittas *Sg1*] obmittes *S1*
K *Wa. fehlt K9*
P uel gnug sin *fehlt Wo1 B10*
P-E -- vermúgen vel z hilf komen oder gúnstig sin *So1* uel gnug sin *fehlt M25*

S 1312 a p **Supplantare** verdrucken
\+ uel vnder drucken *I*
-- vnder drucken *M*
-- vnder truken / + Inde **Supplantator** *Y* *W*
-- ⌜verdruchken oder vnder werffen *X* / vnder drucken *Y* *K*

S vordukenn *B5*, vnder drucken *Ma3*
W *vgl. 1313* + uel verstoßen *Me1*
K verdruchken] vnder drucken *Hl1*
P hopen *B10*
P-E -- vnder truken oder vnder tretten *So1* -- vber drucken *M25*

S 1313 m t **Supplantator** ein verdrucker
-- *eyn vnder drucker* *M-Y Sb3 K*
-- eyn vnder dreter uel deceptor *I*
Wa. fehlt (vgl. 1312) W-Y

S Supplantor *S4*
M *Wa. D1*] *fehlt M19*
W vnder truker *S1*, vntertreter *Me1*
P *Wa. fehlt B10*
P-E *Wa. fehlt So1*

S 1314 a s **Supplere** volbrengen °.i. °perficere °*(B9 P-Y)*
\+ Inde **Suplementum** *W-Y*
-- verpringen *Sb3*
-- .i. »super implere«, perficere, volnbrengen *I*
-- .i. perficere *K*

S vorbrengen *Ks2*, vordungenn *B5*
M verpringen *M19 D1*
W *vgl. 1315* *lat. Int.*] *fehlt Sg1*, .i. proficere *S1*
K + erfullen *Hl1*
P erwllen *R1*, vorvullen *B10*, irfullen *Br1*
P-E -- volbringen oder vermugen *So1* *dt. Int. fehlt E2 M25*

S 1314.1 n t **Supplemen** volnbrengunge *I*

S 1315 n s **Supplementum** volbrengunge
Wa. fehlt (vgl. 1314) W-Y

S vorbrengunge *Ks2*, vullenbringhe *Ma3*
M verpringunge *M19*
I *Sigle fehlt*
P-E + oder erfúllung *So1*

S 1316 m s **Supplenus** wen. Inde **-plenitudo**
-- wan *K P-Y*
Wa. fehlt W I

S n s Suppletum *S4* wen] vul *Ma3* Inde -plenitudo] Inde Suppletudo *S4*, *fehlt B9*
M *Wa. fehlt M19 Dr1*
P *Wa. fehlt B10*
P-E *Wa.*] *fehlt E2*, Supplenus wam *(neuer Wa.:)* Supplenitudo wåm *So1*

S 1317 o *t* **Supplex** ynnig
-- andachtig *Sb3*
-- *innig*. Vnde Grecista Nouus *(83r)*: Suplex est qui suplicat aut dampnatus habetur, a quo suplicium deriuari prohibetur *W*
-- .i. deuotus, ynnig vel humilis *I*
-- .i. humilis, deuotus, qui supplicat *K*
-- .i. deuotus *P-E*

S *Sigle S4*] o in *Ma1* -- ghenoch *Ma3* + Inde Deuotus *Ma1*
M .i. devotus *M19* -- .i. deuotus, andechtig uel ynnyg *D1*
W innig *Sg1*] milt *S1* prohibetur] perhibetur *Y*
K -- .i. deuotus, innen *Hl1*
P-E -- bittender vel est dampnatus *So1*
Kh2 yndich

S 1318 a p **Supplicare** biden
+ .i. se humiliare ad rogandum *I*

K *Wa. fehlt K4*

S 1319 f t **Suplicacio** bidunge
+ .i. humilis deprecacio *I*
Wa. fehlt W-Y

M *Wa. fehlt M19*
K *Wa. fehlt K4*
P *Wa. fehlt B10*
P-E *Wa. fehlt E2 M25* -- bett *So1*

S 1320 n s **Supplicium** pin
+ *.i. pena* *K-X*
-- .i. pena, °pin °*(Y)* *W*

-- .i. tormentum, pena vel supplicacio *I*

S + .i. pana *(!) S4*
K *Zusatz Hl1*] *fehlt W13*

S 1321 a t **Supplodere** vnderfalden uel vnderreden
-- vnder fallen aut vnder reden *Sb3 I*
-- vnder volen uel vnder raden *Kh2*

S -- vnteruallen uel vnterraten *N1* vnder fallen *S4* vnder raden *Ma3*
M -- vnder reden uallen *M19* vnder rodin *Ma6*, uel eyn reden *D1*
K vnterfallen *Hl1*
P *Wa. fehlt B10* -- vndervallen oder vnder raden *R1*
P-E -- vnder fallen oder vnder raden *So1* -- vnd *(!)* falten *M25* uel vnderreden *fehlt E2*

S 1322 a t **Supponere** inseczen uel schuldigen
-- vnderseczen uel schuldigen *W*
-- vnder legen vel schuldigen *I*
-- inseczen *K*
-- vnder setten uel schuldighen, .i. inculpare *Kh2*

S uel schuldigen *fehlt B9*
M -- vnderseczen uel schuldig *Dr1* uel schuldigen *fehlt M19*
W Supporrigere *S1* vnderlegen *Sg1*
P inseczen] vnder setten *B10 Br1* schuldigen] verschuldigen *Ma4*, inculpare *Wo4*
P-E vndersetzen *So1*

S 1323 a p **Supportare** vorheben uel uber heben uel liden
-- übertragen *Sb3*
-- ⌜v́berheben uel liden. Supportare idem est quod *X* / .i. *Y* tollo uel sustinere. Vnde apostolus: Sed et supportate me .i. sustinete *W*
-- erheben uel ober heben uel liden *I*
-- v̊ber heben oder leiden *K Kh2 Br1*
-- v́ber heben *P-E*

S -- ver heben *S4* uel uber heben *fehlt B9*
M vorheben uel *fehlt D1* uel uber heben *fehlt Ks1 M19*
W sustinete] + me *S1*
K vnder heben *K9*
P -- entheuen, liden *B10* uel uber heben *fehlt Wo1 R1 Wo4*
P-E + oder liden *So1*

S 1324 a t **Supprimere** vnder drucken
+ .i. subtus premere *I*

S Supprimare *B9*
P-E + oder wigen *So1*

S 1325 a p **Supputare** achten uel zelen
+ wånen *Sb3*
-- .i. numerare, °achten °uel °zellen °*(Y)*. Vnde Grecista Nouus *(33ᵛ)*: Supputo dum su*b*tus quid computo siue latenter *W*
-- ahten *P-E*

S teken *Ma3*
M uel zelen *fehlt D1*
W subtus *Sg1*] sumptus *S1*
P achten uel *fehlt B10*
P-E + vel zelen *So1*

S 1326 f t **Supputacio** achtunge uel numeracio
-- achtung, wenung aut czelung *Sb3*
-- *.i. numeracio W-Y K*
-- achtunge uel czelunge *I P-E*

M uel numeracio] czelung *M19*
W *Wa. Bs9*] *fehlt Sg1*
P uel numeracio] telung *Ma4*
P-E *Wa. fehlt E2 M25*

S 1327 ppo **Supra** uff
-- by *Kh2 Br1*
Wa. fehlt I K

S *Wa. fehlt Ks2*
M *Wa. fehlt M19 D1*
P-E *Wa. fehlt E2 M25*

S 1328 m s **Supremus** *.i. summus*. Inde ***Supremitas***
-- vel **Summus** in superlatiuo a supra. Inde **Supremitas** *I*
-- der ŏberist *K*
-- .i. summus *P-E*
-- de hogheste *Kh2 Br1*

S .i. summus *Ks2*] der oberste *Ma1*, *verderbt S4*, .i. sumitus *Ma3* Inde Supremitas *S4*] Inde Summitas *Ma1*, *fehlt B9*
M Inde Supremitas *fehlt M19*
W -- der obrost *Sg1*
K *Wa. fehlt K4*

S 1328.1 m s **Supernus** idem *(nach 1328)* *K*

K *vgl. 1301, 1309.1* -- der ŏbrist *K4*

S 1328.2 **Sumptus** ghenamen *Kh2*

S 1329 f p **Sura** ein wade
+ est posterior pars pedis *W*
-- ein wadell *Sb3*
-- dicitur posterior pars tibie, scilicet musculus, wade *I*
Wa. fehlt K

M *Wa. fehlt M19*
W *lat. Int.*] pars cruris posterior *Sg1*

S 1330 m s **Surculus** ein stam oder ein riß oder ein sproß
-- ein stam uel spross *Sb3*
-- berhaft schoß *uel* ⌜*rispe X* / riss uel spiess *Y W*
-- .i. paruus surcus *I*
-- ⌜.i. ramus, ein stam oder reiz oder ein sproz *X* / ein reis oder czwaik *K4 K*

S riß] tzwig *Ks2 B5* oder ein sproß] *fehlt S4*, uel eyn pruse also an dem paym *B5*, uel ein gesprůß *N1*
M -- ein stam *M19* -- ein stam uel eyn weyn rewe uel ryße uel sproß uel czwige *D1* -- ein stein uel ein risse uel spr *(!) Dr1*
W uel rispe *Me1*] *fehlt S1*
K -- zwayd *(!)* oder schůsling *K9* -- schusling *Ab1* sproz] + oder schůsling *W13*

P oder ein riß *fehlt B10* oder ein sproß *fehlt R1*
P-E -- ain ris in arbore vel ain stam *E2* -- stein *(!)*, ritz, zwy vel spross *So1* oder ein sproß *fehlt M25*

S 1331 m s **Surcus** idem *(nach 1330)*
-- est ramus arboris, eyn stam uel rijß uel uß sproß *I*

S Sircus *Ma3*

S 1331.1 m t **Surco** idem *(nach 1331)* *Kh2*

S 1332 m s **Surdaster** .i. surdus
\+ daup *I*

S Surdaster *Ma3*] Surdester *X*
M Surdester
W Surdester
P-E *Int. fehlt (Zeilensprung, vgl. 1333) M25*

S 1333 n t **Surdescere** teuben
-- tappischen *Sb3*
-- .i. esse uel fieri surdum *I*
-- °*tawb* °*sein* °*oder* °*(Y)* vngehǒrig sein *K*
-- dob machen *P-E*

S douen *Ma3*
M stincken *D1*
K tawb sein oder *Hl1*] *fehlt W13* sein *(2) fehlt Hl1*
P-E *Stichwort fehlt (Zeilensprung, vgl. 1332) M25* tǒbend *So1*

S 1333.1 **Surdere** idem *(nach 1333)* *I*

S 1334 m s **Surdus** taup
-- tapp *Sb3*
-- vngehǒrig *K*
-- ain vngehǒrnder *E2* *P-E*

S *Wa. fehlt Ma3*
W *Wa. fehlt S1* vngehǒrender *Sg1*
P-E -- vnhǒrend *So1* -- staůb *M25*

S 1334.1 **Surdulus** -la, -lum diminutiuum *(nach 1334)* *I*

S 1335 m t **Surgel** robustus deus meus interpretatur
Wa. fehlt Kh2

Surgel *für* Suriel
S Suriel *Ma3*
Sb3 meus *fehlt*
W meus *fehlt Sg1*
I m in
K *Wa. fehlt K4*

S 1335.1 ***Surio** est vermis, qui intra cutem nascitur in manibus ociosis* *W*
-- súrr *So1 (P-E)*

W *Wa. Bs9*] *fehlt S1* intra] intrat *Sg1* cutem] + et *Sg1* + ließ *Me1*

S 1336 n *t* **Surgere** uffheben uel uff sten
-- auf stan *M-Y Sb3 W K P-E*
-- quasi sursum regere, off stene *I*

S *Sigle S4*] n p *Ma1* uffheben] offen *S4*
K *Wa. fehlt K4*
P -- up stern *Wo4* uffheben uel *fehlt Ma4*
P-E *Wa. fehlt So1*

S 1337 m s **Surmurrus** eiectus interpretatur
-- .i. edus, quasi sub mamma adhuc existens *I*
Wa. fehlt K

Surmurrus *für* Surrumus, Surrimus
S Surrimurrus *S4* erectus *Ma3*
M erectus *Ma6 M19*
W Surrinurrus erectus *S1*
I Surrimus
P erectus *Wo4*
P-E erectus *alle Hss. (auch R1)*

S 1337.1 m s **Surrectus** .i. sursum erectus *K*

S 1338 a t **Surripere** zu vnrecht nemen
+ in Daniel *(6,6)* .i. pro falso suggerere *K*
-- significat subtrahere, furari, *falsum suggerere*, °*zu* °*vnrecht* °*nemen* °*(Y)* *W*
-- .i. latenter rapere, furari, subtrahere *I*

S vnrecht *verderbt Ma3*
M *Stichwort verderbt M19*
W falsum suggerere *Sg1*] *fehlt S1* *dt. Int. Me1*] *fehlt S1*
K *Zusatz fehlt K4*

S 1339 adv **Sursum** uffwert
-- v́bersich / + *auff X* *W*
-- uel **Susum** offwart *I*
-- v́ber sich *P-E*

S uffwart *B5*
M auffwer *D1*, vffert *Dr1*
W v́bersich *fehlt Me1* auff *Me1*] *fehlt S1*

S 1339.1 adv **Surrepticie** vå̊rleich *K*

S 1340 co t **Sus** ein suwe
-- swein *Sb3 W-Y*

S sweynn *B5 N1*
M *Wa. fehlt D1* swein *M19*
K f t
P-E schwin *So1 M25*

S 1340.1 **Suinus** suinik *Wo4 (P)*

S 1340.2 n s **Suarum** eyn sukobe *Wo4 (P)*

S 1340.3 n q **Suire** .i. coire sicud porci solent *Wo4 (P)*

S 1340.4 *f in* **Sussis** nomen ciuitatis *P I*

I *Sigle fehlt*
P *Sigle Wo1] fehlt Ma4*

S 1341 f p **Susanna** est proprium nomen °mulieris °*(S-Y Sb3 P-X)*

M mulieris *fehlt Ma6 M19*

S 1342 a t **Suscipere** .i. acceptare, entphaen
-- enpfahen *Sb3 K*
-- .i. accipere, enpfachen *W Kh2 Br1*
-- quasi sursum capere, zu sich nemen *I*
-- .i. accipere *P-E*

S -- vntfan *B9* *dt. Int. fehlt Ks2 Ma3*
M *Wa. fehlt M19*
W *lat. Int. fehlt Sg1*
K *Wa. fehlt K4*
P .i. acceptare] nemen *R1* entphaen] an van *Ma4*, entfanganghen *(?) Wo4*
P-E -- enphachen *So1*

S 1343 a p **Suscitare** von dem dode losen, uff sten uel erwecken
-- auf weckhen *Sb3*
-- uf stan uel erweken *W-X*
-- wecken vel von dem tode erwecken *I*
-- von dem tot erlo̊sen *K*
-- ⌜op wecken *Ma4* / van dode ofstan *R1* / erwecken *Wo4* *P*
-- weken *P-E*
-- vor wecken *Kh2*

S -- von dem dode losen *S4* -- van dode laten vp stan *Ma3* uff sten *fehlt Ks2* uel erwecken *fehlt B9*
M *Wa. fehlt M19* -- vom dode off stan uel erwecken *Ma6* -- auff sten uel auff wecken *D1*
W uff sten uel *fehlt Sg1* uel erweken *fehlt Me1*
P -- van dode laten up stan uel vor wecken *Wo1* -- van dode erwecken *B10* -- irwecken *Br1*
P-E -- erbeken von dem tod *So1*

S 1344 m q **Suspectus** verdacht
+ oder versmåcht oder po̊z ⌜getraŵnůzz *X* / trawnüzz *Y* *K*
-- versmacht *Sb3*
m s **Suspectus**, -ta, -tum verdaicht in malo *I*

S verdracht *S4*
W m s -- argwenig *Sg1*
K oder versmåcht *fehlt Hl1*
P-E -- argwånig *So1*

S 1344.1 f t **Suspicio** verdachtnůzz oder versmåchnůzz *K*

K *vgl. 1352* *Wa. fehlt Hl1* oder versmåchnůzz *fehlt K4*

S 1345 a t **Suspendere** ⌜henken, uff slahen als eynen diep / hengen alse eyn diff *B9 Ma3 P*
-- *hencken* *W K*
-- quasi sursum pendere, off hencken *I*
-- henken vel vf schlahen *P-E R1*

-- vphengen sicud furem *Kh2*

S -- hengen *Ks2* -- auf hengen, auf slan *B5* hengen] vp han *Ma3*
M *Wa. fehlt M19* -- hencken *Dr1*
W *Int. Bs9*] erhenken *S1*, ufhenken *Sg1* + Inde Suspendium *(vgl. 1346)* et Suspensor *(vgl. 1347) Bs9 Me5*
K hangen *K4*
P -- henghen *Wo1 Wo4* uphengen *Br1*
P-E -- erhenken *So1* auf schlachten *M25* + also eynen deff *R1*

S 1346 n s **Suspendium** henkunge
-- est eleuacio intencionis ad deum; Iob *(7,15)*: Suspendium elegit anima mea; vel strangulacio, suspensio, henckung *I*
Wa. fehlt (vgl. 1345) W-Y

S Suspendum *S4*
W erhenkung *S1*
K *Wa. fehlt Hl1* hennung *W13*
P heckinghe *Ma4*
P-E hekung *E2*, vffhenkung *So1*

S 1347 m t **Suspensor** ein hencker
-- ein haher *Sb3*
Wa. fehlt (vgl. 1345) W-Y
Wa. fehlt K

M *Wa. fehlt D1*

S 1348 n s **Suspirium** ⌜ersuffczunge / vor suchtinghe *S-Y*
+ .i. gemitus *I*
-- ein hoffnung *Sb3*
-- ⌜vor sufftinge / sufczunghe *Wo4 B10* *P*
-- sifczung *P-E*
-- vor suchtenysse *Kh2 Br1*
Wa. fehlt (vgl. 1349) W-Y

S suffczunge *S4*, erspunge *B5*, verseufzung *N1*
M versuffzunge *Ma6 Ks1*, hersußung *Ma2*
K sewfcznüzz *K9*
Kh2 vorsuffetenisse *Br1*

S 1349 n p **Suspirare** ⌜ersuffczen / suchten *S-Y P*
+ Inde **Suspirium** *W-Y*
-- hoffen *Sb3*
-- .i. sursum spirare, suffczen *I*

S -- suffczen *S4* -- suften uel suchten *B9*
M suffczen *Ma6 Ks1*, erußen *Ma2*
W *vgl. 1348* súfczen *Sg1*
K *vgl. 1365.1* *Wa. fehlt Hl1* sewfczen *K9*
P-E *Wa. fehlt So1*

S 1350 d p **Suspicari** argen wan haben
-- arge verhaben *Sb3*
-- .i. suspicere, misdruen *I*
Wa. fehlt Kh2 Br1

S -- arge gedanken han *Ks2* + tigen, vnsdencken, vordencken *Ma3*

Sb3 d p Suspicare
W -- argwan haben *S1* -- argwŏnig haben *Sg1*
K -- arg wan haben *K4* -- arigen wan *K9*
P *Wa. fehlt B10* haben] an *(!) R1*
P-E -- argwan han *So1 M25*

S 1351 a *t* **Suspicere** uff sehen uel verdencken
-- an sehen uel bedenken *I*
Wa. fehlt K

S *Sigle S4*] a p *Ma1* -- auf sten, volvordenkenn *B5* an sen *B9*
M uel verdencken] *fehlt M19*, dencken *Ma6*
W *Wa.*] Suspicere *(nach 1350) Me1*
I n t
P -- vpsyn, denken *B10* uff sehen] vnder *(?)* seen *Wo4*, up syn *Br1*
P-E -- vf senhen vel verdeken *E2* in dencken *M25* + vorsechen *So1*

S 1352 f t **Suspicio** bose wan uel verdechtnusse
-- poß wanung uel verdencknuß *Sb3*
-- ⌜bŏß tăchtnúsß. Item Suspicio est *X* / est *Y* coniectura de aliquo malo debili signo conclusa *W*

S -- bose verdechtnisse *Ma3* -- vordechnisse *B9* verdechtnusse] bose dechtniße *S4*
M -- buße wan, berdechtnis *(!) Ma6* -- boß verdechtniß *Dr1* boß wenung *D1*
W *dt. Int.*] boß verdechtnuß *Me1*, argwon *M12*
K *vgl. 1344.1* *Wa. fehlt K4*
P *Wa. fehlt Wo4* bose wan uel] *fehlt B10*, bose waynheit ader *Br1*
P-E -- bos gedenk *So1*

S 1353 m s **Suspiciosus** ein bose wenig mensche
-- ein poß wanund mensch *Sb3*
-- habens suspicionem de aliquo / + bŏswenig mensch *X* *W*
-- ein boße wenichtig mensche *I*
-- ⌜verdacht oder *ein pŏsen wan mensch X / verdacht* in pösem *Y* *K*
-- ain bŏs argwonig mensch *P-E*
Wa. fehlt P-Y

S wenig] wenendek *Ks2*
M *Wa. fehlt M19*
W *dt. Int.*] argwonig *M12*
K ein *bis* mensch *M37*] pŏz verdacht *W13*, ein poz wan mensch *Hl1* verdacht *K9*] verdoch *K4*
P mensche] myn *(!) Ma4*
P-E -- bosslich *So1*

S 1353.1 *m s* **Suspectus** est aliquis, de quo habetur suspicio *W*

W *Wa. fehlt Sg1* *Sigle Me1*] *fehlt S1*

S 1354 f t **Suspiciones** sunt coniecture, iudicia uel argumenta
Wa. fehlt W-Y I P-Y

S Suspicio *B9* coniecture] iecture *S4*
K Suspecciones
P coniectare *Ma4*
P-E *Wa. fehlt So1* in iudicio *E2 M25* argumenta *verderbt E2*

S 1355 a p **Sustentare** enthalden uel uffhalden
-- auff halden *Sb3 P-E Kh2 Br1*

-- enthalden. Vnde hoc **Sustentamentum** *(vgl. 1362) I*
-- enthalten *K*

S -- vntholden *B9*
M *Wa. fehlt M19* enthalden uel *fehlt Ma6*
W -- uffenthalten *Sg1*
P *Wa. fehlt Wo4* enthalden uel *fehlt Wo1* uel uffhalden *fehlt B10*
P-E -- vffenthalten *So1*

S 1356 f p **Sustinencia** lidunge
\+ auff haldung *Sb3*
\+ .i. pacientia *I*

W Sustilencia *Y*
P *Wa. fehlt (Textlücke) Wo4* uphaldynge *Br1*

S 1357 a s **Sustinere** liden
\+ Vnde Grecista Nouus *de verbis secunde coniugacionis (36^r)*: Constans siue capax seu castus continet et vir sustinet expectans pondusque ferens paciensque *W*
-- id est sursum tenere uel pati, liden *I*

M *Wa. fehlt M19*
W de *bis* coniugacionis *Sg1*] *fehlt S1*
I n s
P *Wa. fehlt (Textlücke) Wo4*

S 1358 *n* p **Susurrare** ⌜zu rumen uel *zu* blasen / runen, susen, sunden *S-Y*
-- ⌜rumen, susen, smeicheln *Ma6* / rawnen *M19* *M*
-- erplossen *Sb3*
-- idem quod murmurare uel zu blaßen *I*
-- zw rawmen / + .i. murmurare, in aurem alterius latenter loqui *X K*
-- *runen, susen* *P*
-- runen vel detrahere *Kh2*

S *Sigle B9*] a p *X* zu rumen uel] *fehlt Ks2*, czu raychnn *B5* zu blasen *S4*] blasen *Ma1* runen] ruwen *N1*
M *Int.*] czů rumen uel czů blosen *Ks1 Dr1*, *fehlt D1*
W *Wa. fehlt Bs9* a p *(n p Sg1)* rumen] runen *S1*
K a p
P *Wa. fehlt (Textlücke) Wo4* *Int. Wo1*] sminen *(?) Ma4*, + smiden *(?) Wo1*
P-E -- runen *So1*

S 1359 *f p* ***Sutura*** *eyn nayt*
-- a »suo, suis« hec Sutura, -re, ein nat *I*

vgl. 1366.3
S *Wa. S4*] *fehlt Ma1*
P *Wa. fehlt (Textlücke) Wo4*

S 1360 a t **Sustollere** uffheben
\+ in preterito »sustuli« *I*

S Sustellere *S4 B9*
M Sustullere *M19*
W Sustellere *Sg1*
I Sustulere
P *Wa. fehlt (Textlücke) Wo4*

S 1361 n s **Susurrium** .i. strepitus
+ seu murmur *I K*

S Susurnium *Ma3*
W Susurrum *S1*
P *Wa. fehlt (Textlücke) Wo4*
Kh2 trepitus

S 1362 n s **Sustentamentum** *eyn stender alse eyn piler*
-- ein aufhaldung uel pfeiler *Sb3*
-- uf enthaltung als ain pfiler *W*
-- ein stand als ein pheiler *K*
-- eyn stender vel eyn pyler *P-Y*
-- ain vf enthaltnúst *E2 P-E*
Wa. fehlt (vgl. 1355) I

S *Wa. fehlt B5* *Int. Ma3*] ein philer *Ma1*, eyn stende als eyn phül *S4*, eyn sůl vel haldunge *Ks2*
M -- eyn enthaldung uel eyn sůle uel ein fpyler *D1* -- vffenthaltung alz ein pfiler *Dr1*
W -- vfenthaltung *Sg1*
K -- stand oder pheyler *K9*
P *Wa. fehlt (Textlücke) Wo4* -- eyn pyler *Wo1*
P-E -- eyn vnder stúrung als ein pfiler *So1* -- ain auf enthaltung *M25*
Kh2 Sustamentum

S 1363 n s **Sustentaculum** idem *(nach 1362)*
-- enthaldunge *I*

S *Wa. fehlt B5* Sustenculum *B9*
P *Wa. fehlt (Textlücke) Wo4* -- eyn hals coppel *(vgl. 1364) Ma4*

S 1364 n s **Sustiniculum** *eyn hals kopel* / + ein halffter *S-X I*
Wa. fehlt K P

S eyn hals kopel *S4*] *fehlt Ma1* ein halffter] *fehlt Ks2*, + .i. lota *Ma1*
M -- eyn halz *(!) M19*
Sb3 -- hilff
W *Wa. fehlt Sg1*
P *Wa. vorhanden (*-- eyn hals coppelle*) B10*
P-E *Wa.*] Sustiniculum ein halfter *So1*

S 1365 m t **Susurro** est seminator discordie inter fratres uel biligw*is uel* ⌜*irrisor / derysor S-X Sb3*
-- [...] bilinguis uel derisor uel murmurator *I*
-- [...] fratres *K*
-- [...] irrisor, murmurator *Kh2*

S inter fratres *fehlt B9* biligwis uel derysor *S4*] biligwas *Ma1* irrisor *zit. nach Ma3*
M uel biligwis uel irrisor *fehlt M19*
W biligwis uel irrisor] biling *(!) S1*
P *Wa. fehlt (Textlücke) Wo4*

S 1365.1 p **Suspirare** sewͤffczen *K*

K *vgl. 1349*

S 1366 *m t* ***Sutor*** *eyn schuͤch mecher*
-- a »suo, -is« dicitur hic Sutor, -oris, schomecher *I*

Wa. fehlt K

vgl. C 1041
S *Wa. S4] fehlt Ma1 Ks2 Ma3* -- ein schuster *N1*
M *Wa. fehlt M19*
P *Wa. fehlt (Textlücke) Wo4* -- eyn schoster *R1*
P-E -- ain schůster *M25*

S 1366.1 f p **Sutoria** ein schusterey *Sb3*
-- est vestis sutoris *Kh2*

S 1366.2 n s ***Sutrinum*** locus, ad quem conueniunt ad suendum *I*

I Sutrinum *emend.*] Sturnium *(*Surnium *I2)*

S 1366.3 f p **Sutura** est cissura, que consuitur, eyn nåt *Kh2*

Kh2 *vgl. 1359* cissura *für* scissura

S 1367 *pron* ***Suus*** *syn*
Wa. fehlt I K

S *Wa. S4] fehlt Ma1 Ks2*
M *Wa. fehlt M19*
P *Wa. fehlt (Textlücke) Wo4*

S 1368 f p **Suadela** .i. consilium, °*eyn* °*rat* °*(Ma3 B9 W I K P-E)*
-- ein ratt *Sb3*

S *dt. Int. S4] fehlt Ma1*
M .i. consilium *fehlt M19*
Sb3 f t Swadelo
W *Wa. fehlt S1* + rath *Me1*
K -- rat *W13*
P *Wa. fehlt (Textlücke) Wo4* *dt. Int. fehlt Ma4*
P-E *Wa. fehlt So1*

S 1368.1 **Consulere** idem *(nach 1368)*, raten *Sb3*

Sb3 *vgl. C 916*

S 1369 a s **Suadere** .i. consulere, raden
+ Inde **Swasor** *W-Y*
-- raten *Sb3*
-- .i. consulere, mouere; vnde hic **Suasor** *I*
-- .i. consulere *K-Y*
-- .i. consulare *P-E*
Wa. fehlt Kh2

M *Wa. fehlt M19*
W *vgl. 1371* *Wa. fehlt S1* raden *fehlt Sg1*
I *vgl. 1371*
P *Wa. fehlt (Textlücke) Wo4* -- .i. consiliare *Ma4* *dt. Int. fehlt B10*
P-E *Wa. fehlt So1*

S 1370 n s **Sueo**, -es wenen
-- gewonen *P*
Wa. fehlt I

S *Int.*] gewonen *S4*, neen *N1*

M -- neen, wenen *Dr1*
W *Wa. fehlt S1*
K *Wa. fehlt K9*
P *Wa.*] *fehlt (Textlücke) Wo4, fehlt B10*
P-E *Wa. fehlt So1* gewunen *E2*

S 1371 m t **Suasor** ein ratman
-- .i. consiliarius *I*
Wa. fehlt (vgl. 1369) W-Y
Wa. fehlt Kh2 Br1

W *Wa. fehlt S1*
I *vgl. 1369* *Sigle fehlt*
P *Wa. fehlt (Textlücke) Wo4* -- eyn rader *B10*
P-E *Wa. fehlt So1*

S 1372 n s **Suasium** .i. consilium
-- ein ratt *Sb3 Kh2 Br1*
Wa. fehlt I

M + eyn råt *D1*
W *Wa. fehlt S1*
P *Wa. fehlt (Textlücke) Wo4* + eyn rad *Wo1 R1*
P-E *Wa. fehlt So1*

S 1372.1 f p **Swecia** sweiczerlannd *K*

K Swecia *K4*] Swicia *W13* -- sweyczen lannd *K9*

S 1372.2 *co t* ***Suauis*** *suezz* *K-Y*

K *Wa. K9*] *fehlt K4*

S 1372.3 *adv* ***Suauiter*** *suezzleych* *K-Y*

K *Wa. K9*] *fehlt K4*

T 0.1 **T** si superiorem finit sillabam, necessse est sequentem quoque ab ea incipere, ut »mitto«, »attinet«. Item quocienscumque t ponitur ante i puram sequent*e* vocali, habet sonum de c, ut »lectio«, »amatio«, nisi precedat s, ut »Salustius«, uel x, ut »mixtio«, uel aspiratio intercedat inter t et i, ut »Corinthios«, uel nisi differentia impediat, ut »litium« *I*

I sequente *I2*] sequenti

T 1 n s **Tabanum** est *asilum*, ein ⌜fridehuse / *freyung P-E* uel domus refugij
-- uel **Tabonum** .i. asilum *Kh2*

S asilum *S4*] consilium *Ma1* fridehuse] irrhaus *N1*
M uel domus refugij *fehlt M19* + eyn radhuß *Ks1*
W fridehuse] *fehlt Sg1*, friung *Bs9*
K -- fridhaus *K4*
P-E freyung *P7*] frihof *E2*
Kh2 *vgl. 8.1*

T 2 m s **Tabanus** est animal paruum molestum armentis aculeis
+ Wersus: *Est* thabanus mu*sc*a, que fertur *asilus* apud nos *W*
-- oestrum, asilus *I*
-- eyn wyspe *Kh2*

M modestum *M19* + eyn humel *D1*
W Est *Sg1*] et *S1* musca *Sg1*] musica *S1* asilus *Sg1*] *fehlt S1*
I *Sigle fehlt*
P aculeus *Ma4*

T 3 n s **Tabardium** eyn taphart
+ *tunica* *K*

S *Wa. fehlt Ks2*
W *Wa. fehlt Me1* thorfarer *S1*
K *Wa. K4*] *fehlt W13* Tarbadium *K4* tappher *Hl1* + oder rok *K4*
P Tabordium *Ma4* czepper *Wo4*

T 4 *f p* ***Tabella** eyn daffel*
-- -le, diminutiuum, parua tabula *I*

S *Wa. S4*] *fehlt Ma1 Ks2 Ma3*
M *Wa. fehlt D1*

T 5 m s **Tabellarius** ein tafelmecher
-- .i. publicus scriba. Idem est **Tabellio** *I*

S *Wa.*] *doppelt (*m s Tabellarius ein tafelmecher*) nach 724 Ma1, fehlt Ma3* tafelmechel *Ks2*, tafler *N1*
P -- factor tabulorum *Br1*
Kh2 m s Tabellarius] Tabellarium

T 6 m t **Tabellio** ein schriber der ⌜*gemeynheit* / meynheit *B9 P*
-- ein schreiber der gmain *Sb3 P-E*
-- est exceptor uel scriba publicus dicitur, *qui ea scribit, que publice geruntur* *W*
Wa. fehlt (enthalten in 5) I

S gemeynheit *S4*] gemein *Ma1*, menscheyt *Ma3*
M gemeyn *D1*

W exceptor uel *fehlt Sg1* qui *bis* geruntur *Sg1*] *fehlt S1*
P -- eyn gemeyne scrifer *Br1* gemeynheyt *R1*
P-E -- ain gemain schreiber *M25*

T 7 m s **Tabellinus** idem *(nach 6)*
Wa. fehlt I

S Tabellius *Ma3 B9*
M *Wa. fehlt M19*
W m s Tabellin *S1*

T 7.1 **Thabescet** .i. deficiet uel liquefiet uel putrefiet *K4 (K)*

T 8 n s **Tabefactum** .i. putrefactum

S Tubefactum *S4*
W *Wa.*] m s Tabefactus .i. putrefactus *Sg1*

T 8.1 n s **Tabanum** dicitur deus refugij *Kh2*

Kh2 *vgl. 1*

T 9 m t **Tabeel** deus interpretatur
Wa. fehlt I

S Tubeel *S4*
K *Wa. fehlt K4*
Kh2 m t Tabeel] Tabdu uel -bon

T 10 m t **Tabernio** ein ⌜taberner / tabernirer *Sb3*
\+ uel ain kramer *W*
Wa. fehlt I

S taberne *Ks2*, creczemer *B5*
W kamrer *Sg1*
K taberen *(*tabern *W13) alle Hss.*
P tauerer *Ma4*
P-E m t Tabernia *(auch R1)* + vel win schenk *E2*

T 11 n s **Tabere** .i. deficere, maculare uel ⌜uilescere / putrescere *K*
-- .i. deficere, *putrescere* uel languere *W*
-- .i. putrere *I*

S uel uilescere *fehlt B9*
W putrescere *Sg1*] putrefacere *S1*
I *Sigle fehlt*
K uel putrescere *fehlt K4*

T 11.1 **Tabeo**, -es, -ere .i. putrescere, liquefieri, deficere, langwere *Ma1 (S)*

S *Wa. nach 24 (Seitenende) nachgetragen*

T 12 m s **Tabernarius** ein taberner
-- idem *(nach 10)* *W*
Wa. fehlt (vgl. 14) I

S *Wa. fehlt B5 N1* Tabernius *B9*
M *Wa. fehlt M19* + eyn creczemer *D1*
K lewthouser *K4*
P tauuerer *Ma4*, krogher *Wo1*

T 13 m t **Tabernator** idem *(nach 12)*
Wa. fehlt Sb3 I

S *Wa. fehlt Ma3*
M *Wa. fehlt M19 D1*

T 14 f p **Taberna** ein taberne
\+ Inde **Tabernarius** *I*
\+ oder schenk haws *K-X*
-- est domus cauponis *Sb3*
-- est domus, in qua vinum et carnes et panes venduntur *W*
-- ain winhus *P-E*
Wa. fehlt K-Y

S taberner *N1* + oder ein kchraczem *B5*
W -- est domus, in qua vina venduntur *Sg1* + ain win huß *S1*
K ein taberne *fehlt Hl1*
P eyn taferna *Wo4*
P-E tauern *M25*

T 15 n s **Tabernaculum** *eyn laube oder* ein tabernackel
-- lawben *K*
-- ain tabernacul *P-E*
-- idem quod templum uel eyn tabernakel, eciam lobium *Kh2*
-- **Tentorium**, **Papilio** idem sunt, wulgariter *zelt*. Item Tabernaculum testimonii erat domus, que de loco ad locum transportari poterat, et erat quadrata, habens parietes tres; vnum ad occidentem *(!)*, ubi liber patebat introitus, ut sole oriente radijs eius illustraretur. Et habebat hec domus triginta cubitos in longitudine *et decem in altitudine et decem in latitudine. Longitudo autem ipsius tabernaculi diuidebatur in duas partes per ascensionem eiusdem veli, et vna pars, scilicet posterior, versus occidentem dicebatur sancta sanctorum, anterior vero aditus uel sancta. In posteriori parte posita fuit archa testamenti et duo cherubin cum ea. In anteriori vero parte ponebatur altare incensi et thimiamatis; sic dictum est, quia solum thimiama super eo incendebatur, et cum altari ponebatur mensa panum proposicionis et candelabrum*. Hec omnia et plura alia *de hoc tabernaculo* invenitur in Exodo *(Ex 26,1ff.)* *W*
-- *Wa. fehlt I*

vgl. 154
S *Wa. fehlt N1* Taberiaculum *S4* eyn laube oder *S4*] *fehlt Ma1*
W zelt *Sg1*] gezelt *S1* et decem *(1) bis* candelabrum *Bs9*] *fehlt S1* latitudine] altitudine *Sg1* versus] verum *Sg1* aditus *emend.*] aditum *Me1 M12 Y* cherubin] cheribin *Sg1* mensa] incensa *Sg1* omnia *bis* invenitur *fehlt Sg1* de hoc tabernaculo *Bs9*] *fehlt S1*
P -- eyn woninghe *Wo1* eyn laube oder *fehlt B10* tabernackel] tempel *Ma4*, taberkel *Wo4*

T 15.1 **Tabernacula** idem *(nach 15)* *Sb3*

T 16 n t **Tabescere** .i. incipio vilescere / + snode sin *S-X*
\+ *verschwinen, hin fellig* *W*
-- .i. incipere putrere uel vilescere *I*

S snode sin] arglich sin uel snode sin *Ma1* + ylich sein *N1*

W *lat. Int. fehlt Sg1* *Zusatz Bs9*] *fehlt S1* hin fellig *fehlt Sg1*
P + scerylyck sin *Ma4* + vnreyn syn *R1* + ylig syn *Wo4* + ful syn *Br1*

T 17 f t **Tabes** ⌜vnfletikeit / vlekicheyt *S-Y* uel ein aß, uel putredo fluens de wlnere, uel morbus dicitur
-- ⌜fleckekeit uel ays, uel putredo fluens / fleckhait uel as, uel putredo fluens de ulcere uel *Sb3* de wlnere, uel morbus dicitur. Et est differencia inter Tabes et Tabi. Wersus: Tabes putredo stillat de corpore viuo; de corpore non viuo stillat tabi quoque tabo *M*
-- est putredo uel langwor / + fleckait, uel putredo fluens de wlnere, uel morbus dicitur. Wersus *(Grec. Nov. 38ʳ)*: Tabeo deficiens, liqueficiens siue liquescens, *langwens*, incipiens corrumpi siue tabescens *X W*
-- dicitur immundicies, que fluit de corporibus mortuorum, oder ⌜ais *X* / aiter *Y K*
-- *fleckecheyt* uel aas de corporibus mortuorum uel putredo [...] *P*
-- .i. cadauer vel putredo [...] *P-E*
-- vnvledicheyt uel putredo fluens de corporibus mortuorum, uel dicitur morbus *Kh2*

S flecheyt *N1* uel ein aß] *fehlt B9*, + eyn doyt phert *S4 B5*
M fleckekeit] *fehlt M19*, fleckecht *Ks1*, fleckeit *Dr1* uel ays *fehlt Dr1* uel morbus dicitur *fehlt M19* stillat *(2) fehlt M19*
Sb3 de *(3) fehlt* stillat *(2)*] sallat
W befleckung *Me1* langwens *Me1*] languere *S1*
K + fleckat *Hl1* + flechkait aus der nasen *K9*
P fleckecheyt *Wo4*] vleclichicheit *Ma4*, vulecheyt *Wo1*, vnreynnicheit *B10* uel aas] *fehlt Wo4 B10*, uel cadauer *R1* de corporibus mortuorum *fehlt R1*

T 18 etro **Tabi** uel **Tabo** eyter, uel sang*wis* corruptus
-- ayter, °.i. °sangwis °corruptus °*(Y) K*

S *Wa.*] etro Tabi uel Tab eter, est sangwis *Ma3* *lat.Int.*] et est immundicies fluens ex apostematibus *B9* sangwis *Ks2*] sanguine *Ma1*, sagwinis *S4*
M Tabi uel *fehlt M19*
P uel Tabo *fehlt Y* corporis *Wo4*
P-E corruptum *E2*

T 18.1 f t **Tabitudo** dicitur liquefaccio *K*

T 19 f p **Tabita** .i. puella
+ *uel caprea. Vnde Grecismus Nouus (Grec. Nov. 23ʳ): Damula uel caprea dorcas tibi grece, tabita Iudeis uel eis datur esse puella tabita W*
-- hebraice, puella latine *I*
-- damnula *uel capra* latine et interpretatur puella *K*

W -- est proprium nomen mulieris *S1* *Zusatz Bs9*] *fehlt S1 Sg1* grece *Me1*] greci *Bs9*
K uel capra *K4*] *fehlt W13*
P *vgl. 22.1* Tabito *R1*

T 20 h in **Tabicatum** ebraice est »puella, surge« latine
+ *Wersus: Atque Tabicatim notat, quod »surge, puella« W*
Wa. fehlt I K-Y

Tabicatum, Tabicatim *für* Tabitacumi
S ebraice] grece, ebraice *Ma1*

W *Wa. fehlt S1* Tabicatum] Tabicatim *Me1 M12 Y* *Zusatz Bs9*] *fehlt Sg1*
P puelle *Wo4*
Kh2 surge *fehlt*

T 21 m s **Tabidus** ⌜vnfletig / fleckechtig *M*
-- fleckhot *Sb3 W*
-- .i. putridus, piger, deficiens *I*
-- *fleckechtech*, ylich *P*
-- wulaftich *Kh2*

S vleckech uel ylech *Ma3*, vleticheit *B9*, flechechtig *N1*
M flekigt *M19*, fleckech *D1*
W flekendig *S1*
K *Int. fehlt (Zeilensprung, vgl. 22) K9*
P fleckechtech *Wo1*] vletich *Ma4*, *fehlt B10* ylich *fehlt Wo1 Br1*
P-E -- flekig masig *P7* -- flexecht *E2* -- fleckt *M25*

T 22 a t **Tabifacere** ⌜vnfletig / vleckech *S-Y M* machen
-- *fleket* machen *W*
-- ⌜vletich macken *Ma4* / vlecken *R1* / fleckechtig maken *Wo4 Wo1* *P*
-- vnsuber machen *P-E*
Wa. fehlt Kh2 Br1

M vleckech] fleckicht *Ma6 D1*
W Tabefacere fleket *Sg1*] flek *S1*
K *Stichwort fehlt (Zeilensprung, vgl. 21) K9*
P *Wa. fehlt B10* Tabefacere *Wo4*

T 22.1 f p **Tabita** ebraice, dorcas *grece*, ⌜capra / damula uel capra *Kh2* latine *P*

vgl. 19
P grece *Wo1*] *fehlt Ma4*
Kh2 dorcos

T 23 m t **Tabor** est mons uel proprium nomen
-- nomen montis *Kh2*

vgl. 241
W -- est mons quidam *Sg1*
K -- .i. mons *K4*
Kh2 nomen] eyn nomen

T 24 f p **Tabula** ein disch uel ein tafel
-- °ain °disch °uel °tafel. °Item °Tabula °*(Y)* frequenter ponitur pro assere *W*
-- .i. mensa uel tabella *I*
Wa. fehlt K P-E

S ein disch uel *fehlt B5*
M *Wa. fehlt M19*
W *Wa. fehlt Sg1*

T 25 n s **Tabulatum** ein groß *bret*
-- ⌜wulgariter getaflet uel getilet *X* / tili *Y*. Tabulatum est instrumentum domus ex tabulis super trabes *affixis extensum, et dicitur a »tabulis«, .i. asseribus, quibus paratur* *W*

S bret *S4*] bart *Ma1*
W *Sigle*] Inde *(Wa. nach 24)* dil *Bs9*, diln *Me5* Tabulatum est *bis* paratur *fehlt Sg1* affixis *bis* paratur *Bs9*] factum *S1* + wulgariter ein großpret *Me1*
I Tabellatum

T 25.1 m q **Tabulatus** idem *(nach 25)* *K*

K *Wa. fehlt K4*

T 26 *n s* ***Tacere*** *swygen*
Wa. fehlt I

S *Wa. S4*] *fehlt Ma1*
M *Wa. fehlt D1*
K *Wa. fehlt K4*

T 27 *m* q **Tactus** griffunge
+ uel wolynghe *Kh2 Br1*
Wa. fehlt I

S *Sigle S4*] n q *Ma1* swygunge *S4*
M begreiffung *M19*
K greyffig *K9*
P-E gerůrung *E2*

T 27.1 etro **Tacinius** eyn douworm *B9 (S)*

T 27.2 m s **Tacitus**, °**Taciturnus** °*(Kh2 Br1)*, stille *P*

P-E Taciturus *E2* gesweigen *M25*

T 27.3 *m s* **Tagus** fluuius aureas habens arenas *P*
+ in Hispania *P-E*

P *Sigle Wo4*] f p *Ma4*
P-E auria *E2*
Kh2 Tagenus

T 27.4 f p **Taya** meretrix *P*

P-E Taga
Kh2 Tagya

T 28 f t **Talares** sunt calcij uel socci uel tunice pertingentes ad talos
-- [...] tunice tegentes talos *Sb3*
-- a »talus« dicitur; hic et hec talaris et hoc -re. Vnde Talaris tunica, quia usque ad talos descendat *I*
-- sunt tunice [...] *K*
-- sunt calcey uel vestes pertingentes ad talos *Kh2 Br1*

S colcey *S4* socci] succi *S4*, sexigi *B9* protugentes *S4* talos] talis talus *S4*, tales *Ma3* + cuckel *S4*
M Talaris *M19* salcij *Ma6* succi *alle Hss.* uel tunice *fehlt M19* pertinentes *M19*
Sb3 succi
W caldei *Sg1* tonice *S1* tales *S1*
I f t Talares] Talaris
K ad talos] usque ad tales *K4*
P-E tunice] tinate *E2* pertingens *E2*

T 28.1 *co t* **Talaris** .i. ad tal*os* pertinens *W*

W *Sigle Sg1*] *fehlt (Wa. nach 28) S1* talos *Sg1*] tales *S1*

T 28.2 m s **Talassus** mare *P*

T 29 *n s* ***Talentum*** *eyn phont*
+ quoddam pondus *I*
-- °pfund. °Item °Talentum °*(Y)* maximum est inter pondera, quibus ponderatur aurum uel argentum. Est autem triplex *talentum*, scilicet minimum, medium et summum; minimum continet quinquaginta libras, medium septuaginta duas, summum uero centum viginti. Ita dicit Ysiderus *(Isid. xvi 25,22)* *W*

S *Wa. S4*] *fehlt Ma1* *Int. fehlt N1*
M *Wa. fehlt D1*
W -- est triplex, scilicet minimum, quod continet quinquaginta libras, medium 72, summe vero continet 120, sicut dicit Ysidorus *Sg1* talentum *Bs9*] argentum *S1*
K *Wa. fehlt K4*
P-E n s Talentus *E2*

T 29.1 **Tallia** est vnrecht gelt *Ks1 (M)*

T 30 co t **Talis** als dan / + alsolichir *S-X*
-- ein solicher *Sb3*
-- also *W K P-E*
Wa. fehlt I

S -- alsolichir uel als dan *Ma1* -- also uel sulch *Ks2* als dan *fehlt S4 B5* alsolichir] eyn sulchir *B5*
M *Wa. fehlt M19* -- ein sulcher *D1* -- also *Dr1*
W -- ain s°licher; Qualis, welicher *Sg1*
K *Wa. fehlt K4*
P -- also daner *Ma4 Wo1 Br1*

T 31 f t **Talio** ein bose ⸢*widder vergelt* / widergelt *Ma1 B9* uel alsolichs, et est eiusdem rei *representacio*
-- *bose* ⸢widder vorgelt *Ks1* / wider vergelten *M19 uel eyn soliches et* [...] *M*
-- ein gute oder pose geldung uel ein solichs *Sb3*
-- böß ⸢wider gelten *S1* / wider gelt *Sg1* uel ain sölichs et [...] *W*
-- .i. simile, ein boße widder vergelt *I*
-- p°sew wider geltung *K*
-- bose weder gelt, °alsulkes °*(P-E Kh2)* et [...] *P*

S widder vergelt *S4*] weder vorgheldinge *Ma3* alsolichs] *fehlt B9* , eyn sulches *Ks2 B5* representacio *S4*] renunciacio *Ma1*
M *Wa. Ks1*] *fehlt Ma6* weser geltung *D1*, wideruertelt *Dr1* eyn soliches] alzolichs *M19*
W wider gelten] *fehlt M12*, wider vergeltung *Bs9 Me1*, vergelt *Me5* uel *bis* representacio *fehlt Sg1*
P alsulkes] *fehlt B10 Br1*, also likes *Wo1*
P-E wider geltung *M25*

T 32 o in **Talis modi** in solichir maße
+ oder weiz *K*
-- solicher maße *I*

S inalsolchermaß *N1*
M *Wa. fehlt Ma6* in also solicher mas *M19*, in eyner solicher maße *Ks1*, eyner *(*ein *Dr1)* sulchir maß *D1 Dr1*

K in solcher weis *K4*
P insodenermaße *Wo4*, sulber mate *B10*
P-E Talismodo *E2* mösleicher mas *M25*

T 33 adv **Taliter** also
Wa. fehlt I K

S *Wa. fehlt Ks2*
M *Wa. fehlt M19 D1*
W -- idem *(nach 30) Me1*
P-E -- idem *(nach 30) E2*

T 33.1 *m s* **Talonus** .i. talus *P*

P *Sigle Wo1*] *fehlt Ma4*

T 34 ep p **Talpa**
-- ein ⌜multwerff *Ma1 S4* / mol worp *Ma3* / mol, winwop *B9* *S*
-- eyn ⌜multworff *Ma6* / scher *M19 Sb3* *M*
-- est animal, quod alio nomine dicitur *mus cecus*, wulgariter mulwerf *W*
-- scher, *est animal* *K*
-- eyn ⌜wende werp *Ma4* / moltworf *R1* / mulworp *Wo4* *P*
-- ain murwerf *E2* *P-E*
-- eyn mol uel wyntworp *Kh2*
Wa. fehlt I

S mulworff *Ks2*, multworm *B5*, mauwerff *N1*
M *Wa. fehlt Dr1* mů̊l welf *Ks1*, maulwerff *D1*
W *lat. Int. fehlt Sg1* mus cecus *Me1*] mustela *S1*, mos cecus *Bs9* mulwerf] motwerff uel scher *Bs9*, + scher *Me1*
K est animal *Hl1*] *fehlt W13 K4*
P wynt worp *Wo1 B10*, mol *Br1*
P-E vaolt werff *M25*, molt werff *P7*

T 34.1 m s **Talamus** dicitur camera sponsi et sponse *K*

K *vgl. 243* -- slaff chamer *K4*

T 34.2 n s **Talpedium** leyst *P*

Stichwort entstanden aus Calopedium, *vgl. C 55*
P Talpodium *Wo1 Wo4 R1* *Int. fehlt Wo4*
Kh2 Talpodium

T 35 m s **Talus** ein enkel an dem fuß uel ein worffel
+ Wersus *(Walther 14022)*: Ludere cum talis non est res spiritualis *P*
-- ein enckhel uel wurfel *Sb3 P-E R1*
-- ankel °vel °würfel °*(X)*. Wersus *(Grec. Nov.83ʳ)*: Pars pedis est talus; dicatur tesser*a* talus. a quo taxillum formabis diminuendo *W*
-- enchkel *K*
-- ein worpel, uel est pars pedis *Kh2*

S an dem fuß] *fehlt Ks2 B9*, oder eyn fuß *S4* an] in *Ma3*
M *Wa. fehlt Dr1* -- ein enkel *M19* an dem fuß] in pede *Ma6* worffel] tasser *D1*
W ankel vel *fehlt Bs9* tessera *Sg1*] tessere *S1* + oder knör *Me1*

	K	*Wa. fehlt K4*
	P	an dem fuß *fehlt Ma4* an] van *B10*
	P-E	enckhel] knod *P7 M25*

T 35.1 m s **Tallus** dicuntur vasa offertoria iuxta modum turris facta *K*

T 36 adv **Tam** also
+ adverbium quantitatis uel comparandi uel similitudinis *I*
+ *oder sobeyde* *P*
con **Tametsi** idem est quod quamvis *W-X*
Wa. fehlt W-Y K

	S	*Wa. fehlt B5*
	M	*Wa. fehlt Dr1*
	W	Tam et si *getrennt geschrieben in allen Hss.*
	I	*Sigle fehlt*
	P	*Zusatz R1*] *fehlt Ma4 Wo1 B10*, uel also beyde *Wo4*
	P-E	sobeyde] so wie *P7*

T 37 con **Tamen** ⌜doch / yo doch *Ma3 B9 P (außer P-E)*
+ coniunctio aduersatiua *I*

	S	*Wa. fehlt Ks2* edoch *S4* + uel dann *N1*
	I	*Sigle fehlt*
	K	*Wa. fehlt K4*
	P	doch *Wo4*

T 37.1 *m t* ***Tamiro*** vermiculus quidam *P*
-- vermiculus est, cuius tincta cruore marmora dura se*c*at lapicida modo leuiore *W-X*
Wa. fehlt (vgl. 476.1) Kh2 Br1

	W	m t Tamiro] Item Tamir *(Wa. nach 36)* secat *Me1*] siccat *S1*
	P	m t Tamiro *Wo1*] Tamido *Ma4*, Tamno *R1*

T 38 g in **Tamos** grece est mare latine

	S	Tames *Ma3*
	Sb3	Tamus
	W	marum *S1*
	I	g in Tamos] Tamus
	K	mane *W13*
	P-E	male *E2*

T 39 adv **Tamquam** also
Wa. fehlt I K

	S	*Wa. fehlt Ks2*
	M	*Wa. fehlt D1*

T 40 adv **Tandem** ⌜.i. ultimo / ton lesten *Ma3 B9 P*

	I	*Sigle fehlt*
	P	to lesten *Ma4 Wo4 R1*
	P-E	*Wa. fehlt E2 M25*

T 40.1 *f in* **Tanes** est ciuitas Egipti *P*
Wa. fehlt Kh2

	P	*Sigle Wo1*] *fehlt Ma4*

T 40.2 m s **Taneus** .i. iuuenis uel vnus de Tanes *P*
Wa. fehlt Kh2 Br1

T 41 a t **Tangere** ⌜griffen / begriffen *I*, ruren °uel °treffen °*(Kh2 Br1)*
-- grewͤffen *K*
-- berüren *P-E*

S uel treffen *fehlt B9*
M uel treffen *fehlt M19*
W uel treffen *fehlt S1*
K *Wa. fehlt K4*
P griffen *fehlt B10 Br1* uel treffen] *fehlt Wo1*, folen *Wo4*

T 42 adv **Tantum** also vil °uel °allein °*(W-X)*
Wa. fehlt I K

S ein lein *N1* + minanders *Ma3*
M uel allein] *fehlt D1*, eyn leyne *Ma6*
W also vil uel *fehlt Sg1*
P vil *fehlt Br1* uel allein *fehlt Wo1* + nü ockers *Ma4* + my ockers *Wo4*
P-E uel allein *fehlt M25*

T 42.1 m s **Tantillus** a »tantus« dicitur, .i. modicus *I* -- -la, -lum paruus, modicus *K*

K *Wa. fehlt K4*

T 42.2 **Tanacetum** rein vaun *Me1* *W-X*

W *Wa. fehlt S1* -- .i. renouacio *M12* Tanacetum] + rei nouacio *Me1*

T 43 adv **Tantillum** ⌜also wenig / alsus luttik *Ma3 B9 P*
-- also klain *P-E R1*
Wa. fehlt I Kh2 Br1

S luitick *Ma3*

T 44 n in **Tantundem** allein uel also vel
-- »tantus« componitur cum »demum« et dicitur hoc tantundem, genitiuo tantundem, accusatiuo tantundem, et non amplius, ut tantundem debet hoc quantum illud *I*
-- als vil *K*
-- alleyne *Kh2*

M -- eynleyn als vil *Ma6*
W uel also vel *fehlt Sg1*
I *Sigle fehlt*
K adv
P uel also vel *fehlt B10*

T 45 *adv* ***Tantummodo*** *.i. tantum*
-- allain *Sb3*
-- idem *(nach 44)* *Kh2*
Wa. fehlt I

S *Wa. S4*] *fehlt Ma1 Ma3*
P -- in tantum *Ma4*

T 46 *m s* ***Tantus*** *also gross ader also vil*
-- als groß *Sb3 K*
-- -ta, -tum a »tam« dicitur, also groß *I*
-- alzo grot uel zo uele *Kh2*

S *Wa. B5*] *fehlt Ma1 Ma3* ader also vil *fehlt S4 Ks2*
M *Wa. fehlt M19*
P also *(1)*] alsus *Br1*

T 47 f p **Tantologia** est viciosa repeticio eiusdem diccionis
-- est figura in grammatica *Kh2 Br1*

Tantologia *für* Tautologia
S diccionis *fehlt S4*
W Tantilogia *S1*, Tantalogia *Sg1*
P-E diccionum *E2*

T 47.1 f t **Tanpuis** dicitur nomen ciuitatis *K*

K *Wa. fehlt K4*

T 47.2 *adv* **Tam*diu*** .i. finaliter *K*

K *Wa. fehlt K4* *Sigle K9*] *fehlt W13* Tamdiu *Hl1*] Tandium *(?) W13 K9*

T 47.3 adv **Tantispera** tantum temporate, °*aduerbium* °qualitatis °*(Y)* *K*

K aduerbium *Hl1*] *fehlt W13*

T 48 n s **Tapecium** est illud, quod sternitur ad honorem alicuius, ⌜geczirde / eyn teppet *Ma3 B9*
-- est [...] alicuius *Sb3*
-- est [...] alicuius, stulduch, et hic **Tapes**, -tis et hoc **Tapete** idem *I*
-- uel **Tapetum** est [...] alicuius, geziert. **Tappetum** deppich. ***Tapecia*** *autem simpla sunt aut amphitapa: simpla tapecia ex vna parte villosa, amphitapa autem tapeta ex utraque parte villosa sunt.* Item **Tapenta** uel **Tapes** eciam significat pannos, qui in ecclesijs ante altaria pedibus sternuntur; dicuntur et **Strapedia** *W*
-- idem *(nach 49)* *K*
-- teppet / + *.i. velum P-E R1* *P*
-- eyn topte *Kh2*

vgl. C 129.2
S *Wa. fehlt B5* ternitur *Ma3* geczirde *fehlt S4 N1*
M geczirde] *fehlt M19*, gezide *Ma6*, czirde *D1*
W geziert] tepit *Sg1 Me1* Tappetum *bis* Strapedia *fehlt Sg1* Tapecia *bis* villosa sunt *Bs9*] *fehlt S1* simpla *(1) Me1*] aut similia *Bs9* autem tapeta *bis* sunt *fehlt Me1* ex utraque *M12*] extraque *Bs9*
I n s Tapecium] Tapetum
P tempet *Br1*
P-E teppet *fehlt E2 M25* .i. velum *P7*] .i. telum *E2*

T 49 *n s* **Tapetum** idem *(nach 48)*
-- dicitur illud, quod sternitur pedibus. Eciam inuenitur **Tape**, -is et **Tapes**, -etis et **Tapeta**, -te, omnia pro eodem *K*
-- illud, quod sternitur ad honorem alicuius *P*
Wa. fehlt (vgl. 48) I

S *Wa. fehlt Ma3* *Sigle S4*] *fehlt Ma1* -- est illud, quod ternitur ad honorem alicuius *B5*
K Eciam *bis* eodem *fehlt K4*
Kh2 illud] omne illud

T 49.1 f p **Thaphacia** est locus principalis *P*

T 49.2 n s **Tappardium** *.i. tabardium*, tapport *P*
-- .i. tabardium *P-E Kh2*

P .i. tabardium *Wo1*] *fehlt Ma4 Wo4*

T 50 f p **Tarantula** est vermis venenosa, ein tarant
Wa. fehlt I

S vermis] parua vermis *Ma3* venenosus *B9* ein tarant *fehlt N1*
M ein tarant *fehlt Ks1*
W venenosa] quidam *Sg1* ein tarant *fehlt S1*
K venenosus *Y*
P ein tarant *fehlt B10*
P-E ein tarant *fehlt E2 P7*
Kh2 Tarantula] Tarancula uel Tarantula

T 51 f p **Taratantara** ⌜redebutel / sichtebudel *S-Y*
-- instrumentum, quo farina colatur, .i. purgatur *I*
-- uel **Taratara**, mel pewͤtel, eciam clang*or* tubarum eminus *K*
-- mele budel, °eyn °sichtbudel °*(P-E R1 Kh2)* *P*

S *Wa. fehlt S4* -- ein sichbutel uel redebutel *Ma1*, seychbewtel *N1*
M sichtebůtel *Ks1*
Sb3 Tarantala
W Taratantora *S1*
I n in
K -- mel pewtl *K4* clangor *K9*] clango *W13*
P f p Taratantara] f p Taratantari *Ma4*, f p Tarantara *R1 Wo4* mele budel *fehlt Wo1 Wo4* eyn sichtbudel *fehlt B10*
P-E redbutel *E2 M25*

T 52 n p **Taratantarisare**
-- ⌜mel reden / sichten *dat mel Y* *S*
-- ⌜sichten daz meyl *Ma6 Ks1* / peyteln *M19 Sb3* *M*
-- råden mål / + Inde ***Tarantantarisator***; *inde* ***Taratantarisamen***; *inde* ***Taratantarisabilis*** *Y* *W*
-- tuba clangere, farinam colare *I*
-- mel pewͤteln *K*
-- ⌜*budelen* / sichten *Kh2* *P*

S d p Taratantarizari *S4* mel reden] sichten uel mel reden *Ma1*, daz mel reden *S4* sichten] seychen *N1* dat mel *B9*] *fehlt Ma3*
M Taratantizare *M19* -- reden uel buteln *D1* melreden *Dr1*
W *Zusatz Bs9*] Inde Tharatantarisare, -samen, -sabilis *Sg1*
K *Wa. fehlt K4* Taratantisare *W13*
P Taratantizare *Ma4* budelen *R1*] zichten *Ma4*, sichten dat mel *Wo1*, mel reden uel budel *B10*

T 53 m t **Taratantarisator** ein sichter °uel °reder °*(S-Y)*
-- ⌜budeler *Ma6 Ks1* / melreder *D1 Dr1* / peytler des mels *Sb3 M19* *M*
-- *melreder* *W-X*

-- mel pewtler *K*
-- ⌜*eyn sychter* / butler *P-E R1* *P*
Wa. fehlt (vgl. 52) W-Y
Wa. fehlt I

S ein sichter uel *fehlt Ks2* seicher *N1*
M meldes *M19*
W *Wa. fehlt M12* Tarantorisator *S1* melreder *Me1*] råder *S1*
P eyn sychter *Wo1*] zichtinger *Ma4*, budeler *Wo4*

T 54 n t **Taratantarisamen**
-- sichtunge °uel °redunge °*(Y)* *S*
-- *redunge* *M*
-- peytlung *Sb3 K*
-- målredung *W-X*
-- ⌜zichtinge / butlung *P-E R1* *P*
Wa. fehlt (vgl. 52) W-Y
Wa. fehlt I

S Taratantasamen *S4* *Int.*] *fehlt Ma3*, mel redunge vel schichung *B5* sichtunge uel] *fehlt Ks2*, seichung *N1*
M Taratantirasamen *M19* redunge *Ks1*] sichtunge *Ma6*, pewtlung *M19*, melredung *Dr1*
W Taratantorisamen *S1*
P *Wa. fehlt B10*

T 55 co t **Taratantarisabilis** ⌜sichtlich
-- ⌜sichtlich *X* / *redelich Y* *M*
-- peytlunder *Sb3*
-- målrådlich *W-X*
-- redleich *K*
-- butlich *P-E R1*
Wa. fehlt (vgl. 52) W-Y
Wa. fehlt I

S *Wa. fehlt S4* redelich *Ks2* sochtleich, redleich *B5* seychenlich *N1*
M *Wa. fehlt M19* redelich *zit. nach D1*
W Taratantorisabilis *S1*
K *Wa. fehlt K4*
P *Wa. fehlt Wo4* Taratantaritalis *Ma4*

T 55.1 n s **Tarantrum** .i. crebrum *Wo4 (P)*

T 56 n p **Tardare** ⌜sumen / vorsumen *Ma3 B9*
\+ Inde **Tardus**, -a, -um *W-Y*
Wa. fehlt I

S Tradare *S4*
W *vgl. 58* *Zusatz*] + et -de *(vgl. 57) Bs9 Me5*
K *Wa. fehlt K4*
P *Int. fehlt Wo4*

T 57 *adv* ***Tarde*** *langsam*
Wa.fehlt (vgl. 56) W-Y
Wa. fehlt I

S *Wa. B5*] *fehlt Ma1 N1* Tardre *S4*, Tarda *Ks2*
M *Wa. fehlt Ma6 M19 D1*
K *Wa. fehlt K4*

P *Wa. fehlt Wo4 B10*
P-E spatlich *E2*
Kh2 *Int. verderbt*

T 58 m s **Tardus** trege
+ oder faull *Sb3*
+ uel lak *Kh2*
Wa. fehlt (vgl. 56) W-Y
Wa. fehlt I K

P *Wa. fehlt B10* *Int. fehlt Wo4*

T 59 f p **Tareafra** est liber xii prophetarum
Wa. fehlt I

S Tareaffa *B9*
M Tarefra *M19*
Sb3 Tarciaffra
K -- est liber de duodecim prophetarum *(*prophetis *K4)* alle Hss.
P *Int. fehlt Wo4*
Kh2 Tariafra

T 60 *f* s **Tarentum** est nomen ciuitatis

S *Sigle Ks2*] n s *Ma1* + Tarent *Ma3* + Tareth *B9*
I f p
P *Int. fehlt Wo4*

T 61 g in **Tare** grece, defectus latine

vgl. 244
S effectus *S4*
I *Sigle fehlt*

T 62 m s **Tarmus** ein slie, nomen piscis, °uel °ein °made °*(W-Y P-Y)*
+ vel vermis quidam *P-E R1*
-- est nomen piscis *Sb3*
-- vermis lardi *I*
-- sleyn, est piscis *K*

S ein slie *fehlt B5*
M slein *M19*
P-E Tarinus *E2* schleim *M25* uel ein made *fehlt E2*

T 63 f *in* **Tarsis** est ciuitas quedam uel mare uel vnus de genere Iaphet
-- uel **Tarsi** est ciuitas [...] Iaphet. Wersus: Vir Tarsis, locus Tarsis, manet et mare Tarsis *W*
-- [...] mare / + *indeclinabilis vltima acuta X* *K*

vgl. 245
S *Sigle S4*] f t *Ma1* uel vnus de genere Iaphet *fehlt B9* Iophel *S4*, Yoseyp *Ma3*
M Iosaphet *M19*
W locus Tarsis] locus *Sg1*
I *Sigle fehlt*
K *Zusatz Hl1*] *fehlt W13*
P *Wa.*] uel unus de genere Yaphet *(bei 62; Zeilensprung) Ma4* uel mare uel vnus *fehlt Wo4*
P-E Iaphet *fehlt E2*

T 63.1 m s **Tarmentus** est clauis ferreus *W-X*

T 64 n s **Tartarum** ein winstein

I *Sigle fehlt*
P wilsteyn *B10*
P-E Tartaris *E2*

T 65 etro **Tartarus** .i. infernus
+ est populus quidam a quodam flumine dictus *W-X*
-- hell *Sb3*
-- Tartarizim grece, latine dicitur horrere uel tremere. Vnde hic Tartarus, -ri, sed in plurali hec **Tartara**, -rorum; scilicet profundissimus locus infernorum, de quo neminem extrahit deus *I*
Wa. fehlt K

S *Wa. fehlt S4*

T 66 m s **Tartarus** *eyn Tarter*, est unus de tali ⌜*terra* / regione *K*
-- est populus quidam a quo*dam* flumine dictus *W-Y*
-- eyn Tartar *P*
Wa. fehlt P-E Kh2 Br1

S eyn Tarter *S4*] *fehlt Ma1*, eyn Tarser *B9* terra *S4*] regione *Ma1*
M Tater *D1*
Sb3 Tartharius ein Tharteren
W quodam *Bs9*] quo *Sg1*
K ein Tarth *Hl1*
P + sunt homines *R1* + homini *Wo4*

T 67 m t **Tassėr** ein worffel. **Taxillus**, **Talus**, °**Decius** °*(I)* idem
-- wůrfel *K P*

vgl. 73
S *lat. Int. fehlt B9*
Sb3 Decius *verderbt*
W Talus, Decius idem *fehlt Sg1*
Kh2 Tarser

T 68 h in **Thau** est ultima littera Hebreorum
+ *Signum littera thau, que grece tetha vocatur* *W*
+ Inde hoc **Tauma**, -atis, .i. adiuracio uel miraculum *I*

vgl. 246
S + sic est dispositus *S4 B5*
W *Zusatz Bs9*] *fehlt S1 Sg1*
I *vgl. 76.1* *Sigle fehlt*
K g in
P vltimus *Ma4*
P-E Ebraicorum *E2*

T 69 m s **Thaurus** ein ochse
-- stier *Sb3 P-E*
-- -ri, bos iuuenis, et proprie adhuc non castratus. Inde hec **Taurea**, -ree plaga *I*

M -- asch, achse, ochse *Dr1* stier *M19*
W + uel stier *S1* + uel farr *Me1*
I *vgl. 76.3*
P-E ochß *M25* + oder pfarr *P7*

T 70 a p **Taxare** schaczen, wegen, °zelen, °nemen °*(P-E)*
-- wegen, .i. imponere precium rei vendite. *Vnde Grecista Nouus (Grec. Nov. 35r): Qui taxat, numerat, hic estimat; atque memento quot »dumtaxat«, id est tantummodo, nascitur inde. Si diues taxat sua debita, rana coaxat* *W*
-- schaczen *I K*
-- wegen, tellen *Kh2*

vgl. D 20.1
S *Wa. fehlt B5* nemen *fehlt B9*
M wegen] wänen *M19* nemen *fehlt Ks1*
W wegen] + uel schätzen *Sg1* Vnde *bis* coaxat *Bs9*] *fehlt S1 Sg1* + Inde Taxacio precii inposicio *Bs9*
I n p
P schaczen *fehlt Wo4 R1 B10* nemen *fehlt Wo1 B10 Br1*

T 71 f t **Taxacio** ⌜*schatczunge* / saczunge *Ma1 S4*
Wa. fehlt (vgl. 70) W-Y

S f t Taxacia *Ma3* schatczunge *zit nach Ks2*
W setzung *S1*
P schechinge *R1*
P-E + oder wegen *P7*

T 72 m t **Taxator** ein scheczer
Wa. fehlt W

K *Wa. fehlt K4*
P *Wa. fehlt Wo4* schecher *R1*

T 73 m s **Taxillus** .i. tasser. Wersus *(Walther 14036)*: Ludere taxillis perpend*e*, quid sit in illis; res tua, spes tua, °sors °tua °*(K)*, *mors tua pendet in illis*
-- [...] sit in illis; spes tua, sors tua, res, mors pendet *in* illis *Sb3*
-- worffel. Vnde *(Walther 14036)*: Ludere taxillis perpende, quid sit in illis; et est diminutiuum de talus *I*
-- .i. tasser *P-E R1 Kh2 Br1*
Wa. fehlt W

vgl. 67
S Taxillus] + würfel *N1* tasser] + uel talus *B9* perpende *S4*] perpendere *Ma1 Ma3* res tua *fehlt Ma3* res *bis* illis] etcetera *B9* mors *bis* illis *S4*] etc *Ma1*
M *Wa. fehlt M19* pendit *Ma6*
Sb3 perpendere in *V1*] *fehlt*
W *Wa. vorh. M12*
K .i. tasser] idem *(nach 67) alle Hss.* + wurffel *K9 Hl1* *Vers fehlt W13 K4*
P perpendere, quid] respice, quod *Wo4*

T 74 *f p* ***Taxiuncula*** *est breuis taxacio*
Wa. fehlt Kh2 Br1

S *Wa. S4*] *fehlt Ma1* taxio *Ma3*
M *Wa. fehlt M19*
Sb3 Taxincula
P taxio *Wo4*

T 75 f p **Taxta** ⌜*schatczunge* / saczunge *Ma1 S4 B5*
-- idem quod taxatio, schaczunge *I*

S schatczunge *zit. nach Ks2*
W Taxa setzung *S1*, schatz *Sg1*
K Taxa
P scechinge *R1*
Kh2 Taxa

T 76 f s **Taxus** ein ⌜hulsbaum / bußbaum *M* uel est animal uel pellis melote
-- ein pavm weiden uel ein tax uel pellis mellote, et sic est masculini generis *Sb3*
-- est arbor venenosa. Vnde taxica venena exprimuntur ex hac arbore. *Ex hac arcus Parthi et alie gentes faciunt. Vnde et poeta (Verg. georg. ii 448)*: *Itureos taxi torquentur in arcus, Sireos atque Parthicos* *W*
-- eyn buschbam *I*
-- est arbor quedam vel paruum animal vel pellis melote; et prout est arbor, tunc est arbor, de cuius succo quando gustant apes, statim mori*u*ntur *P-E*
-- est nomen arboris, eyn hulsk bom *Kh2 Br1*

vgl. M 270.1, M 272, M 272.2
S *dt. Int.*] helffun paynn *B5*, huls *N1* molete *S4*
M melote] *fehlt M19*, molete *Ma6* + ein dachs *D1*
W *Wa. fehlt Sg1* Ex *bis* Parthicos *Bs9*] *fehlt S1* Itureos *emend.*] Scireos *Me1 M12*, *verderbt Bs9 Me5* taxi *Me1*] taxe *Bs9*
I *Sigle fehlt*
K -- dachs *K4* hübschpawm *Hl1*
P -- eyn busbom *B10*
P-E moriuntur *P7*] moriantur *E2* + ain huls bom *P7*
Kh2 huls bom *Br1*

T 76.1 n t **Thauma**, -tis dicitur ammiracio uel miraculum *K*

K *vgl. 68* -- .i. miraculum *K4*

T 76.2 *f p* ***Thama*** *dicitur arcus celestis, ab »amiracione« et »stupore«* *K*

K *Wa. K9*] *fehlt W13 K4*

T 76.3 f p **Thaurea** dicitur plaga uel flagellum ex corio thauri *K*

K *vgl. 69*

T 77 f p **T*e*agra** ein kreuwel
-- krempel *K*

Stichwort entstanden aus Creagra, *vgl. C 1089.1*
S Teagra *S4*] Tagra *Ma1*, Tegra *Ma3*
M *Wa. fehlt Ks1* Tegra *M19*
W Teargra *S1* + uel hågg *Sg1*
Sb3 -- ein chorb
K Tegra *K4* + creawbl *K9*
P -- eyne crauberl *Br1*
P-E Teagia *(auch R1)* hak *P7*

T 78 n s **Teatrum** ein ⌜danczhuß / danselhus *Ma3 B9*
-- °ain °tantz °huß. °Item °Theatrum °*(Y)* apud gentiles fuit spacium terre breui muro circumdat*um* formam dimidii circuli habens, in quo ludi exercebantur. Quandoque uero hab*uit* formam integri circuli et tunc dicebatur **Amphiteatrum** *W*

-- dicitur spectaculum curisandi habens formam, in quo homines astantes aspiciunt *K*

vgl. 246.2, A 458
S Tetrum *Ma3*
W circumdatum *Bs9*] circumdato *S1*, circumdata *Sg1* habuit *Sg1*] habet *S1*
K -- ein tantzhaws *Hl1* -- lawben *K4* curisandi *für* corisandi
P danczelhus *Ma4 Wo1*, spilhus *B10*
P-E rantzhus *P7*

T 78.1 m s **Teatricus** uel **Teatralis** est aliquis spectans ad ludum *Kh2*

T 79 f in **Tebe** est ciuitas uel regio quedam
+ et est hebraicum *I*

I *Sigle fehlt*
K uel regio quedam *fehlt K4*

T 80 g in **Tebeth** ebraice, est Ianuarius latine

S Tabeth *Ma3*
M ebraice] grece *M19*
Sb3 ebraice] grece
I *Sigle fehlt*
K *Wa. fehlt K4*
P h in
P-E h in

T 80.1 m s **Tebanus** est aliquis de Tebe *Kh2*

T 80.2 m s **Tebani** sunt populi in Egypto *Kh2*

T 81 f p **Teca** .i. capsella °uel °sagitta °*(Sb3)*, ein strale
-- est saccus uel coopertorium uel reseruatorium. Sed in 2° libro Hesdre pro arbitrio poni videtur *(vgl. Brito 772)* *W*
-- dicitur folliculus, in quo granum clauditur. Eciam dicitur coopertura; *eciam dicitur promissum et statutum*; eciam dicitur repositorium; *et dicitur sagitta* oder ein stral *K*

vgl. 225.1
S Taca *Ma3* strake *Ma3*
M sagitta *fehlt M19*
W Tera *S1* reseratarium *Sg1*
K Eciam dicitur coopertura *fehlt K4* coopertura] + 3° Esdre *X* eciam *(1) bis* statutum *K9*] *fehlt W13 K4* et dicitur sagitta *K4*] *fehlt W13*
P ein strale *fehlt Wo1*

T 81.1 f t **Tecis**. Vnde *(Grec. Vet. x 260)*: Si »Tecis« est »Tecidis«, sic mater habetur Achillis. »Tecis, -i*os*, Tecim« Neptuni dicitur uxor *P*
Wa. fehlt (vgl. 100.2) Kh2 Br1

vgl. 236.2, 261.1
P Tecis *(3) bis* uxor] etc. *Wo4* -ios *Wo1*] -ius *Ma4*

T 82 f t **Tecresis** est gaza, °*eyn* °*schacz* °*(K P-E)*

S eyn schacz *S4*] *fehlt Ma1*
M *Wa. fehlt D1* Tecrisis *Ma6 M19*
Sb3 *Int. fehlt*
W Tecrasis *Sg1* est gaza *fehlt Sg1*
K Thecrisis *K4*

P Tecrisis *Ma4*
P-E Tecrisis *E2*
Kh2 Tecrisis

T 83 m t **Tector** ein decker

S dekch *B5*
W + Inde Tectura *(vgl. 84) Bs9 Me5*
K *Wa. fehlt K4*

T 84 f p **Tectura** ⌜decke / deckinghe *Ma3 B9 P I*
Wa. fehlt K

M *Wa. fehlt M19* deckunge *Ma6*
W *Wa. fehlt (vgl. 83) Bs9 Me5* tekung *Sg1*
P dekene *Wo1*, decken *R1*, dech *Wo4*
P-E dekin *E2*

T 85 *n s* **Tectum** dach
Wa. fehlt Sb3 K

S *Sigle S4*] *fehlt Ma1*
M *Wa. fehlt D1*

T 86 *adv* ***Tecum*** *mit dir*
-- mid dy *Kh2 Br1*
Wa. fehlt K P-E

S *Wa. B5*] *fehlt Ma1 Ks2* mit mir *S4*, myt dik *B9*
M *Wa. fehlt M19 D1*
P *Wa. fehlt Wo4*

T 87 f p **Teda** ein brand
+ uel lignum luminaribus aptum *K-X*
-- est lignum ⌜pini *X* / paruum *Y*, quod est ualde inflammabile, wulgariter kien *W*

S brant reyde *Ks1*
W quod *bis* inflammabile *fehlt Sg1*
P *Wa. fehlt Wo4*

T 88 n t **Tedale** ein ⌜brandreide / brant yseren *Ma3 B9 P*
-- ⌜brant ysern *Ma6* / prant eisen *M19 Sb3* *M*
-- prannt eysen *K P-E*

S prenteysen *N1*
M -- idem *(nach 86) Ks1* brant reuff *D1*, brant reit *Dr1*
P -- brantreide ysern *Ma4* brantyser *B10 Br1*
P-E brennyssen *P7*

T 89 n s **Tedarium** idem *(nach 88)*
Wa. fehlt I

S *Wa. fehlt B9*
W *Wa. fehlt S1*
K *Wa. fehlt K9*

T 90 n s **Tedere** verdrießen
Wa. fehlt K-Y Kh2 Br1

T 91 v ip **Tedet** verdrußt
-- idem *(nach 90)* *Ma3 B9 P*
-- dat vordrut *Kh2*
Wa. fehlt K

W -- idem *(nach 90) Me1*
I *Sigle fehlt*
P it vordrit *Br1*

T 92 d p **Tedeari** verdrißen
Wa. fehlt K

S *Wa. fehlt B5* Tediari *Ma3*
M Tedari *M19* -- idem *(nach 90) Ma6*
Sb3 Tedari
W Tediari *S1*
I Tediari
P-E -- idem *(nach 91) E2*

T 93 f p **Ted*ifera*** .i. tedale
\+ prantreytel *Sb3*
-- prannt eisen *K*
-- idem *(nach 89)* *Kh2*
Wa. fehlt I

S Tedifera *S4*] Tedefera *(?) Ma1*
K *Wa. fehlt K9*

T 94 m s **Tediosus** verdrißig
-- verdrießlich *M*
-- ⌜verdriessiger *S1* / verdrossen *Sg1 Me1* *W*
Wa. fehlt Sb3 I K

S *Wa. fehlt B5* vordret *Ma3*
M vordrißniß *D1*
W verdriessung *Bs9 Me5*
P vordrattich *Br1*
P-E vertrossenlich *P7*

T 95 n s **Tedium** ⌜verdriß / vordretnisse *Ma3 B9 P (außer P-E R1)*
-- verdroß *M-X*
-- verdriessung *Sb3 W*
-- verdroßunge *I*
Wa. fehlt K

M vordrißnig *D1*
I *Sigle fehlt*
P vordreys *Wo4*
P-E vertrůssung *P7*

T 96 f p **Tega** ein *altertuch*, que eciam dicitur benedicta
-- alterduch *I K Kh2 Br1*

S altertuch *Ks2*] elter duch *Ma1*, olterduch *S4* que] quandoque *S4*
M halstuch *D1*, elterduch *Dr1*
W *lat. Int. fehlt S1 Sg1*

T 97 *a t* ***Tegere*** ⌜*decken* / bedecken *Ma3 B9 P (außer Kh2)*

-- ⌜bedecken *X* / tecken *Y Sb3* *M*

S *Wa. S4*] *fehlt Ma1*
K *Wa. fehlt K4*
P-E deken *E2*

T 98 f t **Teges** est domus pauperum
+ quas faciunt pastores sew vineatores *ad tegimen sui*, hůtten *K*
-- a »tego, -gis« dicitur hec Teges, -etis, parua domus *I*

M + ein hütlein *Dr1*
W -- tegetis, hutt *Sg1*
K -- hüttn *K4* ad tegimen sui *K9*] *fehlt W13* hůtten *fehlt Hl1*

T 99 n t **Tegimen** ein deckunge des heubtes, et capitur pro defensione
-- ein deckh, eciam capitur pro defensione *Sb3*
-- a »tego« dicitur hoc Tegimen, -inis, deckunge *I*
-- eyn deckynghe des houedes *Kh2 Br1*

vgl. C 1014
S Tegmen *Ma3 B9* deckunde *S4* *lat. Int. fehlt B9*
M -- eyn deckunge *Ma6* *lat. Int. fehlt M19*
W Tegnum *Sg1* decki *S1* des heubtes *fehlt S1 Sg1*
K -- deckung *K4* des heubtes *fehlt W13*
P -- eyn deckunge *B10* heubtes] + ut pilius, mitra *Ma4 Wo4*, + ut capucium *R1*
P-E Tegmen *E2* -- ain deckung *P7* des heubtes *fehlt M25*

T 100 *n t* ***Tegmen** eyn deckunge*
-- ein deckh *Sb3*
-- a »tego« potest dici hoc Tegmen, -inis; dache *I*
-- idem *(nach 99) K Kh2*
Wa. fehlt P-E R1

S *Wa. Ks2*] *fehlt Ma1 S4 Ma3* Tegimen *B9*
M *Wa. fehlt Ks1 M19 D1* decke *Ma6*
W *Wa.*] n s Tegimen idem *(nach 99)* uel schinden *Sg1* -- idem *(nach 99) Me1* + ain schindel *Bs9*
I n s
K *Wa. fehlt W13 K4*
P Tegimen *Ma4* dak *B10*

T 100.1 f p **Tegera** est domus meretricum *Kh2*

T 100.2 f t **Tegis** est uxor Neptuni *Kh2*

Kh2 *vgl. 81.1*

T 101 f p **Tegula** ein latte / + uel ein *bole S-X* uel ein swercz faz. Wersus *(C/T »Tegula«)*: Vas operis tegula, domi dat tegula tectum
-- latt °uel °schindel °*(Y), schwertz vass*. Wersus *(C/T »Tegula«)*: [...] *W*
-- eyn schindel uel eyn swercz vaß. Vnde *(C/T »Tegula«)*: Vas [...] *I*
-- latt oder swaibvaz. *Wersus (C/T »Tegula«)* [...] *K*
Wa. fehlt Sb3

S -- domi dat tegula tectum *Ks2* bole *B5*] büne *Ma1*, bole *(?) S4* swecz *S4* domui *B9*
M latte] schintel *M19* swerczen *Dr1*
W schwertz vass *Sg1*] *fehlt S1* *Vers fehlt Sg1*

K swaibvaz] swarcz vass *Hl1*, sweb *K4* *Vers fehlt W13 Y*
P domui *Wo4* tectum] tecti *Wo4*
P-E -- ain latt oder schindel, schwercz kübel *P7* *Vers fehlt (auch R1)*

T 102 n s **Teg*u*mentum** deckunge
-- ain gedek *P-E*
-- deckenysse *Kh2*
Wa. fehlt Sb3 I

S *Wa. fehlt Ma3* Tegumentum *S4*] Tegimentum *Ma1* deckunde *S4*
M *Wa. fehlt M19*
W Tegmentum *S1*
K -- idem *(nach 100) W13*
P Tegimentum *Ma4* eyn gedeckes *R1*
P-E *Wa. fehlt P7* Tegimentum *E2*

T 102.1 f p **Tegna** a »tego, -is« dicitur hec Tegna, -ne, dolus, fraus, decepcio et **Tegnosus**, -sa, -sum, fraudulentus *I*
-- .i. dolus uel fraus *Kh2*

T 102.2 m s **Tegnosus** .i. dolosus *Kh2*

T 103 f p **Tela** ein phil, et pertinet ad fila, ut dicimus: mulieres faciunt telam de glomis
\+ wulgariter wepp *W*
-- est sagitta, ein pfeil uel ein weff *Sb3*
-- ein phile. Item est plurale de »telum«,ein weppe *I*
-- pheil, et pertinet ad fila, spuel, ut dicimus [...] *K*
-- quod pertinet [...] glomis, wlgariter ayn wep *P-E*
Wa. fehlt Kh2 Br1

S phil] schoss *B5*, + uel webbe *Ma3* fila] pila *S4* mulieres *bis* glomis] mulieris tellam glomis *S4* glomis] + ein spul *Ma1*
M -- ein pfawl, eciam pertinet ad mulieres, cum mulieres faciunt tellam de glomis *M19* phil] pferl *D1*
W -- ein phil uel wepf filorum *Sg1* fila] + tela *S1* ut *fehlt S1*
K *lat. Int. fehlt K4*
P -- eyn vadem *B10*
P-E f p Tela] + ayn wep *E2*, + j spül *M25*

T 104 n s **Tellerium** ein teller
Wa. fehlt I

M *Wa. fehlt M19*
W teller] tellen *Bs9*
K *Wa. fehlt Hl1*
P Tellarium *Ma4*

T 105 f t **Tellus** .i. terra
\+ uel profunditas radicium arboris *Kh2*
-- erdreich *Sb3*
-- telluris, terra frugifera *I*
-- erd *K*

S + tenax *Ma3*
W f p Tella *S1*

T 105.1 n s **Telonium** uel ***P*edagium** est tributum, quod dant mercatores de *vectiuis* suis, wulgariter zoll. Inde **Teloniarius**. Et nota: *Telonium*, mauso-

leum, tropheum, canopeum possunt prolongando uel breuiando proferri *W*
-- .i. tributum. Inde **Telonarius**, ein czoller *I*
-- .i. tributum *Kh2*

vgl. P 278
W uel *bis* wulgariter *fehlt Sg1* Pedagium *Bs9*] Bedagium *S1* vectiuis *Bs9*] *verderbt S1* Inde Teloniarius. Et nota] *(neuer Wa.:)* m s Teloniarius, zoller. Item *Sg1* Telonium *(2) Sg1*] Telentum *S1*
K *vgl. 157.3, 253*

T 105.2 m t **Tellus**, Telludis quidam locus in Roma *I*

T 105.3 m t **Telo**, -onis dicitur a »telon«. Telonem ortulani vocant lignum, quo hauriunt aquam; a longitudine dictum *I*

T 105.4 **Telon** grece, latine dicitur longum uel tributum *I*

T 106 n s **Telum** ein bolcz
\+ aut pfeil *Sb3*
\+ sagitta, pfil *W*
\+ quicquid longe iacitur, et abusiue accipitur pro gladio *K*
Wa. fehlt I

S bolcz] holcze *N1* + uel eyn pil *Ma3*
M + pfeil *M19*
W pfil] schoss *Sg1*
K ein bolcz *fehlt Hl1* *Zusatz fehlt K4*
P *Wa. fehlt Wo4*
P-E schos *E2*, pfeil *M25*

T 106.1 m t **Telludes**, -dis dicitur locus, vbi figuli consweuerunt terram recipere *K*

T 106.2 n t **Thema**, -atis dicitur materia uel prologus *K*
-- est figura uel posicio mala aut similitudo siue norma uel materia siue prologus *Kh2*

Kh2 *vgl. 247, S 1011.1*

T 106.3 **Telo** ein bornerode, ad fontem *Kh2*

T 107 f *in* **Teman** est regio quedam
Wa. fehlt I

S *Sigle S4*] f t *Ma1* Tema *Ma3*

T 108 a p **Temerare** verdumen
\+ Item **Temere**, presumptuose uel stulte uel sine consilio. Item **Temeritas**, stulta audacia, et **Temerarius**, qui audet non audenda. Item *a* **Temere** venit **Temetum**, forte vinum. Inde **Temulentus**, .i. ebrius. Wersus: Audacter, temere, fatue, stulte, violenter; hinc temerarius est stultus, fatuus, nimis audax. Et **Temero** significat corrumpo uel violare *W*
-- fraflich tun *Sb3*
-- .i. corrumpere, violare / + *polluere X* *K*
-- fråueln uel herschreken *P-E*
Wa. fehlt (vgl. 108.1) I

Wa. fehlt Kh2 Br1

S dummen *S4* tummen, frovilnn *B5*
W *Zusatz*] adv Temere, fråuelich. f t Temeritas, fråfli. n s Temetum est forte vinum. m s Temelentus .i. ebrius *(jeweils neuer Wa.) Sg1* a *M12*] *fehlt S1 Sg1 Bs9 Me1*
K violare *fehlt K4* polluere *H11*] *fehlt W13*
P-E fråueln] frefenlichen *P7*, frôleichen *M25*

T 108.1 adv **Temere** .i. fatue, presumptuose, sine causa et sine consilio. Vnde hec **Temeritas**, -atis, presumptio, violentia, fatuitas, et **Temerarius**, -a, -um, presumptuosus, audax, quia audet audenda et non audenda *I*
-- .i. fatue siue presumptuose *B9 (S)*

W *vgl. 107*

T 108.2 t **Temere** dicitur presumptuose, fatue, stulte, sine consilio, sine causa aliquid facere *K*

K *Wa. fehlt K4*

T 109 m s **Temulentus** .i. ebrius
+ temeto plenus *I*
+ de temeto *P-X*
-- truncknar *Sb3*

vgl. 111.1
S Temolentus *S4* ebryo *S4*
M *Wa.*] Temlentus .i. obruis *M19* + drunken *Dr1*
W *vgl. 108*
P Temelentus (Temolentus *Wo4)*
P-E Temelentus
Kh2 Temelentus

T 110 f p **Temulencia** .i. ebrietas
-- trunkenhait *Sb3*
Wa. fehlt I

S *Wa. fehlt S4* Temulenta *B9*
M obrietas *M19* + drunkenheyt *Dr1*
W Temelencia *Sg1*
P Temelencia (Temolencia *Wo4)*
P-E Temelencia
Kh2 Temelencia

T 111 m s **Temerarius** tumkune °oder °freuelich °*(Kh2 Br1)*
-- dumkune, ⌜frebelich *Ma6* / fraislich *M19 Ks1 Dr1* *M*
-- frafleicher *Sb3*
-- .i. presumptuosus, fatuus, *.i. audacia stultorum* *K*
-- dulkone, ⌜frischich, audacia stultorum *Ma4* / vorchtig, vrasich *Wo4* *P*
-- .i. audax uel freuelich *E2* *P-E*
Wa. fehlt (enthalten in 108) W
Wa. fehlt (enthalten in 108.1) I

S *Wa. fehlt S4* -- -a, -um vor domelick, adiectiuum, uel idem est quod presumptuosus, vorname *B9* tumkune] küne *B5* oder freuelich] *fehlt Ma3*, frisch *N1*
M freueler *D1*

K fatuus] stultus *K4* .i. audacia stultorum *K9*] *fehlt W13 K4*
P -- dumkone *B10* vretelich *Wo1*, vrisch *R1*
P-E -- .i. audax *P7* -- kün oder freuileich *M25*

T 111.1 m s **Temvlentus** dumkone, vrislick *Ma3 (S)*

S *vgl. 109*

T 112 f t **Temeritas** tumheit, et est audacia stultorum
-- .i. presumpcio, fatuitas *K*
-- kunheit et [...] *P-E*
-- dumheyt *Kh2 Br1*
Wa. fehlt (enthalten in 108) W
Wa. fehlt (enthalten in 108.1) I

S + künheyt *N1*
M et est audacia] Inde Audicia *M19*
K presumptuositas *K4*
P *Wa. fehlt Ma4* *dt. Int. fehlt B10*
P-E kunheit *P7*] freuelichkeit *E2*

T 113 m s **Temerus** tumkune
-- tum *Sb3*
-- dumig *W*
-- idem *(nach 111)* *K*
-- dulkone *P (außer Kh2 Br1)*
-- kůn *P-E*
Wa. fehlt I

S -- dumme *S4*
W -- thumkün uel frefflich *Me1* + uel freslich *S1*
P *Wa. fehlt B10* Temere *Wo4* + vrebel *Wo4*
P-E -- kay *M25*

T 113.1 **Temerius** dul kone *B9 (S)*

T 114 n s **Temetum** .i. vinum quasi »tenens mentem«, quia est forte et bonum
-- dicitur vinum forte et bonum, »tenens mentem« *Sb3*
-- .i. vinum et proprie bonum vinum. Et dicitur quasi [...] *I*
-- dicitur vinum quasi »tenens mentem« *K*
-- .i. vinum forte *Kh2*
Wa. fehlt (enthalten in 108) W

vgl. 248.1
S Temotum *Ma3* mentum *S4*
M -- est vinum continens mentem *M19* mentum *Ma6* + media correpta *Ma6 Ma2*
K Tementum -- .i. vinum bonum *K4*
P continens *Ma4* mentum *Wo4*

T 115 n s **Temelentum** idem *(nach 114)*
Wa. fehlt Sb3 I

S Temulentum *Ma3*
M *Wa. fehlt M19*
W *Wa. fehlt Sg1* Temulentum *S1*

T 116 m s **Temelicus** .i. musicus
Wa. fehlt Kh2

W Themesicus *S1* medicus *Sg1*
I Temolicus
P misticus *Ma4*

T 117 m t **Temo** ein dissel °in °curro °*(P-E R1)*
-- est anterior pars currus, wulgariter dichsel *W*
-- ein dissel in curru uel gubernaculum nauis *I*
-- ain dysel in dem wagen *Kh2*

S -- eyn distel, dußel *Ks2* in curro] in enem wagen *B9* curru *Ma3*
M -- deixel *M19*
Sb3 in curro] sicud in curro
I curru
K curru *alle Hss.*
P dysse *Ma4* curru *alle Hss.*
P-E + in aim wagen *P7*

T 117.1 t **Tempnere** .i. spernere *K*

K *Wa. fehlt K4*

T 117.2 m s **Temoratus** .i. violatus, .i. *pollutus* *Kh2*

Kh2 pollutus *Ki3*] palatus

T 118 f p **Temperancia** meßigkeit

S + oder maz *Ma1 Ks2 N1*
M + uel maysse *Ks1 D1*
W *Wa. fehlt (vgl. 119) Bs9 Me5* + uel masß *S1*
I f t
P *Wa. fehlt B10* + mate *Ma4 Wo1*

T 119 a p **Temperare** messigen
+ uel dicitur plura in vnum colligere *Sb3*
+ *Item **Tempera** et **-atus** et **-ancia*** *W-Y*
+ Et **Temperatus** .i. moderatus *I*

W + Item Tempera et -atus et -ancia *(vgl. 118, 120, 121) Bs9 Me5*

T 119.1 *f p* **Temperatura** *methinghe* *P*
Wa. fehlt Kh2 Br1

P *Wa. fehlt B10* *Sigle Wo1*] *fehlt Ma4* methinghe *Wo1*] meticheit *Ma4*

T 120 f p **Tempera** meßunge
-- massing *Sb3*
Wa. fehlt (vgl. 119) W-Y
Wa. fehlt I P

S Tempora *B9* mate *Ma3*
M meyssigunge *Ks1*
K *Wa.*] *fehlt K4*, n t Temperamen massigung *Hl1* messing *W13*

T 121 m s **Temp*er*atus** messig, .i. mode*ra*tus
-- est moderatus, massiger *Sb3*
-- meͤssig *K P-E R1 Kh2 Br1*
Wa. fehlt (vgl. 119) W-Y

Wa. fehlt (enthalten in 119) I

S Temperatus *S4*] Tempestatus *Ma1* .i. moderatus *fehlt B9* moderatus *S4*] modestus *Ma1*
M messig] *fehlt D1*, gemeyssiget *Ks1* .i. moderatus *fehlt Ma6 M19*
K *Wa. fehlt K4*
P moderatus] modestus *Ma4*
P-E måssiger *M25*

T 122 n in **Tempe** .i. locus delectabilis, et est tantum pluralis numeri
-- indeclinabile neutrius generis et pluralis numeri tantum; dicuntur quelibet loca delectabilia *I*
-- est locus delectabilis *K*
-- est locus delectabilis et amenus *Kh2*

S numeri *fehlt Ma3*
M et *bis* numeri *fehlt M19*
I *Sigle fehlt*
P-E dolectabilis *E2*

T 123 f q **Temperies** messig weter

M messig *fehlt D1*
P messig] mechtig *Ma4*, czitlik *Wo4*, metlich *Br1*

T 124 f t **Tempestas** ⌜*vnwetter /* vngewitter *M I* uel storm in aqua
-- ungebitter *Sb3*
-- sturm in aqua *K*
-- *vn* weder uel storm wynt *Kh2 Br1*

S vnwetter *S4*] vngewiter *Ma1 Ks2 N1* uel storm in aqua *fehlt S4 B5* storm] + uel *Ma1*
M unweter *D1* uel storm in aqua *fehlt M19* storm storm weter *Ks1*
W vngewiter *Me1* stumm *Sg1* in aqua *fehlt Sg1*
K *vgl. 125.2*
P vnwetter] *fehlt Wo1 B10*, vngheweder *Wo4* uel storm *fehlt Ma4*
P-E -- vngbitter *M25*
Kh2 vn weder *Lü1*] wl weder *(?)*

T 125 m s **Tempestiuus** zitlich
-- -a, -um congruus, vtilis, conueniens in tempore suo. Idem et **Tempestus** proprie czitlich *I*
-- czeitig *K*

M Tempustuus czeiglig *M19*
I Tempestiuus] Tempestinus
P tydich *B10*

T 126 m s **Tempestus** idem *(nach 125)*
Wa. fehlt (enthalten in 125) I

S *Wa. fehlt B5*
M czeiglig *M19*
P-E *Int. fehlt E2*

T 126.1 m s **Temperaneus** messig weter *K4 (K)*

T 126.2 f t **Tempestas** sturm wint *K4 (K)*

K *vgl. 124*

T 127 *n s* ***Templum*** *eyn bethuß*
-- goczhaus *Sb3 W-Y*
-- ⸢tempel *P7 M25* / goczhaus *E2* *P-E*
Wa. fehlt I

S *Wa. S4*] *fehlt Ma1 Ma3 N1*
M *Wa. fehlt M19 D1*
W tempel *S1*
K *Wa. fehlt K4*
P-E + ain bet hůß *P7*

T 127.1 m s **Templarius** ad templum pertinens, uel custos templi *I*

T 127.2 m t **Tempor**, -oris quoddam genus argille, °mirgel °*(P-E)* *P*
Kh2 Templar

T 128 co t **Temporalis** zytlich. *Inde* ***Temporalitas***
-- zeitleich *K P-E Kh2 Br1*
Wa. fehlt I

S *Wa. fehlt N1* Inde Temporalitas *S4*] *fehlt Ma1 B9*
W Inde Temporalitas *fehlt Sg1*
K *Wa. fehlt K4*
P Temperalis *R1*
Kh2 Temperalis

T 129 m s **Temporanius** idem *(nach 128)*
-- *czeitleich* *Sb3 W*
-- ad tempus pertinens uel in tempore veniens *I*
Wa. fehlt Kh2 Br1

S *Wa. fehlt N1*
M -- eyn czitlicher *Ks1*
Sb3 czeitleich *V1*] czilig
W m s Temporaneus uel Temporanius *S1*

T 130 *m s* ***Temporinus*** *idem (nach 129)*
Wa. fehlt W I Kh2 Br1

S *Wa. B9*] *fehlt Ma1 N1* Temperinus *S4*, Temparius *Ma3*
M Temperinus *Ma6*, Tempororius *M19*
K *Int. fehlt (Zeilensprung, vgl. 131) Hl1*
P Temporenus *Wo4*
P-E *Wa. fehlt E2 P7*

T 130.1 **Temporo**, -as tempus ducere, in tempore viuere *I*

T 131 a p **Temptare** versuchen
Wa. fehlt I

S + waren uel bekoren *Ma3*
M *Wa. fehlt M19*
K *Wa. fehlt K4* *Stichwort fehlt (Zeilensprung, vgl. 130) Hl1*

T 132 *n t* **Tempus** est mensura rerum temporalium
+ zit *M (außer Sb3)*
+ zit. Item **Tempora** sunt uel dicuntur ille partes capitis humani, wulgariter schlauf. *Quidam* pro illa parte dicunt Tempus, -oris, sed hoc est contra *autores grammatice artis* *W*

-- tyd *Kh2 Br1*

S *Sigle S4*] m s *Ma1* temptoralium *S4* + tyt *Ma3 N1*
M *Wa. fehlt M19* zit *fehlt D1*
W est mensura rerum temporalium *fehlt Sg1* zit *fehlt Bs9* sunt uel *fehlt Sg1* Quidam *Sg1*] Sed *S1* pro illa parte *fehlt Sg1* dicunt Tempus] dicunt Timpus *Y* autores grammatice artis *Bs9*] grammaticos *S1*, auctores *Sg1*
K *Wa. fehlt K4*
P Temptus *Ma4* + tyt *Ma4 Wo4*
P-E + zit *E2*

T 132.1 *f p* **Temulencia** *vordrunkenheyt* *P*
Wa. fehlt Kh2 Br1

vgl. 110
P *Sigle Wo1*] *fehlt Ma4* *Int. R1*] vordronhenheis *Ma4*, vordrunkenicheyt *Wo1*, drunkenheyt *Wo4*
P-E trunkenhait *E2 P7*

T 132.2 m s **Temulentus** eyn drenker *P*
Wa. fehlt Kh2 Br1

P *vgl. 109* *Wa.fehlt B10*

T 133 n s **Tena** uel **Tenea** sunt caude *pendentes* ⌜ad infolam / *in* infula *P* episcoporum
-- uel ***Tenea*** sunt lingule pendentes a mitra *episcopi*, uel nestel. ***Na*****scula** idem *W*
-- -ne uel **Tenia**, -nie extrema pars vitte, qua dependent corone. **Vitte** sunt, que crinibus innectuntur *I*
Wa. fehlt Kh2

vgl. V 386
S f p Tema uel Tenea *B9* caude *verderbt Ma3* pendentes *S4*] tendens *Ma1* infolam episcoporum] infula impiorum *B9*
M *Wa. fehlt M19*
W Tenea *Sg1*] Tema *S1* mitra] + Item *S1* episcopi *Sg1*] *fehlt S1* Nascula idem *fehlt Sg1* Nascula *Bs9*] Tiascula *S1*
I f p
K dependentes *W13 K4* in infulis *W13* insulas *K4*
P in *Wo4*] ab *Ma4*, ad *Wo1* infolam *R1*

T 134 f t **Tenacitas** .i. °duricies °uel °*(Kh2)* cupiditas
-- hertichait *K*

S uel cupiditas *fehlt Ma3* capiditas *S4*
M durisitas *M19*
W -- zåchi *Sg1*
P duricia *Wo4* capiditas *R1*

T 135 n s **Tenaculum** ein ⌜zogel / stel *S-Y P K*
-- tenakel uel klemer *W*
Wa. fehlt Sb3

M zogel] zyehel *Ma6*, tenakel *Ks1 Dr1*, stil *D1*
P -- eyn tenakel *R1*
P-E -- ain hebysen vel stil *E2* -- eyn tenakel *P7*

T 136 etro **Tenarus** .i. vallis ⌜qu*a* descenditur / vbi transitur *Sb3* ad inferos, °uel °infernus °*(W-X K Kh2 Br1)*

S vallis] infernus *Ma3* qua *S4*] que *Ma1* qua descenditur] qua descendit *Ma3*, que tendit *B9* uel infernus] *fehlt S4*
M *Wa. fehlt M19* vallis] + eyn tal *D1*
Sb3 inferos] inferes
W -- est vallis per quam intratur ad infernum *Sg1*
K m s qua] quo *alle Hss.*
P vallis] vallus *R1* inferos] infernos *R1* uel infernus *fehlt Ma4*
P-E vallus *E2* inferos] infernos *E2*
Kh2 Tenerus qua] a qua

T 137 o t **Tenax** zehe
+ a »teneo« dicitur *I*

S -- teygher uel ta *B9* czehert *B5*
M + ertrich *Ks1*
P *Wa. fehlt Br1* Tenox *Ma4*

T 137.1 **Tenoris** est proprium nomen loci *Kh2*

T 137.2 m t **Tenatoris** est locus apud inferos *Kh2*

T 138 f t **Tencio** ⌜behaldunge / besetten seckerheyt *Ma3 B9 P*
-- behaltung, sicherhait *P-E*
-- sekerheyt *Kh2*
Wa. fehlt W

S Tencio] + -onis *Ma1* -- besecken sekericheit *B9* -- beset *N1*
M bedenckunge *Ma6*, will *M19*, haldunge *D1* + uel sycherkeyt *Ks1*
P *Wa. fehlt B10* sekericheyt *Wo1 Br1*, sicherichet *R1*
Kh2 Tensio

T 139 a t **Tendere** ⌜andencken / angedenken *W* uel recken uel spannen
-- an denckhen aut ausrecken *Sb3*
-- gedencken uel willen han *I*
-- rechken *K*
-- andenken vel spannen *P-E*

S angedencken *S4 Ks2 B5* recken] teken *Ma3* + uel gan *Ma3*
M -- an denken, anreken *M19* angedencken *Dr1* uel spannen *fehlt D1*
W -- strecken, angedenken uel mů̊t hon *Sg1*
K *vgl. 139.1* *Wa. fehlt K4*
P dencken *Wo4* rucken *Ma4*

T 139.1 a t **Tendere** merchken *oder denkchen* oder spannen *K*

K *vgl. 139* oder denkchen *K9*] *fehlt W13 K4*

T 140 f p **Tendeta** ein tendelmart
+ eyn grempel mart *M*
-- ein grumppel marckt *Sb3*
-- grempelmarkt *W I*
-- eyn trendel markt *Br1 Kh2*

S tendelmart] tendel morbus *(!) Ma3*, + uel ein strig uel ein anlage *(Zeilensprung, vgl. 141) Ma1* + grempel mart *S4 B5*
M ein tendelmart *fehlt Ma6 Dr1* eyn grempel mart *fehlt M19 D1*
P -- eyn grempelmarket, eyn clederhoff *B10*
P-E -- fryerer markt *P7* + nwer mark *E2*
Kh2 -- ain trondel makot *(?)*

T 141 *f p* ***Tendicula*** *eyn ryme* uel *strick* / + uel an laghe *S-Y M*
-- ein riem uel streyt uel ayn *Sb3*
-- ain strik uel ain *råm* uel ain lag *W*
-- idem *(nach 142) P*
Wa. fehlt Kh2

S *Wa. S4] fehlt (vgl. 140) Ma1* *Zus. fehlt B9* strick] stecke *Ma3* + uel ein anlage *B5* + uel anwerff *Ks2*
M anlogunge *Ks1*, angel *Dr1*
W strit *Sg1* råm *Sg1*] ran *S1*, rum *Bs9*
K + ram *Hl1*

T 142 n s **Tendiculum** idem *(nach 141)*
+ uel instrumentum, quo capiuntur aues *W-X*
+ oder ⌜chling *X* / *garen necz Y* oder haspel. Dicuntur insidie uel instrumenta, que tenduntur auibus uel leporibus *K*
-- eyn inlag *I*
-- rame uel stric uel anlaghe *P*
-- eyn strik uel anlaghe der voghel *Kh2*

M *Wa. fehlt M19*
K *Zusatz fehlt K4* garen necz *zit. nach K9*
P reme *Wo1 Wo4*, rum *Br1* uel anlaghe] *fehlt Wo1*, oder eyn lage *R1*
P-E rawm *M25* uel anlaghe] *fehlt P7 M25*, vel ain lagung *E2*

T 143 n p **Tenebrare** ⌜vinstern / dusteren *Ma3 B9 P*
-- dustern uel duster machen *I*
Wa. fehlt P-E

S dünster machen *S4*, vinster machen *Ks2 B5*
M diustirn *Ks1*, finstern machen *M19*
K *Wa. fehlt K4*

T 144 f p **Tenebre** ⌜vinsterniß / dusternisse *Ma3 B9 P (außer P-E) I* tantum pluralis numeri
-- vinster *Sb3 K*

M diusterniße *Ks1* tantum pluralis numeri *fehlt Ma6*
W *Wa. fehlt S1* vinsterniß] *fehlt Bs9 Me5*, finstrinen *Sg1* numeri] + Inde -osus *(vgl. 146) Bs9 Me5*
K *Wa. fehlt K9*
P tantum *fehlt Ma4*
Kh2 tantum pluralis numeri *fehlt*

T 145 n t **Tenebrescere** .i. tenebrare
-- auch vinsteren *Sb3*
-- *idem (nach 143) W*
Wa. fehlt Kh2 Br1

W *Wa. Sg1] fehlt S1*
K *Wa. fehlt K9* -- vinster werden *K4*
P-E *Wa. fehlt M25*

T 146 *m s* ***Tenebrosus*** ⌜*fynster* / dusterich *Ma3 B9*
-- ⌜dusterech *Wo1 R1* / duster *Wo4 B10* *P*
-- dusterheyt *Kh2*

S *Wa. S4] fehlt Ma1*

M *Wa. fehlt M19*
W *Wa. fehlt (vgl. 144) Bs9 Me5* -- .i. tenebris plenus *Sg1*
K *Wa. fehlt K4 K9* -- vinstriger *Ab1*
P *Wa. fehlt Ma4 Br1*

T 147 f p **Tenella** ein zange

W *Wa. fehlt Sg1 Bs9*
I czauge
P czwange *R1*
P-E zwang *E2*

T 148 *o* t **Tener** .i. paruus
-- ein klainer *Sb3*

S *Sigle S4*] m t *Ma1* + -oris tercie *S4* + klenlich *B9*
M + uel jung *D1*
W -- zart uel iung *Sg1* + uel subtilis, quod wulgariter dicitur zart, uel tener puer uel tenera puella *Me1*
I *Sigle fehlt*

T 149 a s **Tenere** halden

S *Wa. fehlt S4 Ks2*
K *Wa. fehlt K4*

T 150 d s **Teneri** schuldig sin
+ schuldigen *P (außer P-E R1)*
Wa. fehlt W-Y

M sin *fehlt D1*
I *Sigle fehlt*
P schuldigen *fehlt Wo1 B10*

T 151 f t **Teneritudo** iungheit °uel °*cleynlichkeit* °*(Kh2 Br1)*
-- klainhait *Sb3 K*
-- iunghait uel klainhait *W I*
-- klainigkait vel jun*kh*ait *P-E*

S yoghetheyt *Ma3*, iungecheit *B9* cleynlichkeit *Ks2*] cleinheit *Ma1*, elicheit *S4*
M cleynlichkeit] *fehlt M19 D1*, cleinikeit *Dr1*
W iugend *Sg1* + czartheit *Me1 M12*
P iungheit] *fehlt Wo1*, mancheit *Ma4*, iungicheit *R1* cleynlichkeit] *fehlt B10*, clennecheyt *Wo1*, kleynheyt *Wo4*
P-E klainlichait *P7* junkhait *P7*] *verderbt E2*

T 151.1 m s **Tenellus** paruus uel iuuenis *K*
-- clenlik *P*
-- .i. gracilis uel paruus, clennelik *Kh2*

P *Wa. fehlt R1* czegelik *Wo4*

T 151.2 f t **Tenis** eyn ⌜b*en*deken / *bendlin P-E R1* *P*
+ uassiculus *Kh2*

P *Wa. fehlt B10* bendeken *Wo1*] bedekin *Ma4*, bodekin *Wo4*
P-E bendlin *P7*] benlin *E2*
Kh2 Teni vassiculus *für* fassiculus

T 152 m t **Tenor** *eyn* ⌜*partüne* / pusaun *Sb3 oder* haldunge
-- a »teneo«, et dicitur accentus, ein haldunge *I*
-- haltdung *K*
-- haltung vel bumhart *P-E*
-- .i. similitudo uel sonus uel est inferior nota *Kh2 Br1*
Wa. fehlt (vgl. 153) W-Y

S eyn partüne oder *S4*] *fehlt Ma1*, brunne *B5*, borde *Ma3*
M haldunge] schallung *M19*
W purdung *Me1*
P bardune] bode *Wo4* oder haldunge] *fehlt R1*, holunge *Ma4*
P-E -- ain büsär *M25*
Kh2 nota] + muteti *(?)*

T 153 n p **Tenorare** vndersingen
+ Inde **Tenor** *W-Y*

W *vgl. 152*
P + den bardůn halten *R1 Wo4*
P-E wider singen *E2* + oder heben *P7*

T 154 n s **Tentorium** ein ⌜geczelte / telt *Ma3 B9 P K*
+ .i. tabernaculum *I*
Wa. fehlt Sb3

S + eyn paulune *B9*
M geschelt *Ks1*
W zelt *S1 Sg1*
P -- eyn belkyn *R1*
P-E -- zel in aim krieg *P7* gezelt *E2*

T 154.1 f t **Tentigo** est ⌜ereccio / extensio *I* membri virilis *M W I*
+ medietas wlue *Sb3*
-- vtrekkynghe *Kh2*

W membri] virgule *Sg1*

T 154.2 m s **Tentiginosus** .i. luxuriosus *M W I*

T 155 ppo **Tenus** bij
-- est prepositio ablatiuo casui seruiens. Potest etiam esse aduerbium. Et est Tenus idem quod prope uel iuxta. Item Tenus est nomen, et tunc Tenus est pars summa sagitte *I*

S *Wa. fehlt Ks2*
I *Sigle fehlt*
P *Wa. fehlt B10*

T 156 a p **Tenuare** dunne machen
+ .i. subtiliare *I*
-- ⌜dunnen *Ma6 M19 Dr1* / dune machin *Ks1 D1 Sb3* *M*
-- dúnnen *W*
-- ⌜dunnen / dun machen *P-E R1 Kh2* *P*

S *Wa. fehlt S4* Tenerare *B9* -- dunnen *Ma3 N1*
M dunnen *Ma2*

T 157 co t **Tenuis** dunne

S *Wa. fehlt S4*

T 157.1 f t **Tenuitas** dunnicheyt *Kh2*

T 157.2 *f p* **Teorica** .i. diuinitas uel contemplacio *K*

K *vgl. 262* *Sigle Hl1*] *fehlt W13* *Int.*] *fehlt K9*, gocz mueter *K4*

T 157.3 n s **Teolonium** mawt *K*

K *vgl. 105.1, 253*

T 158 p pr **Tepefactus** gelaubet uel ⌜*ghewermet* / milchwerm *S-X*
-- gewermet *Sb3*
-- gewermet uel law *W*
-- milchwarm gewormet *I*
-- milichwarm *K*
-- half warm ghemaket *Kh2*

S Tepefacte *B9* gelaubet] welich warm *S4* ghewermet *zit. nach Ma3* milchwerm] *fehlt Ks2*, warm milch *B5*
M -- labgemacht *M19* gelaubet] *fehlt D1*, leuet *Dr1*
K -- milich warm sein *Hl1* + lob *K9*
P -- lawe gemaket *Br1* uel ghewermet *fehlt B10*
P-E Tepafactus *E2* -- gelőwet uel lagemaht *E2* -- gebermt *M25*

T 158.1 f t **Tensio** .i. percussio *P*
Wa. fehlt Kh2

T 159 n s **Tepere**
-- ⌜warm sin *X* / *wlack* syn *Y* *S*
-- ⌜blauwen *Ma6* / lab sein *M19* *M*
-- lob warmen *Sb3*
-- law sin *W*
-- esse uel fieri tepidum, wormen *I*
-- milichwarm sein *K*
-- pigritare uel ⌜wlac sin / *swelch sin P-E R1* *P*
-- .i. pigritari uel half warm syn *Kh2*

S *Wa. fehlt Ks2 B5* wlack *B9*] walk *Ma3* + wylch sin *S4* + melkwarm *B9*
M -- flach sin uel milchwarm *Ks1* -- wilch werden *Ma2* -- warm machn *D1* -- flach sin *Dr1*
W flach sein *Me1 Bs9*, langwellig gemachet *M12*, blaich sin *Me5*
K *Wa. fehlt Hl1* -- lab sein *K4* + oder lab werden *K9*
P pigritari *Y* wlac] law *Br1*
P-E swelch sin *P7*] welk *E2*, welch syn *R1*
Kh2 Teper

T 160 n t **Tepescere** idem *(nach 159)*
Wa. fehlt Sb3 I K-Y

S *Wa. fehlt Ks2 B5*
M -- loe sein *Me1*
P *Wa. fehlt B10*

T 161 m s **Tepidus** ⌜*warmelechtich* / wermlecht *S-X I*
-- ⌜lawlich *S1* / law *Y* *W*
-- warmig *K*
-- *lawlich oder warmlich* *P-E*
-- warmaftich *Kh2*

Wa. fehlt Sb3

S warmelechtich *zit. nach Ma3* + uel laublich *Ma1* + wlack *B9* + slack *(!) N1*
M -- warmlicht *Ma6* -- lab *M19* -- warmelickeit, proprie lawe, quod nec est calidum nec frigidum *D1* + uel welch *Ks1*
W -- warmlechtig *Me1*
K -- labig *K9* + oder la *Hl1*
P -- wlacheit *Ma4* -- warmelik, wlac *Wo4* wlakicheit *B10*
P-E *Int. P7*] law vel warm *E2* lawlich] laugleich *M25*

T 161.1 **Tepidolus** .i. parum tepidus *Kh2*

T 162 m t **Te*p*o*r*** ⌜warmkeit / + wlackheyt *Ma3 B9*
-- lobwarmung *Sb3*
-- ⌜*warmheyt X* / wlacheyt *Wo4* *P*
Wa. fehlt Kh2 Br1

S *Wa. fehlt B5* Tepor *S4*] Teper *Ma1* warmheyt *S4 Ma3*, warmekeit *Ks2*, wermelich *B9*
M -- warmlichkeit *Ma6* -- labigkiat *M19* warmekeyt *Ks1 D1 Dr1*, warmelicheit *Ma2*
W -- warmmigkeit *Me1*
I *Sigle fehlt*
K + oder lachait *Hl1*
P *Wa. R1*] *fehlt Ma4* -- idem *(nach 161) B10*

T 163 *adv* ***Ter*** ⌜*dry werbe* / drige *Ma3 B9 P*
-- drey mall *Sb3 W*
Wa. fehlt I K P-E

S *Wa. S4*] *fehlt Ma1 Ks2* drey mal *B5 N1*
M *Wa. fehlt M19 D1* dreimal *Dr1*
P dry werbe *R1*, dryens *Wo4*

T 164 m in **Teraphin** est vestis sacerdotalis uel ein aptgot
+ uel ydolum *Sb3*
+ Sed secundum Ieronimum *(PL 256,844 C)* sunt ymagines uel alia ornamenta templi *W*
-- est vestis sacerdotalis uel figure et simulacra, que hic intellegimus *K*

K *Wa. fehlt K4*
P uel ein aptgot *fehlt B10*
P-E uel ein aptgot *fehlt M25*
Kh2 Techaphin

T 165 *n s* **Te*ra*brarium** ein groß nebiger
+ *uel eyn borer* *M (außer Sb3) W*
+ uel borre *I*

S *Wa. fehlt B5* n s Terabrarium *Ks2*] a s Tenebrarium *Ma1* Terebrarium *S4* eyn neueger *Ma3* + uel boser *Ma1* + eyn bor *B9* + ein porer *N1*
M Terebrarium *M19* -- eyn nebiger *Ma6* *Zusatz Ks1*] *fehlt Ma6 M19 D1*
W Teradrarium *S1* groß *fehlt S1* *Zusatz fehlt Sg1*
K Terebrarium *K4*
P *Wa. fehlt Wo4* grot veniger *Ma4* + eyn grot bor *B10*
P-E nagbor *E2*
Kh2 Terebrarium eyn grot enegher *(!)*

T 165.1 *f p* **Tera** .i. ca*ps*ella *P*
-- eyn scap *Kh2*

P *Wa. fehlt Wo1 Br1* *Wa. Wo4*] Tera .i. capella, en schapp *Ma4* + eyn schrank oder eyn tesche *R1* + eyn rat uel eyn tasche *Wo4* + eyn spise kiste, eyn rad *B10*
P-E + oder ain dacht *P7*

T 166 f p **Terciana** drij tegelich frisen
+ pestis quedam *B9 P*
Wa. fehlt (vgl. 166.1) Sb3
Wa. fehlt I

S -- drygelich frynßen *S4* frisen] wesen *N1*
M drij tegelich] das teglich *D1* frisen] frist *Dr1*
W frisen] fr°rer *Sg1*
K drij tegelich] tagleich *K9*
P *Wa. fehlt Wo1* drij tegelich] dry taghik *Wo4*, dry dage *B10* pestis quedam *fehlt Ma4*
P-E -- est piscis quedam trium dierum *E2* -- de dry taiglich fr°rrer *P7* pestis] piscis *M25*
Kh2 *Int. fehlt*

T 166.1 **Terciana** drittew *Sb3*

T 167 *m s* ***Tercius** der drette*
Wa. fehlt I K P-E

S *Wa. S4*] *fehlt Ma1 Ks2 Ma3*
M *Wa. fehlt M19 D1*
P *Wa. fehlt Wo1*

T 168 n s **Terebellum** ein borer, *nebeger*
-- eyn nebiger *M I K P*
Wa. fehlt (vgl. 170) W

S ein borer *fehlt S4 Ks2 Ma3* nebeger *S4*] *fehlt Ma1*, grosnebiger *B5*
M -- ein borer *D1* + eyn borer *Ks1*
K *Wa. fehlt Hl1*
P *Wa. fehlt Wo1* nebeger] veniger *Ma4*, + eyn bor *Ma4 R1*
Kh2 enegher

T 169 a p **Terebrare** boren
-- paren mit einem nager *Sb3*

S *Int. fehlt N1*
M *Wa. fehlt Dr1*
P *Wa. fehlt Wo1*

T 170 n s **Terebrum** ein nebiger
+ Inde **Terebellum** *W*

S -- eyn spiker bor *B9* nebiger] + uel ein borer *Ma1*
M *Wa. fehlt Dr1*
W *vgl. 168* + borer *S1*
I *Sigle fehlt*
K *Wa. fehlt Hl1*
P *Wa. fehlt Wo1*
P nepar *M25* + oder hirnschal *P7*
Kh2 eyn eneger

T 171 f s **Terebintus** ein wirauchbaum
+ et eius resina eodem nomine vocatur *K*

-- est arbor altior abiete, et est abieti similis in multis; ex ipsa fluit resina nobilissima omnes alias resinas excellens, °wirochbom °*(Y)* *W*
-- wyrauchs bam. Et est lignum; quando deduratur, fit lapis. Vnde: Fit lapis de ligno de durato terebinto *I*
-- est arbor quedam, eyn wyrk bom *Kh2*

S Terebinctus *S4*
W abieti *Sg1*] abiete *S1* resinas *fehlt Sg1*
K *Zusatz fehlt K4*
P *Wa. fehlt B10*

T 171.1 m t **Terebro**, -onis ⌜est vermiculus ligni, holtz wrm *X* / holcz wurm uel eciam Teredo *Y*. Wersus *(Grec. Nov. 84ʳ)*: Vermiculus ligni terebro sit uel terebella, qui terebrat ligna durissima carne tenella. Dum tangit, nil durius est hoc verme pusillo; sed si tangatur, nichil usquam mollius illo *W*

W *Vers fehlt Sg1*

T 172 *m* t **Teredo**, -onis ein ⌜holcz wormchin / holcz worm *M K*
-- ⌜holtzwurm; et tunc habet -onis in genitiuo. Sed **Teredo**, -inis est putredo et sic est f t. Wersus *(Brevil. »Teredo«)*: Est vermis teredo, pro puluere dico teredo *X* / eciam est putredo *Y* *W*
-- -onis en ⌜holtwormekin / holtworm *Wo4 P-E R1 Kh2* *P*
Wa. fehlt Sb3
Wa. fehlt (vgl. 173) I

S *Sigle S4*] f t *Ma1* holcz wormchin] holcz worm *Ks2 B9*, holcz *B5*, holczwurmlein *N1* + Wersus *(Brevil. »Teredo«)*: Est vermis teredo *S4*
M hulcz wormchin *Ks1 D1*
W *Sigle*] Item *(Wa. nach 171.1) Y*
P-E holtworm] mel wrm *P7*
Kh2 Terdo

T 173 f t **Teredo**, -inis est putredo. Wersus *(Brevil. »Teredo«)*: Est vermis teredo, pro wlnere dico teredo
-- -dinis .i. putredo *Sb3*
-- -inis vermis lignum terens, holczworm *I*
Wa. fehlt (enthalten in 172) W

S *Wa. fehlt (vgl. 172) S4*
K Terido *K4* Vers *fehlt K4*
P-E est putredo] pulchritudo *E2 M25 (auch R1)*, holczwurm *P7*

T 173.1 *f p* **Teredona** eyn ⌜holtwormekin / holczwúrmlin *P-E R1* *P*
Wa. fehlt Kh2 Br1

P *Wa. fehlt B10* *Sigle Wo1*] *fehlt Ma4*
P-E Teredana *E2*

T 174 n s **Terifolium** est herba quedam, kirwel
Wa. fehlt Sb3

vgl. C 361
M kirwel *fehlt M19*
K kirwel] wirbel *alle Hss.*
P est herba quedam *fehlt Ma4 R1* kyrbe *Wo4*
P-E kirwel *fehlt P7 M25*

T 174.1 f t **Tere*mi*tes** .i. teredona *P*
Wa. fehlt Kh2 Br1

P Teremites *Wo1*] Terenites *Ma4 R1*, Toronites *Wo4* -- eyn holt wormcken *B10*
P-E Terenites *E2*

T 175 a t **Terere** zu riben
Wa. fehlt Sb3

S -- wryuen *B9*
W zertriben *S1*, zerriben *Sg1*
K zereiben *W13*, zetreiben *K4*
P *Wa. fehlt B10* zo furen *Ma4*
P-E zerriben *E2*, zertriben *P7*

T 176 co t **Teres** schibelecht vnd lang, sicud lancea
-- sennewolt, lanck, ⌜rund / trynt *B9 Wo1 Br1* ut lancea *Ma3 B9 P*
-- lanclich vnd simbel, sicut lancea *Sb3*
-- -itis dicitur illud, quod est longum et rotundum ut hasta. Wersus: Magni haustus terit*es* sonant in gutture dulces. Ad fundum ebibe, oculos prius ore terge *W-Y*
-- schibelicht vnd lang ut hasta. Et sepe ponitur simpliciter pro rotundo. Et est omnis generis; neutrum tamen in -a in plurali non est in vsu *I*
-- schewͤbelig *K*
-- sinwl vel lang *sicud* lancea *P-E*

S sicud lancea] sed lancia et hastus *S4* ut lancea] + hasta *Ma3*
M scheiblig *M19* lang] runt *Ks1* + senwel *Ma6*
W et rotundum] + sinwel *Bs9* terites *Bs9*] teritus *Sg1*
I *Sigle fehlt*
P sennewolt *fehlt Wo1 R1 Br1* runt *fehlt Wo4 B10*
P-E sicud *P7*] vel *E2*
Kh2 *Int. fehlt*

T 176.1 f p **Terg*e*ra** domus meretricum *P*

P Tergera *Wo1*] Tergra *Ma4*
P-E Tergrera *(auch R1)*

T 177 *n s n t* ***Tergere*** *drucken et est* 2^e *uel* 3^e *coniugacionis*
-- truckhen *Sb3 K*
-- *drucken*. Inde **Ters*um***, gesåͤgt °oder °geraimiget °*(Y)* *W*
Wa. fehlt Kh2

S *Wa. S4*] n t Tergere trucken oder wischin *Ma1* et *bis* coniugacionis *fehlt Ma3*
M trucken] wischen *M19*
Sb3 *Sigle fehlt*
W a t drucken *Bs9*] truknen *S1 Sg1* Tersum *Sg1*] Tersa *S1*
I *Sigle fehlt*
K n t
P-E *Wa. fehlt M25* et *bis* coniugacionis *fehlt E2*

T 177.1 a t **Tergiuersere** vorseken *B9 (S)*

T 177.2 d p **Tergiuersari** dicitur in diuersas partes se vertere, huc et illuc *K*

K in diuersas partes *fehlt K4*

T 177.3 m t **Tergiuersator** .i. deceptor *K Kh2*

Kh2 Tergorisator

T 178 f t **Tergiuersacio** .i. ⌜doctorum / dictorum *P* versio uel criminis excusacio
-- .i. deceptio uel excusatio *I*
-- .i. oculorum versio, *versipellis* *K*
-- .i. criminis *ex*cusacio uel dictorum versio *Kh2*

S Tergurisacio *S4* versio] versacio *Ma3*
M Tergurisacio *Ma6* uel criminis excusacio *fehlt M19*
Sb3 Tergusacio
W *vgl. 184.1* Tergurisacio -- est criminis acusacio *Sg1*
K versipellis *Hl1*] *fehlt W13 K4*
P-E Tergurisacio *(auch R1)*
Kh2 Tergorisacio excusacio *Ki3*] accusacio

T 179 **Tergotenus** ⌜hinderruck / achterrugge *Ma3 B9 P*. Quando est vna diccio, °tunc °est °aduerbium °*(Sb3 K)*; sed quando sunt due *dicciones*, tunc est preposicio cum suo casuali
-- rúglingen. Quando [...] *P-E*
-- achterrughe *Kh2 Br1*

S *Wa. fehlt S4* Tergotenus] m s Tergotenus *Ma1 B9* Quando *bis* casuali *fehlt B9* dicciones *Ks2*] *fehlt Ma1*
M m s Tergotenus *Ks1 Ma2 Y* Tergtenus *M19* hinder ruken *M19* cum suo casuali *fehlt M19*
Sb3 m s Tergotenus
W Tergotenus *bis* aduerbium] adv Tergatenus hinderruggen, quandoque est una diccio sicut hic *S1* m s Tergotenus *Y* sed *bis* casuali *fehlt Sg1*
I quando] aliquando tunc] et sic
K m s Tergotenus *Y* -- hinderruck *K4* sed *bis* tunc est] quando autem sunt due scilicet *W13*
P achterrugge] hinderrugghe *Wo4* sunt *bis* tunc] due *Ma4*
P-E rúglingen] + vel hinderwertlingen *E2*

T 180 n s **Ter*g*um** est cutis hominis in dorso, °*adhuc* °*(K)* annexa carnibus
+ Sed **Tergus** est dorsum brutorum uel coreum. Wersus *(Grec. Vet. xi,21)*: Tergus sine carne cutis, sed caro cum cute tergum *Kh2*
-- vnbruckh *Sb3*

S Tergum *Ks2*] Teruum *Ma1*, Terbum *S4* in dorso] uel dorsu *Ma3* adhuc *Ma3*] 2° est *Ma1*, et hoc *S4*, *fehlt Ks2*, et *B5*
M cutis] guttis *M19* adhuc] ad hoc *Ma6*, et hoc *M19* annexa] anxa *M19*
W Tergum] + ain rugg *S1 Sg1* adhuc] ad hoc *S1*
K -- ruck *K4*
P adhuc] ad *Ma4* + eyn rughut *Ma4 Wo4 B10*
P-E adhuc] et huc *E2*

T 180.1 **Tergum** est pars retrograda *Sb3*

T 181 n t **Tergus**, -oris est cutis in dorso brutorum, abstracta a carnibus
-- dicitur cutis abstracta in brutis *Sb3*
Wa. fehlt (enthalten in 180) Kh2

S Tergo, -onis *S4*
M cutis] guttis *M19*
K *Wa. fehlt K4*
P a carnibus] carnibus *alle Hss.*

T 182 f t **Tergumuersacio** vmbkerunge
Wa. fehlt Sb3 I Kh2 Br1

W Tergiuersacio *S1*, Tergurisacio *Sg1*
P *Wa. fehlt B10*
P-E -- uel est errung *(?) M25* + uel zierung *P7*

T 182.2 p **Terrificare** .i. terrere *K*

T 182.3 n s **Teridium** hannttůech *K*

T 183 co t **Terilis** mor / + oder zu ribelich *Ma1 S4*
+ °also °*(P-E R1)* dat nicht tey enis *B9 Ma3 P-X*
-- morbe uel rebelicht *I*
-- zetreibleich *K*

S *Wa.*] co t Terribilis grawsam ader czureyblech oder aysleich *B5* tey enis] ta eyn is *(?) Ma3*
M *Wa. fehlt M19* + ribelecht *Ma6* + daz nicht czege ist *Ks2* + uel zu riblich *D1*
Sb3 + ut peplum *(Zeilensprung, vgl. 184)*
I *Sigle fehlt*
P mor *fehlt Ma4*
P-E -- mürb *M25* enis] ist *E2 P7*
Kh2 -- mer

T 184 n s **Teristrum** est vestis estiualis, subtilis, ut pepulum
-- ⌜uel **Teristra** est genus vestimenti, quod nos palliola dicimus; quod usque Arabie et Mesopotamie mulierum est velamen, cum quibus in estate corpora tutissimo teguntur vmbraculo *X* / kittel *Sg1* *W*
-- est vestis estiualis, ut pepulum uel rastrum *K*
-- heide uel haspel uel vestis estiualis uel subtilis uel pepulum / + vel werk *P-E R1* *P*
-- eyn haspel uel dicitur esse felum uel vestis festiualis *Kh2*

vgl. S 1287.1
S pipulum *S4*
M ut pepulum *fehlt M19*
Sb3 subtilus ut pepulum *(vgl. 183) fehlt*
W *Wa. fehlt Bs9 Me5*
K vestis estiualis] vestiualis *K4*
P heide uel haspel uel *fehlt Wo1* heide uel *fehlt Br1* haspel] halpel *(!) Wo4*
P-E + kittel *E2* uel pepulum *fehlt E2*
Kh2 felum *für* velum

T 184.1 **Tergiuersari** est varia diuerticula querere in excusando se, cum scilicet aliquid de aliquo excusatur. Inde **Tergiuersacio**, talis excusacio *W*

W *vgl. 178* Tergiuersari] Item Tergiuersari *(Wa. nach 184) X*

T 184.2 n s **Terifinium** est fructus fagi *P*
Wa. fehlt Kh2 Br1

P Terisinium *(!) Wo4*
P-E Teriuonium *E2*

T 185 f p **Teripalma** est victoria

S Terapalma *Ma3*
Sb3 Teripolonia
P *Wa. fehlt Wo4*

T 185.1 a t **Terigere** .i. mittere *P*

T 185.2 f p **Teristra** ligatura capitis *P*

T 186 f p **Terma** ein made uel locus calidus, ut balneum
\+ Item **Terme**, -arum sunt naturalia balnea calida *W*
-- maden, .i. vermis in caseo, uel locus calidus *K*

S balnum *S4*
W ein made uel *fehlt Sg1* balneum *bis* calida] balnea naturalia *Y* calida *fehlt Y*
\+ sicud sunt apud nos in Baden *Me1*
K uel locus calidus *fehlt K4*
P-E ein made uel *fehlt P7 M25*

T 187 g in **Termos** grece, calidu*m* latine

S Termus *S4* calidum *S4*] calidus *Ma1 B9*, est balneum *Ma3*
M *Wa. fehlt M19* Termas *X* calidus *Ma6*
Sb3 callidus
I g in Termos] Termus calidus
K *Wa. fehlt K4*
P Termas
P-E Termas
Kh2 Termas

T 188 n t **Termen** .i. calidu*m*
\+ warme *I*
Wa. fehlt Kh2 Br1

S calidum *B5*] calidus *Ma1 Ks2*, caldum *S4*
M calidus *Ma6*
Sb3 Temen
K -- dicuntur quedam balneorum loca in Roma *(vgl. 189) K4*

T 189 f p **Terme** sunt ⌜quedam loca / loca callida *Sb3* balneorum °Rome °*(Kh2)*

S balnearum *Ma3* Rome *fehlt Ma3*
M Terma *M19*
W balnearum *alle Hss.*
I *Sigle fehlt*
K *Wa. fehlt (vgl. 188) K4*
P balneorum] ablueorum *Wo4*

T 190 m s **Terminus** ein ende
Wa. fehlt K Kh2

M *Wa. fehlt M19*
P *Wa. fehlt B10*

T 191 a p **Terminare** enden
Wa. fehlt Kh2

S *Wa. fehlt Ma3*
M *Wa. fehlt M19 D1*
I *Sigle fehlt*
K *Wa. fehlt K4*
P *Wa. fehlt B10*

T 192 m t **Ternio** est ille, qui habet tres milites sub se
Wa. fehlt Kh2 Br1

S tres *fehlt B9* se] te *Ma3*
Sb3 ille] vnus
W Termio *Y*
I m t Ternio] Termo
P Termo *R1* sub se *fehlt Ma4*
P-E Termo *E2*

T 192.1 **Termitum** vudinghe *Kh2*

T 193 m s **Ternarius** ⌜*dre tal* / die dritte zal *S-X K*
Wa. fehlt I

S dre tal *zit. nach Ma3* die] der *Ks2*
M *Wa. fehlt D1* -- dreiling *M19*
K *Wa. fehlt K4*
P -- dry czaligh *Wo4*
Kh2 *Stichwort verderbt* *Int. fehlt*

T 194 m s **Ternus** .i. ⌜trinus / tercius *Sb3 W*
-- ⌜.i. trinus, drigich *Ma4 R1* / drylich *Wo4* *P*
Wa. fehlt I K

S + der dritte *Ks2*
M *Wa. fehlt M19*
P -- trinus *Wo1* -- dryech *B10* -- .i. ternarius *Br1*

T 195 *f p* ***Terra*** *erde*
Wa. fehlt I K Kh2

S *Wa. S4*] *fehlt Ma1 Ma3*
M *Wa. fehlt M19 D1*
P-E -- patet *E2*

T 196 m q **Terremotus** ertbibunge
-- erdpidem *Sb3 W K P-E*

S ertbegunge *B5* erpidem *N1*
M erpidem *M19* ertwegung uel erdpidem *Dr1*
W erdbidmung *S1*
I m s
P erdebebeninge *Ma4*
P-E erdbidung *E2*

T 197 *m s* ***Terrenus*** *irdisch*
-- irdich *P-E Kh2*

S *Wa. S4*] m s Terrenus .i. Terreus irdisch, Terrestris idem *Ma1*, m s Terreus erden *Ma3* erdich *B9*
I *Sigle fehlt*
P erdich *Ma4 B10*
P-E *Wa. fehlt P7*

T 198 *m s* ***Terreus*** *idem (nach 197) S-X W-Y K*
m s ***Terreneus*** *idem (nach 197) S-Y M W-X I P*

vgl. 201
S *Wa. S4*] *fehlt (enthalten in 197) Ma1* *Wa. (Y) B9*] m s Terreus erdesch *Ma3*
M *Wa. fehlt M19*

Sb3 Ternus
W *Wa. fehlt Sg1* Terraneus *S1*
I *Sigle fehlt*
K + uel aliquid factum de terra *(vgl. 201) W13*
P *Wa. fehlt Ma4 R1 B10*
P-E *Wa. fehlt P7* -- idem *(nach 196) E2*

T 199 *co t* ***Terrestris*** *erdiß*
-- erdich *Kh2*

S *Wa. S4*] *fehlt (enthalten in 197) Ma1*
M Terretris *M19*
I *Sigle fehlt*
K n s Terrestrum
P erdich *B10*

T 199.1 f p **Terrifuga** eyn lantwere *B9 (S)*

T 200 a s **Terrere** irschrecken uel ⌜erfern / vorveren *P*
-- herschreckin *M W I K P-E*
-- vorwecken *Kh2*

S Terrire *Ma3* -- vorscrecken *B9* uel erfern] *fehlt Ks2*, vorfernn *B5 Ma3*
M erscrercken *D1* + verfern *Ma6* + herferin *Ks1*
P -- vorschrecken, beben *R1* irschreken uel *fehlt Wo1 Br1* vorveren] erueren *Wo4*
P-E schrecken *M25* + bidmen *P7*

T 201 *m s* ***Terreus*** *est aliquid factum de terra*
Wa. fehlt Kh2 Br1

vgl. 198
S *Wa. S4*] *fehlt Ma1* Terreneus *B9*
M *Wa. fehlt Ma6 M19*
I Terrinus aliquis factus
K *Wa.*] *fehlt (vgl. 198) W13, fehlt K4*
P-E Terrenus

T 202 co t **Terribilis** greißlich
+ erscriclich *P (außer Kh2)*
-- ⌜grußlich *Ks1 Dr1* / schrecklich *M19* *M*
-- erschrecklich *Sb3*
-- ⌜grúsenlich *S1* / grulich *Sg1* *W*
-- gruslich uel schreglich *I*
-- gråwsleich *K*
-- herschreklich uel grulich *P-E*

S gruzzlich *B5* greißlich uel schreclich *Ks2* grewsenlich *N1*
M *Wa. fehlt Ma6* -- hersregklich *Ma2* -- erscrecklich uel grulich *D1*
W grausamlich *Me1* grauslich *M12* gruselich *Bs9* grislich *Me5*
P *Zusatz fehlt Wo1 B10* greißlich] geselick *Ma4*
P-E greileich *M25*

T 203 co p **Terrigena** est aliquis ⌜genitus / natus *K* de terra
-- est aliquis de tali regione *Kh2*

M Terriginia *M19* genitus] factus *M19*
I f p

T 204 n s **Territorium** .i. *tu*rris uel terra parua, ein lendchin
-- ein klain landt *Sb3*
-- est terra adiacens ciuitati sub dominio ciuitatis existens. Sed in Martilogi*o* vbique accipitur pro tota terra alicuius episcopatus, °uel °est °terra °parua °*(Y) uel episcopatum* *W*
-- .i. parua terra, ein lendelin *I*
-- dicitur turris uel *terra parua uel provincia uel limites provincie* *K*
-- [...] °eyn °lendekin °*(P-E)*, et est spacium adiacens ville *P*

S turris *S4*] torris *Ma1* ein lendchin] *fehlt B9*, ein klein erdlein *N1* + .i. districtus, eyn gebit *B5*
M *Wa. fehlt M19* ein lendchin] *fehlt Dr1*, ein cleyn lendicheyn *D1*
W Martilogio *Sg1*] Martilogium *S1* alicuius *fehlt Sg1 fehlt S1 Sg1 (vorh. Me1 Me5)*
K -- est turris uel terra parua *Hl1* -- gepiet uel terris *K4* terra *bis* provincie *Ab1*] paruua prouincia *W13* limites] lites *K9 W9 M37*

T 205 m t **Terror** erschreckunge
-- srekkynge *Kh2*

S *Wa. fehlt B9* eyn schrekunge *B5*, eyn scheckinge *Ma3*
P vorveringe *Wo1*
P-E ain schrechung *M25*
Kh2 *vgl. 211.4*

T 205.1 n s **Terripudium** eyn wasse budel *P*
-- ain wåsch schlag *P-E*
-- eyn waske holt *Kh2*

P *Wa. fehlt Br1* -- eyn bluel *R1* wasche bode *Wo4*
P-E -- ain schlag *M25* + oder ain pluel *P7*
Kh2 *vgl. 211.3* Terripidum

T 205.2 f p **Tesana** aqua ordeacea decocta *P*

Kh2 *Stichwort verderbt*

T 206 n s **Thesaurisarium** ein *dryuskammer*
-- ein samhaus. **Sacrista** idem *Sb3*
-- gårbkamer *K*
-- ain sacristij *P-E*
-- eyn prese kamer *Kh2*
Wa. fehlt I

vgl. S 40
S *Wa. fehlt Ks2* Thesaurisirarium *B9* dryuskammer *S4*] geltkammer *Ma1*, czuichamer *B5*, schaczkamer *N1*
M Thesaurarium *Ma6*, Tesauriarium *M19* speiskamer *M19*, gerbhuß *D1* + uel eyn gerb kammer *Ks1* + saczkamer *Dr1*
Sb3 Thesaurarium
W Tesaurarium *Sg1* + uel schacz kamer *Me1*
K Tersarium *(*Tersorium *K4)*
P Tesaurum *Wo4* gerwe kamer *R1*, treselkamer *B10*
P-E Tesarium *E2*

T 206.1 m s **Tersus** .i. mundus, nitidus, eruditus *I*

T 206.2 m s **Tertullus** proprium nomen cuiusdam oratoris, de quo habetur in Actibus apostolorum *(24,1f.)*; et in Aurora dicitur: Inter quos Tertullus erat, qui verba celauit; et geminat -l- *I*

T 206.3 m s **Terridus** .i. terribilis, erberleich *K-X*

K erberleich *fehlt Hl1*

T 206.4 part **Territus** ⌜erscricket / erschrocken *Wo4 R1* *P*
-- herschreckung *P-E*
-- vorscrikket *Kh2*

P vorvert *Wo1* + eruert *Wo4*

T 206.5 m s **Tezaurarius** custos ecclesie *Ma4 (P)*

P *vgl. 268*

T 207 n s **Tesqua** sunt loca aspera inculta *et* inamena; et habet tantum nominatiuum, accusatiuum et vocatiuum
-- sunt loca aspera et incu*lt*a, inamena *Kh2 Br1*
Wa. fehlt K

S Tesque *B9* et *S4*] eciam *Ma1* tantum *fehlt Ma3* vocatiuum] + casum *S4*
Sb3 inculta] inocculta
W inamena] amena *S1*
P Tesaua *Wo4*
P-E vocatiuum] + casum *(auch R1)*
Kh2 inculta *Lü1*] incultura

T 208 f p **Testa** ein schale, *de pomo*
-- ein schal, sicut oui *Sb3*
-- est olla uel va*sc*ulum quodcumque de terra factum, ain schal *W*
-- ein schilcz, de pomo *I*
-- schal aut olla aut aliud vas ex argilla fictum; *eciam figmentum fictilis confracti* *K*
-- °schirue ° uel °*(Kh2 Br1)* die scelle von eym appel *P*
-- ain schal *P-E*

vgl. O 327.2, T 217.1
S -- dop schelle *Ma3* schale] sneck *S4*, schelle *B9* de pomo *S4*] *fehlt Ma1*
W *lat. Int. fehlt Sg1* vasculum *Bs9*] vasciculum *S1* ain schal *fehlt Bs9*
K -- schal oder olla *K4* eciam *bis* confracti *K9*] *fehlt W13* + oder scherm *W13*
P -- eyn scherueken oder eyn apphel schele *R1* -- eyn schelle de pomis *Wo1* -- eyn scel *B10* schirue uel] *fehlt B10*
P-E + oder schelff *P7*

T 209 f p **Tessara** est vas uel mensura uel tuba hostium, °cum °qu*a* °nuncia*n*tur °*(Sb3)*
-- uel **Tesseron** grece, latine quatuor *I*
-- dicitur vas et mensura quelibet uel signum bellicum uel tuba, qua hostes nunciantur venire; et ponitur pro signo hospitalitatis, eciam pro talo et alea et numero / + eciam dicuntur quadrati lapides, vnde pauimentum sternitur *X* *K*
-- wúrfel, a »tesseron« grece, quod est quadratum latine, uel est vas uel mensura uel tuba °ho*sti*um °*(Y)*, cum qua nunciantur. Versus *(Grec. Nov. 84ʳ)*: Tessera wlt numerus, taxill*us* et alea dici, wlt tuba uel signum, *quo bella petunt inimici uel signum*, quod in hospitibus tibi suscipiendis accipis aut vas est in rebus distribuendis et mensurandis aptum frugi*bus*que. Putatur esse genus lapidis, quod »quadrus« notat; vnde paratur arte pauimentum mirando scemate, siue signat idem quod quatuor, *vt* sit compositive *W*

Wa. fehlt Kh2 Br1

S Tessaria *B9* hostum *S4* qua nunciantur *S4*] quo nunciatur *Ma1 Ma3*
M Tessera *M19* hostium *bis* nunciantur *fehlt M19*
Sb3 Tessarara tuba] toga
W Tessera *S1 Sg1* hostium *Me1*] hospitum *S1* nunciatur *Y* taxillus *Sg1*] taxilla *S1* quo *bis* signum *Sg1*] *fehlt S1* suscipienti accipit *Sg1* frugibusque *emend.*] frugisque *alle Hss.* mirante *Sg1* vt *Sg1*] *fehlt S1*
I *Sigle fehlt*
K Tessera *W13*, Tassara *K4* eciam pro talo *fehlt K4* et numero *fehlt K4*
P Tessaria *Ma4*
P-E qua] quo *E2*

T 210 m s **Tessarius** ein *waghen voget*
-- ein wagen fuerar *Sb3*
Wa. fehlt I

S Tessaurius *Ma3* waghen voget *Ma3*] waynbot *Ma1 Ks2*, wagen vant *S4 B5*
M wagen varer *Ma6*, wagen furman *D1*
W wager *(!)* furt *S1*, wagn fenth *Me1*, wagn seul *M12*, wagen fart *Y*
P wagen vurer *B10*

T 210.1 f p **Tessera** worppel uel worpptafele uel sign*um* hospitalitatis *P*
-- eyn worptafel *Kh2 Br1*

P signum *Wo1*] signa *Ma4*
P-E uel worpptafele] oder spilbret *P7*

T 211 g in **Tesiphone** grece, furia infernalis latine
Wa. fehlt I Kh2

Tesiphone *für* Tisiphone
S Testiphone *Ma3* furia infernalis] fundum infernale *Ma3*
M *Wa. fehlt M19*
P-E Tesiponi *E2*

T 211.1 m s **Testadulus** eyn garne bret *P*

P *Wa. fehlt B10*

T 211.2 **Territaria** eyn luttik lant *Kh2*

Kh2 *vgl. 204*

T 211.3 **Terripudium** eyn waske holt *Kh2*

Kh2 *vgl. 205.1*

T 211.4 **Terror** scrikkenisse *Kh2*

Kh2 *vgl. 205*

T 212 a p **Testamentare** ⌜den lesten willen / dat testament *Ma3 B9 be*seczen
-- testament machen *K*
-- den lesten willen setten uel testament setten *Kh2 Br1*

S Testementare *S4* den] er *Ks2* testament] + willen *Ma3* beseczen *S4*] seczen *Ma1 B9*, *fehlt B5*
M -- beseczen *Ma6*
W den] des *S1*
I *Sigle fehlt*

K d p Testamentari
P den lesten *fehlt B10*
P-E beseczen] beczůgen *M25*

T 213 n s **Testamentum** *czugunge* oder globde / + besittinghe *S-Y P*
-- ⌜bezugnis, gelobste *Ma6* / beczeugnuzz, beglub *M19* *M*
-- bezeugnuß *Sb3*
-- ⌜bezugung uel gelopte. Item Testamentum *X* / **Testamentorium** uel **Testamen** *Y* est ordinacio, quam quis facit de rebus suis in morte; et ille, qui talem ordinacionem facit **Testator** dicitur; et **Testari** testamentum facere *W*
-- ein beczugunge *I*
-- *zewgung* °oder °des °lesten °willen °besiczn °*(Y)* *K*
-- gelubd, *gezugnuß* *P-E*
-- eyn tuginghe *Kh2*

S -- czignisse *S4* czugunge *Ks2*] bezugunge *Ma1*
M -- beczugunge uel befestunge *Ks1* -- beczugung uel promissio *Ma2* -- beseczung uel gelobde *D1* -- bezugung uel gelobde *Dr1*
W *Sigle*] Inde *(Wa. nach 212) Y* et Testari testamentum facere *fehlt (vgl. 213) Sg1* Testari] + in *(?) S1*
K zewgung *K9*] geczewgung *W13 K4*
P -- geczuginge, gelofte *R1* czugunge] gesetze *Wo4* globde *fehlt Wo1 Br1*
P-E gelubd *fehlt P7* gezugnuß *P7*] *fehlt E2*

T 214 n s **Testamentorium** est locus eius *(nach 213)*
-- est locus testamenti *Sb3 Kh2 Br1*
Wa. fehlt (vgl. 213) W-Y
Wa. fehlt I

S *Wa. fehlt Ma3* Testamentorium *S4*] Testamentarium *Ma1*
M *Wa. fehlt M19*
K *Wa. nach 212 W13*

T 215 n t **Testamen** .i. testamentum
Wa. fehlt (vgl. 213) W-Y
Wa. fehlt I

S testimentum *Ma3*
M *Wa. fehlt M19*
K -- testament *K4*
P -- tuginge *B10*

T 216 d p **Testari** ⌜beczugen / tughen *Ma3 B9 P (außer P-E)*
-- .i. testificari, .i. testimonium dare *I*

S Testari *S4*] Testitare *Ma1* geczugunge *Ks2*, gezugnn *B5*
M zugen *Ma6 Ks1 (*beczugen *Ma2)*
Sb3 -- bezeugnuß
W *Wa. fehlt (vgl. 213) Bs9 Me5* -- est testamentum facere *(vgl. 213) Sg1*
P -- beczugen est testimonium assumere uel per illud probare *Wo4 R1* + .i. testimonium assumere *Ma4*

T 217 *m t* ***Testificator*** *eyn beczuger*
Wa. fehlt I K

S *Wa. Ks2*] *fehlt Ma1 S4 Ma3* bezeug *N1*
M beczeugnißer *D1*
W *Wa.*] *fehlt Sg1, fehlt (vgl. 220) Bs9 Me5*

T 217.1 f p **Testa** a »testus, -ta, -tum« dicitur hec testa, -te quasi costa, quia prius fit mollis, postea testa, quia desiccatur, dum coquitur. Et dicitur testa olla uel quicquid ex creta uel archillosa terra coquitur *I*

I *vgl. O 327.2, T 208*

T 218 m s **Testiculus** est membrum virile, °ein °clos °*(W P-E R1 Kh2 Br1)* uel prepucium
-- est pars membri virilis, wulgariter hoden *Sb3*
-- est membrum virile *K*
-- a »testi«, datiuo de »testis«, addita »culus« dicitur; per formacionem hic Testiculus, diminutiuum; testiculi etiam in viro dicuntur, quia testantur hominem marem esse. Vel ideo dicuntur a »testibus«, quia duo sunt et testium numerus a duobus incipit, nam vox vnius, vox nullius *I*

S ein clos] *fehlt Ks2 B5 B9*, ein blöß *N1* uel prepucium *fehlt B9*
M *Wa. fehlt M19* ein clos] *fehlt Dr1*, eyn hode *Ks1*
W -- hod *Sg1*
P ein clos *fehlt B10* prepucium] eyn hode *Wo1*

T 219 n s **Testicularium** ein hodensag
-- ein hoden peytel *Sb3*
-- idem *(nach 218)* *K*
-- est saccus testiculorum *Kh2 Br1*

S Testiculum *B9* hant sack *(!) Ma3*
M *Wa. fehlt M19*
I *Sigle fehlt*
P clot sack *Ma4 Wo4*

T 220 d p **Testificari** ⌜bezcugen / tughen *Kh2*
Wa. fehlt I

M *Wa. fehlt M19*
W -- idem *(nach 216) Sg1* + Inde -cator et Testimonium *(vgl. 217, 221) Bs9 Me5*
P Testificare *(Sigle fehlt) Ma4* -- huden *(!) R1*
P-E d p Testificare *E2*

T 221 n s **Testimonium** beczugnisß
Wa. fehlt I

S *Int. fehlt (Zeilensprung, vgl. 223) Ma3*
M *Wa. fehlt M19*
W *Wa. fehlt (vgl. 220) Bs9 Me5* -- zugnust *Sg1*
P ghetuchnisse *B10*, thugenisse *Br1*

T 222 *co t* ***Testis*** *eyn* ⌜*geczüg* / zeug *Sb3 W P*
-- a »testor« dicitur hic et hec Testis, quia testatur uel quia testacioni .i. confirmacioni testamenti solet adhiberi *I*
Wa. fehlt K Kh2

S *Wa. S4*] *fehlt Ma1 Ma3* tug *B5* weczeug *B5*
M *Wa. fehlt M19 D1*
W gezewg *Me1*
I co s

P geczuch *Wo4 R1*
P-E gezeug *M25*

T 223 *n s* **Testinum** .i. ⌜oportunum / optimum *Sb3*
Wa. fehlt I Kh2 Br1

S *Sigle S4*] co t *Ma1* *Stichwort fehlt (Zeilensprung, vgl. 221) Ma3*
M *Wa. fehlt M19*
W oportunium *S1*
K -- .i. necessarium *W13*
P-E oportunus *E2 P7 (auch R1)*

T 224 f t **Testudo** ein gewelbe uel *snecken hus* uel pauimentum uel cithara uel clipeus militum *cum scutis, galera, uel ordo* / + eyn camere *S-Y*
\+ *uel kemnat* *M-Y W*
-- ein gwelb uel schneck uel estreich *Sb3*
-- -dinis a »testa« dicitur; et est quoddam animal, quia tegimine teste sit cooperta. Etiam dicitur camera templi obliqua et curua, quia in modum testudinis veteres templorum tecta faciebant, ut celi ymaginem redderent. Etiam dicitur scutum, ein schilt *I*
-- gewelb oder snechkenhaws uel clipeus militum *K*
-- eyn *gewulbe*, eyn snigen hus, eyn kammer uel ordo militum cum scutis, g*al*era, pauimentum, °cythera °*(P-E)* uel clippeus *P*
-- uel eyn velfete uel snyghenhus uel ordo militum cum schutis aut pauimentum, citera uel clipius *Kh2 Br1*

S gewelbe] gewebe *Ks2*, welue *Ma3 B9* snecken hus *Ks2*] egilhuß *Ma1*, egel *S4* cum scutis, galera *Ks2*] galerus *Ma1*, galera *B9*, cum chutis galearius *S4* uel ordo *S4*] *fehlt Ma1*
M ein gewelbe uel *fehlt M19* snecken hus] eygel hůß *Ks1*, engelhuß *D1* militum cum scutis, galera] uel cum scutis calera *M19* uel kemnat *Dr1*] *fehlt M19* camit *D1*
W gewelbe] geweld *Bs9* *lat. Int. fehlt Sg1* cum *bis* ordo *fehlt S1*
P -- eyn welfter *Wo1* gewulbe *R1*] welue *Ma4*, gewelbede *Wo4 B10* snelkinhus *Wo4* galera *R1*] glarea *Ma4*, glaria *Wo4* pauimentum cum citara *R1*
P-E snecken hus] stigen hauß *M25* eyn kammer] uel camera *E2* scutis] stritis *E2* galeria *E2*
Kh2 gewelue *Br1*

T 224.1 **Tesus** .i. odiosus *I*

T 224.2 **Testarsarius** .i. tesauraius *(!)* *Kh2*

T 224.3 m q **Testus** .i. tediosus uel exosus *Kh2*

T 225 *h* in **Teth** est nona littera Hebreorum
Wa. fehlt I K

S *Sigle Ks2*] g in *Ma1*
M littera] + littera *Ma6*
P-E ebraicorum *E2*

T 225.1 *f p* **Thetha** eyn cleyn ⌜kese *vat* / kåsker *P-E P*

P *vgl. 81* *Sigle Wo1*] *fehlt Ma4* vat *Wo1*] *fehlt Ma4*

T 226 m t **Tether** swarcz °uel °ferus °*(Sb3)*
-- .i. niger uel ferus *I*
-- -tra, -trum swarcz *K*

-- swart brune *P*

vgl. 229
S ferus] + grusam *Ma1*
M ferus] vernis *M19*
Sb3 Thedro
W uel ferus *fehlt Sg1*
I m t Tether] m t Teter, -tra, trum
K m s
P brune *fehlt Wo1*

T 227 m *in* **Tethragramaton** est nomen dei °ineffabile °scriptum °*(I)*
-- dicebatur nomen dei ineffabile; quatuor litteris scribebatur: *»Ioth«, »heth«, »vau«, »he«, hoc est »Ieve«.* Et dicitur a »tetras«, quatuor, et »grama«, littera, quasi nomen quatuor litterarum *W*

S *Sigle S4*] m t *Ma1* Tetagamaton *S4* diey *S4*
M Thetagramaton *M19* ineffabile scriptum *fehlt M19*
Sb3 Thetrogramaton
W Tetagramaton *S1* ineffabile] + quod *Sg1* »Ioth« *bis* »Ieve« *Sg1*] *fehlt S1*
I *Sigle fehlt*
K g in Tetragrameton *W13*
P Tetagramaton *Ma4*
Kh2 Tetragramoton

T 228 m s **Tethrag*on*us** ⌜*vir ortik* / vier ortecht *Ma1 S4*
-- eyn ⌜vier ordich / vierekig *P-E R1* berch *P*
Wa. fehlt I

S Tethragonus *Ks2*] Tethragamus *Ma1*, Tetraganus *S4* -- eyn ver ordich *B9* vir ortik *B5*] vyer eckech *Ks2*
Sb3 Tetraginus
W Tetraganus *S1*
K Tetraganus *K4*
P *Stichwort verderbt Ma4* -- ver ordech *Wo1* ordich *fehlt Wo4*
P-E *Wa. fehlt P7* vier egt *M25*
Kh2 Tetrogonus berch] bret

T 228.1 *m s* ***Tetritus*** *eyn bedrouet mynsche* *P*

P *Wa. Wo1*] *fehlt Ma4 B10*
P-E *Wa. fehlt P7*

T 229 n s **Tetrum** .i. obscurum
Wa. fehlt I

vgl. 226
S + duster *B9*

T 229.1 m s **Teuri** vrede tage, tantum pluralis numeri *P*
+ .i. dies pacis *P-E*
Wa. fehlt Kh2 Br1

P-E *dt. Int. fehlt P7*

T 230 n t **Te*x*ale** ein ritekamp, °textores °habent °*(Ma3 B9 P)*
-- ein schnetchampp, sicut textoris *Sb3*
-- ein richtkampff, sicut textores habent *I*
-- web kamer *K*

S Texale *S4*] Textale *Ma1* reckkammer *S4* textoris habet *S4*
M Textale *Ma6 M19* -- ein redkam *M19* ritkamer *Dr1*
W Textale *Sg1* ritekamp] rit kamer *S1 Me1*, rait kam *Bs9* textores] sicut textores *alle Hss.* textoris *Sg1*
K Textale *K4* weg chamer *K9*
P Taxale *Ma4*
P-E raid kam *E2 M25*

T 231 m t **Textor** ein weber
Wa. fehlt K

W *Wa. fehlt (vgl. 234) Bs9 Me5*

T 232 *f t* ***Textrix*** *eyn* ⌜*weberynne* / weuersche *Ma3 B9 P*
-- weberßen *I*
-- ⌜ain weberin *P7* / mulier eius *(nach 231) E2 M25* *P-E*
Wa. fehlt K

S *Wa. S4*] *fehlt Ma1* werinn *B5*
M webersche *Ma6*
W *Wa. fehlt (vgl. 234) Bs9 Me5*
I *ohne Sigle*
P -- idem *(nach 231) Wo4* wefersen *Ma4*, weferynne *Br1*

T 233 m p **Tetra*rch*a** est princeps super ⌜4^{or} milites / mille homines *Ma3 B9*
-- dicitur princeps super quatuor uel super quartam partem regni *W*
-- a »tetra«, quatuor, et »archa«, princeps, componitur hec Tetrarcha, -che, .i. princeps super quatuor uel super quartam partem regni *I*
-- princeps super 4^{am} partem regni, *fünff ritter herren* *K*

S Tetrarcha *S4*] Tetracta *Ma1*, Textracha *Ma3*
M Tetracha *Ma6*
W super *(2) fehlt Sg1*
I f p Tetracha
K f p Tetracha *W13* *dt. Int. K9*] *fehlt W13 K4*
P-E Tetracha
Kh2 Tetracha

T 233.1 a p **Tetrare** dorch holen *uel boren* *P*
-- durch born *P-E*

P *Wa. fehlt Wo4* -- dorch brennen *R1* uel boren *Wo1*] *fehlt Ma4 B10*

T 234 n t **Texere** weben
\+ Item Texere significat ordinare uel struere uel parare telam. Inde venit **Textilis** uel -le, opus scilicet textoris, uel **Textrinium**, quod wulgariter dicitur *webhus uel* tunk *W*
-- weberichen *Sb3*

M *Wa. fehlt M19*
W *Zusatz nach 235 S1 Me1* Item *bis* telam *fehlt Sg1* webhus uel *Sg1*] *fehlt S1* uel tunk *fehlt Me1* + Eciam dicitur opus textrinum *S1* + Inde eciam Textor uel -trix. Textorium et Textrina, ain webstatt *(vgl. 231, 232, 236, 237) Bs9 Me5*
K wegen *K9*

T 234.1 n s **Textrinum** eyn towe uel locus *P*
-- ain gezug vel locus *E2* *P-E*

P towe] geczauwe *Wo4 R1*, eyn weuer tew *B10*
P-E Texterium *E2* -- ain zúg uel locus *P7* -- ain gebaid uel locus *M25*

T 234.2 n s **Textricium** .i. textorium, eyn weuer stede *Kh2*

T 235 *f* t **Textilis** ein ⌜webegeczauwe / webzúg *W-X uel illud, quod facile texitur*
-- webgeschirr *K*
-- eyn ⌜weuetowe / weber gezúg *P-E* *P*
-- est totum instrumentum textoris *Kh2*
Wa. fehlt Sb3
Wa. fehlt (enthalten in 234) W-Y

S *Sigle S4*] co t *Ma1* Texilis *Ma3* -- eyn touwe illius *(nach 234) B9* webegeczauwe] eyn towe, eyn weuertowe *Ma3*, ein gezewe, ein gewebzewe *N1* *lat. Int. S4*] *fehlt Ma1*
M -- ein gezeug des webers *M19* webegeczauwe] webergezauwe *Ma6*, geczawe uel ein webe *D1*
W Texilis *X* webgezeug *Me1*
I Texilis
K co t webergeschirr *Hl1*
P *Wa. fehlt B10* Textilex *Ma4* -- eyn webe gezauw *R1* -- eyn weber czeu *Wo4* -- eyn wefer tauwe *Br1* + eyn towe *Ma4*
P-E *Wa. fehlt P7* + illud quod facile texitur *E2*
Kh2 Textilex

T 236 n s **Textorium** ein ⌜webestad / weber stat *P-E*
-- uel **Textura**, bebstat *Sb3*
-- webstab *K*
Wa. fehlt (vgl. 234) W-Y
Wa. fehlt (enthalten in 234.2) Kh2

S weuer hus *Ma3*, weue stede uel hus *B9*
M weberstat *M19*
I *Sigle fehlt*
K webstuel *Hl1*
P weuer stede *B10*, wefel stade *Br1*

T 236.1 f p **Textura** idem *(nach 236)* *K*

K *vgl. 240*

T 236.2 f t **Tethis** habet -os uel Thethidis in genitiuo. Versus: Thetios vnda maris, Thetidis est mater Achillis *M*

M *vgl. 81.1, 236.2* *Wa. fehlt (vgl. 261.1) M19*

T 237 f p **Textrina** idem *(nach 236)*
-- bebhaws *K*
-- ⌜idem *M25* / dunk *E2 P7* *P-E*
Wa. fehlt Sb3 I

S Textura *Ma3*
M *Wa. fehlt M19*
W -- web stat *Sg1* *Wa. (vgl. 234) Bs9 Me5*
P Textura *Wo4*

T 238 *m s* ***Textrinus*** *est* ⌜*aliquid* / aliquis *Sb3 W I P pertinens* ad textorem

S m s *bis* pertinens *S4*] n s Textrinum adpertinens *Ma1* aliquid *Ks2*] aliquod *S4* est aliquid pertinens] est aliquod, quod pertinet *Ma3*, adpertinens *B9*

M *Wa. fehlt M19*
Sb3 Textinius
W *Wa. fehlt Sg1*
K Texternus *W13*
P aliquid *Wo4*
P-E aliquid *E2*

T 239 m q **Textus** dicitur tegimen libri °uel °textura °telarum °*(K)* uel lib*er quidam*
-- dicitur tegimen libri ⌜uel textura telarum uel liber quidam. Item Textus pro tegimine libri *X* / et *Y* dicitur a »tego«, et in ista significacione raro usitatur. Alio modo est liber continens tractatum siue exposicionem littere, uel sentencia, lectura, et dicitur a »texo«, quod significat componere uel construere *W*
-- dicitur tegimen libri *Kh2 Br1*
Wa. fehlt I

S liber quidam *S4*] libri *Ma1* tegmen *Me3* quoddam *Ma3*
M telarum *bis* quidam *fehlt M19*
W littere, uel sentencia *fehlt Sg1*
K *Wa. fehlt K4*
P tegimen libri] eyn tegement *B10* textura] cura *Wo4* quidam] cuiusdam *Ma4*

T 239.1 n s **Textum**, -ti est cingulus factus de serico *P*

Kh2 m s Textus

T 240 f p **Textura** ein deckunge
+ *oder groß geschrieft* *P-E*
+ weuynghe *Kh2 Br1*
Wa. fehlt Sb3 I

S *Wa. fehlt B5*
M *Wa. fehlt M19 D1*
Sb3 *vgl. 236*
K *vgl. 236.1* *Wa. fehlt K4*
P deken *B10*
P-E ein deckunge oder] *fehlt M25*, gedenkung *P7* *Zusatz P7*] vel magna spriptura *E2*
Kh2 ein deckunge *fehlt Br1*

T 241 m t **Thabor** est mons quidam
-- et **Hermon** duo montes sunt, et interpretatur Tabor »veniens lumen« *I*
Wa. fehlt K

vgl. 23, H 66.4
S quedam *S4*
M Thaber *M19*
I *Sigle fehlt*
W Thabur *Sg1*
P quedam *Wo4*
P-E quedam *alle Hss. (auch R1)*

T 242 m s **Thadeus** quasi apprehendens principem dicitur
-- apprehendens interpretatur *Sb3*

S Thabeos *S4* apprehendens *verderbt Ma3*
Sb3 Thabeus
W Thabeus

T 243 m s **Thalamus** ein slaffkammer
-- est cubiculum uel lectus sponsi et sponse *W*

W cubiculum uel *fehlt Sg1* + sloffkamer *Me1*
K *vgl. 34.1*

T 244 *g in* **Thare** grece, defectus latine. Vnde luna deficiens Thare dicitur; et Thare interpretatur °abactor, °depulsor °*(K)*, nequam uel nequicia
\+ et est proprium nomen *M*
-- grece, est defectus latine, uel dicitur abactor, depulsor, nequam *Sb3*
-- grece, defectus latine, nequam uel nequicia *I*
-- grece, defectus latine. °Vnde °luna °deficiens °dicitur °Thare °*(P-E R1 Kh2 Br1)* *P*

vgl. 61
S *Sigle S4*] m s *Ma1* Vnde *bis* nequicia *fehlt B9* abactor] abaccio *Ma3* uel nequicia *fehlt S4*
M defectus] defunctus *M19* Thare *(2)*] Theter *M19* et Thare] *(neuer Wa.:)* m in Thare *alle Hss.* + significat puer Abrabam *M19*
W Thare *(1,2)*] Thaure *S1* Vnde *bis* nequicia *fehlt Sg1* Thare *(3) fehlt S1*
I *Sigle fehlt*
K *Wa. fehlt K4*

T 245 f in **Tharsis** ein lant °uel °mare °*(Sb3)*
-- dicitur regio uel mare *K*
-- eyn land in mare *R1 P-E*
Wa. fehlt Kh2

vgl. 63
W f t
I f t
K f t uel mare *fehlt K4*
P-E eyn land] est prouincia *E2*

T 246 *h* in **Thau** dicitur signum admodum crucis, carens superiori *(!)* parte, et est signum, quod Iudei fecerunt ex precepto dei ⌜cum / ex *K* sangwine agni in postibus / fustibus *P-E suis*
-- [...] agni et postibus suis infixerunt *Kh2 Br1*
Wa. fehlt I

vgl. 68
S *Sigle S4*] g in *Ma1* admodum *bis* signum *fehlt S4* admodum] in modum *Ma3*, admodo *B9* agni] + ut *Ma3* in postibus suis *S4*] in pestibus *Ma1*, hostibus suis *B9*
M preceptum *M19* agni in postibus suis] postes suas *M19*
Sb3 admodum *fehlt*
K *Wa. fehlt K4* g in fecerant *alle Hss.*
P crucis] cutis *Wo4*

T 246.1 f t **Thebais** est proprium nomen ciuitatis *M19 (M)*

M *vgl. 79*

T 246.2 n s **Theatrum** .i. capitolium *K*

K *vgl. 78* capitolum *K4*

T 246.3 co t **Theatralis** spellik *P*

P *Wa. fehlt B10*

T 247 *n t* **Thema** materia, °tenor °*(K)* uel prologus
+ Wersus *(Grec. Nov. 84ʳ)*: Ornatus scema sit, materies tibi thema. Stema genus dices. Cocturam stigm*a* uocabis *W*
-- est prologus uel nestell *Sb3*
-- est materia dictantis uel prologus *I*
-- .i. prologus *Kh2 Br1*

vgl. 106.2, S 1011.1
S *Sigle S4*] f p *Ma1* materia] eyn matte *Ma3*
W *Vers*] *nach 248.1 alle Hss. (fehlt Sg1)* stigma *Bs9*] stigmam *S1*
K *Wa. fehlt K4*

T 247.1 *m s* **Themelici** erant musici sterici, qui in organis et liris et citharis precinebant, et dicti Themelici, quod olim in orcistra stantes canebant super pul*pi*tum, quod themele vocabatur *W*

W *Sigle Sg1*] Item *(Wa. nach 247) S1* pulpitum *Sg1*] pulbetum *S1* themele] themale *Sg1*

T 247.2 **Theodocia** diligens scrutacio verborum uel ministerium diuine scripture *I*

T 248 g in **Themes** grece, diuisio latine
Wa. fehlt I

M *Wa. fehlt M19*
W Themos *S1*

T 248.1 n s **Themetum** est vinum forte et dicitur quasi tenens mentem, °media °correpta °*(Sb3)* *M*
-- est vinum forte *W*

vgl. 114
M *Wa. fehlt M19*
Sb3 Themitum
W Thimetum *Sg1*

T 249 h in **Themeth** ebraice, Ianuarius latine
Wa. fehlt I Kh2 Br1

Themeth *für* Thebeth
K *Wa. fehlt K4*

T 250 m s **Theobaldus** est proprium nomen
+ viri *Kh2 Br1*
Wa. fehlt I

S + sancti *Ma3*
M Theobladus *M19*
K *Wa. fehlt K4*

T 251 m s **Theodolus** est proprium nomen *poete* °uel °liber °quidam °*(Sb3 I)*

S poete *S4*] prophete *Ma1 Ma3* libri quodam *Ma3*
M *Wa. fehlt Ma6*
W poete] cuiusdam, poeta *S1* liber quidam] libri cuiusdam *Sg1*
K uel liber quidam *fehlt K4*
P *Wa. fehlt Ma4*

T 252 *m s* ***Theolonarius*** *eyn czolner*
-- zoller *W*
-- zolner oder mawtner *K*

S *Wa. S4*] *fehlt Ma1*
M *Wa. fehlt Dr1*
W Theoloniarius *S1* zollner *Me1*
K *Stichwort verderbt W13* -- mauttner *K4*
P *Wa. fehlt Ma4*
P-E soldner *E2*

T 253 n s **Theolonium** zoll
-- mawt oder zol *K*

vgl. 105.1
W *Wa. fehlt Me1*
I m t
K *vgl. 157.3* *Stichwort verderbt W13* -- mawtt *K4*
P-E *Wa. fehlt P7*

T 254 f p **Theoloya** .i. sacra scriptura

S Theoloy *S4*
M *Wa. fehlt M19*
P -- eyn heylich schrift *R1*
P-E *Stichwort*] + Theolia *E2*

T 255 m s **Theologus** ein heiligschrifft kunner
-- quasi de diuinis loquens uel tractans *I*
-- est aliquis sciens talem scienciam *(nach 254)* *K*
-- aliquis sciens theoloiam *P-E Kh2 Br1*
Wa. fehlt W-Y

S kunner] *fehlt B5*, kenner *S4 B9*
M *Wa. fehlt M19*
Sb3 heilig geschrift
W hailig geschrift *S1*
K *Wa. fehlt K4*
P -- aliquis faciens sacram scripturam *B10*

T 255.1 *m s* **Theologi** idem sunt quod visici. Dicti autem Theologi, quoniam in scripturis suis de deo dixerunt. Quorum varia constat oppinio, quid deus esset, dum quererent. Quondam de *dis* carmina faciebant *W*

W *Sigle Sg1*] Item *(Wa. nach 255) S1* quod] + est *S1* quoniam] quoque *Sg1* Quorum] + nomina *S1* quid] quis *Sg1* dum *bis* faciebant *fehlt Sg1* dis *Bs9*] hijs *S1*

T 255.2 m s **Theodranus** concensio ewangeliorum interpretatur *P*
Wa. fehlt Kh2 Br1

P concensio *für* consensio
P-E Theodronus *(auch R1)*

T 255.3 m s **Theophilus** ⌜fuit episcopus Pamphilie *X* / proprium nomen *Y* *P*
-- fuit episcopus Phanphilie, ad quem scripsit Lucas *Kh2*

P Pamphile *E2*

T 256 a p **Theorare** .i. videre uel diuina considerare

S Thorare *Ma3* -- est videri *S4*
K n p Therare *K4*

T 257 f *p* ***Theoria*** .i. speculacio uel contemplacio °*uel* °*consideracio* °*(K)* diuinorum
-- est consideracio diuinorum *Kh2 Br1*

S f p Theoria *S4*] f t Theoracio *Ma1* specula *Ma3* uel consideracio *S4*] *fehlt Ma1 B9*
Sb3 diuinarum
K *Stichwort*] Theorica *(vgl. 262)*

T 258 f p **Theophania** bewisunge eins unbekentlichen dinges
-- ein weiser eines vnkunden dings *Sb3*
-- unkuntlichen *I K*
-- bewisung ains ⌜vnbeküntlichen *P7* / vnbekanten *E2 M25* dings *P-E*

S Theopharia *B9* -- bewysunge *S4* vnbekentlichen] vnglüclichen *Ks2*, vnbekanten *N1*
M Theoffonia *M19* -- bebeysung *M19*
W Thesania *S1*
P bewisunge] beswiginge *B10* vnbekanten *Ma4 Wo4*

T 259 g in **Theos** grece, ⌜*deus* / timens *S-X* uel timor latine
-- grece, .i. deus latine *Kh2 Br1*

vgl. O 349
S deus *zit. nach Ma3* uel timor *fehlt B9*
W *Wa. fehlt Sg1*
I *Sigle fehlt*
K deus uel *fehlt K4*

T 260 m s **Theo*sephos*** sapiens deum interpretatur
Wa. fehlt I Kh2 Br1

S Theosephos *S4*] Theosanus *Ma1*
M Theosephus *Ma6 M19* deus *M19*
Sb3 Theosobius
W Theosephus *S1*
K *Wa. fehlt K4* Theosephus *W13*
P Theosepos *Wo4* dei *Ma4*

T 261 *n s* **Theo*sebia*** heilger dinst, tantum pluralis numeri
-- der heiligen dinst *Sb3*
-- hailigen dienst, tantum pluralis numeri. Vnde Vetus Grecista *(Grec. Vet. x 303f.)*: Culturam domini pietatem dicimus esse. Latria seu mauis theosebia sunt in eodem *W*
-- .i. dei cultus, diuina pietas, tantum pluralis numeri *I*
-- est cultus soli deo impensus uel hillich dynk, tantum pluralis numeri *Kh2*

S *Sigle Ks2*] f p *Ma1* Theosebia *S4*] Theobesia heilgunge *Ma1* hilgen *Ma3*
M *dt. Int.*] heiligen dinst tuen *M19*, der heyligen dinst *D1*
Sb3 Theosobia
W f p Vnde *bis* eodem *fehlt Sg1* esse. Latria *Bs9*] Latria esse. *S1*
K tantum pluralis numeri *fehlt K4*

T 261.1 f t **Thecis** duo significat; vno modo est *mater (!)* Achill*i*s et habet -dis in genitiuo, 2° modo idem est quod deus maris et habet -dos in genitiuo *M19 (M)*

M *vgl. 81.1, 236.2* mater Achillis *emend.*] mulier Achilles

T 262 f p **Theorica** est contemplacionis siue speculacionis sciencia
Wa. fehlt (vgl. 257) K

vgl. 157.2
S Theorica] + est sciencia *Ma1* contemplacionis siue *fehlt B9* sciencia *fehlt S4*
M *Int. fehlt (Zeilensprung, vgl. 263) D1*
W siue speculacionis *fehlt Sg1*
P-E templacio *E2* speculatoris *E2*

T 262.1 *f p* **Theresa** .i. mensura *P*

P *Sigle Wo1*] *fehlt Ma4*

T 263 f p **Theotica** ein muder gotes
-- -ce .i. deitas *I*
Wa. fehlt Kh2

S *Wa. fehlt S4* Theoteca *Ma3*
M *Stichwort fehlt (Zeilensprung, vgl. 262) D1*
W -- fůter gottes *(!) S1*
P *Wa. fehlt B10*
P-E *Wa. fehlt P7* Theoticia *E2*

T 264 m s **Theoticus** .i. diuinus

S Theotecus *S4 Ma3*
W Theotocus *Sg1*
Kh2 *vgl. 265* -- contemplatiuus *(auch Br1)*

T 265 m s **Theoricus** .i. contemplatiuus

M contemplator *M19*
I n t
P contemplator *Wo4*
Kh2 *vgl. 264* -- diuinus *(auch Br1)*

T 266 *n t* **Theoreuma** est manifesta proposicio
-- -atis elegans et diligens verborum aperta perscriptio *I*
Wa. fehlt Kh2 Br1

S *Sigle S4*] f p *Ma1* Theoreuma *verderbt Ma3* proposicio *verderbt Ma3*
Sb3 *Wa.*] Theorium est manifesta
I Theorema
P-E Theorena *E2*

T 267 g in **Theotocos** est mater dei, a »theos«, quod est deus
\+ et *»thocos«*, mater *P*
-- mater dei, est quasi tota diuina *I*
-- .i. mater dei *Kh2 Br1*

S Theotecos *S4 Ma3* a »theos«, quod est deus *fehlt B9*
M mater] martir *M19*
Sb3 m s Theotocus
W a »theos«, quod est deus *fehlt Sg1*

I *Sigle fehlt*
K Theoticos a »theos«, quod est deus *fehlt W13*
P »thocos« *Wo4*] tocus *Ma4*
P-E dei *verderbt E2*

T 268 m s **Thesaurarius** est custos ecclesie
\+ uel eyn schat behuder *Kh2 Br1*
-- qui thesaurum habet in sui custodia *I*

vgl. 206.5
S Thesaurinus *S4* costus *S4* alicuius ecclesie *Ma3*
M Thesaurius *M19*
Sb3 Thesaurinus
W + ein kuster *Me1*
K Thesaurinus
P Thesaurus *Wo4*
P-E Theusarius *E2*

T 268.1 co t **Theofrastes** est aliquis, qui diuina loquitur *Kh2*

T 269 a p **Thesaurisare** schacz ⌜samen / samlen *W I Kh2 Br1*
-- congregare th*e*sa*u*rum *P-E*

S *Wa. fehlt B5* a p Thesaurizari *Ma3* sammeln *S4*
M szczacz *(!) M19*
W Thesaurare sammen *Me1*
P Thesauriare *R1* sammelen *Wo1*
P-E Theusariare *E2* thesaurum *P7*] theusarum *E2*

T 270 *m s* ***Thesaurus*** *schatz*
\+ est aurum repositum *I*
Wa. fehlt K Kh2

S *Wa. Ks2*] *fehlt Ma1* Thesauros *S4*
M *Wa. fehlt D1*
P-E Thensaurus *E2*

T 271 f p **Theuto*nia*** dutsch land
-- teutschcz landt *Sb3*
-- prouincia quedam, proprie dusche lant *I*

S Theutonia *S4*] Theutonica *Ma1*, Teutunica *Ma3* tutsche land *Ks2*
M Theotnia *M19* thoucze lant *Dr1*
Sb3 Theutunica
W Theutonica *S1 Sg1*
K Theutunia *(*Theotunia *K4)*
P *Int. fehlt (Zeilensprung, vgl. 272) B10* dude lant *Ma4*, dudesche land *Wo1*
P-E Theutanicus *E2*

T 272 *m s* ***Theutonicus*** *eyn dut mensche*
-- tutscher *W-Y*
-- ain dúschman *P-E*
Wa. fehlt K

S *Wa. S4*] *fehlt Ma1 Ks2* Teutunicus *Ma3*
M *Wa. fehlt D1* Thewtunicus *M19* man *M19*
Sb3 Theutunicus
P *Stichwort fehlt (Zeilensprung, vgl. 271) B10* Teutomeus *Wo4* -- eyn dudesch *Ma4*
P-E Theutanicus *E2*

T 273 n p **Theut*o*nisare** dutsch ⌜sprechin / reden *Sb3 W-Y K*

S *Wa. fehlt Ma3* Theutonisare *S4*] Theutunisare *Ma1 B9*
M *Wa. fehlt M19 D1*
K Theutunisare (Theotunisare *K4)*
P-E Theutunisare *E2* reden *P7 M25*
Kh2 Tautonisare

T 274 f p **Thima** ebraice, est flos grece, trifolium latine
-- ebraice, .i. flos uel folium latine *Kh2*

S ebraice] grece, ebraice *Ma1*
K -- ebraice, .i. flos latine *K4*
P grece *fehlt Wo4*

T 274.1 g in **Thima** grece, preciosum latine *Ma3 (S)*

S *vgl. 276, 313*

T 275 m s **Thimalus** est piscis plenus suauitate
\+ wulgariter åsch *W*
Wa. fehlt K

S succiuitate *S4*
M Thimonulus *M19*
W Thimalis *Sg1*
P-E sanitate *E2*

T 276 g in **Thime** grece, preciosum latine
Wa. fehlt K

S *vgl. 274.1, 313* Thimee *Ma3*
I *Sigle fehlt*

T 276.1 **Timium** *binsaug* *W*

W *vgl. 317.1* *Wa. fehlt Bs9* Thimum *Sg1* binsaug *Sg1*] birsugen *S1*

T 277 **Thimeus** est liber Platonis
Wa. fehlt K

S Thumeus *B9*
W Thimicus *S1*
P *Wa. fehlt Wo4*

T 278 f p **Thimea** est materia, uel dicebantur uasa, in quibus seruabatur thimeama
-- [...] seruabantur thime*a*nia uel conterebatur. Item ***Thina*** **ligna** erant in multa parte lignis Sethin, nobilia ualde et fulgencia *W*
f p **Thimeateria** dicebantur vasa, in quibus seruabantur thimeama *M*
f p ***Thimeamateria*** *est* composicio uel similitudo *P*
Wa. fehlt I K Kh2 Br1

S *Wa.*] f p Thimiania dicebantur vasa in quibus seruatur thimiana *Ma3* in quibus seruabatur thimeama *fehlt B9* themeania *S4*
M *Sigle Ks1*] n s *Ma6*
Sb3 dicuntur
W n s Thimea] Thime *S1* est materia, uel *fehlt Sg1* thimeania *Bs9*] thimeonia *S1*, thimeana *Sg1* Thina *Bs9*] *fehlt S1*, Thimia *Sg1*
P f p Thimeamateria est *R1*] Thimea est materia *Ma4*, f p Thimeania *Wo1*, f p Thimeomateria est *Wo4*

T 278.1 f p **Thimateria** est thuribulum *P*

P-E Thimiateria *(auch R1)*

T 279 *m s* ***Thimotheus*** *est proprium nomen* / + viri *I*
Wa. fehlt Kh2

S *Wa. S4*] *fehlt Ma1*
M *Wa. fehlt M19*
K *Wa. fehlt K4*
P *Wa. fehlt Wo4*

T 279.1 m s **Thimus** est flos bene redolens *P*

P Thimeus *Wo4* + uel odorans *Wo4*
P-E rodolens *E2*

T 280 f t **Th*i*sis** est infirm*itas*, que °totum °*(I)* corpus consumit / + *brust kůstri W*

Stichwort entstanden aus Phthisis, *vgl. 353*
S Thisis *S4*] Thesis *Ma1* infirmitas *S4*] infirmis *Ma1* corus totum sumit *Ma3*
Sb3 tota infirmitas
W *Wa. fehlt S1* brust kůstri *Sg1*] *fehlt S1*, prust keistrich *Me1*
P consumit *fehlt Wo4*

T 281 m p **Thobias** est proprium nomen / + viri *Kh2 Br1*
Wa. fehlt I

W *Wa. fehlt S1*
K *Wa. fehlt K4*

T 282 *m p* ***Thomas*** *proprium nomen apostoli*
+ Et dicitur Thomas quasi »totus means« in dubitacione *I*
Wa. fehlt K Kh2

S *Wa. S4*] *fehlt Ma1 B9* apostoli *fehlt Ma3*
M *Wa. fehlt M19*
P *Wa. fehlt Ma4*
P-E *Wa. fehlt E2 M25*

T 283 m s **Thom*us*** est cartula quedam °uel °diuisio °*(P)*
Wa. fehlt W-Y I

S Thomus *Ma3*] Thomos grece *Ma1*, Thomas *S4*, Thoma *B9 (Wa. fehlt Ks2 B5)* cartola *S4* deuiseo *S4*
M uel diuisio *fehlt M19*
Sb3 diuinacio
K *Wa. fehlt K4* cartala *W13*

T 283.1 *m s* **Thomus**, -mi est proprium nomen loci in prouincia Gecia. Inde nomen patronomicum siue gentile: hec et hic **Thomita** et **Thomitanus**. Vnde Ouidius *(Ov. Pont. i 1,1)*: Naso Thomita*ne* iam non nouus incola terre *W*

W *vgl. 377.4* *Sigle Sg1*] Item *(Wa. nach 283) X* patronomicum siue *fehlt Sg1* Thomitane *Sg1*] Thomitale *S1*

T 284 n t **Thoral** est ⌜linteamen / coopertorium lecti *Ma3 B9* uel lectus
+ decklachen *W-X*
-- .i. torus, bedde *P*
Wa. fehlt I

S lintagamen *S4* cooperatorium *B9*
K m t *(*n t *K4)* -- tebich *K4* lectus] pett *K9*
P *vgl. 397.2* -- est lectus uel coopertorium lecti *B10* bedde] eyn gebettent *Wo4*
P-E thorum *E2* bedde *fehlt E2 M25*
Kh2 Thoran

T 285 m s **Thorus** ein bette uel pellis rugosa pendens in collo equi °uel °bouis °*(Sb3)*
-- pett uel *pellis* rugosa *K*
-- eyn *forsten* bedde uel pellis [...] bouis, vel est mensa, et dicitur a »thoros« grece, quod est commedere latine *P*

S rugosus *Ma3* bouis] + etc. *Ma1*
M boui *M19*
K -- pett *K4* pellis *Ab1*] plebs *W13 K9 W9*, ples *Hl1 (Wa. fehlt M37)*
P -- eyn bedde *Wo1* forsten *Wo4*] vorst *Ma4*
P-E forsten bedde] wort bild *alle Hss. (*worten bild *R1)*

T 286 *f t* ***Thorax** eyn plate*
+ pertinens ad prelium *Sb3*
+ *armatura* *K*
+ uel eyn halsbant *Kh2 Br1*
-- -acis est anterior pars corporis humani a collo usque ad uentrem. Item est armatura pectoris, que wulgariter dicitur blatt / + uel brust blech *X* *W*
Wa. fehlt S-X

vgl. 286.1, 411.1
S *Wa. zit. nach Ma3*
M -- est platus *M19*
W -- est armatura pectoris, blatt *Sg1* uel brust blech *fehlt Me1*
I *Sigle fehlt*
K *vgl. 411.1* armatura *K9*] *fehlt W13 K4*
P + hals berch *Ma4* + uel eyn hals *Wo4*
P-E + oder prust plech *P7*

T 286.1 f t **Thorax** a »thorus« pro culpa dicitur hec Torax, -cis, .i. pectus, scilicet pars illa corporis anterior, que est a collo usque ad stomachum, quam nos dicimus »arca«, quia ibi arcanum sit, .i. secretum, quo cetera arcentur. Eciam dicitur lorica, ein panczer *I*

I *vgl. 286, 411.1*

T 287 m t **Thorifex** ein ⌜pletener / platen meker *Ma3 B9*
-- est aliquis ferens thoracem *P-E*
-- eyn platen slegher *Kh2*

W lekner *S1*
P *Wa. fehlt Wo4* platen meker *B10*

T 287.1 *n t* **Thoreuma** lectus regalis *P*

P *vgl. 406.1, 413.1* *Sigle Wo1*] *fehlt Ma4*

T 288 f t **Thoron** est ciuit*as* in *Prusia*
-- quedam ciuitas *Sb3*
-- est ciuitas Prvcia *Kh2*

S ciuitas *S4*] ciuitatis *Ma1* Prusia *Ks2*] Prosaya *Ma1*, Prussio *S4*

T 288.1 m s **Thoronus** est aliquis de tali ciuitate *(nach 288)* *W-X*

T 288.2 **Thoron** vorste *Ma4 (P)*

T 289 m s **Thronus** ein tron uel ⌜sedes regis / koniges stole *P*
-- -ni sedes regalis, in qua sedent reges propter tutelam corporis sui *I*
-- ein thron *K*
-- ain kúng stů̊l *E2* *P-E*

S Thoronus *S4*
M ein tron uel *fehlt M19*
W *Stichwort*] Thron *Sg1*
K *Wa. fehlt K4*
P koniges stole] sedes regis *Wo1*
P-E -- ain kúngstúl oder thron *P7* -- ain tron *M25*

T 290 *m t* ***Thuronensis***
-- eyn ⌜tornsch *Ma3* / turonsch pennig *B9* *S*
-- est aliquis de Thorone ciuitate *M*
-- est aliquis de tali ciuitate, scilicet Thurone *Sb3*
-- est aliquis de Brucia *W*
-- ein tornůzz *K*
-- eyn torneß phennig et est tamquam grossus *P*
-- ain turnasch, *pecunia quedam* *P-E R1*
Wa. fehlt I

S *Wa. B9*] *fehlt Ma1 S4 Ks2* Thuronencis *Ma3* -- eyn terniß *B5* -- ein turneß *N1*
M -- eyn thornis *Ks1* Thorone] Thurione *M19*
Sb3 Thurinensis
W Thurunensis *S1*
P-E Thurociensis *E2* turniß *R1* pecunia quedam *P7*] *fehlt E2 M25*
Kh2 torneß] tornych

T 290.1 f p **Trotea** eyn *wynde* *P*
Wa. fehlt Kh2 Br1

Stichwort entstanden aus Trochlea
P wynde *Wo1*] enwing *Ma4*, wunde *B10*
P-E + vel prekin *E2* + est avis *P7*

T 291 *n t* ***Thus*** *wyrach*
-- est arbor immensa atque ramosa, ⌜wiroch bom, cuius gutta eciam thus dicitur. Wersus *(Grec. Vet. 85ʳ)*: »Tundo« siue »theos« dat thus, quo significatur arbor et ipsi*us* gumi. Tamen hinc dubitatur, si sensu sub utroque genus neutrum teneatur *X* / cuius gutta eciam dicitur thus, wieroch *Y* *W*
-- thuris a »theos«, quod est deus, dicitur, et »thus«, Arabie; feminini generis; et eius fructus similiter dicitur hoc thus, generis neutri *I*

vgl. 684.1
S *Wa. S4*] *fehlt Ma1*

M *Wa. fehlt D1*
W ipsius *Me1*] ipsi *S1*
I *Sigle fehlt*
K *Wa. fehlt K4*

T 292 n s **Thuribulum** ein ⌜rauchfaz / wirokvat *B9 P W*
-- vas ad turificandum *I*

S *Wa. fehlt S4 Ma3* + ader eyn weyroch vas *B5*
M wirauch vas *Ks1 Dr1*
P + eyn rauch vas *Wo4*

T 293 f p ***Tyara** est* infula uel mitra
-- est mitra siue infula siue infola *Sb3*
-- est mitra pontificis *W*

vgl. C 400
S Tyara est *S4*] Thiria in *Ma1*
M mitura *M19*
I insola
P Tira *R1*
P-E Tira *E2*

T 294 g in **Thiactes** grece, compulsor latine
Wa. fehlt (vgl. 296) Kh2

S *Wa. fehlt S4* Tiana *Ma3*
M compulsio *S1*
I *Sigle fehlt*
K *Wa. fehlt K4*

T 295 f t **Thiases** sunt laudes virginum
Wa. fehlt Sb3

S m t Thyastes *S4*
M virgineum *M19*
W Tioses *Sg1*
I *Sigle fehlt* Tyafes
P lades *R1*

T 296 g in **Thiactos** grece, docilis latine
Wa. fehlt Sb3

I *Sigle fehlt*
K *Wa. fehlt K4*
P dociles *R1*
Kh2 + uel compulsor *(vgl. 294)*

T 297 m t **Tibris** est *proprium* nomen fluuij °apud °Romam °*(Kh2)*

S proprium *S4*] *fehlt Ma1* apud Romam] *fehlt B9*, ad apud Roma *S4*, in Roma *Ma3*
M apud Romam *fehlt M19*
Sb3 apud] prope
K proprium *fehlt W13 Y* apud Romam *fehlt K4*
P -- est fluuius circa Romam *Wo4*

T 298 f p **Tibia** ein ⌜schincke / scene *Ma3 B9* uel parua fistula, ein bünge uel ein knyschibe
-- *eyn knye schybe uel est parua fistula* *M*
-- ein *schinkch* uel pfeiffen, fistula, pusaun, chniescheib *Sb3*

-- schinbain uel parua fistula *W P-E*
-- *schinkch*, knyeschewb uel parua fistula *K*
-- eyn schene uel eyn kneschiue uel parua fistula *Kh2*

S ein schincke] *fehlt N1*, schene *B5* ein bünge] *fehlt Ks2 B5*, baucke *N1* uel ein knyschibe] *fehlt S4 B9*, uel eyn schybe *Ks2*
M *Int. Ks1*] eyn schincke uel parua fistula, eyn bunge uel eyn kneschibe *Ma6* knye schybe] schinbein *Dr1* + holår *M19*
Sb3 Tibea schinkch *Gr2*] sinckh
W schinbain] knieschib *Bs9*
K schinkch *K9*] *fehlt W13 K4* knyeschewb *fehlt K9 Hl1* parua *fehlt K4*
P ein schinke] eyn schene *R1 B10* ein bünge *fehlt Br1* + eyn schybe *B10*
P-E -- ain knie scheib *M25* fistola *E2*

T 299 m t **Tibicen** ein bunger
-- *est aliquis in tybia* ⌜*canens* / sciens *I* *M W I*
-- ein pusawner oder drumeter *K*
-- ain bőker *P-E*
-- eyn schalmeyder *Kh2 Br1*

S puter *S4*, posuner *B5*, pauker *N1*
M *Int. D1*] eyn bunger *Ma6*, eyn *(!) Ks1*, eyn bugker uel aliquis canens in tibia *Ma2*, eyn pusauner *M19*
Sb3 tibea
K oder drumeter *fehlt K4*
P *Int. fehlt (Zeilensprung, vgl. 299.1) Wo4*
Kh2 schalmeyger *Br1*

T 299.1 m s **Tibimus** est vilis *piscis*, qui non est in flumine, sed in luto *P*
Wa. fehlt Kh2 Br1

P *Stichwort fehlt (Zeilensprung, vgl. 299) Wo4* piscis *Wo1*] vestis *Ma4* luteo *R1*
P-E vilis] vil *E2*

T 300 m s ***Tybinus*** est proprium nomen / + egregii rethoris *Kh2 Br1*

S Tybinus *S4*] Tibilius *Ma1*, Tibius *Ma3*
M *Wa. fehlt M19*
K *Wa. fehlt K4*

T 301 *a* p **Tibisare** *eyn dů heissin* / + dutzen *M W*
-- ainer, der schalmeint *Sb3*
-- duczen *I P-E R1*

S *Sigle S4*] n p *Ma1* *Int. Ks2*] du heissen *Ma1*, duczen *S4*, *fehlt (!) B9* du] de *N1*
M -- eynen dorn heyssen *Ks1* -- tuizen *M19* dutzen *fehlt D1*
W -- duczen uel duen *Sg1* eyn *fehlt Me1*
I *Sigle fehlt*
K -- der einen dw haißt *Hl1* -- duiczen *K4*
P -- duen *Br1*

T 301.1 f p **Tibicina** mulier, que canit in tibia *I*

T 302 f t **Ticio** ein brant
+ .i. teda *I*
+ lignum semiustum *K*
-- .i. teda, brand. **Cimendrium** idem. *Item Ticio, -onis uel* ***Torris*** *est lignum ardens uel in parte vstum* *W*

vgl. C 425.1
S f p Ticia *Ma3*
W -- schit uel brand. Torris idem *Sg1* Item *bis* vstum *Bs9*] *fehlt S1* + wulgariter pranth *Me1*
K *Zusatz fehlt K4*
Kh2 f p Tycia

T 303 m s **Ticius** idem *(nach 302)*

S *Wa. fehlt B5*
W + scilicet ein pranth *Me1*
I *Sigle fehlt*
K *Wa. fehlt K4*
P Ticious *Wo4*

T 304 m s **Tigillus** ein slegel / + uel eyn slage *Ma3 B9*

S -- eyn eyn flogel *(!) B5* slegel] vlegel *B9*
M flegeter *D1*
W pflegel *Sg1*
P snegel *Ma4*, sleger *R1*, segil *Wo4 B10*
Kh2 *vgl. 304.1* + est auis

T 304.1 m s **Tigillus** est vermis quedam, eyn snygghen *Kh2*

Kh2 *vgl. 304*

T 305 n s **Tigillum** ein la*tt*e

S latte *S4*] lacke *Ma1 Ks2*
W blatt *S1*
P lacze *R1*

T 306 m s **Tignarij** sunt, qui ⌜*tigna* / ligna *I uel* trabes operantur
-- sunt, qui tecta domibus superducunt *W*
-- sunt, qui tigna operantur *K*

S -- sunt quedam tigna uel trabes *S4* tigna uel *Ks2*] *fehlt Ma1*
Sb3 Tignari
P operiantur *Wo4*

T 307 m s **Tignosus** .i. superbus

S Tigno *B9*

T 308 f *t* **Tigno*sitas*** .i. superbia

S f t Tignositas *S4*] f p Tignophita *Ma1*
M *Wa. fehlt M19*
I *Sigle fehlt*
K superbitas *K4*
P f t Tignosia *Wo4*

T 309 m s **Tignus** ein spar
+ et est grossum lignum, wulgariter raf *W-X*
-- uel **Tignum** ein rayff *Sb3*
Wa. fehlt (enthalten in 310) Kh2

S -- idem *(nach 310) B5* span *B9* + raf *N1*
W + uel raff *Sg1*

T 310 *n s* **Tignum** idem *(nach 309)*
-- uel **Tignus**, eyn sparre *I*
-- uel -**nus**, eyn spare, domus *Kh2*
Wa. fehlt (enthalten in 309) Sb3

S *Sigle S4*] *fehlt Ma1* -- gesperre *B5*
W *Wa. fehlt S1*
P n s Tignus *Ma4*

T 311 *m* t **Tigris** est animal velocissimi cursus *uel fluuius* °*rapacissimus* °*(I)*
+ omnium fluuiorum *P*
-- est animal velocissimum cursum habens uel nomen fluuij *Sb3*
-- -idis est bestia varijs distincta maculis, fortitudine et uelocitate mirabilis. Sed **Tigris**, -is est vnus de 4[or] fluuijs Paradysi *W*
-- [...] cursus, eciam dicitur nomen fluuij *K*

S *Sigle S4*] co t *Ma1* cursu *Ma3* uel fluuius rapacissimus *S4*] *fehlt Ma1* reparacissimus *B9*
M velecissi *M19* fluuidus *M19*
W *Wa.*] m t Tigigris, -idis est animal velocis cursus, varijs maculis distinctus. Sed Tigris, -ris est vnus de quatwor fluuijs Paradisi *Sg1*
P velocissime *Wo4*
P-E velocissimus *E2*

T 311.1 m s **Tignarius** .i. architector / + *a »tignis« X* *K*

K *Wa. fehlt K4* *Zusatz Hl1*] *fehlt W13*

T 311.2 n t **Tyle** ⌜est insula / sunt insule *P-E* quedam *P*

T 311.3 **Tigma** .i. effigies uel ymago *Kh2*

T 311.4 ind **Tygryn** grece, .i. sagitta latine *Kh2*

T 312 f p **Tilia** *est arbor*, ein linde
-- ein linden *Sb3 I P-E R1 Kh2*
-- est genus arboris lenissime, ain lind. Item **Tilium** dicunt vocari eo, quod utilis est ad usum telorum, nitore et leuitate iocunda; est enim genus materie leuissime et ad sculpturam inutilis *(!)* *W*

S Tylea *S4* est arbor *Ks2*] *fehlt Ma1 S4*
M est arbor *fehlt M19*
Sb3 Tilea
W -- est quedam arbor, lind *Sg1*
K Tilea *W13 K4*
P ein linde *fehlt Ma4*

T 313 *n* t **Timen** .i. preciosum
Wa. fehlt Kh2 Br1

vgl. 274.1, 276
S *Sigle S4*] m t *Ma1*
I *Sigle fehlt*

T 314 *n s* ***Timere*** *fúchten*
+ Inde **Timidus** et **Timor** *W-Y*
Wa. fehlt I

S *Wa. S4*] *fehlt Ma1*

M *Wa. fehlt D1*
K *Wa. fehlt K4* a s

T 314.1 **Timo** grece, flos uel floreo *I*

T 315 n t ***Tymeania*** wirauch, °*timeam* °*(M-Y)*, uel confeccio boni operis
-- weiroch uel confirmacio boni operis *Sb3*
-- °viroch. °Item °Tim*ia*ma °*(Y)* erat in ueteri lege conposicio quedam diuersarum specierum odiferarum, et fuerat conposita ex stacte et *onica et* galbano, que omnia supra sunt exposita in locis suis. Et istis apponebatur thus lucidissimum, quod eciam masculum dicitur, quia rotundum est sicut testiculus virilis. *Wersus (vgl. Brito Metricus 2089f.)*: *Galbanus, onica, thus, stacten tibi dat thimiama* *W*
-- wirauch *I*
-- weyroch uel quedam mixtura specierum diuersarum, quam sacerdos in altari adolebat, *a »thima« flore* *K*
-- est quedam confeccio facta ex diuersis speciebus aromatum; sicut dicit Glosa super Exodum 3° capitulo *(Ex 30,34f.)*, quod altar*ia* timeamata invngi debent *P-E*
-- uel timian, est vngentum uel confeccio boni operis *Kh2*

Die Formen Tymeania *und* Tymeama *können nicht immer eindeutig unterschieden werden*
S Tymeania *S4*] Timenia *Ma1*, Timiana *Ma3*, Timiama *B9* timeam *S4*] *fehlt Ma1 Ks2*, timian *Ma3*
M *Wa.*] f p Timiama weyrach *(vgl. 315.1) M19* timeam *fehlt Ks1*
W *Stichwort*] Timeoma, -atis *S1*, Timiana *Sg1* Timiama *Me1*] Timeoma *S1* onica *Bs9*] gumi *S1*, mica *Sg1* et *Sg1*] *fehlt S1* gabano *Sg1* virilis] virorum *Sg1* *Vers Me1*] *fehlt S1 Sg1*, Wersus: Gappaus *Bs9* Galbanus *M12*] Gabbanus *Me1*
I *Sigle fehlt*
K -- weirach *K4* a »thima« flore *K9*] *fehlt W13*
P Timiania *Ma4 R1* wirauch *fehlt Br1* timeam] *fehlt Wo1 R1*, timion *Ma4* conflexio *Wo4*
P-E Timeaania *E2* altaria *P7*] altare *E2 M25*

T 315.1 n t **Thimeon** confeccio boni operis *M19 (M)*

M *vgl. 315*

T 316 m s **Timidus** forchtig
-- forchsam *I P-E R1*
Wa. fehlt (vgl. 314) W-Y
Wa. fehlt K

M *Wa. fehlt M19 D1*

T 317 *m t* **Timor** focht
Wa. fehlt W-X K
Wa. fehlt (vgl. 314) W-Y

S *Wa. fehlt Ma3* *Sigle S4*] *fehlt Ma1* forchtig *B5*, vruchten *B9*
M *Wa. fehlt M19 D1*
I *Sigle fehlt*

T 317.1 n s **Timum** binsug. **Eppitimum** flos ti*mi* *W*
-- est herba quedam *P*

vgl. 276.1
W Eppitimum flos timi *fehlt Sg1* timi *Bs9*] tini*S1*
P Timium *Wo4*
Kh2 herba] arbar

T 318 m t **Timpanator**
-- ein ⌜beucker uel bunger *Ma1* / bucker *S4 Ks2* / binger *Ma3 B9* *S*
-- *eyn buker* *M K*
-- ain boͤgger oder schellenschlacher *W*
-- eyn buckler *I*
-- eyn trumper / + uel eyn bungher *Kh2 Br1 P*

S -- eyn pawkner *B5* -- ein baucker uel bauck *N1*
M eyn buker *Ma2*] bunger *Ma6*, bumbir *Ks1*
Sb3 Timponator
W Timponator *S1*
P Timpator *Wo4* burgher *Wo1*, lutensleger *R1* + eyn bunger *Ma4* + eyn trumpener *(!) Wo4*
P-E trummenslacher *P7*

T 319 co p **Timpanistria**
-- ein bungensleger *S*
-- *eyn buͤckensleyger* *M K*
-- ein glockhenklachel uel pauckenholcz *Sb3*
-- mulier, que in timpanis canit *W*
-- ein buckenmecher uel slaher *I*
-- eyn trumppen sleger *Ma4 Wo4* *P*
-- talis sciencia *(nach 318)* *P-E*
Wa. fehlt Kh2 Br1

S Tympanista *B9* beckensleger *S4*, pukensleger *Ks2 B5 N1*
M *Wa.*] n p Timponista idem *(nach 318) M19* *Int. Ks1*] bungensleger *Ma6*
W Timpanista *Sg1* -- aliquis in timpanis canens *Sg1* + pawkenslaherin *Me1*
I m p Tympanista
K Timpanista paucken *Hl1*
P *Wa. fehlt B10* -- eyn bungenslegher *Wo1* -- idem *(nach 318) R1*

T 320 n s **Timpanum**
-- ein ⌜bunge uel lute *Ma1* / trumpe *Ma3* *S*
-- eyn ⌜bunge uel trumpe *Ma6 Ks1* / pauken *Sb3 M19* *M*
-- trum *W P*
-- est instrumentum musicum, ein bucke *I*
-- ein pauchken *K*

S *Wa. fehlt B9* -- eyn glup oder eyn ducke *S4* -- eyn pucke uel eyn bunge *Ks2* -- eyn trumpel uel pauken *B5 N1*
M Timponum *M19* -- eyn drompel uel eyn buch *Ma2 D1* -- ein trumpel *Dr1*
K *Wa. fehlt K4*
P *Wa. fehlt B10* -- eyn bugen *Wo1* -- eyn lute *R1* + ader bunghe *Br1*
P-E trum] traum *M25*, + trum *(!) E2*, + oder lut *P7*

T 321 n t **Timpus** ein *dunninge* °uel °slaff °*(Ma3 B9)* super aurem
-- proprie slaff uel du*nnin*ge *I*
-- slaff *K*
-- en dunning / + in capite *R1 Wo4 B10* *P*
-- eyn dunnynghe, sed secundum Eberhardum dicitur **Temp*us*** *(Grec. Vet. xi 142ff.)* *Kh2 Br1*

Wa. fehlt Sb3 P-E

S Tympos *S4* dunninge *S4*] doniger *Ma1* super aurem] *fehlt S4 Ma3*, by den oren *B9*
M ein dunninge uel *fehlt Ks1 M19* supra aure *Ma6*
W super] circa *alle Hss.*
I m s dunninge *emend.*] dumunge *(auch I2)*
K *Wa. fehlt K4*
P dunning] + dij vlacheyt *Wo4*
Kh2 Tempus *Br1*] Tempore

T 322 f p **Tina** ein zober
+ uel dicitur lignum, de quo Salomon fecit grados in domo domini *Kh2*

M *Wa. fehlt D1*
K + oder schaf *W13*
Kh2 *vgl. 322.1*

T 322.1 n s **Tina** sunt ligna, de quibus Salomon fecit gradus in domo domini; incognita *fuerunt eciam peritioribus Iudeorum* *K*

K *vgl. 322* *Wa. fehlt K4* fuerunt *bis* Iudeorum *K9*] sunt eciam vasa quibus precatur ceruisia; ita dicit Papias *W13*

T 323 n t **Tinale** eyn ⌜zoberboum / *czobir stange M W I K*
-- ain wasserstang *P-E*

S *Wa. fehlt B5* czoberstange *S4*
M *Wa. fehlt D1* zober baum *Ma6*
I *Sigle fehlt*

T 324 f p **Tincta** ein karpe, °piscis °est °*(Kh2)*

S f p Tinctus *Ma3*, Tynca *B9*
M *Wa. fehlt D1* -- eyn kreph *M19*
W Tineta *S1*
P -- eyne carpe *Br1* + eyn hake *R1*
P-E -- ain krapf *E2*
Kh2 *vgl. 334.1*

T 325 f p **Tinea** eyn motte / + eyn mele *B9 P*
-- ein schab *Sb3 P-E*
-- mad uel schab *W*
-- ein schabe uel vestimentorum vermis *I*
-- °*mad* °*oder* °*(Y)* schab, dicitur vermis *K*
-- est vermis, qui rodit vestes, eyn mutte *Kh2*

S -- eyn mele *Ma3* + eyn schab *N1*
M *Wa. fehlt M19* + schbe *(!) Dr1*
K mad oder *Hl1*] *fehlt W13*
P *Wa. fehlt Ma4* motte] noppe *Br1* mele] eyn cleder worm *Wo1*
P-E + oder milb *P7*
Kh2 *vgl. 334.2*

T 326 a t **Tingere** °meren °*(P-E)*, verben uel tangere
-- ferwen uel ru*r*en uel tangere *W*
-- verben °uel °abluere °*(Y)* *K*
-- .i. tangere *Kh2 Br1*

S verben] varwen, weruen *Ma3*
M meren] ruren *Dr1* verben uel *fehlt M19*
Sb3 verwen] wermen
W -- tupfen, berůren *Sg1* ruren *Bs9*] růnen *S1*
P -- meren *Wo1* verben uel] *fehlt B10*, weuen *Ma4*
Kh2 *vgl. 334.3*

T 326.1 **Tingere** begreẘffen *K*

K *Sigle*] a t *Y* -- verben *K4*

T 327 n q **Tinnire** klingen
+ Vnde Grecista Nouus *(Grec. Nov. 47r)*: Es resonans tinnit; auris quoque tunc mea tinnit, dum fit in aure sonus, quem non capit auris alius *W*

S slinghen *(!) Ma3*
M *Wa. fehlt D1* klingeln *Dr1*
W mea] in ea *Sg1* non *fehlt Sg1*
I a q
P gelle clingen *Wo4*
P-E a q *(auch R1)*
Kh2 *vgl. 334.6*

T 328 m s **Tynneus** .i. sonans / + clingenden *I*
-- .i. sonus *K*
Wa. fehlt W-Y

Sb3 Timidus
W *Wa. fehlt S1*
I m s Tinnens
Kh2 *vgl. 334.7*

T 329 m s **Tinnitus** .i. son*us* uel herba circa fontes
-- id est sonus ipsius auris uel herba quedam circa fontes *I*
-- .i. sonus *Kh2 Br1*
Wa. fehlt W-Y K

S Tynnulus *S4* sonus *S4*] sonans *Ma1*, sonas *Ma3*
Sb3 Timitus
W Tinneus *S1*
I Tinnicus
Kh2 *vgl. 334.8* m q Tynitus

T 330 m s **Tinnulus** est sonus liquidus, letus *et* purus / + circa fontes *P-E*
Wa. fehlt W-Y Kh2 Br1

S Tynnicus *S4*, Tinilus *B9* et *S4*] uel *Ma1*
Sb3 Timulus
I latus
P + gel clank *Wo4*
P-E letus] locus *E2* purus] pinus *E2 M25*

T 331 *part* ***Tiniens*** ⌜*clingende* / klingung *P-E R1*
Wa. fehlt (vgl. 328) I
Wa. fehlt Kh2 Br1

S *Wa. B5*] *fehlt Ma1* *Sigle Ks2*] m s *B5* m s Tinneus *S4*, Tinens *Ks2 Ma3*, part Tineus *B9*
M *Wa. fehlt M19*

Sb3 Timigus
W klingocht *Sg1*, klinglet *Bs9*
P-E Tinnuens *(auch R1)*

T 332 m t **Tinctor** ein verber

P veber *Wo4*
Kh2 *vgl. 334.5*

T 333 f p **Tinctura** ferbunge °uel °farbe °*(Sb3 I K Kh2 Br1)*

M uel farbe *fehlt Ks1*
W uel farbe *fehlt Sg1*
I *Sigle fehlt*
P uel farbe *fehlt Ma4 B10*
P-E ferbunge uel *fehlt M25*
Kh2 *vgl. 334.4*

T 334 f p **Tinta** °*blac* °*(P-E)*, dinte
-- blab *Sb3*
-- blaw tinckte *W*
-- tinken, °.i. °incaustum °*(Y)* *K*
Wa. fehlt I

S Tincta *Ma3* -- bla ding *S4* -- idem *(nach 333) Ks2* blac *Ma3*] *fehlt Ma1*, bloch *B5* dinte] caust *B9*
M *Wa. fehlt M19* -- .i. incaustum *Ma6* dinte] caustum *D1*
W -- black, tinde *Me1*
P-E -- .i. incastum *P7*
Kh2 *vgl. 334.9*

T 334.1 f p **Tynca** eyn carpe *Kh2*

Kh2 *vgl. 324*

T 334.2 **Tynea** est vermis, qui rodyt vestes, eyn motte *Kh2*

Kh2 *vgl. 325*

T 334.3 **T*i*ngere** .i. tangere *Kh2*

Kh2 *vgl. 326* Tingere *emend.*] Tangere

T 334.4 f p **Tynctura** waruynghe *Kh2*

Kh2 *vgl. 333*

T 334.5 **Tynctor** eyn waruer *Kh2*

Kh2 *vgl. 332*

T 334.6 **Tyn*nire*** klynghen *Kh2*

Kh2 *vgl. 327* Tynnire *emend.*] Tynarie

T 334.7 m s **Tynneus** sonans *Kh2*

Kh2 *vgl. 328*

T 334.8 m s **Tynitus** .i. sonus *Kh2*

Kh2 *vgl. 329*

T 334.9 **Tyncta** blak uel tynt *Kh2*

Kh2 *vgl. 334* Tyncta *emend.*] Tynita

T 335 n s **Tintinabulum**
-- ein schelle ⌜uel glockelechin *Ma1* / oder eyn glockgin *S4 B9* / eyn klocklike *Ma3* *S*
-- eyn schellen, ⌜glockelchin *Ma6* / uel eyn glockelin *Ks1 Dr1* *M*
-- ein schellen aut glockhen *Sb3*
-- schell oder glo͛ggli *W 1*
-- singo͛zzel *K*
-- eyn schel *P*
-- ain glo͛glin *P7* *P-E*
Wa. fehlt Kh2

S -- eyn schelle *Ks2 B5* -- ein schell, ein glöcklein *N1*
M -- eyn kleyn schel *Ma2* -- ein glocken klachel *M19* -- schelle uel glock *D1*
P -- eyn scilinsklockel *B10* -- eyne cleyne schelle *Br1* + klockcken *Wo1* + clockelken *Wo4*
P-E -- ain glogen klang *E2* -- ain *(!) M25*

T 335.1 f p **Tintra** eyn ᴼscone ᴼ*(P-E)* vedere als in den *slossen* *P*
-- eyn schone wedder uel eyn vedder in dē slote *Kh2 Br1*

P als in den slossen] *fehlt Wo1*, alzso in dem slossen *Wo4*, in dē slote *B10* slossen *Wo4*] slutten *Ma4*
Kh2 in dē] in deme *Br1*

T 336 adv **Tipice** beczeichlich

S *Wa. fehlt B9* betzelecht *S4*, betelech *Ma3*
K Tipica *K4*
P *Wa. fehlt B10*
Kh2 + uel Typite *(auch Br1)*

T 336.1 m t **Typo**, -onis est draco flans *ignem* *P*

P ignem *Wo1*] angwem *Ma4*

T 337 m s **Tipus** ein ⌜glichniß / licknisse *Ma3 B9 Kh2* uel signum. Inde **Tipicus** .i. figuratiuus
+ Item Tipus idem est quod figura uel misterium. Item Tipus est idem quod similitudo et sic accipitur in 2° Regum, ubi dicitur *(ii Sm 12,31)*: In tipo lateris traduxit eos; sensus, quod cultell*o*s traduxit per corpora inimicorum suorum, sed *per lateres* molles, nondum *tostos* ᴼuel ᴼcoctos ᴼ*(Y)*. Item Tipus eciam est quedam herba, que in aqua nascitur uel ab aqua inflatur. Inde tractum est: Tipus pro superbia et ambicione ponatur. ᴼSed ᴼ*(Y)* **Typho** uel **Typhonicus** ventus idem est quod ventus turbinis, qui non venit specialiter ab aliqua parte mundi, sicut venti principales, sed descend*it* de nube et sepe perflat vnum campum, et alios campos circumiacentes non tangit, et solet venire cum tonitruo et ante tonitruum; et wulgariter dicitur sturm wind. *Wersus: Tiphonicus ventus eurum tenet ac acquilonem* *W*

vgl. 338.1, 338.2
S Tinpus *B9* Inde Tipicus .i. figuratiuus *fehlt B9*
W signum *bis* coctos] figura. *(neuer Wa.:)* m s Tipicus .i. figuratiuus. Item Tipus est similitudo, ut in 2° Regum dicitur *(ii Sm 12,31)*: In tipo laterum traduxit eos *Sg1* cultellos *Bs9*] cultellus *S1* per lateres *Me1*] platires *S1*, blateres *Bs9* tostos *Bs9*] costes *S1* tractum est] + ut *Y* ponitur *Sg1* descendit *Sg1*] descendunt *S1* campum *fehlt Sg1* *Vers Bs9*] *fehlt S1 Sg1*
K uel signum *fehlt K4* Inde *bis* figuratiuus *fehlt W13 Y*
P lycnisse *Ma4 Wo1 B10* figuratiuus] fugatiuus *Ma4*, figuralis *Wo4*

T 338 f p **Typs*a*na** *trocken* gerste
+ Item Tipsana est ordium *pila tonsum*, stampf, et debet Tips*a*na in me*dio* produci secundum Britonem *(vgl. Brito 786)*. Vnde Alexander *Nequam (Brito 786)*: Cortice nudata tipsanas ordea dicas. Sed **Alphica** est farina ordeacia, gersten mel *W*
-- gnauue gersten *Sb3*
-- est granum ordei decorti*c*atum, de quo etiam fit aqua, que dicitur **Tisana**, conueniens potui infirmorum *I*
-- °*dracken* °*gerst* °*(Y)*, est ordeum siccatum, pilo trusum *K*

vgl. A 379.2
S Typsana *S4*] Tipsona *Ma1* -- drockniße *S4* trocken *Ks2*] *fehlt Ma1*
M -- gestoßen gerste *Ma6* -- ein truncken gast *D1*
W *Zusatz*] Sed alphica, gerstin mel *Sg1* pila tonsum *Bs9*] pilator siue pila *S1* Tipsana *Bs9*] Tipsona *S1* medio *Bs9*] metro *X* Nequam *Bs9*] in quam *S1*
I decorticatum *I2*] decortitatum
K dracken gerst *Hl1*] *fehlt W13* + et decorticatum *W13*
P-E + gerst *E2*
Kh2 Typsona

T 338.1 *m s* ***Tipus*** *.i. superbia uel frigide febres* *K*

K *vgl. 337, 338.2* *Wa. K9*] *fehlt W13 K4*

T 338.2 *m s* ***Tipus*** *-a, -um dicitur figuratus, eciam dicitur tractatus de statu fidei et ecclesie* *K-X*

K *vgl. 337, 338.1* *Wa. Hl1*] *fehlt W13*

T 339 f p **Tirania** wider synnikeit
-- wider smackheit *Sb3*
-- wider wårtigkait *P-E*

S weder schinich *Ma3*
M Tyria *M19*
Sb3 f p Tirane
P weder sygicheit *R1*, weder syngecheyt *Wo4*
Kh2 wedder sinydicheyt

T 340 m t **Tirannis**, *-idis* .i. tirannus uel capitur pro *dyabulo*
-- idem *(nach 339)* uel capitur pro dyabulo *K Kh2*

S -idis *S4*] idem *(nach 339) Ma1 Ma3* dyabulo *S4*] diabule *Ma1*
K + uel crudelitas *W13*
P m t Tirannia, -dis *Wo4*
P-E -idis] idem *(nach 339) E2*
Kh2 *Stichwort*] m t Tyrannus

T 341 a p **Tirannisare** grymmen

P grimmich maken *B10*
P-E wûte vel grinen *E2*

T 342 f p **Tiria** ein ⌜ishachel *Ma1* / yß czap *S4 B5* / ys yokele *Ma3 B9*. Wersus: Tiria dependit, sed tiriam femina vendit
-- ⌜izkachel *X* / eis czeph *Y*. Wersus: [...] *M*
-- eis zepff *Sb3*
-- yß zapf. Wersus: [...] *W*
-- ein yßkachel. Wersus: Tiria dependet, sed tiriam femina vendet. Alius *(Walther 31786)*: Tunc bonus est ignis, dum pendunt tiria tignis *I*
-- eisczeph. *Wersus*: [...] *K P*
-- est purpura preciosissima uel glacies pendens de tecto. Wersus: [...] *Kh2*

vgl. S 280.1, S 1042.2
S iß kachel *Ks2 N1* ys yokele] iok iokel an dem dake *B9* Wersus] + Tunc bonus est ignis, cum pendunt tiria tignis *(Walther 31786) Ma3* tiriam] tyrina *B9*
M *Vers fehlt M19*
W *Vers fehlt Sg1* tiriam] tirea *S1* femina vendit] femina pendit *S1 Me1 Bs9*
K *Vers Hl1*] *fehlt W13 K4* Wersus *zit. nach Hl1*
P eisczeph] ychel an dem dache *R1*, iockel an dem dake *B10*, iskakel in tecto *Br1*, + kachel *Ma4*, + eyn yoke *Wo1* Wersus: Tiria] Wersus: *(neuer Wa.:)* f p Tiria *R1* *Vers verderbt Wo4* tiriam] tiria *Ma4*
P-E eis zeph] + am dach *P7* tiriam] tiram *E2*
Kh2 dependet sed tiriam] sed tyria

T 343 n s **Tirannicidium** *est occisio* tiranni

S Tiranicidium *Ma3*, Tirannisidium *B9* est occisio *Ks2*] .i. liber occisionis *Ma1*, est occiseo *S4*, est occasio *Ma3*
P *Wa. fehlt R1* occidium *Wo4*
P-E occasius *E2*, occasio *P7*, occasus *M25*

T 343.1 **Tiberiadis** est mare *Sb3*

T 344 m s **Tirannus** ⌜est aliquis, qui / aliquis *S-Y* per violenciam aliquibus dominatur, eyner, der wider gehorsam dut
\+ Tirannus est rex crudelis et iniustus, wûtrich *W*
-- ainer der wider gehorsam tuet *Sb3 K-Y*
-- [...] dominatur *P-E*
Wa. fehlt Kh2 Br1

S per violenciam] pro violencia *S4* aliquibus] a quibus *Ma3* per molenciam *(?)* *dt. Int. fehlt B9* der] der da *S4* horsam *Ma3*
M qui per violenciam aliquibus] pro molestiam aliis *M19* *dt. Int. fehlt D1*
W -- wûtrich *Sg1*
P horsam *Ma4 Wo1 B10*
P-E per violenciam] pro violencia *E2* + ain wûtrich *E2*

T 345 f t **Tiriaco** ⌜driakel / driakels *M-X I* vel nobilissima medicina
-- est nobilissima medicina *Sb3*
-- ⌜triaker *S1* / triangs *Sg1* uel nobilissima medicina *W*
-- driachkers, °*est* °*nobilissima* °*medicina* °*(K-Y)* *K P-E*

S f t Tyreaco *S4*, f p Tiriaca *Ma3 B9* dreyakchir *B5*, triackerß *N1*
M driakel vel] *fehlt M19*, dryacker *D1*, driackers *Dr1*
Sb3 Tiraco

W	Tiriago *Sg1*	triackerß *Bs9 Me1*, driacker *M12*, trian *Me5*
I	f t Tiriaca	
K	f t Tiriacio	*lat. Int. Hl1*] vngentum *W13*
P	f p Tiriaca	dryakels *R1*, drevaken *Br1*
P-E	f p Tiriata *(auch R1)*	
Kh2	f t Tiriaco] Tyriaca	

T 346 m s **Tirius** eyner von der stad uel iuuenis Salomonis, °faciliter °eruditus °*in* °*enigmatibus* °*(Sb3)*
Wa. fehlt Kh2 Br1

S *lat. Int. fehlt B9* in enigmatibus *S4*] *fehlt Ma1*, erigmatibus *Ma3*
M -- ainer von der stat Sononis *M19*
K von] aus *W13* Salomonis] *fehlt K4 Ab1*, scolaris *W13 K9* enigmatibus] igmatibus *X*, ignibus *K4*
P-E in enigmatibus] non igniatibus *E2*

T 347 n s **Tiricinium** est officium tyronis
\+ scilicet *noua* milicia *P*

S Tyricium *S4*, Tiricinum *Ma3* tyrannis *Ma3*
M Tiricidium *M19*
I Tirotinium
K tyranni *K4*
P *Zusatz fehlt Wo1* noua *Wo4*] fana *Ma4* tyronis *verderbt E2*

T 348 m t **Tiro** ein ritter
-- -onis nouus miles uel aliquis nouiter ad angustiam electus *W*
-- grece, latine dicitur fortis. Inde hic Tiro, .i. nouus miles, nouiter electus ad miliciam *I*

W *vgl. Brito 787* + riter *Bs9 Me5*
I *Sigle fehlt*
P *Wa. fehlt B10*

T 348.1 n s **Tironatum** rudimentum *P*
Wa. fehlt Kh2 Br1

T 349 m s **Tirsus** ein sproße omnium herbarum uel eyn ⌜ast / telghe *Ma3 P*
-- ein pros *an* ein yedem chrancz *Sb3*
-- ⌜broß *X* / *spross Y* omnium herbarum, ain ast. Tirsus tútenkolb. Item Tirsus est medius frutex et supremus in herba uel superior ramus in arbore, wulgariter told. Item Tirsus est ramus ab arbore awlsus, frondes habens, quo utuntur chorisatores, wulgariter lait stab. Item Tirsus est quoddam cimbalum in modum fenestre factum *W*
-- sprass, omnium herbarum medius frutex uel ramus cum frondibus. Matthei ix° eciam dicitur genus cimbali *K*
-- ain sprucz omnium arborum *P-E R1*
Wa. fehlt I

S spruncze *B5* uel eyn ast *fehlt B9*
M spriess *M19*
Sb3 an *Sp3*] *fehlt*
W -- told uel laidstab uel tutenkolb *Sg1* spross *zit. nach Bs9* lait stab] leich stat *Me1*
K sprass *fehlt K4* ramus] ramex *K4* Matthei *bis* cimbali *fehlt K4*
P *Wa. fehlt B10* tzelghe *Wo4*
Kh2 herbarum] arbarum

T 349.1 m s **Tisus** ain slang uel ain land *W-X*

W *vgl. 350* uel ain land *fehlt Me1*

T 350 m s **Tyrus** ein slange uel ein lant
+ et est quedam insula *P-E*
-- idem *(nach 349.1)* *W-X*
-- regio uel ciuitas *I*
-- slanng *K*

M uel ein lant *fehlt M19*

T 350.1 m s **Tyrunculus** paruus tyrus *P*
-- est diminutiuum eius *(nach 350)* *Kh2*

T 351 f p **Tysana** gersten waßer
+ oder wircz *K*
Wa. fehlt I

M Tisona *M19*
Sb3 Tirana
W Tisona *S1*, Tisaria *Sg1*
K *Zusatz fehlt K4*

T 352 m s **Tysicus** est aliquis, ⌜qui patitur / paciens *Sb3* infirmitatem, que totum corpus consumit

vgl. 280, 353
S qui patitur] paciens *B9*
M *Wa. fehlt M19*
Sb3 consumunt
P-E infirmitate *E2*
Kh2 que *fehlt Kh2*

T 353 f t **Tisis** vlceracio uel t*u*mor pulmonis
-- grece, est vlceratio et tumor in pulmone, das abnemen *I*
-- talis infirmitas *(nach 352)* *P*

Stichwort entstanden aus Phthisis *vgl. 280*
S tumor *B9*] timor *alle Hss.* palmonis *S4*
M wlneracio *M19*
Sb3 timor
W -- est humor pulmonis *Sg1*
I *Sigle fehlt*

T 354 m t **Titan** .i. sol
+ Item Titan indeclinabile pro gigantibus accipitur; vnde in Libro Iudith *(16,8)*: Sicut filij Titan percusserunt eum *W*
+ et interpretatur illuminans *Kh2*

S -- sune *B5*

T 355 f p **Titania** .i. luna

Sb3 -- idem *(nach 354)*
I *Sigle*] Inde hec *(Wa. nach 354)*
P *Wa. fehlt Ma4*

T 356 m s **Titellus** ein tottel

vgl. 361
M *Wa. fehlt M19*
K einkel *Hl1*
P-E *Wa. fehlt E2*

T 356.1 m t **Tytanes** sunt quidam homines fortissimi, scilicet gygantes *Kh2*

T 357 a p **Titillare** kiczeln uel accendere
-- .i. titubare uel ad luxuriam incitare, stimulare, proprie kiczeln *I*
-- kiczeln *K*

S Titillare kiczeln] Tytellare totteln *Ks2 Ma3 B9* cziteln *S4*, titelen *Ma3*
Sb3 Titellare
P-E Titillare kiczeln] Titellare ditlen *P7*
Kh2 accendere] taxendere

T 358 f t **Titillacio** est stimulus luxurie, °kiczelunge °*(Sb3 K)*
-- .i. incitacio, inflamacio luxurie *I*
-- est stimulus uel kettelynghe *Kh2*

S tumulus *S4* kiczelunge] tuttelunge *Ks2 B9*, ketelen *Ma3*, küczeln *N1*
M kiczelunge] *fehlt M19*, kiczelen *Ks1*
Sb3 Titellacio
P Tititilacio *Ma4*, Tytulucio *Wo4 B10* kiczelunge] *fehlt B10*, kittelen *Ma4*

T 359 n s **Titimallum** est herba quedam / + stykwort *Kh2*
-- herba lactaria *I*

M *Wa. fehlt M19*
I m s Titimallus
P Tytimalla *Wo4*

T 359.1 m s **Tytinus** animal natum ab hirco et oue *P*

P ab] ex *Wo4*
P-E animal] uel *E2* oue] titeron *E2*, ticcione *P7*, tigeron *M25*

T 359.2 m s **Titi*r*us** idem *(nach 359.1)* *P*
-- .i. titinus *Kh2*

P *vgl. B 238* Titirus *Wo1*] Titinus *Ma4*

T 360 n p **Tit*u*bare** stammeln uel ⌜wancke*ln* / wencken *Sb3*
-- .i. dubitare uel vacillare, tremere *I*
-- stameln *K*
-- ⌜stammeln *X* / stameren *Y* *P*

vgl. 363
S Titubare *Ma3*] Titibare *Ma1*, Tituare *S4 B5*, Tituware *Ks2* -- strankelen, stotern *Ma3* stamern *B9* wanckeln *S4*] wancken *Ma1 Ks2*, wandeln *N1*
M Tybulare *M19* + *(neuer Wa.:)* n s Titugare stammelin uel wanckeln *Ks1*
Sb3 n p Titubare] Tituere
W wanckeln] schwenken *S1*, schwanken *Sg1*
K Tituare
P stameren *Wo1* + wankelen *Wo4 R1 Br1*
Kh2 Tytibare

T 361 m s **Titulus** *proprie dicitur nomen* et sumitur pro virtute, qua aliquis laudatur, uel **Titellus**

+ Item Titulus est superscripcio libri in principio, ut si scribatur: Incipit Liber Reg*um*. Item laus uel inscripcio laudis. Sed iuriste vocant Titulum illud, quo quis intrat in possessionem alicuius rei, ut est donacio, empcio *W*
-- [...] laudatur *Sb3 K*
-- a »titan« dicitur, quasi titanus, .i. illuminans, quia illuminat librum, sicut enim sol mundum uel quecu*m*que obscura illuminat, ita titulus librum et eius sequentia illuminat *I*
-- est signum uel memoria uel iudicium aut manuum scriptura uel breuis prouocacio *Kh2*

vgl. 356
S proprie dicitur nomen *S4*] dicitur proprium nomen *Ma1* uel Titellus *fehlt B9*
M et] sed *M19*
W uel Titellus. Item Titulus] uel Titulus *Sg1* ut si scribatur] ut in *Sg1* Regum *Sg1*] Regis *S1* Item laus uel inscripcio laudis *fehlt Sg1* illud, quo] dum *Sg1* in *(2) fehlt Sg1* est donacio *fehlt Sg1*
I quecumque *emend.*] quecunque *(auch I2)*
P proprium *Ma4*

T 362 m s **Tit*ub*us** ⌜stammelunge *Ma1* / eyn stammel mensche *S4* / stamerich *Ma3 B9 P*
-- ⌜stamelung *X* / stamer *Y* *K*
-- *stamlig* *P-E R1*
Wa. fehlt M W I

S *Wa. fehlt N1* Titubus *Ma3*] Tituus *Ma1 S4 B5*, Titulus *Ks2* -- eyn stammelder *Ks2* -- eyn stamler *B5*
P *Wa. fehlt Wo1* stamernde *Br1* + stuttern *Ma4*
P-E stamlig *M25*] stamler *E2*, stumlich *P7*
Kh2 Tytibus

T 363 a p ***Tytulare*** ⌜strucheln / strauchen *K*
-- *strauchen* uel stamlen *P-E*
Wa. fehlt M W I

vgl. 360
S *Wa. fehlt Ma3 N1* Tytulare *S4*] Titubare *Ma1* sannkelen *(?) B9*
P *Wa. fehlt Wo4 B10*
P-E strauchen *emend.*] stranken *E2*, schranken *P7*, stercken *M25*
Kh2 stanken

T 363.1 m s **Titus** fuit discipulus Pauli. Et interpretatur querens uel bonus seu lutum aut lutarius *I*

T 363.2 m p **Thobias** quidam sanctus vir, cui angelus Raphael reddidit visum *I*

T 364 adv **Tociens** also dicke
+ uel als offt *Sb3*
-- als offt *K*
-- alzo vaken *Kh2*
Wa. fehlt I

S also *fehlt Ks2 B5* + also vele *B9*
M *Wa. fehlt M19*

T 365 f p **Toga** est vestis pacis *uel palleum*
\+ chitel *K*
-- ein mantel, pfait aut chitel *Sb3*
-- a »tego« dicitur, quasi »tega«, vestis pacis *I*
-- eyn hoyke uel eyn mantel *Kh2*

S pascis *Ma3* uel palleum *S4*] ein mantel uel ein kitel *Ma1* + kchitel *B5*
M -- ein kitl *M19*
K *lat. Int.*] *fehlt Y*, eciam dicitur nobilis vestis *W13*
P-E pelleum *E2*

T 365.1 **Togilla**, -le dicitur parua toga. Item dicitur mantile *I*

T 365.2 f p **Togilla** *eyn dwele* *P*
-- ain hant zwehel *P-E*

P eyn dwele *Wo1*] sweel *Ma4*, czwele *R1*
Kh2 Tagilla

T 365.3 m s **Togatus** .i. nobili veste indutus *uel toga* *K*
-- quasi toga indutus *P*

K uel toga *K9*] uel vder kitel *W13*, *fehlt K4*
Kh2 *Int. fehlt*

T 365.4 n t **Togal** en ⌜kussen / stulkussen *Kh2* *P*

P *Wa. fehlt B10*

T 365.5 n s ***Togipurium*** est parua toga *P*

P Togipurium *Wo1*] Togitopurium *Ma4*

T 365.6 f p **Togula** est parua toga *P*

T 366 n s **Togi*f*erum** est locus, vbi scolastici disputant
\+ et videtur componi a »toga« et »ferio« *I*
-- uel **-ferium** est locus, vbi clerici disputant *Kh2*

S Togiferum *S4*] Togiterum *Ma1*
M *Wa. fehlt M19*
Sb3 Togiforum
I Togiferium
P Togeferum *Wo4*

T 367 *ep* p **Toda** est auis quedam, que non habet ossa in cruribus / + uel tibijs *I* quia semper est in motu
-- est auis quedam *P*

S *Sigle S4*] f p *Ma1* quedam] quoddam *Ma3* semper *fehlt B9*
M que] qui *M19*
Sb3 que non habet] non habens
W + wulgariter ain spir *S1*
I *Sigle fehlt*
K quia] *fehlt K4*, et *W13*

T 368 m s **Todinus** ein leuffer
\+ uel gallus *W-X*
-- -a, -um qui velociter cadit uel currit et mo*u*etur ad modum tode auis *I*

-- lôfel *P-E*
-- dicitur illud, quod velociter cadit uel mouetur *Kh2*

M Tonidus *M19*
Sb3 Todiffus
W Todanus *S1* lôfel *Sg1*
I mouetur *I2*] monetur
K Todnus
P *Wa. fehlt Br1*

T 369 m s **Todomus** .i. gallus

S Todoneus *Ma3*
M *Wa. fehlt Ma6* Todanius *M19*
Sb3 Todiffius
W *Wa. fehlt (vgl. 368) S1* + uel ein lawffer *(vgl. 368) Me1*
I Todonus
P Todoneus *Ma4*, Todonius *(!) Wo4*
Kh2 Todonius *(!)*

T 369.1 f p **Togata** est comedia uel cantus villicorum *Kh2*

T 370 f s **Toletum** est ciuitas quedam
Wa. fehlt I

S n s Tolentum *Ma3*
M f t Telletum *M19*
K Tolentum
P + tolig *Ma4* + tolk *Wo1 R1*

T 371 f p **Tollerancia** ⌜lidesamkeit / lidesamicheyt *Ma3 B9 P*
Wa. fehlt I

S lynstamkeit *Ks2*, liedesamheyt *B5*
M lydesamigkeyt *Ks1*
W lidsamikait *S1*, libsamkait *Bs9*
K leichtsamchait *Hl1*
P lidesamheyt *Wo1*, lidelicheyt *Wo4*
P-E lidsamkait *M25*

T 372 p pr **Tollerans** lidesam
Wa. fehlt I

S *Stichwort*] + Tollerabilis *(vgl. 373) Ma1* lydesamkeit *Ks2*
M Tollerarius *M19*
W libsam *Bs9*

T 373 *co t* ***Tolerabilis** lidesam*
-- *lidesamig P*
-- idem *(nach 372) Kh2*
Wa. fehlt I

S *Wa. S4*] *fehlt (enthalten in 372) Ma1*
P lidesamig *Wo4*] lydesamelich *Ma4 B10*, idem *(nach 372) Wo1*

T 374 n p **Tollerare** geduldig sin
+ Item omnia illa debent scribi per simplex -l- secundum Speculum Gramatice *W*
-- leyden *Sb3*
-- .i. sustinere, pati, sufferre *I*

-- duldich syn *Kh2*

S + uel liden *Ma3*
I a p
K duldig sein *K9*
W Item] Et *Y*
P duldech syn *Wo1 B10*, dulden *Wo4*
P-E bedultig sin *E2*

T 374.1 **Toles** sunt tumores circa vuam stantes *I*

T 375 a t **Tollere** .i. *gerere*, °alere °*(I)*, remouere, ⌜erigere / eripere *P-E*, accipere uel aufferre
+ exigere, eleuare, sufferre, et habet »sustuli« in preterito et »sublatum« in supino *W*
-- .i. al*e*re uel remouere, °gerere °*(Y)* *K*
-- .i. remouere, gerere, erigere uel accipere *Kh2 Br1*

S gerere *S4*] *fehlt Ma1* olere *S4* afferre *Ma3*
W alare *S1* accipere, aufferre *fehlt Y*
I *Sigle fehlt*
K *Wa. fehlt K4* alere *K9*] alare *X*
P gerere *fehlt Ma4* erigere *fehlt Ma4*
P-E gerere *fehlt E2*

T 376 m s **Tolomeus** fuit primus rex Egipti
Wa. fehlt I Kh2 Br1

vgl. P 1337
S Toloneus *Ma3* Egipcie *B9*
Sb3 Tolmeus
W Tolonicus *S1*
I Tolonicus

T 377 n s **Tolum** est *summitas* templi
+ Item **Tolus** dicitur, quod in medio tecto est, veluti breue scutum, in quo trabes coeunt *W*
+ a »tollo, -lis« *I*
-- est rotunditas cuiuslibet r*ei* uel summitas templi *Kh2*

S *Stichwort verderbt Ma3* summitas *S4*] famitas *Ma1*
M sonitas *M19*
Sb3 n t Tolon
W *Zusatz fehlt Sg1*
I m s Tolus
Kh2 m s Tolus uel -lum rei *Lü1*] regi

T 377.1 n s **Tomaculum** ingewede *P*

P -- eyn weyde *B10*

T 377.2 co p **Tomita** aliquis diuisus a sua terra *P*
+ uel terra ab alia remota uel diuisa *Kh2*

P-E a] de *alle Hss. (auch R1)*

T 377.3 f p **Tola** est illud, quod teritur in fau*c*ibus *Kh2*

Kh2 faucibus *Lü1*] fauctibus

T 377.4 m s **Tomus** .i. cartula involuta, in qua scribuntur ea, que ad finem pertinent uel tractus alicuius uel discreta diuisio *Kh2*

Kh2 *vgl. 283*

T 378 n p **Tonare** ⌜dunnern / lawten *K Kh2*
-- don lautten uel helen *Sb3*
-- ⌜tőnen *P7 M25* / dunrren *E2* *P-E*
Wa. fehlt I

S *Wa. fehlt Ks2*
M tőnen *M19*
W + uel tőnen *Sg1*
P + ader luden *Br1*
P-E Tumare *E2*

T 379 a t uel s **Tondere** .i. abradicare, *abschern, et est 2ᵉ uel 3ᵉ coniugacionis. Wersus*: Tondere dic hominum, sed dic tondere bidentum
+ Crinis uel barba tondetur, tonditur herba, quando per capras, per oues depascitur illa *(Grec. Nov. 38ᵛ)* *W*
-- abschern. Sed **Tundere** significat eradicare. Wersus *(Cath. Tondeo; Grec. Vet. xix 90)*: Tondemus barbas, sed tundimus crines et herbas *Sb3*
-- lawten oder abschern. Wersus: Tondere dic hominem, sed dic tondere bidentem *K*
-- *.i. abradicare* *P-E*
Wa. fehlt I Kh2 Br1

S abschern *bis* Wersus *S4*] *fehlt Ma1* bidentum] bidendum *S4*, videntum *Ma3*
M .i. abradicare *fehlt M19* et est 2ᵉ uel 3ᵉ coniugacionis *fehlt M19*
W *Wa.*] a t Tondere abscheren uel abmåyen. *(neuer Wa.:)* a s Tondere idem. Tondere dic hominem, sed dic tondere bidentum. Vnde Nouus Grecista *(folgt Zusatz) Sg1*
K -- lauten oder scheren *K4*
P abschern *fehlt R1 Wo4 B10* *Vers fehlt R1*
P-E *Wa. P7*] *fehlt E2*

T 380 n p **Tonitruare** dunnern
Wa. fehlt I

S Tontruare *S4*
P-E *Wa. fehlt E2*

T 381 m s **Tonitrus** ⌜donner / dorenschlag *Sb3*
Wa. fehlt I

S Tonitrus] + -tru, -truum *Ma1*, Tonitruus *Ma3* -- idem *(nach 380) Ks2*
M *Wa. fehlt M19* Tonitruus *X*
W Tonitruus dunnern *Bs9* + *(neuer Wa.:)* m q Tonitrus idem *Sg1*
K *Wa. fehlt K4* m q Tonitruus
P m q Tonitruus *Ma4* donrer *Wo4*
P-E donarn *M25*

T 382 *n s* ***Tonitruum*** *donner*
Wa. fehlt Sb3 I Kh2 Br1

S *Wa. S4*] *fehlt (enthalten in 381) Ma1* *Sigle Ma3*] m q *S4*
M Tonitrium *Ma6*
K -- idem *(nach 383) K4*

T 383 *m q* ***Tonitru*** *donner*
Wa. fehlt I Kh2 Br1

S *Wa. S4*] *fehlt (enthalten in 381) Ma1*
W tunnern *Bs9*
K *Wa. fehlt Hl1* *Sigle*] n q indeclinabile -- idem *(nach 380) K4*
P Tonitu *Wo4*
P-E *Wa. fehlt P7*

T 384 f p **Tonna** ein donne uel vas
+ uel villa *Sb3*
Wa. fehlt I

S *Wa. fehlt B9* uel vas *fehlt S4 Ks2*
M *Wa. fehlt M19*
K -- thün *(*than *Hl1)* oder wasser *alle Hss.*
P-E -- est quoddam, ain don *E2* ein donne uel *fehlt M25*

T 385 m t **Tonsor** ein scherer
Wa. fehlt I

S *Wa. fehlt B9* duchscherrer *S4*

T 386 f p **Tonsura** ein blatte
Wa. fehlt I

S *Wa. fehlt B9*
P-E -- ain plat, sacerdotis

T 386.1 f p **Tonsterna** eyn hus, dar me de schope ynne schert *Kh2*

T 387 m s **Tonus** ein don uel lut
-- ein lautt uel laut ton *Sb3*
-- lawtt *K*
-- .i. sonus *P-E*
Wa. fehlt I

S *Wa. fehlt B9*
M ein don uel *fehlt Ma6* uel lut *fehlt M19*
W uel lut *fehlt S1 Sg1*
P -- lute done *Ma4*

T 388 m s **Topasius** est gemma quedam
+ uel lapis, cuius color ex auro et ether*ea* claritate componitur et, cum splendore solis tangitur, omnium gemmarum claritatem superabit; in aspectum suum prouocat aspicientes *W*
-- uel **-sion** est gemma nobilis, in qua omnium lapidum nitent colores *Kh2 Br1*
Wa. fehlt I

S *Wa. fehlt B9*
W etherea *Bs9*] ethera *S1 Sg1*
P-E Topauius *E2* gemme *E2*
Kh2 *Sigle*] m s uel ind

T 389 n s **Topadium** est gemma quedam
+ uel lapis *Kh2*
Wa. fehlt I

S *Wa. fehlt B9*
M Topasium *Ma6*
W *Wa. fehlt S1*

T 389.1 **Ton** dicitur altitudo uel totum *I*

T 390 f p **Toparchia** est locus principatus
-- est principatus loci *W*

S *Wa. fehlt B9* Topharchia *Ma3*
M Toprachia *M19* *Int. fehlt (Zeilensprung, vgl. 391) M19*

T 391 co p **Toparcha** est princeps °loci °*(Sb3)*
-- uel **-us** est princeps super aliquem locum *I*

S *Wa. fehlt B9*
M *Stichwort fehlt (Zeilensprung, vgl. 390) M19*
W Topaparcha *S1*
I *Sigle fehlt*
P *Wa. fehlt Ma4 R1*
Kh2 loci] alicuius loci

T 392 m in **Topasion** est gemma nobilis
Wa. fehlt I
Wa. fehlt (enthalten in 388) Kh2 Br1

S *Wa. fehlt B9*
Sb3 m in Topasion] Topasius
P-E Toposion *E2*

T 392.1 m s **Topus** est locus circa Ierusalem *Kh2 Br1*

Kh2 *vgl. 393*

T 393 m in **Tophet** est locus ⌜circa / secus *Sb3* Ierusalem
-- lata et spaciosa via, gehenna pauoris interpretatur. Etiam est locus circa Ierusalem *I*
-- est locus iuxta Ierusalem *K*
-- idem *(nach 392.1)* *Kh2 Br1*

S Topet *Ma3*
I *Sigle fehlt*
Kh2 Topet

T 393.1 m s **Tophus** dugstain, lapis porosus, et dicitur a »*taphos*« *uel* »tophos« grece, quod est lapis latine. Inde **Epitaphium**, scriptura breuis / + sepulcro alicuius hominis superscripta *Y* ad laudes et modos vite presentis breuiter ostendendos *W*
-- a »tondeo« dicitur lapis asper et cauernosus, quia ambulantes super se tondet *I*
-- *est lapis* leuis et mollis plenus °paruis °*(Kh2)* foraminibus *P*

vgl. E 198.1
W dufftstein *Bs9 Me1* lapis porosus *bis* Inde *fehlt Sg1* »taphos« uel *Bs9*] *fehlt S1* ad laudes *bis* ostendendos *fehlt Sg1*
P est lapis *Wo1*] *fehlt Ma4* paruis] paruoris *Wo4*
P-E plenus paruis] paruus *E2*
Kh2 lapis] locus

T 394 m s **Topicus** est liber quidam Aristotilis

S *Wa. fehlt B9*
W Aristotolis *Sg1*
K Aristotolis *K4*

T 395 f p **Topographia** est descripcio loci

S n s Topographa *Ma3* discripcio *S4*, descriptor *B9*
P-E descripcio *verderbt E2*

T 396 *m s* ***Topographus** est descriptor loci*
Wa. fehlt S-Y Sb3

S *Wa. Ks2*] *fehlt Ma1* Toagraphus *S4*
W *Wa. fehlt Sg1* -- est idem *(nach 395) Bs9 Me5* scriptor *S1*
K *Wa. fehlt W13 K4*
P-E desubtor *E2*

T 397 h in ***Thorath*** ebraice, lex latine
-- Hebrei, Latini legem appellant; .i. quinque libri Moysi. Vnde dicit Ieronimus in Prologo Regum: hij sunt quinque libri Moysi, quos proprie Thorat .i. legem appellat. Et in Interpretacionibus dicitur Thorat lex uel penthateucum *I*

S *Wa. fehlt Ma3* Thorath *S4*] Toracha *Ma1*
Sb3 Thoroth
W Teraph *S1*, Toroth *Sg1*
I *Sigle fehlt*
K *Wa. fehlt K4*

T 397.1 **Thoralia** uel **Linteamina** lin lachen *W*

W *vgl. L 325* uel Linteamina *fehlt Sg1*

T 397.2 n t **Thoral** est lint*ea*men quoddam / + eyn vorhank *Kh2 Br1* *P*

P *vgl. 284* linteamen *Wo1*] lintegamen *Ma4*, lintigamen *R1*

T 398 f t **Torcio** °.i. °torsio °*(Ma3 B9 P)*, *phynunge*
-- .i. torsio, pinigunge *I Sb3*
-- peinnigung *K*

vgl. 422.2
S *Wa.*] f t Tocio .i. torse, pynnigen *S4* phynunge *Ks2*] pynegunge *Ma1*, pineghen *Ma3*
M .i. torsio *fehlt Ma6 M19* pinegunge *Ks1 M19*
Sb3 torsio] dorsio
W pingung *Sg1*
P -- pyne .i. torsio *Wo4* pinigen *B10* + a »torseo« *Ma4* + .i. tusio *R1*
P pingung *P7*

T 398.1 *f p* **Tormentilla** fig wartz *W*

W *Sigle Sg1*] Item *(Wa. nach 398) S1*

T 399 n t **Torcular** *eyn* ⌜*wyn perse* / keltern uel ein presse *S-X*
-- eyn kelter *M P-E R1*
-- ein preß *Sb3*
-- ain kålter uel torggel *W*

-- a »torqueo, -ques« dicitur, eyn kelter *I*

S eyn wyn perse *zit. nach Ma3* uel ein presse *fehlt S4 Ks2*
M *Wa. fehlt D1* eyn press *M19*
W -- ain torgel *Sg1 M12 Me5* -- kalter *Bs9 Me1*
K -- press *K4*
P-E -- ain torgel *P7*

T 399.1 m t **Torgor** est calor *P*

Kh2 color

T 400 m s **Torcus** ein torg, et sunt speciales homines
-- eyn dorck / + et est aliquis de tali terra *Kh2* *P*
Wa. fehlt P-E

S sunt speciales homines] est speciale ydeoma *Ma3*, sunt quidam homines *B9* specialis hominis *S4*
W speciales] sensibiles *S1*

T 401 a p **Tormentare** queln uel pingen
-- peynigen *Sb3 K P-E*

M queln uel *fehlt M19*
W queln uel *fehlt S1 Sg1*
K peinigung *K4*
P -- pinen *Ma4* queln uel *fehlt B10*

T 402 n s **Tormentum** pinunge
-- peynnigung *K*
-- eyn pyne *Kh2 Br1*
Wa. fehlt Sb3

M -- pyn uel quale *D1* pinegunge *Ks1 M19*
W pingung *S1 Sg1*
K *Wa. fehlt K4*
P *Wa. fehlt Wo4*
P-E pingung *P7*

T 403 co t **Tornabilis** ⌜schibelecht uel drelich / senewalt, dregelick *Ma3 B9 P*
-- scheiblig *Sb3*
-- schibelecht uel drißlicht *I*
-- drewleich oder ⌜schewbelig *X / rotundus Y* *K*
-- ⌜schibleht *E2 M25* / dragelich *P7* *P-E*

S scheyblech *N1*
M -- drebelich *Ma6* -- scheiblot *M19* dreelicht *D1*
W uel drelich] *fehlt Sg1*, trilecht *S1*, tretlich *Me1* + abilis ad tornandum *S1*
K torleych *K9* rotundus *K9*] *fehlt K4*
P senewalt] runt *R1* dregelick *fehlt Wo1*
P-E scheibbot *M25*
Kh2 deghelyk

T 404 n p **Tornare** drewen uel tornyrn
-- dråen *K*

S drewen] dreßeln *S4 B5* tornen *Ma3*
M uel tornyrn *fehlt M19* torneyen *Ks1*
W + Inde Tornator trechsler *(vgl. 407) Me1*
P n p Tornari *Ma4* drewen] .i. portare *Br1*
P-E drewen uel *fehlt M25*

T 405 f p **Tornatura** eyn tornyrunge
+ ein treng *Sb3*
-- ⌜eyn torneyunge *Ks1* / eyn tornirung *D1* *M*
-- ein tornerye *I*
-- dråung *K*
Wa. fehlt P-E

S tornerer *S4*, tornerye *Ks2 B5*, tornyern *N1*
M *Wa. fehlt M19* eyn tonerie *Ma6*, tornerij *Ma2 Dr1*
W *Wa. fehlt M12* -- est tornarius *Me5* tornerey *Bs9 Me1* + ain drågung *S1*
K dranger *Hl1*
P *Wa. fehlt Ma4* tornynge *R1*

T 406 m s **Tornarius** .i. tina, °ein °zober °*(P-E R1)*

S waßerczobber *S4*
Sb3 tinia
W *Wa. fehlt S1* .i. tina *fehlt Sg1*
K .i. tina *fehlt K4*
P -- eyn tornirer *B10*
P-E tena *R1*
Kh2 Tonarius

T 406.1 n t **Toreuma** eyn vorsten bedde *Kh2*

Kh2 *vgl. 287.1, 413.1*

T 407 m t **Tornator** ein drewer °uel °dresseler °*(S-Y P Sb3)*
-- *trechßler* *W I*
-- dråchsel *K*

S ein drewer uel *fehlt S4 Ks2 B5*
M ein drewer uel *fehlt Ks1 D1* uel dresseler *fehlt Ma6 M19*
W *vgl. 404* trechßler *Me1*] tråger *S1*, dråchsel *Sg1* + vel tornirer *Me1*
I *Sigle fehlt*
K drechseler *K9*
P drescheler *R1*
P-E ain trächsel *M25*

T 408 n s **Tornamentum** ein torney
-- ein tornament *Sb3*
-- ⌜tornirung *Me1* / durnery *Bs9* *W*
Wa. fehlt P-E

S Tormentum *S4* tornery *S4 Ks2*, torneriger *B5*, eyn tonerig *Ma3*
M *Wa. fehlt M19* tornire *D1*, tornirn *Dr1*
W *Wa. fehlt S1 Sg1 M12* tornorig *Me5*
I n s Tornamentum] Tormentum
K Tormentum *K4*
P *Wa. fehlt B10 Br1* Tormentum *R1* tornering *Ma4*, torneg *Wo1*

T 409 co t **Tornatilis** .i. abilis ad tornandum

M -- est amabilis tornare *M19*
W abilis] aptum *Sg1*
K Tornatibilis
P + uel dregelik *B10*
P-E *Int. fehlt (Zeilensprung, vgl. 410) E2*

T 409.1 m s **Tornus** idem *(nach 409)* *K*

T 410 *f t* **Tornalis** est instrumentum tornandi
+ scilicet quo uasa tornantur *W*
-- .i. torno aptus *K*

S *Sigle Ks2*] m s *Ma1*
K *Wa. fehlt K4* co t
P-E *Stichwort fehlt (Zeilensprung, vgl. 409) E2*

T 411 m s **Tornus** est instrumentum tornandi
-- idem *(nach 410)* *W*
-- instrumentum, cum quo vasa tornantur *I K*

K cum *fehlt W13*

T 411.1 m t **Torax** dicitur anterior pars crucis uel corporis vsque ad stomachum. Eciam dicitur lorica pectoralis, ut toracem pectoris protegat *K*

K *vgl. 286, 286.1* -- platten *K4*

T 411.2 m t **Tortis** dicitur lignum adustum *K*

T 412 m s **Torosus** .i. superbus
+ pinguis. Inde **Torositas** *I*
Wa. fehlt K

M + Inde Torositas *M19*
P + uel pigwis *Wo4*

T 413 f t **Torositas** .i. superbia
Wa. fehlt (vgl. 412) I
Wa. fehlt K

M *Wa. fehlt (vgl. 412) M19*

T 413.1 **Tor*ema*** getrågtes werk, scilicet omne illud, quod de lignis tornatis et rotundatis paratu*r*, siue sit sponda siue vas. *Sed apropriate ponitur pro sponda principis* *W*

W *vgl. 287.1, 406.1* Torema *Sg1*] Torenona *S1* paratur *Sg1*] paratum *S1* Sed *bis* principis *Sg1*] *fehlt S1* apropriate *Bs9*] approprietate *Sg1*

T 414 n s **Torpere** .i. pigritari
-- .i. languere, pigrere, deficere et stupere *I*

S + trach syn *B9*
P + trach sin *B10*
P-E n t *(auch R1)*

T 415 n t **Torpescere** ⌜idem *(nach 414)* / tragen *Ma4 R1 Wo4 (P)*

I *Sigle fehlt*

T 416 m t **Torpor** *dregekeit*
Wa. fehlt Sb3

S dregekeit *S4*] dorheit *Ma1*
W -- .i. tråger *Sg1*
P -- .i. pigricia *Ma4* trachacheyt *Wo4*

T 417 a s **Torquere** pressen, pingen uel quelen
-- pressen aut peynigen *Sb3 W-X P-E R1 Kh2*
-- peynnigen *K*

S quelen] quicken *S4*
M uel quelen *fehlt Ma6 M19*
P pressen *fehlt Wo4* uel quelen *fehlt Wo1*
P-E *Int. fehlt (Zeilensprung, vgl. 418) E2*

T 418 f t **Torques** ein hals gurtel, et est ornamentum colli, °brachij °et °auris °*(Sb3)*
-- huius torquis, .i. ligamen uel aureus circulus circa collum, a collo usque ad pectus dependens *I*
-- est ornamentum colli uel auris *K*
-- ain halsgurdel *R1 P-E*
-- eyn halsbant *Kh2 Br1*
Wa. fehlt (vgl. 418.1) W-X

S hals gurtel] gortel *S4*
M -- ein hals pant *M19*
P hals bant *Ma4 Wo1*, halsader *B10* ornamentum] instrumentum *Ma4*
P-E *Stichwort fehlt (Zeilensprung, vgl. 417) E2* has gurtel *E2*

T 418.1 f t **Torques** sunt circuli aurei a collo usque ad pectus descendentes. Et dicitur hic Torques et hec Torques. *Torques hals búg, circuli aurei a collo pendentes usque ad pedes. Torques autem et pulle a viris geruntur, a feminis vero monilia et catelle. Dicuntur autem torques, quod sint torte, et pulle, quod similis hijs sunt, que in aqua vento inflantur* *W*

W Torques hals búg *bis* inflantur *Sg1*] *fehlt S1* pulle *(1,2) für* bulle quod sint torte *Bs9*] *fehlt Sg1*

T 419 m t **Torrens** .i. aqua pluuialis
\+ ⌜ruschen*de* / ruske *Kh2* water *P (außer P-E)*
-- est aqua °fluuialis °*(I)* veniens cum impetu *W I*

S Toris *Ma3* + sne waßer *S4*
I m s
P *Wa. fehlt Wo1* ruschende *Wo4*] ruschen *Ma4*
P-E pluuialis *verderbt E2*

T 420 a s **Torrere** dorren, vertere, wluere uel ardere
\+ vrere, as*sa*re, siccare. °Inde °**Torris**, °wulgariter °brand °*(Y)* *W*
-- fliessen, vertere uel ardere *Sb3*
-- .i. ardere, siccare, vertere uel voluere *I*
-- walgen *K*

S -- dorren, droghen *B9* dorren] dur werden *B5*, drowen *Ma3*, dorrern *N1* wluere *für* volvere
M wluere] soluere *M19*
W *vgl. 422.1* assare *Sg1*] asuere *S1*
P dorren] drogen *Br1* vertere] licere *Wo4* uel ardere *fehlt R1*

T 421 m s **Torridus** *gedrockent* uel dorre

-- fliessig uel gedruckht *Sb3*
-- .i. velox uel t*o*stus, proprie drocken *I*
-- dů̊rrig *K*
-- gedroget uel ⌜d*u*rre *X* / ghedorret *Y* *P*

S gedrockent *S4*] drucken *Ma1*
M getruken *M19*
W gedrockent] *fehlt S1*, gedrucken *Bs9*, detrucket *Me1*
I tostus *I2*] tustus
K *Wa. fehlt Hl1*
P -- droge uel dorrich *B10* gedroget uel *fehlt Wo4* durre *R1*] derre *Ma4*, *fehlt Wo1*

T 422 m t **Torris** ein dorrebrant
+ uel schurstange *I*
-- ein durre uel flus *Sb3*

vgl. 420, 422.1
S durnbrant *N1*
W *Wa. fehlt (vgl. 420) S1* dürrerbrand *Sg1*
K dů̊rrer prannt *W13*
P droge brant *B10*

T 422.1 ***Torris** uel **Ticio** brand* *W-Y*

W *vgl. 420, 422* *Wa. Bs9*] f t Tocio brand *Sg1*

T 422.2 f t **Torsio** *pininghe* *P*

P *vgl. 398* Torsio] + .i. torccio *Ma4*, .i. tarcio *R1* pininghe *Wo1*] pingen *Ma4*

T 423 m t **Torsor** ein piniger
-- .i. tortor, piniger *I*

vgl. 434.2
S Torsur *S4*
M Tortor *Ma6*
W Tortor *S1*
K *Wa. fehlt Hl1* Tortor *W13*
P Tortor *Ma4*
P-E *Wa. fehlt E2 M25*
Kh2 Tortor

T 424 *f p* **Torta** ein kuche
+ uel ein czelten *Sb3*
+ oder vorprat *K*
-- °est °panis, °wulgariter °zelt °*(Y)*, *ain kůch*; secundum Magistrum in Hystoria *(Hist. PL 198, 1201 A)* est idem quod collirida *W*

S *Sigle S4*] m t *Ma1*
M + czelten *M19*
W ain kůch *Sg1*] *fehlt S1*
I *Sigle fehlt*
P-E koch *E2* + oder zelt *P7*

T 425 m s **Tortellus** eyn kucheler
+ uel parua torta *I*
-- ein chuechlein uel zeltlein *Sb3*
-- ain kůchli *W*
-- ⌜chůechlein *X* / diminutiuum *Y* *K*

-- est paruus to*r*tus *P-E*
-- eyn koken becker *Kh2 Br1*

S kuchener *S4 Ma3 N1*
M kuch *Ks1*, küchlein *D1*
K + paruua torta *W13*
P kokener *Ma4*
P-E tortus *P7*] totus *E2*

T 426 co t **Tortilis**
-- ⌜knorecht / knorrechtig *S4 B9* uel krump uel kruß. Inde **Tortilitas** *S*
-- ⌜knorrichtig uel krump *X* / knorrat, krump *uel cruzlicht Y*. Inde **-itas** *M*
-- knůrret uel krum. Inde **Tortilitas** *W Sb3*
-- knorczicht uel krumpe. °Inde °**Tortilitas** °*(W-Y)* *I*
-- knorrig oder krawz *K*
-- knorrechtig uel krum uel krus. Inde **Tortilitas** *P*
-- knoderoht uel krucz *P-E*
-- knorre astych, krum uel crus *Kh2*

S knorecht uel *fehlt Ma3* dorrechtig *B5* uel kruß] *fehlt Ks2*, uel tump *B5* Inde Tortilitas *fehlt B9*
M krump] + uel krus *Ma6* uel cruzlicht *D1*] *fehlt M19*
Sb3 Inde Tortilitas] Torritas *(?)*
W *vgl. 426.1* + knorczellikeit *Me1*
K knorrig oder *fehlt Hl1*
P -- gnorrechtech *Wo1* knorrechtig] knorrich *B10*, torechtich *Br1* uel krum] *fehlt R1*, brum *(!) B10*
P-E -- knodrig *M25* knoderloht *P7*

T 426.1 *f t* ***Tortilitas** kriczelecht* *W-Y*

W *Wa. Bs9*] f t Torrilitas krúmmi uel kuselocht *Sg1*

T 426.2 f t **Tortines** ornamentum colli *P*

Kh2 n t Tortile *(auch Br1)*

T 427 n s **Torticium** ein⌜gewonden kercz / wnden kerse *Ma3 B9 P (außer P-E R1)*
-- wandelkerczn *K*

S Tortecium *S4*, Torsium *Ma3*
M *Wa. fehlt M19* gebunden *Ks1*, bewonden *D1*
W Torcium *Sg1*
P gewunden *Br1*

T 428 o t **Tortipes** krumpfuß

S Tortifex *Ma3*
Kh2 -- eyn krum bar

T 428.1 f p **Tortuca** schilt⌜padde / krott *P-E R1* *P*

T 429 m s **Tortuosus** ⌜hockerecht / hockerechtich *Ma3 B9 P*
-- hochkorig *K*
-- est plenus curuitate *P-E*
-- schef uel ghewunden *Kh2*

M hogerechtig *Ma6*, hoffrat *M19* + knorecht *D1*
W -- hackenwuch uel hofracht *S1* -- hofrat *Sg1*
K hockerat *Hl1*
P hokelechtig *Ma4*, hokerich *B10*

T 430 *f t* **Tortuositas** .i. curuitas

S *Sigle S4*] *fehlt Ma1*

T 430.1 d p **Tortuari** pinigen *P-E*

T 431 f p **Tortura** pingunge, ^{O}quelunge ^{O}*(Sb3 K)*
-- quelynghe *Kh2 Br1*
Wa. fehlt P-E

S pingunge] *fehlt B9*, pininghe *Ma3* quelunge *fehlt B5*
M -- pinunge *Ma6* peynung *D1* quelunge *fehlt M19*
W peynung *Me1 Bs9* quelunge *fehlt S1*
I Tortuna
P -- pynynge *R1 B10* pinunge *Ma4*

T 432 *m s* ***Tortus**, -ti gewonden*, ^{O}*sicud* ^{O}*candele* ^{O}*(Ma3 B9 P K)*
-- torti gewunten als ein chercz *Sb3*

S *Wa. S4*] *fehlt Ma1 B5* ghewndet *Ma3*
M gebunden *Ma6*, bewonden *D1*
K m q Tortus + gepünden *Hl1*
P-E *Wa. fehlt E2 M25*

T 433 *m q* ***Tortus**, -tus, -tui pinunge*
+ Item **Tortis** est intestinorum affliccio, wulgariter ⌜grimmung *X* / grimm *Y* *W*
-- peynigung *Sb3*
-- -tus, -tui quelunge *I*
Wa. fehlt K Kh2

S *Wa. S4*] *fehlt Ma1 B5* -tus *Ma3*] *fehlt X* pynige *Ks2*, pineghen *Ma3*
M -- idem *(nach 431) M19* -tus *fehlt Y* pinegunge *Ks1*
W -tus *fehlt Y* pingung *S1 Sg1* Item *fehlt Y* grimmen *Bs9*
P *Wa. fehlt Ma4* -tus *fehlt R1 Wo4*
P-E -- gebigot *P7* -- idem *(nach 430.1) M25* -tus *fehlt E2*

T 434 m s **Toruus** grymmig uel curuus
-- ein krancher uel curuus *Sb3 W*
-- .i. crudelis, terribilis, grimmicht *I*
-- grymig *K Kh2*
-- ⌜grumlich *E2* / gråwleich *M25* uel curuus *P-E*

S *Wa.*] m s Toruuus crum, crummech *Ma3*
M -- .i. curuuus *M19* grymmig] eyn kronig *D1*, ein tranch *(!) Dr1*
Sb3 Tornuus
W kranichs *Sg1* coruus *S1*
K Tortuus geymmig *(?) Hl1*
P-E *Wa. fehlt P7*

T 434.1 *m s* **Toruus**, -a, -um .i. crudelis uel terribile*m* wltu*m* habens *W*

W *Sigle Sg1*] *fehlt S1* terribilem wltum *Sg1*] terribile wltus *S1*

T 434.2 *m t* ***Tortor*** *peyniger* *K*

K *vgl. 423* *Wa. K4*] *fehlt W13* + oder haber, oder ainer, der dy pild an dy sůn hecht *Hl1* + oder haber *M37*

T 435 o in **Tot** also viel
Wa. fehlt K

S Tod *Ma3* -- also *S4*
M *Wa. fehlt M19*

T 436 m s **Totus** als mancher
+ *uel gancz* *M-X*
-- gancz *K Kh2 Br1*
Wa. fehlt I P-E

S -- also mennich *Ma3* + algar *B9*
M *Wa. fehlt M19* -- al also mancher *Ma6* uel gancz *Ks1*] *fehlt Ma6*
W + uel integrus *S1*
K *Wa. fehlt K4*
P -- alczomal *R1* -- ganß gar *Wo4* + algar *Ma4* + ghantzs *Wo1*

T 437 co t **Totalis** alczumal, ⌜genczlich / ganz *Sb3*
-- genczlich *I Kh2 Br1*
-- ⌜gentzlich *E2* / gar *P7 M25* *P-E*

M *Wa. fehlt M19*
Sb3 als zu mal
W alczumal] also *S1*
I *Sigle*] Inde *(Wa. nach 435)*
K genczlich *fehlt K4*
P genczlich] *fehlt R1*, gancen *B10*

T 438 p pr **Tostus** ⌜gedorret / *gedert M-Y W I*, a »torrere«
-- gedert *Sb3*
-- ⌜gederet *E2* / getůret *P7* *P-E*
-- ghedorre *Kh2*
Wa. fehlt K

S *Wa. fehlt Ma3* a »torrere« *fehlt B9*
M *Int. D1*] gedret *M19*
W gedert] dorret *S1* a »torrere« *fehlt Sg1* + uel ain terr *Sg1*
P -- gebůrt *M25*

T 438.1 n s **Tostrinum** °eyn °darre °*(W-Y)*, est locus, vbi brasium exsiccatur *M W Ks2 (S)*
-- est locus, vbi brasium siccatur *Sb3*
-- ein derre, et est locus, ubi brasium, proprie malcz, exsiccatur *I*

S prasium *Ks2*
M est locus *fehlt M19*
Sb3 Tostinum
W Tostrinium *Sg1*

T 439 o in **Totidem** also viel, et est tantum pluralis numeri
-- also, *pluralis numeri tantum* *K*
-- alzo vele *Kh2*

S also] alczü *S4*

K pluralis numeri tantum *Hl1*] *fehlt W13 Y*
P also viel] sovil *Ma4*

T 440 m s **Totidus** also mancher, .i. totus
-- also manigfalt *I*
-- also maniger *K*
Wa. fehlt Kh2 Br1

S -- also mengerleye *B9*
M also mancher *fehlt M19*
P so maniger *Ma4*
P-E *Wa. fehlt P7*

T 441 o t **Totiplex** also manigfeldig
-- als manikleich *Sb3*
-- alzo mennych volt *Kh2 Br1*
Totuplex, **Totiplex**, **Totiple** aduerbia, **Totiplus**; omnes in eodem sensu: alsomanigfeldig *I*

S *Wa. fehlt B5*
P also mennechvolt *Wo1* so mannich voldich *B10*
P-E Totifex *E2*

T 442 *adv* **Totiple** idem *(nach 441)*
Wa. fehlt (enthalten in 441) I
Wa. fehlt Kh2 Br1

S *Wa. fehlt B5* *Sigle S4*] ind *Ma1*
M Totile *M19*
W *Wa. fehlt S1*
K *Wa. fehlt K9*

T 443 *m s* ***Totiplus** also mannikvald*
-- als manigveltig *K*
Wa. fehlt (enthalten in 441) I
Wa. fehlt Kh2 Br1

S *Wa. Ks2*] *fehlt Ma1* -- idem *(nach 442) S4*
M Tortiplus *M19* -- als manch faldich *Ma6* -- also man *Ks1* also mangfalt *Ma2*
W *Wa. fehlt S1*
K *Wa. fehlt K9*
P also mannich foldich *B10*
P-E *Stichwort verderbt E2* also manig valtig *M25*

T 443.1 d p **Toxicari** vergeben *M25 (P-E)*

T 444 m t **Toxicator** ein vergeber, °*scilicet* °*cum* °*veneno* °*(B9 P)*
-- ein vergeber mit gifft *K*

S vorgeberer *Ks2* scilicet cum veneno *S4*] *fehlt Ma1*
M scilicet cum veneno *fehlt M19*
W -- ein vergifft geber *Me1*
K vngeber *K4*
P + uel eyn worger *B10*
P-E *Wa. fehlt M25*

T 444.1 *f t* ***Toxicatrix** eyn* ⌜*vorgeuersche* / vergeberin *P-E* *P*

P *Wa. Wo1*] *fehlt Ma4* -- idem *(nach 444) Wo4* worgerssche *B10*, vorgeuerynne *Br1*
P-E *Wa. fehlt M25*

T 445 f t **Toxicacio** vergebunge °cum °veneno °*(W I P)*
Wa. fehlt Sb3 K

S cum veneno] myt vorgifftnisse *B9*
M Toxicatacio *Ma6*, Toxitacio *M19*
P *Wa. fehlt Ma4* -- worginge *B10*
P-E *Wa. fehlt M25*

T 446 a p **Toxicare** vergeben °cum °veneno °*(Ma3 B9 P I)*
Wa. fehlt Sb3 K

W -- est cum veneno dare, vergeben *Sg1* cum veneno] mit vergifft *Me1*
I *Sigle fehlt*
P worgen *B10* + uel vorgiftigen *Ma4*
P-E Toxcare *E2*

T 447 n s **Toxicum** vergifft
+ .i. venenum *I*

M *Wa.*] Toxicum .i. venenum *M19*
W Toxicium *S1*
P-E vorgeist *(!) M25*

T 447.1 m s **Toxus** animal quoddam, °quod °dicitur °*d*as °*(Kh2 Br1)* *P*
-- animal quoddam, et est idem quod melos, de cuius pelle fuerint *vestes* religiosorum *P-E*

P quod dicitur das *fehlt B10* das *emend.*] clas *(!) alle Hss.*
P-E vestes *P7*] relique *E2*

T 448 n t **Trabale** ein schemel, uel est lignum positum super axem in curru, °ein °runge °*(Sb3 W P-E)*
-- [...] in curru, ein ringstock *I*
-- schamel, *lignum positum super axem*, ader kippfstül *K*
-- eyn schemel uel eyn runghen *Kh2 Br1*

S Trabrale *S4* ein runge *fehlt B5*
M *Wa.*] n t Trabab *(!)* langwid schemel *M19* + uel eyn lunß *D1 Ma2*, uel lüß *Dr1*
Sb3 Trogale supra curro
W schemen *Bs9* positum] boum *S1* + ein rinck uel lewchs *Me1* + rug oder lin *M12*
I axim
K -- cziph stuel *K4* schamel *fehlt Hl1* *lat. Int. K9*] *fehlt W13*
P ringe *Ma4*
P-E axiem *E2*

T 449 *f p* **Trabaria** est nauis longa et stricta
+ que ex vno trabe cau*a*tur *W-X*
-- est nauis longa *K*

S *Sigle S4*] *fehlt Ma1*
M et stricta *fehlt M19*
W *Wa. fehlt Sg1* Traba *S1* cauatur *Me1*] cauantur *S1*
P stricta *verderbt Ma4*

T 450 *f p* ***Trabea*** est vestis, ein *boldeken* uel gebildet duch *uel gemalet tuch*
-- est vestis, ein gemalt tuch *Sb3 K*

-- est vestis quedam, baldeck uel ain gebildet tůch uel ge*malet*, uel est vestis preciosa regie competens honestati *W*
-- est vestis preciosa conueniens regi uel imperatori *I*
-- est vestis, ain gebilde*t* tůch *P-E*
-- eyn boldik vel vestis nobilium *Kh2*

vgl. C 410
S f p Trabea *S4*] f f *(!)* Trabes *Ma1* ein boldeken uel *fehlt S4 Ks2 B5 N1* boldeken *Ma3*] buldercken *Ma1*, balde *B9* gebildet] gebilden *B5*, geuoldet *Ma3*, belde *B9* uel gemalet tuch *B5*] *fehlt Ma1 S4*, eyn gemacht tuch *Ks2*, uel ghemaket *Ma3*, eyn malt dok *B9*, ein mal tuch *N1* + wüllein deck *N1*
M -- ein gepildet tůch *M19* ein boldeken uel *fehlt Ma6 D1* gemalet tuch] gemalt *Dr1* + uel ein balck *(vgl. 451) D1*
W ain gebildet tůch uel gemalet, uel] ain gemalet tůch *Sg1* gemalet *Bs9*] genaglet *S1* regie] rei *Y* competentis *Sg1*
K est vestis *fehlt W13 Y*
P -- est vestis, bedekin *R1* gebildet] geveldet *Ma4 Br1*, belde *Wo1*, beldet *B10* uel gemalet tuch] *fehlt Wo4 Br1*, uel eyn gemalt *Ma4*, uel malt dock *Wo1*, uel malet *B10*, + .i. ciclas *Ma4 Wo4*
P-E gebildet *P7*] gebilde *E2*

T 451 f t **Trabs** ein balke
+ tråm *W K*
+ a »traho« dicitur *I*
-- ein vackh *Sb3*
-- ain trom *P-E*

S f p Traba *Ma3*
M *Wa. fehlt (vgl. 450) D1*
W balke] bank *Sg1*
K balke] palig *Hl1*
P f p Trabas *Wo4*
Kh2 Traps

T 451.1 **Trabeatus** .i. vltra alios beatus. Et dicitur a »trans« et »beatus« *I*

T 451.2 co t **Tractabilis** dicitur °dulcis, °simplex °*(Y)*, benignus, placidus *K*

T 451.3 m s **Tractus** ponitur pro spacio in legenda sancti Martini martiris et pape *K*

K -- eciam dicitur spacium *K4*

T 451.4 f p **Trachia** est regio quedam *P*

T 452 m s **Trachus** est aliquis de Trachia
Wa. fehlt I

P Trachia] tali regione *Ma4*
P-E Trachus] Trach *E2 P7 (auch R1)*

T 452.1 f p **Trachie** sunt rote, per quas funes trahuntur *P*
-- sunt funes, per quas rote trahuntur *Kh2*

P Tractee *Wo4*
P-E Traclee *(auch R1)* fines *E2 P7 (auch R1)*, fures *M25*
Kh2 Traplee

T 453 m t **Traco** est locus subterraneus
-- -onis est meatus subterraneus. Vnde quidam *(»Draco«)*: Terrarum tracones, animalia dico dracones *I*

M Traccio *M19* subtraneus *(!) M19*
Sb3 Trachor
I m t Traco] Tracon

T 454 a p **Tractare** handeln
-- .i. ad libitum trahere *I*

I *Sigle fehlt*

T 455 a p **Tractulare** *raken* als daz korn *oder* ⌜*vmme wenden* / vmkern *P-E R1*
-- rechin sicut cum *feno* *Sb3*
-- rechen uel vm wenden *W*
-- vmb wenden als das korn etc. *I*
-- korn vmb wenden *K*
-- vmmewenden uel raken alze korne *Kh2*

S -- raken *(?)* also daz *(!) Ks2* -- alse dat corn keret uel wendet *Ma3* raken *B9*] rocken *Ma1 S4 B5* oder vmme wenden *B5*] *fehlt Ma1 S4 B9*, uel vmbbanenden *(!) N1*
M als daz korn *fehlt Dr1* oder vmme wenden] *fehlt M19*
Sb3 feno *emend.*] vene
W vmkeren *Sg1*
I *Sigle fehlt*
K korn] traid *K9*
P -- handeln als man dat korn vmmereckent *Ma4* raken] rechten *Wo4*
P-E -- růgen alz daz korn oben *M25* vf raken *E2*

T 455.1 m s **Tractulus** eyn *cafkrukke* *P Ma3*
Wa. fehlt Kh2 Br1

S *Wa.*] f q Tractulare eyn lote uel eyn harke *Ma3*
P cafkrukke *Wo1*] kapplote *Ma4*
P-E -- est herba quedam *alle Hss.* -- eyn kaf krud *R1*

T 455.2 n s **Tracum** ⌜herincklake / håring saft *P-E* *P*

P *Wa. fehlt B10*
P-E -- håring kůchůn *M25* + uel håring pitel *E2*

T 456 a t **Tradere** geben uel verraden
-- verraten *Sb3 K*
-- .i. prodere, dare uel transferre. Vnde *(Cath. »Trado«)*: Qui tribuit, tradit; tradit iniquus homo. Vnde hic **Traditor**, .i. proditor, ut Iudas, et Traditor, .i. dator *I*

S vorgheuen *Ma3*
M vergeben *M19*
W vergeben *Me1*
P-E -- beraten *M25* geben uel *fehlt E2*

T 457 f t **Tradicio** verretnisse
+ et dicitur doctrina *K*
-- gebunge uel verretiniße *I*
Wa. fehlt P-E

M *Wa. fehlt M19*
K *Zusatz fehlt K4*
P vorgiftnisse *B10*

T 458 m t **Traditor** ein verreter
Wa. fehlt (vgl. 456) I
Wa. fehlt K

M *Wa. fehlt M19* vorrethnar *D1*

T 458.1 f t **Tradix** winstog *P*

T 458.2 m s **Tradulus** eyn haspel *P*

T 459 a t **Traducere** uberfuren, a »trans« et »duco«
-- .i. vltra ducere. Inde **Traductus**, -ta, -tum *I*
-- v̊ber fůren, *.i. propalare* uel diffamare *K*

S -- ouervuren *B9* »duco«] + propalare, manifestare *Ma1*
Sb3 a] compositum a
W *vgl. 459.1* *Wa. fehlt S1*
K -- v̊ber fiuren *K4* .i. propalare *K9*] *fehlt W13*

T 459.1 a t **Traducere** est vltra aliqu*id* ducere uel diffamare. Vnde illud, quod legitur in natiuitate domini ad missam in ewangelio *(Mt 1,19)*: Ioseph autem vir eius, cum esset iustus et nollet eam traducere, dupliciter exponitur: .i. in domum ducere uel diffamare. Inde **Tradux**, .i. propago uel peccatum originale. Ab ipso eciam descendit **Traduccio**, .i. ultra aliquid duccio uel manifestacio. Vnde Sapiencie *(Sap 2,14)*: Factus est nobis in traduccionem cogitacionum nostrarum, glosa: .i. cogitaciones nostras producit in lucem. Item Traduccio ponitur pro morte. Et nota: licet quandoque inveniatur scriptum »transduccio« uel »transduco«, tamen sine -n- et -s- proferendum est; sic similiter de hoc verbo »dirumpo, dirupisti«, quod eciam sine -s- proferendum est *W*

W *vgl. 459* aliquid *Sg1*] aliquem *S1* Tradux] + eciam *S1* Item] Inde *Sg1* nota *fehlt Sg1*

T 459.2 f t **Traductio** .i. vltra ductio uel manifestatio *I*
-- .i. vltra *duccio* uel propalacio uel manifestacio *uel mors, Sapiencie xi° (Sap 11,8)* *K*

W *vgl. 459.1*
K -- .i. manifestacio *K4* duccio *K9*] direccio *W13* uel mors, Sapiencie xi° *K9*] *fehlt W13*

T 460 n s **Traductorium** ein floz
+ nauis quedam *Kh2*

S sloff *(!) B5*
M *Wa. fehlt M19* + de ligno *D1*
W + Strues idem *(vgl. S 1098) Sg1*

T 461 f p **Tractula** ein krocke
+ instrumentum fornacis *K*
Wa. fehlt I

S *Wa. fehlt Ma3* -- instrumentum *Ks2* trucke *S4 B5*
M *Wa. fehlt Dr1* + uel wend schufel *D1*
Sb3 Tractuala
W bruck *Sg1*

K *Zusatz fehlt K4*
P + eyn late *B10*

T 462 m q **Tractatus** ein tractat
+ est liber quidam *K Kh2 Br1*
-- sermo altera egens persona *I*

S *Int. fehlt Ks2*
M *Wa. fehlt M19*
K *Wa. fehlt K4*
P-E -- ain trächter *M25*
Kh2 Tractus *(!)* tractar

T 463 m t **Traductor** ein furman
+ .i. ductor *Kh2*

S eyn vereman *B9* + ein flosman *N1*
M vberfuerar *M19*
W flousßman *S1*
I *Sigle fehlt*
P *Wa. fehlt Ma4*

T 464 co t **Tradux** ein uberfurer
+ .i. ductor *I*

M vmbfuerer *M19*
P *Wa. fehlt Wo4* o t Tradix *R1*

T 464.1 m s **Tradicius** .i. profugus *Kh2*

T 465 f p **Tragedia** *lastersang*
-- laster gesang. *Item Tragedia est carmen factum de sceleribus principum et potentum W*
-- dicitur sermo factus de turpibus factis regum, proprie ein laster gesanck *I*
-- laster gesannck *K P-E*

S lastersang *S4*] lastergesang *Ma1*
M *Wa. fehlt M19* laster gesang *Ks2 D1 Dr1*
W *Wa. Me1*] f p Trageda laster gesang. Tragedia idem *S1* Item Tragedia *bis* potentum *nach 466.1 Y*
K Tragia *K4* laster sanck *H11*

T 466 m s **Tragedi** sunt, qui facta regum ⌜scripserunt / conscripserunt *Sb3*
Wa. fehlt W-X

vgl. 466.1
S qui facta regum] quo facta rex regum *S4* descripserunt *Ma3*
P conscripserunt *Ma4*
P-E subserunt *E2*

T 466.1 m s **Tragedus** uel **Tragicus** dicitur factor talis carminis. **Comedia** uero uocatur carmen de ignobilibus personis. Item Tragedi sunt, qui antiqua gesta atque facinora sceleratorum regum luctuoso carmine spectante populo concinebant. Tragedi dicti, quod inicio canentibus premium erat hircus, quem Greci »tragus« vocant. Vnde et Oracius *(Hor. ars 220)*: Carmine qui tragico vilem certavit ob hircum. Et deinde sequentes tragici multum honorem adipiscunt, excellentes in *argumentis* fabularum *ad ueritatis* ymaginem fictis, ut poete res publicas et regum hystorias canebant *W* *vgl. C 662.2, C 708.5*

W Comedia] Tomedia *Y* Comedia *bis* personis *neuer Wa. Sg1* Carmine] Carmen *Sg1* tragico] trageto *Sg1* adipiscunt] adepti sunt *Y* argumentis *Sg1*] arte *S1* ad ueritatis *emend.*] aduersitatis *alle Hss.*

T 467 f p **Tragelida** est fabula composita
Wa. fehlt Kh2 Br1

Sb3 Trageda
I Tragelia

T 468 m s **Tragelaphus** est hircoceruus, eo quod vtrique est similis
\+ *Tragelaphus est animal, quod alio nomine dicitur hircoceruus, quod* habet cornua ramosa ut ceruus et mentum barbaratum ut hircus; in pectore est pilosum, et est robustum et pungnax contra aduersancia *W*
-- est hircus *uel* ceruus, eo [...] *P*
-- est animal quoddam, quod ircus *ceruus* dicitur uel est ircus *Kh2*
Wa. fehlt I

S hircoceruus] *verderbt B9*, hies ceruus *S4*, huco ceruus *(!) Ma3* vtrisque *S4*, vtriusque *Y*
M vtriusque *Ma6*, vtrisque *M19*
Sb3 hirco curuus vtrisque
W Tragelaphus *(1) bis* similis *fehlt Sg1* utrisque *S1* Tragelaphus *(2) bis* quod *Sg1*] et *S1*
K vtriusque *alle Hss.*
P uel *Wo4*] cum *Ma4*, *fehlt Wo1* utriisque *Ma4*, vtriusque *R1*, vtrisque *Wo4*
P-E vtriusque *E2*
Kh2 ceruus *Lü1*] seruo

T 468.1 *co p* ***Trageda** est poeta quidam* *P*

P *Wa. Wo1*] f p Trageda q *(?)* porta *Ma4*

T 468.2 m s ***Tragedus*** idem *(nach 468.1)* *P*

P *Stichwort Wo1*] *verderbt Ma4*
P-E Tragidus *E2*

T 468.3 m s **Tragicus** idem *(nach 468.2)* *P*
Wa. fehlt Kh2 Br1

P Traicus *Wo4*

T 469 n s **Tragum** est nauis piscatorum
\+ ein nach *I*

Kh2 piscotorum

T 469.1 m s **Tragonici** lude, dy slangen eten *P*
-- sunt homines commedentes serpentes *P-E Kh2 Br1*

P dy] de da *R1*

T 470 f p **Tra*h*a** ein ⌜reche / harke *Ma3 B9 P (außer P-E R1) oder eyn crücke*
\+ eyn ryue *Kh2*
-- est instrumentum rustic*o*rum, egg °uel °rech °*uel* °*kruck* °*(Y)* *W*
-- ein rechen *I*

-- ein karr *oder garr* *K*

S Traha *S4*] Trapha *Ma1* oder eyn crücke *S4*] *fehlt Ma1 B9*, brüke *B5 Ma3*
W rusticorum *Sg1*] rusticarum *S1* uel kruck *Me1*] *fehlt S1*
K oder garr *K9*] *fehlt W13 K4*
P oder eyn crücke] *fehlt Wo1*, uel eyn krut *Ma4* + eyn lote *B10*
P-E -- ain kruk *P7*

T 471 a t **Trahere** ziehen uel *r*ucken / + verrucken *S-X*
-- czehen *I K P-E*

S *Wa. fehlt Ks2* rucken *S4*] zucken *Ma1 B5* + trucken *N1*
M *Wa. fehlt M19* + krocken *Ks1 D1*
I *Sigle fehlt*
K *Wa. fehlt K4*
P rucken] krucken *R1*, harken *Wo4* + krucken *B10*

T 472 a t **Traicere** durchwerffen, *uß* werffen, °uberwerffen °*(Sb3 I P-X)*
-- durich werffen, *iacere*, transfigere, perforare *K*
-- vor werpen uel auer werpen *Kh2*

S Tradicere *S4* durchwerffen] *fehlt B5*, vor werpen *Ma3*, dortyn werpen *B9* uß werffen *S4*] uffwerffen *Ma1 B5 B9*, *fehlt Ma3* uberwerffen *fehlt S4 B9*
M -- ober werffen *Ma6* uß werffen *fehlt Ks1 M19* uberwerffen *fehlt D1*
W uberwerffen *fehlt S1 Me1*
I n t
K Traiecere *W13* *lat. Int. fehlt K4* iacere *K9*] *fehlt W13*
P durchwerffen *fehlt B10* uß werffen] *fehlt Br1*, to werpen *Ma4*, vor werpen *B10*
P-E uß werffen *fehlt M25 P7*

T 472.1 **Traias** eyn *tartze* *Kh2*

Kh2 tartze *Lü1*] torste

T 473 f s **Traiectum** ciuitas est, °Vtrecht °*(W I)*
-- est ciuitas circa Renum *Kh2 Br1*

S ciuitas est *fehlt Ma3* Vtrecht *fehlt B5 N1*
M *Wa. fehlt M19* Vtrecht *fehlt Dr1*
I n s
K *Wa. fehlt Hl1* -- Maistrich, ciuitas *K4*
P f p Traiecta Vtrecht *fehlt Ma4 Wo1*
P-E f p Traiecta Vtrecht *fehlt P7 M25*
Kh2 f p Traiecta + Trere *(?)*

T 473.1 f t **Traieccio** ponitur pro mercium transportacione, Ecclesiastici 37 *(Sir 37,12)* *K*

T 474 f p **Trama** est instrumentum textoris, ein ⌜schiß spul / schite veddere *B9 P*
-- ein scheusspüll *Sb3*
-- est instrumentum textoris, *weffel* *W*
-- est instrumentum textoris, schoßspule *I*
-- spuel oder schiesfeder, instrumentum textoris *K*
-- est instrumentum textoris *P-E R1*

vgl. S 982
S textoris *fehlt B9* schyß phül *S4*, schuß spül *Ks2 Ma3*, schippff spül *B5*
M f p Trame *M19* textoris *fehlt M19* schoß spüle *D1*
W weffel *Sg1*] wärefel *S1*
K spuel oder *fehlt K4*

P *dt. Int. fehlt Wo1*
P-E + ain trag *E2*

T 474.1 *f p* ***Tramoserica** vestis est ex stamine lineo. **Tramo** ex serico W*

W *Wa. Bs9*] *fehlt S1* Tragmoserica *Sg1* stamine *Sg1*] tamine *Bs9* linea *Sg1*

T 474.2 f t **Tramis**, -is est extrema pars vestimenti *Wo4 (P)*

T 475 n t **Tramen** est filum, quod *intra stamen currit*
-- est filum, quod illic est in trama *(nach 474) Sb3*
-- est philum, quod intrat tramam *Kh2*

S intra stamen currit *Ks2*] inter tramen currus *Ma1*, metra *(?)* stamen *S4* stamen] tramam *Ma3*
M -- filium *(!)* eiusdem *(nach 474) M19* filium *Ma6*
W intra stamen] in trama *S1*, intra stramen *Sg1*
I inter
K vilum *W13* inter *alle Hss.*
P inter *R1* currit] tenetur *R1*

T 476 m t **Trames** est via uel ein stig
-- -itis est *via uel* semita uel ain stig *W*
-- dicitur via par*ua* et transuersa per agrum, oder ein ⌜tram *X* / rain *Y K*
-- °est °via °uel °*(Kh2)* eyn stich / + uel eyn treppe *Y P*
-- .i. via *P-E R1*

S steck *S4 N1*
M steck *D1*
W via uel *Sg1*] *fehlt S1*
K *lat. Int. fehlt K4* parua *K9*] paruua *W13*
P stech *B10* + uel eyn pat *Ma4*

T 476.1 f t **Tramir** est vermiculus, cuius sagwyne aspersa marmor*a* faciliter cecantur *Kh2*

Kh2 *vgl. 37.1* marmora *emend.*] marmorici cecantur *für* secantur

T 477 n p **Tranare** uberswymmen
-- swimmen *Sb3*

S *Wa.*] a p Tramare vbersteymen *S4* vbir synnenn *(!) B5*
Sb3 Tramare
W Tramare *S1 Sg1*
K *Wa. fehlt Hl1*
P ouerwynnen *B10*
P-E *Int. verderbt E2*

T 478 f t **Tranquillitas** stillheit
-- vredesamycheyt *Kh2*
Wa. fehlt K

M stillekeit *Ma6*
W stillikait *Sg1*
P + ader fredesamicheit *Br1*

T 479 a p **Tranquillare** fride machen
-- .i. pacem facere *I*

Wa. fehlt K

S *Wa. fehlt Ma3* still machen *N1*
I *Sigle fehlt*
P vreude maken *Ma4*

T 480 *m s* **Tranquillus** stille, ⌜senffte / sachte *Ma3 B9 P*, bescheiden
-- stille *I K P-E*
-- stille uel fredesam *Kh2 Br1*

S *Sigle S4*] *verderbt Ma1* bescheiden *fehlt S4*
M -- stil, geschaiden *M19* senffte *fehlt Ma6*
Sb3 beschaider
I *Sigle fehlt*
P -- sanfte, bescheyden *Wo4* bescheiden *fehlt Wo1 R1*

T 481 ppo **Trans** uber, °durch °*(K)*
Wa. fehlt Kh2

S -- obir dorch hohrnn. Transfiguare vbirschyffnn *(vgl. 484, 485, 486) B5*
M *Wa. fehlt M19*
W durch *fehlt S1*
P durch *fehlt Br1*

T 482 f t **Transaccio** veranderunge °uel °translacio °*(Ma3 B9 Kh2)*
-- uel **Translacio** erhebung *Sb3*
-- ⌜verendrung *Me1* / v́berendrung *Y uel translacio W*
-- est de re dubia et lite incerta neque finita non gratuita paccio, *.i. excessus K*

S *Wa. fehlt B5* Transuccio *S4* veranderwertunge *S4*, vorranderweydunge *Ks2*, vorradinge *B9*
M veranderunge] anderweytunge *Ma6*, voranderwerbunge *Ks1*, von ander *M19*
W *Wa. fehlt S1* uel translacio *Bs9*] *(neuer Wa.:)* f t Translacio idem *Sg1*
K *vgl. 482.1* -- vber geung *K4* .i. excessus *K9*] *fehlt W13*
P uel translacio *fehlt Ma4 Wo1*

T 482.1 a t **Trans*igo***, -is dicitur vltra agere uel componere *uel litem decidere. Inde* ***Transaccio**, que secundum iuristas (vgl. Brito 797) est de re dubitata et lite incerta neque finita non gratuita paccio. Vnde: ille qui transigit, ab accione iudicij recedit W*
-- dicitur vltra agere, *peragere, componere*, litem ⌜decidere *X* / *diuidere Y K*

vgl. 482
W Transigo *Sg1*] Transago *S1* uel litem *bis* recedit *Sg1*] *fehlt S1*
K *Sigle*] *fehlt X*, t *Y* -- .i. vltra agere *K4* peragere, componere *K9*] *fehlt W13* diuidere *zit. nach K9*

T 483 *n* t **Transcendere** uberstigen
-- vber stigen vel vber tretten *P-E*
Wa. fehlt Kh2

S *Sigle S4*] a t *Ma1* -- vbir *B5*
W abstigen *S1*, abstegen *Me1*
K a t vber steigung *K4*
P-E -- v̊ber strecken *M25* vber stigen] vbergan *P7*

T 484 a p **Transfretare** uberschiffen

-- uber faren *Sb3*
-- vber mer auf scheffn varn *K*
-- auerswemen uel schepen *Kh2 Br1*
Wa. fehlt P-E

S a p Transfretari *B9* Transpectare *S4*
M *Stichwort verderbt M19* *Int. fehlt (Zeilensprung, vgl. 485) D1*
Sb3 Transfetare
W Tranfretare *S1*
I Tranfretare

T 485 a t **Transfigere** °.i. °per*f*orare °*(Sb3)*, durchholn
-- durich loͤchern *K*
-- ⌜.i. perforare *X* / dorch holen *Y* *P*

S Transfiere *B9* perforare *Ks2*] peruorare *Ma1*, perfenare *S4* dorch holer *S4*, durich holrnn *B5*
M *Stichwort fehlt (Zeilensprung, vgl. 484) D1* durchholn] *fehlt M19*, durch holern *D1*
W durchholn] durch graben *S1*
K -- durich paren *Hl1*
P -- dorholen *Wo1*

T 485.1 *n p* **Trans*fre*to** .i. mare transeo *W*

W *vgl. 484* n p Transfreto *Sg1*] Transfecto *S1* transio *Y*

T 486 a p **Transfigurare** glichin
-- .i. transformare, glichen *I*

P + dorchholen *B10*

T 487 a p **Transformare** idem *(nach 486)*
Wa. fehlt (vgl. 486) I

S *Wa. fehlt Ks2*
M *Wa. fehlt Dr1*
P *Wa. fehlt B10*

T 488 v an **Transferre** ubertragen

P-E *Wa. fehlt P7*

T 489 co p **Transfuga** uberfluchtig, uel est homo perfidus, qui recessit a domino proprio ad alienum
+ *Transfuga, qui fugens ad alios se transfert* *W*
-- dicitur homo perfidus, qui recessit a propria domo ad alienum *I*
-- vͤberfluͤchtig uel homo perfidus *K Sb3*

S uberfluchtig] vbirschuldig *B5*, vruchtich *Ma3*
M ober flechtig *D1* a *bis* alienum] a proprio domo *M19*
Sb3 perfidus] prouidus
W a *bis* alienum] a propria domina ad alienam *Sg1* *Zusatz Sg1*] *fehlt S1*
K *lat. Int. fehlt K4*
P proprio *fehlt Ma4*
P-E vͤber flucht *M25* qui] et *alle Hss. (auch R1)* a *bis* alienum] a propris domino alienum *E2*
Kh2 co t Transfugo auervluch a] de

T 489.1 *m s* **Transfugus**, *media correpta*, qui fugie*ns* ad alios se transfert *K*

K *Sigle Ab1*] p pr *X K4 K9* media correpta *K9*] *fehlt W13 K4* fugiens *K4*] fugiendo *W13*

T 490 d t **Transgredi** ubertreden uel ⌜sund*igen / sunden P-E*
-- über treten *Sb3 I K*

S uel sundigen *fehlt N1 Ks2* sundigen *S4*] sunden *Ma1*
M uel sundigen *fehlt M19*
I *Sigle fehlt*
P Trangredi *Wo4* uel sundigen *fehlt Wo1 B10*
P-E Trangredi *E2* sundigen *M25*

T 491 m t **Transgressor** ein ubertreder

M *Wa. fehlt M19*
W ubertretten *Sg1*
P-E Trangressor *E2* vber tretten *M25*

T 492 *n q* ***Transire** gen*
Wa. fehlt I P-E

S *Wa. S4*] *fehlt Ma1* ouer gan *Ma3*
M *Wa. fehlt M19 D1*
K *Wa. fehlt K4*
P ouer gan *Ma4*

T 493 f t **Transieccio** uberwerffunge / vber gang *W*
-- vber gang *W*
Wa. fehlt Kh2

S Transicio *B9*
M vbergeberftung *M19*, vbergangk *Dr1*

T 494 m q **Transitus** ein gang
Wa. fehlt P-E

M *Wa. fehlt M19*

T 494.1 *a t* ***Transagere** .i. ⌜concedere X / excedere Y* *K*

K *Wa. K9*] *fehlt W13 K4 Hl1* concedere *zit. nach W9*

T 495 n s **Transscriptum** widerschrifft
-- wider geschrifft *Sb3 W K*
f t **Transscripcio** wider schribung *P-E*

S *Wa. fehlt Ma3* widerschrifft] *fehlt Ks2*, vbirschrifft *B5*
M *Wa. fehlt M19* ober schrifft *Ma6*
K vber geschrifft *K4*
P n s Transcripcio *R1*
P-E vber schribung *P7*
Kh2 n s Transscripta

T 496 n q **Transilire** uberspringen

S Transelire *S4*
I a q

T 497 m s **Transitorius** vergenglich
-- durich genleich *K*

S ouer genclick *Ma3*
W ze gengklich *S1 Sg1*
K vber gengcklich *Hl1*
P-E zerganklich *P7*

T 498 f t **Translacio** veranderunge
+ .i. permutacio *Kh2*

W *Wa. fehlt Sg1 Bs9* vorendung *S1*
P-E Tranlacio *E2* vergangnüß *M25*

T 499 m t **Translator** ein veranderer, ut qui grecum mutat in latinum
+ et latinum in teutonicum *Ma4 Wo4 B10 (P)*
-- verenderrer *K*

S *Wa.*] f t Translatum verandert, ut qui grecum mutat in latinum *Ma3* -- eyn vorendler *B5*
M grecum *verderbt M19*
W verender *S1*, verandern *Bs9*
I ut] uel
P vorander *B10* qui *fehlt Ma4* mutat *fehlt Ma4*
P-E ein veranderer, ut qui] ain verendrung, que *E2*

T 500 n p **Transmeare** ubergen

P *Stichwort verderbt Ma4*

T 501 n p **Transmigrare** idem *(nach 500)*

S *Wa. fehlt S4*
W Inde Transmigracio *(vgl. 502) Bs9*
I *Sigle fehlt*
P *Wa. fehlt Wo4* Transmigare *R1*

T 502 f t **Transmigracio** ubergeunge
+ uel **Transmeacio** *Sb3*
-- *ouerghanginge P*

M obergegunge *Ma6*
W *Wa.*] *fehlt Sg1*, *fehlt (vgl. 501) Bs9* vbergangung *S1*
K vbergengung *K4*
P ouerghanginge *Wo1*] ouergīne *Ma4*, ouerganynge *R1 Wo4 Br1*

T 503 a t **Transmittere** ubersenden

T 503.1 p pr **Transmissus** .i. transitus, ante *(vgl. 494)* *K*

K *Wa. fehlt K4*

T 504 p pr **Transparens** *dorch*schinig
-- über uel durch scheiniger *Sb3*

S dorchschinig *S4*] uberschinig *Ma1*, durch schynen *Ks2*, überscheinung *N1*
M durch schinen *Ma6*
W Transparerens *Sg1* + Inde Tranparencia *(vgl. 505) Bs9*
I *Sigle fehlt*
K *Wa. fehlt K4* vber scheinig *Hl1*, durichscheinigkait *K9*
P dorchsinlich *Ma4*
P-E durch schinlich *E2* vber oder durch schinet *M25*

T 505 f p **Transparencia** durchschinikeit
-- über uel durich scheynikait *Sb3*

S dorch schinheyt *Ma3*
M *Wa. fehlt M19*
W *Wa.*] *fehlt Sg1*, *fehlt (vgl. 504) Bs9*
K durchscheinig *K9*

T 506 n s **Transtrum** est sedile nauis °uel °*remigium* °*(K)*
-- est sedile nauis, *vbi* nauta retro regit nauem *Sb3*
-- est sedile, ein sedel, uel nauis *I*
-- sedile nauis, °eyn °schepbanc °*(P-E R1)*, uel remigi*um* °uel °flagellum °de °thauro °*(Kh2 Br1)* *P*

S est sedile] eyn sedle *B5* uel remigium *Ks2*] uel remus in naui *Ma1*, *fehlt S4*
M uel remigium *fehlt M19*
Sb3 vbi *V1*] aut
W *Wa. fehlt S1*
P *vgl. 506.2* *Wa. fehlt Wo1* f p Transtra eyn banc *B10* remigium *Wo4*] remigio *Ma4* uel flagellum de thauro] ryme *B10*
P-E f p Transtra
Kh2 f p Transtra

T 506.1 n s **Transtra** dicuntur tabule in naui, super quas sedent remiges et ille, qui remigat *W*

W *Sigle*] Item *(nach 506) Y*

T 506.2 *n s* **Transtrum** eyn roff *P*

P *vgl. 506* *Wa. fehlt B10* *Sigle Wo1*] *fehlt Ma4*
P-E rauch *M25* + an ainr krippen *E2* + da man den rossen hδw hinder lait *P7*

T 507 a t **Transsumere** ubernemen

T 508 f t **Transsumpcio** ubernemunge

S Transumicio *S4*
W *Wa. fehlt Sg1*

T 509 f t **Transsubstanciacio** naturlich wandelunge
-- ain naturlich verwandlung *W-X*
Wa. fehlt Kh2 Br1

S *Stichwort verderbt Ma3*
P naturlilik *B10*
P-E wandelunge] *fehlt M25*, wanderung *E2*

T 509.1 m s **Transpicuus** clarus *Ma3 (S)*

T 509.2 **Transswersus** dwers *Ma3 (S)*

T 509.3 n *t* **Transuadere** est uadum pertransire; ***Vadum*** *furt* *W*

W *vgl. V 12* n t Transuadere *Me1*] n p Transuadare *S1*, Transwadere *Sg1* Vadum furt *Sg1*] *fehlt S1*

T 510 f p **Trapeta** est *incus* nummulatorum
-- ein czele bret *I*
-- uel **Transpeta** est mensa *Kh2*

S incus *Ks2*] vicus *Ma1*, mitus *S4* numulantorum *S4*, numilatorum *Ma3*
M Tranpeta *Ma6*
W numulariorum *Sg1*
I *Sigle fehlt*
P vicus *Ma4* nummulorum *Wo4*
P-E numbulatorum *E2*

T 511 n s **Trapetum** est herba quedam

W f p Trapeta *(vgl. 510) Sg1*
I *Sigle fehlt*
Kh2 Transpetum

T 512 n s **Trapisetum** est mensa trapi*zete*, °eyn °wesselbang °*(Sb3 I)*
-- est mensa trapizete, zalbret, wechsel *pank* *W*
-- wechselpanchk *K*
-- °est °mensa °tra*pisete* °*(Kh2)*, eyn wessel banck, eyn *czelebrett* *P*

S trapizete *Ks2*] trapiseti *Ma1*, capisete *S4*, *fehlt B9* wechselerbanck *S4*
M est mensa trapizete *fehlt M19* eyn wesselbang *fehlt D1*
Sb3 trapizete] trapsire
W *Wa.*] n s Trapesetum zalbret *Sg1* Trapizetum *S1* wechsel pank *Me1*] wechselbrett *S1*, *fehlt Bs9*
K Trapsetum *K4*
P Trabicetum *Ma4* -- eyn wessel banck *Wo1* trapisete *Wo4*] trabiceti *Ma4* *dt. Int.*] eyn wissel bret *B10* czelebrett *Wo4*] deller breet *Ma4*
P-E weschbanck *M25*

T 513 co p **Trapiseta** ein wesseler
+ *uel **Colobista** uel **Monetarius**, müntzer* *W*

M wechseltisch *D1*
W *Wa.*] Trapesita, Colobista uel Monetarius, münczler *Sg1* ein wesseler *fehlt Bs9* *Zusatz Bs9*] *fehlt S1*
P Trabiceta *Ma4*

T 513.1 f *p* **Trapedia** .i. tra*pi*s*e*tum *P*

P *vgl. 512* *Sigle Wo1*] f t *Ma4* trapisetum *Wo1*] trabicetum *Ma4*
P-E trasipetum *E2*

T 513.2 m t **Trapor** .i. mensura *Kh2*

T 514 *o in* ***Tredecim** dryczen*
Wa. fehlt I K P-E

S *Wa. S4*] *fehlt Ma1*, Tredecius der driczende *B5* Tredecin *S4*, Tredena *B9*
M *Wa. fehlt M19 D1*
P dritteyns *B10*
Kh2 o in Tredena

T 514.1 a p **Tremare** ouerwoldigen, vbel rechten *P*
-- vber gewalt tůn *P-E*
Wa. fehlt Kh2 Br1

P vbel rechten] *fehlt Wo4*, ouerwynnen *B10*
P-E + oder v͛ber recht tůn *M25*

T 515 n *t* **Tremere** *czyddern*, biben
+ Inde **Tremescere** *I*
-- zittren uel bidmen *W*
-- zitern *K P-E*

S *Sigle S4*] n s *Ma1* czyddern *S4*] *fehlt Ma1*, tzeren *Ma3* pidmen *N1*
M pidmen *M19*
W pidem *Me1* + Inde venit Tremidus et -mor *(vgl.517, 519) Bs9*
P-E + bidmen *P7*

T 516 *n t* **Tremescere** idem *(nach 515)*
Wa. fehlt (vgl. 515) I
Wa. fehlt Kh2 Br1

S *Wa. fehlt Ma3* *Sigle S4*] *fehlt Ma1*
W *Wa. fehlt Sg1*
K *Wa. fehlt K4*

T 517 m s **Tremidus** bibig
-- forichtig *Sb3*
-- bidmig *S1* *W*
-- bebendig *I*
-- ziterig *K*
-- ⌜bidmiger *P7* / zitterlich *E2* *P-E*

S bebendig *S4*, webenig *B5*, pidmig *N1*
M *Wa. fehlt D1* peynig *M19*
W *Wa.*] *fehlt Sg1*, *fehlt (vgl. 515) Bs9* *Int.*] pidemnung *Me1*, *fehlt M12*, bidemick *Me5*
I *Sigle fehlt*
K *Wa. fehlt K4* Tremendus
P-E *Wa. fehlt M25*

T 517.1 **Tremulus** dicitur res tremens ex timore uel alia causa *I*

I *vgl. 520*

T 518 *n* p **Tremulare** biben, zittern
-- ziteren aut pidmen *Sb3 W*
-- zitern *K P-E*
-- beuen *Kh2 Br1*

S *Sigle Ks2*] a p *Ma1* pidmen *N1*
M *Wa. fehlt D1* biben] *fehlt Ma6*, pidmen *M19*
W aut pidmen *fehlt S1*
I *Sigle fehlt*
P zittern *fehlt B10*

T 519 m t **Tremor** bibunge
-- foricht *Sb3*
-- ⌜bidmung *X* / zittrung *Sg1* *W*
-- ziterung *K*
-- *zitter* *P-E*

S pidmung *N1*
M *Wa. fehlt D1* pidmun *M19*
W *Wa. fehlt (vgl. 515) Bs9* bibung *Me5*
P-E zitter *P7*] zitterung *E2*

T 520 f s **Tremulus** est arbor, ein espe
-- asp, quia tremet *K*

S est arbor *fehlt B9* ein espe *fehlt Ma3*
M *Wa. fehlt D1*
I *vgl. 517.1* Trimidulus
K asp] ein esch oder asp *W13*, espen oder eschen *K9* tremet] + arbor dicitur *K4*
P espe] ast *Ma4*

T 521 f p **Trena** .i. lacrima, *eyn train*
+ uel cantus *mesticie* *Kh2*
-- est lacrima *Sb3*
-- .i. lacrima, ein augen dropp *I*
-- .i. lacrima, zåher *K*
Wa. fehlt P-E R1

S lucrima *S4* eyn train *S4*] *fehlt Ma1 Ma3*, + ein zacher *N1*
M train] czals *M19*, zeher *Dr1* + uel trappe *D1*
Sb3 Trema
W *Wa. fehlt Me1* train] zeher *Bs9 Me5*
I Trema
K .i. lacrima *fehlt K4*
P Trema *Wo4*
Kh2 mesticie *Lü1*] mistice

T 522 m s **Trenus** trenig, .i. lacrimosus
-- .i. lacrimosus, trauriger uel zachriger *Sb3*
-- .i. lacrimosus *W I K P-E*

S trenig *fehlt Ma3* .i. lacrimosus *fehlt B9*
M trenig] *fehlt M19*, + zeherig *Dr1*
Sb3 trauriger *Gr2*] traurige
W + zeherig *Bs9 Me5*
I Tremus
P .i. lacrimosus *fehlt R1*
P-E *Int. fehlt M25* acrimosus *E2*

T 523 n p **Trepidare** biben, zittern
-- pidmen aut furchten *Sb3*
-- ⌜zitren uel bidmen *S1* / .i. tre*m*ulare. Inde **Trepidus** *Y* *W*
-- czitern *K I P-E*

S pidmen *N1* zittern *fehlt B9*
M biben] *fehlt Ma6*, pidnem *M19*
W *vgl. 524* *Wa. fehlt Me1* Tremitare *S1* *Int. fehlt M12* tremulare *Bs9*] trenulare, zittren *Sg1*
I czitten

T 524 m s **Trepidus** zitterlich
-- zitrunder aut pidmunder. Inde **Trepidacio** *Sb3*
-- zitrig *W-X*
-- czittericht *I*
Wa. fehlt (vgl. 523) W-Y

S sekerlike *B9*
M *Wa. fehlt M19* zitterig *Dr1*
W Tremidus
I *Sigle fehlt*
P seterech, beuech *Wo1*, czetterig *Wo4 B10*
P-E zitter *M25*

T 524.1 m s **Trenaticus** .i. luctuosus *Kh2*

T 524.2 **Trenos** grece, .i. lamentacio latine *Kh2*

T 524.3 f t **Trenisis** est denarius solidum faciens *Kh2*

T 525 *co t* ***Tres*** *dry* / + tantum pluralis numeri *Ma3 B9 P Sb3*
Wa. fehlt I K

S *Wa. S4*] *fehlt Ma1 Ks2*
M *Wa. fehlt M19 D1*
W *Wa. fehlt Sg1*

T 526 f in **Treueris** est ciuitas quedam, °*Trer* °*(Sb3)*

S *Stichwort*] Treuer *Ma3* Trer *S4*] *fehlt Ma1*, Terre *Ma3*
M Tryel *M19*
Sb3 f in Treueris] Treueries
W Triel *S1 Bs9*
I f t
P Trer] *fehlt Ma4*, Trele *R1*, Tyre *Wo4*
P-E Trer] *fehlt M25*, Triel *P7*

T 527 f p **Treuge** fridetage, tantum pluralis numeri
-- ⌜fry tag *P7* / frist tag *M25*, tantum pluralis numeri *P-E*

M tantum pluralis numeri *fehlt M19*
K tantum pluralis numeri *fehlt Y*
P Treuche *Ma4* freddedal *Ma4*, freude tage *Wo4* tantum pluralis numeri *fehlt R1*
P-E frisch tag *E2*
Kh2 -- wedaghe

T 528 m s **Triangulus** ⌜drie winckelecht / dre winkelich *Ma3 B9 P Sb3*
-- ⌜dri eggecht *S1* / trijwinklocht *Y* *W*
-- drei winchkel *K P-E R1*
Wa. fehlt I

M *Wa. fehlt M19* -- dry eckecht ader dry winckelich *D1*
W -- triangelleth *Me1* -- dreiwincklig *M12*
K *Wa. fehlt Hl1 W9 K4*
P drewynkel *Wo1 Wo4*
P-E tri winkeloht *E2*

T 529 *co t* ***Triangularis*** *idem (nach 528)*
-- ⌜driwinckelich *Ma6 Ks1* / driwinckelecht *Dr1* *M*
-- drywinkellecht *W*
-- quasi habens tres angulos *I*
-- dreiwinckelig *K*
Wa. fehlt S-X P-E

S *Wa. Ma3*], *fehlt N1*
M *Wa. fehlt M19 D1* -- idem *(nach 528) Ma2*
P *Wa.*] co t Triangulus dry wynkelich *R1* drewynkelech *Wo1 Wo4*

T 529.1 m s **Tribrus** ⌜west nort west / nort wint *P-E* *P*
Wa. fehlt Kh2 Br1

P Tribrius *R1*
P-E Tribus *E2*

T 530 a t **Tribuere** geben

M *Wa. fehlt M19*
K *Wa. fehlt K4*

T 531 f p **Tribula** ein flegel uel ein reche
\+ ein drißel *I*
-- ein flegell *Sb3*
-- pflegel, stôssel uel råch *W*
-- drischel *K*
-- flegel, harck, egede, kaff *P*
-- ain pflegel uel ain rech uel ain *egd* *P-E*
-- eyn vlogher *Kh2*

S -- eyn harke, eyn vlogheler *Ma3* uel ein reche *fehlt S4 Ks2 B9*
M -- eyn slegel vel drissel *M19* uel ein reche *fehlt Ma6*
P harck, egede, kaff *fehlt Wo1 Br1* harck] rech *R1* egede *fehlt B10*
P-E recht *M25* egd *P7*] *verderbt E2*

T 532 f t **Tribulacio** betrupnisse
Wa. fehlt (vgl. 533) W-Y
Wa. fehlt K Kh2

S druffnisse *B9 N1*
P -- eyne bedruwinge *Br1*

T 533 a p **Tribulare** betruben, ⌜pinigen / pynen *Kh2*
-- betrubin *M W I K*

W *vgl. 532* + Inde Tribulacio *(vgl. 532) Bs9 Me5*
I *Sigle fehlt*
K *Wa. fehlt K4*
P-E pinigen] *fehlt M25*, inigen *E2*

T 534 n s **Tribulum** ein stoßel
-- eyn *moser kule*, eyn deghen / + uel eyn sweppe *Ma4 Wo4* *P*
-- ain môrsel, stôsel vel ain gaisel *P-E R1*
-- eyn stater uel eyn muser kule *Kh2*

vgl. D 31.1
S *Int.*] eyn *(!) B5*, eyn ysel, eyn stoter *Ma3*, eyn moyser kule *B9*, ein schüssel *N1*, + uel stoßer *Ma1*
M ein morsär *M19*
Sb3 Tribum
P -- eyn moyser, eyn degel uel eyn schapen *B10* -- eyne morsel kule *Br1* moser kule *Wo1*] mursel kul, ein phisel *Ma4*, ein deghen *fehlt Wo1*
P-E -- ain mörser, strümpfel *M25* mörser *P7* + eyn degen *R1*

T 535 m s **Tribulus** ein distel
\+ Wersus *(C/T »Tribulum«)*: Tribulus est distel, -la flegel, -lum quoque stoßel *I Kh2*

M + Wersus: Tribulus est distel, -la drissel, -lumque mörsär *M19*
W + uel hiffalter *Bs9 Me5*
I *Sigle fehlt*
P + Wersus: Tribulus est distel, -la vlegel, -lum quoque stoter siue moys *B10*
Kh2 flegel *bis* stoßel *fehlt*

T 536 m s **Tribunus** ein richter, qui preest militibus, uel ⌜cancellari*us* / camerarius *Ma3 B9 P*
-- ein richter, uel qui preest alijs *Sb3*
-- ⌜*richter*, qui presit militibus, uel cancellarius, stůrmaister. Item Tribunus dicebatur *X* / dicebatur *Y ci*liarcha, *.i.* qui mille militibus preerat; et dicitur a »tributo«, quia tributa colligeb*at*, que imperatori soluebantur. *Wersus (Brito 799)*: *Mille tribunus habet, grece ciliarcha vocatus. Centurio centum, bis quinque decurio ducit. At quinquaginta penthacontarcha habebit.* / + *Item Tribuni dicti, quod iura militibus uel plebibus tribuant X* *W*
-- richter, qui preest militibus *K*
-- ain rihter, qui presit militibus, et dicitur a »trib*uo*«, quia tribuit sentenciam inter *litigantes* et debet tribuere *P-E*
-- eyn rychter uel qui preest tribus militibus uel camerarius vel qui tributa colligit *Kh2*

S presit *Y* cancellarius *S4*] cancellarijs *Ma1*
M presit *Y*
W richter *Me1*] truchsesß *S1*, iudex *M12* ciliarcha, .i. *Sg1*] philiarcha ille *S1* colligebat *Sg1*] colligebant *S1* Wersus *bis* habebit *Sg1*] *fehlt S1* habet *Me1*] que *Y* *Zusatz Me1*] *fehlt S1*
I cancellarijs
P presit *Ma4 R1* uel camerarius *fehlt R1*
P-E »tribuo« *P7*] tribulo *E2* litigantes *P7*] ligantes *E2*

T 537 f q **Tribus** ein ⌜geslechte / slehte *Ma3 B9 P (außer P-E R1)*

I m q
P geschlecht *Ma4 Br1*
P-E -- .i. progenies *E2 M25*

T 538 m s **Tribu*t*arius** ein zinß geber °uel °ein °lant °zinser °*(Ma3 B9 P-E R1 Kh2 Br1)*

S Tributarius *Ma3*] Tribularius *Ma1 S4 B5 N1*, Tribunarius *Ks2* -- eyn czins uel pradico *(!)* czu lant czins *B5* uel ein lant zinser] *fehlt S4 Ks2*, ein lant *N1*
M Tribularius *Ma6 M19* ein zinß geber uel *fehlt Ma6* uel ein lant zinser *fehlt Ks1 M19*
Sb3 Tribularius
Kh2 Triburarius

T 538.1 m s **Tributus** dicitur collector tributorum *P-E*

T 539 n t **Tribunal** ein ⌜richter stul / richte stol *Ma3 B9 P (außer P-E R1)*
-- est sedes iudicis, *que eciam curulis dicitur* *W*

S richte stül *B5*
W -- richstůl *Sg1* que *bis* dicitur *Bs9*] *fehlt S1* + richt stul *Me1*
K *Wa. fehlt Hl1*
P Tribualis *Ma4* -- richte stol, ding banck *Ma4 B10*
P-E -- est sedes iudicis *E2* -- ain richt stal *P7*

T 540 n s **Tributum** zinse, lantczinse
-- .i. census, czins *I*
-- zinzz *K P-E R1 Kh2*

S -- czyns lant *S4 B9* -- tyns schot *Ma3* zinse *fehlt B5*
M zinse *fehlt Ma6* lantczinse *fehlt M19*
W lantczinse *fehlt Sg1* + Census, qui domino soluitur *Bs9 Me5*
P -- tynslant tyns *B10* -- tynslant *Br1* zinse *fehlt Wo1*
P-E *Wa.*] m t Tributor zins *M25*

T 541 f p **Trica** flechte, czop uel capitur pro radice / + meretrice, uel pro quolibet impedimento ponitur *Ma3 B9 P*
-- eyn flechte *uel eyn czoppe* *M W I*
-- horflechten oder czoph *K*
-- eyn vlechte uel *meretrix*, moracio uel ornamentum *Kh2*

S flechte, czop] eyn croph *Ks2* czop] czins *B5* pro radice] prodice *S4*, + uel pro zinser *N1* meretricis *B9*
M eyn flechte uel *fehlt M19* uel eyn czoppe *Ks1*] *fehlt Ma6*
Sb3 flehter
W eyn flechte uel] *fehlt S1*, geflecht *Bs9*
P vlechtel *R1* impedimento] instrumento *Ma4*, impedimentum *R1*
P-E flechte *fehlt E2 P7* czop *fehlt M25* impedimentum *E2*
Kh2 meretrix *emend.*] *verderbt*

T 542 a p **Tricare** flechten
+ decipere, impedire uel morari *I*
+ *Wersus (Walther 5161c): De tricatura mulieribus est data sua cura* *K*

K *vgl. 542.1* n p *Zusatz K9*] *fehlt W13 K4*

T 542.1 f p **Tricatura** vlechtynghe *Kh2*

Kh2 *vgl. 542*

T 543 *o in* **Tricenta** druhundert
-- trúhundert zal *P-E R1*
Wa. fehlt I

S *Sigle S4*] *fehlt Ma1*
M *Wa. fehlt D1*
K f p

T 544 m s **Tricentenarius** driehundertczal
Wa. fehlt I

S -- der dryhunderste *Ks2*
M *Wa. fehlt M19*
Sb3 Tricentarius
W Tricentarius *Sg1*
K dreyhundeter czal *Hl1*
P *Wa. fehlt (vgl. 543) R1*
P-E *Wa. fehlt (vgl. 543) E2 M25*

T 545 m s **Tricentenus** der driehunderste
Wa. fehlt I

S Tricencius *Ma3* *Int. fehlt Ks2* drehundergheste *Ma3*, drihunderstege *B9*
W druhundertigist *S1*
K Tricentus
P Tricentarius *Ma4* drehundretighest *Wo1 R1*, drihunderstige *B10* + Tricentenus idem *Ma4*
P-E *Wa. fehlt P7* *Int. fehlt E2*
Kh2 Tricenteus

T 545.1 **Tricentus** drů hundreste *Ks1 (M)*

T 546 m s **Tricentesimus** der driehunderste
-- idem *(nach 545)* *Ma3 B9 P*
Wa. fehlt I

W -- idem *(nach 545) S1*
P *Wa. fehlt Wo4* -- idem *(nach 544) Ma4*
P-E *Int.*] *fehlt E2*, der drey zehend *M25*
Kh2 Tricenthesius

T 547 *m s* ***Tricesimus** der dryczegeste*
Wa. fehlt I

S *Wa. S4*] *fehlt Ma1*, Trisesius druchtegeste *Ma3*
M *Wa. fehlt D1*
W der drissig *Sg1*
P *Wa. fehlt B10*
P-E *Wa. fehlt M25*
Kh2 Tricesius

T 548 adv **Tricesies** drißigwerbe
-- dreissigmal *Sb3 W P-E*
-- dreissig stund *K*
Wa. fehlt I

S *Wa. fehlt (vgl. 549) Ks2* druchtech werue *Ma3*, dreyssigmal *N1*
M *Wa. fehlt D1* dreisigist *M19*, dreis weil *Dr1*
W dreisig werb *Me1*
K *Wa. fehlt K4*

T 549 adv **Tricentesies** driehundertwerbe
-- drey hundert mal *Sb3 W P-E*
-- drei hundert stund *K-X*
Wa. fehlt I K-Y

S *Wa. fehlt B5* dißegverte *Ks2* drewhundertmal *N1*
M *Wa. fehlt D1* drey hunder vert *M19*, dreihundertmal *Dr1*
W *Wa. fehlt Sg1*
P dryhundert mal *Br1*

T 550 n s **Triclinium** est cenaculum triplici ordine dispositum
+ *ezzenlauben* *Sb3*
-- est cenaculum siue locus cenandi, vbi commeditur, habens tres ordines lectorum, *.i. puluinarium*, quibus insident commedentes. Et dicitur a »tris«, quod est tres, et »clinos«, lectus. Inde **Clinicus**, qui assidue iacet in lecto *W*
-- win kamer uel domus triplici ordine *P (außer Kh2 Br1)*

vgl. C 555.1, C 559.1, C 559.2
S Triciaculum *Ma3* triplicus *S4* dispositus *S4*
M Triclinum *Ma6 M19* ordinem *Ma6*
Sb3 disposicionem ezzenlauben *V1*] ein eß
W *vgl. 550.1* siue *bis* commeditur *fehlt Sg1* .i. puluinarium *bis* commedentes *fehlt Sg1* .i. puluinarium *Bs9*] puluinaciorum *S1*
I tenaculum
P Tricinum *Wo4 B10* -- est cenaculum triplici ordine *Wo1*
P-E Trictinum *(auch R1)* trictici *E2*

T 550.1 n s **Triclinium** nider, et supra *(vgl. 550), et dicitur a »tris«, quod est tres, et »clinos«, quod est lectus* *K*

K -- nider *K4* et *bis* lectus *K9*] *fehlt W13*

T 551 m s **Triclinus** idem *(nach 550)*
-- est domus cenaculi huius *(nach 550) M (außer Sb3)*
-- est locus arduus *se*dendi *Kh2*
Wa. fehlt I

S Triquinus *S4*
M -- est dominus cenaculi *M19*
P -- eyn hus, daryne sint dry tafelen *B10*
Kh2 sedendi *emend.*] *verderbt*

T 552 m t **Tricuns** est tercia pars vncie

Die Formen Tricuns *und* Tricuus *können nicht immer eindeutig unterschieden werden*
S Tricons *S4*, m s Tricuus *Ma3* vncie] provincie *S4*
M Tricons *Ma6*
Sb3 m t Tricinis *(?)*
I Tricons
K Tricons
P m t Tricuus *Ma4*, m t Tricinius *Wo4*
P-E Tricons vncij *R1*

T 553 co t **Tricuspis** ein ⌜*dry ortig* / drey *ekater Sb3* spiß
-- ⌜ein drew ekkig spiez *W13 Ab1* / ein spies, der drey eck hat *K4 K*
-- est cuspis habens tres acies *P-E*
-- eyn dreordich sper *Kh2 Br1*

S *Wa. fehlt Ma3* dry ortig *S4*] drie ortecht *Ma1*, drewörtig *N1* spiß] + uel ein eberspiß *Ma1 B5 N1*
M *Int. fehlt Ks1* dry eckecht *D1*
Sb3 drey ekater *V1*] dey eckher
K -- ein drey eckatert spiess *Hl1* -- ein dryekater spiez *W9 K9* -- ein drey eckkegt spies *M37*
P -- eyn driortich peck uel sper, eyn ouer sper peck *Ma4* + eyn ober spiß *Wo4*

T 553.1 m t **Triceps** est aliquis habens tria capita *K*

T 553.2 m t **Tricorpor** est aliquis tria habens corpora uel habens magnum corpus *Kh2*

T 554 m s **Tridenarius** drieczehenzal
Wa. fehlt I P-E

S driczende tzal *Ks2*, drichtelcal *Ma3*
Sb3 dreyzehenmal
P *Wa. fehlt (vgl. 556) Ma4*

T 555 m s **Tridenus** *dryczenig*
-- der dreyczehend *Sb3*
-- drú zehen *W*
Wa. fehlt I P-E

S *Int. S4*] drieczen hendig *Ma1*, drichtech *Ma3*
M dryczenist *M19*, der treyczen *D1*, dreiczehende *Dr1*
W Tridecimus *S1* dreyzehend *Me1*
K *Wa. fehlt K4*
P *Wa. fehlt Ma4* dryczig *Wo4*

T 556 m t **Tridens** gabel, drijczenig
-- eyn gabele mit drin tenen *M I*
-- °mistgabel, °tres °dentes °habens °*(Y), est furca ferrea tres habens dentes, sed in primo Libro Regum (2,13; 13,21) ponitur pro »creagra« tres dentes habente W*
-- dicitur furca cum tribus dentibus; eciam dicitur fuscinula cocorum, cum qua extrahunt de olla carnes *K*
-- ain mistgabel *P-E*
Wa. fehlt Kh2 Br1

S *Wa. fehlt B9* m t Trideus *Ma3* + eyn grepe *Ma3*
M tenen] czüken *M19*, czancken *D1*
W est furca *bis* habente *Sg1*] *fehlt S1*
K o t eciam *bis* carnes] sicut coci vtuntur *K4* + chrempel *K9*
P *Wa.*] Tridenarius dritenta, eyn grepe, eyn gauele, drü tenich *(vgl. 554) Ma4* -- greyfe *R1*
-- eyn gebel, eyn gabel dy dry czenighen hat *Wo4* + eyn grepe *B10*
P-E eissen gabel *M25* + uel gab tres habens dentes *P7*

T 557 m s **Triduanus** drie tagig
-- dre daghe *Kh2*

S drey tag *B5 Ma3*, dreyteglich *N1*
M dreytagicht *D1*
P-E -- .i. trium dierum *E2*

T 558 m s **Triduus** idem *(nach 557)*
-- dri tagechtig *M W-Y P (außer Kh2 Br1)*
-- dreytagechte *Sb3*
Wa. fehlt W-X P-E R1

S drydagechtig *S4*, dreytagig *B5 Ma3*, dridachtich *B9*, dreytagrechtig *N1*
M dry tage czit *Ks1*, drey tagick *M19*, dreytagecht *D1*
W dry tag alt *Sg1*
I *Sigle fehlt*
P dridaechtig *Ma4*

T 558.1 n s **Tridulium** cenaculum *P*

P *Wa. fehlt B10 Br1* Tridulum *Wo4*

T 558.2 m s **Tridenicus** est aliquid de numero tridenario *Kh2*

T 559 co t **Triennis** von drien jaren
-- dreyjarig *Sb3 Kh2 Br1*

S *Wa. fehlt Ma3* -- drew iarig *N1*
W tri jårig *S1 Sg1*
P m s Triennius *Ma4*
Kh2 Trigennis dre iar

T 560 n s **Triennium** drij jarczijt
-- dre iarich *Kh2*

S Tricinium *Ma3* drü jarig *S4* drey iaregeczyt *B5*
M dry jerich *D1*
K dreyr iarczeit *K9*
P dry iarczitig *Wo4*
P-E iii iarzig *M25*
Kh2 Trigennium

T 561 f t **Trieris** est genus nauis / + eyn draghe munt *Ma3 P (außer P-E R1)*
-- est genus nauis in mari, wulgariter kiel *W*
-- magna na*u*is *I*
-- dicitur nauis magna, tribus regnorum ordinibus recta, ein chiel *K*

S Trigenis *Ma3 B9*
Sb3 *Stichwort verderbt*
W -- kiel in mari *Sg1*
I *Wa. fehlt (Blattverlust) I2* nauis *emend.*] nanis
K -- chiel, nauis *K4*
P *Zusatz*] *fehlt Br1*, eyn drothe munt *Ma4*
Kh2 Trigeris

T 562 m s **Trifarius** drierley
-- tria fans, dryerley *I*
Wa. fehlt K

S *Wa.*] Trisarius *(!)* driger leyge sprake *Ma3*
M drier *D1*

T 562.1 n s **Trifarium** .i. in tres diuisum *K*

T 562.2 n s **Trifinium** .i. diuisio in tres fines *I*

T 562.3 **Trifaux** habens tres fauces, ut janitor inferni *I*

T 563 m s **Trifidus** driefeldig

S Trisidus *(!) S4*
K *Wa. fehlt W13*
P *Wa. fehlt Wo1*

T 564 n s **Trifolium** cle
+ °Item °Trifolium °*(Y)* est herba, quam Greci tri*f*illum vocant eo, quod folijs sit trinis per singulas a*duna*ciones *W*
Wa. fehlt Kh2 Br1

S -- cleuer, herba quedam *B9* + uel dre blat *Ma3*
W trifillum *emend.*] trisillum *alle Hss.* per singulas adunaciones *fehlt Sg1 M12* adunaciones *emend. (vgl. Isid. xvii, 9,72)*] annotaciones *S1 Me5*, innotaciones *Me1*, annataciones *Bs9*

T 565 co t **Triformis** drie formig
Wa. fehlt K

M *Wa. fehlt D1*
P dryuoldich *B10 Br1*

T 565.1 **Trifontes** .i. triplices uel dicuntur infantes *Kh2*

T 566 m s **Trigamus** qui tres mulieres habet
-- qui tribus mulieribus est nuptus *I*

M Trigamaus *Ma6*
Sb3 habuit
K Triagamus *K4*
Kh2 habet *fehlt*

T 567 m s **Trigenarius** drißig zal

M dreyßig jar *D1*

T 567.1 m s **Trigenus** drittich tal *B9 (S)*

S *vgl. 568*

T 568 m s **Trigenus** drißigist
-- druttichlik *Kh2*

S dreyssig *B5*, drichteghet *Ma3*
M *Wa. fehlt Dr1* dryssigit *M19*, der de dreyßicht *D1*
W der drisigtet *Bs9*
I *Sigle fehlt*
K *Wa. fehlt K4* der dreissig *W13*
P drittichich *Br1*
P-E .i. tricesimus *E2*

T 568.1 m s **Trigesi*m*us** idem *(nach 568)* *Kh2 Br1*

Kh2 Trigesimus *Br1*] Trigesius dy dritchigeste *Br1*

T 568.2 n s **Trigamia** sunt nupcie cum tribus mulieribus *Kh2*

T 569 *o in* ***Triginta** dryßig*
-- dreyssigzall *Sb3*
Wa. fehlt I K

S *Wa. S4*] *fehlt Ma1 Ks2*
M *Wa. fehlt M19 D1*
P idem *(nach 568) Wo4*
P-E *Int. fehlt E2*

T 569.1 **Trilex** trilch *W*

W + uel zwilich *Sg1*

T 569.2 f p **Trilla** registrum, per quod farina transit ⌜a mola / in molendino *P*

P-E a mola] a mole *alle Hss. (auch R1)*
Kh2 farina] orina

T 569.3 m s **Trillerrienus** est lapis inferior, scilicet fundamentum mole *P*
Wa. fehlt P-E R1 Kh2 Br1

T 570 co t **Trilibris** ⌜driwichtig / dre wagich *S-Y P K*
-- est res trium librarum *Kh2*

S driwichtig] drywagenk *Ks2*, + dry wagecht *S4 B5*
M drey valdig *M19*
P *Wa. fehlt Br1*

T 571 m s **Trimodus** driemessig

W Trimodius *S1*
I *Sigle fehlt*

T 571.1 m s **Tri*n*ius** est aliquis habens etatem trium annorum. °Inde °**Trina** °*(Y)* *W*
-- est aliquis trium annorum *P*
Wa. fehlt (vgl. 572) Kh2 Br1

W Trinius *Sg1*] Trinus *S1*

T 572 m s **Trinatus** est aliquis / + existens *I* trium annorum
-- idem *(nach 571.1)*. Sed **Trinatus** quarte declinacionis est spacium trium annorum *W*
m q **Trimatus** est spacium trium annorum *Kh2*
Wa. fehlt (vgl. 571.1) P

S Trimotus *S4*, Trimatus *B9*
Sb3 Trimatus
W *Wa.*] Trimatus, -us, -ui spacium trium annorum *Sg1*

T 572.1 *f t* ***Trinatrix*** *dicitur aliqua trium annorum* *K*

K *Wa. K4*] *fehlt W13 Hl1 W9*

T 573 f t **Trinatrix** est mons in *Cecilia* uel ipsa regio tribus montibus circumdata
-- est mons in Italia vel ipsa regio vel insula tribus montibus circumdata *P-E*
Wa. fehlt (vgl. 574) K

S est mons in Cecilia] est nominis, est Colice *(!) S4* in] uel *Ma3* Cecilia *B5*] Cilicia *Ma1*, Celicia *Ks2* montis *B9*
M circumdat *(!) M19*
Sb3 Trimator Cilicia circumdata *fehlt*
W Trimatrix *Sg1* in Cecilia] in Celiua *S1 Me1*, in Cicilia uel in Cecilia *Sg1*
P Trimatrix *R1*
P-E Trinatris *E2 P7*, Trinares *M25*

T 574 f p **Trinatria** idem *(nach 573)*
-- est mons in Cecilia uel regio circumdata tribus montibus *K*
-- .i. trinatrix *Kh2*
Wa. fehlt W

S Trinata *Ma3*
M Trinatra *M19*
Sb3 f t Trimator *(!)*
I *Sigle fehlt*
K Trinatra *K4*
P Trimatria *R1*

T 574.1 **Trinacus** est aliquis de Cecilia *Kh2*

T 574.2 co t **Trimembris** est aliquid trium membrorum *Kh2*

T 574.3 **Trimegistus** est magister trium scholarium *Kh2*

T 575 m s **Trinarius** drie czal
Wa. fehlt K Kh2 Br1

M *Wa. fehlt M19 D1*
P-E Trimarius *E2*

T 576 f t **Trinitas** driefeldikeit

S driefeldikeit] + uel drie eynikeit *Ma1*
M *Wa. fehlt M19 D1*

T 576.1 m t **Trio** est bos et dicitur a »terendo« *Kh2*

T 577 m s **Trinus** ⌜driueldig / drigich *B9 P*
Wa. fehlt K P-E

S dre *Ma3*
M *Wa. fehlt M19 D1*
W *Wa. fehlt S1*
I *Sigle fehlt*
P driuoldich *Br1*

T 577.1 m s **Trinomius** tria nomina habens *I*

T 577.2 m t **Trioles** sunt boues quasi terram colentes; aliquando ponitur pro stellis *P*
Wa. fehlt Kh2 Br1

P Trioles *Wo1*] Triolos *Ma4*

T 578 co t **Tripedalis** ⌜*drifuzz lang*
-- drey fuessig lanckh *Sb3*
-- dryer fuße lanckh *I*

S Trypedialis *S4* drifuzz lang *B5*] drierfuß lang *Ma1 N1*, dry fiß lant *S4 Ks2*, drevolt lanck *Ma3*
M dry fußig lang *D1*, drey fuß uel ang *(!) Dr1*
W *Wa. fehlt S1 Sg1* dreyer fuß lanck *Me1*, dreier fuß trit lang *M12*, trieg wiess long *Me5*
K dreier fuez lannchk *W13 K9*
P driuotich *Ma4*, drie vot langhech *Wo1 B10*, drewßlangich *R1*, dryfoczig langk *Wo4*
P-E drey füssig *M25*

T 579 a q **Tripartire** in drij *teil* teilen
-- ⌜*in tres partes diuidere X* / in drij tailen *Y* *W*
-- in drew tailen *K Kh2 Br1*

S -- indeyln *S4* -- dreyteil geteyln *N1* teil *Ks2*] *fehlt Ma1* teilen] taylt *B5*, ghedelt *Ma3*
M -- eyn dreyteil teilen *D1* teil *fehlt Ma6 Dr1*
W *Wa. Me1*] *fehlt S1*
P -- eyn deyl gedeylen *R1* -- dridelich *B10* teil *fehlt Ma4* ghedelen *Wo1*
P-E Tripertire *E2* in] an *E2* teil *fehlt P7*
Kh2 d q Triptiri *(auch Br1)*

T 580 o t **Tripes** drijfuß
+ habens tres pedes *I*
-- *est aliquid* habens tres pedes *P-E*

W *Wa. fehlt S1*
P-E est aliquid *P7*] quot *E2*

T 580.1 f p **Tripa** sulcz *I*

T 580.2 **Tripedius** qui tribus vadit pedibus *I*

T 581 a p ***Tryplare*** driueldigen
-- dre volden *Kh2*
Wa. fehlt I

S Tryplare *S4*] Tripulare *Ma1*
M *Wa. fehlt M19*
W *Wa. fehlt S1*
P driuoldich maken *Ma4*
P-E tri fålten *E2*, dreyflatigen *M25*

T 582 f p **Triployda** ⌜driueldikeit / dreuoldich kleit *B9 P K*
-- dre voldich *Kh2*
Wa. fehlt I

S Trypleda *S4 B9*, Tripedio *Ma3* driffeldig cleit *B5 N1*
M Tryploia *M19* *Int. fehlt Ks1*
Sb3 f t Tripleyda
W *Wa. fehlt S1* Tripleida *Sg1*
K *Wa. fehlt K9* Tripleyda
P Tripleida *Ma4*, Tripleyda *R1* -- driuoldicheit *Ma4* -- driuuoldich *B10* dryualt *Wo4*
P-E Tripleda *E2* tri fåltigkait *E2*
Kh2 *vgl. 588.3* Tripeda

T 583 *o t* ***Triplex*** *dryfeldig*
Wa. fehlt (vgl. 584) I

S *Wa. S4*] *fehlt Ma1* *Sigle Ks2*] co t *S4*
M *Wa. fehlt M19*
W *Wa. fehlt S1*
K *Wa. fehlt Hl1 K9*
P *Wa. fehlt Ma4 B10* dryualt *Wo4*
P-E dry vålt *P7*

T 584 a p **Triplicare** ⌜drijfeldigen / dre voldich maken *Ma3 B9 P*
+ Inde **Triplex** *(vgl. 583)* *I*
Wa. fehlt K

S *Wa. fehlt Ks2*
W drij falten *S1*
P *Wa.*] a p Tripulare driuolden *Ma4* dryualt maken *Wo4*
P-E driualt machen *P7*
Kh2 a p Triplicari

T 585 m s **Triplus** drijfeldig
Wa. fehlt I K

S *Wa. fehlt Ks2*
P dryualt *Wo4*
P-E -- .i. triplex *E2*

T 585.1 **Tripolis** ciuitas habens sub se tres ciuitates *I Kh2*

Kh2 f in Tripolim

T 586 n s **Trip*o*ndium** ein gewichte
-- dre wychtich *Kh2*

S Tripondium *S4*] Tripundium *Ma1*, Tripendium *Ma3*
M *Wa. fehlt D1*
Sb3 Tripodium
W Tripendium *S1 Y*
I Tripendium
K *Wa. fehlt Hl1*
P Tripodium *Wo4*
P-E Tripodeum *E2*
Kh2 Tripendium

T 587 n p **Tripudiare** frolich ⌜sin / wesen *Ma3 B9 P* uel hant slagen, sed proprie dicitur corisare uel triumphare
-- frolich sein, sed [...] *Sb3 K*
-- frolich sin et proprie dicitur corisare *I*
-- vrolik wesen *Kh2 Brl*

S -- vrolik wesen *B9* flolich *Ks2* sin uel *fehlt N1* uel hant slagen *fehlt Ks2*
M hant slagen] hant slagunge *Ks1*
Sb3 curisare
W corcisare *Y*
I *Sigle fehlt*
K *Wa. fehlt Hl1* curisare *W13*
P wesen] ßin *Wo4*
P-E Tripudare *(auch R1)* wesen] sein *M25* uel hant slagen *fehlt E2* uel triumphare *fehlt E2*
Kh2 n p Tripudiare] Tripudiari

T 587.1 ***Triremis*** *est nauis habens tres ordines remorum* *W*

W *Wa. Sg1] fehlt S1*

T 588 n s **Tripudium** dicitur leticia
-- *.i. leticia, scilicet gesticulacio capitis* ex gaudio proueniens *W*
-- .i. locus leticie *I*

S Tripedium *Ma3*, Tridium *B9*
W .i. *bis* capitis *Bs9*] .i. gesticulacio leticia capitis *S1* gesticulacio *Sg1*

T 588.1 f p **Tripoda** dicitur mensa trium pedum, in qua statua adoranda ponebatur; eciam aliqua statua in tribus pedibus situata *K*
-- scab*ellum* habens tres pedes uel mensa Apollinis *P*
Wa. fehlt Kh2 Brl

P Tripeda *Wo4* scabellum *Wo4*] stabulam *Ma4*, stabulum *Wo1 R1 B10*
P-E stabulum *alle Hss.* habens *fehlt E2*

T 588.2 f p **Tripodia**, **Tripedia** idem *(nach 588.1)* *P*
Wa. fehlt Kh2 Brl

P Tripedia] Tripedie *R1* -- idem *(nach 568) Wo4 B10*
P-E Tripedia *fehlt alle Hss.*

T 588.3 f p **Triploida** eyn iacke uel eyn t*r*oye *Kh2*

Kh2 *vgl. 582* troye *Ki3*] toye

T 589 *d p* ***Tristari*** *betrüben*, ⌜*betrübig sin* / traurig sein *Sb3*
-- betrüben uel betrůbt sin *W Kh2*
-- bedrubig sin *I*
-- petrůeben *K*

S *Wa. S4] fehlt Ma1* betrüben] be *(!) Ma3* betrübig sin *fehlt Ks2*
M *Wa. fehlt D1* betrübig sin] *fehlt Ma6 M19*
P betrüben *verderbt Ma4* betrübig sin] *fehlt Wo1 Wo4*, drouich sin *Ma4 B10*
P-E -- truren oder betrüben *P7* betrübig sin *fehlt E2*

T 590 f p **Tristega** ein folge*r* °in °*(W)* der scanden
-- ein folger an einer stat *Sb3*

-- ein volger der schande uel cloaca *I*
Wa. fehlt K P-E

S folger *S4*] folge *Ma1 Ma3 N1*
M -- ein deck auf ein wein vas *M19* -- eyn deck auff eyn scande *(?) D1* folger in] fulge in *Ma6*, folge uff *Ks1* in *fehlt Dr1* + uel eyn decke vff der scanden *Ks1* + uel eyn degk uel habitans distigte *(!)* in tres mansiones *Ma2*
Sb3 Tristiga
I *Sigle fehlt*
P *Wa.*] f p Tristeua eyn schyler yn der scanden, eyn volger *R1* volghe *Ma4 Wo1*

T 590.1 n s **Tristegum** est edificium habens tres kameras. *Vnde in edificacione arche Noe, vbi nos habemus (Gn 6,16): Cenacula et Tristega facies in ea; alia translacio habet: Bicamerata et tricamerata facies in ea. Habuit enim illa archa quinque cameras* *W*
-- dicitur locus tricameratus siue senaculum *Kh2*

W Vnde *bis* cameras *Sg1*] uel altitudinem trium kamerarum *S1* facies *(1,2) Bs9*] faciens *Sg1* et *(2) Bs9*] *fehlt Sg1*
Kh2 senaculum *für* cenaculum

T 591 n s **Tristigium** ein ⌜erker / erkener *Ma3 B9 P* uel ein berg frede, quasi habens tria *tigna uel* tecta
-- ergger °uel °berg °*(Y), quasi habens tigna uel tecta* *W*
-- ein bergfrede *I*
-- dicitur turris habens tria tigna uel tecta, bergfrid *K*
-- ain årker, quasi [...] *P-E R1*
-- eyn erkener uel berch vrede *Kh2 Br1 Sb3*

S quasi *bis* tecta *fehlt B9* tigna uel *S4*] *fehlt Ma1*, signa uel *Ma3*
M -- ein ercker *D1* ein erker uel *fehlt M19* tria *fehlt alle Hss.*
Sb3 erincker *(?)*
W Tristigum *S1* -- årgger *Sg1* quasi *bis* tecta *Bs9*] *fehlt S1*
K uel tecta *fehlt K4*
P barfrede *B10* quasi] quia *Wo4* tria] terra *Ma4*
P-E ain eger *M25* tecta] tegna *R1*

T 592 *f p* ***Tristicia** betrubeniße*
Wa. fehlt W-Y K

S *Wa. S4*] *fehlt Ma1*
M *Wa. fehlt M19 D1*
P betrobicheyt *Wo4*
P-E trukait *E2*, traurikait *M25*

T 593 *co t* ***Tristis** betrübet*
-- traurig *Sb3*
Wa. fehlt K P-E

S *Wa. S4*] *fehlt Ma1*
M *Wa. fehlt D1*
W + uel trurig *S1*
I *Sigle fehlt*
P bedrobich *R1 Wo4*

T 594 m s **Tritauus** eyn dritte ⌜eldervater / grote vader *Ma3 B9 P*
-- .i. attaui pater, quasi tetrauus, .i. quartus ab auo, der drit elder vatter *I*

-- meines vater vater vater, *der drit vater* *K*
-- est tercius auus *P-E*

S Tristauus *Ma3* -- eyn drey alt vatir *B5* *Int. fehlt (Zeilensprung, vgl. 595) Ks2*
M *Wa. fehlt M19*
W *Wa. fehlt S1* + uel elin *(?) Bs9*
K meines vater vater vater *fehlt Hl1* der drit vater *K9*] *fehlt W13 K4*
P-E + der drit *M25*

T 595 f p **Tritaua** ein dritte ⌜eldermuter / grote moder *Ma3 P*
-- ein drey altew mueter *Sb3*
-- *dy dritt alt müter* *K*
-- est tercia aua *P-E*
-- est vxor eius *(nach 594)* *Kh2*
Wa. fehlt I

S *Wa. fehlt S4* *Stichwort fehlt (Zeilensprung, vgl. 594) Ks2* aldermüt *B5*
W *Wa. fehlt S1* + uel en *Bs9*
K *Int. Hl1*] dicitur meiner mueter műter műter *W13*, dy dritt müter *K4*, dye dritt alter müter *K9*
P -- idem *(nach 594) B10* eyn driddeolder muder *Br1*

T 595.1 co p **Trista** est, qui habet terciam partem regni, sed ebraice dicitur princ*eps* principum *Kh2*

Kh2 princeps *Ki3*] principes

T 596 n s **Triterium** ein morser °uel °stenphil °*(M-Y)*
-- ain morsel uel stőssel *W*
-- ein morsel, stemphel *I*
-- ain *morser stain* vel ain staempfel *P-E*
-- est instrumentum terendi, eyn *stempel* uel eyn muser kule *Kh2*

S Tritorium *Ma3* morsel *S4* uel stenphil *fehlt Ks2* stemphir *B5 N1*
M -- ein morsen stein *D1* -- ein morselstősel *Dr1* morsel *Ma6 Ks1*, mosser *Ma2*
W morser *Me1 Bs9* stoßer *Me1*
P Tritorium *Wo4* morsel *Br1*
P-E morser stain *P7*] mårsel stain *E2* staempfel] stőssel *P7*
Kh2 stempel *Lü1*] stenkel *(?)*

T 597 n s **Triticum** weiße

M *Wa. fehlt D1*
W kern uel waiss *Sg1*
K *Wa. fehlt K4*
P-E kern *E2*

T 598 n t **Tritile** quidquid teri potest
-- est quidquid conteri potest *W*
-- est o*mn*e, quod conteri potest *I*

Sb3 teri] triteri
I *ohne Sigle* omne *I2*] oĩe
P-E teri postest *doppelt E2*

T 598.1 m t **Trit*io*** est deus marinus *P*
Wa. fehlt Kh2 Br1

Tritio *entstanden aus* Triton

P Tritio *Wo1*] Tritus *Ma4* marius *Wo4*
P-E f t Triticio *(auch R1)*

T 598.2 f p **Tritona** est dea sapiencie *P*
Wa. fehlt Kh2 Br1

T 599 f p **Tritula** ein flegel
-- drischel *Sb3 K*
-- *ain schlegel* *P-E R1*
-- eyn vlogher *Kh2*

S flegen *S4*, drischel *N1*
M drissel *M19*, cornflegel *D1*
P vleghe *Ma4*, vleghere *Wo1*
P-E *Int. P7*] est schlegel vel ain pflegel *E2*

T 599.1 **Tritillum** stoeßel *I*

T 600 m t **Tritulator** ein drescher
\+ uel czuriber *I*
-- eyn dorscher *Kh2*

S dorscher *B9*
W *Wa. fehlt Sg1* -- idem *(nach 601) Bs9*
K drischeler *W13 K9*
P dorscher *Wo1 B10*
P-E drescherer *M25*

T 601 a p **Tritulare** dreschen *uel zu ryben*
-- dreschen *Sb3 K*
-- trőschen uel *zerriben* *W P-E*
-- **Trituare** idem, dreschen uel czuriben *I*
-- vriven uel dorschen *Kh2*

S dorschen *B9* uel zu ryben *S4*] *fehlt Ma1 B5 B9 N1*
M zer reiben *M19*
W zerriben *Sg1*] zertriben *S1* + et est excutere bladum *Me1*, + aut excutere *M12*
I *Sigle fehlt*
K *Wa. fehlt K4*
P dorschen *Wo1 B10* zu ryben] *verderbt Ma4*, riben *Wo4 Br1*

T 602 *a* p **Triturare** idem *(nach 601)*
-- *est excutere bladum* *W*
Wa. fehlt (vgl. 601) I

S *Wa. fehlt S4* *Sigle Ma3*] f p *Ma1*
M *Wa. fehlt D1*
W *Wa. Sg1*] *fehlt S1 M12* -- dreschen uel zereiben et est excutere bladum *Me1*
K Trituare
P -- dorschen uel terere *B10*

T 603 *f p* **Tritura** ein kornhauffe
-- dreschung aut chorenhauff *Sb3*
-- est tempus uel accio triturandi uel korn huff *W*
-- .i. messis uel ein hauff korns *I*
-- dreschung *K*
-- ain huf kornes *P-E Kh2 Br1*

S *Sigle S4*] *fehlt Ma1*
M hauf chorn *M19*
Kh2 Tritutura

T 604 m s **Tritus** ⌜geriben / bereuen *Ma3 B9 P*, bescheiden
-- ⌜bereben uel bescheyden *Ma6 Ks1* / ze riben *M19* *M*
-- geriben *Sb3 W*
-- gereben uel abilis *I*
-- zeriben *K*

S bereden *N1*
M -- zu reben uel beschaiden uel herfarn *Ma2* -- geriben *D1 Dr1*
W *Wa. fehlt Sg1*
I *Sigle fehlt*
K ze reiben *K4*
P gheriben *Wo4 B10*
P-E -- geriben vel beschaiden vel doctus *E2* -- geriben *M25*

T 605 co t **Triuialis** driewegig

M drey wegib *M19*, dry wegicht *D1*
Sb3 dreybebig
W dru eggig *S1*
I *Sigle fehlt*
P Triualis *Ma4* drwech *(!) Ma4*, in *(!)* wochich *R1*
P-E tri fåthig *E2*, dry wiuchig *P7*, iii böchig *M25*

T 605.1 f p **Tri*ui*a**na est dea venatorum et ponitur pro luna *P*

P Triuiana *Wo1*] Triuana *Ma4*
P-E Triuana *E2*

T 606 m s **Triuir** est vir habens tres sub se
Wa. fehlt K

S Triumvir *S4* est vir *fehlt S4*
M tres *fehlt M19*
Sb3 Triuis
W Triuirus *S1* tres] + viros *S1*

T 607 n s **Triuium** *dry weg*
-- driweggig *W-Y Sb3 Kh2*
-- ubi tres vie concurrunt, wegescheyde *I*
Wa. fehlt K

S dry weg *S4*] drie wegig *Ma1*
Sb3 dreybeibig
W Triuicium *S1*
P triwegich *Ma4 Wo1*, drywegede *Wo4*
P-E + waigschaid *P7*

T 608 co t **Triumphalis** kiuelich °uel °siegelich °*(S-Y P)*
-- ⌜kyfelich *Ma6* / kemplich *M19* *M*
-- streithaftig *Sb3 W*
-- strithafftig uel singhafftig *I*
-- v̊berwinndleich *K*
-- krieglich *P-E*
-- .i. bellicosus, konlik *Kh2*

S *Wa. fehlt Ks2* konlik *B9*, kempflich *N1*
M -- strithaftig *Ks1 Dr1* -- keselicht *(!) Ma2* -- kefelicht, streticht *D1*
P -- segelich *Wo4*

T 609 n p **Triumphare** ⌜sigen uel fechten / seghevechten *Ma3 B9 P*
-- streyten *Sb3*
-- vberwinden uel cantare *I*
-- *vbersigen* *K*
-- *kriegen* *P-E*

S fechten] fochten *S4*, herschen *Ks2* + striden *B9*
M -- sege fechten *Ma6* -- kempfen *M19* sigen] geseln *D1*
K vbersigen *K4*] obsigen *W13*, vberwinden *K9 Ab1*
P *Wa. fehlt Wo4* -- segeheftich *R1*
P-E a p kriegen *M25*] sik beheben *E2*, + ald vechten *P7*

T 610 m s **Triumphus** ⌜sigehafft, .i. victoria / seghevecht *Ma3 B9*
-- .i. victoria *M*
-- streit *Sb3*
-- est proprie honor victori post victoriam exhibitus. Triumphus tum et **Tropheum** et **Victoria** pro eodem solent poni *W*
-- .i. victoria, vana gloria uel cantus trium puerorum *I*
-- sig *uel victoria* *K*
-- zegevacht, °.i. °victoria °*(Kh2 Br1)* *P*
-- .i. victoria *P-E R1*

S -- besegunge *S4* sigehafft] segehafftig *Ks2*, segung *B5*
M .i. victoria] + sege facht *Ma6*, + segunge adder fechtunge *Ks1*, + gesegelung *D1*, + sigk *Dr1*
W *vgl. 615, V270*
K uel victoria *K9*] *fehlt W13 K4*
P-E zegevacht] *fehlt Wo4*, kyf *Wo1* .i. victoria *fehlt Ma4*

T 610.1 **Triuare** broken *E2 (P-E)*

T 611 n p **Trocare** .i. cum troco ludere
-- tophen treiben *Sb3*

P cum *fehlt Wo4*
P-E .i. te *(?)* troco laudere *E2*

T 612 f p **Trochea** est torcular uel rota ⌜parua / modica *Ma3 P* super puteum, *per* quam puteus attingitur uel funis trahitur, uel illud, quod *sup*ponitur malo nauis, ⌜et / *quia P* habet rotulas, per quas funes trahuntur
-- est rota parua uel torcular super puteum, *super* quem pute*us* attingitur, uel dicitur funis, que pendet in puteo, uel dicitur locus, vbi in naue trahuntur funes per rutulas *Sb3*
-- [...] trahitur. Etiam potest dici proprie ein winde *I*
-- est torcular uel rota super [...] *K*
-- est torcular uel parua rota, que superponitur malo nauis, per quam funes trahuntur *Kh2 Br1*

S Trophea *B9* supra *B9* per *S4*] super *Ma1* puteos *S4* funis] + que *Ma1 Ma3* supponitur *S4*] superponitur *Ma1* rotulas] rotas paruas *S4* quas] quid *S4* + eyn clob uel wind *B5*
M torcular] + vel rota *(!) M19* attingitur] adtrahitur *M19* trahitur] *fehlt M19*, in quo trahitur *Ma6* male *M19* per quas *fehlt M19*

Sb3 super *(2) V1*] *fehlt* puteus *V1*] putens *(!)*
W per quam puteus attingitur uel] uel per quod *Sg1* quam] quod *alle Hss.* funes trahuntur] acies attrahuntur *S1* funes] paruas funes *Sg1*
K f p Tropheo *K4* per quam *bis* trahitur *fehlt K4*
P quia *Wo1*] quod *Ma4*
P-E funis] funus *alle Hss. (auch R1)*

T 612.1 f p **Troclea** est machina, cuius usus est edificiis construendis; per ipsam enim magne moles trahuntur in altum; wulgariter ain wind *W*

W est] et *Sg1* moles] colles *Sg1*

T 613 m s **Trocheus** est quidam pes in metro

S Tropheus *B9*
I *Sigle fehlt*
P-E quedam pars *E2*

T 613.1 m s **Tronus** idem est quod solium, .i. sedes regis. Sed **Troni** in plurali dicuntur angeli quidam *W*
-- in singulari dicitur solium uel sedis regia, sed in plurali dicuntur agmina anglorum *K*

W m s Tronus] n s Tronum *Sg1*
K -- thron *K4*

T 613.2 f p **Trolla** est instrumentum cimentorum uel turpis sonus ani aut vas fictile *K*

K *vgl. 624* cimentorum] + ein chell *Hl1* ani] culi *K4*

T 614 m s **Trocus**
-- ⌜ein krusel uel ein doph *X* / eyn kosel *Ma3 B9* *S*
-- eyn dop *M W*
-- *eyn* ⌜*kusel* / topf *P-E R1* *P*
Wa. fehlt I K

S Trochus *S4* -- eyn toph *Ks2 N1* cruseln *S4*, kruselin *B5*
M -- eyn crußel uel *(!) D1*
W + ain cloß *S1*
P *Int. Wo1*] dop uel kusel *Ma4*, ain krusel *Br1* + est ludus puerorum *R1*

T 615 m s **Tropheus** .i. victoria
-- .i. victoria plena *W-X*
-- .i. cingulus aureus gemmis ornatus *I*
Wa. fehlt W-Y

vgl. 610
W n s Tropheum
Kh2 Traphens

T 616 m s **Tropicus** est homo conuer*satiuus*
-- est bona conuersacio *K*

vgl. 619.3
S conuersatiuus *S4*] conuersatus *Ma1 Ma3*
P *Wa. fehlt Ma4*
Kh2 Trapicus conuersatius

T 617 f p **Trop*oloya*** est sermo moralis uel conuersatiuus
+ uel conuersus ad materiam *Kh2*
-- est sermo moralis uel figuratiua intelligencia *I*
-- est sermo moralis *K*

S Tropoloya *S4*] Tropalia *Ma1* uel conuersatiuus] *fehlt B9*, uel conseruatiuus *Ma3*
M uel conuersatiuus *fehlt M19*
W conseruatiuus *S1*
K Tropolia
P mortalis *R1*
P-E Tropholoia *(auch R1)*

T 618 adv **Tropice** glichlich

K geystleych *Hl1*
P gelichit *Ma4*

T 619 m s **Tropus** ein glichniß
-- .i. similitudo uel deceptor *I*
-- est figura quedam *P-E*

S liknisse *B9*
I *Sigle fehlt*
P glidenisse *Br1*

T 619.1 f p **Trona** est instrumentum carpentarij, dessel *P*
Wa. fehlt Kh2 Br1

P-E Troma *E2* dessel *fehlt M25 P7*

T 619.2 f p **Trucula** instrumentum, quo purgatur linum *P*
Wa. fehlt Kh2 Br1

P linium *R1*

T 619.3 m s **Tropicus cancri** est superior locus in zodiaco, cum sol facit conuersionem ad inferiora. **Tropicus capricor*ni*** .i. econuersio *Kh2*

Kh2 *vgl. 616* capricorni *emend.*] capricorus

T 619.4 n s **Troporum** uel **Troparium** est *liber* quidam continens ornat*o*s sermones *Kh2*

Kh2 liber *emend.*] locus ornatos *emend.*] ornatus

T 619.5 m s **Tropidus** .i. iratus, stupidus uel commotus *Kh2*

T 620 a p **Trucidare** morden uel dotstechen
-- morden aut todslahen *Sb3 I*
-- est interficere uel iugulare, °mörden °*(Y)* *W*
-- *morden oder* martern, °occidere, °secare °*(Y)* *K*
-- murden vel stechen *P-E*
-- morden *Kh2*

S Trocidare *B9* -- morben oder doyt stecht *S4* uel dotstechen] *fehlt Ma3*, tot slan, stechen *B5*
M dotstechen] zu töt stechen *M19*
W + erstechen *S1*, + zu tod stechen *Me1*
K Trocidare *K4* morden oder *K4*] *fehlt W13* martern] morten *K4*

P *Wa. fehlt Ma4* uel dotstechen *fehlt R1*
P-E murden vel *fehlt M25*

T 620.1 *f p* ***Truda** eyn slede, °.i. °vehiculum °(Kh2) uel proprium nomen* *P*
-- .i. vehiculum vel proprium nomen *P-E*

P *Wa. Wo1] fehlt Ma4*

T 621 *a t* ***Trudere** stoßen uel stechin*
-- stossen *Sb3 K P-E R1*
-- steken uel doden *Kh2*

S *Wa. S4] fehlt Ma1* uel stechin *Ks2] fehlt S4*
M *Wa. fehlt D1*
K Tridere *K4*
P uel stechin *fehlt Wo4*

T 622 *f p* ***Truffa*** ⌜*tyßery* / tusche *S-Y*
-- .i. fraus, astucia, deceptio *I*
-- gelaich *K*
-- ⌜tusch *X* / ghetusche *Y* *P*
Wa. fehlt Kh2

S *Wa. S4] fehlt Ma1*
M *Wa. fehlt M19 D1*
W *Wa. fehlt (vgl. 623) Sg1* + ain truferij *S1*
P-E *Wa. fehlt E2 M25* -- túrsch *P7*

T 623 a p **Trufare**
-- duschin, °spotten °*(Y)*, gecken *S*
-- duschen, spotten *M I*
-- teischen *Sb3 W*
-- laichen *K*
-- tuschen / + gecken *Ma4 Wo1 Wo4* *P*

S gecken] *fehlt Ks2 B9 N1*, iokchnn *B5*
M *Wa. fehlt M19* spotten *fehlt Dr1* + iecken *Ks1*
W + trufieren *S1* + Inde Trupha *(vgl. 622) Sg1*
I *Sigle fehlt*
P + narren *R1*
P-E -- patet *M25* -- túrschen, laichen *P7*
Kh2 Trifare

T 624 f p **Trulla** est instrumentum lapicid*e*, ein kelle
+ uel eyn druffel *I*
-- est instrumentum lapicide uel muratorum, ein kell *Sb3*
-- est instrumentum cemtentariorum ad *conplan*andum *murum*, wulgariter kell. Item est turpis sonus inferioris partis hominis. Item est instrumentum, quo cineres extrahuntur de furno *W*
-- *dicitur instrumentum ad congregandum cineres uel ad uertendum pauimentum. Regum vij° (Am 7,7) eciam dicitur* instrumentum muratorum ad planandum murum, chel, eciam fůrcz *K*
-- eyn kelle, eyn wysk, eyn asker, grape *Kh2*

vgl. 613.2
S lapicide *S4*] lapicida *Ma1*
M ein kelle *fehlt Ks1* + ein furcz *M19*

W conplanandum murum *Sg1*] contemplandum murorum *S1* quo] cum quo *S1*
K dicitur *(1) bis* dicitur *(2) K9*] *fehlt W13 Hl1* cineres *K4*] crines *K9* Regum *bis* murum *fehlt K4*
P ein kelle] *fehlt Br1*, mur kelle *Wo4*

T 625 a p **Truncare** versnyden
-- schniten aut stockhen *Sb3*
-- beschniden *W I*

S *Wa.*] Trunicare besniden *Ma3* -- abe-, vorsnieden *Ks2*
M besneiden *Dr1*
I *Sigle fehlt*
P-E abschniden *E2*

T 626 m s **Truncus** ein bloch
+ uel stockh *Sb3 P-E*
Wa. fehlt K

S eyn stochk *B5*
M + eyn klocz *D1*
W + stock *Me1*
P stock *Me1*
P-E ein bloch uel *fehlt E2* uel stockh *fehlt M25*

T 626.1 f t **Truncacio** eyn afhowynghe *Kh2*

T 627 n t **Trusile** ein stechmesser
-- ⌜stechmes / ain degen *P-E R1* *P*

vgl. D 31.1, D 82.2
M sich meßer *D1*
W stosß messer *S1*
I *Sigle fehlt*
K + oder degen *Hl1*
P -- eyn steke mesßer *Wo4*

T 628 n s **Trusorium** ein rame, do man die ⌜phele mit instesset / pfeil ein stosst *Sb3*
-- [...] die pfil ⌜mit in stosßt *X* / *inschust Y* *W*
-- ein span rame czu felden etc. *I*
-- ⌜ein ram, da man stechkn mit in stősset *X* / hayer *Y* *K*
-- ain han *E2* *P-E*
-- dar me de pile mede instot *Kh2*

S -- eyn rame *B5* ramel *Ks2* pfeyl *N1* czu stoßit *Ks2*, stot *Ma3*
M rame] rain *(!) Dr1* pfeil instoßt *M19* phele] pherde *Ks1*, spele *D1* stoßt *D1*
W inschust *Bs9*] inschütt *Sg1*
K ram] rayn *Hl1* mit *fehlt Hl1*
P -- eyn ramme *Ma4* -- eyn stotramme *Wo1* ein rame *fehlt B10 Br1* do] daz *Wo4* phele] perle *B10* stoset *R1*
P-E -- idem *(nach 627) M25* -- ain hab *(!)*, da man ől mit ab schlecht *P7*

T 629 m s **Trutilentus** bose
-- asper, crudelis, proprie boße *I*
-- °*bose* °*(Y)*, vressam *P*
-- bős vel frech sam *P-E*

Trutilentus *für* Trucilentus
P bose *Wo1*] *fehlt Ma4* vredesam *Wo1*
Kh2 Trutulentus

T 630 f p **Trutilencia** fridesamkeit °uel °*boßheit* °*(K)*
-- poßhait *Sb3*
-- asperitas, crudelitas *I*
-- vressamcheit *P*
-- frechsamigkait *E2* *P-E*

S Trutelencia *S4*, Trutulencia *Ma3* vresamicheit *B9*, freysamkeyt *N1* uel boßheit *S4*] uel bosekeit *Ma1 Ks2 B5*, *fehlt Ma3*
M fridesamkeit uel *fehlt Ma6*
Sb3 Trutilenta
W fridesamkeit uel *fehlt Sg1* uel boßheit *fehlt S1*
P vredesamheit *Wo1*, vryesmaheyt *Wo4*
P-E frechsamhait *M25*, frechsamkeit *So1*
Kh2 Trutulencia

T 631 f p **Trutina** ein wage
-- libra, °*eyn* °*waghe* °*(P-E Kh2)* *P*

S *Wa. fehlt B9*
P eyn waghe *Wo4*] *fehlt Ma4*
P-E *Int. fehlt (Zeilensprung, vgl. 632) E2*

T 632 a p **Trutinare** wegen
\+ Vnde summus Aristotiles trutinando c*a*cumina rerum in duo diuisit: quicquid in orbe fuit *I*
\+ .i. librare *P-E*
Wa. fehlt Kh2 Br1

S *Wa. fehlt B9* wygen *N1*
I *Sigle fehlt* cacumina *I2*] cucumina
K n p
P wyen *R1*
P-E *Stichwort fehlt (Zeilensprung, vgl. 631) E2* wegen *fehlt E2 M25*

T 633 f p **Truta** est nomen piscis, ein ⌜forn / forchel *W*
-- est piscis quidam, eyn forel *I*
Wa. fehlt Kh2 Br1

S *Wa. fehlt B9* Tructa *Ma3*
M Tructa *M19* phorel *Ks1*
W vorhenn *Sg1*
K *lat. Int. fehlt K4*
P worme *Ma4*
P-E förchel *M25*

T 634 f t **Trux** pin uel ⌜crudelis / crvdelitas *Kh2 Br1*
-- kestigung aut peinigung *Sb3*
-- .i. pena uel crudelis *I*

S uel crudelis *fehlt B9*

T 635 *pron* ***Tu*** *du*
Wa. fehlt K

S *Wa. S4*] *fehlt Ma1 Ks2*
M *Wa. fehlt D1*
W *Wa. fehlt Sg1*

T 636 co t **Tuates** dinerley
Wa. fehlt Kh2 Br1

vgl. M 224
W Tucites *(!) Sg1*
I *Sigle fehlt*
P-E *Int. verderbt M25*

T 637 f p **Tuba** ein busune
-- ein horn uel pusaun *Sb3*
-- ain b*uson* uel herhorn. Item **Tuba legalis**, de qua agitur in Libro Numeri *(Nm 10,6)*. Ut dicit Iosephus, erat fistula cantatoria calamo ⸢conpaccior *X* / *capacior Y* pene habens magnitudinem cubiti; cuius usus in hoc erat, quod populus conuocabatur per eam ad bellum, *ad festa et ad mouenda castra* *W*
Wa. fehlt K

W buson *Bs9*] brasun *S1 Sg1* Item *bis* castra *fehlt Sg1* capacior *zit. nach Bs9* ad festa *bis* castra *Bs9*] etc. *S1*

T 638 n s **Tubana** sunt tumores uffblasunge
-- sunt rumores, ausplosung *Sb3*

S *Wa.*] Tubara vp blasinghe *Ma3* Tubaria *B9* tumores] + peti *Ma1*, + pectoris *B5* uffblasunge *fehlt B5*
M uff boßung *D1*
W f p Tubuna *S1*, f p Tubane *Sg1*
K f p sunt tumores *fehlt K4*
P Tubora *Ma4*, Tubare *R1*
P-E vff plassen *E2*
Kh2 n s Tubara

T 639 m t **Tuber** est inflacio pectoris
+ in cute, eyn knor *I*
-- ⸢est inflacio pectoris. Item Tuber vno modo *X* / vno modo *Y* dicitur eleuacio *in super*ficie ligni uel alterius corporis vltra planici*em*, wulgariter búchel. Inde dicimus lignum tube*r*osum, non planum. Alio modo accipitur pro fungo uel boleto *W*

S *Wa.*] f t Tubar est inflacio *Ma3*
W in superficie *Sg1*] interficie *S1* planiciem *Sg1*] planicies *S1* tuberosum *Sg1*] tubeosum *S1* funga uel boleta *Sg1*

T 639.1 ind **Tubal** uel **-el** est ips*a* Hispania uel Ibernia uel Ytalia *Kh2*

Kh2 ipsa *emend.*] ipsia

T 639.2 m s **Tubalus** .i. lapillus *Kh2*

T 640 m s **Tubeani** dicebantur Iudei, qui in auxilium Iude ⸢venerunt / venerant *Sb3 I*, quasi alienis tubis vocati
+ Ita exponitur 2° libro Machabeorum *(ii Mcc 12,17)* *W*
-- quasi *alienis* tubis vocati *P (außer P-E)*
-- dicuntur Iudei, qui ex alienis sunt vocati in auxilium *Kh2*

S Tubicini *B9* Iude] inde *(!) S4* quasi alienis tubis vocati *fehlt B9* tube vocate *S4* tuba *Ma3*

M venerant *M19* tubis *verderbt M19*
Sb3 alienis] alonis
K quasi alienis tubis vocati *fehlt K4*
P Tuberianeri *Ma4*, Tubianei *R1 Wo4* alienis *Wo1*] allonis *Ma4*
P-E m p Tvbina *E2* qui] quia *alle Hss.* venerant *E2* uocate *E2*

T 641 m t **Tubicen** ein busuner
-- drometer °oder °pusawnner °*(Y)* *K*

W brasuner *S1*
P-E *Wa.*] m t Tubicen aliquis canens in tuba *E2*

T 641.1 f p **Tubera** est herba quedam *W-X*
-- stercus terre *I*

I *Sigle fehlt*

T 642 f p **Tubicina** ein ⌜busunerynne / besunersche *Ma3 B9 P*
-- drometerinn *K*
-- ain busson *P-E R1*
f t uel p **Tubicina** uel **-trix** est talis mulier *(nach 641)* *Kh2*
Wa. fehlt I

S Tubicena *Ma3* basunerse *S4*, posawner *B5*
M basunersche *Ma6*
Sb3 Tubicena
W brasunerin *S1 Sg1*
P -- idem *(nach 641) Wo4* bassunerynne *Br1*
P-E Tubicenna *E2*

T 643 n p **Tubicinare** busunen
-- drometen *K*

W brasunen *S1 Sg1*
P-E *Wa. fehlt P7* Tubuniare *E2*

T 643.1 f p **Tubraca** idem est quod braca *Kh2*

T 643.2 m s **Tubracus** .i. bracatus *Kh2*

T 643.3 n t **Tubar** .i. gybbus *Kh2*

T 643.4 m s **Tubrosus** .i. superbus *Kh2*

T 643.5 f t **Tubrositas** .i. superbia *Kh2*

T 644 m t **Tubicinator** ein busuner
-- drometer *K*
Wa. fehlt Sb3 W-Y

M *Wa. fehlt D1*
W -- idem *(nach 641) S1*
P-E Tubicennator *E2* busüne *M25*

T 644.1 m t **Tubor** tunder *holt* *P*
-- zundel holcz *P-E*
-- tunder *Kh2*

P *Wa. fehlt Br1* tunder holt *Wo1*] tunder *Ma4*

T 644.2 *n s* **Tuceta** *sunt esce regie* *P*
Wa. fehlt Kh2

P *Wa. Wo1*] Tuceta *(!) Ma4* Tucera *Wo4*
P-E rege *E2*

T 645 d t uel s **Tueri** beschirmen °uel °ansehen °*(K)*. Wersus *(Brevil. »Tueor«)*: Est tuor inspicio, tueor defendere dico
\+ Vnde Grecista Nouus *(38v)*: In defendendo tueor, tuor inspiciendo; et per composita design*ant* ambo videre. Sic demonstrat satis *in*tuor intueorque. Raro cernere dat tueor, defendere sepe; sed defendere raro tuor dat, cernere sepe *W*
-- beschirmen vel ansechen *P-E R1*
-- beschermen *Kh2*

S *Wa. fehlt B5* Est] Dic *Ma3* *Vers*] Est tueri inspucio *S4*
M *Vers fehlt M19*
Sb3 aus sehen Est] Dic
W Wersus *bis* dico *fehlt Sg1* designant *M12*] de signa *S1*, vestigant *Me1*, designat *Y* intuor *Sg1*] tuor *S1* sepe *(1)*] sese *Sg1*
I *Sigle fehlt* Est] Dic
K d s *Vers fehlt W13 K4*
P uel ansehen *fehlt Ma4* tueor] intueor *Wo4*
Kh2 *vgl. 645.1* d s

T 645.1 d t **Tuor** an seen *Kh2*

Kh2 *vgl. 645*

T 645.2 m s **Tutulentus** .i. vehemens, terribilis uel crudelis *Kh2*

T 646 pron **Tuidem** ⌜du selber / du soluem *Ma3 B9 P (außer P-E)*
Wa. fehlt Kh2

S *vgl. 683.7* Tuidus *B9* du selbs *N1*
M *Wa. fehlt D1*
W *Wa. fehlt S1*
K *Wa. fehlt Hl1 K4*
P tu selbes *Wo4*

T 647 pron **Tui*ps*e** du selber
-- idem *(nach 646)* *Ma3 B9 P*
Wa. fehlt Kh2 Br1

S *vgl. 638.8* *Stichwort S4*] Tuipe *(!) Ma1*, Tuipem *(?) Ma3* du selbs *N1*
M *Wa. fehlt D1* Tuj ipse *M19*
W *Wa. fehlt Sg1*
I *Wa.*] Idem Tuipse *(nach 646)*
K *Wa. fehlt Hl1 K4*
P *Wa.*] Tuipe *Ma4*

T 648 n s **Tugurium** est domus °pastoris °*(P-E R1)*, ein hutte
-- est domus pastoris in campo *I*
-- est parua cas*a* pastoris, eyn hutte *Kh2*

S hirtenhaus *N1*
W Tugorium *S1*
K -- hütten *K4* ein hutte *fehlt W13 K9*
P-E ain húcht *E2*
Kh2 casa *Ki3*] caso

T 649 adv **Tum** .i. dum uel ex quo, ut dicendo: tum commedi, ⌜tum / tunc *I* bibi, *.i. primo commedi et tunc bibi*
+ aduerbium uel eciam coniunccio *M (außer Sb3) P*
+ Quandoque valet sicud et; eciam Tum significat ordinem rerum consequencium, ⌜*et est aduerbium vel coniunccio X* / et sic est coniunccio *Y W*
-- [...] *comedi*, dum bibj; vel est idem quod et, coniunccio *P-E R1*
Wa. fehlt Kh2

S ut] et *Ma3* tum *(1)*] dum *S4* tum bibi *(1) bis* bibi *(2)*] cum vbi, .i. primo et tunc vbi commedo *Ma3* .i. primo *bis* bibi *(2) S4*] *fehlt Ma1* et tunc bibi *fehlt B9*
M -- .i. dum, ex quo *M19* tum *(2)*] *fehlt Ma6 Y*, dum *Ks1*, et *Ma2*
Sb3 tum *(2)*] et et tunc bibi *fehlt*
W tum *(2)*] dum *S1* .i. primo *bis* bibi *(2) fehlt Sg1* et est aduerbium vel coniunccio *Me1*] *fehlt S1*
I *Sigle fehlt*
K -- .i. dum *K4*
P dicendo *fehlt Wo4* tum *(2)*] dum *Ma4*, cum *Wo4* *Zusatz*] uel est illud quod est coniunccio *Ma4*
P-E dicendo *fehlt E2* comedi *P7*] *verderbt E2*

T 650 f p **Tumba** .i. sepulchrum
+ sarch *W-X*

M Tuba *M19*
Sb3 -- ein gras *(!)*
W Tumala *S1*
P Tuba *R1*

T 651 n s **Tumere** quellen uel uffblasen
+ swellen *I*
-- uel **Tumescere** geswellen aut *auf plän* *Sb3*
-- ufblasen °uel °geschwellen °*(Y)* *W*
-- auff plasen *K*
-- *pingen, uff plåsen* *P-E R1*

S -- upblasen *B9* auß wlasnn *B5*
M -- auflozen *M19*
Sb3 auf plän *Gr2*] ausplen
W -- uffschwellen *Sg1* -- blasen uel quellen *Bs9* -- vffplausn uel vallen *Me5*
K ausplasen *(!) K9*
P uplosen *Ma4*
P-E *Wa.*] n s Tumore pingen vel plasen vel plasen *(!)* vel geschuellen. n t Tumere idem *(vgl. 652) E2* pingen, uff plåsen *zit. nach P7*

T 652 n t **Tumescere** idem *(nach 651)*
Wa. fehlt (enthalten in 651) Sb3

S *Wa. fehlt Sg1*
P *Wa. fehlt B10*
P-E *Wa. fehlt E2 M25*

T 653 pron **Tumet** .i. tuidem
+ du selber *M-Y W-X*

vgl. 683.6
S Tumet *S4*] Tuimet *Ma1* tuidem] tytidem *B9*
M *Wa. fehlt D1*
W *Wa. fehlt S1 Sg1*

I *Sigle fehlt*
K *Wa. fehlt K4* Tuimet *W13*
Kh2 -- .i. tantundem

T 653.1 m s **Tumandus** aufgebloßen uel geswollen *Me1 (W)*

T 654 m s **Tumidus** uffgeblasen uel *geswallnn*
+ ghedrunken *Kh2*
-- aufgeswollen aut superbus *Sb3*
-- auff geplosen *K*

S -- vff blasin uel seswollen *Ks2* uel geswallnn *B5*] uel zu swellunge *Ma1*, *fehlt S4 B9*
W -- idem *(nach 653.1) Me1* -- uf geschwollner *Sg1*
K -- auf plasung *K4*
P uffgeblasen] gedrunsen *Br1* + getrunten *(!) Ma4*, + gedrůnken *B10* uel geswallnn] *fehlt Wo1*, uf ghequullen *Wo4*
P-E *Wa. fehlt M25*

T 655 *m t* ***Tumor** off blasunge*
+ swellunge *M-X I P*
+ ⌜vel geschwolst *E2* / geschwellung *P7* *P-E*
-- ein geswulst aut superbia *Sb3*

S *Wa. S4*] *fehlt Ma1* aufflasunge *B5* + oder zuswillunge *S4 Ks2* + geswellung *N1*
M *Wa. fehlt M19* + geswolst *D1*
W -- geschwlst *S1 M12* -- uf schwellung *Sg1* -- uff plausun *Me5*
K *Wa. fehlt K4*
P -- drinttinge, geswolinge *Ma4* off blasunge] drinbunghe *(?)*, blasinghe B1O swellunge] *fehlt Wo1*, swulst *Br1* + drunczunghe *Wo4*

T 656 a p **Tumulare** begraben
-- grauen *Kh2 Br1*

M gegraben *D1*
P *Wa. fehlt B10*

T 656.1 part **Tumulatus** begrauen *P*
-- ⌜idem *(nach 656) E2* / begrabung *P7* *P-E*
-- .i. sepultus *Kh2*

P -- begrauet *Wo1 Wo4* -- idem *(nach 655) B10*
P-E *Wa. fehlt M25*

T 657 *n* s **Tumulum** ein grab
-- °ain °grab *°(Y)*, *.i. sepulchrum* *W*

S *Sigle S4*] m s *Ma1* Tumultum *S4* grafft *B9*
M grat *M19*
W n s Tumulum] Tumulus *S1*, m s Tumulus *Sg1* .i. sepulchrum *Sg1*] *fehlt S1*
K *Wa. fehlt Hl1*
P grafft *B10*

T 658 m s **Tumultus** .i. congregacio ad bellum, ein ufflauff
-- est congregacio populorum uel auflaut *Sb3*
-- ⌜est congregacio ad bellum, uflǒff. Item Tumultus est *X / est Y* strepitus et garritus multorum hominum diuersorum. Inde **Tumultuor**, .i. tumultum facere uel mouere *W*

S hofflauff *S4*
W *Wa.*] m q Tumultus mengi uel vili. *(neuer Wa.:)* d p Tumultuor .i. tumultum facere uel mouere *Sg1* est *zit. nach Bs9*
I *vgl. 658.1* m s Tumulus
K m s Tumulus *K4* *lat. Int. fehlt Y*
P ein ufflauff *fehlt Wo1*
P-E -- est congregacio, enpfelchung oder auff lössung *M25* pellum *E2 P7*
Kh2 m q Tumultus *(auch Br1)*

T 658.1 m q **Tumultus** idem *(nach 658)* uel est coniuratio uel seditio *I*

I *vgl. 658*

T 658.2 **Tumulus** est breuis mons *Kh2*

T 659 n p **Tumultare** *off läuffen oder* ⌜uffblasen / blasen *I*
-- off lauffnn *K*
-- vp blasen *Kh2*
Wa. fehlt (vgl. 658) W

S off läuffen oder *S4*] *fehlt Ma1 Ks2*
M *Wa. fehlt Ma2* uffblasen] off stozzen *Ma6 M19*, bloßen *D1 Dr1*
K *Wa. fehlt K9*
P off läuffen oder *fehlt Wo1* oder uffblasen *fehlt Br1*
P-E off läuffen oder *fehlt M25*

T 660 *adv* ***Tunc*** *danne*
Wa. fehlt I K

S *Wa. S4*] *fehlt Ma1*
M *Wa. fehlt M19 D1*
W *Wa. fehlt Sg1*

T 661 *a t* **Tundere** zustoßen oder scheren als die schaff
-- zerstossen aut abscheren, ut oues *Sb3*
-- -tusum significat percutere uel con*fr*ingere, °zerstossen °uel °scheren °als °die °schaf °*(Y)*. Inde **Contundo** .i. contero et **Retundo** .i. repercucio *W*
-- czu stoßen uel schern. Vnde *(vgl. Grec. Vet. xix 90; Cath. »Tondeo«)*: Tondemus barbas, in orto tondimus herbas *I*
-- ⌜schern uel percutere, *concidere*, confringere, *cedere X* / schern *Y K*
-- *st*oten uel scheren alze me krut af *snyt* *Kh2*

S *Wa.*] Tondere zu stoßen *S4* *Sigle Ma3*] n s *Ma1* -- scheren also eyn schap uel stoten *Ma3* zustoßen oder] ader *(!) Ks2* scheren] zu scheren *Ma1*
M *Wa. fehlt Ks1* als die schaff *fehlt M19*
W confringere *Sg1*] *verderbt S1* Inde *bis* repercucio *fehlt Sg1* percucio *Bs9 Me5*
I a s
K schern uel percutere] zuo stossen oder schern als dy schaff *Hl1* concidere *Hl1*] *fehlt W13* cedere *Hl1*] *fehlt W13*
P-E -- zerstossen ald scheren *P7 M25*
Kh2 stoten *emend.*] schoten af snyt *Lü1*] af synd

T 661.1 a s **Tundare** idem est quod percutere *I*

T 661.2 m s **Tunsus** beschorn *K*

K *Wa.*] *fehlt K4 Ab1*, m s Tunsus, -sa, -sum et Tunsio, -onis a tundere *(vgl. 661.3) Hl1 W9 M37*

T 661.3 m t **Tu*n*sio**, -onis idem *(nach 661.1)* *K*

K *Wa.*] *fehlt (vgl. 661.2) Hl1 W9 M37*, f t Tunsio peyn *Ab1* Tunsio *K9*] Tusio *W13*

T 662 *f p* ***Tunica** eyn rock*
Wa. fehlt K

S *Wa. S4*] *fehlt Ma1 Ks2*
M *Wa. fehlt M19 D1*
W *Wa. fehlt Sg1*
P-E *Int. fehlt E2*

T 662.1 **T*u*nicare** .i. tunicam induere seu facere *I*

I Tunicare *I2*] Tnnicare

T 663 n s **Tuntorium** ⌜ein stemphil sicud aurifaber habet / est formarium, eyn stempel *Ma3 B9 P*

S Tontorium *S4* aurifaber habet] aurifabri *S4* formitarium *B9*
M Tunctorum *M19*
Sb3 Tunctorium
W aurifaber habet] aurifabri *Sg1*
K fabri habent *K4*
P tempel *Br1*
P-E Tunctorium *E2*

T 664 *f p* ***Turba** eyn schar*
-- nomen gentile, ein schar *I*

S *Wa. S4*] *fehlt Ma1*
M *Wa. fehlt D1*
W *Wa. fehlt Sg1*
K f p Turbo *K4*

T 665 a p **Turbare** betruben
+ idem est **Turbidare** *I*

S -- vortreybnn uel est tristicia *B5*
K *Wa. fehlt K4*

T 666 a p **Turbidare** idem *(nach 665)*
Wa. fehlt (enthalten in 665) I

M Turbitare *M19*
Sb3 Turbitare
W + Inde Turbidus *(vgl. 667) Bs9 Me5*
K *Wa. fehlt K4*

T 667 m s **Turbidus** *betrübig*
-- betrubit *M W P-E*
-- trueb *Sb3*
-- .i. confusus, bedrubet *I*
-- ⌜betrouich *Ma4 Br1* / drobich *R1 Wo1 B10* / bedrobet *Wo4* *P*
Wa. fehlt Kh2

S betrübig *S4*] bedrubet *Ma1 Ks2*, drovich *B9*
M betrubig *D1 Dr1*
W *Wa. fehlt (vgl. 666) Bs9 Me5* betrubig *Me1*
K *Wa. fehlt K4* betrübung *K9*, truebig *Ab1*

T 668 m t **Turbo**, -onis est proprium nomen
+ viri *I Kh2 Br1*
-- -onis winnt; -inis proprium nomen *K*

W + uel inpetus venti, et tunc habet -inis in genitivo *Sg1*
K *vgl. 669*

T 669 *m* t **Turbo**, -inis ein stormwind
-- autem est *volubilitas* venti, °sturm °wind °*(Y). De vento turbinis quere supra, vbi exponitur **Tipho** (vgl. 337) W*
-- -inis .i. vertigo uel stormwint *I*
-- vind *P-E*
Wa. fehlt (vgl. 668) K

S *Sigle S4*] f t *Ma1*
W *Wa. fehlt Sg1* volubilitas *B9*] mobilitas *S1* De *bis* Tipho *Bs9*] *fehlt S1*

T 670 f *p* **Turbulencia** bedrupnisß
-- .i. obscuritas, bedrupenisse *I*
-- drufnisse *Kh2*
Wa. fehlt W-Y

S *Sigle S4*] f t *Ma1*
M *Int. verderbt Ks1*
K *Wa. fehlt Hl1*

T 671 m s **Turbulentus** .i. mestus, ⌜*betrübet* / trawrig *K*
-- est molestus *Sb3*
-- .i. mestus *P-E Kh2*

S betrübet *S4*] *fehlt Ma1*, betrübig *B5*
W .i. mestus *fehlt Sg1* trurig *S1*
K .i. mestus *fehlt W13*
P .i. mestus *fehlt Ma4 Wo4* betrübet *fehlt Wo1*

T 671.1 m s **Turbus** ludus troci *P*

Kh2 stroci

T 671.2 m t **Turbor** bedrouynghe *Kh2*

T 671.3 **Turbitor** .i. tribulacio uel tristicia *Kh2*

T 672 ep p **Turdela** est nomen auis, ⌜ein *ammels* / draschel *Sb3 W*
-- est proprium nomen auis *Kh2*

S *dt. Int. fehlt B9* ammels *S4*] ampse *Ma1*, ameß *N1*
M ammels] amessel *Ma6*, drossel *M19*
Sb3 Turtela
W -- trostel *Sg1* draschel] amsel *Me1 M12*
I f p
K -- amsel *K4*
P *dt. Int. fehlt Wo1*

T 673 ep s **Turdus** ein brachfogel
+ uel *zemer* *W*
+ widde hoppe *I*

S *Wa. fehlt N1* -- eyn fogil *B5* -- eyn brock wige *Ma3*

W zemer *Bs9*] ziering *S1*, zierling *Sg1*
P -- est nomen auis *Br1*
P-E *Wa. fehlt M25* bruch vogel *E2*, bůth vogel *P7*

T 674 n s **Turgere** puschen sicud pondus facit
-- buschen sicut pondus uel swellen; et capitur pro superbire *I*
-- druchken sicud pondus *K*
-- drintten, °swellen °*(Y)*, bussen ut pondus *P*
-- schwellen ut pondus facit *P-E*
-- drun*t*en *Kh2*
Wa. fehlt Sb3

S n s q Turgiere *(!) Ma3* büßen *S4*, butten *B9* facit *fehlt Ma3*
M pandus *M19*
W puchen *Sg1* facit *fehlt S1* + Inde Tumen *(?)* .i. inflacio *S1 Me1* + sicud tumere *M12*
P drintten *fehlt R1* swellen *fehlt Wo1* bussen] *fehlt Br1*, basßen *Wo4* pondus] + facit *Wo4 B10*
P-E geswellen *P7*
Kh2 drunten *emend.*] drunken

T 675 m s **Turgidus** puschende
-- ⌜.i. inflatus uel iratus *X* / *buschett Y* *W*
-- qui turget *I*
-- druchkung *K*
-- ⌜gedrunten / geschwollen *P-E R1* *P*
-- .i. inflatus, vpgheblasen *Kh2*
Wa. fehlt Sb3

S -- butzende, aliquis qui facit talem sonum *B9* besende *B5*
W buschett *Bs9*] buschlocht *Sg1*
P bedrunten *Wo1*

T 676 f p **Turingia** doringenlant
-- thuringer lant *W-X Kh2 Br1*
-- prouincia est, doringer lant *I*

S Turungia *S4* dürgenlant *N1*
M turinlant *(?) M19*
Sb3 *Wa.*] Turindina turgen landt
W thuringer lant *Me1*] turggen lant *S1 Y*
K důrgen lannd *alle Hss.* (turicten land *K9)*
P *Wa. fehlt Ma4*
P-E Turinga *E2* türken land *P7 M25*

T 677 *m s* ***Turingus** eyn doryng*
+ quasi durus incus *I*
-- aliquis de tal*i* provincia *(nach 676)* *P-E*

S *Wa. S4*] *fehlt Ma1*
M turnig *M19* + eyn hernig *(?) Ks1*
Sb3 *Wa.*] Turindus ein turcke
W turgg *S1 Y*
K -- důrg *W13 M37 Y* -- est aliquis de tali regione *(nach 676) Hl1* -- düring *W9*
P *Wa. fehlt Ma4 B10*
P-E -- ain dürk *P7* tali *M25*] tale *E2*

T 677.1 m s **Turinus** vermis in carne *P*
Wa. fehlt Kh2 Br1

T 678 f p **Turma** ein schar
\+ eyn ⌜*meninghe* / gemain *P-E R1* *P*
-- .i. turba uel societas *I*
-- ain schar. Item Turma triginta *equites*; legio uel caterua uel fallanx habet sexaginta centuri*as*, manip*u*los xxx, coortes *xii*, *turmas cc* *W*
Wa. fehlt Kh2 Br1

S Turma] + .i. turba *Ma1*
W equites *emend. (vgl. Isid. ix 3,51)*] *fehlt alle Hss.* centurias *Sg1*] centurios *S1* manipulos *Sg1*] maniplus *S1* xii, turmas cc *Me1*] *fehlt S1*, xii turmas *Y*
P Turma] Turinga meninghe *Wo1*] mengunge *Ma4*
P-E Turma] Turinga *E2*, Turgina *M25* ainer gemain *M25*

T 679 *f* p **Turonilla** ein sticheling, piscis est
\+ ain grundel *W*
-- est piscis, ein schiedling *Sb3*
-- uel **Turunilla** uel **Turmella** eyn stekelink, uel parua turba, eyn cleyne schar *Kh2*

S *Sigle S4*] m p *Ma1* ein sticheling] *fehlt B5*, en stekeli *Ma3*, ein stichlein *N1*
M Turmilla *M19*
W Turomilla *S1* ein sticheling] *fehlt S1*, sichling *Y* + uel kugelrüpp *Me1*, + uel egli *S1*, + kilp *Sg1 Bs9*
K piscis est *fehlt K4*
P Turnilla *Ma4*
P-E *dt. Int.*] ein schechling *E2*, ainste *(!) M25* piscis] pisch *(!) P7*

T 679.1 co t **Turonensis** thornus, species nummi *K*

K *vgl. 290* *Int. fehlt (Zeilensprung, vgl. 680) Hl1*

T 680 co t **Turpis** schentlich
\+ Inde **Turpido** *W-Y*
-- schnöd *Sb3*
-- snode uel schentlich *I*

S schetelick *Ma3*
M schemelich *Ks1*
W *vgl. 681* schamlicher *Sg1*
K *Stichwort fehlt (Zeilensprung, vgl. 679.1) Hl1* snod *K9*
P + snode *R1 Wo4*
P-E schämleich *M25*

T 681 f t **Turpitudo** schentlichkeit
-- snodlikait *Sb3*
-- schentikait *K*
-- ⌜schamlichait *P7 M25* / schendlichhait *E2* *P-E*
Wa. fehlt (vgl. 680) W-Y
Wa. fehlt I

S *Wa. fehlt N1* schentikeyt *B5*, schetelikheyt *Ma3*
M Turpudo santhait *M19* schenlichkeit *Dr1*
K snodigkait *K9*
P schetlicheit *Ma4*, snodicheyt *Wo4*

T 682 m s **Turritus** getormet
Wa. fehlt Sb3 K P-E

S *Wa.*] m s Turridus eyn dormet *S4* + a nomine turris *Ma3*
M *Wa. fehlt D1* -- santleich *(vgl. 681) M19*
W *Wa.*] m s Turridus geturret *Sg1*
P part geturneyt *R1*, gheczornet *Wo4*
Kh2 part

T 683 f t **Turris** ein torm
\+ Item **Turris gregis** dicebatur locus quidam iuxta Betleem, ubi multitudo angelorum in ortu *domini* cecinit et Iacob greges suos quondam pauit. Sed **Turris custod*um*** dicebatur, ubi custodes positi erant ad custodiendam prouinciam *W*

M *Wa. fehlt D1*
W domini *Sg1*] *fehlt S1* Turris custodum *Sg1*] Turris custodis *S1*
I *Sigle fehlt*
K *Wa. fehlt Hl1 K4*
P *Wa. fehlt Ma4*
P-E *Wa.*] f t Turri *(!) E2*

T 683.1 m s **Turridus** .i. turribus plenus *Kh2*

T 683.2 f p **Tur*ri*cula** .i. parua turris *Kh2*

Kh2 Turricula *Ki3*] Turcula

T 683.3 m t ***Turris gregis*** est locus circa Bethlehem *Kh2*

Kh2 *vgl. 683* *Stichwort emend.*] Turruspregis

T 683.4 f p **Turrestina** est quidam piscis marinus *W*

T 683.5 *f p* **Turunda** secundum quosdam est panis pauperum nigri coloris *W*

W *Sigle Sg1*] Item *(Wa. nach 683.4) S1*

T 683.6 **Tumet** du suluen *Ma3 (S)*

S *vgl. 653*

T 683.7 **Tuidem** du suluen *Ma3 (S)*

S *vgl. 646*

T 683.8 **Tuipse** du suluen *Ma3 (S)*

S *vgl. 647*

T 683.9 **Tumetipse** du suluen *Ma3 (S)*

T 683.10 **Tuperte** du suluen *Ma3 (S)*

T 683.11 **Tuperteipsum** du suluen *Ma3 (S)*

T 684 m t *f t* **Turtur** ein ⌜torckeltube / tertel duue *Kh2* uel piscis. Wersus *(Grec. Nov. 85ʳ)*: Hic turtur sit auis, hec turtur *dicitur* piscis
-- gurtel taub. Wersus *(Grec. Nov 85ʳ)*: Hic turtur auis, hec turtur dicito *piscis* *Sb3*

-- gůrteltawb uel piscis *K*

S f t *S4*] *fehlt Ma1* orczeldube *S4*, terdelduue *B9* Hic] Vt *Ma3* dicitur *S4*] sit *Ma1*
M dartzel dube *Ma6* uel piscis *fehlt M19*
Sb3 piscis *V1*] *fehlt*
W turtel tublin *S1* Hic] Hec *Sg1* hec] hic *Sg1*
I dorczeltube
P-E torckeltube] turtail tub *E2*, est nomen auis *M25*
Kh2 Hic] Hec hec] hic dicito

T 684.1 *n t* **Tus** est nomen arboris uel gummi inde fluentis. Est autem Arabie, immensa et ramosa, leuissimi corticis ramos habens *ad s*imilitudinem aceris, que wulgariter dicitur masholter, gumi *fundens* aromaticum et album, quod masculum dicitur, eo quod naturaliter sit rotundum admodum testiculorum. Ita scribit sanctus Ysidorus *(xvii 8,2)* *W*

W *vgl. 291* *Sigle Sg1*] Item *(Wa. nach 684) S1* Est autem *bis* ramosa] et crescit in Arabia et est arbor ramosa *Sg1* ad similitudinem *Sg1*] asimilitudine *S1* fundens *Sg1*] sudens *S1* sanctus *fehlt Sg1*

T 684.2 f p **Turuca** vestis regia *P*

T 685 f p **Tussia** *thussin lant*
+ est regio quedam *Kh2*

S Tussia *S4*] Tursia *Ma1* thussin lant *S4*] tursenlant *Ma1*, tussien land *B9* + tuscamen lant *Ma3*
P *Wa. fehlt Ma4* -- romesch lant *Wo4* -- tussigen lant *Br1*
P-E -- quedam prouincia *M25*

T 686 n q **Tusire** husten
-- husten, idem et **Tussitare** *I*

S husten] + Tusitare *(vgl. 687) Ma1*

T 687 *n p* ***Tussitare** idem (nach 686)*
Wa. fehlt (enthalten in 686) I

S *Wa. S4*] *fehlt (enthalten in 686) Ma1* *Sigle Ks2*] a p *S4*
M *Wa. fehlt Ma6*
Sb3 Tussiare
K *Wa. fehlt K4* -- frequenter husten *W13*
P *Wa. fehlt R1*

T 688 n t **Tutamen** beschirmunge
-- ein schirmung *Sb3*

S Tustamen *S4 Ma3*
P Tustamen *Ma4*
P-E Tustamen *(auch R1)* beschirmen *P7*

T 689 f t **Tussis** huste

M + f t Tussila *M19*
P *Int. fehlt Wo4*

T 689.1 f t **Tussitacio** hustynghe *Kh2*

T 689.2 f t **Tussio** idem *(nach 689.1)* *Kh2*

T 690 m s **Tuscanus** ein tuscener
-- ein dustner, dicitur vnus de illa regione *K*
-- est aliquis de Tussia *Kh2 Br1*

Die Formen Tuscanus *und* Tustanus *bzw.* tuscener *und* tustener *können nicht immer eindeutig unterschieden werden*
S *Wa.*] *fehlt B5*, m s Tustarius eyn tusener *S4* + aliquis de Tuscania *B9*
M -- tusner *M19*
W *Wa. fehlt S1*
I Tustanus tustaner
K *Wa.*] m s Tussanus ein dustrier *K4* Tustarius *W13*

T 691 a p **Tu*t*are** sichermachen
-- ⌜scherm machen *X* / sicher machen *K4* *K*

S Tutare *S4*] Turare *Ma1*, Tustare *Ma3* schir machnn *B5*
I a t
K -- sicheren *K9 Ab1* + oder sicheren *Hl1* + sicher machen *M37*
P sicheren *Wo4*
Kh2 besekerych maken

T 692 f p **Tutela** sichirheyt oder ⌜beschirmunge / schirmung *Sb3*
-- sicherkait, beschirmung *M-Y*
-- sicherhait *W-Y K*
-- sekerich heyt *Kh2 Br1*

S -- sekerckeit *B9* oder beschirmunge *fehlt S4*
M sichirkeyt *Ks1*
W -- beschirmung *S1*
P -- sekercheyt *Wo1 B10* sechericheyt *Wo4*
P-E sicherkait *E2*

T 692.1 *m s* ***Tuscus*** *uel* ***Viscus*** *mistel* *W*

W *vgl. V 365* *Wa. Sg1*] *fehlt S1*

T 693 *m* t **Tutor** ein beschirmer *oder eyn* ⌜*vormunde* / vormunder *Ma3 P M-X I*
-- ein beschirmer *Sb3 W-X K*
-- eyn vor munder *Kh2*
Wa. fehlt W-Y

S *Sigle S4*] n t *Ma1* schirmer *B5 Ma3* oder eyn vormunde *S4*] *fehlt Ma1 B9 N1*
M oder eyn vormunde *fehlt M19*
P beschirmung *Ma4* oder eyn vormunder *fehlt Wo1 Wo4*
P-E *Wa. fehlt P7* schirmer *E2* oder eyn vormunder *fehlt M25*

T 693.1 f p **Tutela** sicherhait, beschirmung *E2 (P-E)*

P-E *vgl. 692*

T 694 *m s* **Tutus** sicher, °.i. °certus °*(I Kh2)*

S *Sigle S4*] n *(!) Ma1*
W .i. certus *fehlt Sg1*
I *Sigle*] Inde *(Wa. nach 691)*
K .i. certus *fehlt W13 Y*
P sicher *fehlt Br1* .i. certus *fehlt Wo4*
P-E sicher *fehlt M25*

T 695 n s **Twinum** zwirn

Sb3 Tuium
W zwirend *Sg1*
P n s Twinus *R1*
P-E n s Twinus *E2*

T 696 *pron* ***Tuus*** *dyn*
Wa. fehlt I

S *Wa. S4*] *fehlt Ma1*
M *Wa. fehlt M19 D1*
K *Wa. fehlt W13 Hl1 K4*

T 696.1 **Tu** pronomen, du *I*

T 696.2 f t **Tuicio** est idem quod defen*c*io *Kh2*

Kh2 defencio *für* defensio

T 696.3 n s **Tuicium** idem *(nach 696.2)* *Kh2*

V 1 n p **Vacare** ledig sin
+ uel carere uel *in*sistere *W*
+ .i. ociare *I*
+ uel muesig gan *P-E*
-- ledig sein oder mu̇essig *K*

M *Int. fehlt Ks1*
W insistere *Sg1*] sistere *S1*
I *Sigle fehlt*
K oder mu̇essig] *fehlt K4*, + sein *K9*
P-E uel muesig gan *fehlt M25*

V 2 *f p* ***Vaca** eyn küwe*
+ vel eciam est quedam ciuitas Hispanie sic dicta, f p *Kh2*
Wa. fehlt K

S *Wa. S4*] *fehlt Ma1 Ks2*
M *Wa. fehlt D1*
I *Sigle fehlt*

V 2.1 f *p* **Vaccaria** ein schwaig *Sb3*
f p **Vaccaricia** uel **Vaccaria** °*swaig* °uel °*(Y)* armentum *W*

Sb3 *Sigle V1*] f t
W Vaccaria] Vaccarium *Sg1* swaig *M12*] schnaid *S1*, sneit *Me1*

V 2.2 f p **Vaccilla**, **Vacula** idem sunt cum vacca *Kh2*

V 2.3 f p **Vacua** est dea vacacionis uel ocii *Kh2*

V 2.4 m s **Vaccenus** uel **Vaccennis** est quidam populus *Kh2*

V 2.5 f p **Vacciola** est cella azini *Kh2*

Kh2 cella *für* sella azini *für* asini

V 3 n s **Vaccinium** ein heidelber
+ ⌜et est nigri coloris / uel fructus nigri coloris *Kh2 Br1* crescens in merica *P*
-- ein pranper *Sb3*
-- haid per *K P-E*

vgl. F 23.1
M heydelbier *Ma6*, haydelperk *M19*
I n s Vaccinium] vaccinnum
K -- haydel per *Hl1*
P Vaccinum *Ma4* *Zusatz fehlt Wo4* + eyn walber *R1*
P-E -- ain schaidelber vel ain walber *E2*
Kh2 heidelber] + siue *(?)* porcus *(?)*

V 3.1 f p **Vaccula** °eyn °clene °ko °*(P-E R1 Kh2), est parua vacca* *P*

P *dt. Int. fehlt Wo4* est parua vacca *Wo4*] *fehlt Ma4 Wo1*

V 4 int **Vach** est vox exultacionis
+ Item Uach quandoque significat gaudium, et sic accipitur Ysaye 44° *(44,16)*: Vach, calefactus sum. Quandoque notat derisionem ut ibi *(Mt 27,40)*: Vach, qui destruis templum dei. *Vnde* Nouus Grecista *(vgl. Grec. Nov. 63ᵛ)*: Sich *monet*, ut taceas, vach spernit vel maledicit *W*

-- est interiectio deridentis *I*
Wa. fehlt Kh2 Br1

W Item *fehlt Y* Vnde *Sg1*] Wersus *S1* Sich] Sist *Sg1* monet *Bs9*] notat *S1*, manet *Sg1*
I *Sigle fehlt*
K *Wa. fehlt K4*

V 5 a p **Vacillare** wankeln
-- wenckhen *Sb3*
-- ⌜schwanken *uel strauchen.* Item Vacillare significat titubare, instabilem esse uel labare *X* / significat titubare, instabilem esse uel labare, fallen *Y*. Inde **Vacillans** *.i. tremulus, titubans uel instabilis. Versus (Grec. Nov.* 35^{v}*): Ebrie tu titubas, senio confecte vacillas W*
-- .i. tituare uel wanckeln *I*
-- stameln *K*

S Vacillare] + wantilare *B9* -- wanckin, struchin *Ks2* wankeln] + stucheln *Ma1*, + ader struchil *S4*, + ader struchnn *B5*, + strankelen *Ma3 N1*, + stameren *B9*
M + uel schranckeln *Ks1* + schreken *M19* + uel strucheln *D1 Dr1*
W schwanken] wanckeln *Me1* uel strauchen *Me1*] *fehlt S1* .i. tremulus *bis* vacillas *Bs9*] *fehlt S1*, .i. tremulus, titubans uel instabilis *Sg1*
P + strenkelen *Ma4 Wo1*
P-E -- wakel *(!) E2* -- wanken *M25* -- schwenken *P7*

V 6 m s **Vacuus** ledig, **Vacuitas** inde
-- lår. Inde **-itas** *W-Y*
-- ledig oder mů̊essig *K*
-- lår *P-E*
-- leddych *Kh2 Br1*

I *Sigle fehlt*
P *dt. Int.*] ydel, ledich *R1*

V 6.1 v ip **Vacat** .i. vacuum esse uel licitum esse / + uel oportunum *Y K*

V 6.2 *f p* ***Vacuna** dicitur esse vacacionis et ocij K*

K *Wa. K9*] *fehlt W13 K4* esse *Hl1*] *fehlt K9*

V 6.3 m s **Vacus** idem *(nach 6) Kh2*

V 6.4 part **Vacillans** .i. tytubans, vortwyfelt *Kh2*

V 7 n p **Vadare** waden
-- .i. per vadum transire, proprie waden *I*
-- *wetten P-E*

S + in dem waßer *S4 B5*
M -- betten *M19*
P-E *Wa. P7*] *fehlt E2*
Kh2 + uel venden *(?)*

V 8 n t **Vadere** geen
-- .i. pergere uel ire *I*

S *Wa. fehlt Ma3*
I n t Vado, -is, -ere
P-E *Wa. fehlt M25*

V 9 n p **Vadiare** wetten
Wa. fehlt Sb3

S *Wa. fehlt Ma3*
W -- idem *(nach 7) S1*
I a p
P *Wa. fehlt Ma4*
P-E -- idem *(nach 7) P7*

V 10 n s **Vadium** ein phand
+ Item **Vades** sunt fideiussores, búrg*en* *W*
Wa. fehlt I

vgl. 54, P 590
W *Zusatz nach 10.1 Sg1* sunt] uel *Sg1* búrgen *Sg1*] búrg *S1*
K *Wa. fehlt K4*

V 10.1 **Vas**, -dis pfand *Sg1 (W)*

W *vgl. O 67*

V 11 n s **Vadimonium** idem *(nach 10)*
-- eyn phant *I*

S *Stichwort verderbt B9*
I *Sigle fehlt*
K -- pfannt *K4*

V 11.1 n s **Vadillum** est paruum vadum *Kh2*

V 11.2 m s **Vadus** eyn vor*t*, dor *me* auer dat water vart *Kh2*

Kh2 vort *Ki3*] vor me *Ki3*] *fehlt*

V 12 n s **Vadum** eyn vort, *do man oberget*
-- ain furt ut est in fluuio, vbi aqua non multum est profunda, ita quod homines et iumenta pedibus possunt pertransire *W*
-- eyn steg, da man ober gehet *I*
-- furt °oder °verr °*(Y)* *K*
-- idem *(nach 11.2)* *Kh2*

vgl. T 509.3
S vort] verte *N1*, + in dem wasser *B5* do man oberget *B5*] *fehlt Ma1 S4 Ks2 Ma3 B9* + eyn wer in dem waßer *S4* + eyn werre *Ks2* + eyn port *Ma3*
M -- ein furt uber wasser *M19* oberget] ober fert *Ma6*, durch geth *D1* + ut in aqua *Dr1*
W *dt. Int. fehlt Bs9* ut *fehlt Y* multum *fehlt Sg1* pedibus *fehlt Sg1*
K ober verr *fehlt Hl1*
P do man oberget] dar man ober wet ober waßer *Wo4*, da man ouer dat water fert *Br1*, + oder rit *Ma4*
P-E -- ain furt in aim wasser *P7*

V 12.1 m t **Vader** .i. astutus, calidus, durus, grossus, inequalis vel superbus *Kh2*

V 13 m s **Vafer** .i. callidus uel superbus
+ ingeniosus *I*
+ sneydych *Kh2 Br1*

S callidus *verderbt Ma3*
W + et dicitur quasi »valens ad forum« *Sg1*

V 14 d p **Vagari** wandern
-- est huc illuc discurrere, °*wandern* °*(Y)*. Inde **Vagabundus** *W*
-- wandern vnnúczlich *P-E*

M + mussig gen *Dr1*
W *vgl. 21.1* -- witschwaiffen. Inde Vagabundus *Sg1* wandern *Me1*] wandlen *S1*
P-E wandern] wandlen *P7* vnnútzlich *fehlt M25*

V 14.1 m s **Vagus** eyn *vn*stede mynsche *Kh2*

Kh2 *vgl. 21* vnstede *Lü1*] stede *(!)*

V 15 m *t* **Vagedabor** ebraice, rigmus grece, numerus latine
-- ebraice, dicitur richmus latine, *numeri uel numerorum* *K*
Wa. fehlt I

S *Wa.*] Vagedabar ebraicum est ricmus latine *B9* *Sigle N1*] m in *X* Vagedabor *S4*] Vagidabor *Ma1*, h in Vagabor *Ma3* ricmus *S4 Ma3*
M rismus *Ma6 M19*
W Vagedalor *(!) S1* rucinus *S1*, ricmus *Sg1*
K *Wa. fehlt K4* m in numeri uel numerorum *K9*] *fehlt W13*
P m t Vagedaber *Ma4*, n t Vadegaber *R1*, n t Vagidaber *Wo4* rismus *Ma4*, ricmus *R1*
P-E n t Vadegaber *E2*
Kh2 ind Vageber ricmos latine] + lis latine

V 16 *f p* ***Vagedra** ebrayce, leuiticus grece, ministerialis latine*
-- hebraice, leuiticus latine uel ministerialis *W*
Wa. fehlt I

S *Wa. S4*] *fehlt Ma1* *Stichwort B5*] Vagedia *S4 Ks2* grece] latine *B9* ministerialis latine *fehlt Ma3*
W *Wa. fehlt Sg1*
K Vagedia leuiticus] lenticus *W13 K4*
P Vageda *Wo4*
P-E Vadegra *(auch R1)*

V 16.1 *f p* **Vagila** eyn feyle *P*
+ genus *palij* *P-E*
Wa. fehlt Kh2 Br1

P *Sigle Wo1*] *fehlt Ma4*
P-E -- ain fel, genus pellei *E2* -- ain *(!) M25* palij *zit. nach P7*

V 17 m s **Vagitus** weynunge, °**Ploracio** °idem °*(Ma3 B9 P W-Y)*
-- .i. fletus, weynunge *I*
-- *.i. fletus infancium* *K*

S *Wa.*] m q Vagitus wenich *Ma3*
Sb3 weynunge] + aut participium preteriti
W Ploracio idem *fehlt S1*
I m q Vagitus, -us, -ui
K m q *Int. K4*] chind wainnung *W13*
P part *(Sigle fehlt Ma4)*
P-E part
Kh2 m q *(auch Br1)*

V 18 n q **Vagire**
-- ⌜kindesweigen *Ma1* / kinde schreyen *S4 B5* / de kindesch wenen *Ma3* / kinder wenent *B9* *S*

-- ⌜kinde weynen *Ma6* / kindes wainen *M19 Ks1* *M*
-- kinder wainen *Sb3*
-- ⌜kind *wigen uel waynen X* / kindschwaigen vel wainen *Y* *W*
-- kinder sweygen uel seygen *I*
-- chind wainnen *K*
-- kindes wenen *P*
-- wenen sicud pueri *Kh2*

S -- est clamor pueri *Ks2* -- kind gesweygen *N1*
M -- kinder swegen *D1* -- kint wigen uel wein *Dr1*
W wigen uel waynen *Me1*] wagen uel wiegen *S1*
K -- chint warnung *K4* -- chind wainung *W9 M37* -- waynen sicut pueri *Ab1*
P -- wenen alzo eyn kint *Br1*
P-E -- wainen sicut pueri *E2* -- kúndesch wimen *P7*

V 19 f p **Vagina** ein scheide

M *Wa. fehlt D1*
K *Wa. fehlt Hl1 K4*
P *Wa. fehlt Ma4 B10*

V 19.1 **Vaginula** diminutiuum *I*

V 19.2 n s **Vaginaculum** est illud, quod in fine vagine ponitur *Kh2*

V 19.3 m q **Vaginatus** .i. exagitatus *Kh2*

V 19.4 **Vaginarius** eyn scheden maker *Kh2*

V 19.5 m s **Vaginarius**, -a, -um .i. aliquid pertinens ad vaginam, adiectiuum *Kh2*

V 19.6 m t **Vaginator** idem quod vaginarius *Kh2*

V 20 m s **Vagulus** est annulus, qui vagatur in digito

S in digitum *Ma3*, in digitu *B9*

V 21 m s **Vagus** ein lantleuffer
\+ uel leddychghengher *Kh2*
-- -a, -um wille *I*
-- lanndlewfel *K P-E*

vgl. 14.1, F 27
W -- witschwaiffer *Sg1*
I *ohne Sigle*
P-E -- ain lant lůfer *E2*

V 21.1 m s **Vagandus** idem *(nach 21)* *Kh2*

V 21.2 m s **Vagabundus** *qui* hinc et inde currit *K*

K *vgl. 14* qui *K4*] *fehlt W13*

V 22 adv **Valde** gar sere
-- ser *Sb3*
-- *gar schier* *W-Y*
Wa. fehlt I K P-E

S *Wa. fehlt Ks2* -- gar *N1*
M *Wa. fehlt M19 D1*
W *Int. Bs9*] gar fast *Sg1*
P *Int.*] *fehlt Ma4*, ghants zere *Wo1*

V 23 v de **Vale** gesunt sin uel by der macht sin
+ Eciam Vale pertinet ad salutacionem re*ceden*cium *W*
-- gesunt sein *Sb3 P-E*
-- sy gesunt *I*
-- gesund sein oder wolmůgen *K*
-- sy ghesunt vel mach wol *Kh2 Br1*

vgl. S 105.1
S uel by der macht sin *fehlt S4 B9*
M uel by der macht sin *fehlt M19* by der macht] widermacht *Dr1* der] diner *D1*
W *dt. Int. fehlt Sg1* recedencium *Sg1*] redeuncium *S1*
P uel by der macht sin *fehlt Wo1*

V 24 a t **Valefacere** gesunt machen

S a t Valescere *B9* zunt maken *Ma3*
W *Wa. fehlt Me1*

V 24.1 m s **Valentinus** proprium nomen *Ma3 P*
+ viri *Kh2 Br1*

V 25 n s **Valere** togen uel ⌜kranken / *gesunt sein K*
-- ⌜significat duo contraria, scilicet sanum esse et infirmari *X / tǒgen uel* núcz sin uel infirmari *Y*. Vnde **Ualitudo** sanitas uel egritudo et **Valitudinarius** dicitur ille, qui sepe infirmatur. Item Valere significat precium, ut: ille equus valet *10 libras* *W*
-- nútz sin *P-E*
-- moghen uel doghen *Kh2*

M uel kranken *fehlt M19*
W *vgl. 27.3, 28* tǒgen uel *Bs9*] múgen *Sg1* et Valitudinarius] *(neuer Wa.:)* m s Valetudinarius *Sg1* Item Valere *fehlt Sg1* 10 libras *Bs9*] vnum denarium *S1*, florenum *Sg1*
K gesunt sein *K9*] *fehlt W13 K4*
P uel kranken *fehlt Wo4 Br1* kracken *R1*
P-E *Stichwort verderbt E2*

V 26 n s **Valernum** est vinum nobile et valens
+ Vnde *(Walther 33932)*: Viuit in eternum, qui dat michi dulce valernum *I*
-- est nobile uel est valens *Sb3*
-- dicitur nobile vinum *K Kh2 Br1*

vgl. F 38.1
S -- est vinum *Ma3*
Sb3 Valerium
W Valerium *S1* + Wersus *Walther 33932)*: Viuat in eternum, qui mihi dat potare valernum. Qui mihi dat villum, mala passio torquat illum *Sg1*
K *Wa.*] n s Valerium .i. bonum vinum *K4*
P et valens *fehlt Wo4*
Kh2 Valernum] Valerium uel Valernum

V 26.1 f p **Valida** .i. invidia *Kh2*

V 27 m s **Validus** starg oder wol mogende
+ .i. potens *Kh2*

-- stark vel wol mugen *M-Y I*
-- wol můgig, .i. fortis *K*
-- wol müg*end* *P-E*

S wol moghen *Ma3*
W wol mogende] múgend *Sg1*, wol muget *Bs9*
K .i. fortis *fehlt K4*
P starg oder *fehlt Wo1* wol mogen *R1*
P-E *Wa. fehlt P7* wol mügend *M25*] wol mügig *E2*

V 27.1 m s **Valiturus** quandoque idem est *(nach 27)*, periturus uel peritus uel sanus *Kh2*

V 27.2 m t **Valigo** .i. fossorium *Ma3 P*

P-E f t Valido *E2* fussorium *E2*
Kh2 m t Valiga

V 27.3 **Valitudinarius** est ille, qui sepe infirmatur *Kh2*

Kh2 *vgl. 25*

V 28 f t **Valitudo** est sanitas uel infirmitas
-- est infirmitas oder wolmöchtikait *K*
-- dicitur fortitudo et quandoque ponitur pro infirmitate et sanitate. Vnde: Infirmi tibi sit valitudo, sit quoque firmi, .i. sani *Kh2*
Wa. fehlt (vgl. 25) W-Y

S firmitas *Ma3*
M est] sterck uel est *Dr1*
W *Wa. fehlt (vgl. 25) S1* est] sterck et est *Me1*
K infirmitas] + uel municio facta circa stabulum et dicitur spacium inter duas fossas *(vgl. 32) X* + oder furch *K4*
P infirmitas] firmitas *Wo4*
P-E Valitudo] Vaditudo *E2*
Kh2 *vgl. 30.2*

V 28.1 f p **Valida** est sanitas *Kh2*

V 28.2 f t **Valido** idem *(nach 28.1)* *Kh2*

V 29 a p **Vallare** beblancken uel vmbgraben, °bephelen °*(Ma3 B9 P-X I)*
-- vmbplancken *Sb3*
-- ⌜bebloken *X / est circumdare Y vm graben* mit pfålen *W*
-- planchken / + uel circumsepire *X* *K*

S -- plancken *B9* vmmebegrauen *Ma3 B9* bephelen *fehlt S4 B5 Ks2*
M -- beplancken *M19* bephelen] mit pfelen *Dr1*
Sb3 vmbplancken] + aut *(!)*
W est circumdare *Bs9*] *fehlt Sg1* vm graben *Sg1*] uel vm zúnen *S1*
P uel vmgraben] *fehlt Wo4*, begrauen *Wo1*, vmme begraben *R1*
P-E beplancken uel] *fehlt M25*, bepflanczen *E2*, ald pflantzen *P7*

V 30 f t **Vallis** ein tale
Wa. fehlt K

P-E + grab *P7*

V 30.1 **Vallamina** planken *Kh2*

V 30.2 f t **Vallitudo** dicitur fortitudo *Kh2*

Kh2 *vgl. 28*

V 31 m s **Vallus** est palus vinearum
+ quia fit validus *I*
-- dicitur paruus palus vinearum *K*

S est palus] eyn pal *B9*
P m s Vallus] Valis *Wo4*, n s Vallo *R1* vinarum *R1*

V 32 n s **Vallum** ein blancke uel municio facta circa stabulum uel dicitur spacium inter duas fossas uel inter foss*a*m et murum, ein ⌜*wal* / valle *S-X*, *uel eciam idem est quod interuallum*
+ *Item* ***Vallis salinarum*** *dicebatur, quia ibi erant putei quinque salis W*
-- [...] et murum uel dicitur interuallum *Sb3*
-- [...] et murum, vbi fit expugnatio contra hostes *I*
-- planck *K-Y*
-- [...] stabulum propter defensionem pecorum. Item dicitur spacium [...], °en °wal °*(P-E)*, uel est idem quod interuallum *P*
-- [...] stabulum propter defensionem pecorum. Eciam dicitur spacium [...], en wal *Kh2 Br1*

S stabulum] + propter defensionem pecorum *Ma3* uel dicitur *bis* interuallum *fehlt B9* fossam *S4*] fossum *Ma1* ein valle *bis* interuallum *fehlt Ks2* wal *Ma3*] velle *N1* valle] falle brücke *S4*, sal würk *(!) B5* uel eciam *bis* interuallum *S4*] *fehlt Ma1* interuallum *B5*] intervallium *S4*
M uel municio facta circum stabulum *fehlt M19* ein wal *fehlt Ks1 M19* interfallum *M19*
W blancke] blok *S1* ein wal *fehlt Sg1* *Zusatz Sg1*] *fehlt S1* Vallis *Bs9*] Valis *Sg1*
I *Sigle fehlt* uel dicitur] et recte dicitur
K *vgl. 28* spacium *bis* interuallum] spacium inter duas fossas et murum uel interuallum *W13*
P fossam] fossum *Ma4*
P-E ein blancke uel] *fehlt E2*, ain pflancz *M25* stabulum] stabum *E2* inter duas] duas *E2*

V 32.1 f p **Vallicula** est fossa circa vallum *Kh2*

V 32.2 f p **Vallata** .i. munita uel circumdata uel locus depressus inter montes, eyn grunt *Kh2*

V 32.3 **Vallacia** est palorum circumdacio, que fit in fine vrbis. Wersus *(Grec. Vet. xii 202f)*: Est vallus palus circa castrum preacutus. Mutua palorum conneccio sit tibi vallum *Kh2*

V 33 f p **Valua** ⌜ein porte uel ein dor / eyn dor *B9 P K*
+ Wersus: Valueque duplices sunt et intro clauduntur. Value janue, que reuoluuntur uel repagula hostium *W*
-- ein tor uel gateren *Sb3*

S *Wa. fehlt (Blattverlust) Ma3*
M -- ein tor *M19*
W -- ain port uel tor uel lad *Sg1*
P -- eyn porte, eyn dore *Ma4*
P-E -- ain fenster túrlin *E2*

V 33.1 **Value** sunt ianue duplices *Kh2*

V 33.2 n s **Valitudinarium** est domus infirmorum *Kh2*

V 33.3 f p **Valica** idem *(nach 33.2) Kh2*

V 34 adv **Vane** vnnuczlich
-- .i. inane uel inutiliter *I*
Wa. fehlt K

S *Wa. fehlt (Blattverlust) Ma3* *Int.*] annuczelich *S4*, eytl *B5*, + vorgeůes *B9*
P -- vn mutlick *(!) Ma4*

V 35 f p **Vanga** ein *steyn bicke* °uel °stein °ax °*(Sb3)*
-- *stain bickel uel stain ax* *W*
-- est genus fossorij, eyn karst *I*
-- stajn achs *K-Y*
-- en ⌜bick / bykel *P-E R1*, en sten exe *P*
-- est instrumentum scemetariorum, eyn bicce uel eyn sten ecce *Kh2*

S *Wa. fehlt (Blattverlust) Ma3* -- eyn bicke *B9* steyn bicke *S4*] steinbickel *Ma1*
M steyn bicke uel *fehlt Ma6 M19* uel stein ax] *fehlt D1*, stein haken *M19 Dr1*
W *Int. Sg1*] ain stain buk *S1*, + stein grab *Me1*
P-E -- ain stain agst *M25* sten exe] axt *P7*

V 36 m s **Vaniloquus** ein vnnücze sprecher
-- ein vnnuczlicher sprecher *Sb3 K*

S *Wa. fehlt (Blattverlust) Ma3* m s Vaniloquis *S4* vnnücze] vnnüczlich *N1* sprecher] cheffler *B5*
M *Wa. fehlt M19*
W -- vnnútzlicher reder *S1* -- ain vnnütz hafter sprecher *Bs9*
P vnnücze] ynnick *(?) Ma4* sprecher] reder *R1*

V 37 f t **Vanitas** itelkeit
+ inanitas *Kh2*
-- eytelhait *Sb3*
-- vnnútzlichhait *S1* *W-X*
-- *vnnútzikait P7* *P-E*
Wa. fehlt W-Y

S *Wa. fehlt (Blattverlust) Ma3*
M -- eitlung *M19* -- vnnüczkeit *Dr1*
W *Wa. fehlt Me1 M12*
K -- eytlhait *K9*
P -- ydelheit *Ma4 B10* -- ydelichet *R1 Wo4 Br1*
P-E *Wa. fehlt E2* -- vnüczkait *M25*

V 37.1 m s **Vaniticus**, -ca, -cum vana dicens *I*

V 37.2 m s **Vanidus**, -da, -dum idem quod vanus *I*
-- vorsumuclik *Kh2*

V 38 n *p* **Vannare** ⌜wannen uel wurffen / werpen *B9 P* ut frumenta
-- wienten als den draydt *Sb3*
-- wannen ut frumenta *I*
-- warffen *oder wintten*, pertinet ad frumenta *K*
-- wannen vel korn werfen *P-E*
-- worpelen vt frumentum *Kh2*

S *Wa. fehlt (Blattverlust) Ma3* *Sigle B9*] n s *Ma1* *dt. Int.*] worffin *Ks2*, swingen *N1*
M -- wannen *Ma6* -- berffen ut frvmenta *M19* uel wurffen *fehlt Ks1*
W -- wannen *Sg1*
K -- werfen oder traid winten *K9* oder wintten *K4*] *fehlt W13*
P -- wurfen, wannen *R1*
P-E -- wannen *M25* wannen] schwingen *P7*

V 39 f s **Vannus** ein wanne uel ein worff schuffel
+ instrumentum purgandi pabulum *I*
-- wintschaufel *Sb3 K*
-- eyn wanne uel eyn worpel schuffel *Kh2*

S *Wa. fehlt (Blattverlust) Ma3* ein wanne uel *fehlt Ks2* uel ein worff schuffel *fehlt B9*
M -- ein schauffl *M19* uel ein worff schuffel *fehlt Ma6 D1*
W ein worff schuffel] werf schússel *(!) S1*, werf uel schufel *Sg1*
I *Sigle*] Inde *(nach 38)*
K *Wa. fehlt Hl1* + oder warfschawfel *W13*
P ein wanne uel *fehlt Wo4* uel ein worff schuffel] ader worpspan *Br1*
P-E uel ein worff schuffel *fehlt M25*

V 39.1 f p **Vapa**, -pe fex vini, win hebe *I*

V 39.2 m s **Vapidus**, -da, -dum insipidus, superfluus *I*

V 40 m s **Vanus** .i. inanis, itel
-- eytel *Sb3 K*
-- .i. inanis, vnnútz *W*
-- .i. inanis *P-E*
-- vnnutte *Kh2*

S *Wa. fehlt (Blattverlust) Ma3* .i. inanis *fehlt B9* + uel üppig *N1*
M itel] unnücz *Dr1*
W + vel uppig *Sg1*
P *Wa. fehlt Wo4 Br1* itel *fehlt Ma4 B10*

V 40.1 f p **Vangula** est diminutiuum illius quod est vanga *(vgl. 35) Kh2*

V 41 m t **Vapor** *.i. exalacio*, ein swadem
-- est exalacio, ausswai*b*ung *Sb3*
-- quandoque significat *ca*lorem, communiter f*u*mum aliquando *qui wlgariter dicitur dampff* *W*
-- swadem uel bronst *I*
-- tampf, .i. exalacio *K P-E*
-- .i. exalacio, braden, *rauch* *P*

S *Wa. fehlt (Blattverlust) Ma3* .i. exalacio *S4*] *fehlt Ma1*, .i. exultacio *B9* swadem] + uel braden *Ma1*, + ader wrunst *B5*, + swalnn *(?) N1*
M ein swadem] tůnst *M19*, + broddeln *Ks1*, + swalme *D1*, + dunst *Dr1*
Sb3 Vapar ausswaibung *emend. (vgl. 42)*] ausswaigung
W -- tampf *Sg1* calorem *Me1*] valorem *S1*, colorem *Bs9* fumum *Bs9*] femum *S1* qui *bis* dampff *Bs9*] *fehlt S1*
K -- staub *K4* *lat. Int. fehlt Y*
P -- .i. exalacio *Wo1 Wo4* -- elacio, rauch uß dem hafen *R1* braden] wrasem *Br1* rauch *R1*] rack *Ma4*, roken *B10*, + swadem *Ma4*
P-E tampf] der dampf von dem hafen *P7*
Kh2 .i. exalacio] est alacio

V 42 n p **Vaporare** swademen
+ .i. calorem emittere *I*

-- vß swademan *M*
-- ausswaiben *Sb3*
-- uß swebende *dunsten* *W-X*
-- tamphig sein *K*
-- ⌜utswademen *Ma4* / ußwasemen *R1 Wo4* *P*
-- dempfen *P-E*
-- vratemen *Kh2*
Wa. fehlt W-Y

S *Wa. fehlt (Blattverlust) Ma3* -- uß swademen *Ks2* -- bredemen *B5* -- vt swaden *B9*
M -- ußbredelen *Ks1* -- auz tůnsten *M19* -- uß swademe dunsten *Dr1*
W dunsten *Me1*] dúrsten *S1*
K -- staubig sein *K4*
P -- vt bratmen *Wo1* -- vt roken *B10* -- wasemen *Br1*

V 42.1 f p **Vapassa** rasin *P*
Wa. fehlt P-E Kh2 Br1

P *vgl. 561* -- rysen *R1*

V 43 f p **Vappa** .i. vinum marcidum, ⌜trocken win / dor wyn *P (außer P-E R1)*
-- est v*i*num exsiccum, *trukchen* wein *Sb3*
-- ⌜vinum marcidum, truken win. Item Vapa est *X* / est *Y* aqua superfusa *b*otris post vini expressionem, et habet aliquid vinositatis, wulgariter lúrr *W*
-- dicitur esse vinum marcidum, dorre wyn vel vorsurt wyn *Kh2 Br1*

S *Wa. fehlt (Blattverlust) Ma3* toknn *B5*
M trocken] druncken *Dr1*
Sb3 vinum *V1*] vanum trukchen *V1*] kruchen
W botris *Sg1*] potris *S1* aliquid] aliud *Sg1*
K macidum *alle Hss.* *dt. Int. fehlt K9* trocken] truncken *K4*
P f t Vapassa *(vgl. 42.1) Wo4* dor] droge *Wo1*
P-E trocken] druncken *M25*

V 43.1 m s **Vapidus** .i. incipidus *Kh2*

Kh2 incipidus *für* insipidus

V 43.2 f t **Vapiditas** .i. incipiencia *Kh2*

Kh2 incipiencia *für* insipiencia

V 44 *n* p **Vapular*e*** geslagen werden
-- slahen *Sb3*
-- ⌜geschlagen werden. Item Vapulo, -as .i. *X* / *.i. Y* percucior. Et nota: Quattuor sunt talia, que in actiua voce passionem significant, scilicet exulo, uapulo, *veneo, nubo*. Vapulo enim non significat percucio, *sed* percucior. Exulo, .i. exilium pacior. *Veneo .i. vendor. Nubo .i. opus luxurie pacior*, et pertinet ad mulieres, *sicud* e contrario futuo, -is idem est quod opus tale facio et pertinet ad viros tantum *W*

S *Wa. fehlt (Blattverlust) Ma3* n p Vapulare *B9*] d p Vapulari *Ma1*, a p Vapulare *S4*, n p Vapolare *Ks2*, Vapulare *B5*

M -- geslagen *M19*
W -- .i. percutti; nubo .i. opus luxurie parcior *(!)* et pertinet ad viros *Sg1* .i. *zit. nach Bs9* veneo, nubo *Bs9*] etc *S1* sed *Me1*] .i. *S1*, uel *Bs9* Veneo *bis* pacior *Bs9*] *fehlt S1* sicud *Bs9*] *fehlt S1*
I n p Vapulare] vapulari

V 45 m t **Varex** die seyne °uel °die °ader °*(B9 P)* vnder dem kny uel die rucke ader
-- dy ader an dem knie *Sb3*
-- dy sene ader vnder dem knye *I*
-- et **Varix** dicitur vena in dorso; incisa reddit hominem incuruum *et inclinatum* *K*
-- die ruk ader *P-E*

S *Wa. fehlt (Blattverlust) Ma3* -- dy sene vnder dem knye *Ks2* seyne uel die ader] sene oder *N1* uel die rucke ader] *fehlt S4*, vel der ruke *B5*
M -- eyn sene ader uel rucke ader *Ma6* -- die ader vnder dem knie *M19* vnder] in *Ks1* uel die rucke ader *fehlt D1*
W uel die ader *fehlt Sg1*
K *vgl. 53* et inclinatum *K9*] *fehlt W13 K4*
P -- dy sene an den kny, dy rugge ader, dy kny ader *B10* uel die rucke ader] de rugge oder dye kne ader *Ma4*
P-E -- est quedam vena sub genu vel die ruk ader *E2* -- ain auder vnder dem kine *(!) P7*

V 46 a p **Variare** wandeln
+ Inde **Varius**, **Varietas** *W-Y*

S *Wa. fehlt (Blattverlust) Ma3*
M *Wa. fehlt M19 D1*
W *vgl. 50, 52* -- *verwandlen S1*
K *Wa. fehlt K4*
P -- wesselen *R1*

V 47 f p **Varica**, -ce est vena, que si leditur reddit hominem curuum

S *Wa. fehlt (Blattverlust) Ma3* vena] vona *S4* leditur] ledatur *S4*
Sb3 est vena, que] vana reddit] facit
K curuum] incuruum *W13*
P si *fehlt R1* reddit] facit *Wo4*
Kh2 curuum *verderbt*

V 48 m s **Varicolus** krump
-- .i. curuus *P-E*

S *Wa. fehlt (Blattverlust) Ma3*
W f p Varculus *Sg1*
K *Wa. fehlt Hl1*

V 49 m s **Varicosus** .i. instabilis
-- .i. curuus, labilis et reditiuus *K*
-- .i. contractus, curuus uel instabilis *Kh2*

S *Wa. fehlt (Blattverlust) Ma3*
W Variconsus *S1*
K Varicolus *K4* et reditiuus *fehlt K4*

V 50 f t **Varietas** manchirley
-- multiplicitas *Kh2*
Wa. fehlt (vgl. 46) W-Y

S Wa. *fehlt (Blattverlust) Ma3* -- andrlay *B5*
M -- bunderlich *M19*
W + Varius idem *(vgl. 52) S1*
P -- mannichleyheit *Br1*

V 50.1 co t **Variabilis** .i. commutabilis *Kh2*

V 50.2 f t **Variabilitas** .i. diuersitas *Kh2*

V 50.3 m t **Varro** proprium nomen *P*

P-E nomen *fehlt E2*

V 50.4 m q **Varrus** .i. curuus *Kh2 Br1 P7 (P-E)*

V 50.5 n q **Varru** .i. curuus *P*

P Varru *Wo4*] *verderbt Ma4* currus *R1*
P-E currus *E2*

V 51 n s **Variumopus** buntwerg
\+ sunt pelles *K*
-- manigerlay *werch* *Sb3*
-- ⌜mengerlay werk *S1* / *wunder werck Y* *W*
-- *wunder werk* *P-E R1*
Wa. fehlt I Kh2

S *Wa.*] *fehlt (Blattverlust) Ma3*, *fehlt B9*
M -- mangerlay berch *M19* -- wunck werck *Dr1*
Sb3 werch *V1*] *fehlt*
W *Wa. fehlt Sg1 M12* -- wenig werck *Me1* wunder werck *zit. nach Bs9*
K *Stichwort verderbt K4* buntwerg] puntwerkchel *K9*
P *Wa. fehlt Ma4* Variumopus] Varum opus *R1*
P-E *Wa. P7*] *fehlt E2 M25*

V 52 m s **Varius** bunt uel manchirley
-- manigerlay *Sb3 W-X*
-- multiplex *Kh2*
Wa. fehlt (vgl. 46) W-Y
Wa. fehlt K

vgl. F 82
S *Wa.*] *fehlt (Blattverlust) Ma3*, *fehlt B9* manchley *B5*
M -- maniklay *M19* -- mancherley *Dr1*
P *Wa. fehlt Ma4*
P-E Varinus *(auch R1)* -- idem vel bunt *(nach 50) E2* -- manigerlay *M25*

V 53 f t **Varix** .i. varex
Wa. fehlt I K

vgl. 45
S *Wa. fehlt (Blattverlust) Ma3*
M *Wa. fehlt M19* + proprie dy rock *D1*
P *Wa. fehlt Ma4*

V 54 etro **Vas** -sis ein vaz, sed **Vas**, -dis .i. fideiussor
\+ eyn phant *I*
-- vasis ein vas. *(neuer Wa.:)* **Vas**, vadis ein pfannt *Sb3*
-- -sis eyn vat. *(neuer Wa.:)* **Vas**, -dis eyn pant vel fidiussor vel obses *Kh2 Br1*

-- *vasis est* vas fictile et est, quod formatum est de terra. Sed **Vas**, uadis est fidiussor uel obses, búrg. Inde **Vadimonium** °.i. °pingnus °*(Y)*. Item **Uasa belli** dicuntur arma, sed **Uasa papirea** sunt nauicula de papiro facta, ut dicit Glosa Ysaye 18uo *(vgl. Is 18,2; Brito 816)*. Alij autem dicunt, quod sint capsule siue capselle facte de papiro. Est autem papirus iuncus marinus. **Vasa pastoris** appellat Glosa Zacharie vndecimo *(vgl. Za 11,15)* peram et baculum et fistulam et sibulum. Sibulus autem hic ponitur pro instrumento lato et tenui artificialiter perforato, *quod* admodum sibuli sonat, *quod wlgariter dicitur blaus* *W*

vgl. 11, P 590
S *Wa. fehlt (Blattverlust) Ma3* fideiussor] + Vaselus *(vgl. 55) Ma1*
M *Wa.*] etro Vas, -is wein vas. *(neuer Wa.:)* etro Vas, -dis est fideiussor *M19*
W etro Vas *bis* terra] etro Vas, vasis est reseruatorium liquoris *Sg1* vasis est *Bs9*] vasß. Item *S1* uel obses *fehlt Sg1* papirea *Sg1*] papilia *S1* capsule] casule *Sg1* facte *fehlt Sg1* papirus] bapirus *Sg1* quod admodum *Sg1*] et admodum *S1* quod wlgariter dicitur blaus *Sg1*] *fehlt S1* blaus] blassa *Me1*
I *Sigle fehlt* sed Vas] *(neuer Wa.:)* Vas
K *Wa.*] etro vas *(!)* Vas ein vas uel fide iussor *K4* -sis *fehlt alle Hss.*
P sed] m t *(neuer Wa.)* -dis] vasis *(!) Wo4* videossor *Ma4* + eyn borghe *Wo4*
P-E Sed] m t *(neuer Wa.)* vidiussor *E2*
Kh2 *vgl. 55.1*

V 54.1 f t **Vassis** gel *P*
Wa. fehlt Kh2 Br1

P-E gayl *alle Hss.*

V 55 m s **Vasallus** *eyn len man*

vgl. P 511.1
S *Wa. fehlt (Blattverlust) Ma3* Vasellus *S4* *Int. S4*] dicitur ille, cui concessum est feodum *Ma1*
Sb3 -- ein loner man
I Vasellus
K *Wa. fehlt Hl1* Vasellus *K4*
P *Wa. fehlt Ma4*
Kh2 Vasellus

V 55.1 **Vasabelli** dicuntur arma *Kh2*

Kh2 *vgl. 54* m s Vasabelli

V 55.2 **Vasa transmigracionis** eyn wat sak *Kh2*

Kh2 m t Vasa transmigracionis

V 56 m s **Vastus** .i. inanis uel nugatorius. *(neuer Wa.:)* m *s* **Vastus** .i. amplus, wid, magnus, profundus uel seuus
-- [...] nugatorius, amplus, magnus, profundus *Sb3*
-- .i. inanis uel nugatorius. Item idem est quod amplus uel magnus [...] *W*
-- .i. amplus, wit, uel magnus, profundus uel seuus *v*el inanis uel nugatorius *I*
-- weit, *.i. inanis, magnus uel nugatorius, profundus* *K*
-- amplus, profundus vel nugatorius vel inanis *P-E*
-- .i. profundus, inanis, elatus, magnus, amplus, nugatorius uel desertus *Kh2*

S	*Wa. fehlt (Blattverlust) Ma3* m s Vastus*(1) bis* nugatorius *fehlt B9* nugatorius *verderbt S4* m s Vastus*(2) bis* seuus *fehlt S4* m s*(2) B9*] m q *X* wid] + breit *Ma1*
M	amplus *bis* seuus] amplius, weit *M19*
Sb3	.i. inanis] est nanis
W	amplus] + weith *Me1*
I	vel *I2*] nel *(!)*
K	m q *lat. Int. Hl1*] *fehlt W13 K9* inanis] .i. nauis *K4*
P	inanis] anis *R1* wid *fehlt Ma4*
P-E	*Sigle*] ms mq

V 57 a p **Vastare** .i. euellere °uel °in*f*estare °*(Sb3 K)* uel destruere

S	*Wa.*] *fehlt S4*, *fehlt (Blattverlust) Ma3* infestare *B5*] investare *Ma1 Ks2* + ratin *B5*
Sb3	euallare
W	uel infestare] uel inuestare *S1*, *fehlt Sg1*
I	investare] inuestigare
P	infastare *Ma4*
P-E	invastare *E2*

V 58 f t **Vastitas** .i. pernicies, schade uel pestis *uel wyt*
+ uel breit *M W*
-- est pernicie*s*, schad uel pestis *Sb3*
-- .i. *p*ernicies, schade uel pestis uel amplus *I*
-- dicitur *pernicies*, *schad*, pestis uel ruina *K*
-- .i. pernicies uel pestis / + uel amplitudo *P-E Kh2 Br1* *P*

S	*Wa. fehlt (Blattverlust) Ma3* uel wyt *Ks2*] *fehlt Ma1 S4*, + uel wreytikeit *B5*, + pruyt *N1*
M	-- pernicies, schadel, vestis vel prait *M19*
Sb3	f t Vastita pernicies *V1*] pernicie
W	pestis] vestis *Sg1*
I	pernicies *I2*] spernicies
K	pernicies *Hl1*] *fehlt W13 K4*, pronicies *K9* schad *K4*] *fehlt W13*
P	-- scade uel pestis *Wo1* -- .i. pernices *R1* pestis] piscis *(!) Wo4*, + uel wide *Ma4*, + wigrot *Wo4*, + wyde grotte *B10*
Kh2	Vasitas

V 58.1 f p **Vastia** .i. bestia, quia bestia dicitur quasi fastia, quia quidquid reperit, vastat *P-E*

P-E	fastia *bis* vastat] vestia, quia pack *(!) M25* vastat] + .i. deperit et dicitur ain *(!) E2*

V 59 m t **Vates** ein wissage, .i. sapiens
-- weissag *Sb3*
-- idem est quod sapiens °uel °propheta °*(Y)*, *wissag* *W*
-- .i. sapiens, ein prophete *I*
-- .i. propheta *K*
-- .i. sapiens, *eyn wys sagher* uel clunis *P*
-- .i. propheta vel clunis *E2* *P-E*
-- eyn wys sagher *Kh2*

S	*Wa. fehlt (Blattverlust) Ma3* eyn wissager *B9*
M	ein wissage] *fehlt M19 D1*, eyn wyß sagir *Ks1*
W	*lat. Int. fehlt Sg1* wissag *Sg1*] *fehlt S1*
P	*vgl. N 35* -- eyn wys sagher *Wo1* .i. sapiens *fehlt R1* eyn wys sagher *Wo1*] wissaghe *Ma4* clunis] + ers belle *Ma4 B10*, + eyn ars lende *Wo4*, + eyn ars back *R1*
P-E	-- .i. sapiens uel clunis, arsback *P7* -- .i. sapiens, ein weissag *M25*

V 60 m in **Vatican** .i. propheticus
+ uel mons, in quo nutritus dicitur Iupiter *P*
Wa. fehlt Sb3 W I K-Y

S *Wa. fehlt (Blattverlust) Ma3* m in Vaticon *S4*, m s Vaticanus *B9*
M *Wa. fehlt M19*
K *Wa. fehlt W13*
P m s Vaticanus dicitur] uel *(!) R1*
P-E m s Vaticarius *E2* dicitur] uel *(!) E2*
Kh2 *vgl. 62.3* m s Vaticanus *Zusatz*] uel dicitur esse Iupiter *(auch Br1)*

V 60.1 **Vaticinosus** .i. propheta *Sb3*

V 60.2 m s **Vaticius** .i. propheticus / + sapiens *W-X* *W I*

W propheticus *Sg1*

V 61 d p **Vaticinari** wissagen
+ uel prophetare *W-X*
+ .i. prophetisare *I*

S *Wa. fehlt (Blattverlust) Ma3*
M *Wa.*] d p Vaticinare beissagung *M19* weißsagung *Dr1*

V 62 *n s* **Vaticinium** wissagunge

S *Wa.*] *fehlt B5, fehlt (Blattverlust) Ma3* *Sigle S4*] *fehlt Ma1*
K *Wa. fehlt Hl1*

V 62.1 f t **Vatiscinatrix** diuinatrix *Kh2*

V 62.2 f t **Vatiscinacio** i. diuinacio uel propheta erroris *Kh2*

V 62.3 ind **Vaticanos** est paganorum uel mons, in quo nutritus Iupiter *Kh2*

Kh2 *vgl. 60*

V 63 m t **Vaticinator** ein verkundiger
-- ein verchunder *Sb3*
-- .i. propheticus *K*
-- wissagher *P*
Wa. fehlt W-Y

S *Wa. fehlt (Blattverlust) Ma3* -- ein weissager, ein kündiger *N1*
P -- eyn vorkundigher *Wo1*
P-E -- idem *(nach 61) M25*

V 64 co t **Vber** fruchtbar
+ *Wersus (Grec. Vet. xii 20,21): Est omnis generis vber: notat fertilitatem; est neutri tantum, cum fetus est alimentum* *K-X*
-- ein fruchtpar uel *tir autter* uel significat mamillas *Sb3*
-- .i. mamilla uel fruchtbar *I*
Wa. fehlt (enthalten in 66) Kh2 Br1

vgl. 66
S *Wa.*] *fehlt (Blattverlust) Ma3, fehlt B9*
Sb3 tir autter *V1*] tier
K -- fruchtperkait *K4* *Zusatz Hl1*] *fehlt W13*
P *Wa. fehlt B10*

V 65 n p **Vberare** fruchtbar machen
\+ .i. fecundare *I*

S *Wa.] fehlt (Blattverlust) Ma3, fehlt B9*
K -- fruchpar macher *(!) Hl1*
P a p -- fruchtbaren *B10*
P-E a p

V 66 m t **Vber** .i. mamilla
\+ uel vruchtbar *Kh2 Br1*
-- ⌜.i. mamilla uel mamma pecoris. Scilicet hic et hec Vber idem est quod fertilis. Inde **Ubertas**, .i. fertilitas *X* / .i. mamma *pecoris* *Y W*
Wa. fehlt (enthalten in 64) Sb3 I

vgl. 64, 67
S *Wa. fehlt (Blattverlust) Ma3*
W pecoris *Bs9*] brust uel túttli *Sg1*

V 67 f t **Vbertas** fruchtbarkeit
Wa. fehlt (vgl. 66) W-Y

S *Wa. fehlt (Blattverlust) Ma3*
Sb3 Vbestas
W *Wa. fehlt (vgl. 66) S1 M12*
P vruchtbarheit *Wo1 R1 B10*, vruchtbaricheyt *Wo4 Br1*

V 68 adv **Vbi** wo
-- **Vbique**, **Vbicumque** idem sunt *I*
-- .i. vbicumque, wor *Kh2*
Wa. fehlt K

S *Wa. fehlt (Blattverlust) Ma3*
M *Wa. fehlt D1*
W *Wa. fehlt S1*
I *vgl. 69, 71*
P-E *Wa. fehlt M25*
Kh2 *vgl. 69*

V 69 adv **Vbicumque** idem *(nach 68)*
-- vberal *Sb3*
Wa. fehlt (enthalten in 68) I
Wa. fehlt K
Wa. fehlt (vgl. 68) Kh2

S *Wa. fehlt (Blattverlust) Ma3*
M *Wa. fehlt D1*
W wo *S1*

V 70 adv **Vbilibet** allenenden
-- idem *(nach 69)* *Sb3*
-- an allen enden *K*
-- idem *(nach 71)* *Kh2*

S *Wa.] fehlt B5 B9, fehlt (Blattverlust) Ma3*
I *Sigle fehlt*
P-E *Wa.]* adv Vbilibus allenthalben *M25*

V 71 adv **Vbique** idem *(nach 70)* uel allenthalben
-- idem *(nach 70)* *Sb3*
-- allenthaluen *P*
-- alder weghen *Kh2*
Wa. fehlt (enthalten in 68) I
Wa. fehlt K

S *Wa. fehlt (Blattverlust) Ma3* uel allenthalben *fehlt S4 B9 N1*
M allenthalben] hallenhaben *Dr1*
W uel allenthalben *fehlt S1 Sg1*
P -- idem *(nach 70) Br1*

V 71.1 int **Vch** .i. ach *P*

P *Wa. fehlt Wo4*
P-E jach *M25*

V 71.2 *m s* **Vdalricus** proprium nomen / + viri *Kh2 Br1* *P*

P *Sigle Wo1] fehlt Ma4* Vdaricus *Wo4*
P-E + viri *E2*
Kh2 Vtalricus

V 71.3 **Vbraycus** sal *B10 (P)*

V 72 m s **Vdus** *n*aß. Inde **Vditas** / + nashait *Sb3 P*
-- -a, -um illud, quod habet humorem ab extrinsico, proprie naß. Inde **Vditas** fuchtikeyt *I*
-- nass uel fúht *P-E*
Wa. fehlt K

S *Wa. fehlt (Blattverlust) Ma3* -- nacht *B9* naß *Ks2*] maß *Ma1*, eyn faß oder fúcht *S4*, + uel fücht *B5* Vditas] + nassikeyt *N1*
M *Wa. fehlt Dr1*
P *Stichwort verderbt Ma4* nashait *fehlt Ma4 R1*
P-E fúht] früht *M25*
Kh2 Vbus Inde] *(neuer Wa.:)* f t *(auch Br1)*

V 72.1 m s **Vbertus** .i. habundans. Vnde **Vbertim** aduerbium *I*

V 73 int **Ve** we
Wa. fehlt I K

S *Wa. fehlt (Blattverlust) Ma3*
Kh2 we] q̄

V 73.1 n s **Veciculum** est precium traductorum, vor lon *Kh2*

V 74 f p **Vecordia** *wemütekeit* uel torheit
-- quasi »ve habens in corde«, uel torhait *Sb3*
-- torhait *K*
-- wemůtigkait *P-E R1*
-- .i. vehemencia, wemodicheyt uel furia, dorheyt *Kh2*

S *Wa. fehlt (Blattverlust) Ma3* wemütekeit *S4*] wemutig *Ma1* uel torheit *fehlt S4 B9*
M wemütekeit uel *fehlt M19* uel torheit *fehlt Dr1*
P uel torheit *fehlt Wo1 Br1*
P-E wemütkait *M25*

V 75 o t **Vecors** .i. sine corde uel stultus
\+ demens, furiosus. Idem eciam significat **Excors** *W*
-- .i. sine corde uel quasi vehemens in corde uel stultus *Kh2*

vgl. E 367
S *Wa. fehlt (Blattverlust) Ma3*
Sb3 uel] quasi
W -- est aliquis habens »ve« in corde uel demens *Sg1*
I *Sigle fehlt*
K uel stultus *fehlt Y*
P Vecor *Wo4*
P-E coorde *E2*

V 76 a p **Vectare** .i. portare

S *Wa. fehlt (Blattverlust) Ma3* Vectare *S4*] Vertare *Ma1*

V 77 n t **Vectigal** furlon
\+ schattynghe uel tollych *Kh2*

S *Wa. fehlt (Blattverlust) Ma3*
I *Sigle fehlt*
P-E furlay *M25*

V 77.1 co t **Vectigalis** .i. trib*u*tarius uel soluens vectigal *Kh2*

Kh2 tributarius *Lü1*] tribitarius

V 78 f t **Vectis** ein rigel
\+ uel est manica, .i. cathena manuum *W*
\+ uel kynbeyne *I*
\+ eciam dicitur dyabolus Ysaie 27° *(Is 27,1)*: eciam dicitur cathena manualis *K*
-- eyn slot, eyn gryndel, eciam dicitur dyabolus uel serpens *Kh2*

S *Wa. fehlt (Blattverlust) Ma3* rigel] + Repagulum, Obex consynonima *(?) Ma1*, + uel eyn dor *S4*, + von eyner thür *B5*, + grindel *B9*
W m t
K *Zusatz fehlt K4*
P + uel eyn grindel *B10*
P-E + an ainer tůr *M25*
Kh2 Vectus

V 79 m t **Vector** ein furman
Wa. fehlt W-Y

S *Wa. fehlt (Blattverlust) Ma3*

V 80 f t **Vegetacio** .i. mocio
\+ uel nutricio *Kh2 Br1*
-- fuerrung *Sb3*
-- ⌜.i. bewegung, .i. mocio *X* / *pebegung Y* *K*
Wa. fehlt W-Y

S *Wa. fehlt (Blattverlust) Ma3* Vectigacio *S4* + bewegunge *S4 B5*
M + bewegung *D1*
Sb3 Veccio aut Vegitacio
I f t Vegetacio] vectigacio
K Vectigacio pebegung *K9*] pegebung *K4*

P-E Vectigacio *(auch R1)*
Kh2 Vehetacio

V 81 co t **Vegitabilis** erqwicklich
-- .i. mobilis *Sb3*
-- vorquickelic *Kh2*
Wa. fehlt (vgl. 82) W-Y

S *Wa. fehlt (Blattverlust) Ma3* Vectigabilis *S4*
M erquicken *D1*
W Vectigalis *S1*
P erquicht *Ma4*, vorquichk *Wo1*
Kh2 Vegetatibilis

V 81.1 part **Vegitatus** erquicket *P*
-- vorqwicket *Kh2*

P vorquicket *Wo1*

V 82 a p **Vegitare** erqwicken, .i. sustentare aliquam rem uel valitudinem conferre
+ Inde **Vegeta*bi*lis** *W-Y*
-- significat sustentare aliquam rem, erkuchen *Sb3*
-- erquicken *I*
-- erkůchken vel sustentare *K*
-- vorqwycken uel sustentare [...] *Kh2*

S *Wa. fehlt (Blattverlust) Ma3* -- erquicken *B9*
M *dt. Int. fehlt M19*
W *vgl. 81* -- erkiken. Inde Vegetalis *Sg1* Vegetabilis *zit. nach Bs9*
I *Sigle fehlt*
K vel sustentare *fehlt Y*
P -- vorquicken *Wo1* sustentare] + aut *Wo4*
P-E *dt. Int. fehlt M25* + vel nutrire *E2*

V 82.1 **Vegito** .i. viuifico uel vim tribuo *W-X*

V 83 m s **Vegetus**, -ta, -tum .i. fortis uel validus
+ uiuidus *W*
+ *ui*vidus, firmus, .i. incolomis *Kh2*

S *Wa. fehlt (Blattverlust) Ma3* Vegetus *B9*] Vagetus *X*
W uiuidus *fehlt Sg1*
P Vegetatus *Wo4 B10*
Kh2 uividus *emend.*] invidus

V 83.1 f p **Vegetatiua anima** ⌜ain lebend*ige* sel *X* / ain leben gebendi sel *Y* *W*

W lebendige *Me1*] lebende *S1*

V 84 m t **Veges** .i. doleum
+ winfasß *W*
+ a uehendo *K-X*
Wa. fehlt I

S *Wa. fehlt (Blattverlust) Ma3* Veges *B9*] Vages *X* doleum] + ein budden *Ma1 B9*
W m t Vehes, -itis *S1* -- winfass *Sg1*

V 84.1 m s **Vegetatus** .i. °confirmatus °uel °*(Y)* comfortatus *K*

K Vagetatus *K4*

V 85 f p **Vehemencia**
-- ⌜vnsynnekeit *X / hast vnsynnich Y* *S*
-- ⌜hast vnsinnich *Ma6* / snell, vnsawmig *M19* *M*
-- vnsinnikait *Sb3 K*
-- ⌜schnellikait uel gåchung *X* / gåchi. Inde **Vehementer** *Sg1* *W*
-- snelkeyt uel vnuersumelieh *I*
-- ⌜hast, vnsuchtiket, iachmot *Ma4* / hast vnsinnich *R1* / hastmudicheyt, ghachmüt *Wo4* *P*
-- *gåchmůtikait* *P-E*
-- .i. fortitudo et dicitur demencia uel incipiencia *Kh2*

S *Wa. fehlt (Blattverlust) Ma3* hast vnsynnich *zit. nach B9* hast] haß *N1*
M -- on sindekeyt *Ma2* -- snellekeyt uel vnvorsūmekeyt *Ks1* -- vnsinnikeyt *D1* -- snellikeit *Dr1*
W vgl. 87 *Wa.*] Inde Vehemencia et Vehementer *(nach 86) Bs9 Me5*
P -- vnsynnecheyt *Wo1* -- hastiheit vnsinich *B10* -- gachmudicheit ader vnsynnekeyt *Br1*
P-E *Int. P7*] empsigkait *E2*, + alder vnsynikait *P7*
Kh2 incipiencia *für* insipiencia

V 86 p pn **Vehemens**
-- ⌜snelle uel vnsynnig *X / hastich Y* *S*
-- ⌜hastig *Ma6* / snell *M19 Ks1* *M*
-- vnsinnig uel resch *Sb3*
-- bald *uel resch*, impetuosus *W*
-- snelle, quasi »ve habens in mente« *I*
-- °vnsinnig °oder °*(Y)* håfftig *K*
-- hastich *P*
-- gachmutig *P-E*
-- hastich, fortis, furiosus uel demens *Kh2*

S *Wa. fehlt (Blattverlust) Ma3* hastich *zit. nach B9* hessig *N1*
M -- snellech uel czorn *Ma2* -- vnsinnick *D1* -- bald, resch *Dr1*
W -- gåch uel resch *Sg1* uel resch *Sg1*] *fehlt S1*
I *Sigle fehlt*
P -- hastmodich, gachmodich *Wo4* + iachmodich *R1 Br1*
P-E -- gastlmücz *M25* + vel empsig *E2* + vnsynig *P7*

V 87 adv **Vehementer** *snellich yn czorn*
-- snelleich *Sb3 I K*
-- schnell in zorn *P-E*
Wa. fehlt (vgl. 85) W-Y

S *Wa. fehlt (Blattverlust) Ma3* *Int. S4*] snelleclich zorn *Ma1* yn czorn] in ira *Ks2*
M -- snellich *M19* snellich] snellicher *Dr1*
W snellich] schnelklich *S1*
P snellich] hastliken *Wo1*

V 87.1 g in **Vehemoth** quere *supra*, vbi exponitur Be*h*emoth *(vgl. B 90.1)* *W*

W supra *Sg1*] *fehlt S1* Behemoth *Sg1*] Belemoth *S1*

V 88 *a* t **Vehere** furen
-- faren *M-Y K*
-- ⌜faren *X* / fůren oder faren *Y* *W*
-- .i. ducere *I*

S *Wa. fehlt (Blattverlust) Ma3* *Sigle S4*] co t *Ma1* -- varn *N1*
M faren] + furn *Dr1*
I *Sigle fehlt*
P-E -- farn *E2*

V 89 n s **Vehiculum** ein slidde
+ est quoddam genus curri *(!)* *I*
+ uel quelibet res, in qua aliquis potest vehi, uel byga *Kh2 Br1*

S *Wa. fehlt (Blattverlust) Ma3* -- ein schilt *N1*
W + do man mit fert *Me1*
P-E -- ain schilt *E2 M25*

V 90 con **Vel** ⌜aber / effte *B9 P*
-- aber aut ader *Sb3*
-- *oder* *W*
Wa. fehlt I K P-E

S *Wa.*] *fehlt Ks2 B5*, *fehlt (Blattverlust) Ma3*
M *Wa. fehlt M19 D1* -- ader *Dr1*
W *Wa. Bs9*] *fehlt S1 Sg1*
P -- aber *R1*

V 91 n t **Velamen** ein deckelachin
+ Item **Velamen oculorum** Genesis vicesimo *(20,16)* tripliciter exponitur *(vgl. Hist. PL 198, 1103)*: Hoc erit tibi in velamen oculorum, .i. in memoriam verecundie, quod *in mendacio de*prehensa es. Vel sic: Erit tibi in velamen oculorum, quasi diceret: Vetula es et cito morieris, ergo eciam hanc pecuniam in expensas. 3°: Habes tibi hoc in velamen oculorum atque vela emend*a*, quibus faciem tuam tegas, ne concupiscaris ab aliquo, qui te rapiat, *Abimelech ad Saram* *W*
-- deckhung *Sb3*
-- ein decktuch uel deckunge *I*

S *Wa. fehlt (Blattverlust) Ma3*
W quod in mendacio deprehensa es *fehlt Sg1* in mendacio deprehensa *Bs9*] in mediate reprehensa est si *S1* Habes tibi hoc] erit tibi *Y* emenda *Sg1*] emendo *X* tegas] tegis *Y* conspiscaris *Sg1* Abimelech ad Saram *Sg1*] *fehlt S1*
P -- eyn vorhangk *Wo4* -- eyn duk, eyn laken *B10*
P-E *Wa.*] n s Velamen dekung vel deklach *E2*

V 92 a p **Velare** deken uel helen
-- deckhen *Sb3 K Kh2 Br1*
-- .i. tegere *I*
-- .i. abscondere *P-E*

S *Wa. fehlt (Blattverlust) Ma3* helen] hüllnn *B5*
M uel helen *fehlt M19*

V 93 n s **Vela*rium*** *eyn deckelach*
+ *eyn teppet* *P*
-- dechktuech *K*

-- .i. velamen *P-E R1*

S *Wa. S4*] n s Velamen *(!)* .i. velamen *Ma1*, *fehlt (Blattverlust) Ma3* -- idem *(nach 92) B5*
M + eyn thept *Ks1*
I *Sigle fehlt*
P eyn deckelach *fehlt Wo1* eyn teppet *Wo1*] tempel *Ma4*

V 94 v an **Velle** wullen; et dicitur a »volo«
-- wellen; et est infinitiuus huius verbi »volo« *Sb3*
-- wollen *I Kh2 Br1*
Wa. fehlt K P-E

S *Wa. fehlt (Blattverlust) Ma3* -- willen *B9* a *fehlt S4*
Sb3 *vgl. 94.1*
M *Wa. fehlt M19* et dicitur a »volo« *fehlt Ma6*
W et dicitur a »volo« *fehlt S1 Sg1*
P et dicitur a »volo« *fehlt Wo4*

V 94.1 n in **Velle** vill, et sic est nomen *Sb3*

Sb3 *vgl. 94*

V 95 a t **Vellere** uß ziehen uel ⌜roden / geden *S-Y*
-- aus ziehen uel reytternn *Sb3*
-- .i. eradicare, °uß °graben °*(Y)* *W*
-- uß zehen uel uß getten daz vnkrut *I*
-- ausczichen *K*
-- ut treken *P*
-- vsrúten vel vsgetten *P-E*
-- vt weyden, vt ryten *Kh2 Br1*

S *Wa.*] *fehlt S4*, *fehlt (Blattverlust) Ma3* uß ziehen] czuczin *B5*, vß lyßen *Ks2*
M uel roden] *fehlt M19*, vz roden *Ma6*, vß geyten *Ks1*
W -- vs wúrczen *Sg1*
P ut treken *verderbt Wo4* + ut gheden *Ma4* + oder geben *R1* + uel weyden *Wo4 B10*

V 96 a p **Vellicare** .i. reddere, ledere uel mordere

S *Wa. fehlt (Blattverlust) Ma3*
M reddere] radere *M19*
K -- ausczihen, frequentatiuum *W13* -- idem *(nach 95) K4* -- .i. ledere, ausczıechen *K9*
P mordere *verderbt Ma4*

V 97 n t **Vellus** ein schepper, woln *flůß*; et capitur pro doctrina
-- ein flus uel wolschapär uel quandoque capitur pro doctrina *Sb3*
-- ain sche*pp*er, °wollen °*(Y)* et capitur pro doctrina, uel est corium ouis cum lana simul acceptum *W*
-- schaff wolle; et capitur pro doctrina *I*
-- ein schaper, woll *K*
-- eyn ⌜vlus / schap vlus *Kh2* et capitur pro doctrina *P*
-- *schäff woll*, et capitur pro doctrina, vel ain flos *P-E*

S *Wa. fehlt (Blattverlust) Ma3* -- eyn vlus sicud ovis habet *B9* *dt. Int.*] eyn flůß wolle *Ks2*, eyn fluchk woll *B5*, ein scheper, ein fluys *N1* flůß *Ks2*] *fehlt Ma1*, eyn fleyß *S4*
M *dt. Int.*] eyn schepper uel fluys *Ma6*, eyn vlues wullen *Ks1*, eyn schepper, woln uel eyn floß *Ma2*, ein schuph vel fluz *M19*, ein fleiß uel schopfer *D1*, ein scheppler wollen *Dr1*
W -- est corium ouis cum lana uel capitur pro doctrina *Sg1* schepper *Bs9*] schegger *S1*, scheppler *Me1*

P *dt. Int.*] eyn vloyß, eyn vel *R1*, vluß uel schaffes vel *Wo4*, eyn vlus eynes schapes *B10*, eyn schapes flůsch *Br1*
P-E schäff woll *P7*] schŏpar *E2* vel ain flos *fehlt M25*

V 98 o t **Velox** snelle
+ Inde **Velociter** *(vgl. 99) W-Y I*

S *Wa. fehlt (Blattverlust) Ma3*
M *Wa. fehlt M19*
K *Wa. fehlt W13 K4*

V 99 adv **Velociter** snellich
Wa. fehlt (vgl. 98) W-Y I
Wa. fehlt K

S *Wa. fehlt (Blattverlust) Ma3*
M *Wa. fehlt M19 D1*
W -- schnelleklich *S1* -- schnellicher *Me1*
P-E -- schneleclich *P7 M25*

V 100 m t **Velter** ein wind, canis est
+ quia velox est *I*
-- wind huntt *Sb3*
-- est canis, ain lait hund *W-X*

vgl. S 870.2
S *Wa. fehlt (Blattverlust) Ma3*

V 101 n s **Velum** ein ⌜vmbhang / vorhang *I* uel segel in naui uel capitur pro panno quadrangulari pendente in templo; uel capitur pro panno, quo sanctemoniales coronantur in capite
-- vmbhang uel ein segel uel vmbhang ainer kirchen vel ain tuch, das man ainer klosterfraun auflegt, so sy ein genomen wirt; das selb haist ein weil tuech *Sb3*
-- vmbhannchk oder segel in naui uel ponitur pro panno pendenti in templo *K*
-- est cortina uel tectura, eciam est instrumentum nauis, eyn seghel. Eciam est pannus velans capud, eyn sleyer. Wersus *(C/T »Velum«)*: Templa tegit, naues regit, velat muniales velum. Vexillum Mars, inde habet suum *Kh2*

S *Wa. fehlt (Blattverlust) Ma3* vmbhang] vorhang *B5* sancta maiales *S4*
M -- ein vmhang, ein segel in naui vel himer tüch *M19* pendenti *Ma6*
W -- vmhang uel segel vel wiler sicut moniales habent *Sg1* in naui *fehlt S1* pendenti *S1*
I quadrangulari] quadragesimali
K in naui *bis* templo *fehlt Y*
P-E in naui *fehlt (auch R1)* panno *(1)*] panna *E2*
Kh2 muniales] + aliud

V 102 adv **Velut**, **Veluti** also
-- .i. sicut. **Veluti** idem *I*
adv **Veluti** also *K*

S *Wa. fehlt (Blattverlust) Ma3*
M *Wa. fehlt M19 D1*
I *Sigle*] ambo adv

V 102.1 part **Vellicans** dicitur summatim, paulatim carpere *K*

K + czaisenn *K9*

V 102.2 p **Vellificare** dicitur velis extensis nauigare *K*

V 102.3 p **Velito** .i. vendor. Vnde *(Lc 12,6)*: Nonne quinque passeres veneunt, .i. venduntur *K*

K Vnde *bis* venduntur *fehlt K4*

V 103 f p **Vena** ein ader
+ a »venio«, quia per eam sangwis venit *I*
-- ⌜ain ader. Item Vena, neruus, arteria wlgariter dicitur ader *X* / neruus, arteria, auder *Y*. Sed secundum physicos sic differunt: Vene exeunt ab epate et iecore et sunt cannales sanguinis; et a rasoribus terre nostre / + *Sveuie Y* dicuntur schweb ader. **Arterie** autem exeunt a corde et sunt cannales spirituum uitalium; et **Pulsatiles vene** dicuntur iste, wlgariter werch ader. **Nerui** uero exeunt a cerebro et sunt vehicula sensus et motus *W*
Wa. fehlt K

vgl. N 112
S *Wa. fehlt (Blattverlust) Ma3*
W a rasoribus *bis* dicuntur *(1)*] apud nos Sueuos *Sg1* Sveuie *zit. nach Bs9* vene dicuntur iste, wlgariter *fehlt Sg1*

V 104 n s **Venabulum** ein jegerspiß

S *Wa.*] *fehlt B5*, *fehlt (Blattverlust) Ma3* + swein spyeß *N1*
M -- tir speis *M19* -- iagung *(vgl. 106) D1*
P Venaculum *(vgl. 107) R1*
P-E *Wa.*] n s Venaculum ain jåger spies, .i. venabulum *(vgl. 107) E2*

V 105 co t **Venalis** feile
+ ut in foro *I*
-- gåㄍerleich *K*

S *Wa.*] *fehlt B5*, *fehlt (Blattverlust) Ma3* feile] + Inde *(es folgt 106) Ma1*
W -- fryg *S1*

V 106 f t **Venacio** jagunge
Wa. fehlt (vgl. 108) W-Y

S *Wa. fehlt (Blattverlust) Ma3*
M Venenacio *M19*
P -- eyn yacht *B10*

V 107 n s **Venaculum** idem *(nach 106)*
Wa. fehlt (vgl. 108) W-Y

S *Wa. fehlt (Blattverlust) Ma3*
I *Sigle fehlt*
P *Wa. fehlt B10*
P-E *Wa. fehlt M25*

V 108 d p **Venari** wilt jagen
+ Inde **-tor**, ***-culum***, **-cio** *(vgl. 106, 107, 109)* *W-Y*

S *Wa.*] *fehlt (Blattverlust) Ma3, fehlt B9*
W -- iagen. Inde -tor, -cio *Sg1* -culum *zit. nach Bs9*

V 109 *m t* ***Venator** eyn ieger*
+ a »venor, -aris« *I*
-- *wild jager K*
Wa. fehlt (vgl. 108) W-Y

S *Wa. S4*] *fehlt Ma1, fehlt (Blattverlust) Ma3*
M -- ein wilt jeger *D1*
W *Wa. fehlt Me1*
I *Sigle fehlt*
K *Wa. fehlt Hl1* wild jager *K4*] iåger *W13*

V 109.1 m q **Venatus** eyn iacht *Kh2 Br1*

V 110 *a t* ***Vendere** vorkeúffen*
Wa. fehlt K-Y

S *Wa. S4*] *fehlt Ma1, fehlt (Blattverlust) Ma3*
M *Wa. fehlt D1*

V 111 f t **Vendi*ca*cio** butunge
+ ut raptores faciunt *I*
-- verbuettung *Sb3*
-- wehslung *P-E R1*
-- vorkopynghe *Kh2*
Wa. fehlt (vgl. 112) W-Y

S *Wa. fehlt (Blattverlust) Ma3* Vendicacio *S4*] Vendicio *Ma1*
W bútlung *S1*
K pewtug *W13*
P Vendicio *Ma4* vorkopinge *B10*
P-E verkauffung *P7*

V 112 a p **Vendicare** .i. usurpare, zu vnrecht nemen uel acquirere
+ ⌜uel retinere uel defendere *X* / Inde **Vendicacio** *Y* *W*
-- vnre*chcz* einnemen *Sb3*
-- zu vnrecht nemen, °.i. °vsurpare °*(Y)* *K*

S *Wa. fehlt (Blattverlust) Ma3* uel acquirere *fehlt S4*
M uel acquirere *fehlt M19*
Sb3 vnrechcz *V1*] vnrecz
W uel acquirere] *fehlt Sg1*, uel requirere *S1*
P -- .i. vsurpare *Wo1*
P-E *dt. Int. fehlt P7* memen *E2*

V 113 f in **Venecie** uel **Venet*is*** est ciuitas, Venedie
-- ciuitas, Venedige *P*

S *Wa. fehlt (Blattverlust) Ma3* Venetis *S4*] Venet *Ma1* Venedie] feyndigen *(?) S4*
M Venecie] Venecia *Ma6* est ciuitas *fehlt M19*
Sb3 Venecie] Venecia est ciuitas *fehlt*
W f in Venecie uel Venetis] f p Venecia *Sg1*
I Venetis] Venecis
K uel Venetis *fehlt W13 Y* est ciuitas *fehlt W13 K4*
P f p Venacia *Wo4* Venedige *fehlt Wo4 Br1*
P-E + et est tantum pluralis numeri *E2*

V 114 n s **Veneficium** bosheit uel ⌜vergifftnisß / vergift *P-E R1*
-- poßhait uel vergiftung *Sb3*
-- °vergebnůzz °oder °*(Y)* vergifftung *K*
Wa. fehlt (enthalten in 115) W-Y

S *Wa.*] *fehlt (Blattverlust) Ma3*, co t Venetis vorgifft *(neuer Wa.:)* f t Venecio idem *Ks2*
M boßleit *Ma6*
Sb3 Venecium
I Venenificium
K vergebnůzz] vergebung *Hl1*
P bosheit uel *fehlt Wo1 B10*
P-E uel vergift *fehlt M25*

V 114.1 **Venidica** vogelklob *M25 (P-E)*

V 115 m s **Veneficus** ein bose vergifft mecher
-- ⌜ain böß vergift macher. Item Veneficus est, qui *X* / qui *Y* veneni ministra*cione* interficit homines. Inde **Veneficium** tale peccatum uel ipse actus *W*
-- eyn vergifft macher uel eyn worme beswerrer *I*
-- °*pöz* °*(Y)* vergifft macher *K*
-- eyn boze vorgiftich maker *Kh2*
Wa. fehlt Sb3
Wa. fehlt (vgl. 116) W-Y

S *Wa. fehlt (Blattverlust) Ma3* -- idem *(nach 114) Ks2* vergifft mecher] gerffichts mechir *B5*
M ein bose] bose uel *Ks1*
W ministracione *Sg1*] ministrancie *S1* Inde Veneficium] *(neuer Wa.:)* n s Veneficium *Sg1*
I m s Venenificus
K -- pöz vergifft *Hl1* pöz *Hl1*] *fehlt W13*
P bose *fehlt Wo1 Br1*
P-E mecher] machen *P7 M25*

V 115.1 f p **Venenificina** domus, in qua talis actus operatur *(nach 115)* *I*

V 115.2 m s **Venenosus** .i. veneno plenus *Kh2*

V 116 n s **Venenum** vergifft; et dicitur a »venio«, quia venenum receptum cito venit ad omnia membra
-- et alio modo dicitur toxicum / + Inde **Veneficus** *Y* *W*
-- gift; et [...] cito currit ad omnia membra *Sb3*
Wa. fehlt K-Y

S *Wa. fehlt (Blattverlust) Ma3* -- vorgifft *B9*
M -- vergift *M19*
W *vgl. 115* gift *Sg1* a »venio« *fehlt Sg1* et alio modo dicitur toxicum *fehlt Sg1*
K *Wa. fehlt Hl1* *lat. Int. fehlt W13*
P venenum receptum] si acceptum fuerit *Ma4* venenum] venum *Wo4*
P-E Venenium *E2* cita *E2*

V 117 co t **Venerabilis** erlich uel ersam
-- erlich *I K P*
-- ersam *Kh2 Br1*

S *Wa. fehlt (Blattverlust) Ma3* erlich uel *fehlt Ks2*
M erlich uel *fehlt M19*
W erlich uel *fehlt Sg1* uel ersam *fehlt S1*
P + ersam *B10*
P-E -- erwirkleich *M25*

V 117.1 p **Veneficare** .i. venenum facere *K*

V 118 d p **Venerar*i*** eren

S *Wa.*] *fehlt (Blattverlust) Ma3, fehlt B9* Venerari *S4*] Venerare *Ma1*
M *Wa. fehlt M19 D1*
I *Sigle fehlt*

V 119 f p **Venia** .i. gracia, °gnade °*(P-E)*
-- .i. gracia, licencia uel indulgencia *W*
-- gnad *K Kh2 Br1*

S *Wa.*] *fehlt Ks2, fehlt (Blattverlust) Ma3* *lat. Int. fehlt B9*
M *dt. Int. fehlt M19 Dr1*
W -- ablåss *Sg1*
P *lat. Int. fehlt Ma4* *dt. Int. fehlt Wo4*

V 120 n q **Venire** prout est infinitiuus huius verbi »veneo«, tunc idem est quod ⌜werden verkaufft / vendi *W* sed prout *est* infinitiuus *huius verbi* »venio«, *tunc idem est quod* komen
\+ Vnde *(Walther 29421)*: Si vis ven*i*re cras mane debes venire *M*
-- prout est infinitiuus huius verbi »veneo«, haist verkauffen. Exemplum ewangelij *(vgl. Lc 12,6)*: Nonne duo passeres veneun*t* obulo, .i. venduntur. Sed prout est infinitiuus *huius verbi* »venio«, so haist komen. Wersus *(Walther 29421)*: Si vis venire, .i. vendere, cras mane debes venire, .i. accedere *Sb3*
-- ut est infinitiuus huius verbi »veneo«, prima longa, neutrum passiuum, tunc tantum valet sicut vendor. Sed ut est infinitiuus huius verbi »venio«, prima breuis, tunc dicitur komen *I*
-- kumen; prout est [...] *P-E R1*
-- komen *Kh2 Br1*

S *Wa.*] *fehlt (Blattverlust) Ma3, fehlt N1* werden verkaufft] vendor *Ks2* est *(3) bis* quod *S4*] infinitiuus »venio« .i. *Ma1*
M *Zusatz fehlt Ks1* venire *M19*] venere *Ma6*
Sb3 veneunt *emend.*] veneuntur huius verbi *V1*] deriuatur a
W *Wa.*] n q Veneo .i. vendor. *(neuer Wa.:)* n q Venio komen *Sg1* huius verbi*(2) fehlt S1*
I *Sigle fehlt*
K werden verkaufft] werden verkaüffen *Hl1*, wir werden verkaufft *K4* komen] venire, kǒmen *W13*, wir werden chomen *K4*
P -- komen *Wo1*
P-E »veneo«] venio *E2* werden verkaufft] ich werd verkoft *E2 P7*, voda *(!) M25*

V 121 *m t* ***Venter** eyn pauch*
-- dicitur a nomine ventus, quia ventum concipit *I*
Wa. fehlt K

S *Wa. B5*] *fehlt Ma1 S4 Ks2 N1, fehlt (Blattverlust) Ma3*
M *Wa. fehlt M19 D1*

V 122 n s **Ventilabrum** ein worff schuffel / + eyn weger *B9 P (außer P-E)*
\+ uel ein swing *Sb3*
\+ uel wann *W*
\+ uel wetterhane *I*
-- *wint schaufel* *K*

-- eyn wanne, proprie eyn wyntfank, eyn worp schuffel uel eyn buk uel eyn weger *Kh2*

S *Wa.*] *fehlt (Blattverlust) Ma3*, *fehlt N1* -- ein wedel uel ein worff schuffel *Ma1*
M worff *verderbt M19* + uel eyn wehe *Ks1* + ein wanne *D1*
W worff schuffel] werf schússel *(!) S1*, haspel *Sg1*
K *Int. K4*] wurff schawfel *W13*
P worf schufelen *R1* eyn weger] *fehlt B10*, eyn weygel *Ma4*
P-E -- wint schauffel *M25* + oder wedel *P7*

V 123 n p **Ventilare** wehen / + worffen *S-X*, winden uel spargere uel proicere, excutere uel investigar*e*
-- swingen in einer wann uel spargere, proicere, excutere uel investigare *Sb3*
-- wegen *uel windin* uel spargere uel proicere uel excutere paleas a granis uel investigare *W*
-- ⌜winten *uel spargere uel proicere X / traid* winten *Y* *K*
-- wegen, winden vel spernere, proicio vel investigare *P-E R1*

S *Wa.*] *fehlt (Blattverlust) Ma3*, *fehlt N1* -- wegen, winden *B9* *dt. Int.*] worffin *Ks2* uel spargere] + strauwen *S4* investigare *S4*] investigari *Ma1*
M *dt. Int.*] *fehlt M19*, winden *Ma6*, weteln *Ks1*, warffer *D1* investigari *Ma6*
W uel windin *Bs9*] uel wannen *S1*, *fehlt Sg1* uel spargere uel proicere *fehlt Sg1*
I a t spergere
K a p -- warffen oder winten *W13* uel spargere uel proicere *zit. nach Hl1* traid *K9*] *fehlt K4*
P a p -- wegen, wynden uel investigari *Wo4*
P-E a p
Kh2 a p

V 123.1 n s **Ventagium** ain fortail *W-X*

V 124 n s **Ventilogium** ein *wetter han*

S *Wa.*] *fehlt (Blattverlust) Ma3*, *fehlt N1* wetter han *S4*] wind hane *Ma1*
M Ventilegium *Ma6*
Sb3 Vertilogium
K winter han *K4*

V 125 n s **Ventinabulum** ein *wetter han*
Wa. fehlt I

S *Wa.*] *fehlt (Blattverlust) Ma3*, *fehlt N1* wetter han *S4*] wind hane *Ma1*
Sb3 Vertinabulum
K -- idem *(nach 124) K4*
P *Wa. fehlt Wo1*

V 125.1 **Ventilis** ein weter han *D1 (M)*

M n s Ventilis *D1*

V 126 f p **Ventosa** .i. angistrum, ⌜ein laßkoph / eyn stuge kop *B9 P*
-- ⌜.i. angistrum, lå̌ßkopf uel vintuß *X* / vintus *Y* *W*
-- et **Ventosum** idem, ein laßkopff *I*
-- lazzchồphf *K*
-- angustrum, vt finttus *P-E*
-- eyn stuge kop *Kh2*

S *Wa.*] *fehlt (Blattverlust) Ma3*, *fehlt N1*

M -- ein pader kopff *M19*
K -- czoph *K4*
P -- .i. angustrum, eyn schref koph *R1* stugerkopf *B10*, stuhrkoph *Br1*
P-E vt finttus *fehlt M25*

V 127 a p **Ventosare** koph seczen, °*stugen* °*(I K Kh2 Br1)*
-- kopf seczen uel saugen *Sb3*
-- ⌜vintusen *S1 Bs9* / kŏpf uel vintusen seczen *Sg1* *W*
-- schrepfen *P-E R1*

S *Wa.*] *fehlt (Blattverlust) Ma3*, *fehlt N1* -- stugen ader kuppen *S4* stugen *S4*] *fehlt Ma1 Ks2*, + als dy pherd *B5*
M stugen *fehlt Ma6 M19 Dr1*
W *Wa. fehlt Me5* -- kŏpff seczen *Me1 M12*
K koph] czoph *K4*
P koph seczen] koppen *Wo4 B10* stugen *fehlt Wo1*
P-E + oder vintusen *P7*

V 128 n s **Ventosum** ein *loß kop*
-- idem *(nach 126)* *Sb3 W-Y*
-- kŏpfung *K*
-- ⌜stugekopp / *.i. ventosa P-E Kh2 Br1* *P*
Wa. fehlt I

S *Wa.*] *fehlt (Blattverlust) Ma3*, *fehlt N1* -- .i. ventosa *B9* loß kop *S4*] laß seczen *Ma1*
M -- loß kopft *Dr1*
W *Wa. fehlt S1*
K zophung *K4*
P -- eyn schref koph *R1*
P-E .i. ventosa *P7*] idem *(nach 126) E2*

V 129 m s **Ventosus** .i. vanus uel superbus
+ uel instabilis, verbosus, vane glorie cupidus *W*
-- superbus *Sb3 K*
-- .i. vento plenus, superbus, mendax *I*

S *Wa. fehlt (Blattverlust) Ma3*, *fehlt N1*
W .i. vanus] klåffiger scilicet vanus *Sg1*

V 130 n t **Ventrale** est sona iuxta ventrem
+ *brůch girtel* *W*
-- est zona et vinculum iuxta ventrem *I*

S *Wa.*] *fehlt (Blattverlust) Ma3*, *fehlt N1* sona] sana *(für* zona*)* *S4*
M iuxta] circa *M19*
W iuxta] circa *S1* brůch girtel *Bs9*] buch gúrtel *S1 Sg1*
P ventrem *fehlt Wo4*
P-E sona] fona *(!) E2*

V 130.1 m s **Ventricolus** .i. paruus venter uel intestinum quoddam *Kh2*

V 131 f t **Vent*u*ositas** ein liplofft
-- lip lost *M W P-E*
-- lieb lust *Sb3*
-- talis proprietas uel libes lust *(nach 129)* *I*
-- leibloz *K*

S *Wa.*] *fehlt (Blattverlust) Ma3*, *fehlt N1* Ventuositas *S4*] Ventrositas *Ma1* ein liplofft] lip lost *(!) S4 Ks2 B5*, liff vlucht *B9*

M -- lustikeyt et cetera *Ks1*
W -- leiblufft *M12*
K -- arsbint *K9*
P *Wa. fehlt Wo1* -- lufft, lucht *Ma4*
Kh2 Ventositas

V 131.1 **Ventiloquus** .i. loquens per ventum *I*

V 131.2 m s **Ventriloquus** est ille, qui spiritum malignum habet in ventre, sic*que ex eo* loquitur *Kh2*

Kh2 sicque ex eo *Lü1*] sicud

V 132 *m s* ***Ventus** eyn wynt*
Wa. fehlt I K-Y P-E

S *Wa. S4*] *fehlt Ma1 N1, fehlt (Blattverlust) Ma3*
M *Wa. fehlt D1*

V 133 **Venum** duo significat: primo est venalis uel venale, secundo est supinum huius verbi »veneo«, .i. vendor. Wersus *(C/T »Venum«)*: Est omnis generis venum, venumque supinum
+ et capitur pro luxuria *K*
-- .i. venditio uel omne, quod venditur *I*
Wa. fehlt Kh2 Br1

S *Wa. fehlt (Blattverlust) Ma3* huius verbi] a *Y* »veneo«] venio *S4* venum *fehlt S4*
M uel venale *fehlt M19* huius verbi] a *alle Hss.* omnis *fehlt M19* supinum *(2)*] supino *M19*
Sb3 huius verbi] a
W venalis uel *fehlt Sg1* .i. vendor *fehlt Sg1*
I n s Venum
K n s Venum -- .i. venalis et dicitur luxuria *(vgl. 135) K4* huius verbi] a *alle Hss.* vendor] vendo *alle Hss.* *Vers fehlt Y*
P huius verbi] a *alle Hss.* supinum *(2)*] supino *R1*
P-E supinum *(1)*] supinus *E2* »veneo«] venio *E2 M25*, veniero *P7*

V 134 a p **Venundare** verkeuffen
+ **Venundor**, .i. vendor *W*
-- .i. vendere, media correpta *I*

S *Wa. fehlt (Blattverlust) Ma3*
W *Zusatz fehlt Sg1*
P vorkomen *B10*

V 135 f t **Venus** est stella uel planeta regnans super amorem / + uel pulcritudinem *I* et capitur pro luxuria
-- est stella uel planeta *K*
-- est stella uel planeta uel dicitur esse dea amoris; et capitur aliquando pro luxuria *Kh2 Br1*

S *Wa. fehlt (Blattverlust) Ma3* amorem *bis* luxuria] amarem *S4*
M super amorem *fehlt M19*
Sb3 amorem] morem
K *vgl. 133*

V 136 a p **Venustare** .i. ornare
+ uel pulchrum facere *W*

-- zieren *Sb3 K*

S *Wa. fehlt (Blattverlust) Ma3* ornare] + venustare *Ma1*
W n p Venustrare *S1*
P *Wa. fehlt Ma4 Wo4*
P-E Venustrare

V 137 *f t* **Venustas** .i. pulchritudo

S *Wa. fehlt (Blattverlust) Ma3* *Sigle S4*] *fehlt Ma1*
W *Wa.*] *fehlt Sg1*, Inde Venustas *(nach 138) Bs9*

V 138 m s **Venustus** .i. sapiens uel wolgestalt
+ facetus uel pulcher *P (außer Kh2 Br1)*
-- weisår uel wolgestalt *Sb3*
-- .i. sapiens uel pulcher *W-Y*

S *Wa. fehlt (Blattverlust) Ma3*
W uel wolgestalt] uel gestalt *S1* pulcher] + decens *Sg1*
P -- .i. sapiens *Wo1*

V 139 f t **Vepris** bromber struch uel dorn
+ *Inde* ***Veprecula*** *W*
+ uel eyn haghe dorne bom *Kh2*
-- dicitur genus spinarum, dornn heckhen aut pranper stauden *Sb3*
-- ein brambern hecken *I*
-- ein pranper oder dornhek *K*
-- ain *bronber stud* *P-E*

S *Wa. fehlt (Blattverlust) Ma3* uel dorn] *fehlt S4 B9*, spina *B5*, uel dor *N1*
M dorn] dornstruch *D1*
W bromber stud *S1 Sg1* *Zusatz Sg1*] *fehlt S1*, + Vepres promen *Me1*
K ein pranper] pranper doren *K9*
P bromber struch] bramstruke *Wo4* uel dorn *fehlt Wo1*
P-E bronber stud *P7*] pram *E2*
Kh2 f t Vepris uel -pres

V 140 n s **Veprum** ein bramber
+ uel eyn haghebutten *Kh2*
-- idem *(nach 139)* *W-Y*

S *Wa. fehlt (Blattverlust) Ma3*
M *Wa. fehlt M19*
P *Wa. fehlt B10*

V 141 m t **Ver** ⌜*mey, lentz* / der lencz *S-X K-Y*
-- la*n*ssing *Sb3*
-- glencz *P-E*
-- mey *Kh2 Br1*

S *Wa. fehlt (Blattverlust) Ma3* mey, lentz *N1*] dy meye *B9*
M mey *fehlt D1*
Sb3 lanssing *Gr2*] lassing
W -- glencz *Sg1* lentz] glencz *S1*
P lentz *fehlt Wo1*
P-E -- est quarta pars anni *M25* + may *P7*

V 142 adv **Veraciter** werlich
+ .i. vere *I*
Wa. fehlt W-Y

S *Wa. fehlt (Blattverlust) Ma3*
P -- vor ware *R1*
P-E -- fur war *P7 M25*

V 143 f t **Veracitas** warheit
-- warhaftikait *Sb3*
-- werlicheyt *Kh2 Br1*
Wa. fehlt (vgl. 144) W-Y

S *Wa. fehlt (Blattverlust) Ma3*
I *Sigle*] Inde *(Wa. nach 144)*

V 144 *o t* ***Verax*** *warhafftig*
+ Inde **Veracitas** *(vgl. 143)* *W-Y*

S *Wa. S4*] *fehlt Ma1*, *fehlt (Blattverlust) Ma3* *Sigle Ks2*] *verderbt S4* warhaft *N1*
M warhaft *M19*
W warhaft *Sg1*
P-E *Wa. fehlt M25*

V 145 n t **Verbale** nomen est, quod venit de »verbo«; et tria significat: accionem *agentis*, passionem pacientis et proprietatem mediam
-- dicitur nomen, quod descendit a »verbo«; et significat tria: agens, paciens et simul illa *K*

n t **Verbale nomen** ein nam, das da kumbt von ainem verbum. 2° significat tria, scilicet accionem agentis, passionem pacientis et proprietatem mediam *Sb3*
Wa. fehlt Kh2 Br1

S *Wa. fehlt (Blattverlust) Ma3* agentis *S4*] *fehlt Ma1*
M de] a *M19*
W Verbale *bis* tria] Verbale nomen est nomen, quod descendit a uerbo. 2° tria *S1*, Verbale nomen est nomen veniens a uerbo et significat tria *Sg1*
I de] a
K nomen] diccio *K4* et simul illa] et agens et paciens simul *K4*
P *Wa. fehlt Wo1* de] a *Wo4*
P-E *Wa. fehlt E2*

V 146 **Verbena** *eysenkraut, erba est*
+ **Verbenata** idem *W-X*
-- eysen krawt *K P-E*
-- °ysernkrud °*(Y)*, ysern hort, *.i. herba* *P*

S *Wa. fehlt (Blattverlust) Ma3* -- iserhart *B9* eysen kraut *N1*] jsernkrud *Ma1*, yser wortz uel krut *S4 B5*, ysirworcz *Ks2* erba est *S4*] *fehlt Ma1*
M *dt. Int.*] ysern *Ma6*, ysern hart *Ks1*, isern hercz *Ma2* *lat. Int. fehlt M19*
W eysenkraut] + uel ysmår *S1*
P -- ysern krud *R1* ysernkrud *fehlt Wo1* .i. herba *Wo1*] *fehlt Ma4*
P-E -- herba quedam *M25*

V 147 n t **Verber** ein slag
+ flagellum uel impetus *I*

S *Wa. fehlt (Blattverlust) Ma3* slag] slange *B5*, slanch *B9*
P-E -- ain straich *E2*

V 148 a p **Verberare** slahen
+ .i. percutere *I*

S *Wa. fehlt (Blattverlust) Ma3* Verbare *S4*
K Verbare *K4*

V 149 m p **Verbigena** est Christus genitus de verbo
-- est aliquis natus de verbo, sicut Christus *Sb3*
-- quasi genitus de verbo, sicut Christus *I*
-- est Christus natus de virgine *Kh2*

S *Wa. fehlt (Blattverlust) Ma3*
M est] + sicut *M19*
W -- est Christus, qui est de uerbo genitus *Sg1*
K genitus] qui est genitus *alle Hss.*

V 150 adv **Verbotenus** entlich wort uel preposicio cum suo casuali
-- ⌜enczlich wort *Ma6* / wertlich *M19* uel [...] *M*
-- ainczelinge wort, preposicio [...] *Sb3*
-- ⌜uswendig wort *X* / wortlich *Sg1* uel [...] *W*
-- můndleich *uel* [...] *K*
-- ain zaichlich wort vel [...] *P-E R1*
-- wortlyk uel de verbo ad uerbum *Kh2*
Wa. fehlt I

S *Wa.*] *fehlt (Blattverlust) Ma3*, adv Verbatenus entlike word *B9*
M *dt. Int.*] etlichwort *Ma2*, wortlichen *Ks1*, en wort zu wort *D1*, enczlingwort *Dr1* suo *fehlt X*
W *Wa. fehlt Me5* *dt. Int.*] entzling wort *Bs9* *lat. Int. fehlt Sg1*
K m s můndleich] mudleich *K9*, + wart *Hl1 W9* *lat. Int. Hl1*] *fehlt W13 Y*
P -- wortlich ader von worde thu worde *Br1* *dt. Int.*] enczlige wort *Wo4*, entlinghe wort *B10*
Kh2 Verbatenus

V 151 n s **Verbum** .i. filius; 2° est pars oracionis, 3° decepcio, 4° loquela
-- [...] decepcio. Vnde Ouidius *(rem. 95)*: Verba dat omnis amans. 4° loquela, et sic accipitur in prophetis multociens *(Ier 1,4)*: Et factum est verbum domini ad me dicens. Quandoque est eciam idem quod res digna verbo, et sic accipitur quarto libro Regum *(Is 39,2)*: Non verbum, quod ostendat Ezechias domo sua *W*
-- quatuor significat. Wersus *(Grec. Vet. xi 53,54)*: Hoc nomen verbum designat quatuor ista: est pars, est filius, decepcio siue loquela *I*
-- quatuor significat. Wersus *(C/T »Verbum«)*: Et filius est verbum etc. *Kh2 Br1*

S *Wa. fehlt (Blattverlust) Ma3*
Sb3 pars *fehlt (!)*
W oracionis] + distincta ab alijs *Sg1* quarto libro] in primo *Sg1 Bs9* ostendat *bis* sua] ostendam tibi *Sg1*

V 151.1 **Verebrum** eyn widen baum *I*

V 151.2 f p **Verd*i*le** sunt pliades, scilicet stelle pluuiarum *P*
-- sunt stelle pluuiarum, pluralis numeri tantum *Kh2*

P Verdile *Wo1*] Verdale *Ma4* pliades] lapiades *Wo4* pluuia *Wo4*
Kh2 f t

V 152 *adv* ***Vere** werlich*
+ .i. certe *I*
-- var war *Kh2*
Wa. fehlt K

S *Wa. S4*] *fehlt Ma1 Ks2, fehlt (Blattverlust) Ma3*
M *Wa. fehlt M19 D1*
P-E *Wa. fehlt E2 M25*

V 152.1 m s **Vernus** .i. ad ver pertinens uel splendidus *K*

K -- .i. clarus uel splendidus *K4*

V 153 *d p* ***Verecundari** schemen*
+ Inde **-cundus**, **-cundia** *(vgl. 154, 155)* *W-Y*

S *Wa. Ks2*] *fehlt Ma1, fehlt (Blattverlust) Ma3* a p Verecundare *S4*

V 154 f p **Verecundia** schemde
-- ein scham *Sb3 W-X P-E*
-- scheymde; sunt genitalia virorum siue mulierum *I*
-- schemynghe *Kh2*
Wa. fehlt (vgl. 153) W-Y
Wa. fehlt K

S *Wa. fehlt (Blattverlust) Ma3* -- scham *N1*
M *Wa. fehlt D1* -- schamung *M19* -- schand *Dr1*
W -- schand *Me1* - - scham oder schand *M12*
P -- schemmende *Ma4* -- schemenisse *Br1*

V 155 m s **Verecundus** schemhafftig
-- schamiger *Sb3*
-- scheymig *I Kh2*
Wa. fehlt (vgl. 153) W-Y

S *Wa. fehlt (Blattverlust) Ma3* *Int.*] schimphafftig *Ks2, verderbt B5*
M schamig *M19*
K schamig *W13 K9*
P schemachtoch *Wo1* schemenich *Br1*
P-E *vgl. 159.1* schamhait *E2* schåmig *M25*

V 156 m s **Ve*r*edarius** .i. cursor uel equus
-- ⌜est cursor uel equus. Veredarius qui *X* / dicitur qui *Y* ducit currum, et dicitur *quasi* »vehens« redam, .i. currum; idem dicitur **Auriga** *W*
-- est equus vel cursor, qui festinanter currit *(vgl. 157)* *Kh2 Br1*

vgl. A 901
S *Wa. fehlt (Blattverlust) Ma3* Veredarius *S4*] Vedarius *Ma1* equas *S4*
W quasi *Sg1*] *fehlt S1*
P m s Vereri *(!) Wo4*
P-E cusor *E2*

V 157 m s **Veredarij** sunt, qui festinanter currunt *in* equis
Wa. fehlt W
Wa. fehlt (vgl. 157.1) P-E R1
Wa. fehlt (vgl. 156) Kh2 Br1

S *Wa. fehlt (Blattverlust) Ma3* in *S4*] cum *Ma1*
M Veredari *M19*
I sunt] + illi
P Veredari *Wo4*

V 157.1 d p **Veredari** est vestinanter currere *P-E*

P-E *vgl. 157* vestinanter *für* festinanter

V 158 m s **Veredus** ein slidenfurer
+ uel equus iuxta themonem, deixel pfardt *Sb3*

S *Wa. fehlt (Blattverlust) Ma3* *Int.*] *fehlt N1*, eyn sleten füren *S4*
M Verdus *M19*
W -- schilt fůrer *S1*
I m s Veredarius *(vgl. 156)*
K -- sliten varer *Hl1* -- sliten fueren *K9*
P *Wa. fehlt Wo4*
P-E -- ain schilt fürer *M25*
Kh2 -- eyn slede

V 159 f p **Verenda** .i. pudibunda, °*schemede* °*(P-E)*
-- sunt crines pudibundarum, ein scham *Sb3*
-- .i. pudibunda, scha*nd* *W*
-- scham, .i. pudibunda *K*
-- schemynghe *Kh2*

S *Wa. fehlt (Blattverlust) Ma3* fudibunda *S4* schemede *S4*] *fehlt Ma1*, schemend *N1*
M *dt. Int.*] schamig *M19*, schande *D1*, schand, scham *Dr1*
W n s *(f p S1)* schand *Sg1*] scham *S1*
K *lat. Int. fehlt K4*

V 159.1 m s **Vericundus** *schamaftig* *P-E*

P-E *vgl. 155* *Wa. fehlt P7* *Int. M25*] *fehlt E2*

V 160 d s **Vereri** fochten, .i. *timere*
-- furchten *Sb3*
-- .i. timere *K P-E Kh2*

vgl. F 163.1
S *Wa. fehlt (Blattverlust) Ma3* timere *S4*] timereri *(?) Ma1*, timeri *B9*
M furchn *M19* timeri *Y*
W *dt. Int. fehlt S1* *lat. Int. fehlt Sg1*
P *lat. Int. fehlt R1*

V 161 n t **Vergere** keren, wirbeln, ⌜*vmme dreghen* / uel vmtriben uel gan *S-X*
-- cheren *Sb3*
-- .i. appropinquare, vertere *I*
-- vmb drå̊en *K*

S *Wa. fehlt (Blattverlust) Ma3* -- kern oder werbel *S4* wirbeln *fehlt Ks2* vmme dreghen *B9*] vmb treyben *N1*
M -- kern, vertreibn *M19* -- kern uel vmbwenden uel den wirbel dreen *D1*
W -- nächen, wirblen vel träyen *Sg1* vmme dreghen] vmtrengen *S1*
K a t
P a t *(n t Ma4)* wirbeln *fehlt Wo1 R1*
P-E a t -- vmbtragen *M25* wirbeln *fehlt P7*
Kh2 a q Verire

V 162 m s **Veridicus** ein warsager
+ .i. »vera dicens« *I*

S *Wa. fehlt (Blattverlust) Ma3* Verigicus *S4* vorseyger *B5*
M *Wa. fehlt M19*
P-E barsagerer *M25*

V 162.1 **Verificator** warmacher *S1 (W)*

V 163 a p **Verificare** warmachen
-- .i. »vera facere« *I*

S *Wa.*] *fehlt B5*, *fehlt (Blattverlust) Ma3*
M -- wert *(?)* machen *M19* -- worsagen machen *D1*
Sb3 a p Verificari
W *Wa. fehlt S1*
K *Wa. fehlt K9*
Kh2 a p Veridicare uel Verificare

V 164 m s **Veriloquus** ⌜ein warsager / *war seggich S-Y P (außer P-E) M (außer Sb3)*
-- »vera loquens« *I*

S *Wa.*] *fehlt B5*, *fehlt (Blattverlust) Ma3* war seggich *zit. nach B9*
M -- wart sagig *M19* -- wor sager *D1*
W -- worsagig *Me1* -- war sprecher *Sg1* -- warsag *Bs9*
K *Wa. fehlt K9*
P *Wa. fehlt B10*
P-E Verilicus *E2*

V 165 n s **Veriloquium** ein warrede
Wa. fehlt I

S *Wa. fehlt (Blattverlust) Ma3* Veriloquum *S4 B9*
M *Wa.*] *fehlt D1*, n s Veriloquum ein wert red *M19*
K *Wa. fehlt K9*
P -- ware rede *Ma4 R1*

V 166 a p **Veritare** .i. pugnare, *celerare* uel attrahere
-- .i. pungnare *K*

S *Wa. fehlt (Blattverlust) Ma3* celerare *B5*] celebrare *Ma1*, colerare *(?) S4*, scelerare *Ks2* uel attrahere *fehlt B9*
M selerare *Ma6*, scelerare *M19*
Sb3 scelerare
W celare *S1*
P scelerare *Ma4 R1*, scelare *Wo4* + *(neuer Wa.:)* a p Veritare est pungnare, non scellerare uel attrahere *Wo4*

V 167 *f t* ***Veritas** warheyt*
Wa. fehlt W-Y K-Y Kh2

S *Wa. S4*] *fehlt Ma1 Ks2*, *fehlt (Blattverlust) Ma3*
M *Wa. fehlt D1*
P *Int. fehlt Br1*

V 168 f t **Vermis** ein worm

S *Wa. fehlt (Blattverlust) Ma3*
M *Wa. fehlt D1*
K *Wa. fehlt K9*

V 168.1 part **Vermicultus** ⌜verwert *Ma4 Wo1* / geferwet *P-E R1* *P*
Wa. fehlt Kh2 Br1

P *Wa.*] m s Vermiculus verwer *(vgl. 169) B10* -- vor worff *(?) Wo4*
P-E -- gevelbt *M25*

V 169 m s **Vermiculus** ein wormchen, rotfarbig
-- ain klain wurmlein *Sb3*
-- ⌜*wurmlein. Item Vermiculus quandoque X* / quandoque *Y accipitur in biblia specialiter pro quodam verme ex siluestribus frondibus nato, cuius sagwine tingitur purpura coccinei coloris.* ***Vermiculatus*** *idem est quod districtus uel variatus. Ita accipitur Cantico primo (Ct 10): Murenulas aureas faciemus tibi* *W*
-- eyn wormelin uel roituerbig *I*
-- ein chlain wůrmlein uel rubeus color; *eciam ponitur pro filio coccinio* *K*
-- ⌜eyn wormekin / .i. parua vermis *P-E R1*, rotwerwe *P*
-- eyn wormeken *Kh2 Br1*

S *Wa.*] *fehlt S4, fehlt (Blattverlust) Ma3* wormchen] würmlein *N1* rotfarbig] eyn rotfarbig *Ma1, fehlt B5 B9*
M -- wurlin *M19* -- .i. paruus vermis *D1* -- wormlein uel rotverbung *Dr1* rotfarbig] rȍt farbe *Ks1*
W *vgl. 170* -- wúrlim *(?) S1* wurmlein *bis* quandoque *zit. nach Me1* accipitur *(1) bis* tibi *zit. nach Bs9* nato] gnato *Sg1* Vermiculatus *bis* tibi *fehlt Sg1* faciemus *Me1*] fac *Bs9* *(Ct 1,10: Murenulas aureas faciemus tibi, vermiculatas argento)*
I *Sigle fehlt*
K wůrmlein] würmel *K4* eciam *bis* coccinio *K4*] et filum coccineum *W13* filo *K9*] filio *K4*
P rotwerwe] *fehlt Wo1*, rod veruich *B10*
P-E paruus *R1*

V 170 n s **Vermiculatum** est depictum in modum vermis
Wa. fehlt (vgl. 169) W
Wa. fehlt Kh2 Br1

S *Wa. fehlt (Blattverlust) Ma3*
Sb3 ad modum
P Vermicultatum *Ma4 R1*
P-E Vermicultatum

V 171 co p **Verna** eyn knecht uel ⌜ain maid / ancilla *B9 P*
-- ein diener uel dienerin *Sb3*
-- *chnecht oder dirn* *K*

vgl. S 564
S *Wa. fehlt (Blattverlust) Ma3*
M maid] diern *M19*
I co t
K *Wa. K4*] f p Verna ein knecht in domo nutritus *(vgl. 172) W13 Hl1*
P-E -- .i. famula uel famulus *E2*
Kh2 knecht

V 172 m s **Vernaculus** ⌜ein knecht / husknecht *W-Y* in domo nutritus
-- est seruus *Sb3*
-- seruus in domo nutritus *I K-Y P-E*
-- eyn knecht, de dar *gevüdet* is in dem huze *Kh2 Br1*

vgl. S 564
S *Wa. fehlt (Blattverlust) Ma3* Verniculus *S4*
M Verniculus ein knecht] seruus *Ks1 M19*, ein knechtlin *D1*
W -- husknecht *Sg1* ein knecht] est seruus *S1*
I Verniculus
K *Wa. fehlt (vgl. 171) W13 Hl1*
P in] uel in *Wo4*
Kh2 gevüdet *Br1*] *verderbt*

V 173 n p **Vernare** luchten uel florere, amenum esse
-- ⌜.i. splendere, lúchten uel florere uel amenum esse *X* / .i. splendere *Y* *W*
-- .i. florere uel amenum esse *I*
-- leuchten *uel florere* *K*

S *Wa. fehlt (Blattverlust) Ma3* amenum esse *fehlt B9*
M amenum esse *fehlt M19*
I a p
K uel florere *K9*] *fehlt W13 K4*
P amenum esse *fehlt Ma4 Wo1* + lustich syn *R1*
P-E + lustig sin *P7*

V 174 *n s* ***Vernisium*** *virniß ut pictores habent*
-- firneyß, sicut pictorum uel *artificum* *Sb3*
-- virneiz *K P*
Wa. fehlt Kh2 Br1

S *Wa. Ks2*] *fehlt Ma1 S4*, *fehlt (Blattverlust) Ma3* -- vermis *(?)* est. *(neuer Wa.:)* f t Vernis idem *B9* wernìß *B5* *lat. Int. B5*] *fehlt Ks2*
M -- virneiß, pictores sciunt qui *(!)* est *M19*
Sb3 artificum *Gr2*] *verderbt*

V 175 *m* s ***Vernus*** *ad »ver« pertinens*, clarus uel splendidus
-- est clarus uel splendidus *Sb3*
-- -a, -um .i. splendidus *W*
-- .i. clarus *K*
-- *eyn* luchter / + uel clarus *Kh2* *P*
Wa. fehlt I

S *Wa. fehlt (Blattverlust) Ma3* m s Vernus *B9*] n s Veronus *Ma1*, m s Verosus *S4*, m s Veronus *Ks2 B5* ad »ver« pertinens *B5*] *fehlt Ma1*, wer pertinens *S4*, ad ver pertines *Ks2*
M *Wa. fehlt M19* Veronus *Ma6*
Sb3 Veronus
W *Sigle*] Inde *(Wa. nach 173) S1*
P *Wa. fehlt Wo1* eyn *Wo4*] *fehlt Ma4*
P-E *Wa. fehlt P7*

V 175.1 f t **Vernalis** idem *(nach 175)* *Kh2*

V 175.2 co p **Vernula** est diminutivum *a* »verna« *Kh2*

Kh2 a *Ki3*] aut *(?)*

V 176 con **Vero** ⌜*ouer* / vurwar *S-X K*
-- .i. sed, aber *I*
Wa. fehlt P-E

S *Wa.*] *fehlt B5*, *fehlt (Blattverlust) Ma3* ouer *zit. nach B9*
P -- vorware *B10*

V 177 f p **Veronica** ein fronicke, et est signum, quod portatur de Roma
-- est signum, quod portatur de Roma *W-Y*
-- ein veronick czeychen *I*
-- fuit hospita domini nostri Iesu Christi uel signum [...] *K*
-- ymago quedam, ain veronik, et est signum [...] *P-E R1*
-- eyn veronike *Kh2*

S *Wa. fehlt (Blattverlust) Ma3* -- eyn veronike, proprium nomen mulieris *B9*
M *Wa.*] f p Verranes est signum, quod portatur ad Romam *M19* ein fronicke, et] *fehlt Ks1 D1*, ein verung *Dr1* + scilicet facies Christi *Ks1*
P -- est proprium nomen *Wo4 B10* -- eyne fronica ader veroneca *Br1* *lat. Int. fehlt Ma4*
P-E ain veronik *fehlt M25 P7* et est *bis* Roma *fehlt R1*

V 178 f p **Verona** est ciuitas in Lambardia, °*Bern* °*(K)*
-- *est ciuitas,* ⌜*Bern /* wulgariter dútsch Bern *P-E R1* *P*
Wa. fehlt Kh2 Br1

S *Wa. fehlt (Blattverlust) Ma3* Bern *S4*] *fehlt Ma1*, veren *B9*
M *Wa. fehlt D1* in Lambardia, Bern] uel Lumbardia *M19*
W Lampadia *S1* Bern *fehlt S1*
P *Wa. fehlt Ma4* *Int. Wo4*] est ciuitas *Wo1*, est ciuitas in Lumbardia, tudes berch *(!) B10*
P-E wulgariter dútsch Bern] Bern oder dücz Bern *R1*, Bernder *M25*

V 178.1 a t **Ve*rr*ere** .i. verte*re* *P*

P Verrere *R1*] Verere *Ma4*, Vergere *Wo1*, Verre *Wo4 B10* vertere *Wo1*] verte *Ma4*

V 179 m t **Verres** est porcus non castratus, °eyn °ber °*(K-Y P-E)*
+ uel eyn euer swyn *Kh2 Br1*
-- [...] ein ewer swein *Sb3*
-- -ris est porcus non castratus; *et dicitur a »verro, -is«, quod est rodo uel sulco.* ***Magalis*** *barg* *W*
-- [...] ein eber *I*

S *Wa. fehlt (Blattverlust) Ma3* purcus *S4* non castratus *fehlt B9* eyn ber] eyn eber *Ks2*
M eyn ber] ein eber *D1*, eber uel ber *Dr1*
W castratus] + eber *Sg1* et *bis* barg *Sg1*] *fehlt S1* barg *Bs9*] marg *Sg1*
I purcus
P non castratus *fehlt R1*
Kh2 eyn ber *fehlt Br1*

V 180 n s **Verriculum** .i. tragum; et est nauis piscatoris
-- est nauis piscatorum, ein waid zull *Sb3*
-- est nauis piscatorum *K Kh2 Br1*

S *Wa. fehlt (Blattverlust) Ma3*
W tragum] tragen *(?) Sg1*
Kh2 Verruculum

V 181 f p **Ver*ruca*** ein warcz*e* uel tumor in cute
-- wårczen *K*

vgl. F 188.2
S *Wa. fehlt (Blattverlust) Ma3* Verruca *S4*] Veruga *Ma1* warcze *S4*] warczel *Ma1 Ks2* cute] arte *S4*

M -- wurtzen *M19* warczel *D1*
Sb3 *Wa.*] f p Verunca ein wurcz uel tumor a cutis
W -- warcz *Sg1* werczel *Me1*
P warczel *R1*

V 181.1 n p **Vermicare** .i. vermes remouere *K*

K vermis *K4*

V 181.2 m s **Vermiculatus** .i. coloratus *K*

V 182 n t **Versale** ein vers buchstab
-- est littera capitalis *I*
-- puechstab *K P-E*

S *Wa. fehlt (Blattverlust) Ma3* -- eyn gras püch stam *B5*
M -- eyn puchstab machen *M19* -- einiß versen buchstab *D1*
K -- ein grosß puchstab *Hl1 K9*
P *Wa. fehlt Wo1* -- eyn vrischbucstaf *B10*
P-E -- ain püch vnterschid *M25*

V 183 *a p* **Versare** .i. frequenter vertere
+ ymmer vmbkeren *Sb3*
+ Inde **Versatus** *(vgl. 184)* *W-Y*

S *Wa. fehlt (Blattverlust) Ma3* *Sigle emend.*] verbum frequentatiuum *Ma1*
M *Wa. fehlt M19*
K n p

V 184 p pr **Versatus** bekerlich
+ eyn kampfswert °uel °eyn °ginß °*(P-E)* *P*
-- bechert *Sb3*
-- v̊mkerleich *K*
-- eyn bekerlynk uel eyn swert uel eyn iense *Kh2 Br1*
Wa. fehlt (vgl. 183) W-Y
Wa. fehlt I

S *Wa.*] *fehlt (Blattverlust) Ma3*, *fehlt N1*
M -- bekeret *Ks1*
K *vgl. 186* m s
P m s *(*p pr *B10)* Versetus *Ma4* bekerlich] bekert *B10* *Zusatz fehlt Wo1*
P-E m s bekerlich] bekert *P7*
Kh2 m s swert] kampswert *Br1*

V 185 a p **Versificare** .i. versus facere
-- ver*ß* machen *M W P-E R1*

S *Wa. fehlt (Blattverlust) Ma3*
M d p Versificari *M19* -- versus facere *Ks1* verß *Ma2*] versen *(?) Ma6*
I *Sigle fehlt*
K *Wa. fehlt Hl1* -- verss machen *W13*
P -- vers maken *Ma4*
P-E *Wa. fehlt E2*

V 186 co t **Versatilis** vnbekerlich
+ uel gladius flammeus ex utraque parte scindens *K*
-- dicitur gladius ex utraque parte scindens. Idem eciam significat hoc nomen **Anceps** *W*

-- ad vertendum abilis, sicut gladius *I*
-- est gladius bis acutus *Kh2*
Wa. fehlt M

vgl. A 488
S *Wa. fehlt (Blattverlust) Ma3* -- vmmerchleich *B5* -- vnkerlich *N1*
M *Wa. vorh.* (-- vmmekerlich) *Ks1*
W Idem *bis* Anceps] Idem Anceps *Sg1*
I *Sigle fehlt*
P *Wa. fehlt R1*

V 186.1 co t **Versamis** bewerlich *N1 (S)*

S Versamis *für* Veresimilis *(?)*

V 187 co t **Versipellis** .i. versutus uel dolosus
+ *subdolus* uel callidus uel maliciosus; *et dictus, quod* in diuersa wltum et mentem variat. Vnde *et* **Uersutus**, .i. callidus / + et **Versucia** *Y W*
-- dicitur hirsutus uel dolosus *Sb3*
-- .i. versutus, kluegsinnig *K*
-- uel **Versiculator** .i. irsutus uel deceptor; uel **Versiculor** est, qui diuersos mutat colores *Kh2*

vgl. 191
S *Wa.*] *fehlt S4*, *fehlt (Blattverlust) Ma3*
W *vgl. 189* .i. versutus uel dolosus *fehlt Y* subdolus *Sg1*] subdolosus *S1* et dictus, quod *Sg1*] ut *S1* et *Sg1*] est *S1* et Versucia] + .i. calliditas *Sg1*
K -- clug sinnig *K4* chüg sinnig *(!) K9*
P versutus] versicus *(?) R1*
P-E co t Versipelle *E2*
Kh2 *vgl. 188* f t uel m t

V 188 m t **Versicolor** est ille, qui mutat colores
-- qui diuersos mutat colores *P*
Wa. fehlt (enthalten in 187) Kh2

S *Wa. fehlt (Blattverlust) Ma3*
W colorem *S1*
P *Stichwort verderbt Ma4*
P-E mutat *verderbt E2*

V 189 f p **Versucia** argelist, ⌜swindikeit, *snodekeit* / sneydecheyt *P*
-- argelist, swindekeit *M*
-- .i. calliditas ad malum, arglistig *W-X*
-- argelistikeyt, snodikeyt *I*
-- °swindikait °*(Y)*, argilistikait *K*
-- *snődikait* uel bőshait *P-E*
Wa. fehlt (vgl. 187) W-Y

S *Wa. fehlt (Blattverlust) Ma3* swindikeit *fehlt S4 Ks2* snodekeit *S4*] *fehlt Ma1*, sneydekeyt *Ks2*
M swindekeit *fehlt M19* + uel snytigkeyt *D1*
K swindikait *fehlt Hl1*
P sneydecheyt *fehlt Wo1*, snodicheyt *Wo4*
P-E snődikait *P7*] snőgdigkait *E2*, snödkait *M25* uel bőshait *fehlt P7*

V 190 *m q* **Versus** *entgen ader eyn ferse*
-- gegen uel ain vers et sic est m q. Item Uersus quandoque accipitur pro ordine, ut in tercio libro Regum 1° *capitulo (7,17)*: *Septena versuum reciacula, .i. 7^em^ ordinum* *W*
-- vers *K-X*
-- est quedam mensuracio versuum *Kh2*
Wa. fehlt K-Y P-E

S *Wa. S4*] *fehlt Ma1*, *fehlt (Blattverlust) Ma3* *Sigle B9*] m s *S4*
M entgen] gegen *Ma6 Dr1*, wenkegen *M19*
W ppo et sic *bis* Item *fehlt Sg1* capitulo *bis* ordinum *Sg1*] *fehlt S1* reciacula *emend.*] retinacula *alle Hss.*
P *Wa. fehlt Ma4 Wo4* entgen] kegen *Br1*

V 191 m s **Versutus** klug, argelistig, *swin*, hoch fertig, *snetig*
-- klueg uel swinde uel schnidig uel scharf uel arig liste uel superbus *Sb3*
-- arglistig uel hochuertig uel astutus uel callidus in malo *W-X*
-- .i. superbus, klug, swinde, argelistig *I*
-- chlug, synnig oder argilistig, qui animum cito vertit *K*
-- geschwind vel klůg *P-E*
-- .i. superbus uel astutus in malo *Kh2*
Wa. fehlt (vgl. 187) W-Y

vgl. 187
S *Wa. fehlt (Blattverlust) Ma3* -- cluger, swin, snetig *S4* -- clug, swinde, sneydig, argelistig *Ks2* -- clüg, swind, argelist, hoffertig *B5* -- kluk, wys, sneidich *B9* -- swind, klug, snödig, listig, hoffertig *N1* swin *S4*] synnig *Ma1* snetig *S4*] *fehlt Ma1*
M -- chlüg, snaigtig *(?)*, arglistig *M19* argelistig *fehlt Ma6* swin] wynde *D1* snetig *fehlt Ma6 Dr1*
W arglistig] arglist *Me1*
K -- argelistig *Hl1* -- arglist *K9*
P *Wa. fehlt Ma4* m s Versus *Wo4* -- klock, sneydech *Wo1* klug *fehlt Wo4 Br1* swin] *fehlt Br1*, + snode *B10* hoch fertig] homutich *Wo4*
P-E + uel superbus *E2* + oder hoflich oder schnődechch *P7*

V 192 a t **Vertere** keren, *wenden*
-- vmb keren uel wenden *I*
-- wenden *K-Y*

S *Wa. fehlt (Blattverlust) Ma3* -- vmb kern vel wenden *Ks2* wenden *B9*] vmbwenden *Ma1 B5*, *fehlt S4*
M *Wa. fehlt D1*
K n t *Wa. fehlt K9*
P-E -- vmkern *E2* wenden *fehlt M25*

V 193 n s **Vertibula** sunt cardines, *hespen*, °angil °*(S-Y P Sb3)*
-- sunt cardines, ein angel *M-Y*
-- ⌜sunt cardines, angel uel lir wendel; et dicuntur Vertibula, quod intra cardinem vertuntur *X* / quod intra cardinem vertitur, angel uel liren wendel *Y* *W*
-- sunt cardines ianue, proprie angen *I*
-- *dicuntur cardines* *K P-E*
-- eyn haspel *Kh2*

S *Wa. fehlt (Blattverlust) Ma3* f p Vertibola *S4* hespen *S4*] *fehlt Ma1 B5*
M hespen *fehlt Ma6* angil] *fehlt Ma6*, angen *Ks1* cardines *D1*] cadines *M19* angeli *D1*
I Vertibola

K *Int. K4*] thůr ångel, cardines *W13*
P cardina *Ma4*
P-E f p Vertibule *(?) E2* + ain agan *(?)* ain důr *M25* + túr engel *P7*

V 194 *n s* **Vertibrum** .i. alabrum, ein haspel
-- haspel *Sb3 K Kh2*
-- .i. alabrum *P-E*

S *Wa. fehlt (Blattverlust) Ma3* *Sigle S4*] d *Ma1* ein haspel] eyn weyffin *Ks2 B5*
M alubrum *Ma6* ein haspel] ein weuff uel håspel *D1*
W *Wa. fehlt S1*
P .i. alabrum *fehlt Wo4 B10*

V 194.1 **Vertebre** uel **Vertibole** lede *Kh2*

Kh2 n t Vertebre

V 195 d p **Vertiginari** ⌜swindeln / swymelen *B9 P (außer P-E R1)*
-- beswymen *Kh2*
Wa. fehlt I

S *Wa. fehlt (Blattverlust) Ma3* spindlein *B5*
P beswymelen *B10*

V 196 f t **Vertigo** swindelunge, .i. commocio
-- °swindel °*(Sb3)*, .i. commocio *M W*
-- ⌜swindelung uel globus uel circumuolucio aut illud, quod a uento circumuoluitur aut infirmitas *X* / swindel uel globus uel illud, quod circumuoluitur a vento *Y* *K*
-- .i. commocio, ⌜swimelnisse *Ma4 Br1* / swyndelnisse, swymel *Wo4* / schwindlung *P-E R1* *P*
-- swymcheyt; et ponitur aliquando pro errore *Kh2*

S *Wa. fehlt (Blattverlust) Ma3* -- spindlunge *B5* swymel *B9* .i. commocio *fehlt S4*
M swindel] swindelunge *Ks1*, swindung *D1*
W *Wa.*] Inde Vertigo talis infirmitas *(nach 195) Bs9 Me5* .i. commocio *fehlt Sg1*
K -- swindel uel comocio *Hl1*
P *dt. Int.*] swym *Wo1*, beswymnisse, swymel *B10*

V 196.1 *m* s **Vertigenius** uel **-nuosus** eyn dede swymet in dem houede *Kh2*

Kh2 *Sigle Ki3*] n s

V 197 n s **Vertinellum**
-- ⌜ein torrigel *Ma1* / .i. repagulum, eyn reggel *S4 B5* / eyn dor krampe *B9* *S*
-- ⌜eyn dore kramp *Ma6* / ein rigel hinder der thur *D1* *M*
-- tür angel uel tor *Sb3*
-- tor rigel *W I K-X P-E*
-- eyn dorkramppe *P*
Wa. fehlt K-Y Kh2 Br1

S *Wa. fehlt (Blattverlust) Ma3* -- .i. repagulum *Ks2* -- ein dorn krancz *N1*
M -- eyn dore krapf uel eyn riggel uel eyn uirtel *Ma2* -- eyn regel *Ks1* -- ein durrer krapf *M19* -- dorrigel *Dr1*
P dorkramppe *verderbt R1 B10*
P-E -- ain dúrnagel *E2*

V 197.1 f p **Vertebra** est extremitas ossium vel nodositas, que est in membris membrorum, eo quod iuxta nodositatem vertuntur membra *P-E*

P-E *vgl. 194.1*

V 198 m t **Vertex** ein scheitel; eciam capitur pro summitate cuiuslibet rei
+ *uel summosa vertigo aque* *P*
+ uel dicitur globus uel nodus *Kh2*
-- schaitel uel sumitas, eciam dicitur nodus in globo uel eminencia, que admodum verticis apparet in ligno *K*

S *Wa. fehlt (Blattverlust) Ma3* cuiuslibet rei *fehlt S4*
M cuiuslibet rei *fehlt M19*
Sb3 qualibet summitate
K *Wa. fehlt K4*
P -- scheydel *Ma4 Wo1 B10 Br1* eciam capitur *bis* rei *fehlt R1* *Zusatz zit. nach Wo4*
P-E vmosa *E2*
Kh2 rei] regi

V 199 n q **Veru** ein spiß
+ an fleisch *Sb3*
+ sine carne *W P*
+ Vnde *(Brevil. »Veru«)*: Dic sine carne veru, cum carne dic esse verutum *I*
-- eyn brat spyt sine carnibus *Kh2*

vgl. 204
S *Wa.*] *fehlt B5, fehlt (Blattverlust) Ma3*
I Veru] + indeclinabile
P sine carne] ane brade *Wo1*
P-E -- brått spis an flaisch *P7*

V 200 m t **Veruex** est aries non castratus, °ein °widder °*(M), eyn ster, et est vir ouium*
-- est aries non castratus, ut vir *ouium*, ein wurm, der dem wider in dem haupp ist *Sb3*
-- est aries non castratus, vir ouium; ⌜et dicitur veruex eo, quod vermes in capite habet *X* / quasi vermem habens in capite *Y* *W*
-- .i. aries non castratus. Et est pater ouium, eyn widder *I*
-- .i. aries non castratus *K P*
-- .i. aries non castratus, eyn ram *Kh2*

S *Wa. fehlt (Blattverlust) Ma3* ein widder *fehlt Ks2* eyn ster *bis* ouium *S4*] *fehlt Ma1*, eyn bok sternen *B9*, vir ouium *N1*
M eyn ster *bis* ouium *fehlt M19* ster] wider *Dr1*
Sb3 ouium *V1*] *verderbt*
K -- wider, non castratus *K4*
P *Stichwort verderbt R1*

V 200.1 m t **Veruix** idem *(nach 200)* *Kh2*

V 201 *adv* ***Verum*** *werlich*
-- war *Sb3*
Wa. fehlt I

S *Wa. S4*] *fehlt Ma1, fehlt (Blattverlust) Ma3* Verum *Ks2*] Vereum *(!) S4*, vere *B9*
W *Wa. fehlt S1*
P *Wa. fehlt Ma4*

V 202 con **Verumptamen** vordoch *vnd* doch
-- wardach *Sb3 Kh2*
-- vnd doch, ⌜war doch *X* / fúr war *Y* *W*
-- vnd doch *K*
Wa. fehlt I

S *Wa. fehlt (Blattverlust) Ma3* vnd doch *S4*] an doch *Ma1*
M -- verban, vberdacht *M19* -- vnd auch *D1*
P *Wa. fehlt Ma4* -- wardoch *Wo1* -- war, vnd doch *Wo4*
P-E -- vnd doch *E2* -- wardoch *M25* -- vnd doch war *P7*

V 203 *m s* ***Verus** war*
Wa. fehlt I

S *Wa. S4*] *fehlt Ma1, fehlt (Blattverlust) Ma3*

V 204 n s **Verutum** .i. veru
\+ cum carne, ein spiß mit fleysch *I*
-- ein spis mit fleisch *Sb3*
-- *spiz* cum carne *K*
-- eyn brade spit. Vnde *(Brevil. »Veru«)*: Dic sine carne veru, sed dic cum carne verutum *P*
-- eyn spit sine carnibus *Kh2*

vgl. 199
S *Wa.*] *fehlt (Blattverlust) Ma3, fehlt N1* -- eyn spet cum carne *B9* -- eyn wera *(?)*, eyn spyß *B5* + eyn spyß *S4*
M -- .i. bern *Dr1*
W + cum carne *Sg1*
K spiz *K4*] cuspis *W13*, pratspyz *K9* cum carne] mit fleisch *Hl1*
P eyn brade spit] eyn spet cum carne *B10 Br1* cum *fehlt Wo4*
P-E eyn brade spit] ain spiss cum carne *E2*, ain spis mit flaisch *P7*

V 204.1 m s **Venesticus** .i. formosus *Kh2*

V 204.2 m s **Venestiosus** idem *(nach 204.1)* *Kh2*

V 204.3 **Verubus** est vibex *Kh2*

V 205 f p **Vesania** .i. insania, vnsynnekeit
-- vnsinnikait *Sb3 K Kh2*

S *Wa. fehlt (Blattverlust) Ma3* *dt. Int.*] vnd synnekeyt *S4*
M -- vnsinnig *D1*
W -- idem est quod insania *S1* *dt. Int.*] vnsinn *Sg1*
P-E *dt. Int. fehlt E2 M25*

V 206 m s **Vesanus** vnsynnig
-- .i. infirmus uel vnsinnick *I*

S *Wa. fehlt (Blattverlust) Ma3*
P *Wa. fehlt Wo4*

V 207 d t **Vesci** eßen uel nutrire
\+ *cibo et potu vti* *W*
-- essen aut niessen *Sb3*
-- .i. cibo vti uel nutriri *I*
-- essen *K*

-- eten, .i. edere uel nutrire *P*
-- edere vel nutrire *P-E*
-- .i. nutriri *Kh2*

S *Wa. fehlt (Blattverlust) Ma3* Vessiri *B9* nutryri *S4 B9*
M *lat. Int. fehlt M19*
W -- essen *Sg1* *Zusatz Bs9*] *fehlt S1*
P .i. edere] uel spysen *Br1*

V 208 f p **Vesica** ein blase
+ Inde **Vesicula** parua vesica *I*
+ uel eyn bledder *Kh2*
-- blater. Item Vesica est inflacio cutis plena aquosi humoris. Item significat *strvmam*, que in collo est quorundam animalium. Inde **Vesicul*a*** .i. parua uesica *W*
-- plater *K P-E*
Wa. fehlt Sb3

S *Wa. fehlt (Blattverlust) Ma3* blase] plater *B5* + uel blater *N1*
M *Wa. fehlt D1* blase] plater *M19*
W -- blåter. Inde Vesicula diminutiuum *Sg1* blater. Item Vesica est] est *Bs9 Me5* *dt. Int.*] ein plöß *Me1* strvmam *Bs9*] *verderbt S1* Vesicula *Sg1*] Vesiculum *S1*
K *Wa. fehlt K4*
Kh2 *vgl. 211.1*

V 208.1 n p **Vesicare** wedder laten, ut sprecken uel weder oppstan *P*
Wa. fehlt Kh2 Br1

P *Wa. fehlt B10* ut sprecken] uel sprechen *Wo4*
P-E wedder laten *verderbt P7* ut sprecken] us prechen *P7* uel weder oppstan *fehlt M25*

V 209 f p **Vespera** *vesperczyt*
Wa. fehlt (vgl. 210) I

S *Wa. fehlt (Blattverlust) Ma3* Vesperea *S4* *Int. S4*] zu vesper *Ma1*
K *Wa. fehlt K4* -- idem *(nach 210) K9 Ab1*
P *Wa. fehlt Wo1*

V 209.1 *ind* **Vespere** idem *(nach 209)* *Kh2*

Kh2 *vgl. 211* *Sigle Wo5*] n t

V 209.2 n s **Vesperum** idem *(nach 209.1)* *Kh2 Br1*

Kh2 *vgl. 210*

V 210 n t **Vesper** *vesperczyt*
-- quando sol uel luna tegitur nubibus in die uel in nocte. **Vespertinus**, -a, -um ad vesperum pertinens. **Vespere** indeclinabile, hora nona vsque in occasum solis. **Vesperum** sole occidente. **Vespera** sole oriente. Vnde *(Grec. Vet. xii 376 ff)*: Vespere sit nona; si -re mutaueris in -ra, solis habens ortum; si -ra mutaueris in -rum, istius occasum; vesper sit quelibet hora *I*

vgl. 211
S *Wa. fehlt (Blattverlust) Ma3* *Int. S4*] zu vesper *Ma1*
I *vgl. 209, 209.2, 211, 214*
K *Wa. fehlt K4* -- abentczeit *K9* -- abent *Ab1*

V 211 *adv* ***Vespere** zu vespere*
\+ ut *(Mt 28,1)*: Vespere autem sabati *Sb3*
\+ Item **Vespere** est tempus none; sed **Vespera**, -e finis noctis; sed **Uesperum** finis diei; sed **Uesper**, -is significat tempus nubilosum. **Vespere**, -arum autem significat totum officium *vesperarum*; sed **Vesperi**, -orum significat psalmos vespertinales. **Vesperus** vero uel **Hesperus** est stella, que alio nomine dicitur Venus; et quandoque solem sequitur, tunc est stella uespertina; et quandoque vero antecedit solem in mane, et tunc dicitur Lucifer. Et licet grammatici *predictas* ponant differencias *(vgl. Grec. Vet. xii 376 ff)*, tamen vnum frequenter ponitur pro altero. »Vespere autem sabati, que lucessit in prima sabati« *(Mt 28,1)*, sic est exponendum *(vgl. Brito 830)*: Maria venit vespere, .i. in nocte sabati, *que scilicet* vespera *uel* nox lucescit in prima sabati, .i. dominice diei, que apud Iudeos uocatur prima sabati *W*
-- spade *Kh2 Br1*
Wa. fehlt (enthalten in 210) I

vgl. 210, H 75
S *Wa. S4*] *fehlt Ma1, fehlt (Blattverlust) Ma3* *Int. Ks2*] zu vesperzyt *S4*
M -- zu vesperczitlich *D1*
Sb3 m t zu vespere] + uel aduerbium *(?)*
W *vgl. 216* zu vespere] vno modo est vesper *S1* Vespere *(2) Bs9*] Uesper *S1*, Vespera *Sg1* sed Vespera, -e] + *(!)* sed Uespera, -e *S1* vesperarum *Sg1*] *fehlt S1* Vesperus vero] *(neuer Wa.:)* m s Vesperus *Sg1* stella] + vespertinalis *S1* in mane, et *fehlt Sg1* predictas *Bs9*] *fehlt S1 Sg1* ponant] + dictans *(?) S1* que scilicet vespera uel nox *Sg1*] .i. in nocte vespera que nox *S1* dominico die *Sg1*
K *Wa. fehlt K4*
P -- tu vespertyd *B10*
Kh2 *vgl. 209.1*

V 211.1 f p **Vescicula** eyn voghelcrop *Kh2*

Kh2 *vgl. 208*

V 211.2 m q **Vescitatus** superbus *Kh2*

V 211.3 f t **Vesitacio** .i. superbia *Kh2*

Kh2 Vesitacio *Ki3*] Visitacio

V 212 f p **Vesperna** est cena facta in vesper*e*
Wa. fehlt I

S *Wa. fehlt (Blattverlust) Ma3* Vesperina *S4* cena] scenas *S4* vespere *S4*] vesperis *Ma1*
P Vespera *Ma4*

V 213 ep t **Vespertilio** ein fledermuß

S *Wa. fehlt (Blattverlust) Ma3* -- eyn nacht fleddermüß *S4 B5*
M *Wa. fehlt D1*
I *Sigle fehlt*
K \+ oder morder *(vgl. 217) K9*

V 213.1 adv **Vespertim** spade *Kh2 Br1*

V 214 m s **Vespertinus** spat, vesperczijt
-- vesperczeit *K*
Wa. fehlt (vgl. 210) I

S *Wa. fehlt (Blattverlust) Ma3* vesperczijt *fehlt B9*
P Vespertinum *Ma4*
P-E spat *fehlt E2 M25*

V 215 f p **Ve*spa*** est animal cum aculeis
-- est animal paruum uolatile, wulgariter wespi. ***Vesperium*** *est nidus* vesp*a*rum. **Vespetum** est locus vbi habundant *W*
-- est musca habens aculeum venenosum, proprie eyn wespe uel eyn hummel *I*
-- ⌜vesp, dicitur animal exiguum volatile, aculeis venenosum *X* / vesp *Y* *K*
Wa. fehlt (vgl. 218) Kh2 Br1

S *Wa. fehlt (Blattverlust) Ma3* Vespa *S4*] Vespera *Ma1*
M animal *fehlt M19* + ein wespel *Dr1*
Sb3 f p Vespera
W *vgl. 215.1, 215.2* Vespera *Sg1* Vesperium *bis* habundant] *(neuer Wa.:)* n s Vesperium est nidus vesperarum, *(neuer Wa.:)* n s Vesperetum est locus in quo habundant *Sg1* Vesperium est nidus *Sg1*] Vesperiundus *(?) S1* vesparum *Bs9*] vesperum *S1*
K animal] + cum culeis *(!) Hl1 W9 M37*
P *Wa. fehlt Wo4* + eyn wespe *B10*

V 215.1 n s **Vesparium** nidus vesparum *I Kh2*

vgl. 215

V 215.2 **Vespetum** est locus, vbi vespe habundant *Kh2*

Kh2 *vgl. 215*

V 215.3 m t **Vespes** est genus ligni, brammer *Kh2*

V 216 m s **Vesperus** est stella, abentsterne
-- abent stern *Sb3 I K*
-- est stella, que lucet de vespere *Kh2 Br1*
Wa. fehlt (vgl. 211) W-Y

S *Wa. fehlt (Blattverlust) Ma3* -- est stella splendens de vespere *S4 Ks2* -- auent sterne *B9* -- est stella dez abentz *N1*
M -- est stella des abendes *Ma6* abentsterne *fehlt D1 Dr1*
K -- ein steren, der an dem abent scheint *Hl1*
P est stella *fehlt Ma4 Wo4*

V 217 m t **Vespillo** ein morder, ein reuber, °proprie °mortuorum °*(P) (außer P-E)*
-- ⌜morder uel rouber et proprie mortuorum. Item Vespilio est *X* / est *Y* violator sepulchrorum, scilicet qui violenter spoliat cadauera mortuorum. Solebant enim olim diuites defuncti in suis preciosis vestibus sepelliri *W*
-- strazzm$\overset{e}{o}$rder *K*
Wa. fehlt I

vgl. 371
S *Wa. fehlt (Blattverlust) Ma3*
M ein reuber *fehlt M19*
W f t *Y* Vespilio *S1* defunctum *Sg1* sepellire *Y*
K *Wa. fehlt (vgl. 213) K9*

P -- raufer, morder *Ma4* morder] moter *R1*, morderer *Wo4*
P-E Vispilio *E2*
Kh2 Vespertilio

V 218 f t **Vespis** *est vermis*, ein vespe
-- est vermis cum aculeis, ein webs *Sb3*
-- idem quod ve*spa* *W-Y*
-- webss *K*
-- eyn wyspyl *Kh2*
Wa. fehlt I

S *Wa. fehlt (Blattverlust) Ma3* est vermis *S4*] *fehlt Ma1*
M *lat. Int. fehlt M19* vespe] hespe *Ma6*
W vespa *Bs9*] vespera *Sg1*
K *Wa. fehlt K9*
P *Wa. fehlt Br1* est vermis *fehlt Ma4 Wo4*
P-E wepf *E2 M25*, wescz *P7*
Kh2 *vgl. 215* ep p Vespa

V 218.1 f p **Ves*ta*** dea ignis *P*
-- est dea *Kh2*

P Vesta *Wo1*] Vespa *Ma4*
Kh2 Vespera

V 219 *pron* ***Vester*** *uwer*
Wa. fehlt W-Y I K P-E Kh2

S *Wa. S4*] *fehlt Ma1*, *fehlt (Blattverlust) Ma3* -- vnser *Ks2*
M *Wa. fehlt M19 D1*
P + *(neuer Wa.:)* n s Verarium eyne *(!) Br1*

V 220 n s **Vest*ia*rium** ein cleiderhuß
+ uel eyn gher hus uel dicitur locus *ante* altare, vbi i*rc*i et tauri cremaban*tur* *Kh2*
-- ein klayd haus *Sb3*
-- gewandhusß *W*
Wa. fehlt I

S *Wa. fehlt (Blattverlust) Ma3* Vestiarium *S4*] Vestigarium *Ma1* kleydhaus *N1*
M m s Vestinarium *(?) M19*
W *Wa. fehlt Sg1* kleyderhauß *Me1*
K klaid haws *Hl1* + locus vbi cremantur thauri et hirci ante altare; eciam dicitur locus ante fores, eciam dicitur atrium; locus, in quo vestiuntur *(vgl. 221) K9*
P-E ain klaiber hus *P7*
Kh2 *vgl. 221* ante *Wo5*] in irci *Wo5*] *verderbt* cremabantur *Wo5*] cremabant

V 220.1 n s **Vestiabulum** idem *(nach 220)* *B10 (P)*

V 221 n s **Vestibulum** idem *(nach 220)*, *eyn dreßkammer uel est locus ante altare, vbi yrci et thauri cremabantur*
+ Item **Uestibulum** est *spacium* iacens ante ianuas domorum, quod tect*o* dom*us* operitur. Quandoque eciam ponitur pro atrio. / + Vestibulum est eciam aditus domus public*e* *X* *W*
-- idem *(nach 220)* uel eyn dreß kamer, eyn garwe hus uel est locus [...] *M P*
-- klayd haus uel locus [...] crem*a*bantur in veteri lege *Sb3*

-- gårbhaws, est locus vbi cremantur thauri et hirci ante altare; eciam dicitur locus ante fores, eciam atrium; est locus, in quo vestiuntur *K*
-- idem vel ain sacristy vel locus [...] *P-E*
Wa. fehlt I
Wa. fehlt (vgl. 220) Kh2

S *Wa. fehlt (Blattverlust) Ma3* idem] eyn kleder *S4*, *fehlt B5* eyn dreßkammer *bis* cremabantur *S4*] *fehlt Ma1* eyn dreßkammer] *fehlt Ks2*, + eyn gherue kamer *B9*, + ein gerwe haus *N1* cremabantur *Ks2*] *verderbt S4*
M idem uel eyn dreß kamer *fehlt M19* eyn dreß kamer *fehlt D1* eyn garwe hus] eyn gerbe kamer *Ks1*, *fehlt Dr1* cremabantur] cremebantur *Ma6*, *fehlt M19*
Sb3 ante] acute cremabantur *Gr2*] cremebantur
W dreßkammer] disch kamer *S1* cremebantur *Sg1* spacium *Sg1*] uestis *S1* tecto domus *Sg1*] tectus domo *S1* publice *Me1*] publici *S1*
K *Wa. fehlt (vgl. 220) K9* -- dicitur locus, vbi cremebantur thauri, eciam dicitur atrium *K4*
P -- idem *(nach 220) Wo1* idem uel eyn dreß kamer] eyn treselkamer *B10* eyn dreß kamer *fehlt R1* eyn garwe hus] eyn gerbe kamer *R1 Br1* ante altare] in altari *Ma4*

V 222 d p **Vestigari** ⌜nachsporen, sicud canes / sporen *B9 P*
-- sporn, sicut canes *M W*
-- .i. inquirere uel perscrutari, proprie sporn *I*
-- nachspůren *K*

S *Wa.*] *fehlt B5*, *fehlt (Blattverlust) Ma3* spurn *N1*
M d p Vestigare *M19* canes] lupus *M19*
I a p Vestigare
K Vestigiari *K4*
P d p Vestigare *Ma4*
Kh2 n p Vestigare *(auch Br1)*

V 222.1 m t **Vestigator** spúrer *W*

V 223 n s **Vestigium** ⌜*eyn fuß spar* / + *eyn fuß stap S-X*
-- *est signum* pedis pulueri uel luto impressum *W*

S *Wa. fehlt (Blattverlust) Ma3* eyn fuß spar *S4*] ein fußphad *Ma1* eyn fuß stap *S4*] *fehlt Ma1*, eyn fuß strappe *Ks2*
M -- ein fuß staff *D1*
W -- fůsstrit *Sg1* est signum *Bs9*] *fehlt S1* + wlgariter spar *S1* + fußspat *Me1*
K *Wa. fehlt K4*
P-E + ain fůs trit *E2*

V 224 m q part **Vestitus** gecleidet uel cleydunge
-- geklait *Sb3*
-- gecleydet *I*
-- chlaidung *K Kh2*
Wa. fehlt (vgl. 227.2) W-Y

S *Wa.*] *fehlt S4*, *fehlt (Blattverlust) Ma3* gecleidet uel *fehlt B9* uel cleydunge *fehlt B5*
M cleydunge] chlaidig *M19*
Sb3 m q part Vestitus] Vestitus, -tus, -tui
I *Sigle fehlt*
K m q
P uel cleydunge *fehlt B10*
P-E gecleidet] beclaidot *E2* uel cleydunge *fehlt M25*

V 224.1 **Vesticeps** iuuenis qui iam incipit habere barbam *I*

V 225 *n s* ***Vestimentum*** *gewant*
-- est quod usque ad uestigium protenditur, quasi »vestigimentum«, ⌜ut est tunica talaris, gewand *X / vt tunica; sed et hoc consvetudo sermonis auctorum confundit Y* *W*
-- klaid *P-E*
-- eyn kled uel wand *Kh2*
Wa. fehlt (enthalten in 227) I
Wa. fehlt K

S *Wa. S4*] *fehlt Ma1 B9, fehlt (Blattverlust) Ma3*
M *Wa. fehlt D1*
W n t Vestimen *Sg1* vt tunica *bis* confundit *Bs9*] *fehlt Sg1* auctorum *Me5*] *verderbt Bs9*
P -- cledunghe *Wo4* -- eyn cleynt *Br1* + eyn cleyd *B10*

V 226 *a q* ***Vestire*** *cleyden*

S *Wa. S4*] *fehlt Ma1, fehlt (Blattverlust) Ma3*
P *Wa. fehlt Br1*
Kh2 a q Vestigere

V 227 *f t* ***Vestis*** *eyn cleyt*
-- gwandt aut klaid *Sb3*
-- **Vestimentum** idem, ein cleyt *I*
Wa. fehlt K

S *Wa. S4*] *fehlt Ma1, fehlt (Blattverlust) Ma3*
M *Wa. fehlt D1* -- idem *(nach 223) M19*
W *Wa.*] Inde Vestis *(nach 226) Bs9 Me5*
I *vgl. 225*
P *Wa. fehlt Wo1*

V 227.1 n s **Vestium** cleydunge *S4 (S)*

V 227.2 *m s* **Vestiarius** qui vestibus preest *W-X Kh2*

W *vgl. 224* *Sigle Sg1*] Inde *(Wa. nach 227) S1* + Inde Vestitus *(vgl. 224) Bs9 Me5*

V 228 co t **Vestras** uwers landes
+ uel juwes wolkes *Kh2 Br1*
-- .i. de vestra gente *I*

S *Wa. fehlt (Blattverlust) Ma3* uwers *verderbt Ks2*
P-E -- .i. de vestra gente *E2* landes *verderbt M25*
Kh2 Vestres -- von auwem lande ader folke *Br1*

V 229 a p **Vetare** .i. prohibere, verbiden
-- weren uel uerpietten *Sb3*
-- .i. prohibere *K P-E Kh2*

S *Wa. fehlt (Blattverlust) Ma3* Vestrare *S4*
W -- waren, verbieten *Sg1*
P *lat. Int. fehlt Ma4*

V 230 m s **Veteranus** ein *alder man*
-- ⌜alter man; eciam dicitur *X* / est *Y* senex emeritus, qui de cetero laborare non potest; tal*es* enim dicuntur emeriti, vralt *W*

S *Wa. fehlt (Blattverlust) Ma3* alder man *S4*] altman *Ma1*
W Veternus *(?) S1* tales *bis* emeriti *fehlt Sg1* tales *Bs9*] talos *S1* vralt] durchalt *Me1*

K altman *Hl1*
P oltman *Br1*
P-E altman *E2*
Kh2 *Stichwort verderbt*

V 231 n p **Veterare** ⌜*olden* / veralten *S-X*
-- alten, .i. antiquare *R1 P-E*

S *Wa. fehlt (Blattverlust) Ma3* olden *zit. nach B9*
M voraldern *D1*
W veralten *Sg1* + vel alt werden *Me1*
I *Sigle fehlt*
K d p Veterari -- alt man alten *K4*
P -- alder werden *Ma4* -- vorold *B10*
P-E alten *fehlt E2 M25*

V 232 n t **Veterescere** *idem (nach 231)*
Wa. fehlt I

S *Wa. fehlt (Blattverlust) Ma3* Veterascere *S4* idem *Ks2*] veralten *Ma1 S4*
M Veterascere *Ma6*, Vetriascere *M19*
W Veterascere
P Veterascere *R1*

V 232.1 *m s* ***Veternosus*** *alter W-X*

W *Wa. Me1*] *fehlt S1* *Sigle M12*] Inde *(Wa. nach 232) Me1*

V 233 m s **Veternus** est morbus anti*quus*
+ et pigricia *K*
Wa. fehlt Sb3

S *Wa. fehlt (Blattverlust) Ma3* antiquus *S4*] antiquos *Ma1*
M Vetrianus *M19*
W antiquus] alticus *S1*
I *Veternus*] + substantiuum
K *Zusatz fehlt K4*
P Vaternus *Ma4*

V 233.1 **Veternus** -a, -um .i. senex decrepitus *I*

V 234 m s **Vetidus** .i. prohibitus; ut: Adam commedit de ⌜ligno / pomo *Sb3* vetido, *.i. prohibito*
-- [...] ligno uetito *W*
-- a »veto, -as,« .i. prohibitus [...] *I*
-- .i. prohibitus *K Kh2*

S *Wa. fehlt (Blattverlust) Ma3* prohabitus *S4* de *bis* prohibito] de vetido pomo *B9* .i. prohibito *S4*] *fehlt Ma1*
M .i. prohibito *fehlt M19*
W Vetitus *(*Vetidus *Bs9 Me5)* uetito] vetido *Bs9 Me5*
P m q Vetitus *Ma4* .i. prohibito *fehlt Ma4*
P-E .i. prohibito *fehlt E2*
Kh2 Vetitus

V 234.1 m t **Vetres** *.i. verres uel aries P*
Wa. fehlt Kh2 Br1

P *Int. Wo1*] .i. veruex *Ma4* verres] fores *(?) R1*, verrex *Wo4 B10*

V 234.2 m t **Veterator** uel **Veternator** est positor uel calidus *insidiator* uel dyabolus *Kh2*

Kh2 insidiator *Lü1*] incidiatur

V 235 f p **Vetula** ein altwip
Wa. fehlt K
Wa. fehlt (vgl. 236) Kh2

S *Wa. fehlt (Blattverlust) Ma3*
M *Wa. fehlt D1* alcz weib *M19*
P -- idem *(nach 236) Wo4*
P-E -- .i. antiqua mulier *P7* alcz weip *M25*

V 236 m s **Vetulus** ain altman
+ Inde **-tula** *Kh2*

S *Wa. fehlt (Blattverlust) Ma3* eyn man *Ks2* alterman *N1*
M altz man *M19*
I *Sigle fehlt*
K *Wa. fehlt K9* alder man *W13*
P *Wa. fehlt Wo1*
P-E -- ain alter woͤsbicht *M25* -- .i. antiquus *P7*
Kh2 *vgl. 235*

V 237 o t **Vetus** alt. Inde **Veteritas**
-- alt *Sb3 K*
-- alder. °*Inde* °***Veteritas*** °*(P-E)* *P*
-- .i. antiquus *Kh2 Br1*

S *Wa.*] *fehlt Ks2*, *fehlt (Blattverlust) Ma3* Inde Veteritas] *fehlt B9*, Inde Vetititas *S4*
M Inde Veteritas] Inde Vetritas, Vetustas *(vgl. 238) M19*
Sb3 *vgl. 237.1*
W Wetteritas *Sg1*
K *Wa. fehlt K4*
P alt *B10* Inde Veteritas *Wo4*] *fehlt Ma4 Wo1*
P-E alt *P7*

V 237.1 f t **Veteritas** altigkait *Sb3*

Sb3 *vgl. 237*

V 237.2 **Vetalus**, **Veternus**, **Veteriatus**, **Veternosus**, **Veterosus**, **Vetustus** idem *Kh2*

V 238 *m s* **Vetust*us*** alder
-- .i. senex. Inde **Vetustas** .i. antiquitas *I*

S *Wa. fehlt (Blattverlust) Ma3* m s Vetustus *B9*] f t Vetustas *Ma1 S4*, Vetustus *Ks2 B5* *Int.*] olt uel older *B9*
M *Wa. fehlt (vgl. 237) M19*
W f t Vetustas *Sg1*
K -- idem *(nach 237) Hl1*
P *Wa. fehlt Wo1* m s Vetustus] Vetusta *Ma4*
P-E *Wa.*] m s Vetistus alt *E2*
Kh2 f p Vetustas *(auch Br1)*

V 239 a p **Vexare** muwen °gilen °*(S-Y)*
-- mohen, gecken *M P (außer P-E)*
-- müen uel anweigen *Sb3*

-- *műyen* ⌜uel gilen *X* / uel raiczen *Y* *W*
-- .i. tribulare, offendere, proprie spotten etc. *I*
-- vmbtreiben *K*

S *Wa. fehlt (Blattverlust) Ma3* -- gecken, tusschen *B9* muwen *verderbt S4* gilen] *fehlt S4*, geleyen ader spatten *B5*, + uel qecken geck *Ma1*
M gecken] *fehlt M19*, uel gylen *Dr1*
W műyen *Sg1*] műgen *S1 Bs9*
P-E muwen] raiczen *E2*

V 239.1 n s **Vexeolum** est instrumentum puniendi *I*

V 240 m s **Vexill*ifer*** ein banir furer
-- ein fann fuerar *Sb3*

S *Wa. fehlt (Blattverlust) Ma3* Vexillifer *S4*] Vexillfer *Ma1*
M *Wa. fehlt D1* -- dicitur quasi ferens vexillum *M19*
P fane treger *Ma4*, banner here *Wo1 R1*
P-E van fürrer *M25*

V 241 *n s* **Vexillum** ein banir, ein fane, *.i. banerium*
-- .i. banerium, eyn fane *M*
-- ein fann *Sb3 K*
-- ⌜*.i. banerium / ain panir P-E*, fane *P*
-- eyn banner, et est diminutiuum a *»velum«* *Kh2*

S *Wa.*] *fehlt Ks2*, *fehlt (Blattverlust) Ma3* *Sigle S4*] *fehlt Ma1* -- .i. pannerum *S4* -- .i. panerium, eyn panir *B5* ein banir *fehlt B9* .i. banerium *B9*] *fehlt Ma1*
M eyn fane *fehlt D1*
W ein banir *fehlt S1* eyn fane *fehlt Bs9*
P -- eyn bannir ader fane *Br1* .i. banerium *R1*] *fehlt Ma4 Wo1*
P-E ain panir *M25*] *fehlt E2*
Kh2 »velum« *emend. (vgl. Brito 833)*] villum

V 241.1 m t **Vex** win heff *P7 (P-E)*

P-E *vgl. F 211*

V 241.2 m t **Vexator** .i. molestator *Kh2*

V 241.3 **Vexillulum** eyn luttik banner *Kh2*

V 241.4 m s **Vexillarius** idem *(nach 240)* *Kh2*

V 242 *f p* **Via** weg uel ein straße
-- ein weg *Sb3 P-E Kh2 Br1*
-- a »veho«, quia per eam aliquis vehitur, eyn straß *I*
Wa. fehlt K

S *Wa. fehlt (Blattverlust) Ma3* *Sigle S4*] *fehlt Ma1* uel ein straße *fehlt S4*
M *Wa. fehlt M19 D1*
W uel ein straße *fehlt S1 Sg1*
Kh2 + uel regio

V 243 *f p* **Viaregia** ein lantstraße
-- eyn her strate *Kh2*
Wa. fehlt I

S *Wa. fehlt (Blattverlust) Ma3* *Sigle S4*] *fehlt Ma1*
P-E -- ain landes straß *E2*

V 244 *n t* **Viale** ein st*eg*
-- ad viam perinens, ein steg *I*

S *Wa. fehlt (Blattverlust) Ma3* *Sigle S4*] *fehlt Ma1* steg *S4*] stig *Ma1 N1*
M stich *Ma6 M19*

V 245 m s **Viaticus** ein *breuier*, quidam liber; uel dicitur precium, quod datur currenti per viam vnius diei, *uel capitur pro corpore dominico*
-- ein weg puch da man ynnen pett, uel precium [...] corpore domini *Sb3*
-- ain breuierer, liber quidam [...] dominico / + uel est victus , qui in via defertur et necessarius est in ipsa via *Y* *W*
-- est liber portabilis per viam, ein breuiere, uel dicitur precium [...] *I*
-- .i. liber, breuirer, et dicitur precium, quod datur currenti per spacium vnius diei uel viaticum expense in via. Vnde corpus domini dicitur **Viaticum**, quia prepositus est nobis victus in via *K*
-- ain briefer vel dicitur precium [...] *P-E*
-- eyn verde bok uel dicitur precium [...] *Kh2*

S *Wa. fehlt (Blattverlust) Ma3* *Sigle S4*] *fehlt Ma1* breuier *Ks2*] breuiger *Ma1 B9*, prediger, eyn breuierer *S4*, eyn prediger, eyn wrieuer *B5* uel capitur *bis* dominico *S4*] *fehlt Ma1*
M breuier] breuirer *Dr1* uel capitur *bis* dominico] et capitur *(!) M19*
Sb3 currenti] vni currenti
W breuierer] befir *Me1*
K .i. liber, breuirer, et] vegfurär eciam *K4* per spacium] pespacium *K4* viaticum *fehlt K4*
P -- eyn breuiger *Wo1* ein breuier, quidam liber; uel] vel *(!) Ma4*, eyn breuier, eyn buch uel *R1 Wo4*, eyn breuiger, quidam liber uel *B10*
P-E *dt. Int.*] ain bren *(!) M25*, ain briester *P7* per viam *verderbt E2*
Kh2 per viam vnius diei] viam per vnum diem capitur] + aliquando

V 246 *m t* **Viator** ein ⌜wanderman / wanderde man *B9 P-Y*
-- ein wandrer uel lauffl *Sb3*

S *Wa.*] *fehlt Ks2*, *fehlt (Blattverlust) Ma3* *Sigle S4*] *fehlt Ma1* wegman *B5*
M wandirn man *Ks1*, wandrer *M19*
W wandel man *S1 Sg1*
P wanderne man *Wo1*, wanderer *B10*
P-E wandelman *P7*

V 247 *f t* **Viber** *eyn beber* ⌜*uel eyn bercken bom* / uel ein bircke *S-X W-Y P-E R1*
-- dicitur esse castor uel ein pirchen *Sb3*
-- ⌜piber oder pirchk, arbor *X* / pirck, arbor *Y* *K*
-- eyn beuer *Kh2 Br1*

vgl. F 213
S *Wa. fehlt (Blattverlust) Ma3* *Sigle S4*] *fehlt Ma1* eyn beber *S4*] ein bibes *Ma1* uel eyn bercken bom *zit. nach B9* uel ein bircke] oder eyn byrcken baum *S4*
M bercken bom] pirichin *M19*
W *Wa. fehlt Sg1*
P m s Veber *Ma4* bercken bom] berkeman *Ma4*

V 248 *m s* **Vibeus** birken
-- ein pirchen *Sb3 Kh2*

S *Wa. fehlt (Blattverlust) Ma3* *Sigle S4*] *fehlt Ma1* Vibeos *S4*

W Vibiceus *Sg1*
P *Wa. fehlt Ma4 B10*
P-E -- ain pirk *M25*

V 249 *f t* **Vibex** ein birke uel ⌜ein *strym* / eyn strimel *M-X I*
\+ ⌜*Vibex uel* ***Penosa*** *pirck X* / ***Penosa*** *idem Y* *W*
-- ein pirch *Sb3 P-E*
-- ⌜pirchk, eciam straym, ex uirga facta, oder kegel *X* / pirck, arbor *Y* *K*

vgl. P 333.2, F 213.1
S *Wa. fehlt (Blattverlust) Ma3* *Sigle S4*] *fehlt Ma1* -- ein strime *B9* strym *S4*] strimel *Ma1 N1*
M ein strym] ein stryme, ein strym *D1*
W -- schnatt uel birk *S1* strym] stram *Sg1* Vibex uel Penosa pirck *Me1*] *fehlt S1* Penosa idem *Bs9*] *fehlt Sg1*
I *Sigle fehlt*
K *Wa.*] *fehlt K9*, f t Viber uel Vibex pirkch *Ab1* oder kegel] *fehlt Hl1*, uel chogel *W9*
P -- strime uel eyn kerke *Ma4* strame *R1*
P-E *Wa. fehlt M25*

V 250 n p **Vibrare** glinstern ut gladius. Inde **Vibratilis**
-- ⌜glintzen ut gladius. Item Vibrare significat *X* / significat *Y* resplendere *et gladium uel hastam quattere* ad percutiendum uel i*a*culand*um* *W*
-- glißen ut gladius. Inde **Vibralis** *I*
-- gliczn *K*
-- ⌜glyncern / gliczen *P-E* ut gladius *P*
-- glinceren ut gladius uel bloten *Kh2 Br1*

vgl. 250.1
S *Wa. fehlt (Blattverlust) Ma3* Vibritare *S4* glinstern] glustern, gliczen *S4*, glanstern *Ks2*, glizzerin, glinstereyn *B5* ut] uel *S4 B9* Inde Vibratilis] *fehlt B9*, Inde Vibritalis *S4*
M glinstern] grinstern *Ks1*, *verderbt M19*, glißen *D1* Inde] *(neuer Wa.:)* co t *M19* Vibralitas *Ma6*
W glintzen ut gladius] glanster uel gliczen uel gladius *Me1*, glinstern oder glictzn ut gladius *M12* et *bis* quattere *Sg1*] ut gladius uel hasta quattare *S1* hastam *Bs9*] hastum *Sg1* iaculandum *Sg1*] ioculando *S1*, + schwert röffen *Sg1*
P-E gliczen] glicznen *M25* gladio *E2*
Kh2 glinceren] glinczer *Br1*

V 250.1 co t **Vibratilis** korenlic, glinterlick *Ma4* *P*
-- gliczig *P7* *P-E*
-- glenstryk *Kh2*

vgl. 250
P *Wa. fehlt Wo1* *Int.*] kerlich glynczeren *R1*, kerchlic, genczlich *Wo4* , berklik uel glinsterlik *B10*, berlich ader glinczerlich *Br1*
P-E *Wa. fehlt E2* -- gliczing *M25*
Kh2 Vibralis

V 250.2 m s **Vicanij** qui sunt de eodem vico *I*

V 250.3 n s **Viburnum** est frutex, eyn sprute *P*
-- eyn sprute *Kh2 Br1*

P spoße *Wo4*
P-E eyn sprute *fehlt E2 M25*

V 250.4 f p **Vibrancia** .i. iactancia *Kh2*

V 251 m s **Vicarius** ein stetehelder; et dicitur ille, qui ⌜suffert / tenet *Kh2 Br1* vicem alterius uel dicitur quasi carens vicibus in capitulo
-- ein vicari et est ille, qui regit vice alterius *Sb3*
-- weichpischolf oder ein stathalter *K*
-- ⌜ain vicarig *E2* / .i. pontifex *P7* / ain wischolf *M25* et dicitur [...] *P-E*

vgl. 252
S *Wa. fehlt (Blattverlust) Ma3* stalt halder *B5*
M m s Vicarius] + in pontifficabilibus, ein weichpischolff vel *(vgl. 252) M19* alterius] vnius *M19*
W suffert] supplet *Y*
K stalt halder *Hl1*
P *Wa. fehlt Wo1* suffert] supplet *Ma4 Wo4*
Kh2 stedeholer + ader eyn weyel bisschop *Br1*

V 252 m s **Vicarius *in pontificalibus*** ein ⌜wihebischoff / wigelbiscop *P*
Wa. fehlt I K P-E Kh2 Br1

S *Wa.*] *fehlt (Blattverlust) Ma3*, m s Vicarius pontificatus eyn phischolff *B5*, m s Vicarius eyn wigelbisschop *B9* Vicarius in pontificalibus *S4*] Vicarius *Ma1*
M *Wa. fehlt (vgl. 251) M19* *Wa. fehlt D1*
P in] *fehlt Wo4*, .i. *Ma4 R1* wybischof *R1*

V 253 m s **Vicecancellarius** ein vnderschriber °eins °*großen* °herren °*(Kh2)*

S *Wa. fehlt (Blattverlust) Ma3* großen *S4*] *fehlt Ma1*
M -- ein vberschreiber *M19*
Sb3 Viceconcellarius
K eins großen herren] *fehlt K4*, grosser herren *W13 K9*, grosses herren *Hl1*
P eins großen herren] magni domini *B10*, eynes heren *Br1*
P-E -- ain wider schriber alicuius magni domini *E2* eins großen herren *fehlt M25*

V 253.1 *m s* **Vicedominus** .i. vicem domini habens *W-X*

W *Sigle M12*] *fehlt S1*

V 253.2 m s **Vicedus** eyn vicedum *P*
Wa. fehlt Kh2 Br1

P *Int. fehlt Wo4*
P-E *Wa.*] m s Vicendus ain vicz bom *E2* wiczung *M25*

V 253.3 ep p **Vicedula** auis quedam *P*
Wa. fehlt Kh2 Br1

P *vgl. F 220*

V 254 *m s* ***Vicesimus*** *der czwenczegeste*
Wa. fehlt I

S *Wa. S4*] *fehlt Ma1*, *fehlt (Blattverlust) Ma3*
M *Wa. fehlt M19 D1*
K -- der tzwaitzigist *Hl1*
P -- dy twinginste *Ma4*
Kh2 *Wa.*] adv Vicesius de twytygeste

V 255 adv **Vicesies** zwenczigwerbe
-- czwainczigist stund *Sb3*
-- zwaintzigmalen *W P-E*
-- zwainczig vertt *K*
Wa. fehlt I

S *Wa. fehlt (Blattverlust) Ma3* tzwenczig mal *Ks2 N1*, czwanczig czal *B5*
M *Wa. fehlt D1* czwaigistund *M19*, zweynczigmal *Dr1*
K *Wa. fehlt K4* tzwaitzigvert *Hl1*
P twyntichmol *Br1*
Kh2 twyn werue

V 256 f p **Vicia** est ligumen, quod comedunt equi, °wicke °*(Sb3)*
-- eyn wick *I*
-- est ligumen quoddam, wycken *Kh2*

S *Wa. fehlt (Blattverlust) Ma3*
M wicke *fehlt M19*
W -- wik *Sg1*
K -- wichken, equis datur *W13* -- wicken, legumen *K4*
P -- wicken *Wo4*
P-E ligumen *verderbt E2*

V 257 a p **Viciare** lestern
+ Inde **Viciator** *(vgl. 258)* *W-Y*

S *Wa. fehlt (Blattverlust) Ma3*
M lester *Dr1*
P lesten *Ma4*

V 257.1 **Viccaria** eyn vickerye *Kh2*

V 258 m t **Viciator** ein schender
Wa. fehlt (vgl. 257) W-Y

S *Wa. fehlt (Blattverlust) Ma3*
M -- lestrer *M19*
I *Sigle fehlt*
K *Wa. fehlt Hl1*
P schendeger *R1*

V 259 m s **Vicinus** ein ⌜nachgebur / *neyber S-Y P W-Y*
-- ein nachtparer *Sb3*
Wa. fehlt I K

S *Wa. fehlt (Blattverlust) Ma3* nackbur *S4 B5* neyber *zit. nach B9*
M *Wa. fehlt M19 D1*

V 260 n s **Vicium** vntogent, quod *in*est alicui a natura uel a mala consuetudine
+ Inde **Viciosus** *(vgl. 261)* *W-Y*
-- vntugent *Sb3*
-- dicitur esse crimen quod inest [...] *Kh2 Br1*
-- laster *P-E*
Wa. fehlt I K

S *Wa. fehlt (Blattverlust) Ma3* *dt. Int.*] laster, vndogent *S4 B5* inest *Ks2*] est *Ma1 S4* a *(2) fehlt S4 B9* conswetudo *S4*
M *Wa. fehlt D1* *lat. Int.*] quod est alicui a natura *M19*
W -- schand uel laster. Inde Viciosus *Sg1*
P n s Vicimius *Ma4* -- vndoghet, laster *Wo1 R1* inest] venit *Ma4*

V 261 m s **Viciosus** vntogentsam
-- vn tugenthafftiger *Sb3*
-- .i. plenus vicio *P-E*
Wa. fehlt (vgl. 260) W-Y
Wa. fehlt I

S *Wa. fehlt (Blattverlust) Ma3* -- widogenhafftig *S4*

V 262 f t **Vicis** ⌜ein stad / *eyn stede S-Y P (außer P-E)* uel hora uel officium seu locus; et caret rectis
-- est officium uel locus; et caret rectis *I*
-- ein stat uel hora uel officium *K*
-- uel **-ce** eyn stede; et caret nominatiuo singulari. Eciam dicitur alternacio uel retribucio *Kh2*

S *Wa. fehlt (Blattverlust) Ma3* stad] stede *Ks2* eyn stede *zit. nach B9* rectis] nominatiuo *(?) S4*
M ein stad uel] est *M19* stede *Ma6 Ks1* rectis] retis *M19*
W -- ain stat, .i. locus; et caret nominatiuo *Sg1*
K co t
P rectis *fehlt (!) Wo4*
P-E ein stad uel] .i. *E2 P7*

V 263 adv **Vicissim** stetlich, vndereynander
-- .i. alternatim uel peruices, °*stetlich*, °vnderainander °*(Y)* *W*
-- .i. mutuo uel alternatim *I*

S *Wa. fehlt (Blattverlust) Ma3* stellich *Ks2*
M stedeklich *Ks1 D1*
W uel peruices *fehlt Sg1* stetlich *Me1*] *fehlt S1*
K ståtichleich *W13 K4*
P stetlich] schedeliken *Ma4*

V 264 m s **Vicissitudinarius** ein malheber
+ uel ein hantpurger *Sb3*
+ *vnderheber* *K*
-- qui agit vices alterius *I*

S *Wa. fehlt (Blattverlust) Ma3* malheber] malholder *B9*
M *Wa. fehlt D1*
K *Wa. fehlt K4* vnderheber *K9*] *fehlt W13 Hl1*
P-E -- ain mal hoder *M25*

V 265 f t **Vicissitudo** vnderhebnisß
+ *vicis*, *alternacio* *K-X*
+ uel malhaffticheit *P*
-- vicis, alternacio uel retribucio, °vnderhebnúst, °stundlich, °wandelbåri °*(Y)* *W*
-- alternitas, retributio boni pro malo *I*
-- vnderhebbynghe, .i. alternacio *Kh2*
Wa. fehlt K-Y

S *Wa. fehlt (Blattverlust) Ma3*
W vicis] viris *Sg1*
K vicis, alternacio *Hl1*] *fehlt W13*
P *Wa. fehlt Wo1* -- vnderhebbinge, malhaftich *B10* vnderhebbinge *Br1*
P-E malhaffticheit] *fehlt P7*, malhaftig *M25*

V 265.1 **Victin** grece, vigilare latine *I*

I Victin *entstanden aus* Nictin *(vgl. N 124.1)*

V 266 m s **Vicissus** malhafftig
Wa. fehlt I K-Y

S *Wa. fehlt (Blattverlust) Ma3*
M *Wa. fehlt D1*
W + wilwenkig *Sg1*
P *Wa. fehlt Wo1*

V 267 f p **Victima** oppher des fiehes; et capitur pro agno pascali
-- ⌜opfer des viehes; et capitur pro agn*o* pascali. Item Victima est *X /* est *Y sacrificium*, quod offertur deo pro hostibus victis, sicut hostia pro vincendis *W*
-- est sacrificium, quod fit pro hostibus vincendis uel victis *I*
-- oppher des viechs *K*

vgl. H 156
S *Wa. fehlt (Blattverlust) Ma3* des fiehes] der fleß *S4*
M des fiehes] des fleiß *D1* agno *fehlt M19*
W agno *M12*] agne *S1 Me1* sacrificium *Sg1*] offertorium *S1*
K -- viech oppher *K9* des] der viechs *Hl1*
P oppher] offer uel effer *Ma4*
Kh2 Victinea capitur] + aliquando

V 268 n p **Victimare** fiehe opphern
-- .i. immolare *I*
-- offeren *Kh2 Br1*
Wa. fehlt W-Y

S *Wa. fehlt (Blattverlust) Ma3* -- opphrnn *B5*
M -- vich opher *M19*
I *Sigle fehlt*
P *Wa. fehlt Ma4* -- offeren *Wo1*
P-E + vel lebendig opfer opfern *E2*

V 268.1 co t **Victimalis** ad victimam pertinens *I*

V 269 m t **Victor** ein uberwinder
-- a »vinco«, eyn vberwinder *I*
-- eyn vor wynner *Kh2*
Wa. fehlt K

S *Wa. fehlt (Blattverlust) Ma3*
P vorwynner *Wo1*
P-E *Wa.*] f p Victor ein vberwindung *P7*

V 270 f p **Victoria** uberwindunge
-- vberbindnuß *Sb3*
-- vorwynnynghe *Kh2*

vgl. T 610
S *Wa. fehlt (Blattverlust) Ma3*
M *Wa. fehlt D1* + .i. superficies *M19*
P vorwyninghe *Wo1*
P-E + vel gesig *E2*

V 271 m s **Victoriosus** siegehafftig
+ uel stredaftich *Kh2 Br1*
-- victoria plenus, krighafftig *I*
-- streithafftig *K*

S *Wa. fehlt (Blattverlust) Ma3* sagehafftig *S4*, geseghafftig *B5*, segeraftich *B9*
M segelhaftig *D1*
P *Wa. fehlt Wo1* seghenhafftig *Ma4*

V 271.1 co t **Victorialis** ad victoriam pertinens *I*

V 271.2 **Victus**, -a, -vm vberwunden; a »vinco« *I*

V 271.3 *f t* ***Victrix***
-- ⌜eyn ober wynnerse *R1* / eyn ober wynnerynne *Wo4 Br1* *P*
-- ain vberwinderin *P-E*
-- eyn vor wynnersche *Kh2*

P *Wa. fehlt Ma4 B10* *Stichwort zit. nach Wo1* -- eyn vor wynnersche *Wo1*
P-E Vixtrix *E2*

V 272 m q **Victus** gebruchunge
+ oder narung *K*
-- vber windung *Sb3*
-- a »viuo«, spiße uel notdorfft *I*
-- nerynghe uel brukynghe *Kh2 Br1*

S *Wa. fehlt (Blattverlust) Ma3*
M geruchung *Dr1*
W gerůchung *S1 Me1*, vberwunden *M12*
K -- narung *K9*
P *Wa.*] part Victus verwonden *Ma4*, part Victus ouerwunnen *B10* -- brukinghe *Wo1*
P-E -- vberwunden uel gebruchung *E2* -- bruchung *M25*
Kh2 gebrukinge *Br1*

V 273 m s **Vicus** ein gassen
+ quandoque ponitur pro parte ciuitatis; frequencius tamen ponitur pro villa rurali, wulgariter dorf *W*
+ uel villa extra ciuitatem *K*
+ *eyn strate* *P (außer P-E)*
-- vexilla extra ciuitatem uel habitatio ciuitatis uel stricta platea, eyn gaß *I*

S *Wa. fehlt (Blattverlust) Ma3*
M *Wa. fehlt D1*
Sb3 Victus
W -- gass uel dorff *Sg1* quandoque *bis* ciuitatis *fehlt Y*
P -- eyne strate *Br1* eyn strate *B10*] *fehlt Ma4 R1*, eyn strata *(?) Wo1*, uel parua strata *Wo4*
P-E -- ain tag *E2*

V 273.1 m s **Viculus** wiler *W*
-- diminutiuum a »vicus« *K*

V 274 con **Videlicet** als mit namen
Wa. fehlt I

S *Wa. fehlt (Blattverlust) Ma3*
M *Wa. fehlt M19*

V 275 *a s* ***Videre*** *sehen*
Wa. fehlt I K-Y P-E R1

S *Wa. S4] fehlt Ma1, fehlt (Blattverlust) Ma3*
M *Wa. fehlt M19 D1*

V 276 f p **Vidua** ein witbe
+ Inde **Viduitas** *(vgl. 278)* *W-Y*
+ quasi »a uiro diuisa«; et dicitur quasi »idua«, quia »ydus« videlicet tantum sicut diuisus, diuisio *P-E*
-- quasi »viro yduata«, .i. priuata, witwen *I*
Wa. fehlt K

S *Wa. fehlt (Blattverlust) Ma3* wette weyb *B5*
M *Wa. fehlt D1*
P *Wa. fehlt R1*
P-E *dt. Int. fehlt E2 M25*

V 277 a p **Viduare** witwe machen
-- berauben uel viduam facere *I*
Wa. fehlt P-E R1

S *Wa. fehlt (Blattverlust) Ma3*
P -- wedewen *B10*

V 277.1 *part* **Viduatus** *wedwe* gemaket *P*
Wa. fehlt Kh2

P *Wa. fehlt Wo1 B10* *Sigle Wo4] fehlt Ma4* *Int. Wo4]* widdevet gemaket *Ma4*
P-E wittweren gemacht *M25*

V 278 f t **Viduitas** witbenkeit
+ talis proprietas *I*
-- wittibschaft *Sb3*
-- wedewedicheyt *Kh2*
Wa. fehlt (vgl. 276) W-Y

S *Wa. fehlt (Blattverlust) Ma3*
W witwenhait *S1*
K witibheit *K9*
P *Wa. fehlt Wo1*

V 279 m s **Vigenarius** zwenczig zal
Wa. fehlt I K Kh2

S *Wa. fehlt (Blattverlust) Ma3*
M tzwainkchigzal *M19*
P -- twintig male *Ma4*

V 280 *f p* ***Vigilia*** *wachunge uel fyerabent*
-- vor abent uel wachtung *Sb3*
-- -lie idem uel dies profestus, quia tunc sero vigilamus, proprie fier abent *(nach 291.1)* *I*
Wa. fehlt K

vgl. 295.1
S *Wa. Ks2] fehlt Ma1, fehlt (Blattverlust) Ma3*, f p Vigila wachunge *S4* fyerabent] abint *B5*

M *Wa. fehlt M19*
I *Sigle fehlt*
P *Wa. fehlt Wo1 Wo4* uel fyerabent *fehlt Ma4*
P-E fyerabent] firung *M25*

V 281 o t **Vigeduplex** zwenczigfalt
-- dy zwainzigist zall *Sb3*
-- zwainczigfeltig *K*
-- XX tal *Kh2*
Wa. fehlt I

S *Wa.*] *fehlt B5, fehlt (Blattverlust) Ma3* twintich voldich *B9*
M tzwaingikchzal *M19*, czwenczvalt *D1*, zwenczigzal *Dr1*
W zwaintzigfaltig *S1 Sg1*
K tzwaintzfeltig *Hl1 K4*
P *Wa. fehlt Ma4* twyntechvoldich *Wo1 R1 B10*
P-E zwainczfalt *M25*

V 282 *o in* ***Viginti*** *czwenczig*
Wa. fehlt I K

S *Wa. S4*] *fehlt Ma1, fehlt (Blattverlust) Ma3* o in Viginti *Ks2*] Viginte *S4*
M *Wa. fehlt M19 D1*
P-E *Wa. fehlt E2 M25*

V 283 f p **Vigella** ein fiddel
+ sunt instrumenta cordata *Sb3*
Wa. fehlt K

S *Wa. fehlt (Blattverlust) Ma3*
P *Wa. fehlt Ma4*
P-E *Wa. fehlt E2 M25*

V 283.1 **Viello**, -as fiddeln *I*

V 283.2 m s **Vigeller** vidler *Me1 (W)*

V 284 m s **Viduus** ein witber
-- ad viduam pertinens, ein witwer *I*

S *Wa. fehlt (Blattverlust) Ma3* -- eyn wedewe *S4*
W -- witweling *Sg1*
P-E -- witwo *E2*

V 284.1 m s **Vietus** .i. senex *P*

P m s Vetus *Wo4*

V 285 m s **Vigenus** ⌜zwenczig / *dy twintegeste S-Y P*
Wa. fehlt I

S *Wa. fehlt (Blattverlust) Ma3* dy twintegeste *zit. nach B9*
M *Wa. fehlt M19* -- der czwenczigst *D1*
W -- zwaintzigist *S1* -- czweincziger *Me1*
P *Wa. fehlt Ma4 R1*
P-E *Int. verderbt M25*

V 286 m s **Vigenus primus** der eynundzwenczigiste
Wa. fehlt I K P-E

S *Wa.*] *fehlt B5*, *fehlt (Blattverlust) Ma3* -- der eynvndczwengiste *Ks2* -- eynvndtwintich *B9* -- einzweinczigster *N1*
M *Wa. fehlt D1* -- xxi *Ma6* -- xii *M19*
W *Wa. fehlt S1*
P *Wa. fehlt Wo1 Wo4* -- eynvndczwenczich *R1*

V 286.1 **Vigesimus primus** idem *(nach 286) Sb3*

V 287 *m s* ***Vigesimus** der czwanczigist*
Wa. fehlt Sb3 K

S *Wa. S4*] *fehlt Ma1*, *fehlt (Blattverlust) Ma3* *Int. B5*] der czwnigeste *S4*, der tzwengiste *Ks2*
M *Wa. fehlt M19*
W *Wa. fehlt Sg1*
P *Wa. fehlt Wo1*
P-E -- .i. vicesimus *E2*

V 288 n *s* **Vigere** grunen, bluen °oder °lauben °*(P-E R1 Kh2 Br1)*
-- grůnen *uel núen* *W*
-- bluen uel grunen uel valere *I*
-- gruenen *K*

S *Wa. fehlt (Blattverlust) Ma3* *Sigle S4*] n *Ma1* grunen *fehlt N1* oder lauben *fehlt B9*
M *Wa. fehlt Ma6 M19* -- gronen, bloen *Ma2* -- nuwen, grunen *Dr1* grunen *fehlt Ks1*
W uel núen *Bs9*] *fehlt S1 Sg1*
K gruenen *verderbt K9*
P grunen] groven *R1*
P-E -- grůne blůwen *E2* granen *M25*

V 289 adv **Vigesies**
-- ⌜zwenczigwert *X* / twintich werue *B9* *S*
-- ⌜XX werue *Ma6 Ks1 Ma2* / zwenczig mal *Dr1 Sb3* *M*
-- zwaintzig mǎl *W*
-- czwenczigwerbe *I*
-- ⌜twintigh worff / XX mal *P-E* *P*
Wa. fehlt K

S *Wa. fehlt (Blattverlust) Ma3* -- czwenczigeste werde *S4* -- twentzig mal *Ks2 N1*
M *Wa. fehlt M19 D1*
P -- twintich mol *Br1*
P-E -- der zwainzigost *P7*

V 290 adv **Vigies** .i. vigesies
-- idem *(nach 289)* *Sb3*
Wa. fehlt I K Kh2 Br1

S *Wa.*] *fehlt S4*, *fehlt (Blattverlust) Ma3* Viges *B9*
M *Wa. fehlt M19* -- idem *(nach 289) Ma6*
W -- idem *(nach 289) Me1*
P *Wa.*] adv Vigie idem, Vigesies uel Vicesies *(nach 289) B10*

V 291 co t **Vigil** ein wechter
+ aut wachterin *Sb3*

S *Wa. fehlt (Blattverlust) Ma3*
W wacher *S1*

V 291.1 **Vigilium** .i. vigilacio uel hora vigilij *I*

V 292 f p **Vigilancia** ⌜wachunge / + *ader gewalt S-X*
-- wachtung *Sb3 K*
-- wackerkeyt; et **Vigilanter** aduerbium *(vgl. 295) I*

S *Wa. fehlt (Blattverlust) Ma3* Vigilancia *S4*] Vigilencia *Ma1* ader gewalt *S4*] uel uberabent *Ma1*
K wachten *K4*
P *Wa. fehlt Ma4* wachterheit *R1*

V 293 m s **Vigintenarius** zwenczigczal
-- zwainczig mal *Sb3*
Wa. fehlt I K Kh2 Br1

S *Wa. fehlt (Blattverlust) Ma3*
M *Wa. fehlt D1* -- .i. 20 *M19*
Sb3 Vigintarius
P *Wa. fehlt Ma4 Wo1*

V 294 m *t* **Vigor** sterk uel crafft
+ Inde **Vigorosus** *(vgl. 297) W-Y*
-- .i. fortitudo, sterck uel blueniße *I*
-- sterchk *K*

S *Wa. fehlt (Blattverlust) Ma3* *Sigle S4*] m *Ma1* uel crafft *fehlt S4*
M crafft] strafft *M19*
P-E -- sterkin der kraft *P7*

V 295 adv **Vigilanter** wachlich
-- wachtleich *Sb3*
Wa. fehlt (vgl. 292) I

S *Wa. fehlt (Blattverlust) Ma3* -- weytleich oder gebeldichlnn *B5* + uel gewaltlich *Ks2*
P-E *Wa. fehlt E2*

V 295.1 f p **Vigilia** wackung *Ma4 Wo1 (P)*

P *vgl. 280*

V 296 n p **Vigilare** wachen
+ Inde **Vigilacio** wachunge *I*
-- wachten *Sb3 K*

S *Wa. fehlt (Blattverlust) Ma3*
M *Wa. fehlt D1* + .i. soporare *(?) M19*
K wachen *K4*
P *Wa. fehlt B10*
P-E wachten *M25*

V 297 m s **Vigorosus** krefftig *uel mechtig*
-- -a, -um vigore plenus, krefftick etc. *I*
-- kreftig *Sb3 K Kh2*
Wa. fehlt (vgl. 294) W-Y

S *Wa. fehlt (Blattverlust) Ma3* uel mechtig *S4*] *fehlt Ma1*
W uel mechtig *fehlt S1*
K Vigerosus *W13* kreftig] chre *(!) K4*

P uel mechtig *fehlt Wo1*
P-E krefftig uel *fehlt M25*

V 297.1 f t **Viligo** id est limus ⌜ex / in *P-E* humoribus *terre* *P*
Wa. fehlt Kh2

P ex humoribus] est hōribus *R1* terre *Wo1*] *verderbt Ma4*
P-E f p Viliga *E2* humoribus] humonibus *(?) E2*

V 298 a t **Vilipendere** versnoden
\+ pro nichilo reputare *I*
-- schnoden uel schelten *Sb3*
-- versmåhen *K*
-- vorsnodighen / + vorsman *Kh2* *P-Y*

S *Wa. fehlt (Blattverlust) Ma3*
P -- vorsmaden, lastern *B10*
P-E verschneiden *M25*

V 299 co t **Vilis** snode. *Inde* ***Vilitas***
\+ snodekeyt *I*
-- schnodt *Sb3 P-E*
-- snо̊d oder pо̊z *K*

S *Wa. fehlt (Blattverlust) Ma3* Inde Vilitas *S4*] *fehlt Ma1*
P-E + schwach *E2*

V 300 *f p* ***Villa** eyn dorff*
Wa. fehlt I K

S *Wa. S4*] *fehlt Ma1 Ks2, fehlt (Blattverlust) Ma3*
M *Wa. fehlt D1*

V 301 m s **Villanus** ein dorffman
Wa. fehlt I K

S *Wa. fehlt (Blattverlust) Ma3*
M *Wa. fehlt D1*

V 302 d p **Villicari** erwerben uel schaffen
-- vorweruen uel schaffen *Kh2*
Wa. fehlt I

S *Wa. fehlt (Blattverlust) Ma3* -- irbin uel schadnn *B5* -- eyn erweruen schaffen *B9*
M erwerben] eyn werben *Dr1*
Sb3 erwerben] erbeben
W n p Villicare erwerben] ein werben *Me1 Me5*, werben *Sg1*, in werben *Bs9*
K *Wa. fehlt K4*
P *Wa. fehlt Ma4* d p Villicare *R1* erwerben] vor weruen *Wo1*
P-E erwerben] vs rihten vel werben *E2*, .i. werben *P7*

V 303 m s **Villicus**
-- *ein meiger* uel dorffer *S*
-- eyn meyer, °ein °dorper °*(Y)*, ein scheffer *M*
-- ein mayrr *Sb3*
-- °schaffer °uel °*(Y)* maiger uel dispensator *W*
-- quasi »ville custos« uel gubernator *I*

-- dorpper, ⌜ghebur *Ma4 B10* / buer *Wo4* *P*
-- ⌜ain pawr *M25* / maiger *E2 P7* *P-E*
-- eyn dorp her uel eyn bur *Kh2 Br1*
Wa. fehlt K

S *Wa. fehlt (Blattverlust) Ma3* -- eyn meher *S4* -- eyn scheffer *Ks2* -- eyn hoffeman uel meder *B5* eyn meiger *B9*] ein meher *Ma1* uel dorffer *fehlt B9*
M -- ein scheffer uel dorffman *D1* ein dorper *fehlt Ks1* eyn scheffer *fehlt M19*
W -- dorf man uel mayer *Sg1*
P -- eyn meger *Wo1* -- eyn dorfman *R1*

V 304 m s **Villus** dicitur crinis uel pilus *animalium* longus et dependens
+ Inde **Villosus** *W*
-- dicitur esse crinis animalium pilosus, longus et dependens *Sb3*
-- dicitur crinis uel lana animalium *I*
-- sunt crines lupi uel pilus [...] *K*
-- ⌜crinis in fronte lupi / + vel est crinis uel pilus animalium long*us* *P-E* *P*

S *Wa. fehlt (Blattverlust) Ma3* pilis *S4* animalium *Ks2*] *fehlt Ma1 S4* dependens] pendens *B9*
M et dependens *fehlt M19*
W et dependens. Inde Villosus *fehlt Sg1*
P m s Villis *R1*
P-E m s Villis *E2* longus *P7*] longum *E2 M25*

V 305 n s **Villum** snode win
+ diminutiuum a »vinum«, et est vile vinum *I*
-- pös wein *Sb3 Kh2 Br1*
-- zacher wein *K*

S *Wa. fehlt (Blattverlust) Ma3* snode win] + seiger win *Ma1* -- seyger wyne *Ks2*
M *Wa. fehlt M19* -- boß wein *D1*
W -- ain wid, a vireo venit, uel schnöd win *(vgl. 306) S1 Me1*
P -- bose wyͤn *B10* + vinum vile *Ma4 Wo1*
P-E -- wein *M25* + oder saiger *P7*

V 305.1 n s **Viltrum** vilcz *K*

K *vgl. F 270*

V 306 *n* t **Vimen** ein wit uel ligatura quedam
-- eyn weyd uel weidach uel ligatura quedam *Sb3*
-- ⌜dicitur mollis virga, weidåch *X* / weidech *Y* *K*
-- est *r*estis uel ligatura quedam, ain zam *P-E*
-- est ligatura quedam *Kh2 Br1*
Wa. fehlt I

vgl. C 162.2, S 84
S *Wa. fehlt (Blattverlust) Ma3* *Sigle S4*] m t *Ma1* ligatura quedam] legitura quedam *S4*, ligamen quoddam *B9*
M *lat. Int. fehlt M19*
W *lat. Int. fehlt Sg1*
P n t Vimeus *R1* ein wit] weyse *R1 Wo4*
P-E restis *P7*] vestis *E2* ain zam] ain kreucz *M25*

V 307 n s **Vinasium** ein winhulse
+ **Vinacium** idem uel quod de botris remanet post expressionem *vini*, wlgariter trester *W*

-- wein höll *Sb3*
-- *wein hulss; illud, quod remanet post expressionem vini et proicitur foras* *K*
Wa. fehlt I

S *Wa. fehlt (Blattverlust) Ma3* Vinasum *B9* wynholcz *B5*
M *Wa. fehlt M19* -- drester *Ks1*
W *Wa.*] n s Vinasium uel Vinacium winhúls uel wintrester *Sg1* vini *Bs9*] vue *S1*
K *Int. K9*] pellis vue *W13*, weingehülss *K4*, wein gehulsein *Hl1* remanet *W9*] remouet *K9*
P Vinasum *Wo4*

V 308 m s **Vinarius** .i. vinitor
-- wein man *K*
-- ° .i. °vinitor °*(P-E Kh2 Br1)*, eyn wyn man *P*
Wa. fehlt I

S *Wa. fehlt (Blattverlust) Ma3* -- eyn wyn man *B9*
M + eyn wyn man *Ks1* vinator *M19*
W -- ain winitor *Sg1*
P Vinalus *Ma4*, Vinanus *R1* *lat. Int. fehlt Wo4*

V 308.1 m s **Vincencius** proprium nomen *B9 P*
+ viri *Kh2 Br1*
Wa. fehlt P-E

V 309 a t **Vincere** ⌜uberwinden / ouerwynnen *B9 P (außer P-E)*
-- vor wynnen *Kh2 Br1*

S *Wa. fehlt (Blattverlust) Ma3* -- obirwin *Ks2*
M *Wa. fehlt D1*
K n t *Wa. fehlt K9*
P -- ouer winden *Ma4* vor wynnen *Wo1*

V 310 a q **Vincire** binden
+ .i. ligare *W*
-- .i. ligare *I*

S *Wa.*] *fehlt B5, fehlt (Blattverlust) Ma3* -- .i. ligare *Ks2*
I *Sigle fehlt*
K + winden *Hl1*

V 310.1 co t **Vincibilis** qui vinci potest. Vnde: Vinco quem supero, sed Vincio quem vinculis ligo *I*

V 311 a p **Vinculare** idem *(nach 310)*
-- .i. vincire *I*

S *Wa. fehlt (Blattverlust) Ma3*
M *Wa. fehlt M19*
I *Sigle fehlt*
K *Wa. fehlt Hl1*
P *Wa. fehlt Wo1*

V 311.1 f p **Vinaria** est cellarium, in quo seruatur vinum *W*

V 311.2 **Vinctus** .i. ligatus, impeditus *I*

V 312 n s **Vinculum** *eyn bant*
Wa. fehlt K

S *Wa. fehlt (Blattverlust) Ma3* *Int. S4*] *fehlt Ma1*
M *Wa. fehlt D1*
P *Wa. fehlt Wo1*
P-E -- ain land *(!) E2*

V 313 n s **Vindemium** ein win eern
-- wein lesen *Sb3 K*
-- win årnd. Inde **Vindemiator** *(vgl. 315)* *W-Y*
-- ein win lesunge uel herbst *I*
-- win lesung *E2* *P-E*

S *Wa.*] *fehlt (Blattverlust) Ma3*, *fehlt B9* -- wein lesnn *B5* + herbst *N1*
M -- wein lesung *M19*
W -- win lesung *S1* *dt. Int. verderbt Bs9*
P -- wyn erbe *R1*
P-E -- wein lesät *M25* -- win gewächs *P7*

V 314 n p **Vindemiare** win *ern* uel *win* lesen
-- wein lesen *Sb3 W K P-E R1*
-- .i. vuas a vinea colligere *I*

S *Wa. fehlt (Blattverlust) Ma3* win ern uel *fehlt Ks2 N1* ern *S4*] ehern *Ma1* uel win lesen *fehlt B5* win *(2) S4*] *fehlt Ma1* losen *S4*
M -- weinen *M19* win ern uel *fehlt Ks1 Dr1*
P Vindemicare *Ma4* win ern uel *fehlt Wo1 Wo4* uel win lesen *fehlt Br1*
P-E -- wein leser *(!) M25*

V 315 m t **Vindemiator** ein win leser
Wa. fehlt (vgl. 313) W-Y

S *Wa. fehlt (Blattverlust) Ma3* -- ein win erner uel leser *Ma1* -- eyn wyn loser *S4*
K *Int. fehlt K9*
P *Wa. fehlt Wo1*

V 316 m t **Vindex** ein recher
-- richter *K*

S *Wa. fehlt (Blattverlust) Ma3* eyn richen *S4*, frecher *N1*
M eyn frecher *Ma6* + uel brechen *(vgl. 317) Ks1*
Sb3 *Wa.*] m t Vindix ein rechen
I rechner
P-E richter *M25*, rechiger *P7*

V 317 a p **Vindicare** rechen
-- richten *K*

S *Wa. fehlt (Blattverlust) Ma3* -- rychten *S4* -- frechen uel rechen *N1*
M *Wa. fehlt D1* -- frechin uel rechin *Ma6* + uel brechen *(vgl. 316) Ks1*
I *Sigle fehlt*
K *Wa. fehlt K4*

V 318 f p **Vindicta** ⌜rachunge / rauch *W* uel gladius militis, quando accipiunt dignitatem militare*m*, uel virga, que daba*tur* antiquitus seruis in signum libertatis
-- rachung uel gladius militis *K*
-- wrake uel *gladius; quo tanguntur milites, quando accipiunt* dignitatem [...] *P*

S *Wa. fehlt (Blattverlust) Ma3* rachunge] rachtunge *S4*, frach *N1* gladius *bis* militarem] gladius, quo tanguntur milites, quando accipiunt dignitates militares *B9*

militarem *Ks2*] militare *Ma1*, militatem *S4* dabatur antiquitus] dabitur antiquitus militatem uel virga, que dabitur antiquitus *S4* dabatur *Ks2*] dabat *Ma1*
M rachunge] rache *Ma6 M19 Dr1*
I accipiunt] accedunt
P -- wrake *Wo1* wrake] rakynge *Br1* gladius *bis* accipiunt *Wo4*] gallius, quo *Ma4* accipiunt *B10*] accipiuntur *Wo4 R1* militarem] militarum *R1*
P-E accipiunt] accipiuntur *alle Hss.*
Kh2 militarem] militari

V 319 f p **Vinea** ein wingart
+ uel instrumentum bellicum, ein storme kacze *I*
-- ortus vitium. Item est machina bellica, que a wlgo dicitur cattus, wlgariter katz *W*
Wa. fehlt K

S *Wa. fehlt (Blattverlust) Ma3*
W -- wingart *Sg1* wlgariter katz *fehlt Me1*

V 320 n s **Vinetum** idem *(nach 319)*
-- wein garten *K*
-- .i. vinea *Kh2 Br1*

S *Wa. fehlt (Blattverlust) Ma3*
W -- weingart *Me1*
I *Sigle fehlt*
P-E *Wa. fehlt E2*

V 321 m t **Vinitor** ein winman
m t **Vinator** uel **Vinitor** idem, weinman *K*

S *Wa. fehlt (Blattverlust) Ma3* Vinator *B9*
W Vinetor *S1* + uel win zůrn *S1* + uel weinziher *Me1*
K idem *fehlt Y*
P Vinitor] + idem *(nach 320) Ma4*
P-E -- win garter *E2*

V 322 m s **Vinolentus** wolgedruncken
-- weiniger *Sb3*
-- vol win*s* *W*
-- ⌜win wol druncken *Ma4* / vuldrunken *Wo1 R1* / vol wynes *Wo4* *P*
-- wol drunken *Kh2*
Wa. fehlt (vgl. 330) P-E

S *Wa. fehlt (Blattverlust) Ma3* -- wldrunken van wyne *B9* -- vol getruncken *N1*
M -- vol uel getrunckin *Ks1* -- volgedruck *D1* -- vol weins *Dr1*
Sb3 Vinolentus] Vinitus aut Vinolentus
W wins *Sg1*] win *S1*
P -- voldrucken *R1* -- wyn trunken uel volgedrunken *B10* -- vulgedrunken *Br1*
Kh2 Violentus

V 323 m s **Vinosus** idem *(nach 322)*
-- .i. plenus vini *P-E*
Wa. fehlt Sb3
Wa. fehlt K-Y

S *Wa. fehlt (Blattverlust) Ma3*
I *Sigle fehlt*
P -- wol winnecht *Ma4* -- vul wynech *Wo1 R1 B10*
P-E -- ain truncker uol wins *P7*

V 324 *n s* ***Vinum*** *wyn*
-- reb wasser *P-E*
Wa. fehlt I K

S *Wa. S4] fehlt Ma1 Ks2, fehlt (Blattverlust) Ma3*
M *Wa. fehlt M19 D1*
P-E -- reß wasser *M25*

V 324.1 *n s* **Vinum ardens** *ghebrant* wyn *P*
-- berne wyn *Kh2*

P *Wa. fehlt Wo1* *Sigle R1] fehlt Ma4* ghebrant wyn *Wo4*] brant wyn *Ma4*

V 324.2 *n s* ***Vinum grecum*** ⌜krus wyn *Wo1 B10* / krigsch win *P-E* *P*
Wa. fehlt Kh2 Br1

P *Wa. fehlt Ma4 Wo4* n s Vinum grecum *zit. nach Wo1* kreiß wyn *R1*
P-E -- ista omnis *(!)* patent *P7*

V 325 f p **Viola** ein fiol uel potus de fiolis
\+ *.i. lencia; cuius herbe genera sunt tria: purpurea, albida et subnigra / + .i. melina; vna vis X* *W*
-- feyall *Sb3*
-- potus de violis *K*
-- herba uel potus de violis *Kh2*

vgl. F 282
S *Wa. fehlt (Blattverlust) Ma3* *lat. Int. fehlt S4* de fiolis] de vino *B9*
W -- viol, est flos quedam *Sg1* uel potus de fiolis *fehlt Y* .i. lencia *bis* subnigra *Bs9*] *fehlt S1* .i. melina; vna vis *Me1*] *fehlt S1*
I de] factus de

V 326 a p **Violare** uberweldigen
-- v́ber gewalt tůn *P-E*

S *Wa. fehlt (Blattverlust) Ma3* -- ubergeweldigen *S4* -- gewalt thunn *B5*
M -- vber geweldigen *D1*
W -- v́bergewaltigen *S1* -- v́ber gewaltigen uel destruere *Sg1* + uel herschen *Bs9*

V 327 *n s* ***Violaticum*** *est locus vbi crescunt viole*
Wa. fehlt Kh2 Br1

S *Wa. S4] fehlt Ma1, fehlt (Blattverlust) Ma3*
W *Wa. fehlt Sg1*
K + veyalgarten *K9*
P *Wa. fehlt Wo4*
P-E *Wa. fehlt E2*

V 327.1 n s **Virectum** dicitur locus, vbi crescunt parue virgule *K4 (K)*

K *vgl. 338*

V 328 *f p* ***Violencia*** *gewalt*
Wa. fehlt (vgl. 329) W-Y
Wa. fehlt Kh2 Br1

S *Wa. S4] fehlt Ma1, fehlt (Blattverlust) Ma3*

I *Sigle fehlt*
P *Wa. fehlt Wo4*
P-E *Wa. fehlt E2*

V 329 *a p* ***Violentare*** *obirweldigen*
-- v́bergewaltigen *W P-E*
Wa. fehlt Kh2 Br1

S *Wa. S4*] *fehlt Ma1, fehlt (Blattverlust) Ma3* obirweldigen *Ks2*] aberwildigen *S4*
W *Wa. fehlt Sg1* + Inde Violentus et -cia *(vgl. 328, 330) Bs9 Me5*
K -- v̊bergweltigen *W13*
P *Wa. fehlt Wo4*
P-E *Wa. fehlt E2*

V 330 m s **Violentus** uberweldig
-- uberbeltiger *Sb3*
-- ⌜v́bergewaltig *X* / schnell *Sg1* *W*

S *Wa. fehlt (Blattverlust) Ma3*
M -- vberwalt *D1*
W *Wa. fehlt (vgl. 329) Bs9 Me5*
K v̊bergwåltig *W13*
P-E -- fråmlicher *E2* + wol druken *(vgl. 322) P7*

V 331 f p **Vipa** *win merunge; et dicitur quasi »vinum« et »panis«*
-- wein merung *Sb3*
-- dicitur panis intinctus in vinum et dicitur quasi »vinum« et »panis« *W*
-- uel **Vippa** eyn win suppe *(vgl. 332)* *I*
-- est confeccio panis et vini, *wein vnd prot* *K*
-- *ain wein süpp* et dicitur [...] *P-E R1*

S *Wa. fehlt (Blattverlust) Ma3* *Int. S4*] ein ater *(vgl. 333) Ma1*, wein vnde prot *N1* et »panis« *B5*] *fehlt S4*, cum pane *Ks2*
M -- wein und prŏt *M19* -- dicitur panis intinctus in vinum *Dr1* + miscio *Ma6*
W *Wa. fehlt Sg1*
K *lat. Int. fehlt K4* wein vnd prot *K4*] *fehlt W13*
P-E ain wein süpp *M25*] win vnd brot *E2*

V 332 f p **Vippa** *idem (nach 331)*
-- wein vnd prott *Sb3*
Wa. fehlt (enthalten in 331) I

S *Wa.*] *fehlt (Blattverlust) Ma3, fehlt B9* idem *Ks2*] ein ater *(vgl. 333) Ma1*, win merunge et dicitur quasi vinum *S4*
W *Wa. fehlt S1* win vnd brott, quasi vinum et panis *Sg1*
P-E *Wa. fehlt P7*

V 333 f p **Vipera** *eyn nater*
+ serpens quidam venenosus *W*
+ est genus serpentis *I*
+ oder slang *K*
-- .i. *n*epa, adere *P*
-- .i. nepa, ain nater *P-E*
-- eyn adder *Kh2 Br1*

S *Wa. fehlt (Blattverlust) Ma3* eyn nater *S4*] ein ater *Ma1*, eyn slange *B9*
M otter *Ks1* + ein viper *M19*
P -- eyn ader, eyn slange *B10* nepa *Wo1*] uepa *(!) Ma4* adere] nadere *Wo4*

V 334 m s **Viperus**
-- ⌜*naterecht* uel slangecht *X* / aderich, slangich *B9* *S*
-- ⌜naterich, slangicht *Ma6* / natrig *M19* *M*
-- natrig uel schlangig *W K*
-- nattericht uel eyn bramer baum *I*
-- ader*ich* *P*
-- est serpentinus *Kh2 Br1*
Wa. fehlt Sb3

S *Wa.*] *fehlt S4, fehlt (Blattverlust) Ma3* Visperus *B9* natrig, slangig *N1* naterecht *Ks2*] orterecht *Ma1* uel slangecht *fehlt Ks2*
M -- oterig uel slangig *Ks1* -- nattericht uel slang *Ma2* -- nottericht uel slangicht *D1* -- naterig uel slangig *Dr1*
P aderich *Wo4*] aderecht *Ma4 Wo1*, + naterik *Wo4*
P-E natrich *M25 P7*

V 335 *m s* ***Vir** ein man*
-- a »vireo«, quia in multis virtutibus virere debet *I*
Wa. fehlt K

S *Wa. S4*] *fehlt Ma1, fehlt (Blattverlust) Ma3*
M *Wa. fehlt M19 D1*
P *Wa. fehlt B10*

V 336 f t **Virago** ein *mennynne*, et dicitur quasi »viriliter agens«. 2° dicitur quasi »de viro acta«, .i. formata, et sic significat Euam
-- ⌜mannin; et dicitur [...] formata. Item Virago dicitur Eua *X* / .i. Eua *Y*; ex speciali proprietate corpus eius enim sumptum fuit de corpore viri, scilicet Ade. Nunc uero queque mulier fortis, que virilia opera facit, virago dicitur *W*
-- mǻnleich, .i. viriliter agens, *uel nomen Eue* *K*

S *Wa. fehlt (Blattverlust) Ma3* mennynne *Ks2*] mennerynne *Ma1*, memynne *S4*, menne *N1*, *fehlt B5* 2° *bis* Euam *fehlt B9* 2°] et sic *S4* significat Euam] est *(!) S4*
M mennynne] manig *M19*
Sb3 acta] facta
W mannin; et *fehlt Me1* ex speciali proprietate corpus eius] cuius corpus *Sg1*
I 2°] Etiam sic *fehlt*
K f t Virago] f p Vira, Virago manin *(?) Hl1* -- manleich *K4* mǻnleich *fehlt K9* uel nomen Eue *Hl1*] *fehlt W13 Y*
P acta *verderbt R1*
P-E mennynne] menneschi fraw *P7*, + et dicitur mulier exercens officium viri *E2*
Kh2 Auam

V 336.1 *m s* **Viratus**, -a, -um dicitur virilis uel fortis, *Ecclesiastici 28^{uo} invenitur (Sir 28,19)* *W*
-- .i. fortis vel viro dominatus, *quasi virum habens* *K*

W *Sigle Sg1*] *fehlt S1* Viragus *Sg1* Ecclesiastici 28^{uo} invenitur *Sg1*] *fehlt S1*
K quasi virum habens *K9*] *fehlt W13 K4*

V 336.2 *f p* ***Vireta** .i. mulier verecunda et timida* *K*

K *Wa. K4*] *fehlt W13*

V 337 n s **Virecta** sunt mollia virgulta

\+ pluralis numeri tantum *Sb3*
\+ widach *W-Y*
\+ ⌜*.i. virgule X / weiden gärtel Y* *K*
Wa. fehlt I

S *Wa. fehlt (Blattverlust) Ma3*
M mullia *Ma6*
Sb3 virgula
W widach] widen *Bs9*
K *Wa. fehlt Hl1 K4* mollia virgulta, .i. virgule] molle virgule, virgulta idem *W13* .i. virgule *zit. nach W9* weiden gärtel *zit. nach K9*
P n s Virecte *R1*

V 338 n s **Virectum** est locus, vbi crescunt parue virge; secundum Britonem *(838)* deberet scribi sine -c- *ut viretum*
\+ singularis numeri tantum *Sb3*
-- est locus [...] virge *I*
-- dicitur locus, vbi crescunt noue virgule *K-Y*
Wa. fehlt (vgl. 338.1) W-Y

S *Wa. fehlt (Blattverlust) Ma3* secundum *bis* viretum] secundum debet scribi sine -c- *B9* ut viretum *S4*] *fehlt Ma1*
M Viretum *Ma6* debet *M19*
Sb3 virge] virgule secundum] significat *(!)* debet
W debent *S1 Me1*
I Viretum
K *vgl. 327.1* ut viretum *fehlt X* virge] virgule *W13*
Kh2 debet ut] + dicendo *(auch Br1)*

V 338.1 *n s* **Virectum** est locus graminibus et herbis viridibus plenus *W*

W *vgl. 338* *Sigle Sg1*] Item *(Wa. nach 338) S1*

V 339 f t **Viredo** grunheit °ut °herbe °*(I K P)*

S *Wa.*] *fehlt (Blattverlust) Ma3*, *fehlt B9* erba *S4*
M ut herbe *fehlt M19*
W ut herbe *fehlt Sg1*
P-E + Inde Viredus, et significat custodem siluarum uel virgulti et nouarum arborum. 2° est equus trahens currum duarum rotarum, ain karrenroß *P7*

V 340 n s **Virere** grunen
-- et **Virescere** idem *I*

S *Wa.*] n s Virere, Virescere grunen *(vgl. 341) Ma1*, *fehlt (Blattverlust) Ma3*
I *Sigle fehlt*
Kh2 -- groyen

V 341 *n t* ***Virescere** grünen*
Wa. fehlt (enthalten in 340) I

S *Wa. S4*] *fehlt (enthalten in 340) Ma1*, *fehlt (Blattverlust) Ma3* *Sigle Ks2*] n s *S4*
P-E *Wa. fehlt M25*
Kh2 -- idem *(nach 340)*

V 342 *f p* ***Virga** eyn rude*
\+ uel gartt *Sb3 P (außer P-E)*
\+ Inde **Virgula** *W*
\+ Inde **Virgula** .i. parua virga *I*

Wa. fehlt K

S *Wa. S4*] *fehlt Ma1*, *fehlt (Blattverlust) Ma3* + uel gert *N1*
W *vgl. 347* Virgula] + diminutiuum *S1*, + růttli *Sg1*
P *Wa. fehlt Wo4* *Zusatz fehlt Wo1 B10*

V 343 f p **Virga *pastoris*** ein karte, *ut textores habent*
-- ein hertter gart aut rueten *Sb3*

S *Wa. fehlt (Blattverlust) Ma3* Virga pastoris *Ks2*] Virga textoris *Ma1*, Vira pastoris *S4* ut textores habent *S4*] *fehlt Ma1*
M dextores *M19*
W karte] bart *(!) Sg1*
K karte] gert *Hl1* ut textores habent] sicut lanifices vtuntur *K4* textores] pannicide *W13 K9*, pastores *Hl1*
P *Wa. fehlt Wo1*
P-E -- ain gert, textores habent, ain kart *E2* karte] gert *M25*

V 344 n t **Virgina*l*** est locus uteri, vbi concepcio fit
+ puerorum *Sb3*
-- est locus in vtero, vbi fit concepcio *Kh2 Br1*

S *Wa. fehlt (Blattverlust) Ma3* Virginal *emend.*] Virgina
M f p Virgina
Sb3 n t Virgina
W f p Virginea *S1*, n t Virgina *Y*
I f p Virgena
K *vgl. 359.1* f p Virgina uteri] vberi *alle Hss.*
P uteri] in vtero *Wo4*
Kh2 n t Virginalis

V 345 *f t* ***Virginitas*** *iunfraüwekeit*
-- iunckfrauschaft *Sb3 I*
Wa. fehlt (vgl. 346) W
Wa. fehlt K P-E

S *Wa. S4*] *fehlt Ma1*, *fehlt (Blattverlust) Ma3*
M *Wa. fehlt M19 D1* -- iunckfravlikeit *Dr1*
P *Int.*] jungfräuwelichet *Ma4*, iuncfrouschap *Br1*

V 345.1 m s **Virg*ineus***, -a, -um more virginis castus *I*

I Virgineus *I2*] Virgemus

V 346 *co t* ***Virgo*** *eyn iunckfraüwe*
+ Inde **Virguncula** *(vgl. 349) I*
+ et ethimoloysatur: »Veni, iuua, re*gis* genitrix omnipotentis« *P (außer Kh2 Br1)*
-- iunckfrow / + uel magt *X. Inde **Virginitas*** *W*
Wa. fehlt K

S *Wa. S4*] *fehlt Ma1 Ks2 B5*, *fehlt (Blattverlust) Ma3*
M *Wa. fehlt M19 D1*
W Inde Virginitas *Sg1*] Virginitas idem *(nach 344) S1*, + iunckfrawlikeit *Me1*
P regis *Wo4*] reos *Ma4*

V 347 f p **Virgula** .i. parua virga
+ uel est correccio librorum *Sb3*
Wa. fehlt (vgl. 342) W-Y I

Wa. fehlt K

S *Wa. fehlt (Blattverlust) Ma3*
M -- diminutiuum huius nominis virgo *M19*
W *Wa. fehlt (vgl. 342) S1*
Kh2 virgo

V 348 n s **Virgultum** ein rude uel locus, vbi crescunt *noue* virgule
-- est locus, vbi crescunt parue uel noue virge *Sb3*
-- ⌜ain rů̊t [...] *noue virgule* uel furculi. Item Virgultum secundum Ysiderum *X* / secundum Ysiderum *Y (xvii 6,18)* est virga, que ex radice arboris iuxta truncum nascitur. Sed secundum Hugucionem *(»Vireo«)* Virgultum dicitur locus, vbi multe virge crescunt. Eciam idem est quod virga *W*
-- est locus, vbi crescunt noue virgule *I K*
-- eyn garte, °summerlade °idem °*(P-E R1)* uel locus, vbi crescunt noue virgule uel arbores *P*
-- eyn garde uel eyn samer late, uel locus, vbi crescunt *Kh2*

S *Wa. fehlt (Blattverlust) Ma3* *dt. Int.*] eyn grade, eyn rude *B9* noue *Ks2*] *fehlt Ma1*, *verderbt S4* virgule] virge *S4*
M ein rude uel *fehlt D1*
W noue virgule *Me1*] *fehlt S1*
K noue *fehlt W13*
P -- eyn gharde *Wo1* summerlade idem] uel sommerloue *Br1*
P-E m s Virgultus *(auch R1)*

V 349 f p **Vir*guncula*** ⌜*eyn iuncfrowe* / ein iungfrauwelin *S-X*
-- .i. virgo *K*
-- est parua virgo *P-E*
-- eyn cleyne iuncfrowe *Kh2 Br1*
Wa. fehlt W
Wa. fehlt (vgl. 346) I

S *Wa. fehlt (Blattverlust) Ma3* *Stichwort S4*] Virginicula *Ma1* eyn iuncfrowe *zit. nach B9* eyn cleyn iunkfrawleyn *B5*
M *Wa. fehlt M19 Dr1* -- eyn iunffrowechin *Ks1* ein klein iunckfraw *D1*
P eyn cleyn jugfrau *Ma4*, eyn iuncfrowechin *Wo4*
P-E Viriuncula *E2*

V 349.1 f p **Viricula** est mulier vnius viri *P*

P-E viri] rei *E2*

V 350 n s **Viridarium** ein grasehoff uel wurczgarte
-- ein wurczgarten *Sb3 K*

S *Wa. fehlt (Blattverlust) Ma3* grasehoff] groß hap *N1* uel wurczgarte *fehlt B9*
M *Wa. fehlt M19* -- eyn bungarte *Ma6* grasehoff] groß hauff *D1*
W -- wurczgart *Sg1*
P uel wurczgarte *fehlt Wo1 Wo4*
P-E grasehoff] gras hus *E2*
Kh2 worde garde

V 351 co t **Viridis** grüne

S *Wa.*] *fehlt (Blattverlust) Ma3*, *fehlt B9* co t Viridus *S4*
P co t Viridus *R1*

V 352 n s **Viride hispan*ium*** spangrune
+ uel sicut alii habent **Viride hispan*icum*** *P-E*
-- gruenspat *Sb3 K*
Wa. fehlt Kh2 Br1

S *Wa. fehlt (Blattverlust) Ma3* hispanium *S4*] hispanum *Ma1* spans grüne *Ks2 B9*
M *Wa. fehlt M19*
Sb3 Viride hispanum
W Viride hispanum *Sg1* spangu͑n *Sg1*
I *Sigle fehlt*
K Viridehispanum *W13 K4* span grün *K4*
P *Wa.*] *fehlt Wo1*, n t Viride hispanum spentsgrone *Ma4* spansgrun *Wo4 B10*
P-E *Zusatz fehlt P7* hispanicum *M25*] hispanium *E2*

V 353 n t **Virilia** man gemechte
-- mans mechte *Kh2*

S *Wa. fehlt (Blattverlust) Ma3*
P Virila *Wo4*

V 354 co t **Virilis** menlich

S *Wa. fehlt (Blattverlust) Ma3*
M menslich *D1*
I *Sigle fehlt*

V 355 n p **Virisare** .i. viriliter agere

S *vgl. 579.1* *Wa. fehlt (Blattverlust) Ma3*

V 355.1 adv **Viriliter** menlich *Br1 (P)*

V 356 m t **Viror** grunheit
Wa. fehlt Sb3

S *vgl. 579.2* *Wa. fehlt (Blattverlust) Ma3*
M gru *(!) D1*
I *Sigle fehlt*
P Vicor *(?) Wo4*

V 357 *m s* ***Virtuosus** dogetsam*
-- tugenhaft *Sb3 P-E*
-- -a, -um virtutibus plenus, togentsam *I*
Wa. fehlt (vgl. 358) W-Y

S *vgl. 579.3* *Wa. S4*] *fehlt Ma1*, *fehlt (Blattverlust) Ma3* tugenhafftig *B5*
M *Wa. fehlt D1*
W tugenhaftig *S1*
K tugenthafft *Hl1*
P *Wa. fehlt Ma4*

V 358 *f t* ***Virtus** dogent*
+ Inde **Virtuosus** *(vgl. 357)* *W-Y*
+ Item significat ordinem angelorum. Item diuinam prouidentiam, ut ibi *(Lc 1,35)*: Virtus altissimi obumbrabit tibi. Item potentiam in coitu, ut: Ille est maioris virtutis apud mulieres quam iste. Item potentiam secularem, ut *(Ps 32,16)*: Rex non saluabitur per multam virtutem, .i. potentiam *I*
Wa. fehlt K

S *vgl. 579.4* *Wa. S4*] *fehlt Ma1*, *fehlt (Blattverlust) Ma3* *Sigle Ks2*] m s *S4*
M *Wa. fehlt D1*

V 359 m s **Virulentus** vergifftig
\+ .i. veneno plenus *I*
-- uergift *Sb3 K*
-- giftig vt venenum *P-E R1*

S *Wa. fehlt (Blattverlust) Ma3* Virtulentus *S4*
M gifftig *D1*
W giftig *S1*, vergifft *Me1*
P *Wa. fehlt Wo1* giftig *Ma4*
P-E vergiftig *P7*

V 359.1 f t **Virginalis** est secretus locus vteris, vbi fit concepcio *K*

K *vgl. 344*

V 360 n in **Virus** vergifft
-- ein gifft *Sb3*
-- .i. venenum *K*

S *Wa. fehlt (Blattverlust) Ma3* fier gyfftig *S4*
M *Wa. fehlt M19* gifft *D1*
K -- vergift *K4*

V 361 f t **Vis racionalis** vernemende crafft

S *Wa. fehlt (Blattverlust) Ma3*
I Vis racionis
K -- die erst in wenndig chrafft *(Zeilensprung, vgl. 362) W13* vernemende] vernemleich *Hl1*
P vernemende] vornemenlike *B10*
P-E vernemende] vernunftigu *P7*

V 362 *f p* ***Vis apprehensiua** dy erste einwendig crafft*
-- dy erscheinunt kraft *Sb3*

S *Wa. Ks2*] *fehlt Ma1*, *fehlt (Blattverlust) Ma3* prehensiua *S4* einwendig] inwen dage *S4*, bewendeghe *B9*
M *Wa. fehlt M19* erste *fehlt D1*
I *Sigle*] Sed *(Wa. nach 361)*
K *Wa. fehlt (Zeilensprung, vgl. 361) W13*
P *Wa. fehlt Wo4* einwendig] inwinende *Ma4*

V 363 f t **Vis irascibilis** die zorndecrafft
-- dy zornig kraft *Sb3*
-- torne kraft *Kh2*
-- zúrnend kraft vel vnuernúftig *P-E*
Wa. fehlt I K

S *Wa. fehlt (Blattverlust) Ma3* *Int.*] *verderbt S4*, dy czornig crafft *B5*, tornekrafft *B9*
M czorde kraft *Ks1*
W die] zie *S1*
P *Wa. fehlt Wo1* -- tornen crafft *Ma4*
P-E Vis irracionalis *(auch R1)* -- vnuernüftigu kraft *P7 M25*

V 364 m s **Viscosus** *slemmechtig*
-- schleymmig *Sb3 K P-E*

-- ⌜schlimig *X* / .i. visco plenus *Sg1* *W*
-- slymecht *I*
-- slymech uel vn reyne *Kh2 Br1*

S *Wa. fehlt (Blattverlust) Ma3* slemmechtig *S4*] slymmig *Ma1*, schimlig *N1* + als eyn ayl *S4*, + uel glat uel agwilla *B5*
M sleimig *M19 Dr1* + sleymhafftig *D1*
W *Wa. fehlt (vgl. 365) Bs9 Me5*
P *Int.*] *fehlt Wo4*, vulich, slimich *B10* + vol, limich *Ma4* + volmich *R1*
P-E -- leimmig *M25*

V 365 *n t* **Viscus** ein darme uel lime
+ *uel mistel W*
-- ein darm *Sb3 K Kh2 Br1*
-- darm uel slyme *I*

S *Wa. fehlt (Blattverlust) Ma3* *Sigle B5*] *fehlt Ma1* uel lime] *fehlt Ks2*, uel slym *B9*
M m t *(n t D1)* lime] sleym *D1*, + .i. bitumen *Ma6*
W *vgl. T 692.1* *Wa. fehlt S1* uel mistel *zit. nach Sg1* + Inde Viscosus *(vgl. 364) Bs9 Me5*
I *Sigle fehlt*
K *vgl. 371.1* uel lime] *fehlt Wo1*, uel slim *Wo4*
P-E m s *(auch R1)*
Kh2 m t

V 366 *n* t **Visere** besuchen, besehen, *.i.* frequenter videre
-- significat frequenter videre *Sb3*
-- ⌜versůchen uel besechen uel cum desiderio et frequenter videre *X* / versůchen uel cum desiderio videre *Y* *W*
-- .i. frequenter videre, proprie besehen *I*
-- pesehen, .i. cum desiderio videre *K*
-- versůchen, *besehen*, .i. frequenter videre *P-E R1*
-- besoken uel besen *Kh2 Br1*

S *Wa. fehlt (Blattverlust) Ma3* *Sigle S4*] a t *Ma1* besuchen *fehlt Ks2* besehen *fehlt S4* .i. *S4*] uel *Ma1*
M Vesere *Ma6* besuchen] beschauen *D1*, versuchen *Dr1* besehen *fehlt Ma6*
W versůchen] besuchen *Me1* + Inde Visio et Visibilis *(vgl. 367, 368) Bs9 Me5*
K n t Viscere *K4* pesehen] *fehlt K9*, sehen *Hl1*
P-E Viscere *(auch R1)* besehen *M25*] versenhen *E2*, *fehlt P7*

V 367 *co t* ***Visibilis*** ⌜*sychtig / sichtlik S-Y*
-- ⌜senlich *Ma4 R1* / sichtlich *Wo4 Wo1* *P*
-- senhlik *P-E*
Wa. fehlt I K Kh2

S *Wa. S4*] *fehlt Ma1 B5*, *fehlt (Blattverlust) Ma3* sichtlich *Ks2* sichtlik *zit. nach B9*
W *Wa. fehlt (vgl. 366) Bs9 Me5* -- sichtbar *Sg1*
P -- syntlik *B10* -- sylich *Br1*
P-E -- sichtleich *M25*

V 368 f t **Visio** gesichte uel sehunge
-- gesicht *Sb3*
-- besehung *K*
-- senunge *P*
Wa. fehlt I Kh2

S *Wa.*] *fehlt B5*, *fehlt (Blattverlust) Ma3* uel sehunge *fehlt N1*

M *Wa. fehlt M19 D1* sehunge] serung *Dr1*
W *Wa. fehlt (vgl. 366) Bs9 Me5* uel sehunge *fehlt S1 Sg1*
K -- sechung *K9*
P -- ghesichte *Wo1 B10*
P-E -- beschwäwung *P7* + vel schowung *E2*

V 369 a p **Visitare** besuchen uel besehen
+ *Wersus (Grec. Nov. 44ᵛ): Visitat infirmum, sed amicus visit amicum. Componitur* ***Exviso***, ***Reviso*** *W*
-- besuchen *Sb3*
-- beschauwen uel besuchen *I K*
-- besuken, besin, beschäuwen, heymsuken *P*
-- schowen *P-E*
-- heyme soken *Kh2*

S *Wa.] fehlt B5, fehlt (Blattverlust) Ma3* besuchen uel *fehlt S4* + uel beschouwen *B9*
M *Wa. fehlt D1*
W -- .i. visere *S1* besuchen uel *fehlt Sg1* *Zusatz zit. nach Bs9* Componitur Exviso, Reviso *fehlt Sg1* + Inde Visitator *(vgl. 370) Bs9 Me5*
K beschauwen uel *fehlt Hl1 K4*
P -- besoken, beseen *Wo1* -- beschauwen, beseen, da heyme sůchen *R1* heymsuken *fehlt B10*
P-E beschauen *M25*

V 370 m t **Visitator** ein besucher
-- besecher *W-X K*
-- eyn beschauwer uel sucher *I*
-- ain beschower *P-E*
Wa. fehlt (vgl. 369) W-Y

S *Wa. fehlt (Blattverlust) Ma3*
M -- ein besichter *D1*
P Visitor *Wo4* -- beseer *R1* -- beschower *B10* + eyn beschower *Wo1*
Kh2 -- eyn vorsaker

V 371 m t **Vispilio** ein reuber; et dicitur quasi »vi spolians«
-- ⌜rǒber uel latro *X* / idem quod latro *Y* et sic dicitur [...] *W*
-- rawber *K Kh2 Br1*
Wa. fehlt Sb3

vgl. 217
S *Wa. fehlt (Blattverlust) Ma3*
M *Wa. fehlt M19 D1*
P et dicitur quasi »vi spolians«] eyn morder *Wo1*
P-E spolias *E2*

V 371.1 m s **Viscus**, -ci et **Viscum** dicitur glutimen, quo aues capiuntur *K*

K *vgl. 365* et Viscum *fehlt K4* glutimen] bitumen *K4*

V 372 *m q* ***Visus*** *gesychte*
Wa. fehlt K

S *Wa. S4] fehlt Ma1 Ks2, fehlt (Blattverlust) Ma3* *Sigle B5*] m s *S4*
M *Wa. fehlt M19 D1*
W die gesicht *S1*

V 372.1 f p **Visonomia** angesicht *K P*

P-E Visanomia *E2*

V 372.2 m t **Visor** eyn beschower *B10 (P)*

V 373 *f p* **Vita** *leben*
+ Inde **Vitalia**, -lium dicuntur pulmo et cor, in quibus maxime uita consistit animalibus *W*
Wa. fehlt K

S *Wa. S4*] *fehlt Ma1*, *fehlt (Blattverlust) Ma3*
M *Wa. fehlt M19 D1*
W *vgl. 386.1* leben] + caret plurali numero *Sg1* *Zusatz nach 371 (!) Sg1* animalibus] in talibus *Sg1*
I *Sigle fehlt*
P-E *Wa. fehlt P7*

V 374 f p **Vita actiua** ein wirkende leben

S *Wa. fehlt (Blattverlust) Ma3* *Int. fehlt S4*
K wirkende] würchung *Hl1*
P-E wirkende] wurklich *P7*

V 375 f p **Vita contemplatiua** ein beschauwlich leben

S *Wa. fehlt (Blattverlust) Ma3* Vita contemplata *S4*
W beschauwlich] schowend *Sg1*
I *Sigle*] Sed *(Wa. nach 374)*
K *Wa. fehlt K4*
P-E beschauwlich] beschauencz *M25*

V 376 co t **Vitalis** lebentlich
-- lebleich *Sb3*
-- lebendig *K P-E R1*

S *Wa. fehlt (Blattverlust) Ma3* lebindig *Ks2 B5*, leblich *N1*
M lebendich *Ma6*, leblich *M19 D1*
P *Wa. fehlt Wo1* lebelich *Wo4* + uel leflik *B10*

V 377 a p **Vitare** vermiden uel »vitam ornare« °uel °disponere °*(P-E R1)*
-- vermeiden *K*
Wa. fehlt Kh2

S *Wa. fehlt (Blattverlust) Ma3* uel disponere *fehlt B9*
M uel disponere *fehlt M19*
W uel disponere *fehlt Sg1*
I uel *(2)*] .i.
K *vgl. 382.1*

V 378 n s **Vitellum** ein dotter
+ im ay *Sb3 K*
-- eyn eyes dotter *I*

S *Wa. fehlt (Blattverlust) Ma3* Vitellum *S4*] Vitallum *Ma1* dotter] + in dem eye *Ma1*
M -- ein eyer toter *D1* + in dem ay *M19*
W + im ay *Sg1*
K -- ayrtuter *W13 K4*
P + in deme eye *Br1*
P-E + im åy *P7*

V 379 f t **Vitis** ein winstog
+ uel weinreb *Sb3*

S *Wa. fehlt (Blattverlust) Ma3*
W -- win reb *S1* + uel rebstock *Me1*
P-E -- ain reb *E2*

V 380 m t **Vitriator** est ille, qui facit vitra
-- ein glasmacher *Sb3*

S *Wa. fehlt (Blattverlust) Ma3* vitra *fehlt S4*
Sb3 Viterator
K -- glaser *W13 K9*
P Viterator *R1*, Viteator *Wo4* -- glas meker *Ma4*
Kh2 Vitrator

V 381 m s **Vitrius** gle*ssen*
-- glesrein *Sb3 I*

S *Wa. fehlt (Blattverlust) Ma3* m s Vitreos *S4* *Int. S4*] glesern *Ma1*
M glesrein *M19*
K gleserein *K4*
P glesende *B10*
P-E glestig *M25*

V 381.1 m s **Viticus** papageye; alij dicunt **Vitatus** *I*

V 381.2 m s **Vitrilus** eyn stibvater *Wo4 (P)*

V 381.3 f t **Vim** macht *Wo4 (P)*

V 382 f p **Vitrica** ein stieffmuter

S *Wa. fehlt (Blattverlust) Ma3*
I *Sigle fehlt*
P -- idem *(nach 383) Wo4*

V 382.1 a p **Vitare** vermeiden *K-X*

K *vgl. 377*

V 383 m s **Vitricus** ein stieffuater
+ et dicitur quasi »vitreus custos« *W*

S *Wa. fehlt (Blattverlust) Ma3*

V 384 n s **Vitriolum** kopperwasser, *vnd is alse gron steen*
-- kupfer wasser uel vitriell *Sb3*
-- kupfer wasser *W I K P*
-- kupferoch *P-E R1*
Wa. fehlt Kh2 Br1

S *Wa. fehlt (Blattverlust) Ma3* aper waßer *S4* vnd is alse gron steen *B9*] vnd ist grune *Ma1*, vnd grun als styn *S4*, *fehlt Ks2*, vnd ist grun als eyn steyn *B5*, vel alz ein grun stein *N1*
M -- chuppffer waßer *M19 Dr1* kopperwasser] oppher wassir *Ks1*
I *Sigle fehlt*
P + vnd is alzo eyn grun steyn *B10*
P-E + wirtel *M25*

V 385 n s **Vitrum** ein glaz
Wa. fehlt K

S *Wa. fehlt (Blattverlust) Ma3*
M *Wa. fehlt M19 D1*

V 385.1 f p **Viticella** hopfe *W*

V 386 *f p* **Vitta** ein hube
+ est mitra, qua caput ligatur *I*
+ eciam infula sacerdotis, quo caput ligatur; eciam quod crinibus innectitur *K*
-- ein haupp tuech *Sb3*
-- ⌜hub uel *gebend*, quandoque eciam ponitur pro infula. Vitta bind *X* / bind *Y*. Vitte autem sunt, que crinibus *innectuntur*, quibus fluentes crines religantur. ***Tenia*** *vero est vittarum extremitas dependens diversorum colorum. Vitta eciam est, qua corona vincitur. Tenia autem est extrema pars vitte, que dependet de corona* *W*
-- eyn riß eyn h*uu*e *P*
-- ain hub vel harbant *P-E*

S *Wa. fehlt (Blattverlust) Ma3* *Sigle S4*] *fehlt Ma1*
M f p Vittare *M19*
W *vgl. T 133* gebend *Me1*] band *S1* crinibus] crinilio *Sg1* innectuntur *Sg1*] infectuntur *S1* Tenia vero *bis* colorum *Bs9*] *fehlt S1 Sg1* Vitta eciam *bis* de corona *Sg1*] *fehlt S1*
K chorhaub oder prewt slayr *K4*
P huue *Wo1*] huiue *Ma4*

V 386.1 n s **Vitalia** in plurali, -lium, intestina, quia *ibi* vita, .i. anima, contin*etur* *K*

K *vgl. 373* in plurali, -lium *fehlt Y* quia ibi vita, .i. anima, continetur *K4*] quia in vita, .i. in anima continentur *W13*

V 387 a p **Vittare** huben uffseczen
-- .i. vittis ornare *I*
-- *rißen*, huuen *P (außer P-E)*
-- huuen, rysen uel winpelen *Kh2*
Wa. fehlt K

S *Wa. fehlt (Blattverlust) Ma3* *Int.*] huben uel uffseczen *Ma1* huben] heben *B5*
M Vittiare *M19*
W -- huben uel setzen *S1*
I n p
P -- risen, kronen, bruden, huuen *B10* rißen *Wo4*] cronen *Ma4 Wo1*
P-E + oder machen *P7*

V 388 m s **Vitulus** ein kalp
+ ***Vitula*** *uel* ***Iumenta*** *uel* ***Bucula***, *kalb* *W*
Wa. fehlt K

vgl. B 229.1, I 801
S *Wa. fehlt (Blattverlust) Ma3*
W *Zusatz Sg1*] *fehlt S1* Iumenta *Me1*] Iuuenta *Y*

V 388.1 **Vitulare** .i. letari diuina voce *I*

V 388.2 d p **Vitulari** .i. letari *P*

V 388.3 f p **Vitula** capitur pro festo dee victorie uel ⌜leticie / est leticia *Kh2 Br1*, eciam ponitur pro victoria *P*

P dee] de *R1*
P-E dee] die *E2*

V 388.4 f t **Vitulacio** .i. exultacio *P*

V 389 a p **Vituperare** lestern
+ quasi »vitam alicuius turpem parare« *I*
+ uel schenden *P-E*

S *Wa. fehlt (Blattverlust) Ma3*
W + schelten *Sg1* + Inde Vituperium *(vgl. 391) Bs9 Me5*
P-E Vituplare *(auch R1)*

V 390 *a p* ***Viuificare** lebendig machen*
+ viuum facere *I*
Wa. fehlt K

S *Wa. S4*] *fehlt Ma1 B5, fehlt (Blattverlust) Ma3*
M *Wa. fehlt D1*

V 391 n s **Vituperium** laster
Wa. fehlt K

S *Wa. fehlt (Blattverlust) Ma3*
M *Wa. fehlt D1*
W *Wa. fehlt (vgl. 389) Bs9 Me5*

V 391.1 n t **Vitulamen** dicitur planta infructosa, que nascitur a radice vitis uel alicuius alterius arboris. ⌜Item **Vitulamina** uel **Vituligines** dicuntur inutilia virgulta, que de radice arboris procedunt *X* / **Vitulig*ines*** idem *Y* *W*

W *vgl. A 231.1* *Wa. nach 389 Bs9 Me5* alicuius *fehlt Sg1* Vituligines *(2) Bs9*] Vituligiens *Sg1*

V 391.2 **Vituperabilis** lesterlich *I*

V 391.3 m s **Vitus** proprium nomen *P*
+ sancti *Kh2 Br1*

V 392 *o t* ***Viuax** lebendig*
+ Inde **-citas** *(vgl. 393)* *W-Y*
+ uel fortis *K*
-- .i. subtilis uel lebenhafftig *I*

S *Wa. S4*] *fehlt Ma1, fehlt (Blattverlust) Ma3*
M *Wa. fehlt (vgl. 393) D1*

V 392.1 n s **Viuarium** sporta, in qua seruantur pisces viui in aqua *I*

V 393 f t **Viuacitas** lebendigkeit
Wa. fehlt (vgl. 392) W-Y
Wa. fehlt I K

S *Wa. fehlt (Blattverlust) Ma3* *Stichwort verderbt B9*
M *Viuacitas*] Viuacitax *(vgl. 392) D1* lebnkait *M19*
P leuendich *Br1*

V 394 *n t* ***Viuere** leben*

Wa. fehlt K

S *Wa. S4*] *fehlt Ma1, fehlt (Blattverlust) Ma3*
M *Wa. fehlt D1*
I *Sigle fehlt*

V 395 m s **Viuidus** lebendig
-- .i. viuus, fortis, agilis *I*
-- .i. viuificatus uel animatus, *fortis*, agilis *K*

S *Wa.*] m s Viuidus, Viuus, Viuificus lebendig *(vgl. 396, 397) Ma1, fehlt (Blattverlust) Ma3*
M lebenden *D1*
W *Wa. fehlt Sg1* Viuicus *Bs9 Me1*
K dicitur viuificatus *fehlt K4* fortis *K4*] *fehlt W13*

V 396 *m s* ***Viuificus** lebendig*
-- -a, -um faciens viuum *I*
-- idem *(nach 392)* *K*

S *Wa. S4*] *fehlt (vgl. 392) Ma1, fehlt (Blattverlust) B5 Ma3*
P *Wa. fehlt Wo1 Wo4*

V 397 *m s* ***Viuus** idem (nach 396)*
-- lebentiger *Sb3*
-- -a, -um quod habet vitam, ut panis Christi dicitur viuus, proprie lebendig *I*
Wa. fehlt K

S *Wa. S4*] *fehlt (vgl. 395) Ma1, fehlt (Blattverlust) B5 Ma3*
M *Wa. fehlt D1*
P -- leuendech *Wo1 Wo4*

V 398 n s **Vi*um*** wegig
-- wegocht *Sb3*
Wa. fehlt I Kh2 Br1

S *Wa.*] *fehlt Ks2, fehlt (Blattverlust) B5 Ma3,* n s Viuvm lebening *S4,* n s Viuum leuen *B9* Vium *N1*] Viuum *Ma1*
M *Wa. fehlt M19* wegecht *D1*
K *Wa. fehlt K9 Ab1* Viuium begschaid *K4*
P *Wa.*] *fehlt Wo1 B10,* n s Viuium wech *Ma4*
P-E lebig *E2*

V 398.1 **Viuifidus** .i. viuificus *Sb3*

V 399 adv **Vix** kume, dum uel adhuc
-- chaum *Sb3 Kh2 Br1*
-- kume uel nauwe *I*
Wa. fehlt K

S *Wa. fehlt (Blattverlust) B5 Ma3* dum] + vil *N1*
M *Wa. fehlt D1*
W -- kum *Sg1* kume] cum *S1*
P -- .i. dum *Ma4* kume *fehlt R1*
P-E -- vel kum *E2* kume *fehlt P7*

V 399.1 ep p **Vla** en hüff, auis quedam *P*
+ uel eyn vle *Kh2*

P dt. *Int. fehlt Br1*
P-E dt. *Int. fehlt P7 M25*

V 400 a p **Vlcerare** .i. wlnerare
+ uel vlceribus implere *I*
+ Inde **Vlcerosus** *(vgl. 401) W-Y*

S *Wa. fehlt (Blattverlust) B5 Ma3* fulnerare *S4*

V 401 m s **Vlcerosus** swerig
-- -a, -um .i. vlceribus plenus *I*
-- aissig *K*
Wa. fehlt (vgl. 400) W-Y

S *Wa. fehlt (Blattverlust) B5 Ma3* Vlceriosus *S4* swericht *S4 Ks2*, geswerig *N1*

V 402 f t **Vlcio** ⌜rachunge / wrake *B9 P W-X*
Wa. fehlt W-Y

S *Wa. fehlt (Blattverlust) B5 Ma3* fracht *N1*
M rach *Dr1* + frake *Ma6*

V 402.1 **Vlciscor** .i. punio, vinco *I*

V 403 d t **Vlcisci** rechen
-- rachung nemen *Sb3*

S *Wa. fehlt (Blattverlust) B5 Ma3* frechen *N1*
M frechin *Ma6*, rechung *M19*
I *Sigle fehlt*
P wrechen, rechen *Wo4*

V 404 n t **Vlcus** ein swer
-- ein geswer uel ays *Sb3*
-- aisß, .i. apostema, ain schwär *W*
-- ein ays *K P-E*

S *Wa. fehlt (Blattverlust) B5 Ma3* geswer *N1*
M -- ein aiss *M19*
W .i. apostema *fehlt Sg1* schwär] geswer *Me1 Sg1*
P *Wa. fehlt R1*

V 404.1 m s **Vlfus** .i. leccator uel tabernarius *I*

V 405 f t **Vligo** est pingwedo terre uel nubes matutina
+ Vligo naturalis humor terre *W-X*
-- est pingwedo terre *Sb3*
-- naturalis humor terre, scilicet fumus *I*

S *Wa. fehlt (Blattverlust) B5 Ma3*
M matutina *fehlt M19*
W pingwedo] putredo *Y*

V 405.1 *m s* **Uliginosus** .i. humidus *W*
-- vligine plenus uel pingwis *I*

W *Sigle Sg1*] Inde *(Wa. nach 405) S1*

V 405.2 **Vlixes** proprium nomen uel dicitur totus peregrinus *I*

V 406 n p **Vlulare** hulen °ut °canes °*(S-Y P)*
-- hőn ut canes *Sb3*
-- hőnen *K*

S *Wa. fehlt (Blattverlust) B5 Ma3* -- hewln uel pellen *N1*
M -- honen sicut lupi *M19*
Sb3 Vlulare *verderbt*
W hulen] húnen *S1 Sg1*
K -- hånung *Hl1*
P-E -- huenen *P7 M25*

V 407 m q **Vlulatus** hulunge
-- honung *Sb3 K*
Wa. fehlt I

S *Wa. fehlt (Blattverlust) B5 Ma3*
M honung *M19*
Sb3 Vlulcitus
W húnung *S1 Sg1*
K *Wa. fehlt Hl1*
P-E -- húnung *P7* -- verhůnt *M25*

V 407.1 f p **Vllula** est auis nocturna, que eciam **Noctua** dicitur, *wlgariter v́l* *W*
-- auis, que videtur vllulare, eyn vle *I*

W *vgl. N 193* wlgariter v́l *Sg1*] *fehlt S1*
I *Sigle fehlt*

V 408 adv **Vllatenus** etlichirmasse
-- aut **Vllomodo** etlich mass *Sb3*
-- .i. vllo modo, etlicher maß *I*
-- lyker mate *Kh2*

S *Wa. fehlt (Blattverlust) B5 Ma3* m s Vlatinus *S4*
W etlich mas *Bs9*
I Vllatinus
K eczleich mazz *K9*
P Vllatinus *Ma4*
P-E Vlatinus -- etleich waß *M25*

V 409 adv **Vllomodo** *idem (nach 408)*
Wa. fehlt (vgl. 408) Sb3 I

S *Wa. fehlt (Blattverlust) B5 Ma3* idem *Ks2*] etlichirmasse *Ma1 S4*

V 410 m s **Vllus** *.i. non nullus,* ⌜*yemant* / keinman *S-X*
-- .i. aliquis *I*
-- yemant *K*
-- .i. non nullus *P-E*
Wa. fehlt Kh2

S *Wa. fehlt (Blattverlust) B5 Ma3* .i. non nullus *S4*] *fehlt Ma1* yemant *zit. nach B9*
M *Wa. fehlt D1*
W .i. non nullus *verderbt Sg1* yemant] *fehlt S1 Bs9*, enkainer *Sg1*
I *Sigle fehlt*
P yemant] nemand *(!) R1*
P-E *Int. doppelt E2*

V 411 f s **Vllmus** moß uel est arbor *que fructum non* ⌜*facit / affert P*
-- ⌜est arbor quedam, elm, uel est arbor que fructum non facit, fulbom, et est *X* / est *Y* arbor alta et magna asperum habens corticem, quando antiqua fuerit. Folium autem habet ut populus, que wlgariter dicitur alber, non quod in vna parte non est album, sicut folium populi. Lignum eius simile est tremulo, que wlgariter dicitur asp *W*
-- miez *an dem pawm*, uel arbor que fructum non facit *K*
Wa. fehlt Sb3 I Kh2 Br1

S *Wa. fehlt (Blattverlust) B5 Ma3* *dt. Int.*] mos an den bome *B9* que fructum non facit *S4*] non faciens fructum *Ma1*
M *Wa. fehlt D1* *dt. Int.*] ein meiss *M19*, maßig *Dr1*
W Vlinus *Sg1* que wlgariter dicitur alber *fehlt Sg1*
K f s Vllinus *W13* -- miezz *K4* an dem pawm *K9*] *fehlt W13*, an den pawmen *Hl1 W9*
P *Wa. fehlt Wo1* Vlinus *Ma4* moß] mōs herba *Wo4*, .i. mos an den berge, herba quedam *B10*, + herba *Ma4* que fructum non affert] fructum non auferens *Ma4* affert *R1*] aufert *Wo4*
P-E *Wa.*] m s Vlius maß uel arbor *M25* m s Vlinus *E2* aufert *E2*

V 412 f p **Vlna** ein eln
+ Item Vlna est illa pars brachij, que est a cubito usque ad extremitatem manus; altera uero tamen pars brachij superior **Lacertus** dicitur *W*
+ dicitur manus uel bracchium etc. *I*
+ extensio vtriusque manus *uel cubitus* *K*

vgl. L 24
S *Wa. fehlt (Blattverlust) B5 Ma3*
M *Wa. fehlt D1* eyle *Ks1*
K *Zusatz fehlt K4* uel cubitus *K9*] *fehlt W13*

V 413 a p **Vlnare** messen
+ cum vlna mensurare *I*

S *Wa. fehlt (Blattverlust) B5 Ma3*
W Vlnerare *S1*
I n p
P + *(neuer Wa.)* Vin *(für* Vinum *?)* merum *Wo4*

V 413.1 f p **Vlma** est quoddam opidum in Sueuia. Inde **Vlmensis** aliquis de tali opido *S1 (W)*

V 414 adv **Vlterius** vurter
-- furpas *Sb3 W P-E*
Wa. fehlt I K

S *Wa. fehlt (Blattverlust) B5 Ma3* -- fürbaz, fürwar *N1*
M *Wa. fehlt M19 D1*
W -- furder *Me1*

V 415 adv **Vltimatim** ⌜zu dem lesten / to lesten *B9 P (außer P-E Kh2)*
-- idem *(nach 417)* *I*

S *Wa. fehlt (Blattverlust) B5 Ma3*
M -- zu des letsten *D1*
I *Sigle fehlt*
K *Wa. fehlt K4* -- zw leczten *Hl1*
P -- tome lesten *Wo1*
P-E -- zeletscht *E2* -- zů dem hindristen *M25*

V 416 adv **Vltimate** *idem (nach 415)*
Wa. fehlt I

S *Wa. fehlt (Blattverlust) B5 Ma3* -- et Vltimo idem sunt *(vgl. 417) Ks2* idem *N1*] zu dem lesten *Ma1 S4*, to lesten *B9*
K *Wa. fehlt K4*
P *Wa. fehlt Ma4 Wo1* Vltimare *Wo4*

V 417 adv **Vltimo** *idem (nach 416)*
-- czu lest *I*
Wa. fehlt K

S *Wa. fehlt (Blattverlust) B5 Ma3* *Wa. fehlt (enthalten in 416) Ks2* idem *N1*] zu dem lesten *Ma1 S4*, to lest *B9*
M -- zu leste *Ma6 Ks1*
I Vltime
P *Wa. fehlt Wo1 R1* -- czu dem lesten *Wo4 Br1*
P-E *Wa. fehlt M25* -- zů letsch *E2*

V 418 *m s* ***Vltimus*** *der leste*
Wa. fehlt I K

S *Wa. Ks2*] *fehlt Ma1 S4 B9 N1*, *fehlt (Blattverlust) B5 Ma3*
M *Wa. fehlt D1*
P-E der hindrost *E2*

V 419 m t **Vltor** ein recher
+ **Vltus**, -a, -um ab »ulciscor«, idem *I*

S *Wa.*] *fehlt S4*, *fehlt (Blattverlust) B5 Ma3* vrecher *N1*
M fracher *Ma6*, richter *D1*
W echer *(!) S1*
K + .i. vindictor *W13*
P eyn wreker, recher *Wo4*
P-E rechter *P7 M25*

V 420 ppo **Vltra** uberhin, halben uel fort
-- vor *Sb3*
-- v́ber uel fúrbas *W*
-- furt uel vorwerterß, aut est prepositio et comparatur »ultra, ulterior, ultimus« *I*
-- ouer gehene, halbe *P*
-- fúrbas uel v́ber ain *P-E*
-- auer *Kh2 Br1*
Wa. fehlt K

S *Wa. fehlt (Blattverlust) B5 Ma3* uberhin] ouergenne *B9* halben *fehlt Ks2*
M *Wa. fehlt M19 D1* -- vber uel fort *Dr1* halben *fehlt Ks1*
W fúrbas] forth *Me1*
I *Sigle*] adv loci
P *Wa. fehlt R1* -- eber ghan *Wo4*
P-E uel v́ber ain *fehlt P7*

V 421 f p **Vlua** schelff uel swertel
+ est herba quedam *P-E*
-- °schelf °uel °schwertel °*(Y) Tiphus est herba, que circa fontes et paludes in stagnisque nascitur; ex quibus vlua, .i. alga mollis et quodammodo fungus, dicta ab vligine* *W*

-- est herba crescens in paludibus, swertel *I*
-- schilff oder saher, °gramen °scindens °*(Y)* *K*
-- schelp uel dicitur erba nomine swerdyk *Kh2*

S *Wa. fehlt (Blattverlust) B5 Ma3* swertel] swertlein *N1*
M *Wa. fehlt M19*
W *vgl. T 337* Tiphus *emend. (vgl. Isid. xvii 9,100)*] *fehlt S1 Sg1 M12*, Niphus *Me1 Bs9*, Nimphus *Me5* est herba *bis* ab vligine *Bs9*] *fehlt S1* ex quibus *bis* vligine] et quodammodo fungus dicitur ab vligine *Sg1*
K schilff oder *fehlt Hl1*
P *Wa. fehlt Wo1* -- schelp, herba quedam *B10* swertel] schordel *Ma4*
P-E -- quedam herba *M25* schelff uel *fehlt E2*

V 421.1 f p **Vlua** herba crescens circa paludes *R1 (P)*

V 422 ep p **Vlula** ein vle / + nomen auis *B9 P (außer Kh2 Br1) K*
Wa. fehlt Sb3 W-Y I

S *Wa. fehlt (Blattverlust) B5 Ma3* vle] vlule *S4*
M *Wa. fehlt M19*
K nomen auis *fehlt K4*
P nomen auis *fehlt Ma4*
P-E nomen auis *fehlt E2*

V 422.1 adv **Vltro** .i. sponte *K*
-- ⌜williclick / wyllich *R1 P-E* *P*

P-E *Wa. fehlt E2 M25*

V 422.2 m s **Vltroneus** .i. spontaneus *K*
-- eigen willich *P*

P-E aygen willen *P7*
Kh2 *Stichwort verderbt*

V 423 m s **Vmb*i*licus** nabel
Wa. fehlt K

S *Wa. fehlt (Blattverlust) B5 Ma3* Vmbilicus *Ks2*] Vmblicus *Ma1 S4*
W Vmblicus *S1 Sg1*
P Vmblicus *Ma4*
P-E Vmblicus

V 423.1 m t **Vmbo**, -bonis ein buckeler *I*
-- .i. schutum uel pulpitum *P*
Wa. fehlt Kh2 Br1

P pulptum *Wo4*

V 424 f p **Vmbra** *eyn* ⌜*schade* / scheme *B9 P (außer P-E R1)* et capitur pro anima ab corpore separata
-- ein schad, et capitur pro creatura a corpore separata *Sb3*
-- schet, carens sole *I*

S *Wa. fehlt (Blattverlust) B5 Ma3* eyn schade *S4*] schatwen *Ma1*, eyn scheme *Ks2* anima ab] animalia *S4*
M *dt. Int.*] eyn schuwe *Ks1*, schatwen *D1* *lat. Int. fehlt M19*

V 425 n s **Vmbracul*um*** est parua vmbra
-- idem uel schirm bret *(nach 424) I*
-- ein klainer *schein oder* schaden *K*
-- est diminutiuum eius *(nach 424) Kh2*

S *Wa. fehlt (Blattverlust) B5 Ma3* Vmbraculum *S4*] Vmbracula *Ma1* -- eyn cleyne scheme *B9*
W n s Vmbraculum] Inde Vmbracula *(Wa. nach 424) Sg1* + Inde Vmbratilis et -osus *(vgl. 427, 428) Bs9 Me5*
K -- schein *K9* schein oder *Hl1*] *fehlt W13 K4*
P -- schemekin *Ma4* -- eyn klene scheme *Wo1 Br1* -- schedegyn *R1*

V 426 n p **Vmbrare** *scheden* geben
-- .i. obscurare, tegere *I*
-- schad werden *K*
-- schatten machen *P-E*
-- schemen *Kh2*

S *Wa. fehlt (Blattverlust) B5 Ma3* -- schedegen *S4* -- scheme geuen *B9* scheden *Ks2*] schatwen *Ma1*
M -- schat machen *M19* schatwen *D1*
W a p -- schatten *Sg1*
I *Sigle fehlt*
P *Wa. fehlt R1* -- schaden uel schade gheuen *Ma4* -- dusteren *Wo1* -- schedighen *Wo4*
P-E -- schatten *P7*

V 427 co t **Vmbratilis** schettlich
-- *schemaftich Kh2*
Wa. fehlt (vgl. 425) W-Y
Wa. fehlt I

S *Wa. fehlt (Blattverlust) B5 Ma3* -- schemelick *B9*
P -- schemelik *Wo1* -- schedich *Wo4* -- schedehaftich *Br1*
Kh2 *Int. Lü1*] schenchtich

V 428 *m s* ***Vmbrosus*** ⌜*schetlich / schemich S-Y P*
-- schetig *M W-X P-E R1*
-- idem *(nach 427) Kh2*
Wa. fehlt (vgl. 425) W-Y
Wa. fehlt I

S *Wa. S4*] *fehlt Ma1, fehlt (Blattverlust) B5 Ma3* schemich *zit. nach B9*
M schatwich *D1*
K *Wa. fehlt K4* -- vol schad *K9*
P -- schedech *Ma4* -- idem *(nach 427) Br1* + schemelich *B10*

V 429 adv **Vna** .i. simul
+ czusamen *I*

S *Wa. fehlt (Blattverlust) B5 Ma3*
M *Wa. fehlt M19*
W + mit ein ander *Me1*
I *Sigle*] adv congregandi
Kh2 .i.] et

V 429.1 adv **Vnacum** eyn mede *P*
-- mit ain *P-E*
Wa. fehlt Kh2 Br1

P-E mit einander *M25*

V 430 co t **Vnanimis** einwillig, eynmutig
+ eyndrechtig *M P (außer P-E)*
-- aynmuetikayt *Sb3*
-- concordans ex vno animo, eynmudig *I*
-- *willig oder* ain můetig *K*
-- enmodich uel endrechtych *Kh2 Br1*

S *Wa. fehlt (Blattverlust) B5 Ma3* *Wa. nach 431 Ma1* -- eynmutig, gedecht uel willig *S4* -- eynwillig, eynmutekeyt vel eyntrechtkeit *Ks2* + eindrechtig *N1*
M -- ain mutig *M19* eyndrechtig *fehlt Dr1*
W -- ain můtig *Sg1*
K willig oder *K9*] *fehlt W13 K4*
P -- ein willech *Wo1* einwillig] willich *Ma4* eynmutig] *verderbt Ma4*, *fehlt R1*
P-E *Wa.*] m s Vnanimis idem *(nach 429.1, vgl. 431) M25* -- ain můtig *P7*

V 431 m s **Vnanimus** *idem (nach 430)*
Wa. fehlt I

S *Wa. fehlt (Blattverlust) B5 Ma3* *Wa. vor 430 Ma1* *Int. Ks2*] einwillig, eynmutig *Ma1*, eynmutig, gedecht uel willig *S4*
M *Wa. fehlt D1*
W + Inde Vnanimitas *(vgl. 432) Bs9 Me5*
P *Wa. fehlt Wo1 Wo4* -- .i. vnanimis *Ma4* -- eyndrechtich *B10*
P-E *Wa. fehlt (vgl. 430) M25*

V 431.1 **Vnanimiter** aduerbium, .i. concordanter *I*

V 432 f t **Vnanimitas** eintrechtikeit
+ willig *Sb3*
+ uel ain můtigkait *E2* *P-E*
Wa. fehlt I

S *Wa. fehlt (Blattverlust) B5 Ma3*
M -- trachtigkait *M19*
W *Wa. fehlt (vgl. 431) Bs9 Me5* -- ain mútikait *Sg1*
P *Wa. fehlt Ma4* -- idem *(nach 431) B10*
P-E -- ain můtikait *P7* -- ain hellig *M25*

V 433 a p **Vnare** ⌜*eynen* / vereynen *S-X*
-- aingen *W-X I K-Y*
-- verainigen *P-E*

S *Wa. fehlt (Blattverlust) B5 Ma3* eynen *zit. nach B9*
W a p Vnire *S1*
I n p

V 434 f p **Vncia** *eyn vncze oder* ein gewichte
-- ain gewicht *W I K*
-- ⌜*eyn vnczer*, eyn wicht / ain gewiht *P-E* *P*
-- eyn vnseler *Kh2*

S *Wa. fehlt (Blattverlust) B5 Ma3* eyn vncze oder *S4*] *fehlt Ma1 Ks2*, eyn vntzel *B9*
M eyn vncze oder *fehlt D1 Dr1*
I *Sigle fehlt*
P eyn vnczer *Wo4*] *fehlt Ma4 Wo1 B10* eyn wicht] *fehlt Br1*, eyn ghewichte *Wo4 R1*
P-E f t Vncio *(auch R1)*

V 435 m s **Vncinus** ⌜krump / crummech *B9 P*
-- -a, -um krumme uel hockricht *I*
-- crumaftich *Kh2 Br1*

S *Wa. fehlt (Blattverlust) B5 Ma3*
K -- kump *K9*
P -- truich *Ma4* -- gekrummet *R1*
P-E -- ain gekrumpfen *P7* -- küm *M25*

V 436 n s **Vncinum** est ferrum in modum falcis curuatum
-- ein krumps eysen, admodum falcis curuatum *Sb3*
Wa. fehlt Kh2

S *Wa. fehlt (Blattverlust) B5 Ma3* Vncinium *B9 N1* falcis] vlcis *S4*
M Vncinium -- krump eisen *M19*
K Vncinium in modum] ad modum *W13*
P Vnccinium *(*Vncicium *Wo4)*
P-E Vncinium

V 437 f t **Vncio** olunge. *Inde **Sacra vncio***
+ .i. sacramentacio *Sb3*
-- de olghunghe *Kh2*

S *Wa. fehlt (Blattverlust) B5 Ma3* -- obenge *Ks2* Inde Sacra vncio *S4*] *fehlt Ma1*
M olunge] olu *(!) M19*
W + die heilig olung, scilicet sacramentum, quod porrigitur vni in agone mortis *Me1*
I Vnctio vnctio
K Inde Sacra vncio *fehlt Y*
P -- dy hilige olynge *Br1*

V 438 *m s* ***Vnctuosus** salbechtig*
-- gesalbet *K*

S *Wa. S4*] *fehlt Ma1, fehlt (Blattverlust) B5 Ma3* *Int. fehlt Ks2*
M salbig *M19*
W scabechtig *S1*, salbrich *Sg1*
P Vncenosus *Wo4*
P-E salbhaftig *M25*, gesalbet *P7*
Kh2 *Wa.*] m s Vnctiosus salaftich

V 439 m s **Vncus** ein hacke

S *Wa. fehlt (Blattverlust) B5 Ma3* -- eyn hauck, eyn hage *S4*
I *Sigle fehlt*

V 440 f p **Vnda** .i. aqua
+ uel superior pars aque *I*
-- wasser *Sb3*
-- ⌜.i. aqua et est *X* / est *Y* superior pars aque fluentis; et dicitur quasi »eunda«, quia est in motu *W*
Wa. fehlt K

S *Wa. fehlt (Blattverlust) B5 Ma3*

V 441 adv **Vnde** von wanne
-- von wem *Sb3*
-- wo von *I*
-- van wene her *Kh2*

Wa. fehlt K

S *Wa. fehlt (Blattverlust) B5 Ma3* -- wo wan gest du *S4* wanne] + ubicumque *(!)* idem *(vgl. 442) Ma1*
M *Wa. fehlt D1*
P -- von weme *Ma4*

V 442 *adv* ***Vndicumque*** *von wanne*
-- wo hin *Sb3*
-- idem *(nach 441) I*
-- an allen enden oder ⌜worvon *X / voran Y* *K*
-- war von *P*
Wa. fehlt P-E

S *Wa. S4] fehlt (vgl. 441) Ma1, fehlt (Blattverlust) Ma3* -- vor wan *B9* -- war von *N1*
M *Wa. fehlt D1* -- war von *Ma6 Ks1*
W *Wa. fehlt S1*
K *Wa. fehlt K4* voran *zit. nach K9*

V 443 *o in* ***Vndecim*** *elffe*
Wa. fehlt I K

S *Wa. S4] fehlt Ma1, fehlt (Blattverlust) Ma3*
M *Wa. fehlt M19 D1*
P-E -- aylff zal *P7*
Kh2 Vndicim

V 444 *m s* ***Vndecimus*** *der elffte*
Wa. fehlt I K

S *Wa. S4] fehlt Ma1, fehlt (Blattverlust) Ma3*
M *Wa. fehlt D1* ainlef czal *M19*
W *Wa.*] Inde Vndecimus *(nach 443) S1*
P-E -- patet *E2*

V 445 m s **Vndenarius** ⌜eilffczale / elffte tal *B9 P (außer P-E Kh2 Br1)*
Wa. fehlt I K

S *Wa. fehlt (Blattverlust) Ma3* vndleff czal *B5*
M *Wa. fehlt D1*
P *Wa. fehlt Wo1* -- der eylfste czal *Wo4*

V 446 m s **Vndenus** *der elffte*
-- idem *(nach 445) Sb3*
-- eluich *P (außer P-E)*
Wa. fehlt I K

S *Wa. fehlt (Blattverlust) Ma3* der elffte *S4*] .i. vndecimus *Ma1* -- elftich *B9*
M *Wa. fehlt D1* -- .i. 11 *M19*
P -- eylftich *R1*

V 447 adv **Vndique** allen enden
-- überall *Sb3*
-- allentalben *W*
-- an allen enden *K*

S *Wa. fehlt (Blattverlust) Ma3* -- allewendich *B9*
M *Wa. fehlt D1*
W -- allen enden *Me1*

K + vor an *K4*
P -- allentalben *Ma4* -- alder weghen *Wo1*
P-E -- allenthalb *P7 M25*

V 447.1 n s **Vmerum** schulder *Wo4 (P)*

V 447.2 **Vmeris** schuldern *Wo4 (P)*

V 448 f p **Vngaria** vngernland
Wa. fehlt K

S *Wa. fehlt (Blattverlust) Ma3*
M *Wa. fehlt M19*
Kh2 f p Vngario

V 449 m s **Vngarus** ein vnger
Wa. fehlt K

S *Wa. fehlt (Blattverlust) Ma3*
M *Wa. fehlt M19*
I *Sigle fehlt*
P -- vngerer *Ma4*
P-E Vngerus *E2* -- aliquis de tali prouincia *(nach 448) M25*

V 450 a t **Vngere** salben

S *Wa. fehlt (Blattverlust) Ma3*

V 451 n s **Vngentum** salbe, quod conficitur ex diuersis speciebus ⌜*vel herbis* / herbarum *Sb3*
-- salue *Kh2 Br1*
Wa. fehlt K

S *Wa. fehlt (Blattverlust) Ma3* vel herbis *Ks2*] *fehlt Ma1 S4*
M *Wa. fehlt D1* quod] que *Ma6 M19* vel herbis *fehlt M19*
W -- salb *Sg1*
I *Sigle fehlt* quod] que
P quod] que *Ma4 R1* speciebus] rebus *Ma4*
P-E quod] que *E2*

V 452 n t **Vngwen** *est simplex liquor et alio non permixtus* ⌜*uel oleum uel vngentum* / ut est oleum *K*
-- est simplex liquor non permixtus ut oleum *Sb3*
-- est simplex liquor non permixtus *I*
-- simplex liquor *alio* non permixtus ut oleum vel est vngentum *P*

S *Wa. fehlt (Blattverlust) Ma3* *Int. S4*] salbe, et est simplex loquor non aliquo permixtum *Ma1* et alio *bis* vngentum] aliomodo permixtus vt oleum *B9*
M uel vngentum *fehlt M19*
W alio non] aut non *S1*
K non] modo *K4*
P *Wa. fehlt Wo1* alio *Wo4*] uero *Ma4*
P-E alio] oleo *alle Hss.* permixtus *verderbt E2*
Kh2 oleum] alium vel est] vel

V 453 m s **Vngwentarius** ein salben mecher
Wa. fehlt Kh2

S *Wa. fehlt (Blattverlust) Ma3*
M *Wa. fehlt D1*
K Vngentarius

V 454 m t **Vngwis** ein fingernail
-- eyn naghel vppe dem vyngher *Kh2 Br1*
Wa. fehlt K

S *Wa. fehlt (Blattverlust) Ma3* -- eyn nagel up den vingere *B9* -- ein nagel am vinger *N1*
M + klaw *M19*
W fingel nagel *Sg1*
P -- eyn naghel *Wo4* -- eyn nagel an dem vynger *B10*
P-E -- ain nagel am vinger *P7 M25*

V 454.1 **Vngwes** cloen *Me1 (W)*

V 455 f p **Vngula** ein clauwe
+ uel ein eysen krappen, ut ibi: Carnifex vngulas et vstor graticulam *Sb3*
+ Item **Vngule** sunt quedam instrumenta *ferrea, quibus suspensi in eculeo lacerabantur. Item* ***Vngula*** *est arbor aromatica; hec in Exodo (30,34)* ***Onicha*** *dicitur W*

S *Wa. fehlt (Blattverlust) Ma3* + uel claweren *B9*
M -- eyn klee *Ma6*
Sb3 ibi] + de sancto Laurencio *V1*
W ferrea *bis* dicitur *Sg1*] *fehlt S1* eculeo *Bs9*] aculeo *Sg1* Onicha *(vgl. O 208) emend.*] nicha *Me1 M12*, nich *Y*
P-E *Wa. fehlt E2*

V 456 m s **Vnicornus** ein einhorn
-- ein aingehůrnn *Sb3*
-- aingehůrn, animal *K*

S *Wa. fehlt (Blattverlust) Ma3* vnhorn *B5*
W m t Vnicornis *Y*
I Vnicurnus
K -- ain hürnn *K4*
P-E *Wa. fehlt E2*

V 457 m s **Vnicus** *eynig*
-- ayniger *Sb3*
Wa. fehlt K

S *Wa. fehlt (Blattverlust) Ma3* eynig *S4*] ein liczig *Ma1 Ks2*, vnig *B5*
M *Wa. fehlt M19*
I *Sigle fehlt*
P-E *Wa. fehlt E2* -- ain ainiger *P7 M25*
Kh2 f t Vnitas

V 457.1 f p **Vnica** .i. anima. Vnde Psalmus *(16,13)*: Erue a framea etc. *I*

V 458 co t **Vniformis** einformig

S *Wa. fehlt (Blattverlust) Ma3* ein formis *N1*
M ein formis *D1*

V 458.1 m s **Vnigamus** tantum vni mulier*i* nuptus *I*

I mulieri *I2*] muliere

V 459 m s **Vnigenitus** ein eingeborn son
-- ein aingeporner sun, sicut filius Marie *Sb3*

S *Wa. fehlt (Blattverlust) Ma3* -- eyn vngeparnn sonn *B5* -- eyn eynboren sone *B9*
M *Wa. fehlt D1*
P -- eyn en born sone *Wo1*
Kh2 eingeborn] engheba *(!)*

V 460 f p **Vnigenita** ein eingeborn dochter
-- .i. vnica filia *Kh2*
Wa. fehlt K

S *Wa. fehlt (Blattverlust) Ma3* -- eyn eynboren dochter *B9*
P -- eyn en born dochter *Wo1* -- idem *(nach 459) Wo4*
P-E Vnigenia *E2*

V 461 m s **Vnimodus** einmeßig

S *Wa. fehlt (Blattverlust) Ma3*
P-E *Wa. fehlt E2*

V 462 **Vnio** *plura significat. Wersus (Brevil. »Vnio«)*: Est lapis, est punctus et vnio proximitasque. Est mas pro primis, pro reliquo *sit* muliebre
-- est equiuocum. Wersus *(Brevil. »Vnio«)* [...] *W I*
-- eyn steen uel eyn punctus uel naheyt. Wersus *(Brevil. »Vnio«)*: Est lapis, est punctus etc. Est mas pro primis etc. *Kh2 Br1*

S *Wa. fehlt (Blattverlust) Ma3* plura significat *S4*] *fehlt Ma1 Y* Wersus *S4*] *fehlt Ma1* Est vnio *S4*] *fehlt Ma1* sit *Ks2*] dic *Ma1*, sunt *S4* muliere *S4*
M plura significat *fehlt Ma6* sit] sunt *M19*
Sb3 m t Vnio pro reliquo sit] sed pro reliquis sit tibi
W f t Vnio *S1 Sg1*, m t Vnio *Me1 M12*
I f t Vnio
K plura] diuersa *alle Hss.*
P plura significat *fehlt alle Hss.*
P-E Vnia *E2* proximitasque *verderbt E2*
Kh2 eyn punctus] eyn punct *Br1*

V 462.1 a q **Vnio** eynen *B10 (P)*

V 463 a q **Vnire** eynen
-- aynigen *Sb3 K-Y P-E R1*
Wa. fehlt I

S *Wa.*] *fehlt (Blattverlust) Ma3*, *fehlt B9*
M -- eynigen *D1*
W *Wa. fehlt S1* eynigen *Me1 M12*
K -- aynigen *Hl1*
P *vgl. 462.1* eynigyn *Wo4 B10 Br1*

V 464 f t **Vnitas** ein zal
-- ainigkait uel ain zal *E2* *P-E*
Wa. fehlt I K-Y

S *Wa. fehlt (Blattverlust) Ma3* + uel eyn eninghe, vt ciuitas, quasi ciuium vnitas *B9* + eynikeyt *N1*
M *Wa. fehlt D1*
W -- ainikait *Sg1*
P -- eynicheyt *Wo4*
P-E -- ainikait *P7* -- ain zallig *M25*

V 465 co t **Vniuersalis** gemein. *Inde* ***Vniuersalitas***
\+ gemainschaft *Sb3*
-- gem*ei*ne *I K Kh2 Br1*
-- gemain. *(neuer Wa.:)* f t **Vniuersalitas** gemainhait *P-E*

S *Wa.*] *fehlt (Blattverlust) Ma3*, f t Vniuersalis meynheit *(vgl. 466) B9* gemein] eyn gemeyn *S4* Inde Vniuersalitas *S4*] *fehlt Ma1*
I *vgl. 466* gemeine *I2*] gemyne
P + meynheit *B10*
P-E *vgl. 466*

V 466 f t **Vniuersitas** gemeynheit
-- et **Vniuersalitas** idem, gemeyne *(vgl. 465) I*
-- menheyt *Kh2*
Wa. fehlt W-Y P-X

S *Wa.*] *fehlt (Blattverlust) Ma3, fehlt (vgl. 465) B9*
M *Wa. fehlt M19 D1*
K -- gemainschaft *K4*
P *Wa. fehlt B10*

V 467 *n* s **Vniuersum** gancz welt
-- .i. totus mundus *K*

S *Wa. fehlt (Blattverlust) Ma3* *Sigle S4*] m s *Ma1*

V 468 *m s* ***Vniversus*** *gemeyne*

S *Wa. S4*] *fehlt Ma1, fehlt (Blattverlust) Ma3*
M + *(neuer Wa.:)* f t Vniuersita gemeylicht *D1*
I *Sigle fehlt*
Kh2 m s Vniversus] Vniuersum

V 469 adv **Vnquam** vmmer

S *Wa. fehlt (Blattverlust) Ma3*

V 470 *m s* ***Vnus*** *eyner*
Wa. fehlt I K

S *Wa. S4*] *fehlt Ma1, fehlt (Blattverlust) Ma3*
M *Wa. fehlt M19 D1*

V 471 adv **Vnum** eins
-- aindleich *Sb3*
Wa. fehlt I K Kh2 Br1

S *Wa. fehlt (Blattverlust) Ma3*
M *Wa. fehlt M19 D1*
P *Wa. fehlt Wo1*
P-E idem *(nach 470) E2*

V 472 m s **Vnusquisque** ein iczlichir
-- ein igleicher *K P-E R1*
-- eyn iewelyk *Kh2*
Wa. fehlt I

S *Wa. fehlt (Blattverlust) Ma3*
M *Wa. fehlt D1*

W iglicher *Me1 Sg1*
K yeczleicher *K9*
P iederlicher *Ma4*, iewelik *Wo1*
P-E iedleicher *M25*

V 473 a p **Vobisare** ⌜irczen uel *eyn* er heißen / eyn gy heiten *B9 P*
-- irriczen *Sb3 I P-E R1*
-- iren *uel ain e͛r haissen* *W*
-- ⌜einen iriczn *X* / einen ir haissen *Y* *K*
-- gy heten *Kh2*

S *Wa. fehlt (Blattverlust) Ma3* -- eynen hern heyßen oder erczen *S4* irczen uel *fehlt B5 N1* eyn *B5*] *fehlt Ma1 Ks2*
M -- ircigen *M19* irczen uel *fehlt Ks1 D1 Dr1*
W -- eynen her haißen *Me1* uel ain e͛r haissen *Bs9*] *fehlt S1 Sg1*
K iriczn *verderbt Hl1*
P -- eynen ir heyßen *Wo4* eyn *fehlt B10 Br1*
P-E -- ieren *E2*
Kh2 *Wa. doppelt (einmal ohne Int.)*

V 474 *adv* ***Vobiscum** mit uch*
Wa. fehlt I K

S *Wa. S4*] *fehlt Ma1*, *fehlt (Blattverlust) Ma3* + n s *(?) B9*
M *Wa. fehlt M19 D1*
Kh2 *Wa. doppelt*

V 475 n s **Vocabulum** ein wort
+ .i. verbum *I*

S *Wa. fehlt (Blattverlust) Ma3* -- ein antwort *N1*
W *Wa. fehlt S1*
Kh2 *Wa. doppelt*

V 475.1 **Vocabularius** eyn worder *Kh2*

Kh2 *Wa. doppelt*

V 476 co t **Vocalis** ein adem ror, ut habetur in collo °*uel* °*heyßlich* °*(K)*
-- [...] ut in collo habetur uel ⌜heysche / ein vocall hayssen *Sb3* *M*
-- ader ror, ut in collo habetur *W*
-- eyn ader uel rore in collo *I*
-- eyn atem ror *Kh2*

S *Wa. fehlt (Blattverlust) Ma3* uel heyßlich *Ks2*] *fehlt Ma1 S4*, uel heylich *B5*, uel heysch *N1*
M -- ein atem ror *M19* adem ror] aderror *Dr1* uel heysche *fehlt Dr1*
K adem ror] an dem ror *Hl1* *lat. Int. fehlt K4*
P Vocabulis *Wo4* -- eschelik *Wo1* adem ror] adem rock *Ma4* uel heyßlich *fehlt Br1*
P-E heyßlich] růflich *E2 P7*
Kh2 *Wa. doppelt*

V 476.1 co t **Vocalis** et hoc -le vocem habens *I*

V 477 a p **Vocare** ⌜heischin / eschen, heten *B9 P*
-- růfen *P-E*
-- esken *Kh2 Br1*
Wa. fehlt (vgl. 478) I

S *Wa. fehlt (Blattverlust) Ma3* heischin] + uel ruffen *Ma1 Ks2 B5*
M + oder ruffen *Dr1*
W + růffen *Sg1*
K *Wa. fehlt K4* haissen *W13*
P -- heysen *R1*

V 478 d p **Vocari** *idem (nach 477)*
-- prout est passiuum, ich werden geruffen. Sed prout est deponentale et vocatiuum, ich heyß *I*
Wa. fehlt Kh2 Br1

S *Wa. fehlt (Blattverlust) Ma3* idem *S4*] heischin uel ruffen *Ma1*, heyssen *B9*
M *Wa. fehlt D1*
I *vgl. 477* d p Vocari] Vocor
K *Wa. fehlt K4*

V 479 a p **Vociferare** ruffen, ein stymme machin
-- rueffen *K*
-- růfen, *stymmen* *P-E R1*

S *Wa. fehlt (Blattverlust) Ma3* ruffen *fehlt B5*
P -- ropen *Wo1*
P-E stymmen *P7*] *fehlt E2 M25*
Kh2 *Wa. doppelt (einmal ohne Int.)*

V 480 f p **Vola** est concauitas manus, °scilicet °ir °*(W-Y K)* uel equa sterilis uel fructus cuiusdam arboris
-- est media pars manus uel est fructus cuiusdam arboris, eyn phersick *I*
-- concauitas palme, *scilicet ir* [...] *P*
Wa. fehlt Kh2 Br1

vgl. C 1169
S *Wa. fehlt (Blattverlust) Ma3* scilicet ir] uel palme *B9* cuiusdam *verderbt S4*
M uel equa sterilis *fehlt M19*
W uel equa sterilis *fehlt S1*
K equa] aqua *K4*
P scilicet ir *Wo1*] *fehlt Ma4* fructus] est fuit cuius *R1*
P-E palme] palme uel manus *E2* storilis *E2*

V 481 co t **Volatilis** gefidert
-- .i. ad volandum abilis, gefedert *I*
-- vluchtych *Kh2*

S *Wa. fehlt (Blattverlust) Ma3* gefedre *B5*
P -- wederlik, gewedert *B10* fligeaftich *Br1*
P-E flügleich *M25*
Kh2 Valatilis

V 482 m s **Volatus** ⌜flucke / eyn vlucht *B9 P (außer P-E)*
-- -a, -um geflogen, sed -us, -ui flegunge *I*

S *Wa. fehlt (Blattverlust) Ma3* flocht *S4 B5*
M flochte *Ma6*, geflucht *D1*
P vluch *Ma4*

V 482.1 n p **Volare** fliegen *S1 Sg1 (W) Kh2*

V 483 n p **Volitare** fligen / + sweyuen *B9 P (außer P-E Kh2)*
Wa. fehlt I

S *Wa. fehlt (Blattverlust) Ma3* flyhen *S4*
M flyen *Ks1 D1*
W fliessen *S1*
P *Wa. fehlt Ma4* sweyuen] *fehlt Wo1*, swelen *R1 Wo4*

V 483.1 **Vola cassa** .i. vacua manus *P-E*

V 484 m t **Volucer** snell
-- hec -cris, hoc -cre .i. velox, letus *I*
Wa. fehlt Kh2

S *Wa.*] *fehlt Ks2*, *fehlt (Blattverlust) Ma3*
P *Wa. fehlt B10* Volicer *Ma4*

V 485 f t **Volucris** ein fogel, quando est substantiuum, sed quando est adiectiuum, tunc idem est quod velox

S *Wa. fehlt (Blattverlust) Ma3*
W quando *(1)*] quandoque *S1 Sg1*
K -- vogel uel velox *K4* ein fogel] .i. auis *W13*

V 486 co t **Volubilis** *bewegelich*

S *Wa. fehlt (Blattverlust) Ma3* *Int. S4*] *fehlt Ks2*, bewelczlich *Ma1*, hin und her *B5*
M *Wa. fehlt M19*
I Volubelis
K piegleich *K4*

V 487 a t **Voluere** welczen
+ aut vertere *Sb3*
-- welczeln *I*
-- wegen oder ⌜walczn *X* / walgen *Y* *K*
-- weltern *P (außer P-E)*

S *Wa. fehlt (Blattverlust) Ma3* wylczen *S4*, walczen *B5*, wentelen *B9*
M weltzeln *Ma6*, welczern *Ks1*, weczeln *Ma2*
Sb3 at Voluere *fehlt (!)*
W walczen *Me1*
I *Sigle fehlt*
P *Die Formen* welceren *und* welteren *können nicht immer eindeutig unterschieden werden*

V 488 f p **Voluella** ⌜ein winde / eyn schruue *B9 P also an der presse*
-- wintten sicut in torculary *Sb3*
-- ain wind uel scrub *W*
-- ein winde an einer pressen *I*
-- schrawf *an einer press* *K*
-- eyn scruue als an dem kelter *R1 P-E*
Wa. fehlt Kh2

S *Wa. fehlt (Blattverlust) Ma3* also an der presse *B5*] *fehlt Ma1*, als in der preßen *S4*, vel suel *Ks2* also *fehlt B9*
M also an der presse] als an eyner preß ist *D1*, uel scrub *Dr1* also *fehlt M19*
I Vouella
K -- schrawff als an den pressen *Hl1* an einer press *K4*] in torculari *W13 K9*
P -- eyn scrüue *Ma4* schrughe *Br1* also *fehlt Wo1 B10*
P-E -- ain stur̄ *P7* scruue] sturm *E2*, spindel *M25*

V 489 n t **Volumen** ein gebunden *buch*

S *Wa. fehlt (Blattverlust) Ma3* buch *S4*] ding *Ma1 Ks2*
K buch] tuch *K9*
P gebunden] ghefunden *Wo4*

V 490 m s **Voluntarius** eigen willig
-- willig *K*

S *Wa. fehlt (Blattverlust) Ma3*
W -- willig *Sg1*
P willichllch *(!) Wo4*

V 490.1 *adv* ***Voluntarie*** *eyghenwillich* *S-Y P*
-- willikleich *K*
-- .i. sponte *Kh2 Br1*

vgl. S 949
S *Wa. B9*] *fehlt (Blattverlust) Ma3*
P -- idem *(nach 490) Wo4*

V 491 *f t* ***Voluntas*** *wille*
Wa. fehlt I K

S *Wa. S4*] *fehlt Ma1, fehlt (Blattverlust) Ma3* -- eygen wille *Ks2*
M *Wa. fehlt M19 D1*

V 492 f t **Voluptas** *lost oder* wollust
-- lustigkait *Sb3*
-- lost *I*
-- *wollust* *K P*

S *Wa. fehlt (Blattverlust) Ma3* Volumptas *S4* lost oder *S4*] *fehlt Ma1 Ks2 N1*
M lost oder *fehlt M19*
W lost oder *fehlt Me1*
I *Sigle fehlt*
K *Wa. K4*] *fehlt W13*
P + lust *B10*

V 493 m s **Voluptuosus** *lostig*
-- lustiger *Sb3*
-- ⌜*lustig* et *X* / est *Y* lutosus, et solet poni pro turpitudine viciorum *W*
-- wollustig *K*
-- ⌜wollustig *Ma4 B10* / lustig *P-E R1* *P*
Wa. fehlt Kh2 Br1

S *Wa. fehlt (Blattverlust) Ma3* Volumptuosus *S4* lostig *S4*] wollustig *Ma1*
M -- wollustig *M19*
W *Sigle*] Inde *(Wa. nach 492) Y* lustig *Me1*] wollustig *S1*
K *Wa. fehlt Hl1*
P *Wa. fehlt Wo1 Wo4*

V 494 *n s* ***Voluptabrum*** *est locus luti, eyn phul*
-- est locus lutinosus, ein pfucz *Sb3*
-- est locus luti, wlgariter pfútz *W P*
-- est locus luti, in quo porci voluuntur *K*

S *Wa. B5*] *fehlt Ma1 Ks2*, *fehlt (Blattverlust) Ma3* Volumptabrum *S4* luti *verderbt S4*
M *dt. Int.*] laken *M19* + proprie dy grub, dy ein saw wulet *D1*
W Volutabrum *S1 Me1* pfútz] pfuel *Me1*
K Volutabrum *W13 K4* se voluuntur *W13*
P Volatabrum *Ma4* Volutabrum *Y* *dt. Int.*] eyn pů̊l *B10*
P-E Volutabrum *(auch R1)* *dt. Int. fehlt M25*
Kh2 Volutabrum

V 495 a p **Voluptare** ⌜welczen / welteren *B9 P (außer P-E R1)*
-- wol lusten aut walczen *Sb3*
-- welczen uel gelústen *W-Y*
-- welczeln *I*
-- walgen *K*
-- .i. voluere *Kh2*

S *Wa. fehlt (Blattverlust) Ma3* Volumptare *S4*, Volutare *B9* welczen] welcken *S4*
M weltzeln *Ma6*, welczern *Ks1*, in wolust leben *Ma2*
W Volutare *S1* walczen *Me1*
I *Sigle fehlt*
K *Wa. fehlt Hl1* Volutare *W13*
P *Die Formen* welceren *und* welteren *können nicht immer eindeutig unterschieden werden* Volutare
P-E Volutare walcen *M25*
Kh2 Volutare

V 495.1 adv **Volupte** wollustlich *I*

V 496 m t **Vomer** *uel* **Vomis** ⌜*ploch isern* / ein sech *S-X vel cauda istius*
-- aut **Vomis** ein seg an eynem pflueg uel an eyner riester *Sb3*
-- [...] cauda aratri *I P*
-- uel **Vomis** cauda aratri, *wagen sun* *K*

S *Wa. fehlt (Blattverlust) Ma3* uel Vomis *S4*] *fehlt Ma1* ploch isern *zit. nach B9* sech] + in dem pluge *Ma1* vel cauda istius *Ks2*] *fehlt Ma1*, uel candus istius *S4*
M Vomer] Vemer *Ma6* -- eyn seg vel cauda ipsius agri *(?) M19*
W ploch isern] + scilicet sech *Sg1*
K cauda aratri *fehlt K4* wagen sun *K4*] *fehlt W13*, wagen *Hl1*
P-E -- ain spül eissen *M25* flů̊gysen *E2*
Kh2 ploch isern] pluch hyncze

V 497 n t **Vomere** spien, widergeben
-- spyen *W K P-E R1*
-- spihen uel sumpta widder geben *I*

S *Wa. fehlt (Blattverlust) Ma3* + koczcznn *B5*
M -- speien *Dr1*
P-E -- spülen oder vnbillen *M25* + uel koczen *E2*

V 498 m q **Vomitus** spihunge
-- a »vomo«, spiunge *I*
-- idem *(nach 497) Kh2 Br1*

S *Wa. fehlt (Blattverlust) Ma3* + koczczunge *B5*
W *Wa. fehlt S1* *Sigle*] Inde *(Wa. nach 497) Y*
P-E -- vnwillung *P7* + uel koczung *E2*

V 498.1 n p **Vomitare** speiben *K*
-- idem *(nach 497)* *P*
Wa. fehlt Kh2 Br1

K -- idem *(nach 498) Hl1*
P + uel koczen *Wo4*
P-E -- vnwillen *P7*

V 499 f t **Vorago**
-- ⌜ein wasserbulge vel vn*de* *Ma1 Ks2* / swarm als uff dem waßer *S4* / eyn swalch, eyn water slingh *B9* *S*
-- ⌜eyn swalm / wasserprüch *Sb3* *M*
-- est locus profundus et insaciabilis, ut est infernus, °wasser °schlund °*(Y)* *W*
-- schlindunge uel baratrum *I*
-- wasserflůz, eciam dicitur locus profundus / + eciam ruina *X* *K*
-- °eyn °swelch °*(P-E R1)*, eyn *wasser sluch* *P*

vgl. F 393
S *Wa. fehlt (Blattverlust) Ma3* vnde *Ks2*] vnge *Ma1* -- eyn swarnn uel eyn wasser flüt uel diluuium uel profunditas uel firssunge, wolknn prust *B5* -- ein swalm, ein wasser slump *N1*
M -- ein wasser bruch *D1* -- wasserslung, swal *Dr1* + eyn wasser slump *Ma6* + ut in aqua *M19*
W + schwal *Me1*
K *dt. Int.*] ein swalben oder wasser flüzz *Hl1* profundus] + insaciabilis *W13*
P f t Voraga *Ma4* eyn wasser sluch *Wo4*] *fehlt Wo1*, eyn waterbalch *Ma4*, eyn waterslange *B10 Br1*
Kh2 wasser sluch] water slank *(?)*

V 500 a p **Vorare** fressen
Wa. fehlt Sb3 I

S *Wa. fehlt (Blattverlust) Ma3*

V 501 o t **Vorax** fraz
-- ein frassiger *Sb3*
-- qui multum deuorat, freßig *I*
-- fråssig *K P-E Kh2 Br1*

S *Wa. fehlt (Blattverlust) Ma3* fraßig *B5*
M frässig *M19*
W fråssig *S1*
P *Wa. fehlt Ma4*

V 502 m t **Vortex** est vorago aque
-- ⌜est violenta circumtorsio; et est vorago aque uel *X* / est *Y* circumuolucio aque, wlgariter well. Inde **Aqua vorticosa**, que multos habet vortices *W*
-- est vorago uel circularis reuolutio aque *I*
Wa. fehlt Sb3

S *Wa. fehlt (Blattverlust) Ma3*
K Vortax *K4*

V 503 m s **Votiuus** gotlich, heilig uel andechtik
+ uel voto astrictus *I*
-- gőtleich oder heilig *K*
-- *heylich*, andechtich *P*
-- andåhtig *P-E*
-- yndich uel hellych *Kh2 Br1*

S	*Wa. fehlt (Blattverlust) Ma3* gottlich, helig andacht *B5* heilig uel *fehlt N1*
M	uel andechtik *fehlt M19*
Sb3	Vorturus
W	heilig uel *fehlt Sg1*
P	heylich *Wo4*] godich, billich *(!) Ma4*, godech *Wo1*, ynnich *R1*, + ludich *B10*
Kh2	Votitius

V 504 n s **Votum** ein geistlich globde *°uel °begerlichkeyt °(S-Y)*
-- ein geistlich gelub uel begirleichait *Sb3*
-- ein geistlich gelobde uel begerikeyt *I*
-- geistleich gelůb *K*
-- eyn ghestelek gheloste uel begherlicheyt *Kh2*

S	*Wa. fehlt (Blattverlust) Ma3* geistlich globde] heylig geluob *B5* globde] gebot *S4* uel begerlichkeyt *S4*] *fehlt Ma1*, uel beger *Ks2*
M	-- gelub *M19* globde] gelobtze *Ma6* begerlichkeyt] beger *D1*
W	begerlichkeyt] begird *Sg1*
K	gelůb] lüb *K9*
P	-- eyn geistlich loffte, eyn behegelicheit *Ma4* -- eyn ghestelik lofte *Wo1* begerlichkeyt] begericheit *R1*
P-E	-- ain gaistleich gelůb *M25* begerlichkeyt] begird *E2*

V 505 n s **Vouere** ⌜globen / louen *B9 P* den heilgen uel begern
-- gelůben oder gehaissen den heiligen *K*
-- den hailgen geloben *P-E*

S	*Wa. fehlt (Blattverlust) Ma3* dy heilgen *Ks2* uel begern *fehlt S4 B9*
M	uel begern] *fehlt Ks1*, uel begerlichkeit *D1*
W	-- gelúpt tůn, begeren *Sg1* globen] ginen globen *Bs9 Me5*
I	*Sigle fehlt*
K	gelůben] lüben *K9* gehaissen] verhaissen *K4* den] der *Hl1*
P	gheloben, beghern *Wo4* geloben *R1* uel begern] *fehlt Wo1*

V 506 f t **Vox** ein stvmme uel ein wort
-- ein stymm *Sb3*
-- a »voco, -as«, quia per eam vocamus *I*
Wa. fehlt K

S	*Wa. fehlt (Blattverlust) Ma3*
M	*Wa. fehlt D1*
Kh2	wort] + m t

V 507 ep p **Vppupa** ein widehoppe, *°auis °est °(I P)*

S	*Wa. fehlt (Blattverlust) Ma3* auis est *S4*] *fehlt Ma1*
M	auis est *fehlt M19*
I	f p
K	wielhopff *Hl1*
P-E	-- vindhöpf *M25*

V 507.1 m s **Vpecus** haws, est piscis *K*
-- .i. huso, nomen piscis, en huse *P*
-- .i. huso, nomen piscis *P-E*
-- est quidam piscis *Kh2*

K	haws] haroz *Hl1*
P	.i. huso *fehlt Wo1 Wo4 B10* en huse *fehlt Br1*

V 508 g in **Vr** .i. ignis
\+ et est nomen cuiusdam ciuitatis in Caldea *W*

S *Wa. fehlt (Blattverlust) Ma3*
W -- in lingwa Caldeorum est ignis *Sg1*

V 508.1 n s **Vranum** .i. celum, ab »vr«, quod est ignis *I*

V 509 m s **Vranicus** furig, °*entfengich* °*(S-X K P-E)*
-- enpfenglich *W*
-- -a, -um .i. celestis *I*
-- vunkych *Kh2*

S *Wa. fehlt (Blattverlust) Ma3* -- einpfenglich *N1* entfengich *zit. nach B9* + uel eyn pigyng *S4* + uel inczundit *B5*
M furig *fehlt Dr1* entfengich *fehlt M19*
Sb3 Vranceus
W -- enpfenckig *Me1* + uel schinend *Sg1*
P entfengich] *fehlt Wo1*, entczunich, eyn brennich *R1* + entbernich *Ma4*
P-E + enzunig *E2* + brennig *P7*
Kh2 Vrtiuicus

V 509.1 **Vranius** idem *(nach 509)* *I*

V 509.2 f p **Vrania** Musa, que celestis dicitur *I*

V 510 f p **Vratislauia** Bressla, °ciuitas °est °*(W)*
-- Preslauwe, in Slesia ciuitas *I*

Das Stichwort erscheint außerdem in den Formen Vratislania *und* Vratislama. *Die Formen können nicht immer eindeutig unterschieden werden.*
S *Wa.] fehlt (Blattverlust) Ma3*, *fehlt B9* -- breslant *N1*
M -- Breslan *(!) Ma6* -- Bresla *M19* -- est ciuitas *D1*
W Vrtislania *S1*
I Vratislama
P-E -- est ciuitas quedam *M25*
Kh2 Prenselowe

V 511 m s **Vrbanus** hobisch
\+ aut proprium nomen *Sb3 P-Y*
-- hoflich *uel húbsch* *W*
-- substantiuum ciuis Romanus, sed adiectiuum .i. facetus uel curealis *I*
-- hoflich. Versus *(vgl. Walther 17726)*: Non est vrbanus, cui numquam clauditur anus *P-E*
Wa. fehlt K

S *Wa. fehlt (Blattverlust) Ma3* + uel proprium nomen *N1*
W hoflich uel *fehlt Bs9* uel húbsch *Sg1*] *fehlt S1*
P-E + ut Spörlin *M25*

V 512 f t **Vrbs** ein burg uel stad
-- .i. ciuitas *I*
-- borch *P (außer P-E)*
Wa. fehlt K

S *Wa. fehlt (Blattverlust) Ma3*
W -- statt *Sg1*

V 512.1 **Vrbus** .i. sulcus, ein furch *I*

V 513 m s **Vrceolus** ein hantfaz
+ uel eyn clene kanne *Kh2 Br1*
Wa. fehlt I

S *Wa. fehlt (Blattverlust) Ma3*
W Vriculus *S1*
K -- hannt *(!) K9*
P + eyn vrczel *R1* + eyn crußelyn *Wo4* + eyn crukeken *B10*
P-E gieß vaß *P7*

V 514 m s **Vrceus** ein krug
+ eyn latte *P-Y*
-- ein eymer uel waßer vaß *I*
-- ain zuber uel krůg *P-E*

vgl. 514.1
S *Wa. fehlt (Blattverlust) Ma3* -- eyn kruke uel eyn āmer *B9*
M -- ein ein *(!)* emer *M19*
W -- ain zuber *S1*
P krug] cruß *Wo4*
P-E zuber uel *fehlt M25* krug] aimer *P7*

V 514.1 m s **Vrcius** *hant vaß* *P*
Wa. fehlt P-E Kh2 Br1

P *vgl. 514* *Wa. fehlt Wo1* hant vaß *Wo4*] hat vat *Ma4*, eyn vrczel *R1*

V 514.2 m s **Vrcus** .i. infernus; et dicitur ab »urgendo«, quod multum vrg*et* °et °cogit °*(P-E R1)* animas *P*

P inferrus *R1* vrget *Wo1*] urgit *Ma4*

V 515 f t **Vred*o*** est ve*n*tus urens
+ quando segetes aduste videntur *K*
-- ⌜ventus *vrens*. **Vredo**, -inis *X* / -inis *Y* dicitur corrupcio segetis ex uento vrente proueniens, *quando* stantes segetes aduste *videntur* in campo *W*

S *Wa. fehlt (Blattverlust) Ma3* Vredo *S4*] Vreda *Ma1* ventus *S4*] vetus *Ma1*
W vrens *Me1*] vestres *S1* quando *Sg1*] inde *S1* videntur *Sg1*] dicuntur *X*
P urens *fehlt Wo4*

V 516 a t **Vrere** verbornen
-- prinnen *Sb3*
-- bornen, ab »vr«, quod est ignis *I*
Wa. fehlt K

S *Wa. fehlt (Blattverlust) Ma3* n t Vrerere *S4* vorburnen *Ks2*, verbrynnen *B5*
M vorburnen *Ks1 D1*, verprinnen *M19*
W brinnen *S1*, brennen *Sg1*
P-E verbrinnen *E2*

V 517 f p **Vrina** ⌜est minctura / pisse *B9 P* seich
-- ein harem *Sb3*
-- est minctura; et dicitur ab »vro«, quia a renibus vsta gradiatur *I*
-- gesaichåch *K*
-- saich *P-E*

-- netthe ader pisse *Brl Kh2*

S *Wa. fehlt (Blattverlust) Ma3* -- seichet *N1* + nette *B9*
W -- harn uel seich *Sg1*
K -- harem *Hl1* -- gesåchat *K4*
P pisse] *fehlt Wo4*, brunczen *R1* seich] *fehlt Ma4*, nette *B10*
P-E + oder harm *M25*
Kh2 netthe] nutte

V 518 n t **Vrinale** ⌜ein seich faz / eyn pisse vat *B9 P (außer P-E R1)*
+ brunnenglas *W-Y*
-- haremglas *Sb3*
-- vas ad capiendum vrinam *I*
Wa. fehlt Kh2

S *Wa. fehlt (Blattverlust) Ma3* -- harmglaß *S4 B5*
W ein seich faz *fehlt Sg1*
K -- gesaichvas *K9*
P Vriginale *Ma4* -- eyn seyche vaß *Wo4*
P-E -- ain saich scherb *M25*

V 519 *n p* ***Vrinare*** *seychen ader byssen*
-- saichen *W K P-E*
-- .i. vrinam emittere *I*
Wa. fehlt Kh2

S *Wa. S4*] *fehlt Ma1*, *fehlt (Blattverlust) Ma3* *Sigle Ks2*] a p *S4* seychen ader *fehlt B9* ader byssen *fehlt Ks2*
M *Wa. fehlt D1* -- saichn *M19 Drl*
Sb3 peissen
P *Wa. fehlt B10* seychen ader *fehlt Ma4 Brl* ader byssen] *fehlt Wo4*, brunczen *R1*
P-E -- harnen *P7*

V 520 a s **Vrgere** twingen, bornen
+ .i. cogere *I*
-- zwingen *Sb3 Kh2 Brl*
-- *zwingen uel* brinnen *W*

S *Wa. fehlt (Blattverlust) Ma3* bornen *fehlt B5*
M bornen] *fehlt M19*, brunnen *D1*, prinnen *Drl*
W -- tringen uel zwingen *Me1* zwingen uel *Sg1*] *fehlt S1*
P bornen *fehlt Wo4*
P-E a t bornen *fehlt M25*

V 520.1 f p **Vria** vermis porci, ein swines luß *I*

V 521 m s **Vrgidus** ⌜bornig / *brinnig W* twingig
-- zwingig *Sb3 Kh2 Brl*
-- prenung *K*
-- zwingig ⌜vel brinendig *E2* / oder brinlich *M25* *P-E*
Wa. fehlt I

S *Wa.*] *fehlt (Blattverlust) Ma3*, *fehlt N1* twingig] oder twingung *S4*
M -- twinig *M19* brunnig *D1*, prinnick *Drl*
W -- tringung uel zwingung *Me1* brinnig *Sg1*] *verderbt S1* twingig] *fehlt S1*, zwiniger *Sg1*, zwingen *Bs9*, *verderbt Me5*
P -- bernwigk, betwynygk *Wo4* twingig *fehlt Wo1*
P-E -- zwingit *P7*

V 522 m t **Vriel** est *proprium* nomen angeli
+ et interpretatur ignis et est quartus angelus in paradiso *I*
Wa. fehlt K

S *Wa. fehlt (Blattverlust) Ma3* proprium *S4*] *fehlt Ma1*
Sb3 proprium *fehlt*
W Vrgel *S1*

V 522.1 ep s **Vriolus** eyn *wedewal*, nomen auis *P*

P wedewal *Wo4*] *verderbt Ma4*, weddehoppe *Wo1*
P-E *dt. Int.*] widū wal *E2*, *fehlt M25*
Kh2 Vrielus

V 523 f p **Vrna** ein eymer

S *Wa. fehlt (Blattverlust) Ma3*
K *Wa. fehlt Hl1 K9*

V 524 n t **Vrnale** ein eymer

S *Wa. fehlt (Blattverlust) Ma3* n t Vrna *S4*
I *Sigle fehlt*
P Vrnle *Wo4*

V 525 *f p* **Vrsa minor** die siebensterne
-- das siben gestirnn *Sb3*
-- daz sebende gesterniß *I*
-- est currus in celo *K*
-- *dat* seuen sterne *P (außer P-E)*

S *Wa. fehlt (Blattverlust) Ma3* *Sigle S4*] m t *Ma1* -- dat seuen sternte *B9*
W -- die sieben gestirn *S1*
K *vgl. 526* f t
P -- syben gestirne *R1* dat *Wo1*] *fehlt Ma4* seben sterncze *Wo4*
Kh2 -- dat souen

V 526 *f p* **Vrsa maior** est currus in celo
-- siben gestiern *K*

S *Wa. fehlt (Blattverlust) Ma3* *Sigle S4*] m t *Ma1*
M currus] cursus *M19*
W in *fehlt Sg1*
K *vgl. 525* f t

V 526.1 m s **Vrus** frosch *K*

P-E Vrcus *E2*

f p **Vra** est rana uel dicitur esse bos ciluestris. *(neuer Wa.:)* m s **Vrus** idem *Kh2 Br1*

P *Stichwort*] f p Vra *Ma4* .i. *Wo1*] et *Ma4*
Kh2 ciluestris *für* siluestris

V 527 m s **Vrsus** ein bere
+ et dicitur ab »vrgeo« *I*
Wa. fehlt K

S *Wa. fehlt (Blattverlust) Ma3*

V 527.1 **Vri** vrochs*en* *W*

W vrochsen *Sg1*] vrochs *S1*

V 527.2 **Vrchaldeorum** nomen ciuitatis, in quo Aaron sepultus est uel lumen uel ignis uel incendium aut fenestra *K*

K f s Vrchaldeorum *Y*

V 528 f p **Vrtica** ein nessel
\+ est herba quedam *I*
Wa. fehlt K

S *Wa. fehlt (Blattverlust) Ma3*

V 528.1 *f p* ***Vrtica grennatica*** *aiter nessel* *W*

W *Wa. Sg1*] *fehlt S1* grennatica *Bs9*] gremantica *Sg1*

V 529 f p **Vsia** est forma cum materia

S *Wa. fehlt (Blattverlust) Ma3*
W forma] materia forma *Sg1*

V 530 m s **Vsi*o*lus** materglich
-- .i. materialis *P-E*

S *Wa. fehlt (Blattverlust) Ma3* Vsiolus *S4*] Vsialus *Ma1* -- materilick, spectans de »vsia« *B9*
Sb3 co t Vsialis
W materiklich *Bs9*
P mertelic *Ma4*
Kh2 meterienghelik

V 531 a p **Vsitare** uben
-- gewunen *P-E*

S *Wa. fehlt (Blattverlust) Ma3*
I *Sigle fehlt*
P \+ gewanen *R1*

V 532 adv **Vspiam** irgen
-- .i. in aliquo loco *Sb3 I*
-- eczwo, alicubi *K*

S *Wa. fehlt (Blattverlust) Ma3* irrig *N1*
M indert *M19* -- .i. in aliquo loco *D1*
Sb3 Vspina
W *Wa.*] adv Vspina ier gar *S1*
K -- eczwa *K4* eczwo *fehlt K9*
P-E irgang *M25* \+ .i. aliquo loco uel ernd *E2*

V 533 adv **Vsquam** .i. *in* aliquo loco, *ergen*
-- idem significat *(nach 532)* *Sb3 I*
-- .i. in aliquo loco *K*
-- idem *(nach 532)* *P-E*
Wa. fehlt W

S *Wa. fehlt (Blattverlust) Ma3* in *S4*] *fehlt Ma1* ergen *S4*] *fehlt Ma1 B5*, irrigen *N1*
M *Wa. fehlt Dr1* *lat. Int. fehlt M19* *dt. Int. fehlt D1*

I *Sigle fehlt*
P -- ergent *R1* ergen *fehlt Wo1 Br1*
P-E *Wa. fehlt M25* Vsquoque *E2*

V 534 adv **Vsquequo** sumitur indeterminate uel *incerte uel ad indeterminatum tempus uel semper*
+ sic gloria et honor sit vsquequo in semper *P (außer P-E R1)*
-- summitur indeterminate et incerte ad determinatum tempus *Sb3*
-- ⌜sumitur [...] semper. Item Usquequo quandoque *X / quandoque Y* ponitur pro aliquantulum, ut in Psalmo *(89,13)*: Convertere, domine, usquequo? Quandoque ponitur pro quamdiu, ut *ibi (Ps 12,1)*: Usquequo, domine, obliuisceris me in finem? Quandoque uero pro donec, ut in secundo Machabeorum capitulo prim*o (ii Mcc 1,30)*: Sacerdotes psallebant ymnos, vsquequo consumptum esset sacrificium. Quandoque ponitur pro vndique, ut in Zacharia 8^uo^ *(Za 8,20)*: Vsquequo venient, domine, populi *W*
-- sumitur multis modis. Vnde: Adverbium dans quantum dat vsquequo dans aliquantum. Vndique sit locum, tempus signando quousque. Quamdiu ve significans wlt temporis esse. *Dactilicoque* pede semper wlt vsquequo poni *I*
-- sumitur pro merito tempore *K*
-- wolanghe *Kh2*

S *Wa. fehlt (Blattverlust) Ma3* uel incerte *bis* semper *S4*] uel ad determinatum *Ma1* ad *bis* semper] incertum tempus *B9*
M uel ad *bis* semper *fehlt M19* ad *fehlt Ma6*
W quandoque *Bs9*] *fehlt Sg1* ibi *Sg1*] *fehlt S1* primo *Sg1*] prima *S1* Zacharia] Ezechieli capitulo *Sg1* + etc. *Sg1*
I Dactilicoque *I2*] Datilico que
K *vgl. 542.2*
P indeterminatum] interminatum *(?) Ma4* + wu lange ader wu ferne *Br1*
P-E ad indeterminatum] indeterminatum *E2*

V 535 adv **Vs*que*** ⌜uberall / + *wente S-Y P (außer P-E)*
-- dann *Sb3*
-- ouer uel wente *Kh2 Br1*
Wa. fehlt I K

S *Wa. fehlt (Blattverlust) Ma3* Vsque *S4*] Vsquequo *(!) Ma1* wente *zit. nach B9*
M *Sigle*] adv uel ppo -- wohin, vber albeg *M19* -- aber uel von *D1* + wente *Ma6*
W *Sigle*] adv uel ppo
P *Sigle*] adv uel ppo uberall] *fehlt Wo1*, ouer *B10*
P-E + uel preposicio, wen *P7*

V 536 n t **Vsucapio** vnrecht ⌜gewynunge / wynninge *B9 P (außer P-E)* quasi circa usum *aliquod capio*
-- vnrecht gewynnen, dicitur quasi [...] *M-Y W-X*
-- .i. circa vsum aliquid capio *I*
-- vnrecht gewin *K*
-- vnrich wynynghe *Kh2 Br1*
Wa. fehlt Sb3

vgl. 536.1
S *Wa. fehlt (Blattverlust) Ma3* Vsurcapio *B9* gewunge *B5* aliquod capio *S4*] adcapio *Ma1*
M gewyn *D1*

W f t Vsucapcio *Sg1* capit *Sg1*
K gewinnen *K9*
P *Wa. fehlt Wo1* quasi] quam *Ma4* aliquid *alle Hss.*
P-E gewynunge] gewinnen *E2*, gewonung *P7* circum *E2* aliquid *alle Hss.*
Kh2 f t Vsucapcio *(auch Br1)*

V 536.1 a t **Vsucapere** vnrich wynnen *Kh2 Br1*

Kh2 *vgl. 536*

V 537 n p **Vsurare** wuchern
-- .i. vsuram dare uel capere *I*

S *Wa. fehlt (Blattverlust) Ma3* -- wücher nemen *S4*
M *Wa. fehlt M19*
Sb3 Vsilare aut Vsulare
K *Wa. fehlt K4*
P-E a p

V 538 f p **Vsura** wucher
Wa. fehlt K-Y

S *Wa. fehlt (Blattverlust) Ma3*
M *Wa. fehlt D1*
P-E *Wa. fehlt P7*

V 539 m s **Vsurarius** ein wucherer
-- eyn wokener *Kh2*
Wa. fehlt K

S *Wa. fehlt (Blattverlust) Ma3*
I *Sigle fehlt*

V 540 m t **Vsurator** ein wucherer
-- idem *(nach 539)* *Kh2*
Wa. fehlt I K

S *Wa. fehlt (Blattverlust) Ma3*
P *Wa. fehlt Ma4 Wo1*

V 540.1 **Vstilago** uel **Vertilago** wolf milch *W*

W *vgl. C 1037*

V 540.2 a p **Vstulare** .i. incendere; 2° libro Essdre 4° capitulo invenitur *(vgl. Brito 849)*; et nota: Quidam libri habent *»hostilare«*, quidam vero *»hostulare«*, et est littera corrupta, debet enim scribi *»vstulare«* per v-. Vnde Nouus Grecismus *(36ʳ)* de Verbis prime coniugacionis: Vstulo si quas res incendo uel igne peruro; hecque supina tibi dant ustulo que facit vro *W*
-- *.i. comburere*, °cremare °*(Y) K*

W -- besengen mit dem fúr *Sg1* »hostilare« *Bs9*] ostilare *S1* »hostulare« *Bs9*] ustulare *S1* »vstulare« *Bs9*] *fehlt S1*
K *Sigle*] p .i. comburere *K4*] *fehlt W13*

V 541 a p **Vsurpare** zu vnrecht nemen
-- vnrecht zů̊ nemen uel illicite uti *W-Y*

-- zu zihen vnordenleich oder *vnrecht* nemen *K*

S *Wa. fehlt (Blattverlust) Ma3* *Stichwort*] + idem *(nach 540) B5*
W + vnd zu digen *Mel*
K -- vnrecht nemen *K4* zu zihen] tzwitziehen *Hl1* vnrecht *K4*] vnrechtleich *W13*

V 542 f t **Vsurpacio** vnrecht nemunge
-- ⌜vnrecht nemung. *Vnde X /* Inde *Y Nouus Grecismus (36ʳ): Has res usurpas quas in proprium rapis usum, vel sine lege rapis alijs et habes in abusum* *W*

S *Wa. fehlt (Blattverlust) Ma3*
M *Wa. fehlt M19*
W *lat. Int. fehlt S1* Vnde *zit. nach Mel* Nouus Grecismus *bis* abusum *zit. nach Sg1*
K vnrecht] vnrechtleich *W13*
P -- zo vnrecht nemung *Ma4*

V 542.1 **Vsurpio** to vnrecht nemen *Ma4 (P)*

V 542.2 *adv* ***Vsquequo*** *.i. aliquantulum* *K*

K *vgl. 534* *Wa. K4*] *fehlt W13*

V 543 m q **Vsus** ⌜gewon*unge* uel gebruchunge / *wonynghe uel brauchung S-Y P*
-- gewonunge uel bruchunge *M W*
-- gewonhait *Sb3 P-E R1*
Wa. fehlt K

S *Wa. fehlt (Blattverlust) Ma3* gewonunge *S4*] gewonheit *Ma1* wonynghe *zit. nach B9* uel brauchung *N1*] *fehlt B9*
M *Wa. fehlt M19* -- wonunge uel gebruchunge *Ks1* gewonheyt *D1*, wonung *Dr1*
W -- gewonhait uel bruch *Sg1* wonung *Bs9*
P -- ghewonheyt uel ghebruchunge *Wo4* -- wonheyt, inbringinge uel brukynge *B10*

V 544 adv **Vt** daz
Wa. fehlt I K

S *Wa. fehlt (Blattverlust) Ma3*
M *Wa.*] *fehlt M19 D1*, con adv Vt daz uel also *Ma6*
Sb3 con
W -- as *(!)* uel also *(vgl. 544.1) Sg1*
P *Wa.*] Vt dat con vel alzo adv *Br1* uf daz *Wo4*

V 544.1 con **Vt** das *Sg1 (W)*

W *vgl. 544*

V 545 n t **Vtensile** hußrad
-- husgerat *P (außer P-E R1 Kh2 Br1)*

S *Wa. fehlt (Blattverlust) Ma3* + ingedume *B9*
M haus gerat *M19*
P husgerede *B10*
P-E hauß rattold *M25*

V 545.1 **Vter**, -tra, -trum nomen distributiuum pro duobus *I*

I *vgl. 547*

V 546 m t **Vter** ein bulge uel ledern sag zu *flißen* dingen *also czu wynn*

-- ein pulg uel leder sackh *Sb3*
-- ⌜-tris butrich uel *bulg* uel ledersack zů fliessendem ding als zů wasser uel win *X* / ain *biterich* uel leder sack *zů fliessendem ding als* zů win *Y* *W*
-- -eris, ledern sack, da man win mit abe let. Vnde *(Walther 32755)*: Vtribus antiquis vinum committere noli *I*
-- ledersachk oder pulgen oder zu fliessund ding als zu wein *X* / leder sack oder pulgen *Y* *K*
-- eyn *bulge*, eyn ledder sack to vletende dinghe als to win *P*
-- ain ledersak uel ain well *P-E*
-- eyn bulghe, eyn ledderen vlassche *Kh2*

S *Wa. fehlt (Blattverlust) Ma3* -- eyn bulge oder eyn lidder sack zu fleyssende ding also win *S4* -- eyn bulge, eyn ledderen sad *(!) B9* ein bulge uel ledern sag] ein ledersack *N1* flißen *Ks2*] fligenden *Ma1* also czu wynn *B5*] *fehlt Ma1*, sicud ad vinum *Ks2*
M m s ein bulge] ein putreich *M19* ledern sag] lederer sack *Dr1* zu flißen dingen also czu wynn] *fehlt M19*, zu fleiß *(!) D1* flissem ding *Dr1*
W bulg *Me1*] balg *S1* biterich *Bs9*] buttren *Sg1* zů fliessendem ding als *Bs9*] *fehlt Sg1*
I *Sigle fehlt*
K oder zu fliessund ding als zu wein *fehlt Hl1* ledersack oder pulgen *K4*] lederlach oder pulig *K9*
P m s -- eyn bulge *Wo1* bulge *Wo1*] buch *Ma4*, + eyn vnde *R1* lederen sack *R1* *Wo4* als to] alzo *Br1* + vnde des lik *Wo4*
P-E m s -- ain lindrin sack *P7* well] wol *M25*

V 547 m s **Vterque** ein ⌜iczlicher / iowelk *B9 P* vnder zwein
-- ein yeczlicher von czwain *Sb3*
-- ein igleicher vnder zwan *K P-E R1*
Wa. fehlt (vgl. 545.1) I

S *Wa. fehlt (Blattverlust) Ma3* -- beyde vel eyn itzlicher vel czwene *Ks2* ein iczlicher] beide uel ein iczlicher *Ma1* vnder zwein *fehlt S4*
M *Wa. fehlt D1* iczlicher] iecklicher *Ks1*, ydlicher *M19*
W iglicher *Me1*, iegklicher *Sg1* vnder zwein] vnter ir zweyn *Me1*
K -- ein ieglicher *K4* vnder zwan] inter duos *K9*
P -- beyde, eyn itlicher vnder den czwen *Wo4* eyn iczlicher *Br1* vnder zwein *fehlt Ma4*
P-E -- ain iedleicher *M25* vnder zwan] inter duos *E2*

V 548 m s **Vterinus** ein halb bruder *von der mutter*
-- ein halber prueder von der mueter *Sb3*
-- holff broder von muder wegen *P*
-- ain stieffbrůder *von der muter* *P-E*
-- eyn half broder *Kh2*

S *Wa. fehlt (Blattverlust) Ma3* Vternius *B9* von der mutter *S4*] *fehlt Ma1*
M *Wa. fehlt M19* von der mutter *fehlt D1*
W *Wa. fehlt S1*
K halber prüder *Hl1*
P -- eyn styfbroder von der moter wegen *R1* von muder wegen *fehlt Wo1*
P-E ain stieffbrůder] ain prúder *M25* von der muter *M25*] ex parte matris *E2*
Kh2 Vternus

V 548.1 m s **Vterini** dicuntur fratres ex vna matre nati *W*

V 549 m s **Vterus** ein buch
-- est venter mulieris pregnantis, °*buch* °*(X)* *W*
-- locus conceptionis, qui in medio se diuidit *I*

-- .i. venter *P-E R1*

S *Wa. fehlt (Blattverlust) Ma3* ein buch] .i. venter, ein buch *Ma1*
W buch *zit. nach Sg1*
Kh2 Vterus] Vtinus + *(neuer Wa.)*: d t Vterus idem

V 550 d t **Vti** gebruchin
-- niessen aut nuczen *Sb3*
-- nůczen uel sicut; et sic est aduerbium *K*
-- ⌜bruken *Ma4 Wo1 B10 Kh2* / gebruchen *R1 Wo4 Br1* *P*

S *Wa. fehlt (Blattverlust) Ma3* bruken *B9*
I d p
K *vgl. 551* -- nüczen *K4*
P-E *Wa. fehlt E2* -- nüczen *M25* -- gebruchen oder niessen *P7*

V 551 adv **Vti** .i. sicud, also
-- .i. sicut *I*
-- alzo *Kh2 Br1*
Wa. fehlt Sb3 P-E R1
Wa. fehlt (vgl. 550) K

S *Wa.*] *fehlt S4 N1, fehlt (Blattverlust) Ma3*
P *Wa. fehlt Ma4* sicud] sicuti *Wo4*

V 551.1 f t **Vtiligo** est macula alba in corpore *P*

V 552 co t **Vtilis** nucze
Wa. fehlt I K

S *Wa. fehlt (Blattverlust) Ma3*
M *Wa. fehlt D1*

V 553 adv **Vtinam** ach daz uel wulde got
-- aduerbium optandi, ach das uel wolde got; et est signum optatiui modi *I*
-- ach das got wolt *K*

S *Wa. fehlt (Blattverlust) Ma3* -- wolt got *B5* wulde got] das got wolt *N1*
M -- ach daz *M19*
Sb3 ach daz] als das
I *Sigle fehlt*
P -- och wolde got *Ma4* -- och dat *Wo1* -- daz uel welde got *Wo4*
P-E -- wo̊ld got *E2 M25*

V 554 adv **Vtique** *ia ia* ia vmmer
-- ya *Sb3*
-- ja ia iemer *W*
-- .i. certe uel ita, ia vmmer *I*
-- ya ymmer *K*
-- ẃmers *P-E*
-- io ia uel ymmer *Kh2*

S *Wa. fehlt (Blattverlust) Ma3* ia ia *Ks2*] *fehlt Ma1 B5*, ia *S4*
M -- io *D1* ia ia *(1,2)*] io *M19 Dr1*
I *Sigle fehlt*
K -- ya oder ymmer *Hl1*
P *Wa. fehlt Ma4* -- ia och ja vmmers *R1* -- io ia ymmer *Wo4* -- io ia oder ia vmmer *Br1*
P-E -- also uel pro certo, fúr ware *P7*

V 555 adv **Vtputa** .i. sicud, also
-- .i. sicut *I Kh2 Br1*
-- also *P-E R1*

S *Wa.*] *fehlt (Blattverlust) Ma3, fehlt B5*
M Vtplica *M19*
W -- idem *(nach 554) Sg1*
P also *fehlt Wo4*

V 556 adv **Vtpute** *idem (nach 555)*

S *Wa.*] *fehlt (Blattverlust) Ma3, fehlt B5* idem *Ks2*] .i. sicud, also *Ma1 S4*
P *Wa. fehlt Wo1*
P-E Vtputei *E2*

V 557 adv **Vtrobique** beidenthalben
-- .i. vbique, allen enden *I*
-- beyde tal *Kh2*

S *Wa.*] *fehlt (Blattverlust) Ma3, fehlt B9*
M *Wa.*] *fehlt M19*

V 558 adv **Utrum**
-- ⌜abe *Ma1 Ks2* / aber *S4* / effte welk *B9* *S*
-- ⌜*ab* / aber *Sb3* *M*
-- ob *W*
-- abe wie dan *I*
-- ab *K*
-- welc effte *P*
-- al ob *E2* *P-E*
-- effe *Kh2 Br1*

S *Wa. fehlt (Blattverlust) Ma3* -- ab *B5 N1*
M *Wa.*] adv Vtrum Vtrumque ab wyderwege *(vgl. 559) D1* ab *Ks1*] aber *Ma6* + .i. vtrumque *(vgl. 559) M19*
K aber *Hl1*
P -- wor vmme *Wo1*
P-E ob aber *P7*, aber *M25*
Kh2 *Sigle*] con *(auch Br1)*

V 559 adv **Vtrumque** beiderwegen
-- payder maß *Sb3*
-- bedenthalben *W I*
-- baid *P-E R1*
Wa. fehlt K

S *Wa.*] *fehlt (Blattverlust) Ma3, fehlt N1*
M *Wa. fehlt (vgl. 558) M19 D1* -- bedenthalben *Dr1*

V 560 f p **Vua**
-- ein ⌜wintrubel *Ma1 N1* / ber korn *S4* / winbere *B9 Ks2* *S*
-- ⌜eyn win drubel / weintraub *Sb3* *M*
-- ain win trub uel ber. Item **Vue** ***precoque*** dicuntur, quando ante alias ad maturitatem proueniunt *W*
-- eyn win korn *I K*

-- eyn wynbere *P*
-- eyn wynber uel eyn druf *Kh2*

S *Wa. fehlt (Blattverlust) Ma3* -- eyn weyntraub ader eyn weyn kornn *B5*
M -- ein wein per *M19* -- ein wein draub *Dr1*
W *dt. Int.*] weintrewbel uel weinper *Me1*, ain winber *Sg1*, ain wintrub *Bs9* Vue precoque *Bs9*] Vue *S1*, Vue preconus *(?) Sg1*
P -- eyn berkorn *R1* -- eyn wyntrubel *Wo4* + ader wyn druuel *Br1*
P-E -- ain win trúb *P7*

V 561 f p **Vua passa** ⌜riesebere / *rossin S-Y P M*
+ est confectum *K*
-- ⌜rossinkel uel welke winber. Item Vua passa *X* / welk winber *Y* diuersis modis fit: aliquando enim coctilido, wlgariter stil, .i. illud per quod vua dependet a uite; torquetur ita, quod non poss*it* humor *v*lterius ad vuam descendere, et sic permittitur *per* aliquos dies exsiccari a sole; et hoc dicitur Uua passa. Alij racemi siue botri inuoluuntur pampinis et circuml*iga*ntur pampini *folio*, ne botri dispergantur; et postquam panis extractus est de clibano, quando calor est temperatus, ponuntur in ipso clibano, .i. in furno, botri sic inuoluti et aliquamdiu exsiccantur ibidem, et sic exsiccati dicuntur Uva passa; que bona est ad manducandum et potest *seruari* per totum annum. Vnde Grecista Nouus *(134^{v})*: Si sine fomento uitis sicca*bitur* vua, solibus aut clibanis hec passa uocabitur vua; solibus .i. calore solari *W*
Wa. fehlt I

vgl. 42.1
S *Wa. fehlt (Blattverlust) Ma3* rossin *zit. nach B9*
M -- resinekin *Ma6* -- rosinkel *Dr1* + de botris faciunt *M19* + uel rosinnicken *D1*
W -- welk winber scilicet vua exicata de clibana *(!) Sg1* welke] schwelck *Me1* possit *Bs9*] posset *S1* vlterius *Bs9*] alterius *S1* per *Bs9*] *fehlt S1* circumligantur *Me1*] circumleguntur *S1*, circumligatur *Bs9* folio *Bs9*] *fehlt S1* seruari *Bs9*] reseruari *S1* siccabitur *Bs9*] siccatur *S1*
P Vuapasma *Ma4*
P-E Wapasce *E2* -- rosinner trubel *M25* + uel dúr winber *E2*

V 561.1 n p **Vuadisare** war verstan *I*

V 562 f p **Warandia** *weringe*
-- .i. caucio, sicherunge *I*
Wa. fehlt Kh2 Br1

S *Wa. fehlt (Blattverlust) Ma3* weringe *S4*] warmde *(?)* ciuitas *Ma1* + ciuitas est *Ks2 B5*
Sb3 Wanbandria
W warung *Sg1* + Wersus: Warandare weren, warandia dic quoque werung *(vgl. 562.1) Me1*
P *Wa. fehlt Wo4* meringe *Ma4* + dwerringe *B10*
P-E *Wa. fehlt E2* *Int. verderbt M25*

V 562.1 **Warandare** weren *W*

W *Wa. fehlt (enthalten in 562) Me1* waren *Sg1*

V 562.2 **Vueo**, -es, -ere .i. humere, impigwescere *I*

V 562.3 m s **Vuedus**, -a, -um .i. interius humidus *I*

V 563 f p **Westfalia** westfolen
-- westuall *Sb3*
-- westualn lannd *K P*
-- regio quedam *Kh2*
Wa. fehlt I

S *Wa. fehlt (Blattverlust) Ma3* westnn lant *B5*
M -- wastuln, ein lant *M19*
Sb3 Wesulia
W -- westfal, prouincia quedam *S1* -- westval *Sg1*
K -- westuall *K4*
P-E *Stichwort verderbt E2* -- prouincia quedam *P7 M25*

V 564 m s **Westfalus** ein westfeling
-- ein westualler *Sb3*
-- aliquis de tali provincia *P-E*
-- vnus ex regione Vesphalia *Kh2*
Wa. fehlt I

S *Wa. fehlt (Blattverlust) Ma3* westfäl *S4*
M -- est aliquis de tali terra *M19* -- ein westvalen *D1*
Sb3 Westualeus
W -- ain westualer *S1* -- west valin *(?) Sg1*
K -- ein westualler *Hl1*
P -- west fale *Ma4 Br1*

V 565 f p **Wyenna** est ciuitas in Austria, Wyne *in osterich*
-- est ciuitas in Austria, Wien *Sb3*
-- est ciuitas, Wien in ŏsterrich *W P*
-- est ciuitas, Wien *P-E R1*
Wa. fehlt I K

S *Wa. fehlt (Blattverlust) Ma3* -- Wene, ciuitas in osterrik *B9* in osterich *S4*] *fehlt Ma1 N1*, uel osterroch *B5*
M *Wa. fehlt M19* in Austria *fehlt Ma6* in osterich *fehlt D1*
W f p Wenna *S1* in ŏsterrich *fehlt Sg1*
P -- Wyne in ŏsterrike, ciuitas in ŏsterrik *Br1* est ciuitas *fehlt Ma4*
P-E Wien *fehlt M25*
Kh2 Wyenna] Wenna

V 566 co p **Wilhelmita** est vnus de ordine °sancti °*(K P)* Wilhelmi
-- est vnus uel vna de tali ordine *Sb3*
-- vnus *de tali ordine* *P-E R1*
Wa. fehlt I

S *Wa. fehlt (Blattverlust) Ma3*
P-E de tali ordine *P7*] de ordine de tali *E2*

V 567 n p **Wlgare** gemein machin
-- gemeynen *M P (außer P-E)*
-- .i. publicare *W*
-- .i. manifestare, ad vulgus aliquid prod*u*cere *I*
-- gemainleich machen *K*
n t **Wlgare** ghemeyne *Kh2*

S *Wa.*] *fehlt B5*, *fehlt (Blattverlust) Ma3* *Int.*] *fehlt (Zeilensprung, vgl. 568) B9*, gemeynen *N1*
W a p

I *Sigle fehlt* producere *I2*] prodncere
K a p gemainleich] gemainklichen *K4*, gemleich *K9*
P gemeynen] gemeyne *R1 B10*

V 568 m s **Wlgus** ⌜*gemeyne volk* / gemein des folks *S-X*
-- gemeyne *M*
-- est populus uel turba et populus promiscuus et plebs ignobilis, gemain folk. Inde **Wlgus promiscuum** est colleccio mulierum et virorum *W*
-- gemeyne volck uel daz mere *I*
-- gemeyn volk, est congregacio inferiorum et omnino pauperum *P* *(außer P-E R1)*

S *Wa.*] *fehlt (Blattverlust) Ma3* *Stichwort fehlt (Zeilensprung, vgl. 567) B9* gemeyne volk *zit. nach B9* -- gemeyn *S4 B5*
M n s
W est populus *bis* Inde] búfel, gemain folk *Sg1*
P-E -- gemainig volgk *M25*

V 568.1 f t **Wlga*go*** haselwurtz *W*
-- est nomen herbe, teutonice haselword *B9 (S)*

W Wlgago *Sg1*] Wlgabo *S1* hasenwurcz *Sg1*

V 569 a p **Wlnerare** wunden
-- aut **Wlnitare** wunt machen *Sb3*
Wa. fehlt I

S *Wa. fehlt (Blattverlust) Ma3* wondern *S4*
M + uel wunthmachen *D1*
W *Wa. fehlt Sg1*

V 570 n t **Wlnus** ein wunde
Wa. fehlt K

S *Wa. fehlt (Blattverlust) Ma3*
M *Wa. fehlt M19 D1*

V 570.1 m s **Vulnerosus**, -a, -um .i. vulneribus plenus *I*

V 570.2 m s **Vulnificus** .i. crudelis uel vulnus faciens *I*

V 571 f p **Wlpecula** ein fuschin
\+ *animal* *K*
-- diminutiuum *(nach 572)* *I*

S *Wa. fehlt (Blattverlust) Ma3* fuchssling *B5*
W -- diminutiuum *(nach 572) S1*
I f p Wlpecula] Vulpicula
K animal *K9*] *fehlt W13 K4*
P -- eyne fossvnge *Br1*
P-E -- ain füechßlin *M25*

V 572 m t **Wlpis** ein fochs

S *Wa. fehlt (Blattverlust) Ma3*
W f t
P-E f t

V 572.1 ***Wlpis** uel **Alopicia** foch* *W*

W *vgl. A 362.2* *Wa. Sg1] fehlt S1* Alopicia *Bs9*] Alopicio *Sg1*

V 573 m t **Wlt*ur*** ein gier
\+ est nomen auis *W I*
Wa. fehlt K

S *Wa. fehlt (Blattverlust) Ma3* Wltur *S4*] Wltra *Ma1* + auis *B9*
I Vultor

V 574 m s **Wlturnus** est nomen venti, ⌜nortost / *nortvest W*
-- est nomen venti *Sb3 Kh2 Br1*
-- est nomen venti, nortwind *P-E*
Wa. fehlt I

S *Wa. fehlt (Blattverlust) Ma3* -- nortost *N1* nortost] nordest *S4*, nortwest *B5*, nort wint *B9*
M -- est ventus *M19* -- nort uel ost *Ks1* est nomen venti *fehlt Ma6* *dt. Int.*] eyn nordest *D1*, nortwest *Dr1*
W nortvest *Sg1*] nort wind *S1*
K *dt. Int.*] nordest *Hl1*, nordorst *K9*
P -- ost wint *Ma4*
P-E nortwind *fehlt P7*

V 575 m q **Wltus** ⌜ein antlicze / antlat *B9 P (außer P-E)* uel angesichte
-- ein antlicz *Sb3*
-- a »volo, vis« dicitur, quia per eum animi voluntas ostenditur. Secundum enim voluntatem animi in varios motus mutatur, ein angesicht *I*
-- angesicht *K*
Wa. fehlt Kh2 Br1

S *Wa. fehlt (Blattverlust) Ma3*
M uel angesichte *fehlt M19*
P antlat uel] *fehlt Wo4*, antlacz *R1*
P-E uel angesichte *fehlt P7 M25*

V 576 f p **Wlua** est membrum mulierum secretum, °*.i.* °*cunnus* °*(P)*
-- ⌜est membrum mulierum secretum. Item Wlua est *X* / est *Y* membrum pudendum mulieris et dicitur wlua, quasi valua, janua ventris, quia per eam tamquam per hostium fetus in partu exit de ventre matris, et per eam tamquam per hostium semen recipitur *W*
-- a »valva« dicitur, quia valua, .i. ianua ventris, uel quia semen recipiat, uel quia in eam fetus procedat *I*
-- est membrum muliebre secretum *K*

S *Wa. fehlt (Blattverlust) Ma3* -- est mulieris membrum *B9* .i. cunnus *Ks2*] ein fut, mucze uel loch *Ma1*, i. tomus *(?) S4*
M .i. cunnus *fehlt M19* + eyn salcz meste *Ma6*
Sb3 .i. cunnus] et dicitur annus
W f p Wlua est] uel est *(nach 575) S1* wlua, quasi valua] quasi wlua *Sg1* recipitur] intrat *Sg1*
K *Wa. fehlt K4*
P membrum] *fehlt Ma4*, *verderbt Wo4* .i. connus *R1*
P-E + .i. gicntus *(?) E2*

V 576.1 ep t **Vxon** est auis de genere wlturis *P*

V 577 *f t* ***Vxor** eyn hůße frauwe*
-- ab »vngo« dicitur, quasi »vnxior«. Antiquitus enim nubentes puelle inungebantur crismate *I*
Wa. fehlt K

S *Wa. S4] fehlt Ma1 B5, fehlt (Blattverlust) Ma3* Vxor *Ks2]* Vxur *S4*
M *Wa. fehlt D1*
P-E *Wa. fehlt M25*

V 578 *n* p **Vxorare** frauwen nemen
-- .i. vxorem ducere *I*
Wa. fehlt K

S *Wa.] fehlt (Blattverlust) Ma3, fehlt B5* *Sigle Ks2]* a p *Ma1* -- wiff nemen *B9*
P -- wiff nemen *Br1*
P-E *Wa. fehlt E2*
Kh2 *Stichwort verderbt*

V 579 p pr **Vxoratus** gewibet
Wa. fehlt I

S *Wa.] fehlt (Blattverlust) Ma3, fehlt B5*
K *Wa. fehlt K4*

V 579.1 a p **Virisare** .i. viriliter agere *S4 (S)*

S *vgl. 355*

V 579.2 m t **Viror** grünheyt *S4 (S)*

S *vgl. 356*

V 579.3 m s **Virtuosus** dogentsam *S4 (S)*

S *vgl. 357*

V 579.4 **Virtus** dogent *S4 (S)*

S *vgl. 358* m s Virtus *S4*

X 0.1 **X** littera usque ad tempus Augusti in vsu non erat apud Latinos, et digne hoc tempore assumpta est, quo Christi nomen innotuit, quia in figura Christi scribitur, et, ut dicit Papias *(»X«)*, X in grecis pro ch habetur et scribitur. Et scias, quod nomina desinencia in -x faciunt genitivum in -cis uel in -gis exceptis quatuor. Wersus *(Cath. »X«)*: Omnis rectus in -x in -cis uel -gis genitivum terminat absque senex, nix et nox atque supellex *I*

I quatuor *I2*] quatur

X 1 n s **Xenium** ein cleynot, uel est signum, quod portat peregrinus
\+ in *pilio* *P-E*

S *Wa. fehlt (Textlücke) Ma3* Xenium *S4*] Xenum *Ma1* kleynheyt *S4*, cleyn not *B5*
M *Wa.*] n s Xenum klaynet vel důn choet *M19* cleynot] kleynheyt *Ks1*, clein *D1*
Sb3 Xenum
W cleinheit *Me1*
K Xenum
P kleyngede *Wo4* est signum *fehlt Ma4*
P-E klainhait *M25* pilio *P7*] piles *E2*, piliis suis *M25*
Kh2 portat] ponit

X 1.1 m s **Xandicus** in lingwa Macidonum dicitur mensis Aprilis, in 2° libro Machabeorum capitulo vndecimo ponitur *(ii Mcc 11,30/33/38)* *W*
-- [...] Aprilis *I*

I Xaudicus

X 1.2 n s **Xenodocium** est hospitale pauperum *Sg1 (W)*

W *vgl. 2*

X 1.3 g in **Xantos** grece, rufum latine *P*

P-E Xanctos *(auch R1)*
Kh2 ruffus

X 2 n s **Xenodoxium** ein gasthuß id est hospitale pauperum *et peregrinorum*
-- a quibusdam scribitur per -c-, a quibusdam uero *per* -x-, et significat *hospitale* [...] *W*
-- est hospitale pauperum *I*
-- eyn *gasthus* *P*
-- ain gast vel ain gasthus *P-E*

vgl. C 322, Z 18.1
S *Wa. fehlt (Textlücke) Ma3* Xenodicium *S4* et peregrinorum *S4*] *fehlt Ma1 B9* Xenodocium *B9* + eyn piligram *(vgl. 3) B5*
M Xenodocium rasthuß *Ks1*
W Xenodochium *Sg1* scribitur *fehlt Sg1* uero *fehlt Sg1* per *Sg1*] pro *S1* hospitale *Sg1*] hospicia *S1* et peregrinorum *fehlt S1*
I Xenodocium
K Xenodocium *W13*, Xendocium *K4* hospitale] + uel domus *W13*
P Xenodium *(*Xenodocium *Wo1*, Xenodum *Wo4)* gasthus *Wo4*] gast *Ma4 R1 B10*
P-E Xenodium
Kh2 Xenodium

X 3 g in **Xenos** ein bilgerim *uel peregrinus*
-- pilgräm *Sb3 K P*
-- .i. peregrinum uel sensus *I*

vgl. C 345.1
S *Wa.*] *fehlt (vgl. 2) B5*, *fehlt (Textlücke) Ma3* uel peregrinus *N1*] *fehlt Ma1*, uel peregrinum *S4 Ks2 B9*
M uel peregrinus *fehlt M19* peregrinum *Ma6*
Sb3 Xenus
W *vgl. 1.2* ein bilgerim uel *fehlt S1* uel peregrinus *fehlt Sg1*
K -- grece, peregrinus latine *W13*
P *Wa. fehlt Wo4*

X 3.1 **Xeropellina** est vestis vetustate sumpta, vernossen klaid *W-Y*

X 3.2 **Xerapellinus** .i. vetus, consumptus, destructus *W-Y*

X 3.3 n s **Xenotrophium** locus, vbi pauperes conuersantur *I*

X 3.4 co p **Xenotrophita** qui uel que custodit xenotrophium *I*

X 3.5 *n s* **Xenorchium** peregrinorum ⌜suscepcio / susceptor *Kh2 P*

P *Sigle Wo1*] *fehlt Ma4* -- est senodoxium et est hospitale pauperum *(vgl. 2) B10* pegrinorum *R1*

X 3.6 *m s* **Xe*u*docristus** .i. falsus christianus *P*
Wa. fehlt Kh2 Br1

P m s Xeudocristus *(für Pseudocristus) Wo1*] Xendocristus *Ma4* Xeodochristus *Wo4 B10*

X 4 f p ***Xerophagia*** dicitur a »xeros« uel »xeron«, quod est siccum, et »phagin«, commedere, et est sicca commestio uel abstinencia *ciborum*
\+ est siccorum commestio, que consistit solum in pane, caseo et nucibus uel in solo pane *W*
-- .i. cibus siccus, sicca comestio uel abstinencia potus *I*
-- *.i. abstinencia* ⌜*ciborum* / cibariorum *P-E P*
Wa. fehlt Kh2 Br1

S *Wa. fehlt (Textlücke) Ma3* Xerophagia *Ks2*] Xenophagiam et *Ma1*, Xeropagia *S4*, Xeropheia *B9* siccum] victum *S4* ciborum *Ks2*] *fehlt Ma1*, cybariorum *S4*
Sb3 »xeros«] xeus »xeron«] xeon
W dicitur a »xeros« *bis* ciborum *fehlt Sg1*
K -- dicitur sicco commestio uel abstinencia ciborum *K4*
P *Wa. Wo1*] *fehlt (vgl. 5, Zeilensprung ?) Ma4* Xerofagicia *Wo4*

X 4.1 m s **Xerolaphus** interpretatur siccus ceruus sicut eneus uel ligneus, a »xeros«, siccus, et »laphos«, ceruus *W*

W *Wa.*] Xerolapsus interpretatur succus ceruus *Sg1*

X 5 m s **Xilophagi** sunt vermes commedentes ⌜fructus / lignum *I*

S *Wa. fehlt (Textlücke) Ma3*
K fructus *fehlt K4*
P m s Xerofagia *Ma4*, m s Xerofagi *Wo4*, Xirofagi´*R1* vermes] formes *R1*
P-E Xirofagi
Kh2 m s Xerofagi

X 6 g in **Xilon** grece, lignum latine

S *Wa. fehlt (Textlücke) Ma3*

I *Sigle fehlt*
P Xiron *(*Xilon *Wo1)*
P-E Xiron
Kh2 Xiras

X 6.1 n s **Xilobalsamum** est lignum uel cortex balsami uel liquor emanans de ligno eius trito *I*

X 6.2 **Xiros** .i. fructus *I*

X 6.3 **Xiromirrum** dicitur fructus mirre seu aroma uel mixtura mirre et aloes *I*

X 6.4 f p ***Xoromina*** est equus Appollonis *P*

P Xoromina *Wo4*] Xironnia *Ma4*, Xeronnia *Wo1*

X 7 m s **Xp̄ianus** ein *crysten mensche*

vgl. C 1139
S crysten mensche *S4*] cristen *Ma1*
M *Wa. fehlt D1*
Sb3 Xp̄iasnus
P -- cristen *Ma4* -- Xp̄c .i. Iesus goth *(vgl. 8) Br1*

X 8 m s **Xp̄us** interpretatur vnctus
-- interpretatur quasi crismate vnctus *Sb3 K P-E*
-- crist *P*
-- dicitur a crismate .i. vnccione. Preceptum enim fuit Iudeis in ueteri lege, ut vnccionis oleum componerent et *inde* sacerdotes et reges vngerent, qui dicti sunt christi .i. vncti propter vnccionem. Saluator autem Christus dicitur non, quod visibili oleo sit vnctus, sed spirituali, scilicet dono gracie, quod visibili signatur vngento *W*
Wa. fehlt Kh2

vgl. C 1138
S + got *B5* + crist *B9*
P *Wa. fehlt (vgl. 7) Br1*
W inde *Sg1*] in *S1*

X 8.1 f t **Xp̄ianitas** christenhayt *Sb3*

X 8.2 g in **Xp̄eleyson** dicitur a »christos« grece, quod est domine latine, et »leyson«, miserere, quasi domine miserere nobis *Sb3*
-- .i. domine miserere nobis *K*

K *vgl. K 8.1*

Y 0.1 f p **Yconia** est ymago, sicut ymagines sanctorum in ecclesijs habentur *W*

W *vgl. I 39.4, I 39.5* -- est ymago in ecclesia *Sg1*

Y 0.2 m s **Yconomus** est dispensator domus, wlgariter schaffner. Sed quidam dicunt, quod est fidelis *interpres. Alij dicunt, quod est fidelis* notarius alicuius domini, *wlgariter schreiber. In prologo Genesis invenitur (PL 28,151 A)* *W*

W *vgl. E 25, I 40* schaffer *Me1* interpres *bis* fidelis *Sg1*] *fehlt S1* wlgariter *bis* invenitur *Me1*] *fehlt S1 Sg1* Genesis *fehlt Bs9 Me5*

Y 0.3 n s **Yppotromium** est structura quedam lignea, in qua equ*i* sufferrandi retin*en*tur, ne se mouere poss*in*t, wlgariter notstal. Et inuenitur in legenda sancti Sebastiani. Idem eciam dicitur **Yppocohercium**. Item **Yppomones** est quoddam paruum frustum carnis, quod in partu cum pullo equi exit eius fronti adherens, de quo mulieres quedam malefice faciunt incantaciones amatorias, per quas cogunt virum amare mulierem aliquam. Et est caro illa efficax ualde in hoc maleficio *W*

W *vgl. I 691.7* equi *Sg1*] equus *S1* retinentur *Sg1*] retinetur *S1* possint *Sg1*] possit *S1* moueri *Sg1* frustum carnis] crustum panis *Sg1*

Z 1 m t **Zabulon** habitaculum uel fortis interpretatur
-- fuit filius Lye. Et interpretatur fluxus sanguinis, filius noctis et odor suauitatis, habitaculum pulchritudinis uel fortis *I*

S *Wa. fehlt (Textlücke) Ma3*
M Zabubon *M19* halitaculum *M19*
P-E *Wa. fehlt E2*

Z 1.1 f p **Zaba** munimen *P*
+ dicitur warnung *P-E R1*
Wa. fehlt Kh2

P munimien *R1*

Z 1.2 *m t* **Zabilis** est zatan uel aduersarius *P*

P *Sigle R1] fehlt Ma4*

Z 2 m s **Zabulus** transgressor uel contrarius dicitur, et est diabolus
-- .i. contrarius uel dyabulus et dicitur arena *K*
-- .i. dyabulus *P*

S *Wa. fehlt (Textlücke) Ma3*

Z 3 m p **Zacharias** memoria domini dicitur

S *Wa. fehlt (Textlücke) Ma3*
M *Wa. fehlt M19*

Z 4 m s **Zacheus** ⌜iustus / custos *K* uel iustificatus dicitur
-- iustificatus interpretatur *P*

S *Wa. fehlt (Textlücke) Ma3* iustificatur *S4*
P + iustus *Ma4*

Z 4.1 f p **Zaborna** est saccus, in quo reponuntur uestes uel libri uel aliquod aliud huiusmodi. Habetur in legenda sancti Iacobi *W*
-- est mantica, ubi vestes ponuntur uel alie res *P*
-- est locus, vbi vestes ponuntur *Kh2*

W libri uel *fehlt Sg1*
P alie] vilis *Wo4*
P-E Zabenna *E2*
Kh2 g in

Z 4.2 f p **Zagrapha** est pictura *P*

P Zagraphia *R1*, Zagropha *Wo4*

Z 4.3 m t **Zagraphon** est pictor *P*

Z 4.4 *f p* **Zara** oriens interpretatur *P*

P *Sigle Wo1] fehlt Ma4*

Z 4.5 *f p* ***Zanna*** *est genus monstri pilosi* *P*
Wa. fehlt Kh2

P *Wa. Wo1] fehlt Ma4*
P-E genus] ipsius *E2*

Z 4.6 g in **Zabuc** .i. musca *P-E*

P-E Zabuc *für* Zebub

Z 5 f p **Zeta** ein kammer. In passione beati ⌜Thome / Iohannis *Sb3 reperitur* »Zetas hyemales« et »*Zethas* estiuales«. Sed **Zeta** neutri generis *et indeclinabile* est nomen cuiusdam littere
-- est solarium, sumerhus uel *summerlob. Vnde in passione* [...] *W*
-- .i. camera conclauis, secessus. Vnde in passione [...] littere secundum Hugucionem *(»Zete«)*. Papias vero dicit *(»Zete«)*: Zete hiemales .i. domus hiemales, quas calidas facit subducta flamma; Zete estiuales, quas frigidas facit subducta aqua *I*
-- ein kamer, ut in passione sancti Thome *apostoli* reperitur [...] »Zethas estiuales«. *(neuer Wa.:)* n in **Zeta** nomen cuiusdam littere *K*
-- eyn camer *P*

S *Wa. fehlt (Textlücke) Ma3* Zeta] Zatha *S4* kammer] + Vnde *Ma1* reperitur *S4*] *fehlt Ma1* Zethas *(2) S4*] *fehlt Ma1* et indeclinabile *S4*] *fehlt Ma1* cuiusdam] eisdem *S4*
M *Wa.*] f p Zetha ein kamer, in passione sancti Thome reperitur. *(neuer Wa.:)* f p Zethas hyemales et Zethes *(!)* estiuales. *(neuer Wa.:)* n s Sed Zeta neutri generis et indeclinabile nomen est eiusdam *M19*
Sb3 »Zetas hyemales«] *(neuer Wa.:)* co p Zethas hyemales Sed Zeta] *(neuer Wa.:)* n in Zeta
W f p Zeta *bis* Vnde] Zolarium wlgariter sumerhůs uel summerlob. Zeta ain kamer. Vnde *Bs9* summerlob *Bs9*] loub *S1 M12*, land *(!) Sg1*, summerladd *Me5* Vnde *bis* littere *Sg1*] *fehlt S1*
K kamer] cham *Hl1* apostoli *K9*] *fehlt W13 K4*
P *vgl. 19.2* *Wa. fehlt (Textlücke) B10* Zeata *R1* -- eyn *(!) Wo4*

Z 5.1 m s **Zetarius** grece, kamerarius latine, *kamrer* *W*
-- kamerer *P*

W kamrer *Sg1*] *fehlt S1*, kamrerer *Me1*
P *Wa. fehlt (Textlücke) B10* Zetafius *(*Zethasius *Wo4)*
P-E Zetafius
Kh2 Zetasius uel Zetafius *(auch Br1)*

Z 6 m s **Zebedeus** donatus interpretatur
+ siue fluens *I*
Wa. fehlt K

S *Wa. fehlt (Textlücke) Ma3*
P *Wa. fehlt (Textlücke) B10*

Z 7 n s **Zeduarium** zitwar
-- zitwan et est nomen herbe *P-E*
Wa. fehlt I

S *Int. verderbt B9*
M czetwen *Ks1*
Sb3 m s Zetharium Zetbarium
W zittwan *S1 Sg1*
K *Wa. fehlt Hl1*
P *Wa. fehlt (Textlücke) B10* zede wort *Ma4*
P-E zeitwann *M25*

Z 8 f p **Zeduara** *idem (nach 7)*
Wa. fehlt I

S Zeduaria *B9* *Int. S4*] zetwar *Ma1*, zydewen *N1*
M Zeduata *M19* zedewen *Ma6*
Sb3 Zetbaria
W Zeduaria *S1 Sg1*
K Zeduaria *W13*
P *Wa. fehlt (Textlücke) B10* Zeduaria *Wo4*
Kh2 Zeduaria

Z 9 n t **Zeduar** idem *(nach 8)*. Wersus *(Walther 2594a)*: Zetwar ante datum morbum ⌜fugat / signat *K* inveteratum; postquam datum mollit ventrem, fastidia tollit
-- idem *(nach 8)* *Kh2*
Wa. fehlt I

S ante datum] audatum *S4* mollit] pollit *S4*
M idem] czetwen *D1* mollit *bis* tollit *fehlt M19*
Sb3 datum *(2) verderbt*
K ante] non *W13*
P *Wa. fehlt (Textlücke) B10* inveteratim *Wo4*

Z 10 a p **Zelare** liphaben, hassen °uel °folgen °*(Kh2)*
-- lieb haben *W-Y*
-- .i. amare uel inuidere uel sequi *I*

S *Wa. fehlt (Textlücke) Ma3*
W *vgl. 17*
K -- lieb haben *K9*
P *Wa. fehlt (Textlücke) B10* a p Zelari *Wo4* hassen uel folgen *fehlt Ma4* vorvolghen *Wo4*
P-E uel folgen] *fehlt P7*, sequi *E2*, nach volgen *M25*

Z 11 m t **Zelator** ein liphaber
\+ hasser uel volger *W-Y*
-- .i. amator *I*

S *Wa. fehlt (Textlücke) Ma3*
M + hasser *M19*
P *Wa. fehlt (Textlücke) B10*
P-E -- .i. amator *E2*

Z 12 f p **Zela** est diuisio psalmorum uel illud, quod semper est, ut deus; et eciam ponitur pro eternitate
Wa. fehlt I

S *Wa. fehlt (Textlücke) Ma3* est *(2) fehlt S4*
M uel *bis* deus *fehlt M19*
W diuisio] diuinacio *S1* et *bis* eternitate *fehlt Sg1*
P palmorum *R1* eternitate] trinitate *Wo4*

Z 13 m t **Zelotes** est amator
\+ verus *P-E*
Wa. fehlt (enthalten in 17) W

S *Wa. fehlt (Textlücke) Ma3* Zelates *S4 B9*
Sb3 m s Zelotopes
I m t Zelotes] Zelates
P *Wa. fehlt (Textlücke) B10* Zeloles *Wo4*

Z 14 n s **Zelotipium** vnere
+ et est luxuria uel inuidia *P-E*

S *Wa. fehlt (Textlücke) Ma3*
Sb3 Zelotopium
W *Wa. fehlt S1 Sg1* on er *Me1*
I *Sigle fehlt*
P *Wa. fehlt (Textlücke) B10*
Kh2 *Int. verderbt*

Z 15 f p **Zelotipia** est suspicio uel furor cum ⌜*rancore* / racione *Sb3 P-E R1* mentis accensus
-- est suspicio uel furor cum racione mentis accensus. Eciam dicitur mulier, que suspicionem habet de viro *I*
-- [...] furor uel rancor mente accensus *K*
-- est suspicio *Kh2*
Wa. fehlt (vgl. 17) W-Y

S *Wa. fehlt (Textlücke) Ma3* rancore *Ks2*] racione *Ma1*, ranctore *S4* + vordenkunge *B5*
M -- .i. suspicacio vel fusor mentis accensus cum racione *M19*
Sb3 *vgl. 26.1* accensum
W attentus *X*
K supposicio *W13*
P *Wa. fehlt (Textlücke) B10*
P-E fuoris *E2*

Z 15.1 m s **Zelomini** preparati in acie dicuntur *P*

P-E acia *E2*

Z 16 m s **Zelotipus** dicitur quasi zelo plenus .i. invidiosus *uel suspiciosus*
+ Eciam dicitur vir, qui habet suspicionem super mulierem suam leccatricem *I*
+ et significat aliqu*e*m, qui *violat* uxorem alterius uel cuius vxor *violatur* *P-E*
-- [...] invidiosus *K*
-- [...] plenus *Kh2*
Wa. fehlt Sb3
Wa. fehlt (vgl. 17) W-Y

S *Wa. fehlt (Textlücke) Ma3* Zeloticus *B9* invidiosus] + mulierum *S4* uel suspiciosus *S4*] *fehlt Ma1*
M Zelotiplus *M19* suspiciosus] uidiosus *M19*
W Zelotopus *X*
P *Wa.*] *fehlt Ma4*, *fehlt (Textlücke) B10*
P-E Zelotipus *verderbt E2* aliquem *P7*] aliquam *E2* violat *P7*] vigilat *E2* violatur *P7*] vigilatur *E2*

Z 16.1 a p **Zelo*t*ipo** .i. *violare*. Wersus *(Walther 4287)*: Cum non *sit* rectum vicin*i* fra*n*gere *lectum*, plus reor esse reum zelotipare deum *P-E*

P-E Zelotipo *P7*] Zelodipo *E2* violare *P7*] vigilare *E2* sit *P7*] sunt *E2* vicini *P7*] vicine *E2* frangere *P7*] fragere *E2* lectum *P7*] bonum *E2*

Z 17 m s **Zelus** ⌜libe / *a*mor *P-E* haß, inmundicia uel suspicio mulieris
-- .i. inuidia, amor uel feruor bonus *siue* malus *I*
-- ⌜nid *X* / lieb *Y* uel hasß uel inmundicia uel suspicio mulieris. Item Zelus duplex est, sicut dicit beatus Benedictus in sua regula *(72,1)*. Est enim Zelus malus, qui secundum Papiam *(»Zelus«)* idem est

quod inuidia; eciam est Zelus bonus, qui idem est quod conatus proficiendi: si enim aliquis uideat proximum suum in aliquo proficientem *et* ipse eum in hoc studeat imitari uel eciam superare, talis conatus Zelus dicitur. Item Zelus est amor feruidus, qui non patitur consortem in amato, et talem amorem viri frequenter habent ad mulieres. Vnde eciam grauiter torquentur, quando uident mulieres quas amant consorcium inire cum alijs viris. A zelo sic dicto descendit **Zelotes** .i. amator et **Zelo**, -as uel **Zelor**, -aris *invideo* uel amo uel *imitor*. Item a zelo venit **Zelo*tipia*** .i. adulterium uel fornicacio uel suspicio, quam habet vir de adulterio uxoris et econuerso, et **Zelotipus** .i. suspiciosus uel suspicione plenus. Et nota, quod dominus in sacra scriptura frequenter se appellat zelotem .i. ardentem °et °*(Y)* amatorem; tantum enim diligit hominem, quod sustinere non wlt, ut homo aliquod aliud preter ipsum diligat, nisi quantum ad ipsum ordin*a*tur. Item nota, quod Chana interpretatur Zelus. Vnde et Iudas apostolus frater Symonis, quia de illo vic*o* oriundus fuit, dicitur Zelotes °*.i.* °*(X)* Chananeus *W*

S *Wa. fehlt (Textlücke) Ma3* mulieris *fehlt S4*
M suspicacio *M19*
W *vgl. 10,13,16* Item Zelus duplex *bis* Chananeus *nach 12 (*Zela*) X* eciam *(1)*] enim *Sg1* et ipse *Sg1*] vt ipse *S1* imitari] imitare *Sg1* amor] amator *Sg1* inire] iniri *Sg1* Zelo] + a Zelo *Sg1* invideo *Sg1*] insidio *S1* imitor *Sg1*] inmitor *S1* Zelotipia *Sg1*] Zelotopeya *S1* uel suspicione plenus *fehlt Sg1* aliquod aliud] aliquid *Sg1* ordinatur *Sg1*] ordinantur *S1* quia] qui *Sg1* vico *Sg1*] vica *S1* .i. *zit. nach Sg1*
I siue *I2*] sine
K + oder neyd *K9*
P *Wa. fehlt (Textlücke) B10* subscripcio *R1*
P-E amor *P7*] vmor *E2* suspicium *E2*
Kh2 suspicium

Z 17.1 f p **Zelotopia** est virtus, que facit gallum cantare, quia alias non cantaret *K*

K *vgl. 26.1*

Z 18 n s **Zementum** ein bette decke / + *uel eyn bedde bure S-Y P*
\+ *czÿche M-X (außer Sb3) W K*
-- ain bet decken vel ain bet zierung *P-E*
-- eyn bedde deken uel bure *Kh2*

S *Wa. fehlt (Textlücke) Ma3* uel eyn bedde bure *zit. nach B9* + uel eyn bit dure *S4* + uel eyn betth czyech *B5*
M czÿche *Ks1*] *fehlt Ma6* + uel pett pûb *M19* + uel bett ber *D1*
Sb3 Zemetum
W *Zusatz*] *(neuer Wa.:)* n s Zementum ziech *Y*
P *Wa. fehlt (Textlücke) B10* bure] zerer *R1*, teke *Br1*
P-E Zemengum *E2* -- ain bett ziech *P7* decken] deckung *M25* bet zierung] zierung *M25*

Z 18.1 n s **Zendoxium** est domus peregrinorum *P*

vgl. C 322, X 2
P *Wa. fehlt (Textlücke) B10* Zedoxium *Wo4* + uel peregrinantum *Ma4* + uel peregrinancium *Wo4*
Kh2 Zenduxium

Z 18.2 *m s* **Zen*o*dochus** est custos regionis *P*
-- uel **Zendochus** est [...] *Kh2 Br1*

Zenodochus *für* Xenodochus
P *Wa. fehlt (Textlücke) B10* *Sigle Wo1] fehlt Ma4* Zenodochus *Wo1*] Zenedochus *Ma4*, Zenedechus *Wo4*
P-E regionis *verderbt E2*
Kh2 custor

Z 19 m s **Zephirus** est nomen venti, °*westnortwest* °*(Sb3)*
-- est nomen venti, *nortwest* *W*
-- est nomen venti, west norden *I*
-- *fauonius* uel ventus *P*
Wa. fehlt K

vgl. S 403, S 482
S *Wa. fehlt (Textlücke) Ma3* westnortwest *Ks2*] *fehlt Ma1*, west nor fest *S4*
M westnortwest] *fehlt M19*, west *Ks1*, west nort *D1*
W nortwest *Sg1*] *fehlt S1*, west nort west *Bs9*
P *Wa. fehlt (Textlücke) B10* -- est ventus, west nort west *Wo1* fauonius *Wo4*] fomosus *Ma4*, famosus *R1 Br1*
P-E famosus *alle Hss.*
Kh2 famosus

Z 19.1 f p **Zerna** est *im*petigo, ⌜scorff / grind *P-E R1* *P*

P *Wa. fehlt (Textlücke) B10* impetigo *Wo1*] petigo *Ma4 Wo4*
P-E Zirna *E2* impetigo] in egipto *(!) alle Hss. (auch R1)* grind] *fehlt P7*, grund *M25*

Z 19.2 *f p* **Zeta** est camera uel domus *P*
Wa. fehlt Kh2

vgl. 5
P *Wa. fehlt (Textlücke) B10* *Sigle Wo1] fehlt Ma4*
P-E Zita *E2*

Z 19.3 f p **Zilata** est grando, hagel *B9 P*
-- et grando *Kh2*

S *Wa. nach 28 B9*
P *Wa.] fehlt (Textlücke) B10, fehlt Br1* Zelata *Wo4* hagel *fehlt Ma4*
P-E hagel] ha *E2*
Kh2 Zelata

Z 19.4 **Zimos** grece, latine dicitur fermentum; vnde **Azima** secundum Huguccionem *(»Zymos«)*. Papias vero dicit *(»Azima«)* **Zima** fermentum, vnde Azima. Eciam ponitur pro peccato *I*

vgl. A 944, A 944.1

Z 19.5 **Zinzala** parua musca, scilicet culex *I*

Z 20 f p **Zima** suerteig. Eciam ponitur pro peccato
-- schüb uel *peccatum* *Sb3*
-- *surhefel uel taig*. °Eciam °capitur °pro °peccato °*(Y)* *W*
-- sawrtaig oder vrhab *K*
Wa. fehlt (vgl. 19.4) I

S *Wa. fehlt (Textlücke) Ma3*
M + vrhab *M19*

Sb3 peccatum *V1*] *verderbt*
W surhefel uel taig *Sg1*] surhebi uel surtaig *S1*, sawr heffeltaick *Me1* (surhefl *M12*)
P *Wa. fehlt (Textlücke) B10*

Z 20.1 f p **Zimirra** est mirra *uel* ciuitas Libie, vbi habu*n*dat mirra *P*
-- est ciuitas [...] *Kh2*

P *Wa. fehlt (Textlücke) B10* uel *Wo1*] *fehlt Ma4* Libie *fehlt Wo4* habundat *Wo1*] habudat *Ma4*
P-E f t Zinrura *E2* mirra *(1)*] mirea *E2* Libie] lilie *alle Hss. (auch R1)* habundat *verderbt E2*

Z 20.2 f p **Zinzincia** est lancea *P*

P *Wa. fehlt (Textlücke) B10* Zincia *Wo4*
P-E Zinzia *E2*
Kh2 Zincinna

Z 21 n t **Zinciber** jngeber
+ quedam species aromatica *I*

S *Wa. fehlt (Textlücke) Ma3*
M *Wa. fehlt M19*
K *Wa. fehlt K4*
P *Wa. fehlt (Textlücke) B10*

Z 21.1 m s **Zinnus** summitas quedam *P*

P *Wa. fehlt (Textlücke) B10*
Kh2 *Stichwort verderbt*

Z 22 n s **Zirbum** est quoddam intestinum
-- uel **Zirbus** est quoddam intestinum, wlgariter netz *W*
Wa. fehlt I Kh2 Br1

S *Wa. fehlt (Textlücke) Ma3* quedam *S4*
W uel Zirbus *fehlt Sg1*
P *Wa. fehlt (Textlücke) B10*

Z 23 etro **Zizania** *rade*
+ et est herba, que alio nomine dicitur lolium, wlgariter trefczg, et crescit in segete frumenti siue tritici, et est similis tritico, que, si commedatur, inebriat et vertit commendentem in amenciam, et est nociua tritico, sicut papauer auene *nocet. Hec herba a quibusdam dicitur in wlgari knúll, ab alijs lit blecher* *W*
-- quedam seges uel herba peruersa *I*

S *Wa. fehlt (Textlücke) Ma3* rade *S4*] ratwen *Ma1*, radel *B9*
M chicheren *M19*
W nocet *bis* blecher *Sg1*] *fehlt S1*
I *Sigle fehlt*
P *Wa. fehlt (Textlücke) B10* radel *Wo1 Wo4*

Z 23.1 *m s* **Zius** apud Hebreos est mensis Maius, qui eciam **Zyo** dicitur *W*

W *Sigle M12*] Item *(Wa. nach 23) S1*

Z 23.2 h in **Zoab** est aurum *P*

Zoab *für* Zoob

Z 24 f p **Zona** ein *gortelsnür* uel regio uel circulus in celo
-- ein angel schnur uel regio quedam uel circulus celi *Sb3*
-- .i. cingulum et proprie latum *I*
-- ⌜*eyn gordel, eyn snor* / snor *Kh2 Br1* uel regio uel circulus in celo uel stella *P*

S *Wa. fehlt (Textlücke) Ma3* gortelsnür *S4*] gurtelsur *Ma1* in celo *fehlt S4*
Sb3 Zozna
P *Wa. fehlt (Textlücke) B10* eyn gordel, eyn snor *Wo4*] gurdel snor uel circulus *Ma4*, ghordelsnor *Wo1*
P-E gordel] gurte *M25* snor] schor *E2*

Z 25 m s **Zonarius** est ille, qui facit zonas
-- ein schnur macher *Sb3*

S *Wa. fehlt (Textlücke) Ma3*
K -- snurer *K9*
P *Wa. fehlt (Textlücke) B10* Zonularius
P-E Zonolarius
Kh2 Zonnularius

Z 26 n s **Zonifragium** est ⌜sonarum / sonorum *S-Y W K P-E* fraccio
-- est sonarum friccio aut fraccio *Sb3*

S *Wa. fehlt (Textlücke) Ma3* sonarum *für* zonarum *Ma6*
M sonorum *M19*
Sb3 f p Zonofragium sonarum *für* zonarum
W Zonifragum
P *Wa. fehlt (Textlücke) B10*

Z 26.1 **Zelotopia** ut prius dictum est *Sb3*

Sb3 *vgl. 15, 17.1* m t Zelotopia

Z 26.2 m s **Zodiacus** est circulus firmamenti, sub quo sol et alij planete mouentur, et dicitur a »zoe«, vita. Vnde Zodiacus quasi vitalis circulus, quia secundum *motum* planetarum sub illo circulo est omnis vita in rebus inferioribus *W*

W sol *fehlt Sg1* quia] qui *Sg1* motum *Sg1*] modum *S1* rebus *fehlt Sg1*

Z 27 m t **Zorobabel** est magister Babilonis
-- est ille magister Babilonis, et dicitur a »zo«, quod est ille, et »ro«, magister, et »babel«, quod est Babilon *W*
-- .i. iste magister de Babilone *I*

S *Wa. fehlt (Textlücke) Ma3* Zorababel *S4*
W Zerobabel *Sg1*
P *Wa. fehlt (Textlücke) B10*
P-E Zoronbabel *E2* Babilonie *E2*

Z 28 m s **Zoticus** .i. vitalis
f p **Zotica** virtus vitalis *P*

S *Wa. fehlt (Textlücke) Ma3* Zonicus *S4*, Zorticus *B9* + gesunt *B5*
M + gesunt idem *M19*
W + Zoilus idem *Sg1*
P *Wa. fehlt (Textlücke) B10*
P-E Zodica *E2*

Z 28.1 n s **Zuccarium** zuckkar *Sb3*

Z 28.2 f p **Zotta** czotten *Sb3*
-- lappen *P-E*

P-E + an aim gewand ader zott *P7* + an ainem rock *M25*

Z 28.3 a p **Zo*tt*are** zotten, taliter transire *P-E*

P-E Zottare *P7*] Zodare *E2* + lappen *P7*

Z 28.4 m s **Zozimus** .i. viuax uel viuidus *I*

6. Lesezeichen **,Vocabularius Ex quo'**

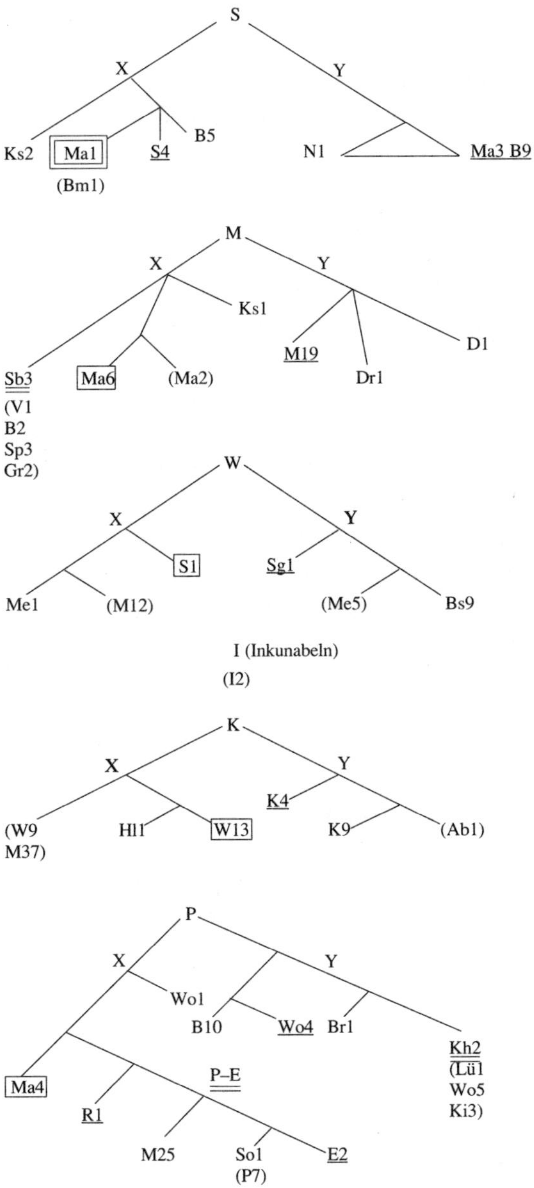

S–X	Ma1	1418	rhfrk.
	S4	1411	nordrhfrk.
	Ks2	M.15.Jh.	rhfrk.
	B5	1416	böhm.
	(Bm1	1416	rhfrk.)
–Y	Ma3	um 1425	ostwestf.
	B9	1419	brdbg.
	N1	1413	ostfrk.
M–X	Ma6	1414	rhfrk.
	Ks1	1.H.15.Jh.	rhfrk.
	(Ma2	M.15.Jh.	rhfrk.)
Textst.	Sb3	1468	bair.-österr.
	(V1	vor 1462	bair.-österr.)
	(B2	1447	bair.-österr.)
	(Sp3	2.Dr.15.Jh.	bair.-österr.)
	(Gr2	2.Dr.15.Jh.	bair.-österr.)
–Y	M19	1419	westmittelbair.
	D1	1421	bair.-österr.
	Dr1	1.Dr.15.Jh.	nürnbg.
W–X	S1	1442	schwäb.
	Me1	M.15.Jh.	bair.-österr.
	(M12	um 1500	mittelbair.)
–Y	Sg1	1446	alem.
	Bs9	2.V.15.Jh.	alem.
	(Me5	M.15.Jh.	schwäb.)
I	I(1)	1467	Eltville
	I2	um 1490	Köln
K–X	W13	1.H.15.Jh.	bair.-österr.
	Hl1	1477	bair.-österr.
	(W9	2.H.15.Jh.	bair.-österr.)
	(M37	1449	bair.-österr.)
–Y	K4	M.15.Jh.	bair.-österr.
	K9	um 1433	bair.-österr.
	(Ab1	1443	bair.-österr.)
P–X	Ma4	1.H.15.Jh.	ostwestf.
	Wo1	1429	nndsächs.
	R1	1410	ndhess.
Textst.	E2	1415	schwäb.
	M25	1.V.15.Jh.	westbair.
	So1	1451/1457	alem.
	(P7	1452	alem.)
–Y	Wo4	1479	ostf.
	B10	1.H.15.Jh.	brdbg.
	Br1	1424	brdbg.
Textst.	Kh2	1448	ostelb.
	(Lü1	1448	nndsächs.)
	(Wo5	2.Dr.15.Jh.	nndsächs.)
	(Ki3	1429	nordnd.)

Ma1	Leiths.	Ma6	Führungshss. der Folgeredaktionen
M19	Haupthss.	Ks1	Korrekturhss.
Sb3	Textstufe	(Bm1)	Ersatzhss. bzw. Korrekturhss. 2. Grades

Zählung und Siglierung

Zahl ohne Indexziffer (z.B. *A 121*)	Wortartikel der Ausgangsredaktion S und aller nicht ausdrücklich ausgeschlossenen Folgeredaktionen.
Zahl mit Indexziffer (z.B. *A 17.4*)	zusätzliche Wortartikel der angegebenen Folgeredaktionen, Textstufen bzw. Einzelhandschriften.

Zeichen

/	**Schrägstrich** trennt Lesarten bei nicht konstituierbarem ‚Ex-quo'- und Redaktionstext bzw. bei Varianten der Haupthandschriften der Ausgangsredaktion S.
⌜	**Winkelhaken** vor einem Wort markiert den Beginn der Lesart, die durch die Variante nach dem Schrägstrich ersetzt wird. Das Ende der Variante wird durch die Sigle angezeigt.
+	**Pluszeichen** bezeichnet Textzusätze.
o	Hochgestellte **Null** bedeutet, daß der so markierte Text in der nachfolgend in Klammern angeführten Überlieferung fehlt.
– –	**Doppelstriche** vertreten grammatikalische Sigle und Stichwort. Der nachfolgende Text steht in der am Ende genannten Redaktion/Textstufe/Handschrift anstelle des Interpretaments des Ausgangstextes.
[...]	**Drei Punkte in eckigen Klammern** stehen für nicht eigens wiederholten identischen Text. Sie beziehen sich bei Redaktionstext auf die Ausgangsredaktion S, bei Textstufen/Handschriften auf die Redaktion, der die Textstufe/Handschrift angehört.

Abkürzungen

Wa.	Wortartikel
Int.	Interpretament
kont.	kontaminiert
vorh.	vorhanden
emend.	emendiert

Kursivdruck bezeichnet Eingriffe des Herausgebers.